Ingram Content Group UK Ltd.
Milton Keynes UK
UKHW020756280423
420934UK00016B/620

كَرِيم المَحْرُوس

رِجيلُ الجنَّة

نَقْضُ مَنْهَجِ (الشَّكِّ والتَّشْطِيبِ والتَّأْمِيم)
فِي الثَّقَافَةِ البَحْرانِيَّة

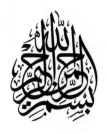

بسم الله الرحمن الرحيم

الطبعة الأولى

(1443 هجري - 2022 ميلادي)

الفهرس

3

4

الفَصْلُ الثَّالِثُ

لَا بُدَّ للثَّقَافَةِ الأَصِيلَةِ مِنْ أَمِير

6

المُقَدِّمَةُ

كان المُتبقِّي مِن المَورُوثِ الثَّقافي البَحرانيّ الأَصيل كَثيفًا وواسعًا ومُنظّمًا، وفاعلاً في النِّظام الاجتِماعِي البَحرانِي المُعاصِر ولا يَنفكّ عنه، ولا يَقبَل الإذعان لِأَيِّ فكرٍ وافدٍ مَوصُوفٍ بِالكِبْر أَو مُفرط في وَصفِ الموروث البَحرانِي الأَصِيل بِالجُمود والتَّخلُّف واللَّاوَعْي والاحتِماء بِظُلمَةِ الخُرافَةِ والأُسْطورة والضَّعف عن إنتاج المفاهِيم الحَدِيثة المواكِبَة لِتَطوّرات العصر.

فما زال في سِيرة البحرانيِّين الكثيرُ مِن الأَدلَّة المُؤكِّدة على أَنّ الثَّقافَة البَحرانِيّة الأَصِيلة حائزةٌ على كُلِّ مقوّمات الوُجود والبَقاء والتَّفاعل الحَضاري. وقد طبعت هذه السِّيرةُ الأثرَ الأبرز على نَمط حَياتِهم، ورَسَّخَت فيهم الحِسَّ المسئول في وجوب الدِّفاع عن الهُوِيَّة الشِّيعِيَّة وحِراسة العَقِيدة وحمايتها مِن الالْتِقاطِ والتَّزيِيف الفِكري، وصانَت الأَجيال مِن الاختِراق السِّياسِي المُفسِد لِلثَّقافَة، وحافَظت على وُجودِهم مِن الطُّغيان الاجتِماعي ومضاعفات الاجتِثاث الطَّائِفي.

وفي قِبال هذه السِّيرة العَرِيقة لِلبَحرانِيِّين بَرزت فِئةٌ مُثقَّفةٌ مِنهم تدعو إلى الإصلاح الثَّورِي على نَسقٍ فاقدٍ لإرادة التَّوافُق والانْسِجام مع المُتَبقِّي مِن المَورُوث الثَّقافي الأَصِيل إِذْ ليس مِن الحكمة أَنْ يُنبذَ هذا الموروث ويُذمّ النِّظام المؤسَّس عليه بِحُجّة تَخلُّف الأَصِيل المَحَلِّي وحَداثَةِ البَدِيل الهَجِين المُقْتبَس مِن ثَقافَة أُخرى.

لا بُدّ مِن الإقرار بِأَنّ شِيعة البحرين لم يَكتفوا بالاجتهاد في اقتفاء سِيرة الأوَّلين وآثارِهم القاضِيَة بِالدَّوام على مَدِّ التَّنمِية الثَّقافِيَّة بِلَوازِم الحُجَّة والدَّلِيل في مَقام التَّحدِّي فحَسْب وإِنّما نَقضوا الحَساسِيّة الاجتِماعيّة إزاء دَور العَقل النَّاقِد بِرُوح إِيجابيَّةٍ بَنّاءة، كما نَقضوا الحساسِيّة الطَّائِفيّة الكامنة في رَوع مُواطنيهم مِن أَتْباع مَذاهب أَهْل العامّة وبالغوا في طلب (التَّعايُش) مَعهم، وواجَهوا الفَلسفات المُنحرِفَة الَّتي تظاهرت عليهم بِوَجهٍ قَومِيٍّ جماهيريٍّ وحِزبيٍّ ثَورِيٍّ، وتَصدّوا لِلأفكار الوافِدَة المُتجَلبِبَة بِأَردِيَة (الأُممِيَّة) و(الوَطَنِيَّة) و(الدِّينِيّة)، وامتَنَعوا مِن المُشاركة في تَشكِيل مُجتَمعٍ سِياسِيٍّ عَلمانِيٍّ قائمٍ على دعائم مِن الشَّراكة مع نُظُم الدَّولَةِ الحَدِيثة المُستَبِدّة.

ليس مِن العَدل أَنْ يُستخفَّ بِخطُورة التَّحدِّيات التي تَصدّى لها 43 جيلاً مِن البَحرانِيّين دفاعًا عن الهُوِيَّة وحِمايةً لِلوجود وصِيانَةً لِأَصالة الثَّقافَة مِن قَبْل أَنْ يَكون لِلاتِّجاهات الحِزبِيّة والفِئويّة مِن حُضورٍ فاعلٍ في الوسط الاجتماعي.. إِنَّها كانت تَحدِّياتٍ حقيقيّةً قاسِيةً جدًا لم تَستثْنِ في يَومِياتها الصَّعبة أَحدًا مِن البحرانِيِّين إِذْ أَخلَصوا في حمل الأَمانَة وصانوها وحافظوا عليها وأَوصَلوها إلى أَعتابِ القرن العشرين تامَّةً غير منقوصة.

وعندما تَخلَّى مُثقَّفو جيل النّصف الأَوّل مِن القَرن الماضِي عن حَمل الأمانة على ذات المنهج وانشَقّوا عن ثَقافتِهم واستَظلّوا بِأَفكار هَجِينة أَجنَبِيّة المَنشَأ وانبهروا بِظُلماتها؛ حَلّ التَّنازعُ فيما بينهم وذَهَبت رِيحُهم حتَّى شرَّع جِيلُهم اللّاحِق طَرِيقةَ الاستِعانة بِالعَقل المُجرَّد ولِيد الضَّرُورة السِّياسِيّة وتسلَّح بِآلة الانتماء مِن أَجْل تَنصِيب الحِزب الواحد والزَّعِيم المُلهِم البَدِيلين عن مُوجبات (العِصْمَة) و(التَّقِيَّة) و(الانْتِظار) و(الوَلايَة والبَراءة). فكان لهذا التَّحوُّل انعكاسًا سَلبيًّا وعِبئًا ثقيل الظِّل كادَ يُفرِّط بهُوِيَّة الوُجودِ الثَّقافِيّ البَحراني الأَصِيل.

لقد ائتلَفَت فِئةٌ مِن المثقّفين البَحرانيِّين المعاصِرين مِن أَجل أَداء دور المُعطِّل لمسيرة التَّنمِيَة الثَّقافيَّة الأَصِيلة، فقَرَّرت تَبنِّي الطَّريقة الفَلسفِيَّة (البَراغْماتِيَّة) الواقِعيَّة في

بادِئِ الأَمْر، وذلك لِسَدّ شُعورٍ مظنونٍ بالنَّقص في الذَّات البَحرانيَّة، وشُعُورٍ بالقصور في الثَّقافَة السَّائدة الحاضِنة لِلنِّظام الاجتماعِي، وشُعورٍ بالتَّقصير إزاء مَسئوليَّة السُّمُوّ بالمُجتَمع البحراني إلى فَضاءٍ حضاريٍّ أَرحَب.

في باديء الأمر بَدَت هذه الفِئة مُتجرِّدةً مِن الخصوصيَّة الثَّقافِيَّة الشِّيعِيَّة ومُرغِّبةً في الانتماء السِّياسي بُغية تَشيِيد عملٍ مشترك في جبهةٍ واحدةٍ مع أَتْباع اتِّجاه أَهْل العامَّة لِصَدِّ موجات التَّنصِير الاستِعماري والتَّحرّر مِن التَّبعِيّة القومِيّة الضَّيِّقة والنِّسبيّة العَدَمِيّة العَلمانِيّة الَّتي بُعثِت في البلاد مِن جديد وتَفَشَّت في الشِّيعة تحت عباءة ما عُرِف اليَوم بِفكري (الحداثة) و(ما بعد الحداثة).

وفي أَقَلِّ مِن عقدين مِن الزَّمَن تَمكَّن فكرُ الانتماء الحِزبي والفِئوي الوافد مِن غَرز أَظفارِه في جَسد الوُجُود الشِّيعِي البَحرانِي.. عند تِلك اللَّحظة الفاصِلة بَدَت تَتكشَّف مَرحلةُ الانتكاسة في مَسيرة التَّنمِيّة الثَّقافِيّة الأَصِيلة على خِلاف المُتوقّع، وتَتصاعدُ مؤشِّرات الأزمة في النِّظام الاجتِماعي وتَتَفكّك شَبكة علاقاته، وتَسودُ نَزَعات الهيمنة على مَظاهِر الثَّقافة بفروض الوَصايَة، ويُجترأ على أُصُول المعرفة الشِّيعِيّة بالوَلايَة وتُدَجَّن مُتونها مِن بَعد الـتَّشكِيكِ في صُدورِها والعَبَث في دَلالاتِها، ويُطْعَنُ في المَرجِعِيّات الفقهيّة الكُبرى والزَّعامات المحلِّيَّة (التَّقلِيدِيّة) بِالمُغالَبَة عِوضًا عن المُنافَسة وتَنشِيط العَقل النَّاقِد في جدٍّ وإِخلاصٍ.

كانت العَناوِين الأبرز المتداولة في تلك المرحلة هي: ضَرُورةُ العمل على تَأهِيل البحرانيِّين لاجتِياز مرحلة (التَّخَلُّف) و(اللّاوَعْي)، والتَّحرُّرُ مِن (الخُرافَة) و(الأُسْطُورَة)، والولوجُ بِالبِحرانِيِّين في مُستجِدّات قِيم التَّحرّر ومَبادئ الحضارة المعاصرة، وخَلقُ مَزيدٍ مِن النَّشاط الثَّورِي لِمُواجَهة الفَقر ومكافَحة الاستعمار والاستبداد، والحدُّ مِن سِيادة الاتِّجاهات الفِكريّة المناهضة لِلعَقيدة والشّريعة.

فجَدَّ الجِدُّ في إِطلاق مَنهج (الشَّكِّ والتَّشطِيب والتَّأمِيم) في وَجْه الثَّقافة البَحرانيَّة الأَصِيلة حيث استهَلّ المَنهجُ عَملَه بِإثارة الشُّكوك في أُصُول العَقِيدة والحثّ على

تَشطِيب مُتون أُصُول المَعرِفَة، وانتَهى به الأَمر إلى تَأمِيم مَظاهِر الثَّقافَة وما اشتَملَت عليه مِن مُنتَديات وجَمعيَّات خيريَّة ومدارس دِينِيَّة ووَسائل إعلامِيَّة وشَبكات التَّواصُل التِّقني (الالكتروني) فضلاً عن المَساجِد والمآتم وهيئات مواكب العَزاء وكلِّ ما كان في حُكم هذه المَظاهر وما شَاكَلها، وتَوظِيفها في العَمل على تَعزِيز مَفهومي الانتماء السِّياسِي وتَقدِيس الزَّعِيم الواحِد.

فتَقدَّم بِذَلِك الهَمُّ السِّياسِي وطَغى على أَنشِطَةِ هذه الفِئة ثمّ استحال إلى مبدأ أَعلى في يَومِيّات المجتمع البحراني. وعَلى نارٍ هادئةٍ عُطِّلَت مَسيرةُ إنتاج المفاهيم ذات الامتداد الأصِيل في الثَّقافَة، وجُمِّدت أَدواتُ صِيانة القيم المَورُوثَة، وانقلبت النُّظم الاجتماعِيَّة والكِيانات الأَهلِيَّة العَرِيقَة إلى قاعدةٍ لِبَثِّ النُّفوذ الحِزبِي والفِئوي بُغية سَدِّ (الفَراغ) النَّاشِئ عن (غِياب) مَقام الإمام المَعصوم، وحُسِم مَقامُ الزَّعامَة المُختَلف عليه وأُعيد النَّظَرُ في نِظام المَراتِب الاجتِماعيّة في غَمرةٍ مِن النِّزاع البارِد مع الرّموز (التَّقليدِيَّة) الحاكِمَة المُلتَزِمة بِمَفاهيم (التَّقِيَّة) و(الانْتِظار) و(الوَلايَة والبَراءة) و(العِصْمة).

في هذا الكِتاب الَّذي جَمعَ جانِبًا مِن سِيرَتي الشَّخصيَّة مع الأَشخاص وبعضاً مِن هَواجِسي مع الأَفكار وجِهةً مِن مُشاهداتي في الأَشْياء وطرفًا مِن تَصوّراتي فِيما وَقفتُ عليه عن قُرب في سَنوات المنفى واطلعتُ عليه في فَترة عَودتِي إلى البحرين مع انْتِهاء مِحنَةِ المَنفَى الأَوْل في عام 2001م ـ أَستَعرِضُ المُقدّمات والعِلَل المؤدِيَّة إلى التَّدافُع بالخُصومَة المرجعيّة الحزبيّة والفئويّة السِّياسيّة عند صُنعها لِما أُطلِق عليه (البَدِيل الحَضارِي)، وأُناقِش المَقاصِد مِن وَراء تعَطِيل الثَّقافَة البَحرانِيّة الأَصِيلة وتَجمِيد ما تَضمَّنته مِن الثَّوابِت العَقدِيّة والرّموز التَّأريخيَّة والقِيم الأَخلاقِيّة والمفاهِيم الاجتماعِيّة، وأُشِير إلى الطُّرق المتَّبعَة في تَدجِين العَقل البَحرانِي والأَخذ به إلى الإذعان لِمَبدأ (الوَاقِعِيَّة) المُجرَّد والقُبول بِمُبرِّر تَجاوز الأَصالَة والانْقِلاب على قواعدها مِن غير تَردُّدٍ أو حَرج، والتَّخلِّي عن مَفهوم الاستِقلال الثَّقافِي البَحرانِي والرِّضا بِالفِكر البَدِيل الهَجِين غير المُتجانِس مع نَسق التَّنمِية الثَّقافِيَّة البَحرانِيَّة الأَصِيلَة والعَرِيقَة.

أَلَّفتُ مادَّة هذا الكِتاب بِالنَّفَس البَحرانِيّ الخالِص اللَّطِيف الحُرّ المُستَقل ذِي الطَّبع الحذِرِ مِن التَّفصِيل في النَّماذِج والشَّواهِد والعَناوِين والأَسْماء التي خَضعَت في مرحلة مُتقدِّمة مِن مسيرة نِضالها فأَسَّسَت لِلنِّزاع البارِد أَسْبابَه، وخَذلَت الثَّقافَة الأَصِيلة التي نَشأ عَليها مُجتَمعُ البحرين وتَرعرع في كنفها، وساهَمَت في إِيجاد البَدِيل الثَّورِي المُترَهِّل وتَعمِيم تَطبيقاته المُخِلَّة بِالثّقافة الأَصِيلة ونِظامها الاجتماعي.

إنَّ (الحَذَر) على السَّجِيَّة البَحرانِيّة ولِينِ عَرِيكتها عند تَأليفي لِهذا الكتاب هو مِن مُقتَضيات اللُّطْفِ في مقام الاعتِبار بالنَّتائج فحَسب، إذ لا يُراد بِمُحتوى هذا الكِتاب تَحقِيق شَيءٍ مِن المقاصِد الشَّخصِيَّة أَو السِّياسِيَّة، أَو التَّشفِّي والشَّماتَة، أَو الجُحود والتَّشهير، أَو العُلوّ والكِبر، أَو القوامة والوَصاية، فَهذه مِن خَصائص ذات الفِكر الهَجِين الوافِد على مجتمع البحرين والَّتي أَلِفناها ولم يَكن لها مِن صِلَة بِالطَّبائع والعادات والنُّظم الاجتِماعيّة البَحرانِيَّة ـ وإِنَّما أَضع هذا الكتاب بَين يَدَيّ القارئ الكَريم ذِي العَقل الحُرّ المراقب لِيَكون أَمامَه مرآةً عاكسةً لِسِيرة ما مَضى مِن تَفاعلات جِيل (الجَنَّةِ) البَحراني.

فالرُّقِي بِالثَّقافَة البَحرانِيّة الأَصِيلة الّتي تُواجِه اليَوم تَحدِّيات الهُوِيّة والوُجود لَيس مُتعلِّقًا بِذوات أُناسٍ مَعصومِين لا يَجوز عليهم ارتكاب الزَّلَل والخَطأ، ولا وَقْفًا على شُخُوصِهم أَو وُجودهم الخاصّ أَو مُرادِهِم المُنفَرِد في التَّغيير، بِقَدر ما هو عَملٌ مَسئولٌ يَسعَى في صِيانَة ثَقافَة أَجيال المُستقبَل والمُحافَظة على أَصالَة هذا الوَطنِ الصَّغِير، على أَمَل أَنْ تُختَتم صَحِيفة هذه الأَعمال المَسئولة بِمُبادَرَة بَحرانِيّة قائمةٍ على قاعدةٍ مِن المَنهج التَّكامُلِي المُساوق لِلبيئة الاجتِماعِيّة البَحرانِيَّة والمُتَجرِّد مِمّا لَحِق بِالثَّقافة خِلال السَّبعِين عامًا المُنصَرِمَة مِن أَثرٍ فكريّ دَخِيل كَدِر.

جمعتُ إِلى مُحتَوى هذا الكِتاب بِالمنهَجَين (الوَصْفِي) و(التَّحلِيلي) تَغطِيةً شاملةً لِلمُقدِّمات المؤدِّيَة إلى وقوع حَوادث الفَترة الواقِعَة ما بَين عامَيّ 2001 /2018م ولِأُوْلى إِرهاصات التَّراخِي في بُنيَةِ الانتماء الحِزبي والفِئوي، ثمّ تَوارِي رُموزِ الانتماء

خَلف ظِلال الزَّعامَة المَرجِعيّة واندِكاكها في أَشْكالٍ بَدت في أَوَّل الأَمر مُشكِّكَةً تَلتَمِس قِيام الدَّولَة الشِّيعِيَّة المُمَهِّدة لِبناء الأُمَّة المُوحَّدَة حِينًا، وتَنشد الشَّراكَة السِّياسِيَّة في إِدارة الدَّولة الوَطنِيّة لِصَون أَمْن الهُوِيَّة البَحرانِيّة والمُحافَظَةِ على وُجُودِها المُستَقِر حِينًا آخر، مِن غَير وَقفةٍ جادّةٍ داعية إِلى إِعادة صِياغة المَوقِف مِن الثَّقافَة البَحرانِيَّة وإِلى إِعادة الثِّقَة فيها ووَصلِها بامتِدادِها التَّأريخي.

أَطلقتُ على الكِتاب اسْم (جِيلُ الجَنَّةِ) ومُرادِي مِن ذلك مَعنى جِيل الانْتِماء الحِزْبِي والفِئوي البَحراني النَّشِط سِياسِيًّا في مَرحَلةٍ ما بَعد عَقدِ الخَمسِينات حتَّى نِهايَة العَقد الأَخِير مِن القَرن الماضي، بِالإضافة إِلى مَعنى الجِيل الغافِل عن تَنمِيَة ثَقافَتِه أَو المُهمِل أَو المُسَفِّه والنَّابذ لها والمُستعِين بِفكرٍ ثَقافةٍ أُخْرى لِلتَّفوّق عليها.

وأَمّا اختِيارِي لِنسبَة (الجَنَّةِ) فهُو إِشارةٌ إِلى مُسَمّى جَزيرة (دِلْمون) و(تايْلوس) و(أَرْض الخُلود) التي أَوصَى الشَّيخ عِزّ الدِّين الحسين بن عبد الصَّمد الهمداني (ت918هـ) ابنه الشَّيخ البَهائي في رِسالةٍ بعثها إِليه وتَضمنت القول (إِذا كُنتَ تُريد الدُّنيا فاذهَب إِلى الهِند، وإِنْ كنتَ تريد الآخِرَة فاذهب إِلى البحرين، وإِنْ كنتَ لا تُريد الدُّنيا ولا الآخِرَة فتوطَّن بِلاد العَجَم). وكان والدُ الشَّيخ البهائي يمضي رحلةَ نهاية العُمُر في مَكَّة المكرَّمة ويَقضي فِيها أَيّامَه الأَخِيرة مِن حِياته لِيُدفَن في أَرضِها. لكِنَّه رأى في المَنام أَنَّ القيامةَ قامَت، وجاء أَمرُ الله تعالى بِأَنْ تُرفَعَ أَرض البحرين ومَن فِيها إِلى الجَنَّة. فآثَرَ والدُ الشَّيخ البهائي الموتَ في البحرين وغادَر مكَّة المكرَّمَة مِن فَورِه، واستَوطن أَرضَ (الجَنَّة) ودُفِنَ في قرية (المُصَلَّى) الواقِعَة في غَرب العاصِمة المنامة.

مَزجْتُ في هذا الكِتاب بَين الوقائع التي عاصرتها والمَفاهِيم المُصاحِبة لها والتَّصوُّرات المُقلِقَة فيها حيث بَدت هذه المَرحَلَة مُحَيِّرة نَظرًا لِوُجود التَّزاحُم الشَّدِيد بين ثَقافَةٍ أَصِيلَةٍ راكِدَة وفِكرٍ ثَوريٍّ هَجِينٍ وافِدٍ.. كُنتُ مِن المعاصِرين لِهَذه المرحلة الحَرِجَة حيث اطَّلعتُ على تفاصِيلها، وتَفاعلتُ مَعها في أَكثَرِ مِن بَلدٍ نَشَطت فيه نَظرِيّةُ التَّغيِير الاجتِماعي والثَّقافِي واصْطَدَمت مع رَدِيفها المُداهِم المُبهِت المُتمثِّل في العَقل

الحُرّ النّاقِد حتّى أَفرَزت حالاً مِن الانكِفاء المُفاجِئ والمَقارِب لِلمَبنى المَرجِعي التّقلِيدي في جِهَتَين:

ـ جِهةُ الدُّعاةِ إلى المَنهج المَحلّي المُمَجِّد لِلثّقافَة الشّيعِيّة الأَصِيلة والمُدافعِ عنها بالمُداوَمَةِ على إِحياء مَظاهِرِها والجِدّ في العَمل على تَنمِيتها ورَفدها بِعَوامِلِ البَقاء، والسُّمُو بِالنّظام الاجتِماعي إلى أوج الكمال الحَضارِي على ذات النَّسَق الثَّقافِي وطِبق أُصُول هذه الثّقافَة.

ـ وجِهة المُلازَمَة مع مَنهج (الشَّكّ والتَّشْطِيبِ والتَّأمِيم) وبِناء مَنظومةٍ مُنقَّحةٍ مِن أُصُول المَعرِفَة الشِّيعيَّة على نَسَقِ ذات المنهج، والإِصْرار على حَجْبِ الثِّقَة عن الثّقافَة الأَصِيلة القائمة وتَشيِيد فكرٍ بديلٍ على طِبق الأُصُول المُنقَّحَة، والتَّأكيد على نَقض السِّيرة التَّأريخِيَّة لِلتَّشَيُّع فَلسفِيًّا وإِعادة النَّظر في مظاهر الثَّقافَة مِن بَعد الاجتِهاد في احتِكارها وتَقلِيم جانِبها الشَّعائري ـ تَمهيدًا لِتكريس مَفهوم الزَّعِيم في الذِّهنِ الشِّيعي وتَرسِيخ مَفهوم الوَلايَة السِّياسِيَّة القيّومة على العَقل الشِّيعِي، ثمّ الوُصول إلى مُجتَمع الوَحدةِ والتَّآلف مع اتِّجاه أَهْل العامَّة الّذين يُمثِّلون (الجناح الآخر) لِلأُمَّة الإسلامِيَّة!

عمدتُ إلى تَدوين صَفحات هذا الكتاب مِن دون مُستقَرٍّ مِنّي في الإِقامَة بين بَلدِي (البَحْرَين) حيث مَوطِن الولادَة والطُّفولة وشَطر مِن سِنِّ الشَّباب ـ والعاصِمَة البرِيطانِيَّة (لَنْدَن) الّتي اضطررتُ لاتّخاذها مَوطِنًا لِلمَنفى لِمَرَّتَين: المرَّة الأُولى فيما بَين عامَي 1991م/ 2001م، والمرَّة الأُخْرى بَدأت في مَطلع عام 2011م وتَخلَّلها صدُور مَرسومٍ ملَكِيٍّ في شَهر يَناير مِن عام 2015م قَضى بِإسْقاط جِنسِيَّتي البَحرانِيّة ردًا على مُشارَكَتِي في فَعالِيّات التَّأصيل الثّقافِي والتَّرشِيد الإِعلامِي لِوَقائع 14 فبراير 2011م، وما زِلتُ مُقِيمًا في هذا المَنفى حيث أَلّفتُ هذا الكِتاب.

ولا يَفوتَني في هذه المُقدِّمة التّأكيد على أَنّ التّدافع البحراني بالخِلاف أَو بِالتَّضاد أَو بِالتَّبايُن أَو بِالخُصومة عند الجِدّ في النُّهوض بِمَفهومَي الزَّعامَة السِّياسِيّة ومَرجِعِيّة التَّقلِيد، أَو عند العَمل على تَنمِية الثّقافَة الأصيلة بِما هِي هِي، أَو عند الاجتِهاد في

اخضاع الثَّقافَة البَحرانِيّة الأَصِيلَة لِمبضَع (الشَّكِّ والتَّشْطِيب والتَّأميم) أو نَبذها بِناءً على مَصلَحَتي المُقتضى السِّياسِي وفُروض الفِكر الهَجِين الوافِد ـ لا يَعدو أَنْ يكون تَجربة إنسانيّة لها ما لَها وعليها ما عَليها، ولا يَجوز في أيِّ حال مِن الأَحْوال أَنْ تَمرَّ نتائجُ هذه التَّجربة مِن دُون مُراجَعةٍ وتَقييم وتَقويم ثمّ تَوثيق وتَدوين حيث صار بِمَقدور مُجتَمع البحرين الاطِّلاع الحرّ على تَفاصِيل هذه التّجربة في فُسحةٍ مِن التَّطور التِّقني الثَّقافِي ومِن الإعلام الحُرّ المتفاعلين معًا في مَجالٍ حَيَويّ عالمي واسعٍ يَضُمّ شَبكات ضَخمة مِن المَعارف والعُلوم.

مِن الجديرِ القَول أَنَّ مُعطيات التَّدافع الثَّقافِي البَحْرانِي مِن بَعد عام 2011م أَفرزَت مَفاهِيم مُختلِفَة، وهِي بَعون الله عَزَّ وجَلَّ غدت أكثر لُطفًا وأَقلّ تَعصُّبًا بِالمُقارنَة الواقِعِيّة مع سابِق عَهدِها. كما كَشفَت هذه المعطيات عن تَقدُّمٍ حميدٍ نَحو إعادَة الثِّقَة في الثَّقافَة البَحرانِيَّة الأَصِيلَة والسُّمو بها نحو الكَمال واليَقِين وعن استِحالة تَجاوز هذه الثَّقافَة بِالمعول الثَّورِي والفِكر الهَجِين. كما عرَّفَت المُتحزّبين المتقمّصِين لِلفَخامَة الجَوفاء بِأَحجامهم الحَقِيقيّة وأَظهرت لهم مدى القُصور في فِكرهم الثَّورِي ومَنهجهم النِّضالي ومدى الهِزال في مَفهوم الزَّعامة الذي رَوَّجُوه، ونَبَّهَتهم إلى مدى خُطورة ما مارسوه مِن تَضْيِيق على العِقل النَّاقِد ومِن مُصادَرة الحَقِّ في التَّعويض عن انعدام العِصْمة بهذا العقل.

وعلى الرَّغْم مِن وُجُود هذه المُعطيات؛ ما انفكَّ مُجتَمع البحرين يُفرز الوقائع ويَجتَبي الصَّالِح مِن المفاهِيم ويُميِّز الخَبيث مِن الطَّيب ويُصَنِّف الرّجال على قَدر ما يُحسنِون ويَقرأ الأَحوال لِيَعتبر منها ويَحصِد لِنَفسه النَّتائج الموافقة لِنَسق نُمُوّه الاجتِماعي والثَّقافي الأَصِيل العريق، ويَتفَلَّت مِمَّا عكر وكدر وسقم في سِياق هذه التَّجربة، ويَهتدي إلى ما يُفضِي إلى الرُّشْد والسُّموّ بِالوجدان.

وفَوق ذلك، مِن الجَدِير القَول أَنّ التَّحَدِّي الكبير في التّجربة البَحرانِيَّة الرَّاهنة يَتمثَّل في كَيفِيّة السُّمو بِالعَقل النَّاقِد الحُرّ وتَنمِيَة القابِليّة لِلتَّفوّق بِه وإِعمال المنهج

المُناسِب عند مُعالجة أسباب الضَّعف والهوان والكَسل والتَّراخِي. على أنْ تستظلّ هذه التّجربة بِراية (الانْتِظار)، وتلتزم بِعَقِيدة (الوَلايَة والبَراءة)، وتَضمن دَوام مَسيرة التَّقدّم والتَّجدِيد الحضاري، وتتَّصل بِسيرة الأَجداد الّذين أجادوا في صَنعة الهَندسَة الثَّقافِيَّة وأَبدعوا في تَنمِية مَظاهِرِ الثَّقافة وصيانة هُوِيَّة المجتمع البَحرانِي.

مع التماس أنْ تكون مادَّةُ هذا الكتاب إضافةً مُتَواضِعةً إلى ما قدَّمه البَحرانِيُّون مِن عملٍ جميلٍ على طريق تَحرير الثَّقافة الأَصِيلة مِمّا يُعَكّر صَفوَها ونَقاءها ويُعرقِل النُّمو الطَّبيعِي المُطَّرِد لِنَسقها.

وفي ظَنّي أنَّ هذا الكتاب الّذي أمضيتُ في إعداد صفحاته ثَلاث سِنين وانتهيتُ مِن تأليفه في يَوم الإِثنين 14 مِن شَهر رَمَضان المبارك لِعام 1442هـ/ 26 إبريل مِن سَنَة الحَجْر الصِّحي بِـ(جائحَةِ كُورُنا) 2021م - لا يَخلو مِن نَقصٍ، وأنّ مُحتوياتِه قابلةٌ لِلنِّقاش النّاقِد البَنّاء.

فالكَمالُ لله الواحد الخالِق المُوجِد وبِهِ نَستَعِين.

كريم المحروس

شهر رمضان 1442هـ/ إبريل 2021م

التَّمْهِيد

يَتوَهَّمُ المثقّفُ المعاصِر حين يُرجِع النُّموّ المطَّرِد في (الوَعْي) بين أَفْراد مُجتَمعِه إلى ما قَدَّمَت يَداه مِن جُهدٍ فِكريٍّ ثَوريٍّ خارجٍ على النَّمط الثَّقافِي التَّقليدِي السَّائد، فيُبالغ في الانْتِقاص مِن الثَّقافَة الأَصِيلَة في مُجتَمعِه ويُشكِّك في أُصُولها وفي مَصادرها وفي مَدى الاستِعداد الذِّهني البحراني لِتَنميتها، ويَستنكِر فَعالِيَّات نُظرائه مِن المثَقَّفين المُعاصِرين المُتَمَسِّكين بِالأَصالة، ويَستقبِح ما يَصِفه بِالرُّكون لِهذه الثَّقافَة المُتخَلِّفة والجُمود على أفكارِها.

ويَرى أَنَّ ما يَخوضه مِن نِضال سِياسِيّ صَعب في وطنه فذلك يُؤهّله لِلانفراد بِالحقِّ المُطلَق في زعامة مُجتَمعِه، كما يحق له أَنْ يَخصّ نفسه بِالوَلايَة على مجتمعه ويَسود بها على كُلّ الكِيانات الثَّقافِيَّة والسِّياسِيَّة والأَهْلِيّة بِوَصِفه الإنسان (السُّوبَرْمان) المُنقذ.

لا تَنشأ الثَّقافَةُ آليًّا عبر تَشكيل حزبٍ سياسيٍّ، ولا تَنمو عبر تَأسيس جَمعِيَّة ثَقافِيّة أو بِتكوين تَيّار فِئوي مَرجِعيّ أَو تَنظِيم حَشدٍ ضَخمٍ وفَخم مِن الوكلاء، ولا مِن خِلال إلقاء خُطبةٍ عصماء على مِنبرٍ أَو عَقد محاضرة في مَسجد ومأتم أَو بتَأليف كِتاب وطباعته ونشره، ولا بِكتابة بيانٍ أو مقالٍ، ولا بإعداد دراسة عِلمِيَّة أو إجراء تحقيق صحافي مُثير، ولا بالمواظبة على تقديم عَددٍ هائل مِن الفَعّاليّات الاجتماعيّة المُبدعة. وإِنَّما هذه كلّها تُنسَب إلى أَثْرٍ مِن آثار الثَّقافَة الأَصِيلَة القائمة أَو إلى أَثْرٍ مِن آثار الفكر الطَّارئ الشَّاذ المُخالِف لِقَواعد وأُصُول ذات الثَّقافَة.

فالتَّأريخ يُمثِّل عُمقَ الثَّقافة إِذ هُو الحاضِنُ لها والحاضِر والرَّئيس والفاعِل في حَرَكة المُجتَمع على الدَّوام والمؤثِّر في نُمُوّ إدراك مواطنيها.

وإلى جانِب هذا التَّأريخ تأتي مَصادر المَعرِفَة (العَقل والحِسّ والحدس والذَّوق والكَشف) وأَحوال التَّدافع النَّاجِمة عن تَفاعُلات السَّردِيَّات الفِكريَّة الكُبرى في المُجتَمعات القَرِيبَة والبَعِيدة، حيث لا ينفرِد مصدر (الوَحْي) بِفن صناعةِ الثَّقافَة وتَنمِيتها بِشَكل رَئيس وإِنَّما يَعمل على تَأصِيل الثَّقافة وتَنظِيمها وصِيانتها.

ومِن المواقف الظَّريفة في اختِلاف الثَّقافَة بيننا وإخواننا العِراقِيّين الكَربلائِيِّين أَنَّ عددًا مِنَّا ومِنهم غادر الأَوطان في مطلع عقد الثَّمانِينات مُكْرهًا أَو مُجبرًا، وشاءت الأقدار أَنْ تجمع بيننا في بلد المنفى ويَضمّنا المصيرُ المشترك وتُقرّبنا صِلةُ الجيرة في حِيّ سكنيّ واحد.

وكان مِن عاداتنا البَحرانِيّة المُتَّبعة في شَهر رَمَضان المبارك العملُ على إعداد طَبَق (الهَرِيسْ) لِدَعم وجبة الإفطار اليوميّة والبدء بإطعام بُيوت الجِيران لِكَسب ثواب الإفطار وتَوثِيق صِلَة الجِيرة. وقد أَلْزَمنا أنفسنا بِالجِدّ في إِعداد هذه الوجبة والإصرار على إِحياء هذا المظهر الثَّقافيّ البَحراني ذِي البُعد الاجتِماعيّ الجَميل بِكُلّ تفاصيله.

وقُبيل ساعةٍ مِن أذان المغرب ذَهب الطبَّاخُ مُسرِعًا بِطَبَقٍ مِن الهَريس إلى بَيت جارنا العِراقِي الكربلائي وسَلَّمه إِليه ثُمّ عاد إلى السَّكَن مُسْرِعًا لاستِكمال واجِبه في إعداد سُفرة الإفطار.

وبعد لحظاتٍ قليلةٍ مِن ساعة الأذان سمعنا البابَ تُطرق.. فتحتُ الباب وإِذا به السَّيّد العراقي الكَربلائي الجار (مِسْتِمِتْ عَدِلْ) وبِيَده ذات الطَّبَق الّذي تَسَلّمه قبل ساعة مِن طَبّاخنا.. أَطنَب السَّيّد في السُّخرِيَة مِنّا بصوت غليظ مبحوح وهو يقول: إِشْبيهُمْ إِخْوانّهْ البَحارنَه اليوم؟!.. يِتْشاقون وِيَّانَه؟!.. إذا ما يِتْحمَّلون الصِّيام في صِيف بلد المنفى الأَعجَمِي فكيف تَحمَّلتم الصِّيام في وَطِنِكم.. صِدُقْ جِذِبْ.. المنفَى أَوْلى لَكُم.. أَكِيد جَوارينَّه البحارَنه إِصُومُون في شَهر رمضان البحرين لو يِتْقَشْمَرون؟!.. هذا طَبّاخْكُم هَلَك مِن الصِّيام وذَبْ مِلِحْ بالهَريس بَدَلْ السُّكَّر.. خُذوا هَرِيسُكم البَحراني أَبو المِلِحْ لا حاجة لنا فيه.. طَبَقْنا نفضِّله بالسُّكّر ونُفْطُر بِيهْ عند الصَّباح بِالشِّتَه فَقط ومو بالصّيف!

قلتُ لِلسَّيّد: صَبْرُك عَلِينّه يا سَيِّد.. هَوِّنْهه واتْهُون.. تَرَهْ احْنَه ناكِلْ الهَرِيس بِالمِلْح وما نَدري انْتُونَه اتّاكْلُونَه بالشَّكَر.. تَرَه البحارنَه يا سَيّدنه ناس لَطِيفين هَيِّنين ما يِتْعلَّفون ابْعِراقِي!

في سِنين طُفولَتِي وبِعُمُر السَّادسة كنتُ عنصرًا بحرانِيًّا لَطِيفًا في موقف ظريفٍ فكِهٍ إِذْ حَلّ (السَّيِّد حُسَين السَّيّد يُوسِف) ضَيفًا كريمًا على عائلة المَحرُوس في حَيّ النِّعَيم، وهو عِراقيّ الجِنسِيّة مِن أُصُولٍ بَحرانِيّة ينحدر مِن نَسل عائلتَي المحروس النِّعَيمِيَّة و(آل عبد الصَّمَد) البِلاديّة اللَّتين غادرتا جزيرة البحرين في مَطلع القرن التَّاسِع عشر إلى البَصرة مُضْطَرّتين طلبًا لِلأمان في إِثْر تَوالي الاعتِداءات الخارِجِيَّة المسلّحة على القُرى البَحرانِيّة السَّاحِليّة.

وكان على رأس عائلة المحروس في السَّفر إلى البَصرة جَدِّي الثَّالث الحاجّ (حَسَن المَحْرُوس) بِصُحبَة ابنِهِ الحاج رَضِي المحروس وابنَتَين تَزوَّجتا فيما بعد مِن ابني آل عبد الصَّمد البِلادِي البَحراني، فيما عاد جَدُّنا

الحاجّ حَسن إلى البحرين وخَلَّف ابْنَتَيه مع زَوجَيهِما في البَصرة.

انتهينا مِن إعداد (عَرِيشْ) بيت الخَطِيب الشَّهِير الشَّيخ أَحمد مال الله رحمه الله ليَكون سكنًا لِلضَّيف الكريم(السَّيِّد حُسَين السَّيّد يُوسِف) القادم مِن البَصرة. وفي السَّاعات الأُولى مِن صَباح اليَوم الأوَّل لاستِقبال هذا الضَّيف؛ غادر والِدي الحاجّ عيسى إلى ورشة عمله وتَرك لِلضَّيف فسحةً مِن الزَّمَن لِكي يَستردّ فيها أَنفاسه مِن بعد عناء السَّفر البحري الطَّويل ويَنفرد بنَومةٍ مُريحة. فقد أَصْبح الضَّيف السَّيّد البَصراوي منذ الآن تحت رِعاية عائلة المحروس في بيت (عَشِيشْ) مُستعار مِن الحاجِّ مُحمّد عليّ الذي استَغّل فترةَ سَفر ابنِهِ الشَّيخ المُلّا أَحْمد مال الله ورَضِي بِالسَّيد البَصراوي ضَيفًا يحلّ في سَكنِه.

وقبيل مغادرة جدّي الحاجّ عَلِيّ المحروس إلى السُّوق لِشراء بعض الحاجِيّات الضَّرُوريّة أَوْكَل إليّ مُهمّة ملازمة الضَّيف ورعايته وتنفيذ طلباته. فكان الطَّلبُ الأَوّل لِلضَّيف في ظُهر صَيف البحرين القائظ(أَنْ آتيه بكأسٍ مِن الماء البارِد) على وجه السُّرعة. فقد استَحال عَريش البَيت (العَشِيشْ) الَّذي استضفناه فيه وكان بِمَثابة الغُرفَة الفارهة في ذلك الزَّمَن - إلى (نارٍ حامِيةٍ).

اغتَرفتُ بالكأس غُرفةً مِن ماء (الحِبّ) المركون في الزّاوية الشَّرقِيَّة لِـ (طَيَّارَة) بيتنا وعُدت به إليه مُسرعًا.. ارتَشفَ السَّيّد بِشفَتيه الذّابلتين قليلاً مِن ماء (الحِبّ) ثُمّ تفله على كراهة له، وأَكثر مِن لفظ بَقاياه مِن جَوفِ فَمِهِ، وأَخذ يمسح شفتيه بِكُمِّه وهو يقول: وَلَدِي كَريم.. كَريم قاسِم!.. شِنُو هاي.. ما تِصلَحْ اتْدارِي ضيفْ بَصْراوي يا كَرِيم.. أَنا ابنُ دِجلَةَ والفُرات.. أَنا ابن المَيّ الحِلُو وتسقِيني مَيّ بِالمِلِحْ!.. انْته حاطّ مِلِح بِالمَيّ!.. تِتْشاقَ وِيّاي يا كَرِيم؟!

(إِتْفَلْقَعْتُ) مِن الضّحك وقلتُ له: هادَه ماي مِن (الحِبّ) سَيِّدْنه مُو مالِح.. إِحْنه كِلْنه نِشْرب مِنَّه ومافِيه غيره.. أَوَّل مَرَّهْ أَسْمع في الدِّنْيه ماي (حِلُو).. وشِنُو دِجلة والفُرات.. أُمُّكْ وجَدَّتْك؟!

رَفَع الضَّيف السَّيّد حُسين أَوَّل شكوى إلى جَدِّي الّذي عاد لِتَوِّهِ مِن السُّوق يحمل أَكياسًا مِن الخضرة واللَّحم الطَّرِي، وأَبدى استِياءه وسخطه مِمَّا فَعَلت. فانْسَحبتُ على وَجْه السُّرعة مِن (العَرِيشْ) ولم أَعُد أَرَى لِلضَّيف ظِلًّا حتَّى جاء يوم الجُمعة الأَخِيرة لسفره حيث شاركت والِدي وَجدّي في إعداد الوَلِيمة الكبيرة التي أُقيمت على شَرفه ودُعِي إليها وُجهاء حَيِّ النَّعِيم، ولكِنّي فُوجِئتُ بِالضَّيف حينها وهُو يسرد مِن جديد وَقائع (الماي المالِحْ) والجميع مِن حوله في غَمرةٍ يَضحَكون!

ولِتَطييب الخواطِر، اصطَحَبني الضَّيف السَّيّد حُسين معه في اليوم التَّالي إلى (فُرْضَة) المنامة في مَوعِدٍ ضَربهُ مع أَصدقائه العِراقيِّين المتواجدين على ظَهر النَّاقِلة البحريَّة (الدُّوبَه) الخاصَّة بِنَقل أَكياس (السِّمِنْت) مِن مصانع البصرة إلى البحرين.. صار الضَّيف السَّيد حُسين لَطِيفًا معي في هذه (الكَشْتَه) القَصيرة المُمتِعة، وأَخذ يُطلِعني على وَظِيفة (الدُّوبَه) ويدلّني على أَقسامها الفَنِّيّة والإداريَّة ويعرّفني على أَحجامِها والمواد التِّجاريّة المنقولة بِواسطتها مِن ميناء البصرة إلى البحرين. ثُمّ اجتمعنا مع طاقم (الدُّوبَه) على وجبة الإفطار العراقي (باقِلَّهْ بالدِّهِنْ). وفي هذه الأثناء طَلَب الضَّيفُ السَّيّد حُسين مِن أحد أفراد الطَّاقَم أَنْ يَأتِيه بِكأسٍ مِن الماء، فجاؤا إِليه بِـ (طَاسَه) مِن الماء ومَرّرها إِليّ وهو يقول: خُذْ اشْرب الماي الحِلُو يا كَرِيم.. هاذي مَيَّتْنَه الحلوة إِلِّي نِشْربَهه في العِراق.. مَيّ نَهر دِجلة (أُمِّي) ومَيّ (الفُرَات) جَدَّتِي!.. في الدِّنْيَه مَيّ حِلُو لَولا؟!.. إِشْرَبْ دِشُوف!

أَحرَجَنِي السَّيّد مرَّة أُخْرى..أَخذ يسرد لِأَصدقائه العِراقِيّين على ظَهر (الدُّوبَه) واقعة (الماي المالِح) بِالتَّفصيل المُمِلّ، فتَضاحكوا بَينهم أَجمعِين!

لَو أَمعنّا النّظر في معنى واقِعَتي (الهَرِيس المالح) و(المَيّة الحلوة) السَّاذِجَتين وتَسائلنا عن أَثَر مَصادر المعرفة في تَشكِيل ثقافة المجتمعات فإِنَّنا ـ مِن دُون شَكٍّ ـ سنَمِيل إلى القَول أَنّ في الشِّيعة ثَقافاتٍ مُختَلِفَة وليس ثَقافة

شِيعِيّة واحدة أو مُوحّدة، وأَنّ وَحدَة مصادر المَعرِفَة وأُصُولها في كُلّ بِلاد الوجود الشِّيعي لا تُنتج ثقافةً واحدةً. وهذا مِمّا يكشف عن وُجود مؤثّرات مختلفة في تنمية الثَّقافة الشِّيعِيّة قد تَتجاوز أَثَرَ المَصدر المنفرد بِـ(الوَحْي) ويَدفع إلى إِعادة النَّظر في القول الشَّائع بِوُجود (ثَقافَة شِيعِيّة) واحدة في مُختلف بِلاد الوُجود الشِّيعي!

ليست الثَّقافة في المجتمعات صَفحةً بيضاء تنتظر مِن حِزبٍ أَو فئةٍ أَو زَعِيمٍ أَو اتِّجاهٍ سياسِيّ أَنْ يتقدّم إليها بِالفَضل ويُحسن إليها فيَزيد فيها أَو يمحو منها ويشطب ما يشاء ويختار. ويُخطِئ مَن يظنّ أَنّ لدى الوُجود الشِّيعي في كلّ بلاد العالم عُمقًا ثقافيًا واحدًا، وإِنَّما تَتنوّع الثَّقافات وتَتعدّد وإِنْ سلّمنا جدلاً بِأَنّ هذا الوجود قائمٌ على وحدة في أُصُول المعرفة.

ولو رُصِدت حركةُ التَّنمِية في الثَّقافات الشِّيعِيّة منذ بداية القرن العشرين حتَّى مطلع القَرن الواحِد والعِشرين، وأُحْصِي حجم الأثر الّذي أَنجَزته التَّحزُّبات والفِئويّات الشِّيعِيّة وخَلّفته الاتِّجاهات المعاصرة فيها؛ لكانت حصَّةُ الأسد مِن التَّأثير ليست مِن نَصِيب هذا التَّحزُّب وهذه الفِئويّة على الرَّغْم مِن مرور قَرنٍ على التَّفاعل الفكري مع هذه الاتِّجاهات والانتماءات.

ويَعود السَّبَب الرَّئيس في ذلك إلى أَنّ الفِكر (الثَّورِي) المتَّبع لدى هذه الاتِّجاهات والانتماءات لم يكن وَلِيدًا شَرعِيًّا لِتفاعلات الأُصُول الثَّقافيّة الشِّيعِيَّة العَريقة. فهُو فِكرٌ نزقٌ طارئ لا يَنسجِم مع ثَقافَات الوُجود الشِّيعِي ولا يُشكِّل امتدادًا طَبيعيًّا لها!

ولو اتَّخذنا مِن النَّهضة الأُورُوبِيّة المعاصرة مِثالاً واقعيًّا نَتفاعل معه اليوم ويُهيمن على مصائرنا ومُقدّراتنا المادِيّة ويُؤثّر في ثَقافتنا؛ سنُدرِك أَنّ وُصُول أُوروبّا الغَربيّة إلى هدفها المَوسوم بِـ (الحَضارة) لم يَتحقّق إِلّا مِن بَعد تظافر مَجموعةٍ مِن العوامل الفَلسَفِيّة والأَدَبِيّة والعلمِيّة والاقتِصادِيّة والسِّياسيّة والحَربِيّة فضلًا عن التَّحولات الجغرافيّة والفنِّيّة والتَّفاعل التَّبادلي

بين مفاهيم القَبلِيّة والعشائريّة والقَومِيّة والدِّينيّة في أَمدٍ طويلٍ تَجاوز القُرون الأربعة المتوالية في غَربِ أُوروبّا والقُرون السِّتّة المتوالِيَة في أُوروبّا الشَّرقِيَّة والشِّماليّة، وليس في الأُفُق ما يفيد أَنّ كُلّ ذلك جَرى بِالثَّورة على الثَّقافَات القَدِيمة أَو الانقلاب عليها.

فحِينما يُهيمِنُ العقلُ السِّياسيّ على كِيانٍ حِزبيٍّ واتِّجاه فِئوي فإِنَّهما ينفثان أَوهامًا دعائيّة مِن عندِهما ويزجّان بها في المجتمع ويُبالِغان في ترويجها ويُصوِّرانها في هيئةٍ مُقدّسةٍ ومِن المنجزات الثَّقافِيّة العُظمى ذات البعد الإِعجازي. ويظلّ المنتمون مِن ذَوِي العقل السِّياسي عاكِفين على اجترار الأَحادِيث عن نَصرٍ ثَورِيٍّ وفَوزٍ ثَقافيّ قياسِيَّين لا وُجود لهما ولا ماهيّة. ثُمّ ينتهي الأمرُ بهم إِلى التِهام ما صَنعوا بِذات الوسائل الثَّورِيّة الَّتي أَسَّست لِوُجودِهم الجديد!

إِنَّ كلّ ما لدى البحرانيِّين المعاصِرين مِن نُموّ في الثَّقافَة وامتازوا به في الأوساط الشِّيعِيّة فهو ليس مِن صُنعِ التَّحزّبات والفئويّات المعاصرة. وأَنَّ الوجود الحِزبِي والفِئوي الطّارئ في البحرانِيِّين ظلّ أَسِيرًا منذ يومِهِ الأَوّل لِأَفكار هَجِينة لَيست وَلِيدة بِيئتهم الاجْتِماعِيّة ولا تمتّ لِلثَّقافَة البَحرانِيّة الأَصِيلة بِصِلة. وأَنَّ كُلّ الكِيانات والاتِّجاهات الّتي ادَّعَت الفُرادة والتَّمَيّز في صَنعةِ التَّنمِيَة الثَّقافِيّة الشِّيعِيّة حتَّى مَطلَع القَرنِ الرّاهِن قد آل أَمرُها إِلى الانكِسار وانتهى بها المطاف إِلى تَقدِيس مَفهوم الزَّعامة السِّياسِيّة العَلمانِيَّة بالتَّعويض السَّلبِي. ولا شيء مِن الثَّقافَة الشِّيعِيّة الرّاهنة يُنسَب إِلى اجتِهاد هذه الكِيانات والاتِّجاهات على وَجْه الحَقِيقَة!

ليس مِن شَكّ في أَنّ التَّنَوُّع الثَّقافي في بِلاد الوجود الشِّيعي القائم على تَعدُّد المذاهب والأَديان والقَومِيّات والأَعْراق، والتَّفاعُل القَهرِي مع السَّردِيّات العالمِيّة الكُبرى، وتَجاوز العَمالة الأَجنَبِيّة الوافدة مُعدَّلاتها السّكانِيّة نِسبةً لِعَدد السُّكان الشِّيعَة الأَصلِيِّين في بلادهم، والاستِقدام المُفتَعل

لِلعَشائر والأَقوام مِن بِلادٍ أُخرى والتَّجنِيس الطائفي المُوَجَّه لِزيادة مَصادِر الدَّخل ولِمضاعَفة الجِبايَة لِلضَّرائب والإِرباك المُتَعمّد لِميزان القوى في المُجتَمع مِن أَجل تكريس الفَصْل بين أَتباع المذاهب وبَثّ الكَراهيّة الدِّينيّة فيهم، واضطِرار المواطن الأَصْلِي لِركوب وسائل الهِجرة عن الأَوطان طَلبًا لِلرِّزق والأَمان ـ كُلّها تُمثِّل أَهَمّ المَخاطر المضرّة بِالنَّسَق التَّنمَوي الأَصِيل لِلثَّقافَة وبِمُستوى الرّقي الاجتِماعي.

فما الّذي قدَّمَته الانتماءاتُ الحِزبيّة والاتِّجاهاتُ الفِئويّة على طريق معالجة هذه المشكلات المَصيريّة الخطيرة، ولماذا تَخلَّت عن هذه المسئوليّة ووَجَّهَت اهتمام الوُجُود الشِّيعي إلى عُقدَتي (التَّخَلُّف) و(اللّاوَعْي) الذَّاتِيَّين الوَهمِيَّين المُختَلَقَين وسَعت إلى التَّمكّن مِن تَرسِيخ مَفهوم الزَّعامة السِّياسِيّة القابِل للانكِسار؟!

إِنَّ تَشكّل الانْتماء السِّياسي في المجتمع البَحرانِي الأَصِيل على قَواعِد بيئة ثَقافِيَّة أَجنبِيَّة هو مِن أَهمّ العوامل السَّلْبِيّة المُربكة لِلثَّقافَة البحرانِيَّة الأَصِيلة والمُعطِّل لِنُموّها، وأَنّ تَبنِّي الانتماءات والاتّجاهات البَحرانِيّة لمبدأ إِخراج المَجتَمع البَحراني ذِي الثَّقافَة الأَصِيلة مِن حال (التَّخَلُّف) و(اللّاوَعْي) الثَّقافي عبر اتِّباع مَنهج الشَّكِّ الدّائم في العَقِيدة والتَّشطِيب المُخِلّ بِمتون مَصارد المعرفة وأُصولها والتَّأميم لِمَظاهر الثَّقافَة واحتِكارها بِفَردِيّة وعصبيَّة حادّة ـ أَدخل النِّظام الاجتِماعي لِلشِّيعة البحرانيِّين في فوضى التَّعالِي والتَّحاسد والتَّفاخر والاستِقطاب والتَّنافُر والإقصاء والتَّباعُد، وعَطّل الثَّقافة المَحلِّيَّة الأَصِيلَة بهذا المنحى سَبعِين عامًا وأَخرَجها مِن نَسقِها الثَّابِت في النُّموّ المطّرد والمتَدرِّج وحَرَمها من الرّقي الآمن.

وليس مِن شكٍّ في أَنّ قوى الاستِبداد السِّياسِي لَعَبت دورًا مُضادًا لِلحَدِّ مِن النُّموّ الثَّقافي الشِّيعي، فلَم تَتوان عن حَثّ التّراب في وَجْه هذه الثّقافة، فذلك خِيارُها الاستِراتِيجِي المتبقّي الّذي لا يَكفِي لِوَحده مُستقِلًّا في

زَعزعة هذا البُنيان البَحراني الأَصِيل الفاعِل عَمِيق الجذور ما لَمْ يُواز هذا الخِيار عَمليَّة انقلاب ثَورِي مُفاجِئ في النِّظام الاجتماعِي (التَّقْليدِي) بِأَيدي أَهْل هذه الثَّقافَة الّذين كانوا يَرعَونها بِأَنفسِهم ويَمدُّونها بِعَوامل البَقاء.. كَيف حدث ذلك؟!

على حسب المعطيات المُتوافِرة في التَّجربة المعاصِرة؛ فقد صَدَر هذا اللَّون مِن الانقلاب الثَّورِي في غَفلةٍ مِن نخبة المُثقَّفِين المُسيَّسِين.. في واقع الأمر أَنّ نُخبَةَ المثقَّفِين مِن أَبناء المجتمع الشِّيعي تَطوّعوا مِن حيث لا يَشعُرون لِتَنفيذ الانقلاب في نظامهم الاجتِماعي. وكان عَملُهُم على حَجْبِ الثِّقَة عن الثَّقافَة المَحليَّة والتَّشكِيك في أُصُولها ومَصادِرها وتَأمِيم مَظاهرها هو أَوَّل المُغامرات التي اقتَرفُوها تَحت عنوان الحِرص على انقاذ المُجتَمع البَحراني مِن (التَّخَلّف) و(اللّاوَعْي) وتَجريدِ ثَقافَتِه مِن (الخُرافَة) و(الأُسْطورة) والعودةِ بها إلى مَجد (الأُمَّة الواحِدة) المُتَحضِّرة المنفتحة على الثَّقافات الأخرى، فأَعانوا الاستِبداد السِّياسِي لاقتِراف فَعْلَتِه الّتي فَعل، وقَطعوا بهذا العَمل الطَّريق على النَّسَق الثقافي مِن أَنْ يَنمو نُموًا طَبِيعيًّا ويُؤدِّي وَظيفتَه المفترضة في المحافظة على هُوِيَّة المجتمع وأَصالَتِه!

ومِن المُفارقات المُثِيرة في هذا الأَمْر، أَنّ نُخبَةَ المثقَّفين المُسيَّسين الشِّيعة رأت في انقلابِها الثَّورِي على النِّظام الاجتِماعي (التَّقلِيدِي) القائم هو مُقدَّمةٌ ضَرُورِيَّةٌ لا بُدَّ مِن تَحمّلها مِن أَجل تَعوِيم كُلٍّ مِن مَفهومَي (الزَّعامَة) و(الانْتِماء). فِيما رأت قُوى الدَّولة أَنَّ المُبادرة إلى استِغلال هذه الرُّؤيَة المُستجدّة لِنُخْبَة المثقَّفين المُسَيَّسِين وتَوظِيف انقلابها الثَّورِي سِياسيًّا ـ تُمثِّل عملًا اضْطِراريًا مِن أَجل حماية سِيادة الوَطَن وأَمْن المُواطن!

لقد تَفَشَّت آفةُ الانتِماء الحادّ في المُجتَمع البحراني مِن خِلال نُخبَةِ المثقَّفين المُسَيّسين، فاستَشْرَت أَسقامُ الشَّكِّ والارتِياب والادِّعاء وعَمّ التَّوهُّم وسُوء الظَّنِ في المقاصد والسَّرائر حتّى نَخَرَت في جَسدِ الانتماء ذاتِه

ثُمّ سادَت في النَّاسِ مِن حَولِه بِما يُعزِّز مِن مَفهُوم الزَّعامَة ويُمَكِّن لها ولِآلَة الانْتِماء مِن النّفوذ في المجتمع وكِياناتِه الأَهلِيَّة.

إِنَّ نُخبَة المثقّفين في مُجتَمع الإمبراطوريّات العظمى والملكيّات القديمة هي ذاتُها فِئة الاستشارِيِّين صانِعة السِّياسات الاسْتِراتيجِيَّة، وعلى أَكتافِها تُحمى مَلفّات المؤامرة وتُسَعَّر نِيرانها في النَّاس، وبِأيدي عناصرها تُحاك المكائد لِتَبديد قُوى المجتمع وتَفريقها وتَدمِير ثَقافتها. وبِنفوذِها تُدَبَّر الانقلابات على الأباطرة والملوك والأمراء، وبِفكِرها يُنتجُ مفهوم الوَلاء الخاصّ ويُبثّ في أَذهان العامَّة مِن النَّاس ويُكرّس لمصلحة مَن تَرتضِيه هذه النُّخبَة مِن الأَباطرة والملوك والأمراء حاكِمًا بِالسِّيادة المطلَقة في صُورة نِصف آلهة تَنفرِد بِتَلقِّي الإشارة مِن الإله الأَعظَم لِتَقرير مَصِير السِّلم والحَرْب.

وقد تَستقِلّ هذه النُّخبَة بِكُلّ ذلك مِن أَجلِ خِدمة مقاصدها الذَّاتِيّة على حساب سُلطة الأَباطرة والملوك والأمراء، وتَنقلِب على كُلِّ شَيء إِنْ اضطرت إلى فعل ذلك، انطلاقًا مِن القاعدة الشَّهيرة(إِنْ لم تُحسِن الأَكل في عالم السِّياسَة أُكِلَت)!

كيف ستَمَكّن نُخبةٌ مِن المُثقَّفين الفاقِدة لِلثِّقة في ثَقافَة مجتمعها الأَصِيل وفي كُلّ شيء يدُبّ مِن حولها، والمفتتنة بِأَوهام العظمة، والمأسورة لِلشَّكّ والارتياب في الأفكار والأَشخاص والأشياء ـ أَنْ تُساهِم في تنمية الثَّقافَة الأَصِيلة وفي إِصلاح السَّرائر وتُنَمِّية البَصائر، وأَنْ يُؤتَمَنَ عليها في مَنزِلَتي الانْتِماء والزَّعامة؟!

وكيف يَتمكَّن المخلصون مِن إِصْلاح السَّرائر في بيئة مُلوَّثَةٍ بِأَفكار وأَفعال نُخبَةٍ مِن المثقّفين قد عَبَث مَكرُ السِّياسَة في ذِهنِها وغَلب مَبدأ الشَّكّ المطلق في رَوع عناصرها فعَمُوا وصَمّوا؟!

إِنَّ وقائع هذه الحال هي مِن أَخطر المُضاعَفات النَّاجِمة عن انتماء نُخبَةٍ مِن المثقَّفِين البَحرانِيِّين لِنَسق فِكرٍ أَجنبيّ الثَّقافَة مُغاير لِلنَّسَق الثَّقافي السَّائد

في مُجتَمعِهم منذ القَرن الهِجرِيّ الأوّل، ومِن أَخطرِ الإفرازات النّاجمة عن الشّعورِ بِالنّقص وفقدان الثِّقَة في الثّقافَة المحلِّيّة الأَصِيلة، ومِن أَخطَرِ عواقب الجَهل بِسَيرة الثّقافَة وما أَفضَت إليه في واقع الحال!

مِن هُنا أَتَت أَهمِّيّة الإحاطة بِمَعاني الثّقافَة الأَصِيلة السّائدة في المجتمع البَحراني، والإحاطَة بِسِيرتِها التّأريخيَّة، والعلم بِنَشأتها وبِالأحوال في نُموّها وتَطوّرها، والمَعرِفَة بِمَناطق القُوّة والضَّعف فيها، والرَّصْد الدّائم لِأَثَر المناهج السَّلبِيَّة المُضادَّة بِوَصْفِها بَديلاً مُعتَمدًا لدى مَن يُصنِّفهم المجتمع البَحرانِيّ في خانة المُثَقَّفِين (الوَاعِين) المُنقِذين والمُصلِحين والأُمناء على الوَحْي والعَقل والتَّجربة والتّأريخ والذَّوق وعلى الوِجدان والعَواطِف.

الفَصْلُ الأَوَّل
الاغْتِرابُ بِمَعَانِي الثَّقَافَةِ

احْذَرْ.. أَنْتَ مُتَخَلِّف

ما الّذي دَفعَ بِالشّخصيّة البحرانِيّة إلى التَّحيُّز لِفئة نِضالِيَّة خاصَّة في العَمل الثَّقافي، أَو إلى التَّعصُّب لجهةٍ مميّزةٍ في تَنمية العمل الخَيري، أَو إلى التَّطرُّف لانْتِماءٍ سِياسيٍّ حِزبيٍّ ولاتِّجاهٍ فِئوي، أَو إلى التَّشدُّد لصالح تيّارٍ فِقهي والتّزمُت لصالح اتّجاه مَرجِعي ـ مع تَوافر خِيارات أُخْرى مُختلِفَة ليست مَشروطةً بهذه الأَوصاف السَّلبِيّة وأَكثر منها رحابة في الأُفِق الاجتِماعي؟!

ما الّذي يُلهِم هذا الإنسان البَحرانِي حتَّى يَمِيل كُلّ المَيل إلى هذا الصِّنف مِن الانتِماء أَو ذاك الصِّنف مِن الاتِّجاه مِن دُون غيره؟!

ولماذا فَضَّل البحرانيُّ المُلهَم اللّحاق بهذه النّقابة أَو الجمعيّة أو النَّادي أَو المحفل أو المُنتَدى أَو المقهى أَو البَسطَة المفتوحة أَو التَّجمُّع المُغلَق، ولماذا يَتفانى في خِدمَةِ مَظاهر ثَقافَتِه فيُحيِي شعائر هذا المسجد أَو ذاك المأتم وهو يَعلَمُ أَنّها ليست مُستقلَّةً في الرَّأي والفِكر والمَوقِف أَو أَنّها مَنسوبةٌ لنفوذ جِهاتٍ تَقلِيديَّة أَو حَداثَوِيّة شَكلِيّة فاقِدَة لِلكفاءة والأَهليّة ولا تُمثِّل امتدادًا أَصِيلاً لِنَسق ثَقافَة مُجتَمَعِه؟!

ما الّذي يُثير في الذّات البَحرانِيّة الأَصِيلة الحماسَ فيَدفعها إلى التَّفاعل الذِّهنِي والوِجداني النَّفسِي مع ثَقافَة مُجتَمعِه المَرمُوقة وذائعة الصِّيت في المَودَّة لِأَهْل البيت صَلواتُ الله وسلامُه عليهم، فتَترقَّب حلول مناسباتهم في

الحُزنِ والفَرَحِ على حَدٍّ سواء وتَترَصَّد أيامَها بَشغفِ حُبٍّ وشَوقٍ على غير العادة عند استِقبالها المناسبات الشَّخصِيَّة والأَيَّام الوَطَنِيّة؟!

هل هُو التَّزيين مِن جِيل الوالِدَين، أَمْ هو التَّشجِيع مِن شِلَّة الأصدقاء والرِّفاق، أَمْ هو التَّوجِيهُ مِن فئة انتِماءٍ خاصٍّ أَو اتِّجاه، أَمْ هو نِداءُ الرَّوع ونِداء الفِطرة الّتي فَطرَ الله عَزَّ وَجَلّ النَّاس عليها، أَمْ هو اتِّباع لِلمثل المشهور (حَشْرٌ مع النَّاس عِيد)؟!

هَلْ هُو مِن تَأليب ما يُعرف بأَثَر الحشد الهائج الّذي يُنشِّط في الذّات العَواطِف ويَشحنها ويُعَطِّل في الذِّهن آلة التَّفكِير المُستقلّ والاختِيار الحُرّ، أَمْ هو الجماهير العاقِلَة المُوَجَّهة دعائيًّا، أَمْ هو ضَغطُ التَّقلِيد والعادَة والبَلادة، أَمْ هِي الثَّقافَة الّتي اهتدى إليها جيلُ الأَجداد وقَعَّدُوها على الأُصُول في تفاعلات سِيرة النِّظام الاجتِماعي وتَجارِبه، أَمْ هِي الهُدى بِقِيم الحَقِّ والعَدلِ والحُرِّيَّة، أَمْ هِي تكهُّنات السِّياسة في مضمارها الشَّاسِع المُغرِي وإِيحاءاتُها المهيِّجَة لِلمُيول الحِزبِيّة والفِئويّة، أَمْ هو شَيءٌ آخر لا يَملِك البَحرانِيُّ الخِيَرة مِن التَّفاعل معه والانْتِماء إليه بِكامِل قُواه العقليّة والوِجدانيّة؟!

كيف تُصاغُ رَغبة البحرانيّ في الاختِيار مِن بين هذه المقاصد، وما هِي أَدواتُه للانطِلاق بها نحو تَحقِيق الكمال في نَفسِه؟

ليس مِن شَكٍّ في أَنّ حضورَ فطرة البَحرانِي، واستعدادَه الوِجداني النَّفسِي والذِّهنِي، وتَفاعلاتِ بِيئته الثَّقافِيَّة التي تَحتضِنه وتَرعاه، وشَكلَ النِّظام الاجتماعِي الذي يَترعَرع في كَنفِه، ونَمطَ تَفكِيره، ولُغتَه ولهجَتَه، وهُويَّتَهُ العقدِيَّة وأُصولَه العِلمِيّة ومَصادرَه في المعرفة ـ هِي أَهَمّ العوامل الدّافعة الّتي تُهيِّئ له مُقدّمات الاختيار بين القبولِ والرَّفض والتَّأييد والامتناع والانتماء والاستِقلال والانفصال والعُزلَة والانْطواء والمَيل والانِكفاء والانْدِفاع والاعتِكاف والاستِنكاف والتَّعصُب والاعتدال.

إِنَّ تَعلّقَ البحرانيُّ بِثَقافته ومُكوّناتها وقِيمها ومَظاهرها، وجِدَّهُ في تَنمِيتها

على مدى الأجيال المتعاقبة عن سابِق عِلم ومَعرفةٍ وإيمانٍ خالصٍ وفي عِزٍّ وفَخرٍ ـ هُما مِن أَهَمّ الأسباب في تَحصِيل التَّوازن النَّفسِي وفي تَوافر أدوات الصِّيانة والحماية والبَقاء، على الرَّغْم مِن الكثرة الكاثرة مِن العَثرات التي تَكاد تَقطع عليه طَرِيق الفتح الثَّقافي، وعلى الرّغم مِن التَّحَدِيّات التي تُعرقِل مَسيرتَه التَّأريخِيَّة.

فإنْ اعتزَلَ البحرانيُّ ثَقافَته الأَصِيلة، أَو أَهملَ التَّفاعل الدّائم معها، أَو تَمرّدَ عليها، أو حَجبَ الثِّقةَ عنها، أَو تَمادى فاستخَفَّ ثَقافته بِمَزيد مِن التَّبعِيّة إلى فِكر غَيرها المُغاير أَو المُبايِن أَو المُضادّ أو المُخالِف؛ فقد أَخفَقَ في الانتِقال بِالنَّسَق الثَّقافي التَّنمَوِي مِن مَرحلَةِ التَّوازن في مَحيطِهِ الاجتِماعي إلى مرحلة التَّفوّق فصار مَأسورًا للانْحِطاط ومُغتربًا عن ثَقافَتِه الأَصِيلة.

ولو افتُرِض جَدلاً أَنّ الثَّقافة البَحرانِيَّة الأصيلة قد فُقِدَت وانقطع البَحرانِيُّون عنها، فهَلْ ستَخلو الذّات البَحرانِيّة مِن مَيلٍ واختيارٍ ورَغبةٍ في انْتِماء أَو اتِّجاه، وهَلْ يَجوز عليها حِينئذٍ وَصف الذّات (المتَخلِّفَة) أَمْ وَصف الذّات (غَير المُثَقَّفَة) أَمْ وَصْف الذّات (غَير الوَاعِيَة)؟!

إزاء هذه الحال، وبِمُبادرة مَسئولة مِن البَحراني ذاته، فإنَّه ـ مِن دون رَيب ـ سيَفترض سُؤالاً مباشرًا يَسوقه إلى نفسه فيُخاطبها بِشَكٍّ منهجيّ: هَلْ أَنا بَحرانيٌّ مثقّفٌ أَمْ مُتخَلّف، وهَلْ مِن المُمكِن أَو الواجِب تَصوّر وُجود إِنسانٍ مُعاصرٍ مُجرّدٍ مِن ثَقافَة تُمَيّزه حتَّى يَجوز عليه هذا الافتراض الجَدَلِي؟!

إنَّ تَمييز الفَرق بين مَعنيَي (الثَّقافَة) و(التَّخَلُّف) سَهلٌ لِكُلّ مَن عاصَر فِكر التَّنوير الشِّيعي وشهد ولادَتَه ورَواجَه في مطلع عقد الخَمسِينات مِن القَرن الماضي، وهُو مُتاحٌ لِكلّ مَن رافق تَطوّرَ هذا الفِكر بعد ذلك حَيث الدَّور الكَبير الّذي لَعبته تِقنِيَةُ التَّواصُل الاجتِماعي والشَّبكات الإعلاميّة في بَثِّ أَوجُه الثَّقافَات المُختَلِفَة.

وفي مُفتَرض هذا الجَدل لا بُدَّ مِن البحث عن المنهج الأَمثَل الّذي

يُمَكِّن البَحرانِيّ مِن الفَصل حِينما يَجِد نَفسَه في حِيَرةٍ بين الوَصفَين الآتيين: (أَنْ يَكونَ مثقفًا) أَو (أَنْ يكونَ مُتخَلِّفًا)!

فإِنْ أَخذنا بعين الاعتبار المَعاني الدَّقِيقَة لهذين الوَصفَين مِن غير وَضعٍ ساذجٍ لِلاصْطِلاحِ وتكلّفٍ فيه؛ انبَسطَ الأمرُ فصَحّ وَصْفُ البحراني لِذاتِه بما يجمع بَين اللَّفظَين، فيُخاطب نَفسَه بِالقَول (أَنا مُثقَّفٌ مُتخَلِّفٌ). وله أَنْ يَستبدِلَ وَصْف (التَّخَلُّف) بِوَصْف (الوَعْي) أَو (الإدراك) فيَقول (أَنا مُثقَّفٌ واعٍ) أَو (أَنا مُثقَّفٌ مُدْرِكٌ).

إذنْ، فَما مِنَّا إلّا وهُو مثقّفٌ بِثَقافَة المُجتَمع الذي نَشأ فيه وتَرعْرَع في كَنفِهِ وبَين أَحضانِه. وهكذا هِي حال الأَجْيال الّتي سَبقتنا إِذْ لا يُمكِن التَّصدِيق بِوُجود فَردٍ أَو مُجتَمعٍ مَنزوع الثَّقافَة وإِنْ كان بِدائيًّا. ويَصِحّ لنا عَقد مُقارنة بَين مُستوَيَين ثَقافِيَّين لِفَردَين أَو لِمجتَمعَين مِن غَير نَفي لِوُجُود ثقافة في أَحدٍ منهما، ولكِنْ يَصِحّ الإِيجاد أَو النَّفْي النِّسبِيَّين لِـ(الوَعْي) أَو الإدراك.

وما مِن نِظام في المُجتَمع، ولا مِن تَقدُّمٍ وتَطوّرٍ فيه، ولا مِن تَنمِيَة، إلّا وتُعرَّف وتُشخَّص وتُقرَّر وتُقاد بِثَقافة أَفرادِهِ. ويَتفاوت أَفرادُ المجتمع في مُستويات التَّخَلُّف و(الوَعْي) والإدراك، ولكِنَّهم مُثقّفون قَطعًا. فلا يُمكِن أَنْ نُصدِّق بِوُجود إِنسانٍ في هذا الكَون بِلا ثَقافَة!

لِلثَّقافَة مَعانِي كثيرة، ولَعَلّ المعنى البَسيط الأَقرَب إلى مَخزون العَقلِ ومَعايير مَقولاتِه وإلى حِسِّه التَّأريخِي وواقِعِه الملموس، هو: نَحنُ وبِيئتُنا الّتي نَعيش بِكُلّ تَفاصِيلِهما وتَفاعلاتِهما وشَبكة علاقاتِهما وما يَشتملان عليه مِن سِيرةٍ تَأريخِيَّة ونَظريّاتٍ وأَفكارٍ وعقائدٍ ومَعارفٍ وعُلومٍ وقَواعدٍ ولُغاتٍ ولَهجَاتٍ وأُصُولٍ عِلمِيَّة ومَصادِرِ مَعرِفَة وقَوانِين وطَبائع وفُنُون وعادات وتَقالِيد وآداب وأَعراف وأَنماط التَّفكِير والتَّفاعُلات في كُلّ ذلك وفي النَّفسِ والذِّهْن.

لقد أَدركتُ أَهمِّيّة النَّظَر في اختلاف مَعاني (الثَّقافَة) عندما استَقرأتُ

معني (الثَّقافَة الشِّيعِيّة الأصِيلة) فتَساءلْتُ: هَلْ نَحنُ الشِّيعة البَحرانِيُّون في أَمَسّ الحاجة إلى استِعمال وَصْف (الثَّقافَة البَحرانِيَّة) أَمْ وَصْف (الثَّقافة الشِّيعِيَّة) أَمْ (الثَّقافة الإسْلامِيّة)، ولماذا يَتردَّدُ الشِّيعِيُّ في استِعمال الوَصْف الأَوَّل أَو يُبالغ في تغييبه أو إهماله، ولماذا انْطَفأ بريق الوَصْف الثَّالِث بين المناضِلِين أَو قَلَّ استعمالُه، وهَلْ يَصِحّ استعمال عنوان (الثَّقافَة الشِّيعِيَّة/ الإسْلامِيَّة)؟!

تَصوَّر أنَّك أَلَّفْتَ كِتابًا مَوسومًا بِـ(الثَّقافَة الشِّيعِيَّة) أَو أَلقيتَ مُحاضرةً في مُدّة ساعة ونصف السَّاعة على ذات العنوان، فيُفاجئك القارِئ أو المُستَمِع بِنفي وُجود مَعنًا حَقيقِيًّا لِـ (الثَّقافَةِ الشِّيعِيَّةِ) عند الشِّيعة المُسلِمِين. ثُمّ يَدعوكَ إلى استِقراء الواقِع فيَتجَلّى لَك أَنَّ ثقافةً شِيعِيّةً خاصَّة مُغايِرة تَتفاعَلُ في كُلِّ بَلدٍ مُسلم ولا تَلتَقِي في جِهةٍ مِن جِهاتها مع الثَّقافات الشِّيعِيّة في البِلاد الأُخْرى، فلا يَصِحّ القَول بَوجودِ (الثَّقافَةِ الشِّيعِيَّةِ). ويَعود السَّببُ في ذلك إلى أَنَّ الوَحْي بِما يَشتمل عليه مِن مَنقول (قُرْآن/ سُنَّة) لَيس إِلَّا واحدًا مِن بَين مَصادِر المَعرِفَة إلى جانَبِ (العَقل ومُستقِلّاتِه، والحِسّ، والحدس، والكَشْف، والإلهام، والذَّوق)، يُضاف إِليها تَفاعُلات (التَّأرِيخ) في الذِّهْن. ثُمّ تتشابكُ الآراء في هذه المَصادِر ويُختَلف في نَوعِها وعَدَدِها وصِحَّة أَو خطأ نَتائجها.. إذنْ فمَصادر المَعرِفَة وأُصولها لدى الشِّيعَة مُتعدِّدة، ويَصِحّ القول ـ على سَبِيل المثال ـ أَنّ الشِّيعة البَحرانِيِّين مُثقَّفون، وأنّ الشِّيعة العِراقيِّين مُثقَّفون، وكِلاهما يجتمعان في الهُوِيَّة الشِّيعِيّة ويَختلفان في الثَّقافَة، ولا يَتوحَدّ منقولُ الوَحْي في صِياغة الثَّقافة وتَشكِيلها وتَنظيمها ودَرجة تَنمِيتها!

فالهُوِيَّة البَحْرانِيَّة الشِّيعِيَّة ثابِتَة لم تَنل منها عوامِل التَّعرِيَّة المُختلِفة، وأَنَّ التَّمسّكَ بِكتابِ الله عَزَّ وَجَلّ والعِترة الطَّاهِرة مِن أَهْل بَيت النَّبي مُحمّد صَلواتُ الله وسَلامُه عليه وعليهم قائمٌ فاعلٌ في النَّسق الثَّقافي البَحرانِي، وهَكذا الأَمْر في الثَّقافة العِراقِيّة فلا حاجة ماسَّة لاستِعمال وَصْف (الثَّقافَةِ الشِّيعِيَّةِ) إِلّا مع تَخصِيص بِيئتِه، أَو عند الإشارة إلى مُجتَمعٍ خاصٍّ بِعَينه،

ونَعنِي به في كُلِّ الأحوال أَثرَ مَنقولِ الوَحْي بِوَصْفِه أَحد مَصادِر المَعرِفَة.

إنَّ الممكن الذي يَتوجَّب الجِدّ في تَنمِيتِه هو (الثَّقَافَةُ البَحرانِيَّة الأَصِيلَة) التي شهدت نَمطًا مِن التَّراخِي الخَطِير في القرن الماضي. وكان المتحقّقُ في جَعجَعة (النِّضال) مُنذ خَمسِينات القرن العِشرين حتَّى نهاية عقد السِّتّينات منه ليس إِلَّا تقدّمًا طَفِيفًا وفق النَّسَق التَّنموِي الثَّقافي ولا يُقاس بِما كان رائجًا وشائعًا ومُتداولاً وفاعلاً في مرحلة السِّيادة الأَخبارِيّة. وما كان المتحقّق في جَعجَعةِ (النِّضال) منذ بداية عَقد السَّبعِينات حتَّى نِهاية القَرن العِشرين إلّا سياقًا فِكريًّا مُختلِفًا ليس له أَيّ صِلَة بالثَّقَافة البَحرانِيَّة، ويَقتَرب مَعناه مِن مَعنى ما أَقدمتُ عليه في سِنّ السَّادِسَة مِن عُمُري إِذ ظننتُ أَنَّ لائحة البلَدِيَّة ذات الأرقام الخَمسَة (1631/ 5) المثَبَّتة على ظَهر الباب الجنوبي لِبَيتنا (العَشِيش) الكائن في حَيِّ النِّعَيم دالّةٌ على سِعره، وهُو ملكٌ لِجَدِّي الحاجّ عَلِيّ المحروس. وكنتُ بَدأتُ لِلتّو في تَعلُّم الأرقام وحفظها وكتابتها فشَغَلَت الأرقامُ الخَمسة اهتمامِي حتَّى بَادرتُ إلى شَطْبها بِالصّبغ الأزرق واستبدلتها بِـ (سِعْرٍ) مُختلف مُؤلّف مِن سَبعة أَرقام هِي (6666666).

استَوقَفنِي أَحدُ أَبناء حَيّ النِّعَيم وهُو جارٌ قَرِيبٌ لنا وقال لِي ساخرًا: مِنْ مَتَهْ صارَتْ أَوقافْ مسجد الشَّيخ يَعقُوب في مُلِك زَوج عَمَّتك الحاجِّ مَكِّي عبد الله السَّتراوي رحمه الله.. حَمْزوه.. تَرَهْ هادِي النُّمرَه عنوان مِن البَلدِيَّة مُو قِيمة بِيتْكُم تَره.. وِينْكُم أُوّوَين تِشْتَرون بَيت.. رُوح خَبّرُ أَبُوك العَود حجّي عَلِيّ إِسَرَّعْ وِيدْفَع السِّتْ رُبِّيات إِلى الأَوقاف مالَت الأَجَار، يُمْكِن نَسَهْ!

فالثَّقافَةُ البحرانِيَّة الأَصِيلة بَريئة مِن جَعْجَعَةِ الفِكر النِّضالي الالتِقاطيّ مُنذ عقد السَّبعِينات مِن القَرن الماضي بَراءة البَيت (العَشِيش) الّذي كُنَّا نسكنه حتَّى عام 1972م في حَيّ (النِّعَيم الوَسْطِي) مِن الأَرقام السَّبعَة الّتي نَقشتُها في سِنِّ طُفولَتِي على الباب الجنوبي لِبَيت الأَوقاف!

وفي مَشهدٍ مُثير، دُعِيتُ بَعد تخرُّجِي مِن الثّانويّة في عام 1975م إلى لِقاءٍ

ودِّيٍّ عُقِد في (نادِي النَّعِيم الثَّقافي) بين فِئةٍ مِن الطُّلاب البحرانِيِّين الجامِعِيِّين المنتَمِين لِلاتِّحاد الوَطَنِي لِطلَبة البحرين الدّارِسين في الجامِعات الخارجِيَّة وفِئةٍ مِن الطُّلاب حَدِيثي التَّخرُّج مِن الثّانويّة العامّة الباحِثِين عن فرص دِراسِيّة جامِعيّة. فرأيتُ مشهدًا مُثيرًا حفَّزَنِي على البَحث في الاختِلاف بين معاني (الثَّقافَة).. رأيتُ طلبة الاتِّحاد الوَطَنِي القائمين على اللِّقاء الودِّي يستعملون لهجةً مختلفةً لِلتَّخاطُب فيما بَينهُم، ويَتداولُون ألفاظًا ومصطلحاتٍ لَيسَت مَألوفَةً في ثَقافَتِنا ولا مِن نَسجِ بيئتنا البَحرانِيّة، ويُكثِرون مِن تداول مُفردَتي (المُثقَّفِ) و(الثَّقافَة) في عُلوٍّ وكِبْرٍ وغطرسةٍ منهم، ويَتباهون بِتَردِيدهِما على أَلسنَتِهم أَمامَنا، ويَتعهَّدون بِتَنمِية ثقافة كُلِّ الطَّلبة البحرانِيِّين الجدَد والاجتِهاد في توفير المنح الدِّراسيّة بالمَجّان في جامعات بَغداد والبَصرة ودِمَشق لِكُلِّ طالِبٍ مِنَّا يُقرِّر في لِقاء هذه اللَّيلة الانتماء لِلاتّحاد الوَطَنِي!

ومِن المُفارقات المُثِيرة أَيضًا، أَنّ كلّ القائمين على اللِّقاء هُم طلابٌ بَحرانِيُّون مِن سَكنةِ حَيٍّ (النَّعِيم) في الشِّمال الغَربي لِلعاصمة المنامة، ومِن سَكنَةِ منطقة (رأس رُمَّان) في الشِّمال الشَّرقِي لِلعاصِمَة، ومِن سَكنةِ قَريَتَي (جِدْحَفْص) و(الدَّيْه) في الشِّمال الغربي لِلعاصِمَة. وكُلُّهم لم يُنهِ دراسته الجامِعيّة بعد، وكُلُّهم يَنتمِي لإحدَى الجبهَتين المناضِلَتين (التَّحْرِير) و(الشَّعْبِيّة) القائدتين بالمُناصَفة لِلاتِّحاد الوَطَنِي لِلطَّلبة في البحرين وخارِجِها ولِساحةِ النِّضال السِّياسِي والثَّقافِي لِعَقدي السِّتِّينات والسَّبعِينات مِن القَرن الماضي.

بين مفاصِل هذا اللِّقاء الودِّي ساءلتُ نَفسِي وأَنا ابن حَيِّ النَّعِيم والباحثُ عن مِنحةٍ دراسيَّةٍ جامِعيَّةٍ بِالمجّان في خارج البلاد ولم أَكُن مُضطلِعًا بالمعاني التَّفصِيليّة لِلثَّقافة بعد: ما الدّاعي إلى تَخلِّي هَؤلاء الطّلبة عن اللَّهجَةِ البَحرانِيَّة عند التَّخاطُب في اللِّقاء الطُّلابي البَحْراني الودِّي وهُم المنتمون لِلاتِّحاد الوَطَنِي والجَبهتَين الوَطنِيَّتين المُعارِضَتين النَّشطَتَين في النِّضال الثَّقافِي والسِّياسِي المَصيري.. أَهُو عُقدة النَّقص والحقارَة المغروسَة في المُجتَمع

البحراني بِسياسات الفَصل الطَّائفي المَحَلِّي المُزمِن، أَمْ هو إِفرازات (التَّخَلُّفِ) و(اللّاوَعْي) المدَّعى، أَمْ هو الضَّعف في الوَلاء لِلوَطَن، أَمْ هو فقدان القُدرة على التَّمكُّن مِن مُخالطة الثَّقافَة البَحرانِيَّة الأَصِيلة، وهَلْ التَّبَنِّي لِفكرَةٍ أَجنَبِيَّة جَدِيدة يَتطلَّب التَّمرّد على الثَّقافَة المحَلِّيَّة والتَّخَلّي عن لَهجَتِها واعتِماد لَهجَة الفِكرَةِ الجَدِيدة الطَّارئة؟!

طفشتُ مِن شِدَّة تنطُّع هؤلاء الطُّلاب الجامِعِيِّين في النِّقاش ومِن بَلادَةِ رُؤيتهم لِثَقافَة مُجتمَعِهم، وطفشت مِن كثرة تَبَجُّحِهم ومُغالاتهم في استِعمال لَهجَةٍ ولَكنَةٍ لا صِلَة لهما بالثَّقافة البَحرانيّة المَحَلِّيّة الأَصِيلة الجَمِيلة التي جبلتُ عليها في حَيِّ النِّعَيم (الأَخْبارِي) المُحافِظ المُتَميِّز بِاللُّطف والتَّواضُع الشَّدِيد في الخُلقِ وبِالأَصالَة في العادات والتَّقالِيد وبِالإِصْرار على استِعمال لَهجَتِه البَحرانيَّة انطلاقًا مِن خَلفِيَّةٍ عَقدِيَّةٍ وتَحدِّي هُوِيَّة ووُجُود هادِئ ورَصِين، فلَم أسوّغ لهم عُلوَّهم ولا كِبرَهم ولا تَغطرسَهم كُلّما ضَربوا وعْدًا مُغرِيًا بالعمل على تَنمِية المستوى الثَّقافي لِكُلّ عضوٍ جديدٍ ينتمي لِلاتّحاد الوَطَنِي. ولكِنِّي استَحْسَنتُ اجتهادَهم في تَوفِير بِعثَةٍ دِراسيّةٍ في جامعة البَصرة عندما جاءني أَحدُهم بِنَبأٍ يَقين عن مُوافقة هذه الجامِعة على تَوفِير فرصة دراسيّة مِن تَدبِير الاتِّحاد الوَطِني واجتهاد طَلَبتِه.

سُعِدتُ جِدًّا بالبعثة الدّراسِيّة إذ أَنَّها ستُتِيح لَوالِدي الحاجِّ عِيسى مَجالاً حَيويًّا لِسَداد القَرض الذي استَحصل عليه مِن الشَّرِكَة العَربِيَّة لِلهَندسَة والمُقاوَلات لِشراء الأَرض وبِناءِ بَيتنا الجديد الكائن في حَيِّ النِّعَيم الغَربي. لكِنَّ أَمَلي خاب عندما تزامن حُصُولي على البعثة الدِّراسيّة مع وُقُوع حادثة مَقتل الصَّحافِي (عبد الله المَدَنِي) ذِي الانتماء الحِزبي الشِّيعِي على أَيدِي مَجموعةٍ ذات صِلَةٍ وثَيقةٍ مع بعض الطَّلَبة البَحرانِيِّين مِن خِرِّيجي جامِعات العراق وسُوريا، وقد وَجّه المدَّعِي العام إلى مجموعة الاغتِيال تُهمَة الانتماء للجَبهة الشَّعْبِيَّة في إِثر نَشر المغدور المَدَنِي لمقالات صَحافِيَّة ناقِدة، فحال ذلك بَينِي وبَين الالتِحاق بِالدّراسة في جامعة البَصرَة.

وفي مَشهد آخر، عزم أَحدُ الأَصدقاء المقرَّبين على السَّفر في عام 1631م لاستِكمال دراسَتِه الجامِعيّة في خارج البلاد بِرِعايةٍ كَرِيمة مِن الاتِّحاد الوَطَنِي لِطَلَبة البحرين. وعندما أَنْهى السَّنة الدِّراسيّة الأُولى بِتَفوّقٍ عاد إلى حَيّ النِّعَيم لِقَضاء عطلة الصَّيف بين الأَهْلِ والأصدِقاء. فبادرتُ إلى زِيارته في مساء اليوم التَّالي فبُهتُّ عندما خاطبني بِلَهجَةِ (العَرَبْ) واللّكْنَة الخاصَّة بِأَهْل العامَّة مِن السُّنّة.

فَسأَلته في دَهشةٍ مِنِّي:

ها أَشُوف إِلَّا عَوَجْتْ حَچِيكْ.. چيفَه چِدِي.. بَسْ سافَرت يَومِين اخْتَرب الْسانُكْ؟!

أَجابَنِي على الفَور: تِدْرِي بَعَد.. حُشِرتُ في أَنشِطة الإِتِّحاد الوَطَنِي لِطِلَبة البحرين فصِرتُ أَتحدَّث باللَّهجَةِ السَّائدة في السَّكن الطُّلابي ومَكتب الاتِّحاد، فلم أَعُد أُفرِّق بها بين الطَّالِب السُّنِّي والطَّالِب الشِّيعِي، ونُشارك مَعًا على خَشبَةِ المسرح ونُحْيِي الأعمال الفنِّيّة ونَطرَب لِلأَغاني الثَّورِيّة والأناشيد الشَّعبيّة، ونَتفاعل مَعًا في النَّدوات واللِّقاءات الخاصَّة ونَتَسلّى بلَهجةٍ مُوَحَّدة ولَكْنَةٍ واحدةٍ جامَعةٍ لنا تَحت مَظلّة الاتّحاد.. نَتَسلّى ولا نُريد أَنْ يُشعِر أَحدٌ مِنّا الآخر بِالاغتِراب الطَّائفي فوق غُرْبَة البُعد عن الوَطَن!

سألته: ولماذا لم تَتَّخِذوا مِن البَحرانِيَّة لهجةً في أَنشطة الاتّحاد، فهي تُشكّل لَهجَة 80٪ مِن طَلَبتِه الدَّراسِين في الخارج، كما تُشَكِّل اللَّهجةُ البحرانيَّة في بَلدِنا البحرين وعاءً لِثقافَة الأَغلَبيّة السُّكانِيّة البحرانِيّة، ولماذا لا يَتحَدّثُ البحرانيّ بِلَهجَتِه ولَكنَتِه ويَبقى الطَّلبةُ (السُّنَّة) على لَهجَتِهم ولَكْنَتِهم.. وينَهْ المُشكلة؟!

أَجاب: لا أَدري بِما يَتوجّب عَلَيّ قوله.. لا أَحد يَعلَم شيئًا عن الدَّوافع مِن اختِيار لهجة (السُّنّة) في التَّخاطب فيما بين الطُّلاب، ولا تَبدو في الأُفِق قرينة تَدلّنا على أَنّ لِلاتّجاهات المُعارِضَة (الشَّعْبِيّة) و(التَّحْرِير) مَقصدًا خاصًّا مِن

وراء تَسييد اللَّهجة (السُّنِّيَّة) ولكنتها بين طَلبة الاتّحاد.. رُبَما هي المُصادفة!

استدركتُ إجابتَه بِالقولِ السَّاخر: أَو رُبَما مِن أَجل نقض الحُجج الطّائفيَّة سِياسيًّا، فيُقطَع السَّبيل على أَيّ اتِّهام يُوجّه إلى المعارضة ومِن خَلفِها الإتّحاد بأَنّهما شِيعيَّان طائفيَّان عَمِيلان لِقوى خارجِيّة، فيما يَستقلّ النِّظامُ الحاكِم بِهُويّتِه السُّنيَّة.. فكِلاهما (المُعارضة والإتّحاد) سُنِّيٌّ بَدلِيل اللَّهجة (السُّنِّيَّة) المُعتَمدَة رَسميًّا فيهما إنْ اتُّخِذ إجراءٌ سِياسِيّ صارم بإقصاء اللَّهجة البَحْرانِيَّة عن الاستِعمال بين الطَّلبة.. أَليس كذلك يا صَدَيقِي؟!

أَلا تَتذَكّر يا صَدِيقي أَنّ في سِيرة طفولتنا حِكاية تِلفزيون (السَّيِّد جَعْفَر السَّيِّد جَواد) الّذي كان مَلجأنا الوَحِيد لمشاهدة أفلام الكارتون (الجَنَانْوَهْ)؟!.. السَّيّد رحمه الله وطَيّب ثراه يشترِط علينا قَبل الجلوس أَمام شاشة التّلفزيون شِراء شَيءٍ مِن (بْيَاعَتِه) المركُونَة في وَرشَة تصليح السّيارات، ومَن لا يَلتزِم بالشّرط يُمنَع مِن المشاهدة أَو يُطرد فَورًا مِن مجال الورشة!

يَبدأ البَثُّ التِّلفزيوني عند السَّاعة الثَّالِثة مساء حيث يَستعدّ السَّيِّد جعفر لاستقبال المشاهدين مِن أَطفال الحَيّ، فيشرع في تنظيم صُفوفِ الكراسي أَمام بَوابَة الورشة، ثُمّ يَختبِر صَلاحِيّة جِهازين قديمين لاستِقبال البَثّ التّلفزيوني المحدود على قناة شَرِكَة (أَرامْكُو) مِن مَحطَّتِها في شَرقِيَّة السُّعودِيّة، أَحدهما يَستقْبِل الصُّورة فَقط والآخر يَستقْبِل الصَّوت فَقط، ويَضع تلفزيون الصُّورة فوق تلفزيون الصَّوت!

إذنْ.. فالمراد مِن اعتِماد المحادثة في الاتِّحاد باللَّهجة (السُّنِيَّة)، وطَمْس اللَّهجة البحرانِيَّة في أَنشطة الاتِّحاد هو فصلُ الصُّورة عن (الصَّوت) وتَوحِيد البَثّ مِثلَما فعل السَّيِّد جعفر!

لم تُعلِن مُؤسَّسات الدَّولة في البحرين عن قَرار يَتخِذ مِن اللَّهجة (السُّنِّيَّة) لُغةً وَطَنِيّةً، ولم تَصدر جِهاتُ المعارضة منذ أَوّل نشاط مُنظَّم لها في البحرين قَرارًا باستِبعاد اللَّهجة البَحرانيّة، أَو بِجَعل (السُّنِّيَّة) لهجةً ولَكنةً

وحيدة لِلتّخاطُب بين عناصرها. كما لَيس لاستِعمال اللَّهجة واللَّكنَة (السُّنِّيَّة) بين الشِّيعَة وأبناء اتِّجاه أَهْلِ العامّة (السُّنَّة) بُعدٌ طائفيٌّ وفصلٌ مُتطرِّف. ففِي المناطق المُختَلطة طائفِيًّا مِثل قُرى جَزِيرة (المُحرّق) يَتحَدّث بعضُ الشِّيعة مِن العَرب والعَجَم بِلَهجة (السُّنّة) مِن غير حَرجٍ إذ هِي لهجةُ ثقافتهم. فهَلْ يُعدّ ذلك مِن المظاهر الوَطَنِيّة أَمْ أنّ وراء الأكمة ما وراءها؟!

لقد عاني البَحرانِيّون الشِّيعَة قَبل نشوء الدَّولَةِ الحديثة مِن الحَيف والظُّلم والجور الشَّدِيد ومِمّا لا يتُصوَّر أَو يَخطر على بالِ أَحد. وظَلّوا على هذه الحال لمدّة قَرنَين كامِلَين مِن الزَّمن حيث أُقصوا فيها عن المشاركة في إدارة الشُّئون العامَّة لِلبلاد، وقُهِروا وجُرِّدوا مِن حَقّ المواطنة الكامِلة، ولم تُقبَل شهادتهم في المحاكم حتَّى، وصُودِرَت مزارعُهم وممتلكاتُهم، فصاروا على جزيرتهم أُمَّةً وصار غيرهُم أُمَّةً أُخرى، فتَمَسّكوا بهويَّتِهم البحرانيّة وصانوا ثَقافَتَهم ولم يَتخلّوا عن اللَّهجَة واللَّكنة بِوَصْفِهما مَظهرًا من مظاهر أَصالَتِهم.

وعندما عادوا إلى الدَّولَة لِيَندمجوا فيها بَعد انتهاء القرنين المظلمين أُشعِروا بِالنَّقص في مُقابل الأُمَّةِ الأخرى (السُّنِّيّة) ذات اللَّهجة الخاصَّة المفضَّلة رَسمِيًّا والمُسماة قديما بِلَهجَةِ (العَرَبْ)، فاضْطرّ بعضُ البَحرانِيِّين الشِّيعَة إلى التَّحَدّث في دونِيّة أَو تَسافل أَو تنزُّل باللَّهجَة السُّنِّيّة ولكْنَتِها، يَبتَغِي مِن وراء ذلك استِرضاء ابن الأُمَّةِ الأُخرى (السُّنِّيّة) أَو الوقوف في عرضه على التَّساوِي في المعيشة والمواطنة!

لقد تَعرَّضَت اللَّهجة البحرانِيَّة الأصيلة لِهجَمةٍ شَرسَةٍ تحت لافِتَةٍ مُزيَّفة نادت بِـ (وَحدةِ النَّسيج الاجتِماعِي بين الطَّوائف) واستَبطن رافِعُوها العمل السَّلْبِي المُوجّه لإقصاء اللَّهجة بالمَكر والتَّدرّج الهادئ بَعِيد المَدَى، وغَلَّبوا لَهجتَهم المُستَعربَة وصَنَّفوا البحرانِيِّين الشِّيعَة في مَرتَبَةٍ سُفلى مُتدنِّيَة وجَرّدوهم مِن أَيِّ اعتبار وَطَنِيّ أَصِيل.

ومِن المشاهد المُثِيرة الّتي فوجِئتُ بها في اليَوم الأَوّل لاستقْبالي

الزّائرين في مَجلِس بَيتِنا بحَيّ النِّعَيم الغَربي في إثر انتِهاء مَرحَلة المنفى الأوّل وعودتي إلى البحرين، أَنَّ الأغلَبِيّة مِن البحرانِيِّين الزّائرين يَعتَمِرون العِقال والغترة على غير عادتهم الّتي أَلفتها قبل مُغادرتي البحرين في شَهر مايو مِن عام 1980م. فالتَفَتُّ إلى صديقي وسألته ساخرًا: ويش صَايُرْ.. كِلْ رَبْعنه البَحْرانِيِّين صاروا وزراء؟!

فقال: رَبْعنه.. تَجَنَّبوا لِبْس القَمِيص والبَنطَلُون.. وانْتَه بَعَد بَرِّزْ رُوحك.. بَمُرْ عَلِيك باجُر الصُّبحْ وانْروح نِتْريَّق في أَدناةْ قَهْوَه، أُو سِيدَه انْزور الخَيّاط في المنامَة انْفصِّل لِيكْ جَم فُوبْ ونِشتَري مِن عنده جَمْ غِتره وعْقال.. ولازِمْ تِترُكْ لِباس (الكُفّار).. تَرَه الأَحوال اتْغيّرت!

فسألته: ولماذا لم يَعودوا إلى الغِترة ذات (النَّسْفَه) البَحْرانِيّة الأَصِيلة المُمَيَّزة؟!

فقال: أَكُّو انْتَه قِلْتْهَه بْلِسانُك.. نَسْفَة بَحْرانِيّة.. مُو أَنه اللِّي قِلْتْ تَرَهْ.. تُبَّه أَعلِّمْكْ فِقْه وأُصُول لَولا!.. ياالله خِذْ هاك: نَسْفَه بَحرانِيَّة تِعنِي (شِيعِيَّة) قُحْ أَصِيلَة!.. وأَمّا نَسفَة الغِترة والعْقال فَتِعنِي أَنّ صاحبها بَحرينِي (وَطَنِي) وأَنّها صالحة لِلأَصِيل والدَّخِيل.. وإذا لَبَستْ الفُوبْ والغِتْرَه والعْقال لازِم اتْكَمِّلْ دِينُك فتُعوِجْ لَهجَتْك شْوَي مُو واجِد، عَلَشان لا إِقُولُون عُنْك (مُنافِق).. ومُو اتْقُول في حَجِيكْ كِلْمَة (لَيْش) بَلْ قُلْ (اشْحَكَّهْ).. فهَمْتَ الحُكم الفِقْهِي والتَّأويل الأُصُولي لولا؟!

اطَّلعتُ على إحدى الدِّراسات الصّادِرة في البحرين في عام 1993م لِباحث مصريّ الجِنْسِيّة (مَدْعُوم) ناقش فيها بِالأَدِلّة الميدانيّة اللَّهْجَة (البَحْرينِيّة) ومُداخلات الألفاظ الأجنَبيّة عليها، فكان نَصِيب اللَّهْجَة (البَحرينِيّة) مِن اللُّغة الإنجليزيّة 688 كَلِمة مُقتَبسة. وأَرجع الباحثُ السَّبب في ذلك إلى خُضوع البِلاد لِلاستِعمار الإنجليزي لمدّة 70 عامًا. ثُمّ تأتي اللُّغَة الفارِسيّة في المرتبة الثّانِية بِـ 256 كلمة مقتبسة حيث

أَرجع الباحثُ السَّبب في ذلك إلى ارتفاع نِسبة التَّزاوج مِن الإيرانِيّات. وجاءت اللُّغةُ الهنديّة بِالمفاجئة حيث سجَّلَت 137 كلمة مقتبسة فقط بِصرف النَّظر عن أَنّ نسبة العمالة الهنديّة الوافدة تَتجاوز نِسبَة عدد البَحرانِيِّين. ويُضِيف الباحثُ 13 لغة أُخرى تداخلت بِأَلفاظها مع اللَّهجَة (البَحْرينِيَّة).

ويَنتهي الباحثُ في دراسته إلى أَنَّ مجموع الكلمات الدَّخيلة في اللّهْجَة (البَحْرينِيَّة) يَصل إلى 1355 كلمة. وفي قائمة تَوصياته أَبدى الباحثُ خشيةً مِن أَنْ يُؤدِّي ذلك إلى اغتراب اللَّهْجَةِ (البَحْرينِيّة) عن اللُّغة العَربِيَّة الأُمّ.

ليس مِن شَكٍّ في أَنّ هذه الدّراسة مُوجَّهة طائفيًّا ومَدفوعة الأَجر لِصَاحبها، واستهدفت المشاركة في استِكمال المقصد مِن تكريس الشُّعور بالنَّقص في الشِّيعة والإمعان في إقصاء اللَّهْجَة البَحرانِيّة الأَصِيلة عن الحياة العامّة، وأَنّ الأخطاء الفادِحَة الّتي اقتُرِفت في هذه الدّراسة أَعطَت نتائج عَكسِيّة لم يتوقّعها الباحثُ نفسه، وكانت وَبالاً عليه وعلى مَن وَقفَ خَلفَه مِن دُعاة الفَصل الطَّائفي المقيت حيث تَعمَّد الباحثُ تَجاهلِ وُجود فَصلٍ حَقِيقِي بين لَهجَتَين قائمتين إِحداهما شِيعِيَّة بَحرانِيَّة الأَصْل والأُخرى سُنِّيَّة (بَحْرينِيَّة) دَخِيلة وافدة، ولم يُحدِّد الباحث في دراسته المعني مِن وجود لَهجَتَين ولا النَّتائج في ذلك. كما أَنَّ الكلمات الأَجنَبيّة الدَّخِيلة الّتي أَحصاها ليس مِن شأنها البَقاء والاستقرار في استِعمالات اللَّهجَةِ البحرانِيَّة إِذ عُلِم أَنّ لها أَمدًا قَصيرًا محدودًا يُقدّر بِأَقلّ مِن عُمُر جيلٍ واحدٍ فقط ولا تَتَعدّاه. وأَمّا دخول اللُّغة الفارِسيّة على اللَّهجَةِ فلَيس له علاقة بِنِسبة التَّزاوج مِن الإِيرانِيّات. فالبَحرانِيُّون لا يَتزوَّجُون مِن الإيرانِيّات، وقَليلٌ جدًا مِن البَحرانِيِّين مِن ذَوِي الأَصول الإِيرانِيَّة (العَجَمْ) يَتزوَّجون مِن البَحرانِيِّين (العَرَبْ). فالعَجَم مُجتمع مُنغلِق على نَفسِه ويَسكن في أَحياءٍ خاصَّةٍ إلى عَهدٍ قَريب.

ولو جَدّ الباحثُ وأَخلص وَصان أَمانة البَحث العِلمِي في دراسة التَّداخل بين اللَّهجة (البَحْرينِيَّة) السُّنِّيَّة الوافِدَة واللَّهجة (البَحرانِيَّة) الأَصِيلة أَو فَصل بَينهما وتابَع بَحثَه في تَداخل اللُّغات الأَجْنَبِيّة في كُلّ واحِدَةٍ منهما مُنفصلة عن الأُخرى وتَأريخ التَّفاعُل والتَّبادُل؛ لَتمكّن مِن تقدير نِسبة تداخل الكَلِمات الأجنبيّة على اللَّهجَتَين وقَدّر مَدى اغترابَهُما عن اللُّغة العَربيّة الأُمّ بِشكلٍ عِلميٍّ ومَنهجِيٍّ سَلِيم.

لم يَتنبَّه البَحرانِيُّون إلى مدى خُطورة الهَجمة الشَّرِسَة على ثَقافتهم الأَصِيلة وما كان يُستهدف بِعَملٍ مُنظَّم مُوجَّه لِتكريس الشُّعور بالحَقارة والنَّقص في الشَّخْصِيّة البحرانِيَّة إِلَّا عند مَطلع القَرن الرّاهِن حيث التَّحَوّل المفاجِئ الذي طرأ على الهُوِيَّة الثَّقافِيّة البَحْرانِيّة وعصف بِالنِّضال السِّياسِي المعاصر وأَدَّى إلى انفصال اتِّجاهاتِه وانتماءاتِه عن سِياقِ نِضال القَرن الماضي وإلى إِعادة النَّظر في مَناهِجِه ووَسائله وتَصْحِيح الاضْطِراب الحاصِل في هُوِيَّتِه.

لا غرو في أَنَّ وَحدة اللَّهجَة في المجتمع البَحراني في السِّياق الثَّقافي الطَّبيعي لَدلِيل دامغ على صِحَّة مسار التَّنمية الثَّقافيّة. فإنْ امتازت مَنطِقة أَو قرية عن بَقِيّة المناطق أَو القرى المجاورة أَو البعيدة بِبَعض الألفاظ مِن غير اختِلاف في الهُوِيّة أَو تَبايُن في قراءة أُصُول المعرفة ومتون مصادرها؛ فلا يضرّ ذلك في وَحدَةِ الثَّقافَة شيئًا، وقد أَخفَقَت بِإزاء ذلك كُلُّ المحاولات الطَّائفيّة المبذولة في القرن الماضي لِتَسييد اللَّهجَةِ الهَجِينَةِ على اللَّهْجَة البحرانِيَّة الأَصِيلة.

لقد أَتاح موقف الاتِّجاهين القَومِي واليساري مِن اللَّهجة البَحرانِيّة الأَصِيلة في القَرن الماضي فرصةً ذهبيّةً لمُريدي إِقصاء هذه اللَّهجة عن ثَقافة البلاد بِالتَّزامُن مع اجتهاد المجتهدين الطَّائفِيِّين في اختِيار لَهجَةٍ أُخرى بَديلة والإِصرار على جَعلِها اللَّهجة الرَّسْمِيَّة لِلدَّولة، وذلك عندما قَرَّر القَومِيّون واليساريّون الانفتاح على كُلّ أَلوان الطَّيف المذْهَبِي وأَسقطا الفَوارق الفِكرِيَّة

بين المنتمين وجَعلا مِن التَّخاطُب في الثَّقافة العَلمانيّة خالصًا باللَّهجَة الوافدة الهَجِينة، فلم يُنصفا الثَّقافة البَحْرانِيّة الأَصِيلة ولا لهجتها، وأَحدثا بِذَلك إِرباكًا في ثَقافَة المنتمين مِن البَحْرانِيِّين إذ تصنَّعوا في مجالهما السِّياسي الحيوي فَنّ التَّخاطُب بِغَير لهجتهم الأَصِيلة وتكلّفوا التَّخَلّي عنها، فضاعوا وضَيَّعوا ثقافتهم.

ومع ظُهور التَّحزُّب والفِئويّة عند مطلع السّبعينات مِن القرن الماضي في شَكل اتِّجاهٍ دينيٍّ وانتماءٍ شِيعيٍّ خالصٍ؛ اتَّبعا ذات الموقف القَومِي واليساري فلَم يُنصفا اللَّهجة البَحْرانِيّة على الرَّغْم مِن كونِهما يُمثِّلان الواجِهَة لِلأَغلَبِيّة السُّكانِيَّة. فأَسفر عن كُلِّ ذلك تَمادِي القَومِيِّين واليساريّين في إِهمال الثَّقافة البَحْرانِيّة الأَصِيلة ودُخول التَّحزُّب والفِئويَّة الشِّيعِيِّين في مُواجَهة هذه الثَّقافَة بِكرباج مَنهج (الشَّكِّ والتَّشْطِيب والتَّأميم)!

لقَد نَشأ التَّعلِيمُ البَحْرانيّ بِفَعّالِيّةٍ واعدةٍ مُؤلَّفَةٍ مِن مئات الكَتاتِيب (المْعَلِّمْ) والمَعاهِد والمدارِس الشِّيعِيَّة الصَّغِيرة المنتشرة في مَناطق البَحرين كافَّة، واستَمرّ في إِحياء الثَّقافَة وفي المحافظة على الهُوِيّة البَحْرانيّة حتَّى شهد التَّعلِيم تَطوّرًا لافِتًا في السِّياق الطَّبيعِي الهادِئ في إِثر تَأسِيس أَوَّل مَدرسَة شِيعِيّة نِظاميّة في عام 1912م مساهِمة في الاستِقلال الثَّقَافِي لِلوُجود الشِّيعِي والتَّعويض عن الرَّفض المُطلَق الذي تَبنَّته المَدارس السُّنِّيّة لِاستِقبال الطُّلاب الشِّيعة البَحْرانِيِّين.

وكانت اللَّغةُ العَربِيَّة الفُصحى المعتمدة في (المْعَلِّمْ) وفي هذا اللَّون مِن المدارس تَمدّ اللَّهجة البَحْرانِيَّة بِالمفردات والمُحسِّنات اللَّفظِيّة فلَمْ يَغترب أَحدُهما عن الآخر.

وعندما نَشأَ التَّعليمُ النِّظامي الرَّسمِي في إِثْر اشتِداد حِسِّ المُغالَبَة فيما بين المدارس الشِّيعِيَّة المُستقِلّة والمدارس السُّنِّيّة؛ لم يَضطرّ الطُّلاب البَحْرانِيّون الشِّيعَة إلى الاستِعانَة بِاللَّهجَة (السُّنِّيَّة) في المدارس الحكومِيَّة المختلطة

طائفيًّا، ولم يَتأثَّروا بها إلى حِين تَخرُّجِهم مِن المرحلة الثَّانويَّة حيث بادرت فِئةٌ قليلةٌ مِن الشِّيعَة إلى استِعمال بعض ألفاظ اللَّهجَة (السُّنِّيَّة) في مَرحلة الدِّراسات العُليا وفي الدَّوائر الحكومِيّة. وأرجَع البَعضُ هذا الاستِعمال إلى ما وُصِف بِظاهِرَةِ (النِّفاق) الّتي لم يُخلَق مثلُها في الوظائف الحُرَّة وأنشِطَة القطاع الخاصّ.

بَعد اجتِيازي لمرحلة الثَّانَويّة العامّة في عام 1976م التَحقتُ بَوظِيفة فَنِّي (تِلسِينَما) ثُمّ وَظِيفة فَنِّي (صَوت) في مَحطّة البَثّ التِّلفزيوني لِمُدَّة سنَتَين ونصف السَّنَة، لم أَشعُر خلال أدائي هذه الوظيفة بِوُجود أيِّ مظهرٍ مِن مظاهر التَّمْيِيز الطّائفي بين العامِلين مِن السُّنَّة والشِّيعَة.. كُنّا مُجتمعًا أخويًّا نموذَجِيًّا صغيرًا، نَلتَقِي في مجالس البُيوت بعد انتهاء الدَّوام الرَّسمِي بِضِيافة أَحد العاملين، ونَمضِي أوقاتًا مَرِحة في الرَّحلات التَّرفِيهيَّة والمناسَبات الاجتماعِيّة، ولم يَتكلّف أَحَدٌ مِنّا التَّخاطب بِلَهجَةِ الآخر. فالبَحرانِيّ يَتحدَّث بلَهجَتِه مع زَميله (السُّنِّي) مِن غير أَنْ يجد في نفسه حَرَجًا، وكذلك (السُّنّي) يَفعلُ بِالمِثل.

ومِن المصادَفَة أَنِّي تلقَّيتُ (إِحْضارِيَّة) واستِدعاء إلى وزارة الدَّاخِليّة في 6 مايو 1980م على خَلفِيّة طلب المدَّعِي العامّ اخْضاعي لِلمُحاكَمَة بِتُهمة إِحراز مُحرَّرات ومَطبوعات ممنوعة استَقدمتها مِن خارج البِلاد في السَّابع مِن يناير 1980م تَتضمَّن ما وَصَفته لائحَةُ الاتِّهام (تَرويجًا لِقَلب وتَغيير النِّظام السّياسِي والاجتماعِي والاقتِصادِي لِلدَّولة). فذَهبتُ في اليوم التَّالِي إلى مَبنى وزارة الدّاخليّة حيث استَقبَلنِي الموظَّفون بِالسَّب والشَّتم والصّراخ والسُّخرية والشَّماتة واللَّعْن والكلام الطَّائفي البَذِيء الفاحِش قبل أَنْ يَتقدّم أَحدُهم لِيستَوضِح مِنِّي سَبَب قدومي إلى الوزارة.

فهذه مِن العادات المُستَقبَحة التي يُدَرَّب عليها هَؤلاء الموظَّفين بِوَصْفِهم رجال أَمْن، وكُلُّهم مِن أَبناء اتِّجاه أَهْل العامّة المتمرِّسين في قَهر

الشِّيعَةِ بِالطُّرق الّتي تُرسِّخ في الإنسان الشِّيعِي المستَهدَف الشُّعورَ بالنَّقصِ والحقارة. حتَّى مَررَتُ على مكاتِب كُلّ الموظَّفِين في تَسلُسُلٍ مُستمِرّ مِن قَباحة اللِّسان فيهم، وكُلُّ مُوظَّفٍ منهم يحيلني على الآخر بعد أَنْ يأخذ نَصِيبه في التَّفحُّش بالقَبِيح مِن القَول ويَتوعَّد ويُهدِّد وينذر، ولكِنِّي كنتُ مِن الصّابرين حتّى دَخل عَليهم ضابِطٌ كَبيرُ الرُّتْبة فسَكتوا فُجأةً وانشغلوا باستِقبالِه وكأَنَّ على رُؤوسِهم الطَّير.. ناداني الضَّابطُ مِن بَعِيد: (هِيْ.. إِنْتَهْ.. دِشْ ذاك المكتب واسْأل الضَّابط هناك)!

دَخلْتُ المكتَب وإذا بي أَرى أَحد الزُّملاء القُدامى الفَنِيِّين العامِلِين مَعِي في مَحطَّة التّلفزيون. فرَحَّبَ بي وسَألَنِي: (كَرِيمُو وِشْ يَيِّبْكْ إِهْنِي)؟!

فشَرحْتُ له تَفاصِيل التُّهمَة وأَطلَعته على ورَقة (الحضَارِيَّة)، فاستَلَم ورَقَة الاستِدعاء مِنِّي وأَنهى الإجراءات المطلوبة وطلَبَ مِنِّي الذَّهاب إلى مَبنى المحكمة لِلاستِعلام عن مَوعد أُولى جَلسات مَحكمة الاستئناف العُليا المدنِيّة، بعد أَنْ ذَكَّرنِي بِيَومِيّات الزَّمالة والأخوّة بين الشِّيعة والسُّنَّة في مَحطّة التّلفزيون، وخَصّ بِالذّكر طُرفَة وَزِيرِ الإعلام الّذي استَوقَفنِي ذات لَيلة يَطلبُ مِنِّي تَوضِيحًا لمبرِّر امتِناعي عن القِيام مِن مَجلِسي لاستِقباله والتَّرحِيب بِه مِثل سائر المُوظَّفِين كُلَّما مَرّ بِقسِم (التِّلِسِينَما) الّذي كنتُ أَعمل فيه!

عِندما تُقرِّرُ شَخصِيّة رَسمِيَّة كُبرى تَفقّد سَير العمل في مَحطّة البَثّ التِّلفزيوني بِمُناسبة العِيد الوَطنِي، ومِن أَجل الدّعاية والتَّفخيم الإعلامي؛ يَنقلبُ كُلُّ شيء رأسًا على عقب بين المَوظَّفِين (السُّنَّة) وتَتغَيّر أَحوالُهم إلى غير ما كانوا عليه مِن قَبْل، إِلّا القليل منهم مِمَّن عُرِف عنه المَيل إلى انتماءٍ قَوميٍّ أَو يساري.. نَراهُم مُتوثِّبين وعلى أَهُبَّة الاستِعداد لِرَدّ التَّحِيَّة على الشَّخصِيّة الرَّسمِيّة الزّائرة إِذْ هُم الوَحِيدون المخاطَبُون بِتَحِيَّتِها وسلامها حَصرًا على حَسب (بُرُوتُوكول) لَجنَةِ الاستِقبال والتَّشريفات بِرئاسة مَكتب وَزِير الإعلام.

وفي خَلفِيّة هذا المَشهد الدِّرامِي السَّاذِج يَقفُ العاملون الشِّيعة صَفًا صامِتًا مُنزَوِيًا وكأَنَّ أَعيُن أَعضاء لجنة التَّشرِيفات في مَحطّة البَثّ التّلفزيوني قد عَمِيت فلا تَراهم، ولا عَين الضَّيف الزّائر كَذلِك.. وفي لحظةٍ خاطفةٍ يُبادر مُوظَّفٌ مِن الشِّيعَةِ مسرعًا إلى حاجِز العُزلَةِ المفروضة مِن قِبَل لجنة الاستِقبال فيَختَرِقه ويَتجاوز بذلك (البُروتُكُول) المَعمول به، ويُوَجِه التَّحِيَّةِ والسَّلام إلى الضَّيف الزّائر بِلَهجَةِ (السُّنَّةِ) عَسى أَنْ يشمله اللُّطْف مِن هَيئة التَّشرِيفَات أَو مِن الضَّيفِ الزّائر ثَقِيلِ الظِّلّ.

لا جَبر رَسمِيّ في استِعمال اللَّهجَةِ (السُّنِّيّة) ولا في استِبعاد اللَّهجَةِ البَحْرانِيّة في الدَّوائر الحُكومِيّة، ولكِنَّ اللَّهجَةَ (السُّنِّيَّة) تَنقلِبُ إلى لُغةِ تَفضيل وتَمييزٍ وفَصلٍ طائفيٍّ مقيت في ظُروفٍ خاصَّةٍ مُختلفةٍ بزعامةِ طَبقةٍ سياسِيَّةٍ خاصَّةٍ أَو فئةٍ مِن عَناصر المُخْبِرين المُتغَلْغِلِين في بعض الدَّوائر الرَّسمِيَّة السِّيادِيَّة والحسَّاسَة في الدَّولة.

إنَّ اللَّهجةَ (السُّنِّيَّة) أَو بعض أَلوانِها هي لُغةُ التَّخاطُب عند بَعض الشِّيعة البَحرانِيِّين ضِعاف النُّفوس، ويَبقَى الشُّعور بِعُقدَةِ النَّقص والحقارة كامِنٌ في فئةٍ قليلةٍ مِن الشِّيعة صِفَةً مَرَضِيَّة مُزمِنَة تَستوجِب المُعالجة بِبَثّ مَزيد مِن الثِّقَة في الثَّقافَة البَحْرانِيَّة الأَصِيلة، وبِمَزيدٍ مِن المَعرِفَة في أَهمِّيّة التَّمسُّك بِاللَّهجة الخاصَّة والمواظَبة على استِعمالها في كُلِّ الظُّروف والعَمل على صِيانَتها أَمام كُلِّ التَّحدِّيات وتَنميتِها بِلا تَردُّدٍ أَو حَرَج.

فاللَّهجةُ هي إِحدى مُكوِّنات الثَّقافَة وأَبرَز مَظاهِرها، وهِي وِعاؤها الضَّرُوري، وليست عامِلاً في تَخلُّفِها أَو تَسافُلها. وما اختلاف أَلوانِ اللَّهجة في الشُّعوب والأَديان والطَّوائف إِلّا دليلا على تَنوّع الثَّقافات واستِقرارها والتَّميُّز الاجتِماعي التَّنافُسِي فيما بينها ما دام التَّنوّع مُجرّدًا مِن الأَهواء السِّياسِيّة ومِن آفةِ الفَصل والتَّمييز الطَّائفي.

ـ الالتِقاطُ الفِكْريُّ يُخلِّفُ مُغالَطَةً

تُنسَبُ مُفردةَ (المُثقّف) إلى معنى الثَّقافَة بِكُلّ مكوِّناتها ومظاهرها. ولا يَجرِي في العادة إِطلاقُ هذه المفردة على أَحدٍ مِن النَّاسِ تَبجيلاً وإِجلالاً وتَفخيمًا وإِنَّما تَمييزًا.. فالمثقَّفُ البَحْرانيُّ والعراقِيّ واللُّبنانيّ أَو القَطِيفي والأَحْسائي والبَاكِستاني والإِيراني والهِندي أَو غيرهم، هُو الفردُ الّذي يُنسَب إلى ثَقافَةِ مُجتمعِه ويُعبِّر عنها بِفكرِه وعَملِهِ ويَتمثَّل تَفاصِيلها.

ويُثار في ذلك سُؤال: هَلْ يَصِحّ الجمع بين جِهَتي (الثَّقافَة) و(التَّخَلُّف)، فنَقول إِنَّ الشَّخصِيَّة البَحْرانِيّة هي مُثقَّفَةٌ مُتخَلِّفَةٌ أَو مُثقَّفَةٌ واعِيَةٌ أَو مُثقَّفَةٌ خُرافِيَّةٌ أَو مُثقَّفَةٌ أُسطُورِيّةٌ؟!

مِن هذا السُّؤال المختار نَضعُ أَيدِينا على أَخطَرِ مُغالطة في الفِكر التَّنويرِي البَحرانِي المعاصِر الّذي بُثَّ في أَجيال ما بعد مُنتَصف القَرن المنصرم بِرعايَةٍ حِزبيَّةٍ وفِئويّةٍ وعلى أَيدي عددٍ مِن عُلماء الوَسَط الحَوزَوِيّ الخارِجي المُتأثِّر بِفكِر حَركة التَّنوير السَّائدة في اتِّجاه أَهْلِ العامَّة بِزَعامة كُلٍّ مِن (تَقِيّ الدِّين النَّبهانِي) عَلى رأس حِزبِ التَّحرِير و(حَسَن البَنّا) و(سَيِّد قُطْب) على رأس حِزب الإِخوان المُسلِمين.

إِنَّ المِغالَطة هذه هِي مِن أَسوأ سَيِّئات حَجْب الثِّقَةِ عن الثَّقافَة البَحْرانِيَّة المَحلِّيَّة والاحتِذاء بِفِكر ثَقافَةِ بِيئةٍ أَجنَبيَّةٍ مُغايِرة عندما أَقدَمَت الانتماءاتُ الحِزبيَّة والاتِّجاهاتُ الفِئويّةُ الشِّيعِيّة على تَمييز العلاقة بين (الثَّقافَة) و(التَّخَلُّف) واستِعمال المعاني المُشَكِّكة فيها، وهي مِن أَسْوأ مُسبِّبات وُقُوع الاغْتِراب عن الثَّقافَة البَحرانِيَّة الأَصِيلة.

لقد أَخذَ مَنهجُ (الوَعْظِ والإِرْشاد الأَبوِي) المُعتَمد في سِيرةِ اتِّجاه أَهْل العامَّة وفي نِضال حِزبي التَّحرير والإِخوان بِالمُطابَقَة عند تَمييز العلاقة بين مَفهومَي (الثَّقافَة) و(التَّخلّف) في واقع الحال، مُستَلهِمًا ذلك مِن رُؤى فلاسِفَة الأَنوار الفَرنسِيِّين، وقال إِنَّ (الثَّقافة) نَقِيضٌ لِـ (التَّخَلُّف) ولا بُدَّ مِن

دَحر (التَّخَلُّف) وإِيجاد (الثَّقافَة) المنقِذَة في المجتمع.

وبِذَلك خَصّ مَنهجُ (الوَعْظِ والإرْشاد الأَبوِي) مُنتَمِي الحِزبَين بِرَوعَةِ معنى (المُثقَّف) وجمالِه، وخَلعَهُما عليهم حَصرًا، وصَوَّرهُما مَقامًا عاليًّا مَحمودًا وخاصَّةً سامِيةً فِيهم يَنفرِدُون بِهما. وجَعَل مِن (التَّخَلُّف) حالاً مَرَضِيَّة مُتفشِّيَة في عامَّة النَّاس.

أَدَّى هذا الجَعلُ الحِزبِيّ والفئويّ المُتعَسِّف لدى التَّحرِير والإخْوان إلى تَغوُّل جِهاز الانتماء وشُخوصِه ورُموزه في المجتمع بِشَكلٍ مُقرفٍ مِن أَشكال التَّعوِيض الخاطئ عن الشُّعور بالنَّقص والحَقارَة. فانتَهى الأَمْرُ إلى شُيوع ظاهِرَتَي الاستِخفاف بِأَفراد المجتمع وتَسفِيه ثَقافَته الأَصِيلة. وقد تَطلّب ذلك مِن الحِزبَين المُتعالِيَين بِوَصْف (المُثقَّفِ) العَملَ على فَرضِ الوَصايَة والوَلايَة على المُجتَمع (المنْحَطّ) بِصِفَةِ (التَّخَلُّف) قَبل المبادرة إلى مُعالجة أَذهان أَفرادِه.

وعلى أَثَر هذه المُغالَطة الحَركِيّة الخاصَّة بِالتَّحرِير والإخوان دارت مَفاهِيم الانْتِماء وأَعمال الوَعظِ والإرشاد بَين قُوى النِّضال الثَّقافِي البَحرانِي بِوَسِيلةٍ حِزبيَّةٍ وفِئويّةٍ لَيْسَت بَحرانِيَّة المَنشأ والذَّوْق.

إِنَّ تَفشِّي الانتماء الحِزبِي والوَلاء الفِئوِي على طِبق هذه المُغالَطة، وسَعيهما الدَّؤوب نَحو احتِكار مظاهر الثَّقافَة البَحْرانِيَّة الأَصِيلَة العَرِيقَة عَمِيقة الجذور - سَلَبَهُما التَّفوُّق في مُعالَجَة (التَّخَلُّف) و(اللّاوَعْي) المَزعُومَين، وأَرْبَك مُرادَهما في تَحصِيل البديل الحضارِي المناسب، وزَجَّ بِهما في خِياراتٍ سِياسِيّةٍ صَعبَةٍ لا قِبَل لَهُما والنَّاس بِها.

ففِي عَرض هذا الانْتِماء والوَلاء المُثيرين لِلجَدَل حَمَلَت فِئةٌ بَحرانِيَّةٌ مِن عُلماء الدِّين على عاتِقِها مَسئولِيَّة الدِّفاع عن أَصالة الثَّقافة البَحْرانيّة والحَدّ مِن انتِشار فِكرِ الانْتِماء والوَلاء الوافِدَين على ثَقافَةِ جَزيرة البحرين، إِلّا أَنَّها ظَلَّت فِئةٌ مُوغِلَةٌ في التَّقلِيدِيَّة وفي استِعمال مَنهج التَّبلِيغ القَدِيم، ولم

تَتوافَر على المُؤهَّلات المناسِبَة لِتَشكيل زَعامَةٍ كُبرى أَو هَيئةٍ أَو نُخبَةٍ قِيادِيَّةٍ مُتماسِكة تَعضُدها، وكانَت تَفتقِر إلى نَظرِيَّة مُناسِبَة في التَّغيير المتفَهِّم لِلبيئة الثَّقافِيّة والاجتِماعِيّة البَحرانِيَّة سَريعَةِ الافتِتان والانقِياد والوَلاء لِكُلّ ما يَتَّصِل بالشَّأن المَرجِعِي والحَوزَوِي الخارِجي وإِنْ وَفَد عليها في هَيئةِ تَشكيلٍ حِزبيٍّ أَو فِئويٍّ هَجين الفِكر.

وعندما اجتَمَعت هذه الفِئة القَليلَة لِتَأدِيَة وَظِيفتها المفترضة؛ كان الائتِمامُ بِالمفْهُوم المغالِط في مَعنيَي (التَّخلُّف) و(الثَّقافَة) قد وَفَد على البحرين وطَغَى على أَذهان المُنتَمِين البَحرانِيِّين الجدد الَّذين أَدركوا مُبكرًا أَنّ مفهوم الزَّعِيم الرُّوحِي الوِجداني التَّقلِيدِي قد وَلَّى وأَدبَر وغَربت شَمْسُه وتَصرَّم ولم يَعُد سائدًا مُؤثرًا في المُجتَمع المعاصِر ما لم يُعَزَّز مَقامَه بفُنون مُعالَجة المَعلومات والدّعاية المُسرِفَة.

فوَجَدت هذه الفِئةُ القَليلة نَفسَها في عرض أَزمَةٍ مِن التَّصنِيف الاجتِماعي القَهرِي الجَديد قد جَرَّدَها مِن صِفَة (المُثقَّف) وخَلَع عليها صِفَة (المُتَخَلِّف) وأَوجَبَ عليها إِعادة النَّظر في رُؤيتها العَقدِيَّة فَضلاً عن وَظِيفتها (التَّقليدِيّة) ومنهجها في زَعامَة المجتمع والاستِجابة السَّريعَة لِمَسئولِيَّة إِخراج ذاتها مِن حال الاغْتِراب عن (الثَّقافَة). وحِينَما رَفَضت الاستجابة؛ عاشَت وَحشَة الملوك وهِي الفِئة الّتي كانت في المُجتَمع البَحْرانِي زَعيمةً مُكرَّمَةً في قُرونٍ مُتوالِية زاخرة بالعلوم الدّينية ويُشار إِليها بِمَعنى (المُثقَّف) حَصرًا، فِيما انفَرَد المُنتَمِي الحِزْبي والفِئوي الجديد بِوَصْف (المُثقَّفِ الوَاعِي).

في مُقابِل تِلك المُغالَطة، يُمكِن القَول أَنَّ (الثَّقافَة) في المعاني البَحْرانِيّة الأَصِيلة لم تَكُن طَرفًا نَقِيضًا لِـ (التَّخلُّف) في سِيرَتِها التَّنمَوِيَّة أبدا، ولم يَكُن لِلتَّخَلُّف على حسب المَفهوم المَعمُول بِهِ حِزبيًّا وفِئويًّا مِن وُجُودٍ حَقِيقيٍّ. كما لا يَصِحّ تَجريد مُجتَمع البحرين مِن ثَقافَتِه الأَصِيلة العَرِيقَة أَو العَبَث فيها على طِبق مَنهجٍ إِصلاحِيٍّ أَجْنبِيٍّ المنشأ ووَافِد مِن خَلْفِ حُدود البِلاد وقائمٍ

على مُغالَطة فِكريّة لا مَعنى لها ولا واقِع ولا وُجُود في البِيئة الثَّقافِيَّة البَحْرانِيَّة، فَضلاً عن كَونِها مُغالَطة تنطوي على غِلْظةٍ ورُعونةٍ وشِدَّةٍ في السّلوك العام لم يَألَفها مُجتَمع البحرين مِن قَبل ولا يَجوز اعتِمادها لِتَقرير مَصِير ثَقافَتِه العَريقة.

إنَّ الادِّعاء ببَقاء الثَّقافَة رَهن طَبقةٍ حِزبيَّةٍ أو فِئويَّةٍ خاصَّة وبَعَدمِها في سائر أَبناء المُجتَمع فهو يعدّ أَنانِيّة محضة ولا أَصْل لها في الثَّقافَةِ الشِّيعِيّة. كما لا يُفِيد هذا الادِّعاء دلالة على إِمكان تحقّق التَّفَوّق بهذه الطَّبقة ولا يَصدُق انحسار التَّخَلُّف عن أَذهان مُنتَمِيها. وأَمَّا الوَعظ والإِرشاد والعَمَل الثَّقافي الدَّؤوب مِن أَجْل معالجة المُشكِلات الاجتماعِيَّة النَّاجِمة عن إفرازات التَّخلُّف المُدَّعَى فَهِي إِخْبارٌ عن حِكايات بِيئةٍ اجتِماعِيَّةٍ أَجنبيَّةٍ مُغايرة، ولا وُجُود لهذه الحِكايات في البِيئة الاجتِماعِيّة البحرانِيَّة، كما ليس بِاستطاعَتِها - إنْ سَلَّمنا جَدلاً بِوُجُودها - تَحقِيق تَقدّمٍ يُعتَدّ به في مُراد التَّنمِية الحقيقيّة لِلثَّقافَة البَحْرانِيّة!

لقد ساهَمَت مَجموعةٌ مِن العوامل في الحَدّ مِن فَعّالِيّة هذه المغالطة قَبل أَنْ تَستفحِل مُضاعفاتُها في المجتمع البَحرانِي، مِنها:

- سِيادةُ اتِّجاه المُحدِّثين الأَخْبارِيِّين وحَذَرُه الشَّديد مِن استِقبال أَيّ فِكرٍ تَجدِيدِيّ طارئ صادِر عن جِهَةٍ أُصولِيَّة خارِجيّة المَنشَأ.

- وتَورُّطُ رُؤُوس الانْتِماءات الحِزبِيَّة والوَلاءات الفِئويَّة الجَدِيدة المُروِّجَة لهذه المُغالَطة في الصِّراع السِّياسي المباشر مع سُلطَةِ الدَّولة وما نَجم عن ذلك التَّورُّط مِن تَشدُّدٍ في الإجراء الأَمنِي الاستِباقي الرَّسمي الّذي شَرّد بِالتَّنظيمات السِّرِّيَّة لهذه الانْتِماءات والوَلاءات قَبل أَنْ تَتَمكّن مِن الرُّسوخ ثَقافِيًّا واجتِماعِيًّا.

إِذَنْ، فمَن هُو (المُثَقَّف) في التَّصَوّر الاجتِماعي العامّ والخاصّ الّذي دارت عليه رَحَى المغالطات الفِكريّة الوافِدَة والطَّارئة على ثَقافة البَحْرانِيِّين؟!

ذلك استِفهامٌ مُثيرٌ لا يَبدو نَمطِيًّا بالمَرَّة. فعِندما نَجِدُّ في البَحثِ عن علاقة الأَلفاظِ والمَفاهِيم بالمعاني، ونَجتَهِدُ في القراءة المقارِنة لِأُصول

الثَّقافَة ورَصدِ الوقائع عِلمِيًّا ـ سنَراهُ استِفهامًا مُتضَمِّنًا لِشَيءٍ مِن الاستِعلاء السَّاذِج الّذي يُعرِّج بِالمنتَمِي الحزبي والفئوي ذِي الفِكر الهَجِين الملتقط إلى مَقام اجتماعِيٍّ وهمي رَفيعٍ بِالدِّعايَة وفَنِّ مُعالَجَةِ المَعلومات في مُقابِل ذِي الوَلاء السَّطحِي المُوغِل في التَّقلِيديَّة فَحَسب. كما يَكشِفُ عن بُعد المسافة الفاصِلة بين فَرْد الثَّقافَة ومعنى الثَّقافَة في الواقع الشِّيعِي البَحْرانِي المُعاصِر، ويُشِير إلى عِلَل الضَّعف في ذِهْنِ الوجود الاجتِماعي الكبير الّذي يُشار إليه بِوَصْف (الشِّيعَة).

لا يَحتاج تَحدِيد المعنى البحراني المُطابِق لِوَصْف (المُثَقَّف) إلى كُلْفَةِ نَظر ولا دِقَّةِ مُلاحَظة، ولكِنَّه يَظلّ مُعقدًا لِلغايَة كُلَّما التَجأَ البَحرانِيُّ إلى فِكرٍ ومنهجٍ مُقتَبَسَين عن ثَقافَة بِيئَةٍ لَيْسَت بَحْرانيَّة المنشأ يَطلُبُ بِهما العَونَ في كَشفِ المعاني المَتعَلِّقة بِبيئَتِه الاجتِماعِيّة الأَصِيلة.

في الأسْبوع الأَوَّل لِسَفرنا إلى بِريطانَيا في الثّانِي عَشر مِن شَهر مارس 1991م واتِّخاذها بَلد المنفى الثّالِث والمُستَقرّ الأَخِير مِن بَعدِ أَعوام مِن (الهَجْلَهْ) والارتِحال المُقلِق بِالعائلة مِن بَلدٍ إلى آخر بِلا وَثائق ثُبوتِيَّة أَصليَّة الصّدور، ومِن بَعدِ أَعوامٍ مِن انعِدام الطَّمأنِينَة في بَلَدِ الإقامة والمستقر، ومِن بَعد أَعوامٍ مِن الرُّعْب في اجتِياز النّقاط الحدُودِيَّة بين البِلاد وكِدنا نَختَتمها بِمِحنَة السِّجنِ المؤبَّد لولا سُرعَة حُضور (المُنقِذ) ـ خَرجْتُ مُطمئنًّا إلى السُّوق المَحلِّيَّة في مَنطقة (مَيدافِيل) اللّندنِيّة حيث السَّكن الأَوّل ومَحلّ وَلادة ابنِي الثّالِث مُحمّد عَلِيّ، فشاهَدتُ رَجلاً انجليزيًّا فاقِد البَصَر يَتحَسَّس الطَّرِيق بِعكازه ويَنتظِر الفرصة المُلائمة لِعُبور الشّارع، وعلى جانِبَيه أُناسٌ آخرون يَنتظِرون ذات الفرصة ولا مِن أَحدٍ فيهم (يِتْشَيَّم) فيُقدِّم للأعمى يَد العون ويَعبُر به إلى الرَّصِيف الآخر مِن الشَّارع المكتَظّ بِحَركة السّيارات. فحَدَّثتُ نفسي بِحَدِيثَين اثنين:

الأَوّل: لقد صدَّقتُ كَلِمات خُطباء المنابر ومُؤَلَّفات المثقَّفِين العرب

والاسلامِيِّين الّتي أَشاروا فيها إلى انعِدام الأخلاق في ثَقافَةِ المجتمعات الغَربِيّة، وأَنَّ النّهضة العِلميّة في بلاد الغرب لم يُرافقها مَنهجٌ وَعظِيٌّ وإِرشاديٌّ أَبوِي يَسمُو بِالحِسّ الإنساني في مُجتمعاتِها إلى الدَّرجات الوجدانيّة العُليا.

الثَّانِي: إنَّ مِن واجِبي المحافظة على ثَقافَتِي البَحرانِيّة والتَّمسُّك بها في بِلاد المنفى والاغتِراب، وهِي تَدعُوني في هذه اللَّحظَةِ إلى تَقدِيم التَّحِيَّة إلى الأَعمى ثُمّ المبادرة بِمَدّ يَدِي إلى وَسَطِ عكازته ورَفعها قَلِيلاً عن الأرض ثُمّ جَرّها بِلُطفٍ إلى الأمام والعُبور الآمِن بِالأعْمى إلى الرَّصِيف الآخر مِن الشَّارع، وليس مِن شَأني انْتِظار الجَزاء والشُّكر منه.. هكَذا كُنَّا نَفعل في جَزِيرة (العِمْيَان) على حَسب وَصْف عضو بعثَةِ الآثار الأُورُوبِيَّة الوافدة على جزيرة البحرين عندما هاله كَثرة فاقِدي البصر بين البَحْرانيِّين بِسَبَب شُيوع مَرض ضَغط ماء العَين الوراثي (الغُلُوكُوما).

بَادرتُ مُسرعًا لِتلَبية نِداء ثَقافَتِي الأَصيلة وفَعلتُ ما كان مِن واجبي تِجاه الأعْمى أَنْ يُفعل.. وفي رَدَّة فِعلٍ مُضادَّة وشَدِيدة غير مُتوقَّعة سَحَبَ الأعمى عكازته وأَبعدها عن يَدِي وضَرب بطَرفِها رِجلِيّ اليُمنى ضَربَةً خفيفةً غير مُوجِعَة، وكَأَنَّه أَراد بفَعْلَتِهِ الّتي فَعَل أَنْ يُنبِّهَني إلى أَمْر كُنتُ أَجهله. فاندَهشْتُ لِرَدَّة فِعله والنَّاسُ مِن حَولِنا يَضحكُون لِلمَشهد (المُثِير) والأَعْمى يُشارِكُهم الإِثارة بِالتَّبسُّم ولم يَنْبِس بِبنت شَفة، ثُمَّ رَحَل!

وفي اليَوم التَّالي طَلَب مِنِّي مُدَرِّس اللُّغة الإنجليزيَّة في كلِّيّة الدِّراسات بِحَيّ (مَيدافِيل) سَردَ أَهَمّ مَوقِفٍ مُثيرٍ عشتُ تفاصِيلَه في لَندَن بِاللُّغة الإنجلِيزيَّة. فَسَردتُ قِصَّتِي والأَعْمى البريطانِي. فأَشار المُدَرِّس إلى اختِلاف الثَّقافات، وأَنَّ الأعمى في هذه البلاد يَتَلَقَّى رِعاية خاصَّة تَرفعُ مِن دَرجَة الثِّقَةِ في قُدراتِه الذَّاتِيّة، كما يَتَلقَّى تأهِيلاً يجنِّبه الشُّعورَ بِالنَّقص لِفَقد حاسَّةٍ مِن الحواس ويَدفعه إلى الاعتِماد على الذّات والاستِقلال بها عن البَصِيرين مِن بَنِي جِنسه، وأَنَّ خِدمَتِي الّتي قدَّمْت إلى الأعْمى على الشَّارِع العامّ أَمْسَت في

ثقافة (العُميان) البِريطانِيّين عَملاً غير محبَّبا!

إنَّ تَقرِير معنى (المُثَقّف) يَستلزِم العَودةَ إلى طبيعة المجتمع الّذي يَنتَسِب إليه مَن يَعَرَّف بِـ(المُثَقّف). فالثَّقافَةُ بالمعنى العامّ هي شامِلَةٌ لِلمعارف والعُلوم الحِسِّيّة وغير الحِسِّيّة ولِنَمط التَّفاعل بينهما، ولِلآثار والنَّتائج المتَرتِّبة على تَبنِّي أُصُول هذه المعارف والعُلوم في بِناء النِّظام الاجتِماعِي والسُّلوك العام.

إنَّ معنى الثَّقافَة شاملٌ أيضًا لاستِعمالات اللُّغَة والأَدب والفَنّ واللَّهجَة في التَّخاطُب، وشامِلٌ لمنهج التَّفكِير الذِّهنِي المعتمد والمُنتَزع مِن أُصُولٍ قد تَكون مُتمَثِّلة في العَقِيدة أَو الشَّريعة أو الأخلاق أَو بعضها أَو كلّها مُجتَمِعة، وشاملٌ لِعَمليّة التّفاعل مع التَّأريخ وطُرقِ استِدعاء وقائعه بِالتَّفكِيك أَو التَّركِيب وبِآليَّات التَّحلِيل والرّجوع إِليه لاستِحضار تفاصِيلِه، وشامِلٌ لِلطَّبائع والعادات والتَّقاليد والأعراف والشَّعائر، وكذلك الآثار المُترَتِّبة على كُلِّ ذلك فضلاً عن النَّتائج.

لم يَكُن هذا المعنى المُختَار لِلثَّقافَة حكرًا على فِئةٍ عُمُريّة مِن النَّاس، ولا على انْتِماءٍ حِزبيٍّ ووَلاءٍ فِئويٍّ خاصٍّ، ولا قَومِيّة أَو مذهَبِيّة دِينيّة ولا عِرقٍ أَو جِنسٍ.. الثَّقافَةُ استِعمالٌ مُتاحٌ في تَعرِيف كُلِّ فَردٍ في المجتمع ولا يَنفَكّ عنه وإِنْ كان بِدائيًّا.

(المُثَقَّفُ) البَحْرانِيُّ كان وَصْفًا شائعًا في النّصف الأَوّل مِن القَرن الماضي إِذْ ينطبق على كُلِّ مَن يُجِيد القَراءة لِوَحدها أَو يُحسِنِ القراءة والكِتابة معًا، أَو له حَظٌّ قَليلٌ أَو وافِرٌ مِن الاطِّلاع الفِكرِي أَو العِلمِيّ أَو السِّياسي وإِنْ كان أُمِّيًّا. فيما يَرد مَعنى (المثَقَّف) في بِلادٍ أُخْرى في ذات الفَترة الزَّمَنِيّة مِن القَرن الماضي وَصْفًا لِلفَرد الّذي يُمثِّلُ بِيئةِ مُجتَمَعِهِ وتَفاصِيلها فِكرًا وعَملاً، وتَبقى إِجادةُ القراءة والكِتابة أَو عَدمُها وغَزارَةُ الاطِّلاع أَو شحَّتُه في الشَّأن الاجتماعي أَو السِّياسِي أَو الاقتصادي وما كان في حُكمِه خاصَّة وتَميُّزًا في الثَّقافَة.

صار الإلمامُ بهذا المعنى العامّ لِلثَّقافة يُقرِّب مِن الطَّبيعة البَحْرانيّة في

أَجيال النّصف الأَوّل مِن القرن الماضي، وبه يَنصَرِفُ الذِّهن إلى القول (أَنَّ كُلَّ عاقلٍ بَحْرانيٍّ فهُوَ مُثَقَّفٌ) أكان فَردًا مُنتمِيًا أَو مُجرّدًا مِن الانتماء أَو مُتعلِّمًا أَو أُمِّيًّا أَو حتّى فردًا مُجرّدًا مِن الأَوصاف كَثِيرة الاستِعمال في الأَدَب المعاصر، مِن نَحو: الوَعْي واللّاوَعْي والإدراك والجَهل.

إنَّ المثقّف بهذا المعنى العامّ لا يَخُصّ فِئةً مِن الأكادِيمِيّين أَو المبدعين البَحْرانيِّين أَو المتَلَقِّين والمتأثرين بِنِتاجِها.. فالأُدباء وغيرُ الأُدباء مُثَقَّفون، ورُوّاد المنتديات والمجالس في المساجد والمآتم والكتاتيب (المْعَلِّمْ) ورُوّاد مجالس المُحدِّثين والمجْتَهِدين وغيرهم كُلُّهم مُثَقَّفون، والكُتّاب وغير الكُتّاب هُم مثقّفون، والسِّياسيّون وعُلماء الدِّين وغير السِّياسيّين وغير علماء الدّين كلّهم مثقّفون، و(لُوفَرِيَّة) المقاهي وأَتْباع لهو الحديث ومجالس البَطّالين والطَّبّالون والمغنّون كلّهم مثقّفون، ورُوّاد المجالس الشَّعبيَّة المفتوحة (البَسَطَات) وزَوايا الطُّرق والمكتبات المناطِقيّة والنَّوادِي ودُور العَرض (السِّينَما) والمِهَنِيّون والحرفيّون، ومَن لا يَعرِف مِن هَؤلاء القُراءة ولا يُجِيد الكِتابة، كُلُّهم مثقّفون.

فلنَبحَث في عَدَدٍ مِن الكيانات والجهات الّتي يَأوِي إليها المثقّف البحراني، ولنَستَقرِئ كَيفيّة تفاعله فيها وطَبيعة العلاقة بين هذه الكيانات والجهات بالمجتمع، وذلك لِكَي نَختزِلَ المسافة الموصلة إلى مَعنَيَي الثَّقافة والمثقّف المختلفين في بيئةِ هذا المجتمع، ونَتعرّف أَيضًا على سُوءِ استعمال المعنى المُغالِط الّذي سَلَخ الثَّقافَة البَحْرانِيَّة مِن أَهلِها وكَشطها فصار البَحْرانِيُّون على ـ حَسب تَصنِيفِهِ ـ أُناسًا مُتَخلِّفين فاقِدِي الشُّعور ومُجرَّدِين مِن الوَعْي والإدراك ويغُطّون في سُباتٍ عَميقٍ ورِقادٍ وغفلةٍ وغَباءٍ وجَهلٍ وحماقةٍ مُستحكمة.. سَلَخَ الثَّقافَةَ البَحْرانِيّة على طَريقَةِ الانتماءات الحِزْبيّة والوَلاءات الفِئويَّة مِن أَتْباع اتِّجاه أَهْلِ العامّة الّتي استَخَفّت مُجتمعاتِها وكَفَّرَتها مِن بَعدِ سَلخِها مِن ثَقافَتِها!

ـ مُعَلِّمُ أَهْلِ الحَيِّ والوَصْفُ العُرْفِي

في السَّادِسَةِ مِن العُمر كُنتُ (مُثقّفًا) بهذا المعنى لِلثَّقافَة وبِمَعاييره الرّائجة في أَهالِي حَيِّ النِّعَيم الكائن على الطَّرَف الغَربيّ مِن العاصِمَة البَحْرانيَّة حيث تَخرَّجْتُ مِن دار الكَتاتِيب (المْعَلِّمْ) في عام 1964م على يَدَيّ المُعَلِّمَه (أُمْ حَجِّي مَكِّي الأَنْجاوِيَّة) رَحمها الله تَعالى.

انتَهيتُ مِن (خَتْم) القُرآن الكَرِيم وأَجَدْتُ بِه فَنّ النُّطق بِالحروف العَربِيَّة في سُرعَةٍ قياسيّةٍ وَصَفتها (المْعَلْمَهْ) بالمُعجِزة، وأَيَّدتها في هذا الوَصْف جَدَّتي مَريم (أُمْ عِيسَى) المتكَفِّلة رِعاية تَعلِيمي في دار (الأَنجَاوِيَّة)، ولكِنِّي لم أَشْعُر في تِلك السِّنّ بهذه المعجزة ولم أَرَ لها حَقِيقة مَلموسة مُماثِلة لما نَسجَته مُخيِّلَتي مِن مَعارف مُقتَبسَة عن مَجالِس المُلّا (جَواد حميدان) رحمه الله الّتي كان يعقدها في مَأتم النِّعَيم الغَربِي وكُنْتُ شَغوفًا بِالحُضور إليها والاستِماع. لكِنَّهما وأَهلَ الحَيّ وأَنا كُنَّا جميعًا نتحلّى بِصِفَة (المُثَقّف) على طِبق هذا المعنى!

دَفعَت (المُعجِزَةُ) مُعَلِّمَتي (الأَنْجاوِيّة) إلى اتِّخاذِ قَرارٍ بِترقِيَتي رُتبةً عرفِيَّةً كانت سارِيَة في دُور (المُعلِّم) المنتشرة في مناطِق البحرين آنذاك، فحُزتُ على هذه المَرتَبة الّتي تُعادِل مَرتَبة (مُعِيد) على حَسب مَعايير بَعض الكُلِّيّات الجامِعِيّة!

ومِن دُون مُقابِل يُصرَف لِي لِقاء مُهمّة التَّدرِيس الموكلة إليَّ بهذه التَّرقِيَة؛ أُمِرتُ في اليوم التَّالي بِتَعلِيم الطُّلاب والطّالبات فَنّ قراءة القُرآن في السَّاحَة المفتوحة لِدَار (المْعَلْمَه)، فاكتَفَيتُ بِمَرتَبة (مُعِيد) بِلا وَصْفٍ ظاهِرٍ، ورَضِيتُ بِكِيسٍ مِن الفاكِهة أَو الحَلويّات يُهدى إليّ مِن قِبَل الطّلبة كُلّما انتَهَيتُ مِن مهام التَّدريس المقرَّرة مِن قِبَل (المْعَلْمَه) الأَنجاويّة إليهم.

ومِن المُفارَقَة أَنّني لم أُستَثنَ مِن دفع أَربع (آنَاتْ) مِن العُملَةِ الهِنديّة في عَصر يوم كُلّ أَربعاء مِن كُلّ أُسبوع لِقاء خَدمات تَعلِيمِيّة مُعطّلة قد اجْتِزتها

مِن بَعد نَيل رُتْبَة (مُعِيد) على الرَّغْم مِن الاحتِجاجات الّتي تَظاهرتُ بها أَمام جَدَّتي مَريم وقَصدتُ بها استِصدار قرارٍ حاسمٍ بإقالَتِي مِن التَّدرِيس وبِمُغادرة دار (المْعَلِّم) وبِتَحرير طُفولَتِي مِن ضَوابط وقُيود الأنجاويّة.

صِرتُ أُستدَعى إلى مَنازِل أَهْل حَيِّ النِّعَيم بِصِفَتِي قارئًا مُمتازًا لِلُّغةِ العربِيَّةِ عند فرز وانتِقاء (جَتَاتِي) مَرضاهُم مِن بَين كومة مِن البطاقات المرقَّمة بِأَرقام مَلفاتهم المُودَعة في مكاتب مُستشفَى النِّعَيم. فقَرّرتُ التَّحرّر مِن هذه المُهمَّةِ على وَجْه السُّرعة قبل أَنْ تُصبِح التزامًا وقَيدًا يحدّ مِن هُوايَتي المفضّلة بِخَوض البَحر وصَيد الأسماك على ساحل النِّعَيم الشِّمالي وبِمَشاهدة أفلام سِينما اللُؤلُؤ في حَيّ (أَبُو صُرَّة)!

لم أَكُن بِذلك طِفلاً مُتَميِّزًا بِخاصّة (المُثَقَّف) بين أَهالِي الحَيّ، فأَهلُ الحَيّ مثقّفون كلُّهم بِثقافَةٍ أَصِيلةٍ تُميِّزهم في بيئتهم الرّائعة الّتي جُبِلوا عليها واعتادوا منذ قُرونٍ مِن الزَّمَن وفِيهم نِسبةٌ أُمِّيَّة عُظمى لا تُتقِن ولا تُجِيد القراءة والكِتابة على الرَّغْم مِن كثرة دُور (المْعَلِّمْ) وانتشارها في مناطق البحرين كُلِّها.

إنَّ مِن بين الأسباب الّتي كانت تَحدّ مِن الاستفادة مِن التَّعلِيم في كَتَاتِيب (المْعَلِّمْ) على أَكمَل وَجْه وتُقَلِّل مِن نصيبها في تَنمِية الثَّقافَة البَحْرانيّة بِفَعّالِيّة مُمتازة:

ـ طَبيعةُ المنهج المُنفِّر الّذي يَعتَمِد على حفظ آيات القُرآن الكريم مِن دُون رِعاية كافِيَة لِمُستوى الاستِيعاب الذِّهْنِي والتَّحقُّقِ مِن قُدرة المتعلّم على قراءة الحُروف والتَّشكِيل النَّحوِي.

ـ وَغايَةُ ما يَتمكّن خِرّيج هذا المنهج أَنْ يَصِل إليه إنْ جَدّ واجتهد وحالَفَته الظُّروف المعيشِيّة الصّعبة هو حفظ جُزء (عَمَّ) وقَراءة السُّور المتبقِّية مِن القرآن الكريم، ومِن ثَمّ الالتِحاق بِأَحد مَجالِس العلماء لِيَتفقَّه في الدّين أَو لِيَقرأ على صاحِبه العالِم كِتاب رِواية أَو لِيَتعلّم فَنّ الخطابة المنبريّة على منهج (السِّيرة والرِّثاء).

ـ المدّةُ الزَّمنيّة التي يمضيها الطّالِبُ في كتاتيب (المْعَلِّم) حيث تَبقى مُقيَّدة بِطَبيعة العُرف في زَمَن الفَقر الّذي يَدفعُ بِالمُتعلِّم إلى الانقِطاع عن الدِّراسة فُجأةَ والالتحاق بِمِهنة جَدِّه أو حرفة والِدِه لِيَطلب مِنها الرِّزْق ثُمّ السَّكن إلى الزَّوج في سِنٍّ مُبكِرة.

شَهدت البلادُ تَطورًا مَلحوظًا في التَّعليم الشِّيعِي البَدِيل فتَأَسَّسَت المدارس الدِّينِيّة الخاصَّة وابْتُعِث بعضُ طلّابها إلى الحَوزات الكُبرى. ثُمّ بَرزَت ظاهرةُ تأسِيس مَعاهِد اللُّغة العَربِيّة في وَقتٍ مُتأخِّر بِدافعٍ قَومِيّ في إِثر إِعلان الحركة المسيحِيَّة التَّبشيريّة عن تَأسِيس أَوّل مَدرسة خاصَّة لِتَعليم بَنات المَسيحِيِّين العَرب الهارِبين مِن عُقوبات التَّنصُّر المحظُور عُثمانِيًّا في العِراق.

كان العُرف العامّ هو المُحدِّد لمعنى الثَّقافَة مِن غير الإشارة إلى فَردِها بِمَعنى (المُثَقَّف). وقد تُبادِرُ فِئةٌ مِن البحرانيّين فتُمَيِّز بين قطاعات مُختلِفَة مِن المثقّفين في المجتمع بِخاصَّة ما، فيُقال لِأَفراد الثَّقافة هذه: أَنْتَ مُثقَّفٌ قارئ أَو كاتب، أَو مثقّف مُفَكِّر، أَو مثقّف عالِم في الدِّين، أَو مُثقّف مُعلِّمٌ ومُدرِّس ومُدير، أَو مثقّف حافظ لِلقُرآن الكريم، أَو مُثقّف أَدِيب وشاعِر، أَو مثقَّف سِياسِيّ، أَو مثقَّفٌ شِيعِيٌّ مُوالِي، أَو مثقَّفٌ سُنِّيّ مُخالِف، أَو مثقّف مسرَحِيّ ومُطرِب و(طَبَّال)، أَو مثقّف (لُوفَرِيْ)، أَو مثقّف تاجر، أَو مثقّف مُؤمن، أَو مُثقَّف كافِرٌ، أَو مثقّف فاسِقٌ مُنافق، أَو مُثقّف فاسِد، أَو مُثقّف حِزْبِيّ ، أَو مُثقَّفٌ فِئوِيّ!

وفي خارِج إِطار هذا المعنى العامّ، خَصَّت النُّخبَةُ المنتمِيَة نفسَها في النّصف الأَوّل مِن القرن الماضي بِوَصْف (المُثقَّفة) وأَخرَجَت أَفراد المجتمع منه عِوضًا عن العَمل على تمييز ذاتها بِوَصْف (المنظّمة) أَو حتّى وَصْف (المُثَقَّفَة) بِمَعنى الانتِساب لِثَقافة المجتمع وتَمثيلِه في السُّلوك العامّ ونَمطِ التَّفكير والعادات والتَّقالِيد واللَّهجة وغيرها.

فقد رُمِزَ لِهذه النُّخبَة بِوَصْف (النُّخْبَةِ المُثَقَّفَة) مِن دُون استِدعاء الوَصْف

الصَّحيح الخاصّ بـ(الفِئة المُنَظَّمَة) في الفِكر والعَمل. فكان الأَوْلى أَنْ تُوصَفَ بـ (مُؤَسَّسة النُّخْبَة) أَو (هيئة النُّخبة) أَو (مُنظَّمة النّخبة) أَو (جَبهَة النُّخبة) أَو (حِزب النُّخبة) أَو (حركةُ النُّخبة)، فيَصِحّ أَنْ نُشير إلى هذه الفِئة فنقول أَنَّها (نُخْبة) ونَعنِي بذلك أَنَّها اختِيرت لمؤهلٍ خاصٍّ يَتوافر في عناصرها ولا يَتوافر في بَقِيّة أَفراد المجتمع، كما يَصِحّ أَنْ نَصِفَها بـ(المثقّفة) ونَعنِي بذلك أَنّ هذه الفئة تُمثِّل نَموذجًا في الالتزام بِثَقافَة مُجتمعِها أَو هِي مثالٌ في التَّعبير عن هذه الثَّقافَة، ولا نَعنِي بالنُّخبةِ أَنَّها المنتَمِية والمُنظّمة في اتِّجاه ما أَو أَنَّها كثيرةُ الاطِّلاع على المَعارِف والعُلوم أَو أَنَّها حَسنةُ التَّهذِيب والتَّربيَة.

ـ البَسْطَةُ أَوْلى مِن ارتِياد مَقاهِي اللُّوفَرِيَّة

تُقِرُّ الفِئةُ العُمُريَّة البَحرانِيَّة في سِنّ (25+عاما) أَنَّ مجلس البَسطَة الّذي تقصده في مساء كُلّ يوم يُمثِّل المنتدى الأَكثر إِقبالاً حتَّى مُنتصَف سَبعِينات القَرن الماضِي.كما يُعدّ مجلس البَسطَة أَرْقَى أَشكال التَّجمُّعات الثَّقافِيَّة الشَّعبيَّة وأَوسَعها انتشارًا في مُدُنِ البَحرين وقُراها. وفيه تُقضَى أَنفاسُ العُمُر في سَكِينةٍ وتَواصُلٍ اجتماعِيّ وفي تَحصِيلٍ مَعرفيّ مُطّرد. وبِهِ يُعزَّزُ الوِئام بين أَهالي الحَيّ وتُنقَلُ الخبرات والتَّجارب والأَذواق على السَّجِيَّة والمِران بِلا أَدنَى تكلُّفٍ وانضباطٍ والتزام.

لم تَعرِف البحرين في هذه المرحلة التَّأريخِيَّة ما يُضاهِي البَسطة حُضورًا وشهرة وفائدة بين أَشكالٍ مِن اللّقاءات المختلفة. لكِنّ المقاهي الواقِعَة في وَسَط العاصِمة المنامة وعلى أَطرافِها الجنوبيَّة تُمثِّلُ البَدِيل النَّزِق عن البَسطَة والمُنافِس لها بالمُغالَبَة، وذلك لما انْفَردت بِهِ المقاهي مِن دَورٍ مُثيرٍ في جَذب عُشّاق اللِّقاء الحُرّ المفتوح. إِلّا أَنّ المقاهي ظَلَّت مُقتَرِنة بِسمعةٍ اجتماعِيّة سَيِّئة لِلغاية مُنذ أَوَّل يوم أُسِّسَت فيه. ولم يُدوَّن في التَّأريخ الثَّقافِي البحراني ما يُشير إلى مُلازمة البَحْرانِيّين الشِّيعة لهذا اللَّونِ مِن مقاهي (اللُّوفَرِيَّه) أَو إلى حِرص مُثقَّفِيهم على ارتِيادِها.

لقد نُبِذَت المقاهي واستَقرّت على طَور العُزلة الاجتماعيّة، وصارت مَرتعًا لِشُذّاذ الآفاق والمنحرفين خُلُقِيًّا، ومُتنفّسًا لِعُشّاق لهو الحديث وهُواة مجالس البَطّالين، ومَأوى لِزُمَر الطَّبالِين ورَقّاصي (اللِّيوَة) ولِأَصنافٍ مِن الجِنس الثَّالِث والمُخَنَّثين وأَهْل المسكِرات وهُواة القِمار و(الزَّنْجَفه)، والعَبِيد مِن مُخلَّفات سُوق الرَّقِيق النَّشِط حتَّى عام 1937م، ولِنَفرٍ قليلٍ مِن كِبار السِّنّ مِن أَتْباع اتِّجاه أَهْل العامَّة يَلتقُون على هامِشِها ويَمضُون أَوقاتهم في زاوِيَةٍ مِن زَواياها.

وإلى جانِب هذا اللَّون مِن المقاهي عُرِفَ شَكلٌ آخر مختلف مِن المقاهِي يَقصُر عمَلَه على تَقدِيم الوجبات اليَوميّة مع الحِرص التَّامّ على مَنع استعمال الأَدوات اللَّهوِيّة. وفي الأغلب الأَعَمّ يقوم على إِدارة هذين الشَّكلَين مِن مَقاهي اللَّهو والإطعام عناصر مِن جِنسِيّات وافدة.

وعند مُنتَصف النَّهار تَمتَلِئ مقاهِي المنامة بالنَّشاط والحَيويّة وتَتصاعَدُ أَدخِنَة السَّجائر و(الكِدْاوَه) والمشْوِيّات في الأَجواء المحيطة، وتَشرع كُؤوسٌ مِن اللَّبَن والرُّوب وقِطعٌ مِن الخُبز الشَّعبِيَّين وعَددٌ مِن لَوائح التَّسلِية مِثل (الكِيرَم، ورَق الزَّنْجَفَة، الدُّومِينو، الكِشّ، الشِّطرنج) في غَزو طاوِلات المقهى، وتَشتَدّ أَصوات اصْطِكاك (اسْتِكانات) الشَّاي وفَناجِين القهوة وكُؤوس (مَلَّة) الحلِيب صَخبًا، وتَعِمّ ضَوضاءُ الرُّوّاد أَرجاء المقهى.

يُقدَّمُ لحمَ (التِّكّة) والكِبدة المشويّة إلى الزّبائن على أَنغام (الكَرْام) وأَلحان الموسيقى الهِنديّة والفارِسيّة والمصريّة الّتي تَضِجّ و(تَلْعَلِع) حتّى ساعة متأخّرة مِن اللّيل في أَجواءٍ تفاعُليّةٍ يَنتشِي فيها هُواة المسكرات وعُشّاق رَقص الغِلمان والمِثلِيِّين (اللِّبْناتِيَّه). فكلُّ شَيءٍ مُجاز في هذه المقاهي ما عدا اللَّعب بِعِوضٍ فاضِحٍ.

وتَأوِي إلى هذا اللَّون مِن المقاهي أَيضًا شريحةٌ اجتماعيّةٌ مِن مُخلّفات (الفَدَاوِيّة) واللُّقطاء مِن أَبناء الزِّنا والقَوّادِين المستقدَمِين مِن خارج البلاد..

إِنَّها كياناتٌ أهليّة تَتفاعل مع ذاتها خَلف حُدود النِّظام الاجتماعي البَحْرانِي، وتَقِفُ على الطَّرف الثَّقافي النَّقِيض مِن أَجواء مَجالِس البَسْطة وأَهدافها.

تَتألَّفُ في كُلِّ حَيٍّ مِن أَحياء مناطق البحرين بَسطةٌ واحدةٌ أَو أَكثر مِن ذلك، تُغْنِي عن لهو مَقاهِي (اللّوفَرِيّه) وصَخَبها وعراكها ومُناوشاتها ومَحاذيرها الشَّرْعِيّة والاجتِماعية الجَمّة، وتَحتلّ زاويةً خارجِيّةً مِن زوايا بيت أَحدٍ مِن أَبناء الحَيّ أَو تَجتَمِع إلى جِدارٍ خَلفِيٍّ لمسجد أَو تنعقد على جانِب الطّريق العامّة الواسعة أَو على طرفٍ مِن أَطراف إِحدى المزارع (الدَّوَالِيب).

وتَتَمَيّزُ البَسْطَةُ بَموقِعها المُختار بَدِقَّة وبِعنايَة فائقة وبِما يَنال رِضا وقُبول أَهْل الحَيّ وأَقطاب المُحدِّثِين الأَخْبارِيِّين مِن غَير وَلايَةٍ منهم، فلا يَعترض الموقعُ حَركةَ السَّير، ولا يُسبِّب حَرجًا لَمشيَةِ نِساء أَهْل الحَيّ وانتِقالِهن بين البُيوت، ولا إِزعاجًا لِأَهْل المَساكِن المُجاوِرَة. فكُلُّ شَيءٍ في المناطق والأَحياء يَجرِي بانتظام طِبقًا لِمَبدأ التَّراضِي السَّهل والهندسَة الثَّقافِيَّة على حَسب سِيرة المُحدِّثين الأَخْبارِيِّين الّذين يُشكّلون مع أَتباعِهم مُجتَمع البحرين وهُوِيَّتَه.

ولِفَئة الشَّبابِ المُراهِقِين مِن الفِئة العُمُرِيّة في سِنّ (13–20 عاما) بَسطاتُهم الخاصَّة أَيضًا، يَجتَمعون فيها ويَتواصَلون، ويَتبادلون فيما بينهم مُغامرات العَمل وخَوض البَحر واجتِياز المزارع (الدّوالِيب) والسِّباحة في العُيون. وقَليلٌ مِن أَفراد بَسطات الشَّباب شَغِفٌ بِسَرد المشاهد المُثيرة مِن أَفلام السِّينما الهنديّة، وكَثيرٌ منهم مُولَعٌ بِلَعب الوَرق (الزَّنْجَفَه) وكُرة القَدَم و(الكَلِّيْنَه) و(الدُّوّامَة) و(الحالُوس).

تُقامُ البَسطَة المفتوحة على قِطعةٍ مُربَّعةٍ مِن الأَرض أَو مُستطِيلة لا تَتجاوز مَساحتُها 36 مترًا مُربّعًا، ومفروشة بِالقَواقع البَحرِيَّة المُدبَّبَة صَغِيرة الحجم بِطول رُبع (سَنتمِتر) وذات لَونٍ خليطٍ مِن الأبيض والرَّمادِي الدَّاكِن والبُرتقالي الباهِت، وتُسمّى في اللّهجة البَحْرانِيّة بِـ (الحَصَم). وتَنفرِدُ

بَعضُ البَسطات (الرَّاقِيَة) بِحَصِيرة تُغَطِّي أرضها وبِحاجِزٍ مِن سَعفِ النَّخِيل المضغوط يُسَمّى (رَادَّه) يُشكِّل سَقفَ البَسطَة وثَلاثَةً مِن أَطرافها.

وتَحَدّ البَسطة بِثلاثةٍ مِن جذوع النَّخل تُسنَد إليها أَظْهُر مُرتادِي المجلس حِين يَلتقون ويَجتمِعون ويَتبادلون أَطراف الأحاديث مِن حَول صِينيَّةٍ يَتوسَّطُها دَلَّتان أَو أَكثر مِن القَهوة والشَّاي وعددٍ مِن الفناجين. ولا يَكِفّ مُدخِّنو (النَّارْجِيلَه) ولَفَّات السَّجائر عن تَلوِيث أَجواء البَسطَة.

يَتأَلّفُ مجلسُ البَسطة أَو ما يسمّى في بَعض القرى والمناطق بـ (القَعْدَهْ) مِن تَجمُّع شِلَلِيّ مناطِقي يَضُمّ إلى عناصِره بَعضًا مِن أَهْلِ المعرفة المُثقَّفين الأُمِّيّين وكَثيرًا مِن خِريجي (المْعَلّمْ) وبَعضًا مِن طُلاب مَجالِس العُلماء والخُطباء مِن فِئة الشَّباب الوَقُور، وبَعضًا مِن وُجَهاء المنطقة، وبَعضًا مِن الرُّوّاد الدّائمين مِن كِبار السِّنّ.

يُعقَدُ مجلس البَسطة المفتوح مَساءً في مُوسِم الصّيف ويَستمرّ حتَّى لحظة رَفع أَذانِ المغرب، ثُمّ يَنفضّ ويَتفرّق رُوّاده قاصِدين المساجد لِأَداء الصَّلاة. ويَعود المجلس لِلانعقاد مِرَّةً أُخرى بعد الصَّلاة لِيَستمرّ إلى منتصف اللَّيل حيث الحضور الكَثِيف وَحِدَّةِ النِّقاش أَو كثرة السَّوالِف الجانِبيّة الخاصّة أَو الهدوء المُطبَق.

ومع حلول فَصل الشِّتاء يَتفرّق رُوّاد البسطة بين مجالس أُخرى تُعقَد في بيوت الحَيّ القريبة مِن مَحلّ بَسطة الصَّيف. ويَتناولُ رُوّاد البسطة في نقاشهم البَينِي قضايا مختلفة. فمَنها ما يَتناول الشَّأن الدِّينِي والثَّقافي والاقتِصادِي المَحَلّي، ومنها ما يَتناول المستَجِدّ مِن الرَّوابط الاجتِماعيّة بين أَبناء الحَيّ، ومنها ما يَتناول تَحدِّيات الوظائف والحرف والمِهن ومصادرِ الرِّزق، ومنها ما يُناقِش مناسبات الشَّعائر والمآتم والمَساجد، ومِنها ما يَتناول أَنْباء القضايا العامَّة الكُبرى ومستجدّات الوُجُود الاستعماري والمقاوَمَة السِّياسِيَّة والشَّعبيّة مِن أَجل الاستِقلال، ومِنها ما يَتناول الحُروبَ العالميّة والأَهلِيّة، والنِّزاعات المشْتَعِلة بين

حُلفاء الدُّول العُظمى، والمقاومة الفلسطِينيّة لِلاحتِلال الصَّهيُوني، والمُناوَشات الحدودِيَّة بين بلاد العرب والانْقِلابات العَسكَرِيَّة والتَّصفِيات الحِزبيَّة والفِئويّة والخِلافات القَومِيّة، ومِنها ما يَتناول التَّبايُن المذهَبِي والدِّيني في البلاد. كما يَجرِي النّقاش في الشَّأن السِّياسي والأَمنِي المَحلِّي في تَقِيَّةٍ ورَمزِيَّةٍ حادّة!

في حَيّ النِّعَيم الغَربي وعلى السَّاحِل البَحرِي القريب مِن مَنزل العَلّامَة السَّيّد عَلِيّ كمال الدِّين زَعِيم انتِفاضَة 1956م تُعقَد بَسطةٌ مفتوحةٌ تَضمّ إلى أَفرادها بَعضَ العَناصِر الشَّبابِيّة مِن الجِيل النِّعَيمي المُثقّف الّذي حَملَ على عاتِقِه أَهَمّ ثَلاث مَسئولِيَّات في فَترات مُتعاقِبَة هي:

ـ تَشكِيلُ فريقٍ لِحمايَة سَكن السَّيّد عَلِيّ كمال الدِّين زَعِيم انتِفاضَة الهيئة في أَوْج عِزِّها وقُوَتِها.

ـ والإشرافُ على بَرنامج إِحياء شَعائر مَأتَم النِّعَيم الغَربي.

ـ وتَأسِيس نادِي النِّعَيم الثَّقافِي.

وكان والدي الحاجّ عِيسى المحروس مِن أفرادِها.

وتَنفَرِد العناصر الشَّابَة لهذه البَسطة السَّاحِلِيَّة بِبَسطة أُخرى مُغلَقَة تُعقد في بيت الحاجِّ عَلِيّ أَحمد مَنصُور السَّلاطنة المُجاوِر لمأتَم النِّعَيم الغَربي والمُشَيّد مِن سَعف النَّخِيل. وتَشَكِّلُ بَسطة (السَّلاطنة) أَهَمّ اجتِماعٍ شَبابيٍّ مُثقّفٍ ومُسَيَّس في المناطق الأَربع لِحَيّ النِّعَيم. وقد تَشرَّفْتُ بِحُضور هذه البَسطة لمرَّةٍ واحدةٍ في سِنّ السّادِسَة مِن طُفولَتِي في لَيلة العاشر مِن شَهر مُحرّم الحرام (1383هـ/ 1963م) بُعَيد انتِهاء مَواكِب العزاء مِن إِحياء الشَّعائر، فرأيتُ السَّعادة تَغمِر أَفراد هذه البَسطة بِصُحبَتِي لِوالِدي إلى مَجلِسهم ويُكثِرون مِن التَّرحِيب بِي ويُنادونَنِي باسْم (بَلقَاسِم) ويَعنُون به اسْمَ (كَرِيم) الّذي اختِير لِي تَيمُّنًا باسم عبد الكَريم قاسِم قائد الضُّباط الأَحْرار العِراقيِّين في انقلاب عام 1958م على النِّظام المَلَكِي.

فقَد تَزامَنت ساعةُ مَولِدي مع تَنامي الأجواء القَومِيّة الثَّورِيَّة البَحرانِيَّة المُناصِرة لِلرّئيس العِراقي عَبد الكريم الّذي عَمّ اسمه الآفاق وغَزا أَذهان الشَّباب البَحْراني وكان مَحلّ تَحفُّظٍ لدى الاتِّجاه الأَخْباري الغَلّاب في حَيِّ النِّعَيم حيث غُمِر اسْمِي (كَرِيم) ونُسِيَ بين أَبناء الحَيّ في مُقابِل اسْمِي الآخر (حَمْزَة) المُفَضّل لدى جَدِّي الحاجّ عَلِيّ المَحرُوس والمعتَمَد بين عناصر الأَخْبارِيّة مِن أَهْل الحيّ بِلا مُنازِع، ثُمّ غُمِر اسْمُ (حَمْزَة) ونُسِيَ وحَلّ اسْمُ (كَرِيم) مَحلَّه مع دخول عقد التِّسعِينات حيث أَطَلّت مَحنةُ المنفى الأَوّل بِأَوجاعِها.

لم أُدرِكْ في هذه السِّنّ مَعاني الثَّورِيَّة الّتي اتَّسَم بها رُوّاد بَسطة الحاجّ عَلِيّ أَحمد منصور (السَّلاطْنَة) ولا المعنى الدّافِع إلى تَسمِيتي باسْمِي (كَرِيم) ولا (حَمْزَة). فهي مَعاني تُشِير إلى أَهمِّيّة ما كان يَدُور في بَسطة (السَّلاطْنَة) وفي العَقل الجَمعِي لِجِيلها المُثقّف المتفاعل مع التَّحَوُّلات السِّياسِيّة الثَّورِيَّة الرّاهِنَة، كما تُشِير إلى النَّتائج المترتِّبة والأَثار على مُستوى التَّنمِيَة الثَّقافِيّة في حَيِّ النِّعَيم على الرَّغْم مِن سِيادة الاتِّجاه الأَخْباري المُحافِظ ذِي الحساسِيّة المفرطة إِزاء كُلِّ ما يَمُتّ إلى السِّياسَة بِصِلَة ومنها (الأَسْماء) و(المُسَمَّيات) الّتي تُهان على وَجْه السُّرعَة بِوَصْف (إِلّي ما يِنْطَره) كُلَّما ذُكِرَت في فِئةٍ مِن الأَخبارِيَّة!

لم أَنْسَ وقائع هذه اللَّيلة وأَنا في تلك السِّن.. خَرجُتُ بِصُحبة والِدي مِن بَسطة (السَّلاطْنَة) قُبيل أَذان الفجر بِدقائق مَعدودة مُتَّجِهَين إلى بَيتِنا (العَشِيش) الكائن في حَيّ (النِّعَيم الوَسْطِي) خَلف مَسجدِ الشَّيخ يعقوب، فبُهِتنا بِصَرخات استِغاثة تَأتِينا مِن جِهَة مقبرة النِّعَيم. وبَعد دقائق مِن التَّرَدُّدِ قَصدنا معًا مَصدرَ الصَّرخات لِلاطّلاع على ما يجري في هذه السَّاعَةِ مِن اللّيل، وإذا بسيارة (جِيبْ) لِلشُّرطَة مَركونة إلى طَرفِ الرَّصِيف مِن شارع البَدِيِّع وضابِطٍ هِندي يَحمِل بُندِقِيّة طَويلة مِن نَوع (بِرْنُو) ومِن حَولِهِ عددٌ مِن الشُّرطة يَقُودونه إلى بَوابة مقبرة (المْغيسِلْ) الغَربِيَّة. فاتَّبَعنا أَثره إلى هذه

البَوابَة فوجدناها مغلقة بِكومَةٍ مِن جُذوع النَّخل حيث اجتَازَها الشُّرطي بِبُندقِيَّته وصَعَد على سطح مَسجِد (المْغيسِل) بِمُساعدة مِن مُرافقِيه الشُّرطة.

حَظَرَت الشُّرطة علينا اجتِياز هذه البَوابة، لكِنِّي شاهدتُ البَوابّة الشَّرقِيّة لِـ (المْغيسِل) مُغلَقة بِجذوع النَّخْل أَيضًا ومَجموعةً مِن الأهالي بِالقُرب منها يُشِيرون إلى الشُّرطِي المُسَلّح ومُرفِقيه المراقِبين لِلمَوقف مِن أَعلى سَطح المسجد وهُم يَصرخُون: (أَكُّو الفُور إِهْناك، نِيشِنْ عليه سَرِيع قَبْل ما يِشْرِدْ.. ضُرْبَه سَرِيع)، ثُمّ يَفِرّون مِن مكانِهم ويَتفرَّقون بين قُبور (المْغيسِل). وإِذا بِثَور أَسود ضَخم الجِثّة يجري مِن خَلفِهم ويَجتاز القُبور، والأضواءُ المسلَّطة عليه لا تُفارِقه، وهو في هذه الأَثناء يَتلقّى رَصاصَات الشُّرطِي المُسلّح الموجَهة إليه مِن أَعْلى سَطح المسجد والدِّماءُ على جَسَدِه تَسِيل بِغَزارة.

لم تَنفع رَصاصَاتُ الشُّرطِي الهِنديّ في الإيقاع بِالثّور، وتَعطَّلَت بُندِقِيَّته قبل انْجاز مُهِمَّتها، والبَوّابتان المُغلَقتان بِجُذوع النَّخل أَعدَمَتا فرص الهُروب مِن (المْغيسِل) في وَجْهَ الثّور الفارّ. واستَمرّ الثّور في ملاحَقَة أَصحابه الّذين يَطلِبون ذَبحَه منذ عَصر يَوم التَّاسِع مِن شهر مُحرّم الحرام حتَّى احتُجِزَ بين جُدر (المْغيسِل) مِن قِبلَهِم وما زالوا يَجتَهِدون مَرّة بعد أُخرى في رَمْي الحَبل على عُنقِه لِكَي يَضمَنوا بِذلك لِلمُعزِّين إِدام يوم العاشر مِن محرّم الحرام.

وبَعد ساعةٍ مِن المُناورة بِالحَبل انْهارَ سَقفُ أَحدِ القُبور تَحت ثِقلِ حَوافِر الثّور الهائج، وسَقط الثّورُ في حَفِيرة القبر وتكسّرت رِجلاه الأَمامِيَّتان، فعاجَلَه أَصحابُه بِالسِّكِّين الحادَّة فذَبَحوه، ثُمّ وَجَّهوا دَعوةً إلى الشُّرطِي المُسَلح لِوَجبة غِداء مأتَم (رَأسْ رُمَّان) في ظَهِيرة يوم العاشر مِن مُحرّم الحرام!

أَوصَلني والِدي إلى بَيتِنا وعاد مُسرعًا إلى بَسطة (السَّلاطْنَة) لكِي يَسرُد لِرُوّادها حادِثَة ثَور (رَأسْ رُمَّان) الهارِب مِن سِكِين الذَّبح!

يَلِي بَسطَتَي ساحِل النِّعيم الغَربي وبَيت (السَّلاطنة) مِن حَيث الأَهمِّيّة الثَّقافِيّة والاجتِماعِيّة بَسطةُ الوَجِيه والمُشرِف على إِدارة مأتم حَيّ (النِّعيم

الوَسْطِي) الحاجّ مَهدِي عباس، وهِي الأَشْهَر في المنطقة مِن حَيث أَهَمِّيّة مَوقِعها وطَبيعة رُوّادِها ودَوام انعِقادِها. وتَحتلّ جانِبًا مِن الطَّريق المفتوحَة بِمُحاذاة المساحة الكَبيرة مِن الأرض المُخصَّصَة لإِعداد وَجبات الإطعام التَّابِعة لِـ (مأتَم النِّعَيم الوَسْطِي)، ويَتعهَّد الحاجّ مَهدِي تَزوِيد هذه البَسطة باحتِياجاتِها مِن الشَّاي والقَهوة وبَعض المأكولات الشَّعْبِيَّة.

يَتألفُ أَغلبُ رُوّاد بَسطة الحاجّ مَهدِي مِن الخَليط الشَّبابيّ المنْشَقّ في عام 1965م عن مأتَم النِّعَيم الغَربي والمؤسَّس لِلمَأتَم البَدِيل في حَيّ (النِّعَيم الوَسْطِي) الّذي بَدأ رِحلَتَه في إِحياء الشَّعائر انطلاقًا مِن مسجد الشَّيخ يَعقُوب وبِمُشاركة مِن أَهالِي الحَيّ قَبل أَنْ يَستقلّ بِالمَبنى الّذي شُيِّد بُنيانُه على مَقربَةٍ مِن بيت الحاجّ مَهدي ومِن ساحَة البَسطَة والمسجِد معًا.

ويَلِي بَسطَة الحاجّ مَهدِي شِهرَةً في حَيّ (النِّعَيم الوَسْطِي) بَسطةٌ أُخْرى مُغلَقَة بِرعاية خالِي الحاجّ (عبد الله رمضان) حيث تُعقَد صَيفًا في (العَرِيش) المفتوح لِبَيتِه، وتُواصِلُ انعقادها مع حلول فَصل الشِّتاء في دار صَغِيرة مُشَيَّدة مِن الخشب تُسَمّى (الصَّنْدَقَهْ). وفي مَطلَع السَّبعِينات انتَقل الحاجّ عبد الله بِالبَسطَة إلى مَنزِلِه الجديد وداوم على عَقدِها حتَّى يَوم وفاة آخر رائد مِن رُوّادها. فانتَهزتُ فرصةَ انتقال البَسطة إلى مَقرِّها الجديد في غرب حَيّ النِّعَيم وسارَعتُ إلى اتِّخاذ المَقرّ القديم (الصَّنْدَقه) سَكنًا فسَيحًا لِي ونَفَّستُ بِه عن ضيق سَكن جَدِّي الحاجّ عَلِيّ المَحرُوس!

تَتَمَّيزُ بسطةُ الحاجّ عبد الله رمضان في حَيّ (النِّعَيم الوَسْطِي) على غيرها مِن البَسطات باستِقبال الضّيوف مِن الوُجهاء وكِبار مُحدِّثِي الأَخبارِيّة في الحَيّ، مِن بِينِهم جَدِّي الحاجّ عَلِيّ المَحرُوس، وجارُنا الغَربي الحاجّ مُحمّد عَلِيّ مال الله وابْناه الخَطِيبان الشَّيخ أَحمد والمُلا حَسَن، وجارُنا الشِّمالي العَلّامَة السَّيِّد هاشِم السَّيّد عَلِيّ الطَّوِيل. وتَجرِي في بعض لَيالِي انعقادِها حواراتٌ ساخِنَةٌ حول صُدور مَروِيّات أَهْلِ البَيت صَلواتُ الله وسَلامُه عليهم

ومَعاني أَلفاظِها والسِّياق التَّأرِيخي لِلصُّدور وسيرة الجَرح والتّعديل لِرواتها. وكُنْتُ على صِغَرِ سِنِّي مِن المُداوِمين على حُضور هذه البَسطة بِصِفَتِي خادمًا لِصِينِيَّة الشَّاي والقَهوة!

ولا يَنقطعُ مجلسُ العَلّامَة السَّيّد هاشم بن السَّيّد عَلِيّ الطَّوِيل عن استِقبال المُرِيدين والمُقلِّدين الأَخْبارِيّين مِن كلّ مناطق البحرين. فمِجلِسه يُعَدُّ علمًا ومعلمًا وأشهر مَجالِس بُيوت العُلماء المفتُوحَة نَشاطًا، ويَستَقْبِل فِيه ضُيوفًا مِن العراق والقَطِيف والأَحْساء وعُمان والكُويَت والمناطق العَربِيّة في إيران. وغالبًا ما يَشتَغل بِسَرد الرِّوايَة وعَرض سَندِها ومُناقشة سِلْسِلَة الرّواة والمعاني والدَّلالات المختلفة لِلمُتون وتَفسِير القُرآن بالرُّواية، لِيُعِيدَ بمَجلسه النَّشِط ذِكرى مَجد المَدرسَة الدِّينِيَّة الّتي سَجَّلَت أُوْلَى فَعالِيَّاتها العِلمِيّة في حَيِّ النِّعَيم قَبل ثَلاثةِ قُرون مِن الزَّمَن.

وتَظلُّ أَبوابُ مَجلس السَّيّد هاشِم مُشرَعَة في السَّاعات الأُولى مِن النَّهار ومِن بعد صَلاة الظُّهرين حتَّى المساء حيث يَتناول السَّيّد هاشِم وتَلاميذُه مِن خِرِّيجي (المُعَلِّمْ) مادَّةَ الدّرس اليَومِي بِصَوتٍ عالٍ يَسمعه الجِيران والمارَّة في الحَيّ. وكُنتُ أَرَى والِدي الحاجِّ عيسى في بَعض الأَيَّام يَقرأ بَعض المدوَّنات على السَّيّد هاشِم في هذا المَجلِس المُتواضِع ذِي النَّافِذَتين الخَشبِيّتين والمساحةِ الضَّيِّقة التي لا تَتَجاوز 13 مِترًا مُربّعًا.

ورُبَما قَصد العُلماء الأَخْبارِيُّون البَحْرانِيُّون مِن الإبقاء على مَجالِسِهم مَفتوحة الأَبواب الرَّغْبَةَ في إِشاعة أَجواء العِلم في الأَحياء، والتَّعبِير عن تَواضُعِهم وزُهدِهم وفَقرِهم وما اشتَهروا به مِن صِدقٍ ونَزاهَةٍ وفَضيلةٍ حيث لا وَلايَة عامَّة ولا وَلايَة مُطلَقَة لِعالِم الدِّين يُؤمِنُون بها، ولا طَمع في شَيءٍ مِن أَموال الحُقوق الشَّرعِيَّة يَمُدّون بها سُلطانَ نُفوذِهم أَو يَستقْوُون بِها لِرَدع مُخالفٍ أَو مُغالبٍ أَو مُنافِسٍ، ولا مُنازعة مِنهم على مَقام عِلمِيّ أَو رُتْبَة اجتِماعِيّة، ولا بِطانَة أَو وَلَد يَستقطِعان رَواتِبَهما مِن أَموالِ البَاذِلين. فهَيئةُ

مجالسهم المفتوحة هِي على غير عادَةِ المَجالِس المغلقة لِمُنافِسِيهم مِن العُلماء الأُصُولِيَّة آنذاك.

تَطوفُ ذاكِرَتي حَول الأَيّام الأولى لِصَلاة الجماعَة في حَيّ النِّعَيم الغَربِي بإمامة العَلّامَة السَّيّد هاشِم الطَّويل مِن بَعد السِّنين الّتي قضاها في تَحصِيل العِلْم على الشَّيخ بَاقِر العُصفور والشَّيخ المُصَلِّي وغيرهما. ولَم أَنْسَ مشاهد الوُفود الّتي لم تَنقطِع عن زيارة مَجلس العَلَّامَة الطَّويل وعن صَلاة الجماعة بإمامته حيث طَغَت صفوفُ المأمُومِين على مساحة المساجِد الكائنة في الحَيّ الغَربي، فيما تَظلّ صَلاةُ الجماعة المنعقِدَة في مسجد الشَّيخ يَعقُوب بإمامة العَلّامَة السَّيّد عَلَوِي الغُريفي ذِي الاتِّجاه الفِقْهِي الأُصُولي مَحدُودة الصُّفوف، ويَبقَى مَجلسُه مُغلقًا على فِئةٍ قليلةٍ مِن العُلماء الأُصُولِيِّين والأَتْباع المُقلِّدِين في أَحْياء النِّعَيم الأَربَعة حيث يَسود هذه الأَحْياء الاتِّجاه الأَخبارِي وأَتباعُه مِن غير حَساسِيّة.

ومِن المظاهر الجَمِيلة البارِزَة الّتي شهدتها البحرين هِي خلُّو مَناطِقها مِن التَّنازُع الأَخْبارِيّ الأُصُولِي المُتَشدِّد على الطَّرِيقة العِراقيّة الخَطِيرة التي وَقعَت في مَدِينة الكاظِمِيّة المُقدَّسَة وغيرها مِن مناطق العراق. فالعَلَّامَة الشَّيخ يُوسُف البَحرانِي وابْنُ أُختِه العَلَّامَة الشَّيخ حُسين العُصفور قادَا الاتِّجاه الأَخبَارِي في البَحرَين بِاعتدالٍ عِلمِيٍّ واجْتِماعِيٍّ مَشهودَين، فأَخذا بالاجتِهاد المَشرُوط بِكَون المُجتَهِد فِيه أَخْبارِيًّا، وقالا بالإِجْماع مع امتِناع وُقُوعِه. فارتَقَى الوِئام بين فِئات المجتَمع البَحْرانِي على الوِئام وصار ظاهِرًا مُتَميِّزًا بين اتِّجاهَي (الاحْتِياط) و(الاجْتِهاد) في مُداولات البَسَطات المَفتُوحَة والمُغلَقَة ومَجالِس العُلماء، وصانَ الثَّقافَة البَحْرانيّة بهَندَسَةٍ رائعةِ الجَمال وحَصَّنها في مُواجَهة التَّحدِّيات المذهَبيّة القائمة والفَصْل الطّائفي والفَقر المُدْقِع السَّائد. إِلّا أَنّ قِيامَ انتِفاضَة 1956م المُطالِبَة بانتِخاب مجلسٍ تَشرِيعيٍّ على نَفَسٍ فِكرِيٍّ قَومِيٍّ واشتِراكَ عَددٍ مِن عُلماء الدِّين والوُجَهاء في زَعامتها إلى جانِب بعض وُعّاظ اتِّجاه أَهْلِ العامَّة قد أَلقَت بِظِلالٍ قاتمةٍ على

المجتمع البَحراني وشَغلَته بِأُمُور ثَلاثة:

ـ أَنّ التَّدخُّل في الشَّأن السِّياسِي يُعَدّ نَقضًا لِمَفاهِم (التَّقِيَّة) و(الانْتِظار) و(عِصْمَة الحاكِم) و(الوَلايَةِ والبَراءة) على حسب الثَّقافَة البَحْرانيّة الأَخْبارِيّة السَّائدة، ويُخالِف الوُجُوب في النَّأي بِالنَّفس عن غوايَةِ السُّلطة بِوَصْفِها (غَصْبِيَّة) في حالِ قِيامها قبل الظُّهور المبارك، وكان الأَوْلى أَلَّا يَتقدّم عُلماء الدِّين في تَمثِيل هذه الحركة المَطلَبِيّة مِن غير استِصدار مُوافقَة مِن كَبير علماء البَحرين الأَخْباري، وأَنْ لا يَتجاوَزوا بِها الحَدَّ المُقرَّر في الشَّراكة (الحسْبِيّة) الّتي رَسَمها الأَخْبارِيُّون وهَندَسُوها ونَصبوا لها زَعِيمها.

ـ وأَنَّ الاتِّجاه القومي وفِكرَه الدّعائي الثَّورِي الصَّاخِب قد تَفوّق في العمل على استِقطاب التَّيّار الشِّيعِي العامّ وفي تَوظِيفِه سِياسيًّا وإِخراجه عن وَلايَة التَّراضِي العُرفيّة الّتي كان الاتِّجاه الأخباري يَقودَها على مَدى قُرونٍ مِن الزَّمَن ويَبني عليها ثَقافَة البَحْرانِيِّين ويَجتاز بها التَّحدِّيات السِّياسِيّة المحَلِّيّة بِما يُقدِّم مِن الإِجراء المتَوازِن الذي يُحافَظ بِه على بَقاء الوُجُود الشِّيعِي مُستقِرّ الهُوِيَّة والثَّقافَة.

ـ وأَنَّ الاتِّجاه الأَخْباري كان مِن أَشَدّ الرّافِضِين لِعَمليّة الدُّخول في شَراكة مع وُعَّاظ اتِّجاه أَهْل العامّة والتَّعاطِي معهم على طِبق القَواعِد السِّياسيّة، لِأَنَّ التَّعايُش الّذي نَظَّمَه الأَخباريُّون ووَضَعوا له قَواعِدَه كان سارِي المفعول قد أَتى بِنَتائجَ طَيِّبة مِن غَير حاجة إلى مُناصَفَة الحقوق بِالتَّعاقُدات السِّياسِيّة.

فالشَراكَةُ (الشِّيعِيَّة/ السُّنِّيّة) في انتِفاضة الهَيئة ـ في ظَنِّ الأَخْبارِيّة ـ ما هِي إِلّا محاولة يائسة لِتكريس مَفهوم التَّوازن الطَّائفي ذِي الضَّرُورات السِّياسيّة المانِع مِن الاستِجابة إِلَّا بِمُخالَفة أُصول المَعرِفَة المعتمدة شِيعِيًّا. ولِذَلك فَضَّل الأَخْبارِيّون مَبدأ (التَّعايُش) الاجتِماعي مع أَتْباع اتِّجاه أَهْل العامَّة على التَّعاقُدات السِّياسِيّة مع وُعّاظِهم بِناءً على نَتائج التَّجربة المُثمِرَة والمستقِرَّة الّتي كانت تَقوُد واقع الحال حتَّى لحظة ظُهورِ الاتِّجاه القَومِي العَربِي الجديد

وانطلاق انتفاضة الهَيئة (1956م) اللّذَين تَسبَّبا في نَقضِ مَبدأ (التَّعايُش) وصَرفا التَّيار الشِّيعِي العامّ عن الإئتمام بِمَظلّة المُحَدِّثين الأَخباريّة وحَشرا قِيم التَّعايُش النَّبِيلة في دَوامّةٍ مِن الفوضى المُخِلَّة بالنّظام الاجتماعي المَحَلِّي.

ثُمّ اختلفَ العُلماءُ فيما بينهم، وانشَقَّ بعضُ الأَتباع مِن الطَّرَفَين عن صَلواتُ الجماعة المُنعَقِدة بإِمامة المُشارِكِين في الانْتِفاضَة والمؤيِّدين لهم مِن العُلماء، واضْطَرب النِّظام الاجتماعي العامّ في بعض المناطِق على وَقْع الهَزيمة الّتي مُنِيَت بها مَبادئُ القومِيّة العَربِيّة فلم تُبقِ في البَحْرانيِّين الثَّورِيِّين اتِّجاهًا وحْدَويًّا أَو زَعامةً يَركِنُون إِليهما أَو يَتدارَسُون معهما شَأن وُجُودِهم. ولا سِيَّما أَنّ الانتفاضَة أَخْفَقَت وتَراجَعَت عن تَحقِيق أَهدافها السِّياسِيّة وانَهار تَيارُها وما أَسَّسَه وشَيَّده في عُقودٍ مِن الزَّمَن بِلَحظة انفِعالٍ قَومِيّ وخُضوعٍ لِضَغط هَوى الحشد المُتفاعِل وِجدانِيًّا مع دعائيّات فِكرٍ أَجْنَبِي وافِدٍ وزَعامَةٍ هاجَت فَرائصُها في أَقصَى البلاد العَربِيَّة. فأَضَرّ ذلك بِحَركة النُّمُوّ في الثَّقافَة البَحْرانيَّة وأَضْعَف مِن مَقام الزَّعامة الأَخْباريّة (التَّقْلِيدِيَّة) في الوسط البَحْراني ومَهّد الطَّريق لِنُمُوٍّ بَطيءٍ في الاتِّجاه الأُصُولي المتفاعل مع الوَلاية العامَّة القائمة في حوزة النَّجَفِ الأَشْرف!

نَستعرِضُ لِقاءً نَمُوذجِيًّا لإِحدى البَسطات البَحْرانِيّة حيث تَتكَشّف طبيعةُ المفاهيم المستجِدَّة في ثَقافَة ما بعد انتفاضة 1956م والمُضاعفات الّتي تَركَتها هذه الوقائع على النِّظام الاجتماعِي ونَمط التَّفكِير لدى الذِّهن البَحرانِي.

على طَرَفِ إِحدى مَزارِع النَّخِيل (الدَّوالِيب) في الشِّمال الغَربي لجزيرة البحرين التَقَت شِلَّةٌ مِن الشُّيوخ والكُهول ومُتوسِّطي العُمُر عند حلول المساء في بَسطتِهم المفتوحة، وقد تَوفَّى الله عَزّ وجَلّ مُعظم رُؤوس الشِّلَّة القُدامى المداومِين على حضور البَسطَة وأَبقى على اثنَين منهم ما زالا في صِحَّةٍ مِن جِسمهما، يَتبادلان ذِكرَيات الماضي العَتِيد وشَيئًا مِن قضايا اليَوم المُثِيرة لِلجَدل بين جِيلَين مُتأَخِّرَين.

كان أَحدُهما مُعاصرًا لِلحوادث السِّياسِيّة التي جَرَت في عَقدي الثَّلاثِينات والخَمِسينات مِن القَرن المُنصَرِم لا يَمِلّ ولا يَضجَر مِن سَرد تفاصِيل رحلته الميمونة إلى دَولةٍ أُورُوبيّة يَمتنع عن الإفصاح عن اسْمِها حيث قَضى على أَراضِيها أَسعَدَ أَيامه - على حَسَب وَصْفِه - وكانت سَببًا في حصول التَّحوّل الجَذرِيّ في رُؤيته لِعوامل التَّأثير في الثَّقافَة البَحْرانِيّة.

وقد حاز (أَبُو سَفْرَة) على لَقَبِه مِن بين أَفراد البَسطَة تَيمُّنًا بِرحلته الوَحِيدة إلى خارج البلاد ولِمُداومته على سَرد الوقائع مِن غير انْقِطاع حيث كان إِطلاقُ الألقاب العابِرَة أَو المؤقَّتة بين البَحْرانِيِّين تَشرِيفًا أَو استخفافًا هو مِن الأُمُور الظَّاهِرَة والشَّائعة في ثقافة المناطق والقُرى مِن دُون حَساسِيَّة أَو تَنَدُّر أَو رَدّة فِعلٍ غاضِبة.

وفي الأَغلَبِ الأَعَمّ يَنتَزِعُ البَحْرانيّون الأَلقاب مِن فِعلٍ مُتميِّز يَصدُر عن بعض أَفراد مُجتَمعِهم أَو مِن عملٍ اختصّوا به، أَو لِوَظيفةٍ اعتادوا عليها وانفردوا بها وتَمَيَّزوا، أَو لِواقِعَة سَيّئة الشِهرة أَو حَسنة الشّهرة اشتَركوا فيها عن عَمد أَو تَورَّطوا فيها أَو تَواطؤا بِمَحض المصادفة، ثُمّ يُسقِطونها على أفرادها. وقد تَحول هذا اللَّونُ مِن الألقاب العابِرَة أو المُؤقَّتة إلى كُنى دائمة الاستِعمال في إِثْر تَطوّر إجراءات التَّنظِيم الإداري المتعلِّق بِتَدوِين الوثائق الثُّبوتِيّة الرَّسمِيَّة في الدَّولة قُبَيل الإعلان عن استِقلال جَزِيرة البحرين.

يَجلِسُ إلى جانِب (أَبُو سَفْرَهْ) في البَسطة رَفيقُ عُمُره الملقّب بـ(السَّاكِنْ) الذي ظَهر بَين رُوّاد البسطة بقُدرَةٍ خارِقةٍ على الإنْصات لا يُضاهِيه فيها أَحدُ مِن أَبناء القَرْيَة منذ سِنِّ الطُّفولَة. فإِنْ نَطَق (السَّاكِنْ) فبِحَدِيث مُقتَضب جِدًا وبِهَمسٍ لا يَكاد يُسمع.

سِيرةُ (السَّاكِنْ) على حسب مَعايِير ثَقافَة القَرْيَة الّتي نَشأ وتَرعْرَع فيها تَشِي بِارتِيابِه الشَّديد في سَوالِف البَسطة وبِشَكّه الدّائم في صِدق الأَنْباء وجِدِّيّة التَّحلِيلات واستِقامة المعارف الّتي تَرِد على أَلسِنَة رُوّاد البسطة، ولم يَستَثنِ مِن ذلك سِيرةَ سَفر رَفِيق عُمُره (أَبُو سَفْرَة) الّذي استغرق في سَردِ وقائعها زمنًا

طويلاً رُبَما تجاوز العِشرين عامًا وكأنَّها سِيرةُ الرَّحَّالَة الإيطالي (مارْكُو بُولُو) على طَرِيق الحرير إلى الصِّين. ولكِنَّ رُوّاد البَسْطة لا يَنفكُّون يَستمِعون إليها بِحرصٍ شَديدٍ لما فِيها مِن رَوعةٍ في العرض والجمال في الأسلوب المُوجَّه!

يَسِرُّ (السَّاكِنْ) إلى الثِّقاتِ مِن الرّفاق المقرّبين مَوقِفَه مِن بَعض أَحادِيث البسطة، فيَصِفها لهم بِالهذْرَة المُسَلِّية والاختِلاق المثير، مِن دُون ابتذال مِنه في القَول المستَحِقّ لِلبَينونة أو الاعتِزال المطلق، فيما عدا بعض الأَحادِيث المَمدُوحَة لما كان فيها مِن تَعريضٍ كاشِفٍ عن تَقِيَّة أَلزَمَ المتحَدِّثُ نفسه بها. ولكِنْ ما حيلة مَن قَضى رِفاقُه كُلُّهم بِالأَمْس ولم تُبقِ السَّماءُ له مِن (الشِّيبَة) في هذه البَسطة العَريقة إلَّا رَفيقَه (أَبُو سَفْرَة).. فهُو مُكرَه أَخاك لا بَطَل!

(أَبُو سَفْرَة) كان مُثقلاً بِمُغامرات رحلته اليَتِيمة إلى أُورُوبّا.. وعند ساعة اللِّقاء في بسطة مَساء يوم الخَمِيس، وقَبل تَحقُّق الذّروة في الحضور وتَقاطع مَوضوعات النِّقاش أو تَنافُرِها وتَبادل الأَخبار المثيرة والتَّعلِيق عليها؛ كان رَفِيقُ العُمُر (السَّاكِنْ) كُلّه آذانا صاغِية ومِن دُون حدود حيث ابتَدأ (أَبُو سَفْرَة) في السَّرْد المعتاد لِسِيرة رِحلته بعد احتِساء فِنجانٍ مِن القَهوة، فقال:

صَحوتُ ذات يَوم على ضَجِيجٍ وَقَعَ في إِثْر حادث سَيرٍ مُروّع أَودَى بِحَياة اثنين مِن الرَّعايا. وبَعد أَربع ساعات مِن المُعالَجة الميدانِيّة الصَّعبَة لِلمَوقف مِن قِبَل جهات الإنقاذ والإسعاف المخْتَصّة؛ شاهدتُ عائلةً تَشقّ صُفوفَ المتفرّجين في مشيَةٍ صامتةٍ وسكِينةٍ ووُقارٍ فتَضَع بِرفقٍ شَديدٍ شَدَّةً مِن الورد الطَّرِيّ زاهِي الألوان على مَوقِع الحادِث.

شَدَّني فضولُ المعرفة إلى السّؤال عن هُوِيّة ضحايا الحادث ودَرجة قرابتهم مِن أَفراد هذه العائلة الرّائعة اللّطِيفة، فأُعلِمْتُ بِأَنّ العائلة هذه تَجهلُ هُوِيّات قَتلى الحادث، وأَنّ تَقديمَها لِشَدَّة الوَرد تلك ما هو إلّا مُبادرة خَيّرة منها على عادةٍ قائمةٍ في ثقافة مُجتَمَعِها النَّابَعة مِن الحِسّ الإنساني والذَّوق الرَّفِيع.

يا رِفاقِي صَدّقوا ما أَقول لكم.. هذه واحِدَةٌ مِن المشاهد المُعبِّرة حُطُّوهَه

في أَدايِنْكُمْ زِينْ مازِينْ ومُو تِنسُونْهِهْ، وتَعالوا مَعِيَ لِنَطّلعَ على فصلٍ آخر مِن المَشهد الثَّاني المثير لِلغايَة.. تِدْرُون.. غامَرتُ فاقتَربتُ مِن رَبِّ العائلة المُؤلّفة منه وزَوجِه وطِفلين!.. سَألتُه: ألا يدلّك الحادثُ المروّع هذا على التَّقصِير الواضِح في أَنظِمة المرور، وأنّ على وزير الدّاخِليّة أو أيّ جهة مُتَنفِّذة أُخرى في الدّولة تَحمُّل المسئوليَّة الكامِلَة؟!

فاجَئني رَبُّ العائلة بِالإجابة السَّريعة مِن دُون تكلُّف منه وقال: سُؤالُك وَجيهٌ يَنُمّ عن الاختلاف بين ثَقافَتِك وثَقافَتِي، أَو أَنّك لا تَعلم شَيئًا عن ثقافتنا وأَنا كذلك لا أَعلَم عن ثَقافتك شَيئًا.. فَفَي إِثْر وقوع الحوادث المُرورِيّة الخطيرة في بلادنا تَخضَعُ وزارة الدّاخليّة أَو مَن ينوب عنها للاستِجواب والمُسَائلة مِن قِبَل الجهات المُختَصّة المستقلّة حيث تَدرس مَسرَحَ الحادِث وتقرأ التَّوازن في تَوزِيع إِشارات المرور واللّافِتات وعلامات ضَبط سَير المركبات والمسافات الفاصِلَة بينها.. إِنَّه إِجراءٌ اختصاصِيٌّ عِلمِيٌّ دقيقٌ ومعقّدٌ جِدًا يَتعذّر تَفصيله هنا وفي هذه العُجالة.

يا رِفاق البَسطَة العَريقة.. ما أَطَوِّلْ عَلِيكُمْ الحَجِي واجِدْ. لَمَسْتُ في هذا الرَّجل الأُورُوبِّي ذوقًا رفيعًا وصَبرًا على السُّؤال في تلك اللّحظة الّتي انشَغَل فيها المتَفرِّجُون بِمُشاهدة مُخلَّفات الحادث ورَصدِ أَضراره.. إِنَّهُ ضَالَّتِي.. فانتهزتُ هذا الاستِعداد منه لِكَي أَستطلعَ المزيد مِن المعارف عن ثَقافَتِه.

وعَلى سَجِيَّتي، ومِن تَكوين ظُروف بِيئتِي والقَريَة الّتي نَشأت فيها وثَقافَتِي البَحْرانيّة الأَصِيلة الّتي تَعرِفونها وأَنتم مِنها، سألتُه: أَيصلُ التَّحقِيق المعقّد في بلدكم إلى أَقصَى دَرجاته في حادث سَير، فكَيف بِالأَمْر إذا ما كانت الواقِعَةُ مُتعلِّقة بِشَأن مَصِيريّ؟!

سَأَلَنِي: مِثْل ماذا؟!

أَجبته: مِثلَ تَدخُّل الجِهات الكَنَسِيّة والكِيانات الأَهلِيّة لِمُصادَرَة حَقّ مُواطِنيها مِن حُرِّيَّة التَّعبِير عن الرَّأي بِعقولِهم النَّاقِدَة!

تَغيَّرت مَلامِحُ وَجْه رَبِّ العائلة اللَّطِيفة وبانَت عليه الدَّهشَةُ لمضمون سؤالي. فَفِي مَعايير بِيئتِه الثَّقافِيّة أَنّ في استِفهامِي هذا لَحنًا مِن التَّخلُّف والسَّذاجَة.. (شِنُو مَصيري وَوِيش مَنْع وحَظْر فيما بَين مُنظَّمات أَهلِيَّة وأَفراد مُجتَمع)، وهَلْ التَّصريح بِالرَّأي ذِي العَقل النَّاقِد أَو قمعه هُو عَملٌ مَصِيريّ وقد تَقدَّم العالَمُ حضاريًّا وتَخطّت مَفاهيمُه أَحوالَ الاستِبداد القَدِيمة.. وما التَّعصُّب الّذي ذَكَرْت إلّا صُورة نمطيّة معبّرة عن خَللٍ في الذّات أَو قُصورٍ في آلة كَسب المعرفة!

أَخذَنِي رَبُّ العائلة على سَجِيَّتي والتَمس لي العُذرَ فيما أَنا عليه مِن ثَقافَةٍ محكومةٍ بِشُعور التَّوجُّسِ والخَوف والحَذَر ورُبَما الشُّعور بِالنَّقص. فأَجاب بِلَطِيف القول ولَيِّنِه:

ظَننتُكَ تَسألنِي عن مُشكلات تَمَسّ علاقَة المواطن مع نِظام دَولَتِه.. الدَّولَةُ في ثقافتنا عبارة عن مُنظَّمات ذات حَلقات مُتَراصّة مُتكامِلة يَشُدّ بَعضُها بعضًا. وأَنّ أَشدّها أَهَمّيّة وأَعلاها شَأنًا في عَصرِنا الرّاهن هي المؤسَّسات الرَّسمِيّة والأَهليّة المعنيّة بِالاقتِصاد ونظامِه، ولا مِن أَحدٍ يُولِي أَهمِّيّة لِتَشريعات الحَقّ في التَّعبِير، فإِنَّه مُطلقٌ لا نِقاش فيه. ومَنذُ ذلك الحِين وإلى حَدِّ ساعتِنا هذه لم تَشهد بلادُنا واقعةً واحدةً جرى فيها قَمعٌ لِحُرِّيَّة التَّعبير بِالعَقل النَّاقد بَين جِهتَين أَهلِيَّتَين أَو فيما بَينهما وأَفراد مِن المواطِنين العادِيِّين. فذلك مِمّا لا يُتصَوَّر ولا يُتوقّع إلّا في نِزاعات قُوى (المَافْيا).. فإِنْ حدَثَ ذلك فتِلك حَماقةٌ ولا شَيء فيها مِن النِّظام والعَقل الرَّاشِد!

إِنَّ التَّعبير عن الرّأي في الوَسَط الأَهْلِي لِلأفراد والجِهات ليس قَضِيّة مَصيرِيَّة على حَدّ وَصْفِك وإِنَّما هو ضَرُورة تَنمَوِيَّة لِرُقِيِّنا ولِلتَّعويض عن النَّقص في ذواتنا ولِنَقض ما يُحتَمل فيه الوَصايَة علينا. ومَرجِعُ ذلك إلى أَنّ قمعَ العقول النَّاقِدة ومَنع الرّأي مِن الصُّدور بِحُرِّيَّة مُطلَقَة قد أَصْبَح منذ بِداية العَصر الحديث مَظهرًا مِن مظاهر التَّخلُّف، وعَقبةً في طَرِيق نُموّ الثَّقافَة،

وتَراجعًا عن القِيم التَّأريخِيَّة الأَصِيلة، وعُلوًا بِأَهواء النَّفس على طَبيعَةِ علاقتها التَّكامُلِيّة مع العَقل.

وتَخضعُ أَعلى سُلطة رَسمِيّة حتَّى أَدنَى جِهة أَهلِيَّة في بِلادنا لِلاستِجواب والمساءلة إذا ما عَنِي الأمر بِخَرق الأُصُول التَّشريعِيّة الّتي شَيّدها العَقلُ والخِبرة والتَّجرِبة في تَسَلْسُل القُرون وتَعاقبها.. فأَنْتَ تسألني عن أَمْرٍ تَخطَّته قِيمُ ثقافتنا المعاصِرة وحركة إِنتاج المفاهيم النَّشِطة منذ القرن الثّامِن عشر، ولا يَعلم التَّفاصِيل في خَلفِياتِه التَّأريخيّة إِلّا أَجدادِي.. وأُقدّر أَنّ مُجتَمعَكم ـ بِمَعاني استِفهامك هذا ـ يَعيش مَخاضًا في مرحلة مِن مَراحِل القُرون الوُسطى حيث أَحكام الوَحشِيّة والجَشَع والأَنانِيّة وَهوى حُبّ الرّئاسة سائدة!.. لقد قَضت ثقافةُ مُجتَمعنا في دائرة الأُصُول والخِبرات والتَّجارب في وضع القوانين أَنْ يُدرج هذا الأمر ـ مَحلّ استِفهامِك ـ في بطون مُدوّنات التُّراث حيث تُسرَد رُواياتها في المراحل التَّعليمِيّة المتوسطة بالمُجمَل. فارجِع البَصر كَرَّتين يا صاحبي.. ومَن هُمْ مِثلك يَعلمُ قطعًا أَنّ استمرار التَّنمِية الثَّقافيّة على نسقٍ ثابتٍ مُستقرٍّ قد أَوصلنا إلى الإيمان باحتِرام فلسفة العَقد الاجتِماعي لِـ (رُوسُو) ومَبدأ فَصل السُّلطات الثَّلاث لِـ (مُونتِسِيكو) وإِطلاق الحُرِّيّات على فَنِّ (فُولْتِير)، وضَرُورة العمل على تَنمِية ثقافة القائمين على الكَنائس والمُنظَّمات والهيئات الأَهلِيّة الحُرَّة العاملة في الوسط الاجتماعي، ورَفع مُستوى الإدراك الأَهْلي بِالحقوق والواجِبات، والمساهمة في رقابة السُّلطات مِن أَجلِ صِيانة أَدائها.. فافْهَم!

إلى هنا يَنتَهِي حديث ربّ العائلة.. يا رِفاقِي.. هذا هو المَشهَد الثَّاني، فَفِيه الكثير مِن الغموض ورُبَما الالتِباس الذي لا يُفهم بِآليّات ثَقافَتِنا الرّاهِنَة ومفاهيمها المتداولة، وقد لا يُدرك كُلّه إِذْ كُنَّا مَجبولِين على كَراهِيّة الغَربِيِّين مِن مُنطلقٍ قَومِيّ أَو دِيني.. أَعِينُوني عليه فأَنا لم أَفهم مَعانيه كُلّها.. وِيْش؟!.. إِتْلقَّفْتُونَهْ يَاْ الرَّبُعْ؟!.. إِذنْ حُطُوه إلى جانِب المَشهد الأَوَّل في أَذهانكم ثُمّ

امزجُوهما مَعًا، فَويش يِطْلَعْ عندكم؟!.. دِيَا الله أَشُوفْ.. وِينْكُم رِدُّوا.. بِتِسكِتُون.. لو بِتِنْجَبّونْ.. لو بِتِخْمَدُونْ هَلْمَرَّة بَعَد؟!

ضَحكَ كُلُّ مَن في البَسطة، فظَنّ (أَبُو سَفْرَة) أَنّ رُوّاد البسطة مِن حوله اندَكّوا في مَعاني حِكايَتِه وتفاعلوا معها، وإذا به يَرى بعضَهم قد اعتَدَل على حَصِيرة البسطة مِن بَعد سِنَةٍ ونَوم مُتقطِّع الفَترات وجُذوعُ النَّخلِ مِن خَلفِ ظَهره تَترَجَّح، واستَوى بَعضُهم الآخر على جانِبِ الجُذوع حيث مِسنَده، وتَنحْنَح آخرون وبَالَغوا في افتِعال السِّعال، واشتغَلَ عددٌ منهم بِـ (غُورِيْ) الشَّاي و(دَلَّة) القَهوة والفناجين مِن دون اكتِراث واعتِناء لِسَرد (أَبُو سَفْرة) ولا التِفات لِاستِفهامِه. ولَولا الحَرَج لَوَضَع رُوّاد البسطة أَصابِعَهم في آذانهم واستَغشوا ثِيابهم فلَمْ يَروا لِـ (أَبُو سَفْرَة) شَخصًا ولم يَسمعوا له حَدِيثًا!

وعلى حَسب المُراد مِن حِكاية (أَبُو سَفْرَة) أَنَّ المزجَ بين المشْهَدين الأَوَّل والثَّانِي سيُنتِج خُلاصةً مُثيرة، لكِنّ أَحدًا لم يُصغِ أَو يَتفاعل معه إلّا صَدِيقه (السَّاكِنْ) مِن بين رُوّاد البسطة كُلّهم حيث اشتَعَل صاعِقُ الفِكر في مُخيِّلة (السَّاكِنْ) فُجأةً ولم يَكُن أَحد مِن رُوّاد البَسطة ولا (أَبُو سَفْرَة) نفسه يَتَوقَّع ذلك!

بادر(السَّاكِنْ) إلى حاجِزِ الصَّمْت السَّائد على البسطة فاختَرَقه بِلسانٍ فَصيحٍ طلق وقال:

يا بَقِيّة رِفاق البَسطة أَطال الله عَزَّ وَجَلّ في أَعمارِكم جميعًا.. ويا رَفِيقي العزيز (أَبُو سَفْرَة).. تِدْرُونْ وِيشْ طَلَعْ عندي؟!.. طَلَع: أَنَّ المشْهَد الأَوَّل كان (عَلينّهْ مُو إِلينّه). وتَفصيلُ ذلك يا رِفاقي الأعزّاء: أَنّ الذَّوقَ والحِسَّ الإنساني عند الأُورُوبِيِّين رَفيعٌ إزاء مَجهولَين فَقَدا حياتَهما في موقفٍ وِجدانيٍّ عاطِفي، فذلك جَديرٌ بِالاحترام والتَّقدِير. وتَعلمون أَنَّ الأخلاق مُشتركٌ إِنسانيٌّ والبَشر يَتفاوتُون في مستوى استعمالِه والالتِزام به على حسب طَبِيعة الحَوافِز الدّافِعَة. وأَمّا في العبرة مِن الجمع بين المشْهَدَين المثِيرَين فأَقول:

نَحنُ البَحْرانِيُّون نَتوافر على أُصُولٍ وخِبرات وتَجارب وحِسٍّ يَفوق ما لدى الأُورُوبيِّين مِن جمالٍ ورَوعةٍ في الفكر، ولكِنَّنا لا نُحسِن التَّعبير عنها في السُّلوك العامّ.. إِنَّها ثَقافتُنا الحسَّاسَة الحَذِرة الخَجُولة الّتي نَعِيش، وانعدامُ الثِّقَة الّذي أُدخِل في رَوعِنا بِإزاء هذه الثَّقافَة. وحِين تَعصِف بنا المَوجات الفِكريّة القادِمَة مِن وراء حُدود جَزِيرَتنا أَو تَهِبّ علينا لِسانًا مِن رِياحها فإِنّنا نَتعلَّقُ بها فَورًا ونَقتَصُّ مِن ثَقافَتِنا الجَمِيلة الرّائعة ذات المُقوِّمات الرَّصِينة ونَنتَقِصُ مِن مقامها لاستِرضاء الحماس الّذي يَغمِرنا، ثُمّ نرثي لِأَحوالِنا ونَجلِد ذَواتنا!

يا رِفاقِي، أَتعرِفون أَنَّ المشهد الثَّاني لَنَا وليس علينا.. اِحْبِسُوا أَنفاسْكُمْ عاذْ!.. وتَفصيلُ ذلك: نَعلمُ أَنَّ هناك أَجيالاً في مُجتمعات أُخرى على وَجْه الأرض خَلَّفَت وراءها القَرن الّذي جَرَت فيه آخر عَملِيّةٍ لِتَحرير حَقّ المواطن في التَّعبير عن رأيه بالعَقل النَّاقِد في القَضايا الأَهلِيّة فضلاً عن القضايا الرَّسْمِيّة، لِأَنّ تلك الذِّكرى أَصبَحت جُزءًا مِن سِيرة تَأريخيَّة انقَضَت وبَقِيَ القانون إلى جانِب العِبرة حَيوِيًّا في ثَقافَتِهم.

ثَقافتُهم تَجرِي وتَتَطوّر في حُدود نَسقٍ تَنموِيٍّ مُستمرٍّ شامل بات هُو الكافِل والضَّامِن لِدَوام كُلِّ الحُرِّيّات.. ولا تِنْسُونْ أَنَّ التَّعبير عن الرّأي بِالعَقل النَّاقِد ليس حَقًّا أَهلِيًّا أَو سِياسيًّا على حسب ما أُدخِلَ في رَوعِنا زُورًا ورُوِّج في بيئتنا الثَّقافِيَّة بِـ(الجَمْبَّزة) وكُنَّا بِإزاء ذلك سُذَّجًا أَو أَرَدنا أَنْ نكون كَذلِك.. إِنَّه الحقُّ الخالص لِلإنسان منذ لحظة ولادَتِه. وتَذكّروا أَنّ تفصيل ذلك ثابتٌ في أُصُول المعرفة الشِّيعِيّة لَدينا، ولَسْنا في أَمَسّ الحاجة إلى استِدعاء هذا الحقّ على النَّهج الفِكري القَومِي أَو غَيره. فلِماذا يَأخذنا الذُّهُول عند صُعود نَجم العَقل النَّاقِد في الوَسَط الأهلي الأَجْنَبِي أَو عند احتِلال هذا العَقل المَرتَبة العُليا في الثَّقافات الأُخرى مُتفوّقًا بذلك على سِيادة الكَثير مِن نُظُم الدَّولة وقَوانينها.

إنَّ مَفهومَ الحقّ في الاعتِراض والتَّعبير عن الرّأي ذِي العَقل النَّاقِد أَصبحَ عِزًا يَتقلَّد جِيد الهيئات والمُنظّمات والجَمعيّات الأَهلِيّة في تِلك الثَّقافات لِأَنَّها اكتَشفَت في العَقل النَّاقِد حِرصًا مَسئولاً على الرُّقِي بِثقافَة الأُمم ولَيْس تَرفًا أَو لَهوًا أَو مُناوشةً أَو مُغالبةً على نَحو ما يَحدُث الآن في مُجتَمَعنا!

إنَّ العَقل النَّاقِد يَلعبُ دور الرّقابة والتَّوجِيه والتَّنبيه والتَّعويض عن فقد العْصِمة، ويُقدِّمُ البدائل طِبقًا لِلمُثُل والقِيم العُليا الّتي تَتبنّاها الثَّقافَةُ الأصيلة، ويَسُدُّ النَّقص في الاختِلاف الطَّبيعي والتَّكوِيني فِينا. فإنْ كُنّا نُؤمِن بِوُجُود أئمة مَعصومِين فنَحنُ أَوْلى بِإِعطاء العَقل النَّاقِد الفرصة لِأَداء الدَّور المُتمِّم لِأَيّ قَولٍ وفِعلٍ وتَقريرٍ يَصدُر عَنَّا بِصِفَتِنا غير واجِدين لِلعِصْمَة.

رَحمَ الله جِيل أَجدادِنا وبارك الله في سَعيهم المَشكور. فحِين يختلِفُون فإنَّ النَّاس مِن حَولهم يَشعرون بالسَّعادة لِأَنَّهم على يَقينٍ بأَنّ اختِلافَهم سيُنتِج صَرحًا ثَقافِيًّا جديدًا بِلا أَدنى حَساسِيّة أَو فُرقة أَو شَتات فيما بينهم والنَّاس.. فالمأتَم ـ على سَبيل المثال ـ هو أَعلى صَرح ثَقافيّ واجتِماعي يَمتازون بِه، فأَكثَروا مِن المآتم كُلّما اختَلَفوا فِيها أَو عليها، وازدادت بَركتُها بَركَة!

أَمّا الجيل الجَدِيد.. فوِيْش أَقُولْ لِيكُمْ يا جَماعَهْ.. قابعٌ في جزيرةٍ صغيرةٍ لا تزيد مساحتها على 700 كيلومترًا مُربّعًا، يَغصّ شِمالُها بوَسَطِها وغَربُها بِشَرقها، ولا يَكترِث أَحدٌ فيها لِرُؤيةٍ كُلِّيّةٍ حَكيمةٍ مُستقلّةٍ راشدة، ولا لِمَسئولِيّة في الرُّقِي بِبيئتنا الثَّقافِيَّة على طِبق الأُصُول المعلومة المُجْمَع عليها في سِلْسِلة أَجيال التَّشيّع البَحْراني مُنذ أَنْ أَسْلَمنا إيمانًا مِنَّا وطَواعِيَة.

أَفكُلَّما هَبَّت مَوجةٌ فكريّةٌ في ثَقافِة بِلاد أُخْرى سارَعنا إلى جَعلِها آيةً مُطهَّرةً مُنزَّلةً علينا ثُمّ أَسَّسنا على هُداها كِياناتِنا الثَّقافِيّة الأَهليّة وجازَينا أَو عاقَبْنا بِتطرُّفٍ وَحِدَّةٍ في المزاج ورُعُونَةٍ وغِلظة، مِن غَير أَنْ نُدرِك أَنّ بُعدًا سِياسِيًّا استِغلالِيًّا يَكمُن في عُمقِ هذه الموجات ويُراهِن على تَحطِيم ثَقافَتِنا البَحْرانيّة الأَصِيلة لِمَنفعَةٍ خاصَّةٍ يضمرها.. لِماذا هذه التَّبعِيَّة في الفكر؟! ولماذا الشُّعور بِالنَّقص

والحَقارَة ونَحنُ مُجتمع تَتوافَر فيه مُقوِّمات الثَّقافَة الأَصِيلة العَريقة الّتي لا التقاط فِيها ولا جُمود.. حتّى اللَّهجَةَ البَحْرانيّة الأصيلة التي هِي وِعاءُ ثَقافَتِنا وحُضْنُها الدَّافِئ بالَغْنا في المُراهنة عليها وصِرنا (نُعْوِجْ) أَلسِنَتِنا في تِلاوة القُرآن والأَذان والدُّعاء والزِّيارة بِأَلحان لُغَةٍ ثَقافَةٍ أُخرى ونَبَذنا أَلحانَنا الجَميلة وأَطوارنا الصّوتِيّة الرَّصِينة المُعبِّرة، و(خَبَصْنا) الإِتقان الرَّائع المَورُوث في مُتعلِّق المجالس ومَواكب العَزاء.. وِيشْ صَايِرْ فِينّهْ.. لماذا لا نُدرِك أَنَّ كُلَّ بَديلٍ يَنقَلِبُ به على الأَصِيل في ثقافتنا فإِنَّه سيُتَّخذ مِن قِبَل أَعداء ثَقافَتِنا دَلِيلاً على الإلتِقاط وانعِدام الأَصالَةِ في هُويَّتِنا ووُجُودنا على ظَهر هذه الجَزِيرة البَحْرانِيّة.. لماذا نَدُسّ بِرُؤوسِنا في التُّراب أَو نَتغافَل عَمّا نُواجِه مِن تَحدِّيات مَصيريّة؟!

لو كُنَّا بلدًا مُستقرًا على نَسقٍ اجتِماعِيٍّ ثابتٍ على نَحو الحَقِيقَة فإِنَّ قِياس العُقلاء مِنَّا يَستوجِب الوُصُول بِمُجتمعنا المعاصر إلى دَرجاتٍ عُليا في التَّنمِيةِ الثَّقافِيَّة الرَّفِيعَة والسَّامِية. فكُلُّ مُقوّمات المجتمع الشِّيعي الأَصِيل مُتوافِرة على ظَهر جَزِيرتنا، وحائزة على أَسباب النُّمُوّ والإبداع كذلك. فما الّذي يَنقُصنا.. لا شَيء مُطلقًا.. إِذَنْ أَلا يحقّ لنا الاستِفهام: لماذا تَتمَثّل مظاهرُنا الاجتِماعيّة في حَرَكةٍ طاردةٍ عن نِطاق الكَمال، ولا تَستدعِي مِنَّا المُراجَعة الدّائمة والجادَّة لِثَقافَتِنا فنُنمِّيها ونُحصِّنها مِن الاخْتِراق ونطرد منها كُلَّ مَفهومٍ طُفيليٍّ وفدَ علينا في غَفلَةٍ مِنَّا، عِوضًا عن الاقتِباس المُبتَذل عن الثَّقافَاتِ الأُخْرى والانْبِهار السَّريع بِمَظاهرها المؤدّية إِلى فقدان الثِّقَة في ثَقافَتِنا.

فلَدَينا دِينٌ وقُرآنٌ وسُنَّةٌ وثَرْوةٌ روائيّة وسِيرةٌ واسِعَةٌ في أَهْل البَيت صَلواتُ الله وسَلامُه عليهم، ولَدَينا ثَقافَةٌ بَحْرانِيَّةٌ أَصِيلةٌ تَعلُوها لَهجةٌ رائعةُ الذَّوق والجَمال، ولَدَينا عُقولُ تَزن جِبالاً. وأَنَّ الكَبوات إِذا ما أَصابَتنا في دِيننا وتَأريخنا وحاضِرنا؛ فعَلَينا الإيمان بِأَنَّها مُلازمةٌ لِطَبيعة الإنسان وتُوجِبُ علينا الوَثْبة والإصلاح وإِقالة ذَوي المُروءات عَثَراتِهم!

انتَهى (السَّاكِنْ) مِن تَعلِيقه، وأُعجِبَ (أَبُو سَفْرَة) لِقَولِه، ولم يَكُن

يُصدِّق ما شاهَدَت عيناهُ وما سمعت أُذناه مِن قولٍ بَليغ حَكيم رَشيدٍ صادر عن ثَغر (السَّاكِنْ) الصَّامِت رَفِيق عُمُره الّذي أَحكَم السَّيطرة على دَفَّة البَسطة بِشَكلٍ مُفاجِئ وبِأَروع الكَلِمات وأَعذب المفردات لَحنًا وإِفهامًا مِن بَعد عُقودٍ مِن الشّهرة المُلازِمَة له بِالصَّمْت المطبق.. إِنَّ (السَّاكِنْ) مِن دُون شَكٍّ يُلقّى الحكمة!

فمِن أَهَمّ المعاني الرّائعة في مَضمون المَشاركة الحكيمة لِـ (السَّاكِنْ):

ـ أَنَّ كثيرًا مِن البَحْرانِيّين المعاصِرين هُم أَشْبه بِالمجتَمَع المُنقطِع عن ثَقافَتِه الأصيلة مِن غَير الِتفاتةٍ جادَّةٍ منه إلى أَنَّ ثقافته هِي أَروَع ما عِنده وما يَتمَيّز بِه ويَدُّل على أَصالة هُويَّتِه ووُجُوده مِن بين مُجتمعات المنطقة.

ـ والبَحرانِيُّون أَشْبه بِالمُجتمع المنقطع عن ثَقافَتِه الأَصِيلة والمتَفاعِل في غَفلةٍ مِنه وبِسُرعة الضُوء مع الموجات الفِكريّة النَّاشئة عن تَحوُّلات انقِلابِيّة وثَورِيَّة مُفاجِئة قد عَصفَت بِبيئة ثَقافات أُخْرى مختلفة، فيَنهل مِنها ما يَنقِص مِن مَقام ثَقافَتِه وما يَنقُضها وما يَستخِفّها وما يُحقِّرها وما يَتَّهمها بِـ (التَّخَلُّف) و(اللاّوَعْي) و(الخُرافَة) و(الأُسْطورة) مِن غير اضْطرار مِنه لِحاجَةٍ ماسّة أو ضَرُورة.

ـ وهُم أَشْبه بِالمجتمع الّذي يُعانِي مِن قابِليّة الانْبِهار السَّريع بِمَظاهر الثَّقافات الأُخْرى لِغَفلة منه عن مَعرِفَة أَصالة ثقافَتِه وسِيرتها التَّأريخيّة المجيدة وعُلوّ مَنزِلَتها وتَمام مُقوّماتها ورَصانة مُكوّناتها.

وتَنبري فِئةٌ مِن رِجال الدِّين البَحْرانيّين فتَجعل مِن نَفسِها على رأس المُتخَلِّيين عن الكَثير مِن مَظاهر الثَّقافَة البَحْرانيّة الأَصِيلة والمفرِّطِين بها، وهِي الفِئةُ المثَقَّفة العالمة بِحَجم التَّحدِّيات المصيريّة التي تُواجِه هذه الثَّقافَة العَريقة!

فَفِي عُقود الخَمسِينات والسِّتِّينات والسَّبعينات مِن القَرن الماضي قَرَّر طالِبُ العلوم الدِّينِيّة السَّفر إلى حَوزة النَّجَف الأشرف، ثُمّ عاد مُحمّلاً باللَّهجة

العِراقِيّة وبِلكْنَتِها في فَخرٍ وفَخامةٍ ووَجاهَةٍ. فيَتَحوّل (النِّعالُ) في خِطابه إلى (قِنْدِّرَهْ) و(الماي) إلى (مَيْ) و(الهُوزْ) إلى (صُونْدِه). وهكذا تنعَدِمُ مفردات اللَّهجة البَحْرانيّة عندَه شَيئًا فشيئًا وتَغِيب عن مَجالِسِه ودُروسِه ومُحاضراته ونَدواته، وهو يَعلمُ أَنَّ لَهجتَه البَحرانيّة تُمثِّل وِعاء ثَقافته وثقافة أفراد مُجتَمَعِه، وأَنَّها المستهدف الأَوّل طائفِيًّا منذ القَرن الثَّامِن عَشر. أَلا يَدلّ ذلك على فِقدانِه الثِّقَة في ثَقافَةِ مُجتمعِه وعلى تَفريطِهِ بها وسُرعةِ انبهارِهِ بالثَّقافات الأُخْرى واستِسْلامِه لها، عِوضًا عن تَمسُّكِه بِثقافَتِه الأصيلة والإعجاب بها والعَمل الدَّؤوب على تَنمِيتها والرُّقِي بها!

وفي عَقدي الثَّمانينات والتِّسعِينات كَرَّر طالبُ العِلم الحَوزوِي ذات الخَطأ عندما قَرَّر السّفر إلى حَوزة قُم المُقدَّسة، وعاد إلى وَطنِهِ بعد سَنةٍ مِن الدّراسة أَو أَكثر مِن ذلك مُحمّلاً بِلَكنةٍ فارِسِيّةٍ ومُفرداتٍ بَديلةٍ، فانعَدَمَت بَعضُ المفردات البَحْرانيّة ولكَنتِها شَيئًا فَشيئًا عن لِسانِه وغابت عن مَجالِسِه ودُروسه ومُحاضراتِهِ ونَدواتِه، وهُو يعلم أَنَّ لهجته البَحْرانيّة تُمثّل المظهر الأَبْرز في هُوِيَّته المستهدفَة طائِفيًّا منذ ثلاثة قُرون.

ومِن وراء هَذين الشَّكلَين مِن طُلّاب العلوم الدِّينيّة حَشدٌ من البَحْرانِيِّين يُقلّدونهما فيما فكّرا وفَعلا، فيُفاجِئ المجتمع البَحْراني بِالانقلاب الثَّورِي على لَحْنِ لَهجَتِه في الأذان والصّلاة وتِلاوة آيات القُرآن الكريم والأدعِيَة الشَّريفَة والزِّيارات، وفي انْشاد الخُطباء والشَّيَّالِين لِلقَصائد الرِّثائيّة المنبريَّة، وفي مَواكِب العزاء ومَسِيرات الأَفْراح حيث اللَّكنَة الفارِسِيّة واللَّهجة واللَّكنة العِراقيّة يحلاّن بَديلا مُفاجئًا عن اللَّهجة البَحْرانيّة العَريقة ولكَنتِها.

لَيس مِن شَكٍّ في أَنَّ كثيرًا مِن العوامل السَّلبيّة تحُول بَين البَحْراني والتَّفاعل مع جِهَةٍ مِن جهات ثَقافَتِهِ الأصيلة أَو مَظهرٍ منها، ولكِنّ ذلك لا يُمثِّل مُبررًا يَكفِي لِلتَّخاذل والتَّخَلّي عنها ثُمّ الاستعانة بِفِكر ثَقافَةٍ أُخرى مختلفة البِيئة، فيما بِيئته الاجتِماعيّة الأَصِيلة تَعِيش تَحدِّي الوُجُود والهُوِيّة.

لماذا لا يُدرِك البَحْراني أَنّ مجتمَعَه الّذي يَدُبّ على أَرضِ وَطَنِه يُراد له الانقِطاع عن تَأريخه الأَصِيل، ويراد له أَنْ يَظلّ مُنبَهِرًا بِمَظاهر الثّقافات الأُخْرى ولا يَعتَنِي بِثقافَتِه الّتي تُمثّل هُوِيَّته.. ما الأَسْباب الدَّافِعة في ذلك؟! وهَلْ الأسباب هذه قاهِرَة فيُعذَر البَحْرانيّ عند انصِرافِه عن أَصالَتِه وعن وَظيفة التَّمسك بها والدّفاع عنها؟!

إنَّ الذّاكرة التَّأريخيّة بُعْدٌ ضَرُوريّ ومُكّون لا ينفكّ عن آلة التَّفكِير السَّلِيم، فإِنْ أَهملها البَحرانيّ وتَرك لِلأيدي الآثِمَة فرص العَبَث فيها والتَّزوِير والتَّشطِيب فإِنَّ هُوِيَّتَه ستَبَقى مُهدَّدَة بِالزَّوال.

لماذا لا يُدرك المثّقَفُ البحرانيّ شِدّة المخاطر الّتي تُواجِه أَصالَته، فيما هو يُعَدّ أَوَّل المسْتَسلِمين لِلفِكر الحِزبي والفِئوي المعاصِر الوافِد عن بيئة ثَقافِيَّة أُخرى مختلفة ومُغايرة تَدعوه صُبحًا ومساءً إلى التَّخلّي عن أَصالَتِه وحَجْب الثّقَة عن ثَقافَتِه والعَمل على طِبق مَنهج (الشّكّ والتَّشطِيب والتَّأمِيم) الحزبي والفئوي؟!.. هَلْ هي عُقدةُ الحقارَة إِذْ تُرِيه تَفوّقًا وشجاعةً وجمالاً وإبداعًا وفخامةً وأَصالةً في ثَقافَةِ الغَير وتَحجُب عنه الكمال والجَمال والإبداع والتَّفوّق في ثَقافَتِه الأصيلة؟! وهَلْ يُعد المجتمع البحراني أَقلّ مُجتمعات الشِّيعة تَمسُّكًا بِثقافَتِه الأَصِيلة على الرَّغم مِن عِلمِه التَّفصيلي بِحَجم التَّحدِّيات الّتي تَعتَرِض نُموّ ثقافته؟!

ولماذا لم يَتَّعظ البحراني بِسِيرة الفلسطِيني الذي ضَيَّع وَطَنه وهُوِيَّته وأَسكن مُواطِنيه مُخيّمات الشَّتات في خارج البلاد، ولماذا لم يَعتَبر البحراني بِقِصّة الكفاح الفلسطيني المرير مِن أَجْل استِرداد فلسطين حيث جَدَّ الجِدُّ فحَسَم الفلسطينيّ الأَصِيل مَوقفَه مِن بَعد خمسةِ عُقودٍ مِن التِّيه، واتَّخذ لِنَفسه مسارًا نِضالِيًّا مُستقلاً وسُبلاً مُؤثرة، منها: الحرص على إِحياء ثَقافَتِه الأصيلة في داخِل الوَطَن المحتلّ وخارِجه، والتَّمسُّك بِمَظاهرها وتَوثِيق أَدقّ تَفاصِيلها في جامِعات العالم والمُؤسَّسات البَحثِيّة الدُّولِيّة، وإنشاء مَراكز

خاصَّة لِلدِّراسات الفلسطينيّة في الوَطن وخارِجه تَصون له ثَقافَة الأجداد والأصالة إلى جانب النِّضال بِالأدوات السِّياسِيّة الحُرّة، مِن بعد الإيمان بِأَنَّ تَحرير الوَطن واسترداد الهُوِيّة لَنْ يَتمّ إِلّا بِأيدي أَبنائه في الأراضي المُحتلّة وأَنّ وَعْد الدُّول العَربِيَّة ودُول الشَّرق والغَرب والقانُون الدُّولي بِإِيجاد دَولة فلسطينيّة مُستقلّة الثَّقافة لَنْ يُقدّم له شَيئًا مَلموسًا ما لم يُشعِل الانتفَاضَة في وَجْه الكِيان الصَّهيوني المُحتَلّ.

فأَطلَق (انتِفاضَة الحِجارَة الأُولى) ثُمّ أَردَفها بِالانتفاضَة الثَّانِيَة العظمى الّتي وحَّدَت قُوى الثَّقافَة والنِّضال في الأراضي المُحتَلّة وهَزّت الضَّمِير الإسلامِي والعالمي ووَضَعت مَصالِح العالم على المحكّ.

عَفَيه على (أَبُو سُفْرَة) ورَفِيقه (السَّاكِنْ) على ما يُقدِّمُونه مِن رأي بَحْرانيّ خالص شارح ناقِد أَصِيل مَسئول بين مَفاصِل البَسطَة البَحْرانيّة الرّائعة، وعلى مُداومتهما في تَنبيه مُجتَمع البَحْرانِيّين إلى شِدّة التَّحدِّيات والمَخاطر التي تُواجِه الهُوِيّة البَحْرانِيّة قَبل أَنْ يَقعُ الفَأسُ على الرَّأس مِثلما حَدَث لِلفلسطِينِيِّين. وَلِيَ أَنْ أُذكّرَهُما بما أَشارا إليه في شأن الذَّوق الرَّفِيع والحِس الإنساني، مُستنِدًا إلى الرّأي الفَصْل في حَدِيث (السَّاكِنْ) عندما قال بِأَنّ البَحْرانيّين (يَتوافَرون على أُصُول وخِبرات وتَجارب وحِسّ وذَوق يَفوق ما لدى الأُورُوبِيِّين فيها مِن جَمال ورَوعَة، ولكِنَّهم لا يُحسِنون التَّعبير عنهما في سُلوكِهم العامّ)، فأُطلِعهما ورُوّاد بَسطتهما على الحِسّ والذَّوق الفلسطيني الثّائر في بِلاد الشَّتات حينما يَتفاعل مع ثَقافَة أُورُوبا ويَتَخَلّى عن صَون الهُوِيّة الفلسطينيّة وثَقافتِها!

في العاصِمَة البِريطانيّة وفي أَيّام شَهر رمضان المبارك اقتَربتُ مِن الشُّعور الثَّورِي الفلسطيني في ذُروَةِ تفاعله الوَطَنِي مع يَومِيّات الانتفاضة، فجَرَى ما جَرَى بَينِي والسَّفير الفلسطينيّ في لَندَن على أَثَر قَرارٍ اتَّخذه مَركز التَّثقِيف الإسْلامِي في عام 2002م بِالعَمل على تَغطِية تَطوُّرات الانتفاضة الفلسطينيّة الثَّانِيَة حيث فوَّضَني لإعداد لِقاءٍ صحافي مع السَّفِير ونَشر تفاصِيلِه في مُجلَّة

(الرَّأي الآخَر) بِصِفَتي أَحد الأعضاء الدَّائمين في المَركَز وهيئةِ تَحرير المُجلَّة التَّابِعة له.

اتَّصلتُ بِمَكتب السَّفارة الفلسطينيّة، فضَرَب مُديرُه مَوعدًا عاجِلاً مع السَّفِير.. وفي يَوم اللِّقاء قطعتُ بسيارتي (الكَرَمْبَعَهْ) الشَّوارِع المزدحمة الوَسط مِن مَدِينة لَندَن حتَّى وصلتُ إلى مبنى السَّفارة مُنهكًا.. اتُّخِذَت الإجراءاتُ الأمنيّة اللّازمة لِلدُّخول، وأُعِدّت الطَّاولة المستديرة لِعَقد اللِّقاء. وفي ساعة المَوعِد المقرَّر وَصَل السَّفِير وجَلَس أَمامِي. فاستَخرَجْتُ على عَجلٍ ورَقَة الأسئلة ووَضعتها على الطَّاوِلة.

وبعد تَبادل السَّلام والتَّحِيّة مع سعادته، وقُبيل أَنْ أهمّ بإطلاق السُّؤال الأوّل؛ بَهتَنِي السَّفير بِزَخّات مِن الأسئلة حول الأَوضاع السِّياسِيّة في البحرين والهُوِيَّة الفِكريّة والمذهَبِيّة لِلاتّجاهات البَحْرانيّة المعارضة، فاستَغرق بِأَسئلته المُكثّفة الوَقتَ المُقرّر لِلمُقابلة فيما اشتَغلتُ أَنا بالإجابة!

حينها أَدرَكتُ أَنّ السَّفير يبغي مِن وراء جَعجَعَتِه التَّحقُّق مِن هُوِيَّتي المَذهَبِيّة قبل إِصدار فَتواه بِـ (تَقْرِير مَصِير) المقابلة. فلَم أَتحسَّس مِن فَعْلَتِه الّتي فَعَل، بَل أَعنته على ذلك بِالقَول المباشر بِلا رتوش دبلوماسيّة شيطانيّة: (أَنّا كريم المحروس مُواطن عَرَبيّ بَحرانيّ شِيعِيّ أَصِيل، قَدِمتُ إلى بريطانيا في عام 1991م بِصِفَتي أَحد المعارِضِين السِّياسِيِّين وأَقمتُ فيها، وأَنَّ المُجلّة التي أنوب عنها تُمثّل مَركزًا ثَقافِيًّا تابعًا لِمَرجِعيّة شِيعِيّة عِراقيّة أُقلِّدها في الاجتِهاد الفِقْهِي)!

أَمعَنَ السَّفير النَّظر إليّ في لحظة خاطِفَة ثُمّ سألني في ابتسامة عَرِيضَة: إِذنْ أَنْتَ صائم؟!

أَجبتُه: قَطعًا.. وبِكلّ تأكِيد، فنَحنُ في هذا اليوم نَنعَم بِبَركات شَهر رَمضان العظيمة، ونُتابع وقائع انتفاضَتِكم بِحرصٍ شَديدٍ. فالمُشْتَركات بين شَعبَينا كَثِيرة وعلى رأسها تَحدِّي الثَّقافة والهُوِيّة والأَصالة!

تَوقَّفَ السَّفيرُ عن إِطلاق الأسئلة فُجأةً، ومَدّ يَدَه اليسرى إلى جَيبِه وأَخرجَ علبةً مِن السَّجائر، ثُمّ مَدّ يده اليُمنى إلى جيبه الآخر وأَخرَج وَلاّعَة، وأَشعَلَ السّيجارة بلا استِحياء ولا تَردُّد، وبَدأ ينفث الدُّخان مِن فَمِه وأَنفِه!

جمَّدتُ اللِّقاء مِن طَرفٍ واحد، ولَملَمتُ أَوراقِي وهممتُ بِالخروج مِن السَّفارة بلا تَعلِيق. وعُدتُ مُسرعًا إلى بَيتِي لِتَناول وَجبةِ الإفطار مع عائلتي، ثُمّ أَخطرتُ أَعضاء المَركَز وهيئة التَّحرِير بِخُروج اللِّقاء على ما اتُّفِق عليه مع مُدير مكتب السَّفارة، واستَبعدتُ أَنْ يكون الشَّخص الّذي التَقيته هو ذاتُ السَّفِير ذِي الحِسّ النِّضالي والذَّوق العَربي الدُّبلوماسِي الرَّفِيع، وذِي التُّقى والوَرع في أَيّام شهر رمضان المبارك، وبدا لِي أَنّ قضيّة فلسطين اكتَفَت بِنِضال سُفرائها واستَقَلّت، ولم يَعُد المناضِلُون فيهم بِحاجة إلى عَون أَحَد، وأَنَّ الهُوِيَّة الفلسطينيّة قد استُردَّت بِالكَمال والتَّمام!

إنَّ حكمةً بالغةً عمد (السَّاكِنْ) و(أَبُو سَفْرَة) إلى إِثارتها في البَسطَة شملت الذَّوق الرَّفِيع في البعد الثَّقافي المُتعلِّق بالهُوِيّة وقد فَشل السَّفير الفلسطيني في التَّعبير عنه في بلد الشَّتات وخِلال لِقائي معه في شَهر رمضان المبارك وأنا صائم. ولا نُجانِب الحقيقة حين نَحتَمِل أَنّ (أَبُو سَفْرَة) صار مَشغولاً بِالفِكرَة في تجديد سَفرَتِه قَبل أَنْ يتبوّأ (السَّاكِنْ) مقامَه الجديد الشَّهِير بين رُوّاد البسطة. فـ(أَبُو سَفْرَة) أَعرفُ بِأَنّ (السَّاكِنْ) سيُصبِح منذ الآن القَصّاص الرّائع والمرشِد الحكيم ذِي الذَّوق الرَّفِيع بين لِقاءات البسطة القادمة، وإِنَّ لِروايَتِه بَقِيّةٌ في العُمُر قد تَستغرق عشرين سَنة أُخرى مِن السَّرد الوافي أَو يَزيد إِذا ما جَدّد سفرته، وما على رُوّاد البسطة مُنذ الآن إِلّا الإستِعداد لِلإنصات التَّامّ لِسَرد رُكْنَي البسطة (أَبُو سَفْرَة) و(السَّاكِنْ) والحرص على تَجنُّب الخوض في حَدِيث آخر وعَدم الاستِسْلام لِسِنَة نَومٍ هانئ مِن وراء جُذوع البَسطَة!

ـ الاسْتِجارَةُ بِالمُنتَدى المُنْقِذ

في مَطلع الخَمْسينات مِن القرن الماضي عَمّ جدالٌ ساخنٌ مناطق

البحرين ينقد وينقض إقدام فئة مِن الشُّبّان على تأسِيس النَّوادي الثَّقافيّة في المناطق، وذلك بتَدبير مِن بعض المُحَدِّثين الأَخباريّين. إذ سُرعان ما احتَلَّت النَّوادِي صِفَة المنافس المتفوِّق على مَجالِس المحدِّثين الأخباريِّين والمزاحِم لِلبَسطات الشَّعبِيَّة المفتوحة والمغلقة حيث كادت البَسطاتُ والمجالسُ تَخلو مِن الفرص التَّفاعُلِيّة لِفَئة الشَّباب، فيما شهدت مَقاهِي (اللُّوفَرِيّهْ) وبَسطات القِمار و(الزَّنْجَّفَهْ) ولهو الحديث لِأَوّل مرَّة منذ نشأتِها إقبالاً مُلفتًا مِن فئة الشَّباب البَحْراني الّتي بَدت مِن بَعد انتِفاضَة الهيئة يائسة وفاقِدة لِلمَعنى ومُتمَرِّدة على النِّظام الاجتِماعي.

في المَرحَلَةِ الأُولى لِلإعلان عن العَزم على تَأسِيس النَّوادِي في المناطق والأَحْياء الشِّيعِيّة؛ ظَهرت فِئة الشَّباب البَحْراني مُنقَسِمة على نَفسِها إلى اتِّجاهات سَبعة مُتفرّقة:

ـ اتّجاهٌ يَكتُم ولاءً فِكريًّا مُجرّدًا أَو مَيلاً لِانتماء حِزبِيّ أَو فِئوِيّ فيُعَبِّر عنه بِالحَماس القَومِي العُروبي أَو الأُمَميّ الماركسي، ويَنتَسِب البعضُ مِن عناصره إلى المعاهد الثَّقافِيّة المتَخصِّصة في تَعلِيم اللّغة العَربِيّة والمروِّجَة في السِّرّ لِلفِكر القَومِي.

ـ واتِّجاهٌ ينتسبُ إلى تَيارَي حَوزة النَّجَف الأشرف الأُصُوليّ الجديد وحَوزة كربلاء المقدّسة الأَخباريّة القَديمة، ويَتظاهر بِعَقد الدَّورات الثَّقافِيّة القَصِيرة المُوَجَّهة في مَجالِس البُيوت، ويُؤسِّس لِتَشييد المدارس الفَرعِيّة في القُرى ولِيَستقطبَ بها فِئة الشَّباب المؤهّل لِدراسة العلوم الدِّينِيّة وخِطابةِ المنبر.

ـ واتِّجاهٌ مؤلَّفٌ مِن خِريجي بُيوت القُرآن الكريم (المْعَلِّمْ) ويُشكِّل الفِئة الأَكثر انتِشارًا وتأثيرًا في النِّظام الاجتِماعي لِلبِلاد.

ـ واتِّجاهٌ مشغولٌ بِيَومِيّات رِزقِهِ ولَيْس له مِن شَأنٍ رئيس في التَّفاعُلات الاجتِماعِيّة والثَّقافِيّة.

- واتِّجاهٌ مُؤلّفٌ مِن رُوّاد المقاهي ودُور السِّينما وتَجمُّعات لَهْو الحَدِيث.

- واتِّجاهٌ تَتداخلُ فيه فئةُ الشَّباب مِن كُلّ الاتِّجاهات أَو بعضها لِيُشكّل اتِّجاهًا مُستقلاً.

ويُشار إلى عناصر الاتِّجاهات الثَّلاثة الأُولى بِوَصْف (المُثَقَّفِين المُتَنوِّرِين)، وفيهم مَن يَرجُو مَزيدًا مِن التَّلاحُم والانْسِجام والتَّفاعل الثَّقافي والاجتِماعي الشِّيعِي العامّ إلى جانِب تَوثِيق العلاقات الطّائفِيّة المحَلِّيّة والانفِتاح على قُوى التَّغيير القَومِي والدِّيني الخارَجِي اقتداء بِمَفهوم (وَحدَةِ الشَّعْب والأُمَّة) مِن أَجل مُواجهة حَركتَيّ الاستِعمار والتَّبشِير وإِقامَة نِظام دِيمُقراطيّ مَحليّ عادِل وإِطلاق الحُرِّيّات العامّة.

وتَتفاعلُ في عُمق هذه الاتِّجاهات الثَّلاثة كلُّ التّفاصِيل النَّظرِيّة والعَملِيّة لِنِضال الأَحزابِ القَومِيّة والشُّيوعِيّة والمذْهَبِيّة في كُلٍّ مِن سُوريا والعِراق ولُبنان وفلسطين وإِيران وبِلاد شِمال أَفريقيا وشَرق أُورُوبّا على الرَّغْم مِن احتضان هذه الاتِّجاهات الشَّبابِيَّة الثَّلاثَة لِلسَّواد الأعظم مِن الأُمِّيِّين الّذين لا يُجِيدون القَراءة العَربِيّة ولا يتقِنون الكِتابة.

ويُضاف إلى هذه الاتِّجاهات السِّتّة اتِّجاهًا سابعًا شَغوفًا بالمَودَّةِ لملاعِب كُرَة القَدَم ومُنافسات فِرقها في الدَّوري المَحَلّي، مِثل فِرق النُّسور والأهليّ والتَّاج والمنامة والمُحرّق واليَقِظة والشّعاع والوحدة والبحرين والبِسيتِين والحِدّ والنَّجمَة والمالِكيّة والحالة والأَزهار.

بَدأت خَلايا الانْتِماء السِّياسي تَنمو وتَنتشِر وتَتغَلْغل في أَوساط الاتِّجاهات الشَّبابِيَّة السَّبعَة كُلّها في إِثْر الخَيبة الّتي مُنِيت بها انتفاضة الهَيئة التَّنفِيذيّة العُليا في مَطلع النّصف الثَّاني مِن القَرن المنصرم، فيما انفردت هذه المرحلة الزَّمنيّة بِانْصراف الكَثِير مِن عناصِر فِئة الشَّباب عن مُخالَطة مَجالِس البَسطات المفتُوحَة والمُغلَقة ومَقاهِي (اللُّوفَرِيَّهْ)، واستُثنِيَت مِن ذلك مَجالِس المآتِم ومُتعلِّقات الشَّعائر.

لقد أَشاع هذا الانفصال حالاً مِن الثِّقة والتَّميز الثَّقافِي في تَفاخُرٍ وكِبرٍ وشَيءٍ مِن الغُرور بين عناصر الفِئة الشَّبابيّة المُنتَمِية. فالانْتِماء الحِزبي والفِئوي الجديد البَديل ذِي الآمال الكَبِيرة قد استَغرَق كُلّ أَوقات الفراغ لدى هذه الفِئة، واستَفرغَ كُلّ طاقاتها، واستَحوذ على نَمط تَفكِيرها، وهَيمن على شَبكة علاقاتِها البَينِيّة.

وهذا مِمّا تَكهَّن المحدِّثون الأَخبارِيُّون بِوُقوعِه بِالتَّزامُن مع تَحوّلات عقد الخَمسِينات وبالَغوا في التَّحذِير منه في لِقاءات البَسطات العَامّة ومَجالِس البيوت المفتوحة والمغلقة، وأَكَّدوا على مُعارضَتِهم الشَّدِيدة له مِن خِلال الإِعلان الصَّريح لِمَوقفهم في بادِئ الأمر بناءً على التَّصوُّر الأَوَّلِي بِخُطورة الانْتِماءات هذه على الثَّقافَة البَحْرانِيَّة الأَصِيلة والنِّظام الاجتِماعي لِلوُجود الشِّيعِي.

كان رَجاءُ البَحْرانيّين في العاصِمَة المنامة والقُرى ظاهرًا في إِمكان حُدوث تَطوُّرٍ ثَقافِيّ أَو إِبداع نَوعيّ خاصّ مُلازم لِلتَّحوّل السَّريع في أَنْماط الحياة، فَيُقلِّل مِن حِدّة التَّنافر والمُغالبة والجدل المنحاز لِغَير مَصلَحَةِ الاتِّجاه الأَخباري. فلِلأَخباريَّة سِيادةٌ اجتماعِيَّةٌ واسعةٌ ومُثمِرَة وفاعِلة جِدًا مَثَّلَت هُوِيَّةَ البَحْرانيّين ووُجُودَهم مِن دُون وَلايَة مَفرُوضَة منهم. لكِنَّ الأُمُور جَرت على غير ما كانَت تَشتَهِيه المناطق والأَحْياء أَمام المؤثِّرات الفِكريّة الوافدة العاصِفَة النَّاجمة عن حُضور الانْتِماء الحِزبي والفِئوي الطّارِئ وصَخَبِه السِّياسِي المُصاحِب لانتِكاسَة مَشروع الهيئة، حيث انْقَلَبت الموازينُ لِغَير مصلحة الزَّعامَة (التَّقْلِيدِيَّة) لِلاتِّجاه الأَخباري، واغتَنَم الاتِّجاهُ الفِقْهي الأُصُولي النَّوبَةَ لِكَي يَستَعِين بها في انتِشاره الصَّعْب ويُوظِّفها لمصلحة وُجُودِه في ساحةٍ اجتِماعِيّةٍ بَدأَت تَضِجّ بِشَبكةٍ واسعةٍ مِن الانْتِماءات السِّياسِيّة المتأَزِّمة أَمنيًّا.

عُرِفَ التَّشدّدُ الأَخباريُّ في هذه المَرحَلَة الحَرِجَة عندما أَطلَق الأَخبارِيّون حملةً لِلطَّعْنِ في مَوجَةِ تأَسِيس النَّوادي الثَّقافِيّة والاحتِجاج على ظاهِرَة

انتشارها في وَسَط الأَحْياء وبين فِئة الشَّباب، حتَّى وَصَفوا النَّوادي بِالبيوتِ الّتي يُؤتَى فيها المنكر واللَّهو، وتَخفِي مِن وراء جُدُرِها الأفكار المُستَوردة المغايِرة والمُخالِفَة لِلثَّقافَة البَحْرانيَّة الأَصِيلة والمُناهِضَة لِلمُعتقد والشَّرِيعَة والأخلاق والسُّلوك البَحْراني العامّ المُتَميّز، وتَتَمثَّل الواجِهَة السِّياسِيّة المُخِلّة بالنّظام الاجتِماعي العريق والخارِجَة على التَّشَيُّع ومَفاهيم (التَّقِيَّة) و(الانْتِظار) و(الوَلايَة والبَراءة) و(العِصَمة) و(غَصبِيَّة السُّلطة)، والمذكِّرة بِفَساد (اللُّوفَرِيَّه) في المقاهي.

وأَخذَ بَعضُ الأقطاب الأَخْبارِيَّة في حَيِّ النِّعَيم يُطلِق الآية الكَريمة (وتَأْتُونَ في نادِيكُمُ المُنْكَر) في وَجْهِ مُؤَسِّسِي نادِي النِّعَيم الثَّقافي كُلَّما سنَحَت لهم فرص اللِّقاء العابر معهم على قارِعَة الطَّريق!

بَدَت النَّوادِي في أَذهان المُحَدِّثين الأَخباريّين عامِلاً مُحرِّضًا لِفَئة الشَّباب اليافِع على التَّمرُّدِ الاجتِماعي والانصرافِ عن التَّديُّن والاستِخفافِ بِقيمة العِبادة في المساجد والتَّثاقُلِ عن إِحياء بعض المظاهر الثَّقافِيّة السَّائدة ومِنها شَعائر الفَرَح والحُزنِ لِفَرحِ وحُزنِ أَهْل البيت صَلواتُ الله وسَلامُه عليهم ووَصفِها بِالخُرافَة والأُسْطورة، وتَشجِيع المُشارَكة في إِدارة شُئون الدَّولة والانتِساب لِوَظائفها (الغَصْبِيّة)، ونَقضِ مَبدأ التَّفرُّغ لانتِظار ساعَة الفَرج والدُّعاء لِظُهور الإمام المَهدِي بَقِيّة الله عَجَّلَ الله تَعالى فَرَجه الشَّريف، والخَوضِ في الشُّئون السِّياسِيّة مع الخائضين مِن الحِزْبِيِّين والفِئويّين المنتمين، ولم يَكُن في حُسبانهم أَنَّ الاتِّجاه الأُصُولي في بَغداد والنَّجف الأَشْرف يَعدُّ العِدَّة لِتَصدير ذات اللَّونِ مِن الحِزبِيّة والفِئويّة إلى البحرين ويَخُوض بها المُنافَسَة على الزَّعامَة ويُجمِّد بها مَفاهِيم (التَّقِيّة) و(الانْتِظار) و(الوَلايَة والبَراءة) و(العِصْمة)!

الوَالِدُ الحاجّ عِيسى المَحرُوس يُصنِّف أَحد المؤسِّسين الأَوائل لِنَادِي النِّعَيم الثَّقافِي، فيَصِف واقع الحال: (ساهَمنا في تَنمِيَة ثَقافَة المنطقة والمُنتَسِبين لِلنَّادِي

مَعًا عبر فَعَّاليّات رَئيسة مُتعَدِّدة، منها: عَقدُ النَّدوات وإنتاجُ وإخراجُ وعَرضُ المَسرحِيَّات الهادِفَة وتَنظِيمُ الرَّحَلات الصَّيفِيَّة وبَثُّ الأفلام الوثائقِيّة، والتَّشجِيعُ على قَراءة الكُتِب والصُّحُف ومَحوُ الأُمِّيّة وتَوفِيرُ مَكتبةٍ تَضُمّ كُلّ مستلزمات القَراءة وتَبادُل المعارف. وقد سَاهَم التَّفاوت في المُستَوى الثَّقافِي لِلأَعضاء والتَّنوُّع في الاختِصاص الوَظِيفي والمِهَني في تَبادل الأَفكار والخِبرات أَيضًا. والأَهَمُّ مِن كُلّ ذلك أَنَّ مُبادرَةَ إدارة النَّادِي لِتبنِّي شَعائر الموالِيد الشَّريفَة لِلأَئمّة صَلواتُ الله وسَلامُه عليهم وجِدَّها في إِحياء ذات الشّعائر على منصّة مأتَم النِّعَيم الغَربي وتَعطِيل أَنشِطة النَّادِي وإِغلاقِه في المناسبات الدِّينِيّة ودَفع أَعضائه لِلمُشاركة الفاعِلَة في تَنظِيم المواكب وخِدمة المُعزِّين على أَحَسن ما يَكون ـ قد نالَ رِضَا أَهْل الحيّ كُلّهم بِمَن فِيهم أُولئك المُعترِضين على تَأسِّيسِ النَّادِي، فاعتَدلَت رُؤية أقطاب الأخبارِيّة لِوَظِيفة النَّادِي والهَدفِ مِن تأسِيسه. وكُنتُ مِن بَين المُشارِكِين الرَّئيسِيِّين في إِدارة برنامج الاحتِفال بِمَوالِيد الأَئمّة صَلواتُ الله وسَلامُه عليهم في مأتَم النِّعَيم الغَربِي وأَلقيتُ كَلماتٍ في الاحتفال بِالنِّيابة عن إدارة النَّادِي).

سَجَّلَت النَّوادِي الثَّقافِيّة تَفوُّقًا فيما عَزَمَت على تَحقِيقِه بِحكمةٍ في التَّدبير الهادِئ الرَّصِين، وحازَت على رِضَا رُوّاد مَجالِس البَسطات المَفتوحة والمغلقة، وتَجاوَزت مِحنَةَ الخِلاف مع الأَخْبارِيّة المُحدِّثِين وأَهالي المناطق، واحتَوَت العَدد الأَكبر مِن فِئة الشَّباب المُثقَّفِ اللّامُنتَمِي والمُنتَمِي والمتَحيِّز لِحَركة الانْتِماء والمُعارِضِ له فَضلاً عن فئة الشَّباب المُتَبنِّي لِلأَفكار الوافِدَة على الثَّقافة البَحْرانِيّة والمُخالِفِين لها، واستَقطَبت فِئةَ الرِّياضيِّين الّتي اشتَمَلَت على الأَغلَبِيّة السَّاحِقَة مِن الأُمِّيِّين، وحَقَّقت نَجاحًا مُنقطِع النَّظير في تَجمِيد حَركة نُزوحِ فِئة الشَّباب المُراهِق نَحو مَقاهِي (اللُّوفَرِيَّه)، وساهَمَت في حَلّ البَسطات الشَّبابِيّة الخاصَّة الّتي كان يَجرِي فيها ما كان يَجرِي في مَقاهِي (اللُّوفَرِيّه).

ومِن المُثِير لِلإعجاب، أَنَّ اعتِراض الأَخْبارِيَّة المُحدِّثين على تَأسِيس النَّوادِي الثَّقافِيّة لم يَترُك أَثرًا سَلبِيًا على وَحدَة النَّسِيج الاجتماعِي لِلبَحْرانِيِّين.

ويَعود السَّبب في ذلك إلى أَصالَةِ الثَّقافَة البَحرانِيّة الأَصِيلة وجُذورها الضَّارِبَة في عُمق مُجتمع هذه الجزيرة (الجَنَّة)، وإلى التِزام مُحدِّثي وعُلماء الأَخْبارِيَّة بِمَفهوم التَّغْيير بِلا وَلايَة صِدامِيّة ونَبذِهم لِلثَّورِيَّة والتَّجاوزيّة والانقلابيَّة المتشدِّدِة عند مُعالَجَتِهم لِلمُشكلات الثَّقافِيَّة والاجتِماعِيَّة.

إنَّ البَحْرانِيِّين الأَخْبارِيِّين هُم حَفظةُ الرِّواية ومُدوِّنُوها، ومِن حَقِّهم مُساءلة المُجتَمع الشِّيعِي عن إِكرام العِلْم وأَهلِه، ومُمارسَة الأمر بِالمَعروف والنَّهي عن المنكر بِالَّتِي هِي أَحسَن مِن غير وَلايَة ولا وصاية مِنهم في النَّاس. فلَيْس مِن شَأن الأَخْباريّة التَّدخُّل في تَقرِير مَصِير مُجتمعِها وتَصريف شُئونه الخاصَّة بِلا تَفويض منه، أَو الوصاية عليه والتَّشدُّد في الرّقابة الاجتماعيّة بِفُنون (المَافْيَا) المناطِقِيّة، أَو إِكراه النَّاس على الوَلاء وفرضه بِفُنون الاحتِيال الدّعائي، أَو الحَجْر على حَقّ الانْتِماء في المُدن والقُرى والمناطق بِلا بَيان وتَنبِيه، أَو فرض الوصاية على حَركة أَموال الحُقوق الشَّرعِيَّة واستغلالها في الضِّد مِن مخالفيهم أَو حَجبها عن المحتاجِين مِن غير المتديِّنين أَو المُنتَمِين أو المُتحَيِّزين.

ويُخطِئ مَن يَظُن أَنّ الأخبارِيين البحرانِيّين احتَلُّوا مَوطِئ قَدَم لهم في البَحرين على عَهد الاسْترابادِي في القَرن الحادِي عَشر الهِجرِي فَحسب رَدًا على حَركة العَقلِ والإجْماع الأُصولِيَّة السَّائدة على ثَقافَة البَحرانِيِّين، فكان عُمُر التَّأثِير الأَخبارِي على الثَّقافَة البَحرانِيّة قَصِيرًا جِدًا ولا يَتجاوَز القُرون الأربعة.

فالعَقلُ والإجماع هُما مِمَّا انتُزِعَ مِن بَعض عَبائر تَلامِذَة الشَّيخ المُفِيد(ت 413هـ) ومِنهم المُرتَضى والطُوسِي (ت 460هـ) في القَرن الرَّابع الهِجري، ولم يكن مَفهُوم (الأُصُولِيّة) سائدًا في عَهد ابن أَبي عَقِيل (369هـ) والكُليني وعَلي بن بابَوية القُمّي وابن قولويه والكِشّي والشَيخ الصَّدوق (ت 381 هـ).

ويُمكِنْ القول أَنّ الأُصوليّة ظَهرَت مَرّة أُخرى في عَهد الوَحِيد البَهبهاني (ت 1206هـ) حَيث كان الشَّيخ يُوسِف البَحراني (ت 1186هـ) على رأسِ

الحَوزة الأَخبارِيَة في كَربلاء المُقدسّة، ثُم سادَت في عَهد كاشِف الغطاء (ت 1227 هـ) ولم يَكُن لها مِن تَأثِير مباشر على الثَّقافَة البَحرانِيّة.

لَقد ضَمّ بيتُنا (العَشِيشْ) المرقم بـ (1631/ 5) المُشيّد مِن سَعف النَّخيل وُجودَ والِدي الحاجّ عِيسى المحروس (1937م) القارئ لِلرّواية في مَجلِس جارِنا الأقرب العَلّامة السَّيِّد هاشِم الطَّويل، وأَحد المؤسِّسِين الأَوائل لِنَادِي النِّعَيم الثَّقافي ومِن رُموز أَنشطَتِه الثَّقافِيّة. كما ضَمَّ بَيتُنا وُجودَ جَدِّي الحاجّ عَلِيّ المَحرُوس النَّجّار المشهور في سُوق المنامة وأَحد أَشْهر شَخصِيّات الأَخْباريّة المُلازِمين لِمَجلس العَلّامَة السَّيِّد هاشم الطَّويل وأَحد الرَّافضين لِتَأسِيس النَّوادِي بِشكلها المُطلَق.

بَيتٌ نُعَيمِي جَمع ما بين أَربع (بَرْسَتَجاتْ) مُتبايِنَة أَو مُختلِفَة بِرُوح عِلمِيّة، وتَراضٍ بين ثَلاثةٍ مِن الأَجيال البَحْرانيّة الأَصِيلة!

كانت حَياتُنا بِوُجودِهما الفِكري المُختَلِف هانِئة هادِئة ومُستقِرّة، على أَرض مُستأجرة خاصَّة بِوَقف مَسجد الشَّيخ يعقوب وكائنة في الخلف منه بِقِيمَة سِت (رُبِّيّات) لِلسَّنَة الواحدة حتَّى عام 1942م.. بيتٌ عاش السَّكينة في حَيّ (النِّعَيم الوَسْطِي) الذي يَسودُه الفَقر والعوز وضَنكِ العَيش، ولم نَلمَس فيه أَثرًا لِمَوقفٍ مُتشدِّدٍ صادر مِن الوالِد أَو الجَدّ أَو العَمّ يَعكِس وُجُود الاختِلاف أَو التَّباين بين المُحَدِّثين والنَّوادِي في مناطق البحرين.

ومنذ طُفولَتِي نِلْتُ العضوية الكامِلَة في (نادِي النِّعَيم الثَّقافي) بِرعايَة والِدي، وشارَكتُ في أَنشطته وفعَّاليّاته، وسَهِرتُ اللّيالي أَمام شاشة تلفزيون النَّادي الّذي يَصِفُه جَدّي بـ (الصَّنَمْ). والتَحقتُ بِالرَّحلات الصَّيفِيّة الّتي أَقامها ونَظّمها، وحَضرتُ نَدواتِه ومَسرحيّاتِه وحرصت على مُشاهدة أَفلامِه الوثائقِيّة، واستَفدتُ كَثِيرًا مِن لِقاءات الحِوار والنِّقاش المُنظّم والمفتُوح بَين مُثقَّفيه، وقَرأتُ الصُّحف في مَكتبَتِه، واستَعرتُ منه الكُتبَ وكان أَوّلُها قِصّة (خمَّارة القِطّ الأَسْود) لِلأَدِيب المصري نَجِيب محفوظ.

وقد حَفَّزَنِي النَّشاط الثَّقافي في النَّادِي على المُداوَمَة في قراءة المُجلّة الكويتيّة الأسبوعيّة المَوسُومة بـ(النَّهْضَة) وحرصت على شرائها وأُعِيد قراءة بَعض الدّراسات التي تَبحث في تَأثِير الانتخابات الأمريكِيّة في قَضِيّة فلسطين ودَور اللّوبي العَرَبي في واشِنطن، فتُشعرني بِوُجود أمَلٍ قَريبٍ في استِعادة الحقّ الفلسطيني كُلّما دَنَت فترة الرَّئيس الأمريكي مِن الانتهاء وشَرَعَت الحملةُ الانتخابيّة الجديدة في اختيار الرَّئيس الجديد الذي لَنْ يَطلع على مَلفات قَضِيّة فلسطين إلّا في السَّنةِ الأخيرة مِن رئاسَتِه، كما أنَّها تُشعرني بِأنّ فلسطين ستَتحرّر مِن المُحتَلِّين قَبل صُدور عدد الأسبوع المُقبِل مِن المُجلّة ذاتها!

لم يُبدِ جَدِّي في يَوم مِن الأيّام امتِعاضًا أو احتجاجًا أو اعتراضًا على كُلّ ذلك، ولم يُناقش أحدًا مِن أفراد العائلة في هذا الأمْر مُطلقًا، على الرَّغْم مِن الإزعاج الكبير الذي كنتُ أُحدثه عند عَودَتِي مِن النَّادِي عند منتصف اللّيل حيث بَابَا البيت الرَّئيسيَّين (الشِّمالي والجنوبي) مُقفلان والجَميعُ يغطّ في نَومَةٍ عميقةٍ في (البَرسْتَجات) ولم يكن بِمَقدور أحد الاستِيقاظ لِفَتح البابَين إلَّا جَدِّي الحاجّ عَلِيّ المحروس (1890/ 2006م) وجَدّتِي مَريم مُحمّد السَّلاطْنَة (1903/ 1986)!

في هذه الفَترة الحَرِجَة مِن الجدال المتواصل حول تَأسِيس النَّوادي الثَّقافيّة وانتشارها في المناطق؛ نَشأ اتِّجاهٌ شِيعيٌّ خارجٌ على هذا السِّياق في هيئة جَمعِيَّات ومَكتَبات ثَقافِيَّة مَناطِقِيّة يَقودها عَددٌ مِن علماء الدِّين والمثقّفين الأصُوليِّين مِن خِرّيجي كُلِّيّة الفِقه (مُنتَدى النَّشر) في بَغداد والنَّجف الأشرف يُخفِي تَحزُّبَه السِّياسي ويَتظاهَر بِالوَسطِيّة لاستِرضاء مُثقِّفِي النَّادِي المغضوب عليه أَخْباريًّا ورُوّاد مجالِس البسطات المفتوحة والمغلقة وبُيوت العَلماء الأَخباريّة. لكِنّها لم تَنل رِضا أَقطاب الأَخْباريّة وثِقتَهم.

واستقام عَملُ هذا الشَّكل الوَسطِي مِن الجمعيّات والمكتبات المناطقيّة واستَمرّ في عمله واستَقطَب وُجُوه الثَّقافَة بِناءً على المنهج الحِزبيّ والفِئوي

المنتزع مِن مُعطيات البيئة الثَّقافِيَّة العِراقيّة النَّجفِيّة. فَمُنِي بِالفَشل في بعض المناطق حيث ظَلّ النَّادِي يَحتَلّ مقام الجِهَة الفاعلة الأَقوى والمستَجدّ الأَشدّ استِقطابًا لِكُلّ الفئات العُمُريّة في مُجتمعٍ شَبابيٍّ أَمْسَى يَمِيل إلى الصَّخَب السِّياسِي ذِي الاتّجاه القَومِي واليساري ويَنأى بِنَفسِه عن الاندِماج في الكِيانات الثَّقافِيَّة الدِّينيّة الأُصُولِيّة الجَديدة غير التَّقليدِيّة.

فَفِي مَنطِقتنا بحَيّ النِّعَيم إلى الشِّمال الغَربي مِن المنامة نَشَط عددٌ مِن المثقَّفِين بِزَعامة الشَّيخ الأُستاذ عبد عَلِيّ حَسن أَبو عَلِيّ خِريج كلِّيّة الفِقه في بغداد (1967م) ومَعهد الدِّراسات الإسلامِيّة في القاهرة (1977م) ومُدَرِّس اللُّغة العَربيّة والدِّين بِمَدرسة النِّعَيم الإعداديّة (1971م)، وأَسَّسوا مَكتبةً صَغِيرة المساحة في مَجلسٍ مُستأجرٍ تَعود مُلكيّته إلى الحاجّ (أَحمد أَبُو رَبيعَة)، ووَفَّروا لها كُلَّ المستلزمات الخَدمِيّة والمئات مِن الكُتب والصُّحف اليَومِيّة رَجاءً في كَسبِ المزيد مِن الأَتْباع مِن أَهْل النِّعَيم والتَّدرّج بِـ (الوَعْي) والثَّقافَة في المنطقة.

لم يُداوم على الاستِفادة مِن المكتبة إلّا مُؤسِّسُوها الأَرْبَعة، وغابَ عنها أَهْلُ النِّعَيم مُنذ اليوم التَّالي لافتِتاحِها. وكُنْتُ أَزورها في بَعضِ اللَّيالي والأَيَّام لأَتلَقَّى مِن مُؤَسِّسيها بعض التَّوصِيات التَّربويّة وفَنّ القراءة واختِيار الكُتب المناسبة لِسِنِّي. وفي نِهاية السَّنة الثَّانِيّة أَغلَقَت المكتبةُ أَبوابها، ويَئِس المؤسِّسُون مِن تَحقِيق مُرادِهم الوَسَطي وإِثْبات وُجُودِهم في منطقة التَّحَدِّي الصَّعب إِذْ يَتقاسم الاهتِمام الثَّقَافِي فيها كُلٌّ مِن بسطات المجالس المفتوحة والمغلقة وبُيوتِ العَلماء وشَعائر المآتم واتِّجاهات اليَسار القَومِي والشُّيوعي والبَعْثِي فضلاً عن نادي النِّعَيم الثَّقافي الّذي حَقّق تَميّزًا بِأَنشِطَته الثَّقافِيّة والاجْتِماعيّة وسَجَّل نَجاحًا مُنقَطِع النَّظِير في تَجاوز مِحنَة التَّأسِيس ثُمّ صار مَحلاً لاستِقطاب كُلّ الاتِّجاهات الثَّقافِيَّة والسِّياسِيّة.

قَدَّم مُؤَسّسُ المكتَبة استِقالَته رَسمِيًّا مِن دائرة التَّعليم ورَشَّحَ نفسه

لانتخابات المجلس النِّيابي في مجلس 1973م ولم يُوفّق لِلحُصول على الأصوات الكافِيّة. فانتهَت به الحال إلى عَربةٍ مَملوءةٍ بِالفواكه والخضرة يَجرّها ويَتجوّل بها بين أَزِقَّة المنطقة لِيَستَحصِل بِها رَزقَه الحلال، ثُمّ التَحق بَورشَة (عَمارَة) والِده لِصِناعة السُّفن وتَنقّل بين عددٍ مِن الوَظائف في التَّعليم حتَّى وافاه الأَجَل في 1989م في إِثْر حادث سَير وَقَع في خارج البلاد.

في هذه المرحلة المُثِيرة على مُختلف الصُّعد، لم يَكن مُحدِّثُو الأَخْباريّة يَستعمِلون وَصْف (المُثقّف) أو يَخلعونه على أَحدٍ مِن أَنصارِهم وأَقطابهم أَو على أَفراد تَيّارهم العامّ السَّائد، ولا على خِرّيجي مَجالس الرِّواية والخِطابة المنبريّة والدِّراسة الفِقهيّة الّتي بدأت تَتَراجع شَيئًا فشَيئًا في استِقطاب الطُّلّاب الجدد أَمام التَّحدِّي الحكومي الّذي كَسَر طَوق العُزلة المفروض على التَّعليم الرَّسْمي أَخبارِيًّا، بِتَأييد ودَعْم مُباشر مِن مُثقَّفِي النَّوادِي والتَّيّار القَومِي.

صَنّف مُحدِّثو الأخباريّة استعمال مُفردة (المُثقّف) في خانَةِ المؤثّرات السَّلبيّة لِلتَّعليم الرَّسْمي الحكومي في بادئ الأمر، وراوا في استِعمالها الطّارئ انعِكاسًا لانتشار الانْتِماءات الفكريّة القَومِيّة واليساريّة والشُّيوعيّة الوافدة على البلاد، ولا يَعدو هذا الاستعمال أَنْ يكون مَظهرًا مِن مظاهر العَبَث السِّياسي في النِّظام الاجتماعيّ الأَصِيل العريق، وأَنّ مِن وراء استِعمال مفردة (المثقّف) المُستَجِدّة الطّارئة مَن يجتهد لِلخُروج بالمجتمع البَحْراني على مَفاهِيم (التَّقِيَّة) و(الانْتِظار) و(الوَلايَة والبَراءة) و(العِصْمة) ولِلتَّمرد به على أَصالَة الثَّقافة البَحْرانيّة وتَخرِيب قِيمها والهَيمنة على مَظاهرها.

ظَلّ وَصْفُ (المُثقّف) مَحدودَ الاستِعمال حتَّى مطلع عقد الخَمسِينات مِن القرن الماضي. ومِن قَبْل ذلك اختَصّ الأَخباريّون باستِعمال مصطلحات مرادفة مثل (العَالِم) و(المُحدّث) و(الوَجِيه) و(المُلّا) في دائرة المُكوّنات الأخرى لِلثَّقافة مِن نَحو العادات والتَّقاليد والطَّبائع والأعراف وما شاكل ذلك، وفي حُدود الوَظِيفة الثَّقافيّة والرِّوائيّة والفِقهيّة الدّارجة الّتي امتازوا بها

على الاتِّجاه الفِقهي الأُصُولي التَّقليدي المَحدود على فِئة بحرانيَّة قَليلَة العَدد ومُغلَقة المَجالِس، حتَّى بُعِث الاتِّجاه الفِقهي الأُصُولي المنظَّم وَحَلَّ بِالبلاد عبر عددٍ مِن طُلّابه البَحْرانِيِّين مِن خِرِّيجي حَوزة النَّجف الأشرف وجامِعَتي بَغداد والقاهِرة يَتَبنَّون الانْتِماء الحِزبي والفِئوي المُرَحِّب بِاستِعمال مُفرَدَة (المُثقَّف) والمُنفَتِح على المنهج الفِكري لِكُلِّيّات جامِعَة الأزهر ولِجهات حِزبيّ التَّحرير والإخوان المسلمين المتأثِّرين بِسِيرة السَّيّد جمال الدِّين الأفغاني الَّتي حَثَّت على استِعمال مُصطَلَحات العلوم الإنسانيّة والطَّبيعِيّة والرِّياضيّة والاستِعانة بالنَّهضة العلميّة الحديثة في أُوروبّا وبِمُصطلحات الثَّقافَة النِّضاليّة لِلثَّورة الفرنسيّة على وَجْه الخصوص، ولِمَا يعنِيه ذلك مِن مَزجٍ ضَروريّ مع مَهام الانْتِماء ووَظائف الإِرشاد الاجتِماعي والبَحث في مُتون المعرفة الشِّيعِيّة.

كَثُر مُثقّفو العاصِمَة المنامة في النّصف الأَوَّل مِن القَرن الماضي وانتَشَروا بِمَفهوم الانْتِماء الحِزبي والفِئوي في القُرى، فكَثُر معهم استِعمالُ مفردتي (الفِكْر) و(المُفكّر) إلى جانب مُفردة (المُثَقَّف) في المَجالس والنَّدوات واللِّقاءات الثَّقافيّة. وعند نهاية عقد الخَمسِينات تَوافق كلٌّ مِن مُثقّفي النَّوادِي وعناصر الانْتِماء الفِكري والسِّياسي والمُحدِّث الأَخْباري والمُقلِّد الأُصُولي ضِمنيًّا على الانْفِتاح الثَّقافي الشَّامل، وشاعَت بَينَهم مُفردَتا (العِلْم) و(نَظرِيّة المَعرِفَة) مِن دُون تَكَلُّفٍ يُذكَر، ولِكنَّهم اختَلفوا في المعنى المراد منهما. ثُمّ أَصبحَ استِعمالُ مفردة (المُثَقّف) بِوَصفِها خاصَّة مُهِمّة بين المنتمين الحِزبيّين والفِئويّين والمُحَدّثين والأُصُوليّين لا بِمَعنى الانْتِساب إلى الثَّقافة المحلِّيّة وتَمثُّلها والتَّعبِير عنها وإِنَّما بِمَعنى تَميُّز فَردِها بِغَزارة المعرفة أَو بِالاختِصاص في العِلْم أَو بالاحتِياط وبِالاجتِهاد الفِقهيّين. ثُمّ انْدَكّ مَعنى مُفردة (المُثَقّف) في الاستِعمالات اللَّفظِيّة الأربعة: الفِكْر والمَعرِفَة والعِلْم والنِّضال.

فقد يَعود المثقّف المنتمي والمُحدِّث والأُصُولي إلى استِعمال مفردات (الفِكر والمعرفة والعِلْم والنِّضال) ويَعنِي بها الثَّقافَة الخاصَّة المُغتَرِبَة عن الثَّقافَة البَحْرانيّة الأصيلة. ويُعزَى السَّبب في ذلك إلى طَبيعة المنطلق الفِكري

الّذي حَدّد معنى الثَّقَافَة فيهم ومَهّد الطَّريق لاستِعماله في الوَسَط الاجتماعي. وكان المُثقَّف المنتمي هُو الأبرز نَشاطًا في تَروِيج مصطلحات الفِكرة الّتي يَعتنِقها والألفاظ الّتي تُمَيِّزه عن الثَّقَافَة المحلِّيّة مِن بين الاتِّجاهات النَّظرِيَّة المختلفة.

كُنتُ أَتَحسَّس ذَلِك وأَلمَس وُجُود المنتَمِي ونِضالَه الثَّقافي في المدارس الابتدائيّة. فقد التَحَقتُ بِمَدرسة السَّلمانِيّة في عام 1964م وأَنا مُتَمكِّن مِن قراءة اللُّغةِ العَربيّة التي اتَقَنتها في (المْعَلِّم) على يَدي (أُمْ حَجِّي مَكِّي الأَنجاوِيّة)، وكُنْتُ أَترصّد بَعض معاني الشِّعارات المخطوطة على الجِدران الدّاخِليّة لِلمَدرسة وفي الصِّفوف ومِن خِلال الشَّرح المُوَجّه لِمَواد المنهج الدّراسي الّذي يُلقِيه المدَرِّسون المُنتَمون، وأُتابع تفاصِيل النّشرة الخَبريّة الّتي يُواظِب على تَدوِينها الأستاذ والمذيع في إِذاعة البحرين (أَحْمد حسين خُنجي) بِالطّباشير الملَوّنة في صَباح كُلّ يَوم على السَّبُّورة العريضَة المُعلَّقة على ظَهر حائطٍ مُحاذِي لِبَوابة صَالَة المُدرِّسين.

أَدركتُ طَبِيعة الاتِّجاهات الفِكريّة المُتَبايِنة بين أَبناء أَهْل العامَّة مِن النَّواصِب (اللُّوَفِريَّه) والمُخبِرِين الّذين كانوا يَرأسون النِّظام الإداري لِلمَدرَسة ويَأتون التَّدريسَ في الصُّفوف أمام الطُّلاب وهُم سُكارَى ولا يَكتِمون كَراهِيّتهم لِلطَّلبة الشِّيعَة ـ وفِئةِ المُدرِّسِين مِن الشِيعة والسُّنّة مِن ذَوِي الاتِّجاه القَومي والاتِّجاه الشُّيوعي المعارِضَين الّذين يُحرِّضون طُلّابَهم على نَبذِ النِّظام الإداري الطَّائفي في المَدرَسَة.

وقد استَثَنيتُ الفَرّاش الحاج (أَحمد) الشِّيعِي، فَهُو الشَّخص الوَحِيد الّذي أَخرَجْته مِن دائرة التَّدافُع الشَّديد بين كُلّ الاتِّجاهات في المَدرَسَة، وآمنتُ بِخُلوّه مِن الانْتِماء السِّياسي والتَّطرّف الطّائفي إِذ لم يكن يُفرِّق بين أَحدٍ مِن الطُّلاب عندما كُنَّا نَتكَدَّس على بَعضِنا في كُلّ يَوم عند نافذة المقصف لِنَشتري منه سَندويشات (السَّمْبُوسَة) قَبل نَفادِها!

كُنتُ أُميِّز الاتِّجاهات الحِزبيّة والفِئويّة المُصَنِّفة لِلمُدرِّسين المداوِمين على المشاركة في دَعْم الإضرابات العُمّالِيّة والتَّظاهرات الطُّلابيَّة والاعتِصامات السِّياسيّة والمثابرين في إلقاء المُحاضَرات الخاصَّة الموجزة بَين طُلّاب صُفُوفِهم حيث يُعَبِّرون مِن خِلالها عن النَّظريّات السِّياسِيّة التي يَتبنَّونها ويُروِّجُون لمصطلحات فكرهم في تَكتُّمٍ شَديدٍ تَحت حِراسَة الطلاب أَنفسِهم ويُفصِحُون من خلالها عن المستَجِدّ مِن مَواقفهم السِّياسِيّة والنّقابيّة المتعلِّقة بِالشَّأن المَحلِّي والعَربِي والدُولي.

حرصت على مُتابَعة الأنباء الّتي تَرِد إلى صُفُوفِنا عبر المدرّسين والطّلبة عن اقتِحام الشُّرطَة لِبيُوت المدرِّسين المعارِضِين، وكذلك الرّوايات المَنقولة الشّارِحَة لِكَيفِيّة اعتقالهم ومُحاكَمَتِهم وسَجنهم بتُهم مُختلفة، مِنها حِيازة الأسْلِحَة ونَشر المُحرَّرات والمطبوعات والكُتب والبَيانات الممنوعة المُحرِّضَة على التَّظاهر وتَنظِيم الإضرابات و(زَعْزَعَة الأَمن الوَطَني!

وقد خَلَت لَوائح الاتِّهام الصَّادِرة عن دوائر الدّاخِليّة في تلك الفَترة مِن ذِكر كَلِمَة (المُثَقَّف) و(الثَّقافَة) إذ لا يُعاقِب نَصّ القانُون على الأنشِطَة الثَّقافِيَّة وإِنَّما يدرجها تحت بنود (حُرِّيَّة التَّعبير)، ولكِنّ صِياغة اللَّوائح الموجَّهَة إلى المُعارِضِين تُحِيل أَنشطتَهم الثَّقافِيَّة إلى تُهمٍ سِياسِيّةٍ كَيدِيّةٍ مُلفّقة يُعاقِب عليها القانُون!

ففِي تَفاصِيل لائحَةِ الاتِّهام المُوجَّهة إليَّ في 8 أبريل 1980م حيث دَخلَت البلاد في دوامة النُّهوض السِّياسِي الشِّيعِي المستَجِدّ وانْحِسار الاتِّجاه القَومِي وتَراخِي الاتِّجاه اليساري، ورد:

(أَنَّهُ بتاريخ 7 يناير 1980م وبِمَطار البحرين الدُّولي، حازَ بِذاتِه (كَرِيم المَحرُوس) وأَحرَز مُحرّرات ومَطبوعات تَتضَمّن تَحبِيذًا وتَرويجًا لِقَلبِ وتَغيِير النِّظام السِّياسي والاجتِماعي والاقتِصادي

لِلدَّولة بقَصد التَّوزِيع على الغَير واطْلاعِه عليها، وكان ذلك بأَنْ حازَ بنَفسِه وأَحْرَزَ بِذلك القَصْد مُحرّرات ومَطبُوعات صادِرَة مِن مُنظَّمات غير مَشرُوعة تَضَمَّنت هجومًا على الأَنظِمة السِّياسيّة والاجتِماعيّة والاقتِصاديّة القائمة بِالدَّولَة وتَجريحًا لها ولِبَعض قَوانِينها ونَعتًا لِلسُّلطة القائمة بِالحكُم بِالطُّغيانِ بِما تَضَمَّن تَحبيذًا وتَرويجًا لِتَقويض الأَنظِمَة تلك بِقَصد إِحْلال النُّظم الشُّيوعِيّة مَحلّها وتَسوِيد الطَّبَقة العامِلَة ومُناصرتها على غَيرِها مِن الطَّبقات بِتَمَكِينها مِن السَّيطرة على السُّلطة، وهذا مُخالف لِأَحكام المواد 161،160/ 1، 185، 64/ 2،1 مِن قانُون العُقوبات الصَّادر بِالمَرسُوم بِقَانون رقم 15 لِسَنة 1976م. وأَنَّ أَدلَّة الإثبات هِي عبارة عن 6 نُسخ مِن العَدد الثَّانِي لِمُجلّة (صَوتُ المُستَضْعَفِين) الصَّادِرَة في 25/ 11/ 1979م عن الجَبهةِ الإسْلامِيّة لِتَحرير البَحرين و15 نسخة مِن العَدد 31 لِمُجلَّة الشَّهِيد الصَّادِر في 19/ 12/ 1979م).

يُلاحظُ في صِياغَة لائحة الاتِّهام هذه أَنَّ نَصّ قانون العُقوبات الّذي واجَه حَركة الانْتِماءات اليساريّة القَومِيّة والشُّيوعِيَّة في السِّتِّينات والسَّبعِينات هو ذاته الّذي تَعاطَى مع حَركة الانْتِماء الشِّيعِي في مَرحَلَةِ ما بعد عَقد السَّبعِينات. وأَنَّ الصِّياغة ذاتها خَلَت مِن ذِكر (الثَّقافَة) في تَصنِيف الهدف مِن تَروِيج المَطبُوعات والمُحرَّرات، كما خَلَت مِن ذِكرِها في سِياق الإشارة إلى النُّظم المُستهدَفة في مُحتَوى هذه المُحرَّرات والمَطبُوعات واقتَصرَت على ذِكر (النُّظم السِّياسِيّة والاجْتِماعيّة والاقتِصادِيّة)، ووَصَفَت المقصد مِن المُحرَّرات والمَطبُوعات بِـ (تَقوِيض الأَنظِمَة بِقَصد إحلال النُّظُم الشُّيوعِيَّة مَحلّها وتَسوِيد الطَّبقة العامِلَة ومُناصرتها على غَيرِها مِن الطَّبقات بِتَمكينها مِن السَّيطرة على السُّلطة)، فِيما ذَكَرت اللّائحة ذاتها أَنَّ المُحرَّرات والمَطبُوعات الّتي حُزتها صادِرَة عن جِهاتٍ إِسلامِيّةٍ تَحمِل صِفَة الإسلام. فكَيف يَجتَمِع الشَّكل والمُحتوى الإسْلامي الوارد في

المُحرَّرات والمطبُوعات مع مَقصَد (إِحْلال النُّظم الشُّيُوعِيَّة وتَسوِيد الطَّبَقة العامِلَة). وجَدِير بِالذِّكر أَنّ مُجلّة (الشَّهِيد) لم تَكُن مَحظورة آنذاك، وكُنْتُ مِن المداومين على شِرائها مِن مَكتَبات البحرين.

رُسُوخُ الأَصالَةِ يُبدِّدُ نِزاعَ النُّفُوذ

ضَجَّت مَحافِلُ التَّواصل التِّقنِي والمنتديات الثَّقافِيّة العامّة وعَجَّت بِخَليطٍ معقّدٍ مِن الألفاظ والمصطلحات في وَصْف وتَعرِيف (الثَّقافَة)، فاستَصعَب تَمييز المُراد بِمُفردة (المُثَقّف) بِمَعنى الفَرد النَّموذَجِي المُعبّر عن هُوِيّة مجتمعِهِ والثَّقافة المتمثِّل بها. فما المُراد مِن مُفردة (الثَّقافَة) البَحْرانيّة، وهَلْ هُو معنى النِّظام الاجتِماعي البحراني القائم، ومنهج التَّفكِير، والعلاقات بين الأشياء والأَفكار والأَشْخاص والمفاهيم السَّائدة الفاعِلَة في النَّاس، والتَّأريخ القديم والحَدِيث والمعاصر، والأدب والفَنّ واللُّغة واللَّهجة واللَّكنَة وما شاكل ذلك؟

أَمْ أَنّ المُراد هو المعنى الخاصّ المُغاير لِمُفردة (الجَهْل)، أَمْ معنى (الفِكر) و(العِلْم) و(المَعرِفَة)، أَمْ معنى إِجادَة القراءة العَرَبِيّة وإِتْقان الكِتابة على منهج دُور (المْعَلِّم) ومعاهِد بَثّ الفِكر القومي، أَمْ هو كُلُّ ما طَرَأ حَدِيثًا مِن المعاني الّتي التقطها الانتماء الحِزبِي والفِئوي مِن الخارج واستَوردها النِّضال الاجتِماعي واعتَمدَها في المحافل البحرانيّة الخاصَّة والعامّة؟

في نِهاية المطاف، أَصْبَح معنى مُفردَتي (المُثَقّف) و(الثَّقافَة) مُتداولاً بين المثقّفين البَحْرانيِّين بما يَنسَجِم ومُراد تَكرِيس منهج (العَلْمَنَة) في المُجتمع قَومِيًّا وماركسيًّا وبراغماتيًّا ولِيبراليًّا ورأسماليًّا وشِيعِيًّا وسُنِّيًّا إِسلاميًّا، والانفصال به عن الأصول الثَّقافِيّة البَحْرانيّة المَحَلِّيّة الأصيلة بِمُشاركة رَئِيسَة وفَعّالة مِن قِبل الانْتِماءات الشِّيعِيَّة عقب عدد مِن التَّقلُّبات ذات الوَقْع الشَّدِيد الّتي طالَت نَظريّة التَّغيير السِّياسي ولم تَعصِم أَحدًا مِن الغَفلَةِ والانشِغال بِالعَصَبِيّات ومِن الافتِراق والانشِطار والانشِقاق تحت

ضَغْط النِّزاع والخُصومَة على مَفهوم (الزَّعَامَة) الطَّارِئ الحديث المُثِير لِلجَدل بين الاتِّجاهات الاجتِماعيّة والثَّقافيّة والسِّياسِيَّة كافَّة.

وفي إِثْر اشتِعال حرب حزيران 1967م وفي ذُروَة الصِّراع العربي/ الصّهيوني، وحيثُ انقضى أَجَلُ سِنّ طُفولتي في دَار (المْعَلّم) وبَين صُفوف مَدرَسة السَّلمانيّة الابتِدائيّة؛ رافقَتْ سَردِيّات الحَرب المنقولة بين رُوّاد البَسطة المغلقة في بَيت خالِي الحاجّ عبد الله رَمَضان الذي يقصدها عَددٌ مِن أَبناء الجِيل الوَسِيط مِن الفئة العُمُريّة ما بين (30/ 50 سَنة) لا يَتَجاوز الـ 15 شخْصًا. فكانَت التَّفاصِيل في السَّرد بين رُوّاد البسطة تبعثُ شُعورًا وِجدانيًّا وحماسًا في نَفسِي. وكُلّما أَصغَيتُ لِطَريقة السَّرد وراقبتُ طَبِيعة التَّفاعُل بين الحاضرين؛ كُنْتُ ألمس فِيهم اطمِئنانًا غير عاديّ ورِضًا تامًّا بما يُخفِيه القَدر وما كتَبه الله عَزَّ وجَلَّ لهم في صَحائفهم. فإِنْ انتصر العَرَب في حَربِهم فَرِح أَهْلُ البسطة بِالنَّصر وحَمدوا الله على دَوام النِّعَم والأَمْن والأَمان، وإِنْ هُزِم العَربُ فإِنَّ قيمة (الانْتِظار) لم تُفارِق أَهْل البسطة وما زالت تَحفظ لهم تَوازنَهم الوِجداني والعاطِفي وتَبعَث فيهم الأَمَل الأكبر. فلِلحَرب الخِيار في تَحدِيد المصير ما دامت قائمة بَين عَدُوٍ ومُخالِف ولَيس لِلشِّيعَةِ فيها نَاقَةٌ ولا جَمَلٌ، وأَنّ صُنّاع الحَرب مِن العَرَب عُمَلاء الاستِعمار أَخذُوا على عاتِقِهم مَسئولِيّة إِقْصاء الشِّيعة عن شُئون الدّولة وصار الشِّيعةُ أَحْلاس بُيوتِهم!

إِنَّها أَحادِيثُ الكِبار الوَقُورين المُلهَمين والعارِفِين بِلُباب الأُمور وخَواتِيم الأَعْمال، والعالِمين بالمَصائر عن عَقِيدةٍ وتَجربَة ومِران وخِبرة إِذ لا يُعادِل صِيغة التَّعبِير عنها على أَلسِنَتهم الشَّريفة شَيءٌ في مُخيِّلة طُفولَتِي. إِنَّها في تَقدِيري أَعظمُ هيبةً ووَقارًا ونُبلاً وأَصدقُ قِيلاً في بِيئتنا الاجتِماعِيّة الشِّيعِيَّة وتَأرِيخنا المَجِيد وطَبائعنا ولَهجَتِنا ونَمَط تَفكِيرنا وشَعائرنا المَنسُوبة إِلى معنى (الثَّقَافَة) البَحْرانيّة الأَصِيلة. ومِن العَدلِ أَنْ نُنصِف كُلّ واحدٍ مِن عناصر هذه المَجالِس والبَسطات المفتوحة والمغلقة عند التَّعاطِي مع المَعاني ومُناولتها بِمُفردة (المُثَقّف) الأَصِيل وإِنْ كان أُمِّيًّا لا يُجِيد القَراءة والكِتابَة.

تَدُور أَحاديثُهم البَسِيطة غير مُتكَلِّفة الألفاظ في مَجالس البَسطات المفتوحة والمغلقة بِغَير انتِظام وفي هُدوءٍ وسَكِينةٍ حيث تَجتمعُ الآمالُ في ظُلمة المساء وعتمة اللَّيل مِن بعدَ نَهارٍ طَويلٍ مِن العَمَلِ الشَّاقّ لِكَسب اللُّقمَة الحَلال. ولا يَستَنكِف أَحدٌ مِن رُوّاد هذه المَجالِس أَنْ يفشي بين الحاضِرين حِكايةً جَميلةً عن صَبره على ما أَصابَه مِن هَمٍّ وغَمٍّ وضَنك عَيش، أو أَنْ يسرد بِالتّفصيل المُمِلّ تَحدّياتِهِ اليَومِيّة ويَبُثّ ما في نفسه ويَبُوح.

ففي هذه المجالس تُحلّ أَكثر المُشكلات الاجتِماعِيّة تَعقيدًا، ويُحاكُ نسيجًا مِن الإقالة النَّفسِيّة والرُّوحِيّة لِذَوي العَثرات. وتَمتزجُ الأَلفاظُ وتختلط على المفاهيم أَحيانًا كَثيرة عند سَرد الأنباء المنقولة، وتَضطربُ العلاقة الدَّلالِيَّة بين الكلمة والمعنى في بُؤسٍ ويأسٍ شَديدين مِن دُون جَزعٍ أَو حُزنٍ على ما فات، ثُمّ يَستدرِك مَن في المجلس بِالقَول المُحفِّز: (كِلْشِي يِمْشِي على الله عَزَّ وَجَلَّ) و(بَلاءٌ يَمُرّ وامْتِحانٌ مِن رَبِّ العالَمِين) و(أَيَّامْ وُتِنقَضِي) و(الفَرَجُ قَرِيبْ.. يَرونَه بَعِيدًا ونَراه قَرِيبًا) و(هَوِّنْهَه واتْهُون) و(إِبْهه ومُو ابْهه إِلدّنْيَه ماشْيَهْ) (إِلِّي هِي هِي) و(إِلّي الله يُبّاه يِسْتَوي يِستَوِي، وِايصِير إِيْصِير، وما في حِيلَة إِلَّا الصَّبر والرِّضا)!

ولا تَخلو اللِّقاءاتُ هذه مِن طرائف يَسوقُها بعضُ رُوّاد المجالس المفتوحة والمغلقة بين الفينة والأخرى، فِيما تَدور (اسْتِكانَاتْ) الشّاي وفناجين القَهوَة على الحاضرين وهم مُستَلقون مُمَدّدون وفي حالٍ مِن الاستِرخاء التَّامّ!

يَقولُ أَحدُ كِبار السِّنّ مِن جيلِ عقد الثَّلاثِينات مِن القَرن المنصرم: كان المُكثِرُ فينا مِن استِعمال مفردات اللُّغة العَربيّة الفُصحى في مَجلِسنا، مِن قَبيل (لا شَكّ، ولا بُدّ، ولا رَيب، وأَنّ، وكان، ويَكون، ويُريد) أثناء تبادل الأحاديث وتَداوُل التَّقارير الخبريّة في مَجالِس البَسطة المفتوحة والمغلقة؛ يُصَنَّف في خانَةِ المُثَقّفين المتميِّزين. وفي عَرض التَّصْنِيف البَسِيط هذا يُصبحُ استِعمال

المفردات (شَاهِدْنه، ومَعلُوم، وآخِير) في السَّرد تَميُّزًا ونضجًا وتَبصّرًا بِالدِّين والدُّنيا.

وفي الأَعمِّ الأغلَب، يَمِيل مُثقّف المجالس إلى جَعلِ ذاته مصداقًا لما يُردِّده نُظراؤه فيه وإِنْ كان ذلك على سَبيل المجاملة أَو الاختلاق السَّاخِر، فيَقتَرب شَيئًا فشيئًا إلى شِلَّةٍ مِن المثقّفين في مَنطقَتِه ويختار مِن مَجالِسَها مَحلاًّ لِاهتِمامه، ويحرص حِرصًا شَديدًا على حضورها. وأَمّا المتَبصِّر بِشَيءٍ مِن المعرفة في الفِقه والتَّفسِير والسِّيرة والرِّواية فإِنَّه يَنحاز إلى فِئةٍ يرأسها أَحدُ المُحدِّثين الأَخباريّين أَو الأُصولِيِّين التَّقلِيدِيِّين أَو مَن هو أَقربُ منهما رُتْبةً ووَجاهَةً في الحَيّ.

في هذه الأثناء تَبرِز بَعض مظاهِر التَّمايز بين المثقّفين الشِّيعَة في الشَّكلِ الخارجي: فالمثَقّف الأَوّل مِنهما يَجِدُّ في السَّعي لِلاندماج التَّامّ في شِلَّةٍ مِن المثقّفين ورُبَما في انْتِماءٍ حِزبيٍّ وفِئويٍّ سِرِّيّ مُقارِب لمزاجه، ويَظهرُ في الحَيّ بِرأسٍ مَرفُوعة شامِخَة وبِذقْنٍ حَلِيق على دَرجة الصّفر وشَعرٍ مَصفوفٍ بِالدِّهْن الهنْدّي مِن ماركة (تَاتَا)، ويَعتمِر قُبَّعة ويلبس بَذْلة مَكوِيّة ويَشدُّ رَبطَة (نِكْتَاي) حَول عُنقِه، ويحرص على تَلمِيع حِذائه والتَّعَطُّر بِعطرٍ فَوّاحٍ نَفّاذ، ويَقتَنِي مذياعًا مُوجَّهًا على إِذاعَة (بَرْلِين) وإِذاعة (صَوتُ العَرَب) والـ(بِي بِي سِي)، وصندوق اسْطوانات (كْرَامْ) ودَرّاجَة هَوائيّة (سِيكَل).

ويَندمِج المُثقّفُ الآخر (المَتبصّر) منهما في بطانة أَحدِ العُلماء المُحدِّثين الأَخباريّين أو يَنتمِي إلى جِهةٍ دِينيّةٍ أُصولِيَّةٍ أَو يَلتَحِق بِأَحد الخُطباء لِكَي يدرس عليه الفَنّ المِنبَرِي، أَو يَبقى مُستقلاً لا إلى هَؤلاء ولا إلى هؤلاء، ويظهرُ بِمشيةٍ لا هونٌ فيها ولا عَجَلُ وبِرأس مُنكَّسَة ولحية مُرسَلَة وشارِب حَلِيق على درجة الصِّفر وغِترَه مُسبلة وثَوب بيضاء و(بِشْتْ).

وعندما يَتمَكّن هذان المثقّفان الشِّيعِيّان مِن اتِّجاهِهما ويَستقرّان عليهما؛ يَمِيل كُلّ واحدٍ منهما إلى التَّنافر مع الآخر، فلا يَلتَقِيان في البَسطات

والمجالس المفتوحة والمغلقة إلّا بمَحض الصّدفة. وعندئذ تفرض الإثارة نفسها بين رُوّاد المجالس الدّائمين الّذين نشأت بينهم لُغةُ تَفاهُم خاصّة ومَودّةٌ وثِقَةٌ عَمِيقة، فتَجرِي على أَلسِنَتهم مفردات السُّخْريَة في تَورِيّةٍ وتَعريضٍ وتَلميح وإِيحاء مِن شَخصَين مُثقّفين كانا مِن رُوّاد بَسطاتِهم ومَجالسهم إلى وَقْتٍ قَريب فاعتَزلا المجالس وتَفرَّقا وتَنافرا مِن بعد مَودَّة بينهما: فالمُثقَّف الشِّيعِي الأَوّل في اتِّجاه والمُثقَّف الشِّيعي الآخر في اتِّجاه نَقيضٍ أو مُعاكِسٍ.

إِنَّ التَّنافر بين المثقَّفَين الصَّادِرَين عن مجالس البَسطات يَكشِف عن وُجُود فِكرٍ مُغايرٍ مِن إنتاج بيئةٍ ثقافيّةٍ أَجْنبيّة مُختلِفَة عن البِيئة الثَّقافِيّة البَحْرانيَّة الأَصِيلة وقد سَقطا في حَبائلها. فقد أَصْبح المثقَّفُ الآخر (المتبَصِّر) في ذِهنِ المثقّف الأَوّل صُورةً رماديّةً داكنةً لِلبَحْراني الجامِد حادِّ الطَّبع والمتزَمِّت المُتخلّي عن مَسئولِيّة التَّغيير العَصرِي بِناءً على مفاهيم (التَّقِيَّة) و(الانْتِظار) و(الوَلايَة والبَراءة) و(العِصْمة)، والمتخلِّف غير القابِل لِلتَّفاعُل مع تَحوُّلات العِلْم وتَطوّر وسائل الاتّصال التِّقني، وقد انتَهَت بِه الحال إلى السُّقوط في أَحضان فِكرِ التَّعصّب الّذي يَتمادَى في الادِّعاء بامْتِلاك الحقيقة المُطلَقَة ومَفاتِح الجَنَّة ويَنفرِد بِالزَّعامة المقدَّسة.

وتَنقلِبُ صُورةُ المثقّف الأَوّل في ذِهنِ الآخر (المُتبَصِّر) فيُصْبِح نَمطًا لِلمُثقّف الضَّالّ الهائم على وَجهِه، والمضطرب في الأحوال، والأسير لِأدوات الطَّرَبِ ومَحالّ الرَّقصِ والغِناء، والمُقيّد بِأَصفاد المِتعَةِ الحَرام في يَومِياتِه الّتي يَقضِيها عبثًا بين دوائر اللَّهوِ والفُسق والفُجور والانحِلال الأخلاقي، والمُنتَمِي لِلأحزاب والفِئويّات الأَجْنَبِيّة المُلْحِدة، والشَّاذ عن ثَقافَة بِيئَتِه البَحْرانيّة وما تَضَمّنته مِن عَقِيدة وعادات وتَقاليد وأَعراف وطَبائع أَصِيلة تَستوجب التَّمسكَ بها وصِيانتها.

ولا يَتعرَّض المثقّفان لِبَعضهما أَو يستهدف أَحدُهما الآخر بِشَكلٍ عَلنِي مُباشر، فلِكُلّ واحدٍ منهما شَأنٌ يُغنِيه في الظّاهر، ومِن خَلفِ الأَستار

يَستَعِر نزاعٌ باردٌ يُؤجَّج بِسياسات قُوى خارِجيّة ليست مُكترِثة بِمَصير الثَّقافة البَحْرانيَة الأَصِيلَة ولا مَظاهِرها. ويَظلُّ الاغتِرابُ عن الثَّقافة البَحْرانيّة الأَصِيلة في هذه المرحلة الزَّمَنِيّة الحسَّاسَة مُلازمًا لهذين اللَّونَين مِن المثقّفين الشِّيعة ويَترَسَخُ فيهما كُلّما تَقادَمت الأَيَّام وازدادت الانْتِماءاتُ الحِزبيّة والفِئويّة انتشارًا وأَنشَبت المَعايير الفِكريّة الهَجِينة المُلتَقَطة أَظفارها في الأَذهان واستَسْلَم المجتمعُ في ضَعفٍ مِنه أَو غفلة لِلقائلين بِـ (تَخلُّفِ) ثَقافَتِه الأصيلة وبِفقدانه لِـ (الوَعْي)، فيما تَطحَن السُّجون والمَنافِي أَضلعَ المثقّفين الشِّيعَةِ مِن غير تمييز بين الأَوَّلِ مِنهما والآخر، ويَتمادى الفَصلُ الطّائفي في قَهرِهما مَعًا وعَزلهما عن بَقِيّة فئات المُجتَمع بما كَسَبت أَيدِيهما!

وفي ظاهِرةٍ اجتماعيّةٍ بَحْرانيّة مُلفتة، تَلتَقِي كُلّ فِئات المجتمع الثَّقافِي بِما لها وبِما عليها عند العَمل على إِحياء مظاهر الثَّقافَة كافّة ومنها الخاصّة بِشَهرَي مُحرّمِ الحرام وصفر: (رُوّاد المجالس المفتوحة والمغلقة وروّاد كُلِّ أشكال البَسطات والمقاهي والنّوادِي ودُور المْعَلِّم، وروّاد كُلِّ إِفرازات الالتقاط الفِكرِي والانشِطار الحِزبي والتَّصنِيف الفِئوي القَهرِي)، وتُرجَئُ النِّزاعات وتَعطَّل أَعمال كَسبِ العِلْم والرِّزق، وتُغْلِق التَّجمُّعات والمنتديات واللِّقاءات العامّة والخاصّة أَبوابها، وتَندَكُّ كُلّ هذه الفِئات في أَنشِطَةِ المآتم وأَنشِطَة المَواكِب مِن دُون تَمايُز أَو تَفاضُل.

فما الّذي أَبقى على البحرانيّين مخلصين لمظاهر ثقافتهم الأصيلة على الرَّغْم مِن شِدّة عاصفة التَّحوّلات السِّياسِيّة والثَّقافِيّة الإقليمِيّة والدُّولِيّة الّتي أَتت على ثقافتهم ونظامهم الاجتماعي فأَحدَثت فيهما ما أَحدَثت، وما الّذي جعلهم يُوقِفون أنفسهم وأَموالهم وطاقاتهم لِإِحياء مظاهر الثَّقافَةِ الّتي خالَفوها وطَعنوا في أُصُولها، وما الّذي جعلهم يَستأنِسُون لِتَوزيع الأدوار فيما بَينهم لخدمة مظاهر ثقافتهم ويُصلِحون ما فَسد بينهم مِن مَودّة ويَستعِيدون مفاهيم الأُلفة إلى مخزونهم الثَّقافي مِن جديد؟!

ظَلّت الثَّقافَةُ البحرانيّة الأَصِيلة راسخةً في الذّهن البحراني، ولم تَستطِع الأفكار الثَّورِيّة والحِزبيّة والفِئويّة بِأَطيافها المختلفة الدَّخِيلة الوافدة المتشَدِّدة في الأَطوار الصُّمود أمام مؤثّرات الأصالة في الثَّقافَة البحرانيّة، فيما استَسلَمَت زعامات الانتماء الثَّوري والحِزبِيّ والفِئويّ على عجل لِضَغط النِّضال (السِّياسي) وانْغَمَسَت فيه أَو رَضَخت لمغرياته قبل أَنْ تتمكّن مِن استغلال الفرص المتاحة في تَشييد القَواعد المساهمة في تَنمِية الثَّقافة على طِبق الأصول الّتي آمنت بها.

كان لمظاهر الثَّقافة البَحْرانيّة الأصيلة الأَولَوِيّة والنَّصيب الأوفر حَظًّا مِن الإِحياء والتَّنمية بِتَجرّدٍ وإخلاصٍ في كلّ مناطق البحرين، ثُمَّ طَرأَ التَّحوّل الثَّورِي في المفاهيم مع حلول عقد السَّبعِينات مِن القرن الماضي حيث أُخرِجَت الثَّقافةُ البحرانيّة مِن سِياق نُموّها التّكامُلي التَّدريجي المحلّي الملتزم بمنهج التّراضي الأَخْباري وبَالَغَت الانتماءات الثَّورِيّة والحِزبِيّة والفِئويّة في حَجْب الثِّقَة عن الثَّقافةُ البحرانيّة أَو إِقصائها مِن دائرة الفِعل وزَجَّت بِمَظاهرها في طَفرةٍ ثَورِيّة تجاوزيّة لا تتناسب مع طبيعة النِّظام الاجتماعي، ففَقَدَت على الأثر استقلالها.

ظَنَّت الانتماءاتُ الثَّورِيّة والحِزبِيّة والفِئويّة أَنّ الثَّقافة البحرانيّة الأَصِيلة التي مَثَّلت الحضنَ الدّافئ في المجتمع البحراني ليست عَصِيّةً ولا شَديدة البَأس أَمام فكر الانْتِماء الثَّوري والحِزبي والفِئوي الوافد عن بِلاد المقدّسات إِذْ يَحمِل صبغة وجدانيّة بَدِيلة أَكثر قداسَة ومَقبولِيّة، وأَنَّ الثّقافة البحرانيّة لَطِيفةٌ بِما يَكفِي لِلرِّضا بِالانقلاب على مُكوِّناتها وقَواعِدِها وأُصُولها ومَظاهِرها فضلاً عن بُنيانها الفِكري بِسُرعةِ البَرق والرُّضُوخ والاسْتِسلام لمنهج (الشَّكّ والتَّشطِيب والتَّأميم) المُمَهِّد لاعتِماد (المركزيّة) في النِظام الاجتِماعي و(الزَّعامَة) في الوُجُود الشِّيعي إِذ هُما مَفهومان مُباينان لِـ (التَّقِيَّة) و(الانْتِظار) و(الوَلايَة والبراءة) و(العِصْمة) ومُؤكّدان على ضَرُورة دخول البحرانيّين مرحلة النِّضال المجرّد لاستِرداد الحقوق السِّياسِيّة المشروعة.

وإذا بِأَزمات التَّباعُد الاجتماعِيّ تَتفاقَم في الانْتِماءات ذاتها، ويَزداد الانشِقاق والتَّشظّي والانقسام بين فئات كثيرة مِن (المتبصّرين) سِعةً تحت سَنابك فكر الانْتِماء الثَّوري والحِزبي والفِئوي الوافد الّذي غَلَبَت عليه صِفات الرّعُونة والغِلظة والفظاظة والجَلافة والخُشونة والقَساوة والشَّراسَة فصارت مِن عاداتِهِ الّتي لم يُعرف مِثلُها في البلاد مِن قَبْل.

وفي زَحمةِ هذا التَّباعد والانشِقاق والانقسام خَبَا وُجُودُ المثقّف الشِّيعِي الأَوَّل واندَثَر أَثَرُه، وصار المُثقّف الآخر (المُتَبصّر) اشتاتًا مِن الانْتِماءات الثَّورِيّة الحزبيّة والفئويّة، يُزيح بَعضُها نفوذ البعض الآخر في المناطق والقُرى والأحياء، ويُقصِيه عن مظاهر الثَّقافة الشِّيعِيَّة، ويَحسبُ كُلُّ واحدٍ مِنهما الآخر صَيحةً عليه ويَتَحسَّس مِن وُجُوده في عرضه!

لم أَكُن أُصُولِيًّا ثَورِيًّا مُتحزِّبًا وفِئويًّا في الانتماء البَحْراني، بَل كُنْتُ مِن الدّاعين إلى الاجتِهاد في تَنمِيَة الثَّقافَة البَحرانِيّة بِمَسئولِيّة تامَّة والعمل على نَبذِ التَّحزُّب والفِئويّة الحادَّين فإِنَّهما مِن مظاهر الفُرقَة والأنانيّة وحُبّ الرّئاسة والجَهل بِطَبيعة التَّحدِّيات الّتي تُواجه الوُجُود الشِّيعِي في البلاد. وأَرجعتُ أَسباب الإخفاق في النِّضال الثِّقافي فلا عن النِّضال السِّياسِي البحراني إلى التَّحزُّب والفِئويّة الحادّين في الانْتِماء والمغالِبين لِلثَّقافَة البحرانيّة الأَصِيلة بِفِكر ثَقافَة أُخرى مُغاير لا يَصلُح لِلاستِعمال في البيئة الاجتماعيّة البَحْرانيّة، وأَيَّدتُ فِكرَة (التَّوازن) بالتَّنوّع والتَّعدّد الحُرّ في الانتماءات مع تَشغِيل رقابة العَقْل النَّاقِد بكثافة ووَضْع حَدٍّ لِتَضخّم الانتماء وهَيمنتِه على الثَّقافة البحرانيّة واحتكاره لِمَظاهرها. وكنت حَذّرتُ مِن التَّفريط باستِقلال الثَّقافَة وأَصالتها ومِن الإفراط في الدّعاية الحِزْبيّة والفِئويّة الّتي مِن شأنها تَفخِيم الأَشْياء والأَشْخاص والأفكار ومُخادعة الأبصار والأفهام بها.

ومِن المُفارقات أَنّ الاتّجاهات القومِيّة الخالِصَة واليساريّة القَومِيّة والشُّيوعيّة قد ناضَلَت على قاعِدةٍ فكريّةٍ ليست مِن بَنات الثَّقافَة البحرانيّة

الأصيلة، فاعتزَلت هذه الثَّقافَة وتَجنَّبت التَّأثير فيها ونأت بنفسها عن المُغالَبة لِلهَيمنة على مظاهرها، فأثْرت التَّجربة السِّياسِيَّة واعتَزّت وتَفاخَرت بها تَعويضًا واستِبدالاً عن إِخفاقها في العمل الثَّقافي. وما زال أَثَرُ هذه التّجربة ونَسقُها قائمين في ساحة النِّضال السِّياسي على الرَّغْم مِن انحِسار وُجُود هذه الاتّجاهات.

فيما أَخفَقَت الاتّجاهاتُ الثَّوريّة والحِزبيّة والفِئويّة الشِّيعِيّة الجَدِيدة فلَم تُنجِز شَيئًا مُتقدّمًا على تَجربة النِّضال السِّياسي القَومِي واليَساري الشّيوعي، وإِنَّما سارت على مِنوالها، وتَبخَّر أَثرُ الفِكر المستورَد الهَجِين الّذي كانت تَعتَدُّ به وتَحجُب الثِّقَة عن الثَّقافة البحرانيّة الأصيلة مِن أَجل رِفعته وسِيادَتِه، وأَخَلَّت بِالنّظام الاجتِماعي العريق الموروث عن الاتِّجاه الأخباري الرَّصِين المؤسَّس على مفاهيم (التَّقِيَّة) و(الانْتِظار) و(الوَلاية والبراءة) و(العِصْمة) وعلى الاجتِهاد في صِيانة الهويّة الشِّيعِيّة، وغامَرَت بِمَظاهر هذه الثَّقافة وزَجَّت بها في دَوّامة مِن النِّضال السِّياسي. وعندما فقَدَت الاتّجاهاتُ الثَّوريّة والحِزبيّة والفِئويّة الشِّيعِيّة القدرة على انْجاز شَيءٍ في مَسيرة هذا النِّضال الصَّعب عادت لِتُضِيف المتبَقِي مِن مظاهر الثَّقافة الأَخباريّة المغضوب عليها والنِّظام الاجتماعي النّاشئ عنها إلى رَصِيدِ نِضالها وإلى قائمة مُنجزاتها بِالقُوّة والفِعل، ولم يَخلُ ذلك مِن مُنغِّصَات!

عندما عُدتُ مِن العاصِمَة البريطانيّة بِصُحبة عائلتي إلى حَيّ النِّعَيم حيث سَكن والِدي الحاجّ عيسى المحروس تَناهى إلى سمعي أَنّ أَحد أبناء حَيّ النّعيم الغربي عقد العزم على استِضافة الشَّيَّال باسِم الكربلائي لِإِحْياء لَيلةٍ مِن لَيالي عزاء أَهْل البيت صَلواتُ الله وسَلامُه عليهم على نفقَتِه الخاصَّة، ودعا القائمين على إدارة (مأتَم النِّعَيم الغربي) وأهالِي الحَيّ إلى دَعْم هذه الفرصة الذَّهبيّة.

عِندئذٍ تَيقَّنتُ مِن أَنَّ هذه الاستِضافة ستُؤدّي إلى تدخُّل قُوى النُّفوذ الثَّوري والحِزْبي والفِئوي لِحظر الاستضافة مِثلما فعَلَت مِن قَبل في الحَظر الّذي فَرضَته على العَلّامة الخَطِيب الشَّيخ عبد الحميد المهاجر ومَنعَت مِن استِضافته على منابر النِّعَيم.

وكانت عواقِب هذه الفَعْلَة التي فَعلُوا وَخِيمةً على المُستَوى المرْجِعي الرّاهِن، وشَكّل مُساهمةً غَير لائقة بِسِيرة أَهْل الحَيّ العريق ودافعًا في تَأجِيج الخلاف البارد الذي تَفاقَم في مطلع السَّبعِينات في خارج البلاد وأَدّى إلى الزَّجّ بِالبَحْرانيّين حِزبيًّا وفِئويًّا على غير مُرادِهِم ولِأَوّل مَرّة في مَشروع إسقاط مَرجِعِيَّة فِقهِيّة عَريقة البَيت. فكان في هذا الموقف إِخْلالٌ بِالتَّوازن القديم السَّائد على عَهد الأَخْباريّة في حَيّ النِّعَيم بين قُوى الانتماء المرجِعِي كافّة، على الرَّغْم مِن كَثافة المبرِّرات الّتي ساقَها المانِعُون في لقاءاتٍ مُتعدّدة جَمعتني وإِيَّاهم.

يُعدّ حَيّ النِّعَيم مِن الأحياء المتميّزة بالنشاط الحَيَوي في النِّضال الثَّقافِي والسِّياسِي العَلني والسِّري، ويَضُمّ كُلَّ أَشكال الانتماء القَومِي واليساري والشِّيعي المعاصِر، ويَشتَهر بِالحضور الكبير للشَّخصِيّات الأَخْباريّة والأُصُولِيّة مُتمثّلة في العَلَّامَة السَّيِّد هاشم الطّويل ومَجلِسه وأَقطابه ومتمثّلة في العَلّامة السَّيِّد علوي الغُريفي ومَجلِسه وأَقطابِه. ويَتمتع هذا الحيّ بِالأداء الثَّقافي والاجتِماعي الرّائع لِلنَّوادي وعلى رأسها (نادي النِّعَيم الثّقافي) العَريق.

كُلّ ذلك يَكشِفُ عن دَور ضَرُوري لإِحْلال التَّوازن الاجتِماعي في حَيّ النِّعَيم وعن آثار التَّنافُس الإيجابي في البِناء الاجتماعي المستقرّ، مِن غَير مُغالَبة على سُلطان، شِئنا ذلك أَمْ أَبينا.

أَخذَ النِّضالُ السِّياسي القومي واليساري البحراني يَضمَحِلّ ويَتراجَع شَيئًا فشيئًا تَحت وطأة الإجراء الأَمنِي الحكومي العنيف، وانكَفأ أَقطابُ

الأخباريّة وانطووا على أَنفسِهم، وأُغلق نادي النِّعَيم، واختَلّ التَّوازن في الحَيّ بِظُهور الاتّجاه الأُصولي المَرجِعِي الثَّورِي على التَّقلِيدِي، ثُمَّ فقد الحَيّ تَوازنه الجميل عندما ساد لَونٌ خاصٌّ مِن الانْتِماء الحِزبي والفِئوي وعَطّل نُمُوّ الثَّقافة بِمَنهج (الشَّكّ والتَّشطِيب والتَّأميم) وفَرَض وَصايَته بِفَنٍّ مِن فنون مُعالجة المعلومات.

وكُنتُ مدركًا أَنّ استِضافة باسِم الكربلائي ستُعرقَل بِذات المبرّرات الّتي فرضَت الحظَر على استضافة العلّامة الخطيب المهاجر حيث افتَقَر حَيُّ النّعيم لِلحضُور السِّياسي والثَّقافِي المُتَنوّع والمُتَعدّد مع تَطوّر الأحوال المستَجِدّة. وتَيقَّنتُ أَنَّ الاستضافة لَنْ تَمرّ بِسَلام، ولا بُدّ مِن إِثارة عدد مِن المقدّمات الضَّرُوريّة لِلمُحافظة على أَصالَة الحَيّ وسمعة سِيرته المجيدة، ولِمَنع تكرار وقائع الحَظر في غَفلَةٍ عمّا يجول مِن تَحوّلات راهنة استهدفت العَبَث في مَصير الهُوِيَّة الشِّيعِيّة، ولتَنبِيهِ القائمين على مَظاهِر الثَّقافة والمُوجِهِين لها عن بُعْد إلى أَنَّ مُجتمع البحرين باتَ مَغمورًا في عالم جديدٍ مَكشوف ومُنفتح إِعلاميًّا واجتِماعيًّا، وأَنّ مُعالجة مُشكلات الثَّقافة بالحِزْبيّة والفِئوية (الذَّكِيّة) لا يُساهم في تَنمِية الثَّقافَة وإِنَّما يَزيد فيها شَكًّا وفقدانًا لِلثِّقَة وفي القائمِين عليها، وأَنَّ إِحياء الشَّيّال (الرّادود) باسم لِفَعالِيّةٍ شَعائريّةٍ مَحدودةٍ في الحَيّ لَنْ ينقص شَيئًا فيما هُو مَعمولٌ به بين المَعنِيِّين، وأَنَّ الحظر فيه مُجازَفَةٌ لا يُمكِن التَّكهُّن بِعواقبها ومَخاطرها.

تَمَّت الموافَقَة على الاستِضافة بِالمناصَفة مع إِدارة (مأتم النِّعَيم الغَربي) مع شَرط التَّصدِيق على وَثِيقة تَعهُّد تَضَمَّنت عَددًا مِن الضَّوابط الإداريّة والإجرائيّة المُلزِمَة لِلطَّرفين (الدّاعي إلى الاستِضافة وإِدارة المأتم).

جَرَى ذلك في لِقاءٍ خاصٍّ عُقد بَينهما وكُنْتُ دُعِيت إِليه ولِلتَّصدِيق على الوَثِيقَة، فاستَجَبتُ لِلمُشاركة بِقَصد الاطِّلاع على سَير الأمور (الذَّكِيَّة) عن كَثب وعلى حَجْم التَّأثير الّذي تَركَته تَحوُّلات عِشرين عامًا مِن النِّضال

الثَّوري الحِزْبي والفِئوي الشِّيعي على مسيرة الحَيّ، وامتَنعتُ عن التَّصدِيق على وَثِيقة التَّعهّد لِسَببين:

أَوَّلهما: أَنّ إِحياء شَعائر أَهْل البيت صَلواتُ الله وسَلامُه عليهم لَيْسَت حكرًا على أَحدٍ لا شَرعًا ولا قانونًا ولا تَقلِيدًا ولا عُرفًا. وهِي شَعائر فَوق أَنْ تُحدَّ بِهَواجِس أَحدٍ مِن الاتّجاهات الثَّوريّة الحِزْبِيّة والفِئويَّة المرجِعيّة وغيرها. كما أَنَّ إِحياء الشَّعائر يَتطَلّب تَذلِيلاً لِلعَقبات وإدراكًا لِحَجم التَّحدِّيات وخُطورتهما ولِسُبل معالجتهما بَعقلٍ حاذقٍ ناقدٍ مَسئول. فلِمَأتَم النِّعيم الغَربي تَأريخٌ مُشرِّفٌ عريق يَقتَضي صِيانته مِن عَبَث المُناورة أَو المُساومة أَو المُغامرة.

وثانِيهما: أَنَّ مِن وراء الوَثِيقة ما وراءها، ولم أَكن أُحبِّذ أَنْ أَصنَّف طرفًا مُشاركًا في صُنع الأَوهام التي سُرعان ما تَتَلاشَى، وحَذَّرت مِن قَبْل مِن التَّورُّط في تَفاصِيلها وقد حَفَّزتني على استِذكار واقعةٍ ظَريفةٍ جَرت تفاصيلُها في مَنطِقة النّفوذ الثَّوري الحِزْبي والفِئوي اللُّبناني الشِّيعِي.

في عام 1988م افتَتَحنا مَكتبًا إِعلاميًّا على خَطّ التَّماس بين الأَحْياء التّابعة لِنفوذ حركة أَمَل والأحياء التّابِعة لنفوذ حزب الله في الضَّاحِيَة الجنوبيّة لِلعاصِمة بيروت. ويَعود السّبب في اختيار هذه المنطقة إلى قِيمة الإِيجار المنخفضة وصُعوبة الحصول على سكنٍ في المناطق الآمنة البعيدة عن مَرمى النِّيران الصَّدِيقة. ولكِنَّا ابتُلينا بِمُشكلة أَمنِيّة بين طرفين سِياسِيّين مُتجاوِرين انتهوا لِلتَّو مِن مواجهات مسلّحة بينهما وراح ضحيتها المئات مِن عناصرهما.

فكُلّما اجتزنا أَحياءً خاضِعَة لِحركة أَمل في طِريقنا إلى بيروت العاصمة لِأَداء مهمّتنا المتمثّلة في طباعة المحرّرات الإعلاميّة الشَّهريّة وإرسالها عبر البريد إلى الجهات ذات العلاقة؛ تَرصَّدتنا عناصرُ حَركة أَمَل مِن بعيد. وكُلّما عُدنا إلى مكتبنا الإعلامي مِن بيروت الغربيّة تَرصَّدتنا عناصرُ حزب الله مِن بعيد. وكُلّما عقدنا لِقاءً إعلاميًّا مع شَخصِيةٍ مِن شخصيّات

أَحد الطَّرفين نَدعوها إلى التَّضامن الإعلامي مع قضية البحرين؛ أَشارت شخصِيّاتُ الطّرف الآخر في لقاءاتنا معها إلى دَواعِي لِقاءاتنا السّابقة مع شَخصِيّات الطَّرف الأَوّل. وصار كِلاهما يَستوضِحُ مِنَّا في هذه اللِّقاءات عن طبيعة مُهمَّتنا في بَيروت وأَسباب وُجود مَكتبنا الإعلامي على خَطّ التّماس بينهما. فاضطررنا إلى العمل على اقناع قادة الطَّرفَين بِقُبول وجودنا المحدُود على النّشاط الإعلامي لخدمة قضيّة البحرين مِن غير مُنغَّصات أَمنيّة، حتَّى أَمر الطّرفان في لقاءات خاصّة جمعتنا وإِياهم بِكُلّ رحابة صدر بِإنهاء الرّقابة المفروضة على المكتب الإعلامي البَحْراني والتَّوقف عن رَصد حركة فَريقنا في الأحياء الواقِعَة تحت نفوذهما.

كاد حَيُّ النِّعَيم المتوازن ثقافيًّا والمنفتح تأريخيًّا على قوى العمل الثَّقافي والمرجعي أَنْ ينقسم إلى مناطق نفوذ تَحت وطأة التَّحزُّب والفئويّة الحادَّين، ويَتحوّل إلى ما يشبه أحياء الضَّاحِية الجنوبيّة لِبيروت ـ لولا التَّطوّر المفاجئ الّذي طَرأ على الوقائع السِّياسيّة وانشغال جميع الأطراف بِردُود الفعل الحكومِيّة الأمنيّة المتشدّدة طائفيًّا، ثمّ انفتاح الحيّ على عالَم التّواصل الافتراضي التِّقني ذي المعلومات الهائلة والمتدفِّقة بلا حدود، وتَحرُّر وسائل بَثّ المعرفة في الحَيّ مِن نفوذ الانتماءات. فلَيْس في ذلك مِن فخرٍ لِأَهْل التَّحزُّب والفئويّة إذْ فرضَ تحوّلُ الأحوال مُرادَه عليهم ولم تكُن لهم مِن خِيرَة في إِطلاق مُبادرة جادّة وحَقيقية لِلنَّأي بِالثَّقافَة ومظاهرها العَريقَين في الحَيّ عن دوائر المُحاصَصَة والمُغالبة.

إِنَّ الحقيقة المرّة الّتي يتوجّب ذكرها في خاتمة نضال السَّبعِين عاما المنصرمة والتّدافع البَينِي السَّلبي: أَنّ الثّقافة البحرانيّة الأصيلة اللَّطيفة قد عُطِّلَت في سوح النّضال، وجِيء بالبديل الفكري الثَّوري الأَرْعَن الهجين المقتبس عن ثَقافةٍ أَجنبيّةٍ لم تُقدِّر أَثَر اختلاف الثَّقافات في الوُجُود الشِّيعِي، فأَخفق الفكر الثَّوري في إنجاز شَيءٍ يستحّق الذِّكر على المستوى الثّقافي. فما عِند البَحْرانيّين اليوم مِن ثَقافَةٍ ينعمون بها هو أَثرٌ مِن آثار الهندسة الثَّقافِيّة الرّائعة الّتي انجزها الاتّجاه الأَخْباري في قُرونه الذَّهبِيّة الّتي تَفوّق فيها على

التَّحدِّيات الطائفيّة الصّعبة وحافظ خلالها على الهُوِيّة البحرانِيّة ووُجُودها الشِّيعي. وأَمّا على الصَّعِيد السِّياسي فما عند البحرانيّين اليَوم هو مِمّا قَعَّد له الاتّجاهان القومي واليساري وناضلا في سبيله ومُنعا مِن قطف ثِماره رَسمِيًّا.

فما الّذي جناه التَّحزبُ والفئويّة لقاء ما احتكره لِنَفسه واستأثر به غير الاستمرار في تعطيل التّنمية الثّقافيّة البحرانيّة واستغلال مظاهرها الأصيلة لِترويج فكرِه الوافد المُسَيّس وتَفخِيم الأسماء والأشخاص وتَأجِيج النّزاع المرجعي مَحلِّيًّا لحسم مواقف سِياسِيّة خارجيَّة إِذ لا شَيء يُعتدّ به منذ سَبعِين عامًا أَو يُدرج ضمن قائمة الإنجاز الثّقافي الأَصِيل.. إِنَّه فكرٌ هجينٌ أَرعن أَحقُّ أَنْ يُغترب عنه ويُهجر!

ـ اسْتِبدالُ الانْتِماءِ الوَاعِي بِمفهوم التَّخَلُّف

حضرتُ ندوةً مُثيرةً أُقيمت في مبنى إِحدى الجمعيّات الثّقافِيّة في مطلع عام 1979م، شارك في إحياء برنامجها المسائي عددٌ مِن علماء الدّين يتقدّمهم ضَيفٌ لُبنانِيّ له شهرةٌ واسعةٌ في الوسط العِراقي العلْمِي والحوزوي.

أُلقِيَت أَربع كلمات مؤكِّدة على أَهميّة (الوَعْي) لدى الإنسان المسلم عند الالتفات إلى ما يجول ويصول في بيئته المعاصرة. وعُدتُ لِأحصي عدد المرّات الّتي تكرّر فيها استعمال مفردة (الوَعْي) على لِسان المحاضرين الأربعة فوجدتها لا تَقلّ عن 100 مرّة، مِن دون أَنْ يخصّ أحدٌ مِن المحاضرين مادّته بمقدّمة لِتَعريف معنى مفردة (الوَعْي) المُرادة لَغويًّا واصطلاحًا.

ليس مِن شَكّ في أَنّ مفردة (الوَعْي) بالمعنى المراد عند المحاضرين كلّهم هي حديثة الاستِعمال في الثّقافَة الشِّيعِيَّة، ولم يكن تَردِيدُها مرارًا وكرارًا يُحمّل المحاضرين مسئوليّة أَمرٍ ما. وإِنْ سألتَ أحد الحاضرين المتَلقِّين: هَل أَنتَ في كامِل وَعْيك، سَيُجيبك بما أَنت فيه عالمٌ : وهَلْ كنتُ فاقدًا لِلوَعْي حتّى تسألني هذا السّؤال؟!

انتهى الوقت المقرّر لإلقاء الكلمات، وحانَت لحظةُ تلقّي أسئلة الحاضرين حيث حظِيت مفردة (الوَعْي) بحِصّة الأسد وبالنِّسبَةِ الأعلى مِن الأسئلة المكتوبة والشَّفهيّة الموجّهة للمُحاضرين. وفشَلَت كلُّ الإجابات في كشف المراد مِن معنى مفردة (الوَعْي) الواردة في هذه النَّدوة، وكأَنّ المحاضرين الأربعة قد أَجمعوا على ترسيخ هذه المفردة في رؤوس المتلقّين وتواطؤا مع منظّمي النَّدوة على المراوغة وإيهام المتلقين بِأَنّ معنًا خاصًّا لمفردة (الوَعْي) لم يجز لهم كشفه على منصّة النَّدوة.. إنَّه يعني أَهميّة (الانتماء) والخروج به على مفاهيم (التَّقِيَّة) و(الانْتِظار) و(الوَلاية والبراءة) و(العِصمة)!

إنَّ معنى مفردة (الوَعْي) في النَّهضة الثَّقافيَّة الحديثة يُشير إلى مسئولِيَّة التَّغيير الغائبة، في حين استعمله مثقّفون بحرانيُّون رديفًا لمعنى الثَّقافَة، فصحّ عندهم أنْ يُقرن الوعي بالثَّقافة، وليس شرطًا أَنْ يكون الشِّيعي الواعي المثقّف مسئولا عن التّغيير. ثمّ استحالت الثَّقافَةُ عندهم إلى معنى (الوَعْي) المسئول الذي لا يتحقّق إلّا بالانخراط في صفوف الانْتِماء الثَّوري الموصل إلى الحِزبِيّة والفئويّة.

بَدا الاستعمالُ الجديد لمفردة (الوَعْي) في المحافل والمنتديات الثَّقافيّة البحرانيّة مادّة جامدة وباعثة على الضَّجر والسّأم والاستسلام لِغَفوة قد تمتدّ بصاحبها إلى نومةٍ حالمةٍ إذ النَّوم سلطان والحلم فيه سفر بالمجّان!

وكلّما ضاقَت الدّنيا على المُثقّف البحراني المنتمي واستَوحَش طريقه أَو ضَلّ؛ صَبَّ شحنةً مِن الغضب والاستياء والسّخط على رؤوس أبناء مجتمعه (المُتَخلّفين) وتمادى في وصفهم بفاقدي (الوَعْي)، ودعاهم إلى اتّخاذ (الوَعْي) مذهبًا لاستكمال عقولهم وانتظام وجودهم على طريق الحقّ!

وعلى الرَّغم مِمّا يُشير إليه استعمال مفردة (الوَعْي) مِن استِنقاصٍ لِعُقول النّاس والاستِخفاف بهم وبِثَقافتهم التي يُؤمنون ويَعتنِقون؛ إلّا أَنَّه شكّل

لِلمبلِّغين والخطباء والوُعّاظ البحرانيّين عنوانا لِلطَّعن في ثَقافَةِ مُجتمعهم العريقة وأُصُولها ومكوّناتها ومظاهرها وشعائرها بِطَرفٍ خَفِيّ ومِن حيث لا يَشعر المتلقّي بِشَكل مباشر بِالطُّعون، فكثُر اجترارُ هذه المفردة في منتديات النّضال. وكُلّما تَلَقّى سمَعِي مفردة (الوَعْي) منطوقةً على لسان أَحدِ المتلوّنين بالفِكر الهجين الوافد على بَيئتنا الثَّقافيّة البحرانيّة الأصيلة؛ خَطر على بالي الاستفهام التّالي:

هَلْ الاستِعمال المُلتَوي لمفردة (الوَعْي) والتَّلوّن به ينطبق على الواقع الثَّقافي البَّحراني، وهَلْ استكُمِل بكثرةِ التّكرار في استعمال هذه المفردة ما نَقصَ أو فرَغ في الذّهن البحراني الموصوف بِـ (التَّخَلُّف)، وهَلْ نَهضَت الثَّقافة البحرانيّة بهذه المفردة أو تَقدَّمَت في النُّموّ درجات حتَّى مطلع القَرن الرَّاهن الذي نَعِيش؟!

لقد طَغى استعمالُ مفردة (الوَعْي) على أَكثر المفردات استعمالا في النّهضة المعاصرة، حتَّى كادت مجالسُ الوَعظ والإرشاد تنحصر في ترويج معنى (الوَعْي) بِأَشكال وألوان ووُجوه متعدِّدة ومتنوّعة. وكأنّ البحرانيّين ـ في ظَنّ أَهْل هذه المجالس ـ رَهطٌ بدائيٌّ مأسورٌ لِلَسعات الذّبابة الأفريقية اللاّسِنَة (تِيسِي تِيسِي) الّتي تُسبِّب للإنسان الغَيبوبة لفترات طويلة، وقد وَجَب على (الواعين) مِن المنتمين والمثقّفين والمتنوّرين قذف هذا الرّهط في لَهوات الإنعاش كَيما يَفِيق ويدرك ما يجري مِن حوله في يَقظَةٍ تامّة!

إنَّ كَثرةَ إطلاق وصف (اللّاوَعْي) والمبالغة في استعماله وإسقاطه على البحرانيّين يُعدّ عملاً مقصودًا ينطوي على الكِبر والتَّعالي والوصاية المبتذلة، وفيه إشعارٌ للآخرين بالحقارة والدّونيّة، وفيه نَفيٌ لوجود ثقافة بَحْرانيّة أَصِيلة (وَاعِيَة) متكاملة يَرتَكِز عليه المجتمعُ منذ الغَيبةِ الكُبرى. ويُخيّل لِلمُتلقّي البحراني أَنّ الخطيب الواعظ النَّاصِح بِمُفردة (الوَعْي) إنسانٌ حالمٌ يُسار به في ركبٍ وهو نائم على طِريقة العُرفاء في مَقام الحَضرة الإلهيّة!

لقد استُعمِلَت مفردة (الوَعْي) في الثَّقافة الواقعيّة (البراغماتيّة) الغَربِيّة لِلدَّعوة إلى تَحفِيز الحَواس الخَمس والشُّعور الوِجداني مستقلّين عن المثالِيّات والغيبِيّات، ولا يَصلُح استعمال وتداول هذه المفردة في ثَقافَة الأَدْيان ذات العقيدة المؤمنة بِوُجُود إلهٍ يُعبَد وشَريعةٍ صادرة عنه تُتَّبع وأَخلاقٍ فاعلة منظِمة للحياة الاجتماعيّة.

صارت مُفردةُ الوَعْي خاصّة في الفكر العَلْماني منذ عهد سُقراط والسُّوفِسْطائيّين مِن قَبله، ثُمّ خاصّة في عهدي الحداثة وما بعد الحداثة. وتَجنَّبَت الكَنائسُ استعمالها في منتديات الوَعظ والإرشاد و(القُدّاس). والتَقطها بعضُ رُوّاد النَّهضة الشِّيعِيّة عن فكر حِزْبيّ التّحرِير والإخوان المسلمين، ولم يَجد خُطباءُ الشّيعة وعلماؤهم مِن حرج في استعمال هذه المفردة، ولم يَستثْنِ ذَوُو الاتّجاهات الثَّوريّة والحزبيّة والفئويّة منهم مادَّة في النِّضال الحركي إلّا وذَيّلوها بمُفردة (الوَعْي) وزيّنوها!

وكُلَّما اقترب البَحْرانِيّون مِن شهر رمضان المبارك والأعياد والحجّ وشعائر ما بين شَهر محرّم الحرام وشَهر صفر والأيّام التِّسعة الأُولى مِن شَهر رَبيع الأوّل؛ التجأ خُطباؤهم والعلماء إلى حَشوِ مجالسهم الموجَّهَة بِمُفردة (الوَعْي)، وأكّدوا بها على أَهمِّيّة إيصال المعاني الصَّحيحَة بِالعَقل المجرّد والجِدّ في تجميد وِجدانيّات الخرافة والأسطورة!

يُستَلهمُ مِن معنى مفردة (الوَعْي) في هذه الألوان المزخرفة مِن المجالس (صَحوةَ الذِّهْن لِإدراك ماجريات الواقع المعاش براغماتيًّا) والتَّخلِّي عن الوِجدانيّات. وأَنّ غِياب هذا اللَّون مِن (الوَعْي) في المجتمع أَدَّى إلى خمول الذِّهن وجموده عن التَّفاعل مع التَّطوّر الفَلسَفِي والعِلْمي الحديث فضلاً عن القدرة على عقد المقارنات الحَصِيفة بين الطَّبائع الاجتماعيّة السَّائدة في الثَّقافة البحرانيّة والطَّبائع الحضاريّة في مُجتمعات بلاد الغرب الّتي انقَلَبَت على ثَقافتها ثَوريًّا واستَبدلَتْها بِأُخرى أَكثر تحررًا.

وفي سَبيل تحرير المجتمع البحراني المعاصر مِن ثَقافة (التَّخَلُّف) و(اللّاوَعْي) و(الخُرافَة) و(الأُسْطُورة) المُوغلة في وِجدانِيّات (التَّقِيَّة) و(الانْتِظار) و(الوَلاية والبَراءة) و(العِصْمة) والمكثِرة في إِحياء (الشَّعائر) وتَنمِية مظاهرها؛ يُدعَى إلى (الوَعْي) ويُقصد به تَجمِيد هذه الوِجدانِيّات وتعطيل الشَّعائر والإسراع إلى اعتِناق (الانْتِماء) الثَّوري والحزبيّ والفئويّ واتّخاذ الدّاعِي إِلى (الوعي) زَعِيمًا ووَلِيًّا، كما يُقصد به الحَثّ على تَحمُّل مسئوليّة التَّغيير والدَّوام على ممارسة الواقِعِيّة في النِّضال السِّياسِي!

وكان وُعّاظ وأَحزاب اتِّجاه أَهْلِ العامّة المعاصرين وعلى رأسهم (التَّحرير) و(الإخوان المسلمين) هُم السَّبّاقون إلى الإبداع في إِشاعة مبحث (الوَعْي) والعبث به في الثَّقافة ونشر الكثير مِن المحاضرات والمقالات في المنتديات ووَسائل الإعلام العربيّة وطَبع ونشر الألوف مِن الكتب لإشْباع أَذهان منتمِيهم ومُريديهم بِمادَّة (الوَعْي) على أَصُول عقيدتهم بِشَكل مفرط.

لقد اتَّخذَ وُعّاظ هذه الأحزاب مِن عنوان (الوَعْي) معيارًا حضاريًّا لِتَقدير مستوى إدراك النّاس لما يجري مِن حولهم بعدما استُهلِكت حلقاتُ الوعظ والإرشاد الأبوي كامل الجهد والوِسع في الصَّبر على تَلَقِّي الشُّروح القديمة والامتِثال لمعانيها الجامدة. ولكِنّ ذلك لم يَخلُ مِن مُنغِّصَات. فَفِي الوَعظ بِمَبحث (الوَعْي) تَجاوزٌ ثَوريٌّ على الثَّقافة القَدِيمة القائمة وتَعرِيضٌ بهيمنة عُقدة الحقارة والشُّعور بالنّقص الذِّهني الحادّ. فانفَضَّ ذَوُو العقول الكبيرة مِن حول مُفكِّري هذه الأحزاب ووُعّاظها ولم يَتبقّ منهم إلّا القليل مِن المُريدين مِن المنتمين والمتَحيِّزين. فَرَدّ مفكّرُو مفردة (الوَعْي) على هذا النّكوص والتَّخاذل بِتكفير مُجتمعهم واعتزاله ثُمّ الدّخول في سِترِ المنظّمات العنيفة.

إِنَّ مبحثَ (الوَعْي) ينتهي بالوَاعِي إلى الدُّخول في سِترِ العمل السِّرّي الّذي يتيح مساحةً واسَعةً لِتَشكّل القُوّة الرَّدِيفة والاقتراب بها مِن تَحقِيق الهدف المقرَّر بِأَقصر الطّرق، لكِنّه يَتحوّل إلى مَطِيّة لِلعاطِلين الكَسولِين

ولِشُذّاذ الآفاق ولِمَرضى الشُّعور بالنَّقص ولِلفاشِلين في نَيل الرّئاسة والزّعامة والمقام الاجتماعي الرَّفِيع، وإلى أداة طاردة لِذَوي العقل النَّاقد ولِأصحاب الفِكر والثَّقافة الأصيلة.

ويُذكَر في المُحرّرات الّتي تَتَناول تأريخ الإخوان المسلمين أنّ مبحث (الوَعْي) كان مِن بَنات فكر السَّيّد جمال الدّين الأفغاني. فإنْ سَلَّمنا بذلك فإنَّ نهضة الأفغاني لم تكن سِرِّيّة، وقد تَميّزت بحرصها على احتواء الشَّخْصِيّات اللِّيبرالِيّة مِن أَتْباع اتِّجاه أَهْل العامَّة وخَصَّت مجتمعاتهم بِمَبحث (الوَعْي) وبوَصْف (التَّخَلُّف)، فيما حرصت على احتِواء علماء الدِّين الشِّيعة ولم تَخُصّ مُجتمعاتِهم بهذا المَبحَث والوَصْف. وأَمّا التَّنظيم السِرّي لِلإخوان فمِمّا نَسجَه اتّجاه رَشِيد رِضا ذي الميول الوهابيّة حيث التَقط مَبحَثي (الوَعْي) و(التَّخَلُّف) عن الأفغاني وبَثّه عبر صَحِيفة (المنار) الّتي يرأسها حَسن البنّا.

مِن جِهَته، التَقطَ المُثقّف البحراني المنتمي مَبحث (الوَعْي) وموضوعاته الفكريّة وخبراته الموَجَّهة إلى اتِّجاه أَهْل العامّة حصرًا عن الأحزاب والفِئويّات الشِّيعِيَّة العِراقيّة المنضويّة تحت راية الإخوان المسلمين مِن غَير (وَعْي)، واقتَحَم بِه المحافل والمنتديات الثَّقافية البَحْرانيّة الأَصِيلة. فانقَلَب (الوَعْي) وصار مِن أَوْجُه التَّباين والنّزاع والتَّضاد والخِلاف في الأوساط المنتمية والشَّعبيّة العامّة، ومِن أَدوات نَبذ قِيم الثَّقافَة البَحْرانيّة الأصيلة ومُثُلها ورُؤيتها التَّأريخيَّة، ومِن وسائل الاستِعلاء والكِبر والغرور بين المتَحزِّبين والفِئويّين أَنفسهم والمُريدين على منهج لم يَكن مَألوفًا في سِيرة الثَّقافة البحرانيّة الأصيلة، وصار يَتنَزّلُ بأُصُول هذه الثَّقافة ويَعبَثُ في مُتونها ويُحتكِر مظاهرها في سَبِيل تحقيق تَوافُقات سِياسِيّة.

وحِينما يَتناول المُثقفُ البحراني المنتمي مَبحَث (الوَعْي) في مجلس مَفتُوح أو مُغلقٍ فهَذرةٌ لا أَوّل لها ولا آخر، وفُكاهةٌ و(تَعالْ عاذْ اسْمَعْ خَرِيط امْجَمّع، وخِذْ وُخَلْ) على حسب تَعبير الأمثال البَحْرانيّة القديمة المشهورة،

ثُمّ يَفتَتِحُ بِه مدخلاً لِلهِدايَة السِّياسِيّة، وكأَنّ البَحْرانيّين مُجتمعٌ هائمٌ على وَجْهِهِ لا يدرك شيئًا مِمّا يجري مِن حوله!

إِنَّ مبحثَ (الوَعْي) لا يخلو مِن محاولة مقصودة لِتَفكِيك مكوّنات الثّقافة البَحْرانيَّة وعَزلها عن أُصُولها ونَقضِ الواقع الخارِجي المتعلق بها وتَهمِيشِ رموزها وزعاماتها، كما لا يَخلو مِن مُبالغة في الدَّعوة إلى (نكران الذّات) والمسارعة إلى عقد البَيعة للانتماء الثَّوري والحزبي والفئوي والتّسليم لِلزَّعِيم والتَّعهد لهما بالسّمع والطّاعة المطلقة وأَلّا يُنازعهما (الوَاعِي) في شيء، ولا يردّ لهما قولاً، ولا يناقش ولا يُحادِد، وأَنْ يَتمثّل (الوَاعِي) أَمامهما جسدًا لِمَيّتٍ بين يدي مُغسّله!

وليس مِن المبالغة في القولِ أَنَّ أَكثر أَهْل الالتقاط الفكري الشِّيعِي الّذين ناقشوا مَبحثَ (الوَعْي) عند تَناوِلهم لمعاني الثّقافة وعلاقتها بمفهومي (التَّخَلُّف) و(اللّاوَعْي) لم يُفرِّقُوا أَو يُميّزوا بين بُعدي مَدّ الذّات بالمعارف مِن أَجْل تنمية الثّقافة الأَصِيلة واستقلالها ومُعالجة أَهواء الذّات مِن أَجْل تنمية بُعد الطّاعة والولاء للانتماء الحزبيّ والفئويّ ولِلزّعِيم. فأَدّى ذلك الخلط إلى إِرباك ذِهْنيّ كبير.

فالمَعارف في الثَّقافَة البَحْرانيّة الأصيلة بُعدٌ أَساسيّ لِكَشف طبائع الذّات والعادات والتّقاليد ونُظم التَّفكِير بالمقارنة مع طبائع الذّات والعادات والتّقاليد ونُظم التّفكير الوافدة عن الثّقافات الأخرى، وكذلك الدِّقَة عند انتخاب سُبل مُعالجتها.

كان المجتمعُ البحراني في أَمَسّ الحاجة إلى نهضةٍ شاملةٍ وجادّةٍ في المنهج المتّبع عند العمل على تنمية ثقافته الأصيلة، على أَنْ يكون دافعُ النَّهضة الأوَّل والرّئيس هو العودة إلى أصول المعرفة الّتي ارتكزت عليها هذه الثَّقافَة وتعزيز الثِّقة فيها وليس الانقطاع عنها أَو إخضاعها لِمَباضِع ومَشارِط فِكر ثَقافة أُخرى رَعناء ذات بِيئةٍ مُباينةٍ ومُتأزّمةٍ تأريخيًّا وقائمةٍ على

منهج مَشوب بِالشَّكّ والارتياب الدّائمين في العَقِيدة ومُمجِّدٍ لِآلة التَّشطِيب في مُتون أُصُول المعرفة ومُوقِّر لِلتَّأميم الحزبي والفئوي لمظاهر الثّقافة أو استلامِها غَنِيمة تحت ضَغط الضَّرُورة السِّياسيّة.

وإنّ العودةَ بِالنُّخبة المثقّفة إلى رَكْب الثّقافة المحلِّيّة الأصيلة وإنقاذها مِن آفة الاغتِراب عن الأصول مِمكنة وذلك باعتِماد العقل النَّاقِد المسئول المدرك لِمَعنى الثَّقافة الأصيلة والمحيط بِتفاصيل قِيمها. وأمَّا (الوَعْي) بِضَرورة الانتماء الثَّوري والحزبي والفئوي الّذي يُجرِّدِ نُخْبةَ المنتمين مِن مفاهيم (التَّقِيَّة) و(الانْتِظار) و(الوَلاية والبَراءة) و(العِصْمة) فَلا يصلح لِبيئةٍ ثقافيّةٍ أَصِيلة المنشأ مِثل الثَّقافة البحرانيّة.

مِن هُنا كانت مفاهيم (التَّقِيَّة) و(الانْتِظار) و(الوَلاية والبَراءة) و(العِصمة) أُولى ضحايا مَبحث (الوَعْي) عندما بَدأ يُسلّط الضّوء على سَلبياتِ هذه المفاهيم بِوَصْفها أَبعادًا متعلّقة بالعَقِيدة، ففَرّط بها مِن أَجْل تَحقيق (وَعْي) سِياسيّ، فيما اختَصَّت هذه المفاهيم بِتَنمية ثقافة المُجتَمع الشِّيعِي وصِيانة نظامه الاجتماعي في ظَرفٍ يُراد لِلشِّيعَةِ التَّورّط بالسِّياسَةِ والاشتِغال بها ولِصَرفهم عَمّا يَصُون وُجودَهم وهُويّتَهم.

وعندما اشتغَلت آلةُ (الوَعْي) المعطِّلة لِلثّقافة الأصيلة وغامر الشِّيعةُ المنتمون بِنَفي مفاهيم (التَّقِيَّة) و(الانْتِظار) و(الوَلايَة والبَراءة) و(العِصْمة) أَو بِتَجميدها أَو تَرحيلها؛ وَجَدوا أنفسهم عاكِفين على تَفخِيم الزَّعامات وتَعظيمها وتَنصِيبها بِالوَضع والاخْتِلاق في عرض أئمة أَهْل البيت صَلواتُ الله وسَلامُه عليهم ونِسبة ما اختَصَّ به أَهلُ البَيت صلواتُ الله وسلامُه عليهم لِهذه الزَّعامات ونَفي أَصالة الحرِّيّة والمغالاة في مُصادرة إِرادة مجتمعاتهم وتَحويلها إلى حَشدٍ مِن العَبِيد مَنزوع الإرادة بعنوان الوَلايَة لِلزَّعامة (المَعْصُومة).

وُفِّقْتُ في عَمليّة الخروج الاضْطراري مِن البَحرين إلى بِلاد المنفى في

20 مايو 1980م، وكُنْتُ حِينها في عمر الـ 23 سَنَة، فالتَحقتُ مباشرة بِالعَمل في المكتب الإعلامي المُعارِض لِفَترةٍ وَجيزةٍ لا تَتَجاوز الشَّهرين حيث عانَيتُ فيها كثيرًا مِن أثَر الاغتِراب عن ثَقافَة مُجتَمعي البحراني ولمّا أَصحُ مِن مِحنَةِ السِّجن والفَصْل الأمني مِن الوظيفة حيث عِشتُ في بَلدِ المنفى الأَوّل لِمُدّة سَبع سِنين ولم أَجِد فيها ما يُساعد على إِعادة التَّأهيل لِلبَيئة الثَّقافِيّة الجديدة. فالتَحقتُ بِحَوزةٍ علمِيّةٍ حديثة التَّأسِيس بناءً على تَوصِية مِن مدير المكتب الإعلامي. وكُنْتُ أَوّل البَحْرانِيّين المُلتحقين بِهذه الحَوزة الّتي ضَمَّت طالِبًا عِراقيًّا واحدًا وما يُناهز الـ 15 مِن الطُّلاب القَطِيفيّين والأحسائيّين كان مِن بينهم الشَّهِيد الشَّيخ نمر باقر النّمر ذِي الوَجْه المُشرِق والابْتِسامة العَرِيضة. ومع حلول شَهر رمضان المبارك غَصَّ مَبنى الحوزة بِأَعدادٍ غَفيرةٍ مِن الطُّلاب الملتحقين الجدد الوافدين مِن بِلادٍ عديدةٍ.

اكتَفَيتُ بِالدّروس الحَوزويّة في أَوقات الدّراسة المقَرَّرة، فيما جَعَلتُ مِن بَقِيّة الأوقات خاصَّة لِلقراءة المركّزة في عِلمَي التَّأريخ والاجْتِماع. وبَعد مُضي سَنة على انتقال طلّاب الحوزة إلى المبنى الجديد الواسع في القَريَةِ النَّائية والبَعِيدة عن ضَوضَاء المدينة المُزدحمة بِالسُّكان، زارَني عالمٌ بَحرانِيٌّ فاضِلٌ مِن أَساتذة الحوزة في السَّكن المخَصّص لِلطّلاب لِيَستوضِح عن أَحوالي في بَلَد المنفى وسَير الدّراسة في الحَوزة ومَنهجِي في تَحصِيل العلوم الدِّينيّة، فأَبدَيتُ له مدى إِعجابي بالمنهج المتَّبع في الحوزة. ثُمّ سألني عن طَريقَتِي في قراءة الكتب. فذَكرت له قائمةً بِأَسماء الكتب الّتي عزمتُ على قراءتها ومِنها المختصُّ بِعلْمَي التَّأريخ والاجتماع. فعَلّق بالقول:

مِن الأَفضلِ أَنْ تُعِيد النّظر في منهج القراءة، فأَنتَ ما زلت طالبًا في الدّراسات الدّينيّة وعليك التّركيز في قراءة المؤلّفات المتعلّقة بالفِكر الإسلامي!

فقلتُ له: لا أَمِيل كَثيرًا إلى القراءة في الفِكر الإسلامي المعاصر، لِأَنّ الكتب المؤلّفة فيه تَعتَمِد كثيرًا على النَّص (الإنْشائي) و(الوجداني)، وأَنّ معظمها صادرٌ

عن مُؤلِّفين مِن اتِّجاه أَهْلِ العامّة. وهِي مُؤلّفات مُختصّة في التّحفيز والتّعبئة لِخوضِ حَربٍ قادمةٍ يَسعى مُؤلِّفوها بها استِرداد أَمجادِهم السِّياسِيّة الّتي اندثرت بِسقُوط السَّلطنة العُثمانيّة آخر دولهم. وأَمّا الكُتّاب الشِّيعة في الفِكر فهُم قليلون جِدًا ومُتأثّرون بِمنهج المؤلِّفين هؤلاء مِن اتِّجاه أَهْل العامّة ويُشكِّلون امتدادًا لِمَقاصدِهم ويُقدِّمون لَهُم خِدمةً مجانيّةً لاستِعادة أَمجادِهم السِّياسيّة الطّائفيّة، ولا يَفقهُون أَنّ لِلشِّيعة مَجدًا في بِناء الثّقافة الأَصِيلة ومنهجًا خاصًّا في تَنمِيتها على العقيدة السَّلِيمة والصّراط المستقيم. ويَكفِيك النَّظر إلى مبحث (الوَعْي) في هذا الفِكر وما تَضمّن مِن وَصْفٍ لِلمُجتمعات الشِّيعِيّة بـ(التَّخلُّف) و(اللّاوَعْي) حتَّى تَتيقَّن أَنّ هذا الفِكر لا يُؤمن بِعَقيدة (الانْتِظار) و(التَّقِيَّة) و(الوَلاية والبَراءة) و(العِصْمة) أَو أَنّه فكرٌ مقتبسٌ عن اتِّجاه أَهْل العامّة ويَسعى إلى الإندماج مَعه ومشاركته آماله وتَطلّعاته!

وأَظنُّ أَنّ طالِب العلوم الدِّينِيّة الشِّيعي في أَمَسّ الحاجة إلى استِغلال وَقتِه، وانتِهاز فرصة وُجُودِه في الحوزة وأَجوائها العلْمِيّة لِلتَّركِيز على دروس الفِقه وأُصُولِه والعقيدة وأُصُولها والعُلوم الآلِيّة مِثل اللُّغة والبلاغة والمنطق وكُلّ ما يُعزِّز مِن معارفه في الجانب العِلْمِي والمَنهَجِي. وأَنْ يَتجَنّب النَّص (الإنْشَائي) و(الوِجْداني) الحَربِي ويَنصرِف عنه.

فعَبسَ الأُستاذُ الشَّيخ في وَجْهي.. وقَبْل أَنْ يَتولّى استَدار إِلَيّ وقال: وِيشْ جَيَّبك لِلحَوزَة.. لا تِتْجَمْبَز عَلِيّ.. إِهْنِي مُو مكانُك المُناسِب!

وبَعد عِشرين عاما مِن الاغتِراب في سنَوات المَنفَى ثُمّ العودة إلى البَحرين حَضرتُ مَجلسًا لِلفاتَحة في أَحدِ مآتم قَريَة (السَّنابس) بِرفَقة الوالِد الحاجّ عيسى المحروس حيث خَصَّص الخَطِيب حَديثَه عن الصِّراط المستقيم، فقال: (إِنَّ الصِّراط في يَوم القيامة حادٌّ دَقِيقٌ جدًا لا يَستطِيع حتَّى الجُمْبّازي العُبور عَلَيه)! فذكَّرتني مُفردة (الجُمبازِي) التي نطق بها الخَطيب بِأُستاذِي البَحْراني في حَوزة المَنفَى فَرِحْتُ أَسأل عن أَحوالِه وعَقدتُ العزم على زِيارَته.

التَقيتُ بالشَّيخ الأُستاذ وذَكَّرته بما جَرى بيننا في الحَوزة مِن نقاش حول القراءة في الفِكر الإسلامي، ثُمّ سألته عن مَصِير هذا الفِكر في البلاد الإسلامِيّة، فقال:

أَنَّ أُولئك الّذين كَتَبوا وأَلَّفوا في فِكرة (الوَعْي) وما شاكَلها قد اهتَدوا إلى التَّشَيُّع مِن البَوّابة السِّياسِيَّة لِأَتْباع اتِّجاه أَهْل العامّة، فقَدَّسوا رُموزهم مِن أَعداء أَهْلِ البيت صَلواتُ الله وسَلامُه عليهم وشَطَبوا نصف أُصُول المعرفة الشِّيعِيّة ومَصادرها، وشارَكوا وُعّاظ وأَحْزاب اتِّجاه أَهْلِ العامّة نِضالهم لاستِعادة مَجدِ (الخِلافَة) السِّياسِي المفْقُود ومَجد السَّلطنة العُثمانِيَّة المقبور واعتبروهما مُشتركًا وَحدَوِيًّا يَستوجِب على الشِّيعَةِ النِّضال والتَّضحِيَة إلى جانِب اتِّجاه أَهْلِ العامّة في سَبيل استعادَتِهما، وبَرؤوا ذِمَّة المنقَلِبين على الأعقاب والدُّول المتَعاقِبَة الّتي تأسَّسَت على سِيرتِهم مِن دَمِ الشِّيعة الإمامِيَّة، وقالوا أَنّ الدَّولَتين البُويهيّة والصَّفوية كانَتا صُوفِيَّتين وأَنّ الحَمدانيّة كانت عَلَوِيّة وأَنّ الفاطميّين كانوا اسماعِيليّين، وأَنّ الشِّيعة الإمامِيّة في هذه الدُّول البائدة كانوا مُنصَرِفين إلى مفاهم (التَّقِيَّة) و(الانْتِظار) و(الوَلايَة والبَراءة) و(العِصْمة) ولكِنَّهم شاركوا في إِدارة الشُّئون العامَّة في كُلّ دُول المُنقَلِبين على الأعقاب بِما فيها دول العَبَّاسِيّين والسَّلجُوقِيين والأَيّوبِيّين والعُثمانِيّين ولم يَتعَرّضوا لِلأَذى وجاهَدوا إلى جانِبهم لِدَحر المَغُول والصَّلِيبِيِّين!

ثُمَّ أَعدّوا مشروعًا لِغَزو الحوزات الكُبرى بَعد أَنْ تَيقّنوا أَنّ استِعادة المجد السِّياسي بهذه الشَّراكة لَنْ يُنجز ما دامَت الحوزات الكُبرى ثابِتَة على مَنهجها القَدِيم في الدِّراسات الدِّينِيّة. فتَدَخَّلَت المَرجعِيّات الشِّيعيّة الأَصِيلة وعَطَّلَت هذا المَشروع وقبرته في مَهدِه وأَغلَقَت عددًا مِن مَدارِسه الحوزوِيّة ومكاتِبه. وكان آخرُها مُحاولة يائسة مِن أَتْباع هذا المشروع لاخْتِراق حَوزة النَّجف الأَشْرف عندما افتَتَحُوا لهم حَوزةً جديدةً واستَقطَبوا الطُّلاب عبر الدَّفع المُغرِي لِلرَّواتِب المنافِسة وتَقدِيم الخَدَمات المُرفَّهة وتَسهِيل شُروط الانضمام لِلدّراسة مِن خلال ثَمانِيَةِ فُروعٍ مُوزَّعَة على مُحافظات العراق.

فلَمْ تَدُم لِأَكثر مِن مُدّة ثلاثة شهور حيث أَغلَقَت أَبوابَها بِضَغط مِن المَرجِعيّة الأصيلة ومِن طُلّاب ذات المَشروع الّذين أَعادوا ما تَسَلّموه مِن مالٍ إلى إدارة حَوزة هذا المشروع وانفَضُّوا مِن حوله!

فقَطعتُ سِلْسِلَةِ حَدِيثه وقلتُ له: شِيخْنَه.. مُو بَسُّكْ (وَعْي).. تَرَهْ تَرَسْتْنِي (وَعْي)، لا يْكُونْ فتَحْت دَورَة سِياسِيَّة.. وِيش جَيَّبْكْ لِلسِّياسَة.. لا تِتْجَمْبّزْ عَلِيِّ.. هذا مُو اختِصاصُكْ المُناسب شِيخْنه!

ـ غـلِبَتِ الجَمبَّزةُ وذُبِحَ الدِّيْك

تَتمثّل (الجَمْبّزَة) مُراد الفَلاسِفة المراوغِين الكافرين بِوجُود إلهٍ صانعٍ مُدبِّر للكون فيَقولون: (إنَّ عظمة الكَون تستغرق كُلَّ العِلم المتوافر لدى العلماء الفِيزيائيّين المتخصِّصين. فإنْ كان هنالك مِن خالق للكون فهو بالحتَمِيّة الفلسفيّة أَعظمُ شأنًا مِن الكون. فكيف يُتاح لهؤلاء العلماء تَخطِّي وجود هذا الكون العظيم بِأَدواتهم المحدودة حتَّى يَتيقّنوا مِن وجود الإله الأعظم الخالِق؟! ولا بُدّ مِن الانتظار حتَّى يتمّ اكتشاف الكون كلّه ورَسْم خارطته والإحاطة بِكلّ التّفاصيل في النّظريّات والعمل على استكمالها ثُمّ اختزالها في معادلة واحدة. وعندئذٍ سيتمكَّن العقلُ مِن القطع بوجود خالِقٍ لِلكون.. ثُمّ أَنّ العلم محدود بِسِعَة عظمة الكون ولا يَتخطّاه، وطالما حجَبَت عظمةُ الكون الرُّؤيَةَ لِلخالق حتّى يَعظُم شأن العلْم أَوّلاً فيشمل برؤيته عندئذٍ كلّ الكَون ثُمّ كُلّ الإله)!

صدرَ هذا القول عن عالمٍ معاصرٍ في الفيزياء وفَيلسوفٍ مُثقَّفٍ وَصَفْتُه بـ (الجُمْبَازِي) مِن الدَّرجَة الأُولى مِن خلال مشاهدةٍ واحدةٍ لِندواته الّتي أُقيمت في إحدى الجامعات البريطانيّة المشهورة، حيث ناقشه مُقدّم النَّدوة عن الإصرار على تَمسُّكِه بالإلحاد على الرَّغم مما كان يَتمتّع به مِن شِهرة في علم الفيزياء الكَونيّة المعاصرة!

إِنَّ مفردة الجَمْبّزَة في اللَّهجة البحرانيّة الدّارِجَة تعني فَنَّ المراوغة أَو المخادعة أَو المخاتلة أَو الاحتيال والتَّملُّص والهروب مِن الإيمان بوجُود حقيقة ظاهرة أَو معلومة أَو التَّلوّن في الخطاب لِتَمرير حكاية خُرافِيّة أَو أُسْطوريّة إلى أَذهان النَّاس، أَو الادِّعاء بِقداسَة الأَفكار أَو الأشياء أَو الأشخاص، أَو لِسَد النَّقص بِالاختِلاق والافْتراء عند العجز عن تَأوِيل المنقول وتَفسير المعقول، أَو لِلتَّعويض عن انعدام الكفاءة عند الاجتهاد في تَحصيل العِلْم والمَعرفة، أَو ما شاكل ذلك.

فَفِي مثال العالِم الفِيزيائي المُعبّر عن فلسفة نكران وجود الخالق لا بُدَّ مِن وجود انسِداد عَقليّ مُؤجِّل للإيمان بِالإله بنحو غير مَقبول منهجيًّا، وفيه تَجسيدٌ لمفهوم (الجَمْبَّزة) بِتَمام معناه. وحيث تَبدو الحقيقة في هذا المثال مَغمورة بِعقَلِ فَيلسوف مُثقّف مُستخِفّ مَغرور مُكابِر؛ يَحق لنا الالتجاء إلى الاستفهام: هَلْ بِالإمكان صدور (الجَمْبَّزة) عن عالم في الفيزياء وفيلسوف مُثقّف في عصر العِلم والتَّطوّر التِّقني والسُّرعة القياسيّة الهائلة في تداول المعلومات والبحث عنها؟!

إِنَّ الجَمبّزة العِلْميّة النَّافِية لوجود الإله بِالفَلسفة ما هي إِلّا تَحيُّز لِتيّار إِلحاديّ علميّ واسع يَبحث له عن زَعِيم عالمي. ولِعَظِيم خطورة هذه الجَمْبّزة في تَشكّل الاتّجاه العَلماني العَدَمِي المستخفّ لِلعقَل والوِجدان فإِنَّها ليست بِأَشدّ خطورة مِن جَمبّزة ذَوِي المقام الثَّوري والحِزْبي والفِئوي مِن حيث مُصادرَتهم لِحَقّ الثَّقافة الأَصِيلة في البقاء والنُّمُو والثَّبات على نَسَقٍ تَدرُّجي مناسب!

وبِالنَّظر إلى صُنّاع الثَّوريّة والحِزبيّة والفئويّة الحادّة، فَـ (الجُمْبَازِيّة) منهم لا يَتشكّلون في فئةٍ جاهلةٍ أَو تَجمّع مؤلّف مِن عناصر (الحَبَرْبَش).. إِنَّهم مِن ذَوِي الشَّأن المرموق في النِّظَام الاجتماعي لِبَلدهم، ويَقودُون اتّجاهات شَعبِيّة ربما تكون عَريضة، ويَترَبَّعون على قمّة الهرم الاجتماعي.

لِكنَّهم يحتكرون لِأَنفُسهم تَأويلاً خاصًا لمعاني الثَّقافَة ابتغاء تَمرير منهج الشَّكّ في أُصُول ثَقافة مُجتمَعِهم وتَشطِيب مُتونها وتأمِيم مَظاهرها، وتَبرِير الاستعمال المُطلق لِلوسائل في مرحلة فرض السِّيادة على الأَتْباع ودحر المنافِسِين ثُمّ البقاء على القِمّة بالمغالبة، ولا يَملِكون إلّا فِعل ذلك فَقد طُبِع على مَقام السُّلطة والرّئاسة والزّعامة!

فإنْ خاب النَّاسَ حظُّهم، فسَيبدو هذا اللَّون مِن الزَّعامة الحِزبيّة والفئويّة لهم في غاية الحِكمَةِ والحَزم، وأَنّه قائم على عرشٍ مكينٍ مِن الفِكر المتِين النَّقِي الّذي تأنَس له الجوارح وتَطمئن له العُقول وتسكن له النُّفوس. وإنْ حالف النَّاسَ حظُّهم وكانوا معتَنِقين لِثَقافَةٍ أَصيلة نشأوا عليها وتَمسّكوا بها سَيرون الزَّعامة هذه (جَمْبَّزَة) لا حِكمة فيها ولا حَزم وإنَّما حَماقة ورُعونة وغِلظة.

وعِندما تَضْعف هذه الزَّعامة عن تَحقِيق خُطواتٍ مُتقدّمةٍ ملموسةٍ في النِّضال الثَّوري والحِزبي والفِئوي، وتَعجز عن إِيجاد البديل المُقنِع والمنسجم مع النَّسَق الثَّقافي القائم، فإنَّها ستدعو حِزبَها إلى تَشغِيل أَداة الشَّحن الدّعائي وآلة التّفخيم المبتذل لمقام الزَّعامة والمبالَغة بهما في تَقدِيسه والتَّعظيم مِن شأن الانْتِماء الحِزبي والفِئوي المنسوب إليه، حتَّى يَبدو الزَّعِيم والانتماء لِلنَّاس والمريدين في صُورة عِصمَةٍ اجتماعِيّةٍ مُجردةٍ ليست مَسئولة في كُلّ الظّروف والأحوال عن الهزيمة في النِّضال وعن الفَشل في دفع عجلة التَّنمِية الثَّقافِيّة إلى الأمام.

وفي الأَغلَب الأَعَمّ يَنسِب الزَّعِيم عَجزَه ووُقُوع الهزيمة والفَشل إلى أَحوال (التَّخَلُّف) و(اللّاوَعْي) الشَّائعة في المجتمع، ويَستَدرِك ذلك بِتَبرئة ساحته، ثُمّ يسعى جاهدًا إلى إبراز أَهمِّيّة (الوَعْي) في النَّاس بالمعنى النَّاقِص لِأُصُول المعرفة السَّائدة، ويُشَكِّك في صدور مُتون هذه الأُصُول ويُبالغ في بَثّ الشُّبهات حول صِحَّة الدّلالات، ومِن ثَمّ يُوجّه الاتِّهام بشكل مباشر إلى

الثَّقافَة المحَلِّيّة الأَصِيلة الّتي خالَفها ونَبذتُه فيَسوق لها مِن الأَوصاف السَّلبيّة مِمّا لا يجوز عليها!

إنّ الكثير مِن المفاهيم الصَّادرة عن معظم الانتماءات الشِّيعِيّة هي غَير مَبنِيّة على أُصُولِ ثقافةِ بيئتها الأَصِيلة فكان الإِهمال والخَيبَة والعجز عن تَحقِيق التّفاعل الاجتماعي الشِّيعِي المحَلّي مِن نَصِيبها. ولذلك جَعَلت الانتماءات مِن أَبواب الفُرقَة المُبَدِّدة لِطاقات المجتمع مُشْرَعَة، واتَّخذت مِن العَقل النَّاقِد الحُرّ ومِن رُعاتِه خَصمًا لَدُودًا وعمدت إلى تغييب دَورِه ودَسَّت رأسه في التُّراب، وأَوجَبَت إِقصاء النَّاقِد اجتماعِيًّا وصَدَّته عن مُشاغبة مُرادَي قهر الثَّقافَة المحَلّية الأَصِيلة والاستِجابة لِضَرورات السِّياسَة!

لا نُجانِب الحقيقة حينما نُؤكّد على أَنّ الزَّعامة والانتماء المؤسَّسَين على فِكرِ ثَقافةٍ أَجنَبيّةٍ لا صِلَة لها بِالبِيئة الاجتماعِيّة المحَلِّيّة الأصيلة كانا يَعدّان المجتمع الشِّيعِي مِثالاً لِلحَيوان الذَّكِي الّذي عَطَّل حواسَه في سبيل المحافظة على استِقرار نَوعِهِ وأَمْن بِيئته منذ أَنْ خُلِق، ومَثالاً لِلإنسان الأَحمَق ـ بالمقارنة مع هذا الحَيوان الذَّكِي ـ إِذْ أَثار عقلَه وشُعورَه بِكُلّ ما فِيهما مِن طاقة فدَمَّر بهما نَوعَه وخَرّبَ بِيئتَه وعَطّل نُموّهما وتَطوّرهما وما زال على ذلك مِن المُفسِدين، ولا بُدَّ لهذا المجتمع مِن الانْقِياد لِسَيادة الزَّعِيم والخضوع لِلانْتِماء بِالوَصاية حتَّى يُغلَق بإزائهما العَقل والوِجدان ويُحجَبان عن انتاج المفاهِيم، فيَتَحقّق التَّوازنُ بِمَعناه التَّامّ، فلا لِلحَيوان أَنْ يُجمِّد حواسه فيُعطِّل بذلك نُموّ نَوعِهِ وتَطوّر بيئته، ولا لِلإنسان أَنْ يعملَ ذكاءَه فيُدَمِّر بذلك نَوعَه وبِيئتَه. ولا يكون ذلك إِلَّا بِحضور (الوَعْي) أَوّلاً ودَحر الثَّقافَة الأَصِيلة المُولِّدة لِـ (التَّخَلُّف) و(الخُرافة) و(الأُسطورة) ثانِيًّا!

في فَترة الانكِسار السِّياسي لِلانْتِماءات الحِزبيّة والفِئويّة البحرانيَّة، وظُهُور ما أُطلِق عليه (جَماعَة السَّفارَة)، كنتُ التَقَيتُ مع قيادي حِزبي بَحرانِي سابِق على هامِش الإعلان عن تَوبَتِهِ وتَخلِّيهِ عن الانتماء لِـ (السَّفارَة) الّتي قِيل

على لِسَان المناهضين لها أَنّها ادَّعَت تَلقِّيها تَعليمات أَو إِشارات أَو تَوصِيات مِن أَحد وكلاء الإمام المَهدِي عَجَّلَ الله تعالى فَرَجه الشَّريف. فأَخذتُ عن هذا القِيادي سِيرةَ رِحلَتِه ابتداءً مِن مَرحلة التَّبنِّي لِفكرة (السَّفارة) والانتماء لِلجَماعة في مرحلة السَّجن، وانتهاءً بمرحلة التَّوبَة والانفصال عن الجماعة، ولم يَنْسَ التَّذكِير بواقِعَةِ تَدخّل الإمام المَهدِي عَجَّل الله تعالى فَرَجه الشَّريف لإِنقاذِهِ وأَخِيه مِن الغَرَق في عرض البحر.

أَقَرّ القِيادي الحِزبي في منتهى حَدِيثه الصَّريح بِصِحّة ما كَتَبتُ في سَنوات المنفى الأَوّل بـ (لَنْدَنْ) حَول الخلْفِيّات الحِزبيّة والفِئويّة لِظُهور (السَّفارة) وأَثر ظروف السَّجن المُرهِقَة في نشوئها، وأَنَّ النُّصحَ في الدّعوة إلى التَّخَلِّي عن الفِكرة والعودة بها وبِالمُتَشَدِّدين المناوئين لِذات الجماعة إلى الثَّقافَة البَحْرانِيّة الأَصِيلة هو أَفضلُ الطُّرق سلامةً وأَمنًا لِلنّظام الاجتِماعي الشِّيعِي، مع تَجنُّب الاستِعانة بالمنهج الثَّوري والحِزْبِي والفِئوي الحادّ في رَدْع الخصوم مِن قادة (السَّفَارَة) واستِتابَة عناصرها. وأَنَّ المُناكفة والمُغالَبَة والضَّجِيج الدّعائي بِفَتاوى المُقاطَعة وتَوظِيف الرّأي العام الشَّعبي فيما لا يسرّ سيأَتي بِمَردود سَلْبيّ عكسيّ يضرّ بِالوُجود الشِّيعِي كُلّه. مِن جِهَتِها، اعتَرَضَت (السَّفَارَة) بِشِدّة على ما رأيتُ، ووَصَفَت وما كَتَبتُ عنها بـ (تَحسُّسِ الفِيلِ مِن ذَيلِه) والجَهل بِالحَقِيقة والبُعد عن تَفاعُلاتها بِآلاف الأَمْيال.

وكُنتُ ذَكرتُ لِلقيادِي الحِزْبي بِأَنّ التَّفاصِيل المتعلِّقَة بِفِكرة (السَّفارَة) والمتداولة في بِلاد المنفى لا تَتجاوز حُدود ما تَناقَلته بَيانات وخُطب عُلماء الدِّين أَثناء تَزعُّمهم لِلحَملَةِ المُضادَّة لِفِكرَةِ (السَّفارَة) وسَعيهم لِفَرض إِجراء المقاطعة والإِقصاء والعُزلة الاجتِماعِيّة على المنتمين لِلجَماعة، ولم نَسمَع في بِلاد المنفى شَيئًا عن حَقِيقَةِ السَّفارة بِلِسان زُعمائها ولا مُريديها حتَّى.

ما كان يَنبَغِي لهذه الحَملة المُضادّة أَنْ تكتَفِي بِالتَّأكيد على بُطلان الادِّعاء بِالسَّفارة بعد الإِعلان عن الغَيبة الكُبرى على حَسب الأَدِلّة

والنُّصوص المُتعَلِّقة بعَقِيدة (الانْتِظار)، فهذه مِن الأُمُور المقطوع بِمَعرفتها في الثَّقَافَة البَحْرانيّة الأَصِيلة السَّائدة على الوَسَط الاجتماعي البَحْرانِي، ولَنْ يَزِيد تكرارها على اليَقِين البَحْراني شَيئًا. وإنَّما ستُثار التَّساؤلات حول امتِناع الحملة المُضادّة لِلسَّفارة عن الخَوضِ في أَثَر الهُوِيَّة الحِزْبيّة والخَلفِيّة الفكريّة لِأَبْرز القادة المُلهِمِين لِـ (السَّفَارَة) في نشوء هذا الفكرة إذ كانا (الهُوِيَّة الحِزْبيّة والخَلفِيّة الفِكْرِيّة) في مرحلة مُتقدِّمَة يُشَكِّلان مُشتركًا عضويًّا جامعًا لِأَبْرز قادة (السَّفارَة) وعُلماء الدِّين الّذين قادوا الحملة المناوئة لِـ (السَّفَارَة) حتَّى حالَ بَينهُما السَّجن وجَرى ما جَرى مِن انقطاع بينهما وانقلاب في الفِكر.

فلِمُجْتَمع البحرين الحَقُّ في الاطِّلاع على التَّفاصِيل ومعرفة العِلل كافّة قَبل الدّعوة إلى التَّعبُّد بِالفَتاوى والالتِزام بِفَرض العُزلة على أَهْلِ (السَّفَارَة) الّذين يُعدّون جُزءًا لا يَتَجزأ مِن النَّسِيج الاجتِماعي البَحْراني ولا يصحّ التَّخلِّي عن مَسئولِيّة إعادَتِه مُعافى كما لا يَصِح الانْصراف عن معالجة الأَسْباب الحقيقيّة التي ما زال الكَثِير مِن أَبناء مُجتمعنا المُثقّف يُرجِعها إلى ما أَفرَزه التَّحَزُّب والفِئويّةُ مِن انعِدامِ لِلثِّقَة في الثَّقافَة البَحْرانيّة الأَصِيلة والتَّخلِّي عنها والالتِجاء إلى فِكرٍ ثَورِيٍّ مَنسوب إلى ثَقَافَة أُخْرى يُظَنُّ أَنَّها تَستبطِنُ الكَمال وحائزةٌ على التَّمام وخالِيةٌ مِن كُلِّ عَيب!

إنَّ مُواجهة (السَّفارة) بِالمُقاطَعة الشَّعْبِيّة وفَرض العُزلة الاجتِماعيّة ـ على حَسَب رَأيِ القِيادِي الحِزبي ـ قد أَتَى على البُنْيَةِ القِيادِيّةِ الدّاخِليّة لِـ (السَّفارَة) فدَمَّرها تَدمِيرًا (ولَنْ تَقوم لها بَعد اليَومِ قائمة)!

خالفْتُه في هذا الرَّأي وإِظهار الحَماسة فيه مِن حَيث أَنَّ كِبار قادة (السَّفارَة) المتمَسِّكين بِالفِكرَةِ وكِبار المُناوِئين لهم المُتمسِّكين بِشِعار الحَربِ على (السَّفارة) قد نَشأوا مَعًا على قاعِدَةٍ فكريَّةٍ نِضالِيّةٍ واحِدةٍ ثُمّ تَنازعوا فيما بَينَهم واختَلَفوا وانْشَقّوا. ومِن غَير شَكٍّ في أَنَّ الخِبرات الحِزْبيّة والفِئويَّة في سِيرة الماضِي المُشتَرك بين قُوى النِّضال هِي مِن الأَسْباب الرَّئيسَة في شِدَّةِ المُغالبة

والإصرار على التَّحَدِّي مِن أَجْل صُنع التَّفَوّق بين الأَطراف المُتنازِعَة، مع بَقاء (التِّرْيَاق) المَصْل المُضادّ والمانِع الحَيوِي مِن تَشكّل الظَّواهر السَّلبيّة على مستوى العَقِيدة كامِنٌ في الهياكل الهَرَمِيّة لِلأَحْزاب والفِئويّات ولا تُستَثنَى الزَّعامات مِن ذلك.

إنَّ ما يَهُمّ المجتمع البَحْراني في هذا الأمر هُو الجِدُّ في دراسة الخلفيّة الفِكريّة التي نَشأت عليها الاتّجاهات الثَّورِيّة والحِزْبيّة والفِئوية كلّها مِن غير استِثناء، ومَدَى قُربها مِن الثَّقافَة البَحْرانِيّة الأَصِيلة وبُعدها عنها، وأَثَر ذلك في تَشكُّل الهُوِيَّة وقدرة الهُوِيّة هذه على الانْسِجام والتَّوافق مع الثَّقافَة المَورُوثة عن أَجْيال 1400عامًا مِن غير فَرْضٍ لِوَصايَة على مَظاهِرِها أَو وَلايَة لاحتِكارها أَو بَسط اليَد عليها. وأَظُنُّ أَنّ الاتّجاهات البَحْرانيّة كافَّة بِمَن فيهم قادَة وعناصر (السَّفارَة) والمُناوِئين لهما قد أخطأت في اختِيار الطَّرِيقة والصِّراط حينما أَذعَنَت لِقَول القائلين بِأَنَّ الثَّقافَة البَحْرانِيّة الأَصِيلة سَقِيمةٌ وأَنّ المجتمع البَحْراني قد تَخلَّف وفَقد (الوَعْي) بِسُقمها، فأَوجَبَ ذلك حَجْب الثِّقة عنها والمبادرة إلى البَحْث عن البَدِيل المنقذ!

طِفْتُ بِصَاحِبِي القِيادِي الحِزْبي حَول سِيرة النِّضال الثَّقافِي في عَقدِ السَّبعِينات مِن القَرن الماضي، ومَوقِفنا البَينِي المشترك المُمتَنِع عن الخَوض في المُغالبة والمُناوشَة القائمَين بين تَيارات الانْتِماء الثَّوري والحِزبي والفِئوي البَحْراني والنَّاشِئين عن خُروجِها على الثَّقافَة البَحْرانيّة الأَصِيلة وفقدانها لِلثِّقة فيها وتَبعِيَّة هذه التَّيّارات لِلمَرجِعِيّات الخارِجِيَّة وتَقَمُّص نِزاعاتِها البَينِيّة مِن غير رِعايةٍ مِن هذه التَّيّارات والمَرجعِيّات لِخُصُوصِيّات الثَّقافة البَحْرانيّة ولِاختِلاف الثَّقافَات بين بِلاد الوُجود الشِّيعِي. ولم يَكُن أَحدٌ مِنَّا يُولِي هذه المُغالَبَة والمُناوَشَة اهتمامًا إِذْ كُنَّا معًا نُدرك أَنَّ عِلَّةَ الخوض بهما تَكمُن في اتِّباع فِكرٍ ناشِئٍ عن بِيئةٍ ثَقافِيّةٍ أَجْنَبِيّة.

في مَرحلة الشَّباب وفي مطلع عقد الثّمانِينات كُنْتُ والمجموعة المُؤلَّفة

مِن ثَلاثة أَصدقاء نُدْرك أَنَّ هذا القِيادِي الحِزْبي النَّشِط في النِّضال الدَّعَوِي سَيَجِدُّ في السَّعي إلى عَقدِ صَداقة خاصَّة مَعنا تُقرِّبه مِن أَنشِطَتِنا الثَّقافِيّة الّتي كُنَّا نَرعاها ونُداوم على إِحيائها بِاسْم (جَمعيَّة مُحمَّد حَسَن) التَّابِعَة لمأتَم النِّعَيم الجنوبي. وكُنَّا نَجتَهِد في تَنمِية أَعمال هذه الجَمعِيّة بِالتَّعاون مع الوَجِيه الحاجّ (مَهْدِي عبد الله جَواد) رحمه الله الذي غَمَرته السَّعادة بِتَآلف مَجموعَتِنا الثَّقافِيّة حتَّى وَصَفها بِـ (الّتي أَمَدَّت المأتَمَ بِحَياةٍ أُخرى مِن بَعد مَمات). وكُنَّا نَعلَم كذلك أَنَّ هذا القِيادِي الحِزْبي سَيَجعل لَهُ مَوطِئَ قَدمٍ في انشِطَتِنا يُمكِّنه مِن أَداء دَور الاحتِواء أَو الاستِحْواذ الحِزْبِي والفِئوي مِن غَير ابْتِذال مِنه و(جَمْبَّزَة)!

كان قِياديًّا مَرمُوقًا مُؤمِنًا صادِقَ الوَعد وَفِيًّا ولم نَكُن نحن مُتَحَزِّبين وفِئوِيِّين مُتَعصِّبين بإزائه، فمَدَدنا الأيدي إِليه وأَعنَّاه في ما قَصد وأَراد، فجَعلنا مِن المجموعة الثَّقافِيَّة والمأتم هيئةً واحدةً مُتاحة لِخِدمَة جميع الاتِّجاهات الثَّقافِيَّة والانْتِماءات المَرْجِعيّة مِن غَير تَمييز أَو تَفضِيل إِذْ كان مُنطلق المَجمُوعة مُنذ أَوَّلِ يَومٍ أُسِّسَت فيه يَرسُو على قاعِدَةٍ ثابتةٍ مِن وَحْي ثَقافَتِنا البَحْرانِيّة الأَصِيلة وما زِلْنا نَتفاعَل مع القِيادي الحِزْبي على سَجِيَّتِنا البَحْرانيّة اللَّطِيفَة المُتَسامِحَة والبَسِيطَة ولَيِّنة العَريكة، ولا يَتجاوز هَدَفُنا الجِدّ في تَنمِية الثَّقافَة في حَيّ النِّعَيم ورِعاية أَصالَتها في كُلّ المناطق على قَدر استِطاعَتِنا وبِما تَوافَر لَدينا مِن إِمكانات أَوَّلِيَّة.

كان يُشجِّعَنا دائما على الثِّقَة فيما نَجتَهِد ونبذل مِن مَساعِي في خِدمة الشَّعائر، ويمدّنا بِالمُثقّفين والخُطباء لِإِحْياء النَّدَوات العامَّة وعَقْد اللِّقاءات الثَّقافِيّة الخاصَّة في المأتَم. وكُنَّا نُبادله بِالمِثل ونَزِيد عليه مِن التَّشجِيع والتَّعاون، فنَشتَرِك في فَعّالِيّات مَجموعَتِه الثَّقافِيّة الّتي تُقيم لِقاءاتها في مَجلِس بَيتِه بِحُضور العَلّامة السَّيِّد أَحمد الغُرِيفي، ونُوثِّق صِلَةَ الصَّداقة بيننا، ونَتبادل زِيارات البيوت، ونَقِف صفًا واحدًا لمواجهة التَّحدِّيات.

كانت المَجموعَتان الثَّقافِيَّتان مُختلِفَتان في التَّقليد المَرْجِعِي والمُيول السِّياسِيّة وفي رُؤيتهما لِلواقع الاجتِماعي، لكِنَّهما يَلتجِآن إلى بَعضِهما لِلتَّزوُّد المعنوي والتَّصَبُّر على مِحنَةِ الاعتِقال السِّياسِي والفَصل الأَمْني الطَّائفي مِن الوظيفة الّتي طالَت البعضَ مِن عناصر المجموعَتَين، ولم يَكُن أَحدٌ مِنَّا يَشعر بالتَّمايز المرجعي أَو النّفور الحِزْبي أَو الفِئوي حيث تَجْمَعُنا الثَّقافَة البَحْرانِيَّة الأَصِيلة والقِيم والعادات والتَّقالِيد الثَّابِتَة على عَقِيدة راسِخَة ولَهجَة جَميلة رائعة.

ثُمّ فرَّقَت بيننا مَذاهبُ التَّحزّب والفِئويَّة في اليوم الّذي عَمَّ نفوذُها مناطق البحرين وظَنَّتْ أَنَّها أَكثر رُقِيًّا وخِبرة وقداسة وعِزًا وكرامةً ولُطفًا مِن طبائع المجتمع البَحْراني وأَكثر تَميُّزًا وتَحضُّرًا مِن ثَقافَتِه الأَصِيلة. فإِذا بالرُّعونَةِ والجَمْبَّزة والغِلظة صارَت الوَسِيلة الطَّاغِيّة في العلاقات البَينِيّة حتّى تجاوزت حُدود المعمول به في الثَّقافة البَحْرانيّة مِن سلوك سَوِي وازدادت شِدَّة على ما فرضته السُّلطات الحكوميّة مِن شِدَّة وضغط أَمنِيّ ومِن حصار مقيّد لِحريّة التَّعبير!

كُنْتُ مُعجبًا بِشُجاعةِ هذا القِيادي الحِزْبي وبِغزَارة مَعارِفِه وبِعدَالَتِه وبِسُحَنِته القَروِيّة ولَهجَتِه البَحْرانيّة الأَصِيلة الّتي يُكثِر فيها مِن استِعمال المفردات القديمة ويَفخر بِنُطْقِها سَليمة مُجرّدة مِن أَيّ لَحنٍ أَجنَبِيٍّ. وعلى أَساس مِن ذلك لم أُصَبْ بِالدَّهشَة لِنَزاهة وصِدق مَوقِفِه إِزاء ما صرَّح به حول المرجع السَّيّد مُحمّد الشِّيرازي أَعلى الله درجاتِه حيث بَرّأ ساحتَه في شَريطٍ تَسجِيليٍّ مُصوّرٍ اطَّلعتُ عليه في مَنفى العاصِمَة البريطانيّة مثلما بَرّأ ساحَة كُلّ مُقلِّديه مِمّا افترَته الثَّوريّة والحِزبيّة والفِئويّة المغالبة في سِيرةِ نشأة وظُهورِ (السَّفَارَة) إِذْ كان رفيقنا القِيادِي الحِزبيّ يعلَمُ مِن خِلال تفاعله الثَّقافي مَعَ أَنشطتنا في حيّ النَّعَيم أَنَّ مِن خَصائص مَرجِعِيَّة الشِّيرازي وُقُوفَها على الطَّرَف النَّقِيض مِن مَنهجِ (الشَّكِّ والتَّشطِيب والتَّأْميم) الّذي أَسَّسَه مُناهِضُو مَرجِعِيَّته وأَعادوا بِه النَّظَرَ في الثَّقافة الشِّيعِيَّة العَريقة وشَكَّكوا في أُصُول المعرفة

وفي صدور مُتُونِها وأَخضعوا دِلالَتها لِلضَّرُورة السِّياسيّة الثَّوريّة والحِزْبيّة والفِئويّة، واعتَنقوا الواقِعِيّة ونَفوا مفهومي (الانْتِظار) و(العِصْمة) وجَمّدوا (التَّقِيَّة) و(الوَلايَة والبَراءَة) وقَدَّموا الزَّعامَة الثَّوريّة والحِزبيّة والفِئويّة على مَقام الإِمام المَعصُوم ورَضوا بِعقيدة (وَحدةِ الوُجودِ والمَوجُود) وأَقحموها في الثَّقَافَة الشِّيعِيَّة بعنوان (العِرْفان) وما شاكَلَ ذلك.

ليس مِن شَكٍّ في أَنَّ كثيرًا مِن المُنتَمِين والمثقّفين البَحْرانيّين باتَ مُعتَرِفًا بِأَنَّ أَفكار كُلٍّ مِن مُرشِد الإخوان المسلمين حَسَن البنّا وتلامذتِه، وسَيّد قُطب بـ صاحِب التّفسِير (في ظِلال القُرآن) واتباعه، وابن عَربِي صاحِب (الفُتوحات المكِّيّة) و(فُصوص الحِكم) ومريديه، ومُلّا صدرا صاحب (الحِكمة المُتعالِية) و(الشَّواهد الرُّبوبِيّة في المناهج السُّلوكيّة) الجامعة بين الفَلسَفَةِ والتَّصوّف والعِرفان والسِّياسة وعشّاقه، وما نجم عن التَّصّورات الفَلسَفِيّة الأخرى مِن فِكرٍ في الواقِعيّة والضَّرُورة السِّياسيّة - هي مِن المؤثرات الرّئيسة في بلورة مَنهج (الشَّكِّ والتَّشطِيب والتَّأميم) المُتَّبَع في تَسيِير أَعمال وأَنشِطة الانتماءات الثَّوريّة والحِزْبيّة والفِئويّة الشِّيعِيّة، وأَنَّ الثَّقافَة البحرانيّة الأصِيلة كانت هي الضَّحِيَّة الكُبرى في جَعْجَعَة هذه الأفكار!

لقد نُقِضَت الكثيرُ مِن تُهَم الافتراء بالكذب والبهتان واختلاق الفِتن بِـ (الجَمْبّزة) الثَّوريّة والحِزْبيّة والفئويّة، ونُسِبت إلى مَصدرِها الحقيقي المُنفَلِت مَرجِعِيًّا والمنُحرف عَقدِيًّا وفقهيًّا. وكان مِن شَأن تَدخُّل هذه (الجَمْبّزة) في طول الثَّقافَة البَحْرانيّة الأصيلة تَعريض الوُجُود الشِّيعي البَحْراني ونِظامِهِ الاجتماعي العَرِيق لمخاطر الانشِقاق والانْقِسام والانْحِراف العَقدَي والاستِغلال السِّياسِي.

خَالَفْتُ قِياس حَلِيفَنا القيادِي الحِزْبي في إِمكان التَّوصُّل إلى نَتائج مُثمِرَة يُعتَدّ بها في مُعالجة الظّواهر الاجتِماعيّة المرفُوضَة ثَقافيًّا والمخالِفَة عقديًّا. فمُجتَمع البحرين في تلك الفَترةِ الحَرِجَةِ كان مُتمَسِّكًا بثقافته الأَصِيلة،

فيما الزَّعامات كانَت مُغمورةً في النِّزاع الاجتِماعِي ذي الخلفيّة السِّياسيّة المختَلَقة، والبلاد كُلُّها في انكِفاء على الذّات، فإنْ أَفاقَت مِن سُباتِها فعَلَى وَقْع جَعْجَعة السِّياسة والمغالَبة والمناوشة بين طلابها مِن الانْتِماءات الثَّوريّة والحِزْبيّة والفِئويّة لا غير.

التَمستُ لِصَدِيقي القِيادِي الحِزْبي كُلّ الأَدِلّة القائلة بِأَنّ فِكرة (السَّفارَة) بِما لَها وبِما عليها قد انتَقَلَت على وَقْع حِدّة الفَتاوى المُضادّة وضَجِيج خِطاب المقاطَعة وتَشدُّد المُعالجة ـ إلى ظاهرةٍ ثقافيّةٍ واجتماعيّةٍ مُعقّدةٍ عَصِيّة على الفَهْم والنَّقض. وقد تَأكّد ذلك مِن خِلال المشاهدات المِيدانيّة في إِطار منهج البَحْث البسيط الّذي قُمتُ به، ومِن خِلال متابعة الوَقائع المصاحبة لِندوةٍ سِياسيّةٍ قدَّمَها عضو مِن جَمعِيّة (وَعَدْ) في مَبنى جَمعِيّة التَّجديد الثَّقافِي حيث اضْطررتُ إلى حُضورها بِمُرافَقَةِ صَدِيقين عزيزين مِن جِيل الشِّيرازِيّين البَحْرانيّين الأَوائل المطَّلِعين على التَّفاصِيل في سِيرةِ نشوء (السَّفارَة) وظُهورِها ورُدود الفِعل المُضادّة لها ـ أَنّ (السَفارَة) أَصبحَت ظاهِرَةً بعد أَنْ كانت حُلْما وِجدانِيًّا مُثيرًا عَمّ سُجُون عَقد الثَّمانِينات مِن القَرن الماضِي. ولم أَقطَع بما يُفِيد بَقاء هذه الظَّاهِرة على مَضمِونها الفِكريّ الّذي بَدأَت به أَوّل مَرَّةٍ أَو بِعدَمِه بين أَهْل جَمعِيّة التَّجدِيد، فذلك أَمرٌ ما زلت أَجهلَه مُطلقًا وليس في حَوزَتِي مِن تَفاصِيل عن مُستجِدّاته حيث كُنتُ بَعيدًا عن ظُروفه وأَجوائه أُلوفَ الأَميال ومُقيّدًا بِأَجواء بَلد المَنفى الأَوّل ثُمّ الآخر في بِريطانَيا. ولكِنِّي كنتُ على يَقِين بِأَنّ موقف الإقصاء في الخِلاف المَرْجِعي بِضَجِيج مِن الفَتاوى وبِصبغةٍ ثَوريّةٍ وحِزْبيّةٍ وفِئويّةٍ احتِرافِيّةٍ مُؤسَّسَةٍ على قاعدةٍ مِن مَنهج مُستَقدَمٍ غير مُتَفَهِّم لِلبيئة الثَّقافِيّة البَحْرانيّة الأَصِيلة قد حَمّل الوُجودَ الشِّيعِي البَحْراني عِبئًا ثَقِيلاً لا طاقة لِأَجْيال البحرين على تَحمّله، وأَثار الكَثِير مِن الشَّكّ وفقدان الثِّقة بين المُكَوِّنات الاجتماعيّة وعَطَّل التَّنمِية الثَّقافِيَّة قَرنًا كاملاً.

ولو أَنّ جهود الانتماء الثّوري والحِزْبي والفِئوي المبذولة في العُقود الماضِيّة أُخضِعَت لِلعقل النَّاقِد والاحتِواء بِالموعِظَةِ الحسنة والجِدال بِالّتي

هي أَحْسَن بين كُلّ الكِيانات الأَهْليّة والحِزْبيّة والفِئويّة والمَرْجِعيّة؛ لما شَهِد هذا البلد الوادِع اللَّطِيف الصَّغِير ظواهر في التَّمَرُّد على ثَقافَتِهِ البَحْرانيّة الأَصِيلة والعَرِيقَة وتَسخِير المظاهر الثَّقافيّة في هَدْم قواعد الثَّقافَة ذاتِها والحَرب على شَعائرها.

في كُلِّ الأحوال، قَدّرتُ كلَّ المبادرات الشِّيعِيّة لِبَسط منهج التّآخِي والتّآلف بين التَّيّارات المرجعيّة، وكُلَّ مبادرة لِتَصحِيح سَقطات الماضي بما هو أَصْلَح، وكُلَّ مبادرة في الاستِعانة بِالنُّضج الفِكري والخِبرة والرُّشد لِلمُشاركة في تَنمِيَة التَّجْرِبَة البَحْرانِيّة الخالِصَة، وكُلَّ المبادرات في التَّنافس الجِدِّي تحت مَظلّة العَقلِ النَّاقد مِن أَجْل السُّمو بِالثَّقافَةِ البحرانيّة والرُّقِي الاجتماعي بقِيمها، وكُلَّ المبادرات في نَبذِ أَشكال المُغالبة بِـ(الجَمْبَّزة) السِّياسِيّة، وكُلَّ المبادرات لتحقيق وَحدَةِ الموقف واستِقلالِه بين مختلف أَطياف البَيت الشِّيعِي البَحْراني، وكُلَّ المبادرات لاحتِضان الجَمِيع وتَقبُّل إِعمال العَقْل النَّاقِد وإِنْ كان لاذعَ الرَّأي وشَديد اللَّهجَة.

لقد رَجوتُ أَلّا يكون مُنطلق هذه المبادرات سِياسِيًّا، وإِنَّما مُتجرّدًا مِن الخلفيّات الثَّوريّة والحِزْبيّة والفِئويّة المُهلكة ومَبنيًّا على قواعد الثَّقافَة البَحْرانيَّة الأَصِيلة المُستَقلّة والعَرِيقَة ذات المَعِين الصَّافي والنَّقِي.

ومِن صَميم هذا الواقع المتعلّق بِمُشكلات الثَّقَافَة البحرانيَّة نَستَعرِض حِكايَةً تمسّ العَقل البَحرانيّ النَّاقد وتَكشِف عن طَبيعَة الأجواء الّتي كان يَسُودها حُسْن النِّيّة بالمَفهُوم (السِّياسِي) المُهَيمِن على أَقطاب الانْتِماء البَحْراني في وَقتٍ مُتأخرٍ، والنَّتائج المُذهِلة والمدهِشة، وكيف تَبدو هَيئةُ المثقّف البَحْراني مِن بعد إِطلاق مُقترحٍ جِدِّيٍّ بِالتَّصديق على مِيثاق شَرَف مِن إِعداد وتقديم أَحد زعماء قُوى الانْتِماء الثَّورِي والحِزبي والفِئوي في لِقاءٍ وُدِّي كُنْتُ شاهِدًا عليه ومَمتنِعًا مِن الاستِجابة لَه والرَّافِض له إِيمانًا مِنِّي بِأَهمِّيّة التَّجرُّد مِن ضَغط الضَّرُورات السِّياسيّة والاستِقلال عن إِملاءات الفِئويَّةِ والحِزْبيّة الحادّة التي لم تَعُد تَثِق في ثَقافَتِنا

البَحْرانيَّة الأَصِيلة أَو تتخلّى عن الفِكر الهَجِين الوافد الّذي ضَلّ طريق المُنتَمِين وأَضَلّ بهم وأَدخَلَ مُجتَمَعِنا في دَوّامةٍ مِن النِّزاعات البَيْنِيّة وحَصَدَ بِسَيفِها كومة مِن النَّتائج الفاشِلة!

ففِي زَمن (أَيَّام أَوَّل) كان الشَّابّ البَحْراني المُثقّف ذِي العَقل النَّاقِد يَبدو حَلِيق الذِّقْن على دَرجةِ الصّفر، وفي جَيبِ قَمِيصهِ قَلَم حِبر أَزرق أَو أَسود مِن ماركة (بَارْكَرْ).. يَتكَلّف كَثيرًا في استِعمال مُفرَدات اللُّغةِ العَربِيَّةِ الفُصحى حِينما يَهُمّ باستِعمال النَّقدِ السِّياسِي ويَمزِجه بِمُفردات مِن لَهجَتِهِ المَحكِيّة، في مَشهدٍ جميلٍ يَكشِف عن طِيب سَجِيَّتِهِ واستِعدادِه التَّامّ لِتَقديم كُلِّ ما يَملِك في سَبِيل الرُّقِيّ بِثقافَةِ مُجتَمعِه ودَوام التَّمَسُّك بها وإِطلاق الثِّقَةِ فِيها.

كيفَ بَدَت هَيئةُ المثقّف النَّاقد الأُسْتاذ رَضِي وقَد أُحِيلَ إلى التَّقاعُد بِالتّزامن مع الإِعْلان عن تَحسِين النَّوايا بَين قُوى الانْتِماء الثَّوري والحِزْبي والفِئوي البَحْراني في النّصف الآخر مِن عَقد التِّسْعِينات مِن القَرن الماضي، وما هُو شأْنه ومَقامُه، وكيفَ يُصَنَّف الآن، وإِلى أَيِّ اتِّجاهٍ أَو كِيانٍ يَنتَمِي؟!

هَلْ صُنِّف في أَواخِر عُمُره مُناضِلاً أَو مُواليًا وهُو البَحْراني الّذي أَمْسَى كَهْلاً راشِدًا؟!

رُبَما اعتمَر الأستاذ رَضِي في سِنِّ تَقاعِده غِتْرَةً وعقالاً، ورُبَما لَبِس بَذْلَةً داكِنة اللَّونِ ولَفَّ رَبطةَ عُنقٍ بيضاء في فَضاءٍ مِن الفُصُول الأَربعة القائظة!

تَقدّم العُمُر بالأستاذ رَضِي ذِي البشرة السَّمراء، وتَقدّم عليه رَكبُ الثَّقافَة البَحْرانيَّة الأَصِيلة. فإِنْ استقلّ الأستاذ رَضِي بِمَفهوم الوَسَطِيّة في مرحلةٍ مِن مَراحِل حَياتِه ثُمّ اعتدَلَ به فلا هو مُناضِلٌ ولا هُو مُوالي. ولَيْس مِن شَكٍّ في أَنّه ابنُ الثَّقافَة البَحْرانيّة الأَصِيلة شَاء ذلك أَمْ أَبى أَو فُرِضَ عليه التَّنكُّر لها في يَومِيَّات نِضالِهِ القَومِي.

لم يَكن الأستاذ رَضِي (مَالْ أَوَّلْ) يَكترِث كثيرًا لهذه التَّصنِيفات الحِزْبيّة والفِئويّة إِذْ هِي فِعلٌ مِن أَفعال (التَّخَلُّف) ومُنتجُ لِفكرِ الانْتِماء العُروبِي الّذي

يَمِيل إليه ويُفضّله على سائر الأَفكارِ الوافِدَة على ثَقافَة جَزيرة البَحرين.

الأستاذ رَضِي صَحافي مُحتَرِف مِن الدَّرَجَةِ الأُوْلى، ومُستقلّ عَتِيق المنزلة والمَقام، ومِن المَتشَدِّدِين في نَبذِ تَعسُّف الانْتِماءات الثَّوريّة والحِزبيّة والفِئويّة الدِّينيّة كُلِّها مُنذ عقد الخَمْسِينات، لِكَونِها وَلِيدًا مُشوّهًا لِفكرٍ لا صِلَة لَه بِالثَّقافَة البَحْرانِيّة الأَصِيلة. لكِنَّ الأستاذ رضي لا يَتوانَى عن تَوقِّي شَرر هذه الانتماءات ورُدودِ فِعلَها المُمتَلِئة غَيظًا.

يَستعمِلُ الأستاذ رَضِي ذات المُصطَلحات الّتي يَرتكِز عليها فِكرُ الانْتِماء القَومِي البَحْرانِي القَدِيم وكَأَنّه أَحدُ مُنظِّرِيهِ ورُموزِهِ القِياديّةِ المتقدِّمَةِ في السُّلَّم التَّنظِيمي.

شاءَت الأَقدار أَنْ يَتجاوَر مَنزِلُ الأستاذ رَضِي مع مَنزِل مَحمُود.. مَحمُود شابٌ ثَوريٌّ حِزْبيٌّ وفِئويٌّ مُثقَّف (مَالْ اليَوم)، طَموحٌ وحَدِيثُ عَهدٍ بِالكتابة الصَّحافِيّة ويَأملُ في بلوغ الحَدِّ الأعلى مِن الشِّهرة سَريعًا، ويَجتَهِد لِتَحقِيق ذلك بِالتَّعاون الدِّعائي مَع نُفوذِ انتمائه الحِزبي.

صار المَنزِلان مُتجاوِرَين، يَفصلُ بَينهما جِدارٌ عريضٌ مُشتَرك.. رُبَما اعتاد الأستاذ رَضِي على الضَّوضَاء والصَّخَب حيث لا تَهدأ حَدِيقةُ منزله مِن نَقْنَقة الدِّجاج وهو في زاوِيَةٍ منها يَركُن بِجَسدِهِ النَّحِيف ويَمضِي ساعات يَومِهِ مَشغولاً بِمتعةِ القَراءة والكِتابَة الصَّحافِيَّة مِن دون انقطاع.. تَغمُره البَهجةُ كلّما خَفَقَ دِيكُ الحَدِيقة ذِي الجِثّة الضَّخمة جناحَيه وصاحَ بِصَوتٍ أَجَشٍّ في عِزٍّ وفَخامةٍ وكِبرياء.

لم يَستَطِع الصَّحافِي مَحمُود كَظمَ غَيظِهِ عندما كَرّر دِيكُ الأستاذ رَضِي صِياحَه مِن فَوقِ الجِدار الفاصل بين المنزلين.. وكُلّما غار ذِهْنُ الشَّابّ مَحمُود في عُمْق فِكرَةٍ لِمَقالٍ نَقدِيٍّ يَحصِد مِن ورائه رِزقَه ويَبنِي بِه شهرته؛ صاحَ الدِّيكُ فَبدّد الفكرة عن بِكْرَة أَبيها وَصَرف الذِّهْن عنها.. بَدَأَت المتاعِبُ والمشاقُّ تَطغَى على مَفهوم الجِيرة وحُقوقِها، فما العَمل؟!

فَقَدْ وَجَبَ الآن على مَحمُود الإسراع إلى إيجاد حَلٍّ لمشكلة الدِّيك المُزعِج قَبْل أَنْ تَستفْحِل، ولَنْ يكون ذلك إلّا بالمُصارَحَة والمفاوضة المباشرة حيث الحِكمة ضَرُورة لا بُدَّ منها في مَرحَلَةِ حُسنِ النَّوايا بين فِئات المُجتَمع وانْتِماءاته الثَّوريّة والحِزْبيّة والفِئويّة، والجارُ الأستاذ رَضِي إنسانٌ مُثقّفٌ قَومِيٌّ ناقِدُ العَقلِ وجَهبَذٌ عَتِيق، وكَنزٌ مِن الخِبرة والمَعرِفَة، وقَوِي الحُجّة في مُرادِ الإقناع والاقتِناع معًا، وعَمِيق الجَدل على مَبنَى الفَيلَسُوف (سُقراط)، وعَلِيم المنطق على مَبنَى الفيلسوف (أَرِسْطو)!

غَدَت عَلاقةُ الجِيرةِ الجديدة مُهدّدةً بالانفلات والتَّأزم بين الأستاذ رَضِي ومَحمُود، فيما العلاقة بين زَوجَيهِما أُمْ جَعْفَر وأُمْ ناصِر أَمْسَت وَثِيقة الصِّلَةِ وعلى أَحْسَن ما يَكون، وليس لِلدِّيكِ المزعج مِن رادعٍ أَو مَن يَضع حَدًا لِصِياحِهِ الفَظّ الغَلِيظ.. ما زال مَحمود مُرْهَفَ الإحْساسِ والذَّوق ولم يَستَطِع على صِياح دِيك الأستاذ رضي صَبرًا.

وفي اللِّقاءات القصيرة الطَّيّارة الّتي جَرت بينه والأستاذ رضي بَدا مَحمود مُضطَرِب الذّهْن لا يجرأ على مُخاطبة الأستاذ رضي الذي يكبره سِنًّا ويَتمتّع بِهَيبةِ الفاتِحِين، وما فَتِئ مَحمود يُخطّط لِمؤامرة اغتيال الدِّيك في إِثْر الفَشَل المتكرّر بِمُفاتحة جارِهِ الأستاذ رضي أَو تَقدِيم شَكوى له بذلك!

أَوشكَ مَحمود الكاتِب الصَّحافيّ المبتدئ على تَنفِيذ مؤامرة الاغتِيال، ولكِنّ الخَير فيما وَقع، إذ سُرعان ما وَصَل المُنقِذ مِن الضَّلال والشَّيطَنة. فقد أُحْبِطَت مُؤامرةُ محمود قضاءً وقدرًا بعد أَنْ اختَمَرت الخُطّةُ في رأسه واكتَمل نِصابُها ولم يَتبقّ إلّا تَحدِيد ساعة الصِّفر. ومِن حيث لا يَدرِي صَدَرت دَعوةٌ وُدِّيّةٌ إلى (هَبْكَة) عشاء مِن لَدُن أُمْ ناصر زَوج جارِهِ الأستاذ رَضِي الصَّحافي القومي المَرمُوق العتيق.

وعلى الفَور أَرسلَ الشَّابّ محمود إلى زَوجِها الأستاذ رَضِي رَجاءً مَمزوجًا بـ (مِزْحَة) خَفِيفَةِ الظِّلّ لَعلّها تَكون المُخَلِّص مِن مِحنَةِ صياح

الدِّيك: (أَنْ يَكونَ الدِّيكُ الصَّيّاح إِدامًا على مائدةِ ضِيافَتِكم الكريمة عَزيزي وأُستاذِي رَضِي، وأَنَّ الخُبْزَ (خَلَّهْ علينّهْ)، سآتِيكَ به (فِرِشْ) طَرِيًّا مِن أَفضل تَنانِير جزيرة سِترة قَبل أَنْ تَقوَم مِن مَقامِك إِنْ شِئت أَو يَرتَدّ إليك طَرفُك.. (عَليكُمْ الدِّيج وعَلِينّه الخُبْز) في صِيغَةٍ تَوافُقِيّةٍ وتَعادُل بَيننا بِالتَّزامُن مع إِعلان مِيثاق الشَّرَف المُتداول بَين الانْتِماءات البَحْرانيّة، ولِعَربُون صَداقَة حَميمَةٍ نَشتَرِك أَنتَ وأَنا في تَقدِيمِه لِجِيلَينِ صَحافِيَّين ناقِدَين أَحدهما قَدِيمٌ عَتِيقٌ والآخر حَديثٌ جديدٌ).

فجاءهُ الجواب السَّعِيد مِن الأستاذ رضي عبر مَنفَذِ العلاقة الوَثِيقة بين أُمْ جعفر وأُمْ ناصر ومِن دُونِ مُقدّمات: (على الرَّحْبِ والسَّعَةِ وعلى العَين والرّأس.. (يِرْخَصْ الدِيجْ لِيكْ يَلْجارْ مَحمُود.. إِنْتَهْ تُؤمُرْ).. دِيكُ سَعادتِي وأُنْسِي أُقدِّمُه إِليك وإِلى جِيلِك الصَّحافِيّ الجَدِيد عُرْبُون صَداقة!

انتهت الوَلِيمة الدّسْمة حيث الدِّيك الصَّيّاح فيها أَمسى ضَحِيّة الغَدْر والمأكول اللَّذِيذ، وعاد مَحمُود وزَوجُه إلى منزلهما فَرِحَين مَسرورَين.. كيف لا وهذا النَّصرُ (السِّياسيّ) المُبِين قد أَنجزَ وَعدَه وسَقطَت فِكرةُ الاغتِيالِ المغامِر بِذَبْحِ الدِّيك قَضاءً وقدرًا.

خَيّم الهدوء على مَنزِل مَحمُود وحان وَقتُ إِنتاج النَّقدِ الصَّحافِيّ الواقِعِيّ الرَّصِين بِالعَزم على كِتابةِ مَقالةِ النَّصر على الدِّيك الصَّيّاح وعلى صاحِبِه الأستاذ رَضِي القَومِيّ المُخضْرَم. وعند السَّاعات الأوّلى مِن صباح غدٍ سَتَعُمُّ شِهرةُ مَحمُود في البلاد مِن أَقصاها إلى أَقصاها بِمَقالَتِه الصَّحافِيّة المثيرة المنتزعة مِن وَحْي الواقع البَحْراني الأَصِيل تَحت عنوان: (سَقطَتْ المؤامرةُ وذُبِحَ الدِّيكُ قضاءً وقدرًا)!

لقد خَرَق مَحمُود بِفَعْلَتِه هذه مِيثاق حُسنِ النَّوايا ولم يُوفَّق إلى كِتابَةِ مَقال الشِّهرة والنِّصر المُؤَزَّر بِذَبح الدِّيك.. كيف حدث ذلك؟!

تَقدّم مَحمود إلى لَوحَةِ الحاسوب (اللّابْتُوبْ) لِيَطبعَ بِأَنامِلِه الغَضّة أَوّلَ

جملةٍ مفيدةٍ في مَقال الشِّهرة والنّصر، وإذا بِصَيحاتٍ مُزعجةٍ تَصدُر مِن ناحِيَة الجدار الفاصل بين البَيتَين عن مَجموعةٍ مِن الدِّيكَة وتُبَدِّد فَضاء الصَّمْت حُزنًا على زَعِيمها الدِّيك المَذبُوح.

أُصِيبَ مَحمود بِالخَيبةِ والإحباط، وأَلقى الحاسوب (اللّابْتُوبْ) جانِبًا، ثُمّ خرج مِن منزلِهِ مُمتعضًا يَتفقّد الأحوال ويَتحقّق مِن المُصِيبة الطّارئة عن كَثَب. وإذا بِخَمسةٍ مِن الدِّيكة مَنفُوشِي الرِّيش يَجتمِعُون على الجِدار الفاصِل بين المنزلين في صِياح مُزعِجٍ مُستمِرٍّ لا يَفتُر!

عادَ مَحمود مُستفِزًا مُنكسرًا والشُّعور بِاليأس يَغمره.. طَرق باب بَيت جارِهِ الأستاذ رَضِي.. عَبَّر له عن فَزَعِهِ واستيائِهِ مِن هَولِ ما جرى في إِثْر الوَلِيمَة الدّسمة لِوِفاقٍ وَوِئام بَين العائلتين المُتَجاوِرَتين حَديثًا، وقال:

(صبَرنا على صِياح دِيكِك يا أُستاذ رَضِي وغَدرَنا بِهِ ثُمّ أَكلناه معًا، وطَلَبْنا الهدوء والدِّعَة والرّاحة في رباطَةِ جَأشٍ وصَفاءِ ذِهْن ووُقارٍ لِلنَّفس، فتكاثرت عَلَينا الضَّجَّةُ وعَمَّت الضَّوضاءُ أَضعافًا مُضاعفَة.. (وِيْش السَّالْفَهْ) يا أُستاذِي الكَرِيم.. (تَرْهْ) رِزقِي مُعوّل على مَقالَةِ غَدٍ.. (ويش فُكْرُكْ)؟!

تَبسّمَ الأستاذُ رَضِي والاطمئنان يَغمُر قلبه، وقال: تُمْبَّهْ الصِّدْكْ لو أَخُوه؟!

أَخُويِي مَحمود أَباقُولُّكْ.. ذُقْ مِمّا جَنَت يَداك.. أَنْتَ أَوّلُ مَن بَيَّتَ النِّيّة والغَدْر لاغتِيال الدِّيك المِسكِين حتَّى أَنّك نَسيت نِيَّةَ الصَّلاة (فَلافْ) مَرّات واسْترجَعْت.. صَحْ لو مُو صَحْ؟!.. (وِينْ حُسْن النَّوايا يَلْجار) وأَنْتَ أَوّلُ مَن خطَّطَ لِمَؤامَرة الاغتِيال الدَّمَوي لِلدِّيك الوادع مِن وراءِ ظُهورِنا، وأَنتَ مَن عَزَم على التَّنفِيذ مع سِبْق الإصرار والتَّرصُّد.. وَصَلَتنا الأَخبار المُسَرّبَة مِن بيتِكم.. لا تَستَهِن بِأُمّ ناصِر حَرَمِي المَصُون، فإنّها لِأُمّ جعفر بِالمِرصاد.. تَلتَقِط الصَّادِر والوَرِاد.. وما أَنا إِلّا ضَحِيّة ما عَزَمْتَ أَنتَ عليه، أَليس كذلك؟

وهَلْ تَعلَم يا جارِي العزيز مَحمود أَنَّ الدِّيك المذبوح كان طاغِيَةً زَمانِه على دِيكَةِ (الفَرِيق كِلْهُمْ) ومُستَبِدًّا بِالجدار الفاصل بين منزلك ومنزلي قَبل

أَنْ نَتشرّف بِكَ جارًا كَريمًا. وكُنْتُ أَنا راضيًا بما قُدِّر لي في الدِّيك فأَحبَبَته حُبًّا جمًّا وعشقته بما عند العرفاء مِن عشق. وطالما حدَّثتُ نَفسِي بِالمَثَل المَشهور (خَلُّكْ على جْنُونُكْ كَبِلْ ما ايجِي أَجَنُّ مِنّه).. لماذا؟!

هَلْ تَعْلَم يا جارِي يا مَحمود، ويا أَيّها المؤمن في (الكُتْلَةِ الثَّوريّة والحِزبيّة والفِئويّة المؤمنة) أَنَّ الدِّيك المَذبوح كان حَرِيصًا كُلّ الحِرص على كَتْمِ أَنفاسِ خَمسةٍ مِن الدِّيَكة المهرة في الصّياح المُزعِج، فلا صِياح يُرْفَع في حَضرَتِه إِلّا صياحه ولا بَأس بِالنِّياحَة إِنْ كان ولا بُدّ.. إِنَّه الزَّعيم فِيهم الّذي جَهِلْتَ أَنْتَ قدره يا مَحمود وما أَدراك ما الزَّعِيم!

لقد دَعوناك إلى مائدَتِه الدَّسِمَة بِلَحمِهِ وعَظمِهِ وشَحمِهِ وحَواياه بِرَجاءٍ مِنك وطَلَبٍ يا أُستاذ مَحمود، فاستَجَبْنا لك وكُنتَ أَنتَ السَّعِيد الوحيد مِن وراء ذلك. وقَد حَلَّ البَديلُ إِذ شَغَلَ خُلفاء الدِّيك المَغدُور الخَمسَة الفَراغ (السِّياسِي) مِن بَعدِ رَحِيله، واحتَلّوا مَنصِبَه ومَقامَه، وشكّلوا في عُجالَةٍ مِن أَمرِهِم شُورى مَركَزِيّة لِلصّياح، ثُمّ تَقاسَموا دِجاجَه بينهم وحُبوبَه، وأَبقوا على الجِدار الفاصل بين بَيتِي وبَيتِك مَنطقةً حُرَّةً حتَّى إِشعارٍ آخر يا صَدِيقي رِعايَةً منهم لِلجِيرة الجَدِيدة بَينَنا!

هَلْ تُصدّق يا زَمِيلي ما قلته لَك الآن.. ما نَطقتُ بِه يا عزيزي مَحمُود لَيس كلماتٍ أُطلِقتها جِزافًا وعَبثًا، فلِكُلّ شَيءٍ ثَمَن، كما لِلدِّيك المَغدُور دِيَةٌ مقدّرةٌ. إِنَّها كلمات مِن وَحْي سِيرتِي الصَّحافِيّة وعَطائي النَّقدِي وخِبرَتِي ومِراني الأَدَبِي في تَعَقُّب مَسار الكِيانات السِّياسِيّة مُنذُ كُنتُ قَومِيَّ الهَوى.. اختَزَلْتُ كَلِماتي كُلّها ودَفعتها إِليك في واقِعَة ذَبح الدِّيك وقد جَعَلتُكَ اليوم بَطلَها المَهزُوم.. هَلْ تُصدِّق؟!

لقد كُنْتُ عَقلاً ناقِدًا وما زِلْتُ على ذلك.. أَجتَهِدُ مع نَفسِي لِأُقَعِّدَ لِقَيم ثَقافِيّة رَجوتُ سِيادتها بين أَهْلِ وَطَنِي في عرض الانْتِماءات الثَّوريّة والحِزْبِيّة والفِئويّة المَمقُوتَة.. أَتَجعلُون المَساجِدَ والمآتم والجَمعِيّات الخَيرِيّة غَنِيمة

فِي النِّزاعِ والمُغالَبة فِيما بَينكم انطلاقًا مِن فِكرٍ هَجِينٍ غَريبِ الأَطوار وأَجَنبيِّ الثّقافَة وقَد غَلَّبتُموه على ثَقافَتنا فأَفقدتُم النَّاس الثِّقَة فِي أَصالَة ثقافتها يا عَزِيزِي يا مَحمُود؟!.. أَلا تَعلمُون أَنَّ المَساجِدَ والمآتم إِرثٌ بَحْرانيٌّ تأريخيّ تَجاوز عُمُره قُرونًا مِن الزّمن.. وِينْ صَارَتْ واسْتَوتْ؟!.. لا صَارَتْ ولا اسْتَوتْ!

يا جارِي الّذي أَكرَمْت.. قَبْل أَنْ تَرسُو القواعد على طِبق ما أَردتُ، حَلّ عَلَيَّ غَضبُ السُّوء المضاعف في سِيرَتِي القَومِيّة النِّضاليّة، وانْقَلَبَ عَلَيَّ كُلُّ الصَّحافِيِّن الذين شَيَّدتُ فِي أَذهانِهم مَلَكَة الكِتابَة الصَّحافِيّة وأَعنْتُهم على احتِرافها، فجَزَعْتُ بِما فَرَّطْتُ فِيما جَرَى عَلَيَّ فِيه مِن القَضاء!

يا زَمِيلِي يا مَحمُود.. هَلْ تُصدِّق أَنّ هذه الكَلِمات الّتي أَسمَعتُك إِيَّاها وأَبصَرت الآن هِي عِبارة عن نَصٍّ انتَخبته مِن خاتِمَة مَقالِي الصَّحافِي النَّقدِي الذي أَطلقته قَبل سَاعَةٍ مِن الآن بِعنوان (الدِّيكُ الزَّعِيم ضَحِيَّةُ جِيلَين).. فبادِرِ رَحمَك الله إلى اقتِناء نُسخَتِك مِن جَريدَةِ صَباح يَوم غَدِ الجُمعة فَلا يَسبِقَك إِلِيها أَحدٌ فتأَسَى)!

إِنْتَهت قِصّةُ الأستاذ رَضِي والشّاب مَحمُود والدِّيك الضَّحيّة وأُم جعفر وأُم ناصر، فَهِي لَيْسَت (خُرَّافَهْ) وإِنَّما هِي حِكايَة كاشِفة عن مَلامِحِ قُوى ما بَعد حُسن النَّوايا على مَنهج (الجَمْبَّزَة) الحِزْبِيّة و(الجَمْبَّزَة) الأُخْرى المُضَادّة.. إِنَّها ملامحُ البيت الشِّيعِيّ الّذي يُراد له الاعتِزاز بِمُقوّمات وُجُودِهِ الفِكري الجَدِيد ومَحو (تَخلُّفِهِ) والرّقي بـ(وَعْيِهِ) الكامِنين فيه والحِرص على بِناء واقعٍ مِثاليٍّ حضاريٍّ يَسمُو فيه التَّشَيُّع على النَّزعات الخاصَّة وما اعْتَرى العلاقاتَ البَينِيّة مِن مُغالَبة ومُناوشة معزَّزتين بِسُوء الظَنّ والبهتان والافتراء الفاحِش مِن القَول.

إِنَّ التَّنمِية الثَّقافِيّة لِلمُجتَمع البَحْراني تُصبِح وَظِيفةً مُعقّدةً عندما تُسَلَّم مَقالِيد الأُمُور لانْتِماءات ثَورِيّة وحِزبيّة وفِئويّة لا تَستَنكِف أَنْ تُخطِّط لاختِلاق وهَمْ (الفِتْنَة) وحَثّ عناصرها المتقدّمة على تَروِيج وَهم (الفِتنة) في الوَسَط

الاجتِماعي بُغيَةَ تَعطِيل وَجهٍ مِن وُجوهِ الثَّقافَة البَحْرانيّة الأَصِيلة، ثُمّ تُسرع في تَحذِير المجتمع مِن قرب وُقوعِ تِلك (الفِتْنَة) المُختَلَقة وتَدعو إلى إعلان النَّفِير العامّ لِوَأدِها ولِقَطعِ دابِر الذين أَيقَظُوها وتَمريغ أُنوفَهم في التُّراب. وعِندما يتحسَّس ذَوُو الشَّأن والعلاقة مِن الوجهاء وكِبار القَوم (الفِتنة) فيتنادون إلى مُبادَرةٍ حَسنةٍ لِوَأدها؛ تَتَقدّمُ عناصر ذات الانْتِماءات الّتي اختَلَقَت وَهْم الفِتْنَةِ وأشاعته فتستَجِيب فورًا لهذا النِّداء العاجل وتَتدخّل لِلقَضاء على الفِتْنة الوهميّة وتستبدلها بِنسخة (تَصحِيحِيّة) مِن صُور الحَلّ الحزبي المعدّ سَلفًا.. إنّها عمليّةُ فَكٍّ وتَركِيبٍ أُجِيزَ اقتِرافُها بالجَمْبَزة!

تتَّخذ الانْتِماءات المُتغلِّبَة سِياسيًّا مِن (الجَمْبَزَة) صِبغةً مِن أَجْل تكريس المبادِئ الأُولى في صِناعة الزَّعِيم وتَنصِيبه. وبِهذه الصِّبغة يَترهَّلُ الانتماء والزَّعِيم مَعًا ويَفقِدان مع تَعاقُب السِّنين قُوّة التَّأثير في الوَسَط المنتمي، ثُمّ يَنتَفِي عُذرُ القائلين منهما بِأَنّ المجتمع لم يَتوافَر على (الوَعْي) الكافِي لاستِيعاب فِكرَةِ التَّغيير المُنظِّمة لِلقدرات والطَّاقات والكفاءات على أَكمَلِ وَجْه.

إنَّ الالتجاء إلى (الجَمْبَّزة) والابْتِذال بِها في اختِلاق وهْم الفِتنَةِ لَدَلِيل على الاستِخفاف بِالمُجتَمع الأَصِيل والاستِعلاء على ثَقافَتِه الأَصِيلة وفُقدان الثِّقة فيها. وأَنَّ إطلاق مَفهومَي (الانْتِماء) و(الزَّعِيم) المُنبَثِقَين عن بيئة ثَقافِيّة أَجنَبِيّة مُبَرّرِة لاستِعمال وَسائل النُّفوذ والسِّيادة بِشكلٍ مُطلقٍ يُمثّلُ تبعِيّةً وطَعنًا في النُّظم الاجتِماعيّة العَريقة التي أَرسَى دعائمَها أَجيالٌ مِن العُلماء المتَّقين والمُثقَّفين المُخضرَمين.

وإنَّ إهمال الانْتِماءات البَحْرانيّة لِقيمة التَّكامل بين مَفهومَي (التَنافُس) و(العَقل النَّاقِد) في دَعْم مَنهج النِّضال الثَّقافِي وفي الرُّقِي بَوسائل التَّغيير الإجتِماعي، وتَضخُّم مَفهوم الزَّعِيم الواحِد بِالمُغالَبة والمُناوشَة و(الجَمْبَزة) - كِلاهُما عَطَّل مَسئولِيَّة السّمو بِالثَّقافَة البَحْرانيّة الأَصِيلة في سِيرة نِضال

التِّسعِين عامًا المُنصَرِمَة. ويَكفي هذا التَّعطِيل أَنْ يكون دَلِيلاً دامغًا على عَدم أَهْلِيّة المنهج المتَّبع لدى الاتِّجاهات القَومِيّة والشُّيوعِيّة واليسارية والشِّيعِيّة الأُصُولِيّة الثَّورِيّة. ويُستَثنَى مِن ذلك الاتِّجاه الأَخْبارِي الّذي سَجّلَ تفوّقًا في تَوجِيه كُلّ الطَّاقَات لتنمية البُعد الثَّقافي البَحْراني والاعتِزاز بِأَصالَةِ المُجتَمع والجدّ في صِيانَة الهُوِيّة، وإِنْ اختُلِف مَعه في منهج مُعالَجةِ بَعض مَصادِر التَشرِيع.

فعِندما انصَرَفَت الانْتِماءاتُ الثَّورِيّة والحِزبيّة والفِئويّة وزَعاماتُها إلى الاشتِغال بِحَصاد السِّياسَة وإِهمال التَّنمِية الثَّقافِيّة الأَصِيلة واعتماد فِكرٍ هَجينٍ ناشِئٍ عن تفاعلات بيئَةٍ ثَقافةٍ أُخرى؛ أَمسَى كُلُّ شَيءٍ مَغموسًا في نكهَةِ السِّياسَةِ المُبرِّرة لِكُلّ الوَسائل والمُدمِّرَة لِلقَيم ولِلأَخْلاق.. كَيف نُفَسِّر ظاهِرَةَ الانقلابات المُفاجِئة على قِيَم المساجِد وأَئمَّتها والمآتِم وإِداراتها في أَغلب أَحْياء المُدن والقُرى؟!

يَمُرّ نصف قَرنٍ مِن الزَّمان على أَحدِ المساجد فيَبقَى مَهجورًا مُعدمًا لا يَملِك وَقْفًا ولا يَحظى بِمُخصَّصاتٍ مالِيّةٍ كافِيَةٍ، فيَستقرّ بِه المقام تَحت رِعَايَةِ أَحد العُلماء المؤمنين لِيَجتهد في إِحياءِ شَعائِرِه وإِمامة جَماعَتِه ولِيَنهض بِأَنشِطَتِه الثَّقافِيّة والاجْتِماعيّة المعطّلة ويَغدُق عليها مِن فائض أَموالِهِ الخاصَّة ومِن أَموال الباذِلِين مِن أَهْل الحَيّ.. ثُمّ تدور عَجلةُ الزَّمن وإِذا بانْقلابِ (جمبازي) مُدبَّرٍ يُقصِي هذا العالِم عن إِمامَةِ مَسجِدِ الحَيّ.. كَيفَ حدثَ ذَلِك؟!

بَعد عَشرِ سِنين مِن الفعَّالِيّات الثَّقافِيّة النَّاجِحَة بين أَهْل الحَيّ، يُحسِن أَحدُ المؤمنين فيوصي بِوَقفٍ واحدٍ مِن عَقاراتِهِ الكثيرة لمصلحة المَسجِد المُعدَم وتَغطِية نَفقاتِ أَنشِطَته. وتَمضِي اللّيالي والأَيّام على المسجد والإِمامُ الشَّيخ مُنهَمِك في تنَظِيم فعَّالِيّات المسجد في سِعَةٍ مِن المال والطَّاقات، وإِذا بِفِئةٍ مِن أَهْل الحَيّ تَنقَلِب فُجأَةً على الشَّيخ الّذي تَعهّد مَسجِدَهم المَهجور

ورَعاه مِن أَموالِه الخاصّة حين لم يَكُن لِلمَسجِد مَن يَرعاه ولا وَقْف يَسنِده.. فمَن المُدَبِّر لِلانْقِلاب؟!

تبدأ مَحنةُ الانقلاب بِإِعلانٍ مُفاجِئٍ مِن قِبَل الأَهالِي عن المَقاطَعَة المُبرمَة لِصَلاة الجَماعة في مَسجِدِهم، فيَقصِدون مَسجدًا آخر لِلصَّلاة جماعة. وفي مَرحلةٍ لاحِقةٍ يَرفع الأَهالِي المقاطِعُون عريضة شكوى إلى الدّائرة الرَّسْمِيّة ذات العلاقة مُطالِبين إِيَّاها بِتَنحِية إِمام مَسجِدِهم واستِبداله بِإِمامٍ يَرضَونه ويُرشِّحونَه بِالاقتراع العامّ!

يَتحَرّى شَيخُ المسجد الدِّقَة في البَحث في الدّوافع المفاجئة لِهَذا الاحتِجاج على إِمامَتِه لِصَلوات مسجد الحَيّ، فيَكتشف أَنَّ انْتِماء حِزبيًّا وفِئويًّا قد شرع في الهيمنة على مَساجِد ومآتم الحَيّ وخَطّط لِلاستحواذ على المَسجِد الّذي يَؤمُّ صلاتَه، وذلك في ذاتِ اليَوم الذي عَمَّ خَبر حُصُول هذا المَسجِد على مَوقُوفٍ عقاري يُغنِي، وأَنَّ إمام المسجد المُجاور قد عمد إلى تَحرِيض أَهالِي الحَيّ على الخُذلان والعمل على إقصاء صاحِبِهم الشَّيخ الّذي رَعاهُم وأَحيا شَعائر مَسجِدِهم في ساعة العُسرة، فوَجدَهم لِتَحريضِهِ مُستجِيبين.. لقد حَدَث مِثل ذلك لِلكَثير مِن مَظاهر الثَّقافَة البَحْرانيَّة الأَصِيلة وشَعائرها في قَصَص يَقشَعِّرُ لها الوِجدان وتَضجرُ لها القلوب. وكانت خاتِمةُ المُغالَبةِ والمناوشَة على المآتِم والمَساجِد أَنْ تَشاغَلَت الانْتِماءات الثَّوريّة والحِزْبيّة والفِئويّة عن وظيفة تعزيز الشُّعور بِوَحدة المَصير فَـ (أُكِلَتْ يوم أُكِلَ الثَّورُ الأَبْيَض) وذَهب رِيحُها!

إِنَّ صِناعة الانْتِماء الثَّوري والحِزبي والفِئوي وتَضخِيم وُجوده وتَفخِيم منزلته ومقامه بِـ (الجَمْبَّزة) لم يَفضِ في المجتمع البحراني إِلّا إلى الضَّعْف والهَوان وفُقدان الثِّقَة في الذّات البَحْرانِيّة وتَدمِير القِيم السّائدة.

وقد اكتَفَى ذَوُو الانْتِماء بِالانشغال بِفَرض الوَصايَة والوَلايَة عندما عجزوا عن تَنمِية الثَّقافَة البَحْرانيَّة الأَصِيلَة وصِيانتها، وأَربَكوا النِّظام

الاجتِماعي وأَخَلّوا بِمَعاييره العَرِيقة التي صُنِّفت بِها المراتِب والمقامات الحَقِيقِيَّة ومُيِّزت في التَّقسيم الاجتِماعي البحراني.

كُلُّ ذلك حَدَث تَحت عناوين وَحدَة الانْتِماء الثَّورِي والحِزبي والفئوي ووَلايَة الزَّعامة، وإِصلاح الفِكر والعادات والتَّقالِيد، وتَطوير نَمط التَّفكير. وكأَنّ مُجتَمع البَحرَين يَعِيش في غَمْرةٍ حَياةٍ بِدائيّةٍ مُجرَّدة مِن الثَّقافَة!

أَينَ نَتائج التَّنمِية الثَّقافيّة لِمَرحَلةِ ما بعد السِّتِّينات مِن القَرن المُنصَرِم حيث ظُهور وانتِشار الانْتِماءات الحزبيّة والفئويّة فِيما لو أَحصَيناها وبَحثنا عن آثارها في المجتمع البحراني بِحيادٍ تامٍّ، وأَينَ مظاهرها في واقِع الحال؟!.. وهَلْ صُدور مَنهج الشَّكّ في العَقِيدة وتَشطِيب مُتُون أُصُول المعرفة وتَأمِيم شَعائر الله وتَدمِير نَسَق الثَّقافة البَحْرانيَّة الأَصِيلة العَرِيقة بِحُجَّةِ امتِزاجِهِ بِالأساطير والخرافات ـ هُو مِن نتائج النِّضال الثَّوري الحَضاري؟!.. وهَلْ ارتقى مجتمعُ البَحرين مُنذ ساعةِ وَصْفِهِ بـ (المَتخَلّف) و(اللّاوَاعِي) إلى مَنزِلَةٍ عُليا ومقام رفيع فتأَهّل لِخَوض التَّحدِّيات المعاصرة مُستقلّا وبِتفوّقٍ ثَقافيّ مُتَميّز؟!

إنَّ نتائج عمل الانتماءات الحِزبيّة والفئوية لِدَفع عجلة التَّنمِية الثَّقافيّة البحرانيّة إلى الأمام لم تتجاوز حَدّ الصِّفر منذ السِّتِّينات مِن القرن الماضي، في حِين تَباهى المنتمُون بِرُقِيّ فكرهِم وسمُوّهم على مظاهر الثَّقافَة وحِنْكَتِهم السِّياسيّة ووَعِيهم للحوادث الواقِعَة وقدرتهم على التَّصدّي للتَّحدِّيات حتّى مطلع العَقدِ الثّاني مِن القرن الرّاهن، فيما تكشف الحقيقةُ أَنَّهم نَسَبوا كُلَّ محاسِنَ الثَّقَافَة البَحْرانِيّة الأَصِيلة العَرِيقة الّتي وَصَفُوها بِالأَمس بِـ(المُتخَلِّفة) و(اللّاواعِيَة) إلى سيرة كِفاحِهِم المرير تَعسُّفًا!

إِنَّها (جِمْبَزَة) الانْتِماء الثَّوري الحِزبي والفِئوي في سِيرتِه السِّياسِيّة البَحْرانِيِّة إذ تظاهر بِالصُّمود حتَّى النّصر والغَلَبة بُغيَة الإفلات مِن تَسدِيد فاتُورة الإهمال المتعَمّد لِلتَّنمِية الثَّقافِيّة والانْشِغال بِالشَّأن السِّياسي. فلو

استَقَلَّت الثَّقافَةُ البحرانيّة الأَصِيلة واستَقَرّت مَظاهرُها منذ الخمسينات مِن القرن الماضي لَتفوّقَ أَتْباعُها على كُلِّ التَّحدِّيات المصيريّة.

ـ ثـَرْثَرةٌ وِجْدانِيَّةٌ في اخْتِلاقِ العَلْمَنة

ومِن (الجَمْبَّزَةِ) الثَّرثَرةُ في العَلمنة.. ففِي البحرين نَهضَ تيّارٌ مِن بقايا الانْتِماء الثَّوري الحِزْبِي والفِئوي اليائس، فدَعا إلى انتخاب بَعضِ المفاهيم العَلمانيّة وزَجِّها في فَنَّين مِن فنون النِّضال الممهِّد لِتأسِيس نَهضةٍ جديدةٍ بالدَّولة الوَطَنِيّة الحديثة:

ـ فَنُ المُمْكِن السِّياسي.. ومِن أَبرز اهتِماماتِه العملُ على استغلال فرص المُشاركة في إِدارة الشُّئون العامّة الّتي تُتِيحها نُظُم وقُوى الاستبداد، والتَّخَلّي عن مَفهوم إِقامَة الدَّولة الدِّينيّة والزَّعِيم الشِّيعي الواحد. وهو فَنٌّ يُمهِّد الطّريق لِلفَنّ الآخر.

ـ والفَنُّ الآخرُ هو حَجبُ الثِّقة عن أُصُول الثَّقافَة والعمل على تَزرِيق حركة النِّضال بِكلّ ما يُعِين على اختِراق النِّظام الاجتماعي ومِن ثَمّ (تَأمِيمه) وإِعادة صياغة علاقاته ومراتبه ومقاماته.

كانت الدَّعوةُ إلى العَلمانية البَحْرانيّة نُخبويّةً متظاهرةً بالالتزام الشِّيعِي المنفتح حَضاريًا والاحتِذاء بالمنهج النَّقدي الدَّقِيق لِنظريّة التَّغيير الاجتماعي ولِلرّؤية الخاصّة لِلتَّأريخ السِّياسي بِوَصْفِهما مُنقطعَين عن المِثال الخالق.

لم تكُن هذه الدّعوة تَخلو مِن الانعكاسات السَّلبيّة عندما آزرت مَنهج (الشَّكّ والتَّشطِيب والتَّأمِيم) المتبنَى حِزبيًّا وفئويًّا وأَيّدته وساندته، وشارَكَت في غُنْمِه، وقَدَّمته على كُلّ أَثرٍ أَو قيمةٍ أَو رمزٍ مِثاليٍّ مُقدّسٍ في الثَّقافَة البَحْرانِيّة الأصيلة. فجَرّدَت أُصولَ المعرفة مِن بُعدها الغَيبي وسفَّهَت مظاهر الثَّقافة ووَصَفتها بِـ(الطُّقوس) الموضوعة و(الأَساطير) المقتَبسة عن ثقافات جنوب شَرق آسيا، واستَجابَت لِمَفهومي الواقِعيّة الحادّة والاعتِقاد الضِّمْنِي بِـ(مَوتِ

الإلَه) ونِسبةِ دَورِهِ في شُئون الخَلْق إلى الإنسان النُّخبوي الثَّوري والحزبي والفئوي المعصوم و(السُّوبَرمان) المتصرّف الحُرّ والمستقلّ عن مفاهيم (الانْتِظار) و(التَّقِيّة) و(العِصْمة) و(الوَلاية والبَراءة) وعن إمامةِ المَعصوم بَقِيَّة الله عَجَّلَ الله تَعالى فرَجَه الشَّريف.

كيف يَرى الاتّجاه النُّخبوي الشِّيعي (المُتَعَلْمِن) هذا مَسؤولِيّاته في التَّنمِية الثَّقافيّة وتَغيير المجتمع؟ وكيف يَرَى البَحْرانِيّون العَلمانِيّة مِن بَعد إخفاق التَّجربة النِّضالِيّة السِّياسِيّة الشِّيعِيّة وتَراجُع فكرها عن التَّأثير في حركة التَّبليغ والوَعظ والإرشاد؟

كلَّما أَخضعنا التَّأريخ لِلقَراءة الفَلسَفِيّة سنَجِد الفرق في المعنى بين اتّجاهي (فَصْل الدِّين عن السِّياسة) و(فَصل الدّين عن الدَّولة) مَعدومًا إذْ أَنَّ كلاهما يُمَثّل دلالةً فاقِعة اللّون بـ (جَمْبّزةٍ) تُثِير السُّخرية. وأَنَّ الحقيقة الّتي أَكّدت عليها التّجربة البشريّة في العَلمنة كانت عبارة عن خُلاصةٍ مثيرة في الجَدَلِ حول القَولِ بـ (إِخْضاع الدِّين لِلسِّياسة) وليس حَول القَول بـ (الفَصلِ بين الدِّين والسِّياسة والدّولة) أَو نَبذ الدّين أَو الانقطاع به عن الإله أَو تفويض الأمبراطور أَو الأمير أَو الحاكم لِلقيام بِدَور الإله أَو جعله الطَّريق الوَحِيد لِتَلقّي الإشارة مِن الإله الأعظم لخوض مرحلة السِّلم أَو مرحلة الحرب.

فالعَلمَنَة تَتجاوز مَفاهِيم (فَصل الدّين عن الدَّولة أو السِّياسة) وإِنْ تظاهرت باعتناقها لهذه المفاهِيم مُجرّدة.. إِنَّها فكرةٌ فلسفيّةٌ شاملة لِلنّظام الاجتماعي بكلّ تَفاصِيله، ومنها القِيم الطَّبيعِيّة والإنسانِيّة. وفي حدود هذه القَضِيّة يمكن إِثارة هذا الاستِفهام:

فلَو تَطلَّبَت الضَّرُورة السِّياسيّة في الدَّولة العَلمانيّة تَقمُّص الدِّين أَو استدعاءَه وضَمّه إلى أَدوات ووَسائل السِّياسة في السِّلم والحرب، فهَلْ ستَمتَنِع السِّياسَةُ عن فعل ذلك بِحُجّة تمسُّكها بِمَبدأ فَصل الدِّين وإِقصائه؟!

إِنَّ المفاهيم الدِّينيّة في ثَقافَةِ الدَّولة العَلمانيّة المعاصرة قد تُشَكِّل

نَظرِيّات قابلة للانْدِماج في السِّياسة على طِبق الضَّرُورات الّتي تُقرِّرها وتُقوِّمها السِّياسةُ ذاتها، فهي آليّةٌ غير مستقلَّةٍ عن الدّولة العَلمانيّة. وفي مَقدُورِ الدَّولة العَلمانية التَّخَلّي عن مفاهيم الثَّقافَة الدِّينِيّة وقَمعِها أَو الرّجوع إليها وتَنمِيتها إِنْ شاءت الضَّرُورَةُ ذلك. وقد تَتبنّى ثقافةُ الدَّولة القَولَ الرّائج في تعريف العَلمانيّة القائل أَنَّ العَلمانيّة هي (فَصْلُ الدّين عن السِّياسَة)، والغرض مِن ذلك هو تَعمِيَة المعنى الحقيقي القائل بِأَنّ العَلمانيّة هي (إِخْضاعُ الدِّين لِلسّياسة) في تَطبِيقات إدارة الدّولة.

ولَيست عُزلةُ الدِّين وانقطاعُه عن الدَّولة العَلمانيّة مطلقة، وإِنَّما هي حَالٌ موقوتةٌ بِظَرفِ الزَّمان والمكان. وتُشِير السِّيرة التَّأريخيّة ومُعطيات الواقع إلى حرص الدّولة العَلمانيّة على تنمية ثقافة دِينِها الرَّسمِي المعتَمد ومَدّ شعائرها بِالمُستلزمات القانونيّة والمادِّيّة ومكافحة المَدّ الثَّقافي المناهِض لِدين الدّولة، وذلك بُسلْطةٍ دينيّةٍ قد تكون عَمِيقة وغير ظاهرة.

فماذا يَعنِي فصل الدِّين عن السِّياسة.. هَلْ هو عزل الأصول الدِّينيّة، أَمْ تجميدها، أَم هو انتزاعُ المفاهيم الّتي كرَّسَتها الأصول في الثَّقافة الوَطنيّة حتّى تُصبح الثَّقافَةُ حُرّةً مُجرّدةً مطلقة قابِلَة لِلتّفاعل مع التَّحُوّلات السِّياسيّة لِلدّولة.. إِذَنْ، لماذا خُصِّصَت جِهةُ الدّين للانفصال عن السِّياسة حتّى يَستقِيمَ النِّضالُ أو تَستقِيمَ إِدارةُ الدّولة؟!

هذا تَخصِيصٌ لا يَقبله ذاتُ العَقلِ الفَلسَفِي الّذي أَنشأ نَظَرِيّة الدّولة ومفاهيمَها في عُمق التَّأريخ، ومِنه عَقلُ فَلاسِفَة النّهضة ومُصلِحي نظام الدّولة في عَصرِ الحداثة فضلاً عن فَلاسِفَةِ ما بعد الحداثة النَّاقِضِين لِلعَقل المجرّد.

لقد طَغَى الجِدالُ في هذا الشّأن على بلاد الغرب الأوروبي وعَمّ دوائر السَّيطرة الكَنسيّة في ظَرفٍ كهنوتيٍّ جَشِعٍ وفَقر مُدقع مُتفاقم مُدمِّرٍ لِلنّظام الاجتماعي، ولم يَكن يَختصّ بِأَثر الدِّين على نظام الدَّولة مُجردًا أَو بِصِفَتِه المكوّنَ الثّقافي والمُحفزَ السِّياسي والمنَظِّمَ الاجتماعي الوَحِيد.

كيف نُعَرِّف (العَلمانيّة) ونَقف على المعنى الحقيقي لها، وكيف نراها على حسب مُعطِيات الواقع والتَّطْبيق التَّجريبي؟!

لم تَسْلَم النَّظَرِيّةُ العَلمانيّة في الدّولة مِن (الجَمْبّزة) والاحتِيال والفُجور السِّياسي والكَذِب المبتذل المُبرّر!.. إنَّها أَحكامُ السِّياسة مُطلقًا سواء جاءت منفصلةً عن الدِّين أو مندكَّةً فيه أو مجتمعةً معه على شَراكة في إِدارة الشُّئون العامّة.

إنَّ تَعرِيف العَلمانيّة عند رُعاتها ومُريدِيها مُشكِّكٌ يُقَرَّر على حَسب الضَّرُورة السِّياسِيّة التي تقود الدّولة أو حَركة النِّضال مِن أَجْل تَأسِيس الدّولة. فقد تَقتَضِي الضّرُورة السِّياسِيّة أَنْ يكونَ الدّين جذرَ الدّولة وساقَها وأَغصانَها وورقها وثَمرها، وقد تَتجرّدُ الدّولة مِن الدِّين كُلِّيًّا فتدخله في بَياتٍ قَصِيرِ الأمد أو طَويل الأمد، وتَستَمِرّ في المُحافظة على كُلّ مَظاهِره وإِرثه التَّأريخيّ ومَقاماتِهِ ومَراتِبِه الاجتماعِيّة ولا تُفرِّط في أُصُولِه ومُكوّناته.

إنَّ العَلمانيّة الّتي يُروّج لها رَهطٌ مِن أَهْل الفِكرُ البَحْراني المُعاصِر في صُورةِ رَدَّةِ فِعلٍ صَريح على إِخفاق الانْتِماء الحِزْبي والفِئوي البَحْراني في تَحقِيق التَّغيير السِّياسِي المَرجُو والمُؤمَّل، أَو رَدّة فِعلٍ صَريح على تَدخُّلِ الدِّين في شُئون الحياة الاجتِماعِيَّة بِفكرٍ هَجينٍ أَجنَبيٍّ المَنشأ على أَيدي فِئةٍ مِن علماء الدِّين الّذين لا يَملكون الكَفاءة اللّازِمَة لِتَنمِية ثقافَة مجتمعهم الأصيل، أو رَدَّة فِعلٍ صَريح على تَدخُّلِ الدِّين في إدارة شئون الدّولة وعلى جَهل عالِم الدِّين بِمُوجبات الزَّعامَة وانْعِدام خِبرته في الشُّئون الإداريّة ـ تُعدُّ مِن أَعمال (الجَمْبّزة) الكبرى على مُستَويَي المعنى والتَّطبِيق، ومِن مظاهر اضطراب الهُوِيّة الثَّقافِيّة في أَذهان أُولئك المُثقَّفِين البَحْرانِيّين الّذين خَذلوا ثَقافَتَهم البحرانيّة الأَصِيلة وحَجَبوا الثِّقة عنها وانْبَهروا بِفِكرٍ هَجِينٍ اتَّبعُوه بِوَصْفِه شريعةَ حياةٍ ونِضالٍ وهَجَروا أُصُول تَشَيُّعِهم ونَبذوا سيرتها المَجِيدة، ومِن مظاهر الالتِجاء إِلى التَّعويض عن النَّكبة السِّياسيّة الّتي ساهَمُوا في صُنعها بِمَنهج (الشَّكّ والتَّشطِيب والتَّأمِيم).

فلا صِحّة لِلقولِ أَنّ الدّولة العَلمانيّة تَخلَّت مطلقًا عن الدِّين أَو تَجرّدت منه، كما لا صِحَّة لِلقولِ أَنّ الدّولة الدِّينِيّة تَخلَّت عن العَلمانِيّة، وهكذا الأمر بِالنِّسبَةِ لِلكِيانات والانْتِماءات النِّضالِيّة. فالعَلمانيّة في واقعِ الأمر هي خِيارٌ فاعلٌ لِمَدّ وُجُود هذه الدّولة وهذا الحِزْب وهذه الفِئة بِعَوامل البقاء في عالَمٍ تَسوده مَوازينُ المصالح طِبقًا لِلرُّؤية العَلمانيّة ذاتها. فاستَحال الدِّينُ إلى إحدى الخِيارات المُبَيّتة القابلة للاستِنهاض في الدَّولَةِ العَلمانيّة متَّى ما تَطَلّبت الضَّرُورة السِّياسيّة ذلك.

إنْ احتَملنا تَخَلِّي الدّولة عن الدِّين وقَدّرنا ذلك على وَجْه الحقيقة، فهُو احتِمالٌ يَعكِس قُصورًا في مَعارِفَنا الفلسفيّة وضَعفًا في الاطلاع على السّيرة التَّأريخيّة لِلسِّياسَة، أَو يعكس تَجاوزًا ثوريًّا أو انقلابيًّا بهذه المعارف على مُعطَيات الواقع وعلى خِلاف النَّسَق الفكري الدّارج في ثَقافَةِ بِلاد الغَرب الصَّانِعَة لِلعَلمَنة ومَحلّ النَّشأة الأُولى لِفَلسفتها.

إنَّ العَلمانيّةَ لا تَعدو أَنْ تكون فِكرةً انِهزاميّةً يُروّجها بَعضُ الشِّيعة المُثَقَّفِين الحالِمِين الوَاهِمِين إذْ يُسَوِّقونها في شَكلِ خِيارٍ مُنقذٍ وخُطوةٍ آمنة في إثْر فَشلِ الفِكر الشِّيعِي الثَّوري والحِزْبي والفِئوي الوافد الهَجِين في صِناعة الثَّقافَة البَدِيلة، وفي إِثْر إخفاق النَّظريَّات السِّياسِيّة المتبنّاة لِإيجاد الدَّولة الشِّيعِيّة العادِلة.

وتُشِير معطيات الواقع أَنّ مآل الدَّولَةِ الدِّينيّة أَو النِّضال الدِّيني مِن أَجْل تَأسِيس الدَّولة لا يُبشّر بإمكان تجنُّب الوقوع في أَحضان العَلمانيّة مِن غير الرّجوع إلى أُصُول الثَّقافَة المحَلِّيّة الشِّيعِيّة الأَصِيلة الّتي خُذِلَت بِمَنهج (الشَّكِّ والتَّشطِيب والتَّأميم). كما أَنّ ماجريات الواقع نفسه كَشفَت للانْتِماءات الشِّيعِيّة أَنّ الاستِخْفاف بالثَّقافَة الشِّيعِيَّة الأصيلة لا يُمكِّن مِن انْتاج نِضالٍ شيعيٍّ أَو دولةٍ شِيعِيّةٍ مِن دُون الارتِكاز على مُقدِّمات عَلمانيّة!

قد تَختَلِف الدَّولَتان الدِّينيّة والعَلمانيّة إلى حِين في تعريفهما لِلدّين

والعَلمانيّة، فيُشار إلى (ثَقافَة) المجتمع في الدَّولَة العَلمانيّة عِوضًا عن استِعمال معنى الدِّين الّذي يُعوّم في الثَّقافَة، أَو يُشار إلى (تَنظِيم الحُرِّيّات) في الدَّولَةِ الدِّينِيّة عِوضًا عن استِعمال معنى العَلمانيّة فتُعَوّم العَلمانيّة في الدِّين!

إنَّ الدَّولَةَ الدِّينِيّة الحديثة أَو المعاصرة هي عَلمانيّةُ النّظام والهُوِيَّة، وأَنّ السِّياسة فيها أَصلٌ غير خاضع لِلدِّين ولا لِأَيّ مَفهوم ثَقافِي آخر. ولم يَضرِب لنا أَحدٌ مِمَّن يَمتَهِن السِّياسَةَ مَثلاً في نَموذَج حَديثٍ أَو مُعاصرٍ يَنفرِد فيه بهيمَنَةِ الدّين على السِّياسَة أَكان حِزبًا ثوريًّا أَو كيانًا فِئويًّا أَو دولةً. وهو الأمرُ الّذي يَدفعُ إلى التَّشكِيك في قَول القائلين بِأَنّ العَلمانيّة تَعنِي فصلاً لِلدِّين عن الدَّولة فضلاً عن التَّشكِيك في قَول القائلين بِإمكان قيام دَولَةٍ دِينيّةٍ مُستقلّةٍ عن العَلمانيّة ومُجرّدةٍ مِن أحكامها.

فلو اقتَضَت ضَرُورات السِّياسة في الدّولة العَلمانيّة شَنَّ حُروبٍ دِينيّةٍ صَليبيّةٍ جَديدةٍ أَو إسْلاميّةٍ أَو يَهوديّةٍ أَو هُندوسيّةٍ أَو بُوذيّةٍ أَو ما شاكل ذلك؛ فهَلْ ستَمتَنِع هذه الحرب عن الانطلاق التزامًا بِالهُوِيّة الدِّينيّة ومُخالفةً لِلعَلمانيّة، ولماذا يَعود الدِّينُ إلى السِّياسَة الّتي اعتزَلته فيَخضع لها تَحت عُنوان العَلمنة؟!

كان الرَّئيس الأمريكي آيزنهاور ومِن ورائه قُوى الدّولة العَميقة يَخشى مِن ضَعْف إدارته عن صِناعة التَّفوّق في الحَرب البارِدَة، ومِن اختِلال التَّوازن إزاء التَّطوُّر الاستِراتِيجيّ السّريع لمصلحة الاتّحاد السُّوفيتي المُلحِد الّذي أَوشَك أَنْ يجعلَ واشنطن تَجثُو على رُكبتَيها لولا أَنْ تَلَقّى آيزنهاور رُؤيةً مُنقِذةً مِن مستشاريه قَضَت بِضَرُورة اتِّخاذ قَرارٍ رئاسيٍّ عاجلٍ يَتِمُّ بِمُوجِبِه إعادة (الرَّبِّ) إلى السِّياسَة وإِعادة طُقوس الإيمان بِالمَسِيح عليه السَّلام إلى كُلّ مَفاصِل الدّولة ونُفوذها الخارِجي في سَبِيل تَشكِيل قُوّةٍ مِثاليّةٍ كافيةٍ لِصُنع التَّفوُّق على الدَّولَةِ المُلحدة المتعاظمة.

رَفَض آيزنهاور الرُّؤية في بادِئ الأَمر التزامًا منه بِنَصّ التَّعدِيل الأَوّل

الّذي طرأ على الدَّستُور الأمريكي ومُنِعَ بِمُوجِبِه تَدخّلِ الدِّين في شُئون الدّولة حِمايةً لِلعَلمنة، ثُمّ لم يَلْبَث آيزنهاور أَنْ تراجع في إِثْر تقديره لِلمَوقف مِن جَدِيد، فأَقَرّ بِأَنّ الالتزام بعودة (الرَّبِّ) إلى العَلمانيّة فيما لو نُفِّذ فإِنَّ نُفوذَ القوى الدِّينيّة في الولايات المتَّحِدة سيَنشط محلّيًا ويَتوسَع عالميًّا وسُيؤدِّي إلى صِناعة أَداة الحسم الاستِراتِيجي وتَرجِيح كَفّة واشنطن في الحرب البّارِدَة مع دولة (الإلحاد)، وسَيُساهِم مُساهمةً عظيمةً في فرض طَوقٍ حَدِيديٍّ حول الاتّحاد السّوفيتي وتَضيِيق أنفاسه.

فكان لِلرّئيس آيزنهاور ما أَراد، فاختَلَط رجالُ الدَّولةِ وأَفرادُ عائلاتهم مِن فَورِهم بِقُدّاسِ (الصّلاة والإفطار) في قاعات المؤتمرات الكَنَسِيّة العَلنيّة والسِّرّية، المَحلِّيّة والعالميّة. وتَمَّ تَوحِيد الشّعار المطبوع على الدُّولار (بالله نُؤمِن) عِوضًا عن الشّعار القَديم (الوَاحِدُ مِنَ الكَثرة). كُلّ ذلك جاء بإِشراف ودَعْم مِن قُوى الدّولة العَمِيقة التي نَجَحَت في اختِراق حدود الاتّحاد السُّوفيتي ومَدّ يَدِ النّفوذ إلى أَوساط المجتمع المَسِيحي الرُّوسِي وتَفعِيل آلة الدَّعوة لِاعتناق الإيمان بِـ (يَسُوع) المُخَلِّص والمُطَهِّر.

وفي إِسرائيل المغتصِبة لِبلاد الفلسطينيّين تَتمثَّلُ دولةٌ دينيّةٌ مِن صُنع العَلمانيّة البريطانيّة الّتي دَعَت دول العالم العَلماني إلى الاعتِراف بإِسرائيل وتَأييد قيامِها والمساهمة في إِرساء قواعِدِها على أَنقاض دَولةٍ قائمةٍ وشَعبٍ ذِي وُجُودٍ أَصيلٍ وهُوِيَّةٍ خاصّةٍ مُعترف بها دُوليًّا.. إِسْرائيل دَولَةٌ دِينيّةٌ أَسَّسَتها العَلمانيّة لمصلحة مَذهَبٍ دِينيٍّ هو (البُروتِسْتانْت) المَسيحِي، وذلك لِتَوريط المُسلِمين في الدّم اليَهودِي مِثلما تَورَّط الغَرب المَسيحِي في دَمِهم!

ولا يَخفى على المتَتَبِّع أَو المتخصّص في تأريخ الصّراع الكنسي أَنّ العَلمنة الرّأسماليّة السَّائدة على العالم الحديث والمعاصر هِي مِن صُنع تعالِيم المذهب البُروتستانتي المُنشقّ عن الكاثُولِيكِيّة الرُّومانِيّة والمؤكِّد لِأَتباعه الجدد في أَوّل ظُهورٍ له في أَلمانيا على وُجوب البِدءِ في الاحتِراف

المِهَنِي وادِّخار المال مِن أَجْل نَيل رِضَا الرَّبّ، وتَجنُّبِ اللّجوء إلى أرباب صُكوك الغُفران الكاثُولِيكِيّة الرُّومانيّة المعادية لِـ (مارْتِنْ لُوثَر) مُؤسِّس البُروتستانْتِيّة، حتَّى مَهّدَ فائضُ المال في أَتباع البُروتَستانْتِيّة بِهذه الدَّعوة إلى تَأْسِيس نِظام العَلمَنة الرّاسماليّة في مُقابِل سُلطة رُوما المُتَزمِّتَة.

إنَّ العَلمانيّة التي مَهّدَت الطّريق لِقِيام دولة إسْرائيل تَمسَّكَت بِمَذْهَب (مارِتِنْ لُوثر) المَسِيحي الألماني المُبغِض لِليَهود ولِدِينهم، ثُمَّ جُمِّدَت كَراهِيّة البُروتِستانْت لِليَهود بعد انتِهاء الحَربِ العالميّة الثّانِيّة استِجابة لُمتَطلّبات عَلمانِيّة حيث وُعِدَ اليهود سِياسِيًّا بِدَولةٍ في فلسطين.

وهكذا حَدث الأمرُ في سِيرة العَلمانيّة الملكِيَّة الفَرنسيّة عندما سُخِّرَت مُنظّمة فُرسَانِ المَعبَد المَسِيحِيّة لخِدمة المَلِك وهِي المنظّمة الّتي اشتَهَرت بِالتَّديُّن الصَّارِم وبِالبَأس العَسكري الشَّديد وبِمُلكيّتها لِلمِئات مِن المَصارِف المنتشرة في الأرجاء الأُورُوبيّة وعلى الطَّريق إلى القُدس لِدَعم وحِمايَة (الحُجّاج) المَسيحيِّين المسافرين إلى فلسطين، ثُمّ تآمَرت الملكِيّة العَلمانيّة على هذه المنَظّمة ووَجَهّت إليها تُهمة الهَرطَقة وصادَرت أَموالها ومُمتلكاتِها وأَخضَعَت رجال الكَنِيسة لِسُلطة الملك.

فهَلْ فُصِل الدِّينُ عن العَلمانيّة في هذه التّجارب المريرة أَمْ أَنّ الدِّينَ كان حاضرًا بوِجدانياته؟!

إنَّ تَعريف العَلمانِيّة بِمَبادئ الفصل بين الدِّين والسِّياسَة والدَّولة هو مَحضُ هِراء وثَرثَرَةٌ (بَاصْكَهْ) وتَفلسُف مُسَفِّه لِعُقول النّاس ولا يُحاكِي في الواقع الثّقَافِي شَيئًا إِيجابيًّا. وأَنّ المناضِلَ المُتدَيِّن الشِّيعي الباحِث عن الخلاص السِّياسي أَو الاستقرار الاجتِماعي بِالعَلمانِيّة فِرارًا مِن الدِّين فَقَد ضَلّ طَريقَه ومنهجه، وتَمادَى عندما تَخلّى عن ثَقافَتِه الأَصِيلة وظَنَّ خَيرًا بِالثّقافَة النِّضالِيّة البَدِيلة الهَجِينَة الّتي التَقطَها حِزبيًّا وفئويًّا ومَزجَها بالمفاهيم العَلمانيّة.

ولا مِن أحدٍ ينكر أنّ السِّياسة الحديثة والمعاصرة بِكلّ ألوانها وأشكالها هي تَلوّنٌ مُنافقٌ يَقتَضِي في مَرحلةٍ ما التَّظاهر بالتَّخَلّي عن الدِّين والانْضِواء تحت راية العَلمانيّة، كما يقتضي في مرحلة مختلفة العودةَ السِّياسِيّة إلى الدّين بعنوان التَّمسُّك بالأُصُول الثّقافِيّة فلا يَعلو عليه شَيء حتَّى حِين.

إنَّ الطَّعنَ في فكرة تَأْسِيس الدّولة العَلمانيّة لدى النُّخبة الشِّيعِيّة المثقّفة الدّاعِيَة إلى فكرة الدَّولَةِ الدِّينِيّة أو المناضلة مِن أَجْل قِيامها أو مِن أجل المشاركة في إدارة شُئونها ـ لا يُمثِّل استِثناءً إذْ لا انْحِياز تامّ مُطلق لَديها بأَحكام العَواطف والوِجدانيّات لِلدَّولة الدِّينِيّة ولا تَضادّ منها مع الدَّولة العَلمانيّة. فالطَّعنُ في الدَّولَةِ العَلمانيّة هنا هو عملٌ صُورِيّ دعائي لِلتَّستّر على العَلَمَنَة المتَفوِّقَة على دِين الدَّولة في الواقع التَّطبِيقي.

إنَّ الدّولة الدِّينيّة الحديثة والمعاصرة هي دولةٌ علمانِيّةُ الثَّقافَة لكِنَّها تتظاهر على مُستوى القِمَّةِ بِسيادة الدِّين على السِّياسة في مرحلة ما وموقف خاص، وذلك لمقتضيات سِيادِيّة وَطَنِيّة مَحلّيّة وإقليمِيّة ودُوليّة أو لِمُقتضيات ثَقافِيّة مَحلِّيّة. وكلُّ أشكالِ الدّول المعاصِرة هي عَلمانيّة ديمقراطيّة أو نصف دِيمقراطيّة أو عَلمانيّة استِبداديّة أو نصف استبداديّة، لا بِمَعنى (فَصل الدِّين عن السِّياسة) مطلقًا.

إنَّ في وَسطِ أحضان مفهوم العَلمانيّة يجتمعُ مُتديِّنُون منتمون ومُتَحيِّزون مِمَّن صُنِّفوا في خانَةِ (النُّخبة) المثقّفةِ المستقلّة على تَدجِين الثَّقافَة البَحْرانيّة الأصِيلة، حتَّى يكون بِمَقدورِهِم اخْضَاع البَحْرانِيّين لِنَظريّة النِّضال الدّيني المُسَيَّس عَلمانيًّا.

تَدْبيرُ المؤهَّلاتِ والحَوافِزُ الاجتِماعِيَّة

لا يَصِحّ النَّظرُ إلى المثقفين البَحْرانيِّين بمنهج مِثاليٍّ غَيبيٍّ دائمًا، فهُم لا يَتشكّلون في مُجتمعٍ مَعصومٍ مِن الخطأ، أو مَصونٍ، أو مُغلَقٍ لا يَتأثّر بِثقافات

مُحيطِهِ الإقليمي والعالمي. ومِن بَين المثقّفين مَن تَورّط في الانتِقاص مِن قِيمةِ ثَقافَتِه البحرانيّة الأَصِيلة ونَبَذَها وطَعَنَ في أُصُولها واعتَنق نَظريّةً اجتماعيّة بَدِيلة غير أَصِيلة أُوحَت إليه بِضَرُورة التّآخِي مع العَلمانيّة بِصِفتها قُوّةً حضاريّةَ قاهرةً سائدة، وبتَجنُّبِ الوَرَع عند استِعمال أَدوات العلمانِيّة ومناهجها. فاحتَار في الحَتمِيّات وآمَن بـ (الإصْلاح الآلِيّ الذّاتي) ونَفَي إمكان وُقوع النّكْسَةِ في النِّضالِ السِّياسي والنَّكبَةِ في التّنمِية الثّقافيّة مطلقًا!

هَلْ تُوجد على ظَهرِ الأرض ثَقافةٌ بشريّةٌ نَتمَكّن مِن وَصْفِها بـ (الثّقافَة الفاشِلَة) إذا ما كانت مَحلِّيَّةَ المَنشأ وأَصِيلةً ولَصِيقةً بِدِين أَهْلِها ووَطَنِها وتُشكِّلَ امتدادًا تأْيخيًّا لِسيرة مجتمعها؟! فالثّقافَة الأَصِيلة نَسَقٌ تَراكُمِيّ وتكامُليّ قابلٌ لِلنُّمُو في حياة المجتمع ولا يَقبلِ التَّجاوُز والانقلاب الثَّورِي ولا يَستَجِيب له في التَّغيير. فإنْ فُرِض التَّجاوزُ الثَّورِي بِالقوّةِ والفعلِ على هذا اللَّون مِن الثّقافة الأَصِيلة؛ حَلّت الفَوضى وشاع الخَرابُ والدَّمار في النّظام الاجتماعي كُلِّهِ على فترة مِن الزّمن.

وإنْ قارب مُجتمعٌ نَظريّةً اجتماعيّةً تحمِلُ في أَحشائها كُلَّ مُقوّمات النَّجاح ثُمّ أدركَها الفَشلُ، فلا بُدّ أنّها كانت أَجنبيّةَ المنشأ أَو مَفروضةً على مجتمعٍ أَصِيل مُستقِرّ الثّقافَة، أَو أَنّها كانت نظريّة خارِجَة على سِياقِها الطَّبيعِي فكان أَجلُها مَقضِيًّا.

على حَسبِ مُعطيات الواقع، فَفِي أذهان فئة مِن المنتمين البَحْرانيِّين تستقرّ نظريّاتٌ حِزْبيّةٌ وفِئويّةٌ عاملة على الطَّعنِ في الثّقافَة البَحْرانيَّة الأَصِيلة ومُوغلة في مشروع تَدجِين مَظاهِرِ هذه الثّقافة بِحُجّةِ العَملِ على إصلاح المفاهِيم الخاطئة والمُتخلِّفَة السَّائدة في المُجتَمع وتَصحِيحِ أُصولها وتَقوِيم نُظمِها وتَشطِيب مَصادرها في المعرفة.

مِن غير شَكٍّ أَنّها فئةٌ مؤمنةٌ بِأَنَّ أُصُول الثّقافَة البَحْرانيّة هذه لم تُغادر كَبيرةً ولا صغيرةً إلّا أَحصته، وأَنَّ الدِّين فيها لا يَبعثُ على اللَّهو والتَّرفِ

الفكري إذْ هو المُقوِّمُ لِلثَّقافَة والمنظِّمُ والصَّائن والحارس لها منذ مرحلة نشوء التَّشَيُّع على عَهدِ رَسُولِ الله صَلّى الله عليه وآله وعهد وَصِيِّه أَمير المؤمنين صَلواتُ الله وسَلامُه عليه. غير أَنَّ هذه الفئة اشتَغَلَت في بادِئِ الأمر بِمَنهج الشَّكِّ بِوَحْي مِن المصالح السِّياسِيَّة فأَشبَعت السِيرةَ التَّأريخيّة لِنشأَةِ الدِّين نَقدًا فلسفيًّا مُجرّدًا وتَجاوزَت بِه أُصُولَ الدِّين وشَريعتَه، وانقلَبَت على الثَّقافَة ونَبذَتها.

اِستقَلّ البَحْرانيُّون في طُول تأريخهم الشِّيعي بِإنتاج المنهج والمَفهُوم المناسِبَين لِتَنمية ثَقافَتِهم الأصيلة وبِما يُلائم ظُروف مَعِيشَتهم وأَوضاعهم (الدِّيمُغْرافِيّة) في وسطٍ استِراتيجِيٍّ مُضطرب الأحوال، واستَغْنوا عن العَقل الفَلسَفِيّ المُشكِّك في أُصُول ثقافتهم، مِن دُون الحاجة إلى الاستِخفاف بِالمُجتَمع أَو وَصْفِه بـ (المُتَخَلِّف) و(اللّاوَاعِي)، ومِن دون الحاجة إلى البحث عن فِكر ثَقافة أُخْرى بَدِيلة يَستلهِمون منه القُوّة والعزيمة أَو يَلتقِطون منه المفهوم والمنهج.

فما الضَّرُورة المستجدّة والطّارئة التي دَعَت فِئةً مِن المثقّفين البَحْرانيّين إلى التَّخَلِّي عن ثَقافَتِهم الأَصِيلة والتَّضحِية بِها والاعتماد الكُلّي على ثَقافَةٍ هجينة أَجنبيّةِ المنشأ والعَمل على تقويم ما صَنَّفوه بِالظّواهر السَّلْبيّة في نظامهم وفِكرِهم الاجتماعيّين. أَلا تَخشى هذه الفِئة على مَنظُومَةِ قِيمها ومُثلها الأَصِيلة مِن اختِراق العَقلِ العَلماني (السُّوبَرمان) لها وَقَد اجتاح ثَقافاتِ العالَم وهَيمنَ عليها بِمَقولاتِهِ في الحَداثة وما بَعد الحداثة؟!

في العُقودِ الأربعة المنصَرِمَة لم يكن عامّةُ البَحْرانيِّين مُلِمِّين بتفاصيل الشَّأن النّظري لِعَقيدتهم وعلاقته العضويّة بِتَنمِية ثقافتهم وما فِيه مِن أَهمِّيّة تَستوجِب العِلْمَ بِه وعدم التَّخلُّف عنه. فكُلُّ الأمور تَجري في السِّياق الطّبيعي مِن غَيرِ حاجَةٍ إلى فهم التَّفاصيل في آليّات التَّحوّل والتَّطوّر والتَّنمية.

وفي التَّصوّر العامّ أَنَّ الإلمام بِتَفاصِيل العقيدة وعلاقتها بِالثَّقافة هو مِن

مهام هَرَم المراتب والمقامات المُخْتَصّ بِعُلماء الدِّين فَحَسب إذ انفردوا بِه في سِيرَتِهم التَّأريخية العَطِرة ورَضَوا بذلك، فِيما اكتَفَى أَبناء المجتمع بِالاقتِداء بِهم وبآثار العَقِيدة السَّلِيمة لِآبائهم الأَوَّلين ثِقَة بإيمانهم.

وعلى ذلك جَرَت سِيرةُ البحرانيِّين وهَرمُ علمائهم على مَدى قُرونٍ مِن الزَّمَن، حتَّى جاء العَقلُ النَّاقِد المعاصر (السُّوبرمَان) يَختالُ مُستَبشِرًا ومُعالجًا لِما كان يَظُنّه نقصًا خَطِيرًا في الرّؤية لِلواقِع وضَرُوراته، كما ظَنّ أَنّ مَفاهِيم (التَّقِيَّة) و(الانْتِظار) و(الوَلاية والبَراءة) و(العِصْمة) المستقرّة في الذِّهْن البَحْراني كانت هي العِلَّةُ التَّامّة التي تَقِف خلف هذا النَّقص.

عِندئذٍ نَشط فَنُّ اقتباس الفِكر الهجين وطَريقة الانْتِماء الثَّوري والحزبي والفئوي عن ثَقافةِ بيئةٍ خارِجيّةٍ عُرِفَ عنها الالتِقاط وتَبنى المَنهج التَّجاوزي والانْقِلابي لتحقيق الأهداف. وعندما وَصَل هذا الفَنّ إلى البحرين أَفرطَ في طعن الثَّقافَة البَحْرانِيَّة الأَصِيلة ووَصَفَ اتَباعَها بِـ (المتُخَلِّفين) و(اللّاواعِين) وبَشّر في السِّرِّ بِجَعل الأَولَوِيّة لِلنِّضال السِّياسي قبلَ كُلِّ شَيء. ثُمّ جَرَت سِيرةُ كلّ الانْتِماءات الثَّوريّة والحِزْبيّة والفِئويّة المنشقّة على ذلك فسَجَّلَت الإخْفاقَات تلو الأخرى على جَميع المُستَويات.

(اللّامُنتمي) مِن بين عامّة البَحْرانيِّين الشّيعة، وَفِي أَوَّل ظُهورٍ لِاصْطلاحِهِ في السَّبعِينات مِن القَرن الماضي؛ شكَّلَ وَصْفًا اجتماعيًّا تَخاذُليًّا في الاستِعمال النَّقدِي. وكان المَثلُ الشَّعبي المَشْهُور (حُطْهَ بْراس عالِمْ واطْلَعْ مِنْهَه سَالِم) أَحدَ أَبرز مَصاديق (اللّامُنتَمِي) السَّائدة في الثَّقَافَة البَحِرانيّة الأَصِيلة ـ على حَسب الفِكر الوافِدِ الجديد ـ وقَد تَعرَّض لِلنَّقدِ والطَّعْن الشَّدِيدين على لِسان عُلماء الانْتِماء البَحْراني مِن الخِرّيجين الجدد القادِمين مِن حَوزات العِراق والخُطباء المُنتَمِين الوافدين على مَنابِر البحرين مِن بِلاد أُخرى مُختلفة.

فأَشاعَ ذلك حالاً مِن الشَّكّ في السِّيرة الثَّقافِيّة لِلأَجْداد وحالاً مِن الشُّعور بالتَّقصِير والنَّقص بين البَحْرانيِّين الّذين رَأوا أَنفسهم على قائمة المُتخَلِّفين

بِمَثَلهم الشَّعبي المَشهُور عن الانْضِواء تَحت لِواء الانْتِماء الحِزْبيّ والفِئويّ التَّجدِيدي أَو دَعمِه والتَّحيُّز لَه. وما كان لديهم مِن مَفَرٍّ إِلَّا الرّكون إلى مَفهوم الانْتِماء (المَسئُول) والقُبول به بَدِيلاً مُنقذًا مِن حال التَّخاذُلِ والتَّواكل. فبادروا إلى رَفع دَرجَةِ الشُّعور بِالكَمال والرِّضا الوِجداني والبَراءة في الذِّمّة إزاء وَاجِبِ النِّضال الثَّقافيّ والاجتِماعي الّذي دعا إليه جانبُ الخُطباء الجدد وعُلماء الدِّين المنتمين، وسعوا سعيًا جادًّا لِلتَّخلّص مِن معنى المثل السَّائد (حُطْهَه بْراس عالِمْ وطْلَعْ مِنْهَه سالم)!

لم يَكُن في المَثَل الشَّعبي (حُطْهَه بْراس عالِم...) ما يُوحِي إلى التَّواكل مُطلقًا على حَسب حَركة المعاني في الثَّقافَة البَحْرانيّة الأَصِيلة ويَومِيّات أَلفاظها، ولكِنَّه في المعاني المُستحدثة الّتي خاضها بها عُلماء الدِّين الثَّوريِّين والحزبيّين والفئويِّين مشروع التَّغيير على منهج الثَّقافَة الأجنَبِيّة الوافدة ما أَوجب نَقضَ كُلّ ما كان يَعتَرِض فِكرَةِ (الانْتِماء) ومفهوم (الزَّعامة) اللَّذَين اختُلِقا بَديلًا عن مَفاهيم (التَّقِيّة) و(الانْتِظار) و(الوَلايَة والبَراءة) و(العِصْمة) و(غَصبيَة الحُكم والرّئاسة).

فالمَثَلُ الشَّعْبي البَحْرانِي المشهور ناظِرٌ إِلى عالِم الدِّين المُحَدِّث الأَخْباري النَّاقِل لِمَتن الرِّواية مُجرّدةً مِن الاجتِهاد بِالقِياس المنبوذ أَخْباريًّا، ومُحذِّرٌ بِنَصِّهِ عُموم الأَتْباع الأَخْبارِيِّين مِن الاجْتِهاد في الرِّواية، ومُؤكِدٌ على وُجوب اتِّباع المُحَدِّث في شَأن الرّواية خاصَّة مِن غَير أَنْ يكون لِلمُحدِّث وَلايَة على طَريقة الوَلايَة العامَّة أَو المُطلَقَة الّتي خَصَّصها الفَقِيهُ الأُصُوليُّ المُجتَهِد لِنَفسه.

كان (الانْتِماءُ) مَفهومًا وافِدًا طارئًا على الثَّقافَةِ البَحْرانيّة الأَصِيلة في مَطلعِ القَرن الماضِي، ثُمّ أَصبحَ لَصِيقًا بِالبَحْرانيّين في هَيئَةِ تَبادُرٍ ذِهنيٍّ مِن صُنْعِ العَقلِ السِّياسي المعاصر، فتَشكَّلَت به ظاهرةُ الكِيانات الأَهليّة والمُؤَسَّسِيّة والهيئات والجَمعِيّات الثَّقافيَّة والاجْتِماعيَّة في مَرْتَبةٍ سابقةٍ مُمهدّة للدّخول

فِي الانْتِماء الثَّوري والحِزْبي والفِئوي ومُقدِّمة لَه. ثُمّ كَثُر المنتمون لِلأَحزاب الثَّورِيّة ولِلفئويّات الشِّيعِيَّة في وَقتٍ متأخّر حيث اقْتَرنَ عَملُ الانْتِماء الحِزْبي والفِئوي الشِّيعِي بِمِنبَر منهج (الوَعْظِ والإرْشاد الأَبَوي) المستحدث والبَدِيل عن مِنْبَرِ منهج (السِّيرَةِ والرِّثاء) الأصيل والشَّهير والعَرِيق المتَّبَع في إِحياء الشَّعائر، وصار يُدعَى بِه إلى إِقامة التَّغيير السِّياسي.

وفي مَرحَلةٍ سِياسِيّةٍ مُتقدِّمة تَشكَّل مَنهجُ (الوَعْظ والإرشَاد الأَبَوي) على هَيئةِ خَليطٍ مِن فِكرَي العَلمانيّة والدِّين، ثُمَّ إلى خَليطٍ مِن فِكْر (التَّشَيُّع) وفِكر (الإخْوان المُسلِمين وحِزب التَّحرِير) وذلك لِلنُّهوض بِالانْتِماء والعَملِ السِّياسي. وأَخيرًا استقرّ الانْتِماءُ في تَسَلْسُلٍ مِن المراحل الفِكريّة الانتقاليّة إلى نَقضِ الثَّقافَة البَحْرانيّة الأَصِيلة بِشَكل صَريحٍ وإلى صِناعةِ البَدِيل عن مَظاهر الثَّقافَة.

لم يَكُن هنالِك مِن مُبَرِّرٍ كافٍ لِلقَفزِ بِالانتماء على مَبدأ التَّراكُمِيَّةِ والتَّكامُلِيّة الهادِئة مع الثَّقافَة الأَصِيلة القائمة أَو حتَّى الاستِعجال في التَّغيير باشْتِراط تَغلِيب المقاصد السِّياسيّة الوَّاقِعيّة أَو باتِّباع منهج (الشَّكِّ والتَّشْطِيب والتَّأمِيم) على حِساب واجب تَنمِيَة الثَّقافة البَحْرانيَّة الأَصيلة.

هذا ما تَظاهرَ بِه الانْتِماء الشِّيعِي الثَّوري والحِزْبي والفِئوي، فيما تَمسَّكَ تَيارٌ اجتِماعيٌّ بحرانيّ عَرِيض بِثَقافَتِه الأَصِيلة والتزَمَ بِما وَصَفَتْهُ الانْتِماءاتُ تَعسُّفًا بـ (التَّقلِيدِيّة)، وحَثَّ على مُقاطَعةِ المُؤلَّفات الحَدِيثة في الفِكر الشِّيعي الاجتِهادِي الموبُوء بِأَفكار حِزْبيّ الإخْوان المُسلِمين والتَّحرِير الَّتي شُحِنَت بَرًّا وبَحرًا وجَوًّا مِن خارج البلاد إلى مَكتَبات البحرين وصارَت مِن أَبْرزِ العوامل في الفَرزِ الاجتماعي السَّلبيّ الخَطِير. ثُمّ تَضارَبَت الانْتِماءاتُ المُروِّجَة لهذه الأَفكار وانْقَسَمَت إلى اتّجاهَين مُتباينين. فهَذا يَصِفُ مُؤلّفات زُعماء الانْتِماء الآخر بِمُدَوّنات الأَطْفال ويَتفاخر بالعُمق الفَلسَفِي لِمُؤلفات زُعماء حِزبِه، وذاك يَصِفُ الأَوّل بالحِمار الّذي يَحمِلُ أَسفارًا فلا يَفقَه مَتْنًا في مُؤلّفات زُعماء حِزبِه!

إنَّ الدَّعوة بِالمَوعِظَة الحسنة والجَدل بالوَعظ والإرشاد الحَكِيم هُما مِمّا شجَّعت عليه الثَّقافَةُ البَحْرانِيّة الأَصِيلة وفتَّحت له الأَبواب واحتَضنَتَه ورَجَت فيه تَغْيير الواقع إلى الأَفضل، وعَوَّلَت على الانطلاق مِن أُصُول ذات الثَّقافَة المحَلِّيّة ومُكوّناتها وتَجنُّب الاستِجابة المفرطة لِلإثارة النَّقدِيّة السَّلبيّة التي تُؤجِّجها الوقائع السِّياسِيّة في البِلاد وخارِجها والشُّعور بِالغُبن والظّلم والفَصل الطَّائفي.

فالعَملُ الخالص لِمَدّ الثّقافَةِ المحلِّيّة بِقُوّةِ العرض الأَصِيل المُعالِج والمُبدِع والمُنتج لا يُخشى عليه مِن ضَغط السِّياسة المُضادّة في أَحلَك الظّروف وأَشدِّها قتامة، ولا مِن ضَرورة أَو حاجة ماسّة تَدعو إلى التَّخَلِّي عن الثَّقافَة البَحْرانيّة الأَصِيلة وتَبنِي فكرٍ هَجِينٍ ناشئٍ في بِيئة ثَقافَة أُخرى مُختلِفَة وتَقديم مَنهجِه في (الوَعْظِ والإرْشَاد الأَبَوي) على المَنهجِ العَرِيق المَعمُول به والسّائد في محافل التَّثقِيف.

لقد فَقَدَ منهجُ الحِكمَةِ والمَوعظة الحَسنَة ظُهورَه الشِّيعي التَّأريخي الجَمِيل، وأُخرِج مِن المَشهَدِ الحصِين المنيع الذي يُستغاثُ بِه طَلبًا لحماية الهُوِيّة وصِيانة الثَّقافَة، وبَرزت ظاهرةُ التَّباين الاجتِماعي والتَّضادّ بِمَنهج (الوَعْظ والإرشاد الأَبوي) ثُمّ التَّباعد والافتِراقِ بين الاتّجاهات الحِزْبِيّة والفِئوِيّة حيث أَسْبغَ كلُّ اتِّجاهٍ وانتماء على نَفسِهِ صِبغة الزَّعامة المَعصُومَة الّتي خَصَّتها أُصُول الثَّقافَة الشِّيعِيّة بِنصّ (خَير أُمَّةٍ أُخرِجَت لِلنّاس) وحَرَّمَها على غَيرِهِ وأَثار بها الشَّكّ والرِّيبة في وَجْه نُظرائه ومُنافِسِيه في مَقامَي (الوَعْظ والإرشاد) و(النِّضال السِّياسي) ثُمّ استَخفَّهُم واستَصغَر شَأنهم ونَبذَهم وراء الظّهور وحَرَّض عليهم وافْتَرى.

لا بَأسَ بِالاصْطِفاء والتَّميز على الظّاهِر مِن أَجْل خَلْقِ بِيئة تَنافُسِيّة عالِية المقاصد، مع الإيمان بِأَنّ مَن يَحمِل هُموم تَغيير الأُمّة وتَنمِية ثقافتها ويَجِدّ في التَّكامُل تحت كنفها ـ عليه وَاجِبُ الحذر الشَّديد مِن أُولئك الّذين

أَنشَبَت السِّياسةُ أَظفارها في عُقولِهم ودَفعَتهم إلى الانْفِراد بِحَقِّ تَمثيل التَّشَيُّع وتَعَلْمَنوا وأَضْمَروا في أَنفِسِهم الزَّيف والزَّيغ بُغية التَّمكُّنِ مِن مقام الزَّعامَة واحتِكار الرئاسة وبَسط السِّيادَة بِالمكر السِّياسي السَّيِّئ!

لَيْسَ مِن شَكٍّ في أَنّ الملتزمين بِالثَّقافَة البَحْرانيّة الأصيلة والعارِفين بِحقائق الأُمور وذوي الألباب منهم رَفضُوا الانخراط في الانْتِماء الثَّوري والحِزْبيّ والفِئويّ، وامتَنَعوا عن اعتناق مَنهجِهِ الفِكريّ الهجين والاندماج فيه، واستقلّوا بِتنمية الشَّخصِيّة الشِّيعِيّة وبناء المجتمع وركّزوا على مُعالجة قضايا العَقِيدة والرُّؤية لِلتَّأريخ ونَمط العادات والتَّقاليد ومنهج التَّفكير، فعُصِموا مِن كَثرة رُكوب الخطأ والانشِقاق والفُرْقَة.

لكِنّ الانْتِماءات البحرانيّة الجَدِيدة حَسَمَت أَمرها لمصلحة تَحقِيق التَّفوّق بِالمُغالبة وانطلقت بِها في سُرعة الصَّاروخ وتَخَطَّت بِها قِيم المنافسة، ومالَت إلى الإيمان بِأَنّ أَعباء النِّضال السِّياسي تَستوجِب تَعطِيلَ بعض المُثُل والقِيم بِالأَوامر الثَّوريّة الحِزْبيّة والفئويّة وتَجمِيد الثَّقافَة البَحْرانيَّة الأَصِيلة أَو نَقضها بما يَتنزّل مِن شأنها ومقامها وسِيرتها في النّاس. فإِنْ ورَد في فِعْل المنتمين ما يُنافِي الحِكمَةَ والموعظةَ الحسنة فلا يَعدو أَنْ يكون فِعلُهم هذا بِمَثابة الاستِجابة لِلضَّرُورة السِّياسيّة!

وبِتَبرِيرِ الوَسائل على هذا النَّمط الفِكري؛ استحَال التَّبليغُ والوَعظُ والإرشاد والنِّضالُ إلى عملٍ مَفروضٍ بنفوذ الانْتِماء وقُوّة الولاية على مُجتمع الثَّقافَة الأَصِيلة. وعِند الدِّراسة المُسْتَفِيضَة لما دار مِن حَملات التَّراشق بِالتُّهمَةِ والظِّنّة والتَّنابُز بِالأَلقاب والاسْم الفُسوق سِرًّا وعَلانِيَة في النّاس وعبر شَبكات البَثّ الإعلامي والنَّشر الدّعائي واسع الانتشار يَشتعِلُ وِجدانُ البَحْرانِيِّين المُتمسِّكين بِثقافَتِهم الأَصِيلة بِالأَلَم والأَسَى والجَوى. فيما المنتمي الحزبي والفئوي البَحْراني ذِي الفِكر الجَدِيد يَشعر بِالانْشِراح كُلَّما كُشِف لَه عن التَّقصير أَو القُصور في شَخصِيَّة انْتِماء مُنافِس أَو مُغالِب،

مِن غَير أَنْ يَتحَرّى الدِّقَة حول ما كُشِف له، أَو يَتورّع بِالمُسارعة إلى إِقالَةِ العَثرات وسَترِ العُيوب.

ومِمّا نُقِل مِن وَقائع الاغْتِراب عن الثَّقافَة الأَصِيلة أَنّ أَحد المنتمين جَعل مِن الكيان الخَيري التَّطوُّعي قطاعًا عائليًّا خاصًّا انفَرَد بِنُفوذِه وأَمواله. وآخرَ بَطَش بِأَمَوال وعَقارات الانْتِماء واتَّخذَها غَنِيمة. وآخرَ نَكَّل بِرُفقاء دَربِهِ لمصلحة إِحدى حكومات الدُّول في افتِخارٍ واعتزازٍ. وآخرَ مَرَّغَ مَقامَه في وَحْلِ السُّلطان ولَعِق حِذاءه مِن أَجْل تَغلِيب وُجودِ انْتِمائه الحزبي والفئوي على طَرِيقَةِ مُؤسِّسِي المذاهب في القرن الثّاني الهجري. وآخرَ تَصالَحَ سرًّا مع عدُوِّه فضَحَّى بِرِفاقه وحُلُفائه وقدمهم عربونا لِلظَّفَر بِمَقام أَسْمى بين نُظرائه في الانْتِماء الحزبي والفئوي أَو ثمنًا لِقاء الإفلات مِن العُقوبَة القَضائيّة. وآخرَ أَحْبَطَ عَملاً نِضاليًّا لِانْتِماء مُنافسٍ لمصلحة مَقام مَرْجِعيَّته أَو حِزبِهِ أَو نَظرِيَّتِهِ الإستراتيجيّة التي يَتَبنّاها. وآخر فَرَّ عند السَّاعة الحَرِجَة مِن ساحة النِّضال وقد أَوجَبَت عليه التَّضحِية بِنفسِه، وبَرَّرَ فِرارَه بِكَونِه قِيمةً شَعبيّةً عُليا يُضَحَّى في سِبيلها وبِكونِهِ ضَمانَةً لِديمومة مَسِيرة التَّغيير تَستوجِب صِيانَتها وحفظ وجودها ومنزلتها ومقامها!

والأسماءُ والمواقف في هذه المُفارقات كَثِيرة لِمُثقَّفِين مُنتَمِين مُتشرِّعين، والمنزِّهُون لِسِيادة هذه الأَسَماء هُم مُؤمِنون مُثقّفون ورِعُون مُتَّقون كلُّهم أَيضًا!.. ومِن دُون شَكٍّ في أَنَّ المُفارقات هذه ناشِئة عن غَلَبَة العَقلِ السِّياسي المُجَرَّد ومُغريات المقام والرّئاسة المُعطِّلين لِلمُثل والقِيم الأصيلة والمُطلِقَين للوسائل. وعِندَما توافقت الاستراتِيجِيّات العُظمى أَو تَصادمَت فقدَ الكَثِيرُ مِن الزَّعامات والمنتمين الثَّوريّين الحزبِيِّين والفِئويّين مَقاماتِه المُختَلَقة دعائيًّا وأَصبح مكسبًا للمُساومة أَو وقودًا لِلحَرب في نادي الكبار فانطفأ بريقُه وأُغمِر في طيّ النِّسيان وذهبت رِيحُه، أَو ساد مَقامُه المزيَّف على طِبق ما قرَّره نادِي الكِبار.

وفي هذا السِّياق بَرزَ دور المُثقّف البَحْراني الحرّ المُتمسّك بثقافتِه الأصيلة والمُستقلّ عن محاور الاستِقطاب والاحتِواء والتَّحيُّز الثَّوري والحِزْبيّ والفِئويّ لِيَبحَثَ في الوقائع المؤسِفَة ويقوّمها بعَقل ناقِدٍ، ولِيُشْهِد النَّاس عليها، ولِيُنجِّي مَجتمعه مِن مُغامرات الانْتِماء التَّبَعِي، ولِيَحثَّ بَنِي جِلدَتِه على تَجنّب الانْزلاق والانْسِياق خَلْفَ فِكر الانْتِماء المغْتَرب عن ثَقافةٍ أَجنبيّةٍ غَير أَصِيلة المَنشأ مَحلِّيًّا. ولم يَكُن المثقّفُ البَحْراني بهذا الدَّور المرشد مُتفوّقًا على الرَّغْم مِن أَنّ القاعدة الثَّقافِيّة لِانطلاقِهِ راسِخةُ الأصل. فمِن أَمامِهِ تَحزُّباتٌ وفِئويّاتٌ مُنطَلِقة ثَوريًّا بِسُرعَةِ الصّاروخ بِمَنزلةٍ مقدّسةٍ وشأنٍ رفيعٍ يأخذُ بِالأَلبابِ، وذات امتدادٍ وُجُودِيٍّ مَرْجِعيٍّ واسعٍ في الآفاق العِلميّة، فِيما يَفتَقِر البَحْراني المُثقّف الأَصِيل المنهج المُلائم لِيَستقلّ به عن الفِكر الهَجِين الوافد!

إِنَّها المرَّةُ الأولى في التَّأريخ التي تَتدَخّل فيها آلةُ الدّعاية في صِناعة الزَّعامَة الشِّيعِيَّة وفي فَرضِ سِيادتها على النِّظام الاجتماعي، فنَرى أَسماءً لامعةً في عالم التَّشَيُّع المُعاصِر كانت مَغمُورةً. وكُلَّما اقتربنا مِنها وَجَدنا مقامًا مُزيّفًا محاطًا بـ (زَفَّةٍ) دعاية يَتقدَّمُها انتِماءٌ حزبي ذُو تَحالُفاتٍ سِياسِيّة واسِعَة تُمَجِّد فِي هذه الزَّعامة لَيلاً ونهارًا، ورأينا أُناسًا تُقَدِّس عن جَهْلٍ مُركَّبٍ.. أَسماءٌ لامعةٌ كانت كامِنةً في بَياتٍ شتوي تتَحَيّن حلولَ مُوسِم الحصاد السِّياسي وتَوزِيع الأرباح، فإِذا ما حان المُوسِم خَرَجَت مِن جُحورها تَطلُب ثَمنًا لمقامٍ مُزيَّفٍ وتَضحِيةٍ كاذِبَة مِن صُنعِ الدّعاية السِّياسيّة المُبتذلَة لِلانْتِماء.

تَأخذُ العَقلَ البَحرانيّ الدَّهشةُ أَحيانًا فيتساءل: هَلْ الثَّقافَةُ في الدِّين المُسَيّس لا تَنهَى عن الفَحشاء والمُنكر، أَمْ أَنّ السِّياسَة هِي هِي عَلمانِيّة الأصل لا تَتَغيّر في أَحكامها الخاصّة، وهي مَجبولةٌ على مُقاربةٍ ما يشبه قانون (الطّوارئ) حيث تُجِيز لِنَفسها ما لا يَجوز لِأَحدٍ مِن العالمين اقترافُه وتَمنع عن الآخرين المشاع ما يُجوز اقْتِرافُه، وتُظهِر الزَّعِيم بين النَّاس فُجأةً في هَيئةِ بَطلٍ سِياسِيٍّ لا يُضاهَى وعِزِّ شَرفٍ لا يُسامَى، وتُكْثِرُ مِن الانقلابات الثَّورِيّة

المفاجئة على الثَّقافَة الأصِيلة ومَظاهِرها بِما تُصَدِّره مِن أَوهامِ دعائيّةٍ فَجَّةٍ. ذلك كُلّه مِن مُتطلبّات الواقِعيّة (البَراغْماتِيّة) المخادِعَة والمبَرَّرة بَوسائل الانْتِماء الثّوري والحِزْبيّ والفِئويّ.

إنَّ البحثَ في حقيقة السِّياسَة وآثارها السَّلبيّة على الثّقافَة البَحْرانِيّة الأَصِيلة في هذه الظُّروف المعقدّة اجتِماعيًّا يَشبه إلى حَدٍّ بعيدٍ حاجة ابنِ العراق إلى مَزيدٍ مِن المعارف مِن خلال مَحرِّكاتِ البَحث الإلِكتْرُوني على شَبكَة الإنْتَرنِت بِجُمْلةٍ استفهامِيّةٍ يُطلقها بِالصِّيغة الاستنكارِيَّة المَشهورة (شَكُوْ مَاكُو)؟!

تَرِدُ جُملةُ (شَكُوُ مَاكُوُ) في اللُّغةِ العِراقيّة المَحكِيَّة فتَأمُر بِاستِدعاءِ مُطلقٍ لِكُلّ شيءٍ مَعلومٍ في لحظةٍ خاطفةٍ.. إنَّها جملةٌ مُدَمِّرةٌ لِتِقنِيَةِ العَلاقات الإلِيكترونيّة في مُحرّكَات البَحثِ فِيما لو كانَتْ التِّقنِيَة هذه عاقِلةً مُتميّزةً بِمَلَكةِ إِدراك المعاني!

إنَّ في فُنونِ السِّياسة عُيوبًا ليست قابِلةً لِلإصلاح على حَسب المفهوم الشِّيعي البَحْراني، فإنْ جرى العَملُ على إصلاحها فإنَّ السِّياسة تَنقَلِبُ إلى مَفهوم آخر مختلف، وهِي ذاتُها الّتي تَهَبَ لِلمُنتمِي وزَعِيمه مَقامًا مزيّفا ومَرتَبةً مختلقة ووَجاهَةً كاذِبةً ولا تَتناهَى عن تَروِيجهما بين النَّاس في هيئةِ مُؤَهَّلٍ ثَقافيٍّ عالي الكَفاءة والقَداسَة. يَكفِيكَ أَنْ تُؤَسِّسَ بِالسِّياسة انتماءً حِزبيًّا وفئويًّا حتَّى يَفيضَ الانتماءُ عليك مِن المُؤَهَّلاتِ المزوّرة ما تَسِدُّ به النَّقص في كَفاءتِك الغائبة أَو الفَاشِلة، وتَعْلُو به على أَذهان النَّاس وتَطغَى على ثَقافَتِهم وتُعَمِّقُ فيهم أَواصِرَ الولاء لِمقام زَعامَتِك، على أَنْ تُبالِغَ في مَزج السِّياسَةِ بِالمفردات المِثاليّة الغَيبِيّة والعاطِفيّة والوِجدانِيّة قبل أَنْ تَبُثَّها في النّاس في هَيئِةِ شُموخٍ يَنْحدِرُ عنه السَّيلُ ولا يَرْقَى إليه الطَّير!

لَنْ تَجِدَ فرقًا جَوهَرِيًّا بين المُثقَّف المنتمي المُؤهَّل بِالمَقام حِزبيًّا وفِئويًّا والمُثقّفِ المُوالي لِلنُّظم المُستَبِدّة المُؤهَّل بِذات المقام، فكِلاهما يَصدِران

عن فِكْرةٍ واحدةٍ. غير أَنَّ النُّظم المُستَبِدَّة تُوزِّعُ مَناصِب الدَّولة على حَسب مَعايير الوَلاء لِلحاكِم حَصرًا، فيما يُوزِّع الانْتِماء المَهام والمقام على حَسب مَعايير الوَلاء لِلزَّعامَة.

وفي عَرضِ هذا المقام والمُؤهَّل يَجرِي العملُ على إغراء المُنتمي بِحافِز التَّصدّي لِمَسئوليّة الرّقابة على النِّظام الاجتماعي في أَهْلِ الحَيّ أَو في مَنطِقةٍ مِن مَناطِق المدينة أَو القَريَةِ الّتي يَسكنها، ويُدفع للإشراف على سَير مَظاهِر الثَّقافة التّي تُحيها المناطق حتَّى يُشبَّع بِهوى حُبّ الرّئاسة ويَزداد في نَفسِه رِفْعَةً بين النَّاس ووَصايَةً عليهم. وذَلِك يَدفعه أيضًا إلى الحَدِّ مِن نُمُوّ وانتشار الانْتِماءات الأُخرى المُنافِسَة أَو المُغالِبَة وإلى لَجم العَقل الحرّ النَّاقِدِ وقَطع دابِرِه بِالنِّيابة عن زَعامَتِه.

وقد يَتوارى هذا الشَّكلُ مِن الانتماء خلفَ هيئة اجتماعِيّة أَو عِلمِيّةٍ أَو ثَقافِيّةٍ أَو دِينِيَّةٍ ثَورِيَّةٍ أَو عُرفِيّة تَقليديّة مُحافِظة، حيث تُمَهِّد الأمر لِتَنفيذ مَشروع إِقْصاء الثَّقافَة الأَصِيلة وتَضييق الخِناق على المُتمسِّكين بِها والتَمَكُّن مِن احتِكار مَظاهرها.

ـ مُقامَرَةٌ فوقَ طَاوِلَةِ العَقْلِ النَّاقِد

تَشابَه الأمرُ على أَهْل الانْتِماء الحزبي والفئوي حيث نَشئوا في بيئة ثَقافِيّة بَحْرانيّة أَصِيلة مُتَمسّكة بالهُوِيَّة الشِّيعِيَّة ومُصمِّمة على الدِّفاع عن وُجودِها بلا انْكِسار في زَمَنٍ مقداره 14 قَرنًا وفي ميدانٍ عريض مِن التَّحدّياتِ المَصِيريّة الخَطِيرة، فلم يَحفظوا لهذه البِيئة قدرًا ولا ذِمَّةً، ثُمَّ خَذلُوها وأَلزَمُوا أَنفسهم باتِّباع فِكر ثَقافَةٍ أُخرى طلبوا بِه الرُّقِي في مُجتمَعِهم والتَّحَرُّر بِه مِن رِبْقَةِ ما وَصفوه بِـ (تَخلُّف) ثقافتِهم.

إِنَّهم لم يُفرِّقوا بَعد ذلك بَين فَنِّ تَشكِيل الرَّأي العام المُوافق أَو المُخالِف وفَنِّ بَثِّ الفِكر والتَّأثير بِه في الأَحْياء والقُرَى والمُدنِ لمصلحة الانْتِماء، مع

عِلْمِهم التَّفصِيلي بِأَنَّ الخَلطَ بين قواعد النِّضال الثَّقافي ومَهامِ تكريس الانْتِماء والوَلاء لِلزَّعامَة في البَحْرانيِّين قد يَدفَعُ بِهم إلى خَوضِ المُغامرات السِّياسِيّة المَصِيريّة المُدمِّرَة لِمُقدَّرات التَّشيُّع في البلاد.

ونَظِيرُ ذلك، ذُكِرَ في سِيرة اقتراب النَّهضَةِ العِلميّة الأُورُوبيّة إلى حُدود بلاد المُسلِمين عند نِهاية القرن الثَّامِن عشر حيث أَنَّ الاتِّجاه الدِّيني العامّ قد سارع إلى إِطلاق ثَورةٍ مُضادَّةٍ لهذه النَّهضة بِزَعامة أَئِمَّةِ المساجد والجَوامِع التَّابعة لاتِّجاه أَهْل العامّة، واحتاطَت مَدارسُ الفِقه الشِّيعِي فكانَت حَذِرةً في استِقبال مظاهر النَّهضة العِلميّة. ثُمّ عمَّت أَصَداءُ النّهضة العِلميّة وغَزَت الأذهان والأوطان، وانْغَمَسَت العُقول في جِدالٍ (بِيزَنْطِي) لا أَوَّل له ولا آخر، حتَّى ظَنَّ بعضُ عُلماء الأزهر في عَهد مُحمَّد عَلِيّ باشا أَنّ صُنعَ العربة ذاتِ العجلةِ الواحدة (العَرَبَانَه) هِي مِن مُعجزات النَّهضَةِ الفَرنسيّة، وأَنّ الحديث عن السَّفر إلى القَمر واخْتراق الفضاء الكَونِي ما هُو إلّا حِكايَةً خَيالِيّة ولا يَعدو أَنْ يكون وَهْمًا كاذِبًا يَسوقه الكُفّار لِنَقضِ آيات القُرآن الكريم!

وفي مُقابِل ذلك، ولِفَرطِ المُبالَغة في تَفخِيم دَور النَّهضة العِلميّة الأوروبيّة؛ نَقَضَ بعضُ المُثقَّفِين المسلمين ثَوابِتَ ثَقافَتِهم واختَلَفوا في النّاس، وظَهر عند ذلك اتِّجاهٌ مِن الدَّهريّين ومُفَسِّري الدِّين بِالعِلْم. ثُمّ استقرّ أَهْلُ الدِّين على الاجتِهاد فجَدّدوا الرُّؤية بِالرّجوع إلى أُصُول المَعرِفَة ومَصادِرِها فوافَقوا النَّهضةَ العِلميّة وأَذِنوا بِتأييدِها وتَسخير أَدواتها الحضاريّة مِن غير (شَوْشَرَهْ).

وتَساءل البعضُ عن المنهج الّذي اتَّبعَهُ مُستقبلو النّهضة العِلميّة في بلاد المسلمين وعن كَيفِيّة إِثباتهم لِصِحَّةِ العمل بالنّهضة والقبول بالعِلْم فَتحًا بشريًّا، وهَلْ جرت التَّنميةُ الثَّقافِيّة بالعِلْم مَرحَلِيًّا والتَّدرّج بِه حتَّى أَصبحَ مُكوّنًا رئيسًا مِن مكوّنات الثّقافة!

ومِن ذلك أَيضًا أَنَّ الأَخْباريّين والأُصُوليّين الشِّيعة اختَلَفوا حَول الصُّدور في أُصُولِ المعرفة والدَّلالة في شَرحِ المُتُون والاحتِياط والاجتِهاد

بِهما وسيرة المنشأ لكلٍّ منهما. وفي نِهايَةِ المطاف اقتربوا شَيئًا فشيئًا إلى بَعضِهم. وإذا بِعَالِم الدِّين الأُصُولي يُلْقِي درسه على طَلَبةِ العِلْم الأَخْباريّين ويَعود إلى تَصانِيف الأَخْباريّين ومَصادِرِهِم العِلْميّة ويَفخَر بِدَورهم في تدوين على الإرْث الرِّوائي، وإذا بِعَالِم الدِّين المُحَدِّث الأَخْباري يُلْقِي درسه على طَلَبةِ العِلْم الأُصُولِيّين ويَعود إلى تَصانِيف الأصُولِيّين ومَصادِرهم العلميّة. وكِلاهُما يُمِدّ الثَّقَافَة الأصيلة بِالبَذل العِلْمي والمَعرفي وَيخلُص لها ويُساهِم في تَنمِيَتِها بِالتَّدرّج ومِن غَير ثَورِيّةٍ وتَجاوزيّةٍ وانقلابيّةٍ. فالتَّنمِية الثَّقَافِيّة مُشتركٌ جامِعٌ بينهما ويَصعُب التَّمْييزُ بين عالِم الدِّين الأُصُولِي والأَخْباري في البَحْرانيِّين لما كان في ثَقافَتِهم الأَصِيلة مِن لُطْفٍ!

كيفَ صَنعَ الأَخْباريُّون والأصوليُّون البَحْرانِيُّون رَأيًا تَوافُقِيًّا مُشتركًا في العمل على تَنمِيةِ ثَقافةِ مُجتَمَعِهم الأَصِيلة السَّائدة وجَمّدوا أَزمَة الخِلاف العِلمي حول الاجتهاد ومعالجة الخبر الواحد؟! وَهْل جَرى ذلك في رَوِيَّةٍ وفاصل زمني بعيد المدى أَمْ اقتَحَمُوا الثَّقَافَة بِسُيوفِهِم وتَقاسَمُوا مَظاهرها؟!

وهكذا الأَمْرُ في المِثال التَّطبيقي لِلقُبول بِالدَّستُور الوَضْعِي (المَشْرُوطَة) وبِالمُشارَكة (الدِّيمُقْراطِيّة) في اللِّعبَةِ الحِزبيّة والفِئويّة السِّياسيّة وبإطلاق (الثَّورة) ثُمّ بِحُكم (وَلايَةِ الفَقِيهِ العَامَّة) ثُمّ بِـ (وَلايَة الفَقِيه المُطلَقَة). كُلُّها جاءت في بادِئ الأمْر على شَكل جَدَلٍ عِلْمِيٍّ بَسيطٍ فانتَهى بِمَوقِفَين، إِمَّا بالرَّفض المُطْلَقِ وإِمَّا بِالقُبول والتَّأييد، ثُمّ بِالاجتِماع لِلتَّضْحِيّة مِن أَجْل بلوغ المقاصِد والدِّفاع عن الوُجُود الشِّيعِي وهُويَّتِه بِلا انْفِعال بَينِيّ!

والمُثِير لِلدَّهشَةِ في مِثل هذه الأحوال والمصاديق، أَنّ البِدايات الأُولى لِلنِّضال البَحْرانِي لم تُفَرِّق بين العمل على تَنمِيَة الثَّقافة البَحْرانيَّة الأَصِيلة والعَمل على تَأْسِيس الانْتِماء وبَثِّ الرَّأي الثّوري الحِزْبِي والفِئوي الخاصّ في المجتمع. فصار الانْتِشارُ بالانْتِماء السِّياسي يَتصدَّر أَولَوِيّات مشهد النِّضال، وسُخِّرَت المظاهِرُ الثَّقَافِيّة القائمة كُلّها في إِفشائه ومَدِّ سُلطة نُفوذه

إلى المناطق، وأُهمِلَ العَملُ على تَنمِية الثَّقافَة الأصِيلة لِكَونِها تَنطَوِي على أَسْباب التَّخَلُّفِ واللَّاوعي والخُرافَة والأسطورة!

في العاصِمَة البِريطانِيّة (لَنْدَنْ) حيث أَواخِر مُشاهدات المَنفَى الأوَّل ومَطلع مَرحلةِ المَنفَى الثَّاني الّذي بَدأ في 2010م وتَخلَّل حَوادِثَه صُدور مَرسُوم مَلَكِيّ مفاجِئ في شَهر يَناير مِن عام 2015م قَضَى بِإسقاط جِنْسِيَّتي البَحْرانِيّة على خَلفِيَّةِ تَمَسُّكِي بِالهُوِيَّة البَحْرانيَّة ودِفاعِي عن الوُجُود الثَّقافِي البَحْراني الأَصِيل العَرِيق، تَقدَّمَت الجَرّافاتُ الآلِيّة مسرعة إلى سَبعةٍ مِن المنازل المُتجاوِرَة الّتي تَبعد مَسافة 60 مِترًا مِن مَنزِلِنا الكائن بِمَنطقة (سِدْبيرِي) اللَّندنيّة فجَرفَتْها بِتِقْنِيَةٍ نَظيفةٍ هادئةٍ تَسُرّ النَّاظرين!

لم يُؤخَذ أَهْلُ الحَيّ على حِين غِرَّة بهذا الإجراء التَّدمِيري الّذي نُفِّذ عند السَّاعات الأُولى مِن صَباحِ يَومٍ مُشْمِس جميل. فقَبل عام مِن الواقعة أَخْطَرَت البَلديَّةُ أَهْلَ الحَيّ عن عَزم أَحدِ المتعهدّين على بِناء عَمارة سَكنِيّة لِلعَجَزة مِن المواطِنين، واقتَضَى ذلك تَجريف المَساكِن السَّبعة القديمة في اليَوم المُقرّر. وكانت البَلدِيَّةُ قلَّبَت وُجوهَ الآراء بين الأهالي عبر الرَّسائل البَريديّة ثُمّ دَوَّنَت الاعتِراضات ودَرَسَتها على طِبق القَوانِين المتَّبَعة قَبل تَنفيذ العمل.

كيف نُصنِّف هذا الإجْراء البَلَدِي.. هَلْ هو تَدخّلٌ خاصٌّ لاستِبيان الرَّأي الموافق والمُخالِف، أَمْ يُعَدّ شَكلاً مِن أَشكال التَّعاطي مع ثَقافةٍ ثابِتَةٍ مُستَقِرَّةٍ في أَهْل الحَيّ جُبلوا عليها ويَتوجَّب رِعايتها، أَمْ هو عُرفٌ وقانونٌ مُستوحَى مِن مُكوِّنات الثَّقافَة البِريطانِيّة العَرِيقَة التي اشتُهِرَت بِالثَّورَتين الصِّناعِيّة والزِّراعِيّة!

إنَّ التَّنمِية الثَّقافِيّة لَيسَت إعلانًا دعائيًّا أَو استِبيانًا أَو استفتاءً، ولا خُطبَةٍ لِمنبَرٍ ولا كِتابًا مَطبوعًا أَو تَوصِيات لانْتِماء حِزْبِيّ وفِئوي أَو تَحقِيقات ودعائيَّات صَحافيّة. فهذه لِوَحدِها لا تَصنع رُقِيًّا أَو اندماجًا أَو انْسِجامًا أَو تَنمِية أَو حتَّى تَوافقًا في القَضايا الكُبرى مِن نَحو دُخولِ العِلْم على

الأَديان أَو التَّقارُب بين الاتِّجاهات الدِّينيّة أَو التَّشريع لِمَعاني (المَشْرُوطَة) و(الدِّيمُقْراطِيّة)، أَو الاستِعانة بِالتَّحالُفات الدُّوَلِيّة لِإقامَةِ التَّغْيير السِّياسِي، أَو الثّورة مِن أَجْل تَحكِيم وَلايَة الفَقِيه العامَّة أَو المُطلَقة، أَو الحرب بِفَتوى الوَلايَة مِن أَجْل حِماية الشِّيعَةِ والمُدنِ والأَضْرِحَة والمقامات المُقَدَّسَة.

فالثَّقافة عُمْقٌ تأريخيٌّ أُسِّسِت عليه أَنْماط التَّفكِير والعادات والتَّقالِيد والأعراف والنُّظم الاجتِماعيّة واللُّغة واللَّهجة والآداب والفُنون وما شاكل ذلك.. فَمَن أَراد الدُّخول إلى صَرح الثَّقافَة لِتَنمِيتها أَو إِصْلاح مَسارِها فعَلَيه المبادرة إلى ذلك بِرِفْقٍ شَدِيدٍ في القول وتدرّج في الفعل، وإِنَّ الخَلط في المعنى بين فُنونِ التَّغْيير المختلفة والعمل على تَصحِيح مَسار الثَّقافَة بِناءً على قاعدة مُنتَج فِكريٍّ هَجِينٍ أَجنبيّ المنشأ ولا أَصالَة فِيه فَهو ـ مِن دون شَكٍّ ـ عَملٌ مُغامِرٌ بِمَصِير أَمْنِ المُجتَمع واستِقرارِ نُظُمِهِ وعراقة مَظاهِره على طَرِيقَةِ (الكَاوبُوي) الأمريكي ذِي المُسَدَّسَين!

فقَد تَخلّى المنتمون الحزبِيُّون والفِئويّون عن أَصالَةِ ثَقافَتِهم وتَرجَموا نِضالهم ـ على حَسب المُدّعى ـ إِلى مَفاهِيم ضَرُوريّة ومَناهِج خاصّة لِإنْقاذ المُجتَمع مِن التَخلُّف واللّاوَعْي ثُمّ العُبورِ به إلى الضِّفَةِ الحَضاريّة، وتَمسّكوا بِفِكر هَجِين كاد يُمَزِّق المجتمع وثَقافَتَه الأَصِيلة شَرّ مُمزّق لولا تَطوُّر الحَوادث السِّياسِيّة وانشغال المُنتمِين بها، وقالوا في هذا الفِكر أَنَّه واجبٌ يُراد به الرُّقِي بآمال مُجتَمع البحرين وتَجسِيدَ طُموحِه والنّهوض به في الأُمَّة الوَسط المَجعولة. فإذا هو انفعالاتٌ ورُدُودُ فِعلٍ سَلبيّةٍ وافتِراءاتٌ مُخِلَّةٌ بِالمقامات الدَّارِجَة المستقرّة والمَراتِب القائمة العَرِيقَة تَهوِي بِمَرجِعِيَّة (فُلان) بِالمُغالَبَةِ وتَحطّ مِن مَنزلَتِها العِلميّة وقدرها الاجتِماعي، وتَذِلّ العالِم (الفُلانِي) وتَسبُّه وتَصِفُه بِالتَّقلِيدِي السَّاذج أو الجاهِل بَذِيء اللِّسان أَو المُتقمّص لِباس الاجتِهاد، وتَتَّهمه بِالعَمِيل المُثِير لِلطَّائفِيّة فَلا يحفظ لِلوَحْدةِ بَين المسلمين كَرامَةً، وأَنَّه عالِمٌ مُخالِفٌ لِوَلايَة الفَقِيه المطلقة ويَخدِم مَقاصدَ استعماريّة مَشبوهَة.

وأَمَّا (فُلان) المُنتَمِي الحَلِيف فهو العالِمُ الفاضِل وَحِيدُ عصره ولا شَبيه له على الإطلاق بَين العُلماء، ولا نَظِير له في الآفاق العِلْمِيّة والتَّربَوِيّة، وهو (صادِقُ) زَمانِه. وأَمّا (فُلان) المنتمي الحِلِيف فهو الفَيلَسُوف العارِف الّذي يُمثِّل الامتِداد الأصيل لِرسَالات الأَنبياء مِن دُون غَيره فلا يَرْقَى إلى قُدسِيَّتِهِ أَحدٌ. وأمّا (فُلان) المنتَمِي الحَلِيف فقد وَجَبَت له الوَلايَة حصرًا بِالأصالَةِ، وهُو (حُسَين) العَصْر والزَّمان، وأَمَّا (فُلان) المنتمي الحَلِيف فهو العالِم المُفكِّر والمؤرِّخُ المُرَبِّي وهو الدِّينُ النَّاطِقُ ولا دِين كامل في لُبِّ غَيره مِن العُلماء، وأَمّا (فُلان) الحِزبُ الحليف فهو المناضل الرّشيد الّذي لا نَظِير له في العالَم الشِّيعِي وهو قائدُ الجماهير بِلا مُنازِع!

كُلُّها مَفاهِيم بائرة وشِعارات زائفة وأَوصاف مزوّرة لم يَأْلَفْها المجتمع البَحْراني اللَّطِيف مِن قَبل، ولا تَمُتّ لِلثَّقَافَةِ البَحْرانِيّة الأَصِيلة بِصِلَة. وغايَةُ ما يُمكن وَصفها أَنَّها كومة مِن الرُّعونَة والغِلظة والحِدّة في الأَمزِجَة، وتَبَعِيّةٌ حزبيّة وتَطرّفٌ فئوي ووَلاء مصطنع، وإِفراطٌ في تَعْمِيَة عُقول النّاس.

لقد تَطرَّف الانْتِماء في تَسويق هذه المَفاهِيم والتَّصْنِيفات في المُجتَمع البحراني وقَلَبَ الرُّؤيَةِ الثَّقافيّة لِلأشخاص والأَشْياء والأفكار رأسا على عَقِب، وسَعى في تَرسِيخ الولاء الأَعْمَى لِلإنتماء الحِزْبي والفِئوي الطّارئ المستَجِد، وبَالغَ في تَقدِيس مَقام الزَّعِيم فصار في قِبال أُصُول الثَّقَافَةِ البَحْرانيّة ضِدًّا. ثُمّ اكتَفَى المنتمي البَحْراني بِالاستِغناء عن رأيه المُستقلّ الصَّريح وتَخلَّى عن عَقلِه الحرّ النَّاقد في القَضايا المصيريّة، وأَوْكَلَ كُلَّ أُمُورِه لِلانْتِماء وجَعلها في رأس الزَّعِيم (المَعصُوم) الضَّامِن لِصَكّ الغُفران، واستَهان بِمَفاهِيم (التَّقِيّة) و(الانْتِظار) و(الوَلاية والبَراءة) و(العِصْمَة) ونَفَى وُجُود إِمامِهِ المعصوم الّذي يَسأَل المؤمِنُون له الفَرَج العاجِل!.. فعادَ بِذلك إِلى المَثل الشَّعْبِي المَشْهُور (حُطْهَهْ بْراس عالِمْ واطْلَعْ مِنْهَه سَالِم) الذي نَقضَهُ مِن قَبْل بِرُؤيَةٍ مَقلُوبَة لِيُحَكِّمَه في هذا الشَّأن بِلا (حَواس) منه.

وفي هذا المضار الشّائك انعطفَ تكتّلٌ مِن العُلماء والمُثقَّفِين البَحْرانيِّين عن هذه المَفاهِيم الحادّة والتَّصنيفات المُذِّلَة، وتَجنَّبَ الوُقوع فيها، وصَبرَ على أذاها، تَعظِيمًا مِنه لِثَقافَتِه البَحْرانِيّة الأَصِيلَة، وحِمايةً منه لِعَراقَة مَظاهِرها، وتَنزيهًا لِسِيرَتِها التَّأريخيّة المَجِيدة ولِرِجالها الأَجِلّاء، وإكرامًا وتَشرِيفًا لِمُجتَمَعِها الّذي كافَح مِن أَجْل المحافظة على وُجُودِه وهُوِيَّتِهِ الشِّيعِيّة في 1400 عامًا.

وصار هذا التَّكتّل مِن أَكثرَ فئات المجتمع حِرصًا على اجتِناب الاعتِراض الظّاهر المُباشِر، ولكِنَّه اجتَهدَ بِعَقلِه النَّاقِد في تَنبيه أذهان المنتمين الحِزْبيّين والفِئويّين فنَصَحَ ووَعَظ. ومِمَّا ذُكِر على لِسان أَحد خُطباء هذا التَّكَتُل في رِسالةٍ مُوجّهةٍ:

(أَنَّ كُلَّ ما عِندَكم مِن فِكرٍ وصِبغة انْتِماء هو لَيْس مِن صُلْبِ ثَقافَتِنا البَحْرانيّة الأَصِيلة الجَمِيلة، وإِنَّما هو هَجِينٌ أَجنَبيّ وافِدٌ ومِن وَحْي التَّفاعُل الوِجْداني مع التَّحَوّلات السِّياسِيَّة الرَّاهنة في العالَم الشِّيعِي. ومِمّا لا شَكَّ فِيه أَنَّه فكرٌ قابلٌ لِلنَّقدِ والنَّقضِ بِما عِندنا مِن ثَقافَة أَصِيلةٍ غَنِيّةٍ بِالمَفاهِيم والخِبرات.. خُذوا (رَاحَتكُم) أَو عُودُوا فَأَشْبِعوا كلَّ ما عِندكم نَقدًا بِثَقافَتِكم البَحْرانيّة اللَّطِيفة الأَصِيلَة ولَيس بِثقافَةِ غيركم الرَّعْناء غَلِيظَة الطَّبع، ورُدُّو هذا الفكر بِما يُسعِفكم مِن مُفردات مُهذَّبَة مِن وَحْي بِيئَتِكُم ولَيس مِن تَوجِيه ما اقتَبستُموه مِن مُفرداتٍ ثَقِيلةٍ جافَّةٍ. فما بَالكم تَلتَقِطون مِن ثَقافَة الغَير ما يُخرِب ثَقافَتَكم ونِظام مُجتَمَعِكم)!

تَلوكُ أَلْسِنةُ أَهْلِ الالتقاط الفِكري شعارات يَعُدُّونها مِن بَناتِ المفاهيم الحضارِيّة مِن نَحو: (الزَّعامةُ يَدُ الله في الأَرض) و(مُنقِذ الأُمَّةِ مِن التَّخَلُّف) و(الشِّيعِيُّ اللَّاواعِي) و(الانْتِماءُ امتدادٌ لِرَسالة السَّماء) و(المِنبَرُ الحَضارِي) و(الدَّمْعَةُ المَسْئولَة) و(اللَّطمُ الخَفِيف الهادِف) و(الحُزنُ المُثمِرُ والمُنتِج) و(المأتَمُ/ الحُسَينية الجامِعَة) و(الشَّعائر المَوضُوعِيّة والعِلْمِيّة) و(شَعائر

العَقلِ لا الخُرافة) و(الزَّعامَةُ مَجدُ الثَّقافَة ومُجَدِّدُها) و(المُجتَهِدُ المفكّر العَارِف) و(المُربّي مُحْيي الشَّرِيعة) و(مُصلِحُ الأُمَّة ومُنقِذها من الضَّلال) و(لُبَابُ الشِّيعةِ ونَبضُ التَّشَيُّع) و(عَلِيّ/ حَسَن/ حُسَينُ العَصْر) و(زَينب الزَّمَان) و(أَمِير العُلماء) و(مُوسَى التَّشَيّع المُعاصِر) و(كاظِمُ السّجُون) و(فَلسفةُ الإيمان وعَقلُها النَّابض) و(الزَّعامة تَجلِّي الأنْبياء والرُّسُلِ والأَئمّة) و(مَسِيح الشِّيعَة) و(رَاهِبُ المُؤمِنين) و(عقلنةُ الدِّين ومظاهره).. هذه كُلُّها وما شاكلها مِن المُسمّيات والأَوصاف هي مِن صِنفِ المقولة الحِزْبيّة السِّياسِيّة والفِئويّة المتعصّبة القائلة (نَحنُ المُمَثِّل الشَّرْعِيُّ والوَحِيدُ لِلدِّين والتَّشَيُّع والشَّعبُ والأُمّة، ونَحنُ النَّاطقُ الرَّسْمِي المُطلَق باسِم الله والانْبِياء والرُّسُل والأَئمَّة كافّة)!

هَكذا يَحشُو الانْتِماءُ رُؤوسَ المنتمين البُسطاء والسُّذّج فضلاً عن المُثَقَّفِين والمُنتَمِين، ويَحقِنُ أَذهان الأَتْباع بِما يُضاعِف مِن فُرص التَّطَرّف والتَّصادُم والمُغالَبة والتَّناوش بِأَيدي (الحَبْرَبْش) وبَتَحرِيضٍ مِن المُنتَمِين أَنفسهم. وهكذا يَرفَعُ الانتماء مِن دَرجةِ الحساسِيّة إِزاء (العَقْلِ النَّاقِد) المُستقلّ الحَرِيص على ثَقافَتِهِ البَحْرانيّة الأَصِيلة، ويَقطعُ الطَّرِيق على المُنافس الأَصِيل ويَحشُرُه في زوايا المُغالَبَةِ بِقُوّة الانْفِعال.

في رِحلَةِ عَودَتِي مِن المَنفَى الأَوّل إلى بَلَدِي البحرين في شَهر مارس 2001م، قَرأتُ الأَوضاع السَّائدة في المُجتَمع البَحرانِي عن قُربٍ مِن بعد غِيابٍ عَنها دام 20 عامًا، فَقَرَّرتُ العمل على تَركِيز الاهتِمام في الجانِب الغائب المُتعلِّق بِالثَّقافَة البَحرانِيّة الأَصِيلَة، وأَلَّفتُ في ذلك كِتابَين، تَناول أَحدُهُما مَناهِج الدِّراسَاتِ الدِّينِيَّة والآخر في المُنقَلِبين على سِيرةِ عَلِيّ أَمِير المُؤمنين صَلواتُ الله وسَلامُه عليه، وشرعت في إِعداد خُطَّة كِتاب (جِيل الجَنَّة). لكِنّ تَطوُّر نهضة فبراير مِن عام 2011م إلى حالٍ شَعبِيَّةٍ شِيعِيَّةٍ شامِلةٍ قد استوجَبَت مِنِّي اتِّخاذ موقف الدِّفاع عن الهُوِيَّةِ البَحْرانِيَّة والوُجود الشِّيعِي إلى جانب قُوى التَّغِيير السِّياسي المتصدِّية لهذه النَّهضة. فاضْطَررتُ إِلى أَداءِ وَظِيفَتين أَساسِيَّتين هُما:

ـ التَّغطِيَّة الخَبريَّة لما يَجرِي مِن أَنشِطةٍ مُعارِضَة وتحليل رُدود الفِعْل الحُكومِيّة والإقليمِيّة والدّولِيَّة.

ـ وتَحفِيز العَقل البحراني النَّاقِد وتَوجيهه إِلى الجدِّ في مُناقَشةِ المواقف السِّياسِيّة لِلانْتِماءات الثَّوريّة والحِزْبِيَّة والفِئويّة وإبداء الرّأي فيها مِن مُنطلقٍ شِيعيٍّ حرٍّ مُستقل.

وكان مُرادِي مِن ذلك تَصحِيحَ المَسار السِّياسِي لِلحَوادِث وتَسجِيل حُضورٍ لافِت لِمَفهوم التَّمَسُّك بِالثَّقافَة البَحْرانِيّة الأَصِيلة في تَفاصِيل هذا المَسار والتَّجَرُّد مِن التَّبعِيَّة الفِكرِيّة التي أَفقَدت البَحرانِيِّين ثِقَتهم في ثَقافَتِهِم.

كُنتُ أُدرِك أَنّ السِّياسة سَطَت على العَقلِ البَحْراني وأَنشَبت أَظفارها بِعُمقٍ في الذِّهْن الحِزْبي والفِئوي المُعارِض الّذي بَالَغَ فى الاستِحواذ على كُلِّ شَيء في النَّهضة الشَّعبِيّة المُفاجِئة وراوغَ مِن أَجْل تَسيِيد نَظرِيَّتِه السِّياسِيّة الأُحادِيّة ذات النَّزعَةِ العَصبِيَّة المُغالِية. ولكِنّي لم أَكترِث كَثيرًا لهذا التَّحوّل، ووَاصَلْتُ العملَ على تكثِيف العمل في جِهتَي التَّغطِية الخَبَريّة والنَّقد الصَّريح المُوجِع. فأَلِفْتُ نَفسِي في وَسطِ (مَعْمَعَة) مِن الانفِعالات ورُدود الفِعل السَّلْبِيّة الهائجَة المُتشنِّجَة التي لا أَوّل لها ولا آخر، يَقودها جَمعٌ مِن (الحَبرَبَش) المُوجَّه بِزَعامة اتِّجاهٍ حِزبيٍّ وفِئويٍّ مناهِض لِأَيِّ عَملٍ يَسعى إلى إِضفاء صِبغةٍ ثَقافِيَّة بَحرانِيَّة أَصِيلَةٍ مُستقِلّة على نَسَقِ النَّهضة الجارِيَة. فذلك ـ في ظَنِّه ـ سيُفقِد هذه النَّهضة صِفَةَ التَّوازُن السِّياسِي الّذي ارتَضاهُ قادَةُ هذه المرحلة مِن النِّضال.

ومِن المُفارَقَة أَنّنِي اكتَشفتُ بِمَحض المصادَفَة وجودَ طاقمٍ إِعلاميٍّ خاصٍّ مسانِدٍ لِعَمل هَؤلاء (الحَبْرَبَش)، فظَنَنتُ لأَوّل وَهلَة أَنَّ دوافع هذا الطَّاقَم لا تَخلو مِن (اشْوَيَّة) جَهل وكَثيرٍ مِن الحَماقة. وعندما تَحرَّيتُ الدِّقَة في الأَمْر تَوصَّلتُ إلى أَنّ القائم على هذا الطَّاقَم جَعل يتَوسَّلَ كُلَّ السُّبل مِن أَجْل تَورِيط المُعارِضِين النَّاشِطين في مقصد تَأجِيجِ مُشكلةٍ شَخْصيّةٍ قائمة بَينَهُ وطَرفٍ آخَر ولم يَجِد له في مقصده نَصيرًا!

ومع يَقِيني أَنَّ بعض قادة أَطراف المُعارَضَة قد صَرف جُهدًا مُضاعفًا في سَبيل إِقصاء منافِسيه عبر المُغالَبَةِ بالوسائل المُطلَقة، إِلّا أَنَّه حَقّق فَشلاً ذريعًا في إِعمال بَصِيرته عندما انَفردَ بِمَرحلة ما سُمِّي بـ (الحوار السِّياسِي) مع الحُكومة في أَواخِر عَقدِ التِّسعينات، ولم يَكُن جادًّا بِما يَكفِي لِتَحمّل المسئوليّة المَرجُوّة، ولا يَملِك الكفاءة النَّفسِيّة اللّازِمة لِلإنسجام مع تيّارٍ عَريضٍ مُتماسِك يَصون لِلبَحْرانيِّين المَوقِفَ السِّياسِي الاسْتِراتِيجِي وتَزيدُهم قُوّةً إِلى قُوَّتِهم.

كُنتُ وكادِرٌ نِضاليٌّ آخر على دَرَجةٍ عالِيَةٍ مِن التَّنسِيق السِّياسي ذِي النَّوايا البَحْرانيّة الحَسنَة الصَّادقة مع كلِّ أَطراف المُعارضة في العاصِمَة البريطانِيّة، ولكِنَّنا فُوجِئنا بِالتَّهمِيش المُفاجِئ غَير المُبَرَّر. فأَعدتُ قراءةَ الوَضْع العامّ ودَرستُه مِن جديد فتيَقَّنتُ في نِهايَةِ المطاف أَنَّ البَحْرانيِّين في أَمَسّ الحاجَة إِلى إِعادَةِ الثِّقَة في ثقافَتِهم البَحْرانيّة الأَصِيلة أَوَّلا، ثُمّ إِلى الانطلاق مِن أُوصلِها وقَواعدِها، والتَّجرُّد مِن الفِكر السِّياسِي المُلتقط وما عَلِقَ به مِن شَوائب مُقتَبسَة عن ثَقافَةِ اتِّجاه أَهْلِ العامّة. وكُنتُ أُدرِك أَنَّ الكَثِيرَ مِن رُفقاء النِّضال لَنْ يَستَوعِب ما قَرأتُ ودرست، وأَنَّ الكثير مِن المُناضِلين لم يستوعِبُوا بعد خطورة البَون الشَّاسِع بَين ما يَأمَلون وما وَقَع مِن ضَرَرٍ على ثَقافَتِنا البَحْرانِيَّة الأَصِيلة بِأَيدي أَهلِها.

إِنَّ المثقّف البَحرانِي الأَصِيل هو مَن يَنطلِقُ مِن ثَقافَتِه الأَصِيلة ويَستَعِينُ بها ويَتمثّل أَصالَتَها في ذاته ويُعَبِّر عنها في سُلوكه العامّ مِن دُونِ تكلُّف أَو كِبر أَو رُعُونَة، فيُطلِق سَراح عَقلَهُ النَّاقِد ويُحرِّره مِن قَيدِ الفِكر الهَجِين ويَستقلّ به، ويَتحمَّل في ذلك مَسئولِيَّة الدِّفاع عن ثَقافَتِه الأَصِيلة ويَتمَثّلها ولا يُعاجِلها بِالثَّورِيَّة والانْقِلاب بِفِكر مُضْطَرِب الهُوِيَّة مِثلَما فَعلَ الحِزْبِيُّون والفِئوِيُّون مُنذ سَبعِين عامًا. فإِنْ لم يَكُن قادرًا على فِعلِ ذَلِك فلَيس مُجبرًا على تَبَنِّي خِيار التَّحيُّز، أَو الانكِفاء والعُزلة والتَّضحِيَّة بِثَقافِته الأَصِيلة.

لماذا يَتبَنّى وَاقِفَةُ الانْتَماء فِكر الطَّاعة المُطلَقَة والتَّبعِيّة العَمياء الصَّماء والبَكماء، ولماذا يَضعُون على رُؤوسِ أَتْباعِهم الأَقفَال وعلى أَكتافِهم الأَثقال، ولماذا يَبُثُّون مُنتَمِيهم في المناطِق والأَحْياء والقُرى ويُشكِّلون مِنهم ما يشبه شَبكة (المافْيا) الرَّادِعَة والمحَرِّضَة لِعناصِر (الحَبْرَبَش) لِكَي تُحصِي على الأَهالي أَنفاسَهم؟!

إِنَّ المثقَّفَ البحرانيّ الأَصِيل لا يدَّخِر جُهدًا في التَّعبير بِعَقله النَّاقد ذِي الرّأي الحَصِيف المَبنِي على قَواعِد ثَابِتَة مِن ثَقافَتِهِ المَحلِّيّة الرَّصِينة، ويَختار المنهج المُناسِب لِبيئتِه الاجتِماعيّة. ويَنظرُ في الأَفكار والمَواقف والأشياء والأَشخاص والجماعات والكِيانات المؤسَّسِيّة والأَهلِيّة والحِزْبِيّة والفئويّة نَظرةً حُرّةً بَنّاءةً حتَّى يُنتِجَ بها أَحسَنَ المفاهيم الصَّالحة التي تَجتَمع على كَلِمَةٍ سَوَاء فيُنمِّي بِها ولا يَشَكِّك أَو يَشْطُب أَو يُأَمِّم أَو يُفرِّق ويُمَزِّق مِن مُنطَلَقٍ حزبي وفئوي حادّ.

لا نُجانِب الحقيقة حِين نُشير إلى أَنَّ العَقل البَحْرانيّ النَّاقِد قد تَعرَّض إلى حِصارٍ شَديدٍ وهَجمةٍ (ذَكِيَّةٍ) شَرِسَةٍ عبر شَبكةٍ مُعقَّدةٍ مِن قَوانِين العُقوبَات وإجراءات الاحتِواء المَدعومَين بِفُنون الكَسْب الإداري المُنظَّم والتَّوظِيف الأَنانِي والابْتِزاز والتَّرهِيب السِّيادِي.

فِلَماذا تَتَّبع عَصبيّاتُ الانْتِماء ذات المَنهج وتَزِيد عليه بِالإِكثار مِن استِعمال التَّصْنِيفات الوَقفِيَّة المُقفِلَة لِلأَذْهان والمعَطِّلَة لِمَلكة الاجتِهاد والإِبْداع الفَردِي، ولماذا تواظب على استِعمال الشَّائعة لمحاصرة دَور العَقلِ النَّاقِد المُستقلّ والتَّشهِير بِصاحِبه وفَرضِ عُقوبَةِ المُقاطعة الاجتِماعيّة عليه في مَناطِق النّفوذ؟!

فَلْيُعبّر البَحْرانيّون بِعقولهم النَّاقِدَة الحُرّة عن آرائهم في الأفكار والأشياء والأشخاص. فإِنْ كان مُبرِّرُ المنع هو كَونِهم مِن عامّة النَّاس فَهُم بِالطَّبع مُثقَّفون ولا يَجوز لِلمُنتَمِي (الوَاعِي) أَنْ يَحتكِر كُلَّ شَيء ويَطغَى ويَسلِب

النَّاس الحقَّ في إبداء الرّأي والتَّصْريح بِه على طريقة الأنظمة المستبدّة.

إنَّ (العَقْلَ النَّاقِد) رأسُ مالِ الجميع، يُراقِبون بِه أَنفُسَهم ويَحتجُّون بِه على غَيرهِم.. العَقلُ النَّاقِد لَيس حكرًا على مَن وُصِفوا دِعائيًّا بـ (النُّخْبَة) أو (الطَّلِيعَة) أو (الكُتْلَة المُؤمِنَة). فَالأوصاف هذه كانت مَقصورةً على وُجودٍ مَنسوبٍ لِلانْتِماء حَصرًا ولا يَتَّسِق والمعاني الدّارجة في الثَّقَافَة البَحْرانيّة الأَصِيلَة، وغايةُ ما يُراد بِها التَّصْنِيفَ المُخِلّ بالنِّظام الاجتِماعي مِن أَجْل تَحقيق مَصلحةٍ سَلْبيّةٍ مَعلومةِ المقاصد ولا تَخفى على أَحدٍ مِن النَّاس.

قِيل في حِكايات النُّخْبة البَحْرانيّة المثقّفة الأصِيلة عندما صَدَقَت القول (أَنَّ العقلَ النَّاقِد مَعدُوم الاستِقلال في مُجتَمعِنا. فإِنْ ظَهرَ في بَعض الفَترات الحَرِجَة فَلا تَأثِير له في القَضايا الرَّئيسة الكُبرى). وعِلَّة ذلك: أَنّ الموانع مِن صُدوره كَثيرةٌ، منها ما يَتّصِل بِشُئون سِيادةِ الدّولة، ومِنها ما يَتّصل بشئون القُوى الاجتِماعيّة والحِزْبيّة والفِئويّة بوَصْفِها تُمثِّل مقام (الزَّعيم) بِالفُضُول لا بِالتَّفويض، ولا يَتمكّن أَحدٌ مِن تَخطِّي تَعليماتِها أو تَجاوُزِ مَقاصِدها. حتَّى بَلغ الأمرُ إلى القَولِ بامتِناع (العَقل النّاقد) عن التَّصْريح بِالحَقائق وبالمعانيّ خشيةً مِن العُقوبات والإجراءات المُضَادَّة الصّادرة عن جِهةِ الطَّرفَين: الحُكومة والحِزبي الفِئوي.

صار لِكُلِّ الأَطراف الّتي يَتشكّل مِنها كيانًا (الدَّولَةِ) و(الأَحْزاب والفِئويّات) شأنٌ خاصٌّ يَضمِرُه ويَستَّتِر به ويُهيّئ له أدوات الحِمايَة والدِّفاع تَحت سَقف السِّيادة والغِطاء الشَّرعِي. فضَاقَت الدُّنيا على (العَقلِ النَّاقِد) المستقل وانحَسرَ دَورُه، وصَارَ يُشار إليه بِما هو رَهنٌ لِطَرَفٍ اجتِماعيٍّ أَو سِياسيّ رَادعٍ يَستمِدّ مِنه قُوّةَ وُجُوده وتَأثِيره. فإِنْ أَصرّ (العقل النّاقد) على الاستِقلال عن نُفوذِ كيان (الدَّولَةِ) وكيان (الأحْزاب والفِئويّات) والصُّمود أَمام ضَغطِهما؛ فقَدَ تَأثِيرَه وأَصبحَ مَغمورًا أَو مُدرجًا في القائمة السَّوداء المَغضوب عليها، فلا يُستَجاب له.

في واقعِ الحال اقترَنَت قُوّةُ (العَقْل النّاقد) باستِقلال الدَّولَةِ واستِقلال القُوى الاجتِماعيّة والحِزْبيّة والفِئويّة أَو بتَبَعِيَّتِهما في المُحيطِ السِّياسِي المحلِّي والإقليمي والدُّولي. وكُلَّما تَمدّد نُفوذُ الدّولة والقُوى الاجتِماعيّة والحِزْبيّة والفِئويَّة وازدادَت رُقعةُ هَيمَنتِهما في مَجالٍ حَيويٍّ واسعٍ؛ اِنبَسَطَت سِيادتُهما داخِليًّا ونَشَط على الأثَرِ (العَقلُ النَّاقِد) فِيهما مُجرّدًا مِن سُلْطَةِ الرَّقِيب.

إنَّ تَخلِّي الدّولَةِ والقُوى الاجتِماعِيّة والحِزبِيّة والفِئويّة عن نُفوذِهما وسِيادَتِهما وعن دَورِهما في القضايا المَصِيريّة الكُبرى - يُعدّ تَهديدًا لاستِقلال (العَقْل النَّاقد) وحُرِّيَّتِه.. بات (العَقلُ النَّاقدُ) يَنشَط مُستِقلاً مع حلول التَّوازُن على غَيرِ مُراد الدّولَةِ والقُوى الاجتماعِيّة والحِزْبِيّة والفِئويّة حيث تَتَماسَك أَدواتُه وتَجسُرُ قُواهُ ويَعجَلُ بِأَداءِ دَورِهِ بَين ثَنايا هذا التَّوازن فحسب، فِيما يَظلّ مُحتاجًا ومُفتقرًا إلى قُوّةِ انتِماء لِحزبٍ أَو لِفِئةٍ تَنصرُهُ أَو لِقُوَّةِ دَولَةٍ مُستقلَّةٍ على نَحو الحَقِيقَة حتّى يَسنِدَ إليها ظَهرَه. وحِينئذٍ يَفقِدُ (العَقلُ النَّاقِدُ) استقلالَه فَلا حاجةَ مِنه إلى شُجاعَةِ الشّجعان!

مِن هُنا، يَثمِرُ (العَقْلُ النَّاقِد) في البِلاد ذات النُّفوذ والهَيمَنةِ عالميًّا ولا يُخشَى مِن إطلاقِهِ واتِّساع رُقعتِه الجُغرافِيّة وإنْ نال بِأَدواتِهِ وقُواه المُطلَقَة مِن مَقام رأس السُّلطة السِّياسِيَّة أَو الزَّعِيم الحِزْبيّ والفِئويّ بِشِدَّةٍ وصَرامةٍ وتَطرُّفٍ. فِيما يُتَّهم (العَقْلُ النَّاقِد) بِجَريمةِ الأرهاب وهَدمِ النُّظم الاجتِماعيّة وزَعزعة الاستِقرار الوَطَنِي والتَّحرِيض على العُنفِ والتَّخرِيب والفَساد في العَقِيدة والشَّريعَة في الدَّولَةِ أَو في مَناطِق النُّفوذ الحِزبي والفِئوي، فلا تَملِكُ هذه الدَّولة وهذا الحِزب والفِئة فاقِدِي الاستِقلال إِلَّا الحَدّ مِن مَهام (العَقْل النَّاقِد) وتَضيِيقِ الأُفقِ عليه أَو السَّعي إلى تَدجِينِه. وهكذا الأمرُ في الانْتِماء المُناهِض لِثَقَافَة مُجتَمَعِهِ والقائم على فِكرِ هَجِينِ التِقاطيّ غير أَصِيل إِذ يَفقِد الشّجاعة والقُوّة الكافِيَين لإِطْلاق وَظِيفة (العَقل النَّاقِد) المُدافِع عن هُوِيَّتِه والحريص على ثقافَتِه الأصيلة، فيَتَشدَّد في مَنع صُدوره.

لقد عانَت تَجرِبَة النِّضال الثَّقَافِي البَحْراني قَصِيرة العُمُر مِن فَوضَى تَدخُّل (الحَبْرَبَش) المُوجَّهين مِن قِبل الطَرَفَين (الدَّولة والقُوى الحِزبيّة والفِئويّة) حيث كانا لِـ (العَقْلِ النَّاقد) ضِدّا على الرَّغْم مِن تَظاهُرِهما أَو إيمانِهما بِحُرِّيّة التَّعبير والنَّقد وحِماية الرَّأي الحُرِّ والدِّفاع عنهما!

إنَّ نَقدَ الفِكرَةِ أَو الموقف ما هُو إلَّا عَمليّة إظهار لِلحُسنِ والعَيبِ فِيهما على حَدٍّ سَواء. وفي خُطبَةٍ له قال عالِم الدِّين (الشَّيخ) في مَجلِسِه ذات مَرّة: (لا يَجوز لك أَنْ تَنقُد في مَلأٍ مِن النَّاس رأيًا لِعَالِم الدِّين أَو لحِزْبِهِ وفِئتِهِ اللّذين يَستَظِلاّنِ بِظِلّه.. ولَيْس مِن الذّوق أَنْ تَنقُد رأيًا لِشَخصٍ أَو لِجِهةٍ على مَلأٍ مِن النَّاس إنْ احتملتَ الفَساد فيهما)!

لَيْست هذه القضِّية مَحصورةً في نَقد عالِم الدِّين أَو الحزب أَو الفِئة وإنَّما في عِلَّة المنع مِن النَّقد المَقرونَةِ تَعسُّفًا بِحُصُولِ الفساد في النَّاس، فإنْ كان النَّقدُ يُشكِّل فَسادًا في النَّاسِ فيَتوجَّب التَّوجِيه في السِّرّ فلا يُمنَع النَّقد مُطلقًا وهو المُعَبِّر عن وُجودِ الرَّقيب المُصلِح المُوَجِّه.. ويَرِد هنا استفهامٌ:

لماذا تُخصَّص القَضِيّة على نَقْدِ عالِم الدِّين وجِهاتِ الوَلاء لَه بِهذِهِ العِلَّةِ ولا تُطلق في قَضايا النّاس وأَحوالِهم ومُشكلاتِهم؟!

لِماذا لا يُبحث في عِلَّةِ حُصول الفَساد في النَّاس إنْ هُمْ استَمَعوا إلى أَحَدٍ يَنقُد فِكرةً أَو موقفًا صادِرَين عن عالِم الدِّين أَو إحدى جِهاتِه المُوالِية؟!

ما هِي الأسبابُ الّتي تَجعل مِن النَّاسِ مُرهَفِي الإحْساس فإنْ نَقدْتَ فِكرةً أَو موقفًا لِعالِم الدِّين أَو جِهةٍ مِن جِهاته الموالِية نالَ ذلك مِن منزلة ومَقام عالِم الدِّين ورُتْبتِهِ وسُمعتِهِ وهَيبتِهِ وصِيتِه فِيهم؟!

لماذا لا يَسعى ذَوُو العَلاقة إلى مُعالجةِ حَساسِيّة النَّاس مِن (فَعْلَة) العَقْلِ النَّاقد المُصلِح عِوضًا عن صُنعِ هذا الانْسِداد بِالقول: (لا تَنقُد أَمامَ النَّاس)!

لماذا لا يَجرِي العملُ على تَأهِيلِ النَّاس لِلاستِماع إلى (العَقْلِ النَّاقِد)

بِكُلّ أَريحيّة.. هَلْ هُو التَّقصِيرُ في أَداء مَسئولِيّة الارتِقاء بِالثَّقَافَة الأَصِيلة بَينَهم، أَمْ هو الحَظُّ مِن قدر الثَّقَافَةِ المَحَلِّيّة وتَسفِيهُ شَأنها والائتمام بِأُخرى بَدِيلة، أَمْ هو الرُّعُونة والغِلظة والشِّدّة في الفِكر الحِزْبي والفِئوي الهَجين المُتَبنَى، أَمْ هو الضَّعفُ الّذي يُخفِيه ذَوُو العلاقة ويُعبِّرون عنه بِفَرضِ مَزيدٍ مِن القيود وتَضيِيق الأغلال على (العَقْل النَّاقِد) الصَّريح؟!

إِنَّ خطاب الانْتِماء المَشغول بِالدّعاية المُبتذَلَة والتَّقدِيس المُفرط لِلمَقامات والرُّتَب الاجتِماعيّة والزَّعامات الحِزبِيّة والفِئويّة المُصطَنَعة هِي لا تَعدو أَنْ تكون خطابات (كَاوْبُوي) سِياسي. وقد لَمسنا وشَهدنا الكَثيرَ منها في وقائع النِّزاع البارِد النَّاشئ عن تَطبِيقات مَنهج الشَّكِّ في العَقَائد وتَشطِيب مُتُون أُصُولِ المعرفة وتَأمِيم مَظاهر الثَّقافَة. فمِنْ أَيْنَ لِـ (العَقْلِ النَّاقِد) أَنْ يُوظِّف أَدواتِه الرّقابيّة ويُطلِعَ النّاس على الحَقائق ويُلزِمَهُم بانْتِخاب الأفضَلِ منها والإيمان بِالأَمْثل فيها؟!

فإِنْ كان النَّقصُ مَخبوءًا في النَّاس، فَلِمَ يَمْتَنع عالِمُ الدِّين وَجِهاتُ الانْتِماء الحِزبي والفِئوي عن سَدِّهِ والاجتِهادِ في مُعالجتِهِ بِكُلّ أَمانةٍ وصِدقٍ وإِخلاصٍ وتَجرُّدٍ؟!

وأَمّا العَملُ على مَنع (العَقْل النَّاقِد) مِن أَداءِ وَظِيفته الضَّرُوريّة بِالقُوّة وتَعريضِهِ لِأَذَى (الحَبْرَبَش) وصَدّه عن الالتِزام بِمَسئولِيَّاتِه بِحُجَّةِ وُقوع الفَساد في النَّاس فَهُو فَسادٌ آخر وتَصَنُّعٌ مُتعمَّدٌ وتَكلُّفٌ وتَضيِيقٌ لِلأُفقِ الذِّهنِي، وتَوظيفٌ سَيّءٌ لِمَظاهر الثَّقَافَة ومِنها المَنابِر والمساجد والمجالس ومنصَّات الخطابة لِقَمع (العَقْل النَّاقِد) ومَنعِه مِن أَداء دورِهِ الإِصلاحي.

ـ التَّصْوِيبُ المَحذُورُ لِلغَصْبِيَّةِ السِّيَاسِيَّة

تُمثِّلُ السِّياسَةِ والتَّدوين في أَحوالها بُعدًا مُهملاً في السِّيرة التَّأريخية لِتَطوّرِ الثَّقافَة البَحْرانِيَّة. فإِنْ ذُكِرَت السِّياسَةُ بِمَعنى (المُشارَكة في إِدارة

الشُّئون العامّة) فعَلَى سَبيل الرَّفْضِ الحَذِر لِمَفهوم الدّولة المُستبدّة القَدِيمة والحديثة، وعلى اجْتِنابِ التَّعاطي مع الحُكم المُغتَصِب لِلخِلافَةِ بِالمعنى النَّظري العَقدِي، وعلى الامتِناع عن الخوضِ بِمَودَّةٍ في الانْتِماء الحِزبيّ والفِئويّ الّذي يَستهدف إقامَةَ الحُكم الغَضْبي أَو إِعانَةَ الحاكم المُستبدّ غَير الشَّرعِي بِالمَعايير الفِقهيّة.

ولا خِلاف في الوَسَطِ الشِّيعِي على وَحدَةِ الخاتمة في عَملِ كُلٍّ مِن الدّولة المُستبدّة المُغتَصِبَة لِلحُكم ووَلايَة الانْتِماء الحِزبيّ والفِئوي، فَهُما سواءٌ على حَسَبِ التَّجربَة والسِّيرة التَّأريخيَّة المُدوَّنَة. إنَّهما لا يَأمَنان سِيادتَهما ووَلايتَهما في النَّاس كلَّما تَقدَّمَت الثَّقافَةُ الشِّيعِيَّةُ في مَسارها الطَّبيعِي الأصِيل.

وبإزاءِ هذا الموقف الشِّيعِي المُتشَدِّد مِن السِّياسة تُمثِّلُ السِّياسة لدى أَتْباع اتِّجاهِ أَهْلِ العامَّة البُعد الأبرز استِعمالاً وتَوظِيفًا في تَدجِين الثَّقافَةِ والهَيمنةِ على مُكوِّناتها ومظاهِرها والعَبَثِ في أُصول المَعرفة والمَفاهيم العَقديّة على وَجْهِ الخُصُوص، وهُو على جِهةِ النَّقِيض مِن اتِّجاه الشِّيعة الّذي جمَّدَ السِّياسَةَ ونَهضَ بِالثَّقافَة ورَفعَ مِن شَأن أُصُولها ومُكوِّناتِها ومَظاهِرها وصانَ عَقِيدتَها. فلِلسِّياسَة أَمدٌ مُتقَلِّبٌ قَصيرٌ وليس لِلنَّسَقِ التَّنَمَوي لِلثَّقافَةِ مِن أمد.

فَهَلْ تَخلَّفَت ثَقافَةُ البحرانِيِّين في إثرِ إهمالِهم لِلسِّياسَةِ واستِخفافِهم خَواتِيم عَملِها النَّاقِص لِمَفاهيم (التَّقِيَّة) و(العَدْل) و(الانْتِظار) و(الوَلاية والبَراءة) و(العِصْمة)، وهَلْ تَقدَّمَت ثَقافَةُ أَتْباع اتِّجاه أَهْلِ العامّة لِقاء العَمل بِالسِّياسَةِ وتَعدِيلِ المَساعِي لِإقامَةِ الحُكم بِما يَقتضِيه مِن طاعةٍ مُطلَقَةٍ للدَّولَةِ ووَلاءٍ وخُضوعٍ لِلحاكِم والالتِزام بِتَشريعاتِه، والانْدِكاكِ في كِيان دَولَتِه، والمشاركَةِ في تَنفِيذ مُخطَّطاتِ الفَصْلِ الطّائفي، والسَّعي الدَّؤوب لِلانفرادِ بِعَواملِ البَقاء والاستِقرار الأَمنِي والاجتِماعي عبر الاتِّباعِ المُطلَقِ لِسِيادَةِ سُلطته؟!

يَكادُ الاهتمامُ الثَّقافِي البَحْرانيّ في بَحثِ الشُّئون السِّياسِيّة لِلدّولة والحاكِم يَنعدِم بِناءً على مَفاهِيم مُنتزعَة مِن أُصُول المعرفة وخِبرات مَرحَلَةِ

ما بعد الانْقِلاب على النُّبُوَّة وإِقصاء مَقامِ الإمامَةِ في القَرن الهِجْري الأَوَّل.

وتُبدِي أُصولُ المَعرِفَة والتَّأويلاتُ الرِّوائِيّة المُتداولة بين البَحْرانيّين عِنايةً مَحدودةً جِدًا بِالبُعد التَّطبيقي لِلسِّياسَةِ، في حِين كانَت مفاهيمُ (التَّقِيَّة) و(الانْتِظار) و(الوَلايَة والبَراءة) و(العِصْمة) فيهم تَستَخِفّ التَّفاصِيل الوارِدَة في سِيرة السِّياسَةِ ورُموزها وقِيمِها، وتَحثّ على التَّخلِّي عنها والتَّجرُّدِ منها وتَجنُّبِ الانتِساب لِكياناتِها المُؤسَّسِيّة فَضلاً عن الاصْطدام المباشر مَعها.

وقد أَسفرَ عن هذا المَوقِف التَّأريخي السَّلْبِي ذِي البُعد العَقدِي المُتشدِّدِ مَجموعةٌ مِن النَّتائج الإيجابيّة بِمَعايير السِّياسَةِ ذاتها وعَلى غَير المتوقَّع. فَلَولا الانْكِفاء والاعتِزال البَحْراني عن الجانِب التَّنفيذِي لِلسِّياسَةِ لما رُفِعَت لِلبَحْرانيِّين رَايةٌ ولا نَهضَت لَهم ثَقافةٌ أَصِيلةٌ بِهذه السِّعَةِ والمَتانه، ولا استُجمِعَت لهم قُوَّةٌ في مَنهج الاستِدلال وسَوق الحُجّة، ولا كَثُرت فيهم المفاهِيم الضَّرُوريّة الدّافعة نحو المُحافظة على الهُوِيَّةِ الشِّيعِيَّة والتَّمَسُّكِ بِالقِيم الأخلاقِيّة والمُثُل العُليا.

إنَّ إعراضَ البَحْرانيّين عن السِّياسَةِ في القُرون الثَّلاثَةِ الماضِية والتِزامَهم النِّسبي بِمفاهيم (التَّقِيّة) و(الانْتِظار) و(الوَلاية والبَراءة) و(العِصْمة) جَنَّبَهم الوُقوع في مَحذورِ المِلكِيّة الغَضْبِيّة وساهَم في تَنمِيةِ واستِقرار ثَقافَةِ مُجتمَعِهم والتَّميُّزِ بِرعاية مَظاهِرها. ولَيْس مِن العَدلِ والإنْصاف تَجريحُ مفاهيم (التَّقِيّة) النِّسبِيّة و(الانْتِظار) و(الوَلاية والبَراءة) و(العِصْمة) الوارِدَة في سِيرة البَحْرانِيِّين تأسِيسًا على ما قدَّمه الانْتِماءُ الحِزْبيّ والفِئويّ المعاصر مِن تَأويلٍ سَلْبِيٍّ سَيّئٍ لِلمعاني حيث أَرجَع أَسباب ما وَصَفَه زُورًا بِالتَّخَلُّف واللّاوَعْي إلى سِيادة مَفاهِيم (التَّقِيّة) و(الانْتِظار) و(الوَلايَة والبَراءة) و(العِصْمَة) والانعِزال بالمُجتَمع عن الوَقائع السِّياسِيّة والغِياب عن تَطوّراتِها.

إنَّ تَجريحَ مفاهيم (التَّقِيّة) و(الانْتِظار) و(الوَلاية والبَراءة) و(العِصْمة) وتَطبيقاتِها السَّائدة في المجتمع البَحْراني فيه قِصْرُ نَظر وثَورِيَّةٌ فَجّة وخُروجُ

على المنهج العِلْمِي المتعلّق بالبَحث التَّأريخي السَّلِيم، وذَهابٌ إلى الإيمان بِالقَول الفَلْسَفِي المُتشائم: (أَنَّ الماضِي كُلّه تَجارب فاشِلة نِسبَةً لِلحاضِر الرَّاهِن)، وغَمطٌ لهذه المَفاهِم الجميلة الرّائعة، وتَسفِيهُ لِما حقَّقَتْهُ مِن نَقلةٍ تكامُليّةٍ وإِنجازٍ عظيم في التَّنمية الثَّقافيّة والاجتِماعيّة الأَصِيلة في أَشَدّ الظُّروف شَراسَة وقَساوَة وإِرهابا وفَقرًا وطائفِيّة، وتَعسُّفٌ في قَراءة الثَّقافَة البَحْرانيّة الأصِيلة، وتَقمّصٌ لِرُؤيَةِ فِكرٍ هَجِينٍ مُتأزِّم أَرعَنٍ لَيس لَه مِن حَظٍّ في الاطِّلاع والمَعرِفَة والاحاطَة بعَراقَةِ المُجْتَمع البَحْراني وأَصالَةِ ثَقافَتِه وطَبيعَةِ المَفاهيم الحَيوِيّة السَّائدة في أَوساطِهِ!

عند تَقوِيم الموقف مِن السِّياسَةِ بِالمَنهج التَّأريخي المقارِنْ فَإِنّ أَتْباع اتِّجاه أَهْلِ العامّة شَرّعوا العَملَ السِّياسي بِشَكلِهِ المَورُوث عن دُولِ الخِلافَةِ وتَفاعلوا معه واحتَضَنُوه مُؤَسَّسِيًّا وشارَكُوا في صُنع سِيرَتِه وتَحوّلاتِه بِما اشتَمل عليه مِن سِلْم وحَربٍ، فلَمْ تَشهد سِيرةُ هذا الاتِّجاه تَميّزًا ثَقافِيًّا أَصِيلاً ولا هُوِيَّةً مُتكامِلَةَ المعاني إِسلامِيًّا ولم يُحقّق في ثَقافَة أَتْباعِهِ تَطَوُّرًا قَوِيّ الحُجَّةِ وسَلِيم الدَّلالَة ومُستقرّ النَّسَق. وكانَت الخُلاصَةُ في ثَقافَتِه مَورُوثًا مُكتظًّا بِمَشاهِد الاضْطّهاد والجور والعُدوان والقَهْر والظُّلم والوَحشِيّة، إلى جانَبِ حَشْوٍ مِن الاستِحسَان والقِياس والوَضْع والاختِلاق والتَّدلِيس والالْتِقاط الرِّوائي والتَّزوِيرِ التَّأرِيخي، والجُمودِ الظَّاهِر في انْتاجِ المَفهوم، والاضْطِرابِ في المُثُل والقِيم، والطُّغيانِ الفاحِش لِلفِكر المُدَمِّر، والكَراهِيّةِ الطائفِيَّةِ والعُنصرِيَّةِ، والفَسادِ في السُّلوك العامّ.

لقد جَنَّبَ الشِّيعةُ البَحْرانِيُّون ثَقافَتَهم مِن شِرار السَّاسَة وشَرَر السِّياسَة عندما اعتنقوا مَفاهِيم (التَّقِيّة) و(الانْتِظار) و(الوَلايَة والبَراءة) و(العِصمَة) وتَمسَّكوا بِها وبِتَطبيقاتِها، واجتَهدوا في ضَخِّ كَمٍّ هائل مِن المَفاهِيم المساوِقة لِعَقيدَتِهم، ورَسَّخوا بِهذه المَفاهِيم القِيمَ الأَصِيلة في الوَسَط الاجتِماعي، وعادوا بِها إلى أُصُول المعرفة وأَعَدّوا بها مَكتبَةً مُتكاملةً مِن المَجامِيع الرِّوائيّة والتَّصانِيف الحدِيثِيّة، ووَثَّقُوا الرَّابِطَة بين وُجودِهم ومَظاهر ثَقافَتِهم

وتَجاوزوا بِها الظُّروف الصَّعبَة والقاهِرَة المُعاديَّة لِلتَّشَيُّع وتَخطّوا بها كُلَّ التَّحدِّيات السِّياسِيّة بِتَفوقٍ مُنقطعِ النَّظير.

وكان لِلعُلَماء الأَخْبارِيَّة المُعاصِرين الدَّور الفَعّال في حَثِّ البَحْرانِيِّين على التَّمسُّكِ بِالمُتُون الرِّوائيّة وحفظها، والمُداومةِ على عَقد المَجالِس وإِقامَةِ البَسطات المُغلقة والمَفتوحة، وإِحياءِ شَعائر المَودّة في البُيوت والمآتِم، وتَداولِ أَخبار الشِّيعة في بِلاد وُجُودِهم ومُتابعة التَّطوّرات في أَحوالهم، والحرصِ على تَناوُل سِيرة أَهْلِ البَيت صَلواتُ الله وسَلامُه عليهم، والتَّمسّكِ بِالثِّقلين والاعتِزاز بهما. فأَبْقَوا على الوُجُود البَحْراني الأَصِيل حَيَويًّا ناميًّا في البلاد، وذَلَّلوا كُلَّ العَقبات التي اعتَرَضَت مَسِيرَتَهم الثَّقافِيّة.

اخْتَلفَ البَحْرانِيّون عند نِهاية القَرن التَّاسع عشر ومطلع القَرنِ والعشرين المِيلادِيَّين في تحديد الظّروف المناسِبة لِرَفع الالتزام الصَّارم والصَّريح بِمَفاهِيم (التَّقِيّة) و(الانْتِظار) و(الوَلايَة والبَراءة) و(العِصْمة). وشَرَعَت فِئةٌ مِنهم في خوضِ غَمَرات التَّغْيير الاجْتِماعي والتِّجوالِ في أَروِقَةِ السِّياسة بِثِقَةٍ تَامّةٍ. فاقتَربت مِن نِسبِيَّة العمل بهذه المَفاهِيم، وبَحثَت في أَوجُه استِعمال هذه النِّسْبَةِ في تمرير التَّفاعلات المُستَحدَثة والمُستجدّة مِن غَير التَّخَلِّي المُطلق عن هذه المَفاهِيم، وفَسَّرت مفهوم (الانْتِظار) بِما يُضعِف مِن الإِيمان بِوُجُود إِمامٍ مَعصوم يُدعى له الفَرَج العاجِل القريب، وتَأَوَّلَت في بَقِيّة المَفاهِيم فوضَعت لِنَفسها زَعامةً سِياسِيّةً ونَسَبت إِليها ما اختَصّ بِه الإِمام المعصوم، وفَصَلت بين الوَلايَة والبَراءة وتَجنَّبت البَراءة الصَّريحة وأَخذت بالوَلايَة الوسِيطة غير المَعصُومة وأَلبَستها ثَوبَ العِصمة!

وفي خَمسِينات القرن الماضي أَثار البَحْرانِيُّون انتفاضةَ (الهَيئة)، وتَجاوزوا بِالسِّياسَةِ المَفاهِيم الأربعة وعَلى رأسها (التَّقِيّة) انطلاقًا مِن قاعِدة قَومِيّة ثَورِيّة مُستَمَدّة مِن الفِكر العُروبي النَّاشِئ في كَنَفِ بيئة ثَقافِيّة مصرِيّة. فتَعَرَّضَت الثَّقافةُ البَحرانيّة الأَصِيلة في إِثْر ذلك لِتَهدِيد مَصِيريّ خَطِير أَدّى في

بَادِئَ الأمر إلى ظُهور أَزمَةِ الشَّكّ في العَقِيدة وحُدوث الاضْطِراب في النِّظام الاجتِماعي وفي صفوف رُموزِه (التَّقليدِيّة) وتَياراته المُوالِيَة.

وما زال البَحْرانيّون يُعانُون مِن الآثار السَّلبِيّة لهذه الانْتِفاضَة، وكاد أَمرُ ثَقافَتِهم والمَفاهِيم الأَربَعة الرَّئيسة المُتَّبعة يَؤول إلى ما آلت إِليه ثَقافة أَتْباع اتِّجاه أَهْل العَامّة، ثُمّ أَعادُوا الكرَّة فاقتَرفوا مُغامرةً ثَورِيَّةً أُخْرى في سَبعِينات القَرن الماضِي حيث فَقدوا الثِّقَةَ في ثَقافَتِهم والتَجأوا إلى فِكْرٍ هَجِين استَقدَمُوه من الخارِج خِدْمَةً لِلمَوقِف السِّياسِي!

ولو أَجْرينا مُقارنةً حول مُستوى النَّاتِج الثَّقافي الحَضارِي لانْشِغال أَتْباع اتِّجاه أَهْلِ العامَّة بِالسِّياسَة وانصِراف الشِّيعة عنها بِمَفاهِيم التَّقيّة النِّسبيّة والانْتِظار والوَلايَة والبَراءة والعِصْمة وتَطبيقاتِها سنَجِد أَنّ أَتْباع اتِّجاه أَهْلِ العامّة لم يُحقِّقُوا بِالسِّياسة شَيئًا يُعتَدّ به ثَقافِيًّا ولا حَضاريًّا حيث سادوا بما عَقدوه مِن بَيعةٍ مع (الخِلافَة)، ثُمَّ نَهضوا بِأَربع دُولٍ استبدادِيّة عُظمَى، ثُمَّ تَحالفوا مع الاستِعمار وأَنظمته المُستبِدّة، حتَّى انتَهى بِهم المطاف إلى الانقِسام والفُرْقَةِ والتَّنافُرِ والتَّناحُرِ بِالدُّولة القَومِيَّة والشُّيوعِيَّة الحَدِيثة، ثُمَّ إِلى مُوالَاة الدَّولة الوَطَنِية المُستَبِدَّة المُعاصِرَة وإِطلاق مُنظَّمات الثَّأر الطَّائفي الانْتِحاري والغَزو الإِرهابِي وجَزِّ الرُّؤوس.

لَقَد انفَردَ البَحْرانِيُّون بِتَقدُّمِهم الثَّقافِي وتَميّزوا به في بِيئةٍ مُتَمسِّكَة بِالمفَاهِيم الأربعة الرَّئيسِيّة ومُعتزِلَة عن السِّياسَة، ولم يَكُن ذلك يُشكِّل استِسلامًا مِنهم ولا انْهزامًا ولا فِرارًا مِن مَسئولِيَّة مُعالجة الواقِع والتَّفاعلِ مَعه، وإِنَّما حِرصًا على صِيانة الهُوِيّة ومحافظةً على أَمْن الوُجُود الشِّيعِي وإبداعًا في الاحتِياط تَحت وَقْعِ أَشَدِّ الظُّروف قَهرًا وضيقًا وتَعسُّفًا.

وما كان عَزمُ الانْتِماء الحِزْبي والفِئوي البَحْراني المُعاصِر على خَوض المُعترَك السِّياسِي بِوَجهٍ مُختَلف الفِكر إِلّا تَجاوزًا على حَقِّ الثَّقافَة البَحْرانِيّة

الأَصِيلَة ومُغامرةً بالهُوِيَّة الشِّيعِيّة وتورُّطًا في الصّراعات الإقلِيمِيّة والدُّولِيّة بِالوَكالَة مِن غير نفعٍ يُرتجى.

عندما اجتَهد بَعضُ علماء الدِّين العِراقِيِّين الحَوزَوِيّين في اتِّخاذ مَوقفٍ حازمٍ لِمعالجة ظاهِرَة تَفَشِّي الإلحاد في بِلادهم، استَحسَنوا فِكرةَ الانْتِماء إلى حِزبَيِ الإخوان المسلمين والتَّحرِير والاستِعانة بِخِبرَتِهما في صِناعة التَّنظِيم الحَرَكِي المضُادّ وفي بَثّ الفِكر المُناسِب لِلحَدِّ مِن انتشار الحِزْب الشُّيوعِي، ثُمّ استَقلّوا عن هذين الحِزبين وأَسَّسَوا لهم تَجرِبَةً حِزبِيَّةً وفئويّة شِيعِيّة خاصَّة أَلقَت بِظلالها على المَسارَين الثَّقافِي والسِّياسِي البَحراني حيث نَشَط القَومِيُّون والشُّيوعِيُّون وتَصَدّى لهم تَحالُفٌ سِياسيٌّ جامِعٌ لِسُلطة الحكومة ونُفُوذ عُلماء الدِّين البَحْرانِيِّين الّذِين تَلقّوا عُلومَهم الحوزَوِية في العِراق وانْتَموا لِأَحِزابها الشِّيعِيّة المُناهضة لِلشُّيوعيَّة!

قد لا يَبدُو الاختِلاف الشِّيعي البَحراني على نَظَرِيّة النِّضال السِّياسي في الظّرف الرَّاهن ظاهرًا بين مُؤيِّدٍ ورافضٍ مِثلما كان عليه الحال في النّصف الأوّل مِن القرن الماضي، وذلك لِتَجاوز الاتّجاهات الشِّيعِيّة المُسَيَّسَة تَحدِّي النُّشوء الأَوَّل الصَّعب في يَومِيات نِضال انتفاضة الهيئة والانتِقال السِّياسي المفاجئ بِالتَّحَدّي مِن اتِّجاه القَومِيّة إلى اتّجاه اليَسارِيّة، ثُمّ الظُّهور بِفِكرٍ حَرَكِيٍّ خاصٍّ مُستقلّ عن الثَّقافَة البَحْرانيّة الأَصِيلة ومُلتَزِم بالمشُارَكَة في إدارة الشُّئون العامَّة إلى جانِب أَتْباع اتِّجاه أَهْل العامّة. فبات الواقعُ المُعاش يَفرض ضَرُوراتِه السِّياسِيّة ومُقتضياتِه الاجتماعيّة لخَوض غِمار السِّياسة بِلا تَقِيّة وانْتِظار ووَلايَة وبَراءة وعِصْمة.

وحَدثَ ما لم يَكُن مُتوقعًا. فَلِأَوَّل مَرّة تَخطى المتعاطون لِلسّياسة حُدود النّضال المُتجرّد مِن مُقتَضيات الثَّقافَة الشِّيعِيّة الأَصِيلة، وذلك في إِثْر تَمكُّنِهم مِن التَّغَلغُل في الوَسَط المُثَقّف على قَواعِد فِكرٍ مُستَقدمٍ مِن العِراق واحتِواء الكَثِير مِن عناصِر هذا الوَسَط. وعادوا بِهذا الفِكر إلى الثَّقافَة الشِّيعِيّة السَّائدة

التي تَجرَّدوا مِنها واستَقلّوا عنها يُشَكِّكون في أُصُولِها ويَشطِبون في مُتُونها ويُأَمِّمُون مَظاهرها على طريقة أَتْباع اتِّجاه أَهْل العامَّة. ولولا تَدخُّل بعض المَرْجعيّات الحَوزَوِيّة مُحذِّرةً مِن تعرُّض الثَّقافَة في بلاد الوُجُود الشِّيعِي إلى ما هو أَشَدّ خُطورةً على الهُوِيّة الشِّيعِيَّة، لَعَمَّت أَزمَةُ فقدان الثِّقَة في الثَّقافَاتِ الشِّيعِيّة كُلِّها.

وبَعدما استَوسَق الأمرُ لهذا اللَّونِ المُغامِر مِن الاتِّجاه الحِزْبي والفِئوي الشِّيعِي؛ بَرزَت انْتِماءاتٌ أُخرى مُنافِسَة على ذات المنهج المُسَيَّس. وفِي غَمْرةِ المُنافَسَة بينهما تَخطَّت الانْتِماءاتُ كلّها حُدود الخِلاف حَول التَّشْكِيك السَّاذِج في العَقائد والتَّشْطِيب في مُتُون أُصُول المعرفة والتَّأمِيم لمظاهر الثَّقافَة، وانْتَقَلَت إلى مَرحَلَةِ النِّزاع البارد فيما بَينها حول مَفهوم الرِّئاسة وتَطبيقاتِه ومَصادِيقِه. فانْتَهى الأمرُ بها إلى السَّعي لِاحتِكار حَقّ الزَّعامة بالمُغالَبَة وفرض نَظَرِيّة التَّغيير السِّياسِي المُناسِبَة لِمُقارَعَة قُوى الاستِبداد. فَدَبّ الصِّراع بينها وما زالت مضاعفاتُه قائمة.

لَقَد تأكَّد في هذه المرحلة الحَرِجَة مِن الصِّراع البارد بين مُختَلف الانْتِماءات الشِّيعِيّة أَنّ (السِّياسة) المَحظورة بِمفاهيم التَّقِيَّةِ والانْتِظار والوَلايَة والبَراءة والعِصْمة قد نَفذت بِأَحكامِها المُطلَقَة إلى عُمق الانْتِماء الجديد، واستَحكَمَت بضَرُوراتِها في العَقل الحِزْبِي والفِئوي الشِّيعِي واستَقرَّت، فاستَهانَت بِمَخاطِر الصّراع البَينِي في الوَسَط الاجتِماعي وصَوّرته بـ (الخِلافِ السِّياسِي) المَحْض فِرارًا مِن تُهمَةِ نَبذها لِلثَّقافَة الشِّيعِيّة الأَصِيلة!

لم تكتف الانتماءات الحِزْبِيّة والفِئوِيّة البَحرانِيّة بِنَبذ ثَقافَتها والعَبثِ في أُصُولها بِمَنهج (الشَّكِّ والتَّشطِيب والتَّأمِيم) فَحَسب، وإِنَّما تَجاوزت ذلك فانتَقَصَت مِن قِيمة مَظاهر هذه الثَّقافَة الأَصِيلة ومِن قُدسِيّة شَعائرها وَوصفتها بـ (الخُرافَةِ والأُسْطُورة)، واستَولَت على المآتِم والمَساجد وهَيئات المَواكِب والمَدارس الدِّينِيّة، واختَرقَت نِظام الرُّتَب العِلمِيّة والوَجاهات الاجْتِماعِيّة

وبالَغت في احتِكارها وأَقصت الانْتِماءات السِّياسِيّة والمرجِعيّة الأُخرى المُنافِسَة عنها.

إنّ الثَّقافةَ الأَصِيلة الّتي شَيّدتها مَسِيرةُ الأَجْيال البَحْرانِيَّة في مَراحِل التِزامِها بِمفاهيم التَّقِيّة والانْتِظار والوَلايَة والبَراءة والعِصْمة واعتزال السِّياسَة ـ ظَلَّت تُكافِح حتَّى استَطاعَت الصُّمود أَمام خِيار الانْتِماء الحِزْبي والفِئوي المُعاصِر بِالتَّجاوُز، فَحافَظَ الشِّيعَةُ على أُصُولِهم وهُويَّتِهم على الرَّغْم مِن شِدّة الغارات الّتي شُنَّت عَليهم بِمَنهج (الشَّكّ والتَّشطِيب والتَّأميم)، وبَقِي الحَنِينُ إلى الثَّقافَة البَحْرانيّة الأَصِيلَة هو الحاكِم الأَقْوى الرّاسِخ في الوِجدان الشِّيعِي وما زال.

تَحتَ ضَغط الاضْطِراب الحاصِل في الرُّؤية الحِزبيّة والفئويّة لِلثّقافة البَحْرانيّة الأَصِيلة، صار لِكُلّ انْتِماء عِدَّة (شَكَحاتْ) على حَسب الوَصْف في اللَّهجَةِ البَحْرانيّة الّذي يَعنِي القَفزَ على غَير هدى مِن قاعِدَةٍ يُظَنّ فيها الثَّبات والرُّسُوخ إلى مَكانٍ آخر هَشِّ القَواعِد ورَخْو الأُصُول!

فقد تَكثّرت في الانْتِماء البَحْرانيّ الواحد (الشَّكَحاتْ) فصارَت تُفسَّر بِـ (المُرُونَة) السِّياسيّة في النِّضَال إذْ اعتاد الانْتِماء على تَفرِيغ المَفاهِيم والرُّؤى البَدِيلة عند نِهايَة كُلّ مَرحَلةٍ نِضالِيّة فاشِلَة، ثُمّ يَتَجاوَزها لِيَتبنّى غَيرها مِن المفاهيم استِجابةً لِمُستَجِدّات السِّياسَة ابْنَةِ الواقِعِيّة (البَراغْماتِيَّة). ولَو تَطَلّبت مُساوماتُ الانْتِماء في هذه المَرحَلة مِن (المُرُونّة) التَّخَلِّي المُطلَق عن الثَّقافَة البحرانِيَّة الأَصِيلة أَو إعلان الحرب عليها، لما تَردَّد الانْتِماء عن فِعْلِ ذلك حيث صار المَظهرُ العامّ للانْتِماء الشِّيعِي مُتشَدِّدًا في الدِّفاع الهُوِيّة لكِنّ جَوهَرَه السِّياسِي المُسَاوم عليها ظَلّ هو الغالِب والسّائد!

إنَّ الانْقِلاب السِّياسِي على الثَّقافَة البَحْرانِيّة الأَصِيلة بِأَيدي المنتمين الحِزبِيِّن والفِئويّين وَلَّد شَخصِيَّةً بَحْرانيّةً مُتدَيِّنَة المظهر وسِياسِيّة الجَوهر، ومُختَلَّة الفِكر. تَأخُذُ ـ على سَبِيل المثال ـ بِمَفهوم (الوَلايَة والبَراءة) على طِبق

مُتطَلّبات السِّياسَة، ثُمّ (تِشْكَحْ) فتُسْرِف في انتِهاك حُرمات كُلّ مَن يَتَمَسَّك بِهذا المفهوم وتُعزِّز مِن تَحالُفِها السِّياسيّ مع قُوى الفَصْل الطَّائفي وتُشارِكَها فَعْلَتها في دَحْر المُنافِسين مِن أَهْل (الوَلاية والبَراءة)، ولا تَتَوانى في انتِهاك حُقوقِهم الاجتِماعِيَّة. وعندما تَتَمَكّن مِن ذلك ويَستَتِبّ الأمرُ لها (تِشْكَحْ) مَرّةً أُخرى فتُفاجِئ مُجتَمَعها بِالدَّعوةِ إلى ضَمان الحَقّ في التَعدُّد والتَّنوع الحِزْبِي والفِئوي وصَون حُرمات المُنافِسِين وإِطلاق حَقّ (العَقل النَّاقِد) في الرّقابة والتَّصحِيح وإِيجاد البَدائل!

إنَّ أَهَمّ تَحدِّيَين تَأرِيخيَّين مُوصِلَين إلى فهم طبيعة الاضْطِراب الحاصل في الشَّخْصِيّة الشِّيعِيّة المعاصرة في إِثْر اقتحام الانْتِماء مُعترك السِّياسَة بِلا مُؤَهَّلٍ ثَقافِيٍّ أَصِيل هُما: تَحَدِّي النَّهضَةِ العِلميّة وتَحدِّي النَّظرِيّة الاجتِماعِيّة لِلوُصُول إلى الحُكم وإِدارة الدَّولة، وكلاهُما مِن نَسيجٍ واحِدٍ.

فقَد تَخطَّى الشِّيعةُ التَّحَدِّي الأَوّل بِتفوّق، وتَميَّزوا في مُعالجَة هذا التَّحَدّي على سائر أَتْباع اتِّجاه أَهْل العامَّة. ثُمّ اختَلفوا فِيما بينهم في جِهَة المعالجة المُناسِبة لِنَظرِيّة الحكم وانقَسموا في المَجال السِّياسي التَّطِبيقي لِلدّيمقْراطيّة. فما الّذي جَعل الشِّيعة يَتَفَوَّقون في تَأصِيل العلاقة مع نَهضَةِ العِلْم فانْتَجوا المفاهيم والرُّؤى الحَيوِيَّة المناسبة، ثُمّ يَختَلِفُون ويَنقَسِمون في تَأصِيل العلاقة مع نَظَرِيَّة التَّغيير السِّياسِي؟!

فَفِي نَهضَةِ العِلْم كان العامِلُ المبدع والمُحرِّك وافِدًا أَجْنَبِيًّا حيث تَفاعل الشِّيعةُ مع معطياته تَدريجيًّا واقتَربوا مِن مُنجَزاته في أَعقاب بُروز أُولَى مَظاهر انْهيار الدَّولَةِ العُثمانيّة المُستَبِدّة الّتي عادَتْهُم ونَكَلَّت بهم وشَرَّدت، مِن دُون أَنْ يكون لهذا التَّفاعُل مُقدِّمات شَرطِيّة، فِيما تَطَلّب التَّفاعل مع التَّغيير (الدّيمُقْراطِي) مُقدِّمات مَشْروطة بِحِصَص الانْتِماء ومَكاسِبه السِّياسِيَّة ورُتْبَةِ الزّعامة ومقامِها!

وسُرعان ما تَلاشى التَّبايُن والتَّضادّ المُتَصَوّر بين نَهضَةِ العِلْم وأُصُول الثّقافة الشِّيعِيّة إِذْ حَثّ الشِّيعةُ على الانْجاز العِلْمِي مُنذ القَرنِ الأَوّل الهِجري/

السَّابع المِيلادي، ثُمّ إذا ما بَلغَت نَهضةُ أورُوبَّا مَجدها العِلْمي لم يَكُن التَّشَيُّع مُتخَلِّفًا عنها على الرَّغْم مِن ورُود الاحتِمالات في تَحوُّل هذه النَّهضَة إلى استِعمارٍ قد يَتخَطّى حدود أُورُوبّا ويَطغى على البلاد ذات الوفرة في المَوارِد البشريّة والفائض في المواد الخام.

وعِندما اقترَبت الانْتِماءات الحِزبيّة والفِئويّة الشِّيعِيّة نحو مَفهوم (الدِّيمُقراطِيّة) بِوَصْفِه نِظامًا سِياسِيًّا؛ اختَلّت الرُّؤيةُ إذ قَرَنَت الانْتِماءاتُ العِلْم بِفكر (الدّيمُقراطِيّة) على حَسب المفهوم المُراد استِعماريًّا، وتَجنَّبَت الاجتِهاد على طِبق أُصُول الثَّقافة الشِّيعِيّة الأَصِيلة المغضوب عليها حِزْبِيًّا وفِئويًّا، وناضَلَت مِن أَجل تَطبِيق (الدِّيمُقراطِيّة) العَلْمانيّة ورَضِيَت بِالأذَى والقَتل والنَّفْي عن الأوطان في سَبِيل تَحقُّقِها في الواقع الخارِجي، ونافَسَت على صَناديق الاقتراع في مُقابِل نَظريَّتَي (الوَلايَة العامّة) و(الوَلايَة المُطلَقة) أو تحت ظِلِّهما، وتَظاهرت بِالشَّراكة الدّيمقراطيّة في مَشهدٍ إقْطاعٍ جَديدٍ بِلَونٍ واحدٍ يأبَى التَّعَدُّد والتَّنَوُّع الحِزْبي والفِئوي المُنافِس.

هَلْ نَستطيع القَول أَنّ الثَّقافَة الشِّيعِيّة الأَصِيلة قد حَسَمَت نَظريَّتها السِّياسِيّة لمصلحة (الدِّيمُقراطِيّة) بِالإجماع وفي تَدرُّج تَنموِيٍّ هادِئ، وقَبلَت بِمُنافسات صندوق الاقتراع وفَوّضَت الانْتِماء الحِزْبي والفِئويّ لِلخَوضِ فيها مِثلَما حَسَمَت مَوقِفها مِن النَّهضَة العِلميّة، أَمْ أَنَّ غُول السِّياسَة في عَقِيدة الانْتِماء كان أَقْوى مِن أَنْ يُجارى أَو يُرَدّ، فَلا مُخالِف لَه، ولَيْس فيه مِن اكتِراث لِمفهوم (الغَضْبِيَّة) عند الدَّعوةِ إلى المُشاركة في إدارة الشُّؤون العامّة؟!

في العَقد الأَوّل مِن القرن المنصرم لم يَجد تَيّارٌ عريضٌ في الشِّيعةِ حَرجًا مِن الانقلاب على ثَقافَتِه الأَصِيلة والإسراع إلى تَبَنِّي بعض مَعالم النِّظام العَلماني الواقِعِي والاستِعانة ببعضِ مبادئ الدِّيمقراطِيّة، واستَظَلّ بها وساهَمَ في إِحياء النِّظام الاقتصادي الرِّبوي المُحَرّم مع إِضافَةِ تحسِين طَفِيف لِمُصطَلَحاته ومارس الاحتِكار في قطاعات الصِّناعَة والتِّجارة والزِّراعة

وقَيّد استِصلاح الأراضي وحَدَّ مِن بَيعِها وحَبَّبَ فَرض الضَّرائب وشارك في تَشرِيعها!

إِنَّ الرِّضَا بِأَحكام السِّياسة المَنبوذَة القائمة في النِّظام الدّيمقراطي العَلماني لا يَشبه الرِّضَا بنَهضة العِلْم وإِنْ كانت مَشروطَةً بِحُكم العَلمانيّة وسِيادتها، ولكِنَّ وَحْشَ العَلمانيّة يُشكّل نظام العالَم الحدِيث المعاصر الّذي يَتَعذّر الخُروج على قَواعِدِه أَو التَّمرّد عليه أَو الاستقلال عنه. وكُلّما تَقدّم العالَمُ في نَهضَتِهِ العِلميّة ونِظامه الدّيمقراطي العَلماني اقتَرن العِلْم والعَلمانيّة عضويًّا وأَصبحَ الاستقلالُ عن العَلمانيّة أَو الخروج على نُظمِها وقَواعِدِها السِّياسِيّة ضَربًا مِن المستحيل إِلّا أَنْ يَتمَسَّكَ الشِّيعةُ بِثَقافَتِهم الأَصِيلة المَوروثة ويَجتَهِدوا في تَنمِيتِها ويُؤَسِّسُوا عليها نِضالَهم ونِظامَهم الجديد.

إِذَنْ كيف نَنظر إِلى العَلاقة بين صَنعَةِ الثَّقافة الشِّيعِيّة وعُمدة السِّياسة، وأَيّهما المتقدّم رُتبةً ومقامًا؟

إِنَّ في تحديد الرّؤية المعاصِرة لِسِيرة الفِرَق والمِلل والنِّحل الإسلامِيّة خَطأً مَنهجيًّا يُقتَرف حَيث تُقرأُ السِّيرةُ على ذات المنهج الّذي اصْطَنَعه زُعماء الفِرق أَنفسهم واختَلَقوه لِلوُصول إِلى ماربهم الخاصّة، وهو مَنهجٌ مُساوقٌ لِلطّريقة المَسيحِيّة القَدِيمة في تَصنيفها لِلمذاهب والفِرَق المسيحيّة.

وفي المباحِث الأقرب إلى الحقيقة، يُشارُ إلى أَنّ غُول السِّياسَة بِصِفَتِه الصَّانع الأَوّل والرَّئيس لِثقافة الفِرَق الإسلاميّة والمُوجِّه لِمَقاصِدها، مع القَطع بِأَنَّ أَخطر الثَّقافات في الفِرق هي ما تَقدَّم فيه الدَّافِعُ السِّياسي المنظِّم لِلفكِر الخاصّ والوَظِيفة العَمَلِيّة. وقد تَميَّز الشِّيعةُ على سائر الفِرق بِأَصالة ثَقافَتِهم والحذر الشَّديد مِن الأخذ بِعامِل السِّياسة منهجًا لِتَدبير شُئونهم. وقد اعتَزَلوا السِّياسة أَو اقتَربوا منها جُزئيًّا في ارتيابٍ شَديدٍ على طِبق المعايير الخاصَّة أَو التزموا بها مِن دون أَنْ يُعَلِّقوا عليها الآمال المَصِيريّة أَو يُطلقوا وسائلها ويَتبنّوا مناهجها بلا حساب.

ولا يَخفَى على أَحدٍ أَنّ كثيرًا مِن الاتّجاهات الشِّيعِيّة الحديثة قد تَأثّر بِالسَّرديّات الكُبرى وبِمَوجاتها العاتِية على طَريقة تَأثُّر الفِرق بِأَحوال المذاهب والأَدْيان. وكان مِن نَتائج ذلك أَنّ هذه الاتّجاهات الشِّيعِيّة الحديثة فكَّت العُزلَة الطَّويلَة الّتي فَرَضَتها ظُروف (التَّقِيّة) ومُعطياتُها وتَخَلَّت عن مَفاهم (الانْتِظار) و(العِصْمة) و(الوَلاية والبَراءة) الضَّامِنة لِسَلامة عَقِيدة الشِّيعة، ووَظَّفَت موقفها السَّلبي مِن هذه السَّرديّات في تَأسِيس الانْتِماء وتَعمِيق أَواصِر العلاقة مع الوُجود الشِّيعي في البلاد، وعَزَّزت مِن دور كِياناتها المؤسَّسِيّة في المجتمع بِإرادة سِياسِيَّة تَبدو ـ على حَسب معاييرها ـ (وَاعِية) مُدركَةً لما يَجري مِن حولها. فَصار الاستِفهامُ المُلِحّ الماثِل في الشِّيعة المعاصرين هو (مَن أَقرَّ لهذا الصِّنفِ التَّفاعُلي مِن الاتِّجاهات بِاحتِلال كُرْسِي الزَّعامَة وتَمثِيل الشِّيعة والالتِجاء بهم إلى الأَحضان الدّافئة لِـ (السِّياسة) والتَّسْلِيم لها؟!

والمُلفِت المُثير في سِيرة زُعماء الانْتِماء الحِزْبي والفِئوي الشِّيعي المعاصر أَنَّهم أَلهَموا المنتمين أَتباعهم بما وَصَفوه بِـ (السُّمُو) عن السِّياسة والتَّجرُّد مِن غَواية شَياطِينها وتَحصين النَّفسِ مِن مُغريات الرّئاسة ونُظمِها ومناصبها، وأَكَّدوا لِمُجتمعاتِهم على أَنّ كُلَّ ما يَصدُر عن الزَّعِيم الشِّيعي المُتصدِّي لِلمَهام السِّياسِيّة لا يتجاوز مُرادَ نصبِ الحواجز الدِّفاعيّة الطَّيّارة فَحَسب. فيُصَدِّق المُغفَّلُون ذلك ويَسْكُت على ذلك المُنتَمون، وأَمَّا النَّاس فبَين عثاءٍ وهَمجٍ رُعاع يَستَجِيبون لِكُلّ ناعقٍ ومُفوِّضٍ لِلأَمْر ما دام ظاهِرُ الزَّعِيم يَشِي بِالخَير والبَرَكة!

السِّياسَةُ هي تَدبير المُخادِع، ولا يَركُن إليها إلّا الانْتِهازِيّون عُشّاق الرّئاسة ومنازلها ومقاماتها، ولا يَحضُّ أَحدٌ مِن الزُّعماء على اجْتِنابها إلَّا لِطَمعٍ فِيها ولِمُصادَرة حَقّ النّاس في صُنع القرار وإِلزامهم بِالطَّاعة العَمياء. وأَمَّا تَصحيح الموقف مِن السِّياسَة بِـ (نَصب الحواجز الدِّفاعِيّة الطَّيّارة) لِتَوقِّي شَررَ شَياطينها مِن دُون امتِهانها فهُو مِن أَعمال الدَّجّالِين السِّياسِيّين (المُتَجَمْبِزِين) الّذين يَتَشبّهون بِلُعبَةِ أَصحاب الفِرق والمذاهب الإسلامِيّة

المُتَستِّرين بِالعَقِيدة أو الشَّريعة لِيَضمِروا نَواياهُم السِّياسِيّة، حتَّى وَصَف بعضُ المؤرِّخِين المعاصِرين مَذاهبَهم وفِرقَهُم بِناءً على بُحوث عِلْمِيّة دقيقة ودراسات عَميقة المعاني بِـ (الّتي صَنعَتها السِّياسَة)!

مِن هُنا اختُلِف في العلاقة مع السِّياسة وتَفرَّق القائلون فيها إلى صِنفين:

ـ الّذين بالَغوا في اتِّباعِها بِوَصفها منهجًا في التّفكير والتَّدبير الاحترازي يُتَّبع في صِيانة الثَّقافَة الشِّيعِيّة الأَصِيلة والمُحافظة على سَلامَةِ المُعتقد وأَمْن الأَتباع، مع مُلازمة الحَذَر الشَّدِيد مِن شَياطِينها ومِن بَريقها الجذّاب والأَخّاذ. وفي يَقينِهم إقرارٌ بِأَنّ مَن أَفْلَت مِن تَسلّط غُولِ السِّياسة على عَقلِهِ ووِجْدانه فَهُو لم يَسلم مِن آثاره الجانِبيّة ومُضاعفاتِه. وقَد دَلّ الواقعُ التَّجريبي المُعاصِر على أَنّ مَن رَكِبَ السِّياسة رَكِبتهُ بِالقُوّة والفِعل، ولَيْس لَدى الشِّيعة مِن نَمُوذجٍ سِيَاسيٍّ صَالِح إلّا ومِن وَرائه مَعْصومٌ يَقوُده بِشَكلٍ مباشر.

ـ والّذين اتَّبَعوا السِّياسة بِأَهواءٍ مِن عِند أَنفسهم واستَجابوا لِمُغريات المُكنة والسُّلطة ووَفرة المال الجاه والرِّجال، فَهُم الأَعَمّ الأَغلب في الانْتِماءات الحِزبيّة والفِئويّات الشِّيعِيّة الّذي طَعَن في أُصُول الثَّقافَة الشِّيعِيّة مُستنِدًا لِفِكر هَجِين وحارب شَعائرها واحتكر مَظاهرها ووَصف الشِّيعَةَ المُتَمسِّكِين بِهذه الأُصُول بِالمتُخلِّفين فاقِدِي الوَعْي وغالَب المُنافِسِين وأَطلق الوسائل لِبَسط السِّيادة عَليهم وعلى مُجتَمَعِهِ!

السِّياسَةُ لِباسٌ ضَيّقٌ مَحدود الحَجْم لا يَلِيق بِعَظمة الثَّقافَة الشِّيعِيّة الأَصِيلة. وأَنّ بين المُجِيز لها والمُحذِّر منها جَدَلاً واسعًا مِن مِبرِّرات الرَّفض والقَبول الضَّرُورِيَّين. ولكِنَّ الواقِعَ كشف بما لا يَدعُ مجالاً لِلشَّكّ أَنّ دوّامة السِّياسة ابْتَلَعَت الانْتِماءاتِ الشِّيعِيّةَ ومَن اتَّبعها مِن التَّيّار الشِّيعي العامّ في السّبعين عامًا المنصَرِمَة وجَمّدت الثَّقافَة الأَصيلة وتَخلَّفَت بِها قَرنًا واحدًا، وأَنّ الأَغلبيّة المنتمية آمَنت بِخُطورة اعتِماد (السِّياسَة) مَنهجًا لِلتَّغيير وأَبدَت خَشيتها مِن التَّشرْذُم، ثُمّ استَقلّت رَكبَ السِّياسة اضْطرارًا ولم تَجِد مَفرًّا آمِنًا

لِلرُّكون إليه والتَّحَصُّن به. وكان مِن الصُّعوبة بِمكان التَّجرّد مِن خَبائث السِّياسَة والتَّخلص مِن رِجْسِها أَو الامتِناع عن المقامرة بِالثَّقافَة المَحلِّيّة الأَصِيلَة في على طاولة مُنكَرِها، وأَنَّ القِلّةَ القليلة مِن المنتمين نَجَحَت في الإفلات مِن قَبضَةِ غُول السِّياسة حِمايةً لِلفِطرة والوِجدان والعَقل مِن بطشها.. إِنَّها لِيست قِلَّة مِن الصِّنف الّذي امتُحِن بِمَقامٍ سِياسيٍّ يُعتدّ به أَو الذي امتُحِن بِمَوقفٍ مصيريّ تَطَلّب الصَّبر والتَّضحِيّة!

لا نُجانِب الحقيقة حين نُشِير إلى أَنّ لافِتة استردادِ الحقوق المدنِيّة أَو انتزاعِها أَو المحافظةِ عليها قد نَشطت في الوَسَط الشِّيعي العامّ في دَورَيّ النّضال والاحتِواء الفِكري تحت راية (السِّياسَة). فثار الاستفهامُ بِإزاء ذلك حول المَعايير في ضَبط الرُّتَب والمقامات في جِسم الانْتِماء الواحد، فأَيُّهما المُتقدّم رُتبةً ومقامًا على الآخر: (السِّياسَةُ بِوَصْفِها مِنهجًا لِلنِّضال أَمْ الثَّقافَةُ بِوَصْفِها مَظهرًا مِن مظاهر اتِّباع الأُصُول)، وأَيُّهما المقدَّم: (النَّسَقُ النَّهضَوِي الشِّيعِي أَمْ السِّياسَة الثَّورِيّة المُغامِرَة والمُقامِرَة)؟!

قُبَيل أَنْ تَستكْمِلَ النَّهضةُ الثَّقافِيّة الشِّيعيّة المُعاصِرَة عَملها في النِّصف الأَوّل مِن القَرنِ الماضي؛ استَحوذَت السِّياسةُ الثَّورِيّةُ عليها وجَرجرتها مِن عُنقِها إلى حيث المقاصِد السِّياسيّة، حتَّى ظَنّ الشِّيعةُ فيما هُم عليه في النّصف الآخر مِن القرن الماضي هو ذُروَةُ النَّهضة الثَّقافِيَّة الشِّيعِيّة لا السِّياسِيّة الثَّورِيّة. فِيما بَدأت بعضُ الاتّجاهات الشِّيعِيّة في إِعمال الفَرز بين اتّجاهَي نَهضة الخَمسِينات الثَّقافيّة والنَّهضة السِّياسيّة الثَّوريّة النَّاشِئة في السَّبعِينات، وآمَنَت بِأَنّ وُصولَ السِّياسة الثَّورِيَّة إلى ذُروَة عَملِها لا يَعنِي شَيئًا بِمَفهوم النَّهضة الثَّقافِيَّة ذِي البُعد الأَمَدي.

وانتَهى التَّدافُع بين الاتّجاهات الشِّيعِيَّة إلى فَرز اتّجاهَين شِيعيَّين بارِزَين لِكلّ واحدٍ منهما رُؤيتُه الخاصَّة المنفصلة: اتِّجاهٌ يَتبنّى السِّياسة الثَّورِيّة ذات النّفوذ الواسِع والتَّحَالُفات الاستِراتيجيّة ويَسعى إلى تَسخِير طاقاتِه لِلهَيمنة

على الوُجود الشِّيعي كُلّه وتَوظِيفه في صراع الأقطاب الدُّوليّة، واتِّجاهُ النّهضة الثّقافِيّة الشِّيعِيّة الّذي عاد اليوم لِيَتَحَرّر مِن السِّياسة الثَّورِيّة وعُقَد الانتماء الحِزبي والفِئوي ويَصِل ما قَطَعَه مِن نِضال ثَقافيّ وُضِعَت قَواعدُه في مطلع عقد الخَمْسينات ويَستوجِب الإتْمام في الظّرف الرّآهن.

استَقطَبَ الاتّجاهُ السِّياسيُّ الثَّوري المعاصر اهتِمام الشِّيعَة عندما لمسوا فيه مِن تَقدُّمًا يُعجِب الكَثِير مِنهم ويَستَغرِق كُلّ آمالهم، لكِنَّه في حقيقة الأمر بَدا مُتجرِّدًا مِن أَيِّ تَميُّزٍ شِيعيٍّ أَصِيل مُتفوِّقٍ على ما أَفرزَته تَحوّلات عَشائر السَّلاجِقَة الّتي اختُتِمَت بِظهور الدَّولَةِ الأَيُّوبيّة والعُثمانِيَّة ثُمّ الدَّولة المُستعْمِرَة ثُمّ الوَطنيّة المُستبدّة، فِيما بَدا اتِّجاهُ النَّهضة الثّقافِيَّة الشِّيعِيّة حَذِرًا مِمّا أَحرَزَه الاتّجاهُ السِّياسِي الشِّيعِي الثَّورِي مِن تَقدُّمٍ سِياديٍّ جارِفٍ قد يُؤدِّي إلى إِعاقة مِسيرة النَّهضَة الثّقافيّة الأَصيلة.

فَنبّه ذلك أُوْلِي الألباب إلى أَهِمِّيّة الفَرزِ بين مَصِير الاتّجاهَين الرّئيسيّين (النَّهضَة الثّقافِيّة الشِّيعِيّة) و(النّهضة الثَّوريّة السِّياسِيّة)، وضَرورَةِ العودة إلى (النَّهضَة الثَّقافِيّة الشِّيعِيّة) مِن جَدِيد لاستِكمال مسيرتِها وتَعقُّب ما أَفسَدَته (الثَّورِيّة السِّياسِيّة) في ثَقافَة المُجتَمعات الشِّيعِيّة والعَمل على إِصلاحِهِ وإِعادة تَأهِيل مُجتمعات الشِّيعَةِ لِخوض غِمار الحضارة الجديدة بِرُؤيَةٍ فِكريَّةٍ شِيعِيّةٍ أَصِيلةٍ سَلِيمةٍ.

إِنَّ الثَّقافَة الشِّيعِيّة الأصيلة هي الكاشِفُ النَّظري والعملي عن شِرْعَةِ الحقوق والواجِبات، وهي المعيار في رَفضِها أو القُبول بها. وكيف لِأَحدٍ مِن النَّاس أَنْ ينتظم في الالتِزام بِثَقافَتِه الأصِيلة وأَنْ يَستَرِدّ حقًّا مِن حقوقه أو يُؤدِّي واجبًا وهو فاقِدُ العِلْم في شِرْعَةِ الواجِبِ والحَقّ فضلاً عن المَنهج وأَدوات التَّطبيق المناسبة!

لا رَيْبَ في أَنّ السِّياسة بِمَعنى فَنّ إِدارة شئون النّاس وتَدبير مَصالحهم هي إِحدَى الأدوات المستخدَمة في إِعداد الأرضيّة المناسبة لِتَنمِيَة الثَّقافَة

الأَصِيلة بَوتيرةٍ منتظمة ونَسَقٍ ثابت مُستقِرّ، بِشَرط امتِثال السِّياسة لِأُصُول وقِيم ومُثُل الثَّقافَة وبِشَرط التِزامِها بِمَنهَجِها الصَّحِيح في التَّفكِير. فإنْ خَرَجَت السِّياسةُ على أُصُول الثَّقافَة واستَقَلّت بِأداة الانتماء أو انفَصَلَت بِمَنهج خاصّ؛ كانَت أَجْنَبِيّة عن الثَّقافَة ولا تَستَقِيم مع مُقتضياتها.

إنَّ في التَّفاعلاتِ السِّياسيّة المعاصرة لِلوُجُود الشِّيعي مِثالاً واضحًا يُمكِن الرّكون إليه في كَشف مَعنى (السِّياسَة) ومَدى قربها أو بُعدها عن أُصُولِ الثَّقافَة الشِّيعِيّة. فَفِي بِلاد الوُجُود الشِّيعي مثل العِراق وإيران وأَفغانستان ولُبنان والكويت والبحرين والقَطِيف والأحساء، طَغَى فَصلٌ مُثيرٌ في تَفسير مَعنى السِّياسة بِوَصْفِها بُعدًا دِينِيًّا مُجرّدًا يَمْتَهِن التَّدبير في شُئون النِّظام الاجتماعي، وبِوَصْفِها بُعدًا دِينِيًّا مُجرّدًا يَمتَهِن التَّدبير في شُئون النِّضال مِن أَجْلِ إقامة الدّولة المتَدَيِّنة، وبِوَصْفِها بُعدًا دينيًّا مُجرّدًا يَمتَهِن التَدبير لِخلَق التَّوازن بين الدِّين والدّولة!

لَيْس التَّشَيُّع مَذهبًا أو فِرقة، ولا يَصِحّ مُقايَسته بِسائر مَذاهب وفِرق اتِّجاه أَهْلِ العامّة.. إنَّه دِينٌ في المَفهوم الثَّقَافِي الشِّيعِي الأَصِيل، ولَهُ الأولَوِيّة في تَقرِير المَصِير وضَمان الحاكِمِيّة والسِّيادة، وهُو رُتْبةٌ مُتقدّمةٌ على كلّ مَفاهِيم الدَّولة والحِزب والفِئة وشُئون التَّدبير في النِّظام الاجتماعي ورعاية المصالح، على أَنْ يَخضَعَ التَّطوّرُ والتَّجدِيدُ والإصلاحُ في نُظم الدَّولة والحِزب والفِئة وتَطبيقاتِها لِأُصُول المعرفة في التَّشَيُّع. فإنْ اتُّبِعَت هذه الأُصُول فإنَّ مَفهوم السِّياسة الصَّادر لَنْ يَقبَل بِالجُمود والفَوضى والاستِبداد والخِداع والمَكر والغَدر والمُراوغة والاغْتِيال في المُجتَمع الشِّيعِي وما شاكل ذلك مِمّا لا يُضْمَن بِه استِقرار حَياة الشِّيعة بِوَصْفِهم مُواطِنين أَو مُنتَمِين.

ومِمّا يُحزِن الوُجودَ الشِّيعي في كلّ بِلاد العالم أَنْ يَتعرّض النَّظامُ الاجتماعي لِلشِّيعَةِ لِلاعتِداء والتَّدْمِير اسْتِراتيجيًّا أَو يَتَفوّق السَّاسَةُ المُتَحزِّبون والفِئويّون بِفِكرهِم البَدِيل الهَجِين على الثَّقافة الأَصِيلَة فتَفْقِد مُجتمعاتُ

الشِّيعة الثِّقَة في ثَقافَتِهم الأَصِيلة وتَنسَاق وراء أَوهام السِّياسَة. إِلَّا أَنّ الهاجِسَ الأَوّل في المُجتَمعات الشِّيعِيّة إِزاء كُلّ اعتِداء وتَدمِير استِراتِيجِي واخْتِراقٍ فِكرِيٍّ هو أنْ يَبقَى المجتمع الشّيعي يَقِظًا حَسّاسًا لا يَرضَى بِغَير صِيانَةِ الهُوِيّة الآمِنة المُستَقِرّة بَدِيلا إِذ أَنّ الهُوِيّة هذه لَيست وَلِيدةَ التَّحَوُّلات السِّياسِيَّة الطّارئة حَتَّى يَحِقّ لِأَحدٍ مِن السَّاسة الشِّيعة المُغامِرَة بِالهُوِيّة أَو المُساومة أَو المراهنة عليها، وإِنَّما هِي ـ في الذِّهْن الشِّيعِي ـ عَطاءٌ وَحْيانِيٌّ يِأَبى أَنْ يَسود على طِبق مَوازِين السِّياسَة كما يأبى أَنْ تَعْلُو عليه الأفكار أَو الأَشْياء أو الأَشْخاص مِن خارِجِ الثَّقافَة الشِّيعِيّة ومَصادِرَها في المَعرِفَة.

الهُوِيَّةُ مَظهرٌ مِن مَظاهر الثَّقافَة الشِّيعِيّة الأَصِيلَة بِما اشتَمَلَت عليه مِن أُصُول في المَعرِفَة الثَّابتة ومِن مُكوِّنات في العَقِيدة والشَّرِيعة والأَخْلاق واللُّغة واللَّهجة والتَّأرِيخ والتَّقالِيد والأَعراف والعادات والفُنون وما شَاكَل ذلك، وبَما اشتَمَلَت عليه أَيضًا مِن مُقدَّسَات وأَضرِحَة ومَقامات وحَوزات وشَعائر ومَرْجِعيّات أَصِيلة وكُلِّ إِفرازات التَّفاعُل الثَّقَافِي النَّاشئ عن المُلازمة التَّأريخيَّة لِمفاهِيم (التَّقِيّة) و(الانْتِظار) و(الوَلاية والبَراءة) و(العِصْمة).

إِنَّ الدَّولةَ والنُّظمَ في عِلْم السِّياسَة وُجودٌ مَرِنٌ قابلٌ لِلتَّطَوّر والتَّحَوّل على حسب مُقْتَضَيات الظَّرف المَحَلِّي والدُّولي والإقليمي والموقِع الاسْتِراتيجي وحَجْم الثّروة والموارد البَشريّة وما شاكل ذلك. ومِن اليَقِين أَنّ الجُمود السِّياسِي لِلدَّولة في وسَطٍ عالَمِيّ دائم التَّطَوّر والتَّحَوّل في مِيزان القوى والمصالح ـ سُيؤدِّي إلى طُغيان الأزمات الكُبرى وتَهدِيد الاستقرار والأَمْن الاجتِماعي الدّاخِلي والخارِجي. وأَنَّ لِلمُواطن الشِّيعِي في هذه الدّائرة أَنْ يَضمَنَ أَمنه وحاجاته الحياتيّة الضَّرُوريّة إِذ هي مِن النِّعَم المُسخَّرة لِأَجْل صِيانة الهُوِيّة واستِقرار الوُجُود.

ومِن الحَقّ القولُ أَنَّ على المواطن الشِّيعِي في بِلاده التِزامات إِضافِيّة طِبقًا لِمَفهوم التَّشَيُّع، مِنها: التَّطِبيقُ الفِعلي لِوَلايَة أَهْلِ البيت صَلواتُ الله وَسَلامُه عليهم ولِلبَراءة مِن أَعدائهم، والتَّقَيُّد بِالأُصُول العَقدِيّة لِلتَّشَيُّع من

حيث أَنّ كِليهما مُقدّمٌ على مَفهُوم الدَّولة ونُظمِها المَرِنة المُتغَيّرة في هذا البحر المُتلاطِم مِن السِّياسات الإقليميّة والدُّولِيّة.

وفَوقَ ذلك، أَنَّ التَّحوّلات السِّياسِيّة في العالم مُنذ الحَرب الصَّليبيّة وما تَبِعها مِن استِعمار وصِراعٍ قُطبِي بين الدُّول العُظمى تَفرِضُ على الوُجود الشِّيعِي في بِلادِهِ قيودًا قاسِيَةً لا تُطاق. فإنْ لم تُحسِن الدَّولةُ وقُوى الحِزْبيّات والفِئويّات الشِّيعِيّة خُطَطَها السِّياسِيّة لِحمايَةِ مُواطنيها فإنَّ مَصير الهُوِيَّة الشِّيعِيّة يُصبِح في مَهَبّ رِيح عاتِيَةٍ ويَظلّ الحقُّ في مُمارسة الحُرِّيَّة الفَرْدِيّة وضَمان الأَمْن الاجتِماعي والاقتصادي مَعدومًا.

في مِثل هذه الأَحوال الصَّعبة يَقعُ الوُجود الشِّيعي أَمام خِيارَين صَعْبين:

ـ التَّمَسُّكُ بِثَقافَتِه وأُصُولها ومُكوّناتها وشَعائرها، لِكَونِها تَضُمُّ الثَّوابت الدِّينِيّة والسِّيرة التَّأريخِيّة وتُمَثِّلُ الهُوِيَّة غير القابِلَة لِلمُراهنة أَو المُساومة في أَيّ حالٍ مِن الأحوال.

ـ والاستِجابَةُ لِمَوازين قُوى المصالِح الدُّولِيّة ومُقتَضيات الانْسِجام والتَّكيُّف مع ضَغط المُحِيط الإقلِيمِي وهَيمنة الأَقْطاب العُظمى ونُفُوذها.

فالخِيارُ الأَوَّلُ يَنطوِي على مَصِير الدِّينِ الذي يعتنقه الوُجودُ الشِّيعي وعلى الهُوِيّةِ التي يُؤمن بها هذا الوجود ويَلتزم لِضَمان مُستقبل الأَجْيال، فيما يَنطوِي الخِيار الآخر على حاجَاتِ الوُجود الشِّيعِي المُلِّحَة الّتي تُوَفِّر له السِّيادة والاستِقرار والرَّفاهِية والأَمْن الوَطنِي المَحلّي.

وقد عُرِفَ في السِّيرة التَّأريخِيَّة لِلشِّيعَة تَعظيمُهم لِلتَّضحِية بِكُلّ شَيء في سَبِيل ضَمان أَمْن الدِّين وسلامة الهُوِيّة وصِيانة الأُصُول والمُكوّنات الثَّقافِيّة والاجتِماعِيّة. وأَنَّ الدَّولة والحِزب والفِئة ونُظُمها السِّياسِيّة وإِنْ كانت ضَرُورِيَّة في هذا العالَم الجَشِع إِلّا أَنَّها لَيست أَصلاً في عرض الأُصُول والهُوِيَّة في زَمن الانْتِظار وغِياب المَعصوم، وأَنَّهما يَغْدُوان ويَغِيبان في صَلاح الشِّيعَة أَو في ضَرَرِهِم.

إنّ اختِلاف الرُّؤية المعاصرة لِمَعنى الدَّولة تَأتي على حَسب طَبِيعة المفاهِيم الّتي تقود مجتمع هذه الدَّولة، وأنّ الاختِلال في موازين القُوى الإسْتراتِيجِيّة في العالم يَفرض على هذه الدّولة العَمل على إعادة النَّظر في هذه المَفاهِيم والانْسِجام بها مع الواقع الّذي يقود هذه الموازين. وهكذا الأمر في مُتعلّقات قُوى الانْتِماء الشِّيعي.

فمِن مَظاهر الضَّعف في الدَّولة الشِّيعِيّة والانْتِماء الحِزبيّ والفِئويّ في مقام مَقارَعَتِهما لموازين القُوى الإسْتراتِيجِيّة المعادِيَة أو المناهضة هي إرجاع عَوامِل نَشأة الدّولة والانتماء إلى تَظافُر الخُصوصِيّة الثَّقافِيّة المَحلِّيّة (الوَطَنِيّة/ القَومِيّة) والإصْرار على وَصف هذه الخُصوصِيّة بِأَنَّها وَلِيدة ذاتها مُنقطعةً عن خِبرات النَّهضة الشِّيعِيَّة وعن الأُصُول الثَّقافِيّة لِلوُجُود الشِّيعي الكَبِير وعن السِّيرة المباركة لِلتَّشَيّع، ومِن ثمّ اختِلاق الأَعذار لِمُراد فرض مفهومي الزَّعامَة الواحِدَة والانتماء الحِزبيّ الواحِد بِقُوّة الولاية المُطلَقة على مسيرة التَّيّار الشِّيعِي العامّ، والتَّمَلُّص مِن الواجبات والالتزامات الّتي نَصَّت عليها مُتُون الأُصُول الشِّيعِيّة والإفلات منها على حَسب ما تُملِيه الضَّرُورة السِّياسِيّة الضَّاغِطَة الّتي تَفرضها المَوازِين الإسْتراتِيجِيّة لِلقوى المعادِيَة أَو المُغالِبَة.

في هذه الحال يَحِقّ لِذَوي الألباب مِن الشِّيعَة أَخذ الحيطة والحذر أَو التَّفلسف وإِثارة التَّساؤلات المسَبَّقة عن مَدى استِجابة كُلٍّ مِن الدَّولة وقُوى الانْتِماء الحِزبي والفِئوي لِمُقتضيات السِّياسة وأَحكام الاستِسلام لِضَرُوراتها، وعن إِهمالِهما لِلتَّنمِيَة الثَّقافِيّة الشِّيعِيّة الأَصِيلة أَو التَّمرُّد عليها أَو إِخضاعها لِمباضِع مَنهجِ (الشَّكّ والتَّشْطِيب والتَّأمِيم) على حَسب المُقتضى السِّياسي.

إِنَّ أُصُول الثَّقافة هي المُقَرِّر لِلمَوقف والمُحدِّد في هذا المستوى مِن المَسئوليّة، لِكَونها مَصيريّة. ولَيس مِن صَلاحِيّة السّياسة ومَقايِيسها ومُقتضياتها العُلوّ في هذا الشَّأن وتَقرير ما يَمُتّ بِالمصير إِلَّا أَنْ يَكون مُنطلقُ

الدَّولة أَو قُوى الانْتِماء نَظريّةً عَلمانيّةً لا صِلَة لها بِأُصُول التَّشَيُّع، ولا مِن حُجَّة لِلسَّاسَةِ في غَير ذلك إِلَّا أَنْ يُراوِغُوا ويُدلِّسوا.

وتَظلّ الدَّولةُ الشِّيعِيَّة وقُوى الانْتِماء الحِزبي والفِئوي مُمتحَنَين في الإختيار بين (ضَرُورات السِّياسة ومِيزان المَصالِح) و(ضَرُورات الثَّقافَة وأُصولها ومُكَوِّناتها ومَظاهرها وشَعائرها). فإِنْ استجابا لِأَحَدِهما أَضاعا الآخر في ظَرفٍ قد يكون الموقف الوسط بَينهما ضَربًا مِن المُستحِيل أَو مِن الممنوع على حَسب مَوازِين الوَاقِعيّة (البْرَاغْماتِيَّة)!

لُبنان بَلدُ الوُجود الشِّيعي العَريق.

لبنان بَلد مِدينة (صُور) التَّأريخِيَّة الّتي قهرت الإسْكَندَر المَقدُوني.

لبنان بَلَد مَدِينة (طَرابُلس) الشِّيعِيّة الصَّامدة في وَجه الغَزو الصَّلِيبي.

لبنان كان الميدان الحُرّ الوَحِيد لِتَنمية الثَّقَافَة الشِّيعِيّة الأَصِيلة مِن بين بلاد الوُجود الشِّيعِي حتَّى مُنتَصف عَقد السَّبعِينات مِن القَرن الماضي.

ثمّ اختَلف الأمرُ إِذْ ما لَبِث لبنان أَنْ استَسلم لِضَرورات الصِّراع السِّياسي ومقتضيات التّدافع الإِقليمي والدُّولي، فتقَدَّمَت السِّياسَةُ في هذا البلد بِمَنهجها القّاهر على مصير الهُوِيَّة الشِّيعِيّة، وتَهدَّمَت فيه أَركان الثَّقَافَة الأَصِيلة العريقة، وانقلَبَ نِظامُه الاجتماعي إلى كُتلةٍ حَسّاسةٍ مريضة قابِلة لِلانفجار السِّياسِي على حسب أَحْوال مِيزان قوى المَصالح المحلية والإقلِيمِيّة والدُّولِيّة.

لقد تَعطَّلَت ثَقافةُ لُبنان الشِّيعِي ذي التَّأريخ العريق وانْطَفأَت أَنوارها، وسادت ضَرُورات السِّياسة ومقتضياتها على كُلّ شَيء حتَّى جَرَفَت معها الوُجود الشِّيعي العامّ في كُلّ مَكان واصْطَبَغَ بِصِبغتها في أَجواء مَشحونَةٍ بِحَماس (الحَشْد) وصَخب النَّصْر السِّياسِي المُبين.

سَلَبَت السِّياسةُ مِن مَيادِين الثَّقافة اللُّبنانِيّة الشِّيعِيّة الأصيلة جَوهرَها ولَونَها الأصيل، وصَيَّرتها هَجِينًا هَشًّا تَذرُوه الرّياح وتَنسِفه نَسفًا. وحَقّ أَنْ

يُستفهَم عن لُبنان الشِّيعي في الوَقت الرَّاهِن خاصَّة: ما هو حَجْم التَّنمِية الثَّقافِيّة الشِّيعِيّة الأَصِيلة المعاصرة فيه، وما مدى تأثِيره على التَّيّار الشِّيعِي اللُّبناني، وهَلْ يَبقى مَصير الثَّقافَةِ مَرهونًا بِمَصير تِلالٍ مِن القُمامة الّتي كانَت تَغزو مناطق لبنان؟!

عندما كُنّا نَتجوّل في الضَّاحِية الجنوبِيّة لمدينة بيروت في عام 1987 ونَلمَسُ حجم الخراب الذي عمّ الأوضَاع الصِّحِيّة حيث لا مِياه صالحة للإستعمال الآدمي ولا كهرباء داعمة، كُنَّا نُشاهِد تِلالاً مِن القمامة على الطُّرقات، فيما تَضِجُ الصّحافةُ بِبَيانات الإدانة وتَبادل الاتِّهام بين الحكومةِ الّتي كانت تَعيش بَياتًا إداريًّا وخُمولاً والأحزابِ الّتي تَتقاسَم النّفوذ في مناطق الضَّاحِيّة، وكُلّ واحدٍ منهما يَرفُض التَّدخّل لإزالة القمامة حتَّى يكون له العُذر في الطَّعن في الآخر سِياسِيًّا. وهكذا كان مَصِير الثَّقافَة حيث لا أَحد يَعلَم عنها شيئًا إلّا في مَواسم مُحرَّم الحرام حيث تَتبارى الأطرافُ المتنافسة على النُّفوذ في الضّاحِيّة لِتَسجِيل الرَّقَم القياسي في عَدد رُوّاد المجالس ويَتَحَوّل المنبرُ إلى بَيان سِياسي!

صارت الثَّقَافَةُ الشِّيعِيّة في بلاد لُبنان جامِدة مُخدّرَة على وَلاءات سِياسيّة خارِجيّة مُتنازِعَة، وكاد دَورُها في الرُّقِيّ بالثَّقَافَة شِيعيًّا يُساوي صِفرا، وصارت السِّياسةُ تقود ما تبقّى مِن أَطلال الثَّقافَة في المجتمع اللُّبناني. فإِن جَرى الحديث عن أُصُول الثَّقافَة الشِّيعِيَّة اللُّبنانِيَّة فإِنَّ نَقيضَها يحلّ محلَّها بِأَحكام السِّياسة والانتماء الحزبي!

وكُلَّما ذُكِّرت الأحزابُ والفئويّات الشِّيعِيَّةُ اللُّبنانِيَّة بِأَهمِّيّة بذل المساعي لِلنُّهوض بِالثّقَافَة الشِّيعِيّة الأَصِيلة لِلُبنان وحَثّ الدّولة على تَبنِّيها في النِّظام التَّعلِيمِي الرَّسْمِي قَبل فوات الأوان وتَضيِيع الفُرصَة وتُصبِحَ غُصّة؛ أَتاكَ الجوابُ مُتراخيًا: بِأَنَّ الأوضاع السِّياسِيَّة هي شِغلُنا الشَّاغل، وليس هناك مُتَّسعٌ مِن الوقت، وما علينا إلّا الانْتِظار حتَّى تَهدأ الأمور وتَستقرّ.. وهكذا مَرَّ

ثلاثون عامًا على هذه الحال ولم تُسنَح الفرصة، ثُمَّ تطوّرت الأوضاع الأمنِيّة والعسكريّة في سُوريَا فانغَمَست الأطرافُ اللُّبنانيّة الشِّيعِيَّة كافّة في الحرب على الوَحشِيّة السَّلفِيّة فتَعاظَمَت الانشغالات وصُرِف النَّظر عن تنمية الثَّقافَة!

(السِّياسَةُ) في لبنان وغيرها مِن بِلاد الوُجُود الشِّيعي تُؤدِّي وَظِيفة (أَبُو مْغَوِّيْ) مُنذ السَّبعِينات، وذلك لِاستِدراج القُوى اللُّبنانيّة الشِّيعِيّة وحلفائها إلى مُستنقعاتها، فكُلّما خَرَجَت مِن مُستنقعٍ سِياسِيٍّ دَخلت آخر أَشَدّ منه تَعقيدًا ولا مِن فُرصَةٍ مُتاحَةٍ لِلرّقي بالتَّنمية الثَّقافِيّة. ونظير ذلك وقع أَيضًا في العراق حيث القُوى الحِزْبِيّة والفِئويّة الشِّيعيّة مغمورة في السِّياسَة مُنذ عهدي الاستعمار والملكيّة وإلى يَومنا هذا.

(أَبُو مْغَوِّي) شَخصِيّة شَيطانِيَّة وَهمِيّة اختلَقَها البَحْرانِيُّون المُقِيمون في المناطق السَّاحِليّة لِجَزيرتهم. ومقصدهم مِن اختلاقها هو تَحذير أَطفالهم مِن مُمارَسَةِ هِوايَتي صَيد الأَسْماك والسِّباحة في عَرض البَحر مع قرب ساعة غُروب الشَّمس!

(أَبُو مْغَوِّي) في مَعاني الثَّقافَة البَحْرانيَّة بين القَرنَين الماضِيَين شَخصِيّةٌ وهمِيّة يُراد بها إِحداث شَكلٍ مِن التَّوازن التَّربَوي الأَمْنِي الحَذِر في أَذهان الأَطفال والصِّبيان، وإِطلاق حُرِّيّاتهم في مُمارَسَة الهُوايَات المُفضَّلة بِأَنفُسِهم مُستقِلِين عن الوالِدَين الفَقِيرين المَشغُولَين برِعايَةِ المَنزل وتَحصِيل الرِّزق الصَّعْب.

فَفِي مَعرض التَّحذِير يُقال لِلطّفل أَو الصَّبي (أَنَّ أَبُو مْغَوِّي يَترَصَّد الأطفال والصّبيان على ساحل البَحر بِدءًا مِن ساعة غُروب الشَّمس، ويُعطّل في هذه الساعة حواس الأطفال والصِّبيان ما داموا بِالقرب مِن ساحل البحر، ويَستحوذ على أَذْهانهم بِنِداءٍ خَفِيّ ساحر يَزُجُّ به في رَوعِهم ويَستدرِجَهم به ويَدفَعُ بهم إلى عَرض البحر، ثُمّ يَنقطع نِداؤه فُجأة وتَعود حُواسُ الطّفل أَو الصّبي إِلى عملها الطَّبيعي عندما يَكونان مَنزوعي الطَّاقَة في عرض البحر فَلا يَقوى كلاهما على مُواصلة السِّباحَة لِلعَودة إلى السَّاحِل فيَغرقان في قَعْره).

وعلى ذات النَّمطِ الشِّيعِي اللُّبناني والعِراقِي رَسَخَت قواعد الانْتِماء والتَّبليغ والوَعظ والإرشاد الاجتماعِي الحِزبي والفِئوي في كُلّ بِلاد الوُجود الشِّيعِي، فهُجِرَت الثَّقافَةُ الأَصِيلَةُ وغُلِّبَت السِّياسةُ وأُسِّسَت عليها مَفاهيم النِّضال والزَّعامَة.

إنَّ الرُّؤية المُعاصِرة لِلتَّنمية الثَّقافِيِّة الشِّيعِيّة الأَصِيلة في جَبل عامِل قُلِبَت رأسًا على عَقِب كما قُلِبَت في العِراق وغَيرها مِن بِلاد الوُجُود الشِّيعي أَيضًا، ورَضِيَت الأَحْزابُ والفِئويّات بِخُلو مَناهِج التَّعليم المَحَلِّي الرَّسْمِي مِمّا يُسهِم في تَنمِية هذه الثَّقافة وتَرسِيخها في المُجتَمَعين اللُّبناني والعِراقِي. ومِن قبلُ كانَت الثَّقافَةُ الشِّيعِيّة في هذين البَلَدَين نارًا على عَلَم حيث غَزارة الإنتاج في المَفاهِيم الشِّيعِيَّة وكَثافَة العمل على بَثِّ القِيم والمُثُل المُشرقَة الأصِيلة إلى مناطق الوُجود الشِّيعِي الكبير وترسيخ مبدأ الاعتِزاز بالهُويّة الشِّيعِيّة. فلا أَثر لِلنَّهضَة الثَّقافِيّة الشِّيعِيّة الأَصِيلة المباركة في الواقع اللُّبنانِي والعراقي الرّاهِن، وكُلّ ما كُنَّا نراه أَمامنا وما زِلنا لا يَتخطّى معنى الوُجود الخالِص لِلمُناضل الشِّيعِي وليس مَعنى الوُجود الخالِص لِلنِّضال الشِّيعِي!

لقد نَضَبَ معين تلك الثَّقافَة الأَصِيلة وبَهُتَ ومِيضُها في الكثير مِن بلاد الوجود الشِّيعي، وظَلّ الوُجود الشِّيعي في البلاد الأخرى يَستورِد أَوهام السِّياسة الّتي مِن شأنها الاضْمحلال والضَّعف والوَهن عند لحظة الانكسار والهزيمة، وتواري ظلال التَّوازن السِّياسِي كُلّما تَدخَّلَت العوامل الدُّوليّة الإسْتراتِيجيَّة بِوَصْفِها اللّاعبَ الأكبر.

وعلى ذات التَّسلُسل، ظَلّ الوجود الشِّيعي يَجتَرّ هذه الأوهام في كُلّ يوم ويَنخَدِع بِالمعطيات السِّياسة ويَضع كُلّ آماله على تَطوُّراتها اليَومِيّة، ويَنسى أَنَّ لهوِيَّته ثَقافَة أَصِيلة هي الأَسْمَى مِن هذه الأَوهام وأَحقُ أَنْ تُنَمّى وتُتَّبع وتُصان.

بَدت مفاهيمُ السّياسة المعاصِرة عند الوجود الشِّيعي البحراني في هيئة نَتاج تفاعُليّ مَحلِّي خالص لا صلة له بالفِكر الهَجِين السّائد في ساحتي النّضال العِراقي والإيراني واللُبناني. وعند مُقارَبَة هذه المفاهيم تَبرزُ فيها مَلامحُ التّبعِيّة في كُلِّ شَيء إِذْ ليس فيها شَيءٌ مِن الاستِقلال وما يَنسجم مع الثَّقافَة البَحرانِيَّة الأَصِيلة. فبَعضُ أطراف هذه الهيئة ـ على سَبيل المثال ـ مَشغُوفٌ بِدِين التَّصوُّف الفَلسَفِي وما يُعرف اليوم بِعرفان ابن عَربِي الأنْدَلُسي الّذي يَنطوي على فكرٍ بَلاغِيٍّ جَذَّاب وهَيكلٍ هَرَمِي مِن المراتب الوهمِيّة والمقامات المُصطَنَعة بِاسْم (المَعبُود) حيث يُصرِّح بِسُمُوِّهما على التَّناقضات الدِّينيّة التَّبايُنات المذهَبِيّة، ويَدعو إلى الوئام والتَّآلف في إِطار (إِسْلامي) مِثالي، ويُعالِج وقائع السِّيرة (المُتأَزِّمَة) في التَّأريخي بِوَصْفِها حالاً إِنسانِيَّة طَبيعِيّة بسيطة وتُراثِيًّا يَجوّز لِلشِّيعي التَّشكِيك فِيها والتَّجَرُّد منها أَو تَشطِيبها أَو (تَهذِيبها) والاتّصال المباشر بِمَصدر الغَيب (المَعبود)!

ظَهَرت مَلامِحُ التَّصوّف الفَلسفِي في البَحرين مِن خِلال الغَزو المُنظَّم لِلمَكتَبات المَحَلِّيّة والعُروض المُشوِّقَة لِمؤلَّفات العرفان إلى جانب مُؤلَّفات أُخرى مُروِّجَة لِمفَاهِيم التَّقارُب المذهبي ووَحدَة التُّراث الشَّعائري. وصار خُطباء البحرين وعُلماؤها يُكثِرون مِن المجالس الشَّارِحَة لِمُصطلحات هذا المؤلفات والمُعرِّفة بِرُموزها وشَخْصِيّاتها، على خِلاف القواعد الذَّهَبِيّة الّتي نَشأت عليها الثَّقافَةُ البَحْرانِيّة الأَصِيلَة المُستقلّة مع تعاقب الزَّمن.

ورُصِدَت في ذلك أَيضًا ظاهِرةُ أُخرى لِعُلماء دِين بَحرانِيِّين يُصوِّرون مظاهر الثَّقافَة البَحْرانِيّة الأصِيلة طُقوسًا أَخبارِيَّةً خُرافِيّة بالِيَة مَوضُوعَة وقد استَوجبَ مُعالجتُها بِمَنهج (الشَّكّ والتَّشطِيب والتَّأمِيم) واعتِماد طَريقة التَّحلِيل التَّأريخي الغَرْبي التي تَصِف التَّقالِيد والعادات والمفاهيم البَحْرانِيّة مُنتجًا مِن وَحْي عمليّة التَّفاعُل التَّأريخي الإنساني البَسِيط والسَّاذِج مع البِيئة الاجتِماعيّة المُجرّدة مِن المؤثّرات المِثالِيّة، وقد استَوجَبَ بِذلك تَداولها على طِبق قوانِين السُّوق وحَركة رأس المال. فصَار مَقامُ الثَّقافة عند هذا الاتّجاه

مِن العُلماء مُساوقًا لمقام المُوسِيقى والغِناء والمَسرح والسِّينما ووسائل التَّرفِيهِ الثَّقافي حيث أُعِدَّت وأُخضِعَت لِقَاعِدة العَرض والطَّلب.

كيف يَصِحُّ استِدعاء هذا المنهج التَّحلِيلي التَّأريخي النَّقدِي المنسوب إلى اليسار اليَهودِي الألماني الّذي انطلق بِرعاية جامعة (شِيكَاغُو) الأمريكِيّة في عام 1912 وكان مَحلّ رَفضٍ في الدّراسات الجامِعيّة الأخرى مِثل (هَارْفَرْد) الشَّهيرة - والعمل على تَطبيقه بـ(المَكْرِ الذَّكِي) على الثَّقافة البَحرانِيّة العَريقة، ومِنه مُعالجَةُ السِّيرَة وشَطْب وُجُود بَعض الشَّخصِيّات مِن أَبناء وأَحفاد أَهْلِ البَيت صَلواتُ الله وسَلامُه عليهم المُعَظَّمِين في الثَّقافَة الشِّيعِيّة، مِن مِثل السَّيّدة رُقَيّة بنت الإمام الحُسين صَلوات الله وسَلامُه عليه، والتَمهِيد لِشَطبِ أسماء شَخصِيّات أُخْرى غير مَرضِيّة لدى اتِّجاه أَهْلِ العامّة؟!

تِلكَ خَطِيئةٌ في حقّ الثَّقافَة البَحْرانِيّة الأَصِيلة لا يَجوز لِعالِم الدِّين اقتِرافها وهو الفَقِيه المُتعَلِّم الذي خَبر مَعنَى الاجتِهاد ولامَس أُصُول المَعرِفَة عن قُربٍ وأَتقنَ استِعمال أَدواتِهما ومَيَّز سِيرة التَّطوّر التَّأريخي لِثَقافَة مُجتَمَعه الأَصِيل.

ليس مِن العَدل أَنْ نُحَمِلَ عالِم الدّين على سَبعين مَحملاً إذْ ليس له مِن عُذر في إسقاط هذا المنهج على مَظاهر الثَّقافَة البَحرانِيّة الأَصِيلة أَو تَحريض بَعض الباحِثِين الحوزَويّين في خارج البَلاد على وَصْف الثَّقافَة البحرانيّة بـ(التُّراثِ الخُرافِي والأُسْطوري) والاستِعانة بأقوالهم وتعزيز استِدلالاتها بِقُوَّة الانتماء الحِزْبِي والفِئوي ونفوذه، أو الاستِناد إلى مَفاهيم الوَلايَة والوصاية والزَّعامَة في تمرير ما يخالف مضامين الثّقافة الأصيلة بعنوان الاضْطِرار لِإشاعة حال مِن الانْدِماج أَو الانسجام أَو التَّوافق مع الثَّقافَات الأُخْرى تَحت ظِل (المَعبُود)، وبعنوان التَّقارب والتَّآلف مع أَتْباع اتِّجاه أَهْل العامَّة والأَديان الأُخْرى.. ويُراد هُنا بِكَثْرة استِعمال مُفردَة (المَعبُود) في خِطابات هذا اللَّون مِن العُلماء الاستِعاضَة عن اسْم (الله) بما يُرضِي مَن لا يُؤمِن مِن أهل الثَّقافَات الأخرى بِاستعمال هذا الاسْم أَو يَأبى الرُّجوع إلى اسم الخالِق الواحِدِ الصَّمد.

فَثقافةُ الغَرب لم تَعُد مُستقلّة عن قانُون السُّوق وحَركَة رأس المال مُنذ ما قَبل الحرب العالميّة الأُولى، وأَنّ في مُنْيَة بلاد الغرب تَقويض التَّعدُّدِيَّة والتَّنوّع في ثقافات العالم وتَحقِيق السِّيادة عليها بقانُون السُّوق الاقتِصادي المُوحَّد ذِي الثَّقَافَة الواحِدة. ويَأتِيك مَنهج (الشَّكّ والتَّشْطِيب والتَّأميم) الحزبي والفئوي لِيَختَصر الطَّريق على قانُون السُّوق وأَمانِيه في النَّظرِيّة الاقتصادِيّة فيُخرِب الثَّقَافَة الشِّيعِيّة الأَصِيلة بِأَيدي أَتْباعه.

فمَن لَزم مِن عُلماء الدّين البَحْرانيّين مَنهج الحوزة البَحْرانيّة الأَصِيلة، أَو عَكِف على تَلَقِّى العلوم عن الحَوزة الكُبرى الأَصِيلة في خارج البلاد بِاجتِهادٍ وكدح ومُثابرة، يُدرِك أَنَّ الثَّقافَة البَحْرانِيّة الأَصِيلة تُمثِّل المظهر الملتزم بِأُصول المَعرِفَة المعلُومة لدى الشِّيعَة منذ قُرون مِن الزَّمَن ولا تُقاس بِما ذَهبَت إليه المذاهب في البِلاد الأُخرى.

ليس مِن شَأن الثَّقَافَة البَحْرانيّة اعتِزال الثَّقافات الشِّيعِيَّة الأُخْرى والانقطاع عنها أَو الامْتِناع عن التَّفاعل معها. ولكِن لِكُلّ ثَقافَةٍ شِيعِيّة تميُّز خاصّ في بِيئتها والسِّيرة الاجتِماعيّة والمَنهج التَّنموي الذي نشأت فيه، ولها في ذلك ما لها وعليها ما عليها. فإنْ كان كلّ شَيءٍ في الثَّقافَة قابلاً لِلشَّكّ والتَّشطِيب والتَّأميم والمُساومة بناءً على ما تَضمَّنته الثَّقافات الأُخرى مِن مَعايير فَإِنَّ الثَّقَافَة البَحْرانيّة الأصِيلة لَيست كَذلِك إِذْ هي عَريقةٌ رَصِينةٌ ولَيست ناشئةً عن طَفرةٍ طارئة.

إِنَّ مُناسبات إِحياء الثَّقَافَة البَحْرانِيّة الأَصِيلة لَيْسَت مُوسِما تُراثِيًّا على حَسب ما يُرَوّج له بِهذه الذِّهنِيّة السَّاذجة. وأَنَّ مَن يَسعى مِن الاتِّجاهات الحِزْبِيّة والفِئوِيّة في جَعل هذا الإحْياء (فُلْكُلُور) ويُخرِجَه عن دائرة الأَصالَة استِرضاءً لِعَناية اتِّجاه أَهْل العامّة وأَحزابِه ووُعَّاظِه ورِعايةً لِثَقافَةِ السُّوق في بلاد الغَرب فَقد أَخطأَ الرُّؤيَة لِمعنى الثَّقَافَة الأَصِيلة وجَهل مَقامَها في البِناء الاجتِماعي، فلا يَجوز له وَصفَ مَظاهر الثَّقَافَة البَحْرانِيَّة بِـ(الطُّقوس) المبنيّة على الأَساطِير والخُرافات.

ومِن الشَّائع في هذه المُعالجة الخاطئة نِسبةُ الجُهود الشِّيعِيّة المبذولة في المُحافظة على مَظاهر الثَقَافَة الأَصِيلة إلى ما استُعمل تَعسّفًا مِن أَوصافٍ مُضادّةٍ مُشوِّهَة، مِن قبيل: (الوَحْشيّة) و(البَشاعة) و(المُقزّزة) و(الجَنائزيّة) و(هَدر الدِّماء)، وتَعصُّبًا لِلفِكر الهَجِين الوافد المُلتَقط مِن بيئة خارِجيّة، وانبِهارًا بِثقافَة الغَير وتَفريطًا بِالثَّقافَة المَحَلِّيّة الأَصِيلة.

إنَّ التُّراث (الطَّقس/ الفُلوكْلُور) في مَعاني عصرنا الرَّاهن هو عبارة عن وقائع ومَعارِف تَجول في أَرْوقَةِ التَّأريخ وقد اندَثَر رَسْمُها ومَضى أَثرُها وانقطع نَفَسُها ولم يَبق منها إلَّا جمالُ الذِّكرى ومِتعة الاستِدعاء الذِّهْني، مِن غَير أَنْ يكون لها حَظٌّ مِن القَداسَة وأَثرٌ في الواقع، فإنْ قُدِّسَت فَلأَنّها أَثرٌ مِن آثار التَّقلِيد الخُرافي أَو الأُسْطوري عَدِيم الأَصْل.

وبِتَقدير فَلسَفَةِ (ما بَعد الحداثة) أَنَّ مظاهر الثَّقَافَة لا تَعدو أَنْ تكون إلهامًا مُنتزعًا مِن تَجربةٍ بَشريّةٍ ولكِنّها تَبقى فاشِلة كُلَّما مَضت عليها الأَيّام ودُوِّنَت في المَلف التَّأريخي وحَلّ مَحلّها البديلُ المُتطوّرُ والمُتقدّم، وما كان إحياؤها إلَّا على سَبيل الذِّكرى الفُلكْلُورِيّة المُجرّدة أَو بِقَصد الاستِئناس الطَّقْسِي ومِتعة الذَّوق فَحَسب ومِن غير تَرتُّبٍ مُوجِب لِأَثر أَو التزام.

تِلك مِن المُغالطات الموضوعة الّتي يَقتَرفها بَحْرانِيُّون مُتَلَبِّسون بِمَظهر المُصلحين الشِّيعَة، ويَلتَمِسون بها عُذر تَبَنِّيهم لِمَفهوم (الضَّرُورة) السِّياسِيّة واعتِمادهم الوَسِيلة المُطلقة لِلوُصول إلى المُبتغى والغاية. فليس مِن الحِكَمة وَصْف مظاهر الثَّقافة البَحْرانيّة بِـ (التُّراث) على ذات المعنى المُتداول في عالم الثَّقَافَة العَلمانيّة.

إنَّ مُتبنِّي هذه المغالطة يَعلَمُون بِخَطرها على مَصِير الثَّقافَة البَحْرانِيّة الأصيلة، وأَنَّهم يَسعون في انتِزاع لُبِّ هذه الثَّقافة وقُدسِيّة قِيمها وأَصالتها بتدوير هذه المغالطة بعد أَنْ عَجزوا عن التَّغيير المُباشر بِالوَلايَة والوَصايَة!

إنَّ لِلبَحْرانيّين وُجودًا دِينيًّا خاصًّا ومُستقلاً ومُؤثرًا في المُحيط الإقلِيمي

مُنذ نَشأَة هذا الوجود على التَّشَيُّع في القَرن الهِجري الأَوَّل حيث يَمتاز بِثقافَةٍ أَصِيلَةٍ يَستمِدّ منها سِيرَة شَعائره ومَبادئ التَّطوّر فيها بين الأجيال.. إنَّ البَحْرانيّين يُحيُون هذه المظاهر ليس لِكَونها تُراثًا ناشِئًا في حَوزة الأَجْداد عند لحظة طارئة أَو طفرة تَأريخِيَّة خاصّة، وإِنَّما هُم مُلتزمون بِأُصُول المعرفة الّتي يُؤمِنون بها ويَتعَبَّدون، ويَسعون في تسخير نِعَم الله الّتي أَنعَم عليهم، ويواظبون على تنمية ثَقافَتهم وتَرسيخها على قَواعِد واضحة لا لِبس فيها ولا غُموض مِثلَما عَمَل المُتَشرِّعون منهم مِن قَبل وفَعَلوا، ولا يُغلِّبون أَهواء السِّياسة ولا يُقدِّمُون ضَرُوراتها أَو يَستجِيبون لِمَقتضياتها على حِساب مَصِير هُويَّتهم الشِّيعِيّة. فإِنْ اضْطرّوا إلى فعل ذلك فَضّلوا (التَّقِيّة) والانْكِفاء واعتِزال السِّياسَة.

لقد شُيِّدَت مظاهر الثَّقافَة البَحْرانيّة على طِبق مُتُونٍ مُقدَّسَةٍ وأُصُولٍ شَريفةٍ في وَسَط نِظام اجتِماعيّ حَيويٍّ فاعِل مُتَجرِّد مِن هَوى السِّياسة أَو ضَرُورة مِن ضَرُوراتها أَو وَسِيلة مُطلقة مِن وسائلها. مِن هنا يَأتِي القول أَنّ العمل وفق مَنهج (الشَّكّ والتَّشطِيب والتَّأميم) النَّاشِئ على بِيئةٍ ثَقافِيّة أَجنَبِيّة مُتأزّمة هو مُغامرة في غايَة الخُطورة بمَصِير الثَّقافَة البَحْرانيّة وأَصالَتِها. فلِكُلّ وُجودٍ شِيعيٍّ في بِيئتِه الّتي نَشأ عليها ثَقافَةٌ خاصّةٌ يَنفرِدُ بها ويَتَميَّز. ومِن باب أَوْلَى أَلّا يَصِحّ الالتِقاط عن ثَقافَة أُخرى مُتأثّرة بِفِكر الانتماء الحزبي الخاصّ بِاتِّجاه أَهْل العامّة أو الاستِعداد لِلمُساومة بِه والمقايَضة وَجعل التَّشَيُّع مَذهبًا خامسًا يلُوك عَقِيدتَه على حَسب أَهواء السِّياسة ومقتضياتها.

بدأ مفهوم التّراث (الطَّقْس) و(الفُلُوكْلُور) ذي المعنى التَّأريخي الجامِد في الثَّقافات المعاصِرَة يَتغَلْغَل في مجتمع البحرين على غَير المُتصوَّر في بِيئةٍ ثَقافِيّة أَصِيلة عَريقة صانَتها الشَّعائر وحافَظَت على وُجودِها وثَباتها.. كيف لِمَظهرٍ ثَقافيٍّ أَصيلٍ نَشأ عليه نَظامٌ اجتماعيٌّ وتَرعرَع وأَمِن مِن خَوفٍ أَنْ يُنتهك بِفِكرٍ هَجينٍ وافِدٍ وبِأَدواتٍ وَطاقات بَشرِيّة مَحلِّيّة خاضِعَة ومُسْتَسلِمَة لِوَهْم ما عُرِفَ بِالمَركَزِيّة والزَّعامَة؟!

لماذا يَسعَى بَعضُ البَحْرانِيّين في التَّفريط بِكَنزٍ مِن المُثْل العُليا والقِيم السَّامِيّة والنِّظام الاجتماعي الرَّصِين والتَّأرِيخ المَجِيد الأَصِيل والشَّعائر البَاعِثَة على السَّكِينَةِ الصَّائنة لِلإيمان؟!

ولماذا التَّفريط بِكَنِز تَنطوِي عليه ثَقافَة البحرانيّين الأَصِيلة منذ القَرن الأَوَّل الهِجري، ولماذا الإصْرار على الإجْهاز عليه وإِدخاله في دَوّامةٍ مِن المُنازعَات والمُغالَبَات الحِزْبيّة والفِئويّة الخارِجيّة مُغتَرِبة الثَّقافَة بِدَعوى المُطابَقَة والمُواءمَة مع ضَرُورات السِّياسة وصِناعة الرّئاسة؟!

عندما نَبدأ في البَحثِ العِلْمي بحِيادٍ تامٍّ حول إِصرار هؤلاء على نَقضِ الثَّقافة البَحْرانيَّة الأَصِيلة والعَبَث في مظاهرها بِفَرضِ البَدِيل الأَجْنَبِي الهَجِين المُتأزِّم والاستعانة بِمَنهج (الشَّكّ والتَّشطِيب والتَّأمِيم) فلا بُدَّ أَنْ نتساءل عن المقاصِد الخَفِيّة مِن وراء ذلك والنَّتائج الخَطِيرة المُتوقّعة.

إِنَّها مقاصد بَدأت بِرَغبةٍ جامَحةٍ في التَّجدِيد على مَعنى التُّراث (الطَّقْس/ الفُلُوكْلُور) الوارِد في الفَلسَفات المعاصرة، ثُمّ استَحالَت الرَّغبةُ هذه إلى نِضالٍ سِياسيٍّ ذِي انْتِماءٍ حِزبيٍّ وفِئوي مُنقطع عن الثَّقافَة البَحْرانيَّة المحلِّيّة ويَستَهدِف في طَلِيعة نَشاطِه التَّمكُّن مِن مَفاصِل القُوّة في المُجتَمع البَحْراني والاستِحواذ عليها واحتكارها وإِقصاء مِن يُحتَمل فيه العَزم على خَوضِ المُنافَسة أَو الركون لِلعَقل النَّاقِد المَسئول واستعمالاته، أَو إبداء التِماس بِتَجنُّب السِّياسة والتَّمسّك بِمَفاهيم (التَّقِيّة) و(الانْتِظار) و(الوَلايَة والبَراءة) و(العِصْمة) أَو الالتزام بِالنَّسَق الاجتِماعِي القائم والمحافظة على أَمْن وسَلامَةِ الدّارج مِن الثَّقافة الأَصيلة وصيانة مظاهر الثَّقافة الّتي تَجاوز عُمُرها 14 قرنًا مِن الزَّمَن ولا يَصِحُّ تسليمها لِتَقلُّبات السِّياسة ومَغامراتِها.

ومن المشاهد الرائعة في الاتِّجاه الشّيعي الأصيل أَنَّ بُعدَه عن عَهد صُدور النَّصّ يزيده حِرصًا على التَّمسّك بَثقافَاته لِكونها نِتاجًا طَبيعيًّا لِتَفاعلات النَّصّ في بِيآته الاجتماعيّة. وكُلَّما كَثُرَت التَّحدِّيات المناوئة لهذه الثَّقافَة الأَصِيلَة

أو أُقْصِيت مِن المَنهج التَّعْلِيمِي الرَّسمِي للدّولة المستبدّة ازدادَ اتِّجاه التَّشيّع شرها لإِحيائها في واقِعِه اليَومِي. وأَمّا سِيرةُ المُتشرّعة التي تَفاعَلَت في كَنف النَّصّ وإِفرازاته فَهِي كانت الأَعْلَم بِالشّواهد الحِسِّيّة والأَدِلّة والمعاني المُرادة في المُتُون والأَكثَرَ اطّلاعًا على الدّلالات والمَقاصِد فتَمسّك اتّجاه التَّشَيُّع الأصيل بها مِن دُونِ شَكٍّ فيها أو تَشطِيبٍ أَو تَأويلٍ مِن عند هَوى نفسه. فلِماذا لم تُحرِص انتماءات التَّحزُّب والفِئويّة على أَمْن وسَلامة هذه الثَّقافة الأَصِيلة العريقة التي أَسَّسَها المؤمنون المُتشرِّعُون منذ القَرن الأَوَّل الهِجرِي، وبالَغت في المغامرة بِها والتَّفريط بِها على قَواعِد نظريَّة سِياسِيّة لا صِلَة لها بالثَّقافَة الأصيلة ولا قُربى؟!

الفَصْلُ الثاني

خُصُومَةٌ فِي الانْتِماءِ المَرْجِعِي

الاحْتِماءُ بِمُقْتضيات الوَاقع

هَلْ أَنْتَ مُقلِّدٌ لِمَرْجِعٍ فِقهيٍّ تَطمَئن لاجتِهاده عند تَقدِير المَوقف مِن تَداخُل الأزمات في الخِلافِ المَرجعي القائم في الوَسَط الاجتِماعي. وهَلْ أَنْتَ مِمّن استقلّ بِالرّؤية في اختِيار المفهوم المناسب لمعالجَةِ هذا الموقف بِمُرادٍ حُرٍّ مِنك أَمْ بِمُراد مِن الانْتِماء الحزبي والفئوي المتغلغل في ساحة الخِلاف المرجعي؟!

وهَلْ تَتَبنّى رُؤيةً خاصّةً تَنفرِدُ بها في إِطار منهجٍ يأخُذُ في الحسبان خَلفيّات الخلاف المرجعي بِروحٍ عِلْمِيّةٍ إِيجابيّةٍ وجِدٍّ واجتِهادٍ، ويَقوّمها بِأَحْسَنَ وأعدل تَقويم مِن دُون الانْشِغال بِالابتذال الّذي يَتظاهر بِهِ الحمقى (الحَبْرَبَش) مِن أَهْلِ الافتراء والفُسُوق والعِصيان والطُّغيان، أَمْ ليس لَكَ صِلَة بكلّ ذلك مُطلقًا، فأَنْتَ مُقلّدٌ (تَقْليدِي) النّزعة بِالقِياس إلى معطيات الواقع الرّاهن وتَأبى أَنْ يُحشر مَقامُ المرجِعِيّة في صندوق الانْتِماء الحِزْبي أَو الفِئوي الضّيّق، كما تَأبى أَنْ تُحشرَ في دوائر الصِّراع وتَكون أَنْت وقودًا فيه أَو مجبرًا على المُوافَقَةِ أو المخالفة والتّأييد أو الرّفض على طَريقة حُشود عُشّاق كُرَة القدم؟!

وأَسئلةُ أُخرى كَثِيرة تَدور في خَلد الشِّيعِيّ البحراني وتُشغِل بَالَه في هذا العصر المُنفَتِح على المَفاهيم والمَعاني المُتشابِهَة والمُتباينة والمُتناقِضَة والمُتضَارِبَة، ولم يَكُن مِن قَبْل هذا يُمْعِنَ النَّظر في تفاصِيل ذلك ولا الاهتمام ولا الاكتِراث، وقد هَبَّت رِياحُ هذه التَّساؤلات الفَلسفِيّة على جَزيرَتِه الصَّغِيرة وافدةً مِن الخارج فَوجَدَها تَعصِف بِنظامِهِ الاجتِماعي وتَعبث في أَذهان مُواطِنيه في غَفَلةٍ منه.

إِنَّ أَلوانًا مختلفةً مِن الخلاف الحِزْبي والفِئوي صارت تَقتَحِم أَجواء الثَّقَافَة البَحْرانيَّة وليست هِي منها، وقد اتَّخذَ أَبرزُها شِدَّةً هذا الشَّكلُ مِن السِّجال بين الشَّيخ جَعْفَر والسَّيِّد شُبَّر:

الشَّيخ جَعفَر أَحد علماء الدِّين الّذين يُخبِرون عن الثَّقافَة البَحْرانيّة الأَصِيلة، ما فَتِئ يُبلِّغَها لِلشِّيعة مِن أَهْل بَلَدِه، ويُوعِظ ويُرشِد بها ويَدعو إلى تدوينها والتَّمَسُّك بِتَفاصِيلها. فيَتصَدَّى له السَّيِّد شُبَّر وهو عالِمُ دِين ضَخم الجِثّة مَفتول العَضلات لِكَي يَرُدَّ عليه بِفِكرةٍ مُغايِرَة ورُؤيَةٍ تَأريخيّة مُختلفة بناءً على ما كان يَصِفَه دائما بِـ(حاكميّة ضَرُوراتِ الوَاقِع)!

يبُادِر الشَّيخ جعفر بِكُلّ مسئوليّة وحِنِّيّة ومِن أَعماق وِجدانِه إلى مُناقشة السَّيّد شُبّر فيقول له: إِنَّ منهجك في التَّفكِير ليس سَليمًا. وأَنَّ حاكميّة ضَرُورات الواقع الّتي تَستَنِد إليها في دَعواك لا تستطيع نَقضَ شَيءٍ مِن مُتون أُصُول المعرفة الشِّيعِيّة المُشتَمِلة على الإيمان بِثَوابت العَقِيدة والالتزام بالشَّريعة وبالقيم الأخلاقيّة وبِسِيرة المَعصُومين مِن أَهْل البيت صَلواتُ الله وسَلامُه عليهم.

فهَذِه أُصُولُ وثَوابت لا تَتغير بِأَحكام الضَّرُورة إِلَّا في حال تَخلِّيك عن التَّشَيُّع واعتِناقِك لِأَحَدِ المذاهب المَشهورة في اتِّجاه أَهْل العامَّة بَدِيلا. فتكون (الضَّرورة) الّتي زَعَمْت ما هِي إِلّا عاملَ نَقضٍ لِلتَّشَيُّع ومُسايرةً مِنك لِوُعّاظ اتِّجاه أَهْلِ العامّة ونَبذا صَريحًا مِنك لِلثَّقافَة البَحْرانيَّة الأَصِيلة الّتي

تَنتسِب إليها.. وهَلْ يُمكن الرّجوع إلى عُمق التّأريخ والغَوصُ فيه على وَجْه الحقيقة لِإعادةِ إنتاج سِيرة أُخْرى مُختلفة، أَمْ أَنّ لك الاجتِهاد في البحث عن القَرائن حتَّى تنقض سِيرةً في العَقِيدة أَو تُؤيدها؟!

فالعِصْمَةُ لِأَهْلِ البيت صَلواتُ الله وسَلامُه عليهم والأنْبِياء والرُّسُل ثابتَةٌ لَهُم حَصرًا بِالنَّص والتّفصيل في سِيرتِهم، وأَنَّ قاتل فاطِمَة الزَّهراء صَلواتُ الله وسَلامُه عليها هُو هُو في السِّيرة، ولَنْ تَستطيع نَفي حُصول القَتل ولا تَبرئة القاتِل أَو شَطْب واقعة الهجوم على دارِ الزّهراء أَو تَجمِيد الواقعة في الذِّهن الشِّيعِي ما دُمْتَ مُؤمنًا مطّلعًا حتَّى تَعدِل عن التَّشيُّع أو تكفُرَ به. وإِنْ التَمَسْتَ ما يجمع بين العقيدة وضَرُورات الواقع فلَنْ تَصِل إلى ما يُثبت حَقِيقَةٍ ما، بَل ستنحَرِف بِظَنِّكَ وبِشَكِّكَ وبِتَشطِيباتِك وبِتَأْوِيلاتِك عن الطَّريقة!

يَستَشِيطُ السَّيّدُ شُبَّر غَضبًا فيردّ بالقول: إذنْ، كيف نَخوضُ عالَم الحضارَة الجديد ونُؤسِّس لِلتَّعايُش بين الأَديان والوِئام والوَحدة والتّآلُف مع اتِّجاه أَهْل العامَّة ونَحن عُصْبةٌ قَليلون لا حَول لَنا ولا قُوّة؟!

يَحِفّ الاطْمئنان بِالشَّيخ جعفر فيُجيب في سَكِينةٍ قائلا: تِلكَ مَسأَلة أُخرى ومنهجٌ تراه أَنْتَ لِأَسباب تَخُصُّكَ ولا أَراه أَنا لِأَسباب تَخُصّنِي. ورُبَما هي رُؤيةٌ مِنك ناشئة في ذِهنِك عن تفاعلات فِكر الانْتِماء الحِزْبِي والفِئوي، أَو أَنَّها رُؤية خاطئة صادِرَة مِنك في تَحدِيد معنى الهُوِيَّة بِوَصْفِها أَثرًا ناجمًا عن التَّفاعُلَين الاجتِماعي والتَّأريخي فتَستَدِّل بِأَحدِهما لِإثبات غايةٍ مقصودةٍ في نفسِك تَضمرها. لكِنّ الحقيقةَ في أُصُول الثَّقافَة البحرانيَّة واضحةٌ مثل وُضوحِ الشَّمسِ لَيس دُونها سَحاب، ولا يمكِنُك نَفيها أَو تَكذيبها أَو شَطبها أَو استِبدالها بِما يُظهِر فِيك وَسَطِيّةً واعتدالاً سِياسيًّا حتَّى. فأَجدادُنا رِضْوان الله تعالى عليهم أَجادُوا الفَنّ الهَندَسِي في تَنمِيتهم لِلثَّقافَة البَحْرانِيّة الأَصِيلة بينهم فصَنعُوا منها مُجتمعًا مُتكامِلاً في كُلِّ شي وامْتَثلوا به لِمفاهيم (التَّقِيّة) و(الانْتِظار) و(الوَلايَة والبَراءة) و(العِصْمة). ولَسنا اليوم في أَمَسِّ الحاجة

إلى الالتِقاط عن ثَقافَة الآخرين، فثَقافَتهم تُناسِب بِيئَتهم الاجتماعيّة ولَنا بِيئتُنا الخاصّة المستقلّة ذات الثَّقافَة المُتكاملة المُناسبة. فهُم يَرونَنا بِعَين ثَقافَتِهم أَهْل بَساطةٍ وسَذاجَةٍ ونَرى أَنفُسَنا أَهْل لُطْفٍ وتَأَنِي وتَروِّي. ولكِنّنا لم نُقدِّر لأَنفسنا حَقّ التّقدير، ذلك لِأَنّنا جهلنا عَظمَةَ ثَقافَتنا وانصَرفنا عنها وانَبهرنا بِفِكر ثَقافةٍ مُتأزِّمَةٍ عند آخرين.

يَرِدُّ السَّيّد شُبّر مُتهكِّما بالقول: لا بُدَّ مِن الاستِجابَة لِضَرُورات الواقع وإلّا أَقدمنا على الانتحار بِأَيدِينا. فنَحنُ نُعاصِر وُجودًا مشتركًا مع هذا العالَم الّذي يَصغَر ويَنكَمِش كُلّما تَطوَّرت شَبكات تَواصُلِهِ الثَّقافِي التِّقني وازدادت سُرعةً وسِعةً ودِقَّةً في البحث العِلْمي. فهَل أَضَعنا ثقافَتَنا القَدِيمة المُهترئة وانشَغَلنا عنها بِأَوهام السِّياسة الحديثة أَمْ تمكَّنت ثَقافَتُنا بِسِلاح السِّياسَة بِما لم تَتَمكّن بِشَيء آخَر فحَقَّقت فَوزًا كبيرًا؟!

تَذكَّر يا شَيخ جَعفَر أَنّ المُشتركات الوَطَنِيّة بَيننا تَجمعُنا ولا تَجوز الغَفلَةُ عن هذه المشتركات وتَأثيرها. كما يَتَوجَّب علينا احتِرام أُصُول ثَقافَةِ الآخر حتَّى يَتَوجَّب عليه احترام ثَقافَتِنا، وعلينا التَّجرُّد مِن العَصَبيّة والأَنانيّة والحَسد، فالنَّاسُ أَحرارٌ فيما يَعتقِدون ويَرون، فلِماذا نَستعبِدهم ونَستَبِدّ بِما نَعتقِد ونَرى!

الشَّيخ جَعفر يَضربُ أخماسًا في أَسداس.. يَتبسّمُ.. يَتوثَّبُ لِإِعانة السَّيِّد شُبّر في السِّجال على نفسه تواضعًا منه: رَبما كنتَ تَعنِي بِضَرُورات الواقع وُجوب التِزامنا بالتَّقِيّة بِوَصْفِها مَفهومًا ضَرُوريًا لِلاستِقرار في العمل على تَنمِية الثَّقافة.. التَّقِيّةُ مفهومٌ نِسبيُّ الالتزام ومَحكومٌ بِتَشخيص طَرفَيّ المكان والزَّمان، ولا يَصِحّ أَنْ نَنبذَ المُطلَقات بِنسبيَّةٍ فنكون بِذلك مِمّن اتَّبع المَذهَب الفلسفي المُسمى بِـ (ما بَعد الحداثة).. والمُشتركاتُ الوطنيّة لَيست مانِعةً مِن مُمارسة العَقِيدة الأَصِيلة لِلتَّشيُّع، كما أَنّها ليست مانعة مِن تَسخِير التَّطوّر التِّقني الحضاري، بَل على العكس مِن ذلك. فالأَوّلُ ضامِنٌ لِحُرِّيّة المُعتقد

والآخَرُ كاشِفٌ عن تَفاصيل المُعتقد. وكِلاهُما مُعزِّزٌ لِخُصوصِيَّةِ المُعتقد بلا حَساسِيّة!

يَستدرِك السَّيِّد شُبّر: لا.. أنا لا أَعني بِحاكميّة ضَرُورات الواقع مَعنى التَّقِيّة أَبدًا، لِأَنَّ التَّقِيّة باتَت مَوقُوتَة مُلغَّمة بِنِسبيّتها في الوَسط الشِّيعي!

يُقَهقِهُ الشَّيخ جعفر ثُمّ يَأخذ نَفسًا عميقًا ويردّ ساخرًا: يَبدو أَنَّ حاكميّة ضَرُورات الواقع تُشكِّل ضغطًا هائلاً على صندوق مَفاهِيمك ولستَ تَفترضَها افتراضًا.. أَنْتَ مُستَسلِمٌ لها وتَبحثُ لك عن مَخرجٍ آمِنٍ على حساب أُصُول الثَّقافَة الشِّيعِيّة!

يهزُّ السَّيِّد شُبّر بِرأسه ويُحوقِل ثُمّ يقول: أَنْتَ يا شَيخ جعفر مُغامِرٌ بِمَصير البَحْرانيِّين، ولَنْ يَدَعَك البَحْرانيُّون أَنْ تفعلَ ذلك. وليس لَك مِن حَقٍّ في تقرير هذا المصير مُنفردًا..أَنْتَ تَخدِمُ غَرضًا لانْتِماء حِزبيّ وفِئويّ حادّ مِن حيث لا تُدرِك ذلك.. أَنْتَ غَبِي.. لا.. لا.. الغَبِيّ مَعذُور.. أَنْتَ أَحمق!

الشَّيخ جعفر يَستفِزّ.. تَنتفِضُ فرائصه ويُلوِّحُ بِسبّابته إلى السَّيّد شُبّر مُنذرًا محذرًا: لقد تَوقعتُ واستَدرَكتُ في ذلك على أَقوالِك.. حاكميّة ضَرُورات الواقع يا سَيِّد شُبّر كانَت ضاغِطةً على مَفاهِيمك فَرفعتَ لها الرّاية البيضاء.. تَذَكّر أَنّ العالَم كُلّه يُدارُ بفلسفة ضَرُورات الواقع، وما أَنْتَ بِمَوقفك هذا إلّا خادمًا في زاويةٍ حَرِجةٍ نائية فيه.. إِنَّك تَرى أُصُول الثَّقافَة البَحْرانيّة بِمنظار الفلسفة ذاتها، فأَنْتَ الخادمُ لجهات تلك الفَلسَفَةِ ولَيس أنا.

لم يَتمالك السَّيِّدُ شُبّر نفسه أَمام هذا التَّعريض فصَرَخ قائلا: إِنْجَبْ واسْكِتْ.. لقد ثَبُتَ بالقطع أنَّ مَفاهِيمَك وتَصوّراتِك القابِعَة في ذِهنِك ستَقود الشِّيعة إلى التَّهلكة، ولَيس مِن شَكٍّ في أَنَّكَ عميلٌ لِأَجْهِزَة استِخبارات أَجْنَبِيَّة مُغرِضَة ومُحارِبَة تَسعى إلى تَدمِير نِظامنا الاجتِماعي ووَحدَةِ الصَّف بين الطَّوائف!

الشَّيخ جعفر يُعاجِلُ السَّيِّد شُبّر فيَقطع عليه أَنفاسَ حديثِهِ ويَستَوقِفه عن

الكَلام قائلا: لَحظَه مِن فَضلِك لو سَمَحْت! مَن يَخضع لِحاكميّة ضَرُورات الواقع فهُو كَمَن أَوقَعَ نفسه ضَحِيّة كَمِينٍ سِياسيٍّ نُصِبَ له فصار عَمِيلاً في النَّظريّة والتَّطبيق بِالمجّان وإِنْ كان في سَعْيِهِ إخلاصٌ لِكيانِه ودوامٌ لِضَمان مصالحهِ.

يا سَيِّد.. لقد نَشأ مُجتمعُنا على (التَّعايُش) مع أَبناء اتِّجاه أَهْل العامّة مِن دُونِ العمل على تَشطِيب المُعتقدات وقَمعِ الحَقّ في التَّعبير عَنها ونبذِ أَصالَة الحُرِّيّة. وكُنَّا مِن المُتَفَوِّقِين على شُعوب الأرض مُتعدِّدة الطَّوائف والأَدْيان بِهذا اللَّونِ مِن التَّعايش بِلا حاكميّة لـ(ضَرُوراتِك) السِّياسِيّة المُخزِيَة.. الفَضلُ كُلُّه يعود إلى ثَقافَتِنا البَحْرانيّة الأَصِيلة الّتي أَرْسَت قَواعِدَ هذا التَّعايُش وصانتها مِن غَير الحاجة إلى نَظرِيَّةٍ سِياسِيّةٍ تُساوم بها أو تُزايد في سُوق (الحَراج) و(المَقاصِيصْ).. هذه الثَّقَافَةُ الأَصِيلةُ الّتي أَنْكَر نَفرٌّ مِن عُلماء الدّين فَضْلَها وجميلَها عندما أَوجَبَ على نَفسِه نَقضَها وتَقوِيض دعائمها وسَعَى في إِيجاد البَدِيل الهَجِين الّذي التَقطَه في مَرحلَةِ دِراسةِ المُقدّمات الحَوزويّة في الخارج. فانْظُر يا سَيِّدي العزيز إلى نتائج ذلك وخَواتِيم عَملِهِ إنْ كنتَ لا تَرضى بما أَشرتُ عليك مِن مُعطيات.

ثُمّ لا تَنسَ يا سَيِّد أَنَّ ثقافتنا أَصِيلةٌ ولَيْست وَلِيدةَ أَزمةٍ اجتماعيّةٍ أَو نكبةٍ سِياسيّةٍ طارئين، والآخَرون يَعلَمُون أَنّ الأزمات الاجْتِماعِيّة والنَّكبات السِّياسِيّة تلك ما هي إِلّا وَلِيد مَغامرات اتِّجاه أَهْلِ العامّة وتَبعِيته لِـ (الخِلافَة) ولِنُظم الحُكم المُستَبِدّة طُوال مَسيرَة التَّأريخ الإسلامي، ونَحنُ كُنَّا حينئذٍ في مَعزلٍ فلا تُقبَل شَهادَتنا في المَحاكِم حتَّى.. إِنَّ مُصِيبَتَنا الرّاهِنَة هي في نَمَطِ التَّفكِير عند مَن تَفشَّى في ذِهنِه الشَّكُّ في أَصالة ثَقافَتِنا وجدوى اتّباعها في هذا العصر وأَجاز لِنَفسه تَشْطِيبَ أُصُولها بِناءً على القول بِأَنَّها مُنتَجٌ أَخْبارِيٌّ يَستلِزم الأَخذُ به الامتِثالَ لِمَن وَصَفتُمُوهم بِالزّعاماتِ (التَّقْلِيدِيِّين) النَّابذين لمفاهيم التَّحزُّبِ والفِئويّة بِوَصْفِها مَفاهيم مُتأَثِّرة بِفِكر ثَقافَةِ أَتْباع اتِّجاه أَهْل العامّة مِن المُتحَزِّبين.. إِنَّها ثقافةٌ هَجِينةٌ فاشِلةٌ ما زالت إلى يَومِنا هذا عاجزةً

عن إيجاد الحلول المناسبة لِأَزمات مُجتمَعِها الّذي نَشأَتْ فيه وكانَت سَببًا في انقسامِهِ وتَشظِّيه. فلِماذا نَتلقَّفُ منها أَفكارًا بائسة ونُروِّجها في بيئتنا البَحرانِيَّة الّتي تَخَطَّت بِمَفهوم التَّعايُشِ المُجرَّد مِن مَواثِيق السِّياسة أَشَدَّ الأَزمات الطَّائفيّة السِّياسِيّة فَصلاً وكَراهِيَّةً وفَتكًا بِالهُوِيّة الشِّيعِيّة.

أَقولُ لَك يا سَيِّد إنَّ (التَّعايُش) الّذي ذَكَرتُ لك هُو قيمةٌ اجتِماعِيّة مِن تَدبير وإِنتاج ثَقافَتِنا البَحْرانيَّة الأَصيلة مُنذ وَقد غَيرُ الشِّيعَةِ على بِلادنا واستَوطَنُوها، ولم يَلتَقِط البَحْرانيُّون مفهوم (التَّعايُش) مِن فكر ثَقافة بِلاد أُخرى أَبدًا.. إِنَّها مِن صِناعةِ الهَندسة الثَّقافِيَّة الرّائعة في البحرانيّين، وعَليكَ أَنْ تُدرك ذلك أَوَّلاً. فإنْ نَشأَتْ أَزمةٌ طائفيّةٌ في مُجتَمَعِنا البَحْراني فاعْلَم أَنَّ خَلفَ الأَزمَةِ تَكْمُنُ شَيطَنَةُ السِّياسَةِ وليس لِمُجتمعَيّ الشِّيعة وأَبناء اتِّجاه أَهْل العامّة مِن دَورٍ في إِثارتها أَو إِيقاظِها أَو تَأجِيجها. وكُلُّما أخذ الشِّيعةُ بِالصَّبر على هذه الأَزمَة خَمدَت فتنتُها وماتَت في مَهدِها!

إلى هُنا يَنتهِي هذا الشَّكلُ مِن السِّجال حَيث وَقَع الطَّرفان الشَّيخ جعفر والسَّيِّد شُبَّر ضَحِيّة الاستِفزاز المُتبادَل ثُمّ البُهتان والوَصْم بِالعَمالة. فإِنْ كان المُراقب لِهذا السِّجال مُتعجِّلاً في اتّخاذ المواقف المناسب مِن دُون رَوِيّةٍ أو إِذعان مَنطِقِي فَسوف يَتحَيَّز لجهة أَحدِ الطَّرفَين مِن دون استِحضار الخلفِيّة الثَّقافِيَّة الأَصيلة لِلشَّيخ جعفر والسَّيِّد شُبّر أَو العَمل على بِناءِ مَوقفٍ مَوضوعِيٍّ خاصّ حُرٍّ مستقلّ.

إِنَّ رُؤيَةَ الشَّيخ جعفر في الثَّقافَة البَحْرانيّة لا غِبار عليها، في حِين تَشدَّدَ السَّيّد شُبّر على طَلَب الواقِعيّة مِنه والاستِجابة لِمفهوم حاكميّة الضَّرُورات السِّياسيّة بِمُحَفِزٍ ثَقافيٍّ أَجنبيّ. وليس مِن شَكٍّ في أَنَّ الواقعيَّة التي أَكّد عليها السَّيّد شُبّر هي فَلسَفةٌ تَقود العالَم بِالإنسان الجديد (السُّوبَرمان) المُتجرِّد مِن القِيم والمُثُل ومِن الإيمان بِوُجود (إِلهٍ) عَظيمٍ مُهَيمِنٍ قَيّوم.

إنَّ الثَّقافَة البحرانيّة ليست لَقِيطَةً ولا طارئةً على جزيرة البحرين، ولكِنَّ

النِّظام التَّعلِيمِي في البِلاد يَمتَنِع مِن إيراد سردياتها في مَنهج الدِّراسات أَو يُعِين على تدوينها، فتَتَخَرّج الأَجْيالُ البَحْرانيَّة مِن المنهج الدّراسي الحكومي مُنقَطِعةً عن تَأرِيخها الثّقافي وتكون عُرْضَةً لِلانْبهار بِالثّقافات الأُخرى.

فتَأريخُ جَزيرة البحرين زاخرٌ بِالتَّحوّلات والوقائع والحَوادِث الدَّالّة على أَصالة البَحْرانيِّين وتَشيعِهم لِأَهْلِ البيت صَلواتُ الله وسَلامُه عليهم والمَودَّةِ لهم، ولكِنّ الثَّقافَة الأَصِيلَة هذه ظَلَّت مَحظورة التَّداول سِياديًّا ومُهْمَلةً في المَنهج التَّعلِيمي الوَطَنِي. وتُعَدّ البحرين الدَّولة الوَحِيدة في العالَم الّتي تَمتَنِع عن تَدوِين تَأريخِها الأَصِيل وَطَنِيًّا وتَدرِيسه وتأسيس معاهد الدّراسات العُليا لِلبَحث فيه والتّنقيب في تفاصيله. فِيما يُخطِئ بَعضُ المثقّفين البَحْرانيّين المعاصِرين حِينما يَتّبع سَبيل التَّعويض الحزبي الثَّورِي فيَنشغِل بِتَدوين السِّيرة التَّأريخيّة لِعُلماء البَحرين الأُصَلاء بقصد تَجيير امتدادَها الفِكْري دعائيًّا وتكتيفه بِسِيرة العُلماء المُتَحَزِّبين والفِئويّين المعاصرين الّذين غامروا فساهموا في حَجب الثِّقَة عن ثَقافتِهم البَحرانيَّة الأَصِيلة وخَذَلوها والتَجأوا إلى فِكرٍ هَجِينٍ مُقتبسٍ عن ثَقافة أَجنَبِيّة قائمة على الالْتِقاط، ويُبالغ في إهمال السِّيرة الاجتِماعِيّة لِشِيعَة البحرين الدَّالّة على صِحَّةِ أَو خطأ المَسار الثَّقافِي البَحْراني الرَّاهِن وعلى أَصالَتِه أَو تَبعِيَّته أَو جدواه أَو جُموده.

ولو تَعَمّق هذا البَعضُ قَلِيلاً في دراسة السِّيرة التّأريخيّة لِمُجتَمعات المَدِينة ومَكّة والكُوفَة مُنذ رَزِيّة الانْقِلاب على الأَعقاب حتَّى يَوم عاشوراء لما اخْتَلف على المنابر في صِفَة خُرُوج الإمام الحُسَين صَلواتُ الله وسَلامُه عليه ورَكبِهِ إلى كَربلاء بَين كَونِهِ حُجَّةً أَلقاها الإمام صَلواتُ الله وسَلامُه عليه على هذه المُجتَمعات أَو ثَورةً أَراد بها إقامة دَولةِ (العدَل الإلهي) في الكُوفة، ولَمَا تَحيّر واختَلَفَ في تَصحِيح الثَّورات التي قامَت مِن بَعدِ واقِعَةِ الطَّفّ أَو تَجريحها وتَخطِئتها.

إنّ تَدوِينَ السِّيَرة التَّأريخيّة لِلمُجتَمع البَحْراني وفق منهج تكامُليّ يُمَثِّل

ضَرورةً بَحْرانِيَّةً حَضاريّة، وهي أَهمّ بكثيرٍ مِن البَحْث المُنفرد في السِّيرة التَّأريخيّة لِبَعض عُلماء البَحرين القُدماء الأُصْلاء. فإِنْ جَزَمْنا بِأَنَّ هذه السِّيرة التَّأريخية هي على النَّقِيض مِن المَبْنَى الفِكري لِلعُلماء الحِزْبيِّين والفِئويِّين المُعاصِرين فكَيف سَيَتِمّ التَّوفِيق والوَصْل في الامتِداد الفِكْري بَينهما؟!

إنَّ الكثيرَ من العُلماء المُتحزِّبين والفِئويِّين المعاصرين فرّطوا بِثقافَتِهم الأَصِيلة واقتَبَسوا فِكرًا هَجينًا صادرًا عن ثَقافَةٍ أُخرى فيها الكَثِير مِن الرُّعونة والغِلظة والاستِبداد والمَكر السَّيِّئ، إِلَّا أَنْ يكونَ منهجهم في البَحث التَّأريخي دعائيًّا يَسعى إلى تَرسِيخ مَفهوم الزَّعامة الحِزبيّة والفِئويّة عبر لَيِّ عُنق الحَقِيقَة وتَزوِيرها بِمَزيد مِن التَّبذير في أَموال الحقوق الشَّرعِيّة. فإِنْ أَراد البَحْرانيّون المُحافظة على الهُوِيّة الثَّقَافِيّة وصِيانتها فهُم بِأَمَسّ الحاجة إلى تَدوِين السِّيرة الاجْتِماعيّة التَّأرِيخيّة الشَامِلَة لِثَقافَتِهم الأَصِيلة الّتي مَدّتهُم بِالثِّقَةِ في هُوِيَّتِهم وحفَّزتهم على المدوامة في تَنمية فكر مجتمعهم على طِبق الأُصُول الشِّيعِيّة المَعمول بها. فَفِي هذه السِّيرة تكمنُ مَعايير الأصالة الّتي شَيّدت الثّقافة وميَّزتها، وأَنّ تَدوينها يَقطع طُرق التَّزوِير عند ذوي الحسِّ الطّائفي ويمنع أَعمال التَّجْيير الدّعائي والتَّدجِين الحِزبي والفِئوي.

والجَدِيرُ بالبَحْرانيِّين أَنْ يَعلموا أَنَّ أَصالة الثَّقَافَة البَحْرانيّة لا تُشكِّلُ مانعًا كافيًّا لِصَدِّ الشَّيطنة السِّياسيّة. فالمَشهور في كُتُبِ المعرفة ـ على سَبِيل المثال ـ يُشار إلى أَنّ اليُونان المُعاصِر بلدٌ أَصِيل الثَّقافَة ومُثقلٌ بِإرثِه الغَيبِيّ المِثالِي والتَّأرِيخي، فِيما يَفتقِرُ الواقِعِيُّون الأمريكيُّون إلى الإرث الثَّقافي حيث لا أَصالة فِيهم ولا تَأريخ.. ثُمَّ يَتأزّم اليُونان الأَصِيل العَرِيق ويَغرَق في مُشكلاتِ الهُويّة والأزمات الاجتماعيّة ويَتخَلّف عن رَكْبِ الحضارة ويَنكفِئ على تخلّفه الاقتصادي المُزمِن، فيما يَتطوّر الأمريكِيُّون بِمَبدأ الواقِعِيّة السِّياسِيّة وشَيطنَتِها ويَسُودون على العالَم.

فمَن يشذّ عن شَيطَنةِ الواقعيّة (البَراغماتِيّة) في هذا العَصْر سَيؤُول أَمرُهُ إلى

الخراب وإنْ كان مُتميِّزًا بِأصالةِ الثَّقافة، وسَيجْتَمعُ العالَم كُلّه عليه ويَتصدى له ويَنبِذ وُجودَه الجغرافي وحضوره السِّياسي والاقتصادي، وسَيُفرضُ عليه طوقًا مِن العزلة الدُّولِيّة في أَحْسِن الأحوال، ولَنْ ينفعه إرثُه المُثقل بالأَصَالَة والقِيم والمُثل في البقاء. ولكِنّ الواقِعِيّة هذه لا تَشتَرط التَّخَلِّي عن الأَصالَة!

مِنْ هنا يَبدو السَّيِّد شُبّر في مَوقفٍ صعب غير يَسِير وليس مُعذورًا، فيما تبرز ثغرةٌ فنِّيّةٌ في الأسلوب الّذي يُبديه الشَّيخ جعفر مِن خلال النِّقاش إذ استُدرِج فيه بِكَيدٍ مُحكم مِن صنع السِّيّد شُبر، فاستُفِزّ، فأَعان السَّيِّد فيما ذهب إليه، ورُبَما اختلط مقصدُ الشَّيخ جعفر على مُتابعي السِّجال!

فالمُنتَمُون الواقِعِيّون يُكثِرون مِن استِعمال أَدوات الاستفزاز حتَّى يَتمكَّنوا بها مِن تَجاوز ضيق خِياراتِهم المَوضُوعِيّة وضَعف حُجَجِهم وبَراهِينهم. وغالِبًا ما يرون في إِقصاء المُتمَسّكين بِأُصُولِ الثَّقافة عن نَظامِهم الاجتِماعيّ القائم ضَرورةً تفرضها مُعطيات الواقعِيّة، ويَلجئون إلى البُهتان والافتِراء بالكذب وسَوق تُهمة (العَمالَة) لِلأَجنبي ويَستعِينون في ذلك بِكيانهم الحزبي والفِئوي ويَتَّخِذون مِنه فَنًا في انتاج مفهوم الزَّعِيم الواحد ودَحر الزُّعَماء الآخرين المُستقلّين المُنافسين.

ومِن المَعِيب أَنّ يَدخُل استِعمالُ تُهمة (العَمالَة) مَيدان الخلاف الشِّيعي مِن بَوابَتي الانْتِماء الحِزبيّ السِّياسي والوَصايَة الفِئويّة أو الوَلاية الفقهيّة، فيَتَّخِذ بُعدًا مُثيرًا ومُعقّدًا يَهواه الحَمقى والمُغفّلون مِن عُشّاق التَّنابز بِالألقاب والاسْم الفُسوق في النَّاس. فالعَمالةُ لِلأَجنبيّ تُهمةٌ مختلقةٌ لا واقع لها البتّة في مقام الخلاف بين الشَّيخ جعفر والسَّيّد شُبّر، وهي مَبلغُ أُولئك الذين ضَعفوا عن الالتزام بالحُجّة والوَرع والتَّقوى تحت ضَغطيّ هوى الانْتِماء وحاكميّة ضَرُورات الواقع.

فلَقَد افترِيَت تُهمةُ العَمالة لِلأَجنبي كثيرًا في النّصف الأوّل مِن القَرن المنصرم على أَلْسُنِ المنتمين المُتحَزِّبين والفِئويّين العَلمانيّين مِن ذَوِي الخبرة السَّاذجة في

النِّضال السِّياسي، وقد عَزموا على عَزلِ وإقصاءِ مُنافسيهم بِالمُغالبة في إِثر اشتداد أُوار النّضال أَو اقتراب بَعض المُناضِلين مِن الفَوز الجُزئي الظَّاهِر أَو مِن المكسب التَّفاوُضِي السِّياسي الممنوح. ثُمّ طالَت فِريَةُ العمالة في عقد السَّبعِينات مَرجعيَّاتٍ شِيعِيّةً مُقلَّدَة شُهد لها بِالاجتِهاد وبِغَزارة العِلم وبالصِّدق وأداء الأمانة والزُّهد والنَّزاهة والوَرع والأصالة والإخلاص في خِدمة التَّشَيُّع. وكانت فِئةٌ مِن العُلماء ونُخبة مِن المُثقّفين المُتديِّنين المُتحَزِّبين والفِئويّين المعاصرين ومِن ذَوِي الفِكر الهَجِين - على رأس قائمة المُفتَرين والمُفرّطين بالكيان المَرجِعِيّ ما دام منافسًا. وفي خضم الصّراع السّياسي فقد استِعمالُ هذا الافتراء مِصداقيَّتَه كُلِّيًا بين النَّاس واستُخِفّ مُستعمِلُه ومُروِّجُه وصار مَحلاً لِلسُّخرِيَة بَعدما فُنِيت أَعمارُ هذ الفِئة وتَزاحَم المُتَبقُّون مِن أَفرادِها على أَعتابِ بَيوتِ ذاتِ المَرجعيَّات التي طعنوا فيها يَطلبون مِن أَوْصِيائها العَفو على ما فَرَّطوا في جَنبها قَبل الرَّحِيل عن دار الدّنيا.

(العَمِيلُ) صِفةُ انْتِماء لِلمُنظمات السِّرِّيّة التَّابعة لِقُوى الاستخبارات الدُّوليّة المُعادِية أو (الوَطَنِيّة) المُستبِدّة، وتَتمثّل في شَخصٍ أَو جِهةٍ يَعملان على تَحقِيق هدفٍ استِعماريّ أَجْنبيّ أَو استِبدادي بِوَسائل أَمنِيّة خاصّة طِبقًا لِخُطّة مُعدَّة سلفًا. وقد تَراجع استعمالُ هذا اللَّون مِن العَمل في إِثْر تَطوُّر تِقنِية التَّصَنُّت واستِراق السَّمع والصُّورة عن بُعْد، فلَمْ يَعُد أَعداءُ اليوم يَستَتِرون في أَعمالهم العدائيّة على الطَّريقة المتَّبَعة في النّصف الأوّل مِن القَرن الماضي.

لقد انحَسَرت الحَربُ الدُّوَلِيّة البارِدَة وانحَسَر معها سِلاحُ العُملاء والتَّجسُّس بِوَسائل القَرن المُنصرم. كما أَنّ مَفهوم السِّياسَةِ لدى أَعداء الشِّيعَةِ يجري في تَحوُّلٍ وتَطوّرٍ مُستَمِرّ حيث اتَّخذوا مِن العَلمانِيّة الواقِعيّة وضَرُوراتها عَقِيدةً على حِساب هُوِيَّتِهم الثَّقافِيَّة وانْتِمائهم وتَخلّوا عن الافْتِراء بِتُهمة العَمالَة واستُبدلت بالعَداوةِ المذهَبِيّة المُبيَّتة سِياسِيًّا، ولا دَخلَ لِعَقيدة هذه الأنظمة مِن شَأن في ذلك وإِنْ تظاهرت هذه الأَنظمةُ باعتناقِها لِمُنطلقٍ عَقَدِيٍّ دافعٍ لِلتَّشدّد في العَداوة. إِنَّها عداوةٌ منحَصِرةٌ في الاتِّجاه السِّيادِي

السِّياسِي الواقِعِي الحسّاس الّذي يعمل على تَرسِيخ قَواعِدِ الوجود الأَبَدِي في مَيادين الصِّراع على المصالح الإستراتيجيّة فحسب.

فإنْ قرَّرَ ذَوُو العَقِيدة الشِّيعِيّة العملَ على تَعدِيل ميزان المصالح الإستراتيجيّة بالاشتراك مع الحكومات المُستَبِدّة في إدارة الشُّئون العامَّة اقتداءً بِاتِّجاه أَهْل العامّة وسَعوا في مُصالحَتِها على الشَّرعِيّة؛ خَفَّت وَطأةُ العَداوةِ السِّياسِيّة والبغضاء لِلشِّيعة. وإِنْ اختَلَّ الميزانُ السِّياسِي ورُجِّح لِغَير صالح الحكومات المُستَبِدّة؛ ثارَت السِّياسةُ وكَشَّرت عن أَنيابِ العَداوة الطائفيّة والبَغضاء والكَراهِيّة لِلشِّيعة في مَشهدٍ مِن الفَصلِ الطَّائفيِّ المُثِير لِلسُّخريّة.

إنَّ أَوَّلَ مَن روّج لِمَفهوم (العَمَالَة) منذ المَرحلة التَّأرِيخيّة الّتي شَهِدت أَوَّل انقلابٍ في الإِسْلام وانقَسَم المُسلمون فيها إلى اتّجاهات مَذْهَبِيّة مُختلفة - هي نظام الخلافة المُستبدّ والنُّظم المتعاقِبة على سُنّة الخلفاء الثّلاثة حيث نَصبت العداوة لِأَهْل البَيت صَلواتُ الله وسَلامُه عليهم ولِشِيعتهم حيث لم يَكُن لِلشِّيعةِ في تلك المرحلة مِن سُلطَةٍ حاكمةٍ ولا انتماءات حزبية ولا فِئويّات سِياسيّةٍ ولا علاقةِ تَعاونٍ أَو تَنسِيق مشترك مع الخِلافة المستبدّة وأَنظِمَتها المتعاقِبَة ولا مع (مُعارِضِيهما)، ولم يَطمع الشِّيعةُ في الرّئاسة أَو في طَلَبِ السُّلطة والسِّيادة.

ومُنذُ أَوَّلِ ظهورٍ وَطَني لها؛ اعتَمَدَت الأنظمةُ المُستبدَّة المعاصرة سِياسةَ الفَصل الطّائفي حيث أَمْسَى الوُجُودُ الشِّيعي يُشعِرَها بفقدان الشَّرعيّة ويُذكِّرها بِسِيرة الانْقِلاب الأَوَّل في الإسلام الّذي مَهدّ الطَّرِيق لِركُوب هذه الأنظمة السُّلطة الغَصْبِيّة، في حِين لم يَكُن الوُجُود الشّيعي يَطلُب الرّئاسة ويسعى في احتكارها. وكانَت الحروبُ على الرّئاسة تُشَنّ بين أَتباع اتِّجاه أَهْل العامَّة أَنفسِهم في كُلّ بِلاد المسلمين فتَحْصُد فيهم الرؤوس وتُدَمّر الأوطان!

وعندما تَعرَّضَ النَّسيج الاجتِماعي الشِّيعي لِلتَّمزُّقِ والتَّخْرِيب والإقصاء

عبر سِياسة الفَصْل الطّائفي المتبعة لدى الأنظمة المستبدّة؛ فَشَلَ الُمعتدون في إِنْهاء وُجود الشِّيعة بهذا السِّلاح المُفَرِّق. وقد أَخْطأت هذه الأَنظِمَةُ الحاكمة الطَّريقة عندما التَجأت إلى سِياسة الفَصْل الطّائفي واستَغَلّت عَمالتَها لِدُول الاستِعمار في سَبيل ضَمان بَقائها على رأس السُّلطة في مُقابِل الوُجُود الشِّيعي المُمْتَنِع عن ركوب (العَمالَة) لِلأَجْنَبي أَو طلب الرّئاسة والسُّلطة والسّيادة. فالاستِعمار قَرِينُ أَتْباع اتِّجاه أَهْل العامّة وأَنظِمتِهم المُستبدّة التي أَسَّسُوها وشَرعَنُوها منذ خلافة الثّلاثة وحيث لم يَكُن لِلشّيعة دولةٌ ونُظُمٌ سِياسيّة ولا انتماءات حزبيّة وكيانات فئويّة!

ولو تَتبَّعنا السِّيرة التَّأريخيّة للمُسلِمين منذ يوم انْقِلاب السَّقيفة سنَجد قُرونًا مِن حُروب العَرش الطّاحِنَة وقَد غاب عنها الشِّيعةُ الإمامِيَّةُ ولم يَكونوا طرفًا فيها. وكُلُّ فِئةٍ في هذه السِّيرة تَصِلُ إلى كُرسي الحُكم بِالسَّيف فإِنَّها تظلّ مُفتقدةً لِلشّرعِيّة ولما يُعزِّز مِن ولاء الرَّعِيّة مِن أَتْباع اتِّجاه أَهْل العامّة ووُعّاظِهم اليائسِين والمُحبَطِين لِكَثرة ما شَهَدوه مِن انقلاباتٍ وحُروبٍ على كرسيّ الخلافة ومِن طَحنٍ وقتلٍ لِأبناء مُجتمعاتهم لحسم نزاع الرّئاسة. فكانَت حاكميّة الضَّرُورة السِّياسيَّة تَقتَضِي مِن سُلطان الحكم العَملَ على إِثارة الرُّعْبِ والخوفِ والفَزع بين رَعِيّته مِن غَول التَّشَيُّع فيتَجنّب الرَّعيّة الاقتراب مِن الوجود الشِّيعي وتَحسُّس عَقِيدتِهم.

والمُدهِشُ في هذه السِّيرة أَنَّ الفَصلَ الطّائفي لا يَتوافر على القُدرَةِ الكافِية والمُؤهَّل المُناسِب لاقتحام ثَقافة الشِّيعة أو تَقويض أُسُسِها أو تَحطِيمها أَو العبَث في أُصُولها وتَشوِيه قِيمها أَو افتِعال المفاهيم البَدِيلة المُلغَّمَة القابلة للاستِغلال عند تعاظم الأزمات السِّياسِيَّة المصيريّة. فقُوَّةُ الشِّيعة تكمنُ في هُوِيّتهم وثَقافَتِهم الأَصِيلة وسِيرتِهم التَّأريخيَّة النَّقِيّة الّتي لا تُقاوم ولا تُضاهَى ولا تُجارى سياسيًّا ولا ثقافيًّا.

إِذنْ.. مَن الذي يَنزعُ إلى استِعمال تُهمة (العَمِيل) في الوَسط الشِّيعي

المعاصر وقد فُضِحَ هذا الاستِعمالُ وانتهت صَلاحِيُّته وأُشْبع سُخرِيَةً واستِخفافًا. فلا الدُّولُ العظمى ولا الأَنظِمَة المُستبدّة المعاصرة تَنزع إلى فِعل ذلك في زَمَن التَّطوّر العِلْمي والسُّرعة الهائلة في تَناول المعارف وسهولة البَحث عنها، مِن خِلال شَبكات الاتِّصال التِّقني ذي المعلومات سَريعة التَّدفُّق. فكِلاهُما يَبحَثُ عن المصالِح السِّياسية المُتوازنَة أو يَسعى إلى فَرضِها على الشِّيعة بِالقُوّة تحت تَهديد سِلاح الفَصْل الطّائفي.

لماذا يَعمدُ البعضُ مِن السِّياسِيِّين المنتمين المتُحزِّبين والفِئويّين الشِّيعة المُعاصِرين إلى تُهمةِ العَمالةِ التي عَفا عليها الزَّمَنُ فيَخلعها على نُظرائه مِن الشِّيعة المستقلّين والمُنافِسين كُلَّما اشتَدّ الخِلاف على مَقام الرّئاسة السِّياسِيَة أَو الزَّعامة المَرجعيّة؟! أَيُغيظُهم خوض التَّحدِّيات المصيريّة بِزَعامة أَو مَرجِعيّة مِن غَير أَنفسِهم؟!

وعندما يَحتَدِمُ الخلاف بين الانْتِماءات الشِّيعِيّة ويَختلّ توازنُ القوى بينها؛ يُسارع ذَوُو الالتقاط الفِكري منهم إلى افتراء تُهمة العَمالة ليَخلعوها على فَردٍ حرٍّ ناقِدٍ أو مُنافسٍ أَو على مُكوّنٍ أَصيلٍ أو مَرجعٍ مُتفوِّق، مِن أَجْل دَحره وإِقصائهِ عن ساحة المُنافسة. وكُلَّما ضَعفوا عن شَطْبه أو مُناجَزته عند المُحاجّة والمُجادلة في الثَّقافَة وأَصُولها ونَظرِيّة التَّغيير ووسائلها ؛ تَطرَّفوا في استعمال الإشاعة السَّلبِيّة بِالعَمالة ورَوَّجوها.

في الأَغلبِ الأَعَمِّ تَتدخَّلُ ميولٌ نفسيّة خاصّة في هذا اللَّون مِن الخلاف الشِّيعي لِتَمحِيص الاصطِفاف الحِزبيّ أو الفئويّ، ومنه مُبتَغى تَعزِيز الوَلاء الدّاخلي بين المنتمين أَنفسِهم والعَمل على إِشغالهم بِمُشكلات هامِشيّة لا تُكلِّف شيئًا، فيُؤَمِّنُ الولاءُ في ساحة الخِلاف ويُعزَّزُ ويُضْمَنُ.

إنَّ وُعَّاظ وأَحزاب اتِّجاه أَهْلِ العامّة يُخوِّفُون أَتباعهم دائمًا مِن غُول الشِّيعة، فيَفتَرون على الشِّيعة ما لَيس فِيهم. وأَنَّ مِن ذَوِي الانْتِماء الشِّيعِي السَّاذج مَن يَفتَري أيضًا فيَتَّهِم نَظراءَه المنافسين بِخِدمَة المقاصد الاستِعماريّة

الأَجنَبِيّة ويَصِفه بِـ (العَمَالَة). إِنَّه عَملٌ رَخِيصٌ وفاضحٌ لِصاحِبِه قَبل الضحيّة عند الاستِعمال في هذا العصر المكشوف الّذي تَسودُ فيه تِقنِية التّواصل السَّريع ووسائل البَحث الدَّقِيق والواسع لِلمَعلومات بلا قيود. وأَنّ افتراء تُهمةِ العَمَالة في هذا العصر المَفتُوح يَبقى سلاحًا مُتاحًا في أَيدي كُلِّ مِن العاقِل والأحمق والمُغفّل والأَخْرق والجاهِل والنَّدِيم حامِل السِّرّ أَيضًا.

إِنَّ المستوى الثَّقافي الرّاهن لِلشِّيعَةِ البَحْرانيِّين مُؤهَّلٌ لِإبطال مَفعول الافتراء بالعَمَالَة، ومُؤهَّلٌ لحماية ساحة النِّضال البحراني مِن زَيغ النِّزاع البارد بين مَرجِعيّات الحوزات الكُبرى وقُوى الانتماء في المحيط الإقليمي. وإِنَّ مَن يفتري هذه التُّهمة ويشيعها في مقام التَّنافس على رئاسة دولة أَو زعامة انتماء أَو في مقام الخِلاف والنِّزاع حول التَّقلِيد المَرجِعي في بلاد الوُجود الشِّيعي فإِنَّما يُعرِّض نَفسَه لاستِخْفاف عُقول قَومِهِ واتْباعِهِ ومَواليهِ قَبْلَ عُقول الآخرين.

ـ التَّقْلِيدُ الفُضُولِيُّ والعَقْلُ النَّاقِد

اقتَبسَت الانتماءاتُ الشِّيعِيَّة المعاصرة تَجربَتَها الحِزْبيّة والفِئويّة مِن سِيرة نِضال اتِّجاه أَهْل العامّة النَّشِطة في النّصف الأَوّل مِن القرن الماضي، وَجَدَّتْ في تَوظِيفها في مختلف بِلاد الوُجود الشّيعي مِن دُون رِعاية منها لاختِلاف الثَّقافات الشِّيعيّة. فكان ذلك مِن أَهَمّ الأَسباب الرَّئيسة في تَضخُّمِ دَوافع الخُصومَة واستِشراء الانقسام والتّباعد والتّباين في الوسَطَين الاجتماعي الشِّيعي الكبير والاجتِماعي الشِّيعِي البحراني الصَّغير.

يَأخذُ الشِّيعةُ الأَخْبارِيّة أَحكامهم عن المُحَدِّثين الّذين سادوا في مجتمع الشِّيعة البَحْرانيِّين، ويُقلِّدُ الشِّيعةُ الأُصولِيّون مَرجِعيَّات الحوزات الكُبرى في مَوارِد الابْتِلاء، مِن غَيرِ انْتِماء مِنهما لِلمُحَدِّثين والمجتَهِدين بِالمعنى المُعاصر. ثُمَّ ذَهبَت السِّياسةُ الحِزْبيّة والوَصايَةُ الفئويّة بِمُجتَمعات الشِّيعة إِلى ظُلماتِ قَرنٍ مِن الزَّمَن حيث طَرأت عَصبِيّةُ الانْتِماء الحِزْبي والفِئوي

المَرجِعي وتَقطَّعَت بِالشِّيعة السُّبل وامتُحِنوا بِالنِّزاع والخلاف والفُرقَةِ، فاغتَربوا عن ثَقافاتِهم المَحلِّيّة الأَصِيلة وعَطّلوا نُموّها.

يُشَكِّلُ الانتماءُ الحِزْبي والفِئوي الشِّيعي رابِطةً منظَّمةً وقُوّةَ صِلَةٍ بين مَجموعة مِن الأفراد يَشتركون في ثَقافَةٍ واحدةٍ أَو عِدَّة ثقافات مُتقاربة. ويَظهرُ الانتماءُ في أَشكال كثيرة، مُتميّزًا بِذَلك على الانْتِماء الوَطَني في البلاد الّتي تَحكمها أَنظِمةٌ مُستبدّةٌ حيث الحاكِم ذِي السُّلطة المُطْلَقة يَنفرِدُ بِمَعنى الوَطن فهُو هُو وإليهِ يَعود الانْتِماء الوَطَني، ولِلوَطنِ والمُواطِن الحَجَر!

ويَتقمَّصُ الانْتِماءُ الحزبي والفئوي الشِّيعي صِفةً مُقدَّسَةً تَدفعُ بِأَفراد المجموع بِاتِّجاه تَعظِيم شَأن الزَّعِيم وتَفخِيم مفهومه والنّفخ في منزلَتِه ومقامِه فضلا عن تَوقِير الفَرد المنتمي واصْطفاء جماعة الانْتِماء مِن أَجْل تَمييزهم بِحُسنِ الفكر وبِالفَضل والحنكة السِّياسِيّة وتفوقهم في ذات الاختِصاص على سائر أَبناء الوَطَن. وليس مِن شَكٍّ في أَنّ الانتماء يُشكّل مصدرًا لِقُوّة الجماعة ولِتَنظيم طاقات أَفرادها، وطريقةً لِتَحقيق الغايات المرصودة بِأَقَلّ كُلْفة. فإنْ تمثّل الانتماءُ جهةً عاملةً على تَنمِية الثَّقافة الأَصِيلة في مَوطِنها فإنَّه سَيزيدُ في مُقولات العَقل الجَمْعي والشُّعورِ الوِجداني المحلّي إثارةً ويزيدُ في الثَّقافة نموًّا وتَقدّمًا. وإنْ حَلّ الانتماء في مَوطِنِه بِمَعزل عن ثَقافَتِه الأصيلة فإنَّه سيُعَرِّض الثَّقَافَة إلى فقدان الثِّقَة ويُعرِّض النِّظام الاجتِماعي إلى الجُمود والاضْطِراب والفَوضَى والخراب.

وإذا ما تَعلّق الانْتِماءُ بِفئةٍ مَرجِعيّةٍ أَو بِحزبِ سِياسيٍّ فإنَّه سَيزيدهما قوّةً ونفوذًا وسرعةً في الانتشار الرَّصين، وسَيرفعُ مِن مستوى الرّقابة ودرجة الانضباط في تَصرِيف شئون المنتمين والمقلِّدِين.

فلِمَقلِّدِي المَرجِعيّة في مُتعلّق الانتماء وعلى حَسَب مُعطيات الواقع المعاصر شَكلان:

ـ مُقلِّدٌ مُجرَّدٌ مِن الانْتِماء، وقد ابتُلِي بِقَضِيّةٍ تَستوجب عرضها على الحُكم الفِقهي أَو على رُؤيَةٍ دِينيّةٍ، فعاد إلى المَرجع المُجتَهد يَستفتِيه، ثُمّ انقطع عنه حتَّى إذا ما ابْتُلِي بِقَضيّةٍ أُخرى عاد إليه يَستفتِيه.

ـ ومُقلِّدٌ آخر زاد على تَقليده لِمَرجعه ما يُشبه الانتماء، وذلك مِن خِلال الالتِحاق بِالتَّيار المَرجِعي الكَبير وتَبنِّي الأفكار المَرجِعيّة العامّة والتَّصدِّي لِشُئون القضايا المعاصرة المُلِحّة ذات الاهتِمام المَرجِعي. فإنْ تَعرَّض مَرجِعُه لِضَائقةٍ سارع المُقَلِّدُ المنتمي لِلتَّيار المَرجِعي إلى رَفعها، أَو تَعرَّض لِضَعفٍ في النّفوذ الاجتماعي أَو لِعُزلة سِياسِيّة وما شاكل ذلك؛ سارعَ المُقلِّدُ المنتمِي إلى إقالَتِه ودافعَ عنه وأَيَّد مَواقِفَه وآراءه وبَثَّها في الوسط الاجتماعي، وساهَم مُساهمةً فعّالَةً في إيجاد الحلول المناسبة لِمُشكلاتِه، فصار تَقلِيدُه بِذلك أَشْبه بِالعَقدِ الصّريح المُبرم أَو التَّضمُّني بين زَعامَةِ حِزبٍ ومُنتمِي.

رُبَما تكون وَظِيفة وَكِيلِ المَرجِع المفوَّض المُطلَق أَو مَحدود الوَكالَة هو أَوضَح مصاديق الانتماء المَرجِعي في هذه القَضِيّة إذ يؤدِّي دَورًا مشابهًا لِفِئة مستقلّةٍ قائمةٍ بِذاتها، أَو رُبَما يؤدِّي دورًا حزبيًّا ذِي انتماءٍ فِئويٍّ قِيادِيٍّ فيُبلِّغ بِه فِقهَ المرجِع ويُوعِظ ويُرشِد بِفكرِ المَرجِع ويَسنِد مَواقِفَه ويَتصدَّى لِجبايَةِ الحقوق الشَّرعِيّة نِيابةً عنه، كما يَتصدّى لِلمُشكلات الّتي تَعترِض نظامَ المَرجِعيّة وشَبكَة انتشارها فيُشارك في إيجاد الحلول وتَذلِيل العقبات، ويَنتصِر لِمَرجِعِه ويُدافع عنه في مَحلِّ الخِلاف والنِّزاع والصِّراع.

وكِيلُ المَرجِع هو العامِلُ والفَرد الأقرب إلى المرجع وإلى المُقَلِّدين والنَّاس في النِّظام الاجتماعي. وتَستوجِبُ هذه الوَظِيفة تَوافُرَ شُروطٍ خاصَّةٍ ربما يجوز وصفُها بشروط المنْتَمِي حيث يَتحَلّى بها الوَكِيل ويَتميّز على المُقلِّدين وتَتطَلّب منه إحراز الكفاءة العِلميّة الخاصّة بِالنِّظام المرجعي. فإنْ لم يُحقِّق الوكيل شُروطَ المنتمي في أَداء مَهامِهِ المرجعيّة أَو اجتَمَعت هذه الحال مع فُضولٍ شديدٍ منه أَو مع تَدخّلٍ سافرٍ مِن قِبَل المُقلِّد في شئون المَرْجِعيّة

تأييدًا أو رفضًا، عِندئذٍ يُشكِّل كِلاهُما عبئًا ثقيلاً على مَقام المرجِعيّة ويُعقِّد مُشكلات المفهوم المَرْجِعي الرّاسِخ في أذهان النَّاس ويزيدها اضطرابًا.

إنَّ مِن أخطر مُشكلات شِيعةِ هذا العصر أنّ الكَثِير مِن المقلِّدِين غير المفوّضين مِن المرجع أو مِن وَكِيلِهِ لا يَكتَفِي بِوَظيفة التَّقليد فَحَسب، وإنَّما يَجعل مِن تَقلِيده انتماءً حزبيًّا وفئويًّا بِالفُضول، شأنُه في ذلك شَأن المنتمين المُتحَزِّبين والفِئويّين إذ يَتقمَّص وَظيفةَ المرجع والوكيل معًا عند حلول الخُصومة والخِلاف والتَّباين والتَّضادّ والنّزاع في المجتمع تَعصّبًا منه وتطرُّفًا لمصلحة حِزبِهِ وفِئته ولَيس لمصلحة مَرجِعِه.

وكذلك يَفعلُ الوَكِيلُ حينما يُؤلِّف لِنَفسه مِن المُقلِّدِين شِلَّةً مُتحزِّبةً ويَنشغل بِمُشكلاتِها عِوضًا عن أداء مهامِهِ المفترضة المُوكَلة إليه مَرجِعيًّا على الصَّعيدين الثَّقافي والاجتماعي، فيُحدِث بِذلك خُصومةً أو شرخًا يُباعد بين فئاتٍ كَثِيرة مِن مجتمع المُقلِّدِين والمرجع!

إنَّ التَّصدِّي لِلشّأن الفِقهي المَرجِعي ليس مِن اختِصاص المُقلِّدين، فهُم مُقلِّدون فَحَسب، وأمّا تَحقق شُروط الوكالة ووَظائفها فهِي مِن لَوازم الوَكِيل حَصرًا حيث تَستَوجِب التّنسيق مع المرجع والمداومة على الاضْطلاع المُتجدّد بِأَحوالِهِ ونظامِهِ ومَنهجِهِ في تَنمِية الثَّقافة وفي أُمور أُخرى. وإنَّ اقتِحام المُقلِّدين ميادين العَمل المرجعي طرفًا مُنتميًّا متحزِّبا ومُشاكِسًا ومُناوِشًا ومُغالبًا مِن دُون اختِصاص عِلْمي ولا تَفويض فهو فُضولٌ سياسيٌّ يؤدِّي إلى بَثِّ الفوضى وإِحداث الانقسام بين فئات المجتمع الشِّيعي. إنَّهم بِالفُضول الأرْعَن يُشكّلون طَرفًا مُفسِدًا وعامِلاً رَئيسًا في تَضْخُّم مُشكلات الخِلاف والتَّباين والتَّضاد والنِّزاع المرجعي. وعلى المَرجع أنْ يُوجِّهَ مُقَلّديه إلى نَبذ الفُضول وتَجنّبه وحصر المُعالجات على مبادرات وَكِيله بِالتَّنسِيق معه، كما أنّ على الوَكِيل تَجنُّب تَوظِيف (الحَبرَبَشْ) على طَرِيقَةِ التَّحزّب والفِئويّة في تأجِيج الخِلافات المرجعيّة والنِّزاعات على السِّيادة الاجتِماعيّة في النّاس وتَأمِيم مَظاهر الثَّقافة لِمَصلحة مَرجِعه.

كيف نَفهم الانْقلاب المُفاجِئ في جِهاز المَرجِعيّة الواحدة وتَحوّل الوكلاء إلى شبكةٍ مِن (مافْيا) المُنازعات في الرَّأي والموقف وجباية المال فيما بَينهم حيث يُحَشِّد كُلُّ واحدٍ منهم صُفوفًا مِن المُقلّدين الفُضولِيِّين لِحَسم الموقف والرَّأي سرًّا وعلانِيَةً وبِالضَّربة القاضِية في الخُصومة مع وَكِيلٍ آخر يَنتمِي إلى ذات المرجعيّة أَو مَرجِعِيّة أُخرى؟!

تلك ظاهرةٌ مُعقّدةٌ شائعة ناشئةٌ في إطار ثَقافَةٍ شِيعِيّةٍ أُخرى مُختلِفة المنشأ قد لَمسنا انعكاساتِها وآثارَها السَّلبيّة على الثَّقافَةِ البَحْرانِيّة الأصيلة، وكانت تُمثِّل خُروجًا على النِّظام المَرجِعِي وفَسادًا فيه وضَررًا على النِّظام الاجتِماعي ومشاريع تنمية الثَّقافَة الأَصِيلة في أوساطه وتزاحمًا مع سِيادة مُحدِّثِي الأَخْباريّة وزَعامَتِهم (التَّقلِيدِيّة) وتَيّارهم المُقلِّد الواسِع ومَنهجِهم في تَنمِيَة الثَّقافَة وصِيانتها.

كيف يَحِقّ لِوكلاءِ المرجعيّة أَنْ يَستعمِلوا المُقلِّدين في تَأسِيس الانْتِماءات الحِزبيّة والفِئويّة والزَّجّ بهم في مُشكلاتِ الخِلاف أَو النِّزاع أو التَّضادّ أَو الخُصومَة أَو التَّبايُن في الرّأي والموقف في أوساطهم أو مع الأطراف الأُخْرى المنافسة، وهَلْ يَتمَكن المُقلِّد مِن اتّخاذ مَوقفِ الحِياد والالتزام بِالبَقاء في خارج دائرة هذه الانْتِماءات لِكَي يَتجنّب مُضاعفات الخُصومة ويُحافظ على أَمْن ثَقافَة مُجتَمعِهِ ووَحدَة نظامه مِن شَرّ الفَوضَى والتِّحدِّيات التي تَترَصَّد هُوِيَّتَه ووُجُوده، وما الّذي يَحول دُونَ بَقاء العَلاقة بين الوكلاء شأنًا مَرجِعيًّا خاصًا هُو أَجَلُّ قدرًا مِن الانتماء الحِزبي والفِئوي فيَختلِفُون إلى بعضهم ويَتحاوَرُون بِأَحْسَن الرّأي ويَجتَمِعون على كَلِمةٍ سواء؟!

يَستَطِيعُ المُقلّد البَحْراني الفِرار مِن كُلّ مَسئوليّة إِزاء هذه المُشكِلات بِأَعذارٍ ومُبرراتٍ مختلفة، ولا يَسعه الفِرار مِن مَسئولِيّة الاستقلال بِذاتِهِ والانشغال بتَنمِية معارِفَها وتَأسِيس التَّفاعل السَّليم بَينه والبِيئة الثَّقافِيّة التي نَشأ فيها مُستَقلاًّ عن مَرجِعيّات الحَوزات الكُبرى الخارجيّة ومُشكلاتها البَينِيّة.

إنَّ رِعاية المقلِّد البَحْراني لِذاته حتَّى يُصبِحَ مُبلِّغًا لِرسالات الله عَزَّ وَجَلَّ في موطنه وعلى طِبق ثَقافَتِه البَحْرانيّة الأَصِيلة قد تَستغرق كلّ جُهدِه مُنذ أَوَّل لحظةٍ أَدركَ فيها مَعنى الحياة حتَّى لحظة حلول الأَجَل. وأَنّ ذاتَه هي التي تُقرِّرُ الرّؤية المناسبة للتّفاعل مع البيئة الثّقافِيّة التي تَحتَضِنه وتَأوِيه، وليس ذلك مِن شَأن مَرجِعِه الّذي نَشأ في بِيئةٍ ثقافِيّةٍ رُبما تَكون مختلفةً وبَعِيدةً عنه بِآلاف الأمْيال ومَحصورةً في نِطاقٍ جُغرافيٍّ وسِيادةٍ سِياسيّةٍ لِدَولة أُخرى.

وهُنا لا بُدَّ مِن إدراج ثلاث مُلاحظات:

الأُولى: إنَّ تَخلّفَ المُقلّد عن تَحصِيل العِلْم والمعرفة الضَّرُوريّين والانْصِراف عنهما لِلاشتِغال بِصِراع الفِئويّة المرجِعيّة والعَصَبِيّة الحِزبيّة الوافدة يُمَثِّل انحِدارًا بِالثَّقَافَةِ المَحَلِّيَّة. وقد يَجِدُ المُقلّدُ نفسه مُجبرًا على التَّفاعل الوِجداني مع القضايا الشِّيعِيّة الخارجيّة الكبرى فيتَخَلَّف عِندئذٍ عن أَداء دَورِهِ المسئول في تَنمِية الثَّقافة الأَصِيلة في مَوطِنه، مَثَلُه كَمَثل الّذي يُهيمِن عليه حَماسُ الحَشْد في التَّظاهرة الكُبرى فيكون جُزءًا مِن كُلٍّ مِن غير أَنْ يختصَّ بِإِرادةٍ واختِيار حُرَّين.

البَعضُ مِن المقلِّدِين لا يُدرِك أَصالَةَ الحُرِّيّة ولا العَلاقة المستقلّة بين ذاتِهِ وثقافَتِه المحلِّيّة طوال حَياتِه، فهُو مُندَكٌّ فيها ولا يَشعر بِخُصوصِيَّتها وتَميُّزِها عن الثَّقافات الأخرى في مُحيطِهِ الإقليمي حتَّى تَمرّ عليه بَلِيَّةٌ تَهزُّ مشاعرَه وعَواطفه وتُثيرُ دَفائنَ عَقلِهِ ولا يَجد أَحدًا يَمُدّ إليه يدَ العَونِ غير ذاتِهِ الّتي نَسِيها وانصَرَف عنها وأَهْمَلها لمصلحة انتماءٍ مُغتِربٍ عن ثَقافَةِ مَوطِنِه. عند تلك اللَّحظة يَكتَشِف المُقلِّدُ أَنّ ذاتَه متَخَلِّفَة عن ثَقافَتِه الأَصِيلة ومُفتَقرة إلى المفاهيم المُعِينَة على تَجاوز المُشكِلات المُعطِّلَة لِلنِّظام الاجتِماعي الذي نَشأ فيه وتَرعرع. حِينئذٍ ولا يَحِقّ له سَوق اللّائمة إلى مَرجِعِهِ أَو إلى فِكر الثَّقافَة المتأزّمة الذي التَقطه وتَبنّاه بَدِيلاً عن ثَقافَتِه الأَصِيلَة واستَورَده وزَجّ به في مُجتَمعِهِ وأَثارَ بِه مُشكلات الانتماء والمَرجِعيّة فيُدِينهما.

لقد دَفعَ المُقلِّدُ البَحْراني ثَمَن المُشكلاتِ والمُنازعاتِ والخِلافاتِ المَرجِعِيَّة والحِزبيّة والفئويّة مِن أَمْن بيئةِ ثَقافَتِهِ الأَصِيلة وفرص نُمُّوها. ولم يَكن مِن أُصُولِ ثَقافَتِه هذه ولا مِن مُكوِّناتها ولا مِن مَظاهرها وطَبائعِها وعاداتِها الافْتِراء بِالكَذِب على المَرجِع أو المُشاركة في النَّيل مِن مَقامِه ومنزلته، ولا (الجَمبَزة) والمَكر لِإقصاء مَرجِع أو عالم دِين عن مَرتَبَتِهِ العِلمِيّة وتَشوِيه سُمعَتِه وهُو مَرجِع الحوزة الكُبرى الذي يُشكِّل في الثَّقافَةِ البَحْرانيّة الأَصِيلة ذاتًا مَصونةً ومُقدَّسةً تَفوق دَرجاتُ قَداسَتِه في ثَقافَة مَوطِنِه الأَصْلي!

ولَيْس مِن شَكٍّ في أَنّ المُقلِّد البَحْرانِي دُفِعَ إلى اقتِباسِ تَجرِبَةِ الانتماء الحزبي والفِئوي النّاشئة في بَيئةٍ ثَقافِيّة أَجنَبيّة لَيست مُطَّلِعةً على ثَقافة البَحْرانِيِّين، أَو غير مُدرِكةً لِأَهمِّيّة رِعاية اختِلاف الثَّقافات عند تَصدِير فِكْر النِّضال عبر آلة الانْتِماء، أَو أَنَّها لا تَعترِف بِوُجُود ثَقافَةٍ بَحْرانِيّةٍ خاصَّةٍ بِأَهلِها، أَو أَنَّها فَضَّة غَلِيظَةِ القَلب بِما يَكفي لاستِخفافِ الذِّهن البَحراني وثَقافَتِه الأَصِيلة العَريقة وإِرثها التَّأريخي المَجيد الذي تَرك آثارًا مُضيئةً في بِلاد شَرق أَفريقْيا والهِند وإِيران والعِراق فَضلا عن الجَزيرَة العَربيّة.

ثُمَّ وَجَد البَحْرانيّ اللَّطِيف المنتمي نَفسَه مُضطرًّا إلى اقتِباس دَلِيل الطَّبائع والعادات والتَّقالِيد والأَسالِيب والوسائل التي نَشأ عليها الانْتِماء في بِيئته الخارِجيّة ومِنها ممارسة الرُّعونة والغِلظة في إِسقاط حَقّ النُّظراء والأَنداد في النِّضال، ومُناكفة المُنافِس وإِشغاله بِمَوقف الدِّفاع عن نَفسِه لِرَد الافتِراءات الحِزبيّة والفئويّة المختلقة، وتَشوِيه سِيرَتِه وإِقصائه عن مَقامِه في الوِجدان المَحَلِّي لِمُجتَمَعِهِ.

وعِندما دَخَل البَحرانيّ مَرحلةَ تَطبيق دَلِيل الانْتِماء الحزبي والفئوي الذي استَورَده مِن خارِج بِيئَتِهِ وَجَد نَفسَه على الطَّرف النَّقِيض لِلثَّقافة البَحْرانيّة الأَصِيلَة ولُطْفِها ولِين عريكتها، فاضْطَرّ إلى تَدجِين ثَقافَتِه الأَصِيلة وتَشطيب أصولها وإِعادَةِ النَّظر في مَظاهرها وفق شروط مَنهج (الشَّكّ والتَّشطِيب والتَّأميم).

كُنتُ تورَّطتُ في حال مُشابِهَة فِيما يَتعلّق بِمَعنى دَلِيل الانْتِماء الطّارئ رُبَما قد تكون مُقارِبَة لِذات المَعنى مِن وَجْه. فقَد قَرّرتُ السَّفَرَ في شَهر دِيسمبر مِن العام 1980م في رحلة عَملٍ ثَقافي نِضاليٍّ مع صَدِيقٍ عَزيزٍ وافاهُ الأجلُ في مَطلع القَرنِ الحالي. وفي يَوم العَودة إلى البحرين لَمْ أَزِد على حَقيبَتِي الشَّخصِيّة اليَتِيمة حَقيبةً أُخرى تَحوي الهَدايا. فلَستُ مُغْرمًا بِفكرَةِ تَبادل الهدايا، فِيما زاد صَدِيقِي على حَقِيبَةِ سَفرِهِ حَقائب أُخرى مَكنوزة بالهدايا.

وعندما اقتَربنا مِن جناح مَكتَبِ الطّيران لِتَأكِيد الحَجز واستِلام بِطاقات مَقاعِد الطَّائرة والاستِعداد لِلمُغادرة إلى الوَطَن؛ مَددْتُ يَدَيَّ إلى صَدِيقِي فأَضَفتُ إِحدى حَقائبِهِ إلى جانِب حَقِيبَتِي ووَضعتهما فَوق سَطح المِيزان لِكَيلا يَضطَرّ الصَّدِيق إلى دَفع مَبلغٍ إِضافيٍّ مِن المال لِقاء الوَزن الزّائد على المُقرَّرِ في قائمة شُروط شَركة الطّيران، فشَكَرنِي على ذلك!

وعِندَما وصَلنا إلى مَطار البَحرين في السَّابع مِن يَناير 1980م جَرْجَرتُ الحَقِيبَتين ووَضعتهما على طاوِلَة الجمارك لِلتَّفتِيش. فوقَعت المُفاجئةُ إذ اكتشفَ ضابطُ الجمارك أَنّ حَقيبةَ الصَّدِيق المُسجَّلة باسْمي في مَطار المُغادَرة مُعَلَّبَةٌ بِعَددٍ مِن المَطبُوعات والمُحرَّرات والصُّور (البُوسْتَرات). فأَشْعَرنِي ضَابط التَّفْتِيش أَنّها ممنوعة ووَجَبَ عَلَيَّ مُرافقته إلى مَكتَبِهِ لِتَدوين المَضْبوطات!

لم أَكُن أَعلمُ أَنَّ حَقِيبةَ الصَّدِيق مُعلَّبَةٌ بِالمَمنوعات ولا نَوعها ولا عدَدها. فصِرتُ في حَرَج شَدِيدٍ ووَقَعْتُ في وَرْطَةٍ تَستوجِبُ مِنِّي الاختِيار بين مَوقِفَين: إمَّا أَنْ أَنفِي مِلكِيَّتِي لِلحَقِيبَة أَمام ضابط الجمارك وأُشِير إلى صَدِيقي صاحِبِها فيَتعَرّض هُو الآخر إلى الاعتِقال، أَو أَتَقبّلَ ما وَقعتُ فيه مِن مِحنَةٍ فأُجازِف بِنِسبَةِ كُلّ شَيءٍ إلى نَفسِي وأُفِيد بِذَلك. وهنا تَطلَّبت الإفادةُ الإحاطة بِما احتَوتْه الحَقِيبة مِن مَضبوطات ثُمّ المبادرة على وَجْهِ السُّرعة إلى وَضعِ دَلِيلٍ بِالخطوات التَّالِية لِمُواجَهة مَصيرٍ مَجهولٍ لَيس عِندي له مِن خُطَّةِ عَمل،

ثُمَّ الاستِعداد لمواجهة الأَسْوأ في مَرحلَةِ الاستِجواب والمُثول أَمام المحكمة ثُمَّ قضاء فَترة العُقوبة.

صاحَبتُ ضابِط الجمارك مِن مَكتَبِه إلى مَكتب التَّحقِيقات الجِنائيّة في الطَّابق الأعلى مِن المطار. وبَعد مدّة انتِظار دامت حَوالى السَّاعة سَلَّمنِي ضابطُ التَّحقِيقَات ورَقَةً تَضَمَّنَت إقرارًا مِنِّي بِمُحتَوي المَضبوطات وعَددِها، وطَلَب مِنِّي التَّوقِيع عليها بَعد قراءة مُحتواها جَيِّدًا والتّأكُد مِن قائمَةِ أَسماء المضبوطات والأرقام، فوجَدتها: سِتَّةً مِن أَعداد مُجلّةِ (صَوتُ المُستَضعَفِين) وخَمسةً عشر مِن أَعدادِ مُجلَّة (الشَّهِيد) وعددًا آخر مِن المُلصَقات (البوسْتَرات). فقَيَّدتُ أَسماء المَضبوطات وأَعدادها في ذاكِرَتي واعتَبرتُ نَفسِي بِذَلك قد اجْتِزتُ المُقدِّمة الأَهَمّ لِوَضعِ دَلِيلٍ مُخلِّصٍ ومُناسبٍ مطلع على المقدّمات، ولم يَتبَقَ إلّا تَفاصِيل القصّة (السِّينارْيو) لاجتِياز مَرحلَةِ التَّحقِيق مِن غَير خَسائر، والإبقاء على حَياة الصَّديق آمنةً مِن كُلِّ سوءٍ وضَررٍ.

وخِلال مَرحلةِ السَّجن الانفرادِي على ذِمَّة التَّحقِيق في زنزانة رقم (32) مِن سِجن المنامَة استُدعِيتُ إلى مكتب التَّحقِيق في مَبنَى المُخابرات لِمَراتٍ مُتباعِدَة زَمنِيًّا بإشراف ضابِط الأَمْن البريطاني (هِندِرْسُون) فلَمْ أَزِدْ شيئًا على (دَلِيل) حِيازة المطْبوعات والمُحرَّرات بقَصدِ البَيع والمُرابَحة، فذَلِك مِن مُستلزَمات العُبورِ الآمِن لِمَسار القَضِيّة إذْ كُنتُ أَخشى في كُلِّ لحظةٍ عِشتها في الزِّنزانة مِن انفِلات الأُمُور لِأَسبابٍ خارجَةٍ عن إرادَتِي، فذَلِك مِمّا جَعَلنِي في حالٍ مِن التَّوتُر الشَّدِيد الّذي يَصعُب وَصْفَه بِغَير مُفردَةِ (الجُنُون) وزَوال العَقل، ولا مِن وَسِيلَةٍ لِلتَّخفيف مِن وَطأته إلَّا بِالنَّوم العَمِيق المُتحصّل مِن طَرِيق إنْهاك الجَسد بِمُمارسَةِ الرّياضَةِ الشَّدِيدة مِن بَعدِ صَلاة الفَجر حتَّى ساعةٍ مُتأَخَّرةٍ مِن اللّيل.

ساعاتُ الاستِدعاء إلى مَكتَبِ التَّحقِيق والتَّعذِيب هي المُتنفَسُ الثّانِي لِرَاحة الذِّهنِ مِن ضَغط السَّجن الانفرادي، ويَلِيهُما ما كُنْتُ اتعرَّض إليه

مِن إهاناتٍ طائفيَّةٍ وَضرب بِالأَيدِي والرَّفس بِالأرجُل والدَّفْع الشَّدِيد باتِّجاه الحائط في المَبنَى الإداري لِلتَّحقِيقات الجِنائيّة مِن بَعد الانْتِهاء مِن وَجْبَةِ التَعَذيب في مَبنى التَّحقِيقات الخاصّ على أَيدِي عناصر المُخابرات. ثُمّ ما كُنتُ أَتعرض إِليه أَيضًا مِن اعتداءِ الصِّبْيَة المُراهِقين المُجنَّسِين المُتدرِّبين قُبَيل نَقلِي إِلى إِدارةِ سِجنِ المنامة حيث المُستَقرّ في الزِّنزانة الانْفرادِيَّة الضَّيِّقة.

وأَمّا المُتنَفس الرَّابع فهُو عند ساعة تَقدِيم الشَّاي قُبيل أَذان المَغرب الّذي يُبثّ مِن مَأذَنةِ مَسجِد (أُبْل) المجاور لِلقَلعة حَيث أَتوقَّف عن مُمارَسَةِ رِياضة الجَري في الزِّنزانة الّتي تَستَغرِق ساعات النَّهار كُلِّه، وأَشرعُ في مُمارَسَةِ رِياضة (اليُوغا) على ظهر بَطانِيّة كُنْتُ أُدقِّق في طَيِّها وأَجْلس عليها لِأداء الصَّلاة.

وفي المُتنفِس الخامِس فَراحةُ الذِّهنِ مَرهُونة بِهُويّة الضَّابِط المناوب، فَهُما اثنان أَحدُهما يَمانِي الجِنسيّة غليظ القَلب أَرْعَن الخُلُق يَهمّ بِفتح بَوابة الزِّنزانة لِمَرّتَين في اليوم لِيُجِيزَ لِي الذّهاب إلى دَورات المِياه في مُدّةٍ لا تَتجاوز الدَّقِيقَتين فَقط في كُلِّ مَرَّةٍ بعد إِعادة كُلّ السُّجناء والمُوقوفين إلى زِنزاناتهم، والضَّابط الآخر فهُو باكِستَاني الجِنْسيّة طَيِّبُ القَلب ورَفِيع الخُلق إِذْ يُطلق لِي الوَقت في استِخدام دَورات المِياه. وعندما سأَلته عن سَببِ هذا التَّمَيُّز بينه والضَّابط اليَماني قال لي: لِأَنَّ اسْمك (كَرِيم) وأَنا اسْمِي (كَرِيم)!

انتَهَت نَوباتُ التَّحقِيق بَعد التَّصدِيق على الإِفادَة والإقرار بِالتُّهمَةِ المُوجهَةِ إِليّ مِن قِبل المُحَقِّقين فنُقلتُ إِلى قاضِي التَّحقِيق في مَبْنى المَحكمة لِلتَّصديق القانُوني على لائحة الاتِّهام أَمامه. عندئذٍ تَأكد لِي أَنّ الدّلِيل المُناسِب الّذي اصطَنَعته لِلقَضِيّة والمَسار المُلائم قد استَتَبَّ واستَقرَّ وثبت على السِّكّة المَطلوبة!

وبِتَوجِيه مِن الوالد تَدَخَّل المُحامِي وبِوَساطة مِن أَحد التُّجّار المُشهورِين الذي تَردَّد في التَّوسط لِلإفراج عنِّي في بادئ الأمر بَعدما تَلَقّى إفادة كاذِبَة مِن

الدَّاخِليّة تُؤكِّد له عَلى أَنّ (كَرِيم المَحرُوس) ناشِطٌ سِياسِيٌّ (شيُوعِي) الانْتِماء، فلَعِبا دَورَ الضَّاغِط والوَسِيط لدى سُلطات الأَمْن حتّى تَمّ الإفراج عَنِّي. وظَننتُ أنَّ مَلفّ القَضِيّة قد أُغلِق، فبَذلتُ جُهدي في عدة مُحاولات لاسْتِرداد جَواز سَفري المُصادَر مِن قبل وزارة الدّاخِليّة، وقُوبِلتُ بالرَّفْض المطلق. وسَعيتُ لِاسترداد وَظِيفتي (مِيكانِيك آلات تِلِكْس تِلِي تَايْبْ وسِيمِنْس) لدى شَرِكَة البَرق واللّاسِلْكِي (كايبَلْ آنْد وايَرْلِس) بوَساطة مِن مَسئول التَّوظِيف ومُدير قِسم آلات (التِلِكْس) في الشَّرِكة إِلّا أَنّ الأَوامِر الصَّادِرة مِن وزارة الدّاخِليّة إلى إدارة الشّركة حالَت دُون ذلك.

وفي 1 مايو 1980م فُوجِئتُ بِرسالَةِ استِدعاء (إحْضَارِيّة) مِن وزارة الدّاخِلِيّة لِحضور مَحكمة الاستِئناف العُليا بِتَأريخ 6 مايو 1980م مُرفَقَةً بِلائحَةِ اتِّهام تَحت عنوان (لائحَة اسْتِئناف عُلْيا) مُصدَّقة في 8 أَبرِيل 1980م ونَصَّت تَحت عُنوان (صِفَة الجَرِيمة):

(جُنحَة الحِيازة والإحْراز لِمُحرَّرات ومَطبوعات تَتضمَّن تَحبِيذًا وتَروِيجًا لِقَلب وتَغيِير النّظام السِّياسي والاجتِماعي والاقتصادي لِلدَّولة بِقَصد التَّوزيع على الغَير وإطلاعِه عليها: خِلافًا لِأَحكام المَواد 160 و161/ 1 و185 و201/ 64 مِن قانُون العقوبات الصَّادر بِمَرسوم بقانون رقم 15 لسنة 1976م).

التَقيتُ بِالمُحامِي وسَلَّمته لائحةَ الاتِّهام، وبَدأ في مُراجعة المواد المُتعلِّقة بِقَانون العُقوبات الّتي تَنطَبِق على التُّهمة، ثُمَّ أَخبرني بِأَنَّ القَضِيّة تَتطلَّب مِنِّي الاستعدادَ لِقَضاء حَكم بِالسَّجن قد يَصِل إلى 5 سنوات. وفي يَوم الانْعقاد الأَوّل لِلمَحكمة تأَخَّر المُحامِي عن الموعد المُقرَّر لِانعقاد المَحكمة فتَّم تأَجِيل مَوعِد المحكمة إلى 20 مايو1980م. وفي صَباح يوم الانْعقاد غادرتُ البلاد خِلْسَة فكان هذا اليوم بِمَثابة البِداية المَرِيرة لِرِحلَةِ المَنفَى الأَوّل الّذي لم تَنتَهِ مِحنتُه إلّا في شهر مارس 2001م.

إنَّ المُقلّد البَحرانيّ في حاجَةٍ ماسَّةٍ إلى التَّفاعُل مع مُحيطِهِ الثَّقافي والاجتِماعي بِوَصْفِه مَسئولاً عن نفسه ومُستقلّا عن التَّنافر السَّلبِي الحِزْبي والفِئوي ذي الطَّبائع ونَمط التَّفكير المُختلِفَين. فلِكُلِّ ثَقافَةٍ (دَلِيلٌ) خاصٌّ مَبنِيٌّ على مُعطيات مَحَلِّيَّة خاصّة معلومة. وكذلك الأمرُ المُتعلّق بِطَبائع الانْتِماء الحِزْبي والفِئوي ذِي الخَلفِيّة الثَّقافِيّة المختلفة إنْ آمنَّا بإمكان قيام انْتِماءٍ حزبي وفئوي رَصِينٍ على نَظرِيّةٍ تَوافُقِيّةٍ واحدةٍ أَو ما هو أَقربُ مِنها. فالعُمُر يَطول بِعَصبِيّات الانْتِماء الحِزبي والفِئوي أَو يَقصُر فلا بُدّ له أَنْ يَهرم ويَتَخَلّف عن إعطاء كُلّ ذِي ثَقافَةٍ حَقَّه في تَبنِّي الفِكر النّاشئ في بيئته الثَّقافيّة وليس الأجنبي عنها.

لقد فَقَد الانتماءُ الحِزْبي والفِئوي ثِقَة المُجتمع البَحْراني عندما تَخلَّفَ عن بِناء الذّات المسئولة في سِياق التَّحوُّلات الجارِية في الثَّقافَة المَحَلِّيّة الأَصِيلة وانشغَلَ بافتِعال أَزمات الزَّعامَة والسِّيادة المَرجعيّة تَحت ضَغط مَجموعةٍ مِن الهواجِس الّتي وُصِفَت حينها بالرُّعونة والغُرور والمَكر والشَّكّ والطَّيش في تَعظِيم الذّات على غَير المألوف في الثَّقافَة البَحْرانيّة. ومِن هُنا أَخفَقَ الانتماءُ الحِزبي والفِئوي في التَّوفِيق بين مُهِمَّتَي تَنمِية الثَّقافة البَحْرانيّة الأَصِيلة على طِبق بِيئتها المَحَلِّيّة وخَوضِ الصّراع على مَقام الزَّعامة والسِّيادة بِتَجرُّدٍ مِن طَبائع ثَقافة مَنشأ الانْتِماء الوافد!

إنَّ مُشكلات الانْتِماء النَّاجمة عن اختِلاف الثَّقافات حَدَّت مِن عَمَلِيّة الانتِقال المِثالي للانتماء الحِزْبِي والفِئوي بين جِيلَين مع الاحتِفاظ بِذاتِ الأهداف العُليا ونِظام العَمل النِّضالي ووَسائلهما. ففِي أَغلَبِ الأحوال يَنقَلِبُ الجيلُ الثَّاني على الجِيل المُؤسِّس أَو يَنشقّ عنه طَمعًا في الزَّعامة والرّئاسة بِشَكل أَشَدّ مِمّا كان عليه الحال في الجِيل الأَوّل. فإِنْ لم يَفعل فإِنّ شَيخُوخَة جيل الانتماء المُؤسِّسِ تتَخلَّفُ بِالجِيل الثَّاني وتَعصِفُ بِرُتب الكادِر المُتقدّم وتُخِلّ بِدَرجات ومَقامات عناصِرِهِ حتَّى ينهار.

ويُبجِّلُ المُنتمون الحزبيّون والفئويّون زَعامَتَهُم ومَرجِعِيَّتهم ويَرون فِيهما مَفهومًا لِلقَداسَةِ يَستحقّ اتلاف العُمُر كُلِّه في الدَّعوة إليه والتَّعصُّبِ له وإِنْ اقتضى ذلك المُبالَغة في الابْتِذال والدَّجَل في النَّاس والافِتِراء بالكذب على المَرْجِعيّات الأخرى المُنافِسة أَو المُغالِبة. فلِلنِّضال عند المْنتَمِي مُبَرِّراتُه ووسائلُه المُطلَقة بلا حساب، فَصار المُقلِّد البَحراني المُنتَمِي أَداةً لهذا اللَّونِ مِن الدّعوة والدّعاية لِلزّعامة ولِلمَرجِعيّة بِصِفَتِهما السِّياسِيّة وليس الدِّينِيّة الشِّيعِيّة ومِن دُون أَنْ يَمتَلِك (الدَّلِيل) المُعَرِّف لِلثَّقَافَة الّتِي نَشأ عليها النِّضالُ ورِجالُه، فأَساءَ على أَثَرِ ذلك لِثقافَتِه المَحَلِّيّة الأصِيلة ثُمَّ أَصبحَ لِسانَ نارٍ يُكوى بِهِ جِباه وجنُوب وظُهور أَبناء مجتمعه.

كانَت مَرجِعيَّةُ الحوزة الكُبرى الأصُولِيَّة في العِراق مَصدرًا مِن مَصادِر الإلهام لِتنمِيَة الثَّقافَة البَحرانِيّة مِن غَير صِلَةٍ مُباشرة مع هذه المرجعيّة ولا إِحاطة بِتَفاصِيل خِلافاتها في مَوطِنها. فثَقَافَةُ المُجتمع البَحْراني ما زالت أَخْبارِيّة والأَتْباع المقلّدون لِمَرجِعيّة الحوزة الكُبرى مِن البَحْرانيّين هُم فِئةٌ قليلةٌ. فهَذا الحاجّ مَكِّي عبد الله السَّتراوي (مواليد 1897م) وزَوج عَمَّتِي حَبيبَة المَحْروس (مواليد 1895م) هُو أَحد أَهَمّ وُجهاءِ حَيِّ النِّعَيم ومِن مُقلِّدِي المُحدِّث العَلامّة الشَّيخ حُسين العُصفور صاحِب (سَدادُ العِباد ورَشادُ العِبّاد) وقد خُصَّ بِالعَدِيد مِن الوكالات المَرْجِعِيّة الأُصُوليّة لَجمع أَموالِ الحقوق الشَّرعِيّة وصَرفها على مُستحِقِّيها في البَحرين، كان مِن بينهم المراجع الأُصُولِيّة: السَّيِّد عبد الهادي الشِّيرازي والشَّيخ مُحمَّد مَهدِي الخالِصي والشَّيخ عبد الكَريم الزِّنْجاني.

وعندما بَثَّ عُلماء الدِّين الحِزبِيّن والفِئوِيّين الأُصُولِيّين العِراقِيّين فكر الانتماء الحزبي والفئوي في مُجتَمع البحرين ظَهرَت أُولَى علامات التَّفاعُل البَحرانِي السَّلْبِي إِذ شَعرَت بَعضُ مناطق البِلاد بِمُناكَفَةِ المُنتمي الحِزبِي والفِئوي الأُصُولي البَحراني لِلمُغالِب الأَخْبارِي البَحراني، وجَرت أَعمال الإِقصاء والإِزاحة عن مَقام السِّيادَةِ الدِّينيّة والزَّعامة (التَّقلِيديّة) على

قَدم وسَاقٍ على الطَّريقة العِراقِيّة المتُشدِّدَة مِن طَرفٍ واحِدٍ، وتَأزّم الموقفُ مِنَ الثَّقافَةِ البَحْرانِيَّة الأَصِيلة واتَّسَعَت رُقعَةُ التَّحرِيض عليها وعلى النِّظام الاجتماعي القائم ووُصِفَا بِـ (التَّخَلُّف) و(اللّاوَعْي). ثُمَّ تعدّدت الانتماءاتُ والفئويّاتُ المتنافسة فيما بينها وافتَرى بَعضُها على البعضِ الآخر فأَفرزَ ذلك كثيرًا مِن المفاهيم السِّياسِيّة في المكر والخِداع والبُهتان الحِزْبي والفِئوي المُمَنهج، وضَيَّعَ المنتمون البَحْرانيّون خُصُوصِيَّتهم الثَّقافِيّة البَحْرانِيّة، ثُمّ صاروا أَتباعًا لِسياسات إِقلِيمِيّة ودُولِيّة مُتأزِّمَة، وأَهمَلوا وَظِيفتهم الأَساسِيّة في التَّنمِية الثَّقافِية المَحَلِّيَّة المُستقلة.

عِند أَوَّلِ امتحان تَعَرَّضَت له الانْتِماءات الحزبيّة والفئويّة العِراقيّة في بِلاد المَهجَرِ (سوريا وإيران ولبنان وبلاد أوروبا وشمال أفريقيا) على أَثَر تَعرُّضِها لِحَملاتٍ عنيفة مُتوالِية مِن القمع والتَّهجير القَسري إلى بلاد المنفى بِأَمْر مِن حِزبِ البَعث بِقِيادَةِ حَسن البَكر ثُمّ صدّام؛ جرَى عليها ما جَرَى على الانْتِماءات الحزبيّة والفئويّة البَحْرانيّة في موطنها مِن نِزاعٍ على مَقامِ الزَّعامة والرّئاسة ومِن إهمالٍ فاحِشٍ لِلتَّنمِية الثَّقافِيّة. وعندما سَقطَ حِزبُ البَعث باحتِلال عسكريٍّ أَمريكيٍّ ساحِقٍ وتَسلّمت الانْتِماءاتُ الحِزْبيّة والفِئوِيَّة العِراقيّة إدارة الشُّئون العامّة؛ أَفسَدَت وكان ضَرَرُها أَكثر مِن نَفعِها، حتَّى ثارت عليها مَرجِعِيَّةُ الوَلايَة العامَّة في النَّجَف الأَشْرف تَطلُب تَصحِيح الأَوضاع وإِنقاذَ سِيادة البِلاد وأَمنَه مِن خَطرِ الفَساد الإداري والانْفِلات السِّياسي والفَوضَى الحزبيّة والفئويّة العارِمَة.

لَيسَ مِنْ شَكٍّ في أَنّ الأحزاب والفِئويّات العِراقيّة المؤثرة في الوَسَط الشِّيعي البَحْراني الأَصِيل عاشَت غُربةً ثَقافِيَّةً خَطيرةً حيث هَجَرت مُجتمعَها مُضطَرّة في سِتين عاما صَعْبَة، واعتَزَلَت مَوطِنَ ثَقافتها الأصيلة الّتي وَصَفَتها ذاتُ الأحزاب والفِئويات بِـ(المُتَخلِّفة) و(اللّاوَاعِيَة)، وأَسَّسَت لِنَفسها في بِلاد المَهجَر ثَقافةً خاصَّةً قائمة على المَنهج الفِكري لِحزبي الإخْوان المسلمين والتَّحْرِير مِن غَير تَحفُّظ، فبَدت ـ بِحَسَبها ـ في هَيئةِ بَدِيلٍ مُختَلف عن الثَّقافَة السَّائدة في الوَطِن العِراقِي.

فإنْ ذُكِرَت هذه الأَحزابُ والفِئويّاتُ؛ لم يَتبادر إلى الذِّهن شَيءٌ مِن المِثاليَّة المقتبسة عن حِزبي الإخوان المُسلِمين والتَّحرير فَحَسب، وإنَّما هي مُشاحَنات سِياسيّة مُزمِنة وتَنابز بِالألقاب وخِداع ومكر وافتراء بِالكذب وبُهتان ورُعونة ومُناوشات فِكريّة وأَمزجة حادَّة في الرّأي والموقف إِذْ فقَدَت ثَقَافَةُ النِّضال بُعدها الوِجداني العِراقِي المعلوم وصارَت بلاد المهجر حَلَبَةً لِمُصارعَةِ الثِّيران لا هَمّ لها غير حَسم التَّنازع على الرّئاسة والزّعامة واحتِكار تَمثِيل الشَّعْب العِراقي بِالوسَائل المُطَلَقة وبِلا ورَع.

وقد عَبّر ذلك عن الخَلل الفَظِيع الّذي استَولى على ثقافة المَهجَر مِن جَراء امتِزاجِها بِالفِكر اللَّقِيط وانقلابِها إلى هَجِينٍ مُضطَرِب، كما عَبر ذلك عن سُوءِ انتابَ السَّرائر فَلَمْ يَسلَم مِنه ما تبقى مِن قِيم الثَّقَافَة العِراقيّة الأَصِيلة السَّائدة في الوَطَنِ الأُمّ الّتي كانت تُبَجِّل مِن مَقام عُلماء الدِّين والمناضِلين الشِّيعَةِ مُطلقًا مِن غَير تَصنِيفٍ حِزبيٍّ وفِئويٍّ مُبْتَذلٍ لهم ولِشُهداء السُّجون والاغتِيال مِنهم.

وبِالمِثلِ جَرَى في البحرين حيث وَفَدت صُورةٌ مُقتبسةٌ عن حياة الانْتِماءِ الحزبي والفئوي العِراقي بِكُلّ تَفاصيلها وأَفرغت على رأس الثَّقَافَة البَحْرانيّة الأَصِيلة شُحناتٍ مِن فُنون التَّنابز بالأَلقاب والخِداع والمكر والافْتِراء بِالكَذِب والبُهتان والبَغضاء والحَسَد والأنانيّة وحُبَّ الرّئاسة والرُّعونة في التَّنافُس إلى حدّ المغالبة، فَشَكّل ذلك ضَررًا بِالغَ الأثر على أَصالَةِ الثَّقَافَة البَحْرانيّة وعَرَّض النِّظام الاجتِماعِي البَحراني لِخَطرِ الفُرقَةِ والشَّتات وفقدان الثِّقة في الذّات البَحرانِيّة وفي ثَقافتها المَحلِّيّة.

فقَدَت الانْتِماءاتُ العراقيّة بَصيرتها بِآلة التَّحزب والفئويّة وتحت ضغط الالتِقاط الفِكري ومُشكلات الهجرة والبُعد عن التَفاعلات الاجتِماعيّة لِثقافة الوَطَن الأَصِيلة، فتناوَشَت فِيما بينها وتَغالَبَت ثُمّ تخاصَمت على تَنصِيب المَرْجِعِيَّة الدِّينِيّة والزَّعِيم الحِزْبي والفِئوي (المُمَثِّل والقائد الوَحِيد

لِلشَّعب والثَّورة) حتّى ذهب رِيحُها وصارت شِيعًا يَستضِعفُ بَعضُها البعضَ الآخر. ثُمّ أُغلِقَت دَكاكِينُها ولم تَمتَثِل لِمُتطلّبات نَظريّة النِّضال والتَّحدِّيات والنّصر الموعود ولم تَستَقِم على ثَقافَة الوَطَن الأَصِيلة ولا ثقافة المهجر، ولم تُصابر بِمَرجِعِيَّاتها وزَعاماتِها المتعدِّدة التي انفَرَدت بها وأَسْقَطت مِن أَجْل فرض سِيادتها المَرْجِعِيّات والزَّعامات المُنافِسة، وشَوَّهَت مَقام نُظرائها مِن المُنافِسين، وفَرَّطَت بِتَضحِيات شَعبها وبِدِماء مَن وَصَفتُهم بِـ (الشُّهداء) ومَن حَجَبت عنهم ذات الصِّفة مِن (شُهداء) مُنافِسيها ـ حتَّى جاء يوم صُدور القرار (المُنقِذ) مِن واشنطن بِاحتِلال العراق عَسكرِيًّا حيث لَـمَّت الانْتِماءاتُ الحِزبيّة والفِئويّات العِراقيّة هذه شَمْلها مِن جَدِيد واستَجمَعت قُواها المُشتَّتة واستَجابَت في لِقاءٍ عُقِد في البَيت الأبيض لِحزمةٍ مِن الحوافِز والمناصِب السِّياسِيّة السِّياديّة في الحُكومة البَدِيلة المقرونة بِشروط المستعمر، واشتَرَكَت مع الإمْريكِيِّين في تَقسِيم حصص الغُنْم وأَهمَلَت الثَّقافَة الأَصِيلة الّتي اغْتَربت عنها في بِلاد المَهجر وتاه (أَبُو مْغَوِّي) بِها إلى أَعماق الفساد السِّياسي ثُمّ إلى قَعرِه.

وعندما تَمكَّنت الانتماءاتُ الحِزبيّة والفِئويّة العِراقيّة مِن القُوى السِّيادِيّة في السّلطة وهَيمَنَت على ثَروات البِلاد عَمَّ التَّنازُع فيما بينها وضَرَبت الخُصومةُ أَطنابَها في ساحة الغُنْم وجاء مَوعِدُ تَصفِية الحِساب، و(المَخاصَمةُ تَبدِي سَفَه الرَّجُلَ ولا تَزِيد في حَقِّه)، وراح الكُلّ فيهم يُنادِي بِحِصَّته الشَّخْصِيّة من الدّولة وبِثَمن التَّضحِيات الّتي بَذَلها في عُقود النِّضال الماضي ولا مِن أَحدٍ فِيهم رأى لِمَقام المَرْجِعيّة والزَّعامة مِن ضَرُورة في عالم السِّياسَةِ المُستجدّ!

وقَد رَفَضَت ذاتُ الانْتِماءات الحِزْبيّة والفِئويّة حَسم الخِلاف والنِّزاع النَّاجِم فيما بينها بِقِيمةٍ شِيعيّةٍ أَو بِمُثِلٍ مِن الثَّقافَة المَحلِّيّة أَو بِذات المَفاهِيم التي التَقَطَتها عن حِزبيّ الإخوان والتَّحرير أَو الّتي أَصدرتها مستقلة واشتَرَكَت في بَثِّها في المُنتَمِين العراقيّين وفي مُجتَمعات بلاد الشِّيعَة الأُخرى حيث اتَّخذَت مَظاهرُ الخُصومة في أَوّل الأَمر شَكل الجِدال الإعلامِي والدّعائي

المُتواصِل، ثُمّ المُواجَهة المُسلّحة، ثُمَّ انتهت بِأَهلِها إلى كَراهِيّة سِياسِيّة وبَغضاء مُنفِّرين مَفضُوحين في ساحة المجتمعات الشِّيعيّة الأخرى قبل ساحة المجتمع العراقي.

عند ذلك كَشَفَت الخُصومةُ على الملأ بِمَعايِير الثَّقافَة الشِّيعِيّة الأَصِيلة في العِراق والبَحْرين عن سَفَه الانْتِماء الحِزْبي والفِئوي المُتَخاصِم، وأَنَّه ليس على قَدرٍ كافٍ مِن المَسئولِيّة وقد أُمِر مِن قَبْل بِالتَّقوى والوَرَع والصَّبر عند الخُصومة. وعندما اجتَهَدَت مَرجِعِيَّةُ الحَوزة الكبرى في مُعالجة الموقف بِالنُّصح والإرشاد؛ لم تَستجب الانْتِماءاتُ الحِزْبيّة والفِئويّة المتُخاصِمة لِوَساطتها مَخافَةَ أَنْ يَتمدَّد نُفوذ ذات المَرجِعيَّة في الدّولة فتُصْبِح طَرَفًا شَريكًا أَو سائدًا على الغُنْم!

إِنَّ استِمرار الخُصومة في الانْتِماء والتَّظاهر بها بين النَّاس أَظهَر السَفاهةَ والضَّعف في اختِيار مَفهوم الانْتِماء الحزبي والفئوي وشَكلِه المُلائم لِلثَّقافَات الشِّيعِيّة الأَصِيلة. وقد استَخَفَّ المُنتَمون العراقيّون عُقولَ البَحْرانيّين وثَقافَتَهم الأَصِيلة حين تَذَرَّعوا باستِعمال الافتِراء بِالكَذِب الفاحِش على المَرْجِعِيّات المَحَلِّيّة والخارجِيَّة المُحتَرمَة الّتي يُقلِّدها البَحْرانيُّون أو يتَّبعونها، حتَّى إذا ما أَسقَطوا مَقامَها ومنزلتها وشَوّهوا سُمعة مُقَلِّديها في مُجتَمعِهم وتَمكّنوا بِالمُغالَبة مِن السِّيادَةِ والهَيمنة سنين عددا؛ جاؤوا على استِحياءٍ سِياسيٍّ يَعتذِرون على ما فَرّطوا بِالعِلَل والوَسائل التي كانوا يَرونها مُبرَّرة في مَرْحَلةِ نِضال ما قَبل التَّمكُّن، وكأَنَّ الوجود الشِّيعي البَحْراني في مَعاييرهم الجَدِيدة لا يُمَيِّز بِثَقافَتِه الأَصِيلة بين مَظاهِر تلك الخُصومة ودَوافِع الافتِراء بِالكَذِب.

الثَّانِيَة: إِنَّ لِشيعةِ البحرين ثَقافةً أَصِيلةً مُتقدّمةً ونظامًا اجتماعيًّا مُتكامِلا مستقرًا راسِخًا منذ القَرن الهِجرِي الأَوَّل، وإِنَّ لهم سيرة تَأريخِيَّة واسعة في الامتِثال لِمَعارِف أَهْل البَيت صَلواتُ الله وسَلامُه عَليهم وتَدوينِها وصِيانَتِها وبَثِّها في البِلاد وفي المُحيط الإقليمي، ولا يَرضَون بِتَسفِيه ثَقافَتِهم الأَصِيلة

والمَفاهِيم والنُّظم الرّاسِخَة النَّاشئة عنها في مُجتَمعِهم. فإنْ رَضِي البَحرانيّ بتَسفِيه ثَقافَتِه البَحرانِيّة الأصيلة طَمعًا في مَقامٍ يُنسَب إليه بالدّعاية السِّياسِيّة زُورًا فَصار ظَهرًا مَركُوبًا لِلانْتِماء الحزبي والفئوي ذِي الثَّقافَة الهَجِينة الوافِدة فَتِلك حالٌ شاذَّة تَمرّ وتَنقَشِع بما حُمِّلَت مِن فِكرٍ لَقِيطٍ، وتَبقَى الثَّقافةُ البَحْرانيّة الأَصِيلة قائمة مُستَمِرّة في نُمُوِّها وعَطائها. وهذا ما أَدرَكه البَحْرانيّون في غَمرةِ المُغالَبةِ الحِزْبيّة والفِئويّة وانْعِكاسَاتِها ومُضاعَفاتِها السَّلْبيّة الّتي لم تَصنَع غير الهَزائم والنَّكَسات والنَّكبات في سَبعِين عامًا.

لقد اقتبَسَ الانْتِماء الحِزبي والفِئوي البَحْراني كُلَّ شَيءٍ عن الأَحْزاب الشِّيعِيّة المُتأَثِّرة بِفِكر الاتِّجاه الحِزْبي لِأَهْلِ العامّة، ولم يَبحَث في إِمكان التَّطْوير والتَّجدِيد في مِضمار الثَّقافَة المحلِّيّة الأَصِيلة العَرِيقَة السَّائدة في مُجتَمَعِه منذ قُرون على طِبق المُتُون المعلومة أَو بما يُؤدِّي إلى زِيادة حَيويَّتِها وسَدِّ نَقصِها ومُعالجة عوارها فَضلاً عن تَجنُّبِ أَسباب الانشِقاق المَرْجِعِي والنِّزاع الحِزْبي والفِئوي الخارَجِي ومُضاعَفاته، وإِعْمال العَقل النَّاقد الّذي أَصْبحَ في الانْتِماء وفِكرِه الجديد نَسْيًا مَنسِيًّا والمفقودَ الّذي كانَت تُشهَرُ به حَسنات الفِعْل والقَول وتُعالَج بِه سَيئاتِهما عند غِياب العِصْمة التَّكوينيّة.

إنَّ الزَّمَن الّذي اعتاد فيه المُقلِّدُون البَحْرانيُّون على الشَّكوى والرّثاء لِلذَّات وجَلدِها قد تَصرَّم وحان وَقْتُ العَودةِ والجِدّ باعتِناق مَزيدٍ مِن الحَساسِيّة والدِّقَة في احتِرام عُقول النَّاس ومَشاعِرِهم، ورَفْضِ تَسفِيهِ ثَقافَتِهم والحَطِّ مِن كَرامَة مواطنيهم. وإِنَّ السّخط والنَّكد المُفرطَين في خُصُومات الانْتِماء قد أَوْرثَا الشَّكّ والشُّعور بِالنَّقص بين البَحْرانِيِّين وأَذهبَ بِالفُرَص والطَّاقات عَبثًا.

فما الّذي يُلزِم المُقلِّد البَحْراني بتَضيِيع فرص العَمل على تَنمِية ثَقافَتِه الأصيلة الّتي أَسَّسَها وأَرسى قَواعِدَها جِيلٌ مِن الأَجْداد المؤمنين، وما الّذي يَدفعه إلى الانْشِغال بِالذَّودِ عن انْتِماء حِزْبيّ وفِئويّ يَفتَعِل الخُصُومات

والخِلافات والنِّزاعات والجِدال السِّياسي على نَسَقِ ثَقافَةٍ أجنبيّة خَارجِيّة ويُسَوِّقها في النَّاس ومِن خَلفِهِ جَمعٌ مِن المُقلِّدين الفُضُولِيّين والمُنتَمِين لا يَفقهُون مَعنًا في ثَقافَتِهم البَحرانِيَّة الأَصِيلة ولا يَدرون شَيئًا عن حَجْم التَّحدِّي الطَّائفي الّذي يُهدِّد مصير وجودها ويَسعى في القَضاء على هُوِيَّتِها!

ليس مِن عادةِ البَحرانِي الملتزم بِثَقافَتِه الأصِيلة أَنْ يَروم اصْطِناع الخُصومة مِن أَجل مَصلَحةٍ حِزْبيّة أَو فِئويّة. فمُحَفِّزات الوَرَع في ثَقافَتِه تَصدّه عن فِعل ذلك، وأَنّ عِلْمَه بِأَنَّ دَوافعَ الخُصُومة هذه أجنبيّة وَافِدةٌ على جَزِيرَتِه يَعصِمُه مِن اقتِراف هذا العَمل، ويَكشِف لِلنَّاس مِن حَولِه عن سَفاهَةٍ واقعة في المتَخاصِمين وأَنَّهم لَنْ يُقدِّمون لِأَحدٍ مِن البَحْرانيّين حَقًا. وكُلّما أَسرَفَ المُنتَمون الحزبيّون والفئويّون في تَبادل الاتِّهامات والتَّنابز بِالألقاب بينهم عِوضًا عن تَشغِيل العَقل النَّاقد البَنّاء فِيما بينهم؛ تَجنَّب البَحْرانيُّ الملتَزِم بِثَقافَتِه الأَصِيلة الاختِلاط مَعهُم مِن بَعد استِفراغ الجُهد في نُصحِهِم بما يُذَكِّر بِأَنَّ العقل النَّاقد أَولى بِالاستِعمال وهو مُشاركة لِعُقول النَّاس وليس تَنَزُّلا لها.

الثَّالِثَة: لا يعدم العَقلُ النَّاقِد الحُلول والبَدائل المُناسِبة عند تَشغِيله على مُستَوى المَرْجِعِيّة والزَّعامة ما دامت الأَحكامُ الصّادِرَة عنْهُما ظَنِّيَّة. ولا يُمارس العَقلُ النَّاقِد بين المُقلِّدِين والمنتمين بِقراءةٍ فاحِشَةِ السَّلْبِيّة لِلرِّجال مُجرَّدِين مِن مادَّةِ النَّقد إِذْ يَسوء البَحْرانيّين حَملُ أَوزار غَيرِهِم بِسَماع النَّقدِ السَّلْبي الفاحِش ويَنفدُ صَبرُهُم على هذا اللَّون مِن العَقل النَّاقِد كُلَّما تَطرَّفَ فصار مَدعاة لِلفُرقَةِ والشِّقاق الاجتِماعي.

هذه لَيْست دعوةٌ لاستِبعاد المُقلِّد والمُنتَمِي معًا عن دائرة التَّأثير في شُئون المرْجِعِيّة بِالعَقل الحرّ النَّاقد. فقد كان السَّائدُ في الوسط العِلْمِي الحَوزَوِي تُوصِيةٌ بِأَهمِّيّة إِبْقاء النُّقود العِلمِيّة رَهْنًا لِنَظرِ الحَوزة وبين حَلقاتها الدّراسِيّة ومُستَتِرًا بين العُلماء مِن أَهْل الاختِصاص فَحَسب.. تلكَ مَسأَلةٌ عَوِيصَةٌ شائكةٌ إذا ما اقترَنَت بِغِياب المَعايِير الثَّابِتَة في تَقدير المَقامات والرُّتَب والمُستَويات

العِلمِيّة ولَزِمَت تَطوّر تِقنِية التَّواصُل الاجتِماعي وسُرعَةِ تَدفُّق المعلومات وسُهولَة البَحث عنها.

فَمِن المُفارقات المُثيرة في هذا الأمر أَنّ بَعض البَحْرانيّين المُقلِّدين والمنتمين الّذين اقتَحَمُوا السِّياسَةَ مِن أَوسَع أَبوابها كان مِن المنحازِين إلى هذا الرَّأي بِشِدَّةٍ حتّى يَتَّسِع له العُذرُ في الابْتِذال الإعلامي والدّعائي المُتعلق بِمَشروع التَّرويج لِلفِكر الحِزْبي والفِئوي الهَجِين والتَّطرّف في الإعلاء مِن مَقام عناصِر الانتماء إلى مَرتَبةٍ ومَقامٍ يَتجاوزان مَرتَبَةَ ومَقام المَرْجِعيّة في المَفهُوم الشِّيعِي!

لقد بَرزَ عامِلان مُؤثّران في ثَقافَة المجتمع البَحْراني أَدَّيا إلى تَراجُع العَقلِ النَّاقِد بين مَراتِب العُلماء ومَن هُم في حُكمهم، هما:

ـ المَخاوفُ مِن تَضخُّم فِكر الانتماء الحِزْبي والفِئوي الموسوم بِالانْحِراف العَقدي وبِالتَّباعدِ عن الثَّقافَة البَحْرانيّة الأَصِيلة وعدم الثِّقَةِ فيها، والخشية مِن تَحوّلِه إلى تَيارٍ فاعلٍ في مَدارس الحَوزة وسائر مَحافِل الشَّعائر.

ـ والمَخاوف مِن طُغيان تِقنِيَة الاتّصال الاجتماعي وسُرعة تَدفُّق المعلومات وسُهولة البَحث عنها، وتَحول العَقل النَّاقِد بِهذِهِ التِّقنية إلى أَداةٍ لخدمة الفَساد الاجتماعي ومِن دون ورع في التَّداول واجتهاد في الاستِعمال.

ثُمّ كَثُر تفاعل المختصّين وغيرُهم في ساحةِ النَّقدِ العِلْمي المُوَجَّه إلى مناهج الحَوزات الكُبرى وإلى فِكر خِرِّيجِيها الوافِدين على البِلاد عن هذه الحوزات إذ لَم تكُن مَدارس الحوزة المَرْجِعيّة مُستَعِدّة لاستِقبال هذا التَّحول المفاجئ الّذي لا يَتناسَب مع كَثيرٍ مِن وُجوه تَقالِيدِها وأَعرافها حيث الحذر مِن اتِّجاه النَّقدِ العامّ كان شَديدًا لِكَونِه يَمسّ المقام المِثالي والرُّوحِي لِطُلاب العُلوم الدِّينِيّة فَضلاً عن مَقام عالم الدِّين وعِلْمِه الشَّريف.

وقد دَفع تَراكُمُ موجاتِ النَّقد الصّادرة عن المُقلِّد الفُضُولي وغير المُتَخْصّص في مناهج الحَوزةِ وثَقافتِها إلى حُدوث طَفرةٍ مَنهجِيَّةٍ حَوزويّةٍ

مُؤيِّدة لِدُخول عالِم الدّين المُتَخَصِّص ساحة النَّقد الصَّريح مُنفردًا، ثُمّ تَطوّر الأمرُ إلى دخول كثيرٍ مِن طُلّاب العُلوم الدِّينِيّة ناقِدين لِمَناهج المدارس الحَوزويّة ذات الانْتِماء الحِزْبي والفِئوي حَصرًا وبالوسائل المُتاحة المَعرُوفة. وصار انحِسارُ طُلّاب العُلوم الدِّينِيّة عن حُضور مَجلِس الدّرسِ العِلْمي دَلِيلاً على رَفضِهم لِلمُدَرِّس والمَدرَسَة، وصار إقْبالُهم الشَّدِيد على الدَّرس العِلمِي الآخر دَلِيلاً على الرِّضى عنهما، ليس بِدافِع الاختِيار الأَصْلَح لِلمادّة ولِلمَنهج الدِّراسي وإنَّما لِطَبيعةِ الفكر الذي يَتَبنّاها المُدَرّس ومَدرَسَتِه ومَدى قُربهما مِن جِهات الانْتِماء الحزبي والفئوي أَو بعدهما عنها.

تِلكَ ظاهرةٌ تَقبَّلها البَحْرانيّون بِما هُم عليه مِن ثَقافَةٍ أَصِيلَةٍ وإدراكٍ وقُوّةٍ في الذَّاكِرة، ولم يُشَكِّل وُجود النُّقاد البُسطاء والسُّذج والحَمقى مِن أَنصاف المُتَعَلِّمين عائقًا يَحول دُون تَحوّل العُلوم الحَوزَوِيّة ومخرجاتها ومَنهجها في التَّبلِيغِ ونَمط الوَلايَة الّتي تَقودها إلى مادَّةٍ قابلةٍ لِلنَّقدِ العام.

العَقلُ النَّاقِد بِدَورِهِ المتوازن بين النَّاس يَصدُر عن عَملٍ جَميلٍ إنْ قُصِد به الإصلاح والرُّقِي بِمَن يُنقَد وما يُنقد، فإِن زاد عليه صاحِبُه تَعقُّبَ العَثرات وتَحسُّس التَّفاصِيل؛ انْحطّ بِمادَّتِهِ وأَفسد. فالخَطأ الّذي يَحتمِلُ الصَّواب يُحمَل على الصَّواب عند ذِي السَّريرة النَّقِيّة.. وحَدهُم أَصحابُ القلوب المريضة يُفسِدون بِتَتبُّع عَثَرات غيرهم وبِاختِلاق العَثرات مِن عند أَنفُسهم ونِسْبتها إلى غيرهم مِن دُون وَرَع.. لماذا يرصدون عَثرات الآخرين ويحصون عليهم الأنفاس ولا يحتَمِلون بِالظّنّ مَطلقًا، فيَقطعون بِخَطأ كُلّ ما يصدر عن غيرهِم وإِنْ احتَمل الصّواب.

يَقرأُ المجتمع البَحْرانيّ المعاصر ما يَجرِي مِن حوله بِعَقلٍ ناقدٍ مُنفتح، مُدرِكٍ أَنَّ النَّقد الّذي يُراد بِهِ النَّيل مِن مقام الآخرين لا يَعدو أَنْ يكون سلوكًا هابِطًا لا يَنبغِي أَنْ يصدر مِن إنسانٍ نَقِيّ السَّريرة.. لماذا نُحصِي صَغائر الأَخْطاء وهَوامشَها وقد أُمِرنا بِسَتر الكَبائر وإِنْ تكرّر فِعلُها وصدورها مِن الآخرين.. لا

يُفشِي حَريصٌ على الاستِقرار والأمن الاجتِماعي عَثرات النَّاس وأَخطاءَهم ولا يَفضَح مُرتكِبي السِّيئات ويَكشف أَسرارَهم على مَلأ، ولا يَنالُ مِن مَقام ومَنزلَةِ الآخرين إِلَّا جاهِلٌ أَو أَحمقٌ أو أَخْرقٌ أو مُتحَيِّزٌ لِحزبٍ أَو لِفئةٍ.

إِنَّ مَن يَسعى في تَنمِية ثَقافةِ مُجتَمَعِه ويُساهم في تَقدُّم الرَّكب الشِّيعِي ورُقِيِّه بما اعتَراه مِن نَقص؛ فعَليهِ أَلَّا يُبالغ في عرقلة مَسيرة السُّمو الثَّقافي بِعَمل غَيره بِدَعوى إِعمال العَقل النَّاقد. وإِنّ في النَّاس مَن يَتعمّد الإساءة إلى غيره مِن خِلال تَوجِيه النَّقد الشَّديد لِكُلّ ما يُحتَمَل فِيه الصِّحَّة دائمًا، فيَترصّد كُلَّ ما يَصدُر عن الآخرين ويَقتحِم نواياهم بِقَصدِ تَوظيفها في تَشوِيه أَقوالهم وأَفعالهم. والمُبتلى بِفِعل هذه الفِئة المُسِيئة هُم فئةٌ من الوَرِعين والمتَفُوِّقين في تَنمِية الثَّقافَة وخِدمَةِ مُجتمَعِهم ودِينهم فلا يُكترِثون لِمضاعفات النَّقد الهدّام وهُم الّذين يُقِيلون النَّاس عَثراتهم ويَضعُون أَصابعهم في آذانهم عندما يُشيع الآخرون الفاحِشةَ في الضِّد منهم.

لا مَناص مِن الحاجة إلى المُرونة والصِّدق في تَقبّل نُقود مَن أَخلص النَّوايا وآمن بِالتَّدرُّج في مَسيرة التَّكامُل والسُّمو بالتَّشَيُّع، ووَثِق بِجُودَةِ ثَمر الثَّقافة البَحْرانِيَّة الأَصيلة، وعَمَل على مُعالجة الأَخْطاء وسَدِّ النَّواقص. ولا يَصِحّ الإصغاء إلى مَن كان هَمّ يومِهِ التَّجسّس على الآخرين وهو مُتربّع على عرشٍ مِن الكِبر والغُرور لِيُحصي العَثرات والأخطاء والسَّيِّئات ولِيُشهِّر بِأَصحابها لمصلحة انْتِماءٍ حزبي وفئوي خاصٍّ ويَنسى ضَعف ذاتِه وخُلوّها مِن العِصْمة.

ـ أَصَالَةُ المُعَدِّلين والمُجَرِّحِين

في مَطلع عقد الخمسينات مِن القَرن الماضي قَرّر البعضُ مِن مرجعيّات الحوزات الكُبرى التَّوسّع في الوظيفة (التَّقلِيدِيّة) للحوزة العلميّة، وسَعى في تركيز الجهود على تنمية البُعدَين الاجتِماعي والحضاري لِلوُجود الشِّيعي في العالَم. ولم يَكُن مِن سبيلٍ لإنجاز هذه المُهِمّة الكُبرى إِلَّا بِاعتماد آلة الحِزب

وفِكرها الحَرَكِي الخاصّ لِبَسط القُدرة واستِغلال الطّاقات والإمكانات الشِّيعِيّة والعَمل على تَوجِيههما نَحو جِهات التَّأثير. فأَدّى ذلك التَّوسع إلى حدوث أَوَّل شِرخ في بُنيَةِ الثَّقافة الشِّيعِيّة حيث صَنَّفَت آلةُ الحِزب الوُجودَ الشِّيعي إلى أُمَّةٍ أَسِيرة لِـ (التَّخَلُّف) و(اللاوَعَي) يُراد النُّهوض بها، ونُخْبَةٍ مُنظَّمةٍ (وَاعِيَة) خُصَّت بِوَصْف (طَلِيعة) التَّغيير حيث أَوجَبَت آلةُ الحزب لهذه الطَّلِيعة حَقَّ السِّيادة بِزَعامَةٍ مَفروضَةِ الطَّاعة على طَرِيقَة الزَّعامة الحزبيّة في اتِّجاه أَهْل العامّة.

فإِنْ سَلَّمنا جَدلاً بِأَنَّ الأُمّة هذه دَخَلَت طَورَ ما وُصِف بـ (التَّخَلُّف) و(اللَّاوَعْي) فتَعَطَّلت ثَقافَتُها عن النُّمُوّ والإبداع وكانت في أَمَسِّ الحاجة إلى النِّضال بِفِئةٍ منها ذات مَنهج مُتفوِّق ومُتفرّغ وَظِيفيًّا لِانتِشال هذه الأُمّة مِن وَحْل التَّخَلُّف واللَّاوَعْي المُدَّعى.. وإِنْ سَلَّمْنا أَيضًا بِأَنّ التَّخَلُّف أَو اللّاوَعي في الأُمَّةِ هذه يُعزَى إلى انكِفاء الحوزات الكُبرى والكِيانات الأَهْليّة الحاضِنَة لِأُصول الثَّقافَة واعتزالها عن المَحافِل العامّة وانْغماس طُلّاب العلوم الدِّينِيّة في المراتب الدِّراسيّة مِن المَهد إلى اللَّحْد والامتِناع عن تَزوِيد المُجتمع بِالمَفاهِيم الجديدة المُواكبة لِتَحوّلات العصر.. هُنا، أَلا يجدر أَنْ يُستَفهَم عن مُحصِّلَة نِضال هذه الطَّليعة أَو (الفِئة القَلِيلَة) وقد مَرَّ زَمنٌ قُدِّر بِسَبعينَ عامًا على اعتِماد آلة الحِزب في أُمَّةٍ أَحرَزَت الاستعداد الوِجداني والنَّفسِي لِتَنمِيَة (وَعْيها) وإِدراكها وقابِليّتها لِلانْقِياد على الرَّغْم مِن تَخلُّفها المُدَّعى؟!

وبِقَراءة فاحصة لِلثُّنائيّة (الأُمَّة الشِّيعِيّة) و(الحِزْب الشِّيعِي) ستَتمكَّن بِيُسرٍ مِن رَصْد مُحصِّلَة هذا النِّضال ولا سِيَّما أَنَّ الثُّنائيّة هذه ليست مُستَقلّة بِذاتها في ثَقافَة التَّشَيُّع مِثلما هي عليه حال الثُّنائيّة الحُرّة المُطلقة لَدى غير الشِّيعة.

الثُّنائيّة (الأُمّة والحِزب) في الشِّيعة تُمثِّل علاقة مُستَحدَثَة لا بُدّ أَنْ تكون مَحكومةً بِمُوجبات (الانْتِظار) الّتي هي شأنٌ عقديٌّ يختصّ به الشِّيعة ويُؤمِنون في حَدِّه التَّام بِوُجُودِ إِمامٍ معصومٍ متُكَتِّم وله راية و(كُلُّ رايةٍ تَخرجُ

قَبْل ظُهور المَهدِي فَهِي رايةُ ضَلالة وصاحِبُها طاغُوت).

إِنَّ الاستِقلال بالثُّنائيّة هذه طِبقًا لمفهوم (الانْتِظار) له انْعكاسٌ إيجابيٌّ عظيمٌ جدًا في مُتعلِّق التَّنمِية الثَّقافِيّة وغيرها، ومِنه امتِناع تَغلُغل العَصَبيّات الحِزْبيّة والتَّطرف الفِئوي وهَوى حُبّ الرّئاسة في المؤمِنين العامِلين الملتزمين.. وإِنْ أَجمعنا على أَنّ الانتماء الحزبي أَداةٌ مناسبةٌ لِاختِصار الطَّريق في تَنمِية ثَقافَةِ الأُمّة؛ فَهُو لا يَتَشكّل مِن فِئةٍ مِثاليّةٍ مُفوّضة لاحْتِكار الحَقِيقَة المُطلَقة وحَقَّ السُّمُوِّ والسِّيادةِ على أَفراد الأُمّة في مُقابِل مَفهوم (الانْتِظار) المُمتَنِع عن قُبول هذا اللَّون مِن الفئات، فمِن شَأنِها اعتماد المُراجعة آليًّا لِتَصحِيح الأَخطاء كُلَّما اقترِفت.

إِنَّ التَّحوّلات الاجتماعيّة في العالم الشِّيعي بما اشتَمَلَت عليه مِن أَدواتٍ ووَسائل انتماء حِزْبيّ وفِئويّ فَهِي ليست مَعصومةً أَو مُمتَنِعةً عن ارتكاب الخَطأ إِنْ استقَلّت بِمَشروع التَّغيير الاجتِماعي عن راية الإمام المعصوم أَو امتنعت عن الالتِزَم بِمفهوم الانْتِظار. فلا بُدّ في هذه المسيرة مِن الاجتِهاد المُشَرِّع لِتَنوّع ولِتَعدّد قُوى التَّغيير ومِن التَّنافُس في أَجواءٍ يَسودها العَقلُ النّاقِد مِن أَجل تَصحِيح مسار العَمل وتَوجِيهِهِ في سِعَةٍ مِن الصّدور.. ولا بُدّ مِن الابْتِعاد عن أَسْباب الخُصومة.. ولا بُدّ مِن التَّمسُّك براية (الانْتِظار)، ولا بدّ مِن الالتزام بِمُقدِّمات الرَّايَة وشُروطِها لِكَبحِ جِماحِ هَوى (حُبّ الرّئاسة) والزَّعامَة.

إِنَّ (السِّياسَة) المارِد الشَّيطاني بِمَفهومِهِ المُتداول ما فَتِئ يَتَحَيّن الفرص حتَّى يُحكِم قَبضَتَه على العاملين في حَقل التَّنمِية الثَّقافِيّة وعلى المُتمَسِّكين بأَصالتها، فيُصَوّر لهم (الانْتِظار) مُخدِّرًا لِآلَتَي (التَّحضُّر) و(الوَعْي)، وكابِحًا لِمُبتغى الرُّقِيّ والإدراك، ومانِعًا مِن التَّدَرُّج نحو الكمال، ودافعًا نحو (التَّخَلُّف) و(اللَّاوَعْي) والانْحِطاط.

نَظِيرُ ذلك حَصَل في أَوساط بَعض الاتّجاهات الشِّيعِيّة حيث وَقَعَ في حَبائل الشَّيطنَة فكان مِن المُروِّجين لخِطاب تصحيح (الوَعْي) الّذي يُراد به نَفيَ

مَفهُوم (الانْتِظار) بِحِنكةٍ وذَكاء، والدَّعوةَ إلى الالتزام بِالواقِعيّة (البَراغْمَاتِيّة)، ومُواكبَةَ مُتطلّبات العصر، وإِضفاء مسحة مُقدَّسَة على زعامة الانْتِماء الحِزْبي والفِئوي حيث تُطاع مُطلقًا، مع الحذر الشَّدِيد مِن الإثارة المُوقِظة لِلاتِّجاهات المُحافِظَة المُتمَسِّكة بِمَفهومي (التَّقيّة) و(الانْتِظار).

لقد اختَلَف المُعدِّلُون والمُجرِّحون لِثَورات القُرون الهِجرِيَّة الأُولى في التَّأريخ الشِّيعِي إِذْ حدَّدوا بِها الموقف مِن ثُنائيّة الأُمّة والحِزب واجتَهدوا بها في قَراءة مُتون أُصُول المعرفة وحَلَّلوا بها سيرة التَّشَيّع وتَرقَّبوا بها ضَرُورات الواقع. وكان الموقفُ مِن ثَورَتَي (المُختار الثَّقَفِي) و(زَيْدِ بن عَلِيّ) مِن أَبرز ما اختَلَف فيه المُعدِّلُون والمُجَرِّحُون المعاصرون على الإطلاق، فقَائلٌ يَقول بِعَدَم الشَّرعِيّة، وقائل مُشرِّعٌ لهما بِناءً على ما كان لِلإمام المعصوم في زَمنِهما مِن صِلَةٍ تحدّها التَّقِيّة أَو الظّاهر لِتَقرير. وأما في خُروج الإمام الحُسَين صَلواتُ الله وسَلامُه عليه على دَولَةِ الأَمَويِّين وزَعيمها يَزيد بن معاوية شاربِ الخَمر وقاتِل النَّفْسِ المحتَرمة فاختَلَف المُعدِّلُون والمُجَرِّحُون المعاصرون لِلثَّورات في قَراءة سِيرَتِه ومَنهج انتزاع الرُّؤيَةِ والمفهوم من تفاصيلها!

لَقَد أَحْدَثَ الاختلافُ بين المُعدِّلِين والمُجَرِّحِين حَول هذا النَّمط مِن الثَّورات التَّأريخيّة اتِّجاهاتٍ سِياسِيّةً وثَقافِيّةً واجتماعِيّةً مختلفةً في الشِّيعة. فوَفَّق المُعدِّلون بين وَظِيفتي (الانْتِظار) و(العَمَل الثَّورِي) السِّياسِي في إِطار ثنائيّة الأُمّة والحِزب، وانْكَفأ المُجَرِّحُون على (التَّقيّة) و(الانْتِظار) يُنَمُّون الثَّقَافَة الشِّيعِيّة ويُعودُون بها إلى الأَصَالة.. خِلافٌ جَوهَرِيٌّ أَدّى بِمُعطياتِه المُتضارِبَة إلى حالٍ مِن التَّبايُن والتَّدافُع والتَّضاد في مَجالَي التَّغيير الاجتِماعي واستِقطاب واحتِواء جِيل النُّخْبَة المُثقّفة مِن الفِئة الشَّبابِيّة التي وَقَع الاختيارُ عليها لِتكوين أَداة التَّغيير وحمَل لوائها إِذْ هي الفِئة الأَكْثَر تَفاعُلاً مع الثّقافة ومظاهرها وشَعائرها، ولها يُعودُ الأَثَر الأكبر في صِناعَةِ التَّحوُّلات الكَبيرة والمُفاجِئة في الأُمّة ومِنها الثَّورات والانْتِفاضات والهَبَّات الشَّعْبِيّة.

ويُشكِّلُ مُستوى التَّحوُّل في المفاهيم بِاتِّجاهَي (التَّجدِيد والتَّغيير) و(التَّأصِيل) على طِبق الرُّؤيَتَين المُعدِّلَة والمُجرِّحة لِلثَّورات التَّأريخِيَّة الشِّيعِيَّة العامِلَ الأَهَمّ في حَرَكَةِ تَقرِير مَصِير المجتمعات الشيعيّة وتَحدِيد مَدى قُربها أَو بُعدِها مِن مَفهُومي (التَّقيّة) و(الانْتِظار).

وبِقَراءة فاحِصَة مُقارِنَة لِقَرنٍ مَضى مِن أَعمال التَّثقِيف والتَّبلِيغ والوَعظ والتَّوجِيه المنظّم بزَعامة كُلٍّ مِن المَرجِعيّات الشِّيعيّة ونخبها المُثقّفة وزعامات ووُعاظ اتِّجاه أَهْل العامّة، فإِنَّ جُملةً مِن النَّتائج المُثيرة لِلدَّهْشَةِ ستَتَكَشّف لنا. فقَد استَهلَكَت زَعاماتُ اتِّجاه أَهْلِ العامّة أَجيالها الشَّبابِيّة في حُروبٍ نِظامِيَّةٍ وأَهلِيّةٍ داخِليّةٍ بَشِعَةٍ وارتِكاب أَعمالٍ إِرهابِيَّةٍ وَحشِيّةٍ طاحِنَةٍ لِمَصلحة سِياسات الدُّول المتعُاقِبَة مُنذ لَحظةِ الانْقلاب على النُّبُوَّة والإمامة ولِدعَم قِيام أَنظِمة حُكم مُستبِدّة وسِيادةِ أَحزابٍ مُنحرفةِ الفِكر ولِتَأجِيج الثَّورات التَّحَرُّرِيّة الفاسِدة القائمة على تَوازنات اسْتِراتِيجِيّة مِن تَدبير القُوى العُظمى الحاكمة على العالم، فِيما ذَهَب المُشَرِّعُ الشِّيعيُّ لِلثَّورات التَّأريخيّة إلى ضَرورة مُقارَبة النَّهضة الثَّورِيّة لِأَحْزاب اتِّجاه أَهْلِ العامَّة والانْخِراط في مُنظَّماتها والمُبادرة إلى اقتِباس خِبراتها السِّياسيّة وفِكرِها الحَرَكِي والتَّعاون مَعها على ما يُصلح حال المسلمين كافَّة مِن غير قراءةٍ حَصِيفةٍ لِلامتِدادِ التَّأريخي الحَرْبِي الوَحشِي لِهذا الاتجاه والخَراب الّذي حَلّ بِأَجْياله في عرض التَّاريخ الإسلامي وطُوله. لكِنَّ أُوْلِي الأصالة مِن الشِّيعَةِ أَبْدَوا رَفْضَهم لِهَذه المُقارَبَة ودعوا إلى التَّمَسُّك بقيمة (الانْتِظار) وإلى تَجرِيح تِلْكَ الثَّورات التَّأريخِيَّة مَخافَةَ أَنْ يَجري على الأَجْيال الشَّبابِيّة الشِّيعِيّة ما جرى ويَجرِي على أَجيال اتِّجاه أَهْل العامّة، فتُستَهلَك أجيال الشّيعة على ذات الطَّرِيقَةِ المنحرفة والمَنحى المسرف في الدّماء!

وعلى أَثر تَوالِي الهَزائم السِّياسِيّة في أَتْباع اتِّجاه أَهْل العامّة المعاصِرين والاستِنزاف الهائل لِمَفاهيم الانْتِماء والوَلاء والجِهاد المُنتَزعة مِن سِيرةِ الصَّحابَةِ المُنقَلِبين على الأَعقاب، وذهابِ رِيح أَربعةِ أَجيالٍ شابَّةٍ معاصرة

هَباءً منثورًا؛ أَمْسَت النَّهضَةُ الثَّورِيَّة لِأَحْزاب اتِّجاه أَهل العامّة تُعانِي مِن طُغيان الشُّعور بِاليَأس والإحباط وقد تَصعّد في خاتِمَة هذه النَّهضَة مُستوى التَّوقُّع بِإقبال أَحْزاب العامّة وتَيارِها (الثَّورِي) العَريض على اعتناق التَّصوّفِ والانكِفاء على أَوْراده والانْطِواء عَليه بِشعار (اليَأْسُ مِمَّا في أَيدِي الخَلائق)!

وعلى العَكسِ مِن ذلك، لم يُداهِم الوَسَط الشِّيعي المُعاصر ذات الشُّعورِ بِالإحباط والانكِسار حيث ظَهَرَ شَكلٌ مُتوازنٌ في المفاهِيم بين الاتِّجاه المُشرِّع لِلثَّورات التَّأريخيَّة العامِل بِمَفهوم التَّغيير الثَّورِي والاتِّجاه المُجَرِّح العامِل بِمَفهومِ العَودةِ إلى الأصالة وتَنمِية الثَّقافَة والتَّمَسُّك بِقيمة (الانْتِظار). ما أَدى ذلك إلى مَنعِ تكرار ذات التَّجربة الحَركِيّة العَنِيفَة على الطَريقةِ الحِزْبية والفِئوية لدى اتِّجاه أَهْل العامّة وإلى تَمَكُّنِ اتِّجاه الثَّورِيَّة الشِّيعي (المُعَدِّل) في مُنتَهى تَجرِبَتِهِ المريرة مِن إعادة الانْتِشار الثَّقافِي في سُرعَةٍ ظاهرةٍ حيث رُجِّحَت كَفَّةُ التَّوقُّعات بِقُرب صُعودِ نَجْم اتِّجاه الأَصالَة (المُجَرِّح) لرجال الثّورات التّأريخية (الشِّيعيّة) والمُنافِس المعاصر الصّعب.

ولم يَكن مِن خِيارٍ أَمام اتِّجاه التَّجدِيد والثَّورِية (المُعدِّل) في طُول الزَّمَن وتَراكم خِبراته إلَّا الميل بَشكلٍ مُفاجِئٍ إلى تَشرِيع الدَّعوة إلى الدِّيمُقْراطِيّة في دَولَةٍ مُستقلّةٍ أَو السَّعي في طَلَب المُشاركة النِّيابيّة والانْخِراط في إِدارة شُئون الدَّولة تَحتَ سِيادة القوى العُظمى أَو تَحتَ ظِلِّ حُكْم مُستَبِدٍّ على الرَّغْم مِن بَقاء هذا الاتِّجاه على مَبدأ تَعدِيل الثَّورات التَّأريخِيَّة ورِجالها!

كان مَفهومُ (الانْتِظار) في النِّضال الثَّورِي (المُعَدّل) مِن أَبْسط المفاهِيم الحاضرة حيث الثَّورَةُ تَتمثَّلُ الدِّماء والآلام والشَّتات والهِجرة مِن الأَوطان، ومِن شَأن هذا المفهوم إثارة العُقول وتَوجِيهها نَحو تَصوِيب المواقف والاقْتِراب إلى ما هو أَحْسن. وعِندَما انَجلَت غَبرة المُراجَعات؛ غُيِّب مفهوم (الانْتِظار) واستُبدِل بِمَفهوم (الوَعْي) لِيَتقمَّص مُراد نَفْي (الانْتِظار) على حَذَرٍ شَديدٍ وتَقِيّة، حتَى نَهضَت الحِزْبيّاتُ والفِئويّاتُ الثَّورِيَّة بِمَفهوم (الوَعْي) لِتُجَرِّد

به مُستحقّاتها السِّياسِيّة مِن كُلّ قَيدٍ وشرط عِوضًا عن المُضِي إلى تَحقِيق أَهدافِ الأُمَّة الرَّئيسة وإِخلاصِ النَّوايا على طَرِيقِ نهضتها أَو الاكِتفاء بالجَزاء الأَوْفى.

وهُنا تَجلّت الرُّؤية (المُعدِّلة) بِشَكلٍ واضِح حيث مَرَّ الثَّورِيُّون بِمَرحَلَةِ التَّوجُّس مِن عَدالةِ تَوزيع تِلك الحِصص بِوَصْفِها مُستحقًّا سِياسِيًّا، فعَمدوا إلى مُمارسَة المَكْر السِّياسِي والتَّدلِيس الاجتِماعي ولِيَنفَرِدوا بِحِصَّة الأَسَد من الحصص، وبَالَغوا في استِنْزاف الطَّاقات الشَّابّة في دَوائر الافْتِراء بِالكَذِب والبُهتان، وحَوَّلوا أَجيال الثَّورة الّتي نَذَرَت نَفسَها لِلنِّضال في سَبِيل التَّغيير إلى آلةٍ لِلدّعاية الحِزْبِيّة والفِئويّة ولِلتَّفخِيم المُقَنّع لِمَقام الزَّعامَة والمَراتِب الحِزْبِيّة والفِئويَّة المُتقَدِّمَة المنتشرة في الوَسَط الاجتِماعِي!

في مَرحَلةِ الكَسب تَتَحوّلُ القِيم والمَفاهِيم الثَّوريَّة إلى أَنيابٍ حادّةٍ وتَتَحوّل المُنافسة إلى مُغالَبة ويَجرِي العملُ على قَدمٍ وساقٍ لِإقصاء المُنافِسين وحَجْبِ فُرص التَّفَوّق عَنهم. مِن هُنا نَقرأُ في سيرة التَّشيّع قصصًا عن حِرص زُعَماء بَعض الثَّورات على تِبيان شَرعِيَّة قِيامِهم عند ساعة انطلاق ثوراتهم. فإِنْ تَفوَّقوا بِثَوراتِهم وحَقَّقوا نصرًا كُلِّيًّا أَو جزئيًّا؛ انْفَرَدُوا به وامتَنَعوا عن تَسلِيم مَقالِيد السُّلطة لِإمام زَمانِهم أَو نَسَبُوا الثَّورةَ إلى مُعجِزَةٍ مُنفصلةٍ عن الأَثر التَّأريخي.. تِلك مِن المَصادِيق السَّلْبِيّة ذات الأَدِّلة الدّامِغَة على الخذلان الّتي يَمِيل إلى إِشهارِها مُعَدِّلو الثَّورات ورِجالِها.

كان النُّهوض بِمَقام الثَّقَافَةِ البَحرانِيّة الأَصِيلة مِن أَهَمّ أَوْلَوِيّات التّغيير في المجتمع البحراني بزَعامَةِ الاتِّجاه الأَخْباري. وعِندما حَلَّ مَفهُوم (الوَعْي) على رأسِ قائمةِ الانْتِماء الحِزْبي والفِئوي بعد الانتِشار الأُصُولِي؛ تَراجَعَت التَّنمِيةُ الثَّقافِيّة، وصار عَمَلُ الانْتِماء قائمًا على المَوازِين السِّياسِيّة، وبَقِي الوُجودُ الفَاعِل لِاتِّجاه الأَصالة المُجَرِّح صَمَّام الأَمان والضَمانَة لِإِيجاد التَّوازن في ساحة نِضال التَّنمِية الثَّقَافِيَة كُلَّما سنَحَت الفُرص. لكِنّ السِّياسَةَ عَملٌ واقعيٌّ على حَسب مَفهُوم (الوَعْي) المروَّج لا يَقبل شَيئًا مِن التَّوازن

المَسئول المُستقِلّ عن دَوائرِه!

لا تُبْقِي الأنانِيّةُ والغرورُ والكِبرُ عند حِيازة السَّلطنةِ والقدرة والمُكنَةِ على شَيءٍ مِن القِيم والمُثُل ثَابتَة ولا على المَفاهِيم الأَصِيلة مُستقِرّة في المجتمع. ويُشَكِّلُ الهاجِسُ السِّياسِيّ مربض الشِّيطان الماكِر الّذي ما فَتِئ يُمنِّي ويُعْمِي ويُمْلي. فلا عَجَب مِن بَقاء الثَّقَافةِ البَحْرانِيّة الأصِيلة ضَحِيَّة كُلِّ التَّفاعُلات السِّياسِيّة في الانْتِماء الحزبي والفئوي الشِّيعِي المعاصر.

الانْبِهارُ بِالتَّبَعِيَّةِ والانْحِدارُ المُفاجِئ

عِندما يَرصُد الاقتِصادِيّون الفَرقَ بين دَرجَات التَّنمِيَة الاقتِصادِيّة في بَلَدٍ عريقٍ وبَلدٍ آخر حَدِيث عَهدٍ بِالتَّنمِيّة يَذكُرون أَنَّ نَتائج تَجرِبَةِ البَلدين تُصِيبُ المراقِب بِالدَّهشة إِذْ يَنطَلِق البَلَدُ الحديثُ فرِحًا مَسرورًا في أَعمال التَّنمِية الاقتصاديّة وينطلق بِها بِسُرعَةِ الصَّاروخ أَملاً في تَحقِيق نُموٍّ يَتَجاوز نِسبَةَ الـ ٪8. وَفِي المَشهدِ ذاته يُرى البَلَدُ العَريق فَرِحًا مَسرورًا في زَحفِهِ البَطِيء (السُّلْحَفائي) لِيُحَقِقَ نُموًا اقتِصاديًّا لا يَتَجاوز الـ ٪3 .

وعند تَعاقُبِ السِّنين وتَظاهر الأَيَّام يُصابُ البلد الحَدِيث بِانْهيارٍ اقتصاديٍّ مُفاجِئٍ، ويَتَبدّد الأَمَلُ فيه وتَزول الفَرحةُ والسُّرور عنه بِما قَدَّم مِن تَنمِية صارُوخِيّة، فِيما يُواصِل البلدُ العَرِيق مَسيرتَه الاقتصادِيّة (السُّلحفائيّة) الهادئة على مَنهجِ حَياةٍ مُستقرّةٍ مُولِّدٍ لِلمَفاهِيم الحضاريّة الجَدِيدة المُناسِبة ومُؤثِرٍ بها في قائمة المُكوِّنات الثَّقافِيّة الأَصِيلة ومُجدِّدٍ بها الأنماط القَدِيمة، فَيَتقدَّم البلدُ بِرَوِيَّة وفي تَدرُّج عِلْمِيٍّ واضحٍ واثِق.

وكَذلِك تَفعلُ التَنمِية الثَّقافِيّة سَريعة التَّحوُّل بِالقُوّة والتَّجاوز الثَّورِي أَو بِالقَرار السِّياسِي المُفاجئ أَو بِالمَرسوم بِقَانون أَو بِرَغبةِ الحَشد والجُمهور أَو بِالمؤتَمر الحِزْبي والفِئوي.. كُلُّها تَنمِيةٌ لا تَأتِي النَّاس بِوَجْهِ خَير وإِنْ كان مَظهرُها بَرَّاقًا يَأخذُ بِالألباب والعُقول وتَأنَسُ له النُّفوس وتَفرَح.

إنَّ بَين النَّاسِ ثَقافةٌ أَصِيلةٌ معلومةُ النَّشأة والتَّطوّر.. إنَّها تَنمُو في سِياقٍ ثابتٍ منذ عَهدٍ قديمٍ لا يَقبل الانْقِطاع بِالتَّجاوز والثَّورِيّة أَو بِفَرض البَدِيل الصَّاعِق ولا يَخلو مِن مُقدِّمات راسِيَة على قَواعِد مَتِينةٍ راسِخةِ الأُصُول في المجتمع. وإنَّ التَّحوُّل في أيّ مِضمار سِياسيٍّ أَو اجتِماعيٍّ أَو اقتصاديٍّ فلا بُدَّ أَنْ يُراعى سِياق النُّمُوّ الثَّقافي الأَصِيل في النَّاس، فإنْ لم يَفعل ذلك فقد أَمْسَى فِيهم ضِدًا وأَخَلّ بِالنّظام الاجتِماعي وأَحَلّ الفَوضى وأَضاع الهُوِيَّة الأَصِيلة وساد بِالنِّفاق وطَغَى بِالتَّهتُّك والانفِلات الخُلُقِي.

ما زَال نِضالُ التَّحَرُّر المارْكِسِي والدَّولةُ النَّاجمة عنه يُذكِّران بأَخْطر تَجربَةٍ حَدِيثةٍ سادَت على رُؤوس المَلايِين مِن النَّاس بِقُوَّةِ التَّجاوز والثَّورِيّة، وأَزهَقَت أَرواحَ الملايِين مِنهم في سَبيل قَهْر ثَقافَتِهم العَرِيقة السَّائدة وإِحلال البَدِيل فيهم. ومِن ذلك أَيضًا تَطبيقُ النِّظام الرَّأسمالي المُتَستِر بِعَباءة الغَلبة المَذْهَبِيّة الكاثُولِيكِيّة، ثُمّ التَّحوُّل الدَّموي والقَهري إلى (البُروتَستانْتِيّة) وتَحقِيق الغَلبة على ثَقافَة مُجتمع الكاثُولِيك الشَّائعة والحاكِمة.

قد تَجتَمِعُ إلى الثَّقافة أَفكارٌ وعاداتٌ وتقاليد خاطئة أَو مُنحرِفة في غَفلَةٍ مِن النَّاس، ورُبَما تَنشأ في الثَّقافَةِ أَيضًا أفكارٌ وعادات وتقاليد سَلِيمة نَظُنُّها خاطِئة بِمَعايِير أَو بِمَفاهِيم نَستلْهمها مِن ضَرُورات الوَاقِع ولَيْس مِن الحاجَة المُلِحَّة ولا مِن الاجتِهاد في لُغةٍ أَو لَهجةٍ أَو نصّ ديني ولا مِن القراءة التَّأريخيَّةِ المُستَلهَمة مِن الثَّقافة ذاتها.

لماذا رَفَضَ مُجتمعُ المسلمين التَّخَلِّي عن أَداء صَلاة التَّراوِيح ولم يَقبل الصَّحابَةُ مِن عَلِيٍّ أَمير المؤمنين صَلوات الله وسَلامُه عليه حُجَّةً بِالَغةً مانعةً فيها إِذْ تَحوَّلَت تلك الصَّلاة الموضوعة مِن فِكرَةٍ إلى عادةٍ أَو تقليدٍ أو عُرفٍ أَو سُنَّةٍ خاطئةٍ. وعندما ظَهر مُجتَمعُ المتُصوِّفَة المتفلسف أَبقى على التَّراوِيح أَيضًا ولم يَعتَزِلها وهُو يَعلَمُ أَنَّها قائمةٌ على خلافِ مَبناه في الاعتِقاد بِدِيانة (وَحْدَةِ الوُجودِ والمَوجود)، وهكذا الأَمْرُ في تَعبُّد أَقْطاب التَّصوّف إِذ دَرَجوا

على الصَّلوات على حَسَب نَتائج هذه الدِّيانَةِ الكافِرَة بِالتَّعدُّد إلى خالِقٍ أَزْلِيٍّ واجبِ الوُجُود ومَخلوقٍ مُمْكِنٍ مَوجُود.

إِنَّ التَّقَالِيدَ والعادات والأَعراف هي مَظاهِر لِثَقافَةِ النَّاس ونَمطُ مَعِيشَتِهم ولا تَقبَل مِن أَحَدِ التَّجاوُز والانْقِلاب والثَّورِيَة المُفاجِئة والمُبهِتة وإِنْ نَشأت هذه التَّقَالِيد والعادات والأَعراف على إِيمانٍ مُنحَرفٍ خَاطِئٍ أَو استَحالَت بين النَّاس إلى مظاهر لِأُصُولٍ مِن إِنتاج ما اعتَقَدُوه وَحْيًا أَو إِلهامًا أَو كشفًا أَو مِن تأويل وَحْيٍّ أَو إِلهام، أَو مِن إِنتاج بَشَرِيٍّ فَلسَفِيّ أَو صُوفِيٍّ كَشْفِيّ غَير عادي، أَو مِن فُروضٍ سِياسِيَّةٍ أَو اجتِماعِيَّةٍ أَو اقتِصاديّة.

ولا فَرق بَين التَّجاوُز والانْقِلاب والثَّورَة على أُصُول المَعرِفَة وعلى العَادات والتَّقَالِيد والأَعراف واللُّغة واللَّهجة وما شَاكل ذلك، فَكُلٌّ مِنهما يُفرِزُ نَتيجةً مشابهةً، وإِنْ فَقدت الأُصُول قِيمَتَها وقُدسِيَّتها ومَقامَها عند المُنقلِبين والثَّورِيِّين فأَصبَحت مِن مُكَوِّنات الثَّقَافَة وصار شأنُها شأنُ العاداتِ والتَّقَالِيد والأَعراف.

فَقَد يَصطَدِمُ نِظامٌ سِياسيٌّ بِجُمهورِهِ مِن جَراء خَطأ ارتَكَبَه في قَراءةِ عادةٍ مِن عادات الجُمهور أَو تَقلِيدٍ مِن تَقالِيده. وقد يَظنُّ ذات النِّظام في ظرفٍ آخر أَنّ التَّقدُّم بِالعادات والتَّقَالِيد أَو التَّخَلُّف بها يَزِيدُ في دَرجة خُضوع الجمهور أَو يُوثِّق مِن ولائه له. وفي حالٍ مُشابهةٍ يَصطَدِم النِّظام الاجتِماعي المُصلِح أَيضًا بعادات النَّاس وتَقالِيدِها حِينما يُقَرِّر العَبَثَ في أُصُولهما أو استِبدالهما بَعاداتٍ وتَقالِيدٍ مُستوحاة مِن ثَقافَةٍ أُخْرى أجنبيّة أَو مُقتبسة عن بيئةِ شُعوبٍ أُخرى مُختَلِفة، فيَنتهِي بِه الأَمرُ إلى إِحداث ضَررٍ على الثَّقَافَة الأَصِيلة الدَّارِجَة.

لقد بُذِلَت الكَثيرُ مِن الطَّاقات الثَّورِيّة في سَبِيل تقويض الثَّقافَة البَحْرانِيَّة الأَصِيلة ومَظاهرها، وكان المُنطلقُ عند بَعض الباذِلِين هو التَّغلُّب على ما وُصِف زُورًا بـ (التَّخَلُّف) و(اللّاوَعْي) السَّائدين في المُجتَمع البَحْراني، والعَبثُ في هُوِيَّةِ المجتمع وإِحداث فَجوةٍ في الأُصُول التَّأريخِيَّة أَو الانْقِطاع

عنها عند الباذِلِين الآخرين. وكان مِن بَين المُثقَّفِين المُنتمين الحزبيِّين والفئويّين مَن دَعَا إلى ما وَصَفَه بِإصلاح الأُصُول مِن خِلال الدَّعوة إلى الانْتِساب إلى عَقيدَةِ (وَحدَةِ الوُجودِ والمَوجُود) الصُّوفِيَّة الفَلسَفِيّة ونَسبَتِها إلى أُصُولِ التَّشَيُّع وخَلقِ نِظامٍ مَرجِعيٍّ حَداثيٍّ مقبول عالميّا بهذه العَقِيدة!

في عَقد السَّبعِينات مِن القَرن الماضي بَرَزَت ظاهرةُ استِدعاء البَحْرانيِّين لِلخَطِيب والشَّيَّال (الرّادود) العِراقيَّين لِلمُشاركة في إحياء مناسبات العَشرةِ مِن شَهر مُحرّم الحرام. فما لَبثت هذه الظَّاهرة أَنْ تَلاشَت مِن بعد نُقودٍ لاذِعةٍ طالَت طَورَ النَّعْي والرِّثاء العِراقي إِذْ لم يَستَحوِذ على تَفاعُل جُمهور المَجالِس والمَواكِب البَحْرانِيّة ولم يَصمِد أَمام قُوَّةِ التَّأثير الوِجْداني لِلطَّور البَحْراني السَّائد في المآتم والمَواكب. فاضْطرّ الخَطِيبُ والشَّيّال العِراقيَّين إلى اعتِمادِ قَليلٍ مِن المُرونَة لِيَسُدّا به النّقص، واجتَهدا في المِران على طَور الرِّثاء والنَّعْي البَحْراني الأَصِيل فلَمْ يُوفَّقَا إلى ذلك.

انْتَهَت ظاهرةُ استِقدام الخَطِيب والشَّيّال العِراقيَّين واستُحدِثَت بِإجراء تَدْجِين الخَطِيب والشَّيّال المحلِّيَّين فصارا مُنتَمِيَين لِلحِزْبِ والفِئةِ أَو مُتحيِّزَين مُقيَّدَين بِإطار كِيانٍ مرنٍ قابلٍ لِلاستِعمالَين الثَّقافِي والسِّياسي.. تِلك مِن المُوضات الَّتي عَمَّت المنابر والمواكب المعاصرة بِخَلفِيّة فِكرِيّةٍ خارِجَة على نِطاق الثَّقافَة البَحْرانِيَّة الأَصِيلة وقَد جَرى التَّمهِيد لِتَروِيجِها بِمَنهج دعائي يَنْتَهي بِالمُجتمع البَحراني إلى تَقبُّل السِّيادَة الحِزْبِيّة والفِئويّة على مَظاهِرِ الثَّقافة. فانقَلَبَ نِظامُ مَجلِس المِنبر وشَكْلُ المَوكِب ومُحتوى الأَداء فيهما رأسًا على عَقِب وفَقدا أَصالَتَهما ولم يُوفَّقا في الانْسِجام مع الذَّوق البَحْراني الأَصِيل وإِنَّما صارا مَظهرًا حِزبِيًّا وفِئويًّا هَجِينًا لا صِلةَ له بِالأصالة البحرانيّة.

لَيست العاداتُ والتَّقالِيد والأَعراف والشَّعائر البَحرانِيّة مِن نِتاج الذَّوق أَو المزاج المُجَرَّدَين أَو الاستِحسان والرّأي والهَوى أَو التَّوجِيه السِّياسي ما

شاكل ذلك.. إنّها كانت تُمثِّل في الذّهن البحراني مَظاهِر الإيمان والتّمسُّك الوَثيق بأُصُول المعرفة المُعزَّزة بالعِلْم والمَحروُسَة بالصَّبر على التَّضحِيَة منذ القَرن الهِجرِي الأَوَّل. ويَظلُّ نُموُّها والإبداع فيها رَهنًا لِلاجتِهاد في دائرة تَفاعُل ذات الأصول في البيئة الثَّقافِيَّة البَحْرانِيّة عبر الزَّمَن. فإنْ كَفَر المنتمون الحزبيّون والفئويّون البَحْرانِيّون بِبَعض مُتُون تلك الأُصُول أَو صاروا إلى تَأويلها بِما تَهوى أَنفُسُهم أَو استَبدلوها بِأُخرى استِسْلامًا مِنهم لِمُقتَضيات الانْتِماء وحاكميّة ضَرُورات السِّياسة؛ تَغيّرت عاداتُهم وتَقاليدُهم وأَعرافُهم ولُغتُهم ولَهجتُهم ونَمط تَفكيرِهِم على فَترةٍ مِن الزَّمَن. وإنْ تَمسَّكَ الأحرارُ البَحْرانيُّون بِمُتُون تلك الأصول؛ أَمِنَت ثَقافتُهم الأَصِيلة مِن الانحراف واستَقرّ نظامُهم الاجتِماعي بها فلَن يَستطيع أَحدٌ مِن تَشوِيه هُوِيَّة المجتمع البَحْراني أَو الانْقِلاب على ثقافته أَو تَجاوزها إلَّا بِقُوّة (الجَمْبَزة) والاحتِيال الحِزبي والفِئوي إلى وَقْتٍ قصير معلوم.

فبَعد التَّراجُع الكبير الّذي سجَّلَه الانْتِماء الحِزْبي والفِئوي في تَقوِيض مَظاهِر الثَّقافَة البَحْرانِيّة الأَصِيلة وازْدِرائها وإذلالِها والسُّخْرِيَة منها بِأَوصَاف (التَّخَلُّف) و(اللَّاوَعْي) و(الخُرَافَة) و(الأُسْطورة) عاد بَعض جِهات الانْتِماء بِمَنهج عَمَلٍ مُختلفٍ قَضى بِإخْضاع أُصُول المَعرِفَة إلى الذَّوق الصُّوفِي الفَلسَفِي المُسَمَّى بـ (العِرفان) الّذي كان خُلاصةً مُفزِعةً لِنَتائج أَزمَةٍ فَلسَفِيّة يُونانِيّة عانَت مِن جَدَل أَسْبَقِيّة وُجودِ الإِله والعالم. وقَد اقتَحَمَت هذه الخُلاصة بَعض مَدارِس الحَوزات الشِّيعِيّة الكُبرى مِن قِبَل العارِف الفَارِسي (مُلّا صَدْرا) الّذي اقتَبَسها عن العارِف مُحيي الدِّين بن عَرَبي الانْدلُسِي المُنتسِب لِلطَّرِيقَةِ الصُّوفِيّة الأَكبَرِيّة.

ومِن ذلك أَيضًا أَنّ الكثير مِن جهود الانتماء الحِزْبي والفِئوي المعاصِر قد سُخِّرت لِدَعم ورِعايَةِ ما وُصِفَ بِتكريس مَبادئ التآلُفِ والوَحدة والتَّقارب مع وُعَّاظ اتِّجاه أَهْلِ العامّة وأَحزابه طَمعًا في تَحقِيق بَعض المقاصد السِّياسِيّة، على خِلاف مُعطيات الواقع الثَّقافِي البَحْراني الّذي لم يَكُن يُعاني مِن مُشكِلَةٍ

اجتماعيَّةٍ طائفِيَّة تَقتضِي منه الانْقِلاب على ثَقافَتِهِ الأَصِيلة والتّمرد عليها واستِخفاف أُصُولها والاستِهانة بِسيرتِها في هذا المضمار.

إنَّ الثَّقافَة البَحرانيّة الأَصِيلة لم تكن تَمتَلِك الاستِعداد لِلقُبول الثَّورِي بِمَفهوم الزَّعامة المُعاصِرَة الوافِد على المُجتَمع البَحْراني في هَيئةٍ عاملةٍ على إقامَةِ التَّحوّل الحِزبي والفِئوي بـ (الجَمْبَّزة) والمَكر والحِيلة والعَبَث في مَظاهِر الثَّقافَة الأصيلة ونِظامِها ومَنهَجِها في التَّفْكِير باستِعمال أدوات مَنهَج (الشَّكّ والتَّشْطِيب والتَّأميم) وخططه ومِن غَير أَدْنَى رِعايَة لِطَبيعة التَّبايُن الكَبير بين البيئةِ الثَّقافِيّة البَحْرانِيّة والبِيئة الثَّقَافِيّة الّتي استَولَدت مَفهومَي الانْتِماء والزَّعامة وصَدَّرتهما إلى المجتمع البحراني.

لَقد طَرأ مَفهومُ الزَّعامة على الوُجود البَحْراني بِشَكلِهِ الفِقهي (التَّقلِيدي) المقبول مِن خِلال مَرْجعيّة اتِّجاه المُحدِّثِين الأَخْبارِيّين الملتَزِم بمَفاهيم (التَّقِيّة) و(الانْتِظار) و(الوَلاية والبَراءة) و(العِصْمَة) وضَوابِطها الاجتِماعيّة منذ عهد المحدّث ابن أبي عقيل العماني في القرن الثَّالث الهجري حتّى عهد الشيخ الطّوسي في القرن الرابع الهجري، وفي ظُروفٍ أَمنِيّةٍ وسِياسيّةٍ مَحلِّيّة وإقليمِيّة مُعقَّدة ومُزمِنَة. ثُمّ استَجدَّت الوقائعُ المفاجِئة بِمُشاركة فِئةٍ مِن عُلماء الدِّين الشِّيعة في انْتِفاضة عام 1956 فزادَت على هذا مفهوم (الزَّعامَة) تَعقِيدًا وتَسبَّبَت في تَفاقُم الجِدال حَول مفاهيم (الانْتِظار) و(الوَلاية والبَراءة) و(العِصْمَة) وحَول الإقدام على خَرقِ مَبدأ (التَّقِيَّة) بِالمُبادرة إلى عَقد شَراكَةٍ سِياسيَّة مع اتِّجاه أهل العامّة لِتَشريع السُّلطة (الغَصْبِيَّة) بإزاء الدَّولَةِ المُنتَظِرة لِلإمام المَهدِي عَجّلَ الله تعالى فَرَجَه الشَّريف. ثُمّ بَرزَت زَعامةُ الاتِّجاهين اليَساري القَومِي والشُّيوعِي الأُمَمِي وتَعاقَبَت تحت رُؤيَتِها الهَبّات السِّياسِيّة إلى حِين دُخول البِلاد مَرحلة الإعلان عن الاستِقلال عن بريطانيا. فضَعُفَت مَرجِعَيّةُ اتِّجاه المُحدِّثِين الأَخبارِيِّين على أَثر هذه التَّحَوُّلات المُستجِدّة الّتي تَطلَّبَت تَفاعُلاً سِياسيًّا افتَقدَه الأَخْبارِيُّون أَو رَفَضوا الاستِجابةَ المُطلَقَة له، ونَشَطَت في إِثْر ذلك مَرْجِعِيّة الأُصولِيِّين بِشقِّها العام.

حينها زُجَّ بِالشِّيعةِ في مَشروع الانْتِخابات البَرلمانيّة الأُولى في البِلاد عبر تكتُّلٍ شِيعيٍّ في مُقابِل التَّكتُّل القَومِي واليَساري حيث كان التَّكتُّل الشِّيعِي يَستبطِن فِكرًا حِزبيًّا وفِئويًّا مُستمِدًّا شَرعِيَّة عَمَلِه السِّياسي مِن مَرجِعِيّات أصوليَّة حِزبيّة وفِئويّة عراقيّة. فدَخل اتِّجاهُ المُحَدِّثين الأَخْباريّين ذِي الطَّبيعةِ اللَّطيفة طَورَ العُزلةِ وانكفأت زَعامَتُه (التَّقليديّة) عند آخِر مُغالَبَةٍ لَه مع الأُصوليّين الجدد حول إِثْبات هِلال مُناسبات السَّنة الهجريّة، وبَرز على الأَثَر المفهوم الجَدِيد لِلزَّعامَةِ الشِّيعيّة الأصوليّة المُستظِلَّة بِمَنهج (الشَّكِّ والتَّشطِيب والتَّأميم) في مُقدِّمَة الحوادث اللّاحِقَة. فانْتَقل هذا المَفهُومِ مِن العَملِ على بَثِّ فِكرِ الانْتِماء الحزبي والفئوي إلى الجَهرِ بِوَصف الثَّقافَة البَحْرانيَّة الّتي أَسَّسَ لها الأَخْباريّون قَواعِدَها وسَادوا بها في البِلاد ـ بِالتَّخَلُّف واللّاوَعْي واتِّهامِها باستِيلاد الأُسْطورَةِ والخُرافَةِ في الفِكر والجُمود والقُعود عن السِّياسة!

لم يأْلَف البَحْرانِيُّون رُؤيَةَ صُفوفٍ كَثيفةٍ مُكتظّةٍ مِن المَراتِب والمَقامات الاجتِماعِيّة والثَّقافِيّة. فعَددُ السُّكان في الجَزِيرة قَلِيلٌ، وشَبكَةُ الانْسَاب مُتماسِكَة في عَددٍ كَبيرٍ جدًا مِن القُرى الصَّغِيرة، فإِذا بهم يَرون المئات مِن الخُطَباء والمَلالِي والشَّيَّالِين في دَورِ البُطولة والوَلايَة يَتصدَّرون صَفَّ الوَجاهَة، ويُمهِّدون لِصِناعَةِ مَفهوم الزَّعِيم وتَرويجه في زَفَةٍ حِزْبيَّةٍ وفِئويّةٍ.

ومِن قَبْل ذلك كانَت فِئةٌ مِن الأَخْبارِيّين تُمَثِّل التَّعبِير الأَبرز والأَدقّ لِلثَّقافة البَحْرانيَّة الأَصيلة مِن غَيرِ وَلايَةٍ ولا زَعامةٍ مَفروضة منها بِـ (الجَمْبَزة)، وكانَت الجاعِل المتُميِّز لِمَظاهر الثَّقافَة الأصيلة الكَثِيفة في البِلاد خالِصةً لِوَجه الله تعالى والمُجتَهِد في صِيانة معانى (الانْتِظار) و(التَّقِيَّة) و(الوَلايَة والبَراءة) و(العِصْمة) في المُجتَمع البحراني. فعَزّز ذلك مِن أَصالَةِ الثَّقافة في البَحْرانِيِّين بِأَيدِيهم، وزَادَهُم ذلك ثِقَةً في استِقرار نِظامِهم الاجتِماعي. وكان التَّواضُع في القَولِ واللُّطفِ في الفِعل مِن سِمات هذه الفِئة القليلة مِن المَراتِب والمقامات الاجتِماعيّة والثَّقافِيّة المُمَيّزة، وعلى سَجِيَّتِها تَفرحُ وتَحزنُ لِحُزنِ وفَرَحِ أَبناء

مُدنِها وقُراها، وتُقِيمُ مُنتدياتِها المَفتوحَةَ والمُغلقة، وتَحثُّ على تَنمِيةِ مَحافِلِ تَدرِيس القُرآن نوعًا وعددًا، وتُكْثِر مِن التَّشجِيع على نَقلِ ومُناوَلِة الرِّوايَة، وتُحيِي الشَّعائر بكثافة، وتُنشِئ العُقود، وتُنظِّم أَعمالَ التَّكافِل الاجتِماعي، وتَدفعُ بِالبحَرانيِّين إلى استِخراج أَموالِ الحُقوق الشَّرعِيَّة وتُوَزِّعها على مُستحقِّيها على أَفضلِ ما يَكون، وتَعِيش في زُهدٍ ظاهرٍ وفي دَرَجةٍ مِن المَعِيشة هِي الأَقَلّ بين النَّاس.

يَقتَصِرُ حُضورُ العُلماء الأوائل قَلِيلي العَدِد في العَهد الأَخْبارِي إلى مَجالِس المآتم والبُيوت المَفتوحة والمُغلقة على زِيارةٍ خاطِفةٍ قصيرةِ المُدّة ولكِنَّها تَحظَى بِالتَّكريم والتَّبجِيل والتَّوقِير بِأَعلى الدَّرجات مِن قِبَل حاضِرِي المَجالس. ولا يَتدَخَّلون في الشَّأن الثَّقافِي والاجتِماعي لِلنَّاس بوَلايَةٍ مَفروضَةٍ مِن عند أَنفُسِهم إذْ النَّاسُ في هذا العهد مُسَلّطون على أَنفُسِهم وأَموالهم، وإنَّما هُم يُؤتَون ويُسألون مِن قِبَل النَّاس فيُجِيبُون ويُقدِّمون النُّصح والمَوعِظة بِلا تَكَلُّفٍ فَوقِيٍّ ورُعُونةٍ في القَولِ والفِعل ولُغةِ متشدّدة في الولاية والزَّعامة، التِزامًا منهم بِمَنهج التَّربِيَة الأَخْباريّة الّذي يَحثُّ دائمًا على جَعل وُجودِ الإمام المهدي عَجَّلَ الله تَعالى فَرَجَه الشَّريف ومَقامِهِ مُقدَّمين ونُصب أَعين البَحْرانيِّين، فيَرونَه قَريبًا مِنهم يُسَدِّد خُطاهُم ويَشكُر سَعيَهم، وهُو وَجْهُ الله وفَوق كُلِّ شَيءٍ ولا تَعلو عليه الأَفكارُ ولا والأَشياء ولا الأَشْخاص.

وعندَما استَقدَمَ الانتماء الحِزبِي والفِئوي الأُصُولي مَفهومَ الزَّعامة والرِّئاسة والولاية لِعَالِم الدِّين على طَرِيقة أحزاب اتِّجاه أَهْل العامّة؛ اقتَصَر هَدفُها في بادِئ الأمر على التَّسيير الشَّكلِي لِشُئون العَمَلِ الثَّقافِي وتَطويرِه مُؤَسَّسِيًّا حيث افتَقَر الوُجود الشِّيعي البَحْراني في إِثْر تَراجُع المَرجِعِيّة الأَخباريَّة نتيجة لإِخْفاق انتِفاضَةِ الهيئة إلى نَسقٍ حاضِنٍ فاعل!

لكنَّ مَفهومَ الزَّعامَة البديل عن عالِم الدِّين الأَخْباري البَحْراني، والوافد على الطَّريقة الحِزبِيَّة والفِئويّة العِراقيّة الحاضِنة هُو ذاتُه مُنتزَعٌ مِن فِكرٍ غَير مألوفٍ في الثَّقافة الشِّيعِيّة العِراقيّة. فأَحدَثَ هذا اللَّونُ مِن المفاهيم انقِلابًا ثَوريًّا مُفاجئًا وتَجاوزًا على النَّظام الاجتِماعي البَحْراني بِالتَّزامُن مع التَّحَوُّلات المُثيرة الّتي شهدتها السَّاحةُ السِّياسيّة البَحْرانيّة حتَّى نِهاية عقد السَّبعِينات مِن القَرن الماضي، حيث انقلَبَ مَفهومُ الزَّعامَة الدَّارِج إلى وَلايَةٍ مُطلَقةٍ، واستَعار عالِمُ الدِّين البَحْراني بهذا المَفهوم كُلَّ صَلاحِيّات الإمام المَعصُوم على خِلاف الدَّارج في الثَّقافَة الأَخْباريّة البحرانيّة.

والمُفارقَة المُثيرة في ذلك أَنّ مفهوم الزَّعامَة ذِي الوَلايَة المُطلَقَة الّذي وَفَد على البَحْرانيِّين يَختال ضاحِكًا عبر نافِذَةِ الانْتِماء الحِزْبي والفِئوي عاد مِن غُربَتِه في إِثر سُقوط نِظام صَدّام إلى ثَقافَةِ مَوطِنِهِ الأَصْلِيّ فنبَذتهُ وخاصَمَت رِجالَه الّذين كَرعُوا في سِنين الهِجرة مِن فِكر أَحْزاب اتِّجاه أَهْلِ العامّة بِشَغفٍ شَديدٍ ولهفةٍ حتَّى الثُّمالة.

لقد حُمّل عالمُ الدِّين البحراني المعاصر أثقالاً مع أَثقالِه وفَوق طاقَتِه الاستِيعابِيّة وكفاءته وبِما يُعَزِّز مِن وَلايَتِه على مُجتَمع البحرين بِنَسقِ فِكرٍ ليس بَحْرانيّ المَنشأ، فرَضِي بَعضُ العُلماء بِحَمل هذه الأَثقال طَمعًا في الرّئاسة والزَّعامة والمَقام الرَّفِيع ثُمّ انصَرَف بها مُرغَمًا وبعيدًا عن تَكلِيفِهِ الضَّروري. وعندما استَعاد (وَعْيَهُ) أدرك أَنَّ هذا الحمل لم يَبلُغ بِه إِلّا دَرَجَة الـ (كُمْبارْسْ) في الانْتِماء الحزبي والفئوي.

أَمْسَى عالِمُ الدِّين مُغتربًا عن ثقافَتِه البَحْرانيَة الأَصِيلة، وصار مُستقِلاً عنها ومُمتَحَنًا في دائرة انْتِماءٍ حزبي وفئوي ذِي نُفوذٍ مُوغِلٍ في بَسطِ كِيانِهِ وفرض زعامته طِبقًا لِتَوازناتٍ فَرضَتها السِّياسةُ ومَصالِحُها. وإِنَّ الوَلايَة (الرَّئاسة) والمال والدّعاية المُسَخَّرة له في صُورةِ حَوافز مُغرية ممنوحة مِن الزّعامة الحزبيّة والفئويّة هِي كُلُّها تدفعه نَحو الرِّضا بِرُتْبَةِ الـ (كُمْبارْسْ) والانصراف

به عن الفِكْرَةِ في تَحصِيل وإحراز مَرتَبةِ الاجتِهاد. فلا غَرو مِن وُجود العَدَدِ الكَثِيف مِن العُلماء المقيّد بأصفاد هذا الدَّور البسيط بلا حَظٍّ مِن العِلْمِ ولا حِرصٍ منه على تَحصِيله لِخدمَةِ التَّشَيُّع وشِيعة الأَوطان.

ومِن المُفارقات في هذا الشَّأن أَنّ هذا الصِّنف مِن عُلماء الدِّين المنتمي ظَلّ يَعكِف على اجتِرار النَّقد الشَدِيد لِلمَسِيحِيّة المعاصرة بوَصْفِها النِّد المعاصر لِعالِم الدِّين الشِّيعي المنتمي، فيحدّها في إِطار مَشهدٍ مُعْتِم مُتَمثّلٍ في بابَوات وكَرادلة يَنشطون في القُرون الأُورُوبِيّة الوَسِيطة.. إِنَّه ينقد النّصف القاتِم في مَشهد القُرون الوَسِيطة أَمام مُريدِيه في المجالِس العامّة وبين عناصِر انْتِمائه الحزبي والفئوي، ويُعرض عن مناقشة النّصف الآخر عمدًا مع سِبق الإصرار. ومُرادُه مِن ذلك إبراز شَيءٍ مِن مظاهر تَفَوُّقِه الشَّخصِيّ وتَميُّزِهِ في تَعزِيز وَلايَة الانْتِماء والزَّعِيم.

مِن المؤكّد والموثّق أَنّ كَنِيسة بابا القُرون الوَسِيطة كانت قائمةً على كِيانات مُؤَسَّسِيَّة أَكادِيمِيَّة جامِعيَّة ومَنهج محكّم لِلدّراسات العُليا ومُقَعَّدَةً على مَكتباتٍ عُظمى ضَمَّت كُلَّ قَديم مِن الكتب والمؤلفات وتَقصَّت صدور كُلَّ جَدِيد مَحلِّيّ وإِقلِيمِي وعالَمِي في الفِكر والعِلْم والتَّأريخ مُباح أَو مُحرَّم أو مَحظُور على عامَّة المَسِيحِيِّين، كما ضَمَّت أُلوفًا مِن الخِرّيجين بِدَرجات عِلْمِيّة عُظْمَى. وعندما انقلَبَت السِّياسةُ على الكَنِيسة رَدًا على تَكتُّل البابَوات والكَرادِلَة في انْتِماءات حِزبِيَّة وفِئويَّة تَستَهدِف سِيادة المَلِك ورُكوب السُّلطة وتُسرِف في التَّكفِير والقَتل والفَساد وجَمع المال واحتِكاره؛ لم تَتوقَّف مَكتَباتُ الكنِيسَة والكِياناتُ المؤسَّسِيّة الأكادِيمِيّة التّابعة لها ولم تَتخلّف أُلوفٌ مِن خِرِّيجي الجامِعات الكَنَسِيّة عن أَداء الدَّور الرَّائد في النَّهضَةِ الأُوروبِيَّة الحَدِيثة عندما حان أَوانُها. فِيما يَنْحدِر الانْتِماءُ الحِزْبِي والفِئوي في التَّشَيُّع المعاصر بِعالِم الدِّين الشِّيعي دَرجات، ويَنصَرِف بِه بَعِيدًا عن مَعاقِلِ العِلْم في العالم، ويَتنزَّل بوَظيفتِه إلى دَركِ الـ (كُمبارْس) السِّياسِي ذِي المقام الدّعائي الوَهْمِي الهَشّ، ثُمّ ينسب إِليهِ صَلاحِيَّةً مُطلقَةً وهو على هذه الحال

حيث لا يَتوافر على الكَفاءة اللّازِمَة للتَّصدّي لمقام الزَّعامة والوَلاية.

إنَّ الانْتِماء الحزبي والفئوي المعاصر الّذي انْخَرَطَ فيه عالِمُ الدِّين البَحْراني طَلَبًا لِـ (الرّئاسة) والوَجاهَة ورَغد العَيش قد عَطَّل فِيه الوَظِيفَةَ المَطلوبَة والمُفتَرضَة على عالم الدّين وقَوَّض آلةَ التَّطوِير والإبداع في اختِصاصِه وحَرَّضه على حَجْب الثِّقَة عن ثَقافَتِه البَحْرانِيّة الأَصِيلة ودعاه إلى استِضعاف مَجتَمَعِه وتَسفِيهِه، وزَجَّ بِه في متاهات نِزاع المَراتِب والمقامات المُزَيّفة وصِراع الحِصَص وتَنافر النُّفوذ السِّياسي، وبَرَّر له استِعمال المَكر والحِيلة والافْتِراء بالكَذِب بعنوان مَمارسَةِ التَّدبير (السِّياسِي)، وأَطلَقَ له حقّ اتِّباع الوَسِيلة بِذهنِيّةٍ حِزْبِيّةٍ وفئويّةٍ حادّةٍ ضَيِّقة الأُفُق.. فأَيُّ مُغامرةٍ خَطيرةٍ هذه الّتي أَقدَمَ عليها عالِمُ الدِّين البَحْراني المُنتَمِي واجْتاح بها النِّظام الاجتِماعي البَحْراني العَريق وقد بَانَت مُضاعَفاتُها وكَثُر السَّاخِطون عليها!

على السَّيِّد هاشِم التُّوبْلانِي البَحْراني الرَّحْمَة والرِّضوان، وعلى غَيرِهِ مِن كِبار عُلماء النَّهضَة الثَّقافِيّة البَحْرانِيّة الماضِين الرَّحمة والرِّضوان إِذْ حَدَّدوا مَقاصِدَهم بِإرادة بَحْرانِيّة حُرّة مُستقلّة، وسَخَّروا أَنفاسَ أَعْمارِهِم وما تَوافَر لَديهم مِن إمكانات لِتنمِيَة الثَّقافَة والرُّقِي بِالنّظام الاجتِماعي في أَشَدّ الظّروف قَساوةً وتَعقيدًا، وأَثْبَتوا أَنَّ لدى البَحْرانِيِّين ثَقافَة مُتكامِلة المُقوِّمات وقادِرَة على العَطاء الشِّيعِي الأَصِيل، وأَبْدَعوا في النِّظام الإداري لِلمُجتَمع البَحْراني وزَوَّدُوه بِالدِّراسات القُرآنيَّة والرِّوائيَّة اللّازمة، وزَهدوا في ما كان بِأَيدِي غَيرِهم مِن مَقام زائل، وأَورَثوا الشِّيعةَ عِزًا بِأَسفارِهِم العَظِيمة مِن نَحو (تَفسِير البُرهان) الّذي يَعلو شأْنُه ومقامُ صاحِبه عند بُزُوغِ فَجر كُلّ يوم جديدٍ. فلِماذا اكتَفى عالِمُ الدِّين البَحْراني المعاصر ورَضِي بحَظوة الانْتِماء الحِزبي والفِئوي ذِي المقامات المُزَيَّفَة، واستَسْلَم لِلتَّبعِيَّة المُحَرِّضَة على هجرانِ ثَقافَتِه البَحْرانِيّة وتَشويهِ أَصالتها وتَغييب سِيرةِ عُلمائها وطَمْسِ معالمها، ولِماذا اكتَفى بِمرتبة (الكُمْبارْس) وانْصَرَف عن مَرتَبةِ الاجتِهادِ والمَرجِعِيَّة؟!

ـ التَّفَوُّقُ والفِرارُ إلى العَدالَةِ المُستَبِدَّة

مُحِّصَ إيمانُ أَرباب الفِكْر والثَّقافة بِدَوائر الرُّعْب العَبَّاسِي حتَّى زُلزِلوا زِلزالاً شَديدًا في بَحرِ ثَلاثةٍ وثَلاثِين عامًا مِن الجِدال العقدي حول (خَلْقِ القُرآن وقِدَمه)، ولم يكُن الغَرضُ المُستَتِر مِن مِحنَةِ عام 812هـ إِحقاقَ خَلقِ القُرآن الكريم ولا نَفي قِدَمه!

لقد اقتَضَت سِياسةُ المأمُون العَبَّاسِي والوَاثِق والمُعْتَصِم والمُتَوكِّل العَملَ على تَعزِيز مَنصِب الحاكم بِوَصْفِهِ وَصِيًّا مُقدَّسًا مَجعولاً مِن الله تعالى على النَّاس حيث لا تَكفِي قُوَّةُ البَطْش في السُّلطة لِرَدع مُجتمع بَدأ لِلتَّو يَنفَتِح على ثَقافَات دُول الجِوار بِما قَدَّمته (دارُ الحِكْمَة) الّتي أَنْشَأها هارُونُ الرَّشِيد مِن فعَّالِيّات عِلْمِيّة وأَنشِطَةٍ فِكريَّةٍ.

فَفِي مَرحلَةِ الفَوضَى الّتي أَعْقَبَت مَقتَلَ أَخِيه الأَمِين بن هارون؛ عمل المأمون على احتِواء فِرقَة المُعتزلة وتَبَنِّى عَقِيدتها القائلة بـ (خَلْقِ القُرآن)، وأَطلقَ يَدَيها بِوَصْفِها حِزبًا مَشغولاً بِتَنمِيَة الثَّقافَة على دَعوةٍ عَقلِيّة مُجِدَّة، وغَرَبلَ بها وَلاءَ القُوى الأُخرى المُغالِبَة وجَرَّدَها مِن مَقامِها الاجتِماعي وَحَدَّ مِن تَوسُّعِ نُفوذِها.

لقد دَمَّر هارونُ الرَّشِيد ومِن بَعدِهِ المأمون ما تَبَقَّى مِن مَلامِح الإسلام في ثقافَات الوَلايَات الإسْلامِيّة عبر الانْفِتاح العِلْمِي على الفَلْسَفات اليُونانِيَّة والهِندِيّة والفارِسِيّة رَسمِيًّا، والاجتِهاد في تَرويج المذاهب والفِرق التي اعتَنَقَت هذه الفَلسَفات أَو شيئًا منها في قِبال ما بَثَّهُ الأئمةُ الأطهار مِن أَهْلِ البيت صَلواتُ الله وسَلامُه عليهم ورَسَّخُوه مِن مَروِيّات كثيفة في الذِّهْن الإسلامِي الّذي بَدأ يَقتَرِب مِن هذه المَروِيّات ويَستحِسن الامتثال لها في إِثْر واقِعَة الطَّف الأليمة والكاشفة عن زيف الثَّلاثة الذين خَلّفوا أَنفسهم وفساد خلافة الأمويّين.

ولَعَلّ أَخطر المذاهِب والفِرق الّتي تَطَوّرت ونَفَذَت في عَهد الدَّولةِ

العَبّاسِيّة هِي تلك الّتي التَجأَت إلى العَقلِ المُجَرَّد فاستعمَلَته في تَفسِير القُرآن الكريم، فإنْ اصْطَدَم العَقلُ بِآيَةٍ أَرجَعَت النَّص إلى المَجاز واستبعَدت المَنقُول مِن الرِّواية. وبذلك فَتحَ المأمُون بِدَعمِهِ ومُساندِته لِهذِه المذاهب والفِرق الأُفقَ لِإطلاق كُلِّ الوَسَائل لِدَحْر المُعارِضِين والخُصُوم وتَرسِيخ سِيادَةِ الدَّولة الملكيّة والقَضاء على كُلِّ ما مِن شأنِه المُساهَمة في خَلقِ حالٍ مِن التَّوازن السِّياسِي النَّاشِئ عن تَفاقُم النِّزاع على الحُكم مع أَخِيه الأَمِين.

فالتَّوازنُ مع القُوى الأخرى في الدَّولة والمتزامن مع اشتِعال نارِ الحَرب الدّاخِليّة أَدَّى إلى ضَعف سيادة السُّلطة المركزيّة لِلمَأمون ووَفَّر فُرصًا لِلقُوى المَغمُورة في البُروز والطُّغيان، وهُو تَوازنٌ مَمنُوع القِيام والوُجُود في عَرض سُلطتِه، ويُمَثِّلُ خرقًا لِخلافَتِه، ويَستَوجِب اتِّخاذ الإجراء السِّياسِيّ اللّازم قَبل تَفاقُم الأوضاع من صنع التّفوق الحاسم!

لا يُمْكِن الاستِهانَةِ بِما فَعله المأمونُ لِقَطع الطَّريق على حَركَةِ نَشر المَروِيَّات الصَّادِرَة عن أَئمّة أَهْل البيت صَلواتُ الله وسَلامُه عليهم ومَنعها مِن التَّداول في أَجواءٍ مِن اليَأس والقُنوط وخَيبةِ الأمل والخَرابِ والقَتلِ الّذي حَلَّ بِالبلاد مِن جَراء صِراع السِّياسَةِ بَينَه وأَخِيه الأَمِين وصراع الرّئاسة بين الخلفاء الماضين. فلَقَد سَعى المأمُون في تَعطِيل دَور الرِّوايَة وفي إِعاقةِ حَركة انِتشارِها، وذلك بِبَثّ مَزيدٍ مِن دوافع الجدال حول صدورها والتَّشكِيك فِي متونها ورَدعِها عن تَفسِير نصّ القرآن الكريم وكشف معانِيه الحَقيقة.

ومِمّا لا شَكّ فيه أَنّ لِلفَعْلَةِ الفَلسَفِيّة الّتي أَحدَثها المأمونُ وأَبوهُ الرَّشِيد انعِكاسات سَلْبِيّة خَطِيرة على ثَقافَاتِ المُسلمين في القَرن الثّانِي الهِجرِي، وقد امتَدَّت آثارُها إلى القَرن الرَّابع عَشر المِيلادي حيث اقتَحَمَت الكَنائسَ وأَدْيِرَةَ المسيحِيِّين عبر التَّرجَمات إلى اللّاتِينِيّة في وَقتٍ لاحِقٍ.

يُعَدُّ المأمون أَخطر الحُكام في دولة العَبَّاسِيِّين على المُتبَقِّي مِن ثَقافَة المسلمين. وصار بَقاءُ الإمام الرِّضا صَلواتُ الله وسَلامُه عليه واستِمرارُه في

إصدار الرِّواية بِكثَافَةٍ يُشكِّل تَحدِّيًا شَديد الوَطأة على دَولَةِ العَبَّاسِيِّين وعلى مَقصدِهم الرَّئيس في تَأسِيس ثَقافَةٍ خاصَّةٍ بهم مُختلِفة عن المَورُوث الّذي عَبَث فِيه الأَمَوِيُّون، فأَكثَرَ المأمون مِن المؤامَرة لاغتِيال الإمام الرِّضا صَلواتُ الله وسَلامُه عليه.

إنَّ تَأثير مَوجة الفَلسَفات اليُونانِيّة والمسِيحِيَّة والفارِسِيّة والهِنديّة التي أَطلَقَها المأمونُ قد امتَدَّ إلى زَمَننا المعاصر، وباتَ صِنفٌ مِن المثَقَّفِين الشِّيعة يُعَظِّم مِن مَقام المأمُون، ويُروِّجَ لِـ (فَضْلِه) على الثَّقافِة المُعاصِرة، ويعدّه نَجمًا لامعًا ساطِعًا في فَضاء التَّأريخ الشِّيعِي، ويُصَنِّفه مِن حَوارِيِّ الإمام الرِّضا صَلوات الله وسَلامُه عليه!

تَبدو هذه الفِئة مِن مُثَقَّفِي الشِّيعة المعاصِرين مُستأنِسَة لِأَصداء العَقْلِيِّين ورَنَّتِهم القائلة بِـ (فَلسَفَة الفِقْه) و(فَلسَفة التَّأرِيخ) و(فَلسَفَة العَقِيدَة) و(فَلْسَفَة القُرآن) و(فَلْسَفَة الشَّريعَة) و(فَلسَفَة الوَحْي) وما شاكَل ذلك مِن مُحاوَلات في (الأَنْسَنة) العلميّة وتَعظِيم دَورِ العَقل المُجرَّد وتَحجِيم دور البُعدين المِثالِي والوِجداني النَّاشِئين عن النَّصّ الرّوائي.. إنَّها رَنَّةُ المأمون الّذي استَهدَف بها إِعدامَ مَرويّات أَئمّة أَهْل البَيت صَلواتُ الله وسَلامُه عليهم خِدْمَةً لِأَغراض سِياسِيّة تَبدو في الظَّاهِر جَذّابة مُؤنِسَة لِأَهْل العَقل المُجرَّد وأَهلِ التَّصوّف الفَلسفي.

وكان لِلمأمُون ما أَراد.. سِيادةٌ لِزَعِيم في جُبَّة مُقدَّسَةٍ ولِـ (خَلِيفَةٍ) جَديدٍ مَنقوشٍ في أَذهان المُسلمين بِلَونٍ عَقَديٍّ بَديلٍ عن إمامَة الرِّضا صَلواتُ الله وسَلامُه عليه الّذي ذاع صِيتُه في الآفاق بِحَديث (سِلْسِلَةِ الذَّهَب) وضَمّ النَّص المبارك التّالي:

(لمّا وافى أَبُو الحَسن الرِّضا صَلواتُ الله وسَلامه عليه نِيسابُور وأَراد أَنْ يَرحل مِنها إلى المأمون؛ اجتَمَع إليه أَصحابُ الحديث فقالوا له: يا ابن رَسُول الله، تَرْحَل عنَّا ولا تُحدِّثنا بحديثٍ فنَستفِيده منك؟! وقد كان قعد في العماريّة

فأَطلع رأسه وقال: سمعتُ أَبي مُوسى بن جعفر يقول: سمعتُ أَبي جعفر بن مُحمَّد يقول: سمعتُ أَبي مُحمّد بن عَلِيّ يقول: سمعتُ أَبي عَلِيّ بن الحُسين يقول: سمعتُ أَبي الحُسين بن عَلِيّ يقول: سمعتُ أَبي أَمِير المؤمنين عَلِيّ بن أَبِي طالب عَلَيهما السَّلام يقول: سمعتُ رَسُولَ الله صَلَّى الله عليه وآله يَقول: سمعتُ جِبرئيل عليه السَّلام يقول: سمعتُ الله عَزَّ وَجَلَّ يقول: لا إِله إِلّا الله حُصْنِي فمَنْ دَخل حُصنِي «أَمِنَ» مِن عَذابي. فلَمّا مَرَّت الرَّاحِلةُ نادانا: (بِشُروطها وأَنا مِن شُروطها).

لَقَد جَدَّ المأمونُ في تَصفِية المناوِئين وعَزلِ خُصومِه بِتَشريع مِن مقام (الزَّعامَة) المُقدَّسَ الّذي اختَلَقَه لِنَفسه عَقِب انتهاء الحرب الطَّاحِنَة مع أَخِيه الأَمِين، وأَسَّس بطانةً مَكِينةً مِن المُوالين مُلازِمَةً لِعَرشه، وخَطَّط لِرَسم خارطةٍ جَديدةٍ لِقُوى التَّأثير الثَّقافي في البلاد، وأَعتَمد الشُّمُولِيَّة في إِطلاق سُلطَتِه، وعَزَّز مِن وَلاء المسلمين له بِوَصْفِه خَلِيفة. عِندئذٍ حانَت ساعةُ الجرأة لِلإقدام على اغتِيال الإمام الرِّضا صَلواتُ الله وسَلامُه عليه وانهاء مقام وَلايَة العَهدِ بِدَسِّ السُّم.

وخَلَّف المتوكِّلُ المأمون مِن بَعد المُعتَصِم والواثق في سِياقِ مِحْنَةِ خَلْقِ القرآن، فنَهى عن الكَلام والمُناظرةِ والجدالِ في القرآن الكريم، وبَطَش بِالمُعتزلِة خُلفاء (الخِلافة) بِالأَمْس وطَردَهُم مِن قَصرِه ومِن المَساجِد وساحات البَحث، وأَمرَ بِالرَّدِّ عليهم وتَسفِيههم وهِجائهم وتَكفِيرهم وحَبسِهم، حتَّى فرَّقَهُم إلى اتِّجاهات عَقَدِيّة مُتباينة الفِكر.

لم يَنسَ خُطباء البَحْرين الخُلاصَةَ النَّمطِيّةَ لِمحنَةِ خَلق القرآن الكريم الّتي ابتَدَعها المأمون، ووَاظبوا على تكرار سَردها في مجالس شَهر رمضان المبارك والتَّأكيد على أَهمِّيّة تحليل البُعد الثَّقافِي في سِيرة المأمون كُلَّما شَرعُوا في تَفسِير القرآن والتَّدبُّر فيه، وناقَشُوا المنهج العَقليّ المُجرَّد وأَثَره السَّلبي على المنهج النَّقْلي في تَناولهم لِأُصُول المعرفة!

ما هِي أَهَمّ العِبرِ مِن سَردِ مِحنَةِ (خَلْقِ القُرآن)، وما هُو دَورها في مُعالَجَةِ مِحنَةِ شُبهات العصر، وما هِي نتائج البحث في العلاقة العضويّة بين العَدل والاستِبداد وإِمكان الفَصل بَينهما في التَّدبير السِّياسِي عند غير المعصوم في زَمَن (الانْتِظار)؟!

لقد اعتاد خُطباءُ المجالس المفتوحة والمُغلقة في المآتم والبُيوت على تَفصِيل الحديث في مِحنة (خَلْقِ القُرآن) مِن دُون البحث بالمنهجين العَقِليّ والنَّقلِي في إمكان التَّوفِيق بين السِّياسَةِ و(العَدْل) وإِمكان تحقّق العَدْل بالسِّياسَة، ولا البحث في أَسباب إِقدام المأمون على إِنهاء المُتبقّي مِن أَثَرِ لِلثَّقافَة السَّلِيمة في المجتمع المُسلِم، ولا البَحث في (الجَمْبّزة) السِّياسِيّة الّتي اتَّبعها المأمونُ للاستمرار في اغتصاب حَقّ أَئمَّة أَهْل البيت صَلواتُ الله وسَلامُه عليهم في الوَلايَة، ولا البحث في أَصل (الجَمْبّزة) العباسيّة الّتي أَمْسَت تُتَّبع في تَصرِيف شُئون الانْتِماء الحزبي والفئوي المعاصر واستمرارِ الانتماء في اغتصاب ذات الحَقّ، ولا البَحث في معنى (ضَرُورَة) قِيام الانْتِماء الحزبي والفئوي بِالانقلاب الثَّورِي على الثَّقافَة البَحرانِيَّة الأَصِيلة وتَسفِيه مظاهرها والشَّكّ في عقائدها على طَرِيقة المأمون، ولا البَحث عمَّن لا يَستنكِف أَنْ يَستَرزِق ويَستأكل بِمَجالس التَّرغِيب في مشاهد عالَم المَرايا العِرفانِي وفي السَّفر الوَهْمِي الّذي يَعود العارِفُ منه بالكَشفِ القائل (إِنَّ لَنا لَمَقامًا مُقدَّسًا وعلى النَّاس فَرْضُ الطَّاعة) و(بَسِيط الحقيقة كُلّ الأشياء) وهُو أَثرٌ معاصر مِن آثار انفِتاح المأمون على الثَّقافات الأَجَنبِيّة بِغَير حساب.

لقد فُوجِئ أَهْل الثَّقافة الشِّيعِيّة الأَصِيلة بظُهور فئةٍ مُثقّفة مُنتمِيةٍ مُعاصره تَقول (أَنّ المأمون مِن حَوارِيِّي الإمام الرِّضا صَلواتُ الله وسَلامُه عليه). ومِن خَلفِ هذه الفئة مَن يَعضد هذا الرّأي بِالقَول الحَذِر (إِنَّنا مُتَوقِّفون عن تَجرِيح المَأمُون)، تأييدًا لما شاهَدناه عِيانًا في أَحد مآتم العاصِمة المنامة عِندما اسْتُقدِم خطيبٌ مَشهورٌ في منتصف السَّبعينات مِن خارج البلاد لِيُحيي عددًا مِن المجالس.

في إحدى لَيالِي الشِّتاء البَحراني عَزمْتُ واثنان مِن الأصدقاء على حُضور مجالس الخطيب المشهور، على أَنْ نَصطحِب معنا (المُسَجِّلَة) التي اشتريتُها حَديثًا مِن سوق (المَقاصِيص) امتِثالاً لِعادَة الانْبهار البَحرانِي الشّديد بِخُطباء الخارج في بِيئة ثَقافِيّة بَدأت لِلتَو تَتفاعَل مع التَّطوّر التِّقني الجديد!

وَصَلْنا إلى المأتم وقد غَصّ بِرُوّاده، فاضطررنا لِلجلوس على تُربة رَبوةٍ في خَرِبةِ بيتٍ مهجورٍ يَفصِل بينه والواجهة الأمامِيّة لِلمأتم شارعٌ مُمتدٌّ غربًا إلى حَيّ النِّعيم. وجَلس إلى جِوارنا عددٌ مِن مُريدي الخَطِيب المشهور الّذين غادروا المأتم وهُم يُتَمتِمُون بِكلماتٍ يُبدون بها سخطًا وانزعاجًا كبيرًا مِن عشرات (المُسَجِّلات) الّتي احتَلَّت مُحِيط مِنبَر المأتم!

استَمّر الخطيبُ في السَّرد المُفصّل لِسِيرة المأمون ولم يَتردّد في وَصفه بِـ (الخَلِيفَة) في أُولى فقرات مَجلِسه، وأَطنَب في شَرح الدّور (العَظِيم) الّذي لعبه المأمون في تنمية الثَّقافَة الإسلاميّة مِن خلال الأعمال المُميّزة لِـ (دار الحكمة) التي أَسَّسها والده هارون الرَّشيد، وبَالَغ في الثَّناء على دَورِه في تَدشِين العَصر العِلْمِي الذَّهَبِي وانفتاحه على فَلسفات وعلوم الفلك وَطِبّ الغرب والشّرق وانشغاله بالتَّرجمات عن ثقافات العالم. ثُمّ عَرَّج الخُطيبُ المشهور على علاقة المأمون بِالإمامِ الرِّضا صَلواتُ الله وسَلامُه عليه وأثنى على مَوقِفِه الشُّجاع والعادِل بِرَد الخِلافة إلى الإمام صَلواتُ الله وسلامُه عليه والجدّ في إقناع الإمام صَلواتُ الله وسَلامُه عليه بِقبول وَلاية العَهد بَدِيلاً مُجرّدًا مِن الصَّلاحِيّات الرَّسمِيّة.. إلى هذا الحَدّ مِن التَّفاصِيل يبدو مَجلِس الخطيب المشهور قابلاً لِلنّقاش ولا يَختلِف كثيرًا في العَرض والمُحتوى عن خُطبة يوم الجُمعة في أَحد المَساجِد القريبة لِلمَأتم والخاصّة بِأَتباع اتِّجاه أَهْلِ العامّة!

وإذا بالصَّاعقة تَصبّ غضبها على رؤوس رُوّاد المآتم حينما راح الخَطِيبُ يُبرِّئ ساحة المأمون مِن جريمة اغتيال الإمام الرِّضا صَلواتُ الله وسَلامُه عليه بِدَسّ السّم إليه، ويَنسِب الجريمة إلى خادِمَةٍ عَمِيلةٍ، على خِلاف

ما كان مُتداولاً على المَنابِر بين الأَجيال الماضية وسائدًا في السّيرة التَّأريخيّة المعتمدة في الثَّقافة البحرانيّة.

فتَهامَسَ رُوّادُ المأتم فيما بينهم، ثُمّ ضَجَّ صراخ بعض المُعترِضِين على تَبرئة الخَطِيب لِساحة المأمون وتَبييض صَفحته مِن جريمة الاغتيال بِالتَّزامن مع ضَجِيج المَفاتيح الآلِيّة لِـ (المُسَجِّلات) المُشعِرَة بِنِهايةِ النِّصف الأوّل مِن ساعة شَريط التَّسجِيل، ومع الإرباك الّذي أَحدَثه أَصحابُ (المُسَجِّلات) وهُمْ يهمّون على عَجلٍ بِشقّ صُفوف الجالِسين في المأتم لِلوُصول إلى مُحِيط المِنبر حيث العَشراتُ مِن آلات التَّسجِيل بِحاجَة إلى قَلْبِ شَريط التَّسجِيل قَبل أَنْ يُتِمَّ الخَطِيبُ مَجلسه.

عَمَّت الفوضى سكونَ المأتم واشتدّ غَضبُ الخَطِيب المشهور لها، فاضْطر إلى تَعطِيل مجلسه لِدَقائق مَعدودة حتّى يَتَسنّى لِلمُعترِضِين الانسحاب مِن المأتم وقلب أشرطة التَّسجيل. وقبل أَنْ يُشرِع الخطيب في سَردِ ما تبقّى مِن سِيرة (الحَوارِي) المأمون؛ أَمرَ بِإخراج جميع (المُسَجِّلات) مِن المأتم، وأَوعزَ إلى مَن شاء مِن أَصحابها البقاءَ لِمُواصلة تَسجيل مجلسه بِالانضمام إلينا على الرَّبوة في خارج المأتم!

كان المأمون أَكثر حكّام المُسلمين (الخُلَفاء) حِنكةً ودهاءً في السِّياسة منذ عَملِية اغتيال أَهْلِ الصَّحيفة الثّانية لِلرَّسول صَلّى الله عليه وآله. فَـ (السِّياسةُ) هي غَدرٌ وفُجورٌ مُنظَّمٌ يُوصَف بِفَنِّ (التَّدْبِير) و(المُمْكِن) إذ هي خُلاصَةٌ لِتَطوّرٍ فلسفيٍّ صِرف ما زال فاعِلا إلى يَومِنا هذا، وما كان المأمون بِأَدْهَى العَرَب لولا التُّقَى وكراهِيّة الغدر بين المؤمنين.

تُشِير أَحوالُ مرحلة ما قبل المِيلاد المسيحي إلى أنَّ (السِّياسَةَ) كانت مُؤمنةً بِوُجود الحقيقة المُطلقة المُتمَثّلة في الإله بِوَصْفِها وَلادة فَلسفيّة، ولكِنّ (السِّياسة) رَفَضت الاستجابة لِدَعوة المَسيح عليه السّلام وقَطَعَت طُرق الوصول إلى الحقيقة وأَمَرت بِصَلب المَسِيح عليه السّلام.

إنَّ مِن شأن الفلسفة البحث في حقائق الأشياء وعِلَلها الأُولى التَّامّة، وهي في مقابل (السِّياسة) ولَيدَتِها النَّزِقَة والنَّاشئة عليها والمُؤمنة بِحَقائقها وعِلَلها فإنَّها تَشترط اغتراب الفلسفة عنها والبقاء في مقام أَدنى مَرتَبَةً وأَقلّ سموًا، فلا يَعلو على السِّياسة شيءٌ وإنْ تمثلت الفلسفةُ أُمَّها في حقيقة عُليا مُجرّدة سامِية.

مِن ذلك يأتي تَأصِيلُ حقِّ الإمبراطور والملك و(الخَلِيفَة) في السِّيادة المُطلقة على العُقول والنّفوس والأراضي والبحار والأموال والمصائر.. فهو ابن الإله الّذي وُلِد مِن رحم محيط (إِقْيانوس)، وهو الأَعْلَمُ بمصائر النَّاس وبحقوق الرَّعايا الّتي تَجعل مِن حياتهم آمنة مُستقرّة في رغدٍ مِن العَيش، ومِن حَقِّه كذلك أَنْ يُفرِّط بذات الحقوق ويَستبِدّ ويبطش ويتآمر على أَمن الرَّعايا في سبيل فرض سيادة الذّات الإلهيّة.

فهَلْ الأمبراطور أو الملك أو (الخَلِيفة) مُضطرٌّ إلى فِعل ذلك أَمْ أَنَّها رَغبةُ اللّهو المُلِحّة أَو الضَّرُوريّة لِتَعظيم شأن الذّات وسِيادتها؟! وهَلْ رأيتَ سِياسيًّا معاصرًا يحكِّم الثِّقة في علاقاته مع محيطه الوَظِيفي والاجتماعي والدِّيني ويُعظّمها مع أَقرب المُقرّبين إليه والمُوالين؟!

فلا أَهْلٌ ولا أَقْرِباءٌ ولا أَصْدِقاءٌ ولا مُواطِنون لِلسِّياسِي عندما يُتوَّج أَمبراطورًا أو مَلِكًا أو خَلِيفة، بَل رَعايا أَو أَعداء فَحَسب.

وكذلك يَفعلُ زَعِيم الأُمّة والشَّعب والحِزب والفِئة، بِصَرف النَّظر عن أَيّ صِنفٍ أَو لَونٍ أو ثَقافَةٍ أو دِين أَو فئة اجتماعِيّة يَنتَمِي إليها. فهُو يعمد إلى فرض ولايته على الدِّين والنَّاس ثُمّ يَستعِين بالدِّين والنَّاس معًا لِتَعزيز القُوّة في سيادة الولاية ذاتها، ولا يَثِقُ في المحيطين به ثِقَةً مُطلقة خلال مَرحلَتَيّ النِّضال الحِزْبي والفِئوي وتَأسِيس الدَّولة أَو الشّراكة في بناء الدَّولة إِذْ يكتُم ذلك في نفسه ويَتظاهر بالنَّقِيض، فإنْ لم يَفعل فهُو أَفشَلُ السِّياسيّين!

السِّياسَةُ هي فَنُّ المحافظة على سِيادة الحاكِم المُطلَقة على الدِّين والدُّنيا

وليس لِلشُّعوب والأوطان والأدْيان مِن سِيادَة. فقد صَدق آخرُ ملوك فرنسا أَثناء تصاعد حِدَّةِ الثَّورة وطَلَبت رأسَه فغَضِب وقال: (أنا فَرَنْسا وفَرَنْسا أَنا)، فإِنْ ساس حاكِمٌ شَعبه وثَروات بلاده ودِينه والمَواثيق والقَوانِين فمِن أَجْلِ تعزيز سيادة مَقامِه الّذي يراهُ حقًّا أصيلاً ويَراه النَّاس اعتباريًّا مِن غَير حَقّ، ولِيَرتَقِي بِيَدَيه الدَّرجات العُليا مِن القوّة حيث لا قُوّة بِيَد مَن هم حوله إلّا بِما يمنحه هو لهم، وأَنَّ المِنحةَ منه قابِلَةٌ لِلاستِرداد بَمرسُومٍ لا يُردّ ولا يُستبدَل ولا يُناقش أَو يُفاوض فيه أَو يُساوم عليه. وعندما يَري مَن حول الحاكم ما يرون مِن ظاهر، ويَخفي هو ما يَستبِطن في أَعماقه ففِي سَبِيل ترسيخ كَومةٍ مِن الوَهْم الدّائم بِالقُوّة الّتي لا تُعادلها قُوّة أخرى في البلاد.

فإِنْ استعملَ الزَّعِيمُ الحِزبي والفئوي شَعبَه والمُتَنفّذين في مَرحلةٍ نِضالِيّةٍ حِزْبِيّة وفئويّة ما؛ فذلك لِبُلوغ رأس السُّلطة والتَّمكن مِن الرّئاسة، فَإِنْ تَقمّصها ظَهرَ استِبدادُه بِرَأيه ومَوقِفه وعَلا في الأرض على سِيرةِ مَن كان قبله، وسَخَّر دِينَ الحِزب والفِئة لِتَطويع المُنتمِين والنَّاس ولاستِخفاف عقولهم. ورُبَما سعى في تَقويض حِزبه أَو فِئتِه وطَعَن فيمَن آواه ونَصرَه مِن أَبطال نِضاله، وذلك لِكَي يَتخَلّص مِن عِبء استِحقاق الفَضل والصُّحْبَة والشَّراكة النِّضالِيّة، ثُمَّ عمد إلى صُنع البَدِيل المُطِيع الخاضِع المُستَسلِم بِحُكم الضَّرورة السِّياسِيّة لا بِحُكم الاستِحقاق الثّوري.

وتَتَشابهُ المصطلحاتُ في فَنِّ تعزيز القُوّة بِيَد الزَّعِيم غير الشِّيعي، ولكنّها لا تَختلف عن فَنِّ بناء الزَّعامة في كُلِّ الاتّجاهات ومنها الشِّيعِيّة. وتَلتَقِي كُلُّها في فَنِّ صِناعة القُطبِ المُهاب بالدِّين والمَذهب والسِّحر والمال والسِّلاح وأَجهزة المُخابرات وفي تَحسُّس مناطق القُوى المحتملة لِمَنع ظُهورها وتَعدُّدها.

إِنّها الحقيقةُ المُرّة الّتي تَتكرّر في كُلِّ دُولِنا وبَين الانتماءات الحِزبيّة والفِئويّة مطلقًا، وكَأَنَّها قانونٌ واجبُ الوجود لا يَستطيع أَحدٌ مِن البَشر الفَكاك

مِنه وإيجاد البَدِيل العادِل. مِن هُنا تَجِدُ مَن يَبُثّ فِكرَ الطّاعة المُطلقة والخُضوع الأبدي التَّعبُّدي والاستِسلام والصّبر على مُراد الزَّعِيم في أَيّ صِيغة جاء أَو في أَيّ وَصْفٍ صَدر، فإنَّ السِّياسةَ هِي فَنُّ التَّدبير لِتَأمين مصادر القُوّة مُنذ يَوم ظُهورها بِوَصْفها مَفهومًا فَلسفِيًّا حتَّى يَومَ يأذن الله لَولِيِّه الفَرَج!

كُنَّا نَدرس في مرحلة الإعداديّة الجُملة الشَّهِيرة: (حضاراتٌ سادَت ثُمّ بادَت)، ثمّ رأينا رُؤيا العين زُعماء الأُمَم والدُّول، وقادَة الثَّورات والانْتِفاضات الشَّعْبِية، والأحزاب النُّخبوِيَّة والمَرجِعيّات الفِئويّة، كلّها تشترك في عامل تَعزيز سِيادة الفَرد الزَّعِيم ذِي القُوّة والبَأس الشَّدِيدين بِتَحريضٍ مِن آفات الشَّكّ وانعدام الثِّقة والدّعاية الفَجّة بِوَصْفِها مِن ضَرُورات السِّياسة.. إنّها آفاتٌ ما برحت تقتفي أَثر السِّياسة حذو النّعل بالنّعل وتُلازم السِّياسيِّين في كلّ مراحل عملهم، ولا تَنفصِل عنهم في أَيّ حالٍ مِن الأحوال حتّى تأتيَ ساعةُ الانهيار الكبير والسُّقوط المهين.

إنَّ الأمبراطوريّات والَملَكِيّات والجُمهوريّات وكُلّ أَشكال النُّظُم فضلا عن الانتماءات الحزبيّة والفئوية السِّياسيّة تَشتَرِك في وَحدة المصير إذ تَستَسلِم لِآفات الشَّكّ والرّيبة والظِّنّة والتُّهمة وفقدان الثِّقة حتّى تَتَّخذ لِنَفسها شكلاً مِن أشكال المعاوضة السِّياسِيّة، ويصبح لِكُلّ شيء ثَمَنًا خاضِعًا لِقَيم الولاء المُطلق لِلزَّعِيم. وعندما يمنح الزَّعيم شيئًا مِن الحوافز لِمَوالِيه فإنَّما يمنح مِمّا كَسبه هو بأَيدِيهم وَلِوقايةٍ وحمايةٍ لِنَفسه مِنهم إذْ لَيس في السِّياسة ولاءٌ مُطلق في كُلِّ الأحوال!

وعندما يَركبُ زعماءُ الانتماء الحزبي والفئوي السُّلطة والرّئاسة بِالمُلكِ أَو بِالشَّراكة؛ عندئذٍ تُصبح العودةُ إلى الثِّقةِ أَو بعضٍ منها بالنِّسبَة لِلحاكم مُجازفةً ومُغامرةً بِمَصير الأُمّة وضَعفًا مِن بَعدِ قُوّة، وأَنَّ التَّمسّكَ بالشَّكّ الدّائم وعدم الثِّقة بالأكارِم يَنقلِبُ إلى قيمةٍ سِياسِيةٍ نبيلة مِن قِيم السُّلطة. وهكذا تنهار الأمبراطوريات والملكيّات والجمهوريّات، وتَتحَلَّلُ الأَحزاب

والفِئويّات، وتَتلاشى كلّها بآفَةِ الثِّقة المعدومة وكأَنّ ذلك أَمرٌ حَتمِيّ تأريخيّ حتَّى يَتوافر البَدِيل بإذنٍ مِن الخالِق عَزَّ وَجَلَّ.. أَنّ سلطة الأمبراطوريات والملكيّات والجمهوريّات وسيادة الانتماءات الحزبيّة والفِئويّة لا تَدُومان بالثِّقَةِ وإنّما بنَقِيضها، فلَو دامَت لِغَيرِكَ ما وَصلَت إليك!

يَستفهِمُ البعضُ مِن الشِّيعة عن الضَّرر الّذي سيَعصِف بالنُّظم المُستَبِدّة والانتماءات الحزبيّة والفئويّة إذا ما قرَّرت تَطبيق قِيمة العَدلِ مع مواطنيها والمنتمين.. استِفهامٌ فلسفي لا مَعنى له في ذِهْن إنسان مُتربّع على عرشٍ مَكِينٍ مِن السُّلطة والسِّيادة والزَّعامة في حَساسِيّةٍ مفرطةٍ إزاء انبثاق قُوى أُخرى في عَرضِ قُوَّتِه وإنْ كانت خَيِّرة.. إنَّه يخشاها دائمًا وإنْ كانت في أَضْعف الايمان، فيَسعى في تَفتِيتِها وتَمزِيقها في مَهدِها بالمَكر والغَدر والحِيلة والفُجور والشّائعة والمُقاطعة، وما على المواطنين والمُنتمِين إلّا الطّاعة والصّبر، فذلك واجِبُهم وجِهادُهم مع النَّفْس إذ يُجازون عليه ويُثابون!

يَقترِنُ الزُّعماء مع ظاهرتين خاصَّتَين مُلازمتين:

الأُولى: نسبةُ كُلِّ فعلٍ ذِي قِيمةٍ عُليا يُفشِي في المجتمع الرِّضا والسَّعادة والانْبساط إلى تَدبِير الزَّعيم ورُشدِه وحِنكته مِن حيث انفراده بِالمقام المَصون المُقدَّس الواحد بِلا شَريك أَو مُنازع. ولا يَجوز لِأَحدٍ مِن المرؤوسِين أَو المنتمين الحزبيّين والفئويّين نِسبَة ما تُنجِزه يداهُ مِن عَملٍ أَو يُتقِن في خِدمة الدِّين والمُجتمع والبِلاد إلى نفسه، فذلك مِن مصاديق المُنازعة في المُلكِ والقُوّة والسِّيادة التي يختصّ بها الزَّعِيم ويَنفرِد. ولِلمُواطنين أو المُنتمِين الحقّ في البقاء رَعايا و(عِدَّةْ شِغِلْ) لا شأن لهم ولا قِيمة إلّا تَحت سِيادة الزَّعِيم ودوام قُوّته منفردًا.

فما الضَّرر في أَنْ يكسِبَ المَرؤوسون أَو المُنتمون الحزبيّون والفئويّون مقامًا مشهورًا أَو مشهودًا بين النَّاس بما يُقدِّمونه مِن إنجاز حضاري لِخدمة دِينهم ومُجتمعهم ووَطنهم، فإنّ مِن شأن ذلك أيضًا السُّمُو بِمَقام الزَّعِيم لما

تُوفِّره سُلطة الزَّعِيم مِن بيئةٍ ومناخ مُلائم لِصدور هذا الانْجاز؟!.. لا تَصمِد هذه الرُّؤية في عالَم السِّياسة المَوبوء بِسُقم السُّلطة ونَوازع الرِّئاسة.

حادثتُ أَحد المُنظّرين حول فكر الانتماء الحِزبي والفِئوي ونُظُمه وسُبل الوقاية مِن اقتباس الانْتِماء الشِّيعي لهذه الصُّورة الدّعائيّة البَشعة والمُبتذلة المُشابهة لِأَفعال قوى الاستبداد في الدّول وأَحزاب اتِّجاه أَهْل العامّة، فقال: لا عَيب ولا مَحذور إذْ لا بُدّ لِلانتماء الحزبي والفئوي مِن قُوّةٍ في المقام وهَيبةٍ في الفِعل السِّياسِي، ولا بُدّ مِن رُتبةٍ مُتعالِيةٍ تتمثّل في قُطب مَركزيّ يُسمى قائدًا أَو زعيمًا. ولا مِن أَحدٍ يتمكّن مِن صُنع صورة القائد الزَّعِيم ويبني قُوّته في هذا العصر إلّا المنتمين الحزبيّين والفئويّين، وذلك لِمَنفعة الانتماء كُلّه، ولا يَجوز توزيع القُوّة إلى قُوى متعدّدة في صفوف المنتمين، فذلك يُشكّل ضَعفًا لِأَثر الزَّعيم وقَراراته ومراسِيمه الصّادرة عنه، وأَنَّ الخيرَ في اجتماع القُوّة في عقلٍ واحدٍ. أَلم تدرس في الابتدائيّة قول الشَاعر (تَأبى الرِّماحُ إذا اجتمعنَ تَكسُّرًا.. وإذا تَفرّقَت تكسّرت آحادا)؟!

فالصِّراعُ هو إراداتٌ مُتقابلة، وتَدافُعٌ فيما بينها ومُنافسةٌ في سلطان ومُغالبةٌ جارِيةٌ بين الأنداد والأضداد والنُّظراء. فإنْ صَعَدت قُوّة القائد والزَّعِيم رُتبةً ودرجةً ومقامًا ومنزلة بِجُهود المنتمين وتَضحِياتِهم تَصعَّدَ المنتمون الحزبيّون والفئويّون به رُتْبةً ودرجةً ومقامًا ما بَقوا مُنتمِين مُوالِين لِلزَّعيم والقائد.

ساءلتُه: لو قَلَبْتَ الهَرمَ في هذه الصُّورة فماذا ستكون النَّتِيجة؟! فلماذا لا يرقى المُنتمون والنَّاسُ مِن حولهم درجةً ورُتبةً ومقامًا بِجُهودهم فيَصعد بِهم الزَّعِيم دَرجةً ورُتبةً ومقامًا، ويُصبح الانتماءُ الحزبي والفئوي كلّه حِينئذٍ بهذا الانقلاب قُوّةً جبّارةً ينتفع بها المجتمع وتدوم فيه؟!

استدركَ قائلا: فإنْ انشقّ أَحدُهم بما لَديه مِن مَرتَبةٍ ومَقام؟!

أَجبته: عِللُ الانشِقاق حاضرةٌ في كلا الحالين، فلَنْ يُبقي الزَّمَنُ على

الانتماء مَدى الحياة صامدًا على وحدته، وأَنّ الاحتياط بالهرم المُعتَدِل هو تَمثُّلُ وتشبُّه بِأَنانيّة الاستبداد وهوى حُبّ الرّئاسة. وإِنْ مات الزَّعِيمُ أَو قُتِل؛ قَبرَ معه قُوّة الانْتِماء ودَفن سيادته وجَعل مِن المُنتمِين أَشتاتًا.

الثَّانية: قبلَ وُصولِ الزَّعِيم إلى منصب الرّئاسة في الدّولة أَو الانتماء الحزبي والفئوي يُصوِّرُ (السِّياسة) لِلنّاس مُنقذًا بِلُغَةٍ ورُؤيةٍ حَسنتَيّ المظهر ووِجدانِيَّتي الشُّعور، ويُسبغُ على مفهوم (السِّياسَة) وتطبيقاته الكَثيرَ مِن مُوجبات المسئوليّة والوَرَع والاجتهاد والعِفّة والسَّداد ويُذهِبُ عنهما مُؤثّرات المَفاهيم العظمى الدَّارجة في النّاس مِن مِثل (التَّقِيّة) و(الانْتِظار) و(الوَلايَة والبَراءة) و(العِصْمة).

وعندما يَتقمَّصُ الزَّعيمُ السّلطة والرّئاسة ويَستقوِي بِالسِّيادة المُطلَقة سُرعان ما يَنقلِب خطابُه على الأعقاب، ويَزداد حَساسِيّة مِن مُحِيطه الرّئاسي والحِزبي والفئوي والشَّعبي، ويَشتَدّ غطرسَةً ثمّ عنفًا ثمّ خدعةً وغدرًا ومكرًا بآلة (السِّياسة). ويَستَتْبعُ كلّ ذلك اختلاقًا فَجًا لِمُبرّرات هذا الانقلاب على (السِّياسَة) التي مدحها. ثم يَدعو على عَجَلٍ إلى إعادة النّظر في أُصُول الثَّقافَة ومُكوِّناتها ومَظاهرها ويَتبنّي بإزائها مَنهج (الشَّكّ والتَّشطِيب والتَّأميم) بِحُجَّةِ (إِصلاحِها)، ويَستبدِلُ المفاهيم المُقدّسة الّتي أَوصلته إلى قِمّة السُّلطة ومقام الزَّعامة بِمَفاهيم أُخرى مُختلِفة مانعة مِن وُصول غيره إليهما ومُعزّزة لِوَلاء الأُمّة المُطلق لَه لِيَستَقوِي ويسود بها على حِزبِه وفِئته الّتي رَكِبَ ظَهرها لِبلُوغ كرسي الرِّئاسة، ويُبالغ في تَصفِية البَدائل كُلّها ويُبقي على حياة مَن لا يَقبل بِغيره بديلا!

فلو كان المناضلُ المنتمي الحزبي والفئوي يَنطِق بالصِّدق في لحظة ما بَعد رُكوبِه مقام القِيادة والزَّعامة والرّئاسة والسُّلطة والسّيادة وفي إِثر انقلابه على ثَقافة مُجتَمعِه الأصيل وما أَصدرَ مِن مَفاهيم تَحرُّرِيّة وانتجَ مِن أَفكار نِضالِيّة لَصرّح بالقَول: (أَنَّ كُلّ حاكِمٍ عادلٍ غير مَعصومٍ فهُو مُستَبِدٌ بِالضَّرُورَة

مِن أَوَّل يوم الخَلقِ حتَّى يَوم الدِّين، وأَنّ الاستبداد قَرينُ السِّياسة ومِن لوازم وجودها العادل ويُستحيل الفَصل بينهما وقد تَختلِف الألفاظ في التَّعبير عن مَعنى الاستبداد، وأَنّ الحديث عن وُجود زَعامة سِياسِيّة عادِلة كامِلة الأوصاف في إدارة الدّولة أَو الانتماء الحزبي والفئوي فهُو لا يَعدو أَنْ يكون لَهوُ حديثٍ لا يجتمع مع ضَرورات السِّياسة بِأَيّ حال)!

يُذكَرُ في أَحوال عبد الملك بن مَروان أَنَّه كان مُلازمًا لِلقُرآن الكريم ومُداومًا على قراءته، ولم يَبرح مَجالِسَ رواةِ الحديث حتَّى يوم تَلَقِّيه نبأَ هلاك أَبيه. حينئذٍ أَلقَى بِالقُرآن جانبًا ورَمَقه قائلا: (هذا آخِرُ عَهدِنا بك، هذا فِراقُ بَينِي وبَينك). ثُمَّ خَرج يَخطُب في النَّاس: (فإنِي لَسْتُ بِالخليفة المُستضعف ولا بالخَلِيفة المُداهِن ولا بالخليفة المأفون.. أَلا وإنّي لا أُداوى هذه الأُمَّة إلّا بِالسَّيف حتَّى تَستقِيمَ لِي قناتكم.. والله لا يَأمُرني أَحدٌ بِتَقوى الله بعد مَقامِي هذا إلّا ضَربتُ عُنقَه)!

كان عبد الملك صَريحًا بما عَلِمَ في أَحوال السِّياسة، ورأى في سِيرة أَبيه أَنّها لا تَستقيم مع الدِّين ولا تَجتَمِع معه على تُوافقٍ في رأس زَعامة ولا رئاسة، وقد حان الفِراق بينهما، وأَنَّ هذه مِن الأحوال المُلازِمة لِكُلِّ أَشكال الزَّعامة والسّيادة. فيما يُصَوِّر لَنا البعضُ مِن المفكّرين والخُطباء أَنَّ مَعنى فِراق عبد الملك بن مروان لِلقُرآن هو تَركُه لِلعبَادَةِ والتَّفرّغ لِلبَطش فحَسَب مِن دون أَنْ يُشير هؤلاء المفكّرين والخُطباء إلى أَنَّ لِلسِّياسة ضَرُوراتٍ حاكمةً قاهِرَةً مُوجِبةً لِلبَطش عند كُلّ حاكِمٍ أَو زَعِيمٍ ما دام غير مَعصُوم!

وبِذاتِ المفهوم الّذي صَرَّحَ به عبد الملك بن مروان عند لَحظة اغتِرابه عن القُرآن الكَريم، وعَمِل بِه المأمون العبّاسي عندما بَسط سِيادَته بإمْرَةٍ شَرعِيَّةٍ مُفوضّة مِنه لِفرقَة المُعتزلة؛ تَعملُ السِّياسةُ المعاصرةُ على تَبنّي ذات المفهوم وتَكريسه في الدّولة والانتماء الحِزبي والفِئوي بِصَرف النّظر عن هُويَّتِهما الدّينيَّة أَو المَذهَبِيّة.

وكُلّما توافرت المُعطياتُ المناسبة لِولادَةِ أو ظُهور قُوى ناقِدة أَو مُنافسة أَو رَدِيفة، أَو تَقطَّعَت السُّبل بِمَبدأ السِّيادة وتحصيل القُوّة في الدّولة والانتماء؛ دَخلَ القائدُ والزَّعِيم مَرحلة (الضَّرُورة) المُلزمة لِلعَمل على تَصفِيَةِ ذَوِي النّفوذ والقُوّة وإِقصاء ذَوِي العقل النّاقد، وعلى جَعلِهما في مَرتَبةِ الخصم المُغالِب والمُناوِئ لِسِيادة الدّولة وحاكميّة الانتماء الحزبي والفئوي. إذنْ، فلا غَرابة مِن وُجود العادَة المُتّبعة في السَّلطنة العُثمانيّة بِتَصفية الحاكم لِكُل إِخوتِه وأَبنائه بعد استِلامه لِـ (الخِلافة) وتَعيينه لِوَلِي العَهد، أَو يَتزوّج الملكُ مِن أُختِه لِقَطع الطّريق على أَيِّ محاولة لِانتقال السُّلطة إلى غير مراده كما فَعل بعضُ ملوكِ الرُّومان، أَو يَفتَتِح الأمبراطور حُكمَهُ الموروث بِحَربٍ مَضمونَةِ النَّصر يَشُنّها ويجزّ فيها الألوف مِن الرُّؤوس لِيَعود منها بِهَيبةِ الفاتِح وسِيادة القاهِر الذي لا يُضاهى ولا يُساوى ولا يُسامى.

وفي أَحيانٍ كثيرةٍ تَحرِص (السِّياسةُ) بِقيادة الزَّعِيم على إِشاعة الفَوضى والفِتن في نظام المجتمع عبر عناصر (الحَبرْبَش) وغيرهم، حتَّى إذا ما استَفحَلَت وتَفاقَمَت وَظَنّ أَهلُها أَنَّ لا ملجأ لهم إلّا إليه؛ عادت (السِّياسةُ) نفسُها إلى قوى المجتمع المُنهكة والمَستَنْزَفة لِتَستدرِجها بِالتَّرغِيب أَو بِالتَّرهِيب إلى المَشاركة في مكافَحَة هذه الفَوضى والفِتن المصطنعة مِن قِبَل الزَّعِيم حِفاظًا على سِيادة الدّولة أَو الحزب والفِئة أَو الطّائفة!

وقد تَتدخَّلُ في صِناعةِ مَناخ (الضَّرُورَة السِّياسيّة) شَبكةٌ واسعةٌ مِن التَّحَوُّلات المَحَلِّيّة والإقليميّة والدُّوليّة لكَي تُوحِي إلى عَقْلِ الحاكم أَو الزَّعيم بِقُربِ ظُهور تَحَدٍّ خَطيرٍ على سِيادَتِه في الوطن، ويَقتَضي المَوقف مِنه إِزاء ذلك (ضَرُورة) إِعادة النَّظر في الثَّقافَة الأَصِيلة لِلبلاد فيُعلِن الحاكم أَو الزَّعِيم عن انطلاق ما يُسمّى بِـ (الثَّورة التَّصحِيحِيّة)!

فإنْ كانَت ثقافَةُ مجتمع الدَّولة مَبْنِيّة على أَحكام اتِّجاه أَهْل العامّة اتُّهِمَت بِتَفرِيخ الإرهاب أَو احتِضانه ويَتوجَّب على الزَّعِيم إِعادة النَّظر في أُصول

ثَقافة بلاده، وتَقتضِي (الضَّرورة) السِّياسِيَّة عندئذٍ استجابة قُوى المجتمع وفئاته لِقَرار الزَّعِيم والمُشاركة في الانقلاب على ثَقافَتِها. وإِنْ كانت ثَقافةُ مُجتمع الدَّولة شِيعِيَّة الهُوِيَّة اتُّهِمَت بِالطَّائفيّة والعَمالَة، وصار لِزامًا على الزَّعِيم العمل على إِعادة النَّظر في أُصول المَعْرِفَة في ثَقافَة مُجتمعه، وتَقتضِي (الضَّرورة) عندئذٍ امتثالَ قُوى المجتمع وفئاته لِقَرار الزَّعِيم والمُشاركة في الثَّورةِ على الثَّقافَة.

إنّ الاستجابة والامْتِثال هنا يُمثلان خَرقًا لِلسِّيادة.. فإنْ لم يَتَحَدَّ الزَّعِيم ويَتَّخِذ قَرارًا بالمواجهة؛ فقد سَطا على حقّ مُجتَمَعِه وخَرق بِنَفسِه سِيادةَ وَطَنه بِأَمْرٍ منه. وفي هذه الحال (السُّوفِسطائية) الجدليّة: ما مِن زَعِيم إِلّا ويُضحِّي بِثَقَافَةِ مُجتمعه بِعُنوان حاكميّة (الضَّرورة) السِّياسيّة، مَخافةَ أَنْ يَفقِد مقام الزَّعامة حيث يَرى سِيادةَ الدّولة مُندكَّةً في سِيادَتِه وإِنَّهما يُشكِّلان معًا عنصرًا واحدًا لا يتجزّأ!

أَينَما تَجِد مكسبًا مُتوقَّعًا في السّاحة السِّياسيّة الشِّيعِية وميادينها؛ ستَجِد ظِلالاً ونُقوشًا لِمحنة الزَّعِيم ذِي (المقام المُقدّس) المُتورِّط بِأَفعال السِّياسة والرَّاضِخ لِحاكميّة ضَروراتها والمُغامر والمُدّمر لِثَّقافَةِ الأَصِيلة ولمكوّناتها ولمظاهرها بِعنوان المصلحة الوَطنيّة العُليا وصِيانةِ السِّيادة أَو مصلحة الانْتِماء الحزبي والفئوي أَو مَصلَحِة الطائفة و(دِينِ الله).

لم يَنهض في التَّشَيُّع المعاصر زَعِيمٌ متَمكِّنٌ مِن التَّفوّق بضَرُورات الهُوِيَّة الشِّيعِيّة على ضَرُورات الدَّولة والانِتماء الحزبي والفئوي أَو التَّوفِيق بينهما في تَوازنٍ عادلٍ يُعطي لِضَرُورات الهُوِيّة ما لها مِثْلَما يُعطي لِضَرُورات الدَّولة والانتماء ما لهما. وإِنَّ ضَرُورات الانتماء لِلدّولة والانْتِماء الحِزبي والفِئوي تَتَمَثّل هَواجسَ الشَّيطان المُدَمِّر المُنغمس في وِجدان الزّعامة حيث يَفتَقِد العدل إلّا بِعِصْمَةٍ حقيقيّةٍ مَجعولةٍ مِن الله عَزَّ وَجَلَّ.

في هذه الحال، تَلتَجِئ قُوى الزَّعامة بِـ (الجَمْبَزة) إلى تدارك الموقف

مِن خلال الفَصل الكاذب بين ذاتِ الزَّعِيم وذات الدَّولة والانْتِماء الحِزبي والفِئوي، فتَجعل لِمَقام الزَّعيم سِيادةً رمزيّةً مُقدّسةً هي أَعلى رُتْبَةً وأَسمى مَقامًا ومنزلةً مِن الدّولة والانتماء ولكنَّها تَبقى غير مَسئولَةٍ في الظَّاهِر. ثُمّ تُشكِّل مِن الدّولة والانتماء الحزبي والفئوي دَرعًا لحماية المقام المُقدّس لِلزَّعيم ومَنزلِته الرَّفِيعة مِن شَرّ المُشكلات الّتي تنجم عن إدارة ملفّات الدَّولة والانتماء أَو تَنجم عن تصريف شُئون النَّاس والمُنتمين. فيُحال الغُنْمَ إلى مقام الزَّعِيم خاصَّة ليُرفَع بِه شأنه حيث يُزَّف الغُنم إليه في بَهرَجَةٍ دعائيّةٍ شَعبيّةٍ واسعةٍ تعمّ البلاد مِن أَقصاها إلى أَقصاها، ويَكون الغُرْمُ مِن نَصِيب الدّولة والانتماء الحزبي والفئوي حيث يُمْسِيان مَسئولَين أَمام الزَّعِيم، فيَكثُر في البلاد النِّفاقُ والفَسادُ بهذا الفَصل المُنتَحِل لِلعِصمة بِفَنٍّ مِن المراوغة السِّياسيّة وفَنٍّ في العَبَث بِقاعدة المعلومات.

يَذكُرُ مُنتَمو حِزب البعث العِراقي في مَعرض نَقدِهم لِسُلطة صَدّام على أَثر سقوط نظامه واختِتام صَحيفة الحِزب بإِعدامه: (أَنَّ صَدّام أَخرج الدَّولة مِن سلطة الحزب إلى سُلطة العائلة تَمهِيدًا لمرحلة الإعلان عن الملكِيّة الوراثيّة المُستقرّة على طَريقة الملوك في العالم المَسِيحي القديم، فأَفسدَ نفسه وعائلته والدّولة. وأَمَّا الحزب وفكره فهُما بَرِيئان مِمّا فعل صَدّام ولم يَتلوَّثا بِشَيءٍ مِن فساد فَعلَتِه وعائلته)!

وفي رُؤيَةِ البَعثيّين العراقيِّين أَيضًا (أَنَّ الدّولةَ وثَقافةَ الحِزب سيكونان مُستقرّين نامِيَين مُبدِعَين فيما لو استَمر الحزبُ في أَداءِ دوره السِّياسيّ مُستقِلاً بالدّولة عن زَعِيمها صدّام المَعدوم)!

كيف يُمكن التَّفريق والفَصل بين كلا الحالين بالقِياس إلى مَحدودِيّة تأثير الثَّقافَة وشِدّة هوى الذّات إنْ استقلّ صدّام وعائلتُه بالدّولة وكانا مَسئولين عن أَخطائهما السِّياسِيَّة، أَو استَقلّ الحزب بشُئون الدّولة وجعل مِن صدّام مِثالاً لِلزَّعِيم المعصوم والذّات المصونة المُقدسّة الأَسْمى مِن الدّولة و(هَدِيّة

السَّماء)، أو اجتمعا معًا وتبادلا الأدوار.. كلاهُما سواء في النَّتائج، وكِلاهُما سيُكثِر في البلاد الخراب وفي العِباد النِّفاق والفَساد.

وكذلك الأمرُ في شأن خُضوع الانتماء الحِزبي والفِئوي المعاصر لِلنُّظم المُستبِدّة بِدَعوى المشاركة الجُزئيّة في إِدارة الدَّولة مِن خِلال صناديق الاقتراع وخَوض الحياة النِّيابِيّة أَو أَيّ شكلٍ آخر مِن أَشكال المُشاركة السِّياسيَّة المتاحة حيث تَقعُ مَسئوليّة الإخفاقات على زَعِيم الانتماء وإِنْ تَقمَّص دور المَعصُوم السَّامِي غير المَسئول إِلى جانِب مُفوّضِه المُتنفِّذ المَسئول غير المعصوم. ففَعْلَةُ الفَساد واحدةٌ مُشتركةٌ في كلّ هذه الأحوال حيث الفَرد أَو العائلة أو الفئة أَو الحزب يُدَبِّر شئون الدَّولة أَو يُشارك في شُئونها عبر مُؤَسَّسَةٍ برلمانية.

العِلّةُ الكُبرى تَتمثّل هَوى (حُبّ الرّئاسة) وما يُلازم الرّئاسة مِن حاكِمِيّة لِلضَّرورات. فلِهَوى حُبِّ الرّئاسة إبليسه الخاصّ ولِلسُّلطة السِّياسيّة بَرِيقٌ يأخذُ بِأَلباب العقول وتَضعَف لِسِحْرِه النُّفوس. وأَمّا الانتماء الحزبي والفِئوي بِإزاء سُلطة الحاكم السَّامي فإِنَّه يَتعرَّض لِلانقسام والانشِقاق بِتَدبيرٍ مِن زعِيم الانتماء نفسِه حيث يَنقَلِب المُنتمون الحزبيّون والفئويّون على بَعضِهِم بِمَكرٍ يمكره زعيمُهم حتَّى يَصفو له الجَوّ ويخلو مِن رَقِيب لِيَنفرِد بِصِفَة (المَصدر الوَحِيد لِلقُوَّةِ والسِّيادة والمُحرِك الوحيد لِكُلّ مَفاصِل المَجموع المُختَلِف)، ولا مِن خِيار أَمام هذا الزَّعِيم لِمَنع تَعدُّد القُوى أَو بُروزها في الانتماء والدّولة بمعزل عن ظِلِّه إِلّا بِالمَكر والخَدِيعة فيَستَبِدّ بالموقف ويَطغى ويجعل مِن مُنتمِيه أَشتاتًا لا جامع لها إِلّا هو.

لقد نَظرَ زُعماء الانتماء الحزبي والفئوي في المعالجة المناسبة لهذه الحال مِن خلال تَطبيقَين، هما:

ـ التَّأسِيس التَّربَوي لِلمُنتمي، وذلك باتِّباع الطَّريقة المَشهورة بِـ (غَسِيل الأَدمِغة) حيث يَجرِي فيها استِبدالُ المفاهيم الدّارجة في الثَّقافة المَحلِّيّة الأَصِيلة التي يَعتَنِقها المُنتمون والمُتّهمة زورًا على منابر الانتماء وعلى

صفحات المحرَّرات الأَدبيّة الحزبِيّة والفئويّة بِاحتضان آفتيّ (التَّخَلُّف) و(اللّاوَعْي) وتكريس (الخُرافَةِ) و(الأسْطورة) ـ بِمَفاهيم مُستقدمَة مِن ثقافة هجينة مُبتكرَة وسامِية تَعمل على تعطِيلِ العقل النَّاقِد المستقِلّ واستِبداله بِحَوافز وِجدانية مِن قَبيل(الصَّبر) و(الطَّاعة) و(الجَزاء الأَوفى) و(الوَلاء المُقدَّس للانتماء) و(الذَّوبان في ذات القائد) رجاءً ورغبةً في نَظْمِ الأمر في المَجموع المُناضِل.

ـ والمرْكَزِيّة الحادّة ذات النَّسق الواحد في بِيئةِ المجموع الّتي يَسودها الشُّعور بالنَّقص إِنْ تجرَّدَت مِن مفهومي الانتماء والزَّعِيم.. مَركَزِيَّة يُعزّزها فكِرٌ خاصٌّ يَصدر عن الزَّعِيم ذاته لا يَنفكّ يُذكّر المُنتمِين بالطَّاعة والخضوع في سبيل وَحدة المَجموع، ويشدّ المنتمين إلى (البُنيان المَرصُوص) بالتَّقوى والوَرَع والإيمان والتَّضحِيّة مِن أجل تحقيق الانتصار وما شاكَل ذلك.

لا بُدَّ مِن الإشارة إلى أَنّ دَعوةَ النُّظم المُستبدّة لِلأحزاب والفِئويات المُناضِلة أو المُعارِضَة إلى الحِوار السِّياسي وتَقبُّل المشاركة في تَدبِير شئون الدّولة هي دَعوةٌ موجّهةٌ بِدِقّة ومُعزَّزة بخارطة سِياسيَّةٍ ذَكِيّةٍ غير بريئة. فلَيست النّظم المستبدّة في أَمَسّ الحاجة إلى أَقصى درجات الحَيطة والحَذَر لحماية وُجودها مِن نفوذ الانتماءات المُعارضة وممّا يُدبِّره زُعماء الحزب والفئة المناوئين عند استجابتهم لِدَعوة المُشاركة في السّلطة.

وعندما تَستجِيبُ زعامة الانتماء لِدَعوة الشَّراكة في إدارة شئون الدّولة تَحت مُبرِّر (إِلْحَقْ العَيّارْ لِبَابْ بَيتِهْ) فتِلك قِمَّةُ السَّذاجة في عالَم السِّياسة، حيث تَبدأ مشكلاتُ التَّوازن بين الرُّتب والمَقامات الحزبيّة والفئويّة تَتفاقم في جسد الانتماء، ويَعلو صَوتُ النِّزاع الدّاخلي حول الحصص مِن المناصب، فتَستَشرِي التَّصدُّعات في الانتماء تَدريجيًّا، وتَتضاعفُ الضُّغوط على الزَّعامة، كُلّما تقدّم الانتماءُ وتدرّج في سِلَّم وَظائف الدّولة. فتَضطر زعامة الانتماء الحزبي والفئوي في نهاية المطاف إلى اتّخاذ التَّدابير المُتشدِّدة

القاضِية بتجاوز قِيم الانتماء ومبادئه المُجمع عليهما، أَو تتنازل عنهما كُلِّيًا أَو إِعادة النَّظر في أُصُول الانتماء ونَظْمِه. ويَترتَّبُ على ذلك العمل على تَبرير الوَسائل وإطلاقها والسَّطو بها على ثقافة المُجتمع الأصيلة وتَشطيب أصولها وتأويل متونها بما يُوافق الحال المستجدّة.

إنَّ زعيمَ الانتماء الحزبي والفئوي المُناضل يَعلَمُ عِلم اليَقين أَنَّ في الاستجابة لِدَعوة استِلام السُّلطة أَو المُشاركة الجزئيّة فيها سَيُؤدِّي إلى المغامرة بِمَصير الانتماء ونَسقِ الزَّعامة فيه، كما سيؤدِّي إلى تَحول جسم الانتماء إلى كتلةٍ مَريضةٍ هزيلةٍ تنخرُ في جَوفها أَنانيّاتُ (حُبِّ الرَّئاسة) على حساب سِيادة الزَّعِيم ذاته. لكِنَّ الزَّعِيم بما هو زَعِيم مُطلق الصَّلاحيّة والوَلايَة لا بُدّ وأَنْ يَضمِرَ في نفسه سِعَةً مِن الخِيارات السِّياديّة المُعالِجة، فيَلجأ على الأثر إِلى حَلّ الانتماء أَو إِقالة صَفِّهِ القِيادي الأَوّل قبل أَنْ يُقدِم عناصر هذا الصَّف على عَزلِهِ مِن مَقامِهِ العالي على الرَّغْم مِن (القُدسِيَّة) و(العِصْمَة) التي خصّ بها نفسَه ورَوّج لها الانتماء في النّاس!

ويَدَّعِي بعضُ زعماء الانتماء الحزبي والفئوي أَنّ اقتحامهم لِعُمق الدَّولة بِركوب مبدأ الشَّراكة السِّياسيّة والنّزول إلى صَنادِيق الاقتراع سَيترُك أثرًا إيجابيًّا على مُستوى الحُرِّيّات والخدَمات الوطنيّة. فإنْ تطلّب الأمرُ ذوبان هذا الشَّكل مِن الانتماء في دوائر السُّلطة المُستبدّة فلا بأس مِن ذلك ما دام الزَّعِيم ذِي الذّات المصُونة يمتلك كلّ مفاتِح القوّة والنُّفوذ والسِّيادة على الانتماء!

في كُلّ الأحوال، يتحوّل الانتماء الحزبي والفئوي وزعامته الدِّينيّة إلى نسخةٍ هِي في واقع الأمر على طِبق سيرة النِّظام المُستبدّ في كُلّ شيء ولكنّها تَظهر في أَشكالٍ مختلفة. وعند ذلك يَجِدُ الشِّيعي نفسَه محكومًا بِسُلطتين: سُلطة الدَّولة وسُلطة الزَّعِيم الرّوحي ذِي الانتماء الظِّل، وتُصبحُ الثَّقافَةُ المحلِّيَّة الأصِيلة عندئذٍ الضَّحيّة الكبرى لهذه الازدواجِيّة، وتَضطرب أَحوالُها، وتشهد مكوّناتها ومظاهرُها انقلابات مُفاجئة على مُستوى الفِكر

والتَّطبيق بِدَعم وتأييدٍ غير مباشر مِن قبل الزَّعِيم بُغيَة الإخلال بِميزان القوى وتَحقِيق التَّفوقّ بها على سِيادة الدَّولة، فيما تَسعى قُوى الدّولة إلى تَحييد ثقافَة البلاد بِالقانون وتَضييق مساحتها تمهيدًا لِفَصلها عن نُفوذ الزَّعِيم وانتمائه وجَعْلها مصدر مُرجِّح لمصلحة قوى الدَّولة.

ـ المُنقِذُ مِن الشَّكِّ والتَّجْرِيح

قَبل بلوغ الحَوزات الشِّيعية الكُبرى مُرادَها مِن العمل على تَدبِير الشَّأن الاجتماعي لِلشّيعة في العالم وكَسر طَوق العُزلة السِّياسِيّة الطّويلة ووَضع حدٍّ لِحال الانكفاء على الدّرس الفِقهي والأحكام في سَند الرِّواية وصدورها؛ سُجِلَت الحَوزة بِجَرّافة السِّياسة.. وكان يا مَا كان!

لَقد تَنبَّهت بعضُ مرجعيات الحوزة الكُبرى عند منتصف القرن الماضي إلى أَهمِّيّة التَّحَرّر مِن دوّامة الانشغال بالدّراسة والتَّدريس مِن المهد إلى اللَّحْد بين مَجالس الحوزة ومَدارسها التي تحتلّ المساحة العظمى مِن الأَحياء القَدِيمة وتَغزو أَزقَّتها، كما تَنبّهت إلى وُجوب العَمل على استغلال الفرص المُتاحة لِلرُّقيّ بالنّظام الاجتماعي والوجود الثَّقافي المختلف في سائر بلاد العالم.

وعلى حَسب السَّائد في الأوساط الثَّقافيّة، أَنَّ بعضَ المرجعيّات الحوزوِيّة أَسَّسَت لِنَفسها في الخَمسينات مِن القرن الماضي مَشروعًا حضاريًّا مُستقِلاً عن الأَجواء (التَّقْلِيدِيَّة) المحصورة في مَجالات التَّدريس والتَّبلِيغ والوَعظ والإرشاد، ومُستهدفًا تأسيس نهضةٍ ثقافيّةٍ أَصيلةٍ شاملةٍ تُؤدّي إِلى قيام دولةٍ عظيمة لتصريف شئون الشِّيعة وتدبير أمورهم.

فكانت النَّهضةُ المُعاصِرةُ النَّاشئة في مَطلع عقد الخَمسِينات مِن القرن الماضي ثَمرةً مِن ثمار هذا المَشروع المُستقلّ، مِن غير أَنْ تَستكْمِل قواعدها الرّاسخة لِتَأسيس الدَّولة الخاصّة بالشِّيعة، فيما اتَّخذ مشروع التَّنمية الثَّقافِيّة مسارًا مُختلِفًا مُخيّبًا لِلآمال وعلى خِلاف المُراد المَرجِعي المجدّد!

ما الّذي دعا إلى صَرفِ النَّظر عن وُجود دورٍ ماكرٍ لأجهزة الاستخِبارات الإقليمِيّة والدُّولِيّة جادّ في العملِ على تَعطِيل قيام هذه النَّهضة الثَّقافِيّة وعَرقلة مَشروع تأسِيس الدَّولة الشِّيعيّة العظمى وإعاقة نِضال الانتماءات الحزبيّة والفئويّة الشِّيعيّة عن أَداء مسئوليّاتها المَرجوّة، وهَلْ مِن عادة هذه الأجهزة الغياب عن صَرحٍ عِلميٍّ تأريخيٍّ عَريقٍ يُمَثّل أَصالة الثَّقَافَة الشِّيعِيَّة وأَشبه بِمُؤسَّسَةٍ تَقليديّةٍ مَشغولَةٍ بِذاتها ومُنصرفة بِعُلومها عن الفِكرة في التَّأثير السِّياسي المباشر على الشُّئون الاستراتيجِيّة في المنطقة وخارطة تَحالفاتها الكُبرى؟!

ففِي اليوم الّذي تَنَبَّهت مَرجِعيّاتُ الحوزات الكُبرى إلى أَهمِيَّة تطوير العَلاقة بين الحوزة والنِظام الاجتماعي الشِّيعي، ومُضاعفة العمل على تَنمِية الثَّقافة الأَصِيلة، والتَّفاعل الجِدّي مع التَّطوّر الحضاري الرّاهن؛ بادرت أَجهزةُ الاستِخبارات إلى جَرّ الحَوزات الكُبرى مِن عُنقها حتّى طافَت بها أَروقة (السِّياسة) ودفعتها الى تَغيير مسارها مِن الانكِباب على النَّهضة الثّقافيّة إلى الانشغال بالنَّضال مِن أَجل تحقيق بعض المقاصدِ السِّياسِيّة التي عجز عن تَحقِيقها نُخبةُ المُثقّفِين والقُوى المساندة والانتماءات الحزبِيّة والفئويّة المُعارضة.

إلى أَيِّ مدى يُمكِن الجزم بِصِحَّةِ هذه المَقالة المثيرة، ومَن هو الطَّرفُ الفاعل في هذا العمل، وإلى أَين وَصل بمقاصده، وهَلْ اشغال الحوزات الكُبرى بِـ (السِّياسة) هو أَقَلُّ خطرًا مِن إِبقائها على الدَّرس وتلَقِّي العِلم مِن المَهدِ إلى اللَّحْد؟!

لقد تَعَجَّل مَفهومُ (السِّياسة) المعاصر الطَّارئ على المعاقل العلمية في الحوزات الكُبرى في استغلال فرصته، فتَجاوز المَرادَ المَرجِعي الرَّئيس المُتمَثِّل في تنمية ثَقافة الشِّيعة بِنَهضة الخَمسِينات وتَقدَّم عليه في هيئة زَعامةٍ سياسيَّة قائمة بِذاتها على رأس انْتِماء حِزبيّ وفِئويّ طالما استَخَفّ

المنهج العِلمي الحوزوي ورِجالَه ووَصفَ الحوزة بالبنيان الجامِد المُهترئ المُنطوي على ذاته حيث يَتحسَّس حركة طُلّابه، ويُكَرِّه إليهم متابعة التَّطوّرات السِّياسيّة المحلِّيّة والإقليميّة والدُّوليّة ورَصد وكالات الأنباء والنّشرات الأخباريّة والإذاعِيّة، ويُبَغِّض إليهم المُداومة على قراءة الجرائد اليومِيّة، ويَنْهَر ويُحذر مِن عاقبة الإلتحاق بِالانْتِماء الحزبي والفئوي فضلا عن التَّواصل مع أجهزته!

في تلك الظُّروف المعقّدة اكتشفت الحوزاتُ الكُبرى ظاهرةَ تَفشِّي الانتماءات الحِزبيّة والفِئويّة بين عُلمائها وطُلّابها إِذْ لم يكن مِن أَحدٍ يَشُكّ في نزاهة رجال الحوزة الكُبرى وحِكمَةِ مَرجعياتها، وكانت الرُّؤيةُ بِمُضاعفة العمل في دَعم التَّنمِية الثَّقافِيّة والرُّقي بالنّظام الاجتماعي على المُستوى الشِّيعي العام جارِيَةً وصَائبةً حتّى أَمْسَت ضَرُورِيَّةً في عصرٍ بدَا مُنفتحًا على صعيد الحُرِّيّات ومُتغَيّر الأحوال على الصّعِيد السِّياسي. ولكنّ عمليّة الدَّفع باتّجاه خوض غِمار (السِّياسة) عبر الانتماء الحِزبي والفئوي مَهَدَّ السَّبيل لِلانقلابِ على الوَظِيفة الشَّريفة لِلحوزات وتقاليدها الخاصّة. وإِذا بِالحوزات الكُبرى تَصحُوا مِن نومتها على كَمٍّ هائلٍ مِن المشكلات المعقّدة، وبات المصيرُ مهدّدًا بالخراب.

اقتَحَمَت المَرجعيّاتُ الحكِيمة الأصيلة هذا التَّحدِّي، وذلك لِلخروج مِن مأزق (السِّياسة) ودوامتها بأَقَلِّ الخسائر في مُقابل مَرجعيّاتٍ أُخرى احتَفَلَت بِفَرحةِ النّصر السِّياسي المُبين حيث استَيقظَ الشِّيعةُ مِن تَخلُّفهم وساد (الوَعْيُ) وَحَلَّ الانتماءُ السِّياسي فيهم رَفِيقًا مُنقِذًا، وتَقدَّموا بِخطوات واعِدة، واشتَغَل الجميعُ بتطوّرات (السِّياسة) في كُلّ الميادِين بشكلٍ مُرهَف، وتَفاءلت الانتماءاتُ الحزبيّة والفئويّة بالمَصِير السِّياسي المنتظر لِلشِّيعة حيث سيَحتَلّ التَّشيّع في القريب العاجِل مَقعدَ (النِّدِّ) أَو (المُماثِلَة) لِلموقف الاستراتِيجِي المقود مِن جانِبِ الدُّول العظمى وحلفائها!

هَل استُدرِجَ الشِّيعةُ بذلك زُمرًا إلى منعطف (السِّياسة) ولم يكونوا حِينئذٍ مُستعدِّين لِلتَعاطي مع ضَروراتِه بِمُرادٍ حُرٍّ مصونٍ مُستقلٍّ منهم ولم يُهيِّئوا لأنفسهم مناهج التَّفكير السَّليم وأَدوات العمل المناسبة، أَمْ أَنّ كلَّ هذه المُعطيات لا واقِعَ لها البَتَّة وإِنَّما جرت الأمُور بِالحوزات الكُبرى على نَسقٍ ثَقافيّ وسِياسيٍّ مُتدرّج هادئ؟!

إنَّ كُلَّ ما كان في الأَمر هو أَنَّ الحوزات الكُبرى حُشِرَت بِصُورةٍ مفاجئةٍ في تفاعلاتِ الانْتِماء الحِزبي والفِئوي، فبَدَت على غَير ما كان مَألوفًا في ثَقافَتِها ونظامها التّقلِيدي الدّاخلي. وباتَ الانتماءُ الحزبي والفئوي الّذي نَشأَ على تَقالِيد الحوزات ينتخب شيئًا مِن مفاهيم الانتماء الحِزْبي النَّشِط لدى اتِّجاه أَهْل العامّة (السُّنِّيّ) ويَصُبَّها في قوالِب شِيعِيّة، ثُمّ يَتَعَطّف بهذه المفاهيم الهجينة على الحوزات الكبرى وطُلّابها ابتغاء الهَيمنة على مَرجِعِيَّتها العظمى واحتِكار مقامِها ومنزلتها في الشِّيعة، ثُمّ يعود بهذه المرجعيّة الخاضعة للانتماء إلى فئات المُجتمع لِيُجدِّدَ فيها أَشكال النُّفوذ ويُقوِّمَ بها نظام المرَاتِب والمقامات بما يُوائم مُقتضيات (السِّياسة) وليس المُتطلّبات الثَّقافِيّة التَّنموِيَّة الأَصِيلة.

إنْ جُزِمَ بِصحّة هذه المعطيات، فَمِنْ دون شَكٍّ أَنَّ الشِّيعَةَ قد حُشِروا في مضمار كَيدٍ عَظِيمٍ على خِلاف مُرادِهِم، ولَنْ يكون بِمَقدُورهم التَّراجع عَمَّا أَنجزته (السِّياسة) في سَبعِين عامًا ولا الحَدّ مِن الخسائر الكُبرى المُتوقَّعة. مَثلُهم في ذلك كَمَثَلِ الجَيش الوَطَني العَظِيم المدجَّج بِأَحدث أَنواع الأسلحة وأَرقى فرص التَّدريب ولكنّه جيش يَتبع دَولةٍ فَقِيرة الموارد وقد شُيِّد على نَفقةِ دولةٍ عُظمى حليفة لِيَخدم تَوازنها الاستراتيجي ويحفظ مَصالحها الدُّوليّة، ثُمّ تَخلّت الدَّولةُ العُظمى عنه في ظَرفٍ سِياسِيٍّ تفاوضي مُفاجئ، فيَصحوا الجيشُ الوطني وإذا بكيانه يَرزح تَحتَ وطأة الإِجراء التَّقشُّفي لِحُكومة غير قادرة على مَدِّه بالسّلاح المتَجدّد والذّخيرة والعتاد وأَدوات الصِّيانة الكافية فضلا عن التَّدريب اللّازم.

فما السَّبيل إلى الإنقاذ وقد عَلَت الانتماءاتُ الحِزبيّة والفئويّة على المرجِعيّة العُليا لِلشّيعة في سائر الأَوطان وسادَت على الثّقافَات المَحلِّيّة وعَبَثَت في مُتُون أُصول المعرفة وتأوَّلت في مَعانيها مِن غير رِعايةٍ لحقّ التَنوّع، حتَّى جَعَلَت مِن المرجعيّة والثَّقافة الأصيلة غرضًا لِسِهام التُّهمة بِإشاعة التَّخلّف واللّاوَعْي واحتضان فكر (الخُرافة والأُسْطورة)، وصَوّرت التَّدافُعَ الوَارِد في سيرة المسلمين والتَّشَيّع مظهرًا مِن مظاهر احتكار السُّلطة والتَّنازع على السِّيادة، ثُمّ استخلصت مِن كل ذلك النتيجةَ القائلة (أَنَّ السِّياسةَ كانت العامِل الرَّئيس في نَشأة التَّشَيُّع وتَقعِيد أُصُوله) ولا بُدّ مِن تَصحِيح مسيرته!

وقالت الانتماءاتُ الحزبيّة والفِئويّة هذه في قراءاتها لِوَاقِعة كربلاء الشَّهيرة أَنَّها نتيجةٌ دمويّةٌ لِمسارٍ سِياسيٍّ شَعَر فيه (حِزبُ) الشِّيعة وزُعماؤه بِالغُبن والاضطهاد السِّياسي بعد وَفاة النَّبي صَلَّى الله عليه وآله، فثارُوا لِاستعادةِ الحقّ في الوُجود والحقّ في صِيانة الهُويّة والحقّ في الشَّراكة السِّياسيّة. وآمنت هذه الانتماءات أَنَّ التَّدوِين الشِّيعي في سَردِيّة الدِّين الإسلامي ما هو إلّا تَعبِيرٌ عن رَدّةِ فِعلٍ سَلبيّةٍ في الرّؤية واضطراب في النَّقلِ إذْ اجْتَرّ التَّدوين كثيرًا مِن روايات الخُرافة وحكايات الأُسطورة وكثيرًا مِن الأوهام المَبنِيَّة على الشُّعور الرِّثائي الوِجداني. فاقتضى كُلُّ ذلك مضاعفةَ العمل الحِزبي والفِئوي الجادّ والمَسئول واختصار الطَّريق به مِن أَجل الإنقاذ، وإِعادة صِياغة أُصول الثَّقافَة الشِّيعِيّة على طِبق ضابِطَة منهج (الشَّكِّ والتَّشْطِيب والتَّأمِيم) حتّى تَنسجِمَ مَجتمعاتُ الشِّيعة مع المُراد الحضاري (السِّياسي) المسُتجدّ في الأُمّة!

ولو تَتبَّعنا خارطة الانتماء الحزبي والفئوي الشِّيعي في خِضم هذه التَّحوُّلات سنَجِد أَنفسنا على مقربةٍ مِن حُشودٍ مِن النَّمل في أَيّام الرَّبيع نَعجزُ عن نِسبَة نَملةٍ بعينها إلى مَقرِّها، وتَتَشابه علينا قَوافلُ النَّمل في تقاطعها وتشابكها وتصادمها.. سنَرى في الوَسط الشِّيعي تصنيفًا حادًّا لِلأَفراد والجماعات يُراد به التَّجاوز الثَّورِي القَهري بالمَقامات المُزيّفة وتَغلِيبه على

المَراتب (التَّقْليديّة) الأَصِيلة، وسنرى إلى جانب ذلك إفرازًا اجتماعيًّا مُنشَدًّا إلى نَظريَّتين في السِّيادة هُما (وَلايَة الفَقِيهِ العَامّة) و(وَلايَة الفَقِيه المُطلَقة)، وسنرى غِيابًا لِـ(الأخباريّة) وتَقلُّباتٍ سياسيةً مزاجيّةً في التَّقلِيد المَرجِعي، ومَظاهر ثَقافِيّة مُمزَّقة وأُخرى تَرزح تحت وَطأَة الاحتِكار والتَّوظِيف الخاصّ.

صَدِيقٌ حمَيمٌ مِن المنتمين الحزبيّين والفئويّين صارَحَنِي بِالأَمْس: (أَنا أَخبارِي الاتِّجاه، فلَستُ بِحاجة إلى التَّقلِيد المَرجِعي ومُشكلاتِه السِّياسِيّة الرَّاهنة المُعقّدة). وبَعد أسبوعٍ واحدٍ سمعت ذات الصّديق يقول: (أَنا مِن مُقلِّدِي المَرجِع التَّقْلِيدي آية الله (فُلان) لِكونِهِ الأَعلى والأَعْلم والأَشهر تصدِّيًا لِلشُّئون الاجْتماعيّة في الأُمّة). وبَعد مرور شَهرٍ مِن التَّقلُّب في الأحوال السِّياسيّة في المنطقة والإقليم وإذا بالصَّدِيق نفسه يُصرّح بَقوله السَّاخِر: (تَرَا مَن اسْتَوى يوماهُ فهُو مَغْبُون.. أَنا عدلت في التَّقلِيد إلى المَرجع آية الله (فُلان) فهُو أَقربُ المَراجع الحوزوية إلى مُعالجة ظُروف بيئتِنا السِّياسِيّة). وتَمُرّ الأَيّام فيَعود المُقلِّدُ الصّديق لِيُصرّح مِن جديد (الآن استَقَرّيتُ على تَقلِيد المرجع آية الله (فُلان) فهو تَفكِيكِي والأَقرب إلى منَهج المُحدِّثين في مُعالجة آياتِ ومَروِيّات الأحكام الشَّرعِيّة وفي تَقيِيد الرُّؤية والموقف مِن السِّياسة)!

هكذا تَسير الأمور في المضمار المرجعي حيث تَسُود مُتعلّقات السِّياسة عند كَثيرٍ مِن الشِّيعة، ويَضعُ كلُّ مُقلّد لنفسه معاييرًا خاصّة في الاختيار تبعًا لِما يَراه أَمامَه مِن تَحوّلات، وتَتراجع الرُّؤيةُ الإيجابيّة لِلتَّقليد الأَصِيل على الرَّغْم مِن فشل مَرجِعيّات السِّياسة في إِثبات العَدالة والنَّزاهة في الانتماء الحزبي والفئوي وتَأصِيل الفِكرة في إدارة شَأن الدَّولة، فيما تَتفاقم رُؤيتُهم السَّلبيّة لِلمَرجِعيّة (التَّقلِيدِيّة) المُتمَسِّكة بالعمل التَّنموي الثَّقافي الّذي هَجرته مَرجِعيّاتُ الانتماء الحزبي والفئوي واتَّهمَته بإِشاعة مظاهر (التَّخَلُّف) وتكريس (اللَّاوَعْي) في الشِّيعة، وراحَت تُروِّج لِلبَدِيل الحِزبي والفئوي الهَجِين الّذي يُطلِق لِلزَّعِيم السِّياسي وسائلَه ويَزِيد في هيبتِهِ تفخيمًا أَجوفًا.

إنَّ الانقلابَ الثَّوري في فكر مرجعيَّات الانتماء الحزبي والفئوي ظاهرةٌ قائمةٌ لا جديد فيها منذ عقد الخمسينات مِن القرن الماضي، غير أَنَّها تتكرّر على قاعدةٍ مِن الأمزجة المضطربة بناءً على ما وُصِف بـ (المُرُونَة) و(الوَاقِعِيّة) و(إطْلاق الوَلايَة). والمثير في عالم الانتماء الحزبي المرجِعي أَنَّ الخارطة الخلفِيّة لِتَصنيف الانتماءات تختلف اختلافًا كلِّيًّا عن الخارطة المُعلنة في النّاس والمتداولة على شبكة الإعلام الحُرّ ووسائل التَّواصل التِّقني الاجتماعي.

ففِي الخارطة الخلفِيّة للانتماء الحزبي المرجعي تُرْصَد حركة انشقاق وتكتّل سلبيّين تنتهي في الأغلب الأعمّ إلى التَّرضِية بِتَقاسم مُؤسّسات الانتماء والأموال المنقولة وغير المنقولة أَو التَّطرف بِالهيمنة المنفردة على كلِّ شيء. والمُفارقة في ذلك أَنّ المنتمي الحزبي والفئوي يُفاجَئ بوُقوعِ عضويته في قِسمة إِحدى المَرجِعيّات المُنشقّة وعليه تجديد الولاء لها أَو إِثباته!

ويُعلّقُ أحد المنتمين مِن ذوي العلاقة بهذه الحال المُزرِية في الانتماء المرجعي: (في الأَعوام الخَمسة الماضية تَناهى إلى سَمعِي هَمسٌ غاضبٌ مِن أَصدقائي المُقرّبين يُفيدني علمًا بِأَنَّنِي عزمتُ على الانشقاق والانفصال ثمّ الانتقال بين ثلاثةٍ مِن الانتماءات المَرْجعيّة الفِقهيّة وأَربعة مِن الانتماءات الثَّقافيّة والحزبيّة والفئويّة على التَّوالي!

ويُضِيف: ومِن بين عامّة النَّاس عَلِمتُ أَنَّنِي انشَقَقتُ عن خمسةٍ مِن الانتماءات المرجعيّة، ثُمّ انتَمَيتُ إلى ثلاثةٍ مِن الانتماءات الحزبيّة والفئويّة. ثُمّ يبدي البعضُ مِن الرّفاق المقرّبين سخطًا وامتعاضًا، ويُبدي آخرون مقاطعةً وإقصاءً، ويُحذّر البعضُ الآخر منهم ويُنبِّه وينصح آخرون، ويَبتهِج البعضُ مؤيّدًا ويَتشفّى آخرون و(أَنا أَطْرَشْ في الزَّفَّهْ) لم أَفعل شَيئًا مِن ذلك مطلقًا ولا خَطر على بالي ولَيس لَديّ علمٌ بحصول انقسام أَو انشقاقٍ في هذا الانتماء أَو ذاك. وكُلّما كَثُرَت الاستفهاماتُ مِن المقرّبين مِنّي وتكاثرت طَلباتُ التَّوضِيح

لهذه التَّحولات والكشف الصَّريح عن الأسباب والتَّفاصيل أُصِبتُ بالدَّهشة وصِرتُ أَميَل إلى موقف أُولِئك الّذين وَضَعوا أَصابعهم في آذانهم واستغشوا ثِيابهم. فحَبَستُ نفسي عن التَّفاعل مع إِثاراتهم أَو عن الاستجابة الفَورِيّة لِمطلب الحَمْقَى منهم والفُضُولِيّين الّذين اعتادوا على تَصنِيف الانتماءات والمنتمين على صَفحَةِ أذهانهم بناءً على أَوهام يختلقونها لِيُشبِعوا في أَنفسهم هوى التَّحسُّس والتَّجَسُّس.. أَو كُنتُ أُجِيبُ بعضَ العقلاء منهم بالقول: سَمعتُ ذلك مِثلما سمعتم وسَمع الآخرون عن انشقاقِي وانفصالي ثُمَّ عن الانتماءات الأخرى الّتي اخترتها والتحقت بها.. انشقاقاتٌ وانقساماتٌ وَهمِيّةٌ مِن صنع مجموعةٍ مِن الحمقى والمُغفّلين من ذوي الانتماء الأرعَن إذْ لا وجود لها ولا حقيقة، غير أَنّها ممّا تَفتَرِيه أَلْسُنُ البُسطاء السُّذّج منهم، ويَنسِجُه خيالُ أُناسٍ طالما تَفشَّت في قلوبهم أَمراضُ الانفصام والبغضاء والعداوة والشُّعور بالحقارة والنَّقص فيَبحثون لِأَنفسهم عن كمالٍ بما يفترون وينسجون مِن وَهم.. إِنْ حالفك الحظُّ فاعْلَم أَنَّهم سيُلحِقونَك بانتماء يُعادُونه بِشِدّة ويُؤلِّبون النّاس عليه حتَّى يُزجَّ باسْمك في مُغالَبَةٍ ومُناوشَةٍ ضَعفوا عند مقارعتهما أَمامَك بِالحُجّة البيضاء وبِالقول الحَسن)!

ومُثقَّفٌ لانتماء حزبي مَرجِعيّ آخر يقول: (أَرى علاقتي الشَّخصيّة مضطربة مع مَن أَعِزّ وأُكرِم في الحوزة والمسجد والمأتم والحَيّ والمنطقة كلّها. ففي هذا اليوم يَلقاك فُلانٌ بالبُشر وفي اليوم التّالي يَلقاك بَوجهٍ مُكفَهِرّ، وبعد أسبوع مِن الزَّمَن تعودُ البَسمةُ إليه عند لقائه، ثُمّ يَحجُب عنك السَّلام أَو يَمتنِع عن واجب رَدِّه إلّا مِن طرفٍ خفيّ.

إِنَّهم أُناسٌ كذّابون مُفترون وآخرون سَمّاعون لهم، يُدخِلونك في تَقلِيدٍ مرجعيّ أَو انتماء فِئوي مَرجِعي أو حِزبي سياسِي أَو كِيانٍ ثقافيٍّ في عام، ويُخرِجُونك مِنه في عام آخر على هَوى مِن أَنفسهم وإِرضاءً لِأَمزجتهم، ومِن ورائهم مَن يَستَثمِر سَذاجَتَهم وأَحوالهم المضطربة ويَمكُر لِلطَّعن فِيك وفي فُلان أَو يُحرِّضَك في الضِّدّ مِن فلان)!

لا أُخفي على أَحد أَنَّني لم أُبدِ دهشة لهذه الحال المُستجدّة البائسة في الوَسط المرجعي التَّقليدي والمَرجعي الفِئوي والحِزبي والمؤسِّسي الثَّقافي في الخارطة الخلَفِيّة هذه حتَّى نَبَّهني صَدِيقٌ مقرَّبٌ إلى جِدِّيَّة وخطورة هذه الظّاهرة في عددٍ مِن المصاديق ذكرها لي بالتَّفصيل المُمِلّ. فأَمعَنتُ النّظر فيها فإذا بي أَرى قُلوبًا تنبسطُ وتنقبضُ في كُلّ يوم عشرات المرّات على تَصنيفٍ أَحمقٍ مُتعسِّفٍ للانْتِماءات والمنتمين والمراجِع والمجتهدين والمُقلِّدين!

وفي أَغلَبِ الأحيان نَستبعِد بِحُسن ظَنٍّ مِنّا صدورَ هذا اللّون مِن الانفعالات المتوحِّشَة عن أُناسٍ نراهم مِن المؤمنين المُتّقين، فإذا باستِراق السَّمع والتَّجَسُّس والتَّحسُّس الفُضولي هو زادُهم المفضّل، وصار مِن شأنِهم المبالغة في التَّحلِيل السَّلبي والامتداد الذّهني فيه وإطلاق النّتائج بِوَصفها مُسلّمات، والطَّعن في سِيرة (فُلان) مِن المراجع والمقلّدين والانتماء والمنتمين بلا حساب.

دنا مِنّي صِنفٌ مِن هؤلاء المرضى يَستوضِح، ومُرادُه مِن ذلك (البَحْوَشَهْ) والتَّزوّد بما خَفِي عنه مِن تفاصيل حول سِيرة أَحد العُلماء المؤمنين، فاستَفهم: (ليشْ فُلان أَدخلَ المرجعيّةَ وأَتْباعَها وِكياناتِها المُؤسَّسِيّة في وَرطِهِ الحَرب على المَراجع والشَّعائر والفَصل الطّائفي)؟!

أَدركتُ المغزى مِن سؤالِهِ في سُرعةِ الضُّوء. فهذِهِ عادتُه ومِن ورائه طاقمٌ مِن الرّجال والنّساء تَستغلُّ سذاجَته وحماقَته وتَنقل الشّائعات نيابةً عنه بِقَصد الفِتنة والإثارة والتَّشفِّي، فسألتُه: ومَن هُو فلان؟!

فأَجاب بما أَدهشني رسمُه: هو ابنُ خال المرجع آية الله فُلان وصِهر فلان وَكِيل المرجع الّذي انتقل إلى حوزة «...» مطرودًا مِن حوزة «...» قَبل أَنْ يَقتَحِم مرحلة البحث الخارج مِن دون مُؤهَّلٍ مناسبٍ!

قاطعتُ سردَه المُفرِط لِلتَّفاصِيل المهلكة، وقلتُ له: لا أَعرف شيئًا مِن هذه التَّفاصيل الدَّقِيقة، ولا أَرى فيها شيئًا يستَحقّ الالتفات فكَيفَ بِالاهتمام..

لا (كَيْفْ) ولا (مَتى) ولا (لِماذا) ولا (إلى أَيْنَ تَصِير).. يا خُوكْ تَرَه أَنَهْ وَلْبِيْ على نَفسِي أُروِّضها وعَلَيَّ واجِبُ الاجتهاد في معرفتها. وأَنْتَ ليش تُوجِعْ قَلبكَ وتُحشِرْ ادْماغُكْ في زَقَّةٍ لا تعنيك.. يُخيَّلُ إليّ أَنَّكَ مِن أَهل السَّوابق في هُوايَة جمع الطّوابع وتَتبُّع شبكات المُطرِبين والمُغنِّين والمُمَثِّلين على طريقة المُراهقين وقد تقتَ واشتقتَ إلى أَيامِك الخَوالي ورِحتَ تَستدعيها لِمَلأ فراغِك القاتل!

استَفزَّ صاحبُنا فرد غاضبًا ناصحًا:

(هادَهْ دِينْ مُو لِعْبهْ، ولاَزِمْ اتْبَحوِشْ) وعليك تَحسُّس التَّفاصيل عن بُيوت المرجعِيَّات وصَولات وجَولات المنتمين الحزبيِّين والفئويّين والمُقلّدين تَحرّزًا واحتياطًا.. وأَنتَ (ليش اتْقَلِّدْ فُلان مَرجِع) يَعمل على تَشوِيه ثقافة الشَّعائر عبر السَّردِ القصصي لِلأَساطير والخُرافات، وتَنتَمِي لِفُلان المرجع المُثِير لِلطَّائفيّة والمُتسبِّب في سفك الدِّماء؟!.. عليك بِالحَذر وخُذ بِالاحتياط!

أَجبتُه قائلا: معلوماتُك فِيما يَخصُّني خاطئةٌ كلُّها وبِنِسبة ٪100، واعْلَم أَنّ ذاكرِتك لا تَعدو أَنْ تكون صندوقًا لِلزّبالة يَتقيّأُ فيه المَخمُورون.. حافِظتُك في أَحسن الأحوال مَحشوّة بالتَّفاصِيل الوَهمِيّة فلا أَساس لها مِن الصِّحّة. ويعود الخللُ إلى ذهنك الخالي مِن برنامج التَّشغِيل المناسب، وربما يكون ذهنكَ مُخترقًا بـ (فَايْرُسْ) فكرةٍ عائدةٍ إلى شخص آخر يَستخِفّ عقلك!

يبَدو أَنَّ عَملياتِك في تقصّي أَحوالِي (ضَارْبَهْ فْيُوز)، ومَن هُم على شاكِلَتِك كَثيرون والضَّحايا مِن مِثلي كَثيرون أَيضًا في هذه الأَيّام، وأَنا أُدرِك هذه الحال المَرضِيّة وعَلَيّ إِقالتُك.. فلَيسَ مِن طَبعِي مُناوشة الآخرين في شُئون تخصّني أَو تخصّ غَيري. فأَنا لست أَخرقًا، ولا يُسعِفني لساني وسَمعِي وبَصري على الاشتغال بِمَرويّات الحمقى أو هذرة المُغفلين (الحَبْرَبَش) المَشدوهين الفارغين. فلَيَفتروا الكَذِب وليبهتوا وليتعسّفوا في تصنيفي

وتصنيف النّاس على هَواهم.. نارُ نمرود تُحرِق جُلودَهم وما في الصّدور!

وأمّا فيما يخصّ بُيوت المرجعيّات (التّقليدِيَّة) وصَولاتِ المُقلِّدين وجولات مرجعِيّات الانتماء الحزبي والفئوي فاتّقِ الله العَلِي العظيم ولا تشطّ.. تَوقّف عن التَّجَسُّس على شئونهم الشّخصيّة واقتفاء أثر سقطاتِهم واشتغل بِنَفسك وأدِّبها.. عليك بِمُضاعفة الاضْطّلاع بعلامات الجَلطة الدِّماغِيّة والسَّكتة القلبيّة وبأَسبابهما معا قبل أنْ يقعدك أو يهلكك هذا (التَّجسُّس) الّذي وصفته بالتَّحسُّس الجائز!

سكتَ ولم يُعقِّب.. لَملَمَ أوهامَه معه وانصرفَ عنِّي بلا وداع!

وحَدثَ في موقف آخر أنَّني التقيتُ في المأتم صَديقًا لم أَره منذ سنة تقريبًا، فدنوتُ منه لِأَسألَ عن سَفرَته وأحواله في بلاد المنفى والمهجر.. لم أكد أَجلِس إلى جانِبه وأَستريح إليه حتّى فَتح لِي باب الشَّكوى والامتعاض والسّخط مِن موقف عالِم الدِّين (فُلان) الذي حملَ على عاتقه لِواء النَّقد الصَّريح لِفِكر الانتماء المَرجِعي المعاصر في الوَلايتَينِ الفقهيّتين العامَّة والمُطلَقة. فحَبَستُ نفسي وصبرتُ على تفاصيل الشَّكوى إذ استَغرق الصَّدِيقُ بها كُلّ وقت المَجلِس على غير عادته وانْفضَّ رُوّاد المأتم مِن حول المنبر!

عُدتُ إلى بَيتِي مرهقًا لِثِقلِ ما بَثّ الصَّديق مِن النَّقد والشَّكوى والسّخط على طريقة هذرة البَطّالِين في ساعَتين مُتواصلَتين.. إنَّ الصَّبر مِن أثمان الصّداقة مِن بعد السَّفر والغِياب الطَّويل.. هكذا حسبتُها والتَمستُ له العذر فيها وأَقلته!

ومنذ ذلك اللِّقاء العاصِف في المأتم لم يَتوقّف الصّديق العزيز عن زيارتي إلى بيتي لِكَي يسمعني ذات الشَّريط النَّقدي ذي الشَّكوى والسّخط الكئيب، وكُلِّي آذانٌ صاغيةٌ حيث قَرّرتُ في نفسي الامتناع عن مناقشَتِه حتّى يَستفرِغَ ما في وِسعه مِن طاقةٍ (حايْمَه في جِبْدَهْ) وما في جُعبته مِن أقوالٍ في شَهرين مُتتابعين. فقد كَثُر هذا اللّون مِن الأشخاص الّذين يُسعدهم أداءُ دور

البطولة في هِداية النّاس إلى ما يَختزِنون مِن معلومات مُثِيرة!

سألتُه: أَراك متمسِّكًا بهذه الشَّكوى وأَنتَ تعلَمُ أَنَّ وَقْع المشاكل في بلاد المنفى والمهجر يُضاعِف الألم ويَزيد في صاحِبه همًّا وغمًا، ولا طاقة لِأَحدٍ مِن المنفيّين والمهاجِرين في الصّبر عليها و(كِلْمِنْ بِهَمَّهْ وْغَمَّهْ).. أَلا تَعرِف أَنَّ حجم الأزمات يَتضخَّم وتأخذ المُشكلات حجمًا أَكبر مِن حقيقتها وتَمتَدّ في ذِهن المَنفِيّ والمُهاجر حتّى يَفقِد السَّيطرة عليها وعلى ذاكِرَته.. خَفِّف الوَطء في هذه البلاد يا صديقي وأَحسِن كما أَحسنَ الله إليك!

يا صَديقي.. هَلْ كنتَ مِن المُتضرِّرين المباشرين مِن النّقود الّتي يُطلقها هذا العالِم الصَّريح في أَقوالِه.. أَلَم تُصَب بِالضّجر.. أَلَم تَشعُر بالسَّأم وأَنتَ تُكرِّر نَقدكَ وشَكواك وسخطكَ وتُعِيد التَّفاصيل مِن بعد التَّفاصيل في لِقاءاتنا.. تَذكَّر دائمًا أَنَّ المُصاهرة بين المُلوك والأباطرة والأمراء المتَحارِبين في التّأريخ الأُوروبّي كانت تَخلق الوحدة بين بُلدانِهم المختلفة وتُنقِذ العروش مِن السّقوط وتَفكّ عُقدَة انعدام الوَرِيث، وأَنّ الحمقى مِن الطَّرفين لقادِرين على اشِعال الحروب التي تَحصِد الملايين مِن الأبرياء مِن غير حِسٍّ ولا شُعور بالمسئولِيّة؟!

في تقديري: أَنتَ تتحدّث عن هذا العالِم بِتَفاصيل رُبَما لا يعلمها هو عن نفسه أَو شَرِيك عمله أَو مِن المقرّبين منه أَو مِن حامِلي سِرّه ونُدمائه، أَو أَنّها مِن المُفتريات والكذب والوَضع مِن عِندك.. لا أَستطيع تصديق شَكواك ولا أُبرِّئ سخطك ولا أُكذّب نقدك، فلَستُ مطّلعًا على سيرة هذا العالِم بِما يكفي ولا يَهمّني ذلك، ولا أَنا مِن المُتابعين لِتَفاصيل منهجه في النَّقد والتَّبليغ والإرشاد، ولا مِن المُتابعين لِمُستجدّات كلّ ذلك.

فمثَلُه مِن العلماء في الحوزات الكُبرى عددٌ لا يُحصى، ومِثل تَصريحاتِه أَو أَشدّ مِنها تطرّفًا لا تخلو منها مُعظم بطانات المَراجِع ومَكاتبهم وتياراتهم، وأَما الوَكلاء فحَدّث ولا مِن حرج، ورُبَما يتفوّقون على هذا العالِم في تناولها

بَينهم في السِّرّ أَو يَكتمُون.. لا جديد.. وغالبًا ما يَتراجع هذا اللَّون مِن العُلماء عنها كُلّيّا أو جُزئيًّا كُلّما نضجت الأذهان وكَثُرت المعارف وتَراكمت التَّجارب والخبرات.

فاجَئنِي بِالقول الصَّريح: لا.. لا.. ليس صَحيحًا ما تقول.. لقد جِئتُكَ مُرسلاً مِن (فُلان) لِأَهدِيَك إلى الصِّراط المستقيم وأُحذِّرك مِن طريقة هذا العالِم وأَخْشى أنْ يكثُر أَتباعُه، ولكنِّي تَردَّدتُ مِرارًا وكرارًا في أَنْ أُصارِحَك بِالرِّسالة!

لم أَتمالك نفسي، فأَطلقتُ ضحكةً ضَجّ لها أَهْلُ بَيتِي وجِيران اليَمِين والشِّمال.. دنوتُ منه وسأَلته بِصوتٍ مبحوح لِشِّدة ما ضحكت: أَلَسْتُ على الصِّراط المُستقيم؟!.. رُبَما اختلط عليك الأَمرُ فتَشابَهَت عليك الأسماء، أَو أَنّ المُحرّض الذي أَرسلك (مَشْمُوخْ مُو صاحِي) أَحمق ضَيّق الذِّهن خَفِيف العقل، وأَنتَ مثله مِن السَّاذجين حين (طَيَّحْكْ المَشمُوخْ في الخَطْ فَطِحْتْ).. أَنا أَعرِفُه جيدًا (سُكّانَهْ مُو في إِيدَهْ)!

يا صَدِيقي، سأُصارِحُك بكلام لا أَنطِق بِمِثله لِأَحدٍ غَيرك.. أَنْتَ تَتلقَّى شائعات المُتحَسِّسِين الحَمقى والمُغفّلين مِن غير تَبيُّن وعِلم بِمَقاصد مَن يَتوارى خلفهم.. أَنْتَ (شْوَيّهْ فُضُولِي بَعَدْ، لا تُنْكُرْ، ومَشمُوخ زَايِدْ على اللِّزُّوم) فكُن حَذِرًا في هذا المناخ المَشُوب بِالشّائعات وبِالنِّزاعات.. أَراك تَدخّل فِيما لا يَخُصك ولا يَعنِيك.. أَلا تَعْلَم أَنّ بَعض المُنتمين المُتحزِّبين والفِئويّين مِن أَصحابك يَعبَثُون وقد أَنْهَكهُم غِلُّ الحَسد.. أَنا أَعرِفهم جيدًا.. هُم كَمَن نَصَّب نفسه مَرجِعًا أَعلى على جميع العُقلاء المكلّفين ولم يُحسِن دراسة المُقدّمات في المنهج الحَوزَوِي ولكِنّ ثِقتَه في نفسه أَعْمته عن مَعرِفة ذاته.. تَتحدّث مَعه باللّغة العربيّة الفصيحة ويَفهم حَدِيثك بِلُغة عِبريّة، فيُتَرجِم مَدْحَكَ لِفُلان إلى ذَمٍّ وشَتِيمة.. قُومْ فَجِّجْ!

يتَشبّهُون بِعصابةٍ مِن المافْيا، فيَضعون أَنفسهم في مَصافّ الأَولِياء

الصَّالِحين ويَجعلون مِن غيرهم أَئمّةً لِلكُفر.. إِنَّهم يُثِيرون الشَّائعات ويَستغلُّون نتائجها في الضِّدّ مِمَّن لا يَرضونه مُنافسًا في ساحَتِهم أَو عقبةً في طريق أَطماعهم في الانتماء السِّياسِي أَو المَرجِعي أَو غيرهما، ويَعمدون إلى فتح جبهة حربٍ جديدةٍ فيما بينهم وآخرين مِن الأَشِدّاء الأَقوياء حتّى يُفخِّموا بهذه الحرب أَنفسَهم.. هُم يُجنِّدون بالافتراء والكذب كُلّ ما يُسعفهم لِلخروج مِن وَرْطةٍ أَو أَزمةٍ اختلقوها بِأَيديهم لِأَنفسهم وعجزوا عن الخُروج منها مُنتَصِرين أَو عن معالجة آثارها الجانِبيّة فَـ (عَلَيَّ وعَلَى أعدائي).. (شِغِلْ جَهالُوهْ) وعَبَثَ صُبيان مُراهِقين في شَكل أَبدانٍ لِرَاشِدين.

حَرِّر ذِهنَك ونفسَك الآن يا صديقي.. إنَّ المَرَض كامِنٌ في عُقولِهم، وأَمَّا ما كان في عالِم الدِّين الّذي ذكرت فلا أَراه يشذّ عن غيره مِن عُلماء الحوزة، وهو في أَمَسّ الحاجة إلى مَزِيد مِن التَّدرّج بِالخبرة في بيئةٍ مُتلاطِمَة الموج تنفر مِن الحقائق فحسب!

الفِكرُ غير السَّلِيم يُعالج بِالفِكر السَّليم الأَصِيل وليس بِالدَّجَل السِّياسي وبالشَّائعة والافتراء بالكذب، فهَذِه ليست مِن العادات في ثَقافَتِنا البَحرانيّة الأَصِيلة وقد التقطناها مِن ثَقافَةٍ أَجَنبيّةٍ رَعناء لا ناقة لنا فيها ولا جمل.. فكَم عدد البحوث الّتي قدَّمها صاحِبُك المُرسِل (المَشْمُوخ) لِنَقض فكر نُظرائه (الخَطّائين) في الحوزة؟! وإلى متى يَظلّ (المَشمُوخُون) يُصدّرون مُشكلات الحوزات الكُبرى إلى مجتمعاتهم الّتي طالما انتظرت عقودًا مِن الزَّمَن حتّى يَتفرّغ خِرّيجُ الحوزات الكُبرى ويعود إلى وَطَنه لِيُساهم في تنمية ثقافتها بِمَعزلٍ عن مُؤثّرات الثّقافة المتأزمة لِمَوطِن الحوزة الكُبرى.. أَلا تتذكّر طالِب العِلم الّذي أَنهى سنته الأُولى مِن الدّراسة الحوزِيّة ثمّ عاد إلينا يَختال بِلَهجة مَوطن الحَوزة فصار (النِّعال) في لَهجَته (قِنْدَرَه)؟!

هَكذا هو الالْتِقاط عند الرُّؤية لِلمُشكِلات وطُرق مُعالجتها.. دَعنِي أُسمعك هذه الحكاية: دُعِيتُ إلى إِحدى اللّقاءات الودّية في فترة تَوتّر الأجواء

حول إِثارات منهج (الوَلايَة والبَراءة) وذُروة النّزاع بين الأطراف الشِّيعيّة في العاصِمة البريطانيّة لندن في العَقد الأوّل مِن هذا القرن.. في اللَّحظةِ الأولى لِلِّقاء حَلّ التّضارب بِالرّأي ونَشَبت الخِلافاتُ وتَأَجَّجت بين الضّيوف الكِرام. فهذا مُؤيِّدٌ لِلمنهج لِكَونه يُمثِّلُ لُبّ العَقِيدة وعودة إلى أُصول المَعرفة الشِّيعِيّة، وليس فيه مِن مُغالبة فِكريّة لِلمَرجعيّات الأصيلة ولا انحِياز مُتطرّف لِمَرجعِيّة حِزبيّة ولا فِئويّة، ولا يشذّ عن المَألوف السَّائد بين أَجيال الشِّيعة. وذاك مُخالِف لِلمَنهج طَفِق يَسبّ ويَشتم ويَلعن مُثيرِيهِ ومُتَبنِّيه مِن العُلماء الأَجِلّاء، فيَراه عِلّةً تامَّةً في إيقاظ فِتنةٍ شِيعيّةٍ وإثارةً لِأَزمَةٍ طائفيّةٍ كامنة نائمة.

كنتُ بَين هذا وذاك جالِسًا صامتًا، فلَيس مِن سَجِيّتي الجدال بهذه الطَّريقة الّتي تُفقِد اللّقاءات الودِّيَّة مذاقها في أَجواءٍ لَندنِيّة أَمْسَت مَشحونةً بلا طائل ولا نَتيجةٍ علميّةٍ مُفيدة، وقد انعدم فيها السَعيُّ الجادّ لِمَعالجة أَصْل النِّزاع بالقراءة الحَصِيفة لِخَلفيّاته، وأَنّ المشكلةَ هذه خَرَجَت على حَجمِها الحقيقي وتَضَخَّمَت وتَحوَّلَت إلى أَزمةٍ مُعقّدةٍ في إثر الدُّخول المفاجئ لِقَوى حِزْبيّة وفِئويّة مُتعصبّة وكِياناتٍ مُؤَسَّسِيّةٍ مَرجِعيّة كُبرى مُناكِفَة ومُسعِّرة لِنار الخُصومة!

انْتَهى هذا اللِّقاء الودِّي بانسحاب بعض الضُّيوف غضبانًا أَسِفا، فاستدركتُ ما جرى بين المُتبقِّين منهم قائلا: (إنَّ مَوجة الولاية والبراءة عارِمَة غاضِبَة ولكِنَّها عابِرَة وفي أَمَسّ الحاجة إلى فُسحةٍ مِن الوقت حتّى تنضج وينضج المؤيدون والمخالفون والعاملون على تَبنِّي ذات المنهج بلا تَقِيَّة، وحتّى يعود الجميع إلى طريقة أَجيال الآباء والأجداد إذْ ليس في هذا المنهج مِن جَدِيد طارئ مُخالف لِثقافتنا البحرانيّة الأصيلة أو ما يَدعو إلى تَصنيف الأشخاص والأشياء والأفكار بِتَعصُّبٍ وعلى حدّ الأَمزِجَةِ والأهواء. فالمُتَصَيِّدون الانْتِهازِيّون نَصبوا كمائنَهم وفِخاخَهم وهُم اللّاعِبُ الأكبر في هذا الأزمة وكَثيرٌ مِن الحمقى مِنّا ومِن غيرنا يَخدِمونَهم بِالمَجّان!

في نَظَرِي.. لا مِن جَدِيد يكمن في صِيغَةِ ومَضمون منهج الولاية والبراءة منذ صُرِّح به، كما لا جَدِيد في رُؤيَةِ أَهْلِ ثَقافَتِنا البَحْرانيّة إليه إذْ هُو منهجُ أَجيالِهم إلى وَقتٍ قريبٍ، ولم يُبهَت أَحدٌ مِن البَحْرانِيِّين بِصدوره وإعلانِه المفاجئ في لَنْدَن.. فلِماذا نَضِجُ كلّ هذه الضَّجّة وهذا اللِّقاء الّذي يجمعنا هو ودِّيّ ولا علاقة له بهذه المَوضوعات الشّائكة لا مِن بَعيدٍ ولا مِن قريب.. ليشْ؟!

ناقَشَنِي البعضُ مِن جُلساء اللِّقاء قائلا: عليك أَنْ تَتَّخِذ موقفًا سريعًا ومُضادًّا مِن منهج (الوَلايَة والبَراءة) وإلّا صَنَّفك المناهِضُون له كأَحَد أَتباعِه، فلا وَسَطِيّة عندهم يُؤمنون بها ولا عَدم انحِياز. فأَنتَ أَلَّفتَ ثَلاثةً مِن الكتب، أَوّلهما في نَقدِ مناهِج الدِّراسات الدِّينِيّة، والثّاني في تأريخ نَشأة التَّشَيُّع والثّالِث في صَحيفة صَحابَة مَكّة، وتُدِير حسابًا على (الإنْتَرنِتْ)، وكُلّها تُشعِر القراء بأَنّك مُؤيِّدٌ ولَسْت مُخالفًا!

فأَجبتُ الحاضرين بِصَريح العبارة قائلا: لم أُخَيِّر نَفسِي في يوم مِن أَيام هذه الضَّجة المُفتعلة بين التَّأييد والمخالفة مُطلقًا، فتِلك قِسمةٌ ضِيزى لا أَمِيل إلى مثلها، وأَنَّ التَّخيير مِن أَعمال الحَمقَى في أَجواءٍ مشحونةٍ تَتطلب التَّريث والأخذ فيها بِرَوِيّة. وأَنا لَستُ مَمّن يختار المواقف لِاستِرضاء أَحدٍ مِن المُتنازِعين أَو لِمخالفته أَبدًا. فما زِلتُ مُتمسّكا بذات الثَّقافَة البَحْرانِيَّة اللَّطِيفة لِشِيعةِ مَوطِني الّتي نَسيتها أَنْتَ.. وَأَنتَ.. وأَنْتَ.. وأَنْت، ورِحتَ تُفكِّر بِمَنطق ثَقافةٍ أُخرى هَجِينةٍ ومغمورةٍ في الرّعُونة والغِلظة. وأَرى في هذا اللَّون مِن التَّخيير ـ الّذي ذَكَرْت ـ تَعصّبًا حِزبيًّا وفئويًّا حادًّا دَفَعَت مُجتمعاتُ الشِّيعة ثَمَنَه باهظًا مُنذ الخَمِسينات مِن القرن الماضي.. ومُجتَمعنا البَحْراني منها.. وأَنا أَرفُض اتِّباعه ولا شَأن لِي في المُؤيّدِ والمُخالِف.. التَّخْيير على هذا النَّمط المُتعسِّف يَزيدُ الأَزمات اشتِعالاً لِمَصلحة جِهاتٍ نعلمُ فسادَها ولا يُصلح.. ويُذكّرني بِضَجَّة المُشاحنات الّتي كُنّا نُثِيرها في حَيّ النِّعَيم عندما كُنّا أَطفالاً صِغارا.

لم أَكتَرِث في يَومٍ مِن الأيّام لما جَرَي وما زِلتُ على ذلك، ولا أَرى الأزمةَ المفتعلة هذه بِحَجم ما تَرونه ويَراه المُتأزِّمون ومُشعِلو النِّيران. فأَنا مُطّلعٌ على خَلفيّات (الأزمة) بما يُعِيني على تَحدِيد الرُّؤيَة المناسبة. وهذا يُغْنِيني عن مُتابعة التَّفاصِيل و(وَجَعْ الرَّاسْ) ويشدّني إلى ذِكريات الطُّفولة المُمتِعة في حَيّ النِّعَيم عندما يُشعِل الخلافُ حول مُباريات الدَّوري الأَهْلي لِكُرة القدَم فِينا حماسًا لِتكوين عددٍ مِن السَّرايا أو الشِّلل المُؤيِّدة لِفرق القدَم المُتنافِسة الّتي نَسمعُ عنها ولا نَرى لاعِبِيها ولا مَلاعِبَها ولا نُشاهِدُ مبارياتِها ولا نَفقهُ شيئًا مِن نُظمِها ولا شُروطِها وقوانينها. فهذا يُؤيِّد هذا الفَريق وذاك يُؤيد الأخر وكلاهُما سَمِع باسِم فَريقه الذي أَيَّدَه ولم يَره.. ثُمّ تَتلاشى هذه السَّرايا والشِّلل بَعد يَومٍ مِن المُواجهة المُباشرة بَينها بِالعِصيّ والحِجارة في فَوضَى عارمة تَعمّ مناطِق الحَيّ وأَزقّتَه. وفي اليوم التَالِي يَعود كُلُّ عناصر الفَريقين إلى لِقاءٍ جامعٍ قصصيٍّ فُكاهي نَتحدّثُ فيه عَمّا لَقِيناه في بُيوتِنا مِن الضَّرب المبرح و(اللّشْطَاتْ) بعِصِي الآباء لِقاء ما أَحدَثْناه مِن فوضى وإزعاج لِأَهالي الحَيّ.. إنّها الطّفولةُ الّتي يحدّها الفَقر المُدقِع والأُمِّيّة السَّائدة في الحيّ ويَغلب عليها الفراغُ القاتل الّذي يَدفعنا إلى اختِلاق الأَزمات في كُلِّ يومٍ لِنُشْبع به نَهم ما في الصّدور بِحدُود الإدراك البَسيط السَّاذج لِطُفولتنا!

وهَلْ نَظُنّ أَنّ العمل بِمَنهج (الوَلايَة والبَراءة) يُشكِّلُ أَزمةً بِحَدّ ذاته وبهذا الحَجم والخُطورة، وهَلْ أَجيالُنا الماضِية الّتي التَزَمَت بهذا المنهج هي أَكثَرُ جَسارةً مِنَّا و(وَعْيًا)، أَمْ أَنَّ الحِزْبيّة والفِئويّة صارت غائبةً مَطوِيّة الحبائل منزوعة الفِخاخ ومُجمّدة لِلواقِح الفِتَن، أَمْ أَنَّ الموقف كان فاضحًا كاشفًا عن حَجْم الجَبل الجليدي المَغمُور تَحتَ مياه المحيط المتَجَمِّد ولا يَعلم أَحدٌ عن حَقيقَتِه شَيئًا، حيث أَنّ القُوى الحِزْبيّة والفِئويّة والمَرجِعيّة المُنفلِتة ما زالت تَتربص الدّوائر وتَتَحيّن الفرص لِلانْقِضاض على مُنافِسِيها لِحَسم النِّزاع القَدِيم على مَقام تَمثِيل التَّشيُّع والشِّيعَة وقد اتخَذَتْ مِن إثارات منهج (الوَلايَة البَراءة) مُبرِّرًا لِلثَّأر، فيما المُخيِّر بين التَّأييد والرَّفض مِنّا فاقِدٌ لِلبَصيرة

ولم يُفكِّر على طِبق البيئة الثَقَافِيّة البَحْرانِيّة التي نشأ عليها وطَبِيعة التَّوازنات الحِزْبيّة والفِئويّة القائمة ومُبرِّرات التَّناوش والمُغالبة فيها!

أنا ما زِلتُ أُفكِّر على طِبق ثَقافَتِي البَحْرانيّة الأَصِيلة الّتي نَشأتُ عليها وترعرعتُ في كنفها وتَميّزَت بِخُلّوها مِن العَصبِيّات الحِزْبِيّة والفِئويّة وما زِلتُ على ذلك، ولم تأخذ مِنِّي سنواتُ النَّضال التي أَمَضيتها في المَنفى حِرصِي على التَّمَسُّك بهذه الثَّقافة. ولو فَعلْتُم مِثْلَما فَعلَت، وتَجرَّدتُم ونَظرتُم بِعَين مَصلحة التَّشَيُّع لَرأيتم هذه (الأزمة) المفتعلة بِشَكلٍ مختلفٍ!

هَدأَ مَجلسُ اللِّقاء وخَيَّم الصَّمتُ على مَن تَبقّى فيه مِن الضّيوف على سُفرة وَجبة الغداء الدَّسمة.

بَعد مُضِيّ يَوم واحدٍ مِن اللّقاء الودِّي هذا تَلَقَّيتُ مكالمةً هاتفيّةً. وإذا بالمُتكلّم أَحد الضُّيوف المشاركين في لقاء الأَمْس وقد اخْتَلى بِنَفسه بعد اللّقاء وضَربَ أَخماسًا في أَسداس واستَشاط حتَّى تَوصّل إلى نتيجة سَلبيّة مفادها أَنَّ صَمتِي في لقاء الأَمْس ثُمّ مشاركتي المُفاجئة الوَجيزة بعد احتدام الموقف ما كان إلّا لِتَطييب الخواطر وتَهدئة روع النُّفوس، وقد كَشَف ذلك عن انحِيازي لِدُعاة منهج (الوَلايَة والبَراءة) الجدد بِذَكاءِ الدُّبلوماسِيِّين. فأَنْذَرَ وحذَّرَ في ساعةٍ مِن النِّقاش على خَطّ المكالمة، وهُو يَعلمُ عِلْم اليَقِين أَنّني خضتُ في بلاد المنفى والمهجر الكثيرَ مِن العواصف في الخِلاف المَرجِعي الأَخْرق والحِزبيّ والفِئويّ الأَحمق ولم يَستطع أَيُّ أَحدٍ مِن المُختلِفين مِن استِدراجِي أَو تَوظيفي لمصلحة مَوقفٍ تَورَّطَ هُو فِيه ولَم يُحِسن الخُروج منه، أَو أَرادنِي عَونًا له على الآخَرين في الطَّرف الآخر المُغالِب. وكُنْتُ حَريصًا على أَنْ أَكونَ أَنا في ذاتي دائمًا ولا أَستحيل إلى آلةٍ جاهزةٍ لِلاستعمال السَّلبي بِيَد آخرين، وما أَزالُ على الهُدى مِن ثَقافَةِ بَيئتِي الّذي تَربَّيتُ فيه وبَيئتِي التي نَشأتُ فيها، فَهُما يُنَجِّياني دائمًا في مِثْل هذه المواقف المُعقّدة، ولَهُما يعودُ الفضلُ في ذلك.. انتهَت المُكالمة ثُمَّ عاود بالاتّصال لِيَعتَذِر ويُعيد النَّظر في إِنذاراته ويُصحِّحَها. فأَخذتُه بعين اللُّطف وأَحسنتُ إليه.

وبَعد أَسابيع قَليلة مِن يوم المُكالمة الهاتِفيّة وقعَ ما لم يَكن في الحُسبان.. نَشر أَحدُ العلماء المُؤمنين الذين شَمِلهم الخِلاف في منهج (الوَلايَة والبَراءة) الجديد ونال مِن سِيرتِهم العِلْمِيّة ـ بيانًا توضيحِيًّا ناقش فيه مَوقِفَه مِن (الأَزمة) القائمة في لندن، وأَدرج اسمي في قائمة اتِّجاه المِنحازين لِمَنهج (الوَلايَة والبَراءة) على استِحياء مِنه بناءً على مُعلوماتٍ تَفصِيلِيّةٍ تَلقَّاها عن صاحِب المكالمة الهاتِفِيّة تِلك، وشَرح في بَيانه تَفاصِيل ما جرى بَينِي وبين صاحب المُكالمة!

قَرأتُ شطرًا مِن البيان فوَجدتُ التَّفاصِيل المذكورة عن المكالمة كُلّها مُلفَّقة ومُزوَّرة، فأَعرَضْتُ عن قراءة المُتبقِّي مِن محتوى البيان وضَربتُ عنه صفحًا ولم أَكترث لهذا التَّصنِيف المُتعَسِف المُخالف لِلحَقِيقَة والمُزوِّر لِلواقع. فقد اعتِدنا على هذا اللّون مِن التَّصْنِيف المُسِيئ في 40 عامًا مِن نضال المَنفَى، ولكِنّي لم أَر في الانحِياز لِمَنهج (الوَلايَة والبَراءة) عَيبًا على طِبق مَعايير بِيئتِي الثَّقافِيّة وشُروطها فيما لو كان على وَجْه الحَقِيقة، وتَجنَّبتُ إِساءَةَ الظَّنّ في أَحدهما (صاحِب البَيان) و(صاحِب المُكالمة) فلَرُبَما اشتبه أَحدُهما أو كلاهُما في فَهم لُغة المَنقول والتَّعبير عنه. ولكِنَّ ذِهني استَدعى في ذات اللّحظة صورًا رائعةً جميلةً ما زِلتُ أَعتزُّ لِوَحدي بها عن شُهورٍ مِن الزَّمَن أَمضيتُها على شَبكة (الانْترنِت) والتَّواصُل الاجتماعي لِلدّفاع عن مقام هذا العالِم الجَلِيل صاحِب البيان والاجْتهاد في رَدِّ الافتراء الّذي رَوَّجه (حَبرَبَش) الحِزْبِيّة والفِئويّة في الضِّدّ منه عندما كان يَرزح تَحت وَطأَة السَّجن ووَطأة الأَسفِ على تَوارِي أَصدقائه خَلفَ جُدر الصَّمت حيث لم يَنبس أَحدٌ مِنهم بِبنت شَفة لِلدِّفاع عنه أَو تَقدِيم العَون لعائلَتِه!

طلبَ عددٌ مِن الأَصدقاء المقرَّبين العارِفين بِحَقائق الأمور وتفاصيلها التَّوسُّط لِرَفع الالتِباس الحاصِل في ذِهن صاحب المكالمة والخَطأ في فَهمِه اللّغوي ورُؤيته ومَوقِفه، ولِتَنبِيهِ عالِم الدِّين بِفَسادِ تَصنِيفه وفساد ما نقله في بيانه، فرَفضتُ ذلك حيث لَم أَعط هذه المَسألة حجمًا أَكبر مِمَّا كانت

تَستحِقّه، وأَنَّ الاثنين صاحِب المُكالمة وعالِم الدّين عزيزان ومِن ذَوِي المُروءة ويَستحقَّان أَنْ نُقِيل عثراتهما، ولم أَستبعِد أَنّ ظرفًا خاصًّا وقاهرًا زَجَّ بِهما في أتون أزمة لندن لو بادرا إلى مُعالجتها على طِبق ثقافة بِيئتِهِم الاجتماعِيّة والاستِزادة في المعرفة حول ذات (الأزمة) مِن مصادرها مباشرة؛ لما نالا مِنها ما نالا، فوَجَب أَنْ نلتمس لهما العذر!

لم أَنسَ أَنّني أَلّفتُ كُتبًا ونَشرتُ الكثير مِن المقالات الّتي أَوضحتُ فيها أَنَّ منهج (الوَلايَة والبَراءة) هو مَنهجٌ حَيويٌّ في ثَقافَتِنا البحرانيّة الشِّيعِيّة مُنذ قُرونٍ وقد مُنِعنا مِن تدَوين سِيرَتِه التَّأَريخيّة ويَومِياتِه، ويُمثِّل عَقِيدتَنا وسِيرة أَجدادنا اللَّتين قصَّرنا في التَّمسُّك بِتَفاصِيلهما أَو عمدنا إلى تَغييبهما في زَحمَةِ النِّضال الحزبي والفئوي، ولا بُدّ مِن التَعبير عن هذا المَنهج والجَهر به على حَسب مُقتضى التَّقِيَّة وإِنْ اختُلِف في مُتبَنِّيه في هذا العصر. وكُنتُ أُذكِّر أَنّ تأليفي للكتُب ونشر المقالات كان في سِياقِ أَزمةٍ أخرى مُختلِفة سابقة لِـ (الأَزمة) القائمة، وهي أَشدُّ تعقيدًا مِن أَزْمَة منهج (الولاية والبراءة) وعاملٌ محرِّض في تأجيج الصِّدام بين أَطرافها حتَّى كِدنا ـ بِوَصفِنا شِيعةً ونَتَّخِذ مِن بلاد المنفى والمهجر سكنًا ومَقامًا ـ أَنْ نَتكيَّف مع ما كان يُبَثّ مِن قولٍ ناصِبيّ ظالِم في حَقّ أئمَّة أَهلِ البَيت صَلوات الله وسَلامُه عليهم، ونَستَسلِم لِلمَوقف الطّائفي المُفرِّق لِلشّيعة.

كانَت الأَزمةُ الأُولى هذه مِن تَدبير فَضائيّة تُونِسيّة تَبُثّ برامجها مِن لندن على طِبق منهجٍ ناصِبيٍّ خَبيثٍ مَدعوم بِالمال والوُعّاظ ومُؤيَّد مِن قبل كِيانات سَلَفِيّة خليجِيّة طائفيّة حاقدة على الشِّيعة والتَّشَيُّع، وفي مَحضرٍ ومَسمَعٍ ومَرأى مِن عشرات الانتماءات الحزبيّة والفئويّة والزَّعامات السِّياسِيّة والدِّينيّة والمُؤسّسات الثَّقافِيّة والمرجعيّة والجِهات الأَكاديمِيّة الشِّيعِيّة، ولم يُحرِّك أَحدٌ مِنها ساكِنًا وكأَنّ في آذانهم وقرًا وعلى قُلوبهم أَكِنَّة وقد طُمِسَ على أَعينهم فهُم لا يُبصرون. في حِين وَجَّهَت الجاليات الشِّيعِيّة العَربيّة في بريطانيا نِداءً دَعَت فِيه أُولِي الأمر إلى تَبنِّي مَوقفٍ حازمٍ مُضادٍّ مسئول وإلى

المبادرة بِرَفع دَعوى إلى المَحاكم البريطانِيّة المُختصّة لِمُقاضاة صاحِب الفضائيّة التُّونِسيّة وتَشكِيل مَجلِسٍ مُشتركٍ لِوكلاء المَرجعيّات الشِّيعِيّة وإِطلاق فَضائيَّة قائمة على مَنهج (الوَلايَة والبَراءة) بالطَّريقة المُناسِبة لِرَدِّ المخاطر الطّائِفِيّة ولِحِماية ثَقافة أَجيال الشِّيعة.

لم يُحرك نِداءُ الجاليات الشِّيعيَّة ساكِنًا، وخَيَّم الصَّمتُ على الجاليات الأخرى مِن أَبناء اتّجاه أَهْلِ العامّة وأَحزابها السِّياسِيَّة وزعاماتها الدِّينيّة ومُؤسّساتها الثَّقافيّة وجهاتها الأكاديمِيّة الّتي صدَّعَت رُؤوسنا بِخُطب الوَحدة والتَّآلف بين المذاهب، وكأَنّ شَيئًا لم يكن. وكان قُصارى ما بُذِل مِن عملٍ لحسم الموقف مِن هذه (الأزمة) المُستعرة في لندن هو إِصدار لائحة اعتِراض لا تُسمِن ولا تُغني مِن جوع مُذيّلة بأَسماء عدد مِن رُوّاد المآتم فحسب!

إنَّ الأزمة الأُخرى في منهج إحياء (الوَلايَة والبَراءة) كانت لاحِقَةً لِلأزمةِ الفضائيّة التُّونَسيَّة المَنسِيَّة الّتي أَثارت الشِّيعة وسَكَتَ عليها عشراتُ الأَحزاب والفِئويّات السِّياسِيَة والزَّعامات الدِّينيّة والمُؤسّسات الثَّقافِيّة والمرجعيّة والجِهات الأَكاديمِيّة الشِّيعِيّة في بلاد المنفى والمهجر ولم يُدِينُوها أَو يَتدخَّلوا لِوَقفها أَو إيجاد البديل الّذي يُكذِّب أُحدُوثَتها على الرَّغم مِن كَثرة الضُّغوط المُحفِّزة. ولكِنَّهم انفجروا غاضِبين ومُناهضين ومُندِّدين ومُحرِّضين في الأَزمة اللاحِقَة لِطَرفٍ مَرجِعِيٍّ سَبقهم في الاستِجابة لِردع المشروع النَّاصِبي لِلفضائيّة التُّونِسِيّة واستَقّل بِمُبادرَتِه وأَطلقَ عملًا مُضادًّا لِلفَضائيّة التُّونِسيّة لَهُ ما لَهُ وعلَيه ما عليه. فَلا عَلاقة لِغَضب الأَغلبِيّة مِن هذه الجِهات الشِّيعِيّة بِصِحَّةِ أَو خَطأ إِحياء مَنهج (الوَلايَة والبَراءة) أَو إِطلاق التَّقِيَّة مِن قَيدِها أَو حَبْسِها إِذْ هو منهجُ هذه الأَغلَبِيّة التي اختَلَفَت عليه مع الآخرين بناءً على نِسبيّة التَّقِيّة في استِعمال (الوَلايَة والبَراءة)، وإِنَّما كان غَضبُها تعبيرًا صارخًا عن نِزاع مَرجِعِيٍّ قديم مُتفاقِم لم تَسكُن ثَورتُه مُنذ خَمسينات القرن الماضي وهو يُمثل تَرجمةً عَمَلِيَّةً لهذا اللَّونِ مِن النِّزاع شاعت في هذا الظّرف المعقّد أَنْ تَستغِلَّ الموقف الرّاهن وأَنْ تَزُجَّ بِالشِّيعة كافّة في مِيدان (الأزمة) هذه لِلإضرار بِعَمل مَرجعِيَّة هذا الطَّرف المُستَقِل!

والنَّماذِج في ذلك كَثِيرةٌ يا صَدِيقي .. وفي كُلّ يَوم تصوغُ شبكاتُ الإعلام الفَضِائي الحُرّ وخُطوطُ الاتّصال التِّقني السَّريع الكثيرَ مِن الكلام الموضوع والمختلق في التَّقلِيد المَرجِعي والانْتِماء الحِزْبي والفِئوي، وتَقذِفُ به إلى أَذهان السُّذَّج والفُضوليّين (الحَبَرْبَشْ) وعُشّاق التَّحَسُّس لِكَي يُشاع بِالمجّان. وفي كُلّ يوم يُصنَّفُ الأَشخاص وتُشوَّه المواقف وتُوزَّع الاتِّهامات جزافًا على أَلسِنَة الحَمقى وذَوِي الشُّعور بالنَّقص والحَقارة والمُتأزمين مِن مَرضى الحَسَد والبَغضاء والعداوة، ثُمَّ تُنسَب زُورًا إلى مَن ليس مِن شَأنه الانْتِماء الحزبي والفئوي أَو التَّحيُّز أَو مَن لَيْس مِن شَأنه التَّدخُّل فيما لا يعنيه أَو مَن لا تَتَوافَق ثَقافَتُه مع ثَقافَة الآخر.. فالخَيرُ الكَثِير لك في اعتِزال هذه الأَجواء وأَنْ تَضَعَ أَصابعَك في أُذنَيك وتَدَع المتَحزّبين والفِئويّين في ظُلماتِهم يَعمَهون يا صَديقي فتَأَمَّل واحْذَر!

إِنَّ الانْتِماءَ في المَهجر والمَنفى صُحْبَةٌ جميلةٌ مع رِفاق الثَّقافَة الأَصِيلة حيث تَتحوّل هذه الحياةُ الاستِثنائيّة بهم إلى سَعادةٍ غامِرةٍ وحيث تَخلو ظُروف الهِجرة والمَنفى مِن قيود الصُّحبَة المُلزِمَة. فإنْ اعتَرَضَ التَقلِيدُ المرجعي أَو الانتماء الحزبي والفئوي مَخمصةٌ حول جدوى نظريّة النِّضال السِّياسي والعمل الثَّقافي وغيرِها فالحَذَرُ الشَّديد يَقتَضِي تَجنُّب الاستقطاب الشِّلَلي الذي تُولِّده أَزمات الهِجرَة والمنفى على النّفوس.

حَدَث مثلُ ذلك مِرارًا وكرارًا في مَنظومَتِنا النِّضاليَة، فلَزِمْتُ موقفَ الحِياد وتَجنَّبتُ الانْحِياز أَو الاقتراب مِمَّن ضَعفُت نفسه عن تَحمُّل ضغط المَهجر والمَنفى أَو مِمَّن امتدّ ذِهنُه في السَّلبيّة الحادّة واستولَت على نَمط تفكيره، أَو مِمّن فَلَت عِقالُ الضَّبط عنده وصار يَبحثُ عن جِهةٍ أَو شخصٍ يَستفرِغُ عندهما حنقه وغضبه وسخطه أَو حسده.

وكُنْتُ حِذرًا مِن المشكلات الّتي يَصنَعُها الحمقى بَيننا أَو يعمد أَحدُهم إلى الزَّجّ بإخوان المَصِير في أتون الأزمات عِوضًا عن البحث عن سُبل تَطويق

المُشكِلات والتَّنادي إلى حَلِّها بالّتي هي أَحْسَن بين الإخوان. فالسِّياسةُ فتكت بِعقُول الكثير مِن المنتمين الحزبيّين والفئويّين وصار إشْعالُ الفِتنة بين الانتماءات حِنكةً يتبارون في ميادينها، ونَسِي الكثيرُ مِن المناضلين المنتمين ثَقافَتَهم البَحرانِيّة الأصِيلة اللَّطيفة واستنجدُوا بِفِكْر ثقافَةٍ أُخرى رَعناء غَليظة القَلب لقراءة ما يجري مِن حولهم!

فعناصِرُ التَّقْلِيد المَرجِعي والانْتِماء الحِزْبي والفِئوي ليست مِثالاً في الفِكر والعَمل، كما أَنَّها ليست مَعصومةً مِن الخطأ أو مُحصَّنةً بما يكفي لِبُلوغ مَرتَبة مَلائكِيّة.. يَعتريهم ما يَعتري النَّاس في الأَحوال الطَّبيعِيّة، وفيهم المُؤمِنُ طيّب النّفس الّذي تَهوى الرّكون إلى جانِبه لِتَتنفّس منه عَبير الإيمان، ومنهم مَن غلبته السِّياسةُ بِمَكرها وخدعها ونفاقها فَراح يَملأ رِئتيه مِن نَفث شياطينها ويَهوى بها اتِّباع فنون التَّشكِيك والاحتِيال والكِذب طلبًا لِلرّئاسة، ومِنهم (المَشمُوخُون) البُسطاء السُّذّج والحمقى بِأَمَسّ الحاجة إلى مَن يُقِيل عثراتهم ويَصبر على أَذاهم، ومنهم مَن انقلَبَ على ثَقافَته الأَصِيلة وتَبنى فِكر ثَقافة أُخرى حرَمته مِن الانْسِجام مَع بَنِي جِلدَتِه.

ـ الرُّشْدُ فِي العَقْلِ النَّاقِدِ

قَبل دُخولِ عالَمِنا الشِّيعي إلى مَنظومةِ التَّطوّر الهائل في شبكات الاتّصال التِّقني ومحرّكات التَّدفُّق السَّريع للمعلومات بِشكلها الرّاهن؛ كنَّا نُعاني مِن مشكلات الانْتِماء الحِزْبي والفِئوي المَرجِعي ومِن المُضاعفات النَّاجمة عنها ومِن نُخبة المثقّفين المُتورّطين في تَأجيج هذه المشكلات. كما كُنَّا نُعاني مِن بلاء الطَّعْن المتعمّد في مقام المَرجِعيّة وفي قدر الثَّقافَة البَحْرانِيّة الأَصِيلة. ثُمَّ صِرنا نُعاني مِن بَثِّ أَزمات التَّقلِيد والانتماء المَرجِعي بِأَيدي الحَمقى مِن (الحَبرْبَش) في كُلّ بِلاد الوجود الشِّيعي.

وكُلَّما دَخلَت وسائطُ المعرفة طورًا تِقنيًّا متقدّمًا ازداد العُقلاء مِن كُلّ النُّخب المُثقّفة المُنتمية والمستقلّة حاجة إلى الاقتراب مِن ثَقافتهم البَحرانِيّة

الأَصِيلة ومَصادرها في المعرفة والحَذر مِن العناصر الفضوليّة (المَشمُوخِين) منهم والحمقى.

وكُلَّما وقَفْتَ أَنتَ بنفسِك على أَصل القضايا وأَسبابها وخَلفيّاتها التَّأريخيّة بِقَيد حاجتك لا بالفُضول والتَّحَسُّس؛ ازدِدْتَ اطمئنانًا ويقينًا وراحةً في البال والنَّفس وبعدًا عن التَّورّط في فوضى التَّشهِير الّذي عَمّ قضايا التَّقلِيد المَرجِعي والانتماء الحِزبي والفِئوي.

ومِن اليقين أنّ عقلك النَّاقِد سيقودك إلى الاستفهام الفِلسفي في هذه الأحوال: هَلْ اختلاف الثَّقافَات بين الانتماءات المختلفة يُشكِّل عاملاً مُثيرًا لِلمُشكلات، وصانعًا لِلأزمات فيما بين الحزبيّين والفئويّين المنتمين لِلجماعة الواحدة، وفيما بينهم والانتماءات الأخرى والنَّاس أَجمعين؟!

إنَّ (العَقلَ النَّاقِد) في مفهوم الانتماء المرجعي والحِزبي والفِئوي الضَّيِّق أَداةٌ حاسمة لِتَحطيم الطّرف الآخر ولإِذلالِه، وهو وَسِيلةٌ طَيّعة لِتَحويل المُنافس إلى مُغالب، وأَنَّ الرّاد على هذا اللّون مِن (العَقْلِ النَّاقِد) لا يُعدّ جاهلاً أو أَحمقًا أَو (مَشْمُوخًا) مِن صِنف (الحَبَرْبَش)، وإنَّما هو في قِمّةِ الإدراك المَسئول.. ولِكنّ الحَقِيقة تُشير إلى أَنَّ فَنّ السِّياسة في الانتماءات الحزبيّة والفئويّة كافّة لا يَرْقَى إليه إلّا فَنٌّ مثله يَنضحُ خبثًا ومكرًا ودهاءً ونِفاقا!

احْذَر مِن قول هؤلاء في (العَقلِ النَّاقد).. فهُؤلاء هُم مِمّن لا يستَمِع مُتعمّدًا مِن أَحدٍ جملةً مفيدةً تامَّةً، وقُصارى ما يَتناهى إلى سمعه عند التَّحاور معه رُبع جملةٍ تُطلقُ إليه ومِمّا يَرغب في الاستماع إليه. وعند انتهائه مِن استماع الرُّبع الأَوّل مِن جملةٍ مُفيدةٍ؛ تَرِنُّ في رَوعه أَجراس الإنذار، فتَهتزّ رأسُه وتَخونه الكلمات. فلا يَلبث أنْ يُقاطعَك بِسخطِه لا بِعقله، وتَسمع مِنه قولاً غير الّذي يقوله النّاسُ الأسوياء. ومِن وراء ظَهرك يُزوِّر ما يَسمعُ مِنك مِن حُسن في القَول ويُشاهد مِن جميل فعلك، ويُبالغ في الافتراء بالكذب ويُشرك كُلَّ مَن يلوذ به ومَن يَنتَمِي إِليه في إِشاعة هذه القذارة.

إنْ اجتمعَ اثنان مِن هذا الصِّنف مِن النّاس في لقاءٍ ودِّي؛ فكلاهُما يتحدث في اللّحظة ذاتها والآذانُ مقفلةٌ حَذَر السَّمع.. لِقاؤهما لقاءُ متحدِّثَين مُثيرَين فَحَسب ولا مِن مستمع فيهما.

ما أَقبح الجهل.. إنَّهُ مُصيبُة العقل بِمَراد الجاهل نفسه لا بُمراد قوّةٍ خارجيّةٍ.. إنَّه يعمل على تعطيل أَدوات الحِسّ، ويُجمّد آلة التَّصوّر قبل الإقدام على التَّصدِيق والإذعان.. إنَّه يعتقد بِكمال نفسه وتَخلّف الآخرين وقد حَقّ عليهم المَقت والكراهيّة والازدراء!

إنَّ المَقتَ مِن عادات هذا الصِّنف مِن النّاس. وكُلّ جملةٍ ناقِدةٍ لِنَقصٍ أو تقصيرٍ فيه يَسمعها أَو تُساق إليه؛ فهو يَحسبها صيحةً عليه قبل أَنْ يستكمل (العَقلُ النَّاقِد) أَو المعاتِب مفردات جملته!

المقتُ هو أَشدُّ البُغض والكراهيّة.. والعِتابُ هو اللّوم في قولٍ لَينٍ مِن دون توبيخ، والإخبار عن النَّقص أو التَّقصير في لُطفٍ ورِفق ورِقَّة يَستَتبِعان رجاءً بِالأفضل والأحسن. وفي الرِّواية الشَّريفة الصّادِرة عن عَلِيّ أَمير المؤمنين صَلواتُ الله وسَلامه عليه: (لا تُعاتِب الجاهِل فيمقتك، وعاتِب العاقِل يُحبِبك).

عاتَبَنِي أَحدُ المنتمين على مَوقِفِي السَّلبي مِن أَحد أَصدقائه الّذين عبَثَت السِّياسةُ بقذاراتها في أذهانِهم فراح يَستخِفّ عقول مَن حوله ويبثّ فسادَه فيهم ويَحرّضهم على منافسيه في النِّضال. فدَعوتُ المنتمي الحزبي المعاتِب إلى لِقاء طالت مُدَّته ثلاث ساعات لم أَعاتِبهُ فيها على دِفاعه عن صديقهِ فلَيس لِي مِن شأن في ذلك، وإنَّما كشفتُ له عن الأسباب الّتي تخصّني في مُتعلّق موقفي السَّلبي مِن صَدِيقه.. كُنْتُ على يَقين أنَّ المُنتمي لم يُدرك معنى نِصف ما تناولته معه مِن حديث، وأَمّا النّصف الآخر فقد أَدرك نِصفه بالمعنى المُعاكس وبَقِي نِصفُ النِّصف مُعلّقًا. ثُمّ تفرَّقنا وعاد كلّ واحدٍ مِنّا إلى منزله مُطمئنًا على حسب الظّاهر. وفي اليوم التّالي لم تَتوقف المُكالماتُ الهاتفيّة،

وتَفَرّقَ أَصدقاءُ المهجر والمَنفى في الرّأي والمَوقف.. بَحثتُ في الأمر فعَلِمتُ أنَّ المنتمي المُعاتب الّذي لَقِيته بِالأَمْس لم يأتِ إلَيّ مُستوضحًا وإنّما مُستكشِفًا يَتحَسَّسُ لمصلحة صَدِيقه.. عادت الأمور إلى طبيعتها في أَشْهُرٍ مَعدودةٍ، ولكِنّ صديق المُنتمي المُعاتب صار مِن أَعوان الظّلمة والمُستبدّين!

يَرى الرّاشدُ العاقلُ في نُقود الآخرين له حِرصًا منهم على مصلحته فيَلتَمِس مِنهم المزيد في مِتْعةِ الوِجدان، ويَسمعُ لِقَولهم في احترام وتقدير شَدِيدين ومِن دون حدود.. إنَّه ينشدُ الكمال ويطلبه بِمُساعدة الآخرين، فَـ (المُؤمِنُ مِرآةُ أَخِيه) يرى مِن خلاله نقصه وجمال كماله.

في المُقاربة والمُفارقة أنَّكَ لو عاتَبت أحدًا مِن ذوي المقام الحِزبي السِّياسي أو الفِئوي المَرجعي العالِي على تَقصِيرٍ أَو تخبّطٍ في مجال تَخصُّصيّ فوَجَهّتَ إليه رأيًا ناقدًا ينفعه ويرتقي به، سيَأتِيك الرَّدُ مِن أَتباعه عاصفًا قاصفًا لا يخلو مِن أَشدِ أَلفاظ العَداوة ومُفردات المقت والبغضاء والكراهِيّة والازدراء، وهو يَتوارى خَلفَهم يُحرِّضهم على القِتال على غَير عادَاتنا الّتي أَلِفناها في ثقافتنا البَحرانِيَّة الأَصِيلة.

إنَّ هذا الموقف يدعو إلى التَّساؤل: مَن مِنهما يَستحقّ الوَصف بالحَماقة والجهل، أَهو صاحبُ المقام الرَّفِيع أَم أَتباعه المُريدين.. الإجابةُ تُقرِّرها طبيعةُ الاتّجاه بين أَنْ يكون سِياسيًّا أَو غَير ذلك!

لا يَشتغِلُ السِّياسي على طِبق معايير القِيم والمُثُل المودعة في ثَقافة مُجتمعه ولا على طبق معايير القِيم والمُثُل التي ورِثها عن بيئتِهِ المُتمَسّكة بِثَقل أَهْل البيت صَلواتُ الله وسَلامُه عليهم إلّا في حدودٍ ضَيِّقة وتَحت شُروطٍ مُسَيّسة. فإنْ تظاهرَ السِّياسيُّ بأَصالة ثقافتِه وانفرد بِتَأويلها لِلنَّاس وحَثّ على الالتزام بها؛ فإنَّ مِن وراء الأَكمة ما وراءها!

يُذكَر في سِيرة التَّأريخ المسيحي القديم أنَّ الملوك والأمراء كانوا يُمارسون كُلّ عملٍ قبيحٍ مُمتِع شاذ مُخالِف لِتَعاليم الثَّقافَة المسيحيّة السَّائدة

في مُجتمعِهم، فيما تُشَرِّع الكنِيسةُ لهم فَعلَتَهم لكَونها مِن ضَرُورات التَّدبِير السِّياسي في شَبكة العلاقات الدّاخِليّة والخارجِيّة، وأَنَّ لِلمُلوك حقٌّ في فعل ما يَرغَبُون إذْ هُم أَنصاف آلهة وُلِدت مِن مياه مُحِيط (إِقْيانُوسْ) ويُلقَّونَ الحكمة مِن الإله الكامِل في خَلواتهم بالإشارات. فما كان لِلرَّبِّ فهو لِلرَّبّ وما كان لِقَيصر فهُو لِقَيصر!

وأَنَّ الدِّينَ المُعَذِّر و(المُطَهِّر) وَظِيفةٌ خاصّة لِلكَنِيسة ولا طريق لِلخلاص مِن العذاب بعد الموت إِلَّا بِغُفرانٍ أَو صَكٍّ منها. ولِلمَلك كلّ الجلالة ولِغَيره مِن الرَّعيّة كُلٌّ بِحَسبه. والسِّياسةُ (النَّجِسَة) عملٌ له شأنٌ عظيمٌ يُمثِّل إِرادة الرَّبّ على الأرض ومِن اختصاص الملوك والأمراء في صُورةِ تكاملٍ بينهما وسُلطة الكَنِيسة.

كان ذلك مِن آثار كِفاحٍ مَريرٍ مِن صُنع فلسفة الإغريق الّتي ازدهرت قَبل ثمانية قُرون مِن الميلاد المِسيحي ثُمّ في شَطرٍ مِن عهد الرُّومان قبل أَربعة قرون مِن الميلاد المسيحي، ثُمّ تَمَخّض عن تَطوُّر فنون ثَقافة القرون الوسطى سِيادةُ (الحُكْم المُطلق) لِلمُلوك والأمراء وتَبعِيَّةُ الكنيسة لِلحُكم المُطلق، واعتَلَت (السِّياسةُ) صهوةَ الكنيسة ثُمّ حُرِّمَ على الكنيسة التَّدّخل في شَأن الدَّولة وتقرير مَصيرها السِّياسي، فانكفأت الكنيسةُ وانطوت على ذاتها.. فماذا حَصل مِن نتائج؟!

غَلَّبَ الملوك والأمراء ضَرُورات التَّدبِير في السِّياسة على ضَرورات الدِّين في شكلِ نفاقٍ عظيمٍ لا مثيل له في التَّأريخ البشري إلّا عند مُنافِقي مكَّة والمدينة الّذين أَسلموا ثُمّ اغتالوا النَّبِي صَلَّى الله عليه وآله وأَقصوا الإمامة بِإسلامهم ونَصّبوا أَنفسهم حكّامًا بذات الإسلام وصانوا بِفَعْلَتهم الّتي فَعلوا الدِّين الخاصّ الّذي أَضمروه في ذواتهم فصارت الأُمَّةُ نِسخةً مِن دين مُختلِف.

وصار الملوك والأمراء بين ليلة وضُحاها ظِلاً لِلرَّبّ بإقرارٍ وتأييدٍ

وتأصيلٍ إغريقي ورُوماني، فترأسوا الكنيسة واختلَطت قِيم الثَّقَافَة بِضِدّها واضطربت وآل أَمْرُها إلى الرِّضا بالسِّيادة التَّامة للملك والأمير. ثُمّ كان جَزاءُ (العَقل النَّاقد) والمُعاتب أَو النَّاقِد المُصلح مِن بين كُلِّ فئات المجتمع حَدَّ المقصلة، أَو حبلَ المشنقة، أو الإِحْراق بِالنَّار، أو الاغتيال بالسُّمّ النَّقِيع.

إنَّ مَن يوجَّه إليه النّقدَ والعِتابَ مِن أَجل الرُّقِي بِالمجتمع أَصبحَ في أَذهانِ أَتباعِه ومُريدِيه ومُجتمعه مَعصومًا عند تَلقِّيه تعليماتِ الرَّبّ أَو هو ظِلٌّ مِن ظِلال الرَّبّ أَو إِشارة منه، وهو مِن وراء ظُهور الرَّعِيّة يُهدِّد ويُنذر ويُحذِّر مِن صدور أَيّ نقدٍ أَو عتابٍ يُساق في الضِّدّ مِن ذاته المَصُونة.

العَقلُ النَّاقدُ والمُعاتب في تَصوّر السُّلطة المُطلقة إنسانٌ يخفي وراء ظهره خنجرًا يَبغي به الغدرة، حتّى قال قائل منهم: أَنَّ الإنسان الوَحِيد الذي يَستحِقّ الجائزة ويُحمَد على أَخطائه هُم الملوك والأمراء مِن دُون مُنازع!

كيف نِصنّفُ رأسَ السّلطة في الحُكم المُطلَق، وإلى أَيّ فئة نَنسِبه، وهَل هُو جاهِلٌ فنَحذر مَقته وغَدره، أَمْ هو العاقِلُ الّذي نَلتِمس له العُذرَ في مقام النَّقد والعِتاب؟!

أَظنُّ أَنَّ الحماقَةَ والجَهل القبيحَين مِن مُختصّات السِّياسي فلا يُعّرَف جهلَه ولا حماقتَه بِمَعنى الذَّكاء أَو الحِنكة أَو المكر والدّهاء، وصَحّ فيه القول أَنَّ إْمرَةَ السِّياسي تعادلُ عفطة عنز.. فما حكم مَن يسعى في تَعظِيم الزَّعِيم الحزبي والفئوي ويجعل منه هَدِيّة السَّماء بِمَعاني مُخاتِلة ومُراوغة ومُضلِّلة، أَو يَجتهد في تَقدِيسه بين النَّاس حتَّى ينال مِن ضَرع سِياستِه شطرًا أَو حظوةً؟!

فمِن شأن السِّياسي إِذا ما بَسَط يَدهُ على السُّلطة الدِّينيّة فإِنَّه سيُسخِّرها لِأَحكام السِّياسة. ورُبَما يتظاهر بِصِفَتِه الدِّينيّة ويكتم سياستَه ويجعل منها خَلفِيّةً خفيفةَ الظِّلّ حتَّى يأمنَ النّاسُ دنياهم ويتمتّعوا باستقرار نظامهم الاجتماعي ويخشاهم الأَعداء. فهَلْ مِن شأن أَهلِ الدِّين والتَّقوى والوَرع والثِّقة الاجتهاد في تسَخِير السِّياسةِ لمصلحة الإيمان ولِخدمة الدّين إذا ما

بَسطوا أَيديَهم على السُّلطة فيَسود بهم نظامُ المِلّة ويَحلّ الأمانُ مِن الفُرقَةِ ويَمتثِلُ النّاسُ امتثالاً مطلقًا لِأَهْلِ الدِّين المُسَيَّسِين؟!

كيف يكون لِأَهْلِ الدِّين والتَّقوى والورع ذلك وقد أَثْبَت التَّأريخ وخبراته في كلّ أَشكال النُّظم أَنَّ السِّياسةَ أَقوى حِيلةً وأَشدُّ شكيمة مِن الدِّين وأُصوله وكُلّ مُكوّناته الثَّقافِيّة؟!

ضَروراتُ الواقِعُ السِّياسي هِي الشَّيطانُ الأكبر الّذي ساد وقاد قضايانا المعاصرة، لكِنّ العادة جرت على أَنْ يتظاهر الدِّينِيُّ بِالدِّين ويكتم السِّياسة في نفسه حتّى يبدو في النَّاس مِن الوَرِعين الزّاهدين، ولا يَملِك إِلَّا أَنْ يفعلَ ذلك لِلخروج مِن هذا المأزق. ولا يَتوقَّف السِّياسِيُّ (الدِّيني) عند ذلك فَحَسب وإنَّما عليه واجب المُبادرة في لحظة مكرٍ منه إلى تَبادل الأدوار فيُقَسِّمها ويُفوّض متنفّذيه حقّ الانفراد بالدّور السّياسي تَحتَ مَظلَّته، وهُمْ بدورهِم في ذلك يتظاهرون باستقلال سُلطتِهم عنه وبِمَسئوليتهم أَمامه بِوَصْفِه المُراقبَ النَّاصِح في مقام الزَّعِيم المعصوم المُقدّس الأَرفع شأنًا مِن (السِّياسة) والسِّياسيّين!

ـ سُقْمُ الانْتَماءِ فَي المَنفَى والمَهْجَر

إنَّ في الثَّقافةِ الشِّيعيّة الكثيرَ مِن المظاهر وهِي تكادُ لا تُحصى عددًا، منها المَرجِعيّاتُ الحَوزويّة وعُلماءُ الدّين، ومنها المَساجد والمآتم والنّوادي والمدارس الدِّينِيّة والمَبرّات والجَمعِيات الخَيرِيّة وما شاكل ذلك. وربما يَفُوق عددُها الحاجةَ الضَّروريّة في أكثر مناطق الوُجود الشِّيعي.. كُلُّها مجتمعة تُشكّل قوام المجتمع الشِّيعي وعُمق النّبض الأصيل فيه، فيما عدا الانْتِماء الحِزْبي والفِئوي المُقتبس عن التَّجربة النِّضاليّة لِاتِّجاه أَهْلِ العامّة في العصر الحديث. فأَيّ منها يُمثّل جهةَ الاختصاص الرّئيسة في تنمية الثَّقافة المَحلِّيّة، وإلى أَين وَصَلت في مستوى الأداء؟

قال قائلٌ إنَّ المَرجعيّات الشِّيعِيّة (التّقليدِيّة) القائمة على الحوزات الكُبرى هي المَسئول عن الأخذ بالمُجتمع الشِّيعي وبالمنهج العِلمي الأصِيل إلى حيث التَّدرّج في تحقيق الكمال الثَّقافي، وهي المسئول كذلك عن إِزالة مُخلَّفات العقود المنصرمة وتَرميم الثَّقافة والانتشار بالكِيانات الثَّقافيّة وتَغطِية كُلّ مَناطق الوُجود الشِّيعي في الأَوطان وبلاد المَنفى والمَهجر بِفَعَّالِيّاتها الدَّعويّة.

وقائلٌ قالَ أَنّ الاتّجاهات السِّياسِيّة والمَرجعيّات الحِزبيّة والفِئويّة المعاصرة هي المَسئول الأَوَّل عن أَداء هذه الوظيفة والانتشار بها مَحلِّيًّا وإقليميًّا ودوليًّا إذْ هي الأَكفأ في استعمال أَدوات العصر وقراءة الواقع واستِشراف المُستقبل وتنظيم طاقات المجتمع وتَجاوز القيود السِّياسيّة بما اشتملت عليه مِن ضغوط اجتماعيّة واقتصادية، وهِي الأَعلم باختِلاف الثَّقافَات بين الشِّيعة.

لقد انَغمَسَت النِّسبةُ العُظمى مِن المرجعيّات الشِّيعيّة في خدمة الشَّأن العِلمي الحوزوي ورعايَةِ شبكة علاقاته الإداريّة، وانْهمَكَت نِسبةٌ قليلةٌ جدًا منها في استكمال وَظِيفة التَّنمِية الثَّقافيّة في الوَسَط الشِّيعي العامّ وبين الأوطان وبلاد المنفى والمهجر عبر تَغذِية مسارات العَقِيدة والشَّريعة والأَخلاق.

ومِن بين المَرجِعيّات عددٌ متفرّغٌ لِلاجتهاد والتَّقلِيد الفِقهي وبَثِّ الرّسالة العَمليّة مع الغياب المُطلق عن دائرة الفِعل الثَّقافي والاجتماعي المباشر. وفي الجِهة الأخرى المُوازِيَة استَقَلَّت بعضُ الانتماءات الحزبيّة والفئويّة والكياناتُ المؤسَّسِيّة التَّابعة لها في تَعزيز الوَلاء الخاصّ بين عناصر الانْتِماء في الأَوْطان وبلاد المنفى والمهجر، وفي تَشخِيص الأَوضاع السِّياسِيّة ورسم الخُطط الاستراتِيجيّة واختيار المناهج ذات العلاقة مِن دون رِعاية منها واهتمام لِلبُعد المَرجعي والاختلاف الثَّقافي بين بلاد الوُجود الشِّيعي.

لقد عانَت الانتماءاتُ وكياناتُها المؤسَّسِيّة مِن إرهاب قوى الاستِبداد

فاضطرت إلى تَرحِيل زُعمائها ونُخبَةٍ منها إلى خارج الأَوطان في سبيل المحافظة على دَوام النِّضال عن بُعْدٍ وبِما يخدم الهدف السِّياسي المجرّد، إلّا أَنّها فوجِئت بِمِئات الألوف مِن الشِّيعة قد سبقتها بِتَرك الأوطان والهِجرة إلى المنافي.

كيف ستَتمكَّن الانتماءاتُ المهاجرة مِن استيعاب واحتواء هذه الأعداد الكَبيرة مِن مواطنيها المهاجرين والمنْفِيّين في قائمة العمل التَّنموي الثَّقافي إلى جانب مَسئوليّتها في تَنمِية ثقافة شُعوبها في الأوطان مع قِلَّةٍ في الموارد الماليّة وكفاءات العمل والضّيق في الإمكانات؟!

ربما كانت الانتماءات الحزبيّة والفئويّة العراقِيّة تتمثّل المِصداق الأكثر مُعاناة مِن بين سائر الانتماءات الشِّيعيّة المُعارضة في البلاد الأخرى إذ أَفاقَت مِن صدمة الرَّحِيل الاضْطراري مِن الوطن إلى بِلاد المنفى فأَلْفَت نفسها تحت رُكامٍ هائلٍ مِن الحاجات الضَّروريّة لِمُجتمعٍ مهاجرٍ ساخطٍ على هذه الانتماءات ومُسلّحٍ بِأفكار متباينة وباحثٍ عن لُقمةِ العَيش في أَمن وسلام.

نَظيرُ هذه الضُّغوط الّتي قَصمَت ظهر الانتماءات الحزبيّة والفئويّة العراقِيّة صار أَقلّ وَطأةً على الانتماءات الشِّيعِيّة الوافدة مِن بِلاد أخرى وذلك لِكونِها مُستظلّة بِـ (جَالِيات) مَحدودة العَدد ولا تَحمِل صِفةَ المُجتمع المَهاجر وأَقدر على استيعاب واحتواء مُعطيات الظَّرف المُستجدّ والمُعقد ولكِنّها قصَّرت في أَداء المهام المتعلِّقة بِالتَّنمِية الثَّقافِيّة تَلبِيةً لِمُقتضيات الحِزبيّة والفئويّة ذات الوَلاء الفِكري الحادّ الذي رُسِّخ في مجتمع الأوطان مُنذ ساعة التَّأسِيس الحزبي والفئوي حتَّى حين لحظة الهِجرة إلى المنفى، فبدا الشَّتاتُ في المجتمع العراقي المهاجر أَشدّ وَطئًا وقَسوةً وفوق أنْ يُحتوى أو يُستوعَب.

بَعد سُقوط (صَدّام) عادت ذاتُ الانْتِماءات الحِزبِيّة والفِئويّة المَرجِعِيّة المُعارِضة إلى وَطنها العِراق مُحمّلةً بآمالٍ سَقيمةٍ مَشوشة الرُّؤية.

فاستَجمعت قُواها مِن بَعد ما أَنهكها النِّزاع والشِّقاق البَينِي تحت ضَغط مُجتمع المَهجر واضْطراب الثَّقافَة وتَبايُن الأَفكار، فكُشِف الغطاءُ وظَهر أَنَّ تقصيرَ هذه الانتماءات في مجال التَّنمِية الثَّقافِيّة، والوَلَع بِالشّأن السِّياسي ذي الغَدر والمَكر والخدعة، والاحتماء بِعَادة الافْتِراء والكَذِب وهوى الأنانِيّة، والانْشغالَ بمواقف المُغالبة والمُناكفة والمُناوشة ـ دَفَّعها الثَّمن باهظًا في مشروع التَّصدِّي لإدارة شئون الدَّولة الجديدة حيث فَقَدت ثِقَة المُجتَمع العراقي والتَجأَت إلى خِياري التَّعويض والاستِبدال تَطلُب بِهما الاستقواء بأَعداء الأَمْس مِن الأنظمة المستبدة الّذين مَدّوا في عُمُر نِظام صدّام وزَوّدوه بِالأموال والأسلحة والغطاء السّياسي الدّولي.

مِن جهتها ابتُلِيت الانتماءات الحزبيّة والفئويّة البَحْرانِيّة بما يُقارب ذات الأزمة وذلك لِكَونِ هذه الانتماءات مِن سِنخ الانتماءات العراقيّة ومِن صُنع فِكرها حيث اجتمَعَت جُهود وطاقات الانتماء البحراني لاقتِناص فرصة المُشاركة السِّياسيّة والاستِحواذ على كُلّ مظاهر الثَّقَافَة البَحرانِيّة والكِيانات المُؤسَّسِيّة الشَّعبِيّة لِكَي تُعزِّز بها مِن الولاء بِمَفهوم الزَّعامة الواحِدة وإِثبات وُجودها السِّياسِي بِقَدم راسخة والاجتهاد في الحدِّ مِن الأَنشِطة الأخرى التَّنافُسِيّة. فأَخْفَقَت الانتماءات البحرانيّة في انْجاز عَملٍ يُعتَدّ به في تَنمِية ثَقافة البَحْرانيِّين المهاجرين والمنفِيّين، وانْشغَلَت في تأويلِ فِكرها الهَجِين الذي اقتبَسته عن الانتماءات العراقيّة حيث لا صِلة لهذا الفِكر بالثَّقَافَة البَحْرانيّة الأَصِيلة ولا حاجة مِن هذه الثَّقافة إليه ولمّا تنسى الانتماءات البحرانيّة إخفاقها في تَنمِية ثَقافة المُجتَمع البَحراني فضلا عن أفراد الجاليّة في بلاد المهجر.

ظَلَّت مُناسباتُ إِحياء الشَّعائر في مآتم المرجِعِيّة هي المَحلُّ الأفضل والظّرف الأَمْثل لِتَنمية الثَّقافة في مُجتمعات بِلاد المنفى والمهجر، وهِي الأُخرى لم تَكُن بِمَنأى عن الانعكاسات السَّلبيّة الّتي خلَّفَها النِّزاعُ الحادّ بين الانتماءات الحِزْبيّة والفئويّة في الأَوطان وما نجم عن ذلك مِن تعطيل لمراد التَّنمِية الثَّقافِيّة والحَدِّ مِن أَدائها.

ما زالت مَظاهر الثَّقَافَة الشِّيعِيّة المحدودة في بِلاد المهجر تُعانِي أَشدّ المعاناة مِن هذه الحال التي يَبدو أَنّها تحوَّلت إلى ظاهِرةٍ مُزمِنةٍ ومُقلقةٍ مَرجعِيًّا ومُربكةٍ لِطاقة الاستيعاب والاحتِواء عند كُل الاتّجاهات الشِّيعِيّة.

إنَّ إحياء مظاهر الثَّقافَة الشِّيعيّة في المآتم والمَشاهد المُقدَّسة والبُيوت في الأوطان أَو في بلاد المنفى والمهجر يُمثِّل مناسبةً ثَمِينةً لِتَدوير المفاهيم الثَّابِتة والمُتجدِّدة في الثَّقافة الشِّيعِيّة الأصيلة. لكِنّ شيئًا مِن ذلك لم يحصل في عُقود النِّضال السَّبعة الماضِيّة. وكان المُتَبقّي في الشِّيعَةِ هو ذاتُ المظاهر التي تعرَّضَت لِلكَثِير مِن التَّسفِيهِ بِمَنهج (الشَّكّ والتَّشطِيب والتَّأميم) وبآلة الانتماء.

فعِندما يُؤولُ أَمرُ العمل التَّنموي الثَّقافي لدى الانتماء الحزبي والفئوي في نِضال المنفى والمهجر إِلى التَّقهقُر أَو التّلاشي والانِعدام؛ فإِنَّما ذلك يَرجِع إلى القُصور في نَظريَّة العمل، والضَّعْف في اختيار المَنهج المناسب، وعدم تَوافر الكفاءة في العناصر المُؤسِّسة والمُتنَفِّذة، وفي فِساد الفِكر المُتَّبع. وحينما يَتعصَّبُ النِّضال السِّياسي لِلنَّظريّة لِكونِها مِن صُنع وَصايَةٍ يَتعبّدها وتَستوجَب امتِثال الشِّيعة قاطِبة على الرَّغم مِن اختِلاف الثَّقافات؛ عِندئذٍ تَقعُ الطّامّة الكُبرى في مشروع تَنمِية الثَّقافة في الأَوطان ويَسوء حاله في بلاد المنفى والمهجر.

إنَّ مُعالجة الثَّقافَة البَحْرانيّة الأَصِيلة وتَنقيتَها مِمّا افتري مِن شَوائب التَّخَلُّف واللَّاوَعْي والأَساطِير والخُرافات، والعملَ على اعتماد نظريّة التّغيير السِّياسي المُؤسَّسة على قواعد بيئة ثَقافِيّة مُغايرة ـ أَضعَفا مُبتغى التَّنمية بِرُمَّتِه وعرَّضَ الثّقافة الأَصِيلة لِلخراب إِذ لا يُرى في هذه المُعالجة إِلّا الشَّكّ والتَّبرُّم والنَّقض، والرُّعونة والغِلظة، والعَصبِيّة الحادّة، والاستِفزاز الحِزبي والفِئوي المُشعِر بالنَّقص، والإكراه على اتِّباع الزَّعامة المصطنعة، والتَّنازع على ما في أَيدِي المجتمع لِلتَّعويض عن خَيبة الأمل في نظريّة النِّضال السِّياسي وتطبيقاتها.

إنَّ الانتماء الحزبي والفِئويّة يَبتزّ الضُّعفاء في الفهم والإدراك بما يُعبِّر عنه مِن التَّبرُّم والنَّقض والعَصبية وما يقترفه مِن الاستِفزاز والإكراه والتَّنازع، ويُلوِّث أَذهانهم بأَوهام القُوّة والعَظمة والفَخامة، ويُضعِف ذَوي الأَلباب بِقُوّة النُّفوذ ويُصادر الإرادات ويُعطِّل العقول.

فشَلَ التَّبرُّمُ مِن الثَّقافة البَحْرانِيَّة الأَصِيلة، وخابَ مَسعى النَّاقِضين لِمَظاهِرها، فلَمْ يَنفعْهُم الالتِجاءُ إلى فِكر الثَّقافة الأجنبيّة المقتَبس الخاوِي مِن اللُّطف الّذي تَميّز به البَحْرانِيُّون وتَمسّكوا به، ولا الاحتِماء بِمَنهج (الشَّكّ والتَّشْطِيب والتَّأميم)، ولا الاستِعانَةِ بِالأَدوات السِّياسِيّة المُتاحة، ولا الانْقِلابات الثَّورِيّة المفاجِئة على مظاهر الثّقافة الأصيلة ولا مَغامرات (السُّوبَرْمان) لِلإطاحة بِمكونات الثَّقافَة، ولا الانْشِغال بالسِّياسة والاستِجابة لِتَّحولاتها الإقليميَّة والدُّولِيّة.. عُمُرٌ قصِيرٌ مِن السِّيادَةِ على مفاصل النِّظام الاجتِماعي وتَفاخُرٌ بهيبة الزّعامات وتَعطِيلٌ لِلتَّنمية الثَّقافِيّة بما يُتِيح لِقُوى الاستبداد مِن التَّمكّن السِّيادي الطَّائفي. فهذه خُلاصَةُ سَبعِين عامًا مِن النِّضال.

لقد وردَ تَساؤلٌ مُثيرٌ لِلغاية في شِيعةِ منفى ومهجر بريطانيا حَول مُشاركة عددٍ مِن المرشّحين في الانتخابات البلدِيّة لِعام (2016م). فقد صار المُرشّحُ المُختار مُسلِمُ الهُوِيّة.. مُحامي وبَرلماني وَطني واقِعي (لِيبْرالِي/ بَراغماتي) الاتّجاه ومِن أُصُول باكستانِيّة ومِن المنتمين لِحزْب العُمّال.. ماذا سيُقدِّم العُمدةُ لِلشِّيعة في بريطانيا؟!

وفي حَلَقةٍ مفتوحةٍ جرى الحديث حول العُمدة الجديد بين عددٍ من الشِّيعة المُنتَسِبين لجاليات مُختلفة الأَوطان والمتُتبِّعين عن كَثب لِتَطور التَّنمية الثَّقافِيّة الشِّيعيّة في لندن!

لم يَتطرَّقوا بِحرصٍ شديدٍ إلى الهُوِيّة المذهبِيّة لِعُمدة لندن كثيرًا، فالرّجل مسلمٌ بريطانيٌّ الفكر والمنهج ويَنتَسبُ إليهما بالأصالة. فإنْ أَصبحَت هُوِيَّتُه المِذهَبِيّة مَحلاً لِلنِّقاش فإنَّما لِبُعدِها التَّقليدِي في السِّياسة البريطانِيّة الدّاخليّة..

مُسلِمٌ (سُنِّيٌّ) سيُصبح عُمدةً لِواحدةٍ مِن أَقوى عواصم العالم في السِّياسة والاقتصاد والبحث العِلمي والتَّفاعل الثِّقافي والنِّظام المالي والاجتماعي، وفي مَناخ سياسيٍّ ما انفَكّ يُحمِّل اتِّجاهَ أَهْلِ العامَّة وأَحزابَهِ المُتطرِّفة تَبِعات ظاهرة الإِرهاب وانتشار الأَعمال الوحشيّة في العالم!

ليس مِن شَكٍّ في أَنَّ ترشُحَه يُمثل مظهرًا لِفَنٍّ مِن فنون السِّياسة البريطانِيّة في استغلال المفارقات مِن أَجل خَلقِ مَزيد مِن التّوازن الاجتماعي في ثَقافة البِلاد إذْ يُبدعُ فيه أَهلُه ويَنفرِدون به عن سائر نظرائهم الأُوروبِّيين والإمريكيِّين.

لم يكن فوزُ عُمدة لندن المسلم يُثير اهتمام الشِّيعة كثيرًا، فهو عن قريب سيَكون مُكلَّفًا العمل على خدمة أَولويّات الشّأن البلدي في أَجواء دِيمقراطيّة تنافُسِيّة مُقيّدة بِنَصٍّ قانونيٍّ مَحلِّي مُجرّدٍ مِن أَيّ ندِّيّة أو خُصومة. وفي كونِه مسلمًا غير شِيعيّ فذلك مِن تَصنيف اتّجاهِ أَهْلِ العامَّة وأحزابهم ووُعّاظهم الذين ما برحوا يفكرون بذهنٍ جامدٍ طِبقا لِمُقتضيات ثَقافَة أوطانهم الأصليّة الّتي وفدوا منه.

إنَّ تَعدُّد وتنوّع الطَّوائف والمذاهِب لا يُشغِل بالَ السِّياسة البريطانِيّة الداخليّة، كما لا يُشغل بال الأحزاب الّتي يَنتسِب إليها المرشّحون لِعمادة لندن مِن المسلمين. وأَنّ مِن المشكلات المُثيرة في أَغلب الجاليات الشِّيعِيّة البريطانِيّة هي شِدّة انغلاقها على نفسها وانْطِواؤها على ثقافة أَوطانها مِن غير اكتراثٍ لما يَجرِي في مُحيط وجُودِها الرّاهن ومنه الانتخابات المحلِّيّة.

فالجالِيةُ العِراقيّةُ تُفكِّرُ وتُؤثِّرُ عراقيًّا، والجالِيةُ الهنديّة والباكستانِيّة تُفكّر وتُؤثر هنديًّا وباكستانيًّا، والجالِيةُ البحرانيَّة تُفكِّر وتُؤثّر بحرانيًّا، ومنها الإيرانِيّة والأفغانيّة واليمانيّة والمصريّة والكويتيِّة والسُّوريّة والصُّوماليّة والتُّركِيّة.. وهكذا الأمر في سائر الجالِيات الأخرى حيث تَتّبع ذات المِنوال والنَّمط. إنَّها تُقَدّر طبيعةَ وأَثَرَ انتخاب لندن لِعُمدةٍ مسلمٍ شِيعيٍّ أو غير شيعيٍّ بِمَعايِير ثقافة مَوطنها الأَصلِي الأجنبي عن بريطانيا!

وتختلفُ شِدَّةُ الانطواء والانغلاق في الجاليات على حسب قِدَم وُجودها أو جِدّته. فالجاليَةُ العراقِيّة حديثةُ عَهدٍ بلندن، فهي أَكثرُ انطواءً وانغلاقًا على ثقافتها مِن الهنود والباكستانيِّين واليَمانيِّين.

وفي ذاتِ المفارقة هذه، كُنْتُ تَساءلتُ في إحدى المقالات عن صِفة الجالِيات الشِّيعِيّة الّتي أَعْرَبت عن تَضامُنها مع مِحنَةِ البحرانيِّين في شِتاء عام 2011م وطافَت بِمَسيرات حاشِدة في الوسط مِن أَحياء لندن الشّهيرة.. كُلُّها تضامَنت بِصِفَتها الوَطنيّة العائدة لِمَوطنها الأَصْلي ولَيس بِصِفتها الوَطنيّة البريطانِيّة، وكُلّ جالِيَةٍ منها على حَسَب جنسيَّة بَلَدِ الوَلادة أو المنَشأ الثَّقافِي. فجاء التَّضامُن مع مِحنَة البحرانيِّين في تلك المَسيرات عِراقيًّا يمانيًّا هنديًّا لبنانيًّا مصريًّا كويتيًّا أفغانيًّا باكستانيًّا. فكان التَّأثيرُ في الموقف التّضامُني وِجدانيًّا عاطفيًّا وليس سِياسيًّا أَو موسومًا بالقُدرة على اقتِحام أَروقة السِّياسَة البريطانيّة وممارسة الضَّغط على كِياناتها المُؤسَّسِيّة في لندن وفي عَواصم الاتّحاد الأوروبي ذات العلاقة.

فما مَدى التَّأثير السِّياسي وقُوّة الضّغط اللّذين ستَشكِّلهما الجالِياتُ والمؤسّسات الشِّيعيّة فيما لو تضامَنَت بِصِفتها الوَطنِيّة البريطانِيّة أو عَبّرت لِحكومة بلادها (بريطانْيا) ولِأَحزابها الكُبرى ولِمُؤسَّسَات مُجتمعها المَدنِي عن اعتِراضها أَو قَلَقِها الشَّدِيد إِزاء تفاقم مظاهر الاستِبداد والفَصل الطّائفي والبَطش بالشُّعوب، أَو عن حِرصِها على أَمْن وسَلامة حقوق الشِّيعة في كُلّ بلاد العالم. ليس المعنى المقصود مِن ذلك أَنْ تَتجرَّدَ العَمادةُ المنتخبَة أَو الجالِيات هذه مِن الوَطنِيّة البريطانِيّة لِكَي تُثبت بِصِفتها الشِّيعيّة عن تضامنها مع قضايا الشِّيعة، أَو عن تضامنها مع قَضايا اتِّجاه أَهْلِ العامّة بِصفتها مِن أَتباع المذاهب؟! إِنَّما كان المَطلبُ المراد مِن الشِّيعة في بلاد المهجر والمنفى كافَّة بلوغ مستوى التَّأثير المناسب في سِياسات الدُّول العظمى بِصِفتهم مُواطنين يَنتسِبون إلى هذه البلاد ولهم الحقُّ الكاملُ في نقدِ سياساتها كُلّما أَساءت أَو أَساء حُلفاؤها أَو أَعداؤها مِن الدّول المُستبِدّة لِحُقوق الشِّيعة في أَوطانهم!

فهَلْ ما زال هذا المطلب المراد مُتاحًا أَمْ أَنَّ الشِّيعةَ في بلاد المهجر والمنفى والاغتراب ما زالوا أُسراء لِقَضايا أوطانهم الّتي وَفدوا منها مُحمَّلِين بِثقافَتِها الّتي ارتدّت إليهم بأَسقامِها الحِزبيَّة والفِئويّة؟!

إنَّ التّآلفَ والوَحدة والاندماج هي قِيمٌ اجتماعيَّةٌ لا بُدَّ مِن ترسيخها في جِيل المنفى والمهجر مِن أَجلِ صُنع التّأثير لِخدمَة التَّشَيُّع والشِّيعة في كلّ مكان. فكيف يَتحقّق ذلك والجاليات الشِّيعيّة ما زالت أَسِيرةً لِثقافةِ أوطانها بما حُمِّلَت مِن خِلافات وعَصبيّات ومُنازعات ومُناوشات حِزبيَّة سِياسِيّة وفِئويّة ومَرجعيّة، ومِن خِبرات مُثيرة لِلعَداوة والبغضاء وصارِفة عن الرُّؤية المُستقلّة والسّليمة في تقرير مَصِير أَجيال المستقبل في بَلد المنفى والمهجر.

تلك واحدةٌ مِن أَكثر المشكلات رسوخًا في بيئة الأجيال الشِّيعِيّة الوافدة على بلاد المهجر والمنفى، ولم تُحقِّق الكِياناتُ والمؤسَّسِيّة المَرجعيّة والمُستقلّة التّابعة لِلجاليات الشِّيعيّة في هذه البلاد شيئًا يُعتَدّ به على طريق مُعالجة الإفرازات السَّلبيّة لِلعَصبيّة الحِزبيّة والفئويّة على الرَّغْم مِن توافِر الإمكانات والطّاقات الضّروريّة والبيئة المناسبة.

إِنَّ الّذي توارى وراء التَّخلّف عن تَحقِيق هذا الانجاز جِيلٌ شِيعيٌّ ما زال مُكبَّلاً بِهُموم (السِّياسة) وبما حُمِّلَت مِن دَسائسٍ وشكوكٍ وظنونٍ ومكرٍ حِزبيّ وفِئويّ نَشأت وتَفاعَلت في الأوطان الأَصلِيّة.. إِنَّه جِيلٌ ليس مُؤهّلاً لِلاندماج الاجتماعي في بِيئتِهِ الجديدة مع الاحتِفاظ بالهُوِيّة والخُصُوصِيّة الثَّقافِية الأَصِيلة بالطَّريقة المُثلى، وإنَّ فكْرةَ الاندماج مع ثَقافة بلاد الغرب وتَوظِيفها لخِدمة التَّشَيُّع والشِّيعة عَمليّةٌ بَطِيئةٌ جدًا أَو شِبه مُعطّلة في الظّرف الرَّاهن.

نَتذكَّر مشهدًا نَمَطيًّا تَقلِيديًّا يُسرد في الثَّقافة الأَصِيلة لِبلادنا بِرُوايةٍ قصصيَّةٍ أَو مَسرَحِيّةٍ ساخرةٍ مُعبِّرةٍ، ومُحذِّرةٍ مِن خُطورة الاغتراب عن الأوطان، وقَد اطَّلَعتُ عليها مِن خلال مُشاهدة مَسرحِيَّة أَقامها نادِي النِّعيم الثَّقافي في مدرسة النِّعَيم الابتدائيّة عند مَطلع عَقد السَّبعِينات ومِن بِطُولَةِ القائم على

البَسطَة المُغلقة لِحَيّ النَّعيم الغَربي الحاجّ عَلِي مَنصُور السَّلاطنة:

(شابٌ يَغترِبُ مِن أَجل تَحصِيل العلم في الدّراسات الجامِعيّة العليا، ثُمّ يعود إلى البلاد فيُسيء الخُلق في علاقته الاجتِماعيّة مع ذَوي القُربى وأَهْلِ الحَيّ لا لِشَّيء إلّا لِأَنَّهم ـ على حسب مؤثرات الفِكر المُكتَسب عن ثَقافَةِ بِلاد الغَرب ـ أُناسٌ مُتخلِّفون مُعطِّلون لِحَركة الحياة ولا يَستحِقون البقاء)!

تِلكَ رُواية تَقلِيديّة تقارِب هذا الهاجِس المُقلق مِن بَعِيد ولا تُطابقه في التَّفاصيل. فالجِيلُ الشِّيعيُّ الجديد ابنُ جِيل الوافدين على بلاد المنفى والمهجر وهو جِيلٌ يكاد يكون مُستقِرًّا بأَهلِه، فلا هُو إلى هؤلاء في مِوطِنه الأَصِلي فيَزدَرِي ويُهين حِزبيًّا وفِئويًّا، ولا إلى هَؤلاء في مِوطِنه الجديد الّذي وُلِدَ فيه ونَشأ فيُحسِن ويُكرم في حُرِّيَّةٍ تامَّةٍ واستقلالٍ ثَقافيٍّ أَصِيل.

إِنَّها رُواية بِذِكرى تَضعُ الثَّقافَة في مَحلِّ غَربلةٍ وتَمحِيصٍ وابْتلاءٍ، وتُطابِق مِن وَجْه مِثالَ الانتماءات الحِزْبيّة والفِئويَّة المَرجِعيّة البَحْرانِيّة الّتي اقتبَسَت الفِكر مِن ثَقافَةٍ أَجنَبيّةٍ واستخَفَّت ثَقافتَها البَحْرانِيّة الأَصِيلة!

كيف نَصِفُ المَشهدَ الشِّيعِي الماثِل في بِلاد الغَرب.. جِيلُ نَهضَةِ السِّتّينات والسَّبعِينات والثَّمانِينات مِن القَرن الماضي قد شَدّ الرّحال إلى بلاد الغرب مُثقلاً بِفكر (الجَنَّة) الّذي ناضَل مِن أَجلِ الظَّفر به في خاتِمَةِ نِضالِهِ، ودافعَ عنه سِياسِيًّا وناوشَ نَظراءَه مِن المتَحَزِّبين والفِئويّين المُناضِلين تَعَصُّبًا أَو تَحيّزًا لِفئته. وكان أَمَلُه في سِيادة هذا الفِكْر الجَدِيد على العالَمِين على وَجْهِ السُّرعَةِ كَبيرًا، وفي ظَنِّهِ أَنّ كُلَّ الأمور الشَّخصِيّة باتَت تحت السَّيطرة في بلاد المنفى والمهجر الموسومة بِوَفرة النَّعِيم المُقِيم والحُرِّيّة المُطلقة. وأَنَّ كلَّ ما كان مِن مُختَصَّات هذا الفِكر سيبَقَى حاكمًا على العلاقات البَينِيّة الخاصّة والعامّة مِن أَجلِ تَحقِيق مَزِيدٍ مِن التَّنمِية الاجتماعِيّة الصَّالِحة، ومِنْ دُون الحاجةِ إلى مَشروع الاندماج مع ثَقافَة الغَرب المغضوب عليها!

إنَّ العلاقاتِ البينِيَّةَ الشِّيعيّة في بلاد المنفى والمهجر لَيْست مُجرَّدةً

مِن الانعكاسات السَّلْبِيّة لِفكر التَّحَزُّب السِّياسي والفِئوي المَرجِعِي النَّاشئ في المَوطِن الأوّل الأَصْلي. وما زالَ الاعتِدادُ بهذه العلاقات يُمَثِّل المُحرِّك السَّائد الجامع، ولا مِن حَدٍّ يفصلها عن الطَّبائع الاجتماعيّة المُكتسبة عن النَشأة الأُولى في الأوطان!

لقد أَصبحَ الجِيلُ البحراني اللاَّحِق لِجيل نِضالِ النّصف الآخر مِن القرن الماضي مُكوّنًا مُشتَّتِ الاتِّجاه، فَفِيهِ مَن يَمِيل إلى فِكرِ التَّحَزُّب والفِئويَّة بِوَصْفِه الحاضِنَة الرَّئيسة المُذكِرة بِدَوافِع هجرة الآباء وفرصة العُمُر المُتاحة مِن أَجلِ إِقامة التَّغيير السِّياسي الموعود في هذه الأَوطان. وفيه مَن يَمِيلُ كُلَّ الميل إلى فِئويَّةٍ مَرجِعِيّةٍ يَرى فيها البديل المُناسِب عن التَّحزُّب السِّياسي (الأَعْمى) الّذي طَلَّقه جِيلُ الآباء طلاقًا بائنًا لِأَسبابٍ ذاتِيّةٍ خاصَّةٍ. وفيه مَن يَذهبُ إلى التَّجرُّدِ مِن الحِزبيّة والفِئويّة والعَصبيّة المَرجِعيَّة معًا مِن بَعْدِ الانْتِماء ذِي اللَّونِ الصارخ، ولكِنَّه يَبقَى على وفاق معهما. وفِيه أَلوانٌ أخرى مِن المهاجِرين على خُصومةٍ مع أَبناء الوَطَن بَحثًا عن السَّكِينة في المُستقرِّ الجديد مِن دُون أَيِّ تَصْنيفٍ سَلبيٍّ.

إنَّ التَّوجُّسَ والحَذر والشَّكّ بين المُنتمين أَصبحَ مِن شُئون فرد الانْتِماء الحِزبي والفِئوي لِجيل (الجَنّة) المُهاجر، وأَثرًا مِن آثاره. فهذا مِن قَومِهِ وثَقافتهِ وهذا مِن خُصُومِه. وعلى أَساسٍ مِن هذه الخُصوصِيَّة تَتشَظّى العلاقات البَينيَّة وتَتلظّى، وعلى آثارِها تُأَسَّسُ المآتم والمساجد والمراكز الثَّقافِيّة والمُؤسَّسات التَّعليمِيّة للمُهاجرين والمنفِيّين، ثُمَّ تَقتَرِبُ الطُّيور المهاجرة مِن الطّيور المهاجرة وعلى أَشكالها تَقَع، وتَبقى ذِكرياتُ النِّضال هي العاملُ المُشترك في الشُّعور واللاّشُعور بين كُلّ الانتماءات حيث يَتبادل المهاجرون والمنفِيّون سِيرةَ الحوادث الماضِية وبُطولاتِها والآمَها وآمالَها وما آلَت إليه.

جِيلُ الأبناء يُقاربُ جِيل الآباء على أُسُسٍ ثَقافِيَّةٍ تَبدو في الظَّاهر مُكتَسبةً عن النِّظام والمَنهج التَّعلِيمي التَّربوي الغَرْبي الموسوم بالانْفِتاح وحُرِّيَة التَّعبير

مِن دون فصلٍ أو خصومةٍ. وفي الظُّروف الصَّعبة لَنْ يَستطِيع أَحدٌ أَنْ يُفرق بين أَشكالٍ مِن ردود الفِعل لدى الجِيلين.. إنَّها شِدَّةُ استِقطاب الانتماء الأَوّل ومِيراثُه ومُخلّفاتُه وبِما حُمِّل مِن سَلبيّات وإيجابيّات!

وهنا لا بُدَّ مِن إطلاق السُّؤال الطَّيّار: كَمْ عدد الجِهات البَحْرانِيّة العامِلَة في الثَّقافة والاجْتماع والسِّياسَة في بلاد الغَربِ كافّة، وما هو حَجمُها وعَددُ الأَتباع، وكَمْ لِقاء اختِصاصِيّ يَجمَعُها في كُلِّ عام؟!

فلَو اجتَمَعَت كلُّ الجهات في إِطار تَشاوُرِيٍّ واحدٍ مِن دُون مُقَرَّرات وبَيانات ختامِيّة مُلزِمَة، فإنَّها مِن دون شَكٍّ ستُشكّل وُجُودًا ونفوذًا قويَّين قابِلَين لِأَداء الدّور الرَّئيس في تَقرِير مَصِير الشِّيعة البَحْرانيِّين مَحلِّيًّا وفي وَطنِهم الأَصْلي.. إنَّها في الوقت الرّاهن جِهاتٌ متفرِّقة الإمكانات على المُستوى البَشري والمادِّي والمَعنوي، ومَجرَّدةٌ مِن قُوَّةِ التَّأثير التي يُعتَدّ بها على الصَّعِيد الوطني الأَصْلي والمَحلِّي في بلاد المهجرِ والمنفى.

ففِي غَمْرَةِ حوادث فَبراير مِن عام 2011م جَرَت عِدَّةُ اتِّصالاتٍ تَشاوُرِيّةٍ عن بُعد بَينِي وأَحدِ قِيادِيِّي اليَسار القَومِي البَحراني.. كُنّا نتبادل فيها آخر التَّطورات السِّياسيّة والميدانيّة لِنَهضَةِ البَحْرانِيّين وسُبل دعمها. فانتَهينا مِن خِلال التَّواصُل المُستمرّ إلى وُجوبِ العَمل على جَمعِ أَبناء الجالِيَة البَحْرانيّة وشَخْصِيّاتها الثَّقافِيّة والاجتِماعيّة والطُّلابِيّة والهيئات الحُقُوقِيّة والمُنظّمات المُعارِضَة في أَوروبّا حَولَ طاولةٍ مُستدِيرةٍ واحدةٍ في لَندَن، ثُمَّ المبادرة إلى تَشكِيلِ مُؤتَمرٍ بَحرانِيٍّ عامّ يَجمعُ كُلَّ الطّاقات البحرانيَّة ويَتَجاوز الصِّفَة الحِزبِيّة والفِئويّة الضَّيِّقَة السَّائدة الّتي أَخْفَقت في صِيانة النَّسَق السِّياسي الجامِع لِأَطراف المُعارضة في النّصف الثَّاني مِن عقد التِّسْعِينات عندما دَخَلَ طرفٌ مُعارِضٌ في حِوارٍ مُنفردٍ مع النِّظام الحاكم بين أَقبِيَة السِّجون. وفي ذلك حِكايَةٌ تَستَحِقُّ أَنْ يُستَدرَك بِها هذا المقال!

كُنْتُ وعُنصِرٌ آخر نُمَثِّلُ انتماءنَا السِّياسِي في اللِّقاء التَّنسِيقِي القِيادِي

القائم في لَنْدن بالتَّزامُن مع انتِفاضَةِ التِّسعينات. وكُنَّا نَخوضُ هذه التَّجرِبَة الجديدة برُوحٍ إيجابيَّةٍ مُنفتحَةٍ مُقارِبةٍ لِمَا أَنجزناهُ مِن نَجاحٍ في تَقريبِ وجهاتِ النَّظَر بين القُوى البَحْرانِيّة المُعارِضَة المُقيمة في حَيّ السَّيِّدة زَينب صَلواتُ الله وسَلامُه عليها وقُوى اليَسار القَومِي والشُّيُوعِي البَحْرانِي في مَدِينة دِمشق. فأَخذنا بِعَين الاعتِبار الخَلفِيّة الفِكرِيَّة السَّلبيّة الّتي أَدَّت إلى سِيادَةِ النَّفَس الحِزبي والفِئوي المُغالِب والإقْصائي في نِضال عَقد السَّبعِينات، ورأينا أَنَّ اللِّقاء التَّنسِيقي في لَندَن بِأَمَسّ الحاجة إلى الصَّبر حتَّى يَتَقبَّلَ كلُّ طرفٍ مُعارضٍ الطَّرفَ الآخر بما هُو هُو مِن غَير حَواجِزٍ وفَواصِلٍ وخَلفِيَّاتٍ فكرِيَّةٍ سَلبيّةٍ وماضَوِيَّةٍ مُعِيقَةٍ لِلنّضال المُشتَرك ثُمّ نَصِل بِاللّقاء إلى نَتائج مُثمرة. حتّى فُوجِئنا بما لم نَكُن نَتوقَّعه عندما انفَرَد طَرفٌ معارضٌ مبَعوثٌ إلى العاصِمَة البرِيطانِيّة مِن قِبَل النِّظام الحاكم بِمُبادَرَةِ حِوار التِّسْعِينات ولم يَأْخُذ بِعَين الاعتِبار وُجُودَ لِقاءٍ تَنسِيقِيٍّ ناجِحٍ ونَشِطٍ بين قُوى لَندن، وعمد إلى تَجاهُلِهِ بِمُساعده بَقِيَّة أَطراف اللّقاء التّنسِيقِي.

أَدَى ذلك إلى انعِدام الثِّقَة بَيننا وبَقِيَّة الأَطراف حتَّى بادَرَ أَحدُ أَطراف اللِّقاء التَّنسِيقِي إلى تَقدِيم اعتِذارٍ سِياسِي مُشكِّك إلينا في لِقاءٍ خاصٍّ بِطَلب مِنه وأَصالَةٍ عن اتِّجاهِه السِّياسِي وبالنِّيابة عن طَرف الحِوار الّذي غادر لَنْدَن بعد أَنْ أَنْجز مُهِمَّته في سِعةٍ مِن الوَقْت. فتيقَّنتُ عندئذٍ بِأَنَّ مصير النِّضال البَحْرانِي لم يَكُن في أَيدِي رشِيدَةٍ ومَسئولةٍ ومُستَعدّةٍ لِلتَّضحِيَة بِهَواجِس الحِزْبِ والفِئة وفَتْح صَفحَةٍ جديدةٍ وتَقديم مَصلحة الشَّعب والطَّائفة على كُلّ شَيء، كما تَيَقَّنتُ أَنَّ مشروعَ الحِوار سَيَنتَهِي إلى كارثةٍ تحيق بِالوُجود الشِّيعي البَحْراني ولا بُدّ مِن الاستِعداد لذلك بالعَمل الثَّقافِي المُكَثَّف. وقد أَشرتُ إلى ذلك مِن خلال اللِّقاء الشَّهير مع قَناة الجزيرة القَطَرِيّة وحَذَّرتُ في اللِّقاءات الخاصّة الّتي عقدتُها مع فِئةٍ واسعةٍ مِن مُثقَّفي البحرين في مَنازِلِهم وفي المَقاهِي والمَطاعِم ولم يَكُن أَحدٌ يَستَجيبَ أَو يُدرِكَ ما كُنْتُ أُحذِر مِنه، فالجَميعُ مَشغولٌ بِزَفَّةِ النَّصر السِّياسي المُبين. ثُمَّ تَطورَت الأَوضاع وساءت

الأُمورُ، وصَحَّ ما كُنْتُ تَيقَّنتُ عندما أُعلِن عن منح مَلِك البَحْرين دَستُوره وكُشِف عن تَقرير (البَنْدَر) فكان ما كان!

كان لِهذِه التَّجرِبَة المُؤلمة بَقايا انعِكاسات سَلبِيّة وَجَبَ عَلَيَّ مُعالجتها في ذِهْني وتَبديد هَواجِسها مِن أَجل المُشارَكَة في دَعْم نَهضة 2011م. فبادَرتُ و(الرَّفِيق) إلى قَراءة تَجرِبَة عَقد التِّسعِينات في لَندن وماجَرَيات اللِّقاء التَّنسِيقي المعارِض الفَاشِل قُبَيل الإقدام على مُفاتَحة أَبناء الجالِيَة في أُورُوبّا بِمُبادَرَةِ التَّنسِيق الثَّانِيّة الجَدِيدة وتَوجِيه الدَّعْوَةِ إلى عَقدِ مُؤتَمرٍ عام، وخَلصنا مَعًا إلى أَهمِّيّة العَمل على تَوجِيه الدَّعوة إلى كُلِّ بَحْراني بِصِفَتِه الشَّخْصِيَّة ولَيْس بِصِفَتِهِ الحِزبيَّة أَو الفِئويّة، حتَّى يَكون بِمَقدورنا احتِواء كُلِّ البَحْرانِيِّين المُقِيمين في المَهجَر والمَنفَى والتَّجَرُّد مِن مُنغِّصات المراتَبِ السِّياسِيّة وأَسْبَقِيَّةِ النِّضال والمَقامَات الوَهْمِيّة المعِيقَة وتَجاوز أَخْطاء التَّجارِب التَّنسِيقِيّة الحِزبِيّة والفِئويّة الماضِيّة. فالمُؤتَمر يُراد له أَنْ يَكونَ عامًّا وشامِلاً لِكُلّ الأَنْشِطَة والاهْتِمامات وعلى رأسها إِحْياء الثَّقَافَة البَحْرانِيّة الأَصِيلة في الوَسط المُغتَرب.

وعِندَما حانَت الفُرصَة واكتَملَ التَّصوُّر بَيننا مِن جميع الجهات حَول فِكرَةِ عَقد المُؤتمر؛ عَلِمُت مِن (الرَّفِيق) أَنّ طَرفًا مُعارضًا مُؤيدًا لِلفكرَةِ قد أَبْدَى استِعدادَه لِتَحمُّل نَفقاتِ اللِّقاء الأَوَّل لِلمُؤتَمر حيث تَطَلّب استِئجارَ صالَةٍ واسعةٍ. فخَشِيتُ أَنْ يَكون مَصِيرُ هذه الفِكرة مُماثلاً لِمَصير اللِّقاءات التَّنسيقِيَّة السَّابِقَة، وثارت هَواجِسي وتكاثَرت شُكُوكِي في الأمر بَعدما عَلِمتُ مِن جِهاتٍ مُقرَّبَة بِوُجود تَدافُع وتَسابُقٍ واتّصالاتٍ جِدِّيَّة مُكثّفة بين عَددٍ مِن العَناصر الحزبيّة والفئويّة لِلاستِحواذ على رئاسة المُؤتمر قَبْل انعقاده. فبادَرْتُ على الفَور إلى الانسِحاب مِن الخُطوات التَّنفِيذيّة اللّاحِقَة حتَّى يَتبيّن الأمر، ولكنِّي استَجَبتُ لِلدَّعْوَةِ الّتي تَلَقّيتها لِحُضور المُؤتمر بِصِفَتِي الشَّخصِيّة حتَّى أَتَبين الأمر، فإذا بِي أَرَى منصّة المُؤتمر قَد أُكِلَت كَما أُكِل الثَّور الأبيض، فضَربْتُ صفحًا وأَعرَضتُ عن المُؤتمر.

لَقد أَضافَت بِيئةُ الحُرِّيّات إلى مظاهِر الثَّقافة الشِّيعِيّة في المنفى والمهجر استقرارًا مِثالِيًّا بالمقارَنَةِ مع الأوضاع المُتوترة في البِلاد الأَصلِيّة إِذْ هي بيئةٌ مُحفِزةٌ على إِعادةِ رَسْم الخُطط التَّنمَوِيّة في النِّضال الثَّقافي بِما تَشتَمل عليه مِن نُظُم وسِياسات وَحدَوِيّة مُعزِّزةٍ لِغَرضَي الانتشار والتَّأثير بين مُختلف مناطق الوُجود الشِّيعي. فما الذي منع الاتِّجاهات الشِّيعِيّة في واحَدةٍ مِن أَهمّ عواصِم بلاد الغَرب مِن تَشكيل إِطارٍ تَشاوُرِيٍّ أَو تَنسِيقيّ قائم على الحَدّ الأدنى مِن التَّوافُقات، ومتَى ستَجتَمِع الاتّجاهاتُ الشِّيعِيّة في بلاد الغرب كافّة على لِقاءٍ مُوسَّعٍ مع تَوافر كُلّ الاتّجاهات على الحَوافز المادِّيّة والكَفاءات العِلمِيّة والظُّروف المَعيشيّة المُناسبة والإجراء القانُوني المُساعد والعدَد الهائل لِأَفراد الجالِيّات الشِّيعِيّة؟!

ما زالَ جيلُ التَّأسِيس المُتنافِر حِزْبِيًّا وفِئويًّا ومَرْجِعيًّا في مَوطِنه الأَصْلي يَقود ساحَةَ المَنفى والمَهجر في بلاد الغَرب ثَقافِيًّا وسِياسِيًّا واجتماعيًّا ومِن دُون تَأثِير يُعْتَدّ به في خِدمَةِ الجالِيَات وقضايا الوُجُود الشِّيعي.. إنَّه جِيلٌ لم يُدرك بَعْد السِّعةَ الإيجابيِّة في النُّظم الغَربيّة المُتاحَة لِلمُهاجر والمَنفِي، ولا كَيفِيّة استغلالها بِما يليق، ولا طُرق إِيجاد لُغة تَفاهُم فيما بينه وشَبكة التَّواصُل في هذه البلاد الّتي ما انفكّ كثيرٌ مِن مُواطنيها الأَصْلِيِّين يُهاجِرون ويَنتَشِرون في بلاد العالم مِن أَجْل تَحقِيق التَّوازن السِّياسِي والتَّفوّق الاقتِصادي لِبِلادهم.

في حُضورِ عَددٍ مِن عُلماء الدِّين المُقيمِين في لَندَن وعَددٍ آخر مِن عُلماء الدِّين الوافِدِين مِن الحَوزات الكُبرى في زِياراتٍ تَفقُّدِيّة لِمُؤسَّساتِهم الثَّقافِيّة ومتابعة سير العمل فيها، طَرَحْتُ فِكرةَ تَأسِيس حَوزة عالميّة كُبرى تَتَّخِذ مِن بِريطانيا مقرًا رَئِيسِيًّا لها وتُضاهِي حَوزَتي النَّجف الأَشْرف وقُم المقدَّسة، على أَنْ تكونَ اللُّغةُ الإنجليزيّة هِي لُغتُها الأُوْلى، وتَضُمّ معهدًا لِتَعليم اللُّغة العَربِيّة، ويُحدَّدُ هدفَها في العمل على إِعدادِ جيلٍ تَأسِيسيٍّ مِن عُلماء الدِّين المُجتَهِدين مِن أَبْناءِ الجالِيَات الشِّيعِيّة في أُورُبًّا ولَيْس العمل على إِعداد الخُطباء والمُبلِّغِين. فبِلادُ أُوربّا تَتوافَر على فرصة حَضارِيّة يَتوجَب استِغلالها

شِيعِيًّا بِبِناء قاعِدةٍ عِلميّةٍ مُستقِلّةٍ تُنمّي في مُجتمع الجالِيات ومُجتَمع أُوروبّا ثَقافَةً شِيعِيّةً مُجردةً مِن مُؤثّرات العَصبِيّة الحِزبيّة والفِئويّة المَرجِعيّة تَحفَظ لِلتَّشَيُّع دِينَ أَجيالِه الجديدة.

نُقِضَ هذا المُقتَرح بِمُوجِب رأي يَقول بإمكانِيَّة إعداد جِيلٍ مِن المُجتهِدين الأُوروبِّيّين في المدارس الحَوزويَّةِ لِمَدينَتي قُم المُقدّسة والنَّجف الأشرف مِن غير الحاجة إلى تَأسِيس حَوزةٍ كُبرى في بِريطانْيا.. فذَكَّرتُ العُلماء الأَفاضِل بِتَأريخ الحَوزة الشِّيعِيّة وعدد الحَوزات الكُبرى الّتي تأَسَّسَت في بلاد مُختلِفَة، وأَنَّ سِيرة انتقالها وانتقال زَعامَتِها المَرجِعِيّة مِن بَلدٍ إلى آخر ومِن مَرجع إلى آخر يُؤكِّدان على إِمكان تَأسِيس حوزاتٍ كُبرى إلى جانِب حوزتي قُم المُقدّسة والنَّجف الأشرف عبر انْتِقال أَحد المَراجِع إلى بِريطانْيا لِيَقودَ منها مَشروع أَوَّلِ صَرح عِلْمِيٍّ شِيعيٍّ وحَوزةٍ كُبرى في أُوروبّا. وأَشرتُ إلى أَنَّ تكالِيف المَشروع لَنْ تَتَجاوز ما تَستهلِكه قَناةٌ فَضائيَّةٌ مُعتَمدة في الوَقت الرَّاهِن، وأَنَّ الجالِياتِ الشِّيعِيَّةَ القديمة والجَدِيدة مُستعِدّةٌ لِرَفد هذه الحَوزة بِجِيلٍ مِن أَبنائها وبِأَقلّ المَصروفات، وأَنّ أَثَرَ المشروع سيكُون استِراتِيجيًّا على المستوى العِلمي والمَعرفي الشِّيعي وقادرًا على التَّواصُل والتَّفاعل عن قُربٍ مَع أَرْقَى جامِعات العالَم والتَّأثِير في مناهِجِها العِلميّة.

إنَّ تَطَوّرَ تِقنياتِ نَقلِ وتَداول المعرفة عبر شَبكات التَّواصُل الّتي تَمتَلِك بِلادُ الغرب ٪70 مِن صندوق معلوماتها ما زال يُسجِّلَ في كُلِّ يوم خُطواتٍ مُتقدّمة على الصُّعد الثَّقافِيَّة والاجتماعيّة ولكنَّ حضور الجالِيات الشِّيعِيَّة المهاجرة في هذا التَّطوّر بَطِيءٌ جدًا لِعَدم وُجود صَرحٍ عِلميٍّ يجمعها ويُوجِّهها ويكون بِمَثابة قُطب الرَّحَى المنظِّم لِحَركتها.

إنَّ ذلك يكشفُ عن ضَعَف جِيل التَّأسِيس الشِّيعي الأوّل وعدم أَهلِيَّته في التَّجرُّد مِن مُخلَّفات الانْتِماء الحِزبي والفِئوي والمرجِعي والقُيود المفروضة بِفِكرة صِناعة (الحِزْب/ الزَّعِيم) الواحد الّذي لم يَستطِع استغلال هذا التَّقدُّم

التِّقني الثَّقافي والاجتِماعي الهائل ولا التَّفاعُل معه بِرُوحٍ إيجابيّةٍ مُؤسَّسةٍ على ما آمَن به مِن أُصُولٍ في المعرفة.. إنَّ هذه التِّقنيات تُضِيف إلى جِيل الأوائل مِن الآباء شَغفًا مُضاعفًا ومَيلاً إلى العادة القديمة والتَّقليد الجامِد مِن خِلال التَّفاعل اليومي مع مُشكلات المَوطِن الأَصْلِي وما اختَلقه مِن تَطرُّفٍ حِزبيٍّ وعَصبيّةٍ فئويّةٍ ومرجِعِيَّة.

(لا تَتوقَّف حتَّى تَجِد البَدِيل المُرَفِّه عن النَّفس. وعند تَحقُّق البَديل ابحث عن الفائدة مَقرونَة بِالمِتعة).. هذه استِشارةٌ لَخبيرٍ اجتماعِيٍّ قدَّمها لِمَجموعةٍ مِن أَبناء الجيل الأَوّل لِلجاليات الشِّيعِيّة إذْ ذُعروا مِن تَفشِّي مظاهر الكآبة في أَنفسهم كُلَّما قرَّروا التّواصل مع الأَوطان الأَصْلِيّة عن طريق استِعمال تِقنيَة الاتّصال الحديثة المجانيّة الّتي فتحت لهم آفاق المَعرفة ولم يُحسِنوا اختيار المنهج المناسب!

هكذا أَصبحت تِقْنِيةُ الاتّصال المُتطَورّة وبرامجها طريقًا لِلتّواصل والتَّنسيق بين العَصِبيّات الحِزبيّة والفئويّة والمرجعيّة في مجتمع الوطن الأَصْلي ومُجتمع الشِّيعة في بلاد المنفى والمهجر، فكان ذلك سببًا في تفاقم حال الانقِسام والشَّتات والعُزلة، وفي تكاثر العُقد النَّفسِيّة والمشكلات الاجتماعِيّة بين أَبناء الجاليات في بلاد الغرب.

ويَتبادلُ بعضُ المنتمين والمُستقِلّين مِن المُهاجرين والمَنفيّين الشُّعورَ حول دَوافع انكِبابهم على تِقنية التَّواصل الاجتماعي. أَحدُهم يقول: (شَعرتُ بِالتَّعب والضَّجر. ففِي السَّاعة الأُولى مِن كُلِّ يوم أَعْمَدُ إلى مَسح مئاتٍ مِن النُّصوص والصُّور والأشرطة التَّسجِيليّة مِن خزينة الهاتف المحمول خاصَّتِي وكأَنّ النّاقل والمَنقول يَعِيشان مَرحلة التِّيه والضَّياع)!

وآخر يقول: (شَعرتُ بالمِلَل وضيق المزاج.. كنتُ أقضي ساعاتٍ طويلةٍ مِن يومِي على شبكات الاتّصال التِّقني حتّى أَدمنَت ذاكرتي على النَّشاط والحيويّة مِن خلال تَرصّد الرَّدِيء الوافد مِن المعلومات والمقالات

والتَّقارير والدّراسات عن مَوطِني الأَصْلِي.. شعرتُ بالنُّفور والسَّآمة ولم أَعُد اليوم أُطيق استعمالها..)!

وآخر يقول: (لِلتّو أَدركنا.. أنّنا كنّا أُسارى لِجِهتين تَظاهرتا علينا: الاتّصال التِّقني المُتاح مجّانًا والمادّة المُتداولة في برامج الفَضائيّات إذ نَستقبلهما مِن الأَوطان الأَصليّة ومِن مُواطِنينا في المهجر والمنفى، ثُمّ نبثّها ونُروّج إليها على غير مُرادنا).. هكذا يَتطوّر الاتّصال التِّقني بين أَفراد الجالِيات الشِّيعِيّة في بلاد الغرب وكأَنّهم يعيشون بها في مَوطِنهم الأَصلي بِكُلّ تفاصيله.

لم يَستعمل أَبناءُ الجِيل البَحْراني الأَوّل المُنتمي في بلاد المَنفى والمَهجر شبكات الاتّصال التِّقني انطلاقًا مِن قاعدةٍ ثقافيّةٍ بَحْرانيّةٍ أَصيلةٍ يرتكزون عليها وتُمثّل بيئتهم الحاضِنة التي نَشأوا عليها وترعرعوا فيها، كما لم يَستطِيعوا التَّعبير عن شُعورهم أو آرائهم انطلاقًا مِن تلك القاعدة بين نظرائهم في الثَّقافَة أَو في الثَّقافات الأُخرى بِذات التِّقنية. وفي كلا الحالَين هم يتعاطون مع تِقنية مُتاحة لاستِفراغ الطّاقة والجهد الكامِنَين مِن دون منهج أَصِيل يرتضونه، ولا يتعاطون بقاعدتهم الثَّقافِيّة الأَصِيلة الّتي هَجرها آباؤهُم مُكرَهين.

إنَّ هنالك أسبابًا اقتصاديّةً وسِياسيّةً انتزعت جِيلُ الآباء مِن قاعدته الثَّقافِيّة الأَصِيلة وأَلْقَت به في وَسط ثقافة هِي على الطَّرف النَّقِيض مِمَّا يُؤمن ويَعتقد مِن دِين وعادات وقِيم ومبادئ وقَد رَضِي بهذه الاستِضافة الثَّقافِيّة القَطيعة مجبرًا. وإنّ المُتبقّي في الذِّهن عن ثقافة الجِيل الأَوّل الأَصِيلة هي مجموعةٌ مِن الخبرات الحِزبيّة والفِئويّة الباعثة على الضَّجر. وأَنّ مَحاذير المُعالجة كثيرة رُبَما تُمثّل رادعًا يَتنزّل بالتّفاصِيل، كما في شأن نَقد الخِلاف الحِزبي والفِئوي والمَرجِعي الّذي يُقرِّب إلى البيئة الجَدِيدة مِن جهة ويُبعد مِن جِهة أُخرى.

إنّ أَكثر القضايا تعقيدًا وحساسِيّةً في بلاد المنفى والمهجر هِي لَيْست كذلك فِيما لو تَعرَّض لها المهاجرون والمَنفيّون في بيئتهم الثَّقافِيَة الأَصِيلة

في الأوطان. إنَّها قضايا تَتضَخّم سَلبِيّا في أذهانهم كُلّما ابتعدوا عن بيئة وَطنِهم. والمُفارقة الواقعة بإزاء تَطوّر شبكات الاتّصال التّقني أصْبحت القاعِدة الثَّقافِيّة في الأَوطان الأصْلِيّة الّتي انتزِع منها المهاجرون والمنفيّون تُزوّدهم بالمَفاهيم التي تُسِيء إلى نَسيجِهم الاجتماعي المُغترب الحَسّاس، ومِن بينهم مَن يحمل الاستِعداد الفكري والنَّفسي لِنَقل تلك الإساءة مُضاعفة والزَّجّ بها في عُمق مُجتمع الشِّيعة المغترب بما اشتَمل عليه مِن اختلاف في الثَّقافَات. فعَلى سَبيل المثال:

يَكثُر (المَشْمُوخُون) في بلاد المنفى والمَهجر.. مُفردَةُ (المَشمُوخ) استُعمِلت في اللَّهجَةِ البَحْرانِيّة لِوَصف الإنسان السّاذِج الأحمق الّذي يَتقمّصُ دورَ (المُثَقّف) بِعُلوٍّ وكِبرٍ وغَطرسَةٍ لافِتة، ويَصدّر بها أَلفاظًا في جهالةٍ واضحةٍ منه لِمعانِيها ويَظنّها قِمّةً في العَقلَنةِ والرُّشْد والأَعلَميّة.

التَقيتُ بِأحد المَشمُوخِين في حَيٍّ قَرِيبٍ مِن سكنِنا بِلَندن، فدار الحَديث بيننا في نِقاشٍ قصيرٍ لم تتجاوز مُدّته عشر دقائق، تَناولنا فيه أكثر مِن عشرين مادّة.. تَصوَّر.. عِشرون مادّة في عَشر دقائق (وَقّافِي). فمِنّي كان حُسنُ الإصغاء بِصَبر نَبِيّنا أَيّوب عليه السَّلام، ومُحاولاتٌ فاشلةٌ لِإختراق الحديث والابتداء بِتَعقِيب أَو إجابة.. ومِنه عناوينُ الحَدِيث ومَوضُوعاتُه والنَّتائج كُلّها، وممّا جاء فيها: عالِمُ الدِّين آية الله (فُلان) قال كَذا.. أظنُّ أَنَّ الرَّجّال اتْخَبَّلْ مُو.. اتْخَبَّلْ؟!.. أَكِيد اتْخَبّلْ؟!.. لو لم يَكُن كذلك لما قال قولاً فاحشًا في وَصْف (فُلان) في موقفه التَّأريخي المعروف، أَو قال قولاً شَائنًا في وَصف الانْتِماء الحزبي والفِئوي والمَرجِعي (فُلان) ذاك!

أَمطَرنِي (المَشْمُوخ) بِوابلِ مِن موضوعاتٍ شتّى.. موضوعٌ يتبعُ آخر مِن دون فَترة أَو فاصِل. ثُمّ اختتمها فُجأةً بالقول السَّدِيد: (الرِّقِيْ) نَزل بِالسُّوق.. اشْتَريت؟!.. وقَبل أَنْ أُجيب أَو أُعقِّب بِكَلِمة أَو أَنبس بِبِنت شَفة؛ بادرني بالسُّؤال: أَكَلتْ رِقِّي صيف هالسَّنَهْ؟!.. ما أَكَلتْ؟!.. بِشَرَفَكْ؟!

انتهى لِقاء الدَّقائق العشر حيث كان المَشمُوخ فُضوليًّا على الآخر.. قَرأ فَلاحَظ ونَظر واستَفَهم وعَبَس وبَسَر وفَرِح وسرّ وأَجاب بِالنِّيابة عن المُؤمِنين والمؤمنات في بلاد المهجر والمنفى كافَّة!

يَطوفُ شِيعةُ المهجر والمنفى مَجالِسَ المآتم والبيوت، ويُشارِكون في إحياء مظاهر الثَّقافة الشِّيعِيّة في المراكز والمُؤسّسات الدِّينيّة، ويَنتظمون في لِقاءات قائمة بذاتها لا تَختلِف عن جوهر وهيئة اللِّقاءات في مَوطِنهم الأَصْلي.. هُم بهذا السّلوك يظنّون أَنّهم يقتربون مِن ثقافتهم الشِّيعِيّة الأصِليّة فيحافظُون على طبائعِهم وتقالِيدهم وعاداتِهم وفُنونهم ولَهَجاتِهم وشَعائرهم، ويَصونُون لِجيلِ الأبناء تفاصِيل ذات الثَّقافَة!

لو أَحصينا عددَ الشِّيعة في بلاد الغَرب والإمكانات المتُوافرة فيهم؛ سنَجِد طاقةً عظيمةَ الشَّأن ليست قابلةً لِلاندماج في ثقافة (السُّوق) و(ما بعد الحداثة) الّتي تُميّز النِّظام الاجتماعي الغربي.. إنَّها تُمثِّل طاقة المجتمع المهاجر المنفي الذي يكاد يكون مُتكامِلاً بِتَفاعلاتِه الاجتماعيّة الواسِعة، ومعتزًا بإِحياء مظاهر الثَّقافَة، وعلى رأسها شَعائر أَهْل البيت صَلوات الله وسَلامُه عليهم.

مآتِم الجالِيات الشِّيعِيّة وما كان في حُكمِها هي المكانُ الّذي تُصان بين جُدرِه الثَّقافَةَ الشِّيعِيّة الأَصِيلة، وتَتحصَّن به لَدَرءِ المفاسد والمخاطر الاجتماعيّة الّتي باتَت تُهدّد ثقافة جِيل الأَبناء. كما تُمثّل المرآة التي تُستكْشَف بها نَواقص هذه الثَّقافَة والنَّواقِص الطّارئة عليها مِن دُون استِئذان.. فلِماذا ظلَّت مَجالِسُ المآتم على حال مِن الجمود في المَهام والوظائف حتَّى غَلَبَت عليها مَظاهِر التَّصنِيف المتُعسِّف لِلانْتِماء الحزبي والفئوي؟!

إنَّ التَّعصُّب لمناهج العمل الاجتِماعي والسِّياسِي، والتَّخلِّي عن الثَّقافَة الأَصِيلة في تَسيِير شُئون الانتماء، والبِناء على أَهداف مُشكِّكة، والتَّجرد مِن المرونة في العلاقة مع غير المنتمين والمتُحيِّزين، هي مِن أَهمّ أَسباب

تكريس عوامل الخِلاف والتّنازع القديم بين كُلّ الاتّجاهات الشِّيعِيّة في بلاد المهجر والمنفى.

فالنّاسُ مَعادِن، والإمكانات البَشرِيّة تَتفاوت، والتَّحالُفات والأُصُول الدّاعِمة في بلاد الوطن الأَصلِي لم تَذُق طَعم الاستقرار. وحِين تَمِيل مناهج النِّضال الاجتماعي والسِّياسي والثَّقافي إلى الحَساسِيّة المفرطة، وتَتبنّى الحذر الشَّدِيد في تَدبير العلاقات البَينِيّة على قواعدٍ مِن الغرور والكِبر والغَطرسة والخِفّة والطَّيش والرُّعونة، وتَتَمسَّك بالرَّغبة الأَكِيدة في أَنْ يَستحِيلَ الطّرف الآخر إلى نسخةٍ أُخرى بِذات الفِكر والهَدف، وتَنأى بنفسها عن المُبادرة في تَنمِية العمل التَّكامُلي بمزيد مِن التَّشاور والتَّقارب وقد مَضَى على الوُجود الشِّيعي المكثّف في بلاد الغرب عقودًا مِن الزّمن ـ فإنَّ المُشكلة البَينِيّة تزدادُ تعقيدًا، وتَبقى عَصِيّة على الحلّ إلّا بإِعادة صِياغة الموقف مِن الثَّقافَة الأَصِيلة في الأَوطان والعودة إلى هذه الثَّقافَة والعمل على تَجرِيدها مِمّا التُقِط عن وُعّاظ وأَحزاب اتّجاه أَهل العامّة.

لقد أَصبَحَت كُلُّ جِهة شِيعيّة خاضِعة لِظِلّ الجِيل التَّأسِيسي التَّقلِيدي الأَوّل في المنفى والمهجر اتّجاهًا مختلفًا في الثَّقافة وتَظُن في وُجود الآخر خَطرًا مستقبليًّا على مساره الحزبي والفئوي والمَرجعي. فإِنْ اتّخذَ أَحدُ الاتّجاهات قرارًا بالمرونة والانفتاح لاحتِواء الأَتْباع الجدد حتَّى كَثُر مُرِيدُوه عند إِحياء مَظاهر الثَّقافَة؛ وَجَدَ في تَخلُّف الآخر ضَررًا يحيق بأَهدافه فأَوجب على وَجْه السُّرعة مناوشَته ومُغالَبته. وإِن كان أَحدُ الاتّجاهات مُتخلِّفًا في حِيازة الإمكانات المادِيّة؛ شَعر الآخرُ بِالغُبن وصار مُشكِّكًا في استِقلال عمل غيره مِن المُتقدمين في إِحرازها وانْبرى يَتَّهِمه بالتَّبعِيّة والعَمَالة لِقُوى أَجنبية، ثُمّ أَوجب التَّشدُّد معه وأَخذ الحِيطة والحذر والاحتراز.. هذه كلُّها تُمثِّل انشغالاً تقليديًّا بِمُخلَّفات فكر الانتماء الحِزبي والفِئوي المُعاصر الطَّارئ على الثَّقافات الشِّيعِيّة.

آمَالُ التَّقْرِيبِ وجَزَعُ السِّياسَة

كَفِيفُ البَصر اسْمُه (خَالِد) مِن سَكنَةِ العاصِمة البحرانيّة المنامة.. كانَت المُواظبةُ على حُضور صَلاة الجُمعة في المَسجِد مِن عاداته المُحبّبة إلى نَفسِه، وإذا به يَنقَلِب كُلّ المُنقلب على هذه العادة لِيُسجّل أَوَّل اختِراقٍ مخالفٍ أَدّى إلى إثارة حفِيظة وُعّاظ اتّجاه أَهْلِ العامَّة مِن السَّلَفِيّين والإخْوان المُسلِمين على حَدٍّ سواء.

فعَلى الجانِب الغَربِي مِن شارع المِهْزَع دارَت رَحَى الهَذْرة في بَسطة الشَّاي بين خالِد الأَعْمى وصاحِب ورَشة النِّجارة (الحاجّ جَعْفَر).. يَستفِهم جعفر: حَجِّي خالِد.. إنْتَه وِيش جَيَّبْكْ إلى ماتَمْنه أَمْس الجُمعة وعِندكْ الجامِعْ مالُكم غاصْ بِجَماعَتْكْ ورَبْعُكْ مِن غُبْشَه لِنُصِّ اللَّيلْ.. وِيشْ صَايُر عَفَر؟!

يَرتَشِفُ خالِد شاي (الاسْتِكانَهْ) والأَلَم يَعتصِر قلبه.. وراح يُفصِح بكلماتٍ مُتقطّعة اللَّحْن: تِدْرِي يا حَجِّي جعفر، أُدْخِلتُ النّار ثُمّ حُشِرت إلى الجَنّة في أُسْبوع.. لا تِندِهِش يا حَجِيّ ليشْ أَقول أَنا ذِيّ.. القِصّةُ وما فيها يا رَفِيقي هِي بين أَنْ تَستعِيذ بالله عَزَّ وَجَلَّ مِن بَعدِ نَذِير شُؤم، وأَنْ تستَرجِع مِن بَعدِ بُشرى.. إِشْحَقَّهْ وآنَه ما عِندِي غِير ذِيّ؟!.. وأَنا الأَعْمى ما جِئتُ الجامع إلّا وأَنا على هُدى مِن مِذهَب أَهْلِ السُّنّة واليَماعَة!

إمامُ الجامِع يا حَجِّي جعفر أَدخَلِني النَّار (عَلَى كِيفهْ) وهو يُفسّر الآية الكريمة [ومَن كانَ فِي هَذهِ أَعْمى فَهُو فِي الآخِرَةِ أَعْمَى وأَضَلُّ سَبِيلا]، ويَعلمُ أَنّني الأَعمى الخامِس في المصلّين القائمين والقاعِدين في المسجد، ولكِنّه لم يُراعِ شُعورَ العِميان مِنّا. وأَنتَ تَعلم يا أَخِي جعفر أَنّ التَّفسِير النَّمطِي لِهذِه الآية قد فُنِّد منذ خَمسِين سَنة بين أَهْلِ السُّنّة والجماعَة وأَغلَقوا كُلَّ أَبواب الطُّرفَةِ والفُكاهة والسُّخرِية فيه ونَسُوه إلّا هذا الخَطِيب المُتفلسِف (الفَاضِي النّحِيس).. لم أَتمالَك نفسي فانَتصبتُ وَسَط جُموع المُصلّين واستَعذتُ بالله في وَجْه الواعِظ، وقاطعتُ خطبتَه وقلتُ بِصَوتٍ عالٍ يَسمعه المُصلُّون:

[أعوذُ بالرَّحمن مِنْكَ إِنْ كُنتَ تَقِيّا]. فارتَجّ الجامعُ بِالضَّحِك، واتَّخذَنِي المُصلّون سُخرِيّا فذَهَب عملُهم باطلاً وفسَدَت صَلواتُ بَعضِهم.

وفي لحَظةٍ مِن الغَضب والسُّخط؛ تَعطَّف عَلَيّ جَمعٌ غفيرٌ مِن المُصلّين مِن كُلّ جانِب يَتقدَّمهم الإِمامُ الواعِظ فحَملُونِي إلى خارِج الجامِع وطَردُوني!

بِالأَمْس كنتُ في حِيرة مِن أَمري ولم يكُن لِي فيه مِن خِيارٍ سَهلٍ غير ارتِياد مأتمكم القَريب مِن بَيتِي لَعَلِّي أَجد فيه سَكِينَتي بين (رَبْعُكُم) الرَّوافض يا حَجّي جعفر. فسَمِعتُ مِن (المُلّا) شرحًا وافيًا لِرُوايةٍ رائعةٍ في الصَّبر على البلاء حتّى يَعلمَ الله عَزَّ وَجَلّ أَيُّنا أَحسن عَملا. فأَرجَعني بهذا الشَّرح الرَّصِين إلى الجَنّةِ (بِبْلاش) وفي طرفة عين.. فاستَرجعتُ وأَنا في سَعادةٍ غامرةٍ بين الحاضرين.

رَسَم الحاجّ جعفر على ثَغرِهِ ابتسامةً عريضةً واستدرك قائلا: يا خالِد البَصِير، لسنا ضَالَّتَك وأَنتَ تعلمُ ذلك.. أَحوالُنا لا تسّر ولا تَختلِف كثيرًا عن أَحوالِكم في البُؤس والشّقاء.. خَفِّف مِن درجة سَعادتك بيننا.. تَرَهْ رِحْتْ انْتَه بَعِيد!

خِذْ عاذْ.. كُنَّا قبلك نَسترجِع في كُلّ مآتمنا ومساجدنا والغِبطَةُ تَسرِي في دِمائنا قبل مآقِينا.. أَمّا الآن فصِرنا نَستعِيذ مِثلَما تَستعِيذ أَنْتَ بِأَسفٍ شديدٍ لِحال وُعّاظِكم وجَوامِعكم. ونَتأمّلُ فرجًا قريبًا يُعِيد لِلمَآتم والمساجد والمواكب مَجدها الأَوّل.. وأَخال أَنّ البعض يرى في نِزاع النّفوذ على زَعامة شَعائرِنا ومآتِمنا ومَساجِدنا ومَحافِلنا ومُنتدياتِنا وجَمعيّاتِنا الأَهلِيّة أَلغامًا مَوقوتةً رُبَما تُقبِل على ردود فِعلٍ شديدةٍ قد تُهدِّد النَّسِيج الاجتماعي في المَناطق والمُدن والقُرى.

اِبْقَ معنا يا خالِد وكُنْ على أَهُبّة الاستعداد لِلاستعاذة كثيرًا والاسترجاع قليلاً على طَريقَتِنا حتَّى تَنجَلِي غَبرةُ (السِّياسة).. عُمُر السِّياسَة قصيرٌ نِسبيًّا، ويَحملُ في أَحشائه أَدوات الكشف عن حقيقة رُوّاده وزَبائنه إذا ما تَعلَّق الأمر بِتحدِّي الشَّعائر في عاشوراء.. إِنَّهُ غَيمةُ صَيف تَمُرّ وتَنقَشِع!

يا خالِد البَصِير.. اِعتزلَ الشِّيعةُ (رَبُعْنَه) السِّياسة في 1400 عامًا، وأَنتم و(رَبْعُكْ كَيَّفتُونْ) لِعُزلَتِنا واتَّخذتُم (السِّياسة) عَريضةً فأَصبحتُم بِها أَسيادًا على طَريقة مَذاهِبكم منذ اليوم الّذي تَقمَّص فيه أَبُو بكر الخِلافة حتّى آلَت إلى الأَمويِّين ثمُّ العَبّاسيّين ثُمّ العُثمانِيِّين الّذين خلّفوا وراءهم أَنظِمةً مُستبدّةً مُفسدةً في الأرض تَستَقِلُّونها في كُلِّ يوم وتَركبُون المَوجَةَ القَومِيّة ثُمّ اليَساريّة ثُمّ الدِّيمقراطِيّة وفِكر ما بعد الحداثة تَحت ظِلّها وتَسودون بها مِن جديد على بلاد المُسلمين مِن دون مُنازعٍ يُعادِلكم ولا شَبيه يُشاكِلكُم.

ثُمّ اكتشفنا أَنَّ اعتِزال (السِّياسة) في تلك الحُقبة الزَّمنِيّة الطَّويلة كان هو عَينُ الحِكمة.. كيف حَصل ذلك؟!.. لِأَنّكم في نِهاية هذه الحُقبة بَصرتُم خطورة الانفِلات الثَّقافي الذي أَجَبَركم على صِناعة الكَراهِيّة والفصل والازدراء الطائفيِّين ونَشر الوَحشية الإرهابيّة في مُوزاة عَملِكم على نُصرة دَولة الاستبداد. وفي ظَنّكم أَنَّ اعتِزالَ الشِّيعة (السِّياسة) سيَفتحُ لكُم آفاق الدِّين والدُّنيا على طريقة مُعاوية بن أبي سفيان، وإذا بها صارت عَليكُم ضِدّا.

ولا بُدّ مِن الجهر بالحقيقة وعليكم الاعتِراف بها: أَنَّ مذاهِبَكم الأربعة واتِّجاه السَّلف يَتحَمّلان أَوزار الضَّياع في الدِّين والدُّنيا وخراب الثَّقافة مُنفردَين منذ القرن الهجري الأول حيث استَعاذ الكثِيرُ مِن أَجيالِكم قاهِرين واستَرجعوا إلينا فَرِحين مَسرورين. فلا تَندهِش لِلكَثِير مِن وُعّاظِكم أَنْ يَعتلي مِنبر الجُمعة لِهَول مُصاب الاستِعاذة والاستِرجاع فيَتمادى في غَيِّه لِيَصف مَرْجِعًا مِن مَراجِعنا بِـ (الزِّنْدِيق الفَاجِر) بِذات الاستِحسان الّذي أَدخلَكَ خَطيبُكم بِه النّار وكُنتَ أَنتَ في هذهِ أَعْمَى ولَيْس عليك مِن حَرَج!

يا خالِد.. بَعد أَنْ كانَت جِزيرتُنا هامِدةً وإذا بِلَوازِم (التَّقِيّة) و(الانْتِظار) و(الوَلايَة والبَراءة) و(العِصْمة) تَنبُتُ في ثقافتِنا الأَصِيلة ما يَفُوق أُمنياتنا ورَجاءنا رَوعةً وجمالاً، وإذا بِفئةٍ مِنّا تَدَّعِي أَنّها تَسعى في تَخطِّي هذه اللَّوازِم وفي تَحطِيم أَصفاد العُزلة على عَجَلٍ، فراوَحَت بِنا في عالَم (السِّياسَة)

وأَفقدَتنا الثِّقَة في ثَقافتِنا الأَصِيلة واتَّكأَت على أَكتاف فكرِ ثَقافَةٍ هجينةٍ تَسيرِ على ذات مَنهجِكُم الأَوّل المَشهُور بـ (الانْقِلاب على الأَعقاب) الَّذي أَدخلنا وإِيّاكُم في التِّيهِ حُقبة زمِنيّة تَزيد على 1430 عامًا.

إنْ شِئتَ يا خالد التَّعرُف على أَهمّ مظهرٍ في ذلك، فدُونَك فِكر الانتماء الحِزبي والفِئوي والمَرجِعي المُعاصر السّائد في بلادنا وفي مُدنِنا وقُرانا، وفي كُلّ مناطق بِلاد الشِّيعة إذْ رَوَّج مفهومًا لِلزَّعامة ذات البُعدِ الواحد، ونَبذَ التَّعدُّد المَرجِعِي الّذي شَكّل خُلاصةً عِلمِيّةً جميلةً في البَحث الفِقهي في مَرحَلةِ (التَّقِيّة) و(الانْتِظار) و(الوَلايَة والبَراءة) و(العِصْمة) واعتِزال (السِّياسَة).. فلا تَندهِش مِن تكرار الاستِعاذة بالله الواحد القَهّار في يَوميّات ثَقافَتِنا مِثلما استَعذت أَنْتَ مِن قَبل في جامِعِكم الّذي رَمى بِك على قارعة الطَّريق مَطرودًا مِن دار العِبادة.

كُنَّا أَهْلَ أَصَالةٍ وحَيوِيَّةٍ نُنمِّي بِهما ثَقافتَنا الأَصِيلة المَغضُوب عليها ونُحيِيها ونُوقِف الأَموال والأَملاك مِن أَجْلِ تأسِيس وتَشيِيد وتَرمِيم وتَنمِية مظاهرِها، وكنَّا نُحْيي شَعائر الفَرَح والحُزن مَودةً في أَهْل البَيت صَلواتُ الله وسَلامُه عليهم على النَّهج الأَخبارِي البَحْراني. ثُمَّ تَمثّل في ثَقافَتِنا اجتهادُ كُلّ المَرجعيّات الأُصُوليّة في طَيفٍ جميلٍ مِن الأَلوان المُتنوِّعة الرّائعة في البَذل والعَطاء مِن دون تَمايُز حتَّى حِين.. وبِقُدرة (السِّياسة) ذات النَّوايا (الحَسَنة) انقلَب كُلُّ شيء واحتُكِرت المآتم والمَساجد والكِيانات الأَهلِيّة وأُمِّمَت، وجُعِلَت صَداقًا لِمَفهوم الزَّعامة وأَداةً لِتكرِيس سِيادتها في مُجتَمعنا.. وهَلْ تَرضَى (السِّياسةُ) بِحُسن النَّوايا وتَكتفِي بها؟!

ومِن حيث لا يَشعُر أَهالِي المُدن والقُرى في بِلادنا المُترامِية الأَطراف بهذا المُستَجِدّ الطَّارئ؛ نُبِذَت المَرجِعيّاتُ الأَصِيلة ثُمَّ أُقصِيَت، وطُهِّرَت أُخْرى تَطهيرًا وجُعِلَت أَئمَّة في عَرْض أَئمَّةِ أَهل البَيت صَلواتُ الله وسَلامُه عليهم. وها هو المُتبقِّي مِن ثَقافتِنا غير المُدوَّنَة يَترنَّح بانتِظار التَّأمِيم الحِزبي

والفِئوي بِمَنهج (الشَّكّ والتَّشْطِيب والتَّأمِيم) تحت مُبرّر الضَّرورة السِّياسيّة: (ضَرورُة وَحدَة الزَّعامَة والقُوى الشِّيعِيّة فِكريًّا ومُؤسَّسِيًّا)!

يا خالِد.. مِثلما صَرخْتَ أَنتَ في وَجْه إمام جامِعكُم واستَعذت اعتقادًا مِنك أَنَّهُ خُلاصَةً لِصَيرورَةٍ سِياسِيّةٍ تَأريخيّة فاسِدَةٍ أَوصَلت مَذاهِبكُم إلى طَريق مُغلَق فنامَت ثَقافتُكم نَومَة الهَلاك والفَناء، ثُمّ شَككتُم في كَفاءة ونَزاهة وُعّاظ مَذاهِبكم ومُرشِدي أَحزابِكم؛ فلا مَحِيص عن يَوم نَصرخُ نحنُ فيه ونُشَكِّك على طَريقَتِكم. وكيف لا يُكون ذلك ومَنهجُ الانتماء الحزبي والفئوي المُتَعصِّب فِينا مُقتَبسٌ عن فِكر انتماءاتِكم الحزبيّة والفئويّة ، وهو انْتِماءٌ لا يَعدو أنْ يكونَ قائمًا على مَنهجٍ سَلَفِيٍّ أَو إِخوانيّ.

يا خالِد.. تَطلّعَتْ فِئةٌ مِنَّا إلى طريقةِ مَذاهِبكم في التَّعاطِي مع (السِّياسة) فانظُر ماذا ستُسفِر عنه الأَحوال.. ستَنشأُ في التَّشَيُّع تَقِيّةٌ حادّةٌ وعُزلةٌ أُخرى مُضادَّة وانكفاءٌ مَرجِعيٌّ شديدٌ عن عالَم (السِّياسَة) مِن جَديد وعَودةٌ حادَّةٌ إلى (الانْتِظار) و(الوَلايَة والبَراءة) ردًا على فَعْلَة الانتماء المُتعصِّب لِذاته الّتي لم تُدرك بَعْد أنّ خبرات الإخفاق المُؤلمة في عالَم الثَّقافَة عِندكُم كُلُّها كانت مِن إنتاج (السِّياسَة) حيث استَحسَنَها أَهْلُ الزَّعامة والرّئاسة والمَقامات المُفخّمة فِيكم طمعًا في تَحالُفٍ حَرامٍ مع قُوى الاستِبداد إذْ لا وَجْه في هذه السِّياسةِ إلّا وَجْه الرّئاسة الضَّرُورَة ولّا تكتَمِل فيها مَراتِبُ الزَّعامة ومقاماتُها إلّا بِنِزاعٍ مُختلَقٍ يَحصدُ الرُّؤوس المُنافِسة ويقطفها على مَلأ مِن أَتْباعها ومُريديها.

وأَنَّ الانتماء الحزبي والفئوي والمرجعي المُتعصّب هذا إنْ لم يُدرِك أنّ (السِّياسة) لا تكون مُؤدّية إلى الاستقرار في المجتمعات المُتديِّنَة إلّا بِشَرط إيمانها بِوُجوب سيادة قِيم الثَّقافة المَحلِّيّة الأَصِيلة تحت راية التَّنوّع المَرجِعي الحُرّ المُعظِّم لِلثّقافة والصَّائن لها والمُطلِق لِعَقلها النَّاقد، وليس الجاعِل منها أُضحوكةً في النَّاس أَجمعِين أَو الواصِف لها بِالتَّخلُّف واللّاوَعْي واتِّباع الأُسطورة والخُرافة. وهذا مِمّا يكاد إِخراجُه إلى الواقع الخارجي أَقرب إلى

المُستحيل إلّا بِإمامٍ معصومٍ أَو بنظريَّةٍ مِثاليّةٍ مقارِبَةٍ مُؤيَّدة منه!

مَضَى عند خالِد الأَعْمى المطرود مِن الجامع حَدَّ الاستيعاب الذِّهنِي فقَفَزَ إلى مؤشِّرهِ البَياني النِهائي المعلوم و(ضَرَبْ التُّوبْ وحَرَقْ فْيُوزَاتْ)، فَلَمْ يَعُد سمعُه يستقبل شيئًا مِن لَطائف هذرة الحاجّ جعفر.

وقَبلَ أَنْ يَفرَّ خالد الأَعْمى مِن هذرة الحاجّ جعفر ويَجرَّ خلفه أَذيال الخَيبة قاصدًا العودة إلى بيته؛ اِلتَفَت إلى الحاجّ جعفر وقال له في سُخرِيَة: إِنْتَهْ مُثقّف فاهِمْ وتُرْطِن عَدِلْ.. أَعوذ بالله مِنك يا جعفر.. توَقَف عن سَرد التَّفاصِيل مِن هُمومِك ومآتِم أَحزانك، فلا ناقة لِي فيها ولا جَمل.. أَخذَتها عريضة في السَّرد يا أَخِي جعفر.. (سَوّيتْ لِيِّ مَيْلَسْ).. إليك أُطلِق نصيحة لِما لَكَ عِندِي مِن منزلةٍ رَفِيعةٍ في قَلبي: أَنْ تأخذَ بما هُو كائن فَهُو أَبقَى لك.. تِدْرِينِي آنَهْ أَعْمَى، وليس على الأَعْمى مِن حرج، وليس الأَعْمى كالبصير. وما يُدرِينِي مَن هُو إِمامُ جامِعِنا في تلك الجُمعة الكئيبة الّتي طُرِدتُ فيها بِأَيدي المُصلِّين وبِأَلسِنَتِهم الغِلاظ الشِّداد.. لَعلَّه إِمامَ الوافدين المجنّسين الجدد على بلادنا وابن ثَقافَة مُختَلِفة فلا يَفْقَه شيئًا مِن ثَقافَتِنا التي نَعِيش، ولا يَعتَدّ وُعَّاظُنا ومُرشِدُونا الشُّرفاء مِن أَهْلِ الوَطَن باجتِهادِه أَو تفسيرِه لِظاهر الآيات، فَهُو إِذنْ معذور، وكان لِزامًا عَلَيَّ أَنْ أَتيقَّن مِن دِينهِ حتَّى حلول ساعة صلاة الجُمعة القادمة.. خُذْ حِذرَك.. خَفِّف الوَطء.. في أَمان الله ورِعايته!

بَدا الحاجّ جعفر مشدوهًا كدِرًا مستاءً مِن سُخرية خالد الأَعْمى، فاستوقفه على عَجَل وزَجرَه قائلا: تَمهَّل.. لا تِشْرِدْ مِثلَما شَرَدَ الأَوّلون مِن رَبُعْكُمْ كالأَرْوَى.. هادَهْ انْتُونْ.!. ويشْ يِطْلَعْ مِنكم غير الشَّرْدَهْ على طريقة ابن العاص لَمَّنْ شَافْ أَمِير المؤمنين أَبي الحَسَن شاهرًا سَيفه.. وكُنتُم على ذلك منذ أَوَّلِ يَوم انقلبتُم فيه على الأَمِير صَلواتُ الله وسَلامُه عليه، ولَنْ تكونوا على غير ذلك، فقد طُبِعَ على قلوبكم وعقولكم.. ما يِنْشَدْ ابْكُمْ ظَهَرْ..

رُؤيتُكم لِلتَأريخ في ثقافَتِكم مُخيِّبةٌ لِآمالِكُم وآمالِ غَيرِكُم فيكم.. دِرِكْدُوا عَادْ!.. نَراكُم على (المَذاهِبْ الأَرْبَعَة) تُمجِّدون فيها وتُناوِؤن (السَّلَفِيِّين) وتُعادونَهم وتطردونهم مِن نادِي (أَهْلِ السُّنَّة والجَماعة) وتَتَّهِمُونهم بِسرقَتِه وتشنّون عليهم حَربًا كلاميّة لا هوادة فيها. وعندما تَرون لِلشِّيعةِ إنجازًا عظيمًا في بُقعةٍ مِن بقاع الأرض انقَلبتُم فجأةً على الأعقاب فصِرتُم اتِّجاهًا (سَلَفِيًّا) وأَجَّجْتُم به حُروبَ الإرهاب لِجزّ رؤوس الشِّيعة. وعندما تَفشلُون وتَذهب رِيحُ سَلَفِيّتكم الجَدِيدة (آخر موديل) وتُهزَم تَعودون إلى المذاهب الأَرْبعة بِحَمامَةِ السَّلام وغُصنِ الزَّيتون وتَلعَنُون (سَلْسَفِيل) السَّلَفِيّة.. وهذا مِن سوء تأويل رُؤيتِكم لِلسِّياسة.. ونَخشى مِن العَدوى فنُصبح في بعض الأَيّام على مِلَّتِكم بما تَهواه عَصبِيّاتُنا الحِزبيّة والفِئويّة والمرجعيّة والأَنانيّات الفَرديّة الحادّة فِينا!

دِيْ رُوحْ مع السَّلامَة.. إنْ شاء الله رُوْحَهْ بَلا رَجْعَهْ!

انتهى اللِّقاء بين الحاجّ جعفر المُتشائم وخالد الأَعْمى بِمَعاني كثيرةٍ كاشفةٍ عن طبيعة ثقافَتَين مُختلِفَتين مُتعايِشَتَين، قد عَلِم الحاجّ جعفر تفاصيلهما مِن قبل.. إنَّه يَعلمُ كَثيرًا في أُصُول ثقافة خالد الأَعْمى، ويَعلَمُ إلى أَين ستَصِير إليه خاتمةُ أَمر خالِد، ولَم يمنع ذلك مِن أَنْ يُفرِغَ كُلّ مِنهما شحنةً مِن الهَمّ والغَمّ في حضرة الآخر، فذَلِك مِن مظاهر التَّعايُش البحراني الضَّروري المُجرّد مِن أَوهام السِّياسة ومِمّا تُزوِّره في كُلّ يوم (لَزْقَةْ) التَّقريب والتَّآلف ومنهج تَشطِيب الأُصُول وفِكرة إِعادة كِتابة التَّأريخ!

في مُجتَمَعِنا البَحْراني تَحدثُ الكثيرُ مِن اللّقاءات العابرة مِن سِنخ لقاء الأَعْمى خالد والنَّجار الحاجّ جعفر. ثُمّ تكون الخاتمة فيها عَودَةٌ إلى مَفهوم التَّعايش ذِي الرُّؤية الرَّصِينة كلّما جرى الحديث عن خُطورةِ الفَصْل الطّائفي وعن وُجوبِ تَجنُّبه وتَعزيز أَواصر الأخوّة بين الشِّيعة وأَتْباع اتِّجاه أَهْلِ العامّة.

مَن كانَ على شاكِلةِ الحاجّ جعفر فهُو راسخٌ في الفكرة ومُتمكِّنٌ مِن

استيعابها والالتزام بها، فيما يَخشى خالد الأَعْمى مِن الإقدام على تَقرِير الموقف الحاسِم بِإرادة حُرّة منه طِبقًا لِلرّؤية التي يُؤمنُ بِها ويتمسّك وكانت تَسري في روع أَجياله منذ لقاء سَقِيفة الانْقِلاب على الأَعْقاب فيَندم على ما فعل ويأسى على ما مضى. والمُحدِّدُ في ذلك ثَقافَتان مُختلِفتان تَتفاعلان في بَلدٍ واحدٍ مَحدود المَساحة وعدد السُّكان، ولا تَتضاربان إذْ لا حَساسِيّة في ذهن فَردَيهما.. ثَقافَتان تَنطويان على سِيرتَين تَأرِيخيَّتين مُتبايِنتَين وتَحوّلات مُثيرة تشِدّ الانتباه مَرَّةً وتصرِفه إلى الأَهَمّ مرَّةً أُخرى في مقام الاختِلاف.

نُحلِّلُ العلاقة بين السِّيرَتَين التَّأريخيَّتين مرارًا وكرارًا فنَرى أَنّ الوُصول إلى النّتائج الجديدة معدومٌ.. النَّتائج هِي هِي لا تَتغيّر بناء على الثَّبات في الأُصول وعلى التَّمَسّك بها. فإنْ أَردنا بمارِد (السِّياسة) تزييفَ الحقائق واستِنتاجَ الوَهْم وطلبَ العماية والخساسة والوضاعة والدَّجل وقول الزُّور فذَلِك مِن الأمور المتاحَة وليس فيها مِن عُسر وكُلفة، ونكون به قد أَعَنَّا هذا المارِد على وَطْءِ ثقافتنا الأَصِيلة وتَعايشنا بِالأَحذِية والأَنْعل، ونُصبح في اليوم التَّالي على غير ما كُنَّا عليه.

إنَّ السِّياسةَ مِن ضَرورات العصر إذْ يَجِدّ البعضُ مِن الشّيعة على هذه الطَّريقة فيَدعو إلى وُجوب تَرسِيخ دعائم السِّياسة في العَقل الشِّيعي والسُّموّ بها إلى القِمم. وما على الحَصِيف مِن الشِّيعة إلّا أنْ يَستقِلَّ بِذهنِه في هذه الدّعوة، ويَسعى إلى التَّدرّج بمستوى الإدراك عند مُعالجة التَّزاحم الكبير بين ما هو ثقافيٌّ أَصيلٌ فيُحافظ عليه ويمدّه بالقُوّة والبقاء، وما هو سِياسيٌّ فاسدٌ مبنيٌّ على فكر الالتِقاط الوافد الطَّارئ على ثقافتنا الأصيلة فأَوجَب الحَذَر منه.

الإمامُ الصَّادقُ صَلواتُ الله وسَلامُه عليه يَجعل الشِّيعِيّ الأَصِيل في أُفق منهجٍ متوازنٍ، فيقول: (مَنْ لم يكُن عنده مِن شِيعتنا ومُحبِّينا كتابُ سُلَيم بن قيسٍ الهِلالي فلَيس عنده مِن أَمرِنا شَيء ولا يَعلم مِن أَسبابِنا شيئًا، وهو أَبْجد الشِّيعة وسِرٌّ مِن أَسرار آل مُحمّد).

يُمثِّلُ كتابُ سُلَيم سِيرةً تأريخيَّةً منتجة لِلمَفاهيم العقديّة في ثقافة الشِّيعة عند مُعالجة الرُّؤيَةِ المتعلّقة بأُصُولِ المذاهب وسِيرةِ طوائفها وطَبيعةِ المَوقف منها وحُدود العلاقة معها.. في الكِتاب سَردٌ لِجُملَةٍ مِن الوقائع الّتي تَضِيق لها صدور أَهْلِ السِّياسة في الانْتِماء الحِزْبي والفِئوي والمَرجِعي الشِّيعِي، فيعمدون إلى الطَّعن في صدور هذا الكتاب والتَّحريض على نَبذِه وإِهمالِه والنُّفور منه وتَسفِيه القاطِعين بصدوره والمُلتزمين بِمَضامينه والافتراء عليهم بِأَبشَع أَلوان الكذب مِن القول والفُحش مِن الشَّائعة.

ليس مِن شَكٍّ في أنَّ منهج كِتاب سُلَيم وتَوصِية الإمام الصّادق صَلواتُ الله وسَلامُه عليه فيه يُلهِمان الشِّيعي بقُوّة الحُجّة عند العمل على تَنمِية ثقافته، ويَدفعانه بِقُوة إلى الأخذ بِأُصول التَّشَيُّع وتَشيِيد قيمه ومُثله ومعارفه عليها.. إنَّه كتابُ فصلٍ في كَشفِ الحقائق والوَقائع التَّأريخيّة، يَضعُ عن قارئه الأَغلال المُقيِّدة لِلذِّهن مِن فرط التَّشويه الإعلامي والدِّعائي المُضادّ والمُوجَّه مِن قبل أَعداء التَّشَيُّع ووُعّاظِهم والسَّاسة المُروّجين لِفكرَتي الوَحدة بين الشِّيعة ومذاهب اتّجاه أهل العامّة وإِعادة كتابة التَّأريخ. فإِنْ أَخرَجَهُ البعضُ عن الاعتِبار وضَعَّفَه فمَرجِع ذلك إلى أَسبابٍ يكتُمها في سَرِيرَته ويُظهِر خلاف ذلك على فَلتَات لِسانه وسُلوك عمله!

وكلُّما تناولَت الأجيالُ الشِّيعِيّة كتابَ سُلَيم بالعِزّ والفخر إذْ يُعدّ الوثيقة الأَقدم في تدوين التَّارِيخ الشِّيعي، سيُناهضُهم أُناسٌ (يَتسيَّسُون) ويجتهدون في إِحْباط أُصُول الثَّقافَة الشِّيعِيّة بالقول الخاضع: (لِماذا نَتنزَّل فنَتنفَّس في أُفُقٍ تأريخيٍّ مُتأزّم بِتَمثُّلِنا سيرة كتاب سُلَيم، ونَظلّ عاكِفين على وقائع الماضي نَجترّها ونَتخلَّف بها عن مُستقبلنا، وأَمامُنا أُفُقٌ حضاريٌّ رحب يَستضِيفنا في سعادةٍ ومِن دون هَمٍّ وغَمٍّ)؟!

إنّ هؤلاء المُسيَّسين هُم أَعجز مِن (قَمْلَهْ) وأَضعَف مِن أَعجاز نَخلٍ خاوِيةٍ، يَحسبُون كلّ صيحةٍ عليهم.. يُغلِقون أَبواب التَّأريخ فينقَطِعون عن

أَصالتهم، ويَستَقون من كُلّ الوقائع المثيرة المستجدّة في العالم آمالاً كاذبةً تَزرعُ في قلوب أتباعهم مزيدًا مِن الضّعف والهَوان وفي نفوسهم مزيدًا مِن الحرص على المصالح الذَّاتيّة الخاصّة، وتُخرِب فيهم آلة التَّفكير السَّليم، وتَدفعُ بهم إلى العمل على تَبنِّي مبادئ سِياسِيّة مُدمِّرة لِثَقافة مُجتَمعاتِهم.

لا بُدّ مِن تحقيق الفوز الشِّيعي في خِضمّ الوقائع السِّياسيّة الجارية، وذلك مِن خلال السَّعي الجادّ في تنمية الإدراك بالمنهج السَّلِيم المعتمد عند قراءة سِيرة الأَمِين صَلَّى الله عليه وآله وأَهل بيته صَلواتُ الله وسَلامُه عليهم، والتَّجرّد مِن ضغط أَوهام الحَشْد السِّياسِي المُختلق دعائيًّا والتَّحرّر منه.

فَفِي تجربة التَّشَيُّع التَّأريخيّة تحذيرٌ مِن (السِّياسَة) ومعانيها السَّائدة شُمولِيًّا، وحَثٌّ على تَجنُب مَكرها وغَدرها وفُجورها، واجتهادٌ في تركيز الجهود والطَّاقات للعودة إلى أصول الثَّقافة وتنميتها وجعلها البَدِيل الأعظم الذي مِن شأنه إصلاح ما أَفسدته السِّياسة ذاتها وصِيانة العُقول مِن عطبها والأنفس مِن هَواها.

وعند الرَّصْد المُتقَن لحركة التَّنمِية الثَّقافيّة الشِّيعِيّة المعاصرة لن نَجِد رِعايةً كافِيَةً لِمَنهج التَّقويم الثَّقافي المُستقلّ عن أَوْهَام السِّياسة وغُرورها، ولا رَصدًا لِمُستوى التَّطوّر في الثَّقافة، ولا مُتابعة لِلمُستجدّ في القِيَم النَّاشئة عنها والمفاهيم الطّارئة عليها، ولا تَحديدًا لِمَناطق القُوّة والضَّعف فيها.. سنَجِد تدافعًا لِاحتكار مَظاهر الثَّقافة وأَموالها المنقولة وغير المنقولة فيما يَظَلّ تأريخ الثَّقافَة بلا تَدوِين مُعتبر، كما سَنجد اكتفاءً بما اقتُبِس مِن بعض علوم المدارس الحوزويّة المحَلِّيّة والحوزات الكُبرى!

يعود عالِمُ الدِّين البَحْراني مِن الحوزات الكُبرى الخارجِيّة ذات البِيئة الثَّقافِيّة والاجتماعيّة المختلِفَة مُثقلاً بموضوعات الحوزة، فيَلِج بها بيئتَه الثَّقافِيّة الأصِيلة مِن غير الإحاطة بِتَأريخها العريق ولا بِسِيرتها المعلومة في النُّموّ والتَّطوّر ولا بِكيفِيّة تعاطِيها مع التَّحدِّيات، ولا بِسُبل معالجتها

لِلمُشكلات الاجتماعيّة وسَدّ نواقصها، ولا بِفَنّ تسخير العَقل المَنهجي المعاصر في التَّطبيقات الثَّقافيّة المستجدّة.

والمنهجُ التَّعْلِمِيُّ الوطني الّذي يَنتسِب إليه البَحْرانيُّون بِدءًا مِن المرحلة الابتدائيّة وانتهاءً بالمرحلة الثَّانويَّة والدِّراسات العُليا يَخلُو مِن ذكرٍ لِلثَّقَافَةِ البَحْرانيَّة، فيَستمِدّ عالِمُ الدِّين معنى الثَّقافة مِن خارج بيئتِهِ حيث يتَلقَّى فيها تَعلِيمَه الدِّيني، ويَظُنّ أنَّ الثَّقافَة البَحْرانيّة تَعنِي سِيرةَ العُلماء وتَصانِيفهم فحَسب، فيُبحِر بين المُصنّفات القَدِيمة لالتِقاط ما يُعزِّز هذا المعنى، ويَختَتِم رحلته مُضطرّا بالدّعاية الحِزبيّة والفِئويّة إلى مَن يُوالي مِن الأشخاص والأفكار والأشياء المعاصرة له مِن غير التِفات إلى أنّ وظيفته تَتطلّب الإحاطة بالثَّقَافَة البَحْرانِيَّة بما هِي شاملة لِسِيرة العُلماء وأَنّ سِيرة ثَقَافَةِ المُجتمع وامتدادها التَّأريخي والحضاري المعاصر هِي الأَهَمّ!

فإنْ كانَت وَظِيفةُ عالِم الدِّين خِرّيج التَّعلِيم الوطني المحلّي والدِّراسات الدِّينيّة الحوزويّة الخارجيّة محصورةً على الوَكالة العامّة الّتي يَستمِدّها مِن مَرجِع الحوزة الكُبرى الخارجيّة فالنِّقاش في مُشكلاتها يَطول مقامه وقابلٌ لِلجدل أيضًا إذْ لَيْس لِطَالب العِلم مِن قاعِدةٍ ثَقافِيّةٍ ينطلق منها لتحصيل العلوم الحوزويّة، ولَيس لِلبَحْرَين مِن سِياقٍ تأريخيٍّ مُدَوّن حتّى الآن، وأَنّ الدّافعَ الّذي يحول دون تَدوِينه وإدراجِهِ في منهج التَّعلِيم الوَطني سِياسيٌّ طائفيّ صرف. فعَلى أَيّ قاعدة تُنظّم هذه الوكالة وكيف تُشغّل؟!

ورُبَما يعود عالِمُ الدِّين إلى مجتمعه مُتمكّنا مِن الجدل الكلامي والغوص في الوِجدان والتَّصوّف العِرفاني، فتِلك مصيبةٌ أُخرى عانت منها ثَقافَةُ الشِّيعة حيث يَختصّ عالِم الدِّين في بُعدٍ مَعرفي آليّ أَو رُوحاني لا علاقة له بِالوَظِيفة الأَساسِيّة لِعالِم الدّين.. والجَدل الكلامي في الزّمن المعاصر قليل الثّمر كثير الشّوك وليس مِن الأَولَويّات الضّروريّة، ويَنطوي على فسادٍ عقديٍّ كبير في إِثر تَداخُل التَّعلِيم في الحوزات الكُبرى مع العناصر الفلسفِيّة والصُّوفيّة

حتّى صار تَفَقُّد الفِكر النّاجم عنها عَصِيًّا على الاستيعاب والفَهم، ويَتطلّب ذِهنيّةً مَحصَّنةً حذِرةً حافِظة لا تَتوافر في الأَغلبيّة الساحقة مِن طلاب العلِم فضلا عن النّاس.

إنَّ جَهلَ عالِم الدِّين بالسِّيرة التَّأرِيخيَّة لِلثَقافة البحرانيّة الأَصِيلة، وانعِدامَ الدِّراسات في مَراحل نشوئها وتطوُّرها في عالَم مُتنوّع الثَّقافَات حيث تَتفاعلُ فيه السِّيَر والعقائد وتتبادل التَّأثير بِفَوضى السِّياسة ومصالحها، وتَتقاربُ فيه مناهجُ البحث السَّليم مِن مناهج البحث المُشكِّكة الدّاعِية إلى قراءة الدِّين بِعَينٍ فلسفيَّةٍ وصُوفيّةٍ وتَأريخيّةٍ مُجرّدَةٍ مِن المُثُل والوِجدانيّات - كلُّ ذلك سينتَهِي بالواقع الثَّقَافِي البَحْراني إلى الانْدِماج مع الأفكار المَنبُوذة المانعة مِن صِيانة الأُصُول العقديّة ومِن التَّمَسّك بها والإيمان بما حَوته مِن (وَحدَة الخالِق وعَدِله) و(النُّبوّة والإمامة) و(المَعاد بعد فناء العالم) و(الوَلايَة والبراءة) و(العِصْمَة) وما شاكل ذلك من أصول وفُروع.

إنَّ عددًا مِن العقائد الخاطئة قد تركَ أثرًا على الثَّقَافَةِ البَحْرانيَّة عن طريق طُلّاب العلوم الدِّينيّة الّذين انشغلوا بها في فترة دِراستهم الحوزويّة في خارج البلاد، مع علمهم القاطع بفسادِها وإِقصاء الحوزة الكُبرى الأَصِيلة لها عن دوائر الدِّارسة والمُمارسة. فصَيَّروا لهذه العقائد سُوقًا رائجةً وأَوجدوا لها مُسوِّقِين في المآتم والبُيوت البَحْرانيّة، وقد سَحرهم مُؤثّر الذَّوق السِّياسي ومَصالح الانتماء الحِزبي والفِئوي فحَبَّبَ إليهم هذه العقائد.

فهذا الصُّوفي الخطير ابن عربي الأندلسي الشَّهير بِعَقيدة (وَحدَة الوُجود والمَوجود) الّتي صوّرت كُلّ المخلوقات ظِلالاً لِلخالق وهِي ذاتُ الخالِق ومِن انحائه، ونَفَت التَّعدّد بين وُجودين (خالِق واجب الوُجود صانع مَعبود، ومَخلوق عابِد حادث مُمكِن الوجود).. ابن عَربِي هذا يَقتحمُ الثَّقَافَة البَحْرانيَّة مِن أَوسع أَبوابها على مَلأٍ وفي وَضَحِ النَّهار، فيُتَرَّضَى عليه في المَجالس وفي المدارس الدِّينيّة الحديثة المُنتشرة في البِلاد وقد كُفِّر بين كبار العُلماء الشِّيعة

مِن المُتقدِّمين والمُتأخِّرين ونَبذته الحَوزاتُ الأصيلة، وحَرّم وُعّاظ اتِّجاه أَهْلِ العامّة مِن المُنصِفين اقتناء وقراءة كُتبه، فيما يُقصَى كتابُ سُلَيم التّأريخي على مَعايير مِن الأَوهام السِّياسيّة والحزبيّة والفِئويّة والمَرجِعيّة بِحُجّة ترسيخ مبادئ التّآلف والوَحدة مع أَتباع اتّجاه أَهْلِ العامّة وإعادة كتابة التّأريخ لِسَدّ الفجوة الطّائفِيّة.

لقد دَفعَتْ السِّياسةُ فئةً مِن الشِّيعة إلى تبنّي عددًا مِن المفاهيم المُستقاة مِن ثقافات ماكِرة ما زالت تدعو الشِّيعة إلى الوَسطيّة في الرُّؤية لِلعَقيدة مِن حيث أَنَّها مُقرِّبة إلى الواقِعيّة على منهج مُجتمع السَّقِيفة. فاستَجابَت هذه الفئةُ وشَرَعَت في دغدغة الوِجدان وتدجين العَقل الشِّيعي حتّى يَستسلِما لِضَرُورات الواقع. وفي المُقابل نادت فِئةٌ شيعيّةٌ أَصِيلةٌ بالرَّفض المُطلق لهذا اللّون مِن الاستِجابة العَمْياء وتَمثلها مَنهجًا سِياسيًّا مُفسِدًا لُدِغَ فيه الشّيعةُ لِمَرات عديدة، ولِكونِها طريقًا وعرًا يشترطُ هدمَ أَركان الثَّقافة الشِّيعِيّة والعَبث في متون أُصُولها وتعطيل مظاهرها.

ـ اتِّجاهَاتُ الفَصْلِ الطَّائفِي

كُلَّما تَناولَت مَجالسُ الثَقافة الشِّيعيّة واقعةَ الانقلاب على الأَعقاب في يوم السَّقِيفة وما سَبقها مِن اغتيال لِلنُّبوّة وما لَحِقها مِن إزاحة وإقصاء لِلإمامة؛ تَدخَّلَت طائفةٌ مِن السَّاسَة الشِّيعة مُندِّدة ما وَصَفته بِالإمعان في نَبشِ المُدوّنات التّأريخِيّة، والمُبالغة في اتِّباع أُصُول المعرفة بِما لها وما عليها وتَهديد بُنية المُجتمع الإسلامي المعاصر وتَفكِيك الوَحدة المَذهَبِيّة وتَخريب مساعي التّآلف والتَّقارب بين الطَّوائف!

ما الّذي تَرمِي إليه فِئةُ السَّاسة مِن كلّ ذلك، أَهِي المصلحةُ أَمْ المنفعة أَمْ الضَّرر والأَذى أَمْ الهُروب مِن الواقع ومسئوليّاته الثِّقيلة؟!

ليس مِن شَكٍّ في أَنَّ إثارة الطّائفِيّة بُغية تَمزِيق نسيج المُجتمع

هو عَملٌ مَهين لَنْ يَحصِد إلّا الفساد والخَراب والفوضى ولَنْ يرضى عنه مُسلِمٌ سَوِيّ العقل والإيمان. لكِنّ الواقع كاشِفٌ عن نشوب فصلٍ طائفيٍّ مُتكرّر بِزَعامَة طرفٍ مُعتدٍ أَثِيم واحدٍ لا يَتغيّر مُنذ يوم السَّقِيفة وقد خَلَّف أَضرارًا ومآسي كَثيرة في النَّسِيج الاجتماعي لِلطَّرف الآخر (الشِّيعة) الّذي كان وما يزال إلى يومنا هذا هُو الجِهة الضَّحِيَّة.

أَلا يَستوجِب ذلك مِن الفريقين إِعادة النَّظر في المعنى المُراد مِن الفصل الطّائفي والتَّدقيق في المُتشابه السِّياسي في ذات المعنى؟!.. ألا يستوجب استقراء طبيعة البيئة الثَّقافِيّة السَّائدة بين الفريقين قبل إِصدار الأحكام جزافًا بِالإدانة؟!.. فالأحكامُ مِن دون ذلك لَنْ تُفرز حلاً منصفًا لِلضَّحِيّة أَو إِجراءً عادلاً يُدِين المُعتدي، كما لا يَضع حدًا لِلفصل الطَّائفي، ولا بُدّ مِن البحث في الوقائع التَّأرِيخيَّة والمعاني والأَوصاف.

لماذا يُصاب البعضُ مِن البَحْرانيِّين بالدَّهشَة حين يُشار إلى أَنّ الرُّؤية المعاصرة لما يُسمّى بِالفَصل الطّائفي المُمَنهج ما هِي إلَّا مَقتَبسٌ سِياسيٌّ فاسِدٌ عن سِيرة الدُّول الإسلامِيّة المُتعاقِبة مُنذ يَوم السَّقِيفَة، وصادِرٌ عن قُوى الاستِعمار القَدِيم الوافد، وأَنَّ كِلَيهما اقتَحَم ثقافة أَتْباع اتِّجاه أَهْل العامَّة بِمَعاني مُخاتلة فأَكثرَ بها الفساد وهَدّد المنظومة الاجتماعيّة لِلمسلمين كافّة؟!

إِنَّ النُّظم المُستَبِدّة في الدُّول الإِسلاميّة المُتعاقبة ودول الاستِعمار فشلا في إِقحام أَحكام الفَصل الطّائفي في الثَّقَافَة الشِّيعِيَّة وذلك بِنَبش سِيرة أَعمال الإبادة المؤسفة التي اقترفها اتِّجاه أَهْل العامّة بِحقّ الشّيعة بُغيةَ الإثارة وإيقاع الضَّرر الكبير في أَتْباع اتِّجاه أَهْل العامّة بِأَيدي شِيعِيّة. ولكنّهما وجدا في الثَّقافَة الشِّيعيّة مَعاني التَّعايُش مَبنِيّة على أُصُولٍ رَصِينةٍ مانعة مِن الإثارة وثابتَة على إِيمانها مِن غَير تَفريطٍ بِالعَقِيدة ولا انفعالٍ بِعِلَلِ التَّأجِيج السِّياسي ولا استِجابةٍ لِدَوافع الثَّأر وارتكاب العُنف وممارسة التَّمييز الطّائفي في الضِّدّ مِن أَبناء اتِّجاه أَهل العامّة.

ولو دقَّقنا النَّظر في دَوافع (الفَصل الطّائفِي) التَّقلِيدي لوَجدْناها راسخة في أُصُول المعرفة لَدى أَتْباع اتِّجاه أَهْل العامّة، وأَنَّها ذات قواعِد نَشطة في الدَّوائر الرَّسْمِيّة لِلدَّولة والدَّوائر الحِزْبِيّة والفِئوِيّة وجِهات الوَعْظ والإرشاد التّابعة، ولَيْس في أُصُول المَعرِفَة لدى الشِّيعة ولا في ثَقافاتِهم شَيئًا مِن دوافع الفَصْل الطّائفي أَو ما شاكلها.

ولو أَحْصَينا الأصول المتَباينة والمتَناقِضة والمتَضارِبَة والمتون المُتخالِفَة والمُتَضادّة القابِلة لِلتَّوظِيف في الفَصل الطَّائفي بين الشِّيعة وأَتباع اتِّجاه أَهْلِ العامّة لعجزنا عن إِحصائها أَو سَردها. ولكِنّ الجدير بالباحِث المُنصِف العادل أَنْ يستفهم في هذا المقام والمقال: هَلْ ورَد الفَصلُ الطّائفي في مُتون أُصُول الفَريقَين بِمَعاني سِياسِيّة أَمْ بِمَعايير دارِجَة في الثَّقَافَة، وهَلْ الثَّقَافَة في الشِّيعة واتِّجاه أَهْل العامّة هي ذاتُها السِّياسة؟!

عند البَحث عن الحقيقة في هذه القضيّة الشَّائكة والمُقلِقة بِتَجرّدٍ وعلى طِبق المنهج العِلمي التَّكامُلي المُحايد الجادّ في البحث عن أَدوات المعالجة؛ سيَكتَشِف الباحثُ مُفارقة مُثِيرة. فعلَى الرَّغْم مِن كثرة الأصول والمُتون الصّارِخة في التَّشدُّد العقدي بين الفَرِيقين؛ فإِنَّها لا تُمثِّل لِوَحدها عامِلاً في الفُرقة، ولا صاعقًا في التَّشطِير الاجتماعي، ولا دافعًا لِلتَّقسِيم والفَرز والعزل والفَصل الطّائفي، ولا ذَريعة كافية لِتَمزيق النَّسِيج الاجتماعي وتَفكِيك قيمة التَّعايش وما ائتُلِف بين الشِّيعة وأَتباع اتِّجاه أَهْل العامّة.. إِنَّها لا تُشكِّل في حَدّ ذاتها حافزًا أَو مسوّغًا يكفي لِتَأجيج الكراهيّة والبغضاء والازدِراء والشّحناء والعداوة بين الشِّيعة وأَتْباع اتِّجاه أَهْل العامّة مطلقًا.

وعلى العَكس مِن كلِّ ذلك.. أَنَّ الاختلافَ والتَّباين والتَناقض والتَّضارب والتّضادّ بين أُصُول المعرفة ومتونها لدى الفَرِيقين قابلةٌ لِلتَحوّل إلى أَهَمّ الدَّوافع نحو تَنمِية العلاقات الثَّقافِيَّة التي مِن شَأنها صِيانة الاستقرار الاجتماعي إذا ما نُظِر إليها بِمَنهجٍ عِلميٍّ مُستقلٍّ ومواظبٍ على طلب الحقيقة

والوُصول إليها، والتزامًا بِتوصِية الدِّين نفسه في وُجوب التَّفكّر وإعمال العقل.

ومتَى ما أُثيرت معاييرُ السِّياسة وغُلِّبَت الأنانيّة ومَساعي التَّفوّق السَّلبي والاستِحواذ على الزَّعامة والانْفِراد بالرّئاسة؛ تَظاهَرَت حَسِيكةُ النِّفاق على وَحدَة الصَّفّ وهتكت مبادئ التَّعايش بين فئات المجتمع ومَزّقت وشائج نَسيجِه الحميم!

إنَّ النّظر في التَّأريخ البشري بِرُؤية إنسانيّة مُنصفة مُجرّدة مِن أَهواء السِّياسة ووِجدانيّات الأَديان يكشِف لِلنَّاظر عن كُتلةٍ ضَخمةٍ مِن التَّدافع السِّياسي المُدمِّر على السُّلطة والرئاسة، ومِن النِّزاع على وراثة السِّيادة، ومِن الحروب المفتعلة المفزعة، ومِن التَّحدِّيات الدِّينيّة المُقلقة. منها ما أَدّى إلى تفشِّي رُوح الثَّأر والانتقام الأَحْمق وبَعث التَّشَفّي الأرعن، ومِنها ما انتهى به المَطاف إلى الاستِجابة لِنِداء العقل والوِجدان فالتَجأَ إلى العوامل المُشتركة في السِّيرة التَّأريخيّة وأُصُول الثَّقافة فجَعل مِنها مصدرًا لِانتِزاع المفاهيم الضَّروريّة المُحفِّزة على البقاء في أَمْنٍ وسكينةٍ.

إنَّ السِّيرة التَأريخيَّة لِلمُسلمين أَصبحَت جزءًا مِن التَّأريخ البشري ولا تَتخلّف عنه في شَيء ولا تَتميّز عليه في شَيء، شِئنا ذلك أَمْ أَبينا. فهِي ليست إلّا كُتلة مِن التَّدافع السِّياسي القَبَلِي والعَشائري البَغِيض، ومِن النِّزاعات المُستمرّة والانْقلابات المُتوالِية والاغتيالات المُنظّمة، ومِن الغارات وحُروب الانتقام والثَّأر والتَّشَفّي، ومِن مُؤامرات السِّيادة ووَرثة الرّئاسة، ومِن النَّقض لِلعُهود والتَّمرد على المَواثِيق، والمكر والخديعة والوَقِيعة والدَّسِيسة.

سِيرةُ المسلمين لم يسلم مِن جَورِ وأَذاها نَبيُّ الإسلام صَلَّى الله عليه وآله وأَهْلُ بيته صَلواتُ الله وسَلامُه عليهم، فلِماذا الإسراف في تَمجيد هذه السِّيرة وما خَلَّفته مِن دُولٍ مُستبدَّةٍ مُتعاقِبة وحكمٍ وراثي، ولماذا الإفراط في جَعل المُنقلبين على الأَعقاب صَحابة مُقدّسين وقد لَعنهم القُرآن الكريم وذمَّتهم السُّنّة الشَّريفة؟ وما الدَّافِع إلى جعل قُرونٍ مِن المُؤامرات والحُروب

والانْقلابات واغتصاب الرّئاسة وتوريثها لِلأبناء صفحةً بيضاء مِثاليَّة وِجدانيّة يُتغنّى بها؟!

فلو سُخِّرت هذه الكُتلة التَّأريخيِّة السَّلبيّة مِن السِّيرة بِرُؤيّة مُعاصرة نَقِيّة صافِية، وبِمَنهج عِلميٍّ مُستقلٍّ مُجرّدٍ مِن غواية شَيطان (السِّياسة) وباحثٍ عن الحقيقة دُونما حاجة إلى تَشطِيب أُصُول المعرفة أَو إِعادة تأويل المتون وصِياغة المدوّنات وخَرق مفهوم أَصالَة الحُرِّيَّة لدى أَتْباع الفريقين؛ لكانت عامِلاً في تَأسِيس حضارةٍ عظيمة الشَّأن ودافعًا نحو تَشيِيد مُجتمعٍ اسلاميّ مُستقرٍّ مُتعايشٍ ومُتفوّقٍ في الثَّقافة.

ومِن السَّذاجة أَنْ يُدعى إلى تَأسِيس نهضةٍ إِصلاحِيّةٍ سامِيةٍ ومُتعاليةٍ في المُسلمين كافّة على أَنقاضِ المُدوّنات التَّأريخِيَّة وأُصُول المعرفة لدى الشِّيعة واتّجاه أَهْلِ العامّة، ثمّ التَّوافق على شَطْبِ السِّيرة أَو إِعادة كتابتها، أَو حتَّى (البَحث عن العَوامِل المُشتركة) الّتي صَدّعوا رُؤسنا بِتكرار شَريطها السَّمعي والبصري في لِقاءات النِّفاق الوَحدَوِي البَينِي!

إنَّ تجريد الرُّؤية ومنهج التَّفكير مِن غواية (السِّياسة) عند قراءة السِّيرة التَّأريخيَّة يَعصِمُ مِن فساد المواقف عند يُقرّر مُعالجة الواقع المُعاش ورَسم نَمط الحياة. مِن هنا حَرِيّ بنا القول أنَّ المُستعمر الفاسِد وأَنظمة الحكم المُستَبِدّة المعاصرين لَنْ يَستغنِيا عن المكر والحيلة كلَّما عالجا السِّيرة والأُصُول والمتون والمدوّنات في المنهج التَّعلِيمي والنَّظريّة الإعلاميّة المعتمدة بِطَريقتِهما الخبيثة، ولَنْ يَتوقَّفا عن تشغيل آلة الإثارة بالوَضْع والاخْتِلاق والتَّدلِيس. وسَيستَمِرّان في تَشويش الرُّؤية الإسلاميّة لِلتَّأريخ والعبثِ في منهج البحث والتَّفكير السّليم. فكان اختِلاق (الفَصْل الطَّائِفي) مِن أَخطر الأسلحة السِّياسيّة التي أَدرَجوها في مُخطّطات الهيمنة وتَكريس النُّفوذ وبَسط السّيادة المحرّمة.

فإِنْ رصد الشِّيعةُ وأَتْباعُ اتِّجاه أَهْلِ العامّة سِلاح الإثارة السِّياسِيّة وسَعوا

في تَعطِيله وتَعطِيبه فيما بينهما وذلك بِالعودة إلى أُصُول المعرفة يَطلبان الحقيقة مِن غير حَساسِيّة في تَناول التَّفاصيل ـ فلَنْ يكون لِـ(الفَصْل الطَّائفِي) مِن وُجود. وأمّا الدَّعوة إلى تَجمِيد ما وُصِف بِـ(النَّبْش) في السِّيرة وأُصُول المعرفة عند الفريقين، والعمل على طَمس الحقائق التَّأريخِيَّة أَو شَطبها ثُمّ الرَّبْت على الأكتاف بإعلاء المفاهيم السِّياسِيّة مِن نحو الوَحدَة والتّقريب ـ فقد جُرِّبَت بِأَشكال وأَنماط مختلفة ولا تَعدو أَنْ تكون مِن العَقاقير المُهدئة والمُخدِّرة والمُسكِرة، ولا جَدوى مِن العودة إليها في عالَم تَحكُم حركةَ معارِفه شَبكةٌ مِن التَّواصُل التِّقني الواسِع والتَّدفّق الهائل والسَّريع لِلمَعلومات!

ولا بُدّ مِن رَصد درجة التَّوازن في قوى المجتمع ذِي التَّعدُّد المذهبي، فإنّ مِن عادة قُوى الاستبداد الإسراف في استِعمال سلاح (الفَصْل الطّائفي) السِّياسي الرَّخِيص والتَّحرِيض به على الفُرقة الاجتماعيّة ما استطاعت إلى ذلك سبيلا. ولا بُدّ مِن الحذر أَيضًا كلُّما جَدّت واجتهدت قُوى الاستبداد في الادِّعاء بِتَعطِيل (الفَصْل الطّائفي) عبر بناء مُؤسَّسات (التَّوازن الطَّائفِي) وتَشريع قوانين العُقوبة ذات العلاقة. فهذِه مِن ضَرورات التَّدبير لِتَوفير عوامِل الابْتِزاز السّياسي ولِبَسط سِيادة الزَّعامة السِّياسِيّة وليست لِبناء نِظام اجتماعيّ مُستقرّ دائم في جميع الأحوال.

ولا يصحّ التَّصدِيق بِوُجود علاقة سَبَبِيّة وَثِيقة وعضويّة بين (الفَصْل الطّائفِي) والتَبايُن والتَّخالف والتَّضادّ في مصاديق السِّيرة التَّأريخيّة وفي المفاهيم الّتي تفرزها أُصُول المعرفة ومتونها. فالسِّياسةُ تُبقِي لِنَفسها دائمًا حقّ امتِلاك صَواعق التَّفجير الطَّائفِي فتَعمَد إليها فتُشعِلها كلّما فشلت في معالجة مُشكلاتها الدَّاخِليّة النّاجمة عن ضَعف السِّيادة وغياب الشَّرعيّة وضِيق نِطاق الحُرّيّات وتَضخّم الفساد المالي والإداري.

إنَّ الّذين وَصَفوا العودة إلى أُصُول المَعرفة والسِّيرة والمُدوّنات التَّأريخيّة بِـ (النَّبْش) قد أَخطأوا الوَصْف واستِقصاء العِلل واختيار نمط

المعالجة، ويحقّ أَنْ يُوصفوا بِفاقِدِي الأَصَالة أَو المفرّطِين بِالذّاكرة والتّأريخ والمُتخلّيين عَنهما أَو المُتجرّدين منهما والصَّانِعين لِلأَوهام والمُروّجين لِلأُمنيات الخاوية الجَوفاء.. إنَّ (النَّبْش) تَوصِيفٌ ساذجٌ لا ينطبق مع الواقع الخارجي حيث لا يَنسجِم مع الحقّ عند اختِلاف الثَّقافَات وحُرِّيّة التَّعبير عنها ولا يصحّ التَّفاعل مع هذا التَّوصِف بلا هُوِيّة ثابِتَة. وليس مِن شَكّ في أَنّ الواصِف لا يَعدو أنْ يكون ضَحِيّةً مِن ضحايا أَوهام السِّياسة وفُروض العَلمَنة والجهل المركّب.

العقلُ البَحْراني على ثِقةٍ تامَّةٍ بأَنّ ما وُصِف بِـ (النَّبْش) في أُصُول المعرفة والسِّيرة والمدوّنات التَّأريخيِّة، والتَّصرِيح بِمَوارد الخِلاف والتَّباين والتَّناقض والتَّضارب والتَّضادّ فيها فضلًا عن كَشف ما في بُطونها وما اشتَملت عليه مِن نتائج في التَعدِيل والتَّجرِيح لِلرّجال والأفكار والأشياء والمواقف ـ كُلّها مَشروُعَة ومَطلوبَة، وهي مِمّا يُعتبر بِه ويُهتدى، ولا لَهو فِيها ولا عَبَث ولا تَخرِيب ولا تَأجِيج لِلطّائفيّة، وإِنَّما يُقصد بها الاجْتِهاد في البَحث لِلوُصول إلى الحَّقيقة وكَشفِها وتَجريدها مِن أَيّ أَثرٍ لِلهَوى السِّياسي أَو الاجتماعي والعِبرة منها وانْتِزاع المَفاهِيم السّلِيمة منها، ومِن ثَمّ تَناولها في النَّاس بِكُلّ أَريحِيّة وثِقَة بَأس. كما يُقصد بِها خَلق أَجواءٍ مِن التّعايش الاجتماعي الرّصين الّذي يَدُوم بِدَوام الرِّضا بِالحَقِيقة المُجرّدة مِن غير مُواربة ولا نِفاق. وهذا مِمّا يَجِب أَنْ يَستقِلَّ بِه أَتْباعُ اتِّجاه أَهْلِ العامّة والطّوائف كُلّها وتَعتاد عليه قَبل الشِّيعة.

فإِنْ تَبنَّت جِهةٌ في المسلمين مَشروعَ الوَحدة والتَّآلف والتَّقرِيب المَذهَبِي، وشاءت به إِنهاء (الفَصْل الطَّائِفِي) الواقع بين الشِّيعة البحرانِيِّين وأَتباع اتِّجاه أَهْلِ العامّة، فإِنَّما تَبنّت فِكرةً أَجنبيّة مِن إِنتاج بيئة ثَقافِيّة مَختلفة لا يصحّ اعتِمادها في البيئة الثَّقافِيّة والاجتماعيّة البحرانيّة.

فالاستعمارُ الجائرُ الّذي سيطر على جزيرة البحرين هو المُتّهم الثَّاني

في تَشويش الرُّؤية حول أَسباب وُقُوع الفصل الطَّائفي في المجتمع البحراني حيث صَوّر لِلبَحرانِيّين أنّ العودة إلى أُصُول المَعرفة والسِّيرة والبحث في المدوّنات التّأريخيّة والتَّصريح بِما تَضمَّنته مِن معاني ـ هو عَملٌ مُفسِدٌ لِلنِّظام الاجتماعي ومُنتِجٌ لِلإثارة الطّائفيّة ومُكرِّسٌ لِلكراهيّة والعداوة والبغضاء بين أَتْباع اتِّجاه أَهْل العامَّة والشِّيعة، فجَرّم العَودة هذه بمَجموعةٍ مِن التَّشريعات والقَوانِين. فِيما كانت عِلّةُ الإثارة تلك كامِنة في أَسْباب أُخرى حيث كان وُعّاظ اتّجاه أَهْلِ العامّة يَحمِلون وزر الاستِعداد الفِكري لإِشْعال الطّائفيّة كُلّما اقتَضَت السِّياسة ذلك، فيما يمتاز الشِّيعة بِالحصانَة وأَدوات الصّيانة فلا وزر يحملونه على أَكتافهم ولا استِعداد فِكري موصل إِلى مُمارسة أَعمال الفصل الطّائفي.

كادَ بعضُ الشِّيعة يُصدّق ما وَرَد مِن التُّهمة الموجَّهة لِلثَّقافة الشِّيعِيّة الأَصِيلة بِتكريس العَصَبيّة و(الفَصْل الطَّائفي) في المُجتمع، وراح يَبحث عن الإنْشائيّات الوِجدانِيّة الدّاعمة لِمَبدأ التَّوازن الطّائفي المُؤسَّس على قواعد سِياسيّة وَظَنّ أنّ فيها الخلاص الأَبدي مِن عُقدة الطَّائفيّة، وبالَغ في التَّشكِيك في نوايا كُلّ شِيعي يَدعو إلى الرّجوع إلى أُصُول المَعرفة وسِيرة التَّشيّع والمدوّنات المتعلّقة والكَشف عن الحَقِيقة ووَصْفَ عَمَلَه بِـ(النَّبْش)!

إنَّ الاجتهاد في تَحقِيق التَّوازن الطَّائفي على أُسُس وقواعد سِياسيّة هو فكرةٌ مِن إنتاج وتَروِيج النُّظُم المُستَبِدّة وتكريسٌ لِمُخطّط الاستِعمار الوافد. فإِنْ أَمعَنّا النَّظر في مَبدأ التَّوازن هذا سنَجِده يَنطوِي على ما يُشكِّل خطرًا على مَصِير الثَّقافَة والاستقرار الاجتِماعي الشِّيعي، وصارفًا عن الحلّ الحَقِيقي الموجب لِلإعتماد على حَسب النُّصوص المُقدّسة، وأَنّ كُلفتَه تُساوِي أَضعافًا مُضاعفة مِن كُلفَة التَّعايُش التَّقلِيدي الّذي صان الطَّمأنِينة والسَّلام في المجتمع.

يُحلّلُ الباحثُ الشِّيعي في هذه الظّاهرة، فيَقول: إِنَّ خَللاً مَنهجِيًّا يقود

التَّبادر الذِّهني لِوُعّاظ اتِّجاه أَهْلِ العامّة. فكُلّما افتُتِح حديثٌ في القضايا المُتعلِّقة بالهُوِيّة المَذهبيّة رأيتهم يَتشنَّجون ثُمّ يُنذِرون ويُحذِّرون ويَتوعَّدُون، وكأَنّ في الإمكان تَجريد الثَّقافَة السَّائدة مِن أُصُولها وبُعدها التَّأرِيخِي بِالقُوّة والقَهر.

وإنْ سأَلتَ شخصًا شِيعيًّا مُمتَنِعًا مِن الخوض في تفاصيل سِيرة اجتِماع السَّقِيفة ومُتجنِّبًا إِدانة رِجالها وما خَطّطوا له مِن مؤامرة لاغتِيال النُّبوّة وإِزاحة الإمامة عن مقامها الّذي رَتَّبهُ الله سُبحانه وتعالى على حَسب الوارد في الأصول والمُتون والمدوّنات الشِّيعِيّة؛ أَتاك الجواب ارتِجالِيًّا غضبان أَسفا: (إِنَّها الخشيةُ مِن وُقوع الفَصْل الطَّائفي، ومِن تَمزِيقِ وَحدة واستقرار المجتمع، وأَنّها لاتِّقاء الفَوضى وسقوط الضَّحايا والخَسائر المادِّيّة. ولا بُدّ مِن تَجمِيد البحث في الأُصُول وفي السِّيرة التَّأريخيِّة والمدوّنات والامتِناع عن ذِكر تَفاصِيل السِّيرة على مَنهج (الوَلايَة والبَراءة)، والاكتِفاء بانتزاع الأَفكار والمفاهيم مِنها وعَرضِها في مَجالِس المآتم والبُيوت وبَثّها على شبكات التَّواصل الإعلامي والاجتماعي مُجرّدة مِن مصاديقها، والعمل بِجِدٍّ على طِبق قاعدة القواسِم المُشتركة مَع أَتْباع اتِّجاه أَهْلِ العامّة)!

ويَرى أَهْلُ الانتماء الحِزبي والفِئوي والمَرجِعي والمُتَحَيّزون لهم أَنّ هذا التَّوجِيه مَنطِقيّ ويَنطوي على (وَعْي) حَضارِي عمِيق ومُرونة قابلة لِلتَّطوّر والتَّفاعل مع موجبات العصر. فِيما يَراه غَيرُهم مِن ذوي الأَلباب والعقول الكبيرة تَوجِيهًا سِياسِيًّا مُتعجِّلاً في تَقيِيم الواقع، وأَنّ كُلفتَه تُشكِّل خطرًا جِدّيًا على الثَّقافَة الشِّيعِية ونَسيجها الاجتماعي، وأَنَّه تَوجِيهٌ مُقتبسٌ عن خبرات حِزبيّة وفِئوية انهزامِيّة التِقاطِيّة وعن انتِهازيّة يَسعى المُنتمون مِن ورائها إلى بَثِّ مَفهوم الزَّعامَة المُنفرِدة والاستِحواذ به على مَقام الرّئاسة وفَرضِه على الوُجُود الشِّيعي الكبير بِدَعم مِن وُعّاظ وأَحزاب اتِّجاه أَهْلِ العامّة مِن غير مُبالاة لِلنَّتائج السَّلبِيّة الّتي ستُسفِر عن كلّ ذلك.

لا تُوجد في البَشر أُمَّةٌ قائمةٌ على سِيرة تَأرِيخيَّة نَمُوذجِيّة مُؤلّفة مِن المُثُل الوِجدانيّة السَّلِمية والقِيم الخُلقيّة الرَّفِيعة والعَدالة الإنسانيّة المُحصِّلة لِلرِّضا والقُبول والاطمِئنان بالإجماع، ولا تُستَثنى أُمَّةُ المُسلِمين مِن ذلك. وقد أَلِفنا في العصر الحديث أُممًا كانت مِن قبل ذَلِيلةً خاسِئةً يَتخطَّفها الفَقر وتُبيدها الأَوبئة والأمراضُ وتَعُمّها الفوضى والعَصبيّة والحُروب العرقيّة والقَومِيّة ويُدمّرها القتالُ العَشائري والدِّيني الذي يَحصِد الأُلوف مِن أَبنائها لِأَتفه الأَسباب، ثُمّ تَقدَّمَت وتَحضَّرت وتخلّصت مِن عُقد التَّمييز العرقي والفَصل الدّيني. ولا يَستطِيع أَحدٌ مُنصِف أَنْ يُميّز أُمّة المسلمين ويَرقَى بها على هذه الحال بِخاصَّةٍ حضارِيّةٍ أَو منهج مِثاليّ في التَّعايُش السِّلمي وفي السِّيرة والأَخلاق وفي التَّدبير السِّياسي وفي الثَّقافَة حتّى يُمكِنَنا القول أَنَّ سِيرةَ المسلمين مُبرّأة مِن الفوضى والعَصَبيّة والحُروب العرقيّة والقَوميّة والقتال الدّيني والتَّمييز الطَّائفي، ولكِنّ إمكان النُّهوض بهذه الأُمّة ليس مُمتَنِعًا أَو مستحيلًا!

في مقام صدور القرار، يَستعمِلُ السِّياسيّ كُلّ أَدوات التَّأثير لِكَي يحفظ لِسَلطنَتِه السِّيادة والزَّعامة. فإنْ كان السِّياسيُّ مِن أَتْباع اتِّجاه أَهْلِ العامّة حاكمًا بِتَفويضٍ أَو تَقلِيدٍ أَو تَنصِيب مِن قبيلَتِه أَو كان زَعِيما بِانتِخابٍ مِن حِزبه وفِئته أَو تَعيين؛ استعَمَل التَّمييز و(الفَصْل الطّائفي) مِن أَجْل تَحقِيق التَّفوّق في القُوى أَو فَرَض التَّوازن السِّياسي بين أَتْباع اتِّجاه أَهْلِ العامّة والشِّيعة. وإنْ كان الزَّعِيمُ شيعيًّا مُستَسلِمًا لِمُقتضيات السِّياسة ومُستَجِيبًا لِضَغط الضَّرورات فيها؛ فَعَل مِثل فَعْلَة الزَّعِيم مِن أَتْباع اتجاه أَهْلِ العامّة واستَنّ بِسُنَّتِه إذْ لا فرق ولا تَمايُز بينهما في المُعالجات السِّياسِيّة.

ولا بُدّ مِن الإشارة إلى أَنّ مِن حُسن تَوفِيق الشِّيعة أَنّهم اعتزلوا السِّياسة أَو أُقْصوا عنها، فلَم تَقُم لهم دولةٌ بالمَعنى الشِّيعي الأَصِيل، فيما دَخلَ أَتْباعُ اتّجاه أَهْلِ العامّة ووُعّاظهم وأَحزابهم وكِياناتهم الأَهلِيّة في شراكة مع الحُكام وتَصدّوا لِرّئاسة السُّلطة وإِدارة الشُّئون العامّة في الدَّولة، فصار التَّمييز

و(الفَصْل الطَّائِفي) عملاً مُقترنًا بِسِياساتهم حيث يُحرِّمُونه في عامٍ ويُبِيحونَه في أَعوام أُخرى على حسب مُتطلّبات فَنّ التَّدبِير السِّياسي. وعلى قواعدٍ مِن هذه الشَّراكة تَطوّرت مَفاهِيم التَّمييز و(الفَصْل الطَّائِفي) وقوانينها وإجراءاتها ولم يَكن لِلشِّيعة مِن دور في صُنع لعبة (الفَصْل الطَّائفي) وإنَّما أَدّوا دور الضَّحِيّة وصَبروا عليه صَبرًا جميلاً.

إنّ أُصولَ المعرفة ومدوّنات السِّيرة في الثَّقافة الشِّيعِيّة وفي ثَقافة أَتْباع اتّجاه أَهْلِ العامّة مَليئان بِالأَلغام المُؤدِّية إلى التَّمييز و(الفَصل الطائفي) مُنذ بدايات عَهد التَّدوين، وقد تَفرّعت عنهما المَجامِيع والتَّصانِيف في الفريقين. وعندما يَتجرّد الفَرِيقان مِن هَوى السِّياسة والتَّعصُّب لِلذّات وهوى حُبّ الرّئاسة ودَوافِع الهيمنة والشُّعور بالكِبر والغُرور ستَتعطَّل أَلغامُ التّمييز والفَصل الطَّائفي وتَتحوّل أُصُول المَعرفة ومدوّنات السّيرة إلى كَنزٍ مَعرفِيٍّ عَظِيمٍ يشدّ أَهْلَ العِلم إليه ويَدفعهم إلى البحث المُمتع عن الحَقِيقة، ويَكون التَّصرِيحُ بِما حوته هذه الأصُول والمُدوّنات بِالنّقل المِنبَري والبَثّ الإعلامي وبالمُؤتمرات العِلمِيّة والمُنتديات الدِّراسيّة وبالمناولة على شَبكات التَّواصُل الثَّقافي والاجتماعي وبالنَّشر في مُؤسَّسات الطِّباعة والتّوزيع - دَلِيلاً على جِدِّيَّة الاجتهاد في غَربَلةِ الأصُول والمُدوّنات وتَجريدهما مِمّا عَلِق بهما مِن وَضعٍ وتَزوِيرٍ واختِلاقٍ، ويَكون التَّصرِيح بما حوته هذه الأصول والمدوّنات أَيضًا دَلِيلا على حُرّيّة التَّعبير والسَّعي الجادّ إلى تَنمِية الثَّقَافةِ مِن غير رَغبَةٍ في إِشاعة الكَراهِيّة والعَداوة والازْدِراء والبَغضاء أَو التَّحريض على التَّمييز و(الفَصْل الطَّائِفي) والتَّأزيم المَذهَبِي.. بهذا المَنهج العِلْمِي يَتمَكّن المُجتمع مِن تَعمِيق أَواصر التَّعايُش السَّلِيم ومِن غير إِضرارٍ بالأُصُول والمُدوّنات.

إنَّ مِن بين الشِّيعة البَحرانِيّين وأَتْباع اتِّجاه أَهْلِ العامّة لُغَةٌ جميلةٌ مِن التَّعايش المُشترك قد أَرسى البَحرانِيُّون الشِّيعة الأوائل قواعدها بِوَصفهم الوُجود الأَكبر والضَّحِيَّة التَّأريخيّة لِسياسات التّمييز و(الفَصْل الطّائفي) وبِوَصفهم الوُجود التَّأَرِيخي الكاظِم لِلغَيض والصَّابر على الظُّلم والأَذى مِن

غَير شَكٍّ مِنه في سَلامة الاجتهاد في أُصُول المَعرفة ومتونها وصِحّة مَنهج البَحث في السِّيرة التَّأرِيخيَّة.

وإنَّ التَّمسُّك بلُغة التَّعايش يُوجب الانصراف عن الإِثارات السِّياسِيّة آليًّا كما يوجب تَجنُّب الاستجابة لها، ويحرِّم التَّخَلّي عن أُصُول المَعرفة ومُدوّنات السِّيرة وتَنمِية الثَّقافة بِهما وإنْ كانا مَحلاً لِلخلاف والتَّبايُن والتَّضادّ بين الفريقين. فلَيسَ المُراد مِن التَّعايش خَلق التَّوازن السِّياسي بين الفريقين وتَجمِيد البحث والدِّراسة في أُصُول المعرفة ومُدوّنات السِّيرة أَو تَأسِيس فِكرٍ وِجدانيّ وَسَطِي بَدِيل قائم على أَلفاظ إنْشائيّة وأَوصاف طَيّارة مُوقّتة على قدر تَحقُّق المَصالِح الاستِراتيجِيّة العُليا لِلفَريقين.

إنَّ مُقوّمات لُغة التَّعايش مُتوفِّرة في الثَّقافَة الشِّيعِيّة البحرانيَّة لِكونها المُعبِّر عن الاتِّجاه المُستَقِلّ عن (السِّياسَة) وضَروراتها مُنذ نَشأ التَّشيُّع في البحرين، ولا تَتوافر هذه اللُّغةُ في ثَقافة أَتْباع اتِّجاه أَهْلِ العامّة. ولَقد أَثْبَتت السِّيرة التَّأرِيخيّة لِمجتمع البحرين أَنَّ إِثارة الفَصْل الطَّائفي وما يقتضِيه مِن التّمييز وأَعمال التَّصفِية والإِقصاء والكَراهيّة والازْدِراء لِقَهر الشِّيعة وإِذلالهم وإِهانة عَقِيدتهم وشَرِيعتهم وتَسفِيه أُصُولهم ومدوّناتهم ومَصادرهم في المعرفة وتكرِيس الشُّعور بالنَّقص في ذَواتهم ما هُو إلّا عَمل مِن تَدبِير قُوى الاستِعمار والاستِبداد السِّياسي بِصَرف النَّظر عن الهُوِيّة القَومِيّة أو العَلمانيّة أو الوَطنيّة لِهَذه القُوى.. فلِلسِّيادة عند غَير الشِّيعة مُقتضيات سِياسيّة تَتجاوز حُدود وِجدانيّات الهُوِيّة.

ولَسنا نُجانب الحقيقة حين نُؤكِّد على أَنّ المذاهب والطّوائف في الإسلام نَشأت على قَواعِد سِياسيّة قَبل أَن تُقرِّر رَسم عقائدها والانْتِظام بها اجْتِماعيًّا، وفي أَحشائها حَمَلت مُقوِّمات الاستِعداد لِتَجميد ذات العَقائد والشَّرائع تَمهِيدًا لِإثارة التَّمييز و(الفَصْل الطَّائفِي) سِياسيًّا، فيما عدا التَّشيُّع الأَصِيل إِذْ لم يكن في مَرحَلةٍ مِن مَراحل سِيرته التَّأرِيخيَّة مَذهبًا على شاكلة

المَذاهب الدِّينِيّة ولا فِرقة على شاكِلة الفِرق الدِّينِيّة. فقد وُجِد التَّشَيّع بِبعثة النَّبِيّ صَلَّى الله عليه وآله وبِحضور نفسه عَلِيّ أَمِير المُؤمنين صَلواتُ الله وسَلامُه عَليه، وقد زَرَع النَّبِيُ صَلّى الله عليه وآله بَذرَة التَّشَيّع ورعاه حتّى اشتَدّ ساعده وأَثْمرت أَغصانُه، وظَلّ قائمًا على عَقِيدةٍ أَصِيلةٍ راسِخةٍ داعِية إلى التَّعايُش ومُمتَنِعة عن اختِلاق الكراهيّة والعداوة والبغضاء والتَّمييز والفَصْل الطّائفي، ولم يَمتَثِل التَّشَيُّع في مَسيرته التَّأريخيّة لِأَهواء السِّياسة وضَروراتها، وذلك بناءً على قراءة سَلِيمة منه لِلسُّنَن الإلهيّة والعِبر التَّأريخيّة ولِواجب التَّشبُّث بِالمُثل والقِيم الّتي أَرسَى أَئمّةُ أَهلُ البَيت صَلواتُ الله وسَلامه عليهم وُجودها في الشِّيعة.

وإنَّ العلاقةَ بين أَتْباع اتّجاه أَهْل العامّة وأَحزابهم ووُعّاظهم ومُقتضيات السِّياسة عضويّة مانِعة مِن الاستِقلال بالرّأي وبالمَوقف ومِن الدّوافع لإِيجاد لِغَة التَّعايُش المُشترك مع الشِّيعة. ولا بُدّ لِلشّيعة مِن الجِدّ في العمل على إِيجاد هذه اللُّغة في أَتْباع اتِّجاه أَهْلِ العامّة مِن خلال التَّعرِيف بالثَّقافَة الشِّيعِيّة الأصِيلة إنْ تَعذّر إِيجادُها في حَوزة وُعّاظِهم وأَحزابهم وحُكوماتهم، حتّى يَتكافأ الطَّرفان على قاعدة الاستقلال عن مُقتضيات (السِّياسة) ويكون التَّصرِيحُ بِفَساد الصَّحابي ولَعنُه حقًا مَكفولاً مِن دُون حَساسِيّة إنْ استَحَّق ذلك، ويَكُون لِلثَّقافة حقُّها المُطلق في التَّعبِير عن مقاصِدِها على المَنابِر وشَبكات الإعلام والتّواصل الاجتماعي ودُور النَّشر والطِّباعة مِن دُون الحاجة إلى تَبنّي مَشروعٍ في التَّقريب أَو الامتِثال لِلشّعارات الرَّنّانة المُتكلِّفة الدّاعِية إلى اعتماد مَنهج (الشَّكّ والتَّشطِيب والتَّأمِيم) لمعالجة الأُصُول والمُدوّنات أَو إعادة كتابة التَّأريخ.

هذه لَيست أُمْنيات ولا آمال، وإنّما هي الحقيقة الّتي سيَصِل إليها الفريقان بِمُرادٍ حُرٍّ منهما أَو أَنّها الحقيقةُ الّتي ستَفرِض ذاتها عليهما مِثلما فرَضَت الحقيقةُ ذاتها على الأُمَم المُعاصرة فأَخذت بِمَنهج التَّعايُش وأَطلَقَت لِلأُصُول والمُدوّنات حقّها في التَّوجِيه والتّربِية.

ـ شُبْهَةُ الانْقِلابِ والتَّحالُفِ والمُصالَحَة

تَباعدت الآراء في تَحديد معنى الخِلاف الطَّائفي المؤدِّي إلى الكَراهيّة والازدراء والعداوة والبغضاء في إثر الظُّهور الأَوسع والأَشهر للوُجُود الشِيعيّ الأَصِيل المُرافق لِنَجاح أَوّل عمليّة دِفاعِيّة لَه عندما أَحبطَ أَضْخم مُخطَّطٍ (سَلَفِي) مُعاصر استهدف فَرْض التَّمييز والفَصْل الطَّائفي بِقُوّة السِّلاح والانقلاب العَسكري والاحتلال لإِبادة الشِّيعة.

وحينما أَقدم جيشُ تَنظِيم (دَاعِشْ) على تَنفيذ الانْقلاب بِاجتياح مُسلَّحِيه لِثُلثي مَساحة الأَراضي العِراقِيّة مُعلنًا عن قُرب تَصفِية المُتبقِّي مِن الوجود الشِّيعي في العراق والبِلاد المجاورة وتَدمِير كُلّ أَثرٍ ثقافيٍّ وجداني مُقدّسٍ لِلتَّشيّع وتنَحِية التَّشيُّع عن زَعامة العِراق بِدَعمٍ مُباشر مِن قبل عَددٍ مِن دُول المنطقة والأَحزاب والتَّنظيمات السَّلفِيّة وبِتَأييدٍ صريحٍ مِن قِبل اتِّجاه أَهْلِ العامّة ووُعّاظه وأَحزابه ـ سَأل سائلٌ: هَلْ يصحّ وَصْفُ حقيقة ما جَرى بـ (الخِلاف) السِّياسي والثَّقافي مع الشِّيعة، أَمْ بالانْقِلاب على الشِّيعة، وهَلْ يصحّ الامتِناع عن وَصفِه بـ (صِراع) الوُجود المَذهَبِي؟!

إنّ الشِّيعةَ وأَهلَ السَّلف وأَتْباع اتّجاه أَهْلِ العامّة يُقرّون بِتَحقق ذات النَّمط مِن (الخِلاف) بعد استِشهاد النَّبي صَلَّى الله عليه وآله على غَير صُورتِه المتداولة في عصرنا الرَّاهن، ولا يَتوافقون على تَحدِيد صِفَته السِّياسيّة. فإنْ قُلنا بِما أَقرّ به الاتّجاه الجانِي المُنقَلِب على الأعقاب والاتِّجاه الضَّحِيّة المُنقَلَب عليه فيما مَضى مِن الأزمنة وصَدّقنا ذلك؛ فإنّ الرُّؤية لِمَفهوم الخِلاف بينهما تَبدو على غير حَقِيقتها في زَمَنِنا المعاصر، وما كان احْتِلالُ جَيش (دَاعِشْ) لِلعراق في هذا الخِلاف إلَّا ذُروته!

فإنْ قُلنا أَنَّ الانقلاب العَسكري على نُبوّة الرَّسُول صَلَّى الله عليه وآله وإِمامَة أَمِير المؤمنين صَلواتُ الله وسَلامُه عليه كان عَملاً مِن تَدبِير السِّياسة في حَسم الخِلاف بين أَقطاب الصَّحابة، فهَل يَختلف الشِّيعةُ والسَّلف واتِّجاه أَهْلِ

العامّة في تحديد معنى هذا اللّون مِن الانقلاب، أَمْ أَنَّ هنالِك مَجالاً آخر أَكثر سِعةً مِن السِّياسة يُمكّن مِن البحث في معني الخِلاف؟

ليس مِن شَكٍّ في أَنّ موقف عَلِيّ أَمِير المؤمنين صَلواتُ الله وسَلامُه عليه إِزاء الانقلاب على إمامته الّتي رتّبها الله تعالى قد اتَّخذ الصّفة العقديّة باللَّفظ والمَعنى التَّامَّين في الدَّلالة وليس الصِّفة السِّياسيّة المُجرّدة. وقال في خطبة له صَلواتُ الله وسَلامُه عليه: (والله لقد تَقمَّصَها ابنُ أَبِي قحافه وإِنَّه لَيَعلم أَنَّ مَحلِّي منها مَحلّ القُطب مِن الرَّحَى.. فيا عجبًا بينما هو يستقيلُها في حياته إِذْ عقدها لِآخر بعد وَفاتِه)!

ليست وَلاية عَلِيّ أَمير المؤمنين صُلوات الله وسَلامُه عليه الموصوفة بـ(قُطْبُ الرَّحَى) مَنصِبًا سياسيا على حسب الاستِعمال المعاصر لِمَعنى السِّياسة. وبالنَّظر إلى اغتصاب الوَلايَة منه وإقصائه عن مَرتَبَتِه؛ فإِنَّ الانقلاب عليه لم يكُن وليد لحظة التَّطور المُفاجِئ في حوادث ما بَعد انقطاع وَحْي النُّبوّة، وإنّما تقدّم كلَّ ذلك نفاقٌ ومكرٌ وفجورٌ سِياسيٌّ ذكرته الآيات الشَّريفة وكان يَتحيّن الفرص لِلانقِضاض على الوَلايَة المنصوصة في عَلِيّ أمير المؤمنين صُلوات الله وسَلامه عليه.

فبوَصف المُنقلِبين اتّجاهًا سياسيًّا فقَد قرَّر هذا الاتّجاه العَمل على تَشويه معنى النُّبوّة وإِسْقاط المقام الوِجداني لِلإمامة ونَفي رُتبَتِهِ الإلهيّة في بادئ الأمر، ثُمّ صوّر معنى الإمامة لِلمُسلمين منصبًا سياسيًّا مجرّدًا قابِلا لِلتّداول العامّ مِن دون تخصيص أو تفاضُل أَو تَمايز، وأَشاع في النَّاس أَنَّ الواقع المُستجِدّ في إِثر عمليّة اغتيال النَّبِيّ صَلَّى الله عليه وآله لا يَعدو أَنْ يكون فراغًا سِياسِيًّا خطيرًا على رأس السُّلطة قد أَوجَب على أَعيان وأَشراف القوم التَّدخّل الفَورِي في المنافسة بِالمثل وبالعَدلِ وتَجنّب الانشغال بما يَتجاوز حقَ النّاس في الاختيار والتَّنصِيب والبَيعة!

وحين يُشِيرُ بعضُ الباحِثين المُعاصرين إلى أَنَّ الانقلاب على الإِمامة

كان انقلابًا سِياسِيًّا؛ فإنّ المُراد مِن ذلك وَصفَ الانقلاب العَسكرِي بالمعنى المَركون في أَذهان المُنقلِبين أَنفسهم إِذْ مكروا مكرًا كبّارًا، لا بِالمَعنى المعلوم المُتَمثِّل في اغتِصاب حَقّ عَلِيّ أَمير المؤمنين صَلواتُ الله وسَلامُه عليه، ولا مِن جهة أَنّ حَقيقَتَه كانت صِراعًا بين وَلِيّ الله وأَعداءِ الدِّين.

لم يَكُن المَنصب (الشّاغر) هو المستهدف الوَحِيد في الانْقلاب على الأَعْقاب حتَّى يصحّ أَنْ تُوصَف الحوادث الّتي رافقت اغتِيال النَّبي صلَّى الله عليه وآله بِالانقلاب السِّياسي المُجرد. فقد اشتمل الانقلابُ على وظائف عَسكرِيّة تنفيذيّة مُتعدّدة بزعامة مباشرة مِن المُنقلِبين أَنفسهم، وتَقدَّم الانقلابَ تعاقدٌ مبرم بين زُعمائه في جوف الكعبة الشَّريفة قَضى باغتِيال النَّبي صَلَّى الله عليه وآله أَوّلاً ثُمّ زوي حقّ الإمامة المنصوص لِلوَصِي عَلِيّ صَلواتُ الله عليه وإِتلاف المَرويّات المؤكّدة على هذا الحقّ، واستِكمال الانقلاب بالعَبث في مَعنى (الإمَامَة) ومَنزِلتها في العَقِيدة و(عَقْلَنَة) مَقام عَلِيّ أَمِير المؤمنين صَلواتُ الله وسَلامُه عليه وفَصل معناه عن مُراد الخالِق عَزَّ وَجَلَّ بِوَصْفه إِمام الزَّمان المفترض الطّاعة، أَو القول بِوُرود وَصْفِهِ لا اسْمه، حتَّى يَستَتِب لِلمُنقلبين الأمر في قِسمة الأدوار حصرًا وبلا منازع.

شرع الانقلابِيّون باغتِصاب مَنصب الإمامة توطئة لِاغتصاب المعنى الأَصِيل المراد الّذي لا يَلِيق بأَحدٍ غير صاحبه عَلِيّ أَمير المؤمنين صَلواتُ الله وسَلامُه عليه. وحِينما طافت الزَّهراء صَلواتُ الله وسَلامُه عليها بيوت أَهْل المدينة مِن المُهاجرين وفيهم مِن أَهْل بَدر تُذكِّرهم بِحَقّ عَلِيٍّ أَمِير المؤمنين صَلواتُ الله وسَلامُه عليه؛ لم يَستجِب لها أَحد.

فكان العبثُ في مَفهوم الإِمامة وفي المعنى المراد مِنه وَحْيَانِيًّا هو الضَّرورة المُقدّمة التي استكمَل بَنو أُمَيّة ما أَسَّسه المُنقلبون مِن بعد رَحِيلهم حيث تلاقفوا (الخِلافة) في إِثْر مقتل عُمر بن الخطّاب تلاقف الصِّبية لِلكُرة، وحَلف أَبُو سُفيان في المُسلمين حيث قال: (فَلا جَنّةٌ ولا نارٌ ولا مَعادٌ). ثُمّ

استدَركَ ابنُه مُعاوية حِين اغتصب (الخِلافة) بالحرب والانقلاب على ما اتُّفِق عليه مع الإمام الحَسَن صَلواتُ الله عليه بِالقَول: (وما قاتلتكم لِتصُوموا ولا لِتُصلّوا ولا لِتُحِجّوا وتُزكّوا وإنَّما قاتلتكم لِأَتأمّر عليكم). فاستَخلَف مِن بعده ابنَه يَزِيد الّذي صرَّح بعد هلاك أَبِيه معاوية بالقَول الصَّريح الحاسم حينما ظَن أَنَّ الدُّنيا صارت له مُستوسِقة والأمور مُتّسِقة، وصَفَي له الملك والسُّلطانُ، فشَمخ بِأَنفه، قائلا: (لا خَبرٌ جاء ولا وَحيٌ نَزَل).

كُلّ هذه المعطيات أَشارت إلى أَنَّ السَّيطرة على منصب الإمامة والرّئاسة لم تَحدُث بالفُجأة وإِنَّما تَمّ التَّدبير لِلأمر كُلِّه بلَيل مِن جهة المُنقلبين ومنذ يَوم أَنذَر النَّبِيُّ صَلّى الله عليه وآله عَشِيرته الأقربين. وكان مِن بين دوافع الصَّحابة المُنقلبين على النُّبوّة والإمامة أَحقادٌ مبيَّتةٌ وعَصبياتٌ شَديدِة استَعانوا في استِفراغها مَيدانيًّا بِالنِّفاق أَوّلا ثُمّ بِبناء التَّحالُفات السِّياسيّة القبليّة والعَشائريّة السِّرّيّة. وقد كَشفَت مظاهرُ اليوم الأَوّل لِلانْقِلاب على الأَعْقاب حقيقة ذلك حينما انتشر المُسلّحون في المدينة، واستكملوا مَسيرتَهم بِمُؤامرتي اغتيال الزَّهراء وإسقاط جَنِينها المُحسِّن صَلواتُ الله وسَلامُه عليهما. وكان الأَموِيُّون يَومئذٍ أَشدَّ مكرًا مِن الصّحابة المُنقلبين إِذْ تَلقّفوها مِن المُنقلبين أنفسهم عن طريق عُمر بِمَنصب عُثمان سَهلةً آمنة.

وجاء في تَحلِيل بعضِ الشِّيعة المنتمين الحِزبيّين والفِئويّين أَنَّ الانقلاب العسكري كان عملاً سِياسيًّا على المعنى العامّ المعاصر القاضِي بأَنَّ خلافًا نَشَب على الزَّعامة بين طرفين أَحدهُما عَلِيّ أَمير المؤمنين صَلواتُ الله وسَلامُه عليه. وغايتُهم مِن هذا التَّحلِيل هو إِيجاد حلٍ لِإشكالات فِكريّة مُعاصرة بِحُكم الظَّرف الرّاهن ومُتطلّبات الواقع بِصِفَتهما قَهريّين ثَقافِيّين يَستوجبان إِعادة النَّظر بِحِكمَةِ السِّياسيّين، وأَنّ سُرعةَ تَفوّق الصّحابة في استِلام السُّلطة كان إِجراءً ضَروريًّا مَطلوبًا في ظرفٍ سِياسيٍّ حَسّاس تَخَلَّفَ عنه عَلِيّ أَمير المؤمنين صَلواتُ الله وسَلامُه عليه وانصرف عن أَداء دَورِه الواجِب في تَفاعُلات اللَّحظة الحاسِمة!

لقد زُوِّرت الكثيرُ مِن وقائع ما قبل اغتِيال الرَّسُول صَلّى الله عليه وآله وما بَعده في ثقافة المُسلِمين. ودُوِّنَت مشاهد الانقلاب العسكري على ولاية عَلِيّ أَمير المؤمنين صَلواتُ الله وسَلامُه عليه بِوَصفها حادِثةً سِياسيّةً مُفاجئة قد جَرت في لَحظتها الرّاهِنة المُجرّدة مِن أيّ خَلْفِيّات مَمَهِّدة ونوايا مُسبّقة لدى الصَّحابة حيث أَطفأ الإعلان عن بَيعتِهم المُتعجِّلَة لِأَبي بكر نارًا لِلفتنةِ كادت تَعصِف بالمسلمين الّذين فقَدوا لِلتَّوّ نَبيَّهم ولم يَستخلِف مِن بعده أَحدًا منهم. ففاز بِالبَيعة مَن كان جسورًا وأَوفر حظًا والأقدر حِنكة والأَوسَع نفوذًا وانفتاحًا على التَّحالُفات القبليّة والأكثر حرصًا على أَمْن المسلمين ووَحدتهم وتآلفهم وتقاربهم، وما كان إِدراك الصَّحابة لِلضَّرورات السِّياسيّة المصيريّة ولِأَهَمِّيّة تذليل عقبات هذه البيعة في سُرعة خاطفة إِلّا مُساهمةً منقذة منهم حينما قَدّروا الموقف بِما يُحتَمل مِن صَبر وبادروا إلى اتّخاذ التّدابير العاجِلة المنقذة!

وذهب بَعضُ المؤرّخين إلى تَصحِيح الانقلاب العسكري على الإمامة مِن بعد الإقرار بِوُقوعه، وذلك بِالقول أَنَّ البَيعةَ فرضَت ذاتها واستَتَبّ الأمرُ لِأَبِي بكر، فصارت واقعًا سِياسيًّا لا سَبِيل إلى الرّجوع عنه أَو إنكاره أَو نقضه أو نَقده أو تَجاوزه أَو الثَّورة عليه.

ومؤرخون مُنصِفون أَقرّوا بِأَنّ الإمامةَ كانت مَرتَبة أوحَى الله عَزَّ وَجَلَّ إلى رَسوله صَلَّى الله عليه وآله بِتَبليغها لِلنَّاس، وأَنَّ عَلِيًّا أَمير المؤمنين صَلواتُ الله وسَلامُه عليه هو المُختار ونِعمَ الوَلِيّ منذ بُعِث النَّبي صَلَّى الله عليه وآله وظُهور الإسلام. وأَنَّ اجتماع السَّقِيفة أَحدث انقلابًا عسكريًّا مُدبّرًا على الولاية لِكَي يستكمل المُنقلبون به المُهمة الخطيرة المتمثّلة في التَّنَزُّل بِمَنزلة الإمامة إِلى معنى (الرّئاسة) المُتداول في سِيرة العَرب!

لقد نَقضَت السِّيرةُ التَّأريخية المُمتدّة إلى حدود اللَّحظة المعاصرة قول القائلين بِـ(أَنَّ الواقع يَفرِض ضَروراتٍ لا بُدّ أَنّها مُبرِّرَة لِعُذر نَفي التَّنصِيب

الإلهي) حيث دخل المُسلمون في الفوضى على جميع الصُّعد والمستويات منذ يَوم السَّقيفة والانقلاب على الإمامة، وانعكس ذلك على أَوضاعهم السِّياسيّة والثَّقافيّة والاجتماعيّة والأخلاقيّة، فكثُرت بينهم الحُروب والانقلابات والانحرافات العَقديّة وساد فيهم حُكُم (الرَّأي) والأنانيّة والعَصبِيّة وهوى حُبّ الرّئاسة، وما زالوا على ذلك.

وما كان الانقلاب العَسكري الإرهابي الّذي نفّذته (داعِش) بالتَّعاون مع الأَغلَبِيّة السِّياسيّة مِن أَتْباع اتِّجاه أَهْلِ العامّة في العراق وفي بلاد المسلمين إِلّا أَحد مظاهر العَبَث في مَعنى الإِمامة منذ اغتِصاب حقّ (قُطْبِ الرَّحَى) عَلِيّ أَمير المؤمنين صَلوات الله وسَلامُه عليه.

فعَلَى أَيٍّ معنى نَستطيع الرّكون في وَصْف (الخِلاف) الرّاهن المُؤدّي إلى تَأسِيس الانقلابات العسكريّة وبَثّ الكراهيّة والازدراء والعداوة والبغضاء والتَّمييز والفصل الطّائفي في الضِّدّ مِن الشِّيعة.. هَلْ هُو خِلافٌ سِياسيٌّ أَمْ عقديّ أَمْ هو خلافٌ ذِي معنى لا نَستطِيع إِدراكه مِن خلال تَتبُّع الوقائع التَّأريخِيَّة ورَصد مُعطيات الواقع المعاصر؟!

إنّنا إِذْ نَقِف على هذه الواقعة المَصيريّة الخطيرة فنَصِف ماجريات يوم السَّقِيفة بِصِفتها السِّياسِيّة المجردة مِن الدِّين وبُعده الوِجداني؛ فعَلَى حسب مَفهومِ بيئتِهِ الّتي غَلَبت عليها الأَطماع في الرّئاسة والانقلابات الكَّيدِيّة والحروب على الزَّعامة حيث انْتَصب 360 صنمًا على سَطح الكعبة قبل فتح مَكَّة حتَّى يَربُو في التِّجارة حصادُ حكومة قُريش المُستَضِيفة ولم يكن لها مِن بين الأَصنام هذه صَنمٌ خاصٌّ يُعبد.. كان العربُ في هذه البيئة مُؤلَّفِين مِن دُهاة السِّياسة وغثاء مِن (الحَبَرْبَش) والدَّهماء!

ولا يصحّ وَصف وَقائع الانقلاب على الأَعْقاب بِصِفة (الخِلاف) بين طَرفين سِياسيّين. فإنَّ في معنى (الخِلاف) الواقع شُمولاً واضحًا لِمَوقف طرفين مُتَمثِّلَين في جِهَتي الإمامة والصَّحابة غير المُتكافِئتين في العِلْم بِالدِّين

وفي المَقام والمرتبة والمَنزلة الدِّينيّة، ومَمتَثِلتَين أَمام قضيّة عقديّة صِرفة سَبقها نصٌّ وَحيانيٌّ حاكِمٌ واضحُ الدَّلالة في الإمامة وتَخللها الكثيرُ مِن الوقائع المُؤكّدة على صِحَّة صدور النَّصّ وتَعيين مِصداقِه في حُضورٍ كَبيرٍ مِن المسلمين.

إنَّ ماجريات السَّقيفة لا تَخرج عن كونها انقلابًا عسكريًّا جاهليًّا صَريحًا على الدِّين كلّه.. فلَنَحذر مِن استعمالات الألفاظ، ولَنُدرك طبيعة المفاهيم الشّائعة والوارِدة في الثَّقافَة القَديمة والمعاصِرَة عند الحديث عن وُجوب العمل على تَحقِيق ما أُطلِق عليه وَصْف التَّآلف والتَّقارب السِّياسي والوَحدة الوَطنِيّة الطَّائفيّة.

إنَّ أكثر المُدوّنات التَّأريخية والبحوث المحكمة والدِّراسات التَّحلِيليّة في السِّيرة المؤلّفة بِأقلام المُؤرخين المتَخَصِّصين مِن أَتْباع اتّجاه أَهْلِ العامّة تَعتَرِف بِوُقوع الانْقِلاب على الأَعْقاب، لكِنّها تُرجِعه إِلى أَسبابٍ سِياسيَّةٍ شاملةٍ لِطَرفين مُتنازِعين مُتكافِئين في المقام والرّتبة وفي بيئة ثَقافِيّة واحدة، وكانا حَريصَين على وأْد الفِتنة ووَحدة صَفّ المسلمين فارتَضوا بما آلَت إِليه الخِلافة. وما مِن وَصْفٍ مُتاحٍ مناسب في رُؤية هذه المدوَّنات غير (الخِلاف) السِّياسي المَشروع بين الصَّحابة الّذي حسمه تَحالُف (المُبَشّرِين بِالجَنَّة) بِكفاءة عالِيَة فحقنوا به الدِّماء وصانوا وَحدة المسلمين!

ما الّذي يدعو مُثقّفي الشِّيعة إلى إِهمال العِناية بِالألفاظ والمُصطلحات المناسبة عند تَناولهم لِلسَّرد التَّأريخي في سِيرة الانْقِلاب على الأَعْقاب فيَتَشَبَّهون بِالانْهزاميّين الحِزبيِّين والفِئويّين والمُروّجين لِلفِكر القائل بِتَقديم المصلحة السِّياسيّة ونَبذ المِثاليّات والوِجدانيّات والتَّقيُّد بِفُروض الواقعِيّة وتَجمِيد الحقائق التَّأريخيّة وتَشطِيب أُصُول المعرفة ومدوّناتها تَوطِئة لما يَرونه مُصالحة تأريخيَّة واجبَة التَّحقُّق لِوَضع الإِصْر والأغلال العقديّة الّتي كانت على عُقول مِئات مِن الأجيال الشِّيعِيّة؟!

إِنَّ الانتماءات الحِزبيّة والفِئويّة والمرجِعِيّة مُلتزمة بمَعايير السِّياسة الواقِعيّة ورافِضة لِلمِثاليّة العقديّة في مُعالجة الحقيقة التَّأريخيّة، وتَرمي بها إلى فرض مُصالحة مُساوقة لِلمُصالحة المَعقودة بين الدِّيانة المَسيحِيّة والدِّيانة اليهوديّة التي أُقِرّ بمُوجبها بِوُجود تَزوِير في نَقل وتَدوِين واقِعَة صَلْب نَبينا عِيسى بن مَريم عليه السَّلام يَتطلّب تَحكِيم مَصلَحة الواقع بالسِّياسة وإِخضاع الوقائع التَّأرِيخيِّة لِلتَشطِيب والتَّعدِيل!

ومِن المعلوم بِحُكم السِّيرة والتَّجربة مداومة البَحرانِيّين على سَرد الوقائع التَّأريخيّة المُتعلِّقة بِشأن الإمامة عبر المَنابر والمُنتديات الثَّقافيّة الأخرى لم يكن عِنادًا منهم أَو تَعصبًا أَو استفزازًا لِمُواطنيهم مِن أَتْباع اتّجاه أَهْلِ العامّة أَو مُناوشةً ومغالبةً لِوُعّاظِهم وزُعماء أَحزابهم وحُكوماتهم، وإِنَّما هي أُصُول المعرفة المُتَّبَعة في تَنمِية الثَّقافَة التي تَدعُو إلى ضَرورة التَّعايُش الاجتماعي الحضاري على قواعد اجتماعِيّة سَلِيمة بلا تكلّف، ونَبذ مُبتغى تَزوير الحقائق التَّأرِيخيّة بِناءً على مُقتضيات سِياسِيّة مُخدِّرة.

فالمُقتضى السِّياسي هو أَضْعَف مِن أَنْ يُقدّمَ مُعالجة سَلِيمة لِحَقيقةٍ تَأرِيخِيّة أَو أَنْ يُقدّم مُعالجةً اجتِماعِيّة قادرة على طَمْس حقيقة تَأريخِيِّة في عالَم مُنفتِح حضاريًّا ومُتطوّر تِقنيًّا.. كُلّ ذلك يَنفِي وُقوع أَيّ مبادرة مِن كُبراء الشِّيعة تَرمِي إلى عقد مُصالَحة اضطرارِيّة تَقتَضِي منهم تَعطِيل أُصُول ثَقافَتِهم وتَشطِيب مُدوناتهم وتَدجِين مُكوّنات الثّقافة ومظاهرها على الرَّغْم مِن المُعاناة الكُبرى التي مَرّ بها الشِّيعة والضُّغوط الشَّدِيدة الّتي دَفَعَت بِبَعض اتَّجاهاتِهم الحِزبيّة والفِئوية والمرجِعِيّة إلى المُسارعة في إِيجاد حَلٍّ سِياسيٍّ بِفُضولِيّة ساذِجَة. فالتَّعايش في المجتمع الواحد بِكُلّ طوائفه ومَذاهِبه يُمثل القِيمة العليا عند الشِّيعة ما دامَت السِّياسَةُ مَنبُوذة أَو نائمة أو مُعطّلة.

إِنَّ الوقائعَ التَّأريخيّة غير قابِلة لِلتَّغيير وليس في الإمكان نَفي حَقائق السِّيرة أَو تَزويرها في عالَم التَّواصُل التِّقني المُنفتح الواسِع المُتاح الذي لا

تَخفى عليه خافِية، وإِنّما يُرجَع إِليها لِلبَحث في الحقائق واستِخراج المَفاهِيم وانتزاع العِبر والعمل على إِحيائها على طِبق الثَّقافَة الرّائجة. ففِي هذه الوقائع تَكمُن سِيرةُ قِيامِ دِينٍ شُيِّدت قَواعِدَه على أُصُولٍ مَتِينةٍ رَصِينةٍ ثابتة ولا يصحّ العودة إليها بِقَصد تَزوِيرها عبر تَوافقات سِياسِيّة قابلة للمُساومة بِأحكام الضَّرورَة.

لماذا حَرَّضَت الأنظمةُ المُستبدة والتَّحزُّبات المَذهَبِيّة وتَكتُّلاتهما النَّفعيّة في بلاد المسلمين على قَهر الشِّيعة، وشَجَّعَت على ارتكاب أَعمال العُنف والقَتل والقَهر والسَّجن والإِبادة والتّمييز والفَصل الطَّائفي والحِرمان مِن حقّ المواطنة الكامِلة في الضِّدّ مِن أَبرياء الشِّيعة في أَوطانهم؟!

ولماذا يُعرض أَتْباعُ اتِّجاه أَهْلِ العامّة عن إِدانة ورَفضِ الإجراءات التَّعسُّفِيّة وعَمليّات الإِقْصاء السِّياسي والثَّقافي والاجتماعي والاقتصادي الطَّائفي الّتي طالت مُواطِنيهم مِن الشِّيعة؟!

وما الّذي دفع عناصرَ الفِئة الوُسطى مِن أَتْباع اتِّجاه أَهْلِ العامّة إلى المُشاركة في أَعمال البُهتان والافْتِراء بالكَذِب الّتي طالَت الخُصوصِيّة الثَّقافِيّة لِمُواطنيهم الشِّيعة، وما الّذي دَفعَهم إلى تَحريض حُكومات بِلادهم على ظُلم الشِّيعة أَينما وُجِدوا، ولماذا استَغلّوا الفرص لِلتَّنفِيس عن نَصْبِهم لِأئمَّة أَهْلِ البيت صَلوات الله وسَلامُه عليهم بِحِرمان الشِّيعة مِن أَداء شَعائرهم؟!

لا بُدّ مِن التَّصدِيق بأَنَّ الشُّعور بِالظُّلم والغُبن والإحباط في طُول التَّأرِيخ وعَرضه قد وَلّد في الشِّيعة المُعاصِرين اتّجاهات مُختلِفَة الرُّؤية، وبإمكان القاصِي والدّاني إِدراك مَلامِح هذه الاتِّجاهات مِن خِلال النَّظر إلى التَّقسِيم الاجتماعي لِلشِّيعة والمواقف المختلفة مِن الثَّقافَة الأَصِيلة، منها:

ـ اتّجاهٌ سِياسيٌّ مُراوغٌ عَنِي بِالعُزلة الشِّيعيّة التَّأريخيّة النَّاجمة عن الظُّلم والإِحْباط واجتهد لِإزالتها ورفعها، وسَعى إلى فكّ أَصفادِها مِن خلال اعتماد مَنهجٍ في الشَّكّ العقدي وتَشطِيب أُصول المعرفة وتأميم مظاهر الثَّقافة وعلى

رأسها المدارس الحَوزويّة والمآتِم والمسَاجد والمُنتَديات العامّة. وجاء إلى كِتاب سُلَيم والكُتب الأربعة والمدوّنات الكَبيرة والمصنّفات لِكُلٍّ مِن الشَّيخ المِجلسي صاحِب الموسوعة الشَّهيرة (بِحارُ الأنوار) والشَّيخ عبد الله البحراني صاحِب مُؤلف (عَوالِم العَوالِم) ومُدوّنات التَّفاسِير الكُبرى مِن بينها كِتاب (البُرهان في تَفسير القران) لِلسَّيِّد هاشِم البَحراني ـ يَبغِي إِعادة النَّظر في مُتونها على طِبق هذا المنهج.

ورافق ظُهور هذا الاتّجاه في الوَسَط الشِّيعي عزمٌ بين زُعمائه على رُكوب مَقام المَرجِعِيّة واخْتِراق الحَوزة ونظمها وقواعدها العِلميّة والعُرفيّة المَشهورة، والتَّوطئة لِلإعلان عن مَشروع المُشاركة في اللُّعبة السِّياسيّة مع الأنظمة المُستبدّة والزَّجّ بالكادِر المُتقَدِّم في تَحالُفات إِقليمِيّة ودُوَلِيّة، وصولاً إلى صِناعة التَّوازن المُطمئن لِسِيادة الحُكّام ومقام الوُعّاظ والأَحزاب مِن أَتْباع اتّجاه أَهْلِ العامّة وإلى صناعة التّوازن المُشرّع لِفَرض زَعامة (مُنفتِحة) و(مُعتدلة) على مُجتَمع الشِّيعة والاستِعانة بِالنُّفوذ الحِزبي النُّخبَوِي أَو الفِئويّ المَرجِعي الجديد لِتَرسيخ مَبادئ هذا التَّوازن.

ـ اتِّجاهٌ شِيعيٌّ آخر كان مَغمورًا في الوَسط الاجتماعي في العُقود الخَمسة الماضِية، ومَوسومًا بالِتِقاط الفِكر وانتزاع المَفاهِيم مِن أُصُول ومُدوّنات اتّجاه أَهْلِ العامّة وزَجّها في الثَّقافَة الشِّيعِيّة والتّرويج لها تحت عنوان تَصحِيح الثَّقافَة، وبِتَبنّي (الفَلْسَفَة) و(العِرْفان) و(التَّصوُّف) والاقتداء برموزهما الشَّهيرة مثل: ابن سِينا والفارابي وابن عَربي والرَّازي والملّا صَدرا المُصنِّفِين في دائرة المُشكِّكين في الأُصُول الشِّيعية والمُفترين على ثَقافَة الشِّيعة والمُؤمنين بِديانة (وَحدَة الوُجود والمَوجُود) التي أَسَّسها ابن عربي، وبِـ (نَظرِيّة الفَيض) الّتي أسّس لها أَفلوطين وقالت بِقَدم العالم مِثل قِدَم الإله لَحلّ مُشكلة فَلسفِيّة عانت منها الثَّقافة اليُونانيّة تَقول بِوُجود العالَم قَبل ولادة الإله مِن مُحيط إقيانوس. ويُراد مِن هذا التَّبَنّي تَنمِية (الأخلاق) في الوَسَط الشِّيعي العامّ وفي مدارس الحوزة!

وقد شَهدت البلادُ تقاربًا ثُمّ تحالفًا بين هذين الاتّجاهين الشِّيعِيَّين على أَثر وُقوع تَحوّلات سِياسِيّة مُفاجئة في المنطقة حيث تَمكّنا مِن فرض سِيادَتِهما على الوُجود الشِّيعي مِن خلال تَوظِيف الفرص الاجتماعيّة التَّقلِيدِيّة المُتاحة التي ولّدها الاضطراب المُزمن في مَعايِير تَقوِيم مَقام المَرجِعيّة الشِّيعِيّة والمَرتَبة الفقهيّة، والشِّدّة في الاستقطاب العِلمي الّذي ولّده نِزاعُ الزَّعامَة على مَدارس الحوزات الكُبرى، وانفِراط عقد التَّقالِيد والأَعراف الحوزوية المُحدِّدة لِمُستوى كفاءة عالِم الدِّين والمُؤهّل لِلتَّصدِّي لِمَقام الاجْتهاد والمَرجِعيّة، ودُخول نَظرِيّة وَلايَة الفقيه المُطلقة حَيِّزها التَّطبِيقي.

إنَّ نُمُوّ هذين الاتّجاهين واجتماعَهما على تحالفٍ عضوي بينهما فهو مِمَّا يُثير الدَّهشة. فعَلى الرَّغْم مِن تَقابُلِهما العِلمي الفاحِش والتَّضادّ بينهما في المَقاصِد العقدية والسِّياسِيّة فقد ساهم تَحالفهما إلى حَدٍّ بعيدٍ في صِناعة تَيارهما السِّياسي الشَّعبي المُوحّد وفي انتِشار مَبناهُما الفكري في بيئة شِيعِيّة مُضطربة سِياسِيًّا.

وقد رَحَّبَت الزَّعاماتُ الحِزبيّة والفئويّة لدى أَتْباع اتّجاه أَهْلِ العامّة بهذا التَّقارب والتَّحالُف الشِّيعي واستعانَت به في نِضالها السِّياسي وشَجَّعَت على فرض سِيادته على الشِّيعة وأَيَّدَت تَدخّله العاجِل لِلحَدّ مِن نُموّ اتِّجاه ثالِث مُستقِلّ عن (السِّياسة) ومُتمَسِّك بِأُصُول المعرفة الشِّيعِيّة ومدوّناتها ومُناهِض لِمَنهج (الشَّكِّ والتَّشطِيب والتَّأميم)، وشَجَّعَت على مُغالَبَتِه ومُناكفَتِه. كُلّ ذلك حَفّز الاتّجاه الثَّالِث على دخول مِيدان التَّحدِّي وذلك بمضاعفة أَنشطته المفتوحة في التَّأصِيل على قدر ما يَمتَلِك مِن طاقات محدودة ومؤهّلات يَستند إليها في مَوقِفه الرَّافض لِلخوض في السِّياسة وعَقد مُساومات تَمسّ بِأُصُول المعرفة وتُهدد أَصالة الثَّقافَة الشِّيعِيّة. وهو اتِّجاهٌ أُصُوليٌّ يَشترك مع الاتِّجاه الأخباري في تَصحِيح أُصُول المَعرِفة، ومِنها كِتاب سُلَيم وتَفسِير الإمام العَسكَرِي صَلواتُ الله وسَلامُه عليه والكُتب الأَربَعة والمُدوّنات والمَجاميع الحَدِيثِيّة الكَبيرة.

تَفاعَلت هذه الاتِّجاهات الثَّلاثة في الوسط الشِّيعي المعاصر وساحته الثَّقافيّة، ما أَدّى إلى تَصاعُد حِدّة الصَّخَب في الحوزات الكُبرى والمدارس الفرعيّة وحدّة الضَّجيج في المَحافِل والمُنتدَيات العِلميّة وعلى شَبكات التَّواصُل التِّقني وقَنوات التَّوجِيه الدّعائي والإعلامي الحِزبِي والفِئوي والمَرجِعي.

وقد أَسْرف الاتّجاهان المُتحالِفان الأَوّل والثَّاني في اعتماد مَنهج (الشَّكّ والتَّشْطِيب والتَّأميم) وبالغا في تَطبيقه عند الرّجوع إلى مُتون الرّوايات، فأَثارا الشَّكّ في صدورها وأَكثرا مِن تَضعِيفها بِعِلمَي الرّواية والدّراية في سَبِيل خلق مَزيدٍ مِن أَجواء التَّقارب السِّياسي والألفة مع قوى اتّجاه أَهْل العامّة والتّحالف مع أَنظمتها الحاكمة. وفي المقابل تَمسَّكَ الاتّجاه الثَّالث بِأُصُول المعرفة واجتَهدَ في العمل على تَنمِية الثَّقافة الشِّيعِيّة وتأصيلها.

لقد تَركَت المُغالبةُ بين الاتّجاهات الثّلاثة آثارًا سَلبيّة على الثَّقافة البَحرانِيّة ومُكوّناتها ومَظاهرها أَكثر مِمّا تركته على الثّقافات الشِّيعِيّة الأُخرى، وأَلقت بِظلالِها على النَّسِيج الاجتماعي البَحراني المُتماسك وشعائره وأَنشِطَته المُتمَيِزة في المَساجِد والمآتم ومجالس البُيوت وعلى مُنتديات التَّواصل الإعلامِي والاجْتِماعي العامّة والخاصّة.

ولم تكن مشاهد التَّدافع بين الاتّجاهات الشِّيعِيّة ذاتها حول مَشروع التَّقارب السِّياسي المُمهِّد لِلمُشاركة في إِدارة الشُّؤون العامّة لِلدّولة وما خلّفته مِن انشِقاق وانقِسام ونِزاع حِزبيّ وفئويّ داخِلي ـ تُثِير الدَّهشة في البحرانِيِّين، إذْ عَمّ في المقابل شُعورٌ شِيعيٌّ عامّ يَحِنّ إلى مفاهيم (التَّقِيّة) و(الانْتِظار) و(الوَلايَة والبَراءة) و(العِصْمة)، لِيَدفع بالبَحرانيِّين إلى خوض تَجرِبَة (العُزْلَة السِّياسِيّة) مِن جديد.

فعندما يَتطَلّب الموقف مِن البَحرانِيِّين قَطعَ الطَّرِيق على المَسْعى الحِزبي والفِئوي ومَنع إِيجاد البَدِيل الفِكري الهَزيل الدّاعي إلى فرض مَفهوم الزَّعامَة

المُسَفِّه لِثَقافتهم الأصِيلة والمُشكِّك في أُصُولها ومَصادِرها ومُدوّناتها تَمهيدًا لامتطاء السِّياسة (دابّة الشّيطان) وعَقد التَّحالفات والتَّوافقات مع اتّجاه أَهْلِ العامَة وحكومته في أَجواءٍ مِن الشِّقاق والنِّزاع والخُصومة والانشِقاق، فلا مِن بديل مُختار غير العُزلة والانكفاء بِـ (التَّقِيّة) و(الانْتِظار) و(الوَلاية والبَراءة) و(العِصْمة) حِمايةً لِلتَّشَيُّع الأَصِيل والتَّحرّر مِن سِيادة هذه الاتّجاهات والانتماءات وفرارًا مِن فَلسفة الواقِعيّة ومَنهجها في (الشَّكِّ والتَّشطِيب والتَّأميم).

تَنطَوِي أُصول المعرفة الشِّيعِيّة على مرويّات كَثِيرة مادِحة لِلعُزلة النّاشئة عن مَبنى (التَّقِيّة) و(الانْتِظار) و(الوَلايَة والبَراءة) و(العِصْمة) وغيرها مِن المباني النَّظرِيّة، كما تَنطَوِي على رِوايات أُخرى تَحثُّ على تَعزيز وتَوطِيد أَواصر العلاقة بين النَّاس وتُبيّن أَوجه النِّظام فيها. فهَل هُو التَّبايُن أَو التَّقابل أَو الاختلاف أَو التَّضادّ بين هذه الرِّوايات أَمْ أَنّ هنالك معنًا ثالثًا تتضمّنه هذه الرِّوايات فيَستكمِل بعضُها البعض الآخر وتكون محلاً لِلتبنّي مِن قِبَل البحرانِيِّين؟!

قد تكون العُزلةُ المُرادة في الرِّوايات مُقيّدةً بِزمنٍ خاصٍّ حتّى يَتمكّن المُؤمن البحراني المُمتَثِل لِلتَّقِيّة والانْتِظار والوَلايَة والبَراءة والعصمة مِن استِكمال الإيمان في نَفسِه ومُجتمعه. ورُبما تكون الرِّوايات هذه ناظرةٌ إلى العزلة في خصوص واحدة مِن مُكوّنات الثَّقافة أَو مظهر مِن مظاهرها لا كُلّها، فإنْ كان التَّواصل المُعاكس لِلعُزلة يُشكّل ضررًا على الإيمان بِأُصول المَعرفة وتَنمِية الثَّقافَة الأَصِيلة النَّاشئة عنها؛ فالعُزلةُ هذه مَطلوبة مع الاحتِفاظ بِالعلاقة في أُمور أُخرى فلا تُهجَر.

قد نَتجنّبُ مُجالسةَ مَن يُخشى منه الضّرر على العَقِيدة فنَعتَزِله ونَحتفِظ بالمَودة لَه ولِأَهله بِعلاقات الحَدّ الأَدنى، مع إدراكنا أَنّ العُزلة أُسلوبٌ مُتقدِّم في المقاطعة الحضارِيّة ووَسِيلة مِن وسائل الضَّغط والتَّنبيه والتَّأثير، وطريقة

حُرّة مُتاحة لِكُلّ شِيعيّ راغب في الإعلان عن الاحتِجاج المُطلق أو الجُزئي.

فالمجالسُ العامّة لِلشِّيعة تَظلّ مفتوحة في الظُّروف الاعتياديّة حيث يَقصدها الشِّيعةُ بكلّ سُرور وانشِراح. وعندما تَسعى الاتِّجاهات والانتماءات إلى التِّضييق على مَظاهِر التَّشَيُّع، وتُظهِرُ الفِتَن في العقائد، وتَسود على الثَّقافة الشِّيعيّة ومَحافلها الخاصّة والعامّة بُغيَة العبث فيها وتأميمها لِبَسط مفهوم الزَّعامة وفرضه بِالقُوة الولاية؛ يَعتزِلُ الشِّيعة هذه الاتِّجاهات والانْتِماءات بِـ (التَّقِيّة) و(الانْتِظار) و(الوَلاية والبَراءة) و(العِصْمة) ويَعكِفون على صِيانة ثقافتهم الأصيلة وتنميتها ويَسعون في عمارة مَجالسهم الخاصّة المَفتوحَة والمُغلقة.

فلا يَخشَى الشِّيعةُ على ثقافتهم الأَصِيلة مِن عبث الحكومات والاتّجاهات والانتماءات غير الشِّيعِيّة، وإنّما تكون الخشية على مَصِير الثَّقافَة الأصِيلة مِن عبَثِ الانتماءات الحِزبيّة والفِئويّة الشِّيعيّة التي تَستغلّ مظاهر الثَّقافة باسِم التَّشَيُّع لِإيجاد البَدِيل السِّياسي (المُعتَدِل) عن التَّشَيُّع الأَصِيل، ولاسترضاء تَحالفها مع اتِّجاه أَهْلِ العامّة، ولِضمان قرابتها مع الأنظمة المُستَبِدّة والدّول العظمى، ولِلمحافظة على درجةٍ عاليةٍ مِن التَّفوّق السِّياسي على مُنافِسِيهم مِن القُوى الشِّيعِيّة!

لَيس مِن شَكٍّ في أَنّ الموقف الرَّمادي لِلاتّجاهات والانتماءات السِّياسِيّة الشِّيعِيّة المُعاصرة القائمة على مَنهج (الشَّكِّ والتَّشطِيب والتَّأميم)، والسَّاعيّة إلى إنشاء عَقدٍ سِياسيٍّ فُضولِي مع قُوى اتّجاه أهل العامّة وكِياناتها الثَّقافِيّة وأَنظمتها المُستَبِدّة وفرض سِيادته على الشِّيعة ـ هو مَوقفٌ مُتقمِّص لِشَكلٍ مِن أَشكال النِّفاق المَنبُوذ والمَمنُوع شِيعيًّا. إِذنْ، لماذا يُبالغ أَهْل الموقف الرَّمادي صانع الانْحِراف الفِكري والهَزائم السِّياسِيّة في الاستِخفاف بِخِيار الاعتِزال بِـ (التَّقِيَّة) و(الانْتِظار) و(الوَلايَة والبَراءة) و(العِصْمة) المُحتَمل فيُحَذِّر مِن الرّجوع بالشِّيعة إلى عهد (التَّخَلّف)!

ليس مِن عادة البَحْرانِيّين اعتزال المحافل العامّة، فإنْ غابوا عن المُشاركة السِّياسيّة وامتنعوا عن الوقوف إلى جانب الانتماءات الحِزبيّة والفِئوية المُتنازعة والمنشقة فإنّما لِلخَشية مِن وُقوع الضّرر على دِينِهم وأَنفسهم ومَن يَلوذ بهم ويَأوِي إليهم. وكُلّما اعتزلوا في ظَرفٍ مُعقّدٍ يَمرّ بهم سعوا إلى تَنمِية ثقافتهم وازدادوا حِنكة وقُوّة، وازداد الآخرون المُتمَسِكون بِهَوى الانتماء والسِّياسة حِيرة ووَحْشَة وإِدراكا لِأَهميّة المُراجعة إلّا أَنْ يكونوا مُعانِدين بِجَهل مُركّب وغَرّهم ما هُم فِيه مِن عُلو مَقام وما هُم عليه مِن نُفوذ اجتِماعي.

لقد خاض البَحرانِيُّون تَجربةً رائعةً في القُرون الثّلاثة الماضِية إلى جانب النَّموذَج المعاصر البارز في العراق حيث اعتَزل شِيعةُ العراق بَعضًا مِن مظاهر ثقافتهم على أَثر سُقوط الدَّولة البُويهيّة في عام 1062م، واستَمرّوا على ذلك حتّى نهاية عَهد حُكم صَدام وحِزب البَعث، ولم يُفرِّطوا بِثَقافتهم الأَصِيلة بِفِكرٍ وافدٍ على طريقة الانتماءات الحِزبِيّة والفِئويَة في بلادهم وبلاد المنفى والمهجر. وعندما هَوى الصَّنم في شَهر إِبريل مِن عام 2003م تفاجأ العالمُ بِالملايين مِن الشِّيعة العِراقيّين تَزحَف إلى المراقد والمقامات المُقدّسة لِإحياء شعائر مُحرّم الحرام وصَفر ورَبيع الأوّل وشَعائر سائر المُناسبات وكأَنّ شيئا لم يَكُن. وعَظُمَت الدّهشَةُ أَيضًا عندما استَجاب العِراقيّون بالملايين في وَقتٍ قِياسيٍّ وفَوق طاقة الاستِيعاب والاحتِواء الحكومي لِفَتاوى حِماية المُقدّسات في الحرب على المُنظّمات الإرهابيّة المُحتلّة!

وهنا حَقّ الاستفهام لَدى البَحْرانيِّين لِفَهم هذا المِصداق العراقي الكَبِير في التَّمَسُّك بالثَّقافَة وأُصولها: هَلْ استعاد العِراقيّون الحَيويّة لِثَقافتهم الأَصِيلة في الفَترة الوَجِيزة الّتي تَلَت سُقوط الصَّنم، أَم أَنّهم كانوا مِن المُعتزِلِين المُحافظين على نُموّ ثقافتهم مُنذ عام 1062م بِأُصول (التَّقِيّة) و(الانْتِظار) و(الوَلاية والبَراءة) و(العِصْمة)؟!

لقد كَمُنَت أُصُولُ الثّقافة الشِّيعِيّة في الذِّهن العراقي على مَدى قرونٍ مِن

الزَّمن ولم تُستَثن منها الفترة الصَّعبة الّتي حكم فيها حِزب البَعث بِطائفيَّتِه المقيتة حيث فرَض صَدّام هَيمنَته بالعُنف والإرهاب وبَسط سِيادته بالنَّصب والكَراهيّة والازدراء لِلشّيعة.. وعندما طاح الصَّنمُ نَشَط العِراقِيُّون الشِّيعة بِثَقافتهم وأُصُولها ومَظاهرها بِكامِل الحيويّة والطَّراوة. فمِن السَّهل جدًا الارتقاء بِمُستوى التَّنمِية الثَّقافِيّة في زمن (التَّقيّة) و(الانْتِظار) و(الوَلايَة والبَراءة) و(العِصْمة) والرَّفض والاعتِزال ما دامَت الأُصُول صَحِيحَة رَصِينة ومَتينة.

إنَّ مَفهومَ الزَّعامة ومَقامَه الحزبي ومَفهوم الوَجاهة وشِهرته الفِئويّة المُصطَنعين والمُزيَّفين بالدّعاية السِّياسِيّة في الوَسط الشِّيعي لم يَصمِدا أَمام أَصالة الثَّقافة الشِّيعِيّة وحُضورها العَمِيق في الوِجدان الشِّيعي، لِكنَّهما ظهرا واثِقَين مِن دوام اللَّعِب بدورهما مُنفردين بِلا مُغالب ولا مُنافس.

حدث ذلك لِلمُتحزِّبين والفِئويّين الّذين عَطّلوا مسار التَّنمِية الثَّقافِيّة في كُلّ بِلاد الوجود الشِّيعي بِفكِرهم الهَجِين لمُدّة تَجاوزت السَّبعِين عامًا مِن الزَّمَن عبر التَّعمِية الحِزبيّة والفئويّة والمُغالبة الرَّعناء، حتّى حَسِبهم الشِّيعة في كُلّ بلاد الوُجود الشِّيعي أَنّهم يُحسِنون صنعًا وظَنّوا أنَّ التَّحزُّبات والفِئويّات هذه ما فتئت تُحقِّق لهم في كُلّ يوم تَفوّقًا شِيعيًّا، فاتّبعوا خُطاها إتّباع الفَصِيل لِأَثر أُمّه بِوَصفها المُمَثّل الوحِيد لِلشّعب!

وإذا بِالحيويّة الثَّقافِيّة الأصِيلة الّتي برز بها شِيعةُ العراق فُجأةً تَحت ظِلّ مَرجِعيّة الحوزة الكُبرى في إثر سُقوط الصَّنم قد كَشفَت عن أَصالةِ مَعدن التَّشيُّع في الوَسط العراقي، كما كَشفَت عن مدى الانْحراف الكَبِير في المسار الفِكري المُتَّبع لدى الانتماءات الحزبيّة والفئويّة العِراقيّة وحُلفائها مِن الانتماءات الشِّيعِيّة الأخرى المناضِلة في المنطقة. فسارعت الانتماءاتُ الحِزبيّة والفِئوية العراقيّة إلى تَعزيز مَوقفها وتدارك الخسارة والبحث عن سُبل خلق التَّوازن المُضادّ لِلمُستجدّ المَرجِعِي الجَدِيد وذلك مِن خلال الانفراد

بِمناصب الدّولة والإمعان في الطَّعن في مَظاهر الثَّقافة الشِّيعِيّة وأَشكالها ومَضامِينها بِوَصْفها بعدًا جَماهيريًّا منحازًا لِلمَرجِعيّة الكُبرى والحَدّ مِن مظاهر إِحياء شَعائر شَهري مُحرَّم الحَرام وصَفر وتَشوِيه فَعالِيَّاتها والتَّمادي في وَصفِها بِالتَّقالِيد البالِية المقتبسة عن الأَديان القديمة والسَّردِيّات الكُبرى في أُوروبّا وبِلاد جُنوب شَرق آسيا!

فسارَعَت مَرجِعيّاتُ الحوزة الكُبرى إلى التَّصدِّي لهذا المَوقف الحِزبي والفِئوي السَّلبِي وكَشفَت عن مَدى انحراف مَساره الفكري في سَنوات النِّضال، فأُحْرِجَت التَّحزُّبات والفِئويات في العِراق وحلفاؤها في كُلّ بلاد الوُجود الشّيعي وتَوارت خلف هَمِّها السِّياسي وانشغَلَت بِعَمليّات الاستِحواذ على مَفاصل الدَّولة وتعزيز تَحالفاتها الخارِجيّة مِن أَجل تَطويق الدَّور المَرجِعي والحَدّ مِن تَوسّع مجاله الحَيوي الّذي لم يَكن في الحُسبان، حتّى صدرت فتاوى الحرب على (داعِش) وأَثبت الانْتِماءُ الحِزبي والفِئوي الّذي يقود الدّولة العراقيّة عجزه عن مُعالجة الموقف لوحده، فسَقَط التَّوازن المُختَلق وتَفوّقت مَرجِعيّة الحوزة الكُبرى في السِّيادة والزَّعامة وتَعطّل المشروع الفِكري لِلانتماءات الحِزبيّة والفِئويّة في العراق!

كُنَّا في المنفى والمهجر نَغبط عددًا مِن زُعماء الأحزاب والفئويّات العِراقيّة في سَنوات النّضال المُشترك على ما كانوا عليه مِن تَميُّزٍ ثَقافيٍّ وعُمقٍ فِكريٍّ في بُعدي العَقِيدة والشَّريعة عندما كان شَعبُهم في العراق يَعِيش العُزلة و(التَّقِيّة) و(الانْتِظار) و(الوَلاية والبَراءة) و(العِصْمة) ويَرزح تحت نَير الظُّلم والفساد والقَهر البعثي.

وبين لَيلةٍ وضُحاها انْهار بُنيانُ هؤلاء الزُّعماء مِن القواعد، وتَفرَّقت بِهم الانتماءات الحِزبِيّة والفِئويّة إلى قُوى مُتنازِعة على الرّئاسة والسُّلطة والمال والمَقام الاجتماعي والشّهرة السِّياسِيّة، ثُمّ راحوا يُشكِّكون في أُصول ثَقافَة التَّشَيُّع بِما أُوتوا مِن سُلطان مِن خلال مُؤسَّسات الدَّولة، ويَتبارون في تَشوِيه

مظاهر الثَّقافَة الشِّيعِيّة الأَصِيلة بِسِلاح منهج (الشَّكّ والتَّشْطِيب والتَّأمِيم) ويَستخِفُّونها بإِشاعة فِريَة التِقاط الأسْطورة واقتِباس الخُرافة عن الثَّقافات الأُخرى، وهُم في ذلك على خِلاف السَّائد في ثَقافَة مُجتَمعهم الّذي كان يقاوِم مِن أَجل صِيانة الهُوِيّة ويُصابر مِن أَجل حماية أَصالَتِها.

لقد اختَلقوا وافتَروا الكَذِب على ثَقافة مُجتمعهم الأَصِيل واستجابوا لِلمُقتضى السِّياسيّ الذي كانوا يضمرونه في أَنفسهم لِيَسترضوا به حُلفاءهم مِن أَتْباع اتِّجاه أَهْلِ العامّة ولِيُعزّزوا مِن تَحالفاتهم مع عَددٍ مِن الدُّول العُظمى والنُّظم المُستبدة في المنطقة طمعًا في الانفراد بتَمثِيل زَعامَة الشِّيعة وإقصاء الدَّور المَرجِعي. ولا رَيب في أَنّ مُعطيات التَّحَوّل السِّياسي المُستَجِدّ في إِثر سقوط حِزب البَعث والآثار المُترتِّبَة عليها قد أَسهمت في اعتِزال الكثير مِن العاملين المُخلِصين الشِّيعة ساحتَي النِّضال السِّياسي والثَّقافي ومَيدان الدِّفاع عن التَّشَيُّع وذلك بِذَرِيعة المُحافظة على دِينهم مِن فِتنَة السِّياسة وتَكالب الزَّعامات والأَحزاب والفِئويّات على الرُّتَب الرَّسمِيّة ومقام النّفوذ الاجتماعي.

إنّ البيئةَ الاجتماعيّة تَتحوّلُ إلى حَشدٍ مُنحرف الفِكر شيئًا فشيئًا حِين يُترَك الامتِثال لِـ (التَّقِيّة) و(الانْتِظار) و(الوَلايَة والبَراءة) و(العِصْمة) في كُلّ الأحوال. وحِينما يتحالف زُعماء التَّحزُّب والفِئويّة الشِّيعِيّة مع اتِّجاه أَهْل العامّة والأَنظمة المُستبدّة وقُوى الدُّول العُظمى هربًا مِن الالتِزام بِوَاجِب (التَّقِيَّة) و(الوَلاية والبَراءة) و(العِصْمة) وفِرارًا مِن مَسئولِيّة (الانْتِظار) وطمعًا في الانفِراد بِسَاحة النِّضال واحتِكار مَقام الزَّعامة على الشِّيعة؛ فإنَّ الخِيار الشِّيعي الكَبِير سيكون مُصمِّمًا على التَّمَسُّك بهذا الواجِب مع تَجنّب مُناجزة هذه الانتماءات الحِزبيّة والفِئوية إذ لا تصلح في هذا المقام، ولا سِيّما أنّ مفاهيم (التَّقِيّة) و(الانْتِظار) و(الوَلايَة والبَراءة) و(العِصْمة) قد دَفعَت الثَّقافة الشِّيعِيّة منذ القرن الأوّل الهِجري إلى الأَمام على الرَّغْم مِن وُجود العراقِيل، وكانَت سِرًا مِن أَسرار بَقاء الشِّيعة على ذات الأُصُول الّتي كرَّسها الرّاسِخون في العِلم صَلوات الله وسَلامُه عليهم في سِيرة الشِّيعة.

لقد شكَّل الغِطاءُ الحِزبي والنُّفوذ الفِئوي المُتخَلِّي عن (التَّقِيّة) و(الانْتِظار) و(الوَلايَة والبَراءة) و(العِصْمة) بيئةً خَصبةً لِلانْحرافات العَقدِيّة ومصدرًا لِنُمو ظاهرة الاستبداد السِّياسي والقَهر في الوَسط الاجتماعي الشِّيعي. وقد نالت بعضُ الاتّجاهات والانتماءات الحزبيّة والفئويّة الشِّيعِيّة ثِقَةَ وُعّاظ وزُعماء اتِّجاه أَهْلِ العامّة والدُّول المُستبدّة فكَسبت بِذلك شَطرًا مِن النّفوذ والسُّلطة السِّياسيّة حتّى كادت تَستقلّ بِمَقام الزَّعامة في مُجتمعات الشِّيعة وتَتفوّق في بَثّ انحرافاتها الفِكريّة. ولكنّ التَّشَيُّع لم يكن في مَرحلَةٍ مِن مراحل نُشوئه ونُموّه حزبًا ولا فِئةً سِياسيّة ولا زَعامة، ولا يُخشى عليه مِن فقدان ذلك ولا مِن خطر إِصابته بِنكسةٍ سِياسيّةٍ مَصيريّةٍ قادمة ما دامت اللُّعبة الحِزبِيّة والفِئويّة الشِّيعِيّة وانحرافاتها مُقعّدة على رِمالٍ سِياسيّةٍ مُتحرّكة. فمَآل هذا اللّون مِن التَّحزُّب والفِئويّة إلى الإخْفاق والانكِسار!

إنَّ أَدوات العمل على تَنمِية الثَّقافة المُعاصرة ما زالت مُتوافِرة ومُتاحة لِلجَميع، ولم يَبلُغ الشِّيعة بَعْد حَدّ الضَّرورة القُصوى لاعتِماد (التَّقِيّة) المُطلقة وما يُصاحبها مِن عُزلة خيارًا وحِيدًا لِتَقرير مَصِير التَّشَيُّع وثقافته الأَصِيلة. وأَنَّ كَثرةَ الضُّغوط السِّياسيّة على الشِّيعة واستمرار المُنازعة والمُناوشة والمُغالَبة الحِزبيّة والفِئويّة البَينِيّة إنَّما يُشيران إلى أنَّ التَّحالُف السِّياسي الشِّيعي مع اتّجاه أَهْلِ العامّة وأَنظمَته المُستبدّة وأَحزابه لَنْ يُفلح في تَحقِيق مقاصِدَه وآمالَه.

ـ الأَحْضَانُ الدَّافِئةُ للتَّعايُشِ المُقْلِق

كُلَّما اقترَبت ذِكرى المولد النَّبوي الشَّريف يَكثُر اجتِرار الحديث عن مَفاهِيم الوَحدة والتَّقريب بين مُجتمع الشِّيعة وأَتْباع اتِّجاه أَهْلِ العامّة. ويَتبادل الكَثِير مِن سِياسيّ الشِّيعة فيما بَينهم بهذه المُناسبة لونًا خاصًا مِن البيانات والخِطابات الّتي تُنذِر الأَقرَبين وتُمنِّيهم بالشَّأن العظيم لِقِيم الوَحدَةِ والتَّقرِيب، حتَى يكاد الواحد مِنهم يَستفهم فيهم بالقول:

لِماذا تَجمَعُنا السِّياسةُ (الأَقْوى) حضورًا وتأثيرًا وتُفرِّقُنا أُصول المَعرِفة

ومدوّنات السِّيرة (الأَكْثر) إيمانًا وتَسليمًا، وهَل قِيمُ الوَحدة والتَّقريب ضَرورة ثَقافِية عَقدِيّة أَمْ أَنّها تبقى ضَرورة سِياسِيّة، ولماذا يُجرُّ الشِّيعة مِن أَعناقهم بِأَغلال الوَصاية إِلى الأَخْذ بِمَفاهيم وقِيم الوَحدة والتَّقريب، أَليس فيهم مَن يُؤمن بهذه المفاهيم والقيم خيارًا وسطًا؟!

وتَساؤلات أُخرى تجعلُ مِن الشِّيعة المسلمين في دهشة عند النَّظر في سِيرة العلاقة التَّأريخيّة بين الشِّيعة وأَتْباع اتِّجاه أَهْل العامّة: لِماذا تُستَغلّ مُناسبة المولد النَّبوِي الشَّريف حصرًا لِلتّذكير بِضَرورة قيام الوَحدة والتَّقريب، ولِماذا لا يُجعل المولد النَّبوِي مُناسبة لِمُراجعة مَدى القُرب أَو البُعد مِن السُّنَّة الصَّحِيحَة والسِّيرة الأَصِيلة بين الطَّوائف والمَذاهب والفِرق؟!

فكلَّما فشَلَت الأَنِظمة السِّياسِيّة في بَسط سِيادتها واقترب أَجلُها المُقدّر؛ سارَعت إلى الاعتصام بِـالتّمييز و(الفَصْل الطَّائفي) والتَجأت إلى مَوالِيها مِن الأَحزاب والوُعّاظ وحَرّضَتهم على بَثّ الكراهيّة الطّائفيّة في مُجتمعات اتِّجاه أَهْل العَامّة. فإذا ما استَنزَف الفَريقان (الشِّيعة وأَتْباع اتِّجاه أَهْل العامّة) طاقاتهما في مُشكلات التَّمييز والفَصل الطَّائفي وكَثُر بينهما عَددُ الضَّحايا وحَلّ في مُجتمعهما الخراب؛ تَدَخَّلت هذه الأَنظمة بِوَصفها الوَسِيط المُنقذ، فغَلّبت حُلفاءها مِن الأَحزاب والوُعّاظ وأَطلقت لَهُم العنان في فَرض وُجودِهم على حساب الشِّيعة ومَكَّنَتهم مِن الانتشار في الجِهاز الرَّسمِي لِلدَّولة وفتحت لهم آفاق البلاد لِبَثّ فكرهم وإِحياء مظاهر ثَقافتهم مُكافأة لِوَلائهم، وضَيَّقت الدُّنيا على الشِّيعة مِن جِهَةٍ أُخرى وأَقصتهم ورُبَما أَبادتهم عن بِكرة أَبيهم في مَسمعٍ ومَرأى مِن أَتْباع اتِّجاه أَهل العامّة.

تلك هِي لُعْبةُ السِّياسة الّتي لا تَنتَهي ومُجتمعاتُ الشِّيعة مِنها في ريبةٍ وشَكٍّ وتُهمةٍ حيث دُفِّعَت الثَّمن باهظًا في التَّحوّلات التَّأريخية الكُبرى منذ اغتِصاب وَلايَة عَلِي أَمِير المُؤمنين صَلواتُ الله وسَلامُه عليه.. فلِماذا تُجَر مُجتمعات الشِّيعة مِن أَعناقها لِكَي تُجرّب المُجرّب بِذات النَّمط الفِكري

التَّقْلِيدِي مع اليَّقِين بِأنّها ستُلدَغ مَرّة أُخْرى مِن ذات الجحر؟!

لا تَختِلف رُؤية اتِّجاه أَهل العامّة حول أَهَميّة إِفشاء مَفاهيم وقِيم الوَحدة والتَّقريب، فهو منها مِن المُؤيّدين والدَّاعِين ما دام مُستقِلًّا عن قُوى الدَّولة ومُجرَّدا مِن نفوذ السُّلطة، وما زال يَمتلِك الاستِعدادَ لِتَبنّي هذه الرُّؤية بوَصفها (عِدَّةْ شِغِلْ) مَحدودة بِظَرفي المَكان والزَّمان. فإنْ استَظلّ وُعّاظه وأَحزابه بِراية حاكِمٍ فيهم انقَلَبوا مَعه بـ (عِدَّةْ الشِّغِلْ) وصارُوا لِقِيم الوَحدة والتَّقرِيب عِضين ومِن المُستخِفّين الرّافِضين.

إنَّ ثَقافة (التَّعايُش) تَضْمَن الالتزام بالقِيم الاجتماعيّة المنظِّمة لِلعلاقة بين الشِّيعة أَنفسهم وأَتْباع اتِّجاه أَهْل العامّة وسائر الطَّوائف والفِرق مِن غير وَسائط سِياسِيّة. وما زال الشِّيعةُ مُؤمِنين بِوجُوب (التَّعايُش) غير المَشروط سِياسِيًّا في كُلّ الظُّروف، إذْ يَرون فيه ضَرُورة اجتِماعِيّة واجبة التَّحقّق والبَقاء على الدَّوام بِبَقاء القِيم الأصيلة، على ألّا تكون هذه الضّرورة مِن مُقتنيات السِّياسة المُقترنة بِمَوازين المَصالِح المؤقّتة والمَرِنَة.

وعندما يُراد لِلشِّيعة العملَ على تكريس مفاهيم الوَحدة والتَّقريب في ثقافتهم وإِعادة النَّظر في بَعض أُصُول المعرفة ومُدوّنات السِّيرة على طِبق مَنهج (الشَّكّ والتَّشْطِيب والتَّأميم)؛ فإنّ هذا اللَّون مِن الوَحدة والتَّقريب سيَتحوّل إلى صاعِقٍ مُدمِّرٍ لِلنّظام الاجتماعِي الشِّيعي حيث يُراد له ذلك سِياسِيًّا.

لقد آمَن الشِّيعةُ بِأَصالة ثَقافتهم وتَمسّكوا بها، وكانوا أَشَدّ النّاس حِرصًا على أَمْن (التَّعايُش) مع أَتْباع اتِّجاه أهل العامّة والطَوائف مِن دون الحاجة إلى القَوانِين المقيِّدة والعُقود والمَواثِيق المُلزمة والضّامنة، كما أَنَّهم ليسوا في حاجةٍ إلى الدّعاية المُبتَذلة لِتَرويج مفاهيم الوَحدة والتَّقريب. فهَذِه السِّيرة التَّأريخيّة لِلشِّيعة أَمامُنا واضحة حيث تَنطوِي على الأَدِلّة الدّامغة والكاشِفة عن كونهم ضَحايا تَمسُّكهم بِمَفهوم التَّعايش، كما أنَّ سِيرتَهم تنطوي على الأدلّة الدّامغة الكاشِفة عن أَنّ اتِّجاه أَهل العامّة وأَحزابه ووُعَّاظه هُم أَوّل مَن

انقلب على ما بُشِّروا بِه وأُنِذروا فكانوا مِن المُعتَدِين المُفترين على الشِّيعة وما زالوا على ذلك.

فإنْ كان مِن بَين المَذاهب والطَّوائف والفِرق مَن يَتوجّب عليه الاجْتِهاد في أَخذ العِبرة مِن التَّأريخ واختبار قِيم الوَحدة والتّقريب وتَوجِيه الدّعوة إليه في هذا الشَّأن؛ فلَيس الشِّيعة، وإنّما غَيرهم هُو المَلُوم المُتّهم بالتَّعلّق بأَستار السِّياسة الّتي تُوحِي إليه دائما بالتَّمَيّز على المذاهب والطَّوائف والفرق وبِالحقّ المُطلق في الانفراد بِالسِّيادة والحُكم والمُلك.

لقد عاش الشِّيعةُ منذ نَشأتهم الحرمان مِن تَشكيل نظام سِياسيّ مُستقرّ يقودونه بأَنفسهم، ومِن المشاركة في إدارة الشّئون العامّة في بلاد وجودهم إلى جانب الطَّوائف والمذاهب والفِرق الأخرى بصيغةٍ عادلة تضمن لهم نُموّ ثقافتهم الأَصِيلة وحُرِّيّة إحياء مظاهرها. وعلى الرَّغم مِن تطاول الاستبداد السِّياسي الطّائفي على حقوقهم المدَنِيّة فقد حقّقوا نجاحًا باهرًا في تَجاوز المحن مِن دون مُساومات سِياسيّة أَو تَنزُّل عقدي ذي عنوان أَوّلي، وتَمسّكوا بِمُوجبات (التَّعايُش) الاجتماعي بِوَصفها قيمةً ضَروريةً مُستقلّة عن مُقتَضيات السِّياسة.

ويُدرك أَتْباع اتّجاه أهل العامّة أنّ الشِّيعة الحاكِمين أَو المحكومين لا يُشكّلون خطرًا على أَحدٍ مِن المسلمين، وما زالوا مِثالا في التَّعايُش مِن مِنطلق دِينيّ واجتماعي، وكانوا في ذلك مِن الصّادقين الصّابرين. لكِنّ الكثير مِن وُعّاظ اتِّجاه أَهل العامّة وأحزابهم يتنكّر لِذلك ويجحد تحت ضَغط السِّياسة ومُغريات الرّئاسة فيُغامر بأَتْباعه لِصَدّ الثّقافة الشَّيعة عنَ النُّمو الآمِن والمُستقرّ.

لقد دعا الشِّيعةُ إلى التَّمسك بِقِيم (التَّعايُش) وفيهم ثَقافةٌ أَصيلةٌ مُؤهّلة لِذلك صِدقًا وعدلاً، ولكِنّ التّجارب المعاصرة كشفت أَنّ أَتْباع اتِّجاه أَهل العامّة يُقهَرون على المُوالاة لحِكّامهم بِغطاء دِيني ومُبرّر سِياسي وبالكَثِير

مِن مُغريات رَغَد العيش فيَستَسلِمون لِهذا الكَيد ويَرضون أَنْ يُستعملوا (عِدَّةْ شِغِلْ) ووَسِيلة لِإقصاء مُواطِنيهم الشِّيعة عن الشَّأن العامّ أَو لِإرهابهم وقَتلهم وتَشرِيدهم والتَّنكِيل بهم وزَرع الشُّعور بِالنَّقص في أَجيالهم. وفي رُؤيتهم لِسيرة ما جرى في عهد الخُلفاء الثلاثة مِن انْقِلاب على الأعْقاب ما يُعينهم على ذلك ويُشَرّع لهم هذه الفَعْلَة.

إنّ الكَثِيرَ مِن وُعّاظ اتِّجاهِ أَهْلِ العامّة وأَحزابه لَيس مُؤهّل ثَقافيًّا لِلالتزام بِقِيَم (التَّعايُش) وتَحمُّل مسئوليّة إِفشائها بِصِدق نِيّةٍ وإِخلاصٍ وعَدلٍ حتّى يُثبت النَّقِيض مِن ذلك لِأَتباعه قبل الشِّيعة. فالسِّياسةُ بأَيدي الحكّام مِن أتباع اتِّجاهِ أَهْلِ العامّة تُرهِب وتُغري وتُمنّي، وذلك مِن ضَرورات الحكم وطبائع الاستبداد، وسُرعان ما ينقلب الوعّاظ والأحزاب منهم على ما يدعون إِليه مِن مُثل وقِيم فيُعلنون الولاء لِلحاكم المستبدّ في مَشهدٍ لافِت إِذعانًا لِمعاني السِّيرة وسُنَّتها في ثَقافتهم التي تَزرع فيهم الاستِعداد لِلانقلاب على الأَعقاب. فكيف يتمكّن مفهوم التَّعايش أنْ يستقرّ أَمام هذا اللّون مِن الوُعّاظ والأحزاب؟!

إنّ العمل على إِفشاء مَفهوم (التَّعايُش) الاجتماعي وقِيمِه في مناطق الوُجود الشِّيعي على قواعد وأُسُسٍ مِن ثقافتهم سِمَةٌ أَصِيلةٌ قائمةٌ بِذاتها ولَيْست بحاجة إلى اجتِهاد سِياسيّ مُقرِّب مِن أَتْباع اتِّجاه أهلِ العامّة ومُوحّد معهم ومرغِّب فيهم. ولم يكن الشِّيعةُ حدِيثي عَهد بِقِيم (التَّعايُش) حتّى يكونوا بِحاجة إلى فلسفة وِجدانيّة أو سُلوك تَصوُّفي لِترَقِيق ثَقافتهم وتَرويض أَفكارهم وتكريس الحِسّ الإنساني فيهم. فلَقَد اجْتَرّ بعضُ السَّاسة الشِّيعة الحديثَ كثيرًا عن قِيم الوحدة والتَّقريب في عصرنا الرّاهن وبِإلحاح شِديدٍ ولكنّه لم يُنجز بها شيئًا ملموسًا يُعتدّ به في عالَم الثَّقافة الشِّيعِيّة وفي هذه الطَّريق وبِهذا المَنهج السِّياسي. فإنْ استجاب بَعض وُعّاظ اتِّجاه أهل العامَّة وأَحزابُهم لِدَعوة الوحدة والتَّقريب فهُم مِن صِنف (الحَبَرْبَش) ومِن السُّذّج المغمُورِين الّذين نَسِيَتهم قوائم الرُّشا أَو تَعرَّضوا لِـ(التَّطْنِيش) والإهمال لِضَعفٍ بارزٍ في قِيمتهم الشّرائيّة!

وفي عَرض الدّعوةِ إلى الوحدة والتَّقريب الموجّهة إلى وُعّاظ وأَحزاب اتِّجاه أهل العامّة يَجرِي اجترار ذات المَفاهيم لِتَأسِيس وَحدة بين الشِّيعة أَنفسهم، وفي ذلك مَن صَرَّح بِقَوله: (كُنّا وما زِلنا ندعو إلى الوَحدة والتَّقريب بيننا وأَتْباع اتِّجاه أهل العامّة ولم نكُن قُدوةً ومثالاً بِهاتين الصِّفتين.. فلِماذا تتكاثر فِينا المَرجِعيّات والزَّعامات والأَحزاب والفِئويات والكِيانات الأهلِيّة والحوزات والمَدارس الدِّينِيّة والمساجد والمآتم وهَيئات الشَّعائر والجامعات والكُلِّيّات والمُنتديات الإعلاميّة وشَبكات التَّواصل الإعلامي والاجْتِماعي التِّقني ـ وتَعدّد على شَكل قُوى سِياسِيّة واجتماعِيّة وثقافِيّة مُتفرّقة ومُستقِلّة المنهج والفِكر والمَقاصد بلا قِيادة موحدة. أَلَيس ذلك يُمثِّل مظهرًا لِفُرقة وشَتات وتَصدّع وانفراط وتَمزُّق وانفصال وتَخلُّف وجَهل وهَدر لِلطّاقات والمال وتَفرِيط لِكَفاءة العُنصر البَشري، أَلَيْس مِن الأَوْلى العمل على تكريس مظاهر الالتِئام والانْدماج والتّآلف والوحدة بين الشِّيعة أَنفسهم تَحت ظِلّ زَعامَة واحِدة وحِزب واحد)؟!

إنَّ في ظاهر هذا القول بَراءةٌ في المَقصد إذا ما استُدرك بِعِلل احتِباس الفَوز والنَّصر والتَّفوّق السِّياسي في مُجتمعات الشِّيعة، أو بِعِلَلِ ما وُصِف بـ (التَّخلُّف) و(اللّاوَعْي) في بيئة النِّضال مِن أَجل استِرداد الحَقّ الوَطني. فالعالَم يجري في سُرعة قِياسيّة نحو التَّطوّر الحضاري ويَمُوج بِمَبادئ الفِكر العَلماني وتَشريعات الحقوق المَدنِيّة والثَّقافيّة، ولا بُدّ مِن تَحقِيق دَرجاتٍ عُليا مِن (الوَعْي) والتَّفوُّق.

وهنا تُطرح العديد مِن التَّساؤلات المُوجّهة ويُراد بها إِثارة الوِجدان الشِّيعي، منها:

لماذا تَتَعدَّدُ قُوى الشِّيعة فتَظهَر في مناطق وُجودِها مُتنافرة أَو مُختلفة على الرَّغْم مِن تَوافر الثَّقافة الأَصِيلة المُؤهّلة لِلتَّفوّق، ولماذا تَستنكِف القوى الشِّيعِيّة مِن الالتزام بِمَفاهيم الوحدة والاندماج والتّآلف البَينِي والقبول بِمَركَزيّة النِّضال على مَختلف الصّعد؟!

ولماذا يُقادُ الشِّيعة بِخَمس حَوزات كُبرى وعَشرات المدارس الحَوزَوِيّة وعددٍ كبيرٍ مِن المُجتهدين والفُقهاء والمَراجع، لماذا تَكثُر في البحرين - على سبيل المثال - المدارس الفقهيّة، ومنها حَوزات بُورِي وبَارْبار والنِّعَيم وبَنِي جَمْرَة وجِدْحَفْص وسِتْرة والمُحَرّق؟! فلا بُد مِن إيجاد حَوزةٍ واحدةٍ كُبرى جامِعة لِكُلّ المدارس الحَوزويّة وتَبقى خاضِعة لِمُراد مَرجِع زَعِيم واحِد داخِليّ أو خارجي!

لِماذا تَكثُر المَرجِعِيّات الفقهيّة وتَختلِف في التَّقليد والفَتوى والمَوقِف والمَنهج.. لا بُدّ مِن جَمعها كُلّها تَحت لِواء مَرجِعيّة عُليا خارِجيّة أو مَحلِّيّة واحدة مَبْسوطة اليَد ومُنفرِدة بِحَق السِّيادة على كُلّ الحَوزات ومُجتمعات الشِّيعة ومَظاهر ثقافاتهم وكُلّ الطّاقات البَشرِيّة والمادِّيّة والكِيانات المُؤسَّسِيّة الأَهليّة!

رُبَما تحظى هذه الدّعوة في الأوساط الشِّيعِيّة بِتَأييدٍ وافرٍ، وسُرعان ما تَدخل طَور التَّنفيذ في بعض مَناطِق الوُجود الشِّيعي بالقُوّة عبر الانتماء الحِزبي والفئوي مُتقلِّب الولاء والفاشِل في تَجارب التَّعلِيم الدِّيني وفي مَساعي النِّضال السِّياسي والثَّقافي على أَنْ يُؤتى أجره مَرَّتَين!

وعلى غير اقتِناع مِن أَهلِها وتَحت ضَغط النُّفوذ تَجتَمِع بعض المَدارس الحوزويَّة والكِيانات الأَهلِيّة والأحزاب والفئويات والمساجد والمآتم وهيئات مواكب العزاء في بعض مناطق الوجود الشِّيعي تَحت لافِتَة التَّآلف والاندماج الشِّيعي بِما يُعزّز مِن سِيادة مَفهوم المَركَزِيّة في العمل ويُعزِّز مِن مُراد تَرسِيخ مفهوم الزَّعِيم الواحد في الأَذهان. ثُمّ تكون النَّتائجُ مُخيِّبةً لِلآمال وفي غاية السُّوء إذا ما أَخذنا بعين الاعتبار اختلاف الثَّقافَات والظُّروف الاجتماعيِّة والهُوِيّة السِّياسِيّة لِدَعوة الوَحدة والتَّآلف، حيث أَفرزت المَركَزِيّةُ ذات الزَّعامة الواحِدة استبدادًا حِزبيًّا وفِئويًّا مانعًا مِن التَّطوّر في شأن التَّنمِية الثَّقافِيّة الأَصِيلة، وعودة إلى تَطبِيقات مَنهج (الشَّكّ والتَّشْطِيب والتَّأميم) سَيئ

الصِّيت الذي أُسقِطت به القِيمة المِثاليّة والمَعنويّة لِأُصُول المَعرفة ومدوّنات السِّيرة التَّأريخيّة وكُلّ المَوروث الثَّقافي، وجُعِلَت بها الرُّتب والمقامات الاجتِماعيّة والدِّينيّة التَّقليدِيّة الدارِجَة في عَرض مُغالَبةٍ فوضَوِيّة انتهت إلى الاستِهانة بِمَفاهيم (التَّقِيّة) و(الانْتِظار) و(الوَلايَة والبَراءة) و(العِصْمة) فضلًا عن الاجتِهاد المبني على التّعدد المرجعي السَّائد والاستِخفاف به. ثُمّ انحازت المَركَزِيّةُ في إِثر ذلك إلى الثَّورِيّةِ الحزبيّة والفئويّة الحادّة المُثِيرة لِفَزع السُّلطات (السُّنِّيّة) حيث سارَعت إلى اتِّخاذ التَّدابير القانُونِيّة المُضادّة المُقيّدة لِحَركة الشِّيعة ولِتَطوّر وُجودهم الثَّقافي فضلا عن السِّياسي.

وعلى حَسب أُولئك الذين آمنوا بِهذا اللّون السَّيِّئ مِن المركزية ووَحدَة الزّعامة، ولِعِلْمِهم القاطِع بالمُضاعفات السَّلبيّة لاعتِماد هذا اللَّون الأَجْنبي مِن المفاهيم الحزبيّة والفئويّة في مُعالجة قضايا الثّقافة المَحَلِّيّة الأَصِيلة العريقة؛ فإنّهم يُبرّرون هذا التَّحوّل بِالقول: (أَنّ اعتمادَ المَركَزِيّةِ ووَحدةِ الزَّعامة لا يُمكن أَنْ يَتَحقّق إلّا بِآلة التَّحزّب والفئويّة النّاهِضة بِالوَصايَة السِّياسيّة، فهِي تُمَثّل أَقصر الطُّرق لِتَرسيخ القِيم والمَبادئ في المُجتمع مواجهة تَحدّيات التَّمييز والفصل الطّائفي. ولا بُدّ مِن تقديم التَّضحِيات مِن أَجل مُواجهة هذه التَّحدِّيات وتَخطّي العقبات وتَجاوز العراقِيل، ولا بُدّ مِن ردع العَقل النَّاقِد والمُخالِف والمُعارِض حتّى تَتَمَكّنَ المركزيّةُ ووَحدة الزَّعامة مِن النُّهوض على أَنقاض التَّقلِيد الدَّارج والمَراتب والمَقامات التَّقلِيدِيّة السَّائدة). ثُمّ أَسفر عن تَحكِيم المَركَزِيّة ووَحدة الزَّعامة خَرابٌ وتَهافت في النَّسِيج الاجتماعي المُتماسِك وفَسادٌ في المَوروث الثَّقافِي العَرِيق، وضَغائن وكراهيّة وعَداوات ونُفور وإِلحاد وفِرقة.

يقول أَحد المُلحِدين في لقاء جَمعَنِي وإيّاه: (إنَّ الانتماء الحِزبي والفِئوي في بلدي لَيْس مُؤهّلا لِقِيادة مُجتمَعِي العريق في الثَّقافة، وهو يُشكّل إحدى العَوامل الرّئيسة الّتي دفعتني ودفعت بِالكَثِير مِن أَصدقائي إلى الإلحاد.. عندما كُنّا نَرزح تَحت نَير الاستِبداد ونُعاني مِن الاضْطهاد الطّائفي

كانت زعامة الانتماء الحِزبي والفِئوي تُمارس اضْطهادًا مِن نوع آخر مُختلف وتُصادر مظاهر الثَّقافَة في المناطق بِالاحْتيال و(الجَمْبَزة) وتَستَولِي عليها بِعُنوان (المَرْكَزِيّة) ولم تَضع في الحسبان أنّ هذا النَّمط مِن (المَرْكَزِيّة) في مَفهوم السُّلطات المَحَلِّيّة يُمثِّل خرقًا لِسِيادة القانون وفرصة لِصدور مزيدٍ مِن المراسِيم المقيّدة لِنُمو الثَّقافة الشِّيعيّة والمُعطلة لِلكثير مِن مَظاهر الثَّقافة التي ورِثناها أَبًا عن جدّ منذ مئات السِّنين. وكُنّا نُستعمَلَ في ذلك حتَّى أدركنا أَنّنا نُساهم في المُغامرة بِـ (الجَمَلْ وما حَمَلْ) ونُضاعِف الاضطهاد في حقّ كُلّ مَن يَعترِض مَسيرتِنا في المناطق أو مَن يُبدي بِرَأي حَصِيفٍ أو بِمَوقفٍ مُخالِفٍ فنُشغله في نَفسِه بِإطلاق إِشاعة نَختلِقُها ثُمّ نَبُثّها في الحَيّ الّذي يقطنه)!

استوقَفتُ قول المُلحِد فأَشرتُ إِليه: أَنَّ هذه الأحوال الّتي ذكرت تُمثِّل رُؤية سِياسيّة خاصّة بالانتماء الحزبي والفئوي وتَقتضِي مِنك ومِنّي الاجتهاد في الإصلاح بِالَّتِي هي أَحسن والتَّمَسُّك بِثَقافَتِنا الأَصِيلة، ولا تَستوجِب منّا الانقلاب مِن الإيمان بالتَّشَيُّع إلى الإلحاد. فعُمر التّمييز الفصل الطَّائفي في الضِّدّ مِن الشِّيعة يَربُو على 14 قرنًا مِن الزَّمن وما زالت الهُوِيّة الشِّيعِيّة تَتأَلّق بِفَضل الإيمان بِـ(التَّقِيّة) و(الانْتِظار) و(الوَلايَة والبَراءة) و(العِصْمة) وليس بالانتماء الحزبي والفئوي. وأَمَّا (السِّياسة) فهِي مَوجةُ العصر الجارفة حيث تُفْرِغ علينا شيئًا مِن المُنغِّصات ثُمّ تَنقَشِع ويَنتَهِي أَهلُها إلى ما هو أَحقّ أَنْ يُتَّبع!

اعتذرَ المُلحِد بالقول: (أَنْتَ لم تَعِشْ الوَقائع اليومِيّة المؤلمة التي اختلقها الانتماء الحزبي والفئوي ذي الوَسِيلة المُطلَقة بِعنوان حقّ الولاية على النَّاس وما في أَيدِيهم، ولم تعش التَّفاصِيل في ذلك منذُ اليَوم الذي غادرت أنت إلى المنفى في عام 1980م، ويَكفِيك أَنّ النَّتائج المخزية التي نراها اليوم في النِّضال السِّياسي كاشِفةٌ عن الحِقيقة.. بَسُّكْ مِن الوِجدانِيّات)!

وفي لِقاء آخر وَجَّه مُلحِدٌ نقدَه اللّاذِع إلى سِياسة الانتماء الحِزبي والفِئوي في مُعالجة المشكلات الاجتماعيّة بِـ (المَرْكَزِيّة) وقال: (الانْتِماء الحِزبي

والفِئوي يُشجِّع بـ (المَرْكَزِيّة) على الزَّواج المُبكر لِمُواجهة ظاهِرة التَّجنِيس السِّياسي الّذي يُراد به خَلق التَّوازن (الدِّيمُغْرافي) بَين الوجودين (الشَّيعِي) و(السُّنِّي) في البِلاد لِتَحقيق مآرب سِياسِيّة سِيادِيّة، ولكِنّه أَشاع بالمَركَزِيّة ذاتها بِدْعَة (التَّزكِيَّة) قبل انْشاء عُقود الزَّواج، فعَطّل بِذلك النَّسَق الاجْتِماعي التَّقلِيدي الآمِن السَّائد في البلاد وأَدخله في دائرة اللُّعبَة السِّياسِيّة)!

فطلَب الحاضرون في اللِّقاء مِن المُلْحِد تَوضِحًا لِلمُراد مِن (التَّزكيّة)، فقال: (عِندما يُقرِّر الشِّيعي الزَّواج ويَختار الزَّوجة المُناسِبة مِن مَنطقة أُخرى فإِنّه يطلب استِشارة مِن الجِهاز (المَرْكَزِي) الّذي يَقودُه عُلماء مَنطِقته مَشفوعة بِسيرة الزَّوجة. فيُبادر عناصر الجِهاز المَرْكزِي إلى إِجراء عِدَّة اتِّصالات مع عُلماء الدِّين مِن سكنة المنطقة الّتي تقطنها الزَّوجة المُختارة ويَنتظِرون منهم تَفاصِيل السِّيرة. وهكذا تَفعل الزَّوجة لِلتَّأكد مِن سَلامة سِيرة الزّوج المُختار.. كُلّ ذلك سَبّب إِرباكًا في النِّظام الاجتماعي وأَفسد تَقلِيد السِّتر المُتَّبع والمَرْضِي مِن النّاس).

فقلتُ له: (إنَّ النَّاسَ أَحرارٌ في أَنفسهم وأَموالهم، ولَهُم الحقّ في اختِيار الطُّرق المُناسِبة لِلتَّأكّد مِن سَلامة دِين وخُلق مَن يَرضَونه زوجًا. ولا بَأس بهذا النِّظام إنْ كان عادِلاً ويُمثّل أَحد الخِيارات غير المُلزِمة في النَّاس. فالزَّواج قِسمَةٌ ونَصيبٌ على حَدّ القول الشَّائع، فلا ضَمان لاستِمرار رِفْقَة الزَّواج بين شَخصَين مِثالَيّن تامَّين في الدِّين والخُلق، وقد يَكون الضّمان لاستِمرارها في غَيرِهما.. والصَّالِحون بَعد الزَّواج مُعرّضون للانقلاب ولِلفساد والفاسِدون مُعرّضون لِلصَّلاح. وبين أَيدينا الكثير مِن المصاديق في ذلك)!

فالتَفَت المُلحِدُ إِليّ وقال ساخرًا: (يُحرِّضُون بالمَركَزِية على مَنع الزَّواج مِن الشِّيرازِيّين)!

فرَدّ أَحدُ المُنتَمين الحِزبِيِّين والفئويّين على قَول المُلحِد مُدافعًا: (حَدث ذلِك سَابِقًا وأُقِرّ بِذلك وأَنا كُنتُ مِن بَين مَن مارَسَ هذا الفِعل وحَرّضْت.. لَقد

تَغيّر كُلّ شَيء الآن ونَدمنا على ذلك واعتَذَرنا)!

فأَجابَه المُلحِد: متَى اعتَذرتُم وإِلى مَنْ؟! فإِنْ اعتَذرتُم فذَلِك مِن بَعد أَنْ بالَغْتُم في إِنْهاك مُنافِسِيكم بِالشّائعة وصَفَا لَكُم الجَو العامّ بلا منافس واستَوسَقَتْ الأُمور واتَّسَقَتْ لَكُم بِما فَعلْتُم.. وِينَهْ دِينْكُم؟!.. تَرْهْ احْنَه مُو جَهالوه..إِحْنَهْ نِفْتِهم اللُّعبة مِن أَوَّلْهَه إِلى آخْرْهَهْ وانْشُوف وِيشْ إِيصِيرْ.. لا يَهمّني الآن لا أَنْتُم ولا هُمْ.. لَكُم دِين ولِيَ دِين!

إنّ تَحقُّق القُوّة والنُّمو الثَّقافي لِلوُجود الشِّيعي مُمكِنان عند تَعدّد الاتّجاهات والزَّعامات والمَرجِعيّات وتَنوّع المدارس الدِّينِيّة والكِيانات الأَهلِيّة والاجتماعِيّة والثَّقافِيّة، وعند الحَذر الشَّدِيد مِن سِيادة المَفاهِيم الحِزبيّة والفِئويّة السِّياسيّة غير الأَصِيلة وتَجنُّب تَطبيقات مَنهج (الشَّكّ والتَّشطِيب والتَّأميم). وهذا ما أَكّدت عليه سِيرة مُتَشرِّعي الشِّيعة وطَرِيقَتُهم في تَنمِية الثَّقافَة الشِّيعِيّة الأَصِيلة والرُّقِي بالنِّظام الاجتِماعي والمحافظة على سلامة الوجود والهُويّة، مع مُراعاة اختِلاف الثَّقافَات بين مُجتمعات الشِّيعة وطَبِيعة النِّظام السِّياسِي لِلدَّولة في بِلادِ وُجُودهم.

وإِنْ كان ولا بُدّ فبِالعمل على تَنمِية الثَّقافة الشِّيعِيّة على طِبق مَبدأ تَعدُّد الاتِّجاهات والانْتِماءات والزَّعامات والمَرجِعيّات والمَدارِس الدِّينِيّة والكِيانات الأَهلِيّة والاجتماعيّة والثَّقَافِيّة وما شاكل ذلك مِن مَظاهر، مع التَّأكِيد على الأمل في تحقّق (الأُمّة الواحِدة) ذات الثَّقافَات المُتَعدِّدة والمُتَنوّعة.

لماذا اختَفَت الأَحادِيثُ في الظَّرف الرّاهن حَول وُجوب قِيام (الأُمّة) على ذات المَنهج النِّضالِي الثَّقافِي الشَّهِير المُتَّبَع في القرن الماضي حيث غَزا النِّداءُ بِقيام (الأُمّة) الإعلام الحِزبِي والفِئوي والمَرجِعِي الشِّيعي؟!

كُلّما تَقدّم الشِّيعةُ المعاصرون في العَمل السِّياسي عَقدًا مِن الزّمن حيث كَثُر الحديث فِيهم عن أَهمِّيّة (الوَحْدة والتَّقرِيب) مع أَتْباع اتّجاه أهل العامّة، كما كَثُر فِيهم الحديث عن ضَرُورَة (الانْدِماج والمَركَزِيّة والزَّعامَة

الواحِدة)، وقَلّ بإزاء ذلك الحديثُ عن مَفهُوم (الأُمّة مُتعدِّدة الثَّقافَات)، وضاق الذِّهنُ الشِّيعي السِّياسي بعَصَبِيّة الحِزب الواحِد والمَرجِعِيّة الواحِدة واشْتدَّ معهما ضِيق الكِيانات الأَهلِيّة الشِّيعِيّة.

لم تَعُد مُفردة (الأُمَّة) الّتي كانت تُشكِّل المَبدأ الأَسْمى على رأس العَمل الثَّقافِي في السِّتِّينات والسَّبعينات والثَّمانِينَات مِن القرن المُنصرم تَعنِي شيئًا عند كُلّ الاتِّجاهات الشِّيعِيّة في القرن الرَّاهن. فقد سادت الهُموم العَصَبِيّة الحِزبيّة والفئويّة الحادّة على كُلّ شَيء انطلاقًا مِن قيمتي المركزية والزَّعامة الواحدة فأَنْسَت نُخبةَ المُثقَّفين حَقّ (الأُمّة مُتعَدِّدة الثَّقافَات) وتَفرَّقَت واختَلَفت. فإنْ دعا أَحدٌ إلى الوَحدة والتَّآلف والانْدِماج والمَركَزِيّة فلِتَحقِيق مَصلحة سِياسيَّة مَحلِّيّة خاصَّة!

يُذكّر مُثقّفُ القرن الماضي أَنَّ الشِّيعي المُتمسِّك بِمُفردة (الأُمّة) وقِيم النِّضال مِن أَجل التَّحرُّر والرُّقي بِالأُمّة كان على يَقِين بِأَنّ تَعدُّد الأَحزاب والفِئويّات والمَرجِعيّات وتَنوُّع الكيانات المؤسَّسِيّة الأَهْليّة والمُنظّمات الثَّقافِيّة الشِّيعِيّة المُستقلّة هُو تَعدُّدٌ في المَناهج وتَنوّعٌ في الوسائل وتَنافسٌ صادقٌ على وَحدة الهدف، وأَنّ قُوى التَّغيير ستَلتَقِي في نِهاية المطاف عند (الأُمَّة) الواحدة مُتعدِّدة الثَّقافَات.

لقد كان النِّضالُ الحُرّ والمُستقلّ لِكُلّ الانتماءات الحزبيّة والفئويّة والمَرجِعيّة في سبيل تَنمِية ثقافة (الأُمّة) الواحِدة يَحِدّ مِن غلواء التَّهارش والمُغالبة، ويُبدّد ظلمة الشَّكّ وسُوء الظَّنّ في الجَسد الحِزبي والفِئوي والمَرجِعي الواحد، ويُحصِّن مظاهر الثَّقافَة ويَقِيها مِن الأَنانِيّات والعَصبِيّات الداخليّة. وعِندما تَلاشى مبدأُ تَنمِية الثَّقافات المُتعَدِّدة وقِيمها الأَخلاقِيّة وحَلّ مبدأ المَركَزِيّة الحادّة والزَّعامة المنفردة ذات الثَّقافَة الواحِدة حدًا فاصلاً قَسِيما؛ صُنِّف الوُجود الشِّيعي المُتمسّك بِمَبدأ التَّعدُّد والتَّنوُّع واختِلاف وسائل التَّغيير على صَدر قائمة المُتمَرّدين الخارجين على وَلايَة المَرجِعِيّة بِغَير حَقّ!

فمِن دون اعتماد المبادئ السَّليمة لِتَنمِية ثقافات (الأُمّة) تحت ظل تَعدُّد الزَّعامات والاتِّجاهات والكِيانات المُؤسَّسِيّة في زَمَن (الانْتِظار) وغِياب المعصوم؛ سيَزِيدُ ذلك في التَّباعُد والتَّنافُر، وسيُعَمِّق مِن الآثار السَّلبيّة لِلالتِقاط الفِكري. ومِن المُؤسف حقًا أنّ تَتفاقَم ظاهِرة النَّبذ الحِزبي والفِئوي والمَرجِعي لِلمُمتَنِعين عن عَقد الوَلاء لِكُلّ ما مِن شأنه الإعلاء مِن (السِّياسة) بِعنوان (الضَّرُورَة) و(المقتضى) على حِساب قِيم ومبادئ (الانْتِظار) و(التَّقِيّة) و(الوَلايَة والبَراءة) و(العِصْمة)، ومِن المُؤسِف أَيضًا أنْ يُستَبدل مَفهوم تَعظِيم (الأُمّة) ذات الثَّقافَات المُتَعدِّدة بِتَعظِيم مَفهومَي (المَركَزِيّة) و(الزَّعِيم الواحد) وتَفخِيمهما وتَقدِيسهما وجَعلِهما بَديلاً عن ذَوِي العِصمة والمُبالغة في فَرض مفاهيم الفِكر الهَجِين المقتبس عن اتّجاه أَهْل العامّة على حساب التَّعدد في الثَّقافات الأَصِيلة والمَرجِعيات.

إنَّ القائلين بِالوَحدة والانْدِماج والالتِئام والتَّآلف الشِّيعي تحت لِواء المَركَزِيّة والزَّعامَة الواحدة المَفروضَين بِقُوّة الوَصايَة والولاية وبِنَبَذ التَّعدُّد والتَّنوّع في كُلّ أَوجُه النَّشاط الثَّقافِي والاجْتِماعي - قد انطلقوا مِن قواعِد ومَبادئ سِياسِيّة صِرفة ومِن فِكرٍ خَليط سقيم مُستمد مِن ثقافة اتِّجاه أَهْلِ العامّة ولم يَبوحُوا بِذلك لِلشِّيعة، وتَعاموا عن السِّيرة التَّأريخيَّة الحقيقِيّة لِلشَّيعة الأصلاء الّذين أَمضوا قرونًا طويلة في تنمية ثقافتهم مِن دُونِ قِيادة ولا مَركَزِيّة ولا زَعامَة ولم يَنل ذلك مِن أَمْن وُجُودهم أَو يَحِدّ مِن نُمو ثقافتهم. إنَّها الحَقيقةُ الواقعة في مُجتمعات الشِّيعة ولا يَتمَكّن أَحدٌ مِن ذوي الانتماء الحزبي والفئوي أَنْ يُنكِرها وينفيها أَو يُنكر ويَنفي حصول التَّفوّق الشِّيعي عبر التَّأرِيخ مِن غَير قِيادةٍ أَو مَركَزِيَّة أَو زَعامة بِالمفهوم المعاصر.

إنّ كُلّ (ما تَجمعه السِّياسةُ وتُوحّدهُ في زَعامةٍ واحِدةٍ فإنَّها تُدمِّره وتُفرّقه في سُرعة الضُّوء). ولا يَتحقّق التَّآلف والوحدة والاندماج بالمَركَزِيّة الحِزبيّة والفِئويّة الضَّيقة المُتجرِّدة مِن الخَلفِيّة الثَّقافِيّة الأَصِيلة أَو المنقلبة عليها

بِمَنهج (الشَّكِّ والتَّشْطِيب والتَّأمِيم). ومِن العَبث الإيمان بأنَّ القِيم والمُثُل لا تَسود في المُجتَمع الشِّيعي إِلّا بِقُوّة الوَصايَة والزَّعامة والقِيادة!

إنَّ تَجربة إِفشاء مفاهيم التّآلُف والوَحدة والتقريب والاندماج في المُجتَمع الشِّيعي بِقُوّة التَّحزُّب السِّياسي والمَركَزِيّة والوَصايَة الفِئوية أو المرجعيّة تُعَدّ مِن أَخطر التَّجارب الفاشِلة في القَرْن الماضي، وذلك لِأَنّها غامَرت سِياسيًّا بِالثَّقافَة الأَصِيلة لِمَصلحة فِكريّة هَزِيلة. وقد أَثبتت ماجَريات العُقود الخَمسة الماضية في هذا الشّأن فَشَلَ حِكاية السِّياسي (غَير المَعصُوم) في عَمليّة اختِراق الثَّقافَة الشِّيعِيّة الأَصِيلة واستِضعافها بِتُهمة (التَّخَلّف) و(اللّاوَعْي) أو الانْقِلاب عليها بِمَنهج (الشَّكّ والتَّشطِيب والتَّأمِيم)، كما أَثبَتت الوقائع أَنَّ تَبنِّي السِّياسي لِقِيم التَّآلُف والانْدِماج والوَحدة والمَركَزِيّة في مشروع التَّغيير الكبير قد أَدّى إلى انصَرافه عن التَّمكّن مِن تحقيق العدل بين فئات المُجتَمع. ولا بَدِيل عن التَّعدُّد والتَّنوّع الحُرّ في كُلّ أَوجُه النَّشاط الشِّيعي، فإِنَّه يسدّ الفراغ النَّاجِم عن العِصْمة المَعدومَة ويُقلِّل مِن مخاطر التَّصدّع في النَّسِيج الاجتماعي.

إنَّ العملَ على تَعزِيز قِيم الوَحدة والتّآلف والاندماج في الشِّيعة مِن مُنطلق اجتماعيّ هو مِن المُمكِنات المطلوبة بِشَرط تَجنّب الخوض بها في دوائر السِّياسة والتَّحزّب والفِئويَة. فإنْ دُعِي إلى تَبَنِّي هذه المفاهيم والقِيم والمُثل في فَضاءٍ سِياسيٍّ والخَوض بها في مُساومة فُضولِيّة مع اتِّجاه أَهل العامّة ووُعّاظه وأَحزابه وتَصوير الموقف بـ(الخِلافِ السِّياسِي) المُجرّد الّذي يَتطلّب مُعالجة بِمَنهج مِن سِنخ السِّياسة؛ فإنَّ تلك المفاهيم والمُثل والقِيم ستكون وَبالاً على الشِّيعة حصرًا، وستَستَحِيل إلى مُغامرة مُكلفة بِأُصُول التَّشَيّع وبِالإرث الشِّيعي التّأريخي كُلّه، وإلى عِلّة في التَّباعُد والشَّتات والتَّمزّق والفِرقة بين مُختَلف فِئات المُجتمع الشِّيعي.

ـ فتُورُ الوَسَطِيَّةِ فِي مَشْهَدَين

تَقمّصَ البعضُ مِن الاتّجاهات الشِّيعيّة دورَ الوَسطِيّة المَذهبيّة فأَقدم على تَزوِير عددٍ مِن الحقائق المُثيرة الوَارِدَة في سِيرة الإسلام والمسلمين، أَو أقدم على شَطبِها أَو التَّشكِيك في وقوعها على وَجْه الحقيقة أَو نَفي صُدورها، وأَكثَرَ مِن طرح التَّأويلات المُتكلِّفة في المُختَلَفِ عليه مَذهبِيًّا، وذلك مِن أَجل الوُلوج الآمِن في عالَم السِّياسة المَهجور شِيعيًّا ومَدّ شَبكة نفوذه في مناطق التَّأثير السِّياسي الواسع. فأَمْسَى معنى التَّولي لِأَولياءِ الله عَزَّ وَجَلّ والتَّبرِّي مِن أَعداء التَّشيُّع بِذلك مَرهونًا لِسِعَة أَو لِضِيق منافذ السِّياسة ولِحَجم العرض والطلب المُتاح فيها.

فعندَما يَرِد هذا الاستِفهامُ: (مَن هُم الصَّحابة المَنبوذُون في مَروِيّات أُصُول المعرفة لدى الشِّيعة) تَتَدَخَّل المُضاربات السِّياسيّة وتَكثُر المزايدات الحِزبيّة والفئويّة (الوَسَطيّة) لِتُبرِّئ ساحة المَنبوذِين مِن الصَّحابَة وتُزَوِّرُ وتُأَوِّلُ وتشطبُ وتُشَكِّك حيث لا سَبِيلَ لِقبول هذا اللّون مِن البَراءة والتَّزوير والتّأويل والتَّشْطِيب والتَّشكِيك في عالَم أَمْسى مُتقدِّمًا ومُتطوّرًا في مناهج البَحث التَّأريخي وفي تِقنية بَثٍّ ونَقلٍ وتَقَصّي المعلومات.

وكلُّما تَمسّكَ الشِّيعةُ المخلصون بالمَعنى المُراد مِن المرويّات المُتعلِّقة بالطَّعن في سِيرة الصَّحابة المُنافقين، وصَرَّحوا بِأَسماء الشُّخوص المعنيّة، وصَبّوا عليها لَعناتِهم وجام غَضبهم البَرائي؛ استغلَّ أَهلُ (الوَسَطِيّة) السِّياسِيّة الموقف لِلتّظاهر بِمُعارضتهم لِهذا اللّونِ مِن الغَضب واللّعن، وفي ظَنّهم أَنَّ استغلال الموقف على طِبقِ مَفهوم الوَسطيّة سيَزِيد في سِعة نُفوذِهِم السِّياسي قُوّةً وعصمةً ووَثاقةً وقربًا بين وُعّاظ اتِّجاه أَهْلِ العامّة وأَحزابِهم وحُكّامهم مِن غِير إدراكٍ منهم أَنّ مُوالاة اتِّجاه أَهْلِ العامَّة لهذه الشُّخوص وتَقدِيسَهُ وتَنزِيهَهُ وتَعدِيلَهُ لها هُو نَفسُه خَرقٌ لِخُصوصِيّةِ الشِّيعة وتطاولٌ على ما يُؤمنون بِه ويَعتَقِدون. والفَرق في ذلك هو أَنّ اتِّجاه أَهْل العامّة يَنتصِر لِرُموزه

في كلِّ الأحوال وبلا تَقِيّة ويَحسب أَنّ كُلَّ صَيحةٍ عليه فيَجعل مِن (الحَبَّةِ قُبّة)، فيما يَستضعِف الشّيعيُّ نَفسه فلا يَنتصِر لِرمُوزِه حِين يتظاهر اتّجاه أَهْل العامّة بِتَقدِيسه لأَعداء أَهْل البيت صَلَوات الله وسَلامُه عليهم ويَترَضّى عليهم في مَسمع ومرأى منه، ويَقرأ ما ورد في الآية الكريمة [وعسى أنْ تَكرهوا شيئًا وهو خيرٌ لكم] على غير المراد مِن المعنى فيُحجِم عن جَعل (القُبّة قُبَّة)!

تلك حالٌ اختلقها فَسادُ فكر أَهْل الانْتِماء الحزبي والفئوي الشِّيعي عند قراءتهم لِمُشكلات العَصر إذْ اتَّخذوا لِأَنفسهم صِفَة (الوَسَطي) المُعتدل المنفتح المُتحرّر مِن أَثقال وأَعباء أَصُول المعرفة ومتون المدوّنات الرَّصينة في السِّيرة، فصار الرُّضوخ لِمُقتضَيات (الواقِعِيّة) والتَّظاهر بِرَفض مفاهيم (التَّقِيّة) و(الانْتِظار) و(الوَلايَة والبَراءة) و(العِصْمة) أَمرًا تفاعُلِيًّا مُلزمًا، كما صارت البَراءةُ مِن لَعْن اللّاعِنين مِن موارد فَرض الحَجر على كُلّ مَن أَحيا (الولاية والبراءة)!

إنَّ المُتضرّرَ مِن نَبذ أَعداء الله ورسوله والبَراءة مِن قَتَلة أَئمّة أَهْل البَيت صَلواتُ الله وسَلامُه عليهم وغاصِبي حقهم هُم أُولئك الّذين أَسَّسوا بُنيانهم المَذهَبِي على قَواعِد سِياسِيّة وعلى تَقدِيس الرِّجال وتَصويب سِيرَتِهم بِمَعايير السِّياسة، إذ لا سَبِيل إلى إِعادة كتابة التَّأريخ، ولا بديل إلّا الرَّضا بِالحقيقة التَّأريخيّة، ولا مِن خِيار مُتاح لموالي قَتَلة أئمّة أَهْل البَيت صَلواتُ الله وسَلامُه عليهم في عالم التّطور الحضاري والتِّقني إلّا الالتِجاء إلى (صُكُوك الغُفْران) واستِصدارها سِياسيًّا مِن حوزة الانتماءات الحزبيّة والفئويّة الشِّيعيّة الوَسطِيّة مُقابل الموافقة على عقد تَحالُفٍ حَرام مع هذه الانْتِماءات الوسطيّة يُعِينها على الانفراد بِتَمثيل الشِّيعة والتَّشَيُّع بِلا مُنازع ولا مُنافس، وتَوفير البيئة السِّياسِيّة والاجتماعيّة المُلائمة لِنُموّها وانتشارها في الشِّيعة، وعَقد شراكة طَويلة الأمد معها لإِقصاء الاتّجاه الشِّيعي الأَصِيل الرَّاسِخ الذي لا سبيل إِلى مُواجهته إلّا بِسلاحٍ مِن سِنخِهِ أَو بِالتَّمييز والفَصل الطَّائفي.. وكان لَهُم ما أَرادوا!

ربما يُظَنّ في هذه الحال أنّ قُوّة نفوذ الانتماء (الوَسَطِي) الشِّيعي الشَّريك السِّياسِي لاتِّجاه أَهْل العامّة ناشِئٌ عن اجتهادٍ نَزِيهةٍ مَبنيّ على فلسفةٍ حَيويّةٍ ومنهج حضارِيٍّ مُتجدِّد وحنكة سياسيّة، ولا يَخطُر على بال الكَثِير مِن الشِّيعة أَنَّ مِن وراء السِّياسة ما وراءها!

فعندما يُصرِّحُ الشِّيعةُ بالبراءة مِن الصَّحابَة المُنافقين سُرعان ما تَتدخّل السِّياسةُ بِأَشَدِّ أساليبها مكرًا وغدرًا وخُبثًا لِعَقد مُساومات سُوق الحَراج (المَقاصِيص)، فنَسمع مِن أَهْلِ الانتماء الحزبي والفئوي الوَسَطِي والاعتِدال الشِّيعي تشدّدًا ومُزايدة على الالتزام بِقِيم الوَحدة والتّآلف والتّآزر بين المُسلمين كافَّة، ونَرى إلى جانب ذلك تأويلاً مُجحفًا مِنهم وتَزويرًا وتَشْكِيكًا وشطبًا لأُصُول المعرفة الشِّيعِيّة والوقائع في السِّيرة التَّأريخِيّة وتَماديًا في وَصْف أَهْلِ البَراءة بِـ(المُتَخلِّفين) و(اللّاواعِين) و(المغامرين) و(الطّائشين) و(الطّائفيّين) و(السَّلفِيّين الشِّيعة) وغير المُؤَهّلين لِخَوض أَيّ عملٍ سياسيٍّ تَفاوضيٍّ مُشتركٍ وغير المُدرِكين لِمَعنى المُشاركة في إدارة شُئون الدَّولة وصِيانة الاستقرار الاجتماعي لِلمُسلمين!

إنّ مَفهومَ الأُمّة الوَسَط كان مُتاحًا لِلاستِعمال منذ أَمدٍ طويلٍ في تَفاسِير الشِّيعة، ويُشِير في معانيه المُعتبرة إلى أئمّة أَهْل البيت صَلواتُ الله وسَلامُه عليهم حصرًا. وقد اختَصّ الفِكرُ المُعاصر لِأَتْباع اتِّجاه أَهْلِ العامّة في تِبيان مَعاني سِياسِيّة مُتكلّفة لِـ(الوَسَطِيّة) الواردة في آيات القُران الكريم مِن خِلال المئات مِن المُؤلفات الّتي غزت المَكتبة الإسلاميّة منذ عقد الأربعينات مِن القرن الماضي.

وقد تَنبّه لهذه المعاني السِّياسِيّةِ لِلوَسَطِية والبُحوثِ العَمِيقة فِيها مُثَقَّفو الانتماء الحِزْبي والفِئوي الشِّيعي فاقتَبسُوها ورَوّجوا لها شِيعيًّا وخَصّوا الآية الشَّريفة [وكَذلِك جَعلناكُم أُمَّةً وسطًا لِتكونوا شُهداء على النَّاسِ ويَكون الرَّسُول عليكم شَهِيدًا] بهذا المعنى السِّياسي. لكِنّ أَهل التَّشيع الأَصِيل

رَفضُوا التَّفاعل مع هذه المعاني وما تَضمره مِن عَبثٍ سِياسيٍّ ومُخالفةٍ صريحةٍ لِعَقيدة التَّشَيّع.

جَدير بنا أَنْ نُشير إلى مَشهدين تَوضِيحيَّين مُتعلِّقين بهذه المَسألة:

المشْهَدُ الأَوَّل: يَنقلِبُ الشُّيوعِي المُلحِد ذِي الخَلفية المذهبيّة الأَشعرِيّة كُلّ المنقلب فيُصبح بين عَشِيّة وضُحاها مؤمنًا شيعيًّا أَصِيلاً على أَثر تَعقُّبه لِلمُقارنات الثَّقافيّة الّتي كانت تجري على شَبكة الإعلام الشِّيعي ومنصّات الاتّصال التِّقني. فتِلك لِيْست حالاً نادرة الحُصول في مُجتمعاتِنا القائمة على التَّعايُش الاجتماعي المُجرّد مِن العقود والمواثيق السِّياسِيّة.

فقد صَرّح الشُّيوعي البحراني بِنَاحِيَتين مُثيرتين لِلأَسباب المُقنعة في تَحوّله العقدي نحو التَّشَيُّع:

الأُولَى: أَنَّ حركة التَّطوّر الثَّقافي والعِلمي في التَّأريخ الإسلامي لا تَعدو أَنْ تكون مِمّا جاد به العَقلان الشِّيعي والمُعتزلي، ولم يكُن لِمَذاهب العامّة وفِرقهم المَنسُوبة لِعَقيدة الأَشعرِيّة مِن دور رَئيس في نهضة الثَّقافَة والعُلوم وصناعتهما. فقد عُرِفَ عن وُعّاظ اتِّجاه أَهْلِ العامّة الوَلاءُ المُطلق لِلدّول المستبدّة وطَبقة الحُكّام والأُمراء المفسدين في الأرض والتَّطرف في الدِّفاع عن ظُلمهم وفَسادهم ومدّهم بعوامل البقاء، والاستِعانة بهم في تَوسِعة نُفوذ مَذاهبهم وشَنّ الحروب بالنِّيابة عنهم بِغُية جَمع المال وجَني الثَّروة والإسراف في استِنزاف الطّاقة البَشريّة على أُسُسٍ رُوائيّة موضوعة ومختلقة أَو مُزوّرة. وهُم على ذات السُّنّة يَسِيرون إلى زَمننا المُعاصر.

فإِنْ تَميّزتْ بعضُ الأسماء لِمُبدِعين في العِلم والثَّقافة على غَير اتّجاهي التَّشَيُّع والاعتِزال فهِي على تَقِيَّة مِن دينها أَو أَنّها مُبتَدِعة فيما حُرِّم مِن فلسفات مِثاليّة ومادِّيّة وَضْعيّة وصُوفِيّة وعِرفانيّة.

الثَّانِيَة: أَنَّ تَطوّر شَبكات الاتّصال التِّقني والسُّرعة في البَحث عن المَعلومات والسِّعة في تَدفُّقها الكِترونِيًّا قد ساهَمت في تَحرير أُصُول المعرفة

ومدوّنات السِّيرة التّأريخيَّة مِن قَيد الخزائن المَركزيّة الدِّينِيّة وزنزانات المكتبات المُغلقة، وجَعلتها رَهن إِشارة عامّة النّاس بالمَجّان، كَما ساهَمَت في إِسقاط الكَثِير مِن مَوضوعات الحِجاج تحت رحمة الدَّليل الدّامغ أو القَرِينة الواضحة. فانقَسم أَتْباعُ الاتّجاه الأَشْعَري إلى فِئتين: معانِدةٌ عَلِمَت الحقيقة فجَحَدتها، ومُقصِّرة أُتِيحت لها كُلّ سُبل اليَقين والقَطع ولكِنّها لم تكتَرث أَو تُبادر إلى الاجْتِهاد لِمَعرفة الحقّ والحَقِيقة.

ويُمثِّل الفِئةَ المعاندة حَشدٌ كَبير مِن الوُعّاظ والأَحزاب والزُّعماء والحُكّام مِن ذَوِي العقيدة الأشعريّة قد عُرِف عنه فساد الدِّين والتَّظاهر بالتَّقلِيدِيَّة الحادّة في الرُّؤية لِلتَّأريخ مَخافَة عدول الأَتباع والتِحاقهم بِرَكب عَقِيدة التَّشَيُّع أَو بِالمذاهب الأُخرى المُغالِبة. وأَمَّا المُقصِّرون فهم الأَغلِبيّة الأَشعريّة العامّة.

وفي جِهة الشِّيعة يُصَرِّحُ الشُّيوعي الأَشعري: أَنَّ التَّشَيُّع في بَلدِنا يَشبه رأسمال تَضارَبت فيه نَظرِيَّتا (مَارْكس) و(آدَمْ سمِيث) الاقتِصادِيّتان، ولكِّنهما اتَّفقتا على وُجوب مُحاصرته في دوائر مَصالحهما الخاصّة فيتقاسمون غُنمه. فإِنْ أُجِيز له النُّمو في بلد ما فبِمُرادِهما وفي حَوزتهما ومَجالهما الحَيويّ فحسب. وإِنْ أَبى واستكبر فلا وَطن له ولا مُستقرّ في العالَم، وأَمْسَت المُلاحقة والحِصار جزاءَه حتّى لحظة الانْهيار في القِيمة التَّداوِلِيَّة!

لقد أَدرك ذَوُو الأَلباب مِن الشِّيعة مرارًا وكرارًا أَنّ تَحوُّلات الواقع لا تَجرِي لمَصلحة أَيّ استِراتِيجِيّة ثقافيّة مَرحَلِيّة باحثة عن التَّحالُف السِّياسي مع وُعّاظ اتِّجاه أَهْل العامّة وأَحزابهم وحُلفائهم مِن النُظم السِّياسِيّة المُستَبِدّة، وأَنّ العمل على خِلاف ذلك سيَدفع نَحو خَلْق مَزِيد مِن التَّوتر في النَّسِيج الاجتماعي الشِّيعي. ولا بُدّ مِن تَجنُّب النّزاعات البَينِيَّة والابتعاد عن تَوظيف البُهتان والافْتِراء بِالكَذِب والتَّنابز بِالألقاب أو التَّفاخُر الدّعائي بِالزَّعامات الجَوفاء وبِالانتماءات الحزبيّة والفئويّة والمَرجِعيّات السِّياسِيّة أَو بناء التَّيّار

الغَلّاب على حِساب التعدد في المَرجِعيّة وأصالة الثَّقافَة الشِّيعيّة.

حتَّى أُولئك الفِئويِّين والمُتَحَزِّبين الشِّيعة المُتحالِفين سياسيًّا مع أَحزاب اتِّجاه أَهْل العامّة وحُكوماتهم بِبَاطِنيّة شَدِيدة، وكذلك أُولئك المُتظاهِرين بِالمُضيّ في سِياسةٍ إِيجابيّةٍ معهما مِن خلال الإقدام الجادّ على المُشاركة في صَناديق الاقْتِراع النّيابي؛ سيكتَشِفون في نهاية المَطاف حَجْمَ ما فرَّطوا فيه وما أَصابوا مِن مُصِيبة مِن أَنفسهم في حَقّ التَّشَيّع فلَم يكونوا جَدِيرين بِزَعامة الشِّيعة سِياسيًّا.

المَشْهَد الآخَر: الحاجّ عبد الرَّحْمن مِن أَتْباع اتِّجاه أَهْلِ العامّة على مذهب الشَّافِعي والحاجّ عَلِيّ مِن أَتْباع التَّشَيُّع الأَصِيل، كِلاهُما مِن جِيلٍ بحرانيّ واحدٍ مَوصوفٍ بِالانْفتاح الاجْتِماعي المُستقرّ وعلى قَدرٍ كبيرٍ مِن الحِرص على أَمْن ثَقافَتِهِ المَحَلِّيّة، تَجمعَهُما مُفارقة لَيس لها مِن مَثِيل في بلاد التَّعدُّد والتَّنَوّع الاجتماعي المَذهَبِي.

يَرى الحاجّ عبد الرَّحْمن في الشَّافِعيّة التي يَعتنِقها إِبراءً لِلذِّمّة بِقَدر ما يُحسن مِن اطّلاع على المعارف في مَذاهِب أَهْل الحَيّ الذي ضَمّ ذِكريات طُفولَتِه وشَبابه وأَعانَه على الاستِغراق في قضاء أَوان شيخُوخَتِه وتَعمُّره، شَأنه في ذلك شَأن كُلِّ أَتْباع اتِّجاه أَهل العامّة الأوائل مُنذ ما قَبْل نشوء حِزبَي الإِخْوان والتَّحرير والسَّلفِيّة الإرهابِيّة المُتطرِّفة في البلاد.

وفي لحظةٍ مفاجئةٍ مِن الزَّمَن صار الحاجّ عبد الرَّحْمن رَفِيقًا صادقًا مخلصًا لِلحاجِّ عَلِيّ الّذي صَنّفه أَفرادُ عائلته وأَهْلُ الحَيّ الذي نَشأ فيه وتَرعرَع مِن أَشَدّ النَّابِذين واللَّعّانين لِلصّحابة المُنافِقين المُتآمرين، ولا يَتوانى في سَبِّهم ولعنهم بِأَسمائهم في السِّرّ والعَلَن أَينما حَلّ وارْتَحل. وفي المُقابل يَبدو رَفِيقُه عبد الرَّحْمن مُترحِّمًا ومُترَضِّيًا مِن دون حُدود على الصَّحابة كُلّهم بِلا استِثناء، تَعبُّدًا مِنه بما أَملَته عليه سِيرة الشَّافِعي وعَقِيدته وشريعته.

ولمّا وَجَد الحاجّ عَلِيّ في رَفِيقه عبد الرّحمن عملاً خيّرًا في السِّيرة

الاجتماعِيّة التَّفاعليّة اليَومِيّة مَعه، قال فيه: رَفِيقي عبد الرّحمن (خُوشْ رَجّال) وِجدانيّ مُلتزم، طَيِّب شَهم، شَرِيف صادِق، دَمِث الخُلق.. ومِن دُون شَكّ ولا رَيب (بِرُوحْ) النّار لِأَنّه لَيْس على وَلايَة عَلِيٍّ أَمِير المؤمنين صَلواتُ الله وسَلامُه عليه!

وكُلّما وَقَف عبد الرَّحْمن على مَوقفٍ خَيّر لِلحاج عَلِيّ؛ قال فيه: البَحرانِي (خُوشْ رَيَّالْ) مُكافِح، ذُو خُلق وذَوق طَيِّب لَطِيف، ومُؤمن على درجةٍ عاليةٍ مِن الوَرَع والتَّقوى، وأَلفاظُ قوله عَرَبِيَّة قُرآنيّة فَصِيحة، مُخلص لِرفاقِه وصادِقٌ فيهم وأَنا مِنهم.. ومِن دُون شَكّ ولا رَيب (بِرُوحْ) النَّار لِأَنَّه نابِذٌ لِلصَّحابة ومُكفِّرٌ لهم، ولا يَنفكّ يَلعَن ويَطعن فيهم بِصَرِيح عباراته أَينما وُجِد وعلى مَسمَعٍ مِنِّي ومَرأى!

كلاهُما يعرف عن رَفِيقه الآخر ما يسرّ وما يُعلن، وهما نَدِيمان يَتصارحان في كُلّ أَمرٍ مِن غير حَرج. وأَهالِي الحَيّ في سُوق الحَراج (المَقاصِيص) يَفقهون جَيِّدًا أَنّهما مثالٌ لِلصُّحبة والصَّداقة والأُلفة، فيَأنسون لِمَشهد لِقائهما على بَوّابة وَرشة النِّجارة (المِنْجَره) عند ضُحى كُلّ يوم.. إنّه التَّعايُش البحراني الاجتماعي البَرِيئ المُجرّد مِن هَوى السِّياسة وإِملاءاتها.

لم يَحدُث في يَومٍ مِن الأَيّام أَنْ رَأى أَحدٌ مِن أَقرباء الحاجّ عَلِيّ أَو أَفرادٍ مِن أَهْل الحَيّ ومِن رُوّاد سُوق الحَراج (المَقاصِيص) إِعراضًا مِن الحاجّ عَلِيّ عن أَيّ ضَرورَة شِيعِيّة آمَن بها، ولا تَراجعًا عن رُؤية استَمَدّها مِن أُصُول المَعرفة ومُدوّنات السِّيرة التَّأرِيخيِّة.

كان الحاجّ عَلِيّ صريحًا مع رَفِيقه عبد الرّحمن ولم يَسْع في استِرضائه تَقِيَّةً ولا تَنَزُّلاً في سَبِيل تَرسِيخ أَواصر الصُّحبة معه إذْ لا يَرى الحاجّ عَلِيّ أَيّ رَابِطٍ مانِعٍ أَو علاقةٍ مانِعةٍ بين مُراد التَّعايُش والحَقّ في اعتِناق العَقِيدة وحُرِّيّة التَّمَسُّك بِشَعائرها. وكذلك يَفعلُ عبد الرَّحْمن، (وكِلْشِيْ ماشِي) على أَحسَن ما يُرام.

يَعلمُ الأَهالي في حَيّ سُوق (المَقاصِيص) الذي يَكتظّ في كُلّ يوم بِألوانٍ وأَشكالٍ مِن أَتْباع اتِّجاه أَهلِ العامّة أَنّ في صُحبة الحاجّ عَلِيّ لِعَبد الرَّحْمن حافزًا لاقتراب الحاجّ عَلِيّ مِن أُصُول التَّشَيُّع المُعتبرة ولِلجِدّ في التَّواضع لِلمَعرفة وكَسب العِلم مِن المُدوّنات التَّأرِيخيّة الصّحِيحة. وقد اشْتُهِر الحاجّ عَلِيّ بين الأَهالي بالدّاعم الأَوّل لِطَلبة العُلوم الفقهيّة والمُؤيّد لِحَثّ جِيل الشَّباب على الانْتِساب لِلمَدارس الدِّينيّة المَحَلِّيّة المُتمَسِّكة بِـ(التَّقِيّة) و(الانْتِظار) و(الوَلايَة والبَراءة) و(العِصْمة) وعلى اجتِناب الحوزات الكُبرى والمدارس الخارِجيّة منها بَعدما لمس هو ونُظراؤه مِن المُؤمِنين المُقرَّبين إليه أَنّ ضَعفًا عقديًّا في فِئة عُلماء الدِّين الجدد مِن خِريجي حَوزة النَّجف الأَشرف وخُضوعًا مِن بَعضهم لِمَوجَةِ التَّقارب مع اتِّجاه أَهْلِ العامّة ووُعاظِهم وأَحزابهم على أُسُسٍ سِياسيّة مُوجِبة لِلشَّكّ في أُصُول المَعرِفَة ومدوّنات السِّيرة التَّأرِيخِيَّة ولِتَشْطِيب مُتونها ولِتَضعِيف كَثيرٍ مِن المَرويّات المُعتبرة المَعمُول بها في تَنمِية ثَقافة الأَجْيال مُنذ أَكثر مِن أَلف عام.

تُمثّل العلاقة النَّمُوذجِيّة بين عبد الرَّحْمن والحاجّ عَلِيّ مصداقًا لِلقَول بأَنّ الاختلاف بَين أَتْباع اتِّجاه أَهْلِ العامّة والتَّشَيُّع على حسب ما ورَد في أُصُول المعرفة ومُدونّات السِّيرة التَّأريخِيَّة لا يُناقِض قِيمة التَّعايُش بينهما مُطلقًا، ولا يُشكل لوحده عامِلا رَئيسًا في التَّحرِيض على مُمارسة العُزلة والتَّباعد والافْتِراق والتَّطرّف في السُّلوك الاجتماعي.

وأَنّ التَّهافُت على الأفكار المُرعِبة ذات المَقاصِد السِّياسِيّة، مِن نَحو فِكرة إِعادة كتابة التَّأريخ وتَشطِيب الأُصُول العقديّة والتَّشكِيك في المُدوّنات التَّأرِيخِيّة الشِّيعيّة ومَشروعات التَّقريب بين أَفراد الأُمّة والتَّآلف بين الطَّوائف والوَحدة بين المذاهب والفِرق ـ كلّه نَزَقٌ سِياسِيٌّ وخِفَّة وتَبجُّح يُؤدّي إلى ظُهور نتائج مُعاكِسة وتَكريس الشَّكّ والارتياب وانعِدام الثِّقة وتَعطِيل التَّنمِية الثَّقافِيَّة والالتِجاء إلى الالتِقاط الفِكري في المُجتمع المُتجانس. كما أَنّها تُؤدّي إلى تَدمِير ما تَبقى مِن أَثر لِقَواعد التَّعايُش وأَواصُر الثِّقة والمَودة ووَقف

استِقرار النَّسِيج الاجتِماعي على مُساومات ومُغامرات وعُقود وَقتِيّة مَرهونة لِمَيزان المَصالح وليس لِقيم الثَّقافة ومُثُلها الّتي مِن شأنها الدَّوام والتَّطوّر التَّدرِيجي في حُرِّيّةٍ مِن الأفكار والعقائد ومِن دون حَساسِية في النَّاس.

إنّ هذا اللّون النَّموذَجِي مِن العلاقة بين الحاجّ عَلِيّ وعبد الرَّحْمن يُمثّل التَّعايُش الاجتماعي الرَّصِين المُتمَيّز في ثقافة البحرانيّين، ويَكشف عن وُجود شُعورٍ وِجداني بَينهما هُو أَشَدُّ قُوّةً ووَثاقةً مِن مَبدأ التَّوازن الطّائفي الهَشّ الّذي تَسوّقه وتُؤسّس له سِياسة الوَحدة والتَّقرِيب والتَّآلُف وما شاكلها.

لقد اجتاز المُجتمع البحراني في تأريخه المعاصر تجربة مُثيرة في مُواجهة التَّمييز و(الفَصْل الطَّائِفي) وخرج منها بِتَفوّق مُنقطع النَّظير إذ أَدرك البحرانيّون أَنّ توتّر العلاقات في مُجتمع المذاهب والطَّوائف والفِرق المتعدّدة ما هو إلّا صِناعة سِياسيّة خالِصَة وافدة على البِلاد منذ عهد سَيطرة الاستعمار. وأَنّ تأريخ البَحرين الاجْتماعي لم يُسجِّل واقِعَةً واحدةً ذات نَزعَة طائفِيّة مُستقلّة أَو مُجرّدة مِن العَبث السِّياسيّ، ولم يَكُن التَّمَسّك بِوَقائع السِّيرة التَّأريخيَّة وبِأُصُول المعرفة والمدوّنات والمجامع الحديثيَة فضلًا عن التَّصْرِيح بِتَفاصِيلِها في كلّ هذه التَّجارب عاملاً في اشتِعال فَتِيل أَزمةٍ طائفيّةٍ مُطلقًا.

إنّ لِلشِّيعة الكثير مِن المُبرّرات الّتي تَدعوهم إلى الاطمِئنان على سلامة عَقِيدتهم كُلّما تداعت السِّياسة على حُقوقهم الوَطنيّة في بلادهم وقَوّضتها. فالتَّشَيُّع فِيهم ذُو أُصُول راسِخة ولَيست مَرهونة بالوُجود السِّياسي في أَي بُقعة مِن بقاع العالم. وربما تَتطرّف سِياسَةُ التَّمييز و(الفَصل الطَّائِفي) فتَنال مِن حقّ الشِّيعة في الوُجود والعَيش في أَمْن وسلام إلى جانب أَتْباع اتّجاه أهل العامّة والطّوائف، ولكِنّها لَنْ تُمِيت فِيهم عَقِيدة التَّشَيُّع ولا الرَّغبة في التَّعايُش الاجتماعي المُجرد مِن مُتطلّبات أو شُروط التَّوازن السِّياسي.

ولو أَنّ تَوهِينَ الوجود الشِّيعي وإِذلالَه وتَحقيرَه وسَلبَ حَقّه في الحياة

وحِرمانَه مِن المواطنة وإقصاءَه عن المُشاركة في إدارة الشُّئون العامّة لِبلاده واعتماد مَزيدٍ مِن إجراءات التَّمييز و(الفَصْل الطَّائِفي) وعَقد التَّحالُفات السِياسيّة المُضادّة بَين وُعّاظ اتّجاه أَهْل العامّة وأَنظمَة الحُكم المُستبَدّ وتَشكيل قُوّة التَّفوق على الشِّيعَة بهذه التّحالُفات ـ يَكفِي لِفَرض عَقِيدةٍ مُختلفةٍ على الشِّيعة لاستَتَبّ حُكم الدُّول المُتعاقِبة في بِلاد المُسلمين كُلّها على عَقِيدة اتِّجاه أَهْل العامّة مُنذ القرن الهِجْرِي الأَوّل من غير مُنافِسٍ أَو مُغالِبٍ.. فلا بَدِيل عن التَّعايُش الاجتماعي وفَصله عن مُقتَضيات السِّياسة وفُروضها.

إنَّ التَّعدّد المَذهبي في مفهوم التَّداول الثَّقافي المُجرّد يُعدّ مظهرًا مِن مظاهر التَّعايُش الدّائم المُستقرّ الّذي يُجنِّب البلاد عوامل التَّوتّر والانفصام بين مُجتمعي الشِّيعة وأَتْباع اتّجاه أَهل العامّة، وأَنّ التَّلبُّس السِّياسي بِمَظاهر التَّشدّد المذهَبِي لِلاستِحواذ على مقام الرّئاسة أَو العمل على مُعالجة التَّشدّد المَذهَبِي بِالموقف (الوَسَط) وصولا إلى فرض مَفهُوم الزَّعامة يُشكّلان الخطرَ الدّاهِم على النَّسِيج الاجْتِماعي لِلفَرِيقَين في هذا العصر.

ماذا سيَجنِي المسلمون لو أَنّ الشِّيعة وأَتْباع اتِّجاه أَهل العامّة ودُولهم اجتَمعوا في عمل مشترك على طاولة مُستدِيرة لِبَلورة مبادئ وقَواعد التَّآلُف والوحدة والتّقريب، ثمّ تَبنِّيها ودعوة المُثقَّفين وعناصر الفِئة الوسطى إلى صِياغة الرُّؤية للتَّأريخ وللعقيدة في النّاس صِياغة وَسَطيّة مُرضِيَة لِكلّ الأطراف وتَقضِي بِالحَجر على تَناول كلِّ مُتعلّق بالشَّأن الثَّقافي المُثِير طائفيًّا وزَجر كُلّ مَن يَتَّبع ثَقافة (اللَّعن) و(السَّب) و(الطَّعن) في سيرة الخلفاء وسائر المُنقلبِين على الأعقاب وُحلفائهم ومُثِيري الحروب والفِتن مِن الصَّحابة ومِن مُحرّفِي الفَرائض والسُّنَن، فهَلْ سيُثِير ذلك في عُموم النَّاس الحماسة إلى المُوافَقة؟!

إنَّ أَخطر ما سَيُسِفر عن هذا اللّون مِن اللِّقاءات: التَّكرِيسُ المُفرط لِسُلطة الحُكم المُطلَق لِلمُجتمِعين أَو لِلزّعامة المُفوّضة عنهم، والتَّشدد في استِصدار التَّشريعات المُقيِّدة لِحُرِّيَّة التَّعبير والمُعتقد، والتَّجمِيد المُخِلّ بِأَوجه الثَّقافة

المُختَلِفة، ثُمّ يَظلّ مَصِير البِلاد والعِباد مرهونًا لِسِياسات داخِليّة هِي أَشدّ حَساسِيّة مِن التميز والفصل الطّائفي.

لا يُخشى على الثَّقافَة ذات الأُصُول الرّاسِخة في ذِهن المُجتمع مِن التّنوّع المذهبي القائم على مبدأ البَحث المُستَقِلّ في أَصُول المعرفة ومُدوّنات السِّيرة التَّأرِيخيَّة والعمل على تَقصِّي الحقيقة بالمنهج العِلمي وبِالدّليل والقَرِينة الواضِحة، وأَنّ الدّعوة إلى الانفتاح على أُصُول المعرفة ومُدوّنات السّيرة التّأريخيّة بِرُوحٍ رِياضيّة وجَدلٍ حضاري مُجرّدين مِن الانتهازيّة الطائفيّة السِّياسِيّة والحِزبِيّة والفِئويَة سَوف يُثمر الحلّ الطَّبيعي الآمِن الّذي تَتقبّله العُقول الكَبِيرة.

وَلايَةُ الأَصْلِ المُلْهِم

بين مَفاصِل نَدوةٍ صاخِبة في الثَّقافة حَول التَّفكِيك بين مَناهج الدِّراسات الحَوزَوِيّة وعلاقتها بِالانتِماء الحِزبِي والفِئوي المُعاصر استَشاط عالِمُ الدِّين وغَلَب عليه الغَضب في كِبر منه وغُرور ورُعونة حيث كَثُر في قاعة النَّدوة عددُ المُثقّفين مِن ذَوِي العَقل الكبير المُراقِب والنَّاقد، وطَفِق يُقاطع أَحاديث النَّدوة بِلِسانٍ مُتشدّدٍ مُنذرٍ ومِن دون استِئذان، فأَشار (إلى وُجوب التَّوقُف عَن نَقد مَناهِج الدِّراسات الدِّينيّة في حَشدٍ مِن عامّة النَّاس وفي فَضاءٍ مَعرفيّ مَفتوح، فتِلك مُهِمّةٌ مِن اختِصاص مَقام المَرجِعِيّة ومَدارس الحَوزة حصرًا. وأَنَّ تَوجِيه النّقد المباشر للعَلاقة بين مَناهِج الدِّراسات الحوزَوِيّة والانْتِماء الحِزبي والفِئوي سيُذهِب بِهَيبة مَقام الحوزة ويُقوّض قُدسِيّة مَبدأ الاجتِهاد ويخلّ بِوَلاء النَّاس لِعُلماء الدِّين في كُلّ مكان. وأَنّ المَرجِعيّات الكُبرى في الحَوزة هي مَن أَسَّسَ لِلانتماء الحِزبي والفِئوي وأَضفى عليه وُجودَه وهيئتَه وفَوّض قادتَه بِالنِّضال السِّياسي والعمل الثَّقافي في الأُمّة وحَثِّ عُلماء الدِّين على الانخراط في الانتماء وتَأييدِه والتَّصدِّي لِكُلّ ما مِن شأنه أَنْ يَتدرّج بالتَّنمِية الثَّقافِيّة الشِّيعِيّة مِن خِلال استِعمال آلة الانتماء)!

إنّ في الذّاكِرة الشِّيعية العَدِيد مِن المَشاهِد المَثيلة حيث اعتَرض فيها خِرّيجو الحَوزة على النَّقد المُوجَّه للانتماء الحِزبي والفِئوي المُتَّبع بين شَريحةٍ واسِعةٍ مِن عُلماء الدِّين، ومِنه رَفضُهم الإمعان في استِعمال العَقل النَّاقد لِمُفردة (الشِّيعي) في الإشارة إلى هُوِيّة ذات الصِّنف مِن الانتماء، لما يُشكِّله هذا الاستعمال مِن إثارة لِأَسباب الفِتنة في عالَم السِّياسة أو التَّمهِيد لِوُقوعها، مُشيرين إلى وُجوب العمل على جَعل النَّقد في هذا المضمار (خاصّة) مُقتصرة على ذَوِي العلاقة فحسب.

فالعامّةُ مِن النّاس في رأي هؤلاء الخِرّيجين ما زالوا خَلِيطًا مِن الهَمج الرّعاع والسُّفهاء والحَمقى الّذين وصَفهم المُنتَمي الحزبي والفئوي بِـ (المُتخلِّفِين) و(اللاّوَاعِين). فإنْ تلقَّفوا الأمر هذا؛ خرجوا به على وَلايَة عُلماء الدِّين وعلى أُولِي الأَلباب في المُجتمع واستَخفّوا وَلايَة الانتماء الحزبي والفئوي والمَرجِعي كذلك، وانتهكوا مَقام الاجتهاد وأَداءه الحيوي في الثَّقافة الشِّيعيّة.

حدث هذا اللِّقاءُ في جزيرة البحرين قَبل عقدين مِن الزّمن.. وإذا بِشَبكة الاتّصال والتَّواصل التِّقني السَّريع وبِأَدوات البَّحث (الالِيكِتروني) في طَفرةٍ مِن التَّطوّر والتَّوسُّع مِن دون إذنٍ مِن أَحد أَو إخطار لِأَحد. وإذا بِحصُون الانتماء الحِزبي والفِئوي المُغلقة والمُنطوية على ذاتها مِن خَلفِ جُدرٍ سميكةٍ وشاهقةٍ مِن الخُصوصِيّة قد استَحالت إلى ساحة عامّة يَرتادُ النّاسُ سِيرتها والتَّحوّلات في يَوميّاتها في عَجزٍ مِن كلّ الحواجز والموانع المنصُوبة بِعنوان المُحافظة على التَّقلِيد والقَداسة والمقام الرَّفِيع والفَضل في المَراتب وحقّ الزّعامة.

عندئذٍ كُشِفت العُيوبُ والنَّواقصُ تَصريحًا وتعريضًا، وهُتِكت الحُجب والخُصوصيّات المصطنعة دعائيًّا على مَرأى ومَسمع مِن النّاس. وأَسفر عن ذلك (أَنّ الانتماء الحِزبي والفِئوي والمَرجِعي لا يُمَثّل الحوزة الكُبرى

الأَصِيلة في شيء، وأَنَّ الصُّورة التي رَوّجها ذاتُ الانتماء عن مَناهِج الحَوزة أَمْسَت مُختلقة حيث ضَمّ واقِعُ الحوزة مَقامات مَرجِعيّة أَصِيلة تُدين بِدين (التَّقِيّة) و(الانْتِظار) و(الوَلايَة والبَراءة) و(العِصْمة)، لكِنّ قُوى الانتماء هذه غَمَرت هذا الدِّين ومَرجعياته الأصيلة وحَذّرت منهما في السِّر ورَوّجت لِلبَديل (الحَضارِي).

هَلْ تَعرَّضَت وَظِيفةُ عالِم الدِّين الشّيعي البحراني لِنكسة اجتماعيّة مُفاجئة فأَقصته عن دَورِه الثَّقافي التَّقلِيدي وأوكلت إلى قوى الانتماء الحِزبي والفِئوي أَداء هذا الدّور، أَمْ أنّ عالِم الدِّين التَّقلِيدي ما زال قائما يؤدّي هذه المهمّة في سِياقٍ طبيعيٍّ بَسيط وبإرادة حُرّة مِن نفسه وما كان ينبغي له أَنْ يُقحِم ذاته في المُغامرات السِّياسيّة؟!

قد لا يبدو الاستِفهام في هذا السِّياق مثيرًا لكنّه ليس تَقلِيديًّا بين مَن يَرى أَنّ الانتماء الحزبي والفئوي قد حقّق نجاحًا باهرًا في جعل مَقام عالِم الدِّين مُزدهرًا في إطارٍ مِن التَّفوق الّذي حَقّقه النِّضال السِّياسي الشِّيعي في جِهَتي تَأسِيس الدَّولة المُستقِلّة والمُشاركة في إدارة الشُّئون العامّة لِلدَّولة الوَطنيّة.

ليس مِن شَكٍّ في أَنّ مقامًا غير مألوفٍ لِعالِم الدِّين قد استَجدّ في الواقع الشِّيعي البحراني المعاصر إذْ صار بِوَحيٍ مِن أَفعال السِّياسة وتَطوّراتها وبِقَليل مِن الوَضع الدّعائي الحزبي والفئوي ذاتًا مصونةً لا يَعتريها نَقصٌ ولا عيبٌ ولا يَرقى إليها أَحدٌ ولا يَجوز أَن تُمسّ بِنَقدٍ أو مُساءلة!

لقد صار مَقامُ عالِم الدِّين بِالفُجأة قِيمةً عليا مُلهَمة (مَعصُومةَ) الأَقوال والأفعال على غير المألوف في المُجتمعات الشِّيعِيّة، فأَمْسَى حائزًا على سُلطة مُطلقة يَسود بها على الأَفكار والأشخاص والأشياء. فكيف ورَد هذا المُستجِدّ على مقام عالِم الدّين فصار في زَمنٍ قياسيٍّ مُنفردًا بِالحقّ المُطلق في تَجريم (العَقْلِ النَّاقِد) الّذي ما برح يُعتَدّ به في مَجالات الرُّقِي بالنِّظام الاجْتماعي وبِالتَّنمِية الثَّقافِيّة وتُستكشَف به الحقائق مُجرّدة ويُسدّ به النَّقص في مَقام

غياب العِصْمة والمَعصوم، وما هِي الخلفيّة الصانِعة لهذه التَّحوّل المُفاجئ؟

ليس مِن شَكٍّ في القَول أَنَّ النَّص المُقدّس يبعثُ دائما على التَّفاؤل في الوِجدان الشِّيعي ويُقرّر في الخَلفِيّة الثَّقافِيّة لِلشِّيعة إنتاج المفاهيم والمناهج السَّليمة المُناسبة لِكُلّ عصر. ولَيس مِن شَكٍّ أيضا في أَنّ قِيمة عالِم الدِّين ومقامَه ومنزلته لم تكن مِن صِناعة فلسفيّة قديمة أَو مُعاصرة وإنّما استَنبط الشِّيعةُ مفهومها مِن الأُصُول المُتَّبعة والمُدوّنات حيث تَفاعلوا معها وجَرت عليها أَنماط حياتهم اليومِيّة.

لقد نَشأت وَظيفةُ عالِم الدِّين في بيئة ثقافِيّة تُقدِّس أُصُول المَعرفة وتُكرّم حاملها والمُبلغ الواعِظ والمُرشد النَّاصح بها وتُقدّم الفرد الأَكثر تميّزًا في استِحضار الصَّحِيح مِن تفاصيلها. ففِي الثَّقافات المُختلِفة لِلمُجتمعات الشِّيعِيّة أَمثلةٌ كثيرةٌ مَحسُوسة في ذلك حيث لا تَخلو مُناسبة مِن المناسبات الدِّينيّة مِن دورٍ رئيس لِعالِم الدِّين في إِحيائها ويَكادُ يكون مَحلّه مِنها مَحلّ القُطب مِن الرَّحَى.

إذنْ.. أُصُول المعرفة كُلّها تَقِفُ على ضِفّة عالِم الدِّين مُؤيِّدةً ومُعزِّزةً ومُكرِّمةً، وهِي الصّانع لِمَقامِه وقيمته ومَرتَبتِه ومَنزلَتِه في النِّظام الاجتماعي، وهي الجاعِلُ منه الدّرع الحَصِينة لِحماية الثَّقافة الشِّيعيّة ورعايتها.

ولو تَجرّدَت مُجتمعاتُ الشِّيعةِ مِن أُصُول المَعرفة وسَعَت في إِعادة تَشكيلها وصِياغة نظامها مِن جديد بناءً على رُؤية مختلفة، فهَل سيُحافِظ عالِمُ الدِّين على ذات المَقام والمَرتبة والمنزلة المقرّرة والمُكرّمة في هذه الأُصُول؟!

أَظنّ أَنّ هذا الاستِفهام افتراضِيٌّ يُصوّر البيئة الثَّقافِيّة الشِّيعيّة مُنتجًا فَنِّيًّا أَو مُسلسلاً دِراميًّا فِنطازِيًّا. فالثَّقافةُ الشِّيعيّة ليست خُطبة في الوَعْظ والإرشاد التَّربوي الأَبوي المُجرّد، ولا أَداة في الدّعاية المُستحدثة، ولا منهجًا في العلوم الاجتماعيّة، ولا قرارًا في السِّياسة أَو إجماعًا نِيابيًّا أو نصًّا دستوريًّا، ولا بثًّا فضائيًّا أو كتابًا مكتوبًا ومطبوعًا ومنشورًا، ولا تِقنية في الاتِّصال

والتَّواصل أَو آلة اليكِترونِيّة لِلتَّدفّق السَّريع في المعلومات.

الثَّقافُة الشِّيعِيّةُ بيئةٌ تَأرِيخيّة حَيّة بِحَيويَة أُصُول المعرفة وبِتَفاعل النَّسِيج الاجتماعي مَعها حيث يَنشأ عالِمُ الدِّين في كنفها ويَنمو ويَترعرَع عليها ويَرقى فيها بِعِلمه ويَكتسب مَقامَه ومنزلته ومرتبته. فإنْ اشتغلَ عالِمُ الدِّين بهوى حُبّ الرّئاسة انصَرفَت الرّئاسة به عن مُوجبات وَظِيفته في النّاس، وعندئذٍ لَنْ يبقى له مقامٌ ولا منزلةٌ ولا مرتبةٌ إلّا عند افتِراض وُجود انتماء حِزبي وفِئوي يَرعاه ويُبقيه بِالقُوّة والفِعل متماسكًا!

إنَّ أُصُول المعرفة والمدوّنات والمظاهر الثَّقافيّة النّاشئة عنهما لَم يفرزا قِيمةً حزبيّةً وفئويّةً مُضافةً إلى مقام ومَنزِلَة ورُتبة عالِم الدِّين، كما أنَّ السِّياسة ذاتها لم تَستطع أَنْ تُضِيف إلى عالِم الدِّين وَظِيفةً أَسمى مِمّا قُرِّر له في أُصُول المعرفة.. إنَّ السِّياسة صَنعةٌ فلسفيّةٌ قديمة الولادة والمنشأ وتَسعى دائمًا إلى اقتِحام أُصُول المعرفة ومدوناتها مِن بوابة الثَّقافَة ومُكوناتها ومَظاهرها في النَّاس لِكَي تحقق التَّفوّق عليها وتُصبِح السَّيِّد السَّائد بلا مُنازع، على خِلاف ما يُروّج له مِن دورٍ جُزئيٍّ مُكمّلٍ تُؤدّيه السِّياسة التزامًا منها بِمُتون أُصُول المعرفة وخضوعًا لمتونها. فإنْ حدث ذلك وظَهرت السِّياسةُ في شكلٍ مِن أَشكال الجُزئيّة والتَّبعِيّة والامتثال لِلأُصُول، أَو بَرز منها بُعدٌ من أَبعادِ الرِّعاية النَّجِيبة لِلثَّقافة فهو مِن دون شَكٍّ نِفاقٌ مُقدّر بِدِقّة مِن قِبَل السَّاسَة إِلى حِين موعد الانْقلاب على الأَعقاب والعَودة إِلى تَقمّص الدَّور الأَعلى (السُّوبَرمان)!

لا تَخفى أَدواتُ الفِعل السّياسي ومَظاهره على مُراقب، فهِي مَعلومة: الرّئاسة والزَّعامة والقِيادة والأَغلبيّة والحُكومة والبَرلمان والحِزب والمُنظّمة والفِئة والجَمعيّة والتَّيّار، والهَيئة والدَّستور والقانون والعُقوبات والسِّيادة والأَسماء والصِّفات والمراتب والمَقامات وما شاكل ذلك. وعلى رأس هذه الأَدوات والمظاهر تأتي الخطط الاستِراتِيجِيّة طويلة الأَمَد والطارئة قَصِيرة

الأَمد. لكِنّ هذه الأدوات والمظاهر والخطط الاستراتيجيّة لم تُحقّق نجاحًا كُليًّا في جَعل السِّياسة مبدأً ساميًا على أُصُول المعرفة والقِيم والمُثُل والثَّقافة النَّاتجة عنها إلّا على الوَجه الدّعائي الخَدّاع.

فالواقع المُعاش يَكشف عن أَنَّ السِّياسة وخططها الاستراتيجيّة لم تَزد على قِيمة ومَقام ومَنزلة عالِم الدِّين المُكتسبة عن أَصُول المعرفة شيئًا إلّا حِينما تَدخَّلَت (الجَمْبَزةُ) لِتَسفِيه العُقول وبثّ الأَوهام وتُزوير الحقائق وتَشطِيب الأُصُول!

لقد أَساءت السِّياسَة لِقِيمة عالِم الدِّين مُنذ مُنتصف القرن الماضي حينما استَجاب عالِم الدِّين لِمَطلب الخُروج على مَفاهيم (التَّقِيّة) و(الانْتِظار) و(الوَلايَة والبَراءة) و(العِصْمة)، وراح يَتفاعَل في مغريات (السِّياسة) ويَستَعين بما نَسجه وُعّاظ اتِّجاه أَهْل العامّة وأَحزابهم مِن فِكرٍ حركيٍّ.

ليس مِن شَكّ في أَنّ عُلماء الدِّين المعاصرين المُدركين لِلمَنزلة الرَّفِيعة والمقام الكَريم ولِلقِيمة العُليا التي أَعارتها أُصُول المَعرفة الشِّيعيَّة ومدوّناتها إليهم وأَسبغتها عليهم يُشكِّلون المُتبقّي مِن مَصادِر الفَخر والإلهام في الوُجود الشِّيعي. ولَيس مِن شَكٍّ في أَنَّ هذه المَنزِلة الرَّفيعة والمقام الكَريم والقِيمة العُليا ليست مِن إنتاج خزائن صُدور العُلماء أَنفسهم وما اكتَسبوا مِن معارف وعُلوم، ولا مِن إنتاج دعاية سِياسِيّة حكومِيّة أَو حِزبيّة أَو فِئويّة طارئة.

وعندما يَشعُر عالِم الدِّين بِعُقدة النَّقص في نفسه لِأَسباب ذاتِيّة أو مَوضُوعِيّة فإنَّه لَنْ يَكتفي بِالمَنزلة الرَّفِيعة والمَقام الكَريم والقِيمة العُليا الّتي أُسْبِغَت عليه إذْ لا تُشكِّل ـ على حسب تقديره ـ سندًا كافيًا لِخَوض التَّحدِّيات المُعاصرة، فيَلتَجئ إلى السِّياسة يَطلُب تَسخِير مناهجها لِنَفسه ولِفِئته وحِزبه، ويَستعين بأدواتها على مُغالِبيه ومُنافِسيه ونُظرائه، ويُكثر بها مِن الشَّائعة والافْتِراء بالكَذِب والكَيد والحِيلة، ويَطمع بها في عَرش الزَّعامة الأَشَدّ قُوّةً ورَهبةً وتَثبيتًا وبأسًا وتَنكِيلاً، انطلاقا مِن واقِعيَّة القول بأَنّ السِّياسة تَسود

العالَم وتَقودُه ولا بُدّ مِن تَوظِيفها لِتَبرير الوَسائل وإِطلاقها مِن أَجل السُّموّ بِشأن الأُمّة وإِصلاح ثقافة مُجتمعاتها!

ومِن الظَّواهر المُثِيرة في شَكلٍ آخر مِن العُلماء مِمّن لم يُقدِّر المنزلة الرَّفيعة والمقام الكريم والقِيمة العُليا الّتي أُسْبِغت عليه فيَكتَفي بها، أَنَّ لِسَانه يَنطق بِطلاقة في تِبيان أُصُول المَعرفة ومدوناتها، ويُعزّز بَيانه بِأسلوب مُدغدِغ لِمَشاعر النّاس ويُلامِس فطرتهم، غَير أَنَّ مَنهج عَمَله مُؤسّس على الرُّؤية الاجتِماعيّة لِـ (كَارِلْ مَارْكْس) التي يَستعرضها في كِتابُه (رَأس المال)، فيُقَيِّد مصير الوُجود الشِّيعي وأَمْنَ فئاته الاجتماعيّة بِقُوّة رأس المال وبِفُنون استِغلال وَفرته، فيُكثر مِن مَجالسة الأَغنياء ويَسعى في تأمين مَصالحهم وتَعزيز نُفوذهم في المجتمع. فإنْ تَمكّنوا مِن ذلك؛ مَهّدوا له الطّريق لِلدّخول في الدَّولة بِمَنصبٍ رَفِيعٍ يليق به، ودفعوا النَاس للإئتمام به وجعله زعيما!

وبِهذا اللّون مِن القِيمة الواقِعيّة (البراغماتيّة) المُنتزعة مِن الرُّؤية الماركْسِية سيُصبح عالِمُ الدِّين الطَّرف المؤثّر الوَحِيد في بُنية المُجتمع والقادِر على إِتاحة الفرص لِإِشاعة الفِكر الاجتماعي الشِّيعي (الوَاعِي)، ومِن ثَمّ صُنع التَّفوّق لاحتِكار مَفاتح النّظام الاجْتِماعي السّائد في النّاس وتَقرير مَصِير المَقامات والرُّتب وتَوزِيعها في مَن يَرتضِيه مِن الأتباع مواليًا وتَوجيه مَنهج عملها على حَسب مُبتغى الدَّولة. عندئذٍ يَستغنى عن القِيمة والمَقام المِثالِيَّين اللَّذين وفّرتهما له أُصُول المَعرفة ومدوّنات الثَّقافة الأَصِيلة إِذْ صارا بِمَفهومه المستجدّ مَنزُوعَا القُوّة والتّأثير.

رُبَما شعر عالِمُ الدِّين عند منتصف القرن الماضي بِوجود قُوى تعمد إلى إِقصائه شيئًا فشيئًا عن واجب خدمة أَهْل وَطنِه حيث لم يُدرج في التَّقسيم الاجْتماعي للدَّولة الحديثة على رأس قائمَتي (النُّخْبَة المُثقّفة) و(حَركَة الانْتِماء الحزبي والفئوي)، وصُنِف جِهةً مُهملة مِن جِهات التَّأثير في مسار التَّنمِية الثَّقافِيّة فَحَسب ومِن دون تمييز بِخاصّة أَعلى شأنًا مِن خاصّة الوَعظ

في النَّاس والإكرام مُنهم لِعلِمه، فصار شَأنُه في ذلك شأن أيّ مظهر مِن مظاهر الثَّقافَة المُهملة مِن نَحو المسجد والمأتم والحوزة وسائر أَلوان الشَّعائر المختلفة وما شاكل ذلك.

وتَقِف وراء هذا اللَّون مِن التَّصنيف أَسبابٌ كثيرةٌ، منها عُزوف عالِم الدِّين نفسه عن الخوض في الشَّأن السِّياسي واعتزالُه مؤسّسات الدّولة ودوائرها، ومِنها نَبذُه للانتماءات الحِزبيّة والفئويّة العَلمانيّة وعُزلته عن الانتماءات الحِزبيّة والفئويّة الدِّينيّة المُخالفة لِمفاهيم (التَّقِيّة) و(الانْتِظار) و(الوَلاية والبَراءة) و(العِصْمة)، ومنها اعتِقادُه الرّاسخ في أَنّ (التَّقِيّة) و(الانْتِظار) و(الوَلايَة والبَراءة) و(العِصْمة) هي مِن الضَّرورات الّتي لا يُستغنِى عنها في صِيانة ثَقافة مُجتَمع الشِّيعة وحفظ أَمنه وصيانة استقراره، ومنها تَشدُّد فلسفة الدَّولة الوَطنيّة الحديثة في تطبيق العَلمانيّة وفَصل الدِّين عن السِّياسة وخَلقِ مَزيدٍ مِن دَرجات التَّباعُد بين مجتمع الشِّيعة ومُخرجات الحوزة.

إنّ الامتِناع عن إدراج عالِم الدِّين وكِياناته المؤسَّسِيّة على رأس قائمة الفِئة الوُسطى في التَّقسِيم الاجتِماعي المُؤثر في تَقرير مَصير البلاد وتَنمِية ثقافَتِه، واعتزالَ عالِم الدِّين مُنتدَيات النُّخبة المثقّفة وعدم مُخالطته لِلانتماء الحزبي والنِّضال السِّياسي ـ كانا يَصبَّان في مصلحة الوَظِيفة الَّتي اختَصّ فيها حيث كان أَمِينًا على أُصُول المعرفة وحارسًا لِلثَّقافة الأَصِيلة.

وعلى الرَّغْم مِن تَعسّف هذا التَّصنيف ذِي البُعد الطّائفي في سياسات الدّولة، فقد وَفّر فرصةً تأريخيّةً ذهبيّةً لِعالِم الدِّين قد تُمَكِّنه مِن التَّفرّغ لِتَنمِية الثَّقافة الأَصِيلة في مُجتمعه بَأَدوات مَحلِّيّة خالِصة والاستقلال بِمَنهج الدِّراسات الحَوزويّة عن مُشكلات الحَوزات الكُبرى الّتي تَأَثّرت بِمَوجة الانْتِماء الحِزبي والفِئوي وفِكره اللَّقيط، والرُّقي بِمُستوى الكفاءة في الاختِصاص وإِعداد المَرجِع المحدِّث أَو المُجتهد المَحَلّي. إلّا أَنّ عالِم الدِّين قد أَخطأَ التَّقدِير ففَوّت الفُرصة، في حِين أَنّ النّخبة المُثقّفة التي اعتزلها

واعتزلته أَمْسَت في مَحلّ استقطاب رَسمِي ومحور احتواء شَدِيد مِن قبل الاتّجاهات القوميّة والماركسيّة الوافدة على البلاد مِن العِراق وسُوريا ولُبنان ومِصر وإِيران.

وعندما شهدت البلاد مخاضًا سياسيًّا في مطلع عقد السَّبعينات مِن القرن الماضي وجَرى الحديث عن الحقّ في الاستِقلال التَّام عن بريطانيا وتَأسِيس نظام برلماني دستوري، اعتُقد حكوميًّا أَنَّ استقطاب عالِم الدِّين واحتواء مَدارسه الدِّينيّة واستيعاب انتمائه الحِزبي والفِئوي والزَّجّ به رَسميًّا في قائمة الفِئة الوُسطى وتَسميتَه جِهةً مِن جهات النُّخبة المُثقّفة المؤثرة سِياسيًّا واجتماعيًّا ـ قد حان أَوانُه لِخَلق التَّوازن السِّياسي مع قُوى المعارضة اليَساريّة والشُّيوعِيّة والقومِيّة والحَدّ مِن طُغيانها على النِّظم السِّياسيّة وانتشارها في الوَسط الاجتِماعي.

وكان الدّافعُ مِن وراء ذلك رَغبةٌ حُكومِيَّة مُؤيّدة مِن قِبَل الاستعمار البِريطاني الذي انسحَب مِن البِلاد وأَبقى على مُستشارِيه، ولَيْس لِعالِم الدِّين ولا لِسَائر القُوى الاجتماعيّة مُرادٌ في ذلك. فأَبدت شريحةٌ واسعةٌ مِن عُلماء الدِّين المُنتَمِين الحِزبيِّين والفِئويِّين استعدادها لِلانِدماج المُطلق في التّجربة الجديدة إلى جانب الحكومة لِلحَدّ مِن نفوذ القُوى اليَساريّة والشُّيوعيَّة والقَوميّة، واجتَهدت في توظيف كامِل أَدواتها الحِزبيّة والفِئويّة وحضورها الثَّقافي ونفوذها الاجتِماعي لِإِثبات الوُجود المؤثّر في مُؤسَّسات الدّولة وفَكّ العُزلة السِّياسِيّة التي التَزم بها (الأَخْبارِيّون) وساهَمت في ضَعفِهم في أَعقاب انتفاضة الهيئة لعام 1956م وتَراجع وُجودهم أَمام الأُصولِيّين الَّذين امتطوا صهوة الانتِماء الحزبي والفئوي في مَرحلة عَقد السَّبعينات.

وبِذلك أُقحِم عالِمُ الدِّين ومدارسُه ومنتدياتُه في عالَم (النُّخبة المُثقَّفة)، وأَمْسَى طرفًا مِن أَطراف اللُعبة السِّياسيّة الكُبرى، تَمِيل به حيث شاءت. ولم يَكن رأسُ عالِم الدِّين لِوَحده ولا مدارسه لِوَحدها ولا انْتِماؤه ولا كِياناتُه

النَّامِية هو المطلوب حيًّا أَو مَيتًا، وإنَّما كان مَصِير الثَّقافَة الشِّيعِيّة الأَصِيلة الّذي لا صِلة له بـ (النُّخبَة المُثقَّفة)، فَهو الرّأس المطلوبة في المرحلة الرّآهنة والعامل المُشترك الجامع بين مقاصِد الطَّرفين (الحُكومة وعالِم الدّين ذي الانتماء الحزبي والفئوي) إذْ عزمت الحُكومة على خلَق التَّوازن السِّياسي مع الاتِّجاهات النِّضاليّة العَلمانيّة، فيما عزمت فِئةٌ مِن علماء الدِّين المُنتَمِية على تَسخِير نُفُوذها السِّياسي في الدّولة لِحَسم المُهمة الصَّعبة المُتَمثِّلة في انتزاع دور الزّعامة الشِّيعِيّة مِن أَيدي علماء الدِّين الأَخبارِيّين (التَّقلِيديّين)، واستِغلال الوَضع الجَدِيد لِصِناعة مَجالٍ سِياسيٍّ حَيويّ يُفضي إلى مُعالجة الثَّقافة المَحلِّيّة الأَصِيلة بِتَطبيقات مَنهج (الشَّكّ والتَّشطِيب والتَّأميم) المقتبس عن التَّجربة الحِزبية والفِئوية العِراقِيّة.

لقد استَحسن عالِمُ الدّين المُنتَمي الحزبي والفئوي هذه الحال المُستجدّة حيث فُكَّتْ عُزلَتُه وأَضافت السِّياسة إلى مَقامه ومَنزلتِه رُتبةً عُليا، واستَجابت لِندائه بِأَهمِّيّة وُجود زعامة سِياسيّة شِيعِيّة أُصولِيّة تَتقدَّم كُلّ مقدّرات الشِّيعة في الوطن وتكون بَدِيلاً عن زَعامة المُحدِّثين الأخباريّة وتَستَرضِي المَرجِعيّة الحِزبيّة والفِئوية في الحَوزة الكُبرى. فأَصبح شَأنُ عالِم الدِّين مُختلفًا، وحَظِي بِمُوجب ذلك بِصِفة رَسمِيّة ونُفوذ مُؤثر في الدّولة وبِرعاية خاصَّة مِن الأَحزاب والفِئويّات الشِّيعيّة وغير الشِّيعِيّة في خارج البلاد.

وبِإزاء ذلك نادى بَعض الخيّرين مِن أَهْلِ العُقول الكبيرة بِأَهمِّيّة الإبقاء على عالِم الدِّين مُستقلاً عن (النُّخْبَة المُثقَّفة) والمناصِب السِّياسِيّة الرَّسمِيّة في الدّولة، وأَصرّ على ذلك وامتَثلَ بِنَفسه مَخافة تَطوّر اللّعبة السِّياسيَّة إلى المُغامرة بِمَصير الوُجود الشِّيعي بِأَكمله فضلاً عن ثقافته، وحَمَّل المَرجِعِيّة الخارجيّة التي تَمسك بِخيوط اللُّعبة الحزبيّة والفئويّة مَسئولِيّة ما سيَئول إِليه مَصير الشِّيعة البَحرانِيّين، وحَذّر عناصر الاصطِفاف والتَّحيُّز مِن تقلَّبات السِّياسة ومِن حَساسيّة الأمزجة فيها، ودعا إلى الفَصل بينِ الخِيار الشَّخصِي لِعالِم الدِّين والمَصير المُشترك لِلوُجود الشِّيعي، وذكَّر بأَنَّ صِفة عالِم الدِّين

ليست مقامًا أو مَرتبةً أَو منزلة مِن صُنع صاحبه أو حزبه أَو فِئته، وأَنَّ الرُّتبة الّتي أَضافتها السِّياسةُ له لا تَعني شيئًا في الثَّقافة الشِّيعيّة ولا يُعتَدّ بها ولا يَجوز أَنْ تُستعملَ أَداة لخوض المُغامرات السِّياسيّة، وإِنّ على عالِم الدِّين أَنْ يُدرِك ويُقدّر قِيمَتَه الأَصِيلة ومَظهَره في الثَّقَافة الشِّيعِيّة فلا يَجوز له أَنْ يُجازِف بالمَوروث الشِّيعي القائم والمُستقرّ في البلاد منذ قُرون مِن الزَّمَن حيث استَوجب المُحافظة عليه مُستقِلّا عن غُول السِّياسة وحَساسِيّاته.

وهنا حضَرَت (الجَماهِيريّةُ) السِّياسِيّةُ بما لا يَشتَهِي هؤلاء الخَيّرين مِن أُولِي الأَلباب وأَصحاب العُقول الكَبيرة، وشاع القَولُ الحِزبي والفِئوي القائل: (كيف لِعالِم الدِّين الشِّيعي المَحسوب على قائمة النُّخْبة المُثقّفة والمُؤثِر في شئون الدّولة أَنْ يَخوضَ مُهمّة التَّغيير السِّياسي الصَّعب مُستقِلًّا عن مظاهر الثَّقافة المَحَلِّيّة الأَصِيلة وقُوّة الدَّعم الجماهِيري حيث لا يَكفِي الجَمع بين (القِيمة والمَقام والمنزلة) الّتي أَسبغَتها أُصُول المعرفة ومتونها عليه و(الرُّتْبة) الجديدة التي أَضافها المَنصِب السِّياسي إِليه في استِكمال نَظْم الأَمر!

فإِنْ اجتَمعت مَظاهرُ الثَّقافة المحلِّيّة الأَصِيلة وقوّة الدَّعم الجماهيري وصارا رَهنًا لِإِشارة عالِم الدِّين السِّياسي؛ تَميَّزَ عالِم الدِّين على أَقرانه ونُظرائه مِن العلماء (التَّقلِيدِيِّين) ومِن المُثقَّفين المُنتَمِين الحزبيّين والفئويّين،وتَفوَّق سياسيًّا على الاتّجاهات المُخالِفَة لِلدِّين أَو المُناهِضة له على قاعِدة مَذهَبِيّة أَو عَلمانيَّة قَومِيّة وشُيوعِيّة وبَعثِيّة وما شاكل ذلك!

فالقُوّة الجماهِيريّة ذات السِّحر المُبين تَبقى مِن حِصّة عالِم الدِّين السِّياسي حصرًا ولا حِصَّة لِلتَّقليدي مِنها ولا للانتماءات العَلمانِيَّة. وأَمّا مظاهر الثَّقافة فَهِي أَدواتُه المُعِينة وبِيئتُه التي يَنتَسِب إليها. فإِنْ اجتمعت الجماهِيريّةُ ومظاهر الثَّقافة بين يَدي عالِم الدّين المُنتمِي حِزبيًّا وفِئويًّا فإِنَّهما سَيُشكِّلان درعه الحَصِينة والسِّلاح الحاسِم في المناوشة والرّابح في المُغالبة. وكلُّ ذلك يقتضي أَنْ يُجعل عالِم الدِّين السِّياسي مِن نفسه قائدًا

وزَعيمًا ووَاعِظًا على غير الطَّريقة المألُوفة في مُجتمع المُحدِّثين الأخباريّين الّذي رَفَض استِعمال هذا اللَّون مِن المفاهيم والأَوصاف وأَبقى على مَظاهر الثَّقافَة الشِّيعِيّة الأَصِيلة مُستقِّلّة!

وفي حادثٍ مُفاجِئٍ جرى في سِياق هذه الأحوال إِذْ تعرَّض رئيسُ تَحرِير مُجلّة المَواقف البحرانيّة عبد الله المَدَنِي لِعَمليّة اغتيال مُدبَّر على أَيدي مَجموعة مِن العَناصر اليَساريَّة اتُّهموا بِالانتماء لِلجَبهة الشَّعْبيّة ذات الاتّجاه القَومي، فاختَلّ التَّوازن السِّياسي القائم بين القُوى الثَّلاث (الحُكومة والقُوى العَلمانِيّة «التَّقدُّمِيّة» والقُوى الدِّينيّة)، وسَجَّلت الحُكومةُ الموقف المُتفوِّق بتَأييد مِن القُوى الدِّينِيّة وسارَعت إلى التَّمسُّك بِقانُون أَمْن الدَّولة، وإِعادة تفعيل الجهاز الأَمنِي المُجمّد، وحَلّ البَرلمانُ وتَجمِيد العمل بِالدَّستور. ثُمّ أُقصي عالِم الدِّين الحَلِيف المُنتمي ذِي الرُّتبة السِّياسِيّة المَمنوحة له رَسمِيًّا مِن اللُّعبة الحكومِيّة وخَرج مِن جهاز الدَّولة صِفر اليَدين، وتَخلّت عنه (النُّخْبَة المُثقَّفة) التي حُشِر فيها وانَحسَرت الجَماهِيريّة عنه، ووُضِع مَصير الثَّقافة الشِّيعة الأَصِيلة ومظاهرها على كَفّ عِفْريت.

فنادى المُنادي في البحرانِيِّين بِجُوب إِعادة النَّظر في الموقف، وتَدبِير الأمور بأَفضل ما يكون، ومنه: (فَلْيَكُن لِلسِّياسيّين الشِّيعة منهجهم المُستقلّ عن الوُجود الشِّيعي وثقافته الأَصِيلة، على أَنْ يَتجنّب عالِمُ الدِّين الخوض في السِّياسة بِصِفَته ومرتبته الشِّيعِيّة، فذلك مِن مُقتضيات الاستِقلال الثَّقافي لِلشِّيعة وضَمان أَمن التَّشيّع واستقرار وُجودِه وهُوِيَّته، ولا سِيّما أَنَّ الوجود البحراني ما زال قائمًا في بِيئة سِياسِيّة مُعقّدة ووَضْعٍ إِقليميّ حَسّاس).

رَفَض العُلماء مِن ذَوِي الانتماء الحِزبي والفِئوي هذه الرُّؤية القَدِيمة (المُخالِفة لِضَرورات الواقع المعاصر). وقالوا أَنَّ لِلسِّياسة يَعود الفَضل في تَميُّزهم عن فِئة العُلماء (التَّقليدِيّين) وتَيارهم المُنكفِئ وزَعامَتهم الرَّاضِية بِاليَسِير مِن الحقّ، وأَنَّ لِلانتماء الحِزبي والفِئوي الفَضل في صناِعة

الجماهيريّة المُناهِضة لِليَسار القَومي والشُّيوعي والبَعثي.

لم يكن في حُسبان العُلماء المنتمين أَنَّ الحكومة ستَستغِلّهم في صِناعة التَّوازن السِّياسي المُؤقَت وأنّها ماضِية في تَوظِيف الوُجود الشِّيعي ومظاهر ثقافته لِلحَدّ مِن أَنشطة اليسار القَومي والشّيوعي المُتنامي في أَوساط (النُّخبَة المُثقَّفة) و(الطَّبقة العُمّالِيّة). وعندما تَحقّق التَّوازن السِّياسي بِحُضور عُلماء الدِّين الشِّيعة المُنتمِين وتَيارهم الجَماهيري؛ سارَعَت الحكومة إلى الوُلوج في أُولى خطوات التَّفوّق على كُلّ القوى العَلمانِيّة ولم تَستَثنِ مِن ذلك عُلماء الدِّين المُنتمِين وجَماهيريَّتهم، وذلك عبر اختلاق أَزمةٍ أَمنِيّةٍ مُفاجئة يَسقط في أتونها كُلّ القُوى المعادِيَة والحَلِيفة. وكان لِلحكومة ما أَرادت مِن خلال الضَّجِيج السِّياسي والأَمنِي الّذي أَعقب قَضِيّة اغتيال عبد الله المَدني المُنتَسِب لِكتلة عُلماء الدِّين المُنتمِين.

بَعد وُقوعِ هذه (النَّكسَة) لم يُعمل بِـ(العَقْل النَّاقد) وَظِيفة أَساسيّة في الوَسط الشِّيعي العام قبل وُقوع (نَكسَة) السَّبعينات، على الرَّغم مِن وُجود خَلفِيّة مَرجِعيّة سِياديّة وتَقلِيد ثَقافي حَسّاس يَقتَفِيان أَثر أُصُول المعرفة الشِّيعِيّة ويحثَّان على تكريم مقام عالِم الدّين ويُراعيان المَوقف المُعتَدل مِن الخِلاف الأَصُولي والأَخبارِي، وحُدوث نَقلةٍ جَدِيدةٍ في مَرتَبة عالِم الدِّين عندما أَقدم على اعتِناق الانْتِماء الحِزبي والفِئوي المؤسَّس في العراق.

لا تصلح النَّقلة السِّياسِيّة في مَرتبة عالِم الدِّين عند انعِدام مفهوم العِصْمة إلّا بِإِطلاق (العَقْل النَّاقِد) المُراقِب والمُصَحّح، وعند العمل على تَنمِية ثقافة عالِم الدِّين ورَفع درجة كَفاءته السِّياسِيّة. وقد تكرّر ذات (النَّكسَة) في نِهاية عقد السَّبعينات مِن القرن الماضي إذْ غُيِّب (العَقلُ النَّاقد) وزُجّ بِكُلّ الوُجود الشِّيعي في مُغامرات سِياسِيّة مَصيريّة أُخرى بِزَعامة عالِم الدِّين المنتمي ذِي الفِكر الحزبي والفئوي المُقتبس عن بيئة أَجنبيّة خارجيّة.

عند غِياب (العَقل النَّاقِد) فإنَّ وَعْد الخائض في السِّياسة بلا كَفاءة

لا يُؤخذ به ولا يُعتَنى ولو كان مِن عُلماء الدِّين المنتمين المُتعلِّقين بِأَستار الكعبة، لَيس شَكًّا في دِينه وصِدق نَواياه وإِنَّما لِلسِّياسة مُقتَضيات واقِعيَّة تَستفزّ وتَكِيد كيدًا وتَستدرِج إلى حَيث يُريد الأَقوياء وتُضِلّ راكبها فتُريَه إِلهامًا كاذِبًا أو كَشفًا وهميًّا!

في كُلّ الأَحوال، لا تَستغنِي الثَّقافة البَحرانِيّة عن دَورٍ رَئيس لِعالِم الدِّين وإنْ استقَلّ عن (النُّخْبَة المُثَقَّفَة) واعتَزل السِّياسة إذْ هو مَظهرٌ مِن مظاهر الثَّقافة ولا شَكّ في ذلك على أَنْ يبقى مُتمسِّكا بِثقَافَته المَحلِّيّة الأصيلة ويَتجنّب التَّبعِيّة لِفكر بيئةٍ ثقافيّة أَجنبيّة. وعندما عاد عالِمُ الدّين المنتمي لِيَخوض غِمار السِّياسة مع الخائضين في إِثر فَشل تَجربة عَقد السَّبعينات المُثِير والمُزدَحِم بِالحوادث السِّياسِيّة والتّحَوُلات الاجتماعيّة؛ خَضعَت قِيمتُهُ الاعتباريَّة لِمَعايير السِّياسة مِن جديد وتَعرّض مقامُه إلى جدلٍ عاصفٍ أَوجَب تَشغِيل (العَقْل النَّاقد) لِتَصحيح مَساره وتَقوِيمه. لكِنّ تَعصُّب الانتماء الحِزبي والفِئوي الحادّ الذي ينتمي إليه، والرُّعونة والغِلظة المقتبسة مِن البِيئة الثَقافِيّة التي وَفد عنها في مَرحلة دراسته الحوزويّة وتَلقِيه العِلم في أَجواء اتَّسمَت بِالمُغالبة المَرجِعِيّة في الحوزات الكُبرى ـ لم يعن (العَقْلُ النَّاقِد) في دَفع عالِم الدِّين نحو تَحصِيل الكفاءة اللّازمة قَبل الدّخول في المعترك السِّياسِيّ.

لقد اجتَهد بعض المُناضِلين في مَطلع عقد الثَّمانينات في العمل على إِصلاح ما أَفسدته تَجربة عالِم الدِّين ذي الانتماء الحزبي والفئوي في عقد السّبعينات وذلك بِإعادة صِيانة القِيمة الأصْيلة لِعالِم الدِّين والسُّمو بِمَقامه. لكنّ تَطوُّر حَوادث عَقد التِّسعِينات ودُخول الانتماء الحِزبي والفِئوي في طَور المُراجَعات الفِكريّة العاصِفة قد دفعا عالِم الدِّين إلى تَجاوز انتمائه الحِزبي والفِئوي الفاشِل واستفراغ الجهد لِتَبنّي مَفهوم (وَلايَة الفَقِيه المُطلقة). وهُو المَفهوم الّذي أَحدَث طفرة في وَظِيفة عالِم الدِّين ومَقامه وصَلاحِياته مِن جديد، وهو الأَشَدّ قُوّة والأَكثر سِعة مِن المَرتَبة السِّياسيّة الّتي سَعى عالِم الدِّين إلى التِقاطها في عَقد السِّبعِينات لِتَعزيز مَقامه.. ولايَةُ الفَقِيه المُطلَقة جَعلَت مِن

عالِم الدِّين ذاتًا مَصُونَةَ المَقام في عَرْض مَرتَبَة المَعصُوم ومَقامه. لكِنّ الطَّفرة بِهذا المَفهوم لم تَخل مِن هواجِس يُرجّح أنْ تُعِيد الشِّيعة إلى العُزلة والانكِفاء والانْطواء على الذّات في عالم مُتطوّر يَموج بِالمَكائد السِّياسِيّة ما لم يُحقِّقوا الكفاءة المناسبة في عالِم الدّين ويُعِيدوا لِـ (العَقْل النَّاقِد) اعتِباره ويُطلِقوا دوره لِسَد الفراغ النّاشئ عن انعدام العِصْمة!

إنّ النَّتائج الّتي أَسفر عنها العَمل الشِّيعي النِّضالي في العقود السَّبعة المنصرمة لم تكن في صالح عالِم الدِّين البحراني المنتمي الحزبي والفئوي المُسيّس ولا في صالِح منزلته ومقامه، وذلك لِلفساد الّذي طَرأ على المَنهج المُتَّبع لإيجاد الأثر السِّياسي بِعالِم الدّين. وقد رُصِدت التّجربة النِّضاليّة الّتي خاضها عالِمُ الدِّين في العقود السَّبعة المُنصرِمة فلَمْ تكشف عن تَميُّز في عالِم الدّين المنتمي يَفوق ما تَميّز به السَّاسة الآخرون مِمَّن لا صِلة لهم بِالدِّين وقَد زادوا على تَجارِبهم النِّضاليّة بِأَفضل وأَحْسن مِمّا قدّمه عالِم الدِّين وفازوا بها فوزًا سِياسيًّا كبيرًا.

لقد استَغلّت السِّياسةُ عالِمَ الدِّين بِأَسوأ ما عندها مِن وسائل الاستِغلال ولَم يُفلِح عالِم الدِّين المُنتَمي في تَوظيفها لِمَصلحة التَّشَيُّع ولا لِمُجتَمَعِه الشِّيعي، وخَضع لِمُقتضيات السِّياسة عندما أَقحمَته في دَهالِيزها واستَسلم لِضَروراتها ولَم تُذعِن السِّياسَةُ لِمَرتَبَتِه الاجتماعيّة والحوزويّة ولا لِمَقامِه الجَدِيد المُصطَنع حِزبيًّا وفِئويًّا، وتَفوَّقَت في استِدرجه إلى أَحضانها الدّافئة واستَقَلّت رُتبَتَه ورَكبت مَنزِلتَه وجَعَلت مِنه أَداةً مِن أَدواتها، في حين ظَنَّ عالِم الدِّين المُنتمِي أَنَّه امتَطى صَهوة السِّياسة مُستقلاً عن لُعبة الكِبار، واطمئن لها، ففَرّط مُنفردًا بِأَهَمّ قِيمَةٍ ومَنزلةٍ ومَقام ورُتبَةٍ ومَظهرٍ في الثَّقافَة الشِّيعِيَّة وأَضَرّ بها وشَوَّه مظاهرها ومَعالمها ومآثرها الأَصِيلة.

رُبَما يعتذر أَهْلِ الجدَل بِالقول (أنَّ عالِم الدِّين الشِّيعي أَثْبت جَدارته عندما حَقّق الكثير مِن التَّقَدُّم في صِناعة المفهوم السِّياسي وبَثّه في الشِّيعة).. هذا

قولٌ ينطوي على الكَثِير مِن التَّفلسف غير المُثمِر في مَعايير منهج الكَشف عن الحقائق.. فما حَقَّقه عالِمُ الدِّين مِن إنجازٍ سِياسيٍّ لم يكن بِصِفَته المنصوصة في الثَّقافَة الشِّيعيّة الأَصِيلة وأُصُولها ومُدوّناتها، وقد تَحقّق ما يُضاهي إنجازَه وما هو أَعظم مِنه شأنًا وفائدةً على أَيدِي أُناس عَلمانِيّين ومُلحِدين لا حَظّ لهم مِن المَعرِفَة في الدِّين ولا نَصِيب!

لم يُبدع عالِم الدِّين المنتَمِي الحِزبي والفِئوي نَظريّةً شِيعِيَّةً ولا مفهومًا خاصًّا مناسِبين لِلخوض في السِّياسة المَعمُول بِها مَحليًّا أَو إقليميًّا وعالَمِيًّا. وعندما عزم على خوض السِّياسة لم يستطع المُحافظة على ثَقافَتِه الأَصِيلة فحَمّلها مَسئوليّة فَشلِهِ السِّياسي وانقَلَب عليها وتَبنَّى ذات الوَسائل والأَدوات والطُّرق العَلمانِيَّة المَعمُول بها في عالَم السِّياسة.

ـ الغَايَاتُ المُبرَّرِةُ لِلسِّيادَة

إنقلب عالِمُ الدِّين المنتمي على ثقافَتِه الأَصِيلة عندما زَلَّت قدمه في عالم السِّياسة. ولَيس مِن شَكّ في أَنّه أَدرك خُطورة النَّتائج ومُضاعفات فَشَلِه السِّياسي وتأَلم لِلثَّمن الّذي دَفعه النَّاس الحافِّين بِمَقامه واللّائذين إلى انتمائه الحزبي والفئوي، كما أَنَّه مدركٌ لِثِقل مَسئوليّة الإنقاذ والإصلاح مِن جديد إنْ كان مِن أَهْل الاعتِراف بِالضَّعف لِفقدان العِصمة وغِياب العقل النَّاقد. فإنْ كان مِن أُولئك العُلماء المنتمين الّذين خَصّوا أنفسهم بما جُعِل لِلنَّبيّ صَلَّى الله عليه وآله والأئمّة الأطهار صَلواتُ الله وسَلامُه عليهم مِن مَقام وصِفات وعَطّلوا العَقل النَّاقِد بِالوَصايَة بِإزاء ما خَصّوا به أَنفسهم، ولاذُوا بِفئة (الحَبْرَبَش) لِتَصفية حِساباتهم مع منافِسِيهم؛ فإنّ الشُّعور بِالنَّقص لِفقدان العِصْمة والاعتِراف بِالضَّعف والتَّقصِير يَظلّ مَعدُومًا في قَرارة أَنفسِهم إذْ لا فرق أَو فَصل بين إرادتهم وإِرادة الرَّبّ فهِيَ هِي!

لقد اضْطرّ بَعض عُلماء الدِّين المنتمين إلى الهُروب مِن مَسئوليّة إقالة الزَّلّات السِّياسيّة، مِن دُون الاعتراف بِوُقوعها ورَصد مُضاعفاتها وآثارها السَّلبيّة

على الثَقافَة الشِّيعِيّة الأَصِيلة، وذلك استكبارًا مِن عند أَنفسهم وعُلوّا، فشَوَّهوا مِثال عالِم الدِّين الوَرِع ودمّروا مَقامَه الّذي رتَّبَتْهُ أُصول المَعرِفة الشِّيعِيّة، وضَلّ مَن اتَّبعهم وسَلَّم لهم مَفاتِح الزَّعامة ومُتطلّباتها المادِّيّة والمعنويّة.

إنَّ عالِم الدّين المُتمسّك بَثقافة مُجتَمَعِه والعامِل على تنميتها يَبقى هو الأكثر حِرصًا على تجنُّب الزّلات والخَطايا الكُبرى والمُهلِكة في حقّ الثّقافَة، فهو ابنُ بيئتها ولا يَنفكّ عنها وأَكثر النّاس اهتمامًا بالعَقل النّاقِد والمداومة على عقد المُراجَعات والمُعالجات في نَفسِه وفي مجتمعه مِن غير خوف ولا تَردّد، وحيث يَعِيش الشُّعور بِفقدان العِصْمة فلا يَستَسلِم ولا يَتوانى عن السَّعي في تعقُّب المؤثرات الجانبيّة لِأَعماله وإِصلاح ما أَفسد بكلّ شفافيّة وما قُدِّر له مِن مقام ومنزلة وسُخِّر له مِن نِعَم.

ويُقابِل ذلك تَصوّرٌ حِزبيّ وفئويّ سِياسيّ مُدلِّس شائع في المُجتمع يقول بِضَعف العالِم اللّامُنتَمِي عن أَداء العمل الأَمْثل الأقرب إلى درجة الكمال والأَقدر على مُعالجة الزَّلاّت والخطايا. فيما تَكشِف الوقائع عن عالِم الدِّين (السُّوبَرمَانْ) المُتحزِب والفِئوي الّذي لا يَتورّع عن اعتماد كُلّ الوسائل عن سبق إِصرار في أَداء وظيفته وإِنْ اجتمعت إِليه السَّقطات والزّلاّت والخطايا، ولا يَدفعه أَلَم ارتكابِها واجتماعِها فيه إلى تَحمُّل المسئولِيّة الكامِلة في المُعالجة، وربما يَتخَطّاها وكأَنَّ شيئًا لم يكن انطلاقًا مِن الإيمان بالفِكرة الفلسفيّة القائلة (أَنَّ التَّأريخ كُلُّه عبارة عن تَجارِب فاشِلة) فَحَسب، فما تأَخَّر يَجُبُّ ما تَقدّم، ورُبَما يَتذاكى فيُلقِي بِمَسئوليَّة ارتكاب الزَّلاّت والخطايا على القَواعِد الحِزبيَّة والفئويَّة الخاضِعة له أَو المُوالِية له، ويُنزّه نفسه عنها إِذْ هو في المجتمع ذات مَصُونة لا تُمسّ وقُطب الأَنوار والهُدى الّذي تجتمع إِليه محاسِن كُلِّ الأشياء والأشخاص والأفكار وتَنفُر عنه كُلّ الخطايا والزَّلاّت. فإِنْ أَخطأ؛ علَّق خطأَه إلى رَقَبَة أَحد المَغمُورين الحِزبيِّين والفئويِّين حِماية لِلصّالِح العامّ ودَوام تَماسُك الحِزب والفئة والأُمّة، و(تَضِيعْ الحَسْبَهْ)!.. أَو أَنَّ خَطِيئَته في الحِزب والفِئة والنَّاس تَستحِيل إلى بَرَكَة يُستمدّ منها الحِكمة

ويُستلهم منها الصَّبر والصُّمود، أَو هكَذا شاءت الأقدار، وعَسى أَنْ تكرهوا شيئًا وهو خيرٌ لكم!

هكذا يُصوِّر الانتماءُ الحِزبي والفِئوي العالِم المُنتمي فَيُزوِّر الحقائق ويَعبَثُ في ذِهن الاتِّجاه الشَّعبي العامّ امتثالاً لِلضَّرورة السِّياسيّة الّتي يُقدّرها بنفسه تقديرا.

إنّ عالِم الدِّين الحَريص على الثَّقافة الأَصِيلة لِمُجتمعه وحارسها يَبقى معلوم الظَّاهر فيُحتذى. ومِن المفارقات المُثِيرة في ذلك: يَشتدُّ الشُّعور بالمَسئولِيّة في وِجدان هذا العالِم عند ارتكاب الزَّلّة والخطيئة، وتَظلَمُّ عليه دُنياه وتطبق عليه السَّماء ولا مِن سَبيل في الأُفق عنده غير الاجتِهاد في المُعالجة بما يَفُوق قدرة التَّحمُّل، فيما يَحتمِي العالِم المُنتَمِي بِحِزبه وفِئَتِه حيث يَتكفّلان تَبِعات كلّ رِزء يصدر عنه أَو زَلّة أَو خطيئة فيَجعلان منها بِالوَهْم نصرًا مُؤزَّرًا أَو تَضحِية كُبرى!

في المَشْهد الثَّاني يُوظِّف عالم الدِّين المنتمي حِزبَه أَو فِئته لِلطَّعن في زَلّة العالِم اللّامنتمي. وهُنا تقعُ الكارثة إذْ تُصبح (الحَبَّهْ كُبّهْ) وكان الله عَزَّ وجَلَّ في عون العالِم المستَقِلّ اللّامنتمي، فإِمَّا أَنْ يَصمد ويَدفع الثَّمن مطمئنًّا على دِينه وآخرته أَو يَستَسلِم ويخضع لِأُولِي الانتماء أَو يَتّخذ مِن التَّحيُّز والمدُارة مُنقذًا. وهنا تَظهر شِدّة اعتزاز عالِم الدِّين بِمَقامه الّذي رَتّبه التَّشُيّع له، وتبرز خُطورة موقفه على حَسَب طبيعة الاستِقلال أَو الانتماء. وفي كلا الحالين يُمارس الاتّجاه الشَّعبي العامّ دور الرَّقابة بِحَساسِيّة مُفرطة وإِنْ خَلا مِن العَقْل النَّاقد الصَّريح.

الاتِّجاه الشَّعبِي النَّشِط بِالعَقْل النَّاقِد مَسئول عن تَقدير الموقف وتقويمه والعدل فيه حيث لا وُجود لِوَسيط بينه والعالِم المستقلّ اللّامُنتَمي. ولِلعالِم المُنتمِي حِزبُه وفِئته اللَّذان يُؤوِيانه ويُدافعان عنه ويُبرِّران غاياتِه ووَسيلتَه وأَدواتِه ويُؤدِّيان دور الوَسِيط المُدلِّس كاتِم الأَسْرار إِلى حين بُلوغ ساعة الابْتِزاز مِن جِهة أَقرانه!

وفي المَشهَدِ الثَّالث يَتلطّف عالِمُ الدِين المُستقلّ اللّامُنتمي فيُبالغ في الرِّفق في كُلّ ما يُوجب النُّفور والعَصَبيّة والإكراه، ويُشِيع بين النّاس أَعمال التَّكافل الاجتماعي غير المَشروط كُلّما حَلّ البَلاء والنَّقص في الأَنفس والأَموال والثَّمرات في النَّاس وتَزاحمت حاجاتُهم الضَّروريّة وتكاثَرت على أَعتاب بابِه.

إنّ التَّكافل الاجتماعي هو مِن أَجمل ما يَسُود المُجتمعات عندما لا يَكون مَشروطًا بِشَكل صَريحٍ أَو ضِمْني. فالعادَة جرت في الآونة الأَخِيرة على أنْ يَحتكِر عالِمُ الدِّينِ المنتمي أَموال الحُقوق الشَّرعِيّة مَركزيًّا وأَنْ يَقضي حاجات النَّاس عندما يحلّ البَلاء فيهم فيَبتزَّهم بِالمُقايَضة الصَّريحة أَو التَّضمُّنِيَّة إذْ يُقِيل عَثراتِهم بِشَرط ضَمان الولاء إليه أَو الانْتِماء لِجِهاتِه وكِياناته المؤسَّسِيّة.. (أَقْضِي إِليك حاجَتَك وأَرفع بها البَلاء عنك مقابل ضَمان ولائك وانتِمائك)!

لقد تَضرَّر الكَثِير مِن البحرانيّين الشِّيعة مِن جراء تفاقم الأوضاع المَعِيشيّة والاقتصاديِّة الّتي أَثقَلت كَواهِلَهم أَو قَصمَت ظهورَهم بعدما نادوا بِحَقّهم الوُطَني في العَيش الحُرّ المُستقرّ الكريم العزيز، في حِين لم يَكُن مِن سبيل إلى دَعم هذا الحقّ ومُعالجة الضَّرر النَّاشئ عن المُطالبة به إلَّا بالحَضّ على مَبدأ التَّكافل الاجتماعي وبالسُّرعة في تَصدِّي مَن تَؤول إليه ثِقَةُ الباذِلين والمُتَضرِّرين لِإتمام هذا المَبدأ وتَحمُّل المسئوليّة. وفي غَفلَةٍ مِن النّاس وُجِدَ مَن يَتصَيَّد وينصب شِراكه بِذَات العُنوان البَريء الحَسَن!

إنَّ أَسوأ الأفراد والجهات والكيانات الأهلِيّة خيانةً لِلأمانة ودَجلاً وطيشًا يَتمثّل في أُولئك الّذين يُؤدّون دَور الوِسيط في التّكافل الاجتماعي فيَعمدون إلى ابتزاز المُضحّي المُتضرّر والمفتقر والمحتاج بِأَموال الباذِلين. إِنَّهم يجمعون الأموال مِن أَصحاب القلوب الرَّحِيمة والأَيدي الكريمة ثُمّ

يُوزِّعونها على مَن يُرتجى منه الولاء الخاصّ أَو الانتماء فحسب مِن بين المُتضرّرين والمفتقرين والمحتاجين والمعوزين.

يَنطَبِقُ المثل المشهور (كَرِيمْ مِنْ مَالْ غيرَهْ) على أَحد المصادِيق في الواقع المعاش: يَستقبل عالُم الدِّين المُنتَمِي الأُعطيات والتَّبرّعات مِن مَيسُوري الحال لكِونِه وَسيطًا نزيهًا ومَحلا لِلثّقة، لكنَّه يُخزِّنها ويَحبسها في المصارف بعد أَنْ يَرفَع حاجَة أَتْباعِه أَو يُسلِّمها إلى مُستحقّها بِوَصفِه مُحسِنًا باذلاً مِن حِسابه المصرفيّ الخاصّ ولَيس بِوَصفِه وَسِيطًا وثِقةً ونَزيهًا في إِجراء أَعمال الخير حيث يَتلقَّى الأُعطِيات والتَّبرّعات مِن المُحسِنين والباذِلين، فيُقال فيه: (أَنَّ فلانًا عالِمٌ كريمٌ بِمالِه وَجَدِير بِالإِتِّباع والولاء والتَّقدِير والاحتِرام)، وكذلك تَفعل الكِيانات الأَهليّة والهيئات الاجتماعِيَّة المواليَة التَّابعة له أَو لِنُفوذِه.

فيَتحوَّل التّكافل الاجتماعي إلى بازار لِلبيع والشِّراء ولِتَبادل المكاسب في الولاء والانتماء بِوسائط مُتهتّكة، فيما يبذل المُتبرِّع المُحسن الواهِب الكريم بِالمال إلى الوَسِيط الثِّقة لِوَجهِ الله تعالى لا يُريد مِن أَحدٍ جزاءً ولا شُكوراً، ويَظلّ إِحسانُه وعَطاؤه مغمورًا بِأَثر الوسِيط المُدلِّس الذي يَشري ويَشتري بمال المُحسِن والواهب والمُتبرّع والباذل. وعند صنادِيق الاقتراع في الانتخابات المَدَنِيّة والسِّياسيّة أَو الانتخابات الإداريّة لِلمَساجد والمآتم والجمعيّات الخَيريَّة وما شاكل ذلك فَعَلى المُتَلَقِّي لِـ (إِحْسان) الوَسِيط أَنْ يردّ الإحسان بِمِثله!

إنَّ ظاهِرتي احتِكار أَموال الحُقوق الشَّرعِيّة بِعُنوان مَركَزِيَّة التَّوزيع، وتَوظِيف التَّكافل الاجتماعي لِأغراض حزبيَّة وفئويّة، شائعة عند عُلماء التَّحزّب والفِئويّة في المناطق. ويَأتي على رأس المُتَضرِّرين مِن هاتَين الظّاهرتين قيمةُ الثَّقافة الشِّيعِيّة الأَصِيلة ومقام عالِم الدِّين الأَصِيل الوَرِع حيث يَشتدّ نِزاع النُّفوذ السِّياسي والاجتماعي الحزبي والفئوي والمَرجِعي على

مظاهر الثَّقافة مِن نحو المآتم والمساجد والجمعيات الخيريّة الّتي أُسِّست وشُيِّدت بِأَموال الباذِلين المُخلصين ثُمّ نُسِبَت إِلى عطاءٍ خالِصٍ مِن الوَسِيط العالِم وإلى أُعطيات جَزيلة وفَضلِ منه مَشروطَين بِالوَلاء والانتماء والتَّحيّز، وما على أَهْل الشَّعائر ورُوّاد هذه المساجد والمآتم إِلّا أَنْ يسمعوا ويُطيعوا!

وعلى الرَّغم مِن أَنَّ لِلمآتم والمساجد والشَّعائر كافَّة قُدسِيَّة في الثَّقافة الشِّيعيَّة الأَصِيلة وتَتطلَّب نَقاءً في السَّرائر وإِخلاصًا في النَّوايا إِلّا أَنَّها تَتحوّل فُجأة بِتَوصِية مِن التَّحزّب والفئويّة إلى خزائن لاستِدراج أَموال الباذِلين ولابتزاز الولاءات!

ليس بين الشِّيعة البَحرانِيّين مِن خِلافٍ حول أَهمِيّة العمل على تَنظِيم جمع المال وتَوزِيعه مِن أَجْل نَسج ظاهرة التَّكافل الاجتماعي النَّزيه في كُلّ الظّروف. ويُعدّ عالِم الدِّين في البَحرانيّين هو الإنسان الأكثر ثِقَة عند مَيسوري الحال مِن المُحسنين والواهِبين والمُتبرّعين والباذِلين معًا، وهو الأكثر أَمنًا وسِترًا في المعوزين. وليس مِن شَكٍّ في أَنّ الفَساد غير المباشر لا تَخلو منه عمليّة الجَمع والتَّوزيع بحكم الواقِع والتّجربة حيث لِلشَّيطان أَولِياء يُوحِي إِليهم ويُمنِّيهم.

يُذكر في إِحدى الوقائع أَنَّ جمعيَّة خَيرِيَّة جمعت مالاً كثِيرًا مِن النَّاس الواهبين والباذلين والمتصدِّقين مِن بعد تأسِيسها في أَوّل إِجراء خَيري ضَروريٍّ مُنظم، ثُمّ رَصَدت على وَجْه السُّرعة قائمةً بِالمحتاجين المعوزين في أَهْل القَريَة تَضمَّنت مِن بينها أَسماء عدد من العُلماء المُؤمِنين المُتَّقين المُتعفِّفين يَكتمون فَقرَهُم وعوزهم.

كان المبلغ الذي جمع ضَخمًا ومُعبِّرًا عن كرم أَهْل القَرية وعن حُبِّهم لِلخَير. ثمّ وُزِّعت الأموال بعدل ونزاهة مِن القائمين على الجمعيّة بإشراف مباشر مِن رئيسها.. وفي اليوم التَّالي استَلم رئيس الجمعيّة رِسالة شَفهِيّة مِن أَحد العلماء المُتَلَقِّين لِمَعونة الجمعية تُشعره بِعَدم الجواز في تَصدِّي الجمعيّة لِجَمع المال وتَوزيعه مِن دُون إِشراف مباشر مِن عُلماء القرية!

لم يَكتَرِث رَئيس الجمعيّة كثيرًا لِلتَّفاصِيل، فاستَدعى على عَجَل هذا العالِم يَستشِيره ويَدفع إِليه مسئوليّة الإشْراف الشَّرعي على جَمع المال مِن الأَهالي وتَوزيعه على المحتاجين.. بَدأ العمل.. وكان أَوَّل إِجراء اتَّخذه العالِم هو شَطب عددٍ مِن الأسماء الّذين تَضمَّنتهم قائمة الفُقراء المحتاجين بِحُجّة تقليدهم لِمَرجع مُختَلف عليه أو أَنَّهم مِن المشاركين في إحياء مَوكب (الحَيْدَرْ) أَو مِن (الثَّورِيِّين) المنتَمين الَّذي فُصِلوا مِن وَظائفهم بِأَمرٍ مِن وزارة الداخِليّة.

وفي خطواته اللّاحِقة أَصدر عالِمُ الدِّين قرارًا بمنع الجمعِيّة مِن الاقتراب مِن مصادر أَموال الحقوق الشَّرعيّة ومنها الخُمس والصَّدقات والنّذور وجَعلها مِن نَصيب عُلماء الدِّين في القَريةِ يُجبونها بِأَنفُسِهم في إطار جِهة مختلفة ويُوزِّعونها على المستحقّين مِن طلّاب العلوم الدِّينيّة وغيرهم. فعَلِم الرّئيس أَنَّ جمعيَّته قد اختُطِفت حِزبيًّا وفئويًّا، فكافح ونافح مِن أَجل استرداد سِيادَتِه على الجمعيّة، وأَكّد لِأَهالي القرية على أَنَّ إدارة الجمعيّة لم تُبادر إلى جِباية التَّبرّعات والأُعطيات والصَّدقات والحقوق الشَّرعِيّة وتَوزيعها إلّا مِن بعد تحصيلها لِإِجازَتَين (شَرْعِيَّة ورَسمِيَّة). فجاءه الجوابُ بِأَنَّ عالِم الدِّين الّذي احتَلّ الجمعيّة كان مُكلّفًا مِن جهةٍ حِزبيّة وفِئويّة عُليا يَنتَمِي إليها، وعلى رئيس الجمعيَّة حُسن السَّمع والطّاعة والاستِقامة وإلا أُجْبِر على الاستِقالة تحت ضغط الأَهالي!

كان البحرانيُّون بِأَمَسّ الحاجة إلى جَعل التّكافل الاجتماعي أَحد أَهمّ مظاهر ثقافتهم الأَصِيلة نَزاهةً، على أَنْ يُجرّد مِن أَثر وسائط الانتماء والتَّحيُّز والولاء الحزبي والفِئوي السَّلبي. وليَكُن لِعُلماء الدِّين دورٌ رئيس في إِرشاد المُحسن والواهب والمُتبرّع الباذل إلى جهات الحاجَة مِن غير أَنْ يكون وسيطًا، حتَّى تَنتفِي جهة الوَسِيط ويُقضى على تَمثّل الشَّيطان فيها، ويَكون العطاء المباشر تَقرّبًا بِالاستحباب الرّوائي وأَكثر أَمنًا ودوامًا وبعدًا عن فروض الانتماء وهَوى السَّياسة وتَقلُّبات الأمزجة والتَّحيُّزات.

إنّ العالِم المُستقلّ اللاّمُنتَمِي النَّزِيه المخلص راعي الثَّقافة الشِّيعِيّة الأَصِيلة هو إِنسانٌ مستهدفٌ مِن قِبل نَفسِه الأمارة بِالسُّوء قبل مَكر الشَّيطان وأَوليائه، وكذلك العالم المُنتَمِي الحزبي والفئوي. فيما يَستوجب على العالم المنتمي المساهمة بِحِزبِه وفِئته في تَنمِية حركة التَّكافل الاجتماعي بِحِياديِّة وعدل وانصاف مِن غير التَّدخل في شئونها.

كُلّ ذلك مَطلوبٌ بِالنَّظر إلى أَنَّ الثِّقة المطلقة في الظّروف السِّياسيّة والأَمنِيّة المحيطة بالشِّيعة في الأوطان مَعدومة، وأَنَّ المتربّصين الدّوائر بِالشِّيعة كَثِيرون ولا يفترون. وما دامت مُجتمعات الشِّيعة ملتزمة بِالتَّكافل الاجتماعِي فلَيْس مِن الأَهمِّيّة بمكان التَّعويل على مُساهمة الانتماءات الحزبيّة والفِئويّة وأَتْباعها ومَواليها ووَسائطها. فلْيَكن التَّكافُل الاجتماعي مَظهرًا ثقافيًّا أَصِيلًا مُستقلًّا نَشطا بين الباذل والمحتاج بِلا وَسائط حتَّى يَدُوم بِدَوام قِيمَتِه في أُصُول المعرفة وليس بِدوام وُجود الوَسِيط أَو غِيابه.

إنَّ الأداء الفَردِي النَّزيه في التَّكافل الاجتماعِي لا يُستَغنَى عنه في حياة المجتمع البحراني، وقد استطاعَت قِيَم الثَّقافة البَحرانيّة الأَصِيلة تَخَطِّي قرون مِن حياة الفَقر بِتَفوّقٍ لا نظير له ومِن دون الحاجة إلى الوَسائط. وأَمّا القول بأَنَّ النَّزاهة وحُسن التَّدبِير مَحصوران في عالِم الدِّين مِن دون غيره فقد أَثبَتَت الوقائع عدم صِحّة هذا القول في كلّ حال وفي بيئة الانتماء الحزبي والفئوي والمرجِعي وأجواء النِّضال السِّياسي على وَجه الخصوص. فلِلشَّيطان سوقٌ رائجةٌ لا تُمَيّز بين مختلف المقامات والرُّتب الاجتماعيّة، وإنّما الشَّيطان يَظلّ حاضرًا في أَعلى القِمَم سُموًّا منذ أَنْ قال: [فَبِما أَغويتَنِي لَأَقعُدنّ لهم صِراطَكَ المُستقِيم].

ما المراد مِن مَظاهر الثَّقافة الشِّيعية الأَصِيلة حين يَقتصِر الحديثُ على موضوعات النَّزاهة والثِّقة والصِّدق بين النَّاس؟!

إنَّ الثِّقة والنَّزاهة والصِّدق الشَّائعة بين أَفراد الوطن هِي مِن أَدلَّة نُموّ الثَّقافة

الشِّيعيّة الأَصِيلة نُموًّا سَلِيمًا، وأَنَّ إِثارة العقل الاجتماعي بِالمَنهج المستقلّ هي إِحدى مظاهر التَّدرّج الثَّقافي السَّوي. فإِنْ تَفقَّه التِّجّار ـ على سَبيل المِثال ـ صَلُحت تِجارتُهم.. وهَلْ يَجوز أَنْ نَزرَع في كُلّ كِيان مُؤسَّسِي أَهْلِي عددًا مِن عُلماء الدِّين يَرعَون فيها الأحكام الشَّرعِيّة مثلما تَزْرَع حُكومات الاستِبداد الألوف مِن شُرطتها ومُخبِريها في كُلّ مَكان لِحَفظ أَمْن نِظام الحكم وسِيادته، أَمْ أَنَّ المطلوب هو إِشاعة الثِّقة والنَّزاهة والصِّدق والأَمانة في النَّاس والرُّقِي بِمَعارفهم الشَّرعِيَّة المتعلقة باختِصاصهم.

فلَيس مِن الحِكمة العمل على اصطِناع الفرص الوَظِيفيّة بـ(البيرُوقْراطِيّة) لِعُلماء الدِّين في مُؤسَّسات الدَّولة والمُنظَّمات والهيئات الأَهلِيّة أَو تَشكِيل جهازٍ إداريٍّ عامٍّ ضَخمٍ منهم على طَريقة كنائس القُرون الوُسطى في أُوروبّا الّتي كانت تَمتلِك جهازًا أَمنِيًّا وعسكريًّا والمِئات مِن المصارف العَلنيّة والخزائن السِّرّية، وإِنَّما يَتوجب على عُلماء الدِّين الجِدّ والعمل في تَنمِية ثَقافة المُجتمعات الشِّيعِيّة حتّى يَتَسنّى لها الاستِقلال بِنِظامها الاجتماعي على طِبق الضَّوابط الشَّرعيّة. وأَنَّ الحديث عن كَثرة الحاجَة إلى عُلماء الدِّين والحديث عن وُجود بَطالَة مُقنّعة بينهم لَهو دليل دامغ على اختلال الرُّؤية لِوَظِيفة عالِم الدِّين وتَراجع مستوى التَّنمِية الثَّقافِيَّة الأصيلة في المجتمع.

فكَما يَدعو عُلماء الدِّين المجتمع الشِّيعي إلى مَعرفة الأَحكام في وُجُوب إِخراج الخُمس والتَّفقُّه في كَيفِيَّة استخراجه، كذلك يَتوجَّب عليهم العمل على رَفْع مستوى المَعرفة بِكَيفِيّة تَقسِيم الخُمس وحَثّ أَفراد المجتمع على تَوزِيعه على مُستحقِّيه بِأيدهم ومِن غير وَسِيط حتَّى تَنمو فيهم قِيَمُ التَّقوى والوَرع ويَتعزّز دور التَّكافل الاجتماعي النَّزيه والثِّقة المتبادلة، وتَستقِيم علاقاتُهم الاجتماعيّة وتَزدهر ثقافتُهم بِأَيديهم وليس بِأَيدي الوسائط.

إِنَّ الدّال على مُستحَقِّي أَموال الحقوق الشَّرعِيَّة إِذا ما كان مِن العُلماء المُؤمنين الوَرِعين فإِنَّه سَيحلّ بالبَركَة على أَهْل بَيتِك وأَهلِك، لا سِيّما إِنْ كنتَ استَضَفته

لِكَي تَتعلّم مِنه كيفيَّة استخراج أَموال الخُمس المُستحقّة عليك في سَنتِك وكَيفِيّة تَوزيعه على مُستحقِّيه، حيث تَتعرَّف عليه عن قُرب وعلى المُستحقّين وتكون سببًا في نُموّ الصِّلة الواسِعة بينك والعُلماء وأَبناء مَدِينَتك أَو قريتك أَو حَيِّك، وتَتعَرّف مِن خلالهم على ما يجري في مُجتَمعك.

كنتُ على بَيِّنة مِن أَمْر (الخُمس) وقد اطَّلَعتُ على أَحكام الحُقوق الشَّرعِيّة والمكاسب بِالتَّفصيل المُملّ في مَرحلة دِراسَتي الحَوزويَّة الّتي التَحقتُ بها بعد شَهرين مِن مُغادرتي البحرين في يونيو مِن عام 1980م مُجبرًا لِلخِلاص مِن عُقوبة السَّجن الّتي قدَّرها مُحامي الدِّفاع بِخَمس سِنين جزاءً لِما وُجِّه إِليّ مِن تُهمة متناقضة النَّص: (تَهْرِيب وحِيازة مَطبُوعات «إِسْلامِيّة» مَمنوعة تُحرِّض على زَعزعة النُّظم السِّياسيّة ونَشر الفِكر «الشُّيُوعِي» في البِلاد)!

في السَّكن المُخصَّص لِطُلاب العلوم الدِّينِيّة في الحوزة دَعوتُ أُستاذي الشَّيخ البحراني لِمُساعدتي في جَرد ما أَملِك وَضبط مقدار المَؤنة وإِجراء العَملِيّة الحِسابِيّة بالدِّقة المتناهِية لاستِخراج أَوّل خُمس مُستحِق في بلاد المَنفى والمَهجر، ولِكَي أَقِف بنفسي على تَجرِبة عِلميّة يَخُوضُها أُستاذي الشَّيخ ذي الخِبرة الواسعة في أَحكام المكاسب.

حضَر الشَّيخ إِلى الغُرفة المُشتركة في الطَّابق الأَوّل مِن مَبنى الحوزة، وشَرَع في جَرْد ما لَديّ في خزانة المَلابس وما في جيب ثَوبي مِن أَموال، ثُمّ دَوّن التَّفاصيل في مفكّرته.

أَنهى الشَّيخ عمليّة الجَرد والتَّدوِين ثُمّ التفت إِليّ يَسألني: هَادَهُوْ بَسْ؟!

فأَجبتُ: هَادَهُوْ بَسْ شِيخْنَهْ العَزِيزْ!

هَمَّ بِالخروج مِن الغُرفة مُسرِعًا في ابتسامةٍ عَريضةٍ ارتسمت على ثَغرِه مِن غير أَنْ يُدْلِي بِكَلمة واحدة، فسِرت هرعًا إِليه وسأَلته عند بوابة الغُرفة: هَا شِيخْنَهْ.. كَأَنُّكْ مِسْتَعْجِلْ ولم تُودّع ولم تَسأَلَ الدّعاء.. جَمْ صَارْ شِيخنه؟!

أَجابَ الشَّيخ ورَأسُه مُنكَّسة: مَا يِحْتَاجْ!.. دَبَحْتَنَهْ!.. خُمْس وُخُمْس وِمسَوِّي لِيِّي ضَجَّةْ، وخَلّيْتنِي أَجيبْ وِيَاي دَفْتَر وقَلَمْ.. لَوْ اشْوَيْ انْجَانْ جِبْتْ وِيَاي شَنْطَةْ أَشَيِلْ فَيِهْ خُمسُكْ وأَشْوَه نَجَفْتْ..كَلَّفْتْ عَلِيِّي وَاجِدْ!

قلتُ مُتسائلا: جِيفَهْ شِيخْنَهْ.. مُو خُمْسْ هَادَهْ؟!

قال: إِنْزينْ!.. تُومَانْ واحِد وَخَلَّه عِندُكْ هَدِيَّةْ مِنِّي!.. مُو جِنَّهْ أَهْلُكْ ما إِطَرشُونْ لِيك افْلُوسْ أَو إِدارة الحَوزة ناسْيِتِنُّكْ وما وَصّلَوا لِيكْ لا شَهْرِيَّةْ ولا شِي، حَتَّه ايْصِيرْ الخُمْس عِنْدُك رَاهِي فَقِيلْ في هَادَهْ اليَوم؟!.. اليَوم أَوَّل الشَّهْرْ صُوبَه صَرَفْته.. حَتَّهْ الحَشَّاشَهْ أَكرَمْك الله ما يِستَعجِلُونْ جِدِي ويُصْرِفُون؟!

قلتُ لِلشِّيخ: يُمْكِنْ إِدارَةْ الحَوزَةْ عَطَتْ بِيزاتْ لِلطُلّابْ فِي السِّرّ وبِالسَّكْتَهْ فِي السَّنَهْ الِّي رَاحَتْ وأَنَهْ هَالسَّنَه ما حَصَّلْتْ مِن الهَبْشَهْ إِلّا الرِّيش وما أَدرِي ويشْ العِلَّهْ والسَّبَبْ، وصِرْتْ أَنَهْ شَهِيدْ السِّرِّيَّهْ والسَّكْتَهْ الحَيْ!.. على الرّغم مِن أَنَّنِي كُنْتُ الطَّالِب البَحراني الوَحِيد والمُفلِّس في هذه الحَوزة مِن يَوم شَرَدْتْ مِن بَلَدِي مْحَلْحَسْ.. وانْتَهْ شِفْتْ عِنْدِي شِيء غير فْيابْ الشَّرْدَهْ؟! بَنْطَلون وقَمِيص وفُوب وَحْدَه وعْقَالْ بَس والْجيبْ خالِي!.. تَرَهْ ما شِفْت شِيء مِن الإِدَارَة ولا اسْتَلَمْتْ بِيزهْ مِن يَومْ طَبَّيْتْ الحَوزة وإِلى الآن، وما عِنْدِي شِغِلْ إِلّا أَدْعَس في المُطْبَخْ بْرُوحِي أَبَحْوِشْ عن مَأكُولْ كُلَّما خَلَتْ الحَوزَة مِن أَهلِها. وفِي أَيّام الجُمعة والعطل الأُخرى يُغادِر الطُّلاب والأَساتِذة كُلُّهم إلى بُيوتِهم أَو إلى المَطاعِم ويِتْنَشوَرُون وأَنَهْ أَبْقَهْ لِوَحدِي جِنِّي نَاطُور الحَوزة بِالقُوَّة والفِعل وبالمَجّان، أَتَسَلّى بِمِا يَتبقّى مِن فُتاتِ الخُبْز.. وهذا أَنا على ما تَرى يا شَيخ مِن أَوَّل يوم التَحقتُ فِيه بِالحَوزة.. إِدارَتْكُمْ رَزِيلَهْ بَخِيلَهْ!

لم يَتمالَك الشَّيخ نَفسَه.. خَرقَ عادةَ العُلماء حيث ضَحكهم التَّبسُّم.. فأَطلق ضَحكة مُسترسِلة سَمِع صَداها طُلاب الطَّابق الثَّاني والثَّالث كُلّهم.. ثُمّ استَّدرك في وقار قائلا: أَخُويِي كريم المَحرُوس شُوفْ وافْهَم.. أَنْتَ بِالمَعايير الفقهيّة مُصنَّف في مَرتَبَة (المِسْكِين) ووَجَبَ على بَيت مالِ المُسلِمين رِعايتك!

قُلتُ له: أَدرِي شيخنه العَزِيز.. بَسْ ما أَنْدَلْ بيت مال المُسلِمين!

انْتَهت حِكاية الخُمس، ووَدَّعتُ الشَّيخ ثُمّ رَحَل عنّا خاوِي الوفاض، فتَذكّرتُ بِإزاء هذه الحِكاية النَّموذج المِثالي لِعَالِم الدِّين المُستقِلّ الّذي نذر نفسه لِرعاية الثَّقافة الشِّيعِيّة الأَصِيلة وقد رَسَم لِنَفسه سِيرةً لِحياة خاصَّة مشروطة وصارمة: رَفَض كُلّ أشكال الهِبة المُقدَّمة إليه تحت أَيّ مُبَرِر وَصِفة، واجتَهد في أَنْ تَخلو وَصِيُّته مِن أَيّ شيء يَرثه لِبَنيه، وأَنْ لا يَدخُل في بَيتِه حَقٌّ عليه أَو على النَّاس لِلسَّائل والمَحرُوم، وأَنْ تكون مَعِيشته في أَقَلّ درجة مِن أَبسط فُقراء أَهْل الحَيّ الذي يسكنه فإِنْ زاد شَيءٌ خَصّ به على وَجْه السُّرعة فُقراء أَهْل الحَيّ، وأَنْ يأكل ويُطعم عائلته مِن كَدّ يده ويَتجَنّب جِباية أَمْوال الحقوق الشَّرعِيّة ويَبقى مِن الأَدِلّاء على مُستحقّيها فحسب.

وعندما سُئِل عن أَسباب هذه الخُصُوصِيّة قال: هذه مِن مَعالِم ثقافتنا البَحرانِيّة الشِّيعيّة الأَصِيلة الّتي غبنا عنها وطَفِقنا نُقلِّد ثَقافة بِيئة اجتِماعية أُخْرى يَتَحَسَّس عُلماؤها مَصادر المال ويتَقاتَلون بِحَربهم البارِدة عليها ويُسقِطون بَعضهم بعضًا بالشَّائعة مِن أَجلها.. إِنَّها ثَقافتُنا البحرانِيّة الشِيعِيّة الأَصِيلة والكَنز الّذي يُلهِمنا بمظاهِره الخَشيةَ مِن الله عَزَّ وَجَلَّ والاحتراز مِن كَيد الشَّيطان وقد فَقدنا الثِّقَة فيها ورِحنا نبحث عن ثَقافةٍ أُخرى بَدِيلة نَظُنُّ أَنَّ فيها الكمال.. وعلى كُلّ مُؤمن أَنْ يتصدّى لِوَظيفتِه العمليّة بِنَفسه حين البَذل والعطاء وعند استِخراج الحُقوق الشَّرعِيّة، ويَمتَنِع عن التَّواكُل باستِدعاء الوَسائط حيث لا يصلح أَنْ يكون عالِم الدِّين وَسِيطًا في المال إِلّا في حُدود الضَّرورة القُصوى، وإِنَّما عليه البَلاغ وإِرشاد النَّاس في العِبادات والمُعاملات، ولا عليه أَنْ يكون بَدِيلا عنهم ومُوظّفًا لهم. فالحِمْل بِالعلِم ثَقِيل والسَّفر طَويل!

فقِيل له أَنَّ إِمكان تَفرُّغ عالِم الدِّين لِأَداء وظيفته في تنمية الثَّقافَة سَهلٌ يَسير، وأَنّ البلاد تَعِيش رفاهًا اقتصاديًّا وفائضًا في أَموال الحُقوق الشَّرعِيَّة

المُستخرَجة مِن جهاتها وهِي كَفِيلة بتَوفير مُخصّص مَاليّ يُغطّي نفقات مَعِيشتِه كما فَعَلَتْ مع عُلماء الدِّين الآخَرين حيث يَعِيشون في بَحبُوحَة ورَفاه يُغنِيهما عن العَوز نَتيجة لِلجِبايَة المركزِيّة لأموال الحُقوق الشَّرعِيّة مِن قِبل العاملين عليها، فلِماذا التَّكلُّف؟!

فأجاب: الرَّفاهُ الاقتصادي عامِلٌ إيجابيٌّ يَدفع عالِم الدِّين إلى تَوفِير رِزقِه مِن كَدِّ يديه وعَرق جَبِينه وليس مِن تَسلِيم الأَمر لِأموال الحُقوق الشَّرعِيّة والعطايا. ولو افترضْنا جدلاً أَنَّ الرَّفاه الاقتصادي مَدعاة لِتَفرّغ عالِم الدِّين لِدراسته وبَحثِه العِلمي فما هِي النَّتيجة المُستخلصة مِن ذلك غير التَّكاسُل والتَّواكل والاستِسلام لِرَغد العَيش في البُيوت الفارِهَة.. كَمْ عدد البحوث الجديدة الّتي قدّمها عُلماء الرَّفاه والبَّحبُوحة، وما هو حَجم الجُهد المَبذول منهم في تَنمِية الثَّقافَة ومُجتمعنا يَغُصّ بِجَيشٍ مِن عُلماء الدِّين يَتطلّب النَّفَقة، وكم عدَد المَراجع الّذين تَخرّجوا مِنهم بِمال الرَّفاه الاقتصادي مُنذ عَقد السَّبعينات..أَليست المَرجِعِيّة أَعلى دَرجة عِلميّة في الحوزة؟!.. نتَائجُ العَمليّة الحسابِيَّة في بِلادنا تَقول: (صِفْرٌ مَضروب في صِفر)، فيما عالِم الدِّين الحزبي والفئوي يَستظِلّ بِراية النِّضال السِّياسي ويَتلَهّى بها وبِمَقاماتها المُزيّفة ويَنصَرِف عن وَظِيفته الرَّئيسة في تَنمِية الثَّقافة وَصِيانتها فضلاً عن وَظِيفته في تحصيل العِلم لِبُلوغ دَرجة المَرجِعِيّة.

ـ العُبُورُ الصَّعْبُ إلى الحَوزَةِ الرَّدِيفَة

تَجنَّبت الحوزةُ الكُبرى العَرِيقة الخوضَ في العمل السِّياسي المباشر، وحَذّرت مُنتسبِيها مِن مَغبّة الانتماء الحِزبي والفئوي ومِن الاستِسلام لِمُؤثّرات السِّياسة المُعطِّلة لِوَظيفتهم الأَساسِيّة المتمثّلة في العَمل على تَنمِية الثَّقافَة الشِّيعيّة الأَصِيلة التي اختَصّوا لِلارتقاء بها في بِلاد وُجودهم وصِيانتها ومواجهة التَّحدِّيات الّتي تعترض هُوِيّتها. كما حَذّرت مِن الاستجابة لِمُحاولات الاختِراق الحزبي والفئوي لِلحَوزة أَو مُشاركة الانْتِماءات الحِزبيّة

والفِئوية في مشروع فَرض البَدِيل عن المَنهج العِريق المُتَّبع في نظام الحوزة.

فقد تَبيّن أَنَّ الحوزات الكُبرى ومَدارسها المُنتشِرة في بلاد الوُجود الشِّيعي قد ضَمّت إلى كادِرها ومُنتسبِيها علماء مُنتمِينَ حِزبيِّينَ وفِئويّينَ يَنتَحِلون رُتبًا حَوزوِيّة أَو يَصطنِعونها لِأَنفسهم في خارج الأُطِر العَلميّة المُفترضَة والتَّقليد الثَّقافي المَعمُول به في نِظام الحوزة، أَو يَنصرِفون باسم الحَوزة ومَرجِعِيّتها إلى مُمارسة اختِصاصٍ لَيس مِن مَهام الحوزة ويَستنزِفون فيه الجهود والطَّاقات والأَموال الشِّيعِيّة بِلا وَرَع وتَقوى، أَو يَنشغِلون بِالعمل على كَسب المَقام الحَوزَوِي العِلمي مِن خِلال العَمل السِّياسي، أَو يُباعِدون بين أَنفسهم والوَظِيفة العِلميّة الّتي سُخِّرت مِن أَجلِها رِسالةُ الحوزة في المُجتمع.

في مَطلَع عقد الثَّمانِينات مِن القرن الماضي التَحَق عددٌ كَبيرٌ جِدًا مِن البحرانيِّين بِمَدارس الحوزة الخارجِيّة الكُبرى بِشَكل مُلفِت في إِثر الاخِتلال المُفاجئ الّذي شَهدته التَّوازنات السِّياسيّة في المَنطقة، وانقلبوا مِن اتِّباع لِلمَرجِعيّة الأَخْبارِيّة إِلى تَقلِيد المَرجِعِيّة الأُصُولِية في ظاهِرة بَحرانِيّة مُثِيرة لِلدَّهشة. وعندما عادوا إلى مُجتمَعِهم لِلوَعظ أَصبح كَثِيرٌ مِنهم لا يَحمِل سِمات عالِم الدِّين البحراني خِرّيج المَدارِس الحَوزويّة المَحَلِّيّة الأَصِيلة أَو خِرّيج المَنهج الحُرّ العَريق في الحوزات الكُبرى الأَصِيلة، وصارت الأَغلَبِيّة منهم شغوفَة بِأَنشِطة الانتماء الحِزبي والفِئوي ومُكتَفِية بِسَنوات مَعدودة مِن الدِّراسة الحَوزوِيّة الّتي تُحقِّق لها الوَجاهة في المُجتَمع ولا تَفِي بِمَقاصد الحوزة الأَصِيلة ولا بِمَعاييرها.

لقد ساهَم الاختلالُ المفاجئ الّذي شهدته التَّوازنات الاستراتيجيّة في المنطقة في تَفاقُم ظاهرة الاحتِواء الحِزبي والفِئوي لِلطَّلبة الفاشِلين في مُواصلة الدِّراسة المَنهجِيّة الرَّسْميّة أَو الرَّاغِبين في التَعويض عن فَشلِهم الوَظِيفي بِالانْتِساب إلى الدِّراسات الحوزويّة الخارجِيَّة حيث يُكتَسَب بها

النُّفوذ السِّياسي الجَديد إلى جانِب المقام الاجتماعي الكَريم في النَّاس بلا نَصبٍ ولا تَعبٍ، وما على الرَّاغب في الدِّراسة الدِّينيّة إلّا أَنْ يُزكّى مَحلِّيًا ويُجاز بإِثبات صِدق الوَلاء لِلانتماء الحِزبي والفِئوي أَو التَّحَيُّز لِرُموزه وكِياناته. فإِنْ أَثبت ذلك تَلقَّفته المَدارس الحَوزَوِيّة الخاصَّة في الخارج مُستقِلا عن مَرجِعيَّات الحَوزة الكُبرى وعن مَنهجِها العَريق الأَصِيل.

فجِهات الانتماء الحزبي والفئوي تَتكفّل اختِيار العناصر المُناسبة لِلدِّراسة الحَوزَوِيّة طِبقا لِمَعايير الانْتِماء الخاصّة، وتُؤمِّن لهذه العناصر نَفقات الدِّراسة في صِيغة استِدراج واحتِواء. وعند نِهاية مَرحلة الدِّراسة التي لا تَتجاوز العامَين أَو الأربعة أَعوام يَعود طالِبُ العِلم إلى مَدِينَتِه أَو قَريَتِه مُبلِّغًا واعظًا مُرشدًا على نَمَط ثقافة أُخرى لَيست بَحرانِيّة، أَو مُتحزّبًا أَو مُتحيِّزًا بِهَيبة زَعِيم سِياسيّ، أَو مُتقمِّصًا لِباس مَرتَبةٍ حَوزوِيّةٍ عُليا مُمَثِّلة لِإِحدى مَرجِعِيّات الوَلايَة العامّة أَو المُطلَقة مِن غير كَفاءة ولا مُؤهّل يُحقِّقهما في نفسه، ولا مِن أَحدٍ منهم يُساءل في النَّاس عن أَسباب عَدَم استِكمال الدِّراسة إلى مَرحلة المَرجِعِيّة!

كانت وَظِيفةُ مَدارس الحَوزة الأَصِيلة المَحَلِّيّة والخارجِيّة مُنحَصِرة في إِعداد المُحدِّثين أَو المُجتَهِدين واستِكمال خبراتهما بِمَنهجٍ مَعلومٍ في الفِقه والأَخلاق والعُلوم الآلِيّة الأُخرى. ثُمّ تَعرَّضَت بعض جِهات الحوزة لِلاختِراق مِن قبل الانْتِماء الفِئوي والحِزبي في مَطلع السِّتِّينات مِن القَرن الماضي، فاستَقلّ الانْتِماء بِمَرحلة اختِيار وإِعداد طالِب المُقدّمات العِلميّة وهَيمَن على مَرحلة الدِّراسة الجامِعِيّة ومَرحَلة الوعظ والإرشاد، ثُمّ انْفَرد بِوَظِيفةِ بَسط الوَلايَة على المُجتمع الشِّيعي مِن خِلال تَوجِيه وتَنظِيم عَمَل الطَّالِب الخرِّيج، فقَطَع بِهذا العَمل المُنظَّم الطَّريق على الحَوزة الكُبرى والمَرجِعيّة الأَصِيلَين وقَرّر لِنَفسه نَمطًا ثقافِيًّا مختلفًا عن الثَّقافَة المَحَلِّيّة الأَصِيلة ورَسَّخه في ذِهن طالِب العِلم.

لا نَعنِي بالانْتِماء الفِئوي والحِزبي وَظِيفةً بَسيطة سَاذِجة يَتقمّص عباءتها شَخصٌ مُثقَّفٌ أَجَنبيّ عن الحَوزة قد أَحرَز في نفسه مُستلزمات النَّشاط الدِّيني في الوَسَط الاجتماعي فحَسب، وإِنَّما هو تَشكِيلٌ مُنظّم مِن عُلماء الدِّين والمُثقَّفِين المُتوافِقين على تأسِيس شَبكةٍ واسِعةٍ مِن النُّفوذ الاجْتماعي المُجِدّ في بَسط زَعامَته السِّياسيّة بَين فئات المُجتمع واحتِواء مَظاهر الثَّقافة الأَصِيلة وشَعائرها واحتِكار كِياناتها الأَهلِيّة المَوروثة العَرِيقَة.

وقد انتَهى هذا التَّشكِيل بِهذا اللّون الجَدِيد مِن العَمل إلى إِحداث التَّغْيير الفِكريّ المُمَهّد لِتَحقِيق السِّيادة الخالِصَة على مُجتمع الشِّيعة في عَدَدٍ مِن بلاد الوُجود الشِّيعي ولِإِقْصاء مُنافِسيه بِسَوق التُّهمة بِالبُهتان والافتِراء بِالكَذِب والتَّحرِيض الثَّورِي على مُقاطَعَتِهم. وعندما استَقَرّ هذا التَّشكِيل في وُجودِه؛ استَغَلّ نتائج عَمَله في إِعداد جِيلٍ مِن عُلماء الدِّين مِؤهّل حِزبيًّا وفِئويًّا لاقتِحام الحَوزات الأَصِيلة الكُبرى بِقَصد تغيير مَنهجِها ومِن ثَمّ العودة بها إلى المُجتمع لِتَغيير ثَقافَته.

بَعد أَعوامٍ أَربعة أَو أَقل مِن ذلك مِن الدِّراسة الحوزِيّة المَجّانِيّة المُرفَّهَة يَقضِيها طالبُ العِلم المُنتَمِي أَو المُتَحيِّز المُوفَد؛ يَعود إلى مُجتَمَعه حيث الكَثِير مِن المهام الحِزبِيّة والفِئويّة تَنتَظِره، ولا يَحقّ له إِتْمام دِراسته إلى مُستوى الاجْتِهاد إلّا في ظَرفٍ خاصٍّ جدًا مَع تَوافر شُروط الانتماء الحزبي والفئوي. فالاجْتِهاد في مفهوم الانتماء خاصّة ومَرتَبة تَجوز على أَفراد مُحدَّدِين وخاصِّين على طِبق مَنهج يَرسمه ويُقرِّره ويَدعمه ويُوجّهه الانتماء ذاته سِياسِيًّا ودعائيًّا، وأَنّ الانتماء يَظلّ مُلتزمًا بِلافِتَتِه الّتي تَقول بِـ (ضَرورَة الإسراع في الهَيمنة على ثَقافَة المُجتَمع وتَجرِيدها مِن التَّخَلُّف واللّاوَعْي، والجِدّ في العمل على تَحرِير أُصُول المَعرفة ومُتونها مِن الخُرافات والأَساطِير وعَوامل الإِثارة الوِجدانيّة وأَسباب الفُرقة والطَّائفيّة)!

فإذا بِالمُجتَمع الشِّيعي يَستفِيق على وَقع خُطوات عددٍ كبيرٍ جدًا مِن

طُلّاب العُلوم الدِّينيّة يَنتَمون حِزبِيًّا وفِئوِيًّا لما يُشبه المَرجعِيّة (التَّقليدِيّة) ولكنَّها مُسَيَّسَة، ويَقتَبسون عنها سِيرتَها ويَجعلون مِنها مَعِينا لِلمُثُل العُليا والقِيم الحَضاريِّة، ويَتمَسّكون بِمَنهجها في (الشَّكّ والتَشْطِيب والتَّأميم) الّذي يُفقِدهم الثِّقة في الثَّقافَة الأَصِيلة لِمجتمعهم، ويَتفاعلون مع الحَوادث السِّياسِيّة اليَوميّة ويَستَعِيرون منها ما يَظنّون أَنَّه نَصرٌ سِياسيٌّ استِراتيجيٌّ حقّقَته مَرجِعيَّتهم المُتيّمين بها، فيَنشَئون على هذا الوَهْم حتَّى يَأتي حافِزُ الرُّتْبة الحَوزوِيَّة الجَدِيدة الّتي يَتلقّونها على حَسب المُقتضى السِّياسيّ الدّعائيّ ولَيس على حَسب الجِدّ والاجتِهاد في تَحصِيل العِلم وطَلبِه.

لقد تَأَثر طالِبُ العِلم البَحراني المُنتَمِي الحزبي والفئوي بهذه الحال مُنذ السِّتّينات، وعندما تَخلّى عن الاتِّجاه الأَخْباري؛ ولَّدت فيه هذه الحال الشُّعور بِأَهمِّيّة إِحراز رُتبة السِّيادة الخاصَّة على المُجتمع أُسْوة بِمَرجِعيّاتِه المُسَيَّسة إِذْ ليس في الحصول على هذه الرُّتْبة كُلفة واجتِهاد مُضنِي.. إِنَّه الشُّعور بِالفَخامة الّذي يُضعِف في طالب العِلم الجِدّ لإِحراز الدَّرجة العِلمِيّة والأَخلاقِيّة المناسبة في نفسه. وهو شُعورٌ يدفعه إلى الدُّخول في مُعترك النِّزاع على المَراتِب والمَقامات ويُبرّر له الاستِعمال المُطلق لِلوَسائل حتَّى بُلوغ الغاية والاستِهانة بإِرث مُجتَمعِه والمُبالغة في تَدمِير مَظاهر الثَّقافَة الأصيلة بِالمُغامرة السِّياسِيّة. فحَدَّ هذا الانشِغال مِن إِحراز الطَّالب البحراني لِدَرجة الاجْتِهاد والمَرجِعيّة منذ عقد السَّبعينات.

يُمَنَّى طالب العِلم مِن جهة الانتماء الحِزبي والفِئوي بِمَقام اجتماعيٍّ عالي الوَجاهة بين نظرائه والنَّاس جميعًا إِنْ هو حقَّقَ شَرط الولاء لِلزَّعامَة والإِخلاص في الانْتِماء أَو التَّحيُّز. فِفي الحَوزة واقعٌ تقليديٌّ قابلٌ لِلاستِغلال والتَّجاوز السِّياسي حيث تَنعدِم في المَنهج الدِّراسي لِلحَوزة المَعايير الدِّراسِيّة والهيئة العِلميّة ذات الخبرة المَرجِعِيّة المُختصّة في تقدير المُستويات والدَّرجات وتقرير المَراتب العِلميّة مِن خلال المتابعة الميدانيّة والرَّصد البَيانِي، وحيثُ يفتقر المَنهج الدِّراسي إلى مَعايِير التَّقويم الثَّابتة لِعَملٍ عِلميٍّ

مُميّز يُقدِّمه طالبُ العلم إلى الحَوزة فيَستَحِقّ به المَرتَبة العِلميّة المناسبة أَو ينالُ به درجة الاجتهاد.

يَقولُ أَحدُ طُلّاب الدّراسات الحَوزِيَّة: خَرجْتُ مِن السِّجن في عام 1995م بَعد انقضاء مُدّة العُقوبة السِّياسِيَّة الّتي دامت 15 عامًا، وقَرّرتُ الالتِحاق بِإِحدى المدارس الحوزَوِيّة البحرانِيّة لاستِكمال دِراستي الّتي بَداتها في مطلع عام 1981م. فقَد انقضَى شَطرٌ كبيرٌ مِن سِنّ الشَّباب حُرِمْت فيه مِن استكمال الدِّراسة الّتي كنتُ أَعشقها، ووَجَب عَلَيّ الآن الإسراع في إِنهاء مرحلة (المُقدّمات).

وضَعتُ لِنَفسي بَرنامجًا دِراسيًّا مُفصلاً ومَضغوطًا يُمكِّنني مِن التَّعويض عن سَنوات العُزلة في السِّجن، اختَصرتُ بِمُوجبه مُدّة الدِّراسة ومقدار الجُهد المبذول لِبلُوغ مَرتَبة الاجتِهاد. وفي صباح اليوم التَّالي سَلَّمتُ أَوراق البرنامج إلى الفَقِيه مُدير الحَوزة بِكُلّ فَخْرٍ واعتزازٍ وسُرور أَطلُب مِنه النُّصح والاستِفادة مِن تَجرِبته وخِبرته العِلمِيّة في تناول مَنهج الدِّراسات الحَوزويّة.

أَمعَنَ الفَقِيهُ المدير النَّظرَ في سطور البرنامج.. وفي لَمح بِالبَصر مَزّق المُديرُ أَوراق البرنامج أَمامي ثُمّ كوّرها وأَلقى بها إلى الأَرض، وتَظاهر بِالشُّموخ والرِّفعة مِن غير رِعاية مِنه لِمَشاعِري، وقال: (نِظامُ الحوزة في عَدَمِ نِظامِها)!

وأَنذَرَني بِعُقوبةٍ إِداريّةٍ عزمَ على استِصدارها في وقت لاحِق.. ثُمّ اتَّخذ قرارًا إِداريًّا عاجلاً قضى بِتَعطيل دِراستي على الأُستاذ المُقرّر وأَحالَني على مُدرّس حَوزويّ هُو أَقلُّ مِنّي رُتبةً لِيُؤدي دور الإشراف على سَير دِراسَتِي!

إِنَّ أَغلبَ عُلماء الزَّعامَة في الانْتِماء الحزبي والفئوي الشِّيعي لا تَتوافر فِيهم الكفاءة والمَرتَبة العِلميّة الحَوزويّة المَعلومة ولمّا يَجتازوا المَراحل المُقرّرة على طِبق المنهج الحَوزَوِي الأَصِيل العَرِيق (التَّقلِيدِي). ورُبَما يَستحِقّ بَعضُهم الالتحاق بِقائمة طُلّاب السَّنَتين الدِّراسِيَّتين أَو الثّلاث أَو

الأَربع اليَتيمة التي تَغُصّ بِالعُطل الدِّينيّة، أَو هُم مِن ورَثة مَقام جِيل الآباء والأَجداد، أَو مِن صنِاعة الطَّفَرَة الدّعائيّة الخاصّة بِالانْتِماء الحِزبي والفِئوي في ظَرفٍ سِياسيّ أَو عاطفيّ وِجدانيّ مُثير.

لو أَحصينا عددَ المُلتحِقين بِالحوزة في عَقدَي الثَّمانينات والتِّسعِينات مِن القرن المُنصَرِم، وعَقدنا مُقارنة مع عددِ المُلتحِقين في النِّصف الأَوّل مِن القرن نفسه سنَجِد زِيادةً تَبعثُ على الدَّهشَة إذ تَصِل إلى أَضعاف مُضاعَفة. وأَنّ مُخرَجات النِّصف الثَّانِي مِن القرن الماضِي ما هِي إِلّا حَشْوًا هائلًا ضَحل العِلم والمعرفة وأَعدادًا فائضة تَزيد على قدر الحاجة ومُقيَّدةً بِتَعليمات الانتماء الحِزبِي والفِئوي الخارِجِي الّذي لا يَفقه شيئًا في الثَّقافَة المَحلِّيّة الأَصِيلة. وكُلُّهم والزَّعامة والانتماء الحزبي والفئوي عِيالٌ على أَموال الحُقوق الشَّرعِيّة التي تُصرف هدرًا!

لقد شَكّل افتِتاحُ المَدارس الحَوزويّة المَحلِّيّة الرَّدِيفة المُختصّة في الدِّراسة التَّمهيدِيَّة أَخطر التَّحدِّيات حيث الإِجراءات الحِزبِيّة والفِئويّة استَهدفَت قَطع الطَّريق على الدِّراسة بِالمَنهج الحَوزوي العَريق وشَجَّعت على الانحِياز لِمَرجِعيّات خاصّة بِدَوافِع حزبيّة وفئويّة ونَبذ أُخْرى وتَجريد المَدارس المَحلِّيّة الأَصِيلة العَريقة مِن دَور الوَسِيط المُستقِلّ في المُجتَمع العِلمي.

لقد تَأَسَّسَت المدارسُ الجديدة على الشُّروط الخاصّة بِالانْتِماء والتَّحيُّز والتَّقليد المَرجعي ذِي المُيول السِّياسِية والفِكريّة الخاصّة، وعُرِف عنها تَضييق خِيارات طالب العِلم غير المُنتَمِي وغير المُتَحَيِّز وحِرمانه مِن استِكمال الدِّراسة الدِّينيّة، والتَّشكِيك في أَهلِيّته عند إِصراره على طَلَب استِكمال الدِّراسة في الحَوزات الكُبرى الخارِجيّة، والامتِناع عن دَعْمه بِالرَّاتِب الشَّهري أَو اتّخاذ إجراء بِتَقلِيصه إلى أَقلّ مِن النّصف إِنْ لم يَتمَسّك بِشُروط الانتماء أو التَّحيُّز.

يَقول أَحدُ طُلّاب العِلم في سِيرته الشَّخصيّة: (قَررتُ الانْتِساب إلى إِحدى الحوزات الجديدة في بِلادي، ففُوجِئت بِأَنَّ فرص القُبول ستكون معدومةً بالنَّظر إلى التَّقلِيد المرجعي الَّذي أَعتَنِقه. وبعد مُحاولات مُتكرِّرة سنَحت لِي فرصة واحدة لِلالتِحاق بِحَوزةٍ قَديمةٍ في إِحدى القُرى وفرصة أُخْرى في إِحدى المدن البعيدة.

لقد رُفِضَ طَلَبِي مِن قبل حوزات الانتماء الحزبي والفئوي المُستحدَثة كُلّها إلّا واحدة مِنها بِضَربة حَظّ أو (بِالغَلَط). وبعد أَشهر قليلةٍ مِن الدّراسة في هذه الحَوزة تَواطأَ الإداريّون على طَردِي، فحُبِستْ عنّي الإعانات الشَّهريّة المُستخلَصة مِن أَموال الحقوق الشَّرعِيّة في بادئ الأمر فلَم أَتلقّ مِنهم دينارًا واحدًا، ثُمّ شَنّوا حملةً مِن المُضايقات المُنظَّمة المُتسافِلة واختَتموها بِقرارٍ تَعسُّفيٍّ قضى بِفَصلِي عندما استُدعِيت بدون سابق إِنذار إلى التَّحقِيق الإداري حيث اختَلقَ الإِداريّون في الحوزة مِن عندهم فِريَة التَّحريض على العصيان الإداري وإِهانة المَرجعيّة والحثّ على تَقلِيد مَرجِعيَّات لم تَنل اعتِرافًا بِالاجْتهاد)!

تَنفرِدُ المدارس الحَوزويّة المُستحدثة بِأَفكارها ومَعايِيرها الخاصّة الأَجَنبيّة عن الثَّقافَة البَحرانِيّة الأَصِيلة والمنهج الدّراسيّ المَحلّي العريق فَضلا عن المَنهج الحَوزوِي المُعتمد في الحَوزات الكُبرى الخارجِيّة، وتَتظاهر بِسَعيها النَّزيه لِلاستِيعاب والاحتِواء العادل لِرَغبات طُلّاب العِلم بلا فصلٍ أو تَمييزٍ في التَّقلِيد المَرجِعِي وذلك عند جِباية الدَّعم المالِي وتَلقِّي أَموالَ الحُقوق الشَّرعِيّة مِن الباذلين.

تلك مِن أَهمّ العوامل الّتي ساهَمَت بِشَكلٍ رئيس منذ مَطلع ثَمانينات القَرن المُنصَرم في انحِطاط المستوى العِلمي لِطُلّاب العِلم، وتَعالي حَظّ الرُّتبة الشَّخصِيّة والمقام الاجتماعي لدى العَددِ الأَكبر مِن خرّيجي المدارس الحوزوِيَّة المَحلِّيَّة والخارجِيّة ذات الانتماء الحزبي والفئوي، حيث كانت

تَنتظِرهم كِيانات مؤسَّسِيّة وهيئات وجَمعيّات خَيرية وثَقافِيّة حِزبيّة وفئوية جاهِزَة في الأَوطان، فيَلتحِقون بِدَوائرها ويَلتزِمون بِمُقرّراتها، ويَحظون بِرِعاية مَجّانِيَّة واسعة في أَرزاقهم عوضًا عن البحث عنها بالطُّرق التَقليدِيّة.

يُمنَعُ طالِب العِلم مِن الالتحاق بالمَدارِس المَحَلِّيّة عندما يَفتَقر إلى مَعايير الولاء الحزبي والفِئوي أَو المَرجِعي أَو شَرط الانتماء والتَّحَيُّز، ويُحرم مِن المِنَح الدِّراسيّة في الحوزة الكُبرى الخارِجيّة التي تَشتَرِط التَّزكِية لِلحصُول على الدَّعم مِن أَموال الحقوق الشَّرعِيّة، كما يُحرَم مِن فُرص الإِمامة في صَلوات المَساجِد ومِن فرص الوعظ والإرشاد في مَجالس المآتم والبُيوت.

إِنْ سَلَّمْنا جدلاً بِأَنَّ هذه الإجراءات تُعَدّ مِن ضَرورات تَنظيم أَعمال الوعظ والإرشاد الثَّقافي والاجتِماعي فإِنَّ مخرجاتها لا تَدلُّ على صِحّة هذا المسار حَوزويًّا ولا اجتماعيًّا. وقد أَدّت إلى تَرهُّل الكِيان العِلمي الحَوزَوِي المَحلّي القديم والمُستجِدّ الّذي ما زال المُخلصون مِن عُلماء الدّين يَبذلون قصارى جهدهم لِصِيانة الثَّقافَة المَحَلِّيّة الأَصِيلة وصَرحها الحوزوي ويَسعون بِحرصٍ شديدٍ إلى الارتقاء المُستقِلّ بهذا الصَّرح وحِمايته مِن غُول السِّياسة وعَبثِ الوَلاءات المُزيّفة وعَصَبيات الانتماء والتَّحَيُّز الطّارئة الوافِدة بِفكرِها وعاداتها مِن الخارج.

لقد عانَت الحَوزاتُ الكُبرى الأصيلة مِن ظاهرة الطَّلبة المبتعثين مِن ذَوِي الوَلاء والانتماء والتَّحَيُّز الوافدين مِن البَحرين وسائر دُول الخليج خاصّة، كما عانَت مِن مُشكلة الاخْتِراق الحِزبي والفِئوي المُنظّم سِياسيًّا بواسطة فئةٍ مِن المُدرّسين الموفدين بِشَكل خاص إلى مَدارس الحوزة الكُبرى، وقاسَت مِن جراء مُصادرة الانتماء الحزبي الفئوي لِدَور مَدارس المقدّمات في أَوطان المُبتعثين وتَدخّلها في تَوجِيه مُخرجات الحوزة العِلمِيّة واحتِكار أَموال الحُقوق الشَّرعِيّة ومنعها من الاستعمال والتّوظيف في الحوزات المرجعيّة في الخارج.

ما الّذي دفعَ الانتماء الحِزبي والفِئوي إلى جعل الدِّراسة الحَوزويّة مزادًا وحظوةً وابتزازًا وتَميّزًا وفَصلاً في التَّقلِيد المَرجِعي واضطرابًا في مَسار التَّنمية الثَّقافِيّة المَحلّيّة الأَصِيلة، وفوضى في النِّظام الاجتماعي، بما فرض مِن مَعايير مَركَزِيّة خاصّة في مقابل المَعايير البَسِيطة المتَّبَعة، وبِما قدّم مِن مالٍ وتزكيةٍ مَشروطين، وبِما اتّخذ مِن إجراءٍ لِلاستحواذ على خَدمات دَوائر الهِجرة وإِجازات السَّفر والإقامة، وبِما أَقام مِن مَركَزِيّة في جمع أَموال الحُقوق الشَّرعِيّة لاستِعمالها في بَسط يَد النُّفوذ الضَّاغِط على المَرجِعِيّات الكُبرى، وبِما استحوذ عليه مِن تَسهِيلات مُقدّمة مِن جهات الأَوقاف الشِّيعيّة، وتَعطيل وَظِيفة إِعداد المجتهد المرجع والاكتفاء بِعالم الدِّين ذي المرتَبَة المُتدَنِّية عِلميًا المساهم في الامتداد بِالنُّفوذ في الوَسط الشَّعبي وجباية أَموال الحقوق الشَّرعيّة؟!

مُنذ الثَّمانِينات مِن القرن الماضي تَراجع أَداءُ الحوزة العِلميّة عن إِعداد الفَقِيه المُجتَهِد الأَصِيل. وقد تَخطّى عددٌ مَحدودٌ جدًا مِن طُلّاب العلم باجتِهادٍ خاصٍّ مِن نفسه حاجِز مَدارس المُقدّمات في منطقتِه أَو وَطنه، وتَجاوز قُيود الوَسِيط الحزبي والفئوي المَحلّي عبر تَوفير مَصدَر دخلٍ ماليٍّ مُستقلٍّ رُبما ورثه أَو عبر مالٍ نَظيفٍ مَوهوب له مِن فاعِلِ خَير مِن دون شَرط، وضَمِن لِنَفسه استخراج وَثائق الإِقامَة الصَّالِحَة لِلبقاء في مَوطن الحوزة الكُبرى بِالتَّعاون مع مَدرسةٍ مُتمكِّنةٍ برعاية أَحد المَراجِع الكِبار العدول المُتَفهِّم لِطَبيعة المُشكلات في بلاد الوُجود الشِّيعي والمُتَحَسِّس لِمَقاصد الانتماء الحِزبي والفِئوي ومَحاولاتِه المُتكرّرة لاختِراق الحوزة الكبرى أَو تَعطِيل وَظِيفتها المُستقلّة. فتَمخَّض عن هذه الأحوال البائسة وَلادةُ مَرجِعٍ بَحرانيٍّ واحِدٍ أَصِيلٍ مُستقِلّ فقط في مطلع القَرن الحالي هو ثَمرةٌ لِإرهاصات النِّصف الثَّاني مِن القَرن الماضي ويُراد فَرض العُزلة عليه في مَحلّ إِقامته في النَّجف الأَشْرف وإِقصاءه حِزبيًّا وفِئويًّا عن أَداء دوره المُنتظر في مُجتمعه البحراني وخَلق البَدائل المُغالِبة!

لقد انْفَرد النِّظامُ الدِّراسي الحوزَوِي المُرتَكِز على المَنهج القَديم بِالقُدرة الفائقة على إِعداد المُجتهد الحائز على الشَّرائط المُقرّرة في التَّشَيُّع، ولكِنّه ما زال يُعاني مِن مُغالَبَة غير مُتكافِئة في مُقابل تَحدِّي الانتماء الحِزبي والفِئوي الّذي انتشر في ظَرفٍ ثَوريّ وعَمّ المنطقة وتَغلغَل في الوُجود الشِّيعي العَربيّ والأَعجَمِيّ وأَسَّس لِنَفسه تَحالُفات سِياسِيّة واسعة، وما فتئ يَعمل على صُنع البَديل ويُرسّخ مَعالِمَه في الذِّهن الشِّيعي تحت مَظَلّة مَرجِعِيّة ذات خلفيّة سِياسِيّة تُوفِّر له شَهادات الأَفْضَلِيّة والأَعلَمِيّة في الاجْتهاد بِالدّعاية والإِعلام حتَى كاد البَديل المُصْطَنَع يطغى ويُنهي وُجُود المَنهج القديم الأصيل ويزوي مَرجِعياته لولا تَطوّر حَوادث العِراق وعَودة الثِّقة إلى هذه المرجِعِيّات ومنهجها أَعقاب صدور الفَتوى المَشهورَة في مكافحة الإرهاب السَّلفي.

إنّ السِّياسة ومَظاهرها في الانتماء الفِئوي والحِزبي تكادُ تُقرِّر في الزَّمن المُعاصِر مَصِير الكَثير مِن الحَوزات ومَدارِسها، وتُقصي منهجها الأَصِيل المُستقلّ ومرجعياته تَحت مَظلّة عناوين بَرّاقة مِن نَحو العمل الجادّ على إِنقاذ الوُجُود الشِّيعي مِن (التَّخَلُّف) و(اللّاوَعْي) والاجتِهاد في إِشاعة (الوَعي) ومُكافَحة (الجُمُود) والمُبادرة إلى تكريس مفاهيم (الإِصْلاح والتَّجدِيد والتَّطوير) في الثَّقافَة المَحلِّيّة الأَصِيلة إلى جانب الإِيفاء بِمُتطلّبات مَيادِين النِّضال السِّياسي والحَضارِي!

بات الانْتِماءُ الحزبي والفئوي في الوُجود الشِّيعي هو المُقرِّر الوَحِيد لِمَصير طالِب العِلم وتحدي صِيغة كَفاءته الدِّراسيّة وطَبيعة مَهامّه ومَرتَبته ومَقامه في المجتمع حتَّى صار مَحكومًا بِدَورةٍ فكريّة واجتِماعِيّة كامِلة لا خِيار له فيها ولا استِقْلال. فإنْ كان مَرضِيًّا عنه فَقَد فاز بِدُنياه وانفَتَحت له أَبواب الإرشاد والوعظ، وله الخِيرة في تَلَقِّي العِلم مِن دون الحاجة لِلجِدّ والاجتهاد في مَناهج دِراسة المُقدّمات والسّطوح والبحث الخارج.. تكفِيه الشَّرائط الحِزبِيّة والفِئويّة أو التَّحيُّزِيّة حيث تُوفّر له مقام الانتساب لِلحَوزة وفرص العَمل الثَّقافي والنِّضال السِّياسي والوَجاهة الاجْتَماعيّة ثم مَرتَبة الزَّعامة والمَرجِعِيّة.

في خاتمة الأمر، استطاع الانتماء الحِزبي والفِئوي بأَشكالِه المُختلفة كافّة إدخال الثَّقافة الشِّيعِيّة البحرانيَّة الأَصِيلة في دوائر الخَطر وهَدّد مَصِيرها وحَجَب الثِّقة عنها، فانْشَطرت الكِياناتُ الأهلِيّة وصارَت على شَكل حَلقات مُتوالِية مُعقّدة مِن المُناكفة والمُغالبة المُجرَّدة مِن الوَرَع والتَّقوى والشُّعور الوِجداني. فإنْ اجتاز عالِمُ الدِّين شطرًا مِن مراحل الدِّراسة تَحت مَظلّة الانتماء أَو الولاء الخاصّ أو التَّحَيُّز مِن غير الالتزام بِالعُرف العلمي والمَراحل التَّعلِيميّة الحَوزَوِيّة التَّقليدِيّة فلا حَرج عليه إذ سرعان ما يُصبح ذاتا مَصونةً لا تُمَسّ ولا تُنقَد، وله مِن السِّيادة ما يُمَيّزه على المُتفوِّقين في الدِّراسات الحَوزويّة الأَصِيلة كافّة بوَلايَة خالصة على المُجتمع الشِّيعي في بَلدِه أَو مَدِينته أَو قريته أَو منطقتِه لا يُنازعه أَو يُغالِبه عليها أَحد إلّا صَرَعه بِالضَّربَة القاضِية!

بَدا عالِمُ الدِّين البحراني خِريج المنهج المعاصر مُختلِفًا عن خِرّيج منهج الدِّراسات الدِّينيّة الأَصِيل، فلا يَتعاطى مع الآخرين بالعِلم المُتميِّز والخُلق الرَّفِيع على هُدى سِيرة خرّيجي المنهج الأَصِيل، وإنّما يَتعاطى بِمَنهج العُلو والشَّكّ الفلسفي السِّياسي ويَسود عليهم بِمَقام وَهْمِيّ مُصطَنع ومَرتَبة صوريّة يَتلقّاهما بِالانتماء ويُسبغان عليه بِحقّ الوَلايَة.

إنَّك ترى الشَّكل في الظّاهر هيئة بهيَّة عالِم الدِّين فيما تَقبع في المَضمُون مَرتَبةً فئويّةً وحِزبيّةً يَصِفها الانتماءُ بِالضَّرورة الحضاريّة لِلإسراع في تَجديد ثَقافَة المُجتمع مَدنِيًّا على طِبق منهج (الشَّكِّ والتَّشطِيب والتَّأميم) ولِلتَّخلص مِن ثِقل التَّأريخ الشِّيعي المُتأزِّم وأَعبائه الطّائفيَّة ومِن الحنين الدّائم إلى مَراثِيه وبُكائيّاته، وليس مِن النَّقص أَنْ تكون النَّتيجة ظاهرة في سِياسيّ يَعتَمِر عِمامة!

في مُنتصف التِّسعِينات مِن القرن الماضي صار مِن الواجب على أَحد المَنفِيّين البَحرانيّين في لَندن إِلحاق ابنتِه بِمَدرسة برِيطانِيّة ثانويّة عامَّة، فبذل غايَة المجهود مِن أَجل الحصول على فرصة مُوافقة في مدرسة ثانويّة عامّة لِلبَنات فلَم يُوفَق، وذلك لِقِلّة عدد هذا النَّمط مِن المَدارس في لندن مِن بين

عَشرات المَدارس المُختلَطة في المَنطقة ولِتَزاحم القوائم بالطّلبات المقدّمة مِن قِبَل الجاليات المُسلِمة المحافظة.

لم يَتبقّ لَديه إلّا خِياران: إمّا السَّعي لِلحصول على فرصة الالتِحاق بِمَدرسة مُختلطة مُخالفة لالتِزامه الدِّيني وثَقافَته البَحرانيّة الأَصِيلة، أو السَّعي لِلحصول على فرصة الالتحاق بِمَدرسة شِيعِيّة خاصّة تابِعة لِمُؤسَّسَة مَرجِعيّة باهِظة التَّكالِيف.

وبَعد مُداولات ولِقاءات ومُراسلات مع إدارة المدرسة المَرجِعِيّة تَمَّت المُوافقة بِشَرط دَفع الرُّسُوم المَطلوبة الّتي لا قِبَل له بها وفَوق طاقة التَّحمُّل فَضلا عن استِحالة تَوفيرها دفعة واحدة.

وبَعد أَيّام مِن الهَمّ الكدر في الفكرة لإِيجاد السَّبيل إلى الحلّ المُناسب قَبل فوات الفرصة الذَّهبِيّة أُلهِمَ فاهتَدى إلى الحَلّ.. قرّر الاتّصال مع وَكِيل بَحراني لِذات المَرجِعِيّة المالكة لِلمَدرسة الخاصّة في بِريطانيا طلبًا لِلعَون في إِيجاد حَلٍّ وَسط مع إدارة المدرسة يَقضي بِتَخفِيض الرّسوم أَو تقسِيطها أَو تأجيلها وجَعلها دَينًا. فقد عُرِف عن هذا الوَكِيل المَرجِعي البحراني المُحافظ بُعده عن التَّعصُّب والتَّحزُّب والفِئويّة وعن كُلّ مُتعلّقات الشَّأن السِّياسي وانتماءته فضلاً عن كونه أَقربَ المُقرّبين مِن مَرجِعِيّات النَّجف الأشرف لما عَرِف عنه مِن علمٍ وأَمانة ووَرَع ونشاط حوزويّ واسع في البحرين.

كان سعيدًا جِدّا لما لَقِيه مِن ترحيبٍ واستِعدادٍ لِتَقديم يد العون مِن قِبَل الوكيل المَرجِعي البحراني.. أَوعَز الوَكِيل على الفور إلى الشَّيخ (فُلان) مُدير مَكتبه مُتابعة مَسألة الطَّلَب والرَّجاء، فاستَبشَر والدُ البِنت في بريطانيا خيرًا وحمد الله تعالى على التَّوفِيق في مسعى حَلّ المُشكلة الّتي كانت تُؤرقه في بَلد الهِجرة والمَنفى.

مَضت الأَسابِيع تلو الأخرى واقتَرب يوم الدَّوام المدْرَسي ولم يَتلقّ جوابًا مِن المَدرسة المرجِعيَّة في بريطانيا، فاضَطرّ إلى إجراء مُكالمةٍ هاتِفيّةٍ مع

إدارة المدرسة يَستفهم المُستجِد في طَلَب إِتمام الموافقة. فقِيل له أَنّ الإدارة لم تَتلَقّ مُكالمة مِن البحرين ولا رِسالة مِن الوَكِيل البحراني المَرجِعي. فأَوعَزَ إلى أَحد أَقربائه بِأَنْ يُسرع إلى زيارة مكَتب الوَكِيل في البحرين وليستَطلِع الأمر عن كَثَب ويَستفِهم ويَستوضح بِصِفَته مَبعوثا منه. فجاءه بِالخَبر الصَّاعِق الّذي تلقّاه مِن بين العامِلين في مكتب الوكيل، ويُفيد بِأَنّ الشَّيخ (فُلان) مُدير المكتب قد حرّض على سَدّ الأبواب بَوجْه الطّلب معتذرًا بِاختلاف التَّقلِيد المَرجِعي وتَعارض الانتماء!

أُصِيب البحراني المَنفِي وعائلته بِالإحباط، وما مِن سَبيل للخُروج مِن المشكلة في الوقت الضَّيِّق، فانتهى إلى البحث عن فرصة أُخْرى لإِلحاق ابنته بِمَدرسة بِريطانيّة مُختلطة وما كاد يَحصل عليها في الوَقت الضَّائع.. وبَعد مُضِي سِتّة أَشهر على الطَّلب والرَّجاء مِن مكتب الوكيل في البحرين التَقى مَبعوث والد البنت مُباشرة بِوَكيل المَرجع في المَسجِد بعد الانتهاء مِن صلاة الجماعة، فدَنى منه يَسأله عن أَسباب رَفض مَدّ يد العَون لِوَالد البِنت في لَندن. فبُهت الوكيل مأخوذًا بالسّؤال وفي ظَنِّه أَنّ الطّلب والرّجاء قد استُجيب له ونُفِّذ مِن قِبل الشَّيخ (فُلان) المدير منذ سِتّة أَشهر وأَنّ الأمور قد جرت على ما يُرام مِن الخير، وأَنّه فخورٌ بما قَدّم مِن خِدمة ضَروريّة!

يَقول المَبعوث لِقَريبه البَحراني المَنفِي والد البِنْت: سَكتَ الوَكِيل لِلَحظة.. لم يَذكُر شيئًا في التَّفاصِيل، لكِنَّه استدرك المَوقف قبل مُغادرته المَسجد بِقَوله: قُلْ لِوالِد ابْنَتِنا في لَندن أَنا مُستَعِدّ لِدَفع الرُّسُوم والنَّفقات كُلّها مِن جَيبي الخاصّ!

اتّصل المبعوث على وَجْه السُّرعة يُبَشِّر البحراني المَنفِي بِالتّفاصيل المُستجدّة، فسارع البَحراني المَنفي إلى إِغلاق مَلَفّ الطَّلب والرَّجاء، وضَرب عنه صفحًا!

في خِضَم هذه المُشكلات الخَطِيرة التي هَدّدت أَصالة الحوزات،

وغامَرت بالنِّظام الاجتماعي العريق الخاصّ بِفِئة العلماء، وعَبَثت في الثَّقافة الشِّيعِية الأَصِيلة ومظاهرها بإِعمال مَنهج (الشَّكّ والتَّشْطِيب والتَّأمِيم) - كانت المَرجِعيّات الأَصِيلة ناهِضة ومِن ورائها تَيّارٌ شِيعيٌّ مَسئول مِن العُلماء المستقلين المُدرِكين لِخُطورة الوضع الرّاهن. لكِنّ التَّحدِّي بات صعبًا ومعقّدًا، وذلك لتَقمّص الانتماءات دور إيجاد البديل المُدجّن في نِصف قَرنٍ مِن الزَّمن بِحَشدٍ مِن المُنتَمين المُثقّفين والمُتخَصِّصين بِالتّحالف مع المُتحَيِّزين والسِّياسيّين، ولِتَغلغل هذه الانتماءات في المَدارِس الحوزويّة والكِيانات الأهلية الاجتماعيّة والثَّقافِيّة في أَكثر مناطق الوُجود الشِّيعي، ولهيمنة نُفوذ هذه الانتماءات على مَصادِر البَذل والدَّعم المالي بالمركزيّة الحادّة.

يُشار في أَحد المَشاهِد المَرصُودة في جَزِيرة البحرين إلى أَنّ النِّسبة العَددِيّة مِن عُلماء الدِّين المُستقِلّين المُشارِكين في العمل على صِيانة الثَّقافَة المَحلِّيّة الأَصِيلة مِن عبَث قُوى الانتماء الحِزبي والفِئوي هي نَسبةٌ غير واعِدة حيث يَجتمع في إِحدى القرى الكُبرى ذات الكَثافة السُّكانِيّة العالية أَكثر مِن أَربَعِين عالمًا مِن عُلماء الدِّين المنتمين والمُتحيِّزين على تَوهِين عَمل عالِم دِينٍ واحدٍ مِن خرّيجي المَنهج الحَوزَوِيّ الأَصِيل مِن أَبناء ذات القَريَة!

وفي خَلفِيّة ذات المَشهد نَجِدُ مَرجعيّات أَصِيلة في الحوزة الكُبرى تُجاهِد أَيضًا في الوقت الضّائع لِقَطع الطَّريق على تَيارات الانتماء والتَّحيُّز ولِلحَدّ مِن مُغامراتها الفِكريّة، ولِلعمل على تكثيف الجُهود لِتَنمية الثَّقافَات الأَصِيلة، ولإِعادة الاعتِبار لِمَقامي الحوزة والمَرجِعِيّة.. إِنّها ما زالت تَجِدّ لإِيجاد التَّوازن بِالحلول البَدِيلة مِن نَحو استِغلال العطل الدّراسة في الحوزة ومَدارسها في المدن بين شَهري مُحرّم ورَبيع الأول وفي شَهر رمضان المبارك لإِرسال طُلّاب الحَوزة إلى المناطق الشِّيعيّة لِلتَّبلِيغ والتَّمكُّن مِن إِحياء مظاهر الثَّقافَة بِالطَّريقة الأَصِيلة اللّائقة والمُلائمة، والعَمل على تَأسِيس العديد مِن الكِيانات الثَّقافِيّة والمُنتَديات البَحثِيّة التي تُشكِّل رابطًا لِلتَّبادُل العِلمي والثَّقافي بين عُلماء الحوزة الكُبرى الأَصِيلة وخِرّيجي الدِّراسات

الأَكادِيميّة، وإِعادة تَرسِيم وتَرسِيخ قِيم العَلاقة الثَّقافِية الأصيلة بَين مَرجِعِيّة الحوزة الأَصِيلة والشِّيعة في كُلّ البلاد وتَجريدِها مِن مُؤثِرات السِّياسة الحِزبيّة والفِئويّة السَّلبيّة ومُعالجة الانْحِراف العَقدِي وفَوضى التّدافع على مَنصِب الزَّعامَة الشِّيعِيّة.

ولَعلّ مِن أَهَمّ الأمور الّتي اسفَرت عنها فَتاوى مَرجِعيّة الحوزة الكُبرى الأَصِيلة لِمُواجهة الاجْتِياح الدَّاعِشي المسلّح لأراضي العراق، أنّ الاستِجابة الشَّعبِيّة الشِّيعيّة العارِمة لهذه الفتاوى أَخَلّت فُجأةً بِالتَّفوّق الّذي سَجّلته قُوى الانتماء الحِزبي والفِئوي على قُوى النُّفوذ المَرجِعي الأَصِيل في العالم الشِّيعي، فحَقّقت المَرجِعِيّة الأَصِيلة بهذه الفتاوى الفَوزَ السَّاحق على قوى الانتماء الّتي ما زالت تُكافِح مِن أَجل رَدّ الاعتبار والعمل على تَورِيط المرجعيّة في فَوضى التَّوازُنات السِّياسِيّة مِن جديد. وقد استَغَلّت المَرجِعِيّة تَفوّقها بهذا بالعَمل على تَطهِير الحَوزة الكُبرى مِن نُفوذ قوى الانتماء فاتَّخذت أَوَّل إِجراء مُباشر بِإِغلاق عددٍ مِن المدارس الحَوزَوِيّة في مدينة النَّجف الأَشْرف ومُدن أُخرى كانت ضَالِعة في مُخطّطٍ سِياسي لاختِراق الحوزة لمصلحة الانتماء الحِزبي والفِئوي.

ـ زَعامَةُ الانْتِماءِ والتَّأْمِيمِ والتَّوطِين

بعد الثُّنائيّة في التَّكوين البَشري بين مَقامَي الإنسان المَعصوم المُصطفى مِن الله عَزَّ وجَلّ والإنسان المُتمكّن مِن الارتقاء في سِلّم العِصمة بالكَسب؛ أَضافَت شَطحات التَّصوّف الفَلسَفِي (العِرفان) مقامًا ثالثًا ادَّعَت فيه الكَمال المُطلق والمُتفوِّق على كُلّ المَقامات في التَّكوين البَشري.

إنّه المقام الذي يَرتقي فيه الإنسان ويَسمو على بَشريَّته في (السَّفر) إلى عالَم آخر يُطلق عليه (مَقامَ الأَنوار الإلهيّة) الذي تَتَّحِدُ فيه رُوح الإنسان (العارِف) بِعَالم الآلهة عن طَريق اتِّباع سُلوكٍ خاصٍّ فيكون والذّات الإلهيّة (هُوَ هُوَ). وكُلّ ما يَصدُر عن هذا الإنسان العارِف في هذا المَقام يُعَدّ صادرًا عن

الآلهة ومُتجاوزًا به صِفة الوَحْي بِرُتَبٍ سامِيةٍ هي أَعلى شأنًا ويَستوجِب ذلك على النَّاس الامتِثال والطَّاعة والإيمان بِمُطلق وَلايته!

في سِياق التَّميُّز بين هذه المَقامات يُذكَر أَنَّ شخصًا مِن أَهل التَّصوُّف وعِرفان شَرق الأَندَلُس قد سَوّلت له نَفسُه النَّيلَ مِن هيبة سُلطان زمانه أثناء مُرور مَوكِبه الكَبير، فناداهُ مِن وراء حَشدٍ كبيرٍ مِن المُستقبلين والمُتفرّجين بِصوتٍ رفيعٍ جدًا في حاجَةٍ منه إليه.. لم يَكترِث السُّلطان لِلنّداء، ورُبَما وَجَد في المُنادِي حَماقة وصَلافة وتَصرّفًا غير لائقين بَهيبةِ المَوكب السُّلطانيّ وبِتَقاليد استِقباله.

كَرّر الصُّوفيّ نداءَه لِلسُّلطان في لَحنِ المُتصَوِّفة مُشيرًا إلى صدور النّداء مِن مقام (الأنْوار الإلهيّة) بِقوله: أَيّها السُّلطان كَلِّمْنِي.. كَلِّمْنِي كما كَلّم اللهُ تعالى نبيّه مُوسى عليه السَّلام تكلِيما!

ذهب عن السُّلطان اللُّطف والحِلم واحمرّت عيناهُ مِن الغضب وتطاير مِنهما الشَّرر في حضرة وزرائه وعناصر بطانته والحافِّين مِن حوله والنّدماء، ولم يَتمالك نفسه، فَردّ بالمِثل على الصُّوفي بِصَوتٍ رفيعٍ شَقّ صَخب حُشودِ المستقبِلين والمُتفرّجين قائلاً: ولكِنّك لَست مُوسى حتّى أُكلِّمك!

استَجْمَع الصُّوفِيّ قواه الذِّهنيّة وبَهَت السّلطان بالرّد: ولكِنَّك لست الله!

يقول العارفُ أَبُو الشَّطحات ابن عَربِي الأَنْدلسي في فتوحاتِه المكِّيّة: (فتَوقَّف السُّلطان له وقضى حاجته) في عالم الوجود البشري بعد أَنْ كشف له عن رفضه الإيمان بِمَقام الأنوار الإلهيّة العِرفاني في مقابل رفض العارف الصُّوفي الإيمان بهيبة السُّلطان ومقامه المصطنعين بِقوّة السُّلطة والدّعاية!

وقعت هذه الحادثةُ ـ على حسب تَصنِيف أَهل التَّصَوُّف والعِرفان ـ في عالم الوجود البشري المادّي ولم يَقصد العارفُ الصّوفي بِندائه لِلسّلطان عالما مثالِيًّا مقرونًا بالرِّقصات الصوفيّة (الهستيريّة) تحت صَخَبِ الدّفوف والطّبول وظِلال الأدخنة وروائح البخور. فأَهلُ الأندلس وقتئذٍ كانوا مِن

المكفِّرين لِديانة العِرفان والعُرفاء وقد شَنّوا عليها وعلى العُرفاء غارات التَّطهير الشِامل المفتوح، وحرَقوا كُتبهم على الطُّرق العامّة وطردوهم مِن المساجد والزّوايا.

فلا السّلطان كان في مقام عالَم (الأَنْوار الإلهيَّة) ولا الصَّوفي العارف كان في مقام عالَم العِصمة، وقد تنازعا المفردات الدّالة على حَيِّز الزَّمن والمقام البَشري الواقِعيّين اللّذين يشغلهما السُّلطانُ والعارفُ مِن دونِ زيادةٍ ولا نُقصانٍ ولا رِفعةٍ ولا كِبرٍ ولا أُلوهِيّة ولا نُبوّة ولا وَلايَة ولا عِصمة.

لم تُسجِّلْ المُدوّنات الأَندَلُسِيّة واقِعةً عَنِيت بِمُبارزة كَلاميّة أَو مُساجلة أَو حوار بين مقامين في اتِّجاه شِيعيّ إِمَامِيّ على الرَّغْم مِن الوجود المحدود والقَلِيل لِلشّيعة في هذه البلاد وبِناء أَوَّل مأتم حُسَينِي في أُوربّا، ولكِن الأندلس اشتُهرت بِالمنُازعات الصَّاخِبة بين أَهْلِ العامَّة على المذاهب الأربعة وأَهْل العامَّة على مَذاهب العقل والكَشْف والفلسفة والعِرفان وبِبَعض المناوشات بين رُوّاد العلوم الطَّبِيعِيّة الّتي ذاع صِيتُها آنذاك.

لقد دَخلَت بَعضُ الشَّطحات الأندلُسِيّة بلادنا عن طريق عددٍ مِن طلّاب العلوم الدِّينِيّة الدّارسين في الحوزات الكُبرى الخارِجِيّة. فهَلْ استطاعت الشَّطحاتُ هذه أَنْ تصنعَ مَن هو أَهْلٌ لِعالَم (الأَنْوار الإلهيّة) إنْ افترضنا وُجوده على حسب معايير العُرفاء الّذين اعتنقوا عَقِيدة (وَحْدَة الوُجُود والمَوجُود) لِلعارف ابن عَرَبي ورَوّجوا لها في النَّاس وفي مَناهج الدِّراسة الحَوزَوِيَّة بعد أَنْ نَسبوا ابنَ عربي وعَقيدتَه إلى التَّشَيُّع ونشروا مُؤلّفاتِه وخصَّصوا لها رُبعَ مَساحات المَكتبات الشِّيعِيَّة واحتلّوا بها دُور النَّشر؟!

لم تُنصِف إحدى الحوزات الكُبرى شِيعةَ البحرين حينما شَغَلت العَشرات مِن الطلّاب المُبتَعثِين إليها بالتَّصوُف الفَلسَفِي وأَوهامِه وحَرَمَتهم مِن الاستقلال بِمَرجِعيَّةٍ فِقهِيَّةٍ بَحْرانِيّةٍ منذ دخول الشِّيعة عَهد الأُصُولِيَّة.. إنَّ خلاصَة ما تَبقّى في البحرين لا يَتجاوز نَهضةَ عددٍ مِن العلماء الأُصلاء الّذين

ناكَفهم وغالَبهم عُلماء آخرون مُنتَمون بِتَحريضٍ وتَنظِيم مِن خارج حُدود الثَّقافَة البَحْرانِيّة المحلِّيّة الأَصِيلة ثُمَّ نازَعُوهم الرُّتْبَةَ والمَقام الاجتماعي ومَصادر البَذل المالي والتَّموِيل مِن أموال الحقوق الشَّرعِيّة وزَعامة التَّيّار الشَّعبي المُثَقَّف.

ورُبَما لَفَت أَحدُهما تواضعًا وعلى طَريقة الشَّطحات الأندلُسِيّة إلى أَنّ مُغالِبَهُ ومُناكفَهُ ومُنازعَهُ هو عالِمٌ مثله وليس آلِهَةً أو مَعصومًا ولا حتَّى مَرْجِعًا ولا بُدّ أَنْ يَعتَرِيه النَّقصُ ويَصدر عنه الخَطأ، ومَثَلُه كمَثَلِ سائر المَخلوقات في عالَم المُمكِنات والمَوجودات البشريّة، وأَنَّ المَصير بينهما في الواقع واحدٌ مَصيريٌّ مُشترك يَقتَضِي الاجتماع ووَحدة الكَلمة والجِدّ في النِّضال الثَّقافي. فيردّ الآخرُ شامِتًا مُعاندًا جاحِدًا: (وأَنْتَ لَسْتَ مُوسَى حتَّى أُكَلِّمَك تكلِيما). ثُمَّ تَتَّسع رقعةُ الخلاف والتَّباعد بينهما بِحَجم مَقام الوُجود الإلهي الوَهْمِي الصُّوفِي العِرفاني ويَتَجاوز مُعطِيات الواقع، فيَستعصِي الحَلّ والوفاق بينهما على الجميع كما استَعصى على الأَتْباع والاتِّجاه العامّ إِدراك مقاصد الطَّرفَين المُتغالِبَين المُتناكِفَين والغايات!

وعلى هذا الأَثَر انهارت قِيمةُ المُنافسة وحَلَّت المُغالبة، وأُسقِطَت زَعاماتٌ ومَرجعيّاتٌ شِيعِيّةٌ أَصيلَةٌ مِن رُتبتِها ومَقامِها وطُمِسَت في الظُّلمة وغُمِرت، وساد المُغالِبُ (الشُّجاع) على انْقاض مُنافِسه فَرِحًا بِنَصره المُبين ومَقامِه الجديد المُؤزّر، والنَّاس في عالَم (الظِّلال) بين هذا وذاك لا عِلْمَ لها بِالصِّراع البارِد الّذي تَدور رَحاه بَينهم.. إِنَّه عالَمُ (الأَنْوار الإلهيّة) الخاصّ بَين المُصارِعين والمُغالِبين لا يُعبرُ إليه مُريد إلّا بِسُلوكٍ خاصٍّ تحت رعاية مِن مُرشدٍ يَتَّبعه ويُوجِّهه!

فمُنذُ القرن الحادِي عشر الهِجري تَنازَع التَّشَيُّع الإمامي في البحرين فَرِيقان: مُحدِّثٌ أَخبارِيٌّ ومُجتَهِدٌ أُصوليّ. وكان فريق الأُصولِيّين اتِّجاها مَحدُود الانْتِشار في مَطلع نُموّه وقَلِيل العُلماء والأَتْباع المُقلِّدين. وعندما تَراجع عَهدُ (الاسْتَرابَادِي) لِجِهَةِ مَنهجَيّ الشَّيخَين يُوسِف العُصفور البَحراني

وابن أُخته حُسين العُصفور المَحلِّيّين المُعتَدِلَين لم يَكُن لِلأُصُولِيِّين وُجودٌ بارِزٌ بِذات الصِّفَة. ثُمّ عاد الأُصولِيُّون شَيئًا فشيئًا لِيَتنفَّسُوا الصُّعداء حتَّى سادوا بعد مُنتَصف القَرن الماضي لِأَسباب تُعزى إِلى وقوع تَحّول سياسي ثَوري مُفاجئ في المنطقة.

وساهَم تَعاقُب الدُّول الثّلاث الصَّفويِّة والقاجارِيَّة والعُثمانيّة على توافر فرص الإِثارة العقدِيّة بين الأَخْبارِيّة والأُصُوليّة في البعد النَّظري المُثمِر ثقافيًّا حيث عَمّ الحَدِيث عن مسأَلَتي تَربِيع مصادر التَّشريع وقَطعِيّة صُدور روايات الكُتبِ الأَربعة واجتِهاد مؤلّفيها الكُليني والصُدوق والطُّوسي.

ومِن المفارقات أَنَّ الخلاف بين الأُصُولِيّة والأخبارِيّة في الخارج لم يَترُك أَثرًا سلبيًّا عميقًا على الثّقافَة البَحْرانِيّة حيث لم تَعتَنِ وُجوه الثَّقافَة كَثيرًا بِتفاصيل المُغالَبة البارِدَة بينهما في الخارج. وكان تَيَّار المُجتَهدين حديث عهدٍ بِالبحرين وقَلِيل الأَتْباع نِسبَة لِتيّار المُحدِّثين الغَلّاب المُساهم الأَوفر حظًا في تَنمِية الثَّقافَة البَحرانِيّة على قواعد مَتِينة لم يَستطِع تيّار المُقلِّدين الأُصُولِيِّين أَنْ يَزِيدَ عليها شَيئًا حتَّى اليوم.

وكان الاختيارُ بين التَّكلِيفَين الأُصُولِي والأَخْبارِي يَنحو منحًا شَخصيًّا لا وَصايَة فِيه ولا وَلايَة ولا انتِماء حتَّى مَجِيء عقدي الخَمسِينات والسِّتِّينات مِن القرن الماضي حيث طَغَت مَرحلةُ التَّفاعل الشِّيعِي مع السِّياسة ومع قَلِيل مِن الجدل في وَلايَة الفَقِيه العامّة، ثُمّ جاء عَقدُ السَّبعِينات حيث ساءت الأمورُ الحِزبِيَّة والفِئويّة تعقيدًا واشتَبَكت فِكريًّا لمصلحة الأُصُوليّة على مَنهج الوَلايَتَين العامَّة والمُطلَقة.

ففِي السِّياسَة يَكمُن هَوى حُبّ الرِّئاسة والزَّعامة الذي لا بُدّ مِن ظهوره وسِيادته عند تَعدُّد الاتِّجاهات المُتوافِقة أَو المُتبايِنَة حيث يَتصاعد نِزاعُ المَراتب والمقامات على قواعِد هَشَّة مِن التَّدبير في بِيئةٍ ثَقافِيّةٍ يَنعدمُ فيها السُّلطان السِّياسي الشِّيعي.

وصَلَ النِّزاعُ (البَارِد) إلى ذُروتِه بين المُتبَقِي مِن أَثَر الزَّعامة الشِّيعيّة الوارثة لِلاتِّجاه الأَخْباري والزَّعامَة الحِزبِيّة والفِئويّة الجديدة ذات التَّواصُل العضوي مع الحِزبِيّة الأُصُوليّة العِراقِيّة. ولم يَمنع ذلك مِن تَداول فِكرة الإعداد لِمَشروع جامع لِلاتِّجاهات الشِّيعِيّة أَو مُحدِّدٍ لِطَبيعة العلاقة بين الدَّولة (السُّنِّيّة) والمُجتَمع الشِّيعي حيث تَقتضِي الفكرةُ تَصدِّي العُلماء لِلوظائف الشَّاغِرة في الدَّولة مِن نَحو القَضاء والأَوقاف والمَدارس الدِّينيّة والتَّمثِيل النِّيابي إِضافة إلى الإشراف على الكِيانات الأهليّة شِبه المُستقِلّة عن الدَّولة والمُختصَّة في تَنمِية الثَّقافَة الشِّيعِيّة.

كانت الأُمُور الشِّيعِيّة على الصَّعِيدين الرَّسْمِي والشَّعبِي تَجرِي في إطار الدَّولة بِسَلاسَة في ظاهر الأَمر بِزَعامة الشَّيخ باقِر العُصفور ومِن دون إجراءات إِداريّة مُعقّدة. وبعد أَنْ استَشعر الجميعُ حَجْم الخَطر الدّاهم النَّاجِم عن تَصاعُد المُغالَبَة والمُناوشَة على مَقام الزَّعامة بَين الانْتِماءات الحِزبِيّة الطّارئة والاتِّجاه الأَخْباري العَرِيق إلى جانِب ظاهِرَة انتِشار الاتِّجاهات القَومِيّة واليَسارِيَة في الوَسط الشَّبابِي المُهمَل ثَقافِيًّا؛ أَصْبحَت وَحدةُ الزَّعامة الشِّيعِيّة ضَرُورَة مَحلِّيّة!

ووَرَدَت في هذه المَرحلة مُسمَّيات لِواجِهةٍ شِيعيّةٍ مُشتركةٍ، إلّا أَنّ الشُّعورَ بِالغُبن في تَمييز وتَصنِيف المَقامات الاجْتِماعِيّة، والتَّفاوُت في المراتب العِلمِيّة الفِقهيّة، والاخْتِلاف في الفِكر، وتَدخُّل المُيول الحِزبِيّة والفِئويّة السِّياسيّة بِهوى (حُبّ الرّئاسة) بِدَفعٍ مِن زَعامَةِ التَّحزُّبات الخارِجِيّة، كُلّها راحَت تُدغدِغ الأَنفس وتُحبط الأذهان. فحال ذلك دون العمل على إخراج هذه الفِكرة إلى الواقع، ثُمّ تَلاشَت في الظّاهر تَحتَ ضَغط أَربعةٍ مِن الاتّجاهات:

ـ اتِّجاه تَقلِيدِيّ مُصمِّم على الاستمرار في كسب ثِقة السُّلطة الحاكِمَة وودّها لِلإبقاء على الكِيانات الرَّسمِيّة المتعلّقة بِالشَّأن الشِّيعي والأوقاف

الجَعفريّة والوَظائف الحُكومِيّة الأُخرى المُلحَقَة بِخُطّة التَّوازن السِّياسي الطَّائفِي لِبَسط سِيادة الدولة، وهُو الاتِّجاه (التَّقلِيدي) العَريق الشَّائع المُؤيّد أَخباريًّا بين الأَغْلبِيّة الشِّيعِيّة.

ـ الاتِّجاه الثَّاني الحِزبي والفِئوي المُنفرِد بِفكرة النِّضال النِّيابِي لِكونِها تُمثّل الخِيار السِّياسِي المُتاح والآمِن والمُؤدِّي إلى تَوافر فرص الانْتِشار المُؤسَّسِي والشَّعبي المُستقلّ عن السُّلطة والدَّاعِم لِمَشروع التَّفوّق على الاتِّجاه الأَوّل وانْتِزاع مَقام الزَّعامَة الشِّيعِيّة ووَظائف الدّولة المُسنَدة إليه مِنه. وهُو يُعَدّ الاتِّجاه الأُصُولي الوَسَطِي مِن بين كُلِّ الاتِّجاهات الفِقهيّة البَحْرانِيّة والحائز على رِضا أَتْباع اتِّجاه أَهْلِ العامّة والسُّلطات معًا لِأَسبابٍ سِياسِيّةٍ، وهو شَريكَهُما المُستظلّ بِمُباركة بَعض المَرجِعِيّات الأُصُولِيَّة الحِزبِيّة والفِئويَّة في النَّجف الأشرف الّتي يَستَمِدّ منها مادَّة الفِكر وعناصِر القُوّة والنُّفوذ وبرنامج العَمَل النِّضالي لِلحَدّ مِن فعاليّات الاتّجاه اليَسارِي.

ـ والاتِّجاه الثَّالِث الّذي نَشأ في النّصف الآخر مِن تِسعينات القرن الماضي على أَنقاض الاتِّجاهين الأوَّل والثَّانِي وعمل على احتِواء مَراكِز القُوى الشِّيعِيَّة الّتي ارتكزت عليها كُلّ الاتّجاهات، والتَمس وَكالات فِقهيّة مِن المَرجِعِيّات الأُصُولِيّة المُسَيّسة في خارج البلاد، وسَعى إلى استِخراج وَكالةٍ مُطلَقةٍ تُؤهِّله لِبَسط السِّيادة على البحرانيّين تَحت عُنوان الوَلايَة، فاستَقطبَ إليه مَن تَبقّى مِن العناصر الحِزبِيَّة والفِئويّة المُوالِية بعد انْهِيار الاتِّجاه الثّاني.

ـ والاتِّجاه الرّابع الّذي نَشأ في العَقد الثَّاني مِن هذا القرن يَدعو إلى إِيجاد مَرجِعِيّة أُصُولِيَّة مَحلِّيّة وَطَنِيَّة مُستقلّة عن المَرجِعِيّات والأَحزاب والفِئويّات الشِّيعِيّة الخارجِيّة، وتَبنِّي تَفاصيل الاتِّجاه الأَوَّل التَّقْلِيدي الدّاعي إلى تَوثيق العلاقة مع نِظام الحُكم وتَمثِيل الشِّيعة في مُؤسّساته الرَّسمِيّة والانقِطاع عن مُشكِلات التَّنافر والتَّجاذب المَرجِعي والاستِقطاب الحِزبي والفِئوي الخارجي.

وعلى هذه الحال، اشتدّت المُغالَبَة بَين الاتِّجاهات كافَّة في السِّياسات والمَواقف على فترة مِن الزَّمن، ولم يرض أو يعترف أَحدُها بِحَقّ الآخر في الوُجُود التَّنافُسي أو العمل المُشتَرك. ثُمّ استُدرِجت إلى حيث فتاوى الجَواز وعدم الجَواز السِّياسِيَّين لِحَسم المُغالبة فيما بينها، ما أَدّى إلى حال مُتطرِّفة مِن التَّباعد بين الأَتْباع في النِّزاع البارد الذي لم يُراعِ الطَّبائع والعادات والتَّقاليد ونَمط التَّفكير السّائد في الثَّقافَة البَحرانِيّة الأَصِيلة حيث أَقدمَ على حَجْب الثِّقة عن هذه الثَّقافَة واستَند إلى فِكر ثَقافَة خارِجيّة، حتَى كاد نِظام الشِّيعة يَنشَطِر لولا تَأَزّم الوَضع السِّياسي المَحلِّي على وَقع صدور مَرسوم بِحَلّ البرلمان وتشَريع قانُون أَمْن الدَّولة حكومِيًّا في عام 1974م الّذي يُجِيز لِوَزير الدَّاخِليّة احتِجاز المواطن المُعارض لِمُدّة ثلاث سنوات قابِلَة لِلتَّجديد حتَّى تُستكمَل إجراءات التَّحقِيق. ثُمّ انشَغَلَت كُلّ الاتَّجاهات بِواقعة اغتِيال الصَّحافي عبد الله المدني ذِي الانتماء الحِزبِي والفِئوي على منهج الاتِّجاه الثَّاني الّذي وَقَف إلى جانِب السُّلطات وتَحالَف معها في مُواجهة التَّيّارَين القَومِي والمارْكْسِي لِيُعزز بذلك مِن نُفوذه في الدّولة في مقابل نُفوذ التَّيار الأخباري.

وفي ثَمانِينات القَرن الماضي وَجَّهَت الدّولةُ اتِّهامًا إلى اتِّجاه خامِسٍ بِتَنفيذ مُحاولة (انْقِلابِيَّة) وضَعَت حدًّا فاصِلا لِتَحالُف السَّبعينات بين الاتِّجاه الثَّاني ونِظام الحُكم فأَنهته وبَدَّدته. وفي النِّصف الأوّل مِن التِّسعِينات انْشَقّت الأَحزابُ والفِئويّات المَحلِّيّة على نَفسِها، واعتُقِل وسُجِن بَعضُ قادتها وكَوادرها المُتقدّمة، وأُغلِقت كياناتُها المؤسَّسِيَّة، وانْكفأَ الاتِّجاه الثَّاني على نفسه وخارَت قُواه حتّى مَرحلة ظُهور الاتِّجاه الثَالِث في النّصف الآخر مِن تِسعينات القرن الماضي الّذي كان مُثقَلاً بِإفرازات النِّزاع البارِد القَديم بين كُلّ الاتِّجاهات فلَمْ يَستقِرّ إذْ عَصفَت به الانْقلابات على الزَّعامَة والانْشِقاقات على مُستوى الكادر المُتقدِّم حتَّى مَجِيء عام 2002م.

لقد اختَمَر تحت وَقع هذه الظُّروف سُؤالٌ مُلِحّ في الذِّهن الشِّيعي: أَلَم يكن مِن سَبيل إلى الإنقاذ، ووَضْع حدٍّ لِلنّزاع البارد بين الاتِّجاهات الشِّيعِيّة

الرَّئيسة الفاعِلة، ووَقْف التَّلوّن في نَظريّات التَّغيير المُسيء لِلثَّقافة البَحرانِيّة الأَصِيلة بعد كُلّ هذه الخبرات المُؤلِمة والتّجارب الفاشِلة؟!

ذاتُ الاتِّجاهاتِ الأَربعة التي استدرجَتها اللُّعبة السِّياسية تحت وَقع (الضَّرُورَة) وأَلْفَت نفسها مَحشورة في فوّهة مِدفع (المُغالَبَة) عِوضًا عن الانشغال بـ (المُنافَسَة) الموصلة إلى وَحدة النِّضال مِن أَجل مُستقبلٍ أَفضل ـ عادت إلى العَمل بِنَفَسٍ حِزبيّ وفِئويّ مَرجِعيّ في صِيغة فِكريّة مُختلفة تَدعو إلى الشَّكّ والمُراجعة الفلسفيّة لأُصُول المعرفة الّتي يَرتكِز عليها الوُجود البحراني وإِعادة النّظر في الثَّقافَة البحرانيّة الأَصِيلة وحَجْب الثّقة عنها، وأَحجمت هذه الاتِّجاهات عن مُراجعة ذاتها ونَمط تَفكِيرها ومَنهج عملها إِذْ أَنّ الخلَلَ كان ذاتيًّا قبل أَنْ يكون موضوعيًّا!

وتَقدَّمَت بقايا الاتِّجاه الثَّالِث بِقَراءة مختلفة لِلتَّأريخ الشِّيعي، فصَوَّرته في هيئة صِراع سياسيٍّ مَحض قد داخلته مُدوّنات خُرافِيّة أُسْطوريّة مُختلقة مِن قِبَل أَعداء التَّشَيُّع تَبغِي مِن وراء ذلك تَعمِية أَبصار الشِّيعة، وطَغَت عليه مُتون مُغالِيَة ومُتعصِّبة مَوضوعة رِوائيًّا مِن قِبَل الشِّيعة أَنفسهم تَقِيّة أَو لِلفرار عن مَسئولِيّة معالجة الواقع الشِّيعي المُحبَط والمَهزوم والمُنكسر!

وبِإزاء ذلك قَطَعت هذه البقايا بِوُجوب إِطلاق مُبادرة جادَّة لإِعادة كِتابة التَّأريخ ولإِشاعة مبادئ الوَحدة والتَّآلف والانسجام الدّاخِلي بين الشِّيعة أَنفُسِهم ثُمّ الجِدّ في العمل على إِشَاعة ذات المَبادئ لِمُقاربة أَتْباع اتِّجاه أهل العامّة والتّآلف مع وُعّاظهم وأَحزابهم، والسَّعي في تأسِيس تَجمّع شِيعيٍّ بَدِيلٍ مُعالِج يَضعُ في الاعتبار عواملَ الإِحْباط والهزيمة في التَّجرِبَة الحِزبِيَّة والفِئويّة وتَبنِّي منهج (الشَّكِّ والتَّشطِيب والتَّأمِيم) لِتَحرير الثَّقافة ومُكوناتها وكُلّ مظاهرها مِن آثار الاتِّجاه الأَخباري (المُتشدِّد) عقديًّا.

وفي مَراحِلها المنصرمة التي امتدّت حوالى نِصف قرنٍ تقريبًا وتزامنت مع مرحلة تفاقُم الصِّراع القَومِي واليَساري المَرير مع الاستِبداد ـ كتَمَت

الانتماءاتُ الشِّيعِيّة النِّضاليّة وُجودَها الحزبي والفئوي، وأَخفَت مَعالِمَ التَّواصل مع مَرجِعِيتها الأُصوليّة الخارجيّة وحَجَبت مَبناها الفِقهي والعقدي الأُصُولي مِن الظّهور في المُجتمع البحراني ذي البِيئة الثَّقافِيّة الأخباريَّة عَمِيقة الجذور، وامتَنَعت عن التَّصريح بِما يَرمِي إليه فِكر الانْتِماء الحزبي والفئوي، وذلك لِخَلق مَزيد مِن أَجواء التَّقارب والتَّآلف الاجْتِماعي ودَفع الأعمال النِّضاليّة إلى الأمام. لكِنّ ذلك لم يَدُم طويلاً إذ تَجدّدت حِدّة المُغالبة بين الاتِّجاهات في النَّاس، الأمر الّذي دَفَع بالمُتغالِبين إلى كشف كُلّ واحدٍ مِنهما انتماءات الآخر وارتباطاته وبنائه الفِقهي ومنهجه الفِكري الجديد ومَقاصِده الحركيّة وامتداده الحِزبي والفِئوي الخارِجي، والطَّعن في شَرعِيّة عَمل زعاماته والشَّكّ في أَهلِيّة اجتِهاد مَرجِعيّاته ووَضْعِ حَدٍّ لانتِشاره ومنع تَضخُّم أَعداد مُنتَمِيه والمُقلِّدين ومُحاصرتهم اجتماعيًّا.

إنْ وُجِدَت في هذه الفترة ضَبابِيّةٌ في مَفهوم الزَّعامَة (الرِّئاسة) في الاتِّجاهات البحرانِيَّة فمَردّ ذلك إلى غِياب الكِفاءة العِلمِيّة والاغتراب الفكريّ وفقدان الثِّقَة في الثَّقافَة البحرانِيّة الأَصِيلة الكاشِفة عن الهُوِيّة العقديّة المَحلِّية والإصرار على تَعطِيل العمل على تَنمِيتها. فيما بَدَت الاتِّجاهاتُ كلّها مَشغولة بالتَّدافع السِّياسي والمُغالبة لمصلحة وَحدانِيّة الزَّعامة والوُجود الحِزبي والفِئوي في المناطق وبَثِّ الفِكر المُغتَرِب عن ثَقافةٍ أَجْنَبِيّة مُنتزعة مِن بِيئة حزبي التَّحرير والإخوان المسلمين اللّذين نشطا ثَقافِيًّا وأصدرا في بداية انطلاقة عملهما الحِزبي عددًا ضخمًا مِن المُؤلّفات الكاشِفة عن وُجود كفاءة قِياديّة رَفِيعة المُستوى ووُجود نَظرِيّة واضحة في النِّضال ومَنهج العمل الثَّقافي والاجتِماعي المُنتَسِب لِذات البِيئة الثَّقافِيّة.

قادةُ حِزبي التَّحرير والإخوان المُسلمين الّذين اقتبست الانتماءاتُ الشِّيعِيَّة عنهم فِكرها الحِزبي والفِئوي كَتبوا وأَلّفوا الكثيرَ مِن المواد في تَحدِيد مَعالم اتِّجاههم الفِكري العَقدي والسِّياسي والاجتماعي مُنذ انطلاقتهم النِّضاليّة الأولى بِكُل شجاعة ولا مُواربة، ورَسَموا خارطةً مُتكاملةً لِلطّريق

طِبقا لِبَيعة أَو ما يُشبه العَقد المُلزِم مع (الزَّعيم) بِمَفهومه المَعلوم شَعبويًّا، فهذه ثَقافتُهم التي نشأوا عليها مُنذ وَلايَة عَمرو بن العاص في عَهدِ عُمر. وقَلّدَتهم المَرجعيّات والأحزاب الشِّيعِيَّة في النِّضال واقتربت مِنهم في تَعاقُدٍ فكريٍّ وتَنسِيقٍ حَركِيٍّ لِمُواجهة مَوجة التَّنظِيمات القومِيّة وتَيارات اليَسار المارْكْسِي السَّائدين وقتئذٍ، ولكِنّها لم تَمتلِك الشُّجاعة في الاستِقلال بالفكر عن ثَقافة التَّحرِير والإخوان شيعيًّا أو التَصريح لِلمُجتَمع الشِّيعي بما يُمكِّن مِن وَصفِه بِالمؤلّفات الموافِقة لِلعَقيدة الشِّيعِيّة وبيئتها الثَّقافِيّة الأَصِيلة.

ومُنذُ ذلك الحِين انعدمَ مَشروع تَنمِية الثَّقافة الشِّيعِيّة الأَصِيلة وفُقِدَت الثِّقةُ في هذه الثَّقافة، وغابت المُعالجاتُ النَّظرِيّة والعَملِيّة السَّليمة لِلمُشكّلات الاجتِماعِيّة بما يُناسب مُستوى الأفهام في الوَسط الشِّعبي ذِي الثَّقافة الشِّيعِيّة، وطَغى مَفهوم الزَّعامَة على شاكِلة زَعامة اتِّجاه أَهْلِ العامّة وساد فِعلُ الانْتِماء ذِي النَّكهة السِّياسِيَّة الصّارخة عِبر تَطبيقات مَنهج (الشَّكِّ والتَّشطِيب والتَّأمِيم) ذي المسار السَّلبِي المُدمِر لِلثَّقافة المَحلِّيّة الأَصِيلة، ثُمّ طغت مظاهر الالتِقَاط الفِكري على لِسَان زُعماء الانْتِماء الشِّيعي، فَشَكّلت دَليلاً دامغًا على انعِدام الكَفاءة في الأَداء القِيادي اللّازم والعطاء الفكري المستقل.

كلُّ ذلك ساهم إلى حَدٍّ بعيدٍ في الاغتِراب النُّخبَوِي عن الثَّقافة المحلِّيّة الأصيلة، وفي تَأجِيج الخِلاف والتَّباين بين الانتماءات، ثُمّ تأجِيج النِّزاع الدَّاخِلي البارِد بين المَرجعيّات والزَّعامَات المُنتَمِية والمَرجِعيّات والزَّعامات المُستقِلّة الأَصِيلة، وتَحوّل إلى رُعونَة واستِعلاء قِيادِي وعُلو دعائي. ويُمكِن القول أَنّ أَكثر المُدوّنات في تَحدِيد مَعالِم الزَّعامَة وفِكر الاتِّجاهات النِّضالِيّة الشِّيعِيّة قد كُتِبت في وَقت مُتأخِر جدًا مِن تلك المرحلة، كما يُمكِن إدراجها في خانة التَّحلِيل المُتحَيِّز والتَّعظِيم المُتكلِّف والتّفخِيم الدِّعائي المُخالِف للواقع بِأَقلام حِزبِيّةٍ وفِئويَّةٍ خَلَطت بَين فِكر ثَقافَةٍ هَجِينةٍ مُلتَقطَة ومُقتَضيات سِياسيّة مَحَلِّيّة، فِيما راحت تُشكِّك في أُصُول المَعرفة الشِّيعِيّة وتُبالغ في حَجب الثِّقة عن الثَّقافة المَحلِّيّة النَّاشِئة عنها.

ليس مِن شَكٍّ في أَنّ الخلفيّة الفِكريّة الهَجِينة وانعِدام الكفاءة في الزَّعامات المَحَلِّيّة وتَعطِيل السِّياق الطَّبيعي لِلتَّنمِية في الثَّقافة الأَصِيلة وتَفاقُم الخِلاف وتَحوّله إلى نِزاع بارِد خَطِير بين الاتّجاهات والانتماءات، شَكّل المانع الرَّئيس مِن نشوء كِيان مُؤَسَّسِيّ رَصِين مُمَثّل لِلشِّيعة البحرانيِّين كافّة، فيما ساهَمت المُغالبات بين قوى المَرجِعيّة والحِزبيّة والفئويّة الخارِجيّة ذات الصِّلة الوَثِيقة بالانتماء المَحلّي في تَأجِيج التَّيّار الشَّعبِي إلى حَدِّ اليّأس مِمّا في أَيدي هذه الانْتِماءات.

فعندما قَرّرت فِئةٌ ذات خَلفِيّة حِزبِيَّة وفِئويّة مِن عُلماء حوزة النَّجف الأَشْرف اعتماد ما أَطلَقت عليه حينئذٍ مَفهوم (المَرجِع الأَعْلى لِلشِّيعَة)؛ أَبدت الاتَّجاهات والانتماءات المَرجِعِيّة الشِّيعيّة في كُلّ مكان انْزعاجها واعتِراضها على ابِتداع واختِلاق هذا المَفهوم لِمَا يُشكِّله مِن خَطر على مَبدأ الاجتِهاد ونِظام الرُّتَب الاجتماعِيّة والمَقامات الحوزويّة والعُرفِ العِلمي التَّقليدي وعلى الثَّقافَة السَّائدة ومَظاهِرها، وما سَيؤدي إليه مِن انفِلاتٍ في البيئة التَّنافُسِيّة بين الانتماءات الحِزبيّة والفِئويّة الّتي شَكَّلت ظِلالاً لِذات المَرجِعِيات والزَّعامات المُختَلِفة، ومِن انقلاب في المُنافسات إلى مُغالبات وخُصومات في النِّضال المُبَرِّرة لِوَسائل الإقصاء والمُشَرِّعة لِلضَّربَة القاضِيّة عند الاخِتلاف على أَتْفه الدَّوافِع والأَسْباب .

إنَّ إدراجَ مَقام (المَرجِع الأَعْلى) لِلشّيعَةِ في القائمة التَّقلِيديَّة لِلرُّتَب المَرجِعِيّة المعمُول بها في الثَّقافَة الحوزوِيّة العريقة أَحدثَ فوضى مفاجِئة في حَركة المَراتِب العِلميّة الاجتِهادِيّة السَّائدة في المُدن الحَوزَوِيّة المُختَلِفة، وأَسَّسَ لانْسِداد في القِيمة الاعتِبارِيّة لِلنَّتائج الظَّنِّيّة الّتي مِن شأنها التَّحوّل والتَّغيُّر بِآليّة الاجتهاد، وأَثار العَصَبِيّة الإقلِيمِيّة والمَناطِقِيّة المانِعة مِن الانتقال السَّلِس لِلمَرجِعِيّة والحَوزة مِن بيئةٍ ثَقافِيّةٍ إلى أُخرى على حسب تَطوّر المُستوى العِلمِي والمُخرَجات الدِّراسية فِيها، وأَتَاح لِأَرباب السِّياسة فُرص التَّدَخُّل في الجِهاز المَرجِعي وتَرجِيح المَقام المَرجِعِي لِمَن يَرتضونه من

المراجع حليفًا أو تَصنِيفه تبعًا لِلضَّرورَة والمَصلَحة السِّياديَّة.

وقد استَغَلّ الانْتِماءُ الحِزبي والفِئوي المَحَلِّي صُدور مَفهُوم (المَرْجِع الأَعْلَى) ورواجه في بلده ومَدِينته لِتَصفِية حساباته مع المَرجِعيات المُغالِبة والانتماءات المنافِسة في مُدن بلاد أُخرى فأَقصاها عن ساحَة التَّقلِيد المَرجِعيّ الفاعلة وعَزلها عن مَجالات التَّأثِير الثَّقافي والاجتِماعي والسِّياسي، ثُمّ انفردَ بِالمُجتمعات الشِّيعِيّة يَسُوسها ويُهيمِن عليها ويُقرِّبها مِن مشروع الانْدِكاك السِّياسي لِمفهوم (المَرْجِع الأَعْلَى) المُختار مِن غير رعاية لِخُصوصِيّة التَّنوّع الثَّقافي القائم بين شِيعَة الأَقطار ولِـ (التَّقِيَّة) النِّسبِيّة المُتَّبعة.

وانْتَهى الحالُ بِاتِّجاهات وانتِماءات أُخرى إلى مُقابَلة فِكرَة (المَرْجع الأَعْلَى) المُخالِفَة لِلعُرف الحَوزَوِي بِتَبرِير تَخلِّيها عن المَرجع ذِي الجِنْسِيَّة المُغايِرة لِجنْسِيَّتها وتَشجِيع مُواطنيها على تَبَنّي مَعنى (المَرجِعِيَّة الوَطَنِيَّة العُلْيَا)، وراحَت تَعمل على إِزاحة اتِّجاه (المَرْجع الأَعْلَى) وانْتِماءاته والشُّروع في التَّعاون مع السُّلطات الوَطَنِيّة المَحَلِّيّة على نَبذِهِ سِياسِيًّا وعلى الشَّراكة في تَبَنِّي معنى (المَرجِعِيَّة الوَطَنِيَّة العُلْيَا) الأقرب إلى مَفهوم السِّيادة الوَطَنِيّة التي تَتَمتّع بها هذه السُّلطات.

يُرادُ مِن مَعنى (المَرْجِعِيّة الوَطَنِيَّة العُلْيا) أَنْ يَختصّ كُلُّ بَلَدِ بِمَرجِعهِ الحاكِم على كُلِّ أَشكال المَرجِعِيّة وعلى الثَّقافَة السَّائدة في حُدودِهِ، وله صَلاحِيّاتٌ مُطلَقَةٌ في شِيعَة مَوطِنه أَوسَعُ مِن صَلاحِيّات (المَرْجع الأَعْلى) في بلاده، ويَتمَتّع بِشَرعِيَّة عَمَلِه السِّياسي التي يَستَمِدّها مِن تَشرِيعات الدَّولة. وقد كَثُرَ تَداول نظريّة (المَرْجِعِيّة الوَطَنِيّة العُلْيا) واحتَدّ النِّقاشُ حولها حتَّى وُصِفَت بِالبَديل المُتقدِّم على الزَّعامات الحِزبِيّة والفِئويّة الّتي أَخْفَقَت في النِّضال السِّياسِي وعَطَّلَت التَّنمية الثَّقافِيّة في سَبعِين عامًا، وأَنّها المَرجِعِيّة الأَقرب إلى الثَّقافَة الشِّيعِيّة المَحلِّيّة والأكثر انْسِجامًا مع مَبدأ سِيادة البِلاد المُستقِلّة ذات الأَقَلِّيّات المَذهَبِيّة المتعدِّدة ونِظام الحُكم غير الشِّيعي.

اختلَف المُرَوِّجُون لِمقام (المَرْجِع الأَعْلَى) إلى عِدَّةِ جِهات. فمِنهم مَن لم يَر مانِعًا أَو محذورًا مِن الانتقال بِهذا اللّون مِن المرجعيّة بَين البِلاد وتَجنّب خاصِيّة الاحتِكار الوَطَنِي والتّأسِيس على مِعيار التّمْيُّز بِأَعلَمِيّة المرجعيّة ومُستَوى الدّرس الفِقهي والأُصُولي، وتَحبِيذ الالتزام بِالسِّيرة التّأريخيّة لِلمَرجِعِيّة والحوزات الّتي أَشارت إلى سابقة وُقوع عَمليّات الانتقال في المَنصِب المَرجِعي ومَقر الحَوزة الكُبرى الرّئيسة بين البلاد، إذْ تَشرَّفَت مدينةُ حَلَب السُّورِيّة بالمركز الرَّئيس لِمَرجِعيّة الشِّيعة في مَرحلة تَأرِيخيّة معلومة فصارت الحاضِنَ لِلحوزة الكُبرى بعد أُفُول نَجْمِ مَرجِعيّة وحَوزة النَّجف الأَشرف.

ومِثلُ ذلك حَصل لِلحَوزات في مُدن الحِلَّة وسامُراء وبَغداد والرَّي وغيرها مِن مُدن بِلاد الوُجُود الشِّيعي الأُخرى، فلَيْست هناك حُجّةٌ ناهضةٌ لِمَن تَحزَّب أَو تَعصّب ورَفَض مقام (المَرْجِع الأَعْلى) أَو انتقاله والحوزة معًا بين البلاد، كما لا حُجّة ناهِضة لِمَن اعتذر في ذلك بِإمكان وُقوع مقام (المَرْجِعِيّة الوَطَنِيّة العُلْيا) المُستحدَثة تَحت تَأثير النُّفوذ السِّياسِي لِلأَنظِمة الحاكمة أو الحِزْبِيّات والفِئوِيّات!

ويَبقى مُستوى الخِلاف البارد وآليّاته حَول فِكرة (المَرْجِعِيَّة الوَطَنِيّة العُليا) رَهنًا لِمَقاصِد الاتِّجاهات والانتماءات الدَّاعِيّة إلى الإسراع في تَطبِيقها على الواقع والتَّخلّص مِن عُقدة التَّبَعِيّة لِـ (الخَارِج) المؤرقَة لِسِيادة النِّظام السِّياسي الحاكِم في بِلاد الوُجود الشِّيعي. ولكِنّ الدَّافع إلى هذه الفِكرة يَظلّ مَقبولاً عند الكثير مِن الاتّجاهات والانْتِماءات حيث تَنتَفي الموانع الخاصّة مِن تطبيقها شَرعًا وعُرفًا وثَقافةً. وقد سَبق الحديث عن فكرة إِيجاد (المَرجِعِيّة الوَطَنِيّة العُلْيا) صُدور بعض التَّصُوّرات والتَّحلِيلات الحِزبِيّة والفِئويّة المُعالجة لِلشَّأن الأَمْنِي والسِّياسِي لِلوُجود الشّيعي القائلة بِإِمكان الدُّخول في تَوافُقٍ وَطَنِيٍّ مع الأَنظِمة العَلمانيّة الحاكمة في المنطقة لِلاستِقلال بِالمَرجِعيّة والحَوزة المَحَلِّيّتين وإِخْضاعِهما لِلسِّيادة المَحَلِّيّة

والانفصال بِهِما عن المَرْجعيّة العُلْيا والحَوزة الكُبرى الخارِجيَّتين.

ورُبَما شَكّل التَّفاهُمُ السِّياسي بين بَعض الزُّعماء الحِزبِيِّين والفِئويِّين الشِّيعة وحُكام بِلادهم دافعًا مُشتركا إلى تَبَنّي فِكرة (المَرجِعِيَّة الوَطَنِيّة العُلْيا) ومَدّها بِاللّوازم القانُونِيّة والمُخصَّصات المالِيّة. فالانْتِماءاتُ الحِزبِيّة والفِئوِيّة هذه تَمِيل إلى الواقِعِيّة السِّياسيّة (البَراغْماتِيَّة) في تَحقِيق المَقاصِد، فلا تُمانِع مِن عقد تحالُفٍ عضويٍّ مع النُّظُم العَلمانيّة الحاكِمة والانفصال بـ(المَرجِعِيَّة الوَطَنِيّة العُليا) عن (المَرجِع الأَعلى) و(الحوزَةِ الكُبرى) الخارِجِيَّتَين فضلاً عن النِّظام التَّقلِيدي لِلحَوزات والمَرجِعيّات المُتعَدِّدة.

إذنْ، وَقَعَ الخِلافُ بين إِيجاد (المَرجِعِيّة العُلْيا) مع الالتزام الكامِل بِشُروط أَهْلِيّة الاجْتِهاد المَرجِعِي والاستِقلال عن السِّياسَة في المُنطَلَق والمَقصَد، وبَين المقاصد السِّياسِيّة الحِزبِيَّة والفئويّة القائمة على مَنهَج (الشَّكِّ والتَّشْطِيب والتَّأمِيم) التي أَرست القَواعِد لِمَشروع (المَرْجِعِيّة الوَطَنِيَّة العُلْيا) تَحتَ مَظلة السِّيادة الوَطنيّة لِلدّول في المَنطِقة وهَيّأت المقدّمات. ويَبدو في هذا المَشْهَد أَنّ بَعضَ حُكومات المَنطِقة قَطعَت أَشواطًا على طَرِيق المُساهَمَة في تَطبِيق مَشروع (المَرجِعِيَّة الوَطَنِيّة العُلْيا) و(الحَوزَة الوَطَنِيّة) وإِخضاعهما لِمَواثِيق الدّولة وقوانينها وإِلحاقهما بِسِيادة الحاكم مُباشرة وتَجريدهما مِن أَيّ نفوذ حِزبيّ وفِئويّ.

في المرحلة البائدة لِحُكم حزب صدّام تَدخّلت الأَحزابُ والفئويّاتُ الشِّيعِيّة المُعارِضة التي كانت تَعيش في بِلاد المَهجر والمَنفى ـ لمصلحة إِيجاد (المَرْجِع الأَعْلى) لِلشّيعة ودعم الحاضِرة العِلميّة لِمَدينة النَّجف الأشرف والاحتِفاظ بِمَقام (الحَوْزَةِ الكُبْرى)، وعَقدت في ذلك عددًا مِن المؤتمرات ونَفّذت أَنشطة إِعلامِيّة دعائيّة كثيرة مُعزِّزة لهذا المُراد، في مُقابل المُروِّجين الجدد لِلانتِقال بِالمَرجعيّة العُليا والحَوزة الكُبرى إلى مدينة قُم المُقدَّسَة أَو طَهران على أَثَر تَقدُّم البحث العِلمي في مَدِينة قُم المُقدّسة وازدهار

الدِّراسة الرَّصِينة فيها وكَثافة الحُضور المَرجِعي والطُّلابي والاستِقرار الأَمْنِي والسِّياسي، وتَراجُع البَحثِ العِلْمي في مَدِينة النَّجف الأَشرف وانْحِسار المَراجِع والمُدرِّسِين والوُجود الطُّلابي عنها وسُوء الأحوال السِّياسيّة فيها وتَوتّر الأوضاع الأمنيّة المقيّدة لِلدَّور المَرجِعي والتَّطوّر الدِّراسي.

مِن هُنا يُمكن القَول أَنّ مقام المَرجِعِيّة والحَوزة الكُبرى الرَّفِيع المُتفوّق في الدَّرس والمُخرَجات الدِّراسِيّة يَظلّان مَشدُودَين لِلحال التَّقلِيدِيَّة وإنْ تَحقّق ذاتُ المقام أَو تَفوّق عليه في بِلاد أُخرى، كما يَظلّ مُتأثِّرًا بِالضُّغوط الإقْليمِيّة والسِّياسِيّة والأَمنِيّة لِأَنظمة الحُكم المَحلِّي المُقيِّدة لِلمَهام والوَظِيفة. وقد يَتحقّق احتِكارُ المَقام والمَوقع بِالتَّدخّل الدّعائي المُرجِّح خارج أُطُر المَعايير العُرفِيّة والتَّقلِيديّة المفترضة.

يمكنُ القول أَنّ مَطلب إِيجاد (المَرجِعِيّة الوَطَنِيّة العُلْيا) صار هو الأَوفر حظًا مِن إِيجاد (المَرْجِع الأَعْلى) لِلشّيعة في الظُّروف الرّاهنة. وهو نسخة مُشابِهة لِلمَنهج الأَخباري في تَأسِيس مَدارسِهِ الحوزوِيّة المُتعدِّدة والمُستقِلّة بِلا مَراتِب مَرجِعِيّة ومَقام حوزوي قابِلَين لِلتَّمايز العِلمي أَو المُغالبة على المَقام المَرجِعي الرَّئيس لِلكيان الحَوزوِي المُؤسَّسي.

ومَن الجدير أَنْ يُشارَ إلى أَنّ مَطلبَ إِيجاد (المَرْجِعِيَّة الوَطَنِيّة العُلْيا) في أَمَسّ الحاجة إلى إِعداد المَرْجِع والحَوزة الوَطنِيَّين وإِشهارِهِما رَسمِيًّا ومَدّهما بِالمَقام اللّازم لِخوض تَحدِّي المَراتِب الاجتماعيّة المَحلِّيّة التَّقلِيدِيّة وتَحدّي النِّزاع الحزبي والفئوي حول (الرِّئاسة) المركزيّة المَحلِّيّة في مُقابل المَرجِعيّات التَّقلِيديّة أو المَرجِعيّات المُنافسة والمُغالِبة المُستقلّة، وبحاجة إلى إقناع (المَرْجِع الأَعْلى) لِلرّضا بانبِثاق هذا المَقام المُستقلّ عنه وعن حَوزتِه الكُبرى. وإذا ما أَخذت (المَرجِعِيّة الوَطَنِيّة العُلْيا) طريقها إلى التَّنفِيذ فلَيس مِن حِلٍّ وسطيٍّ يجمع المَرجِعيّات إلّا نَظرِيَّة شورى المَراجِع المُتداولة في البحث العِلمي الحَوزَوي المُعاصر.

إنّ كُلّ مُقوِّمات المَرجعيّة والحوزة المُمَهِّدين لاعتِماد فكرة (المَرْجِعِيَّة الوَطَنِيّة العُلْيا) وإخراجها لِلواقع على نَسقٍ حِزبيّ وفِئويّ مُتوافرةٌ في بِلاد الوجود الشِّيعي مُنذ أَرْبَعين عامًا، وأَنّ العمل بها قائم على قَدم وساق، فذلك يُشكّل دليلاً دامغًا على أنّ فكرة (المَرْجِعِيّة الوَطَنِيّة العُليا) كانَت نشطةً بِقَرار مُدَبَّر قد اتُّخذ منذ مَرحلة بُروز ظاهِرة انتشار المَدارس الدِّينِيّة المَحَلِّيّة الجديدة في بلاد الوجود الشّيعي على قَواعد حِزبِيّة وفِئويّة وتَحت إشراف خاص مِن قبل الكادر الحزبي والفئوي العلمائي، وهو يُشكّل مُحاولة الِتفاف على مَشروع (المَرْجِع الأَعْلَى) وإِخراج الصِّفَة المرجِعِيّة عن حالها (التَّقليديّة) وتَقويض نفوذها وتجميد مقامها وإِخضاعها لِلمُراد الحِزبي والفِئوي المَرضِي مِن قِبَل حكومات المنطقة. كما يُشكّل دليلًا على أنَّ الانتماءات الحِزبيّة والفئويّة رَسَت على رُؤية ثابِتَة مُؤكِّدة على وُجوب استِغلال الظَّرف الرَّاهن لانتزاع مَقام (المَرجِع الأَعلى) مِن مَساره (التَّقلِيدي) وإِخضاعه للمشروع السِّياسي.

ـ الزَّعَامَةُ ونَقْضُ العَدْلِ الاجْتِمَاعِي

أَمضى الشِّيعةُ أَربعَةَ عَشر قرنًا مِن الزَّمن، تَجمعُهم العَقِيدة وتَحفظ لهم وُجودهم مِن دون زَعامة ولا دَولة عادِلة في أُمَّة تَتربص مَذاهِبُها وفِرقها وأَنظمتُها المُستبِدّة بهم الدَّوائر. وقد تَصرَّمت فِيهم مِحنُ هذه القرون وَهُم في عافِيَةٍ مِن دِين وفي زيادةٍ عَددِيَّةٍ مطّردةٍ وانتشار جُغرافيّ واسع وعملٍ دَؤوب على تنمية ثَقافاتِهم الأَصِيلة بما يتناسب والظُّروف الاجتماعيّةً لِوُجودهم.

رُبما تُناقَش هذه الحقيقة أَو تُردّ بِالقَول في وُجود الإمام المَعصوم الّذي ما زال يَرعى مصالح الشِّيعة فلا تَخلو الأرض مِن إِمام حُجّة، ولولا الحُجّة لَسَاخَت الأرضُ بِأَهلها. ونقول أَنّ كلّ الشِّيعة يؤمنون بذلك إيمانًا قاطعًا ولا يحيدون عنه، وفوق ذلك هُم يَعتقِدون أَنّ الإمام المهدي عَجّل الله تعالى فَرَجه الشَّريف يرعى وُجود التَّشَيُّع فيَبصُر الشِّيعة مَصاديق هذه الرّعاية المباركة في أَنفسهم وفي مُحيطهم الاجتِماعي ويُدركون معانيها، ولكِنَّنا نُشير

في هذا المقام إلى الزَّعامَة بِمَفهومها الحِزبي وشَكلها الفئوي المعاصرين.

يُمكن الاستفهام في معنى الزَّعامَة المعاصرة وعن تَمثّله المُطابق لِلمَعنى المُشرَّع في وكالة الغَيبَة الكُبرى أَو في كونه معنًا أَصيلاً أَو حادثًا مبتدعًا أو مفروضًا بِالضَّرورة الاجْتِماعيّة على الشِّيعة في زَمَن الغَيبَة.

وفي ذلك لا بُدّ مِن الرّجوع إلى الحوزة الشِّيعِيّة الكُبرى وتَطوّرها الفِقهي في تَحدِيد مَفهوم الزَّعامَة، وتَوجيه الاستفهام إليها بِوَصفها الحاضِنَ لهذا المفهوم ومَحلّ نَشأتِه وانبعاثِه وانطلاقِه.. نَتساءل عن مُلازمة مفهوم الزَّعامة لِتَطوّر الحوزة الكُبرى وطبيعة العلاقة بينهما.

يَأبى اتِّجاهٌ فقهيٌّ اجتماعيٌّ في الشِّيعة هذا التَّصوّر إذْ يرى في المَرجِعيّة الشِّيعِيّة جهةً أَعلى وأَسمى على مَفهوم واختِصاص الزَّعامة المعاصرين في بيئةٍ مُتميِّزةٍ بِتَعدّد الاتّجاهات الفقهيّة وقائمةٍ على رُكنَي الاحتياط والاجتهاد ومحكومةٍ بِتَقِيَّة باعَدت بين وَظِيفة المرجعيّة ومُجتمعاتها والثَّقافات، وأَنَّ الزَّعامة بالمَفهُوم السِّياسي الحديث المُعاصر هي مِن المعاني الطّارئة وغَير الأَصِيلة في المجتمع الشِّيعي وحديثة عهد به، ولم تكن مَرجِعيّة الحوزة الكُبرى مِن قبل مُتصدِّية لهذا المقام بِمَعناه المعاصر المُقتَبس عن التَّحوّلات السِّياسيّة في اتِّجاه أَهْلِ العامّة وأَحزابه وأَنظمته في الحكم!

ويَعتقِد هذا الاتِّجاه أَنّ الشِّيعة لو تَركوا مقام الزَّعامة واعتَزلوه فلَن يَضُرَّهم ذلك شيئًا، ولو تَمَسّكوا به فلَن يَزِيدهم شيئًا. وأَنّ ثَمن تكريس مَقام الزَّعامة مِن النّكبة والانكِسار الاجتماعي وهُو أَعظم مِن ثَمن انعِدامِه.. مُنذ الغَيبَة الكُبرى وسِيرة الشِّيعة تَحكِي قِصّةً مُحيِّرةً لِلعَقل السِّياسي ومُثِيرة لِمَقولات العَقل والشُّعور الوِجداني بِالمقارَنة مع سِيرة المُجتَمعات الحيويَّة الأخرى.. إِنّها قصّة اجتياز مُجتمعات الشِّيعة لمحنة أَكثر مِن أَلف عام مِن الزّمن على قاعِدةٍ مِن الحوافز الدَّافِعة نحو العمل على صِيانة الهُوِيّة وتَنمِية الثَّقافَة الأَصِيلة وتَرسِيخ الاستِقرار الاجتِماعي المُجرّدين مِن مفهوم الزَّعامَة فَضلا عن مَعنى الدَّولة.

ويَرى هذا الاتِّجاه أَيضًا: أَنّ وجود عَقِيدة (الانْتِظار) تَحت راية الإِمام المَعصوم وحُجِّيَّة النَّص المُتوافِرَين بين عُموم الشِّيعة والمُلازِمين لِمَن كان يُرجى فيه بِالظَّنّ أَنْ يكون صائنًا لِنَفسه حافظًا لِدِينه مُخالفًا على هَواه مُطِيعًا لِأَمر مَولاه بِمَفهومي الاحتِياط والاجتِهاد المَرجِعي على الوَلايَة العامّة ـ كُلّه يكفي لِلمُحافظة على الهُوِيّة والوُجود الشِّيعي وعلى الاستقرار العَقديّ والاجتماعي لهذا الوجود ولِلثَّبات به والدَّوام على تَنمِية ثَقافة مجتمعاته، ولا مِن حاجَة مُلِحَّة أَو ضَروريّة لِإيجاد الزّعامة الدّولة بِمَفهومِهما الحديث المُعاصر المُؤدِّي إلى التَّهلُكة في خضمّ موجٍ هائجٍ مِن الموازين العالَمِيّة والدُّولِيّة المُعقّدة على مُختَلف المُستويات!

وبِإزاء هذا الرَّأي يُشارُ في الثَّقافَة الشِّيعِيّة المعاصرة تعريضًا وبِحَذرٍ شَديدٍ إلى أَنّ الزَّعامة والدَّولة بِالمَفهوم المُتداول والمعتمد هُما نسخةٌ عَلمانيّةٌ حديثةٌ مُعدّلة يُراد لها أَنْ تكون بديلة عن إِمامة الإمام المهدي المنتظر عَجّل اللهُ تعالى فَرَجَه الشَّريف ودولتِه، ويسعى المعرّضون بهذا القول إلى ترسيخ هذا الرأي في الذِّهن الشّيعي، ويَزيدون عليه ما يُفيد بـ(أَنّ لهذا اللّون مِن الزُّعَماء في هذه الدَّولة ما لِلإمام مِن وَلايَة مُطلَقَة في غَيبَة الإمام المهدي عجّل الله تعالى فَرَجَه الشَّريف)!

لقد صدر مثلُ هذا الرَّأي أو ما يقاربه كرارًا ومرارًا عن دوائر القِياس والاجتِهاد حيث شَرَّعَت وجود الزَّعامة والدَّولة في الشِّيعة بِضَرورة تَصريف الشُّئون الزَّمانِيّة وتنظيمها.. إِنَّه الرَّأي المُستَجِدّ والمُتقدّم الَّذي أَمْسَى واقعًا بصبغةٍ سياسيّةٍ فاقِعة اللّون وظاهرًا بديلاً عن إِمامة ودولة الإمام المَهدِي عجَّلَ الله تعالى فَرَجَهُ الشَّريف!

ليس مِن شَكّ في أَنّ وَلايَة الأمر هي أَمانٌ مِن الفُرقة ونِظامٌ لِلملّة إنْ تَمثّلت في الإمام المعصوم، وتلك عَقِيدةٌ يُؤمن الشِّيعةُ بها ويَتناولون تفاصِيلها بناء على أُصُول المَعرِفة عندهم ويَنمُّون ثَقافاتَهم بها ويَمتَثِلون.

إذنْ، كيف يُعالَج قول القائلين بِأَنّ الواقع كاشِفُ عن إمكان تحقّق الزَّعامَة في غَير الإمام المَعصُوم وفي غَير مَرّة على ذات الصِّفة الخاصّة بِالإمام المعصوم والوُصول بها إلى المَقاصِد المرجوة مِن الظّهور المبارك؟.. ذلك يَستوجبُ البحث في مَعاني الأَمان مِن الفُرقة والسِّيادة لِنظام الملّة، مع القَطع بأَنّها لم تَتَحقّق في الواقع الخارجي على الرّغم مِن الإدراك الشِّيعي التَّامّ لِمَفهومي الزَّعامة والدَّولة المعاصرين ولِأَهمِّيتهما حَضاريًّا ولإِقدام اتِّجاهٍ مِن الشِّيعة على تَبنّي هذين المَفهومَين في صُورة مُقتَضى وضَرورة.

لم يُثبِت مفهوم الزَّعامة السَّائد في أَذهان الشِّيعة المعاصرين جَدارتَه بَعْد لدى الأَوساط الشِّيعِيّة ذات الرّؤية الأَصِيلة الثَّاقِبة والاجتهاد الرَّصين والعِلم التَّفصيلي بِمُعطيات الواقع المُجرّد مِن مُؤثّرات السِّياسة وضُغوطها حتّى!

إنَّ الزّعامة الحَدِيثة والمُعاصرة في مَقام العمل هِي على خِلاف معانيها في أُصُول المَعرِفة الشِّيعِيَّة وفي البيئة الثَّقافِيّة الأَصِيلة، وتُشكّل انتماءً خاصًا مُتحِيّزًا مُقيَّد اليدين بِأَصفاد الواقعِيّة السِّياسِيّة الحادَّة ومقتضياتها، وقد نَسَبت لِنَفسها صِفة الصَّانع الأَوّل لِكُلّ محاسن الثَّقافَة الأَصِيلة الّتي كانت سائدة في الشِّيعة منذ قرونٍ مِن الزَّمَن وقَبل ظُهور المفهوم المعاصر لِلزَّعامة والدّولة، واختَزَلَت كلَّ الآمال الشِّيعِيّة المغمورة بِالعَواطِف في مَوعُودٍ استوجبَ الاقتِرابُ منه والدَّعوة له بِالفَرَج العاجِل في مُتبنَّى تَأجِيل قِيمة (الانْتِظار) وتعطيل مفهومي (الوَلايَة والبَراءة) و(العِصْمة).

عند تَجرِيد معنى الزَّعامة الشِّيعِيّة المُعاصرة مِن خَلفِيّات المنشأ ومُعطيات النّشوء، ورَصْد خواصِه النَّظريّة والعَملِيّة، فهَل مِن اليُسر تمييز جهات الاختِلاف بينه والمعنى المعمول به في دول العالم؟

لا فرق مُمَيِّز بينهما مِن حيث الشَّكل العامّ والمَقاصِد والسِّيادة النِّسبيّة والرِّعاية لِمُستلزمات المُقتَضى والضَّرورة السِّياسِيَّين والتَّبرير المُطلق لِلمَنهج ولِلوَسائل ولِلأَدوات، ولا مِن تَميّز في الانفتاح على الثَّقافات

المُختلفة لِلمُجتمعات الشِّيعِية واحتِرام استِقلالها ورِعاية خُصوصِيّها. وتَبقى هذه التَّساؤلات مُشرَعة الأبواب مِن أَجل بلورة نَظريّة أُخرى في الزَّعامة تكون أَكثر عَدلاً واستقامةً واطمئنانًا، وأَقرب استِجابة لِمَفهوم (الانْتِظار) وتَفُاعلاً مع مَبدأ (الوَلايَة البَراءة). فيما تَظلّ الزَّعامة أمرًا مطلوبًا لِإشاعة الأَمان وتَجنّب الفُرقة، ولِبَسط النِّظام، وللدّوام في العمل على تَنمِية ثقافات المُجتَمع الشِّيعي، وإنْ كان إِيجادُ الزّعامة بالمفهوم الأَصِيل بحاجة ضَرورية إلى العِصمة والالتزام بِنَصّ المعصوم.

إنَّ الزَّعامة في الواقع الشِّيعي المُعاصر لم تَبلُغ حَدّ المفهوم الأَصِيل بَعد، كما أَنّها لم تَتَميّز بِخاصّة على المَفهوم السِّياسي السَّائد في السِّيرة التَّأريخيّة لِدُول العالَم، وإنَّما هي الأَكثر بُعدًا في جهتي العَدل الاجْتِماعي والرُّقِي بِالتَّنمِية الثَّقافِيّة لِلمُجتمع عند النَّظر فيهما إلى النَّتائج والمحصّلة. وما زالت هذه الزَّعامة قائمةً على الأمل في تَحقّق التَّوازن السِّياسي فحسب، ويُراد بها تَشكِيل البديل عن مَقام الإمامة المُقدّس انطلاقًا مِن عدم الإيمان الحقيقي بِوُجودِه وتَسخير وِجدانيّة (الانْتِظار) عند الشِيعة في تَصريف الشُّئون السِّياسِيّة لِلدّولة والحِزب والفِئة، وتَعزيز القُوّة الأُسْطورِيّة لِمَصدر القرار الأَعْلى (الوَلِي). وكُشِف أَنَّ كلّ الّذين اشتَغلوا بهذا اللَّون مِن الزَّعامة انصرفوا بالعمل السِّياسي عن الفكرة في تَنمِية الثَّقافة الأَصِيلة وفقدوا الثِّقة بها حيث لا تَروق لهم أُصُولها ولا تَتماهى متونها فيما انصرفوا إليه.

إنّ انقلابًا مُبطّنًا أو مستَتِرًا على أَصُول المَعرِفة الشِّيعِيّة والثَّقافة النَّاشِئة عنها قد وَقَع بِالفعل، وهُما (الأُصُول والثَّقافَة) اللَّذان حافظا على بَقاء الوُجُود الشِّيعي مستقرًّا لِقرون عديدة مِن الزَّمن مِن دون الحاجة إلى الزَّعامَة حيث لا يُخشى على الشِّيعة في كلّ الأزمنة مِن انعدام الزَّعامة بالمفهوم الحديث والمعاصر ومِن سِيادة نُظم الدَّولة المُستَبِدّة ومبادئ التَّعصّب الحِزبي والفِئوي.

لقد ظَلّ الالتزام بِمَفاهِيم (الانْتِظار) و(العِصْمة) و(التَّقِيّة) و(الوَلايَة والبَراءة) عاصِمًا لِلشّيعة مِن الفُرقة والزَّوال والضَّعف في عالَم يتّجه صوب الفوضى الفِكريّة بما يُسمّى بفلسفة (مَا بَعْدَ الحَدَاثَة) وحُكم القُوّة على الطَّريقة النَّازِيّة و(السُّوبَرمان). وبَقِي (الانْتِظارُ) و(التَّقِيَّة) و(الوَلايَة والبَراءة) و(العِصْمة) مِن أَهمّ المفاهيم الرَّصِينة المُعتمد عليها ثقافيًّا في صِيانة هُوِيّة الشِّيعة ووجودهم وتَنمِية ثقافاتهم مِثلما صانَت هذا الوُجود في مرحلة ما بين مرحلة (الخِلافَة) حيث أُقصي عَلِيٌّ أَمير المؤمنين صَلواتُ الله وسَلامُه عليه عن مَرتَبَته ـ والمرحلة الرّآهنة المعروفة بما يُسمّى فلسفة (الحَدَاثَة) حيث يَقود حُكمُ العَقلِ النَّظري والتَجرِيبي التَّأريخ الحديث والمعاصر.

رُبَّ قائلٍ يَقول: أَنَّ وَلايَةَ الفَقِيه العامّة وتَقلِيد المراجع يَكفِيان الشِّيعة في بَسْط النِّظام والاستِمرار في تَنمِية الثَّقافة وإِشاعة الحُجّة العِلميّة بما يُنجِّي الشِّيعة مِن المكائد الخَطيرة الكُبرى الّتي تَعتَرِض مسيرتهم أَو تقف في طريقهم ضِدا، وأَمّا الزَّعامة والدَّولة والحِزب والفِئة بِمَفهومها الحديث المعاصر فهِي محتاجة إلى رُؤية أَعلى شأنًا ومقامًا وحجّة وكفاءة تُنجِّيها والمجتمع مِن الوُقوع في إِسار السِّياسة وتُقرِّبها مِن عَقِيدة (الانْتِظار) السَّامِية الأَصِيلة!

إنَّ ذلك القول يقودُ إلى التَّساؤل: هل أَنّ وَلايَة الفقِيه وتَقلِيد المراجِع صمام الأمان وضَمانة لِبَقاء التَّشَيّع، وهَلْ يُمكننا الجزم بأَنَّ الزّعامة والدَّولة ضَرورة عصرِيّة، وما هِي الرُّؤية البديلة الأعلى شأنًا ومقامًا ومنزلةً مِن هذه الضَّرورة؟!

ما فتِئ اتَّجاهٌ مِن الشِّيعة يسعى إلى إقامة الدَّولة الشِّيعِيّة وإلى جَعلِها الهدف الأَعلى والأَسْمى وأَقصى ما يُمكن انْجازه على طريق التَّمهِيد لِلظُّهور المبارك، ويَرى أَنّ الشِّيعَة مِن دون دولة وزَعِيم علامَةٌ مِن علامات التَّخَلُّف في الرُّؤية والنَّقص في الاجتهاد والضَّعف في تَسخِير نِعَم الله عَزَّ وَجَلَّ، وعلامةٌ مِن علامات الضَّعف في صِيانة التَّنمِية الثَّقافِيّة في الوَسط الشِّيعي،

وأَنّ الوقائع قد أَثْبَتت بما لا يَدع مجالاً لِلشَّكّ أَنّ عِزّ الشِّيعة لا يُنال إلّا بالدَّولة الشِّيعِيّة العادلة الخالصة، وأَنَّ الظّهور المبارك موقوتٌ بِدَولةٍ عصريّةٍ عُظمى مِن صُنعِ أَيدي الشِّيعة ونِضالهم وتَضحِياتهم.. دولةٌ متقدّمةٌ حضارِيًّا تَرْقَى بِالعَقل والكَشْف والمِثال، ولا بُدّ مِن الاجتِهاد والسَّعي الحَثِيث إلى تَعجيل قيامها قَبل الظُّهور!

يَبدو أَنّ الدَّولة المُمَهِّدة في هذه الآمال تَتأَوّلُ آيات القُران الكريم وتَحتجُّ بها على الإِمام المهدي عَجَّلَ اللهُ تعالى فَرَجه الشَّريف. فَفِي مطلع البعثة النَّبَوِيَّة تَحول النّاس مِن مشركين إلى مُسلمين، ثُمّ تَحوّلوا مِن بَعْد اغتِيال النَّبِيّ صَلَّى الله عليه وآله إلى مُتأوِّلين لِلدِّين. واستمرّوا على ذلك وما زالوا بإزاء التَّصور الحديث المعاصر القائل بـ(أَنّ الزَّمَن يَتقدّم في دورة عِلْميّة تَصاعُدِيّة باتّجاه الكمال المُطلَق بالتَّوازي مع النُّموّ المُطّرد لِلعَقل والوِجدان وإرادة الاختيار (الوَاعِي) إلى ما هو أَفْضَل وأَصحّ في العقيدة والنِّظام) مِن المُؤمنين.

وكُلّما تَقدّم الزَّمَنُ تقدم النَّاسُ بالضَّرُورَة في عُقولهم ومشاعرهم وفي صَلابة إرِاداتهم واقتربوا بِالتَّدرّج مِن دولة العدل الاجتماعي إِذْ لا مناص مِن وُجودِها. فيما تَكشِفُ الرِّوايَةُ الصّادرة عن الإمام الصَّادق صَلواتُ الله وسَلامُه عليه أَنَّ النَّاس في رَكْبٍ يَسير بِهم إلى مَنهج التَّأوِيل مُستقِلّين، وتُظهِر الرِّواية أَنّ مِن أَصْل هذا اللّون مِن التَّأويل برزت فِيهم فكرةُ تَأسِيس الدّول.

إنّها رِوايةٌ ذهبِيّة كاشفة عن أَنَّ النّاس يَتغيّرون فيَنحدِرون ويَتنزَّلُون ولا يَتدَرَّجون، وأَنَّهم عند أَوّل الرِّسالة لَيسُوا مِثل النّاس في أَواخر الزَّمان، حيث نَصّت على (أَنّ رَسولَ الله صَلَّى الله عليه وآله أَتى النَّاس وهُم يعبدون الحِجارة والصُّخور والعِيدان والخَشب المنحوتة، وإِنَّ قائمنا إذا قام أَتَى النَّاس وكُلّهم يَتأَوّل عليه كِتاب الله، يَحتجّ عليه به.. أَما والله لَيدخلّن عليهم عَدلَه جَوف بُيوتهم كما يدخل الحرُّ والقرُّ).

فلَو افترضنا جدلاً أَنّ الدَّولةَ الشِّيعِيّة المُمهِّدة لِلظّهور المبارك قد أُقِيمت

في هذا العَصر فإنَّها ستَتَدرَّج بإيمان النّاس وتَرقى بهم حتَّى يلحقوا بالإمام المهدي المُنَتظر عَجَّلَ الله تعالى فَرَجَه الشّريف وليس التَّنَزّل أو الانحطاط بِهم فيَتأوّلوا عليه كِتاب الله ويَحتجّوا عليه به!

إنَّ السَّعي إلى إقامة الدّولة تَمهيدًا لِلظّهور المبارك هو مِن الآمال القابلة لِلمُراجعة عند أَهل العِلم والمجتهدِين فيه، وأَنّ السَّعي مِن أَجل إقامة العَدْل الاجْتِماعي بِالدّولة في النَّاس قبل الظُّهور المبارك يختلف عن العمل مِن أَجْلِ التَّمهِيد لِلظّهور شكلاً ومضمونًا.

فقُلْ ما شِئت في ضَرورة العمل مِن أَجْل تَأسِيس الدّولة الكَريمة، فلَرُبَما تستطيع أنْ تُحقّق بها العدل الاجتماعي النِّسْبِي إلى حين، ورُبَما لَن تَستطيع إلى ذلك سبيلاً فيَنتهي بك الحالُ إلى تَنمِية الدَّولة المستبدّة الرّاعية لِلقَرصَنة السِّياسيّة بِعنوان العدل. وأَمّا القول بإقامة الدَّولة العادِلة المُمَهّدة لِلظّهور المبارك فَهُو مُتاحٌ بِالإمكان النَّظري وليس متاحًا بالإمكان العَملي وذلك لِقُصور القابل، ولا مِن أَحدٍ يضمن بقاء العَدل في طُول الزَّمَن على حسب ما عِند الشِّيعة مِن الثَّقافَة والتَّجرِبة التَّأريخِيّة والحديثة والمعاصرة.

ولا نعلم شيئًا عن طول المُدّة الزَّمَنِيّة الفاصِلة بيننا وظُهور ثَقافة كُوفَة (البَتْرِيّة) المُعادية لِلظّهور المبارك. وإلى حِين ظُهور هذه الثَّقافة ستَدخل دَولةُ التَّمهِيد (البَدِيلَة) التي نَدّعي اليوم النِّضال مِن أَجْل تَشيِيدها أَو الرُّقِيّ بها طورَ الكمال العَقْلي وقد ذاع صِيتُ ثقافتها في الآفاق. فيما تُنْبِئ الرِّواية المباركة المذكورة بِانتكاسةٍ ستَقع في ناسِ آخرِ الزَّمان وليس بِالكمال!

ويَقول الإمام الصّادق صَلواتُ الله وسَلامُه عليه في رِاوية أُخرى: (إنَّ قائمنا إذا قام استَقبَل مِن جَهل النَّاس أَشَدّ مِمّا استقبله رَسُول الله مِن جُهّال الجاهِلِيّة)!

يَظهر أَنّ صِفة الانحدار الثَّقافي والاجْتِماعي في طُول التَّأريخ الإسلامي قائمةٌ فاعلةٌ حتّى تَصل بالنّاس إلى عَهد الظُّهور المبارك وتُواجه الإمام

المهدي عَجَّلَ اللهُ تعالى فَرَجَهُ الشَّريف حيث يَتأَوّل النَّاسُ على الحُجَّة عَجَّل الله تَعالى فَرَجَه الشَّريف. فأَيُّ لونٍ مِن أَلوان الانحِدار هذا الّذي سيَحِلّ بِمُجتمع الشِّيعة في هذا العَصر وهُم في مُعترك النِّضال المَرجِعِي والحِزبي والفِئوي الذي يَعتَقِد بإمكان إِقامة الدَّولة العادِلة المُمهِّدة ويُؤمن بِحَتمِيّة تقدّمها وبُلوغها حَدّ الكمال ويَنفي إِمكان أنْ تَطرأ الانتكاسةُ والانحدارُ والانحطاطُ عليها حتّى حين مَوعِد الظُّهور المباركِ؟!

يَظلّ هذا الاستِفهام مُقلِقًا، وتكمُن فيه ظاهرةٌ نقديّةٌ صائبةٌ مُلفتة وفي مَحَلِّ إثارة مستمرّة كُلّما تَقدَّمَت ثقافةُ الشِّيعة وأَصبح بالإمكان تَداوُل أُصُول المعرفة وإِدراك معانيها. وبإزاء ذلك نَظنُّ أَنَّ الثَّقافة الشِّيعِيّة المعاصرة بِأَمَسّ الحاجة إلى المزيد مِن التَّفاعُل في إِطار النَّصّ والمَزيد مِن المفاهيم الصَّحِيحَة عند خوض التَّجربة السِّياسِيّة المعاصرة، ولا يُستبعد أَنْ يكون إِجراءُ حَجْب الانْتِماءات الحِزبيَّة والفِئويّة لِلثِّقَة في الثَّقافَة الشِّيعيّة الأَصِيلة وتَشغِيل منهج (الشَّكِّ والتَّشْطِيب والتَّأمِيم) هو مِن المقدّمات الضَّروريّة لِتَعطيل التَّفاعُل الشِّيعي مع ثَقافَتِه الأصيلة والتَمهِيد لِتَشريع النِّضال لِإقامة ما يُسمى بِدَولة (العَدْلِ الإِلهِي).

ولا نُجانِب الحقيقة حِين نقول أَنَّ دولة العَدلِ الاجْتِماعي الواردة في أُصُول المَعرِفة الشِّيعِيّة لم تَتَحقَّق بعد، ولم يَدَّعِ أَحدٌ وُجودها على وَجْه الحَقِيقة وإِنّما هي مِن المُقارَبات!

إِذَنْ، ما بال دولة العدل المُمهِّدة لِلظّهور المبارك لا تَقوم لها قائمة، وهَلْ مِن المُمكن إِيجادها أَم أَنَّها مِن (الوَاجِب) الّذي لا يَقوم إِلّا بِأَمرٍ مِن واجِب الوُجود وبِإذنه في الظّهور المباركِ؟!

حَرِيّ أَنْ يُستفهم في هذا المقام: هَلِ الشِّيعة مِن دون دولة العَدْل الّتي تَخصّهم يُشكِّل مظهرًا مِن مظاهر (التَّخَلُّف) و(اللّاوَعْي) الكاشف عن ضَعف اجتهادهم في أُصُول المعرفة ومَنهج تَنمِية الثَّقافة؟!

إنّ الإنسان الشِّيعي مؤمنٌ عزيزٌ مُتمكِّن بِمَودّته لِأَهْل البيت صَلواتُ الله وسَلامُه عليهم إِذْ هُم وِجدانُه والمصدر الملازم حين يَقوم لِلرَّفْض المُستقلّ ولِلرُّقِي ولِلتَّحضّر. وما اجتماع وُعّاظ اتِّجاه أَهل العامّة وأَحزابه خَلف دُولهم المُستَبِدّة لِتَسعِير نار الحرب على التَّشَيُّع في طُول التَّأريخ إلّا دليلاً دامغًا على وجود اليَقين بِدَوام رُقِي الشِّيعي في كلِّ الظُّروف ومِن دون زَعامة ولا دَولة تَخصُّه.

فمِن عادة هؤلاء الوُعّاظ والأحزاب وحكوماتهم العمل على غَرس الشُّعور بِالنَّقص والحقارة والدُّونيّة في البيئة الثَّقافيّة والاجْتماعِيّة الشِّيعيّة، وذلك لِعْلِمهم القاطع بِوُجود النَّقِيض المضَادّ لهذا الشُّعور في المُجتمع الشِّيعي حيث يَسمو بِه ويَرقى في كُلّ الأَحْوال. وأَنّ أَوّل مَن اعترف بِوُجود (التَّخَلُّف) و(اللّاوَعْي) في مُجتمعاتِه مِن دُون مُجتمعات الشِّيعة هُم وُعّاظُ اتِّجاهِ أَهْلِ العامّة وأَحزابهم فلَم يَكن مِن سَبِيلٍ مُنقذٍ إلّا التَّمَسّك بِأَذيال السِّياسة واتِّخاذها درعا لِلبَقاء، في حِين أَنّ مُجتمعات الشِّيعة لم تكن تَعيش (التَّخَلُّف) و(اللّاوَعْي) المدَّعى. وأَنَّ المُبالغةَ في استِعمال الفِكر الحِزبي والفِئوي الشِّيعي المُعاصر لِمُفردَتي (التَّخَلُّف) و(اللّاوَعْي) في وَصْف مُجتمعات الشِّيعة ما كان إلّا التِقاطًا حَشويًّا عن فِكر وِعّاظ اتِّجاه العامّة وأَحزابه وتَنطُّعًا بِمُفردات هذا الفِكر الذي لم يَكُن له مَعنى في الشِّيعة ولكِنْ (حَشْرٌ حِزْبِيٌّ وفِئوِيٌّ مَعَ النَّاس عِيد)!

إنَّ مُداومةَ وُعّاظ اتِّجاه أَهْل العامّة وزُعمائه وأَحزابِه وحكوماتِه على التَشْكِيك في أَهلِيَّة الشِّيعة وكَفاءتهم وَجدارتهم في إِدارة الشُّئون العامّة يُمثِّلُ انعكاسًا لِيَقينِهم وعِلمِهم القاطع بِإحراز الشِّيعة لِكُلّ مقوّمات التَّفوّق الثَّقافي الأَصِيل القابل لِتَأسِيس دَولةٍ شِيعيّةٍ عُظمى والرُّقِي بِسياسّاتها إلى أَحسن حال وأَجمل وأَكمل مِمّا قدّمه هُؤلاء الوعّاظ والأَحزابُ والحكومات مِن سِيرة تَأريخيَّة دَمويّة مُفزِعة ومُروّعة ومُرهِبة في الحُكم مُنذ يَوم الانقلاب على الأعقاب.

إنَّ المبالَغة في استعمال سِياسة الفَصل الطَّائفي والإفراط في إِزاحة الشِّيعة وإِقصائهم عن المُشارَكة في إِدارة شُئون الدَّولة هو إِجراءٌ ظالمٌ مُستبدٌّ يكادُ يَكون مُوحّد المنهج بين وُعّاظ اتِّجاه أَهْلِ العامّة وأَحزابه وحكوماته كافَّة مُنذ يوم السَّقِيفة.. يَتآمَرُون سِياسِيًا على بَعضِهم ويَستخدِمون أَشَدّ الأسلحة فتكًا لِحَسم نِزاعاتهم البَينِيَّة، ولكِنّ نصب العداء والكَراهيّة والازدراء لِلشّيعة والتَّشكِيك في كَمالِهم العَقْلي والنَّفْسي يَجمعُهم ويُوحّدهم في كُلّ الظّروف.

إنَّ في العُمق الشِّيعي الأَصِيل استعدادًا لإِحراز التَّفوّق حين البَذل والعطاء، وإنَّ مِن شَأن الشِّيعة القِدرة على تَخطِّي التَّحدِّيات الّتي تَعترِض مَسيرتِهم في التَّنمِية الثَّقافيّة، وإنَّ مِن شأن الشِّيعة التَّفاعل مع شُئون العَصر مِن غير التَّخَلِّي عن الأَصالة. وعندما نَظر وُعّاظُ اتّجاه أَهْلِ العامّة وأَحزابُه وحكوماتُه في الفِكر الاجْتِماعي ووَصَفوا أُمَّتهم بِـ(التَّخَلُّف) و(اللّاوّعْي) لم يُدرِجوا الشِّيعةَ في قائمة هذا الوَصْف وإِنَّما جَعلوهم أُمّةً أُخرى مُختلفة لا شأن لها بالنِّضال الثَّقافي والاجْتِماعي لِرَفع (التَّخَلُّف) و(اللّاوَعْي)، وأَنّ الذي بادَر إلى وَصْف الشِّيعة بِـ(التَّخَلُّف) و(اللّاوَعْي) هُم مُفكّرو الالتِقاط الحِزبِي والفِئوي الشِّيعي الّذين أُصِيبوا بالزُّكام عندما عَطَس وُعّاظُ اتِّجاه أَهْل العامّة وأَحزابُه وحكوماتُه فقَلَّدوهم حذو النَّعل بِالنَّعل!

إنَّ لدى الشِّيعي مِن القدرات الوِجدانِيّة ما يغيظ وُعّاظَ اتِّجاه أَهْلِ العامّة وأَحزابه وحكوماته ويُبطل كَيدَهُم. ومُنذُ متَى تَوقَّفَت حَربُهم على الشِّيعة؟! إِنَّها نارٌ مُستعرةٌ سرًّا وعلانِية منذ يوم السَّقِيفة فلَمْ تَزد في الشِّيعة إلّا تَصمِيمًا على التَّحدِّي العاقِل (الوَاعِي).. ما تَعرّض له الشِّيعةُ مِن مؤامرات الإقصاء والعزل والفصل الطّائفيّ والمجازر التي هَدَّدت هُويَّتهم ووُجودَهم في أَكثر مِن 1400عامًا لم تتعرَّض لِمثلِه أُمّةٌ في التَّأريخ إلّا وساخت وتَلاشَى وُجودُها، وبَقِي الشِّيعةُ، فهَلْ ذلك يُشكِّل دليلا على تَخلُّفِهم ولاوَعْيِهم؟!

لا مَثِيل لِلتَّحدِّي الشِّيعي بين الأَديان والمَذاهِب والفِرق.. يَحكمُ وُعّاظُ

اتِّجاه أَهْل العامّة وأَحزابُه وحكوماتُه ويَلعَنُ كُلُّ واحِدٍ مِنهم الآخر ويَسفِك الدَّماء ويَهتِك الأَعراض ويَسبِي ويَستَعبِد ويَنفِي، ويَبقى التَّشَيُّع أُمّةً حَيويَّةً راسخةَ الأَقدام عندما يَجتَمِعون عليه.. التَّشَيُّع لا يُقاس أَبدًا بِدَولةٍ قائمةٍ أَو زائلةٍ لِلشِّيعة أو بِزَعيم يُنصّب مِن قبل فِئةٍ منهم ولا بِمَرجِعيّة هنا وهناك حتّى. وأَمّا عوامل الشُّعور بِالنَّقص التي يُكرِّسها وُعّاظُ اتِّجاه أَهْل العامّة وزعماؤه وأَحزابه وحكوماته في مُجتَمعات الشِّيعة فإِنَّها لم تَأتِ بِنَصر عَزيزٍ لهذا الاتِّجاه ولا بِدَولة كَرِيمة ولا بِثَقافَة أَصِيلة، وإِنَّما صارت وبالاً عليهم حتّى أَدرك أَتْباعُهم بِحُكم الواقع والتَّجربة أَنَّ التَّعايش المُجرَّدَ مِن شَوائب السِّياسة على الطَّريقة البَحرانيّة الشِّيعِيّة الأَصيلة أَمرٌ لا بُدّ مِن تَبنِّيه والسَّير على هُداه إِذْ هو الخِيارُ الأَفضل لِلمُجتَمعات المُسلِمة كافّة.

يُعزَلُ الشِّيعةُ عربيًّا وإِسلاميًّا، ويُقصون بِالبُهتان وبافتراء الكَذِب عليهم. وكُلّما استَجدّ خرابٌ أَو فسادٌ أو هزيمةٌ أو نَكسة أَو أَزمة في دِين أَو دُنيا لدى وُعّاظ اتّجاه أَهْل العامّة وأَرادوا صَرفَ أَنظار مُجتمعاتِهم عن أَسبابِها الحَقِيقِيّة فِي عَقِيدتِهِم وشَرِيعتِهم وأَخلاقهم؛ بادروا إِلى اتِّهام الشِّيعة بارتكابِها ووَصَفُوهم بِالتَّبعِيّة مَرّةً وبِالعَمالة والتّآمر مَرّة أُخرى.

إِنَّهم يَخشون قِيام الدَّولة الشِّيعيّة ويَعلمون عِلْم اليَقين أَنَّ قُرب هُوِيّة هذه الدَّولة مِن التَّشَيُّع أَو بُعدها عنه فهِي لَيْست مِن أَعمِدة وُجود الشِّيعة ولا مِن عوامل بقائهم ولا مِن لَوازم مَشروعهم في التَّنمِيّة الثَّقافِية والاجْتماعيّة الَّذي يَحظى بِالأَولوِيّة في سِيرتهم وصَيرورَتِهم. فالدَّولةُ عند الشِّيعة لا تُعادل قيمتها (عَفطَة عَنْز) إِنْ لم تُقم حقًا وتدحض باطلاً وتأمر بالمعروف وتَنْهى عن المنكر امتثالاً لِأُصول المعرفة عندهم ولَيْس خُضوعًا لِقَواعد اللُّعبة السِّياسيّة ومُقتضياتِها.

يَجتمِعون لِسَلب الشِّيعة مَحاسنهم الثَّقافِيّة، ويَجتمعون لِطَمْس دور الشِّيعة التّأريخي في القضايا الكُبرى، ويُبالِغون في افتراء تُهمَتَي التَّبعِيّة

والعَمالة وينسبونهما إلى الشِّيعة زورًا وظلمًا وعُلوّا، ويتّخِذون مِن التُّهم المختَلَقة ذَريعةً لإقصاء الشِّيعة عن كُلّ مجالات الحياة وإنْ اعتنقوا معهم فكرًا جامعًا مِثل الفِكر القَومِي واليَساري الأُمَمِي أَو فِكر الدَّولة الدِّيمقراطيّة أَو الوَطنِيّة. أَلا يَعلمون أَنّهم بِذَلك يَفضَحون ما يَختزِنُون في سِيرتهم مِمّا يُدان عقديًّا وتَشريعِيًّا وأَخلاقِيًّا؟!

إنَّ العالَم قد دَخل عَصر مَناهِج البَحث الدَّقِيقة وعهد شَبكات التَّواصل الاجْتماعي ذات التِّقنية المُتطوِّرة والتَّدفّق السَّريع والواسِع لِلمَعارف، وأَصبحَت السِّيرة التَّأرِيخِيّة الحَقيقِيَّة والهُوِيّة العَقديّة لِلشِّيعة والتَّشَيُّع مَعلومتَين بِدِقّة لِمَن أَراد الاطِّلاع عليها، وصار بِمَقدور أَيّ إِنسان باحثٍ عن الحقائق أَنْ يَستحضِر أُصُول المَعرِفَة الشِّيعِيّة ويقرأ مدوّناتها ويَتعرّف على الثَّقافة النَّاشِئة عليها بِلا نصب ولا تَعب. فيما وُعّاظ اتِّجاه أَهْل العامّة وأَحزابه وحكوماته تَمتَنِع مِن مُغادرة كَهف الأُصول الدَّموِيَّة والمدوّنات الموضُوعة الذي تَقبَع فيه مَخافة مواجهة الحقيقة.

إنَّ المَوقِف السَّلبي لِوعّاظ اتِّجاه أَهْلِ العامّة وأَحزابِه وحكوماتِه مِن الشِّيعة والتَّشَيُّع كَمَثل الماركِسِيِّين المُعاصِرين الّذين تَغنّوا بِمَفاهيم العدالة الاجتِماعِيّة وصاروا عند أَتْباعهم مَصدر إِلهام لِلفُقراء والطَّبقات المَسحُوقة، ثُمّ تَحوّلوا فُجأة إلى النَّقِيض المُستَبِدّ على أَثر رُكوبهم زَعامة الدَّولة بعد نَجاح الثَّورة حيث تَعطَّلَت في الزَّعامة آلةُ التَّفكِير الحُرّ وتَجمّدت النَّظرِيَّةُ وتَصلَّب المنهجُ وصارت المَارِكْسِيّة والماركسِيُّون في أَمَسّ الحاجة إلى بُعد فلسفيّ إنسانيّ إضافي يروّضهما ويُصلِحهما. وحينما سنَحَت الفرصة لِبَعض المُفكِّرين الماركْسِيِّين مِمَّن استَقَلّ عن ضَغط السِّياسة والدَّولة فدعا إلى استِدراك الأَمر والإسراع في إِنتاج مفاهيم إنسانِيّة جَديدة وإِضافتها إلى النَّظرِيّة الماركْسِيّة والدَّولة معا حتَّى يَستقِيما؛ صَنّفَتهم أَجهزةُ الحزب في الدَّولة الماركْسِيّة في قائمة المُعادِين لِلنَّظرية ورُموزها والمتَنكِّرين لِتَأريخها النِّضالِي فَطارَدتهم واغتَالَتْهم.

لقد تَعرّضَ وُعّاظُ اتِّجاه أَهْل العامّة وأَحزابُه وحُكوماتُه لِنُقود لاذِعة مِن قِبَل بعض المُفكرّين المُسلِمين المُستقِلّين مِثلما تَعرَّضَت مارْكِسِيّةُ مُوسكو لِنُقود مُفكّري الأَحزاب المارْكْسِيّة المُستقلّة في فَرَنْسا وأَلمانيا وبِلادٍ أُخرى إذْ وَصَفوا مارْكْسِيّة مُوسكو بِمارْكْسِيّة (السِّياسة والدَّولة) بِزَعامة لِينين وستالِين واتَّهموهُما بِمُمارسة العُنف المفرط والواسع غير المُبرّر والتَّجرّد مِن الإنْسانِيّة والانْحراف عن المنهج ونَظرِيّة المعرفة في المادِيّة الجَدلِيّة والمادِّيّة التَّأرِيخيّة والاستِسلام لِمُقتضيات وضَرورات السِّياسة. فَرَدّ الحِزبُ الشُّيوعي السُّوفيتي في إِثر ذلك بِتَنشِيط آلة القَمع المُسلح في خارج البلاد، وأَصدر أَوامِرَه بإِسقاط عُضُويّة الانْتِماء لِكُلّ مُفكِّر مارْكْسِيّ ناقِد لِمَارْكسِيّة مُوسكو، حتَّى رَضَخَت الأَحزابُ في الخارج لِهَذه الأَوامِر ووَجَّهَت اتِّهامًا مُباشرًا لِلنَّاقِدين بِالعَمَالة ثُمّ أَسقَطت عضويّة انْتِمائهم وشَكَّلت فِرقًا مُسلَّحةً تَجوب بِلاد العالَم لِمُطاردتهم واغتِيالهم.

لم يُنصِف الحِزبِيُّون والفِئويُّون الشِّيعة مُجتمعاتِهم حين وَصَفُوها بِـ (المَتخَلِّفَة) و(اللّاواعِية) وحَجَبوا الثِّقة عن ثَقافَتِها الأَصِيلة مُماثَلةً مِنهم لِمُجتمعات اتَّجاه أَهْل العامّة وبيئتها الثَّقافِيّة، وظَنّوا أَنّ المُنقِذ لِلمُجتَمع الشِّيعي مِن (التَّخَلُّف) و(اللّاوَعْي) المُدّعى يَأتِي بِكَسر طَوق العُزلة وتَعطِيل (التَّقِيّة) وتَحريره مِن قيد (الانْتِظار) و(الوَلايَة والبَراءة) و(العِصمة) والمبادرة إلى خَوضِ غِمار السِّياسَة تحت ظِلّ الزَّعامَات الحِزبِيّة والفِئويّة حصرًا وعلى طَريقة أَحزاب اتِّجاه العامّة الّتي استَغفَلَت أَتْباعها وانضَوت تَحت عباءة الوَلاء المُنافِق لِنُظم الاستِبداد والاستِعمار لَعَلّها تَنفَرِد مِن دون الشِّيعة بِشَيء مِن فتات السُّلطة في حُدود دولٍ مُستعمَرة بائسة لا حَولَ لها ولا قُوّة.

وبِإزاء أَحزاب اتِّجاه أَهْل العامّة وأَحزابهم خاض نَفرٌ مِن الشِّيعة في السِّياسة بِنَوايا حَسنة فلَمْ تَزدِهم إلّا بعدًا وشِقاءً وبرمًا، حتّى اضطرّ في نهاية المطاف إلى الانْسِلاخ مِن ثَقافَتِه الأَصِيلة لِمَصلحة يراها ضَرورة سَياسِيّة.

وآخر دعوى هذا النّفر مِن المُثقّفين هو تَجريد سِيرة أَهْل البيت صَلواتُ الله وسَلامُه عليهم مِن بُعدها المِثالي الغَيبي المُقدّس الذي يحضّ على المَودّة لهم ويُؤكّد على المُوالاة لإمامَتِهم والإيمان بِعِصمَتهم، والمبالغة في وَصْف السِّيرة بـ (الوَقائع التَّأريخِيَّة) المَنسوبَة إلى فِعل الاجتِهاد المَحْض، وراح يُقايس ثَقافة مُجتمعات الشِّيعة بِثَقافة مُجتمعات اتِّجاه أَهْل العامّة في مُحاولة يائسة منه لاستِنهاض شِيعة مُوطِنه والزَّجّ بِهم في حَركة سِياسِيّة مُشتَركة أو تَنافُسِيّة وفي سِباق حَمِيم معهم على المَودّة لِأَنظمة الحُكم المُستَبِدة وكسب ثِقَتها وعَقد تحالف معها.

بَدا مفهوم الدَّولة عند هذا اللّون مِن النَّفر الشِّيعي قِمّةً منشودةً يُرجى بها تَحقّق السّعادة وسِيادة نظام الأَمان ويُطلَب بها التَّمهِيد الجادّ لِقيام دولة الإِمام المهدي المُنتظر عَجّلَ الله تعالى فرَجَه الشَّريف، وكأَنّ (الانْتِظار) عند هذا النَّفَر وَعدٌ سَياسيٌّ وأَمل في ظُهور زعامة سِياسِيّة غائبة، وأَنَّ الدّولة المُمهّدة بهذا الوعد السِّياسي هي أَسْمى مِن (الانْتِظار). فإنْ وُجِدت هذه الدَّولة فهي الدَّولة الكريمة المَشروطة بـ (الانتِظار) وهي المَوضوع البَدِيل عنه!

إنَّ سعادة الشِّيعة تَتجَلّى في مثابرتهم على استِكمال مَسِيرة أَهل البَيت صَلواتُ الله وسَلامُه عليهم ما استطاعوا إلى ذلك سبيلا، حتّى يأذن اللهُ عَزَّ وَجَلَّ بِالظُّهور المبارك. وما كان تأسِيس الدَّولة في ثَقافة الشِّيعة الأَوّلين إلّا هامِشًا خاضعًا لِلنِّقاش ولِلجَدل إذ يُجيزه نَفَرٌ مِن فقهاء الشِّيعة على نظريّة خاصَّة بهم. وإنَّ التَّشَيُّع أَسمى مِن نَظريّة سِياسيّة في قِيام دولة وإنْ حَقَّقَت الدَّولةُ هذه ضَمان بقائها في مُقابِل رُؤية الإيمان والتَّسلِيم لِمَفهوم الدَّولة المَهدويّة في ثَقافَة (الانْتِظار).

لا تُقاس الدَّولة الشِّيعيّة في التَّأريخ والحاضر والمُستقبل بِدَولة الإمام المَهدِي عَجَّل اللهُ تعالى فَرَجَه الشَّريف.. تصحّ مُقايَسة هذه الدَّولة بِأَيّ شَكلٍ مِن أَشكال الدُّول القائمة على النُّظمِ والقَوانِين القابلة لِلتَّنمِية على حَسبَ

مَعايير النِّظام الدُّولي، لكنّها مُنفرِدة أَو مُجتمعة لَيست هي الأَمَل الكَبير الّذي يَدفَع الشِّيعةَ نَحو الكمال بين القُرون مِن الزَّمَن.

ولو جازت مُقايسة الشِّيعة بِمَذاهب وفِرق اتِّجاه أَهْلِ العامّة سِياسيًّا، وصَحّ القول بِواجِب التَّدافع أو التَّنافس بين الشِّيعة وهذه المذاهب والفِرق على قاعدة (النِّدِّ لِلنِّدّ) و(النَّظِير لِلنَّظِير) و(الكُفء لِلكُفء) و(القَرين لِلقَرين) لِرَفَعَ التَّشَيُّع الأَغلال الّتي كانت على اتِّجاه أَهْلِ العامّة ومذاهبِهِ وفِرقه ووَضَعَ عنهم إِصْرهم تحت ظِلال راية التَّعايُش.

المهمّ في حركة الشِّيعة نَحو الكمال في عَهد الغَيْبَة الكُبرى هو السُّمو بِثَقافاتهم على طِبق أُصُول المعرفة الشِّيعِيّة المعلومة. فالثَّقافةُ هي عامل النُّمو والبقاء والسُّموّ والتَّدرّج نحو الكمال، وبها تَتَحقّق السَّعادة بِنِسبِيّتها، وأَمَّا السِّياسة فهي فَنٌّ في التَّدبير يَغدُو ويَغِيب، وما كانت (السِّياسة) الّتي استَقطَبَ الانتماء الحِزبِي والفِئوي مُجتمعاتِ الشِّيعة إليها تَحت لافِتَة الانعِتاق مِن (التَّخَلُّف) و(اللّاوَعْي) إلّا استدراجًا إلى (التَّخَلُّف) و(اللّاوَعَي).

ـ وَلايَةُ المُقتَضى المَعْدُوم

انتَهى كبارُ العُلماء مِن الشِّيعة إلى الكشف عن مصادر التَّشريع على مراحل مُتدرِّجة. وكان مِن أَعمدة هذا البحث كُلٌّ مِن الشَّيخ الكُليني والصَدوق والشَّيخ المُفيد والسَّيد المُرتضى والشَيخ الطُّوسِي والشَّيخ ابن إِدريس الحِلّي. فشَكّل العقلُ في أُصُول الكشف عن الأَحكام على حسب نَظر الأُصُوليّين أَداةً لاستِثارة الأذهان، ثُمّ صار محلاً لِلمُناظرات والمُساجلات العِلميّة حيث امتدّ الفِقه والاجتهاد إلى أَعلى المراتب والمَقامات متجاوزًا بذلك قول القائلين بالانْسِداد والوقف الفقهي بِحَدّ وَلايَةِ الفَقيهِ العامّة.

وفي إِثر ذلك فُكَّ الاستفهام الرّائج في مرحلة الحِيرة الّتي أَعقَبت وَقائع الغَيْبَة الكُبرى لِلإمام المَهدِي عَجّل اللهُ تعالى فَرَجه الشَّريف بِإزاء

تَحدِّي الفقه الاجتِهادي المُتقدّم عند اتِّجاه أَهْل العامّة ومذاهبه وفِرقه.

وعند نشوء أَوّل سُلطة البويهيين في عام 334هـ بِجنوب إِيران وغربها مِن بعد الغَيبَة الكُبرى بِخَمسةِ أَعوام بَرزَ التَّحدِّي الفِقهي الاجتِهادي الثَّاني المُحَفِّز على الخَوض في النَّظرِيَّات العِلميّة المُتعلِّقة بِالوَلايَة وبِتَفاصِيل العلاقة مع مَقام السَّلطنة وحُدود صَلاحِيّة تَدخُّل الفَقِيه الجامع لِلشَرائط في عناوين (الدّولة) أَو (الحكومة) وتَصدِّيه لِمَقام الإمام الذي أَوجَبت البُحوث الفِقهيّة مِن قَبْل وَقْفَه على المَعصُوم مِن أَهْل البَيت صَلوات الله وسَلامُه عليهم فحسب.

وقد استفاضَت بُحوث شَتَّى في وَصْف المتصدّي لِمَقام السَّلطنة بِـ (الغَاصِب) المُعتدي المُستخِفّ، وهو مِمّا حَثَّ المُحدِّثون على تَجنّبه والزُّهد فيه إِلى جانب التَّمَسّك بِـ (الانْتِظار) حتَّى يأذن الله تعالى لِلإمام المهدي المُنْتَظر المعصوم بالفَرَج العاجِل.

وفي خِضمّ التَّحدِّي الفقهي الخطير في مُتعلّقات السَّلطنة؛ نَهض الشَّيخ أَحمد النَّراقِي المُتوفَّى في عام (1245هـ) بِبَحثٍ مُثيرٍ حول نَظرِيّة وَلايَة الفَقِيه المُطلَقَة. فتَجاوز بهذه الوَلايَة صَلاحيّات الوَلايَة العامّة في الحسبة المَعمول بها بين الفقهاء في عصره، وأَعطى لِلوَلِيّ الفقيه ما كان لِلإمام المَعصوم حين قال: (فَكُلّ ما كان لِلنّبي والأَئمة الّذين هُم سلاطين الأَنام وحُصون الإسلام فيه الوَلايَة وكان لَهُم، فلِلفَقِيه أَيضًا ذلك إِلّا ما أَخرجه الدَّلِيل مِن إِجماعٍ أَو نَصٍّ أَو غيرهما).

فأَجاز بَحثُ الشَّيخ النَّراقي لِلفَقيه التَّصرّف المُطلق في أُمور الرَّعِيّة وفي أَنفُسهم وما يَملِكون، مُثيرًا بذلك مَوجَةً عارمةً مِن الجدل والمُناظرات والمُساجلات، ومعيدًا بِالذّاكرة إِلى ما خَلَّفته وَقائع الخِلاف الفقهي حول دُخُول العَقل مصدرًا رابعًا لِلتَشريع والتَّشَبّه فيه باجِتهاد الرَّأي عند مُحدِّثي اتِّجاه أَهْل العامّة وبَسط الطَّريق لِتَعزيز حِدّة الانقسام في اتِّجاهي المُحدِّثين والمُجتهِدين.

ومنذ عهد الشَّيخ النَّراقِي والتَّشَيُّع قائمٌ على ثلاثة أَقسام اجتهادِيّة بارزة في شأن نَظريّة ولاية الفقيه:

الأَوَّل: الاجتهاد المؤيِّد والمُوسِّع مِن دائرة فِعل العقل بِوَصفِه مُشرّعًا لهذه النّظريّة بين النَّصّ ذِي الدَّلالة المُتعلِّقة والمُطلِقة لِحَقّ السَّلطنة المُضاف حديثًا إلى حَقّ الفِقيه.

الثَّاني: الاجْتِهاد المُعارض والقاطع بِدَلالة النَّصّ على الحُرمَة الصَّريحة حيث أَخرج الوَلايَة المُطلَقة عن دائرة التَّشَيُّع وحصرها في أَوصاف التَّعدِّي على مقام الإِمام الغائب واغتِصاب حقٍّ مِن حُقوقِه والتَّكلف في مُداولة النَّصّ المُتَعلّق وتَحمِيله بِما هو فَوق دلالته.

الثَّالِث: الاجتِهاد المُوجِّه لِحَقّ الفَقِيه في الوَلايَة المُطلقة والمحدِّد له في صور جُزئيّة تَتخَطّى الحقّ في الأمور الحِسبيّة ولكنَّها لا تنال مِن مبادئ الحُرِّيَّة وحقوق النَّاس في اعتباري الفَقِيه المَرجِع والفَقِيه السُّلطان.

فأَمسَى الجُمودُ حَلِيف القِسم الاجتِهادي الأَوّل في دوائر البحث العِلمي حتَّى مَجِيء العقد الثَّامِن مِن القرن الماضي، فيما ساد الاجتِهادُ الثَّالِث على الثَّاني بِمُؤازرة كَبِير فقهاء الأُصُوليّين الشَّيخ مُرتضى الأنصاري المُتوفّى في عام (1281هـ) الَّذي أَخرج نظريّة وَلايَة الفَقِيه المُطلَقَة عن ساحات الجَدل غير المُثمِر وأَخذ بها إلى شَكلٍ وسَطيٍّ ذَكَر مُعطَياتِه وأُصولَه ونَتائجَه في كتابه (المَكَاسِب) حيث فنَّد فيه مَذهب الشَّيخ النَّراقي وتفاصيله المذكورة في كتابه (عَوائِد الأَيَّام).

بَدَت الحَوزاتُ والمدارس الدِينيّة الأُصُولِيّة بَعد رَحِيل الشَّيخ الأَنصارِي على خِلاف المُتوقّع والظَّاهر إِذْ دبّ فيها الخِلاف الفِقهي الاجتِهادي حول نَظَرِيَّة ولاية الفقيه المُقيّدة على اجتهاد الأنصاري وتَطبيقاتها العَمليّة، وكأَنّ مِن بين رُوّاد هذا الخلاف مَن شاء أَنْ يتفوّقَ على دور الشَّيخ ابن إِدريس الحِلّي في مُعالجة جمود الحركة الفِقهيّة التي أَعقَبت رَحِيل الشَّيخ الطّوسي

ورَمى إلى إِخراج الحوزة العِلميّة مِن مرحلة الوَقف والانْسِداد إلى المرحلة التَفاعُليّة الجديدة المُمهّدة لِسُبل معالجة الواقع العملي مِن خلال نَظَريّة وَلايَة الفَقِيه في بُعديها العامّ أَو المُطلق.

ذلك ما صار إليه عُلماء الحوزة.. لكِنّ خلافًا آخر بين مَراتِب المجتهدين في السِّلَّم المرجِعي قد بَدا سَلبيًّا مستَتِرًا خلف النِّقاش والسِّجال والبحث العلمي الظّاهر في نَظريّة ولاية الفَقِيه لم تتكشّف انعكاساتُه على الصّعيد الاجتماعي إلّا مِن بعد رحيل المَرجِع السَّيّد مُحمّد حَسن الشِّيرازي الّذي أَخرج نظريّة ولاية الفَقِيه بِهيئتها المُقيّدة عندما تَصدَّى لِزَعامة انتفاضة (1891م) المطالبة بِشَطب الامتيازات الإيرانيّة المقدّمة لِشَركة التِّبغ الإنجليزيّة، وحَقّق بِمَوازين هذه الانتفاضة مَصلحةً عامّةً عُليا لِلتَّشَيّع والشِّيعة لم يَرمِ في منتهاها إلى الوقوف على سُدّة السَّلطنة الّتي كانت مُتاحة له.

أَخذَ الخلافُ حول مراتب المرجِعيّة يحتدم شيئًا فشيئًا في الدّوائر الحَوزَوِيّة المغلقة، ثُمّ اتّخذ بعدًا مفتوحًا في إِثر التّطبيق العَمَلي لِوَلايَة الفَقِيه المُقيّدة الّذي أَعقب انتفاضة التِّنباك على خُطى المرجع السَّيِّد الشِّيرازي. وفي عام (1907م) جمع السَّيّد مُحمّد الطَّباطبائي مِن خَلفِه عددًا مِن رجال الدِّين واعتصم بهم في مَرقَد السَّيِّد عبد العظيم الحَسَني بِمَدينة طهران احتجاجًا على الاستِبداد الحكومي في عهد الشَّاه مُظفّر الدِّين. ثمّ أَعلَنت هيئةُ الطّباطبائي المؤلّفة مِن العلماء مطالبها بِحاكِمِيَّة دَستور ومَجلس تَشريعي مُنتَخب، واستقطبت حركتُه المشهور بِـ(المَشْرُوطَة) تأييدَ عامّة النّاس.

دخلت البلاد في مواجهات مباشرة مع قوّات الأَمْن فاضطرّ الشّاه لِلاستجابة في إِثر انضمام الكثير مِن فُقهاء طهران إلى (المشروطة). لكِنّ تجربة وَلايَة الفقيه المُقيّدة هذه أُجْهِضَت واعتُقل دعاتُها وأُعدِم الكثير منهم بِفَتاوى عددٍ مِن العُلماء الّذين شَكّكوا في شَرعِيّة المشروطة ووَصفُوها بالإلحاد والزَّندقة والتَّشَبّه بالحركة العَلمانِيّة التُّركيّة.

برز الخلافُ على مراتب المَرجِعيّة وحاكميّة ولاية الفقيه في النَّجف الأشرف على أَثر تَطوّر الأوضاع الأمنيّة في وقائع مَشروطَةِ الطّباطبائي إذ انْقَسَمت الحوزة إلى قُطبين مَرجِعيّين.

فصار كلٌّ مِن الشَّيخ المازندراني والميرزا خليلي وشيخ الشَّريعة الأَصفهاني والسَّيِّد الكاشاني والسَّيِّد الدّاماد والشَّيخ البغدادي والشَّيخ النَّائيني والشَّيخ القَشمَئي والشَّيخ النَّقشواني والشَّيخ المُدرّس والميرزا مَحمّد تَقِي الشِّيرازي قائد ثَورة العِشرين ـ قطبًا مؤيّدًا ومُتبنِّيًا لِوَلاية الفقيه على اجتهادي الأنصاري والشِّيرازي بِزَعامة الشَّيخ مُحمّد كاظم الآخوند الخراساني المتوفّى في (1329هـ). وأَمّا القطب الآخر المُسمَى بِقُطب (المُستَبِدّة) الّذي أَبدى معارضةً مُتشدّدةً لِوَلايَة الفقيه و(المَشْرُوطة) فقد تَزعّمه السَّيِّد كاظم اليَزدي صاحب المُؤلّف الشَّهير (العُرْوَةُ الوُثْقَى).

إنّ مِن أَبرز نتائج خِلاف المَراتِب والمَقامات بين تَلامِذة الشَّيخ الأنصاري أنَّ مَرجعيّة السَّيّد الشِّيرازي التي ذاع صِيتُها بعد رَحِيل الأنصاري شَرَعَت في الأَخذ بِوَلايَة الفَقِيه في مُحيطِها المَحَلِّي والإقلِيمي مِن خلال (المَشْرُوطَة) ولكِنّ مَرجِعيَّته ومُتبنّى النَّظريّة والتَّطبيق كانا مَحلّ رفضٍ فقهيٍّ اجتهاديٍّ عند السَّيِّد اليَزدي. ثُمّ تطوّر الخلاف إلى حدّ امتِناع اليزدي عن حضور مَجالِس الفاتحة الّتي أُقِيمت لِرُوح السَّيِّد الشِّيرازي في إثر وفاته، مخالفًا بذلك العُرف الحوزِوي النَّجفِي الظاهر في التَّعبير عن عَظِيم شأن ومَقام المَرجِعيّة المُتوفّاة، وفَضّل الاعتِكاف في مَسجِد السّهلة بالكوفة، ثُمّ وَقَف في الضِّدّ مِن مَرجِعيّة الأُخونْد الخُراساني الّتي تَلَت مَرجِعِيّة السَّيِّد الشِّيرازي وناهَض وَلايَة الفَقِيه في (المَشْرُوطَة).

إنَّ المُعطياتِ الحوزويّة هذه تُحِيلُ الأذهان إلى التَّطوّر الابتدائي الاجتهادي في مَرحَلَتي تَربِيع مصادر التَّشْريع وما لَحق به مِن انتزاع لِنظَريّة وَلايَة الفَقِيه بِشِقّيها المُطلق والمُقيدّ حيث لم يَكن بِالأمر الرَّتِيب والهَيِّن على

مستوى التَّحدِّي النَّاشئ عن خِلاف المراتب العِلمِيّة والمَرجِعيّة وعن التَّطبيق العملي، إنَّما هنالِك الكثير مِن الحوادث الخطيرة الّتي كان مِن شأنها تَخطِّي حدود الحوزات ومدارسها وبحوثها العلميّة وشُمول وقائعها السَّلبيّة لِلنّظام الاجْتِماعي والسِّياسي السَّائد.

لقد اتَّخذ الانْتِقال الحوزَوِي العِلمي مِن مَرحلة الثُّنائيّة في مصادر التَّشريع إلى مرحلة التَّربيع، ثُمّ مِن مرحلة الوَلايَة العامّة للفقيه إلى الولاية المُطلقة والمُقيَّدة مَسارين مُهمّين وخَطِيرين:

ـ إنَّ المسار النَّظري الذي ظَلّ شأنًا علميًّا مُتداولاً بين المرجِعيّة ومدارسها الفِكريّة قد حَفّز على التَّنافُس لِلوُصُول إلى المراتب الفقهيّة العالِية وعلى الأَخذ بِمَبدأ الاجتهاد الذي استَتْبَع القبول بِتَربيع مصادر التَّشريع، ووَضَع الحلول المُناسِبة لِلقَائلين بِنَفي أَصالَة الحُرِّيَّة التي شكّلت التَّحدِّي الأكبر أمام فِقه الوَلايَة بكلّ أَشكالها النَّظرية وفي مَجالات حقّ النّاس في الانتخاب والعزل والرّقابة والنُّصح والنَّقد، وعالج المعضلة في حاكِمِيّة وَلايَة الفقيه المَرجع الواحِد (الزَّعِيم) على فُقهاء عصره ومُقلِّديهم.

ـ وأمّا المسار العملي التَّطبيقي لِجِهة الانتقال إلى الاجتهاد ثُمّ إلى وَلايَة الفَقِيه المُطلقة فقد استدعى جُهدًا جبّارًا لم تُحقِّق الحوزةُ كامِل مُقتضياتِه حتّى الآن إذ استَوجب بِناءً مَنهجيًّا مُتكامِلاً لِمَنصب الزَّعامة المَرجِعيّة في خارج دَوائر المُفاجآت أَو التَّوازنات السِّياسِيّة، كما استَوجَب تَكامُل المَعرفة حولها وضَبط مَراتِبها ومَدارسها والارتِفاع بِمُستوى كفاءة نُوّابها ووُكلائها وتَبنّي الكادِر الدّيني والعِلمي المُؤهّل لِلتَّصدِّي لِمَشروع تَسييس المُجتمع وإدارة فعله السِّياسي الاحتِجاجي والنَّقدِي، وذلك لِتَجنيب الأُمّة مساوئ الخِلافات والنِّزاعات الشَّخصِيّة والسّخط النَّفعي وضُغوط التَّحاسُد والتَّباغض والتَّدابر بِمُؤثّرات السِّياسة والتَّعالُم الواهِم في فضائها والابْتِلاء بِما ابْتُلِيَ به الزَّيديُّون والبُويهيُّون والفاطِميُّون والصَّفوِيُّون.

ما زال المَنهجُ التّكامُلي مفقودًا حتّى الآن في تَطبِيقات وَلايَة الفَقِيه المُطلقة على الرّغم مِن تطور المُعطى النَّظَري والعَملي المثير في الحوزة. ويُعزى السَّبب في ذلك إلى أَنّ الحوزة لم تُحقِّق الكِفاية في عدد الفقهاء المجتهدين المؤمنين بِسِياسات هذه الوَلايَة، ولم تَتَوافر على الزُّعماء الخِرّيجين بما يَتناسَب وحاجات المُجتَمع الّذي بَدأ يَتلَمّس مظاهر تَدخُّل مَرجِعِيّة الوَلايَة المُطلقة في تفاصِيل حياتِه اليَومِيّة على أَيدِي وُكلاء مُتحزِّبين وفِئويِّين أو مُتحيّزين استَحصلوا مَقامَهم الفقهي والاجتماعي المُزيّف بِالدّعاية الحِزبِيّة والفِئويّة، أو مِن الذين لم يَجتازوا التَّحصِيل العِلمي المُقرّر حوزويًّا وكانوا مِن الفاشِلين فيه، أَو لم تَتَحقّق فيهم مُؤهّلات الزّعامة لإِدارة النِّظام الاجتماعي العَرِيق الأَصِيل ولا الكَفاءة لِلتَّعاطي مع مُقتضيات الوَلايَة المُطلقة.

ومِن المُتعذّر أيضًا، تَطوِير نظريّة المعرفة والمنهج في وَلايَة الفَقِيه المُطلقة عندما تَخوض تَجربتها في زَعامَة الدَّولة حيث لِلسِّياسة مُقتضيات تَفُوق قدرة الأشّخاص والأفكار والأشياء وتَفتَرِض التَّقوى والوَرَع في المَصالِح والمواقف التي تكون فيهما التَّقوى والوَرَع مُغامَرة بِمَصير الثَّقافَة الشِّيعِيّة الأَصِيلة والهُوِيّة الشِّيعِيّة وأَمْن الوجود الشِّيعي بِرُمّته.

ـ تَوازُنُ الوَلايَتَينِ وحَصادُ السِّياسَةِ

يَخطُو الزَّعِيم خُطوات مُتقدّمة في مَهامِه ومسئوليَّاته، فيُبَجّل ويُوصَف في الدّعاية السِّياسية بما اختصّ به الأنبياءُ والرُّسل وأَهْلُ البَيت صَلواتُ الله وسَلامُه عليهم. ومِمّا قيل فيه: (أَنَّ المُجتَمع لَنْ يُدرِك عَظمة هذا الزَّعِيم الكَنْز العَظِيم وهِبة السَّماء إلّا مِن بعد فَقدِه بِقَرن أَو قَرنَين مِن الزَّمان، إنّه سابقٌ لِعَهده الّذي بَرز فيه.. وآأَسفاه على هذا المُجتمع المُتخَلّف الَّذي فرَّط بِزَعيمه فظَلَمَه وخذَله حين تَطلب الموقف الإيمان المُطلَق بِوَلايته)!

فيما يُؤكّد الواقع أَنَّ الزَّعِيم إِنْ لَم يَكُن مُتقدِّمًا بِعُمق رُؤيته وبَغزارة عِلمه وصَفاء فِكره؛ فهُو مُتَخَلّف عن مُجتمعِه فلا يصحّ وَصفُه بِالزَّعِيم. وإِن

تَقدَّم على ثقافة مُجتمَعه فهو خارجٌ عنها ولَيس مِن صُنعِها ولا يصحّ وَصْف مُجتمعه بِالمُقصّر أَو المفرّط أَو بِغَير المُدرك لِعَظمة زَعيمه أَو غير ذلك مِن الأوصاف السَّلبيّة.

وما (هِبَة السَّماء) تلك إلّا مِن تَخرّص الدّعاية والتَّفخِيم الكاذِب والتَّعظِيم المُزوَّر حيث تُروِّجها وَسائلُ الانْتِماء السِّياسي وتَبثُّها في النَّاس استهانةً واستخفافًا مِنها لِأُصُول المَعرفة الشِّيعِيّة وتَنزُّلاً عن قُدسيّة مُتونها والمدوّنات. ويَبقى اللّجوء إلى مِثل هذا اللَّون مِن التَّوصِيفات والعمل على استعارتها في تَفخِيم الزَّعامَة مِن الأَدلّة الدّامِغَة على ضَعف هذه الزَّعامَة في إِيجاد الكَفاءة اللازِمَة لِتَدبير الأُمُور مِن غَير عِصْمة واغتِرابها عن الثَّقافة السَّائدة في المُجتمع!

إنَّ طُموحَ الزَّعِيم وغاياتِه تَدفعانه إلى البَذل والعطاء والتَّضحِيّة بِأَعزّ ما يَملك مِن أَجْل إِحياء جِيلٍ آخر يَخلِفه. والحُجّةُ في ذلك أنَّ مُستوى التَّنمِية الثَّقافِيّة السَّلِيمة في مُجتمعِ اليوم هُو حصاد ما زَرعَه الأجداد والآباء بِالأَمْس.. ثقافةُ اليوم لا تُثمِر بِعَطاء جِيل اليوم إلّا قليلاً، وقد يَستغرق القَليل مِن التَّنمِية عُمُر ثلاثةٍ مِن الأَجيال المتَعاقِبة أَو أَكثر مِن ذلك. فإِن تَعجّل الزَّعِيمُ غير المعصوم قطْفَ الثَّمرة دعائيًّا قبل أَنْ يحين أَوانُها فَقَد أفسَد في الثَّقافة وصار بَذلُه وعَطاؤه عملاً (ثَورِيًّا) انقلابِيًّا يَجُرّ خلفه الكَثِير مِن المُضاعفات الجانِبِيّة المُعاكِسة في التَّأْثِير!

إنَّ إِطلاق وَصْف (الزَّعِيم) على بعض العَناصِر غير المؤثّرة في المجتمع أَو تلك التي لا يَنطَبِق عليها هذا الوَصف بالمعنى الصَّحيح فهو عَملٌ رائجٌ بِالدّعاية السِّياسيّة المُبتذَلة في الوسط الشِّيعي المعاصر حيث يَرِدّ هذا الوصف مِن قِبَل أُولِي الأَلباب. والأمثلة في ذلك كثيرة و(حَدِّثْ ولا مِن حَرَج) وكُلّها معبّرةٌ عن الانحِطاط في الفكر الّذي يَقود الكِيان المُؤسَّسي أَو الحِزبي والفِئوي ولا يَنفكّ عنه بأَيّ حال مِن الأحوال.

فإنْ كان الزَّعِيمُ مَنزوعَ العِصمة فهو في أَمَسّ الحاجة إلى التَّعويض عن ذلك بإضافة القُوّة المُصطَنعة إلى شَخصِيَّته على طَريقة المُلوك والأَباطرة، ولا يكون ذلك إلّا مِن خِلال الدّعاية المبتذلة الّتي تُظهر الزَّعِيم في قومه بقُوّةٍ خارقةٍ أَو ما شاكلها. ويُذكَر في المدوّنات التَّأريخيَّة لِلإغريق والرُّومان أَنَّ الأمْبراطور يَبدأ فترة حُكمِه بِحَربٍ حَتمِيّةِ النَّصْر شديدةِ العُنف كَثيرةِ الدّماء وعَظِيمة الغَنائم وكَثِيرة الأَسْرى، ويُعَد هذا الإجراء مِن الضَّرورات السِّياسِيّة لِتَعظيم مقام الأمبراطور وهَيبته ولِتجريد رُموز الأمبراطور السَّابق مِن قُواها ثُمّ إعادة إلحاقها مِن جديد إلى قُوّة الأمبراطور الوارث بِأَمر منه، ويَنفرد بانِتزاع القُوّة مِن كُلّ الأفكار والأشياء والأشخاص في عَهدِه الجديد والتَّفويض بها!

ومِن المُفارقات أَنْ يَقودَ الزَّعِيمُ ثَورةً سِياسِيّةً فيَظُنّ النّاسُ أَنّ النَّصر قد تَحقّق بزَعامته مُطلقًا، وإذا بِالثّورة تَأكُل أَبناءَها وتَحصِد رؤوسًا مِن شُركاء النِّضال الثَّوري وتُقصِي مُهمّة التَّنمِيَة الثَّقافِيّة جانبًا لِأَنّها ستُلزِمُ الزّعيم بِما لا يَرغْب أَو تُعطِّل مَشرُوع مُعالجة (التَّخَلُّف) و(اللّاوَعْي) المُدّعى مِن قِبل زَعِيم الثَّورة وحِزبه وفِئويّته. أَو يَصطِنع الزَّعِيم وحزبُه السِّرّي فِتنَةً في المُجتمع ويُشغِل النَّاس بها حتّى إذا ما استَيأَسوا وظَنُوا أَن لا مَلجأ إلّا إِليه، فحينئذٍ يَتفضّل عليهم لِيَقودهم على عَجلٍ إلى حربٍ اجتماعيّةٍ على جِهةٍ مُنافسة أَو حِزبٍ مُغالبٍ يَتّهمهما زورًا بِإيقاظ الفِتنة. وبذلك يكون الزَّعِيمُ قد حَقّق نصرًا يَزيدُ بِه قُوّةً إلى قُوّتِه ويُبدِّد به ما يَخصّ المُنافِسين والمُغالِبين مِن قُوّة بين النّاس!

يَحدُث ذلك عندما يُصدِّق الزَّعِيم كِذبَة زَعامَته التي ابَتذَلها دعائيًّا، ولا يُدرك أَنّ مُعاوِنيه هُم أَعلَمُ المُقرّبين مِنه بهذه الكِذبة المُبتذلة وهُم صُنّاعُها ومُنفّذوها مِن أَجلِه، وأَنَّ النَّاس مِن حوله بِأَمَسّ الحاجة إلى الزَّعِيم الصّادِق مع ثَقافَتِهم مِن غَير دَجَلٍ دِعائيّ، وبِأَنّ الدّولة الجديدة بحاجة إلى مَن يعصمها مِن ارتكاب جَرائم الاعتِقال العَشوائي والتَّعذِيب التَّعَسُّفي والقَتل خارج القانون الّتي ارتَكبَها النِّظام السَّابق، وبِأَنّ انشغال الزَّعيم بِضَبط الأوضاع

السِّياسيّة الدَّاخليّة والخارِجِيّة قد يَستحوذ على كُلّ الطَّاقات وقد يَتطلّب أَمْن النِّظام الجديد تَغييب مبادئ الثَّورة وقيمها واستِعارة بعض خُطط النِّظام السّابِق وتَشريعاته ومُؤسساته وعناصره لِدَعم سِيادةَ الزَّعِيم!

إنّ معنى القِيادة والزّعامة بِالوَصف والتَّرويج الدّعائي المُعاصر لا يَزِيد في الشِّيعة مِن أَهْل التَّحزُّب والفِئويّة إلّا جريًا وراء الوَهْم السِّياسي وبعدًا عن الاستقرار الاجتماعي.

لقد ضَمّ التَّأريخُ مصاديقَ مُختلِفة لِزَعامات تَقدَّمَت على مُجتمعاتها بِالإنتاج الثَّقَافي الغَزير في لُغَةٍ واثِقةٍ مُتيَقِّنة بِأَنَّها تَحصِد الخَير الأَصِيل مِن عطاء جيل الأَوَّلين وتزرَعُ على هُداه لِيَحصد الآخرون اللّاحِقُون، وتَجتَهِد لِتُحيي النَّاس، وتَذوب لِتُضِيء الدّرب لِمَن يخلفها.

فلا زَعامَة حَقِيقيّة إلّا بِثَقافة أَصِيلة رَصِينة مُستقِلَة تَتقدّمها وتُمهِّد لها الطّريق القويم. وأَما تلك الزَّعامة الّتي تنصب الفخاخ لِثَقافة مجتمعها وتَصفها زورًا بِـ (التَّخَلُّف) و(اللّاوَعْي) بناء على مَعايير مَنهج مُنتَزِع مِن بيئة ثَقافِيّة أَجنبيّة وذلك لِكَي تَزرع بِه على عَجلٍ ما يخل بِالثَّقافة الأَصِيلة ولِتَستأثر بِحصاد ما زَرَعت لِجيلها الحِزبي والفِئوي مقدمةً لبلوغ مَقام الذّروة في الشِّهرة السِّياسِيّة؛ فهي زعامةُ الدّجل الدّعائي.

فلَنَنظر إلى سِيرة أَهْل البَيت صَلواتُ الله وسَلامُه عليهم في هذا الشَأن الخَطِير حيثُ لا يُقاس بِأَهْل البَيت صَلواتُ الله عليهم أَحدًا مِن النّاس .. كان عَددُ بيوت الشِّيعة لا يَتجاوز عدد أَصابع اليدين في الفَترة الواقِعة بين يَوم السَّقيفة ووَاقِعة كَربَلاء، فيما يَصلُ عددُهم اليَوم إلى حَوالى نِصف عدد المُسلِمين، ويَتمَيّزون بِتَنمِية ثَقافِيّة أَصِيلة راسِخة مُستقرّة لا يَرْقَى إليها أَتباعُ اتِّجاه أَهْلِ العامّة المُستَحوِذ على النُظم السِّياسِيّة في الدُّول المستبِدّة ومَواردها الأَقتصادية.

لقد قَتل يَزيدُ بن معاوية الإمام الحُسين صَلواتُ الله وسَلامُه عليه، وبَالغَ الأَموِيّون في فَرْحَةِ النَّصر بِقَتلِهم أَهْل بَيته وأَصحابِه وبِسَبيهم النَّساء والأَطْفال،

ومَلكوا في النَّاس وتَوارثَوا مُلكهم بَين عامي (41-132هـ)، وصَنعوا لِأَنفسهم أَمْبراطورِيّة ولِمُجتمعاتِهم المُوالِية ثقافَةً خاصَّة.

وإذا بـ (فَتْح) الإمام الحُسين صَلوات الله وسَلامُه عليه يَفُوق تَقدِير العَقل على مَدى أَجيالٍ مُتعاقِبة مُتّصلة بِنبُوّة رَسُول الله صَلَّى الله عليه وآله، ويَتلاشى أَثرُ دولة الأَمَويّين ومَن سار على خُطاهم مِن الدَّول وتَموت ثقافَتُهم التي صنعوا، ويَعود المسلمون إلى المَنهج الذي انْقَلب على الأعقاب في يوم السَّقيفة فيُدِينوه ويُدِينوا رِجاله الذين ابتَدعُوه وأَدّى في نهاية المطاف إلى قَتل ابن بنت رسول الله الإمام الحُسين وأَهْل بَيتِه صَلواتُ الله وسَلامه عليهم في يوم عاشوراء حيث لَطّخ الإمامُ الحُسين صَلواتُ الله وسَلامُه عليه رأسه ولِحيَته بِالدِّماء بعدما صُرع، وقال: هَكذا أَكُون حتَى أَلقى جَدِي رَسُول الله وأَنا مَخضُوب بِدَمي وأَقول: (يا رَسُول الله قَتَلني فُلانٌ وفُلانٌ) ويعني بِهما رؤوس الانْقِلاب على الأَعقاب في يوم السَّقيفة.

مَن يَستحِقّ وَصْف الزَّعِيم أَو القائد هو الّذي يحقّق النَّصر في مجالات التَّنمِية الثَّقافِيّة انطلاقًا مِن أُصُول المعرفة والتزامًا بتَفاصيلها. وأَمّا النّصر السِّياسي فهو مُشتَرَكٌ مقدورٌ على تَحقِيقه عند كُلّ السِّياسِيّين المُؤمِنين والمُشركِين والمُلحِدين.. الزَّعِيم الحقيقي هو الزّاهد في المَقام والوَجاهة الاعتبارِيّين اللَّذَين يَصنعهما أَتْباعُه دعائيًّا، والزّاهد في نَصرٍ مِن صُنع يَديه منقطعًا به عن سِلسِلة ثَقافة الأَجْيال التي سَبقته، إذْ لا فَضلَ له عليها، وإنّما يَرجِع الفضلُ إليها بِحُكم الأَصالة والأَسبَقِيّة في اقتِفاء الأَثَر.

إنَّ مِن خواص التَّنمِيّة الثَّقافِيّة أَنّها لا تَتَحقّق بِشَكلٍ مَلموسٍ وظاهر بِالفُجأة الانْقلابِيَّة والثَّوريَّة في عُمُر جِيلٍ واحدٍ. ومَن يدَّعي غير ذلك فهُو مُفرّطٌ مُغامِرٌ بِثَقافة أَسلافه وقاطع لِطَريقهم، وأَنَّ جُلّ ما يُقدّمه مِن نَصر في النَّاس فهو لا يَتجاوَز الوَهْم الدّعائي المصطنع إذ سُرعان ما يَتبدَّد أَو يُنقلَب عليه بِأَيدي صُنّاعه أَو أَعوانه!

إنَّ في استِعداد الزَّعِيم لِلتَّضحِية بنفسه فيه دلالةٌ على كونِه مُستوفِيًا لِبَعض مؤهّلات الزَّعامة ومُدركًا لِلمَعنى الحقيقي لِلزَّعامة وعالمًا بأَنّ النَّصر مِن عند الله يُؤتِيه مَن يشاء، وأَنّ الجري خلف فرص النَّصر بِالثَّورِيَّة والتَّجاوزِيَّة و(الجَمْبَّزة) طمعًا في الانفراد بِالشِّهرة المُصطنعة فإِنَّه لا يُورّث إلّا الخَراب والفَساد.

فالمُجتَمعُ الشِّيعي يَقِف أَمام ثقافةٍ شِيعيّةٍ لها أُصُول ومُكوّنات لا يُمكن بِأَيّ حال مِن الأحوال تَخطِّيها مِن أَجل صُنع النَّصر تَحت ظِلال وَهْم الزَّعامة السِّياسيّة. وإِنّ الله لا يُضِيع عملَ عاملٍ مِن المؤمنين، ولكُلّ مُؤمِن أَجرُ ما عمل، فلا هَزِيمة تُذكر في العمل على تَنمِية الثَّقافَة الأصيلة وإِنَّما هو تكاملٌ في سِلْسِلة عملِ الأجيال لا يَنقطع. ولا مِن زَعِيم مُؤمنٍ أَصِيلٍ يُهزم تَحت ظِلال النِّضال الثَّقافي الأَصِيل، كما لا يُوجد في تأريخ الشِّيعة مَفهوم القائد أَو الزَّعِيم المُتقَدّم على ثقافة مُجتَمعه ولا المُتخَلّف عنها إلّا بِعِصمة وعِلم لَدُنّي.. إنَّ الزَّعِيم غير المَعصُوم هو ابنُ ثقافة مُجتمعه ويَنشط في دوائرها ولا يشذّ عنها. فإنْ أَهمَل الثَّقافَة وانشَغَل بِالسِّياسة فإِنَّه يَصنعُ الوَهْم الّذي يَتبدَّد عند الهَزِيمة أَو الضَّعف مِن لَحْظَتِه.

إنَ العمل على تَنمِية الثَّقافة الشِّيعيّة في زَمَن الغَيْبَة يَأتي على سِلّم الأَولويّات دائمًا. وإِنَّ تجنيدَ كلّ المَظاهِر الثَّقافِيّة في مَشروع اختِلاق الزَّعِيم السِّياسي وتَفخِيم القائد الشَّعبوي فهُو يَشكّل إِضرارًا بِمَصير الثّقافة.

ولا صِحّة لِلقَول بوجود اقترانٍ مَصيري بين التَّنمِية الثَّقافِيّة وصِناعة الزَّعِيم السِّياسي في تأريخ التَّشَيُّع. فالزَّعِيمُ يَظهر ويَنقَضِي أَجَلُه بِقَتل أَو حتف أَنفه وتَبقى التّنمية الثَّقافِية مُستَمِرّة فرديًّا وجماعيًّا في تَدرّج ورُقِيّ بلا حُدود ولا مُلك لِأَحدٍ فيها ولا عقار، وتَظلّ الثَّقافة قائمة على النَّقِيض مِن اللُّعبة السِّياسِيّة ومنهجها الدّعائي في كُلّ خطوات الابْتِذال عند صِناعة مفهوم الزَّعِيم وتَرويج مصداقه.

هكذا بُنِي قوام الشِّيعة منذ الغَيبَة الكُبرى على مُعطيّات ثَقافَة أَصِيلة مِن دُون زَعِيم ولا قائد ولا دَولة بِالمَفهوم الحَدِيث المعاصر فوَصَل إلى ما وَصَل إليه. وأَنّ تحقيق الزَّعامَة السِّياسِيّة بلا عِصمَة مُمكِن ومُتاح لِكُلّ أَهْل الأديان ولِلكافِرين بها ولِلمُلحِدين، فهَلْ تُدرك عَصَبيّات الانتماء الحِزبي والفِئوي هذا التَّصوّر في زَحمة الوَهْم بِالانْتِصار السِّياسي الّذي تُسَوِّقه بِعنوان (الزَّعامَة الشِّيعِيّة) وتنسبه إلى أُصُول المعرفة الشِّيعيّة بِالمُواربة أَو بِالمُساومة أَو الابتزاز؟!

لَيْس مِن شَكٍّ في أَنّ دعاة تَنصِيب الزَّعامة والعمل على تَفخيم مصداقها دعائيًّا في الشِّيعة قد تَنبّهوا في مُنتَصف القَرن الماضِي إلى أَهَمِّية المُعالجة بما وَصَفوه بِـ(الوَعْي) الشِّيعي، والعَمل الدَّؤوب على تَنمِية الثَّقافَة وتَوثِيق النِّظام الاجْتِماعي بين الشِّيعة، وإِخراج الحَوزة عن عالَمِها المُغلق المُنقَطِع، وتَحرير عالِم الدِّين مِن دوّامة الدّراسة والتَّدريس في مَدارس الحَوزة والوعظ والإرشاد في المَساجد والمآتم مِن المَهْدِ إلى اللَّحْد.

وعلى طِبق السَّائد في الأَوساط الشِّيعِيّة أَنَّ بعض المَرجعيّات الحَوزويّة بادر في ستِّينات القرن الماضي إلى اقتِحام بَوابة السِّياسة بإرادة حُرّة مُنفرِدة منه، فنَسَب النَّهضة الشِّيعِيّة المعاصرة كلّها إلى نِضالِه السِّياسي بِغَير حقّ وكأَنّ الشِّيعة قومٌ مُتَخَلِّف منقطع عن ثقافته مُنذ 1400 عامًا. فنَجَم عن ذلك أَنَّ الواقع جاء على خِلاف مَقصد النَّهضة ومَطلوبها، وبات الشَّأنُ السِّياسيّ المعاصر بِمُقتَضى نَظرِيّة الوَلايَة يَستقطِب الأَجْواء الشِّيعِيّة سِياسيًّا ويَصرفها إلى الأَولَويّات والضَّرورات الثَّقافِيّة.

وعند مَطلع السَّبعِينات بالَغت الانْتِماءاتُ الشِّيعيّة في انصرافها عن واجِب رَفد التَّنمِية الثَّقافيّة الأَصِيلة بِمُتطلّباتها وتَخلّت عنها في سَبعة عقود مِن الزَّمن، وصار كُلّ شَيء في يَومِيّات الشِّيعة بِنكهةٍ سِياسِيّة. فإنْ ورَدَت مُفردة (الوَعْي) الشِّيعي في مقام الدَّعوة إلى النَّظر والعِبرة والتَّفكُّر والنِّضال

فالمُرادُ بها وُجُوب (الوَعْي) السِّياسي بِأَهمِيَّة الانْتِماء المُتحَرِّر مِن مَفاهيم التَّقِيّة والانْتِظار والوَلايَة والبَراءة والعِصمة فحَسْب. وإِنْ ورَد وَصْفُ (التَّخلُّف) الشِّيعي فيُعنى به الجمود على مفاهِيم التَّقِيّة والانْتِظار والوَلايَة والبَراءة والعِصمة المنقطعة عن التَّفاعلات السِّياسِيّة وضَرُورات العَصر.

وقد دارت رَحَى بعض الحَوزات والانْتِماءات الحِزبيّة والفِئويّة وشَبكاتها في الدّعاية والإعلام بِمُفردتيّ (الوَعْي) و(التَّخَلُّف) حول محِور (السِّياسَة). وكان المُراد لِمَرجعيّة الوَلايَة العامّة أَنْ تَلتَزِم بِمُقتضيات وضَرورات السِّياسة وتكون جزءً لا يتجزأ منها بِالقوّة والفِعل، كما يُراد تَورِيط المَرجِعيّات الأَصِيلة في عمل الانْتِماءات الحِزبيّة والفِئويّة وتَزكِية عناصرها وتَشريع نِضالها بِحُكم الواقع السِّياسي المُجرّد.

هَلْ كان الانصراف الشِّيعيّ الحِزبي والفِئوي المعاصر إلى السِّياسة وتَعطِيل العمل في مجالات التَنمِية الثَّقافِيّة الأصيلة يُمَثّل أُولى المُقدّمات التَّمهيديّة لِإزاحة نَظرِيَّة الوَلايَة العامّة (التَّقليدِيّة) عن وَظِيفتها الحَوزويّة والثَّقافيّة والاجْتِماعِيّة وفَرض البَدِيل المُعاصر المُتَمثّل في نَظرِيّة الوَلايَة المُطلَقة (السِّياسِيّة) على مُجتمعات الشِّيعة؟!

ظَنّ السِّياسِيُّون أنَّ مقام الوَلايَة العامَّة قد تَراجع عن التَّأثير في المَشهَد الشِّيعي العامّ في إِثر التَّحوُّلات السِّياسيّة (الدّراماتِيكِيّة) المُتسارعة الّتي عَمّت البلاد الإسلاميّة حيث حان أَوان دفنها، في مُقابل الولاية المُطلقة الّتي اشتَهرت بِوَصفها الزَّعامةَ المعاصرة العُليا لِلشّيعة والطَلِيعة المَرجِعيّة الأُولى الّتي تَصدّت لِشَأن التَّحرّر السِّياسِي مِن هيمنة الاستبِداد والاستِعمار والتّعمِية، وأَنَّ المُتبقّي مِن أَدوار الولاية العامّة إِنْ طال عُمُرها سيَقتَصِر على الالتزام بِالحسبة وفَتاوى المُحرّمات والمُباحات والمَكروهات والمُداومة على تَدرِيس الأصول والتَّبليغ في شَكلِه الإرشادِي التَّقلِيدي المَحدود وصِيانة الكيان العِلمي الحَوزَوِي والانْفِراد بَالمَقام التَّقلِيدي القَدِيم!

لقد أثار الدّور السِّياسيّ الظّاهر لِوَلايَة الفَقِيه المُطلقة حَفيظة الدّول العُظمى الّتي قرّرت في إثر ذلك تَشريع عددٍ مِن القوانين الدُّولية والعقوبات لِشَنّ الحرب على ما وصفته بـ(الإرْهَاب والعُنْف والتَّطَرُّف)، وأَسَّست حِلفًا مناهضًا لِلمَرجِعِيّات والانتماءات الشِّيعِيّة كافَّة وضَيَّقَت الخِناق عليها مِن دون تَمييز بين وُجودَي وَلايَة الفَقِيه المُطلَقة والوَلايَة العامّة.

وفي مَطلع سَبعِينات القرن الماضي تَحرَّرت وَلايَةُ الفَقِيه المُطلَقة مِن قُيود النِّضال الثّقافي الحَركِي المَحدود، وتقدَّمت في الرُّؤية لِكَي تتبنّى مَشروع بِناء الدَّولة الشِّيعِيّة. وعلى الأَثر تَطوّرت وَظِيفة وَلايَة الفَقِيه لِتَشمل النِّضال الجادّ مِن أَجل حِماية إنجازها السِّياسي.. تِلك المراحل الثّلاث فرَضت على وَلايَة الفقيه المُطلقة حمايةَ الدَّولة والتَّدرُّج في توظيف كُلِّ الطّاقات الشِّيعِيّة المحلِّيّة والإقليمِيّة والدُّولِيّة لخدمة مُقتَضيات وضَرُورات السِّياسة.

مِن جَهتِها، لم تَتفاعل مَرجعيّات الوَلايَة العامّة كثيرًا مع مُنجزات مَرجِعيّة الوَلايَة المُطلقة وقد تَلقّتها بِتَحفّظٍ شديدٍ، وحَذّرت مِن اللّعبة السِّياسيّة الّتي استهدَفَت تَوريط الكِيانات الأهلِيّة لِلوَلايَة العامّة في المَشروع النِّضالي السِّياسي لِلانْتِماءات الحِزبيّة والفِئويّة في بِلاد الوُجود الشِّيعي، كما حَذّرت مِن الخَلْط بين المَهام المَرجِعيّة لِلوَلايَتين ومِن التَّسليم والانْقِياد السِّياسي مِن أَحدهما للآخر، فلِكُلّ وَلايَةٍ ظُروفها الاجتِماعيّة المختلفة وبعدها الاجتهادي ولم يَحِن بعد أَوانُ اندِكاك أَحدهما في الآخر.

لم تَشغل الوَلايَةُ العامّة في العراق نفسها بِالنِّضال مِن أَجل تَحرير الشِّيعة في بلدانهم مِن الاستِبداد ولا بِالتَّنمِيّة الثَّقافِيّة في موطنها حتَّى جاء يَوم سُقوط نظام صدّام في الظّروف المعلومة، ونَشأت الدّولةُ العِراقيّة الجديدة على أَنقاض حِزْب البعث وأَصبحَت أمرًا واقعًا. فوَجد فَقِيه الولاية العامّة أَنَّ مقامَه مُلزم بالتَّدخُّل ولو بِشكل كُلِّي في الدَّولة لِحماية أَمْن وُجودها وتَقرير مَصِير الشِّيعة أَو بِشكلٍ جُزئي لِتَدبير شُئون السُّلطة وتَنظِيم مَصالح النَّاس.

ثُمّ عَمَّت الدَّهشَةُ عند مُتابعي مَصِير العلاقة النَّظرِيّة بين الفَقِيه والدَّولة عندما فاجأَ فَقِيهُ الوَلايَة العامّة العالَم بِاتّخاذِه التَّدابير العاجِلة لِحماية الدَّولة مِن شَرّ قُوى الفَصل الطَّائفي الدَّاخِلي والخارِجِي الّتي تآمَرت على الشِّيعة بِنَشر أَعمال العُنف المسلّح في كُلّ مناطق العِراق واحتلال بَعض أَراضيه بُغية استِرداد الحكم المَفقود سُنِّيًّا اعتِقادًا مِنها أنَّ حُكمَ الدّولة لا يَلِيق إلّا بِاتِّجاه أَهْل العامّة مِن أَتْباع السَّلَفِيّة.

وسارَع فَقِيهُ الولاية العامَّة إلى سَدّ العَجز الخَطِير الّذي أَحدث شَللاً في نِظام الدّولة العامّ وفي حُكومة الانتماءات الحزبيّة والفِئوية في إِثر اجْتِياح (داعِشْ) لِلأَراضي العِراقِيّة بِجَيشها المسلّح. وكان مِن بين أَهَمّ التَّدابير الّتي اتَّخذها فَقِيهُ الولاية العامّة لِدَحر (داعِشْ) هي إِصدارُه لِفَتوى الجهاد الكفائي، فأَثْبت بذلك أَنَّ لِوَلايته كفاءة عظيمة عالية الضَّرورة في عرضِ مَهام الوَلايَة المُطلقة عندما تَطلّب الموقف حِماية الدَّولة ونِظامها واستِقلالها وسِيادتها، وسَجّل بِمَعاني الفَتوى تَفوّقًا مُفاجئًا وحاسمًا على سِيادة حكومة الأَحزاب الفِئويّات الشِّيعِيّة الّتي تَحالَفَت مع القوى العظمى وفَرَضَت ذاتها على رأس هَرَم الدَّولة.

وبعد نَجاحِها المنقطع النَّظِير في دَحْر جيش قوى الاحتِلال الإرهابي المدعوم مِن قِبل دول الجِوار والأَغلِبيّة مِن أَتْباع اتِّجاه أَهْلِ العامّة في البلاد وخارجها؛ اعتَزَلَت مَرجعِيّة الوَلايَة العامّة شُئون الدَّولة، واكتَفَت بِتَقديم النُّصح والمَشورة لِسَاسة البلاد ومُجتمع الشِّيعة، وتَرَكَت لَهُما الحقّ في تَصرِيف مُتعلّقات الفَتوى واستِكمال الدَّعم اللّازم لِمُنظّمات (الحَشْد الشَّعبي).

ثُمّ عادت إلى حوزةُ النَّجف الأشرف تُصلح دَرسَها وتَحمِيها مِن النُّفوذ السِّياسي والفِكري الخارِجي الذي أَسَّس لِنَفسه عددًا مِن المدارس في غفلةٍ مِن المَرجعيّات، فقدّم فقيهُ الولاية العامّة خدماتُه العمرانيّة لِلمَزارات

والأَضْرِحَة المقدّسة، وساهم بِشَكل مباشر في مُعالجة آثار الاحْتِلال الإرهابي ومنه إيواءُ مُشرّدي الحرب ورعِاية الأَيتام والأَرامل، ووَاصَل عمله في النَّهضة بالثَّقافة الشِّيعِيّة الأَصِيلة التي تَخلَّفَت عنها الأَحزاب الشِّيعِيّة 70 عامًا لِيَشمل مَناطق العراق كافّة.

إنَّ دورَ فَتوى الولاية العامّة في شأن حِماية الدَّولة كان عَظِيم الأثر ومَصيريًّا، مُتمَثِّلا في الأداء الشَّرعِيّ الضَّرُوري الّذي يَخلُو مِن الدَّوافع السِّياسيّة الّتي تَتبنّاها وَلايَة الفَقِيه المُطلقة في الشَّأن المُشابِه. ويَقتَرِب معنى فَتوى الجهاد الكفائي مِن مَعنى فتوى ثَورة (التِّنْباك) الّتي صدرت مِن العراق واكتَفَت بِالتَّدخّل العاجل لِحماية إيران مِن نفوذ الاحتِلال البريطاني ولم تَستَجِب لِلبُعد السِّياسي المُتمِّم والمنتهي إلى الاستِقلال بِالدّولة.

وفي دوامةِ اللُّعبةِ السِّياسيّة والتَّدافع الجاري بين الانْتِماءات الحِزبِيّة والفِئويّة العِراقِيّة وتَباينها على مَنهَجَي وَلايَة الفَقِيه المُطلَقة والوَلايَة العامّة يُطلَبُ مِن مَرجِعيّة الولاية العامّة عَملَين: الفَصلُ في مُشكلة ازدواجِية الولاءات المَرجِعيّة في (الحَشْد الشَّعبي) القائمة بين الولايتين العامَّة والمطلقة، والتَّدخُّل العاجل لِتزكِية بَعض الانتماءات السِّياسِيّة تَمهيدًا لإِنجاز انتخابات سَلِيمة تَحفظ لِلدّولة أَمنها السِّيادي ونُموّها الاقتِصادي.

فإنْ استَجابَت مَرجِعِيَّةُ الوَلايَة العامّة لِلمَطلَبين استنادًا على مَبدأ التَّدبير وضَرورة تَحكِيم النُّظم الاجتماعيّة والمحافظة على استقرارها؛ فتِلك مِن مَعالِم تَورّط الوَلاية العامَّة في الشَّأن السِّياسي بالمعنى العامّ المُصنَّف في نَظريّة الدَّولة الحَدِيثة تَدخُّلاً مباشرًا في الشُّئون السِّياسِيّة واستِكمالاً لِعَمليّة بناء الدَّولة وكِياناتها المؤسَّسِيّة بِتَوجِيه قيادِي وأَداء رقابي!

وقد بُذِلَت الكثيرُ مِن الجهود الدّولِيّة والإقليميّة والمحلِّيّة ذات النَّوايا الحَسَنة والسَّيئة لاستِدراج فقيه الولاية العامّة شَيئًا فشيئًا إلى أَداء دور (الوَلايَة المُطلقة) وتَسنُّم منصب الزَّعامة مِن أَجل تَفكِيك الأَزمات الكُبرى وتَصريف

شُئون الدّولة. وبدا أَنَّ فقيه الولاية العامّة مُمتَنِع عن الانتقال بِوَلايته إلى مقام الولاية المُطلقة رِعايةً لِمُوجبات (الانْتِظار) والحذر مِن الوقوع في فخّ السِّياسة التي يَضمِرها المُستدرِجون والمُنتهية إلى صُنع النِّدِّيَّة لِنَظريّة ولاية الفَقِيه المُطلقة المتفاعلة في الثَّقافة الشِّيعيّة وإقامة التَّوازن أَو التَّنازع بين الوَلايتين في الواقع الخارجي.

لم يَتخَلّ فقيهُ الولاية العامّة عن سِيادة بلاده وأَمْن مُواطنيه عندما تَفاقَمَت الأزمات الدّاخليّة في إِثر استشراء الفساد الإداري بين الانتماءات الحزبيَّة والفئويّات الحاكمة. وكان الأَمَلُ مَعقودًا على تَفرُّغ فَقِيه الولاية العامَّة وحَوزتِه الأَصِيلة الكُبرى لِلعَمل على تَنمِية ثَقافة الشِّيعة في كُلّ بلاد وُجُودهم حيث انتظرت مُجتمعاتُ الشِّيعة كثيرًا عودةَ الولاية العامّة إلى وَظِيفتها في إِثر تَحرّرها مِن السُّلطة الاستِبداديّة لِحزبِ البَعث.

إنَّ سَدَّ النَّقص الخَطِير في التَّنمية الثَّقافِة الشِّيعيّة الّذي خلَّفته هُموم (السِّياسة) وانْشِغال الانتماءات الحِزبيّة والفِئويّة بالتَّبعِيّة السِّياسيّة لِنَظريّة الوَلايَة المُطلقة ومُضاعفاتها الأَمنِيّة والطَّائفيّة، يُجنِّب تكرار تجربة انهيار السَّلطنة العُثمانِيّة الّتي بدأت بِوحدةٍ قِتاليَّةٍ قَبَلِيَّةٍ صَغِيرة مُهاجِرة تَبحث عن الماء والكَلأ في ضَعفٍ من الدّولة العَبّاسِيّة، ثُمّ نَشأت في هيئة سَلطَنة عَسكريّة صارِمَة مُزدوجة الوَلاءات، ثمُّ (خِلافَة) مُزوَّرَة ذات وَلايَةٍ مُطلَقَةٍ، حتَّى جاء اليوم الّذي هُزِمَت فيه بِالسِّياسة ولم تُورّث لِوَلاياتها غير الجُمود الثَّقافي ذِي القابِليّة للاسْتِعمار والتَّماهي في الاستِبداد.

لقد اصْطَبَغ كلُّ شيء في الوُجُود الشِّيعي البحراني وفي غَيره مِن مُجتمعات الشِّيعة بِلَون السِّياسة على مَنهَج الوَلايَة المُطلقة عندما غُيِّبت الولاية العامّة وحَوزتُها الكُبرى في القرن الماضي عن ساحَة التَّأثير وعندما وَلجَت الانْتِماءات والفِئويّات الشِّيعيّة بِزَعامة الولاية المُطلقة مَرحَلَة المواجهة السِّياسِيّة الإقلِيميّة والدُّوليّة مِن بعد الانْتِهاء مِن مَرحلة نِضال

التَّحرُّر مِن الاستبداد، وعُقِدت كلّ الآمال على نَصرٍ سِياسيٍّ في المواجهات المباشرة حيث تَطلّب ذلك إهمال التَّنمِية الثَّقافِيّة!

ما الّذي يَدعو إلى الدَّهشَة عندما يَتحوّل الاستِغراق في السِّياسة إلى الدّافع الأَوّل لِنَبذ الثَّقافة الأَصِيلة أَو تَعطِيلها؟ ولماذا لا تَتحَسّس مُجتمعاتُ الشِّيعة خُطورة منهج (الشَّكّ والتَّشْطِيب والتَّأميم) الملازم السِّياسي والمُكمّل لِلنِّضال الحزبي والفئوي حيث تُحجَب الثِّقة عن ثَقافَتِها المَحَلِّيّة؟!

إنَّ نوايا المُطالِبين بِتَدخّل مَرجعيّة الولاية العامّة في الشُّئون السِّياسِيّة وبِمُساندة الانْتِماء الحزبي والفِئوي في إِدارة الدّولة والمُشاركة المباشرة مع حُكومتها في سبيل تَخطّي الأَزمات السِّياسيّة ـ هِي نوايا تَبدو حَسنة بِمَعايير السِّياسة وتَصبّ في مصلحة التَّوازن بين سِيادة الوَلايَة العامّة المحلِّيّة وسِيادة الولاية المُطلقة ذات الوجود الخارجي ودَرء مَخاطر انعدام العِصمة في الحاكم. ويَبدو في الأُفُق أَنَّ لِمَرجعيّة الوَلايَة العامّة رُؤيةً استِراتيجيّةً مغايرة في مَعالجة الموقف مِن السّياسة ومِن التَزاحُم الحاصِل مع المَصالح السِّياسِيّة لِلوَلايَة المُطلقة في البلاد.

لا بُدّ مِن التَّأكيد على القول أنَّ هناك مُهمّات ضَرورِيّة تَنتَظر مَرجعيّة الوَلايَة العامّة يَأتي على رأس قائمتها استِغلالُ الفرصة المُتاحة لِلتصدّي لِشُئون التَّنمِيّة الثَّقافيّة الشِّيعيّة ولِتكريس الهُوِيّة وتَرسيخ العَقيدة الأَصِيلة وتَحريرهما مِن أَغلال السِّياسة وتَحزّباتها وفئويّاتها الّتي أَصْبحت المُلِهم الأَوّل لِلشّيعة والمُدَمِّر لِثَقافَتِهم في الأَوطان!

ـ نَظَرِيَّةُ الوَراثَة فِي المَنْهَجِ المَرجِعِي

يَحتَدِم الخِلاف ويَسود الجَدلُ في أَهمِّيّة السَّير على خُطى المَرجع والزَّعِيم والقائد الشِّيعي على أَثَر مَقتَلِه أَو وفاته حتَف أَنفِه، ثُمّ يطغى الفَرزُ والانشقاق والانفصال على مَراكز القُوى الحِزبيّة والفِئويّة والمَرجِعيّة التّابعة

لزَّعيم ويَدعو الدّاعي منها إلى وُجوب الإسراع في تقاسم إرثِه ومُناصفة تيّار المُريدين والأتْباع والمُقلِّدين.. كيف نُقيّم هذا المَشهد (الفِنْطازِي) المُثِير، وكيف نُقوِّم أثَره في الثَّقافَة الشِّيعِيّة؟!

عند تَتبُّع التَّفاصِيل في سِيرة الانْتِماء الفِئوي والحِزبي العَلماني يندر أَنْ نجد مصداقًا لِزَعامة اتَخذت مِن أُخرى منهجًا بِالوراثة أَو بِدَفع مِن المُنتَمين والمُريدين أَو بِضَغط مِن الأَتْباع والمَرؤوسِين والمُتنفّذين، ولا يُوجد مثالٌ شاخصٌ لِزَعامةٍ حزبيّةٍ أو فئويَّةٍ قرَّرت الامتِثال لِلمَنهج المُعتمد لدى مَن سبقها على سُدّة الزَّعامة والقِيادة.

فلِكُلّ زَعِيم أَنْ يختلف في مَنهجه عن الزَّعِيم الذي سَبقه، وليس مِن الحقيقة القول باستِنساخ الخَلف لِمَنهج السَّلف والامتثال له. فإنْ ورَد شيءٌ مِن ذلك فهُو على سَبيل التَّهدِئة والتَّرويض الضُّروريّين أَو على سَبِيل التَّرويج الدّعائي لإظهار المَودّة لِلزَّعيم الرَّاحل أَو على سبيل التَّسكِين لِمَوقف اللَّحظة الرَّاهنة وتَهدئة الخَواطر والعَواطف الجَيّاشة أَو على سَبيل المُعالَجة المؤقَّتة لِأَزمةٍ مَعنوِيَّةٍ حَلَّت في إثر رَحِيل الزَّعِيم.

لماذا يُبدِي البعضُ امتِعاضًا وتبرّمًا مِن الزَّعِيم أَو القائد الخَلَف الجَديد فيَخرُج عليه مُعلنًا التَّمرّد أَو الانْشِقاق أَو الاعتِزال عنه بِحُجّة عدم تَطابق منهجِه مع منهج الزَّعِيم أو القائد الرَّاحل؟!

يَموتُ المَرجِع الشِّيعي حَتْف أَنفِه أَو يُقتل، فتَتعلّق كُلّ الآمال على مَن يخلفه في النَّظرِيّة والمنهج والمَبنى، ويَرجو الأَتْباعُ والمُريدون والمُقلِّدون مِن الخَلَف اتِّباع أَثَر سَلفه الرَّاحل في كُلّ صَغِيرة وكَبيرة فيَكون نسخة منه، كما يَسعى المَرجِع الخَلَف إلى الاحتِفاظ بِكُتلة مُقلِّدي سَلَفه!

رُبَما يكون لِلمَرجع المُؤسِّس مَودةً خاصّة في الوِجدان الشِّيعي بقدر ما أَحسَن مِن أَدائه في الاجتِهاد، فاشتَهر وكَثُر مُريدوه ومُقلّدوه والأَتْباع في البلاد وذابوا فيه وذادوا عنه. وعِندما وافاه الأَجل انصَبَّت كُلّ آمال أَتْباعه ومُقلِّديه

ومُريديه على مَرجِعٍ آخر يَرجون أنْ يكون خَلِيفة له على ذات النَّسَق النَّظري والمَنهج. وحِين يَخصّ المرجع الخليفة نَفسَه بِنَسقٍ مُختلفٍ عن مرجعهم الرّاحل تَبرّموا وامتعضوا واختلفوا فيما بينهم ثُمّ انشقّوا؟!

تِلك واقعةٌ ينسجُ تَفاصِيلَها الهيامُ السِّياسي الحزبي والفئوي المعاصر الذي تَدفع الهُويّة الثَّقافِيّة الشِّيعيّة الأصيلة ثَمَنه مِن أَمنها واستِقرارها الاجتِماعي ونسق نموها حيث يَجري نَقلُ المَرجِعيّة مِن مُجتهد إلى آخر على طَريقة السِّيرة المتَّبعة في نَقلِ الزَّعامة والقِيادة بين السِّياسيّين العَلمانيّين الحِزبيّين والفِئويّين.

لا يُمكن استِنساخُ نظريّة المَرجِع الزَّعِيم الرّاحل ومنهجه وخَلعَهُما على مَرجِعٍ آخر يَأتي مِن بعده، كما لا يُمكِن تَنصِيب البديل بِوَصِية مشروطة مِن الرّاحلِ أَو بِطَلَبٍ مِن إِجماع مُقلِّديه والأَتباع والمُريدين والمُنتمين.. قد يَتمكّن المَرجِع البديل مِن خِلافة الرَّاحل في المَقام والمَنزلة وليس في النَّظَريّة والمَنهج. ولو وَعَد الخَلفُ بِالسَّير على نَظريّة ومَنهج سَلَفِه لَما جاز وَصْفه بِالمُجتِهد، وصَحّ وصْفه بِالمُقلِد.

ليس النِّظام المَرجِعي الشِّيعي كَهنوتًا لِـ(فَاتِيكَان) حيث يَحكُم المُؤسَّسَة المَسيحِيّة نظريّةٌ ومَنهجٌ ثابتان لا يَتغيّران بِتَغير البابا، ولا يحقّ لِلبابا إلّا التَّميّز بِالرَّمزيّة وبِمَساحة ضَيّقة جدًا مِن الاجتِهاد والتَّجدِيد أَو الإبداع بما يَزِيد في العَلاقات العامّة مع مَسيحِيّي العالَم سِعةً ومتانةً، وبِما يَحفظ لِلفاتيكان ثقافَته التَّأرِيخيّة ومَواثِيقه وقَوانِينه وأَعرافه وسِيادته الدِّينيّة بِوَصفِه دَولة!

وفي السِّيرة السِّياسيّة للانتماءات الحزبيّة والفئويّة يَجري الأمرُ كذلك. فعِندما يُقْتَلُ الزَّعِيم أَو القائد المُؤسِّس أَو يَموت حَتْفَ أَنفه فلَنْ يلتَزِم خَلَفُه بِمَنهج سَلَفِه إلّا بِوُعود وَهْمِيّة كاذِبة مُوجّهة يُطلقها إلى الأَتْباع في سَبِيل كَسْب التَّأييد وسَدّ الفراغ، ورُبَما لِبَثِّ الاطمئنان في الوَضع المُستجدّ. لِذلك يَسوس الزَّعِيم الجَدِيد الأَتْباع فيُعلِن عن تَمسّكِه والتزامه الشَّدِيدين بِنَظريّةِ ومَنهجِ مَن

كان قَبله جُملةً وتفصيلاً وربما جعل مِنه في الظّاهر طَريقًا مُقدّسًا يَسلكه على طَرِيقة قِدِّيسي المَسيحِيّة.

ومِن المسلَّمات في مقام المَرجِعيّة الشِّيعِيّة أَنَّ معنى المرجعيّة مَبنيٌّ على مبدأ الاجتِهاد فلا يَجوز أَنْ يُطالَب المرجع الّذي يُركَن إلى الثِّقة في اجتِهاده وعِلمه وعَمَلِه فيُقلّد أو يُطمَئن إلى شخصه بالإذعان لِنَظريّة ومَنهج سَلَفِه على طَريقة وشُروط تَنصِيب البابا أَو الزَّعِيم القائد الحِزبي والفِئوي حيث يَتعَهّد البابا بِالالتزام بِالقانون والعُرف والدّستور البابَوِي أو حيث يُبادر المُتَحزِّبون الفِئويّون إلى اختِيار زَعِيمهم الجديد شَريطة التِزامه بِمَنهج المؤسّس الرَّاحل الفَقِيد أَو الشَّهيد.

فمِن بين المفاهيم الشِّيعِيّة السَّائدة أَنّ لِكُلّ مرجع اجتهادًا خاصًّا، ولا مسوّغ أو مُبرّر لِسخط أو تبرّم المُقلّدين أو امتعاضهم إذ أَنّ التَّقلِيدَ عملٌ فرديٌّ حُرّ الاختِيار، وليُقلِّد كلُّ شِيعي مَن يراه حائزًا لِلشُّروط وأَهلا لِلمَرجِعيّة مِن دون تَحزّب أَو فِئويّة أَو عَصبِيّة أَو فروض أَو وَصاية.

باتَت المُجتمعاتُ الشِّيعِيّةُ تُعاني مِن تَسلُّل فِكْرة الزَّعِيم الحِزبي والفِئوي العَلماني والوَطَنِي والقَومي إلى ثَقافَة المُقلِّدين، فيُشاع بينهم القولَ بِوُجوب اتِّباع المَرجِع الخَلَف لِمَنهج ونظريّة المرجع السَّلَف في كُلّ التّفاصيل وإلّا صُنِّف مُقصّرًا أو شاذًا أو متخلِّفًا أو خارجًا أو مُتَحيّزًا لِفِئة وحِزب، وكأَنّ الحاكم في هذه القَضِيّة مُنطلقٌ سياسيٌّ حزبيٌّ وفئويٌّ.

فمِن بين الشِّيعة الفِئويّين والمُتَحزِّبين مَن يُبالِغ في إشاعة هذه الفِكرة ويَجتهد في تَرسِيخها في الثَّقافة الّتي تَبنّاها بَديلاً عن الثَّقافَة الشِّيعيّة الأصيلة على سَبِيل تَغلِيب سِيادة المرجع أو القائد الذي يَختاره ضِمن دائرة مَصلَحة ما أَو تَمايز خاصّ، ويَدعو المُنتمِين والمُريدين إلى تَقلِيده واتِّباعه بناء على الادِّعاء بِالتزام المرجع أو القائد البديل بِمَنهج المَرجع أو القائد الرَّاحل الّذي حَلَب الحِزبُ والفئةُ مِن ضَرعه أَو صار مَركوبًا له!

إنْ اختَلفَ مُجتَهِدٌ في مَسيرته المرجِعيّة عن تَبَنِّي نظريّة ومَنهج سَلَفِه فذلك مِن شُئونِه وليس مِن شأن المُقلّدين. فالاجْتِهادُ والتّقليدُ ليسا فِكرتَين حِزْبيّتين فِئويَّتين سِياسِيَّتين، ولا مِن شأنِهما الخضوع لِلانتِخاب أَو التَّعيين عند التَّقلِيد على الطَّريقة الحِزبيّة والفِئويّة العَلمانِيّة. ولا يُوجد في التَّشَيُّع ما يُوصَف بِتَقليد المَرجِعيّة الوارثة أَو المنَصَّبة بِقرار حِزبي أَو فِئوي أو سِياسي.

فقد يَتدخّلُ نفوذُ الدّول والانتماءات الحِزبيّة والفِئويّة بِفَنّ الدّعاية لِدَعم مَرجِعيّة دِينيّة تُؤمِّن له شَرعيّة أَو سِيادة أو تُحقّق له تفوّقًا ساحقًا في تَوازنٍ سياسيٍّ عاصفٍ، فذلك لَيس مِن شأن المرجِعيّة الشِّيعيّة. وقد يَتدخَّل إِجماعٌ مِن المُقلِّدين في دَعم مَرجِعيّة شِيعِيّة بديلة عن المَرجِعِيّة المُقلِّدة الرّاحلة، فلا خِلاف في هذا الأمر ولكنَّه ليس على سَبِيل المُساومة أو المُقايضة أو التَّعيين أو الانتخاب أو التَّورِيث المشروط بِاتِّباع نظريّة ومَنهج المَرجِع السَّلَف، وإنّما لِوُجوب التَّقلِيد وعدم جواز تَقلِيد الميت ابتداءً.

فلَيس في التَّشَيُّع ما يُمكن وَصْفه بِالصَّنمِيّة الّتي تُتَّبع في التّقليد المرجعي ولا تَقدِيس يُعتمد في الاختِيار ولا تَورِيث حِزبيّ أو فِئويّ أو سِياسي. ولِكُلّ مرجع ما يَراهُ باجتِهادِه مِن نَظريّة ومَنهج يُعرف ويُميّز به. وقد حدَث لِمَرّة واحِدة في التَّأريخ المَرجِعي إذ اختار أَحدُ المراجع مُجتهدًا آخر يُخلفه على مقام المَرجِعيّة عندما قَرُب أَجلُه، ولكِنّ الوراثة هذه لَيسَت على سَبِيل الوجوب ولم تتكرّر هذه الحادِثة أَو يَتّخِذها الشِّيعة سِيرةً تُتَّبع.

في مَطلع عام 1982م عَزمْتُ ومَجموعةٌ مِن إِخوة النِّضال الشِّيعي على زيارة بَيت السَّيّد المرجع الّذي كُنّا نُقلِّدَه ونَتوقَ لِلقائه عن قُرب ونَتعرّف على المُستجدّ في عطائه العِلمي الغَزير.. فرَحَّب بِنا القائمون على مجلسه مِن غير مَوعِدٍ نضربه معهم.

قدّموا لَنا الشّاي العِراقِي (الفَقِيْل).. وبَعد دقائق مَعدودة جاءنا السَّيّد المَرجِع ورَحّب بنا وجَلس بَيننا كأَحدنا مِن غير تكلّف. فسأَلناه عن رؤيته

فِي وَقائع البحرين بعد إِعلان حال الطَّوارئ وإِقدام الحكومة على شَنِّ حَملةٍ مِن الاعتِقالات الواسِعة في صُفوف الشِّيعة واتّهام مَجموعة مِنهم بِالعَزم على تنفيذ (مُؤامَرة تَخرِيبيّة) تَستهدف تقويض النُّظم السِّياسيّة والاجتِماعيّة والاقتصادية والثَّقافِيّة بِالقُوّة. فرَحَّبَ السَّيِّد المرجع بِطَلبنا وألقى كلمةً رائعةً بِالمناسبة ذَكّر فيها بِالسِّيرة التَّأريخيّة لِلتَّشَيُّع البَحْرانِي، ثُمَّ عَرَّجَ على أوضاع حركة النِّضال في البِلاد الإسلاميّة العاملة على إِطلاق الحُرِّيّات وتَحقيق الاستِقلال الحقيقي عن المُستعمِر وإزالة مَظاهر الاستِبداد والفصل الطّائفي. وقَدّر السَّيِّد المرجع في نِهاية كلمته أنّ هذه الحركة لم تَجتَز بَعْد طَورَ الطُّفولة، وأنّ أَمامَها طريقٌ طويلٌ يَتوجَّب عليها قطعه حتّى تَصِل إلى مرحلة الرُّشد وتَحقِيق الأهداف!

انتهى المَرجِعُ مِن كَلِمته المُقتضبة ووَدَّعناه ووَدَّعنا. وبعد مُرور عِشرين عامًا على لِقائنا معه، وَصَلتنا الأَنباء الحِزينة والمؤسفة عن وقائع رَحِيله في شَهر دِيسمبّر 2001م، فساهَمتُ مع عَددٍ مِن الأصدقاء المُناضلين في التَّغطِية الإعلامِيّة لِسِيرة مَرجِعِيّته وعطائها الثَّقافي والاجْتِماعي في مَدينة كَرْبلاء المُقدّسة وفي مُدنِ بِلاد المنفى، ونَشرتُ حِزمةً مِن المقالات النَّاقِدة لِمَوقف الأَحزاب والفِئويّات الّتي شَنّت حَربها البَارِدة على مَرجِعِيّته مُنذ يوم انطلاقِها حتّى يوم رَحِيله في عُمُر ناهز 79 عامًا وعطَّلت أَثَرَه في تَنمِية الثَّقافة الشِّيعِيّة الأَصِيلة وأَقصَت مُقلِّديه عن تَفاعُلات النِّظام الاجْتِماعي السّائد في عددٍ مِن بلاد الوُجود الشِّيعي ومنها بَلدِنا البحرين في سِيرةٍ مُخجِلَةٍ يَندى لها الجَبِين ويَسوء ذِكرها.

تَعرَّضْتُ لِلإهانة مِن قِبل عَددٍ مِن المُقلِّدين الّذين أَقلَقَهم مَصِيرُ مَرجِعِيّة السَّيّد الرَّاحل بعد إِعلان وَفاتِه في مَدينة قُمّ المُقدّسة واعتَرضوا على مَضامِين المَقالات الّتي كَتبتُها ونَشرتُها وناقَشتُ فيها المَرجِعيّات المُتوقّعة الّتي سيَعود إليها مُقلِّدو السَّيّد المَرجع الرّاحِل ومَصِير وُكلائه والكِيانات الثَّقافِيّة والمؤسَّسَات والجَمعيّات الأَهلِيّة والمآتم والمَساجد الّتي أَسَّسَها المرجع

الرّاحل. فصَبَرتُ على ذلك وأَبديتُ أَسفِي لِوُجود هذا اللَّون مِن المُقلِّدين (المُثقَّفين) المُناضِلين الّذين جَعلوا مِن المَرجِعيّة حَظوة سِياسيّة ووَجها مِن وُجوه التَّحزّب والفِئويّة.

وفي مَنامِ لَيلةٍ مُعتمّة مُكتئبة مَشحونَةٍ بِالأَسى لِما تَعرَّضْتُ إليه مِن الإهانة؛ رأيتُ نَفسِي ومَجموعة مِن الأصدقاء المُناضِلين نهمّ بِزيارة أُخْرى لِلسَّيد المَرجِع الرّاحل في مَجلِس بَيته. فدَخل علينا مُتبسّمًا وأَلقى التَّحِيّة مِن بَعيد، ثُمّ خصَّنِي بما رَفَع عَنّي الهَمّ والغَمّ إذ اقترَب مِنّي مِن دون الآخرين المُرافِقين ورَفَع عمامته السَّوداء وأَشار إليّ بِتَقبيل رأسِه الشَّريفة، فقَبّلتُها بِشَغفِ مَودَّة ثُمّ طَفِق يَعتَمِر العِمامة ورَحَل عَنّا.

صَحوتُ مِن النَّومَةِ مَسرورًا فَرِح القَلْب والنَّفس، ورِحتُ أَبحث في مُحرّكات شَبكة (الانْتَرنِت) عن الصُّور الّتي تُظهِر مَلامِح رأسه الشَّريفة عن قُرب، وأَمعنتُ النَّظر إليها بِدِقَّةٍ، وقارَنتُ بين مواضع وأَشكال البُقَع الجِلدِيّة الصَّغِيرة (النَّمَش) المُنتَشِرة في انحاء مُختلِفة مِن رأسه ومَواضِعها وأَشكالها الّتي لَمحتُها في رُؤية المنام، فوَجَدتهما مُتطابِقَين!

إنّ الدُّول والانتماءات الحزبيّة والفئويّة إذْ تَسُوس مُواطِنِيها وأَتْباعها ومُرِيديها ومُنتَمِيها فعَلى الإيمان بَعدم تَحقق الخُلود والبقاء، وعلى عَدم الثَّبات والقيّومة على نَسقٍ دائم. لكنّ الوعود فيها بِالتزام الخَلَف لِمَنهج السَّلَف يَظلُّ كِذبَةً مَمجُوجَةً تَتكرّر في التَّأرِيخ ويُصدِّقها الأَتْباع والمُريدون والمُنتَمون على طِبق الفِكر السَّائد فيهم ومقدار الخراب والفَساد اللَّذين يَنخُران فيهم. فإنْ عَلا شَأنُ المرجِعيّة الشِّيعِيّة فإنَّها تبقى مَحدودةً بِزَمانها ومَكانِها فلا تورّث حتى تَخرجَ على مَفهوم الاجْتِهاد المُعتَمد شِيعيًّا أو المُستَنبط مِن أُصُول المعرفة.

إنَّ مَفهوم (البَيت المَرجِعي) يَنبغي أَنْ يُستعمل لِلتَّعبير عن دَوام النَّسَق (الاجتِهادي) في التَّشَيُّع بِدَوام التَّفوّق المُستِمر فيه وعَن دَوام الفَضل في

العِلم والعَطاء الثَّقافي الغَزير والتَّأثير لِهَذا البَيت في المُجتمع على وَجْه الحَقيقة لا بِالمعنى الوراثي السِّياسي أو الحِزبي والفِئوي. كما لا يَنبغي لِلأَتْباع أنْ يمتعِضوا أَو يشمتوا باللَّفظ الخاضِع أَو اللّاذِع، كأَنْ يَقول بعضُهم (أَنّ المَرجِعيّة المُقلِّدة كانت أَصِيلةً بِبَقائها وأَنّ مَفهوم المَرجِعيّة الأَصِيلة تَلاشى بِرَحِيلها) استِخفافًا منهم أَو حنقًا على المَرجِعيّة الّتي تَلَت المَرجِعيّة الرّاحِلَة في الرُّتْبة والمَقام والمَنزِلة.

ولا يصحّ الانْفِعال أيضًا بِالقَول (أَنّ وُكلاء وتَلامِذة المَرجِعيّة الرّاحِلة خَذَلوا مَنهَجَ مَرجِعيّتهم الرّاحلة واستَقلّوا باجتِهادهم عن أُستاذِهم الرّاحل وخالفوه أَو قَلدّوا غيره ويَجِب رَدعهم أَو التَّشهِير بهم دِفاعا عن مَنهج المَرجِع الرّاحل). كما لا يصحّ القَولُ تعصبًا (أَنَّ المرجعيّة البَدِيلة هي أَقوى مَنهجًا ووُجودًا، وهي أَفضلُ نفوذًا مِمَّن سَبقتها، وهي باقِيةٌ ومُستمِرّةٌ في وِلدِه مِن بَعده دون غيرهم).. فتِلك أَقوالُ المُغالِبين الحِزبيّين والفِئويّين بِالبَاطل تَبدو لِسَامِعها مُتجَلبِبَةً بِثَوب الحقّ وصِدق الوَلاء لِلمَرجِعيّة الرّاحلة.

الفَصْلُ الثَّالِثُ

لاَ بُدَّ لِلثَّقَافَةِ الأَصِيلَةِ مِنْ أَمِير

نُقِلَ عن البعض مِن أَفراد عائلة (مُحمَّد طَيِّب) أَنّ عَلِيًّا أَمير المُؤمنين صَلوات الله وسَلامُه عليه أَنذَر (مُحمّد طَيّب) في المنام لِثلاث لَيالٍ سويًّا، وحَذّره مِن سُوء عاقبة فَعْلَتِه الّتي فعل، وكَشف له ما سيجري عليه وعلى مُشارِكيه إنْ هو أَصّر على إِقامة محفل الفَرَح والسُّرور بِمُناسبة مَقْتَل سَيِّد الشُّهداء الحُسَين صَلواتُ الله وسَلامُه عليه، أَو صَمَّم على تَوزِيع صدَقات النَّصْب والعَداء لِأَهْل البَيت صَلواتُ الله وسَلامُه عليهم في اليوم العاشر مِن مُحرّم الحرام، أَو أَمعن في مُخالفة شَعائر هذا اليوم الّذي يُحيِيه البَحرانِيّون في حُزنٍ شديدٍ ويَطوفون فيه بِمَواكبهم طُرقات العاصِمة المنامة وأَزقَّتِها بِراياتهم السَّوداء، أَو استَخَفّ أُلُوفَ المُعزّين والمئات مِن المآتم البَحرانِيّة الّتي تَضِجّ باللَّطم والبُكاء والجَزع والعويل في كُلّ المَناطق البحرانيّة.

مُحمّد طَيّب راعي مَحفل النَّصْب في اليوم العاشر مِن مُحرّم الحرام (1354هـ/ 14 أبريل 1935م) لم يَخفِ عن أَهلِه الرُّؤية (المُرْعِبَة) الّتي رآها في منام اللّيالي الثَّلاث تِلك، وما زال يبثّ تفاصِيلها إليهم حتَّى صَدّقوا الرّؤية فحَذّروه مِن مَغبّة الإصرار على مُخالفة معانيها في هذا العام والعِناد والإمعان في إِقامة الفَرْحَة والبَهجَةِ والسُّرور.

وَصَف أَطِباء مُستشفى الإرساليّة الإمريكيَّة الحادِثة بـ (الغَضَب الإِلَهي) الّذي حَلّ بِمُحَمّد طَيِّب وبِحوالي 66 شخصًا باتَت جِثَثُهم مُكدّسة في فِناء المستشفى وذلك في أَعقاب المُناشدة التي تلقّاها قِسم الطّوارئ في المُستشفى مِن قِبَل عائلة مُحمّد طَيّب بِالإسراع في القُدوم إلى مَوقِع الحادِثة والتَّدخّل العاجِل لإِنقاذ حَياة الطَّيِّب ومَن كان معه في بَيته مِمّا حَلّ بهم مِن كارثة أَثناء تأدِية مراسيم الحفل.

يَستدرك أَحد الشُّهود فيقول: عند لَحظةِ وُصول الخبر إلينا هرعنا إلى بيت مُحمّد طيّب للوقوف على تفاصيل الواقعة المُعجزة، فشاهدنا جثثَ الموتى مُكدّسة على بعضها في مَشهدٍ مُرعبٍ حيث شُوهد لِسانُ كُلّ جثّةٍ منها بارزًا مَحبوسًا بين الفكَّين والشَّفَتين ومرخِيًّا بِطُوله على صَفحة الخَدّ، والمُمرِّضون بين الجثث يَبذُلون ما في وُسعِهم لإِخراج ما تَبقّى منها مِن داخل بَيت (طَيِّب) ويُلقُون بها في الشّاحنات.. ولا أَنسى أَنْ أذكر أَنّ في قَبضَةِ يَدِ كُلّ جثّة منها قِطعةً مِن النّقود كان مُحمّد طيّب يُوزّعها صَدَقةً في فَرْحَة يوم عاشوراء.

وشاهدنا جِثّةً ضَخمَةً لامْرأةٍ مِن بين مَوتى الواقعة قِيل لنا أَنَّها مِن أَهْل المَنطِقة الشَّرقِيّة مِن السّعودِيّة، ويَقِف إلى جانِبها ابنها الشَّابّ يُمعِنُ النّظر إلى ما حَلّ بِها ويَدعو بِالوَيل والثُّبور لما أَقدَمت عليه مِن فَعْلَة قبيحة ويُكثِر مِن سَبِّها ولَعنِها، وصار يَرفض أَنْ تُدفَن في المَقبَرة القريبَة مِن المستشفى لِأَنَّها خاصّة بِمَوتى الشِّيعة.

يُضِيف الشَّاهد: إنَّ بنتًا مِن الشِّيعة كانت حاضِرةً مِن بين المجتمعين في حفل الفَرْحَة والنَّصب بِبَيت مُحمّد طَيّب قد نَقلَت مُشاهداتها وما جَرى عليها وعليهم عندما قالت: فِيما كان الجميع في انتظار ساعة تَوزِيع صدَقة الفَرَح؛ نَزل ضُوءٌ مِن السَّماء على شَكل سَحابَةٍ تعشي الأبصار وَحَلّ بِساحَة بيت (طَيّب) وغَلَّقَ الأبوابُ مِن فَورِها على المُحتَفِلين فلَمْ يَقدر الدَّاخِل في

السَّاحَة والخارِج مِنها على فَتح المَغالِيق لِلخُروج هربًا أو الدّخول لإِطْلاق المُحتَجزين وإنقاذِهم.

ثُمّ اقتَرَبت سَحابةُ الضّوء مِنّي وصارت على هيئة إِنسان يُهدِّئ مِن رَوعي، ولم يَلبَث أَنْ رَفَعني عن الأرض مِن بين المُحتفِلين المُحتَجزين وشَرع في نَقلي إلى مكان آمِن خَلْفَ إِحدى بوابات ساحَة البَيت. وهَمّ بِسيفٍ كان في قَبضة يَدِه يَرفعه ويَقْذِف مِنه شُحنةً مِن البَرق ويدفعها بسرعة فائقة إلى جموع الحَفل لِتَحصد فيهم، فماتَ خَلقٌ منهم وتَكدَّسَت جثثُ الهارِبين المَذعورِين على بَعضها خَلْفَ البَّوابة المُغلقة.

مُحمّد طَيّب يُقيمُ حفلاً بهيجًا في اليوم العاشر مِن مُحرّم الحرام في عاصِمة المآتم المنامة، ويُشرِك في عَمَلِه الفُقراء والمعوزين بِصَدَقة يَدفعها إِليهم مُبتهجًا مَسرورًا وفي حال مُعاكِسة لحِال الجَزع والحُزن البَحراني الكَبير الّذي عَمّ المآتم وتَعطَّلت في سِبيل إِحياء شعائره كُلّ الأنشِطة الإداريّة والاقتِصادِيّة في البلاد حيث لا يعدل معنى العَزاء والمآتم في الثَّقافَة البَحرانِيّة شَيء.

ذاعَ نَبأُ الكارثة الّتي دَوّنها البحرانِيّون في السِّجل التَّأريخي لِلشّعائر بِوَصفها عقابًا حَلّ بِمَحفل النَّصْب والفَرَح والسَّرور في اليوم العاشر مِن مُحرّم الحرام، وما يزال البحرانِيّون يَتوارثون سِيرَته في ثَقافَتِهم ويَختلِفون في التَّفاصِيل.

يُعدّ المأتَم مِن أَهمّ الكِيانات البحرانِيّة الأَهلِيّة مُساهمةً في صِيانة الهُوِيّة البحرانِيّة وتَنمِية الثَّقافَة الأَصِيلة وحِماية أَجيال البحرانِيّين عَقديًّا ووقايتها مِن شَرّ القَهر والفَصْل الطَّائفي وتوالي المَوجات الفكريّة المُخالِفة ومِن زَيغ التَّبَعِيّة السِّياسِيّة. وهُو أَبرز مظاهر الثَّقافة البحرانِيّة الأَصِيلة الّتي أَدخلها الأَخْبارِيّون البحرانِيّون في هَندَسَتِهم الشَّعائريّة الرَّائعة الّتي أَبدعوا فيها وأَجادوا في تَنظِيمها.

يَتَشكّلُ المأتم البَحْراني مِن مَقَرٍّ أُسِّس على التَّقوى بِمُبادرة خَيِّرة مِن قِبَل سُكان أَهل الحَيّ في المدينة أَو القرية، أَو مِن قِبَل فردٍ مُتمكّنٍ أَو مَجموعةٍ مُتكاتفةٍ مِن عائلة مَيسورة الحال نِسبيًّا، أَو مِن قِبَل وَجيهٍ مُحدِّث أَخباري أَو وَكِيل لَمرجِع أُصُولي.. كُلّهم يَرجو بهذا العمل الشَّعائري البارز في النِّظام الثَّقافي لِنَفسه ولِذُرِّيّته نَيل ثواب المَودّة لِأَهْل البيت صَلواتُ الله وسَلامُه عليهم.

وقد انفَرَدت مآتمُ (العائلة) في السِّيرة القَدِيمة والمُعاصِرة باستِقلالها عن الإشراف الإداري الرَّسْمِي العامّ وبِبُعدها عن تَبِعات التَّدافُع الاجتماعي النَّاشِئ عن تَوافد فكر الانتماءات الحِزبيّة والفِئويّة وتَعدّدها ومَنافساتها ومُغالَباتها. لكِنّ المآتِم الأُخرى لم تَسلم مِن التَّصنِيف الحِزبي والفِئوي، ومِنها مآتم (المَرجِعِيّة) الجديدة الطّارئة على البَحرين في مَطلع هذا القَرن.

وتَميّزت مآتم (العائلة) على سائر مآتِم (الأَهَالِي) في أَدائها الثَّقافي فكانَت الجِهة الوَحِيدة الّتي ظَلّ نَسقُها الفِكري حُرًا يَأوِي إليه البحرانِيُّون الّذين أَدركوا مُبكرًا أَنّ الاستقلال بِالمآتم عن نُفوذ الانْتِماءات الحِزبِيّة والفِئويّة يَجعلها مُستقِرّة آمِنة في النِّظام الاجْتِماعِي البحراني. وفي ظَرفٍ لاحِقٍ تَعرّض هذا الشَّكل مِن المآتم لِلعُزلة و(التَّطْنِيش) والإِهمال مِن قِبَل الأنشطة المركزيّة التَّابعة لِلانتماءات الحِزبِيّة والفِئوية ومِن قِبَل خطبائها والشَّيّالة على أَثر امتِناع أَكثر العائلات القائمة على هذا اللَّون مِن المآتم الرُّضوخ لِلوَصايَة المركزيّة على مآتِمهم أو إِدراجها ضِمن فَعّالِيّاتها، وخُصوصا تلك المآتم الواقعة في العاصِمَة المنامة.

لم تكن سِيرةُ المآتم في التَّأريخ البَحراني خاضِعةً لِوصايَةِ الخُطباء أَو العُلماء البَحرانِيّين أَو مَراجِع الحَوزات الكُبرى في خارج البِلاد، وإِنّما كانت تَأخذ صِفَتها التَّفاعُلِيّة الأهلِيّة البَسيطة على السَّجِيّة البَحْرانِيّة بِحُرّية واستقلال، وتَتميّز بِمَعاني اعتبارِيّة خاصّة فتُحيِي الشَّعائر وتُساهم في تَنمِية الثَّقافة المَحلِّيّة الأَصِيلة مِن غير قيود أَو ضوابط مُوجَّهة، ولا تُمثّل اتِّجاهًا

شَعبيًّا خاصًّا أَو انتماءً مُحدّدًا. فصار أَداؤها المُستقرّ في الأَجْيال ذا مَقام ثَقافيّ وِجدانيٍّ رَفِيع مُقدّس تَهفوا إِليه القلوب البحرانِيّة حتّى وَفَدَت عليها الانتماءات الحزبيّة والفئويّة في مطلع النِّصف الثّاني مِن القرن الماضِي باحِثة عن حَيّزٍ لِتَعزيز قُوة الحُضور والنّفوذ فضَيَّقت الدُّنيا على مَظاهر الثَّقافة كافّة، وانكبَّت على المآتِم ومَواكبها ورُوّاد مَجالسها وشَيّالِيها في مَطلع العَقد الثّامِن مِن القَرن الماضي تَفرِض القُيود الفِكريّة والتَّنظِيم المركزي.

أُصِيبَت المآتمُ البَحرانِيّة بانِتكاسة وَظِيفيّة عندما تَسلّل نُفوذ الانتماء الحزبي والفئوي بين القائمين عليها. وحِينما أَمَّمها المُنتمون وأَثاروا بِمَنابرها حَمِيّة التَّصنِيف المَرجِعي السَّلْبِي والتَّعصُّب الحزبي والفِئوي؛ بَرزوا فيها بِلِباسِ المُصلِح الوَدِيع، وأَوصوا الأَهالي بِمُمارسة الضّغط على الجِهات الرَّسْمِيّة ذات العَلاقة لإِخْضاع إِدارة المآتم لِلنِّظام الانْتِخابي المَحلِّيّ المَفتوح وانْتِزاعها مِن أَيدي أَصحابها ورُعاتها (التَّقلِيدِيّين)، فظَنّ الظَّانون أَنّ الخيرَ في ما وَقع، فوَقَعَت المآتمُ أَسِيرة الوَصايَة والتَّبعِيّة المُقنَّعة لِلانْتِماء الحزبي والفئوي. وعندما تَعرَّض الانْتِماءُ لِسخط السُّلطات خَسَرت المآتم فُسحَتَها العُرفِيّة وضُيِّق على وظيفتها بِأَثر القانُون، فانْطَبَق على الانْتِماء المثل الشَّعبِي (لا حَظَتْ بِرْجيلْهْ ولا أَخَذَتْ سَيِّد عَلِيّ)!

استَمرّت المآتِم البحرانِيّة في أَداء وَظِيفتها المَعلومة بِنَسقٍ ثابتٍ حتَّى مُنتَصف الخَمسِينات مِن القرن الماضي حيث استُعمِلَ شطرٌ منها لِأَوّل مَرّة في خارج نِطاق وَظِيفتها عندما جُعِلَت مقرًّا عامًّا لِزُعماء انتفاضة الهيئة (1956م) مِن غير تَوظِيفٍ سِياسيٍّ لِلمَنابر واستجابة لما كان مِن حَساسِيّة مفرطة في الوَسط الأَخباري تِجاه المَدّ القَومي. وفي مَطلع عقد السَّبعِينات دَخلت إِفرازاتُ الانْتِماء الحِزبي والفِئوي عاملاً نَشطًا في الوَسط الشِّيعِي العامّ فكادَت الكثير من المآتم تَفقِد صِفَتها ووَظِيفتها بِالتَّزامن مع الانتِشار الواسع لِلفِكر اليَساري المروّج لِشِعار (حَشد كُلّ الطّاقات الشَّعبِيّة والكِيانات المؤسَّسِيّة الأَهلِيّة في النِّضال السِّياسي)!

وعلى أَثر تَورط التَّيارات اليَساريّة والقومِيّة في الأَزمات الأَمنيّة المُتوالِيّة، واتِّهام الحكومة لها باغتيال الصَّحافي عبد الله المدني، وقِيام تَحالُفٍ شِبه رَسمِي بين السُّلطة والانْتِماء الحِزبي والفِئوي الشِّيعي الجديد ذِي الصِّلة الوَثِيقة بِالأحزاب العِراقيّة المُعارِضة المتأثِّرة بِفكر حِزبَي الإِخوان والتَّحرير ـ استَغلّ الانْتِماء الحِزبي والفِئوي الشِّيعي الفرصة لِبَسط وَلايَته على التَّيّار الشِّيعي العامّ ولِفَرض وَصايتِه على مَظاهر الثَّقافة البحرانيّة والحَدّ مِن نُفوذ الزَّعامَة (التَّقليدِيّة) لِلاتِّجاه الأَخبارِي السَّائد.

بدا واضحًا أَنّ العامِلَ المُشترك بين كُلّ التَّيّارات والانْتِماءات السِّياسيّة البَحرانيّة هو السَّعيُ نَحو تَأمِيم مظاهر الثَّقافَة وتَوظِيف قيمتها الوِجدانيّة ومَقامها الاجتماعي ودَورها الثَّقافي لِخِدمَة النِّضال السِّياسي. فيما عَبّرت بعضُ الزَّعامات (التَّقلِيدِيَّة) عن مَوقفها مِن مَساعِي تأمِيم مظاهر الثَّقافة بِالإِشارة إلى أنَّ مَسعي الانْتِماء الحِزبي والفِئوي الشِّيعي إلى بسط اليد على المآتم والمَساجِد والوَصايَة عليها مِن بَعد تَأمِيمها لا يَخرج عن كونِه عملاً سِياسيًّا صِرفًا وأَشدّ خطرًا على مَصِير مظاهر الثَّقافَة المَحلِّيّة الأَصِيلة، بِالنّظر إلى أَنَّ (في عُمق التَّأمِيم تكمُن مُغامَرَة سِياسِيّة بِمَصير وُجودٍ تَأرِيخيّ عريق ناهَز عُمُره عَشرة قُرون مِن الزَّمَن، وما زالت هذه المظاهر مَقرُونةً بِوَقْفٍ مشروطٍ مِن أَصحابها الأَصْلِيّين لا يصحّ المَساس به، وعلى الاتِّجاهات السِّياسِيَّة كافَّة أَن تَنأى بِنَفسها عن كلّ مَظاهر الثَّقافَة الشِّيعيّة وما اشتَمَلت عليه مِن مآتم ومساجد حتَّى لا تَكون عُرضَةً لِردُود الفِعل السِّيادِيّة الحكومِيّة. ولْيَعمل الانْتِماء بِكلّ أَحزابِه وفِئاته وأَفكاره على إِيجاد كِياناته المؤسَّسِيّة المُستقِلّة ومُنتدَياته الخاصّة المُنفصلة الّتي تَخدِم مَقاصده، وعليه أَنْ يَتجَنّب العبثَ في المَورُوث الشِّيعي العَرِيق فهُو وَقفٌ عامّ)!

يَعتقِد البحرانِيّون أَنَّ أَهَمّ وَظِيفة لِلمَآتم هي إِحياءُ شَعائر أَهْل البيت صَلواتُ الله وسَلامُه عليهم، وتَنمِية الثَّقافة البَحرانِيّة الأَصِيلة وصِيانتها طِبقًا لِأُصُول المعرفة المُعتَمدة شِيعِيًّا، والتَّأكيد فيها على الالْتِزام العقدي بِـ

(التَّقيّة) و(الانْتِظار) والعمل بـ (الوَلايَة والبَراءة) بَوجْهٍ أَخصّ، وعلى إِدانة عمل المُنافِقين في السِّيرة التَّأريخيّة الصَّحِيحة.

وقد التَزم الاتِّجاه الثَّقافِي الأَخْباري بهذه الوَظِيفة منذ نَشأته وأَبدع في ذلك مِن غير حاجةٍ إلى وَلايَةٍ مفروضةٍ منه، فيما شَذّ عن هذه الوَظِيفة التَّيّار المُعاصر مِن العُلماء والخُطباء والشَّيّالة المُنتَمِين الحِزبيِّين والفِئويِّين فجَعل مِن المآتم (طَمَاطِيَّهْ) عندما أَطلَق وَظِيفة المآتم وحَرّرها مِن الخُصوصِيّة الثَّقافيّة والاجتماعيّة وعَوّمَها، وقال فيها: (يُرادُ مِن المِنْبَر كُلُّ شَيء)!

تَعاقدتُ في عام 1994م مع إِحدى المُجلّات الشِّيعِيّة الصّادِرة في لَندن على نَشر مَقالٍ شَهريٍّ أَكتُبه ويُناقِش الشّأن الثّقافي البَحْراني. فأَرسَلتُ مَقالاً يَتناول ظاهرة الانْتِشار الكَثِيف لِلمآتم في المُدن والقُرى البحرانِيّة وأَسبابها وإِصرار المِنْبَر البحراني الأَصِيل على الالتزام بِمَنهج (السِّيرَة والرِّثاء) وطَبيعة النِّظام المُتَّبَع لِتَسيير المَواكِب والشَّكل الرَّصِين والجَمِيل لِحَلقات العزاء. وأَرجعتُ التَّميُّز في طُرق إِحياء الشَّعائر البحرانيّة عن مَثِيلاتها في بِلاد الوُجود الشِّيعي في المحيط الإقلِيمي إلى أَصالَة الوُجود الشِّيعي البحراني الضَّارِب في القِدَم وأَصالَة الحُرِّيَّة في المفهوم الأَخبارِي وتَمَيُّز الأَخباريّة بِفُنون الإتقان في الهَندسة الشَّعائريّة .

وبَعد أَقلّ مِن أُسبوع طُبِعَت المُجلّة ووُزِّعَت. فاستلمتُ بِالبَريد نسخةً مِن العَدَد الجَدِيد.. تَصفَّحْتُ عناوين العدد لِكَي أُلقِي نظرة خاطِفة على مَقالي المَنشور وأَطّلع على رُتبَته بين مَقالات المُجلّة فلَم أَجِد المقال منشورًا.. أَجْرَيتُ في اليوم التَّالي مكالمةً سريعةً لِلاطّلاع على الأسباب. فأَكّد لِي رَئِيس التَّحرير أَنّ المَقال نُشِر في العدد الجَدِيد بِإشرافه المُباشر وأَنَّ سببًا فَنِّيًا فَرَض عليه التَّدخُّل لاستِبدال مُفرَدَة (المأتَم) الّتي شَملها عُنوان المقال بِمُفردة (النَّادِي الحُسَينِي). فتَيقَّنتُ أَنَّ انعِدامَ الثِّقة في الثَّقافَة الشِّيعِيّة ورُسُوخ عُقدة الشّعور بِالنَّقص في الوَسَط النُّخبَوِي الشّيعي أَمام اتِّجاه أَهْل العامّة

والاستِجابة السَّريعة إلى ضَرُورَات السِّياسة قد تَفَشَّت في شكل ظاهِرةٍ تُهدِّد مَصِير الوُجود الشِّيعِي وأَصالَتِه، وأَنَّ المُؤسَّسَات المَرْجِعِيّة الشِّيعِيّة الكُبرى قد شَملتها هذه الظّاهرة، وأَنّ عنوان (يُرادُ مِن المِنْبَرِ كُلُّ شَيء) ما هو إلّا مُقدّمة لِتَحويل المآتِم في كُلّ بِلاد الوُجُود الشِّيعي إلى (نَوادِي).

مُنذ اليوم الّذي أُشِيع فيه الإطلاق الوَظِيفي لِلمِنْبَر بعنوان (يُرادُ مِن المِنْبَرِ كُلُّ شَيء) ونفد في الثَّقافة العامّة؛ تَنَفَّس الخَطِيبان المُنتَمِي والمُتَحَيِّز الصُّعداء فصارا مُطلَقَيّ الحُرِّيّة في مُخاطَبة رُوّاد المَجلِس ولا مِن شَيء يَحدّ مادّة مَجلِسِهما ويُقيّدهما بِمَنهج أو يُخَصّصهما. فأَخرجا المِنْبَر على وَظِيفته الأَصِيلة، لكنَّهما تفاجأ في أَقلّ مِن عقدين مِن الزّمن بِالنَّتِيجة السَّالبة، إذ صار الإطلاقُ الوَظِيفي لِلمِنبر يُثقِلَ كاهِلهما على خِلاف المُتَوقّع حيث بات رُواد المجالس يُخوضُون معهم في عالَم مَعرِفيّ مُتاح لَهُم بالمَجّان مثل سائر المُثَقّفين، ويَنغمِسون في بيئة افتراضِيّة واسِعة ومُنفَتِحة على كُلِّ مَجالات الحياة، ويَتناولون فيهما تَخصُّصات عِلمِيّة تَنتَقِل بِأذهان أَجْيالهم بِكُلّ يُسر وعافِية مِن الكُلِّي إلى الجُزئي، ولَيس بِمَقدور الخَطِيب بِمنبَر (كُلُّ شَيء) أَنْ يُضاهِيهم مَعرِفَةً وعِلمًا!

فعاد الخَطِيبُ لِيَتساءل مِن جديد: ما هِي وَظِيفةُ المنبر وما هو مُنهج عَمله بِالضَّبْط والتَّحدِيد، وهَلْ خَذلَتْنِي مَقولةُ (يُرادُ مِن المِنْبَر كُلُّ شَيء)، هل تَتَلَخّص وَظِيفة المنبر في التَّكدِيس المعرفي وانْتِزاع الأفكار العامّة ثُمّ بَثّها إلى رُؤوس رُوّاد المجالس وقد تَفوّقَت شَبكاتُ التَّواصُل الإِعْلامي والاجْتِماعي على هذه الوَظِيفة في سِعَةٍ مِن الإنتاج والبَثّ الثَّقافي، أَلَم يكُن لِلمِنْبَر منهجٌ خاصٌّ كما لِبَقِيّة مظاهر الثَّقافَة الشِّيعِيّة مَناهجها الخاصّة، ولماذا فَقَد المِنْبَر أثره في تَنمِية الثَّقافَة الأَصِيلة مِن بَعد إِقصاء مَنهج (السِّيرَة والرِّثاء)، ولماذا انْقلَبَ الخَطِيبان المُنتَمِي والمُتَحَيِّز على مَنهج (السِّيرة والرِّثاء) الّذي أُسِّسَت عليه المآتم وأُقِيمت المنابر منذ واقِعَة الطَّف، ولماذا أَفسَد الخِطِيبُ المُعاصر الهَندسَة الشَّعائرية الّتي أَسَّسَها ونَظّمها الأَخباريُّون ولعبت المآتمُ فيها الدَّورَ الرَّئيس الأَبرز لِتَنمِية الثَّقافَة وتَأصِيلها؟!

أَمْسَى تكدِيسُ المَعارف في اللِّقاءات العامّة عَمَلاً طُوباوِيًّا غير نافع على حَدِّ رُؤية (الفَلْسَفة) المَوصوفَة بأُمِّ المَعارف. فالعالَمُ الجَدِيد بَدأ يتَّجِه صَوب اعتماد المناهِج الخاصّة لِكُلِّ عِلْمٍ ووَظِيفةٍ مع تَطوّر العلوم والانفِتاح الثَّقافِي التِّقني، فيما يُنتزَع مِن المنبر منهجه الخاصّ ويُطلَق بـ (يُرادُ مِن المنبر كُلَّ شَيء) في اتّجاه معاكِس.

أَلَم يَعلَمْ الخَطِيبان المُنتَمِي والمُتَحيّز أَنَّ شَجرة الفلسفة ضَاقَت بِتفرُّع العلوم، وضاقَت العُلوم ذرعًا بِشَجرة الفلسفة فانْفَصلَت العلوم عنها لِتَنطلق بِمناهِجها الخاصّة في فَضاءٍ رَحبٍ مِن التَّطوّر.. لم تَصمِد شَجرةُ الفلسفة في المحافظة على استِقامة جِذعِها أَمام تَكدُّس الأَفكار والمَعارف والعُلوم وتَشعّبها. وعندما ثَقُلَت شجرة (الفلسفة) وغَصّت بِالعُلوم والأفكار والمَعارف والمناهج؛ نَفَرَت العلوم والأفكار والمعارف مِن الفلسفة واستَقَلّت عنها طلبًا لِلسِّعة والتَّخصُّص والمنْفَعة، واستَعانت في ذلك بِالتَّطوّر في المنهج ووَسائل التِّقنية.. هكذا يَقولُ أَهْلُ التَّحضُّر المُعاصر. فلَماذا تَخلَّى الخَطِيبان المُنتَمِي والمُتَحَيِّز عن وَسِيلة ثَقافيّة مُقدّسة كانت قائمة على مَنهَجٍ خاصٍّ مَعلوم، ولماذا جَرّدا المنبر مِن مَنْهَج (السِّيرة والرِّثاء) العريق فجَعلاه مَخزنًا لِتكدِيس الأَفكار والمعارف والعلوم ومَحلاً لِلمُغالَبة العَلمانِيّة وبُوقًا حزبيًّا وفئويًّا دعائيًّا بِمَقولة (يُرادُ مِن المِنْبر كُلُّ شَيء)؟!

فهَذا عِلْمُ النَّفْس ـ عَلى سَبِيل المِثال ـ كان آخر ما استَقلّ مِن العُلوم عن شجرة الفلسفة على أَثر تَضخُّم معارِفها ونَظريّاتها وقَوانِينها وطَلب تَحدِيد الفائدة مِنها مَثَلُه كَمَثل سائر العُلوم. وعندما تَساءل عُلماءُ النَّفْس عن تَضخُّم عِلمِهم أَوجَبوا استِقلالَه عن شَجَرةِ الفلسفة وبادَروا إلى تَقسِيمه والاستِقلال ببعض أَجزائه في تَخصُّصات مُنفَصِلة ووَضَعوا لها مَناهجها الخاصّة أَيضًا. فكَم مِن فَرعٍ تَخصُّصيّ في حَوزة عِلْم النَّفْس لدا عُلماء النّفْس المعاصرين، ولماذا كافَحَ عالِمُ النَّفْس المعاصر مِن أَجل تَفرِيع هذا العلم والاستقلال بمناهجه عن سائر العلوم؟!

إنَّ التّفريعَ بالتَّخصُّصات والاستِقلال بالمِنَهج يَزِيدان في العِلم ذاته قُوّة في النَّتائج وأَقرب مِن المقاصد، ويَكون أَكثر تَركِيزًا ونفعًا في تَناول مَوضوعاته.. ولِلمِنبر تَخصُّصٌ وِظِيفيٌّ مَعلوم مُنذ 1400 سنة أَو يزيد، وهو سابقٌ على تَطوّر شَجَرةِ الفَلسفَة، وله مَنهَجٌ واضِحٌ مَحدّد ومَعْلوم. لكِنّ الخَطِيبَين المُنتَمِي والمُتَحيّز أَسرفا في التَّقصِير بِحَقّ (التَّخَصُّص والمَنهَج) المِنبَري وأَهملا التَّوسُع والتَّطوير والإِبداع فِيهما، ثُمّ أَطلقا لِنَفسيهما العَنان بِتَجاوز حَقّ المنبر ورُوّاد مَجالِسه بِالانقلاب على مَنهج (السِّيَرة والرِّثاء) واستِبداله بِمَنهج (الوَعظ والإِرشاد الأَبوي)، فحَمّلا المنبر ما لَيس له عَلاقة بِوَظِيفته وتَخصُّصِه، وجَعلا مِنه وَسِيلةً لِتَروِيج الفِكر الهَجِين المُتبنّى ولِلدِعاية الحِزبِيّة والفِئويّة، وكان في الإِمكان تَأسِيس مُنتَديات خاصّة لِـ (كُلّ شَيء) وفق مبتغى الانتماء مع الإِبقاء صون وَظيفة المنبر وأَصالتها!

وبَرّرَ بعضُهم الانْقِلاب على مَنهج (السِّيَرة والرِّثاء) في وظيفة المنبر بِالقول: (أَنّ التَّشَيُّع شَهد نقلةً ثقافيّةً هائلةً في منتصف القرن الماضي مِن الاتِّجاه الأَخباري إلى اتِّجاه الوَلايَة العامّة ثُمَّ إلى الوَلايَة المُطلَقة في مَطلع السَّبعينات مِن القَرن ذاته، فأَوجَبَ ذلك الانتِقالَ بِالمِنبر إلى الوَلايَة المُطلقة الّتي اقتَضَت تَخطِّي (جُمود) المنبر والتَّمَسُّك بِالانفِتاح على المعارف)!

لا مَحِيص عن الاعتِراف بِأَنّ صِيانة الثَّقافة الشِّيعة وتَنمِيتها ليس مقتصرًا على أَداء المَنابر، وإِنّما تَميّز الشِّيعةُ بِالمآتم بِوَصْفها مظهرًا اجتماعيًّا مِن مَظاهر ثَقافَتِهم إذ تُبَصّرهم في الدِّين وتَحفظ لَهُم عَقِيدتهم وشَرِيعَتهم وأَخلاقهم وِفق منهج خاصٍّ في العَرض يأَخذ في الاعتِبار فَنّ السَّرد في السِّيرة التَّأرِيخيَّة والأَداء في أَدب المَدْح والرِّثاء يُسمى (السِّيرة والرِّثاء). وإنّ الحاجة إلى التَّوسُّع في خِطاب المَجالِس والخُروج به عن مادَّتِه الأَساسِيّة لَم يكن ضَرُوريًّا على حسب مَعايِير الثَّقافَة الشِّيعِيّة الأَصِيلة، وإِنَّما صار التَّوسُّع دَليلا على عَجز الخَطِيب عن إحراز الكَفاءة اللّازِمَة والتَّمكُّن مِن المادّة المِنبريّة ومِن فَنّ الأَداء والعَرض على منهج (السِّيرة والرِّثاء) ومِن تَدخل أَهواء الانتماءات الحزبيّة والفئويّة.

في عَقد الخَمسينات مِن القَرن الماضي أُقحِم المِنْبَرُ في الإجابة عن جَدل العَلاقة بين العِلْم والدِّين، فشَكّل هذا الإِقحام الخُطوة الأُولى المُمَهِّدة لِلخُروج بِالمِنبر على وَظِيفته الأَساسِيّة ومَادّته، والاقتِراب بِه إلى (العَلْمَنة) الفِكرِيّة. ثُمّ أُتبِعَت هذه الخُطوة بِأُخرى قَضَت في المُنتَهى إلى تَوظِيف المِنْبر في بَثّ الفِكر الحِزْبي والفِئوي على طِبق مَنهج آخر يطلق عليه (الوَعْظ والإِرشاد الأَبَوي) والتَّروِيج به لِمَفهوم الزَّعِيم وتَنصِيب الرّئاسة الحِزبيَّة والفِئويّة على الوُجُود الشِّيعي، وتَذلِيل التَّباين الظّاهر في الاجتِهاد والاختِلاف بين الوَلايَة العامّة والوَلايَة المُطلقة ومَرجِعيّاتهما وحَوازِتهما، وتَدجين المفاهِيم الحَيويّة الأَساسِيّة المُعتمَدة في المُجتَمع الشِّيعي أَخْباريّا مِثل (العِصْمَة) و(التَّقِيّة) و(الانْتِظار) و(الوَلايَة والبَراءة) و(العِصمة)، وتَوهِين العَقل الشِّيعي بِاتِّخاذه مصداقًا لِمَفهومَي (التَّخَلُّف) و(اللّاوَعْي) المقتبسان عن ثَقافة اتِّجاه أَهْل العامّة.

وفي خِضمّ هاتَين الخُطوتَين صار المِنْبَرُ في الشَّكل والمَضمُون أَداةً سِياسيّةً مُسخَّرة لِمَشروع إِعادة تَأوِيل أُصُول المَعرفة الشِّيعِيّة ومُعالجة مُكوّنات الثَّقافَة الشِّيعِيّة بِمَنهج (الشَّكّ والتَّشْطِيب والتَّأمِيم). وقد أَدرك قَلِيلُ مِن عُلماء الدِّين والخُطباء خُطورة الخُروج بِالمِنبر على وَظِيفته الأَساسِيّة الّتي شُيِّد ونُصِّب مِن أَجلها، فيما رَكَب كَثِيرُ مِن العُلماء والخُطباء صَهوة الانْتِماء الحزبي والفئوي وتَنزّل بِمَقام المنبر ومَنزِلته وقُدسِيّته في سَبِيل خِدمة فِكر الانتماء وسِيادَة زَعاماته. وحَظِي في ذلك بِدَعم وتَأيِيد مِن قُوى سِياسِيّة ما زالت تَعمل على بَثّ الفِكر المهُوس بانْتِخاب الإنْسان (السُّوبَرمان) ولا تَرى في غَيره بَدلاً.

فكيف يَستطِيع هذا النَّفَر القَلِيل مِن العُلماء والخُطباء العَمل على إِعادة المنبر إلى وَظِيفته الأَصِيلة فيما رُوّاد المجالس يُعانون في مَناطقهم مِن ضَغط إِثْبات الوُجود الحِزبي والفِئوي وتَنصِيب الزَّعامات المَناطِقيّة الفَرعِيّة المَحلِّيّة فضلاً عن الزَّعامَة المَركَزِيّة في وَضَح النَّهار وأَمام التَّحسُّس السِّيادي الرَّسْمي؟!

إنَّ تَجرِيد المنبر مِن مَنهجه الأَصِيل أَخَلّ بوَظيفة المأتم وأَرهقها وأَفقد المنبر استِقلاله الثَّقافي والاجْتِماعي وقطع الطَّريق عليه عن تفاعلات إرْثه العَرِيق، ثُمَّ صار مَحلاً لِحَسم مُنازعات الأفكار الهَجِينة المُتباينة والمُقتَبسة عن الفِكر الحَرَكِي لِأَحزاب اتِّجاه أهل العامّة، وأَدى إلى انْحِطاط كَفاءة الخَطِيب وضَعف التَّأثير وتَملْمُل رُوّاد المَجالِس وإثارة سخطهم، في عالَم يَشهد تَقدُّمًا مَنهجِيًّا في الاخْتِصاص العِلميّ والثّقافي، فيما يُصِرّ الخَطيبان المُنتَمِي والمُتَحيّز والقُوى الحِزبيّة والفِئويّة السَّائِدة على التَّمادي في خَلط الحابِل بِالنَّابِل والزَّجّ بِكُلّ المعارف والعلوم في مادة المنبر تعويضًا لانْعِدام الكَفاءة في الاخْتِصاص المنبري وغِياب رُوح الإبداع ضِمن نِطاق مَنهج (السِّيرَة والرِّثاء) وطَلَب السِّعة والرَّاحة والدِّعة والكَسل والجُمود بِمِنبر (الوَعْظ والإرْشاد الأَبوي) ذي الوَلايَة المُطلقة المُغالب لِمُجتَمع (المَلالي) الأَصِيل الّذي ما زال مُتَمسِّكًا بِقَداسَة المنبر ومُشكِّكًا في كَفاءة منهج (الوَعْظِ والإرشَاد الأَبَوي) ودُعاته!

عَزم الخَطِيبُ المُعاصر على الانْقِلاب على مَنهج (السِّيرَة والرِّثاء) الأَصِيل وأَراد مِن ذلك أنْ يُتِيح لِنَفسه ولِغَيره مِن العُلماء مِن غير الخُطباء خِيارات تَعوِيضِيّة مُرِيحة تُمكّنهم ـ هؤلاء العلماء ـ مِن مُشاركة الخَطِيب دَوره على المنبر. وكُلَّما ثَقُلَت على الخَطِيب والعالِم الشَّريك الجديد لَوازِمُ الرِّواية والسِّيرة وأَدب الرِّثاء والمَودّة وفُنون العَرْض المِنبَري؛ انتَقَلا بِالمِنبر إلى التَّفلسُف والتَّحلِيل والتَوصِيف والتَّوهُم بِمَنهج (الوَعْظ والإرشَاد الأَبَوِي) ثُمّ اختتما مَجالسهما بِوِجدانيّات التَّصَوُّف وأَلفاظه وأَوجَبا تَعزِيز الوَلاء بِمَفهومي الزَّعامة والانقِياد في رُوّاد مَجالِسِهما مِن خلال التَّفاعل مع العُلوم الإنْسانِيّة والرِّياضِيّة والطَّبِيعِيّة ومُواكبة التَّحوُّلات السِّياسية المُستَجِدة.

وكُلّما تَجاوز نِضالُ جِهةٍ مِن جِهات الانتماء الحِزبي والفِئوي حَدّ طاقة التَّحمّل؛ استَجمَع الخَطِيبُ أَزمات الانتماء وأَلقى بها على المنبر تَحت ذَرِيعة (أَنَّ المنبر أُسِّسَ لِمُعالجة مُشكلات الأُمَّة كافَّة ولَيس لِلبُكاء التَّفجُّع والنّواحة

وتَعاطِي السَّرديّات التَّأرِيخيّة، ولا بُدّ مِن المُواءَمة بين وَظِيفة المنبر ومَقاصِد الانْتِماء). فلَم يَصلح أَمر الأُمّة منذ خَمسِينات القَرن الماضي بِهذا الإِجراء المُتواكِل قَصِير الرُّؤيَة والنَّظر لدا الخطيب والانتماء، ولا ارتَقى بِثَقافة المُجتَمع، حيث طَغى التَّفاعُل السِّياسِي مع نَهضَة التَّحَزّب والفِئويّة وغُمِرت العَقِيدة والشَّريعة والأَخلاق في قَعر النِّسيان أَو وُظِّفت سياسيًّا.

مِن جِهَتِه، أَخفقَ الانتماءُ الحِزبي والفِئوي في العَمَل على تَنمِية كَفاءة الخَطِيب السَّالِك لِمَنهجه البَدِيل (الوَعْظ والإِرشَاد الأَبوِي)، وتَفَوَّقَت كَفاءَةُ النُّظراء المُستقِلّين المُنادِين بِرَفض تَبعِيّة الخَطِيب والمِنْبَر ومَواكِب العزاء والشَّيّالة لِلانْتِماء، ونادى المُنادِي بِأَهَمِّيّة استقلال المنبر صِيانةً لِوَظِيفته وحِمايَة لِوجوده ومُحافظة على إِرثِه العظِيم. ولَيَكُن لِلانْتِماءات البَدِيل المناسب عن المَنبر والمآتِم يَجتَهِدون في تَأسِيسها ويَخوضُون بها مُغامراتِهم.. تلك ظاهِرة لا تَخفى على مُراقب على قِلَّةٍ مِن المُستقِلِّين مِن الخُطباء إِذْ يَلمَس أَثَرَ ذلك في مُجتمع البَحرين على الرَّغم مِن أَنّ الانْتِماء الحِزبي والفِئوي قد استَحوذ على المنابر والمَساجد والمَواكب والمُؤسَّسات الخَيريّة وما شاكل ذلك مِن مظاهر ثقافيّة وصَرفَها عن العمل في تَنمِية الثَّقَافة البَحْرانِيّة وجَرّدها مِن مَنهجِها الأَصِيل ومِن مفاهيمها وأَلفاظها ولَهجَتِها ولكَنَتِها حتّى، ثُمّ سخّرها لمصلحة فِكرِهِ الخَاصّ، وأَسرف في إِقصاء الخُطباء والمآتِم والمَساجِد المُستقِلّة غير المُنتَمِية وغير المُتَحَيِّزة.

ما زالت فِئةٌ قَلِيلةٌ مِن الخُطباء تَحظى بِالشُّهْرَةِ لدا البحرانِيِّين، وذلك لِما تَمَيَّزت به مِن تَمَسُّكٍ بِالثَّقافَة المَحلّيّة الأَصِيلة المُجرّدة مِن مَفاهِيم الانْتِماء على الرَّغم مِن صُعوبة التَّحدّي المانع مِن التَّفوّق. فصَبرت هذه الفِئة وحافَظَت على استِقلال المَجالِس ودافعت عن أَصالة المنبر ولم تَتَخلّ عن مَنهَج (السِّيرَة والرِّثاء) العَريق المُمَيِّز لِلثَّقافَة البَحرانِيّة. وقد أَعان هذه الفِئة مُجتَمعُ (المَلالِي) في هذا الموقف المسئول ولم يَخذلها.

كادَ الانْتِماء الحِزبي والفِئوي أَنْ يُفسِد وَظِيفةَ المنبر ويُشوّه مَقاصِده ويَجعل مِنه وَسِيلةً مِن وسائله الدّعائيَّة لِتَرويج مَفاهِيم السِّياسة والزَّعامة البَدِيلة ولِتَعزيز نُفوذ الوسائط الحِزبيّة والفِئويّة المنتشرة في المناطق، وذلك بِعُنوان (إِصْلاح المِنبَر والرُّقِي بِخِطابه). ولم يَتردّد في خذلان ما بَذلته أَجْيالُ التَّشَيُّع الماضِية مِن أَنفُس وأَموال وطاقات وأَمْن اجتِماعي وحِرص على بقاء رَمزِيّة وأَصالَة المنبر وثَبات قُدسِيَّته في الثَّقافَة البحرانِيّة.

كان لِلمِنْبَر البحراني (مُلّا) و(صَانِع) ومَنهج واختِصاص وَوظيفة مقتصرة على سَرد السِّيرة ونَقل المَروِيّات المَمزُوجَة بِأَدبِ المَدح والرِّثاء وأَطوارِهِما حتّى نِهاية عقد السِّتّينات مِن القرن الماضي، فعَمّ بِفَضل هذا النِّظام والتَّخصُّص والمنهج تَأثِير المنبر حيث تَفَوّق في صِيانة دِين المُجتمع البحراني وساهم في تَنمِية ثقافَتِه وحَصَّنه مِن الانحراف العَقدِي والفَساد الأخلاقي في بيئة يَسودها الفَقر وَضيق الحُرِّيّات المَدنِيّة وتَحدِّي التَّمييز والفصل الطّائفي.

وفي مَطلَع عقد الثَّمانِينات استَغَلت الانتماءات الحزبيّة والفئويّة سِعةَ المَوجَة السِّياسِيّة (الثَّورِيّة) العارِمة في المنطقة لِلتَّحريض على تَسفِيه الرَّابطة (التَّقليدِيّة) مَع المآتم وتَوهِين شأن المنبر ووَظِيفته الأَصِيلة، والتَّنزُّل بِمَقام المنهج الأَصِيل في الخِطابة المُتَّبع لَدى (المَلالِي) أكرم الله مَثواهُم، والتَّشكِيك في جَدوى أَدائه الفِكري. وأَوهَمَت مُجتمعات الشِّيعة بِتَخلُّف المنبر والمَنهَج معًا عن النَّهضَة الشِّيعِيّة المُعاصرة، وذلك تَمهِيدًا لِتَأمِيم المآتم والمنابر والاستحواذ عليها والعَمل على النُّهوض بها على قاعدة مِن الخِطاب الحِزبي والفِئوي الموجَّه والمُثمِر حضاريًّا!

لقد دَفَعت المَوجَةُ (الثَّورِيَّةُ) في مطلع عقد الثَّمانينات مِن القرن الماضي بِفِئةٍ كَثيرةٍ مِن الشَّباب المُنتَمِي والمُتحَيِّز لِلالْتِحاق بِالمدارس الدِّينِيّة المحلّيّة والحوزات الكُبرى الخارِجِيّة، وذلك لِلتّخصُّص في الدِّراسات الدِّينِيّة حيث

اختلق لِمقام عالِم الدِّين في المُجتمع البحراني رُتْبَةً (وَلائيَّةً) سامِية على مَقام (المُلّا)، وزُخْزِح (المُلّا) عن مَقامِه الأَصِيل العريق شَيئًا فشيئًا. فاحتَلّ عالِمُ الدِّين ذِي الرُّتْبة الجَدِيدة المآتمَ والمَنابرَ معًا وتَنَزَّل بِمَقام المُلّا درجة ولِيُكثِر مِن الحديث عن (تَخلُّف) وَظِيفة المأتم و(المُلّا) معًا، ولِيُثيرَ الجدل في أَصَالَة المَجالِس، ولِيَنقض مَنهج (السِّيرة والرِّثاء) ويَتَّهِمَ (المَلالِي) بِترويج الخُرافة والأُسْطُورة.

لقد قطع الانْتِماء الحِزبي والفِئوي مَسيرتَه المستقرّة في تَنمية الثَّقافة الأَصِيلة عند مَطلع عقد الثَّمانِينات في مِن القرن الماضي لِيُواكب التَّحوّلات السِّياسِيّة المُفاجِئة في الإقليم، وسارع في رُكوب المَوجَة الثَّورِيّة والاندماج سِياسيًّا معها، فحاصَر الشَّعائر بِمَنهج (الشَّكّ والتَّشْطِيب والتَّأْمِيم) وخلّف وراءه نَهضتَه الثَّقافِيّة الّتي انطلق بِعُنوانها في مَطلع عقد الخَمسينات ودَخل تجربته الجديدة. فأَخفقَ في صِناعة البديل عن المآتم والمنابر الأَصِيلَين في أَربعة عقود مِن الأنْشطة (الثَّورِيّة) و(الحَضارِيّة) على الرَّغْم مِن تَوافِره على الكِيان المُؤسَّسِي السّائد والحَشد الكَبير مِن الخُطباء المُنتَمِين والمُتَحيِّزين والأَمْوال أَضعافًا مُضاعَفة.

لقد أَدرك التَّيّارُ الشِّيعي العامّ مِن خِلال مُتابَعتِه لِمَشاهد المُناكَفة والمُناوَشة والمُغالَبة المُتكرّرة بين زُعماء الانْتِماء الحِزبِي والفِئوي والزُّعماء التَّقلِيدِيّين أَنَّ تَرويج مَفاهِيم (التَّخَلُّف) و(اللّاوَعْي) و(الخُرافَة) و(الأُسْطُورة) في وَصْف الأَداء المِنبري الأَصِيل ما كان إلّا مِن التَّدابِير السِّياسِيّة المستحدثة لاختِصار الطَّريق نَحو حَسم النِّزاع على الزَّعامَة وبَسط يد الوَلايَة على المآتِم والمَنابر وما تَبقّى مِن مَظاهر الثَّقافة البَحرانيّة. وزاد بَعضُ (الثَّورِيِّين) المُنتَمِين والمُتَحيِّزين على كُلّ ذلك ضَرورتَين هما: تَسلِيم المآتم والمساجد كُلّها لِمَركزيَّة التَّوجِيه الشَّامل بِمَنهج (الوَعْظ والإِرشاد الأَبَوي)، وشَطْب مَنهج (السِّيرة والرِّثاء) الأَصِيل.

يَقول أَحدُ القائمين على مَأتم حَيٍّ مِن أَحياء المنامة عاصِمة المآتم البحرانيّة: (هَبَّت علينا المَوجَةُ الثَّورِيَّةُ في وَقْت وُصولِنا بِالمِنبر إلى ذُروةِ العَطاء الثَّري على منهج (السِّيرَة والرِّثاء) بِدَعمٍ يَسيرٍ مِن التَّوصِيات الّتي كُنّا نسُوقها إلى الخَطِيب المُختار بعد كُلّ مَجلِس يَعقِده. فتَفاعَلَت الفِئاتُ العُمُريّة كُلّها مع المِنبر، ونِلْنا بِذَلك رِضا أَهالِي الحَيّ على ما انَجَزناه مِن تَقدُّم بِالمنبر ومِن تَمسُّكٍ بِالمَنهج ومِن قُدرة على انْتِخاب الخَطِيب المُناسِب ذِي الكَفاءة العالِية في سَرد السِّيرة التَّأريخِيَّة وفي الأَداء الأَدبي الرَّاقِي والطَّور الجَمِيل الرّائع. وقَلَّصْنا بِذَلك سِعَة الفَجْوة بين الخَطِيب ورُواد المجلس وضَيّقنا المساحة الحُرّة التي اعتَاد خَطِيب (الوَعْظ والإِرشَاد الأَبَوي) بَثّ ما عِنده مِن حَشوٍ فِكريٍّ وعِلمِيٍّ فيها. فاكتَشفنا أَنّ الخُطوات الّتي اتَّبَعناها لِلعَودَةِ بِالمِنبر إلى أَصالَتِه ستَتَعرَّض لِـ (الرَّجْم) مِن قِبل فِئةٍ (ثَورِيّة) أَسَّسَت بُنيانَها على مَنهَجِ (الوَعْظ والإرْشاد الأَبَوي) وأَعدَّت خُطباءها على ذات المَنهج. فإِنْ نَهضَ مَنهجُ (السِّيرة والرِّثاء) مِن سُباتِه فسَوف يَفقِد الكَثِير مِن خُطباء الانْتِماء والتَحَيُّز فرصهم، فثارَت ثَائرةُ عُلماء الحَيّ علينا وأُقصِينا عن دَورِنا المسئول واستَبدَل (الثَّورِيُّون) خَطِيبنا بِخَطيب (الوَعْظ والإِرْشَاد الأَبَوي) فلَمْ يُحسِنوا التَّأثير والبِناء وحَلّ الضَّجَر والسَّأم بين رُوّاد المأتَم، فعاد (الثَّورِيُّون) إِلينا يَطلِبون العَون بِشَرط أَنْ يَبقى نَشاطُنا تحت مَظلَّة عالِم مِن عُلماء الانْتِماء الحزبي والفئوي فَأَبَينا ذلك)!

صَمَد مَنهجُ (السِّيرة والرِّثاء) بِحُكم ارتباطِه الوَثِيق بِالثَّقافَة البحرانِيّة الأَصِيلة، وتَراجَع مَنهجُ (الوَعْظِ والإِرْشاد الأَبَوِي) لِعَدم تَوافُر خُطبائه على الكَفاءة المُناسِبة لِخَوض هذا التَّحَدِّي القادِم مِن ثِقَةِ المُجتَمع في ثَقافَتِه الأَصِيلة ومِن التَّطوّر السّريع في شَبكَة الاتِّصال التِّقني وتَدفُّق المَعلومات. وقد تَحقَّقت مَركَزِيّةُ التَوجِيه الحِزبي والفِئوي شَكلِيًّا بِقُوّة النُّفوذ في بَعض المناطق. وهنا لا بُدّ مِن الإشارة إلى مَسأَلَتَين:

ـ ما الّذي دَفَع بِالانْتِماء الحِزبي والفِئوي إلى الانقلاب على المنهج

البَحرانِي الأَصِيل العَرِيق الشّهير، وانحرف به إلى العمل الجادّ لاستِبدالِه بالمرَكَزيّة الحادّة وقد ثَبُت عيانًا وبالتّجربة على مَدى عشرة قُرون مِن الزَّمَن أَنّ لِمَنهج (السِّيرة والرِّثاء) المُستقِلّ بِمَآتمه ومادّة مَجالِسه الدَّورَ الرّئيس في المُحافَظة على الهُوِيّة الشِّيعِيّة البحرانِيّة وعلى استِقرار النِّظام الاجتماعي وتَماسُكه وسَلامَة عقيدته وشَريعتِه وأَخلاقِه أَمام العَواصِف السِّياسِيّة والمَوجات الفِكريّة العارِمَة؟!

إنَّ الإبقاء على مَنهج (السِّيرة والرِّثاء) العريق فاعلاً والعمل على تَنمِيَته وإعداد خُطابائه إعدادًا مُناسِبًا إِنَّما يَعكِس وُجود إِدراكٍ تامٍّ وحِرصٍ على وَظِيفةٍ أَصِيلةٍ مُتفوِّقة في صُنع أَجيال المَودّة والوَلايَة والبَراءة. فإنْ لَمِسنا وُجود نَقصٍ في بُعدٍ مِن أَبعاد عمل هذا المَنهج فلا يصحّ الانْتِقال عنه إلى بَدِيل آخر مُنتَج في بِيئة ثَقافِيّة أَجْنَبيّة فيما خيارات التَّثقِيف بِالوَسائل الأخرى غَير المنبر أَصبَحَت مُتاحة لِمَن يَرغب في البديل.. فلِمَ الإِصرار على المُغامرة الثَّورِيّة والانقلاب على هذا المنهج الأَصِيل، وهَلْ هِي دَلِيل على العَجز عن إِيجاد الوَسِيلة الثَّقافِيّة البديلة أَمْ هو الاستِغلال لِمَا هو كائن والهروب به مِن مَسئولِيّة إِيجاد ما يَنبَغِي إِيجاده أَو وَجَب؟!

ـ وأَمّا المَركَزِيّة فهي لا تَعدو أَنْ تكون وَصْفًا مُخفّفًا عن مَعنى (الزَّعامَة) ذِي الحَساسِيّة في الوَسَط العام، وهِي تُعَدّ في المجتمع البحراني مِن أَخطر الطُّرق الّتي تُفقِد المآتم والمنابر وجميع مظاهر الثَّقافَة البَحْرانِيّة استقلال مَعانيها الّتي قَرَّرها المُؤسِّسُون الأَوائل والباذِلون مِن المؤمنين، ويُضَيِّع بها الوَجهَ التَّأرِيخي المُقدّس والعَرِيق لهذه المَظاهر الأَصِيلة العَرِيقة، ويُعزِّز بها مَقامُ الرَّدِيف ذي الفِكر الهَجِين الوافد الّذي لا صِلَة له بِالثَّقافَة المحَلِّيّة، وتَحِلّ بها المُناكفة والمُغالبة والانْشِقاق والشَّتات، وتُغَيَّب بها حال التَّنافُس والإبداع النَّاشِئين على مبدأ تَقدِيم الأفضل الأَصِيل، وتُعرّض بها المآتم والمجالس والمساجد وكلّ مظاهر الثَّقافَة إلى خطر التَّدافع بين قُوى النُّفوذ السِّياسي الدّاخِلي والخارِجي، وتُلوّث بها سَرائر العُلَماء والخُطباء والملالي ورُواد

المَجالِس والشَّيّالِين والقائمين على مَظاهِر الثَّقافَة، وتَتراكم بها الخُصومات على الخصومات.

إنَّ الثَّقافَةَ البَحْرانِيَّة الأصِيلة تُؤكِّد على أنّ المآتمَ والمنابر مَظهرٌ لم يَكن وَلِيد الصُّدفة والعَشوائيّة والمزاج الاجْتِماعي العام والفوضى الفكريّة، وإنّما نَشأ على طِبق السِّياق الثَّقافيّ المُنظّم العريق المُحكم في التّخطيط والهندسة والحَكِيم في الرُّؤية وطُول البصر والأَمد. وإنَّ لِلمآتم والمنابر في الثَّقافة البحرانيَّة معاني شُيِّدت بِمُوجب أُصُول المعرفة المعتمدة في التَّشَيُّع ذِي الهُوِيّة الّتي لم يكن وُجودها رَدَّة فعلٍ على وَقائع أَوَّل اغتِيال وأَوَّل انقلاب وأَوَّل سَبي في التَّأريخ الإسْلامي استهَدَفَت القضاء على الدِّين ونُبوّة رَسُول الله صَلّى الله عليه وآله وإمامَة أَهْل البيت صَلواتُ الله وسَلامُه عليهم.

التَّشَيُّعُ الأَصِيلُ هو الّذي بَذَر بَذرتَه رَسُول الله صَلّى الله عليه وآله في فِئةٍ مؤمنةٍ وآلَت عَلِيًّا أَمير المؤمنين صَلوات الله وسَلامُه عليه وصانَت إيمانها بوَلايَته، وجَعَلت مِن مَجالِس البيوت مَحلاً لإحياء الشَّعائر في أَوَّل الأمر، ثُمَّ شَيّدت مَجالِسها في المساجد في زَمَنٍ مُتأخِّرٍ، ثُمّ عادت إلى مَجالِس البيوت لِتُحييها، ثُمّ أَسَّسَت المآتم بِأَشكالها البَسِيطة وجَعلَت مِنها ملاذاً آمِنًا وسُورًا حَصِينًا لِصِيانة وُجوُدها والمُحافظة على أَصالَة ثَقافَتها واستقرار نظامها الاجْتِماعي.

لَقد سُجِّلت لِمَظاهر الثَّقافَةِ البَحْرانِيّة الشِّيعِيّة الأَصِيلة قُدرةٌ فائقةٌ على التَّصَدِّي لِلموجات الفِكريّة المُخالفة والمُعادِية لِعَقيدة وشَريعة التَّشَيُّع، وكان لِلمآتم الدّورُ الرَّئيس في تَحقِيق هذا التَّفوّق والفَصل في ضبط آلِيّة (التَّعايُش) مع أَتْباع اتِّجاه أَهْل العامّة والحَدّ مِن الانعكاسات السَّلبِيّة لِما يُسمّى بالشَّراكة الفكريّة الحِزبيّة والفِئويّة الشِّيعِيّة مع المَنهج الحَرَكِي النِّضالي لِحِزبي التَّحرِير والإِخوان المُسلمين الّذي ظَنّ مُؤَسِّسُوها أَنّ (اختِراق الثَّقافَة الشِّيعِيّة الأَصِيلة وتَجمِيد أُصُولها والوُصُول بِمُجتمعاتها إلى شَكلٍ مِن أَشكال الوَحدة السِّياسِيّة

الصّوريّة على طريق إقامة نظام دَولة يِنفَرِد بزعامتها اتِّجاهُ أَهْلِ العامّة مِن دُون الشِّيعة هو عَمَلٌ سَهلٌ يَسِيرٌ وفي غاية الإِمْكان).

لمَس البَحْرانِيُّون عن قُربٍ الآثار السَّلبيّة لِهَذه المَوجَة في بَادِئ الأَمر مِن خِلال مُتابَعاتِهم لِمِئات مِن النَّدوات والمُحاضرات الّتي كانَت تَدعو إلى تَصحِيح الثَّقافة البَحرانِيّة وإِعادة النَّظر في الشَّعائر وهَيئَة المآتم وخِطاب المنابر، وإلى إِثبات حُسن النَّوايا وتَعمِيق أَواصر المَودَّة مع وُعَّاظ اتِّجاهِ أَهْلِ العامّة وأَحزابهم فضلاً عن الأَتْباع ـ فرَفَضها البَحرانِيُّون لِما تَضمَّنته مِن مَقاصد سِياسِيّة حِزبيّة وفِئوِيّة مَحضة مُخالِفة لِأَصالة الثَّقافة البَحرانِيّة، ومِن استِسلامٍ حِزبيٍّ وفِئويٍّ لِعُقدة الشُّعور بِالنَّقص والحَقارة الّتي أُرِيد زَرعها في المُجتمعِ البَحراني. وقد حَظي مَشروع التَّصحِيح هذا تَأيِيد بَعض المَرجِعيّات الشِّيعِيّة في النَّجف الأشرف على الرَّغْم مِن رَفض الاتِّجاه الأخباري له.

إنَّ لِلثَّقافَةِ البَحرانِيّة خُصُوصِيّاتٍ أَصِيلةً لا يصحّ التَّعاطِي معها بِخُصوصِيّات انتماء حِزبِي وفِئوي ناشِئ عن بِيئَةٍ ثَقافِيّةٍ مُغايرة ومُتعالِيّةٍ في كِبر وغُرور ورُعونة. ودُونَنا تجربة الثَّقافَة الشِّيعِيّة العِراقِيّة الأَصِيلة حيث خاضَت العَدِيد مِن التَّجارب المريرة في مُناهضة الأفكار الوافدة والحَذَر الشّديد حين الاقتباس عنها. فلَمْ يَنس العِراقيّون الشِّيعة بَعدُ مُلابسات صُدور فَتوى المَرجِع آية الله السَّيّد مُحسِن الحَكِيم الّتي اختلِف في نَصّها وفي ظَرف صُدورها. فقائلٌ أَنَّ البَعثِيِّين استَفتُوه في 20 فبراير 1961م برسَالةٍ شارِحةٍ لِمَبادئ الشُّيوعِيّة، وهُم يُبَيِّتُون أَمرًا دُبِّر بلَيل. فَرَدَّ عليهم السَّيّد الحَكِيم أَنّ (الشُّيوعِيّة كما وُصِفَت لِي هِي كُفرٌ وإِلحاد) أَو (لا يَجوز الانْتِماء إلى الحِزب الشُّيوعي فإِنَّ ذلك كُفرٌ وإِلحاد) أَو أَنّ (الشُّيوعِيّةَ كُفرٌ وإِلحاد). وقِيل أَنَّ السَّيّد الحكِيم كَفَّر الشُّيوعِيّة في هذه الفَتوى ولم يُكَفِّر الشُّيوعِيِّين ولم يَدعُ إلى قَتل الشُّيوعِيِّين!

عندما صَدرت الفَتوى، ذُكِر أَنَّ المُغالبة بين اتِّجاهَي الشُّيوعِيّة والبَعثِيّة كانت على أَشُدِّها ولكنّها لم تكن مُتوازِنة، وأَنَّها راجِحَة في مَصلِحة

الشُّيوعِيِّين الّذين شكّلوا الأَغلَبيّة السَّاحِقة في كُلّ مَرافِق الحياة السِّياسِيّة والاقتِصادِيّة والاجْتِماعِيّة والثَّقافِيّة. فاستَغَلَّت قِيادةُ حِزب البَعث (السُّنِّيّة) نَصّ الفَتوى (الشُّيوعِيَّةُ كُفْرٌ وإِلحاد) بالتَّعاون مع بَريطانْيا ومِصر ودُول الجِوار ومنها الكُويت وإِيران والأُردن وشَنَّت غَاراتها على الشُّيوعِيِّين وحَرّضَت النّاس على قَتلِهِم بِعُنوان الفَتوى وارتَكَبت فيهم أَبشَع الجرائم في عام 1963م حيث قُتِل فيها حوالى 55 ألفًا مِن الشِّيعة الأكادِيمِيّين وأَهْلِ المَعرِفَة والثَّقافَة بَين الثَّامِن مِن فبراير 1963م والثَّامِن عَشر من نُوفَمّبر 1963م بِحُجّة انتمائهم لِلحزْبِ الشُّيُوعِي العِراقِي. وعَلّقَ أَحدُ علماء الدِّين (أَنَّ المَرجِعيَّة الحَكِيمِيَّة انْتَصرت على قاسِم والشُّيُوعِيِّين ولكِنّ القَومِيّين استَفادوا مِن ذلك وصَعدوا على أَكتافِنا ولم نَلتَفِت إلّا بَعد فوات الأَوان)!

لقد سُجِّلَ لِتيّارٍ بَحْرانِيٍّ أَصِيلٍ إدراكُه المُبكر لِخُطورة قول القائلين بتَصحِيح الثَّقافة البَحْرانِيّة أو حَجْب الثِّقة عنها و(تَرْشِيد) مَظاهرها حيث بادر إلى حثّ أهل البحرين على التَّمَسّك الشَّديد بثقافتهم وبِكُلّ مظاهرها التي ورَثُوها وكُلّ أَلوان الشَّعائر المنبريّة، وساهم في بَثِّ المعارف المُتعَلّقة بِأُصُولها، كما سُجِّل له الاستِعانة في وقت متأخر بالقَنوات الفضائيّة وشَبكات الاتِّصال التِّقْني المُتاح والصَّحافة ودُور النَّشر وكُلّ أَشكال الإعلام والأدب لِرَفع مُستوى الإدراك لما قَصدَ إِليه، كما سُجِّلَ له التَّمَيُّز في تَقدِيم التَّشَيُّع الأَصِيل بِما هُو هُو مُجرّدًا مِن الأَغلال السِّياسِيّة والقيود الفِكرية الحِزبِيَّة والفِئويَّة.

رَايَةُ فُقَراءِ أَهْلِ الَحيّ

اختَلَف القائمون على خِدْمَةِ مأْتَم الحَيّ في اختِيار الخَطِيب المُلائم لِمنبر المأتم، ورُبما اختَلفوا على نظام تقديم الخدمات لِرُوّاد مجلس المأتم والمعزّين في موكبه، أَو ازداد عَددُ رُوّاد المجالس والمُعزّين إلى الضِّعف فتَجاوز حَدَّ الاستِيعاب الفَنّي فاختَلَف القائمون على خِدمة المأتم حول سُبل التَّوسِعة في المكان والخَدمات ووَقت انْعِقاد المَجلس.

إنَّه اختلافٌ إيجابيٌّ يُنْبئ في الأَغلَب الأَعمّ عن قُرب حُصول تَحوّلٍ أَو تَطوّرٍ في المأتم والموكب والخدمات أَو عن قُرب حُصُول مَخاضٍ سَهلٍ لِنشوء مأتمٍ آخر في الحَيّ.

اختِلافٌ مُثمرٌ يتكرّر في مُدن وقُرى البحرين، ويُسفِرُ عنه سِلْسِلةٌ مُباركةٌ مِن التَّحوُّل الاجْتِماعي والانْتِشار المُستَمِر في مُنتديات الثَّقافة مِن دون تَعطِيل ولا حَساسِيّة ولا انْعِكاسات سَلبيّة ولا مُضاعفات جانِبيّة في أَهل المَنطِقة وبَين خَدَمَة الشَّعائر.

إنَّه اختلافٌ بَحْرانيٌّ وِجدانيٌّ بنكْهَةٍ شِيعِيّةٍ مُجرّدة مِن أَيّ عَصبيّة فردِيّة أَو تَطرّف عائليّ أو مَناطِقيّ أَو طَبَقيّ أَو حِزبيّ أَو فِئويّ مَرجِعيّ أَو غِلظةٍ ورُعونةٍ وما شَاكل ذلك، وهو مِن سِماتِ الثَّقافَة البَحْرانِيّة الأَصِيلة المُتكامِلة في جميع الأبعاد.

قارَبتُ في سِتّينات القرن الماضي أَحوالاً مِن الخِلاف (المَأْتَمِي) في حَيّ النِّعَيم إلى الشِّمال الغربي مِن عاصمة البحرين فوَجدتها مُنحصِرَةً في اختيار الخَطِيب المُلائم ومُستوى الخَدمات المُقدّمة لِرُوّاد المأتم والمُعزِّين و(المُستَمِعين) والمُشارِكِين في مَواكب العزاء، ولا مِن أَحدٍ من البحرانيِّين يَختَلِف على (قَيِّم) المأتم وطبيعة تَصدِّيه لِلعلاقات الخارِجيّة، ولا مِن أَحدٍ يَختلِف على شَيّال المَوكِب ومادّة قصائده ولَحنِه إذْ يَقتَسِم حَركةَ المَوكِبِ عددٌ مِن الشَّيّالِين في وَقَفات مُختلَفِة لِحَلقات المَوكب ولِلقصائد ولِلأَطْوار ولا مِن دَورٍ بُطوليٍّ مُنفرَدٍ لِلشَّيّال فيها، ولا مِن أَحدٍ يَختَلِف على مُدير مِيزانيّة المأتم ومَصادِر التَّموِيل وجَمع الأَمْوال ومَوارِد صرفها على الرَّغْم مِن الفَقر المُدقِع الذي عَمّ المناطق الأَربَعة مِن حَيّ النِّعَيم.

لم نَكُنْ نُدرك في جِيلِ طُفولَتِنا كُلّ التَّفاصيل، ولكنّ مَظاهرَ الخِلاف ونتائجَه تُشكِّل مصدرًا لِسَعادةٍ تغمرنا، لِعِلمنا المُتقدّم بِأَنّ الخِلاف في الحَيّ لَنْ يَصل إلى مُستوى الأَزمة أو الفِتنة، وقُصارى ما سيُسفر عنه هو فُسحةٌ جَدِيدة

في المكان، وخِيارٌ ثَقافيّ تَنافُسيّ مُثمر في الحَيّ، ووُجُوه جديدةٌ مُباركةٌ لا بُدّ مِن تآلفها اجتماعِيًّا. وأَنّ هذا اللّون مِن الخِلاف سيُولِّد تَحوّلاً إيجابيًّا جديدًا في بيئةٍ اجتماعيّةٍ تَبقى هادئة في كلّ الأحوال فَلا تَتَخلّلها المُشاحنات ولا الفَساد في العَلاقات البَينِيّة ولا الحَساسِيّة المُفرطة بين أَبناء الحَيّ.

والدِي الحاجّ عِيسى المَحرُوس الوَجِيه والحَكِيم ذِي الرُّؤية التَّفاؤلِيّة الثّاقِبة المُنبَعِثة مِن وَحي الثَّقافَة الشِّيعِيّة الأَصِيلة لِأَبناء حَيّ النِّعَيم القَدِيم والفَقِير المُعْدَم في العاصِمة المنامة، وأَحد رُموز التَّأثِير الثَّقافي بِما قَدَّم مِن مُشاركة رئيسة في تَأسِيس (نَادِي النِّعَيم الثَّقافي).. يُعلِّق على ظاهرة تكاثر المآتم وتَزاحُمِها في العَقدين الخامِس والسَّادِس مِن القرن الماضي، فيقول:

(لا ضَير في الكثرة ولا في التَّزاحم.. المأتمُ الواحدُ الجامِعُ لِأَهْلِ المناطق الأربعة في الحَيّ كُلّهم في مَسجِد (السَّيّد حَيدَر) أَصبح ثَلاثَةً من المآتِم، ولا شَيء مِن نوايا الانْقِلاب وهوى حُبّ الرّئاسة أَو الخُبث بِالهَيمنة والإقصاء والسَّيطرة في المُختَلِفين ولا مِن أَحدٍ في أَهالِي الحَيّ يَتحيَّز إلى جِهةٍ أو شخصٍ. فَكُلّ أَهْلِ حَيّ النِّعَيم هم أَهلُ مَودّة لِأَهْل البَيت صَلواتُ الله وسَلامُه عَلَيهم، ويَتَجسّد حُبُّ الحسين صَلواتُ الله وسَلامُه عليه فِيهم فلا يَعتَريهم شَكٌّ في عَقِيدة ولا شَريعة ولا شَيء مِن ذلك.

لقد تَحلَّلَ مَفهُوم احتِكار المآتم والمنابر على حسب بِيئتنا الثَّقافِيّة وتَلاشى وصار إِحياءُ الشَّعائر عملاً خالِصًا لِأَهل البيت صَلواتُ الله وسَلامُه عليهم بلا حَساسِيّات حتَّى يكون في مَقدُور المآتم احتِواء كُلّ الخِلاف واستِيعاب كُلّ الطّاقات والحَثّ على مَزِيد مِن التَّمسّك بِالأُصُول ومَزِيد مِن نَبذ أَسباب السُّكون والجُمود وراء الظُّهور.. ثُمّ صار لَدينا الآن خَمسةٌ مِن الخُطباء يَتنافَسُ على وُدِّهم خَدَمَةٌ ورُوّادٌ لِخَمسَةٍ مِن المآتم.

وصارت المآتمُ تَعقِد مجالسها صُبحًا ومَساءً عند إِحياء مُناسَبات الحُزن والفَرح مِن دُون انقِطاع، وزادت فُسحَةُ المآتم في إِثر الخِلاف فُسحة. وأَمّا

إطعام الطَّعام لِرُوّاد المآتم والمُعزّين على مَودّة أَهل البَيت صَلواتُ الله وسَلامُه عليهم فَهو خَيرٌ وزِيادةٌ وتَعظيمٌ لِلبركة.

لقد تَطوَّرت خدماتُ المآتم في كُلّ أَنْحاء البحرين وقفزت مِن الاقتِصار على تَقدِيم (القَهْوَة) قَبل وبَعد عَقد المَجالِس حتَّى عقد الأربَعِينات. ويُعدّ تقديم الشَّاي والوَجَبات تَقلِيدًا مقتبسًا عن ثَقافَة أَهْلِ العِراق في مَرحَلَةٍ لاحِقة لِتَقديم القَهوة.

أَصْبحَ حَيُّ النِّعَيم أَكثر حَيويّةً مِن ذِي قَبل بِتكاثر مآتم الرِّجال والنِّساء، وانظَمَّت النَّوادِي إلى المآتم في بَرنامج إِحياء وتَنظِيم الشَّعائر ودعم الثَّقافَة مِن خِلال تَنظيم النَّدوات وإِقامة الاحتِفالات. وكان مِن أَهمّ نَتائج ذلك بَقاءُ المُؤسِّسين لِلمآتم القديمة والجديدة في وُدٍّ ووِئام واحتِضانٍ لِأَهالي جميع المآتم مِن غير استِثناء أَو تَفضِيل أَو تَصنِيف حيثُ يُشارك الأهالي في إحياء كُلّ الشَّعائر في كلّ المآتم ويَأنسون لاجتماعهم فيها. ولَنْ تَجِد في الأهالي مَن يَتحزَّب إلى هَؤلاء أَو إلى هؤلاء أَو ينحاز.. وتَبقى قِيمُ كربلاء ومُثُلها المَظلَّة الوسعة لاحتضان الجميع مِن دون استثناء، يأوُون إليها ويسكنون).

فيالِلعَجَبِ ويَالِلمُفارقة.. أَنْ يُوصَفَ هذا المُجتَمعُ بِما عنده مِن ثَقافَةٍ أَصِيلةٍ بِوَصفَي (التَّخلُّف) و(اللّاوَعْي) على طِبق مَعايير الانْتِماء الحِزبي والفِئوي الشِّيعي المُعاصر إذْ كانت مآتمُ هذا المُجتَمع حتَّى نِهاية العقد السَّابع مِنَ القَرن الماضي تَمَثّل أَعلى كِيانٍ ثَقافيٍّ جامعٍ يَلتَقِي عنده وُجهاء المَناطِق والعُلماء والخُطباء والمُثقّفون وكُلّ فِئات المُجتمع، ويَسودُ بِهذه المآتم تَكافلٌ اجتِماعيٌّ مِثاليٌّ وِجدانيٌّ رائع بِرعايَة مِن الأَهالي أَنفُسِهم على الرَّغْم مِن الفَقر الشَّدِيد والنَّقص في الأَموال بينهم. فيما النِّزاع بين الانْتِماءات يَتصاعَد حِدَّةً ويُقصِي بَعضُهم البَعضَ الآخَر ويُمارسُ أَبشَع الوسائل لِلتَّمكُّن مِن الغَلَبَة على الآخر بِالضَّربَة القاضِية ويَستَعِين في ذلك بِفكرٍ مُسفِّهٍ لِلثَّقافة البَحرانِيّة ومُقتبَسٍ عن ثَقافةٍ هَجِينةٍ بِواسطةٍ حِزبيّة وفِئويّة غير بَحرانِيّة. فأَيهما المُتخلّف واللاوَاعِي؟!

في العَقدَين الخامِس والسّادس مِن القَرن الماضِي بَرزت ظاهِرةُ تَأسِيس النَّوادِي الثَّقافِيّة رَغبةً في تَشكِيل وَجْهٍ شَبابِيٍّ تَكامُلِيٍّ مع مَجالس البَسطات المَفتُوحة والمغُلقة وبَدِيلٍ عن مَقاهِي (اللُّوفَرِيَّة) و(الطَّبّالَة)، وذلك بِالتَّزامُن مع انتِشار المَوجَة الفِكريّة القَومِيّة ثمّ الانْتِماء الحِزبي اليَساري المغالِبين والمُغايرين لِمقاصِد المآتم على الصَّعِيدين الثَّقافِي والاجْتِماعي.

لم تَكُن المآتم والنَّوادِي والانْتِماء الحِزبي (الماركْسِي الأُمَمِي والقَومِي) جِهاتٌ متكافئة في التَّحدِّي الثَّقافِي مِن حيث العَمل المُنَظّم إذْ اختُرِقَت بعضُ النَّوادِي حِزبِيًّا وفِئويًّا، وكانت ثَقَافَةُ المجتمع البَحْرانِي مانِعةً مِن اختراق المآتم لِما لها مِن صِفَةٍ مُقدّسةٍ رَفِيعةِ المَنزِلة في الوِجدان الأهلي. فعاد رُوّاد النَّوادِي والمنتمون بِمُختلف اتِّجاهاتهم الفِكريّة والحِزبيّة والفِئويّة إلى مآتم أَحيائهم بِحَذرٍ شَديدٍ يُشارِكون شعائرها ولا يَتَخلّفون عنها وعن تَلبِيَة احتياجاتها!

وعندما بَرزت ظاهرةُ الانتماء الحِزبي والفِئوي الشِّيعِي السِّرِّي والعَلَنِي تَختال مُستبشِرةَ في عقد السّبعينات لِتَلْتَهِم في طريق نِضالها أَغلَب مظاهر الثَّقافَة وتُؤمِّم كياناتها العَريقة بِفَنٍّ مِن المراوغة؛ شَمَلت بِمَنهجها في (الشَّكّ والتَّشْطِيب والتَّأميم) المآتم والمواكب والمساجد وكلَّ أشكال الشَّعائر على أَمَل ضَمِّها إلى قائمة الوسائل لِتَحقيق النَّصر السِّياسي المُرتَقَب. ولم تَزل الانتماءات على هذه البُشرى حتّى أَخفَقَت سياسيًّا وثقافيًّا في سَردٍ (دِرامَاتِيكِي) مَعروف، ونالها ما نال الاتِّجاهات الحِزبيّة والفِئويّة القومِيّة واليَساريّة مِن قَبل، وخَيَّبت الآمال بِما قَدَّمَت مِن اغتراب عن التَّنمِيةِ الثَّقافِيّةِ الأَصِيلةِ وشِقاقٍ في النِّظام الاجتِماعِي الشِّيعي.

وعندما أَعادَت الكَرّة وزَجَّت بِكلّ مظاهر الثَّقافَة البَحْرانيّة الأَصِيلة العَريقة في أتون هذا النِّضال مِن بعد احتكارها وتَأمِيمها حِزبِيًّا وفِئويًّا؛ لم تَجنِ عن ذلك ثَمرةً يُعتدّ بها في سَبعِين عامًا خلت، ثُمّ انشَغَلت بِأزماتها الدَّاخِليّة واشتَدَّت خُصوماتها وانشَقّت على نفسها وذَهب رِيحُها ولمّا تضيف في

المآتم والمساجد مأتّما ومسجدًا أَو تُذعِن لِلسِّيرة والسِّياق التّأريخيّين المَجِيدين لِلأجيال البحرانيّة المُنصَرِمة ولِثقافَتِها العَرِيقة الأَصِيلة.

ما الّذي جَعَلَ أَزمة الاختِلاف بين الانْتِماءات الحِزبيّة والفِئويّة الشِّيعيّة المُعاصرة تَشتَدّ خُصومَةً على وَقْع الإِصْرار الشَّدِيد على احتِواء مَظاهر الثَّقافة واحتِكارها وتَأمِيمها، ولماذا انتهي بها الحالُ إلى تَحرِيض المُنتَمِين وحَثِّهم على ارتكاب أَعمال الإقصاء والفَصْل الاجتماعي والنَّيل مِن مقام المَرجِعِيّة والعبث في العَلاقات الاجْتِماعِيّة الرَّصينة القائمة بين الأَهالِي في الحَيّ المُوحَّد والبَيت الواحِد؟!

إِنَّها الرُّعونةُ والغِلظةُ الوافِدةُ على نِظامِنا والاجْتِماعي عن بِيئة ثَقافِيّة مُغايرة مُتعجِّلة في تَرسِيخ مَفاهيم الزَّعامة الحِزبيّة والفِئويّة الواحِدة وبَسط سِيادتها على الثَّقافَة البَحرانِيّة الأَصِيلة العَرِيقة واللَّطِيفة والمُنظَّمة النَّاشِئة مُنذ حَوالى عشرة قُرون مِن الزَّمَن والمُمتَدّة بِجذورها في البَحرانِيّين على نَسَقٍ رَصِينٍ يَنمو بِالمآتم والمنابر والمساجد تَحت ظِلّ إِرشادٍ مَحلِّيٍّ مُستقلّ نَزِيهٍ مُتَشرِّع لَطِيف واثق ذِي قَولٍ لَيِّن.

مِن أَخطر ما يُمكن مُشاهدته مِن خلال تَتبُّع وَقائع الخِلاف النَّاشِئ عن مَنهج تَأمِيم واحتِواء مَظاهر الثَّقافة واحتِكارها أَمران هما:

- أَنَّ وَسائلَ الحسمِ فيها جارِفَةٌ عازمةٌ على إِنْهاء وجود الأَطراف المُستقِلَّة

- وأَنّها غَلِيظةٌ في تَشيِيد الانتماء الحِزبي والفِئوي على أَنقاض المُنافِس النَّظِير أو التَّقلِيدي القديم.

وسُرعان ما استَحالَت هذه الوَسائل إلى عامِلٍ مِن عوامل الانْشِقاق والتَّحلُّل في عُمق ذات الانتماء الحِزبي والفِئوي حيث يَنقَسِم ويَتفرّق جَمعُه إلى مُتخاصِمَين أَو أَكثر مِن ذلك، ثُمّ يَتحَوّل المُنتَمون مِن أَداةٍ لِلمُحافظة على الوِفاق الاجْتِماعي في النَّاس إلى عُناصِر تُفرز خلايا مَناطِقِيّة مَوتُوره.

يُعلِّق أَحدُ المعاصِرين مِن جِيل خَمسِينات القرن الماضي على تَفاصِيل انشِقاق المآتم بَين جِيلَي الماضِي والحاضِر:

(المَشْمُوخْ) في جِيل الخَمسينات والسِّتّينات مِن القرن الماضي إنسانٌ ملتزمٌ بحضور المآتم إذْ تُتِيح له فُرصَ الخِدمة لِوَجه الله تعالى، ولا مِن شأن له في نِزاع القضايا الاجتماعيّة والسِّياسيّة الكُبرى ولا يُدرك شيئًا مِن أَسبابها ولا يَكترث لِنَتائجها حيث لا يَتعدّى نِزاعُ القضايا الكُبرى في هذين العقدين حُدود الرّغبة في تَنمِية مَظاهر الثَّقافة مِن نحو رعاية المساجد وتَأسِيس المآتم وإحياء مواكب العزاء الجديدة، وحيث المآتم والمساجد تَنفرِد بِصِفتَي القيمة المقدّسة والاستقلال في الفعل والأثر. فلِماذا أَصْبح (المَشْمُوخ) في جِيل الثَّمانِينات والتِّسعِينات يَتزعّم نِزاع القَضايا الكُبرى ويَستقلّ بِالكيانات الشِّيعيّة العريقة الّتي أَسَّسَها أَجيالُ الأجداد الماضين وضَمنُوا لها النَّفقة بِالوَقف الدّائم، ومِن وراء (المَشْمُوخ) جِهاتٌ مُستترةٌ تُوَسوِس له في السِّرّ وتُحرّضه على القتال)؟!

قَبل ولادة الانتماء الحِزبي والفئوي الشّيعي في البحرين كان نِزاعُ البحرانِيِّين واختلافُهم في إدارة المآتم والمساجد وخدماتها مَحدودًا في إطار مادة إِحياء الشَّعائر، ولا مِن أَحد في البحرانيِّين يَمتَلِك الجرأة على تجاوز هذا الإطار متحيّزًا لمصلحة فئةٍ منه أو مُتحزّبًا لجهة أَو شخص وإنْ انتهى به النّزاعُ أَو الخلاف إلى الانشقاق والعمل على تَأسِيس كِيان آخر يُحيِي به مظاهر الثَّقافة.

وعندما وَفَدت فكرةُ الانتماء الحِزبي والفِئوي الشِّيعي مِن العراق وحَلَّت على الجزيرة؛ احتَلَّ الانتماءُ الحزبي والفئوي المآتم والمساجد وأَمَّم سائر مظاهر الثَّقافة البحرانيّة واستَغلّها سِياسيًّا وجَمَّد وظيفتها الأساسِيّة ولم يَزِد فيها شيئًا، وفَرّق بها بين الأهالي على قاعدة مِن المصالح الّتي فرَضَتها مُقتَضيات وضَرورات السِّياسة، وعَطّل التَّنمِية الثَّقافِيّة الأَصِيلة والعِريقة

بتَعطِيل مادَّتها، واستقلّ بِفِكره الحركي الخاصّ المُقتبس عن ثَقافةٍ هَجِينة أَجَنَبيّة وروّجه مِن خلال المآتم والمساجد الّتي أَمّمها وأَخضعها لِنُفوذه!

وفي آثار السُّنّة الشَّريفة ما يُلهِم إلى أَنَّ الله سبحانه وتعالى قد اختار شِيعةً لِنُصرة أَهْلِ البيت صَلواتُ الله وسَلامُه عليهم ولِمودّتهم ولِلفَرح لِفَرحِهم ولِلحُزن لِحُزنهم ولِلبَذل فيهم والتَّضحِية وانتظار فَرجِهم الشَّريف، مِن دون إشارةٍ تَدُلّ على أَنّ الاختِيارَ شاملٌ لِمَعنى الانتصار بِأَهْل البيت والفَرح بِهم والحُزن بِهم والبَذل بهم.

إنَّ الفَرقَ في هذين المعنيّين فيه دِقّةُ وبُعْدُ نَظر. فإنْ اختَلَفَت الأَجيالُ السّابقةُ حول المآتم والمَساجد ومَواكب العزاء والخُطباء والشَّيّالة فإنَّها لا تَحِيد عن مَقصد الفَرح لِأَهْل البيت صَلوات الله وسلامُه عليهم والحزن لَهُم، فلا يَنتهي الخِلافُ في هذه الأجيال إلّا إلى ما يخدم الشَّعائر ويُغنِي مظاهر الثَّقافة مِن دُون مضاعفاتٍ اجتماعيّةٍ وآثارٍ سَلبيّةٍ وحَساسِيّاتٍ جانبيّةٍ مُضمَرةٍ أَو ظاهرة. وإنْ اختلَفَت أَجيالُ ما بَعد النِّصف الثّاني مِن القرن الماضي فإنَّ مَصدر الخِلاف يَتمثّل رَغْبَةَ الانتماء في احتِكار مظاهر الثَّقافة، وأَنّ المختلفين يَنحازُون إلى انتماءاتهم ويتطرّفون، فتَدور دوائر الإِقصاء والبُهتان والافْتِراء وتَعُمّ الخُصومات!

أَنْ تَنتَصِر لِذاتك بِأَهْلِ البيت صَلواتُ الله وسَلامه عليهم أَو أَنْ تفرحَ لِذاتك بهم أو أَنْ تَحزن لِذاتك بهم، أَو أَنْ تبذل مِن نفسك وأَموالك لِذَاتك وفِئتك وانْتِمائك بِهم، فأَنتَ مِمّن يَتشبّه بِأَهل الثَّورات والانقلابات التَّأريخيّة في الكُوفة ومكّة والبَصرة أو بِالمُتحزِّبين الفِئويّين المعاصرين الّذين جَعلوا مِن أَهل البيت صَلواتُ الله وسَلامُه عليهم سلعةً سِياسيّةً تُباع وتُشترى أَو جِسرًا لِلعبور الآمن إلى ضِفّة المآرب السِّياسيّة الخاصّة. فإذا ما وَصَلوا إلى هذه الضِّفة أَسقطوا بذلك حقَّ أَهْل البيت صَلوات الله وسَلامه عليهم، ونَسبوا الأَسْباب والعِلل في النَّصر إلى أَنفسهم، فاحتكروا النَّتائج المادّية والمعنويّة

وتقاسموها فيما بينهم، وفرَّقوا بين النّاس ثُمّ تَفرّقوا شِيعًا يَستضعِف كُلُّ واحدٍ منهم الآخر، ويبيح فيه البُهتان والافْتِراء بِالكذب وينبذ مقامَه ومنزلته ورُتبته وراء الظُّهور وإنْ كان مؤمنًا مُحدِّثًا أَصِيلا أَو مَرجِعًا مجتهدًا.

إنَّ مثل هؤلاء يُصوِرون الانْتِصار لِأَهْل البيت صَلواتُ الله وسَلامُه عليهم والحزنَ لِحُزنهم والفَرحَ لِفَرحهم والبَذل فِيهم والتَّضحِية عملاً مستقلاً ليس مِن شأنه استِحضار أُصُول الثَّقافة والامتِثال لها. وإنَّ مثل هذا الانْتِصار لِأَهْل البيت يُمثِّل تَراجعًا وتخلّفًا وخضوعًا لِلظّروف الاجْتِماعِيّة التَّقلِيديّة القديمة القِشريّة البالية، واستِسلامًا لِلواقع السِّياسي المُتردّي، وامتِثالاً لِلمَفهوم الجامِد لِلتَّقيّة والانْتِظار والوَلايَة والبَراءة والعِصْمة. وليس مِن شَكٍّ في أَنَّ الأنانِيّة والغُرور والرُّعونة والكِبر وهوى حُبّ الرّئاسة هي الدَّافعُ إلى تَبنِّي مِثل هذا التَّصوّر المقلوب.

ولم يكُن هؤلاء هُمْ أَوّلُ مَن أَسَّسَ لهذه الرُّؤية وانقَلَب بِتَصوّراته. فقد قامَت في التَّأريخ ثوراتٌ وانقلاباتٌ وانتفاضاتٌ بعنوان الثَّأر لِأَهْلِ البيت صَلواتُ الله وسَلامه عليهم ولاسِترجاع حقِّهُم في الولاية. وعندما تَفوَّقَت في القِيام أو انتصرت؛ نَبذَ قادتُهم حقَّ أَهْلِ البيت صَلواتُ الله وسلامُه عليهم وراء الظُّهور، ونَسبوا نَصر ثَوراتِهم وانقلاباتِهم وانتفاضاتِهم لِأَنفسهم وتقاسموا كُلَّ شيء، ثُمّ كان عاقبةُ نصرهم الهَلاك أَو الفُرقة في أنفسهم وبين النّاس.

إنّهم يُشِيعون القول بِأَنّ الانتصار لِأَهْلِ البيت صَلواتُ الله عليهم والفَرَح لِفَرحِهم والحُزن لِحُزنهم والتَّضحِيّة فيهم ليس عملاً واقعيًّا ولا ثمرة فيه تُناسب مُتطلّبات العَصر الرّاهن ومُقتضياته الاجتماعِيّة وضَروراته السِّياسِيّة. وأنَّ هذا اللّون مِن الانتصار إذا ما تَحقّق فإنَّه سيَنتهي بِالشِّيعة إلى العُزلة عن الواقِع السِّياسي، والانطواء على الذّات ورَفض التَّوازن في المصالح، والتَّطرف في النِّظام الاجتماعي، والتَّباين في الرّأي والموقف مع المجتمع

الدّولي.. إنَّه معنى ذات القول الّذي وَصفَه فكرهم الجَدِيد بـ(اللّاوَعْي) الّذي يَتطلّب مِن زعامة الانتماء العمل على إزاحته عن بَصِيرة المُجتمع والحثّ على المزيد مِن (الوَعْي)!

وعلى طَريق ما وَصَفُوه بـ (المُعالَجة)؛ فرَضوا وَلايَة الانتماء الحزبي والفئوي باجتهادٍ مِن عند أنفسهم لمصلحة زَعامة الانْتِماء حصرًا، ثُمّ نصبوا الزّعامة على رُؤوس أتْباع أهْل البيت صَلواتُ الله وسَلامُه عليهم حتَّى يكون مُؤدَّى الانتصار خاصّةً لهذه الوَلايَة مِن دون أهْل البيت صَلواتُ الله وسَلامُه عليهم، ويكون الفرحُ والحزنُ لِلزّعامة بِهم اقتداءً بِما فَعلَت ثَوراتُ الكوفة ومَكّة وفعلَ بَنُو العبّاس وغيرهم إذ أسَّسُوا دولهم!

تَقتَرِب هذه الرُّؤيةُ المعاصرةُ شيئًا فشيئًا مِن الذِّهن الشِّيعي البسيط عبر التَّدبير السِّياسي الدّعائي الحزبي والشَّطارة الفِئويّة حتّى تتحقّقَ بهما السِّيادةُ التَّامّة لِلزّعامة بِالنَّظر والرّأي لا بِحُكم أُصُول المعرفة الشِّيعِيّة. ثُمّ تُعمَّم هذه الرّؤية في النّاس بظاهرٍ يقول بِالانتِصار والفرح والحزن والتّضحيّة في سَبيل أهْل البيت صَلواتُ الله وسَلامُه عليهم، وبِباطِنٍ خاصٍّ بِالانتماء يَقول بالزَّعامَة المُقدسّة البَدِيلة عن الإمام المعصوم حيث يُنتَصَر ويُفرَح ويُحزَن لها ويُضحّى فيها.

إنَّ الانتصارَ لِأَهْل البيت صَلواتُ الله وسَلامُه عليهم والحُزنَ لِحُزنهم والفَرَحَ لِفَرحهم والتَّضحِيَّةَ فيهم يَتطلّبُ نُكرانًا لِهَوى النَّفس وحربًا على الشَّيطان إذْ أنّ الذُّروة في مقصد الانْتِصار هي بُلوغ (الرّئاسة) الأشدّ وقعًا وخطورة على الأنفس.. نَظِير هذا الانْتِصار الخالص إذا ما تَحقَّق فإنَّه سيَجنِي ثمرةً مِن شجرة أَصلُها ثابتٌ وفرعُها في السّماء تُؤتى أُكلها كلّ حين. فعَن عليٍّ أمير المؤمنين صَلواتُ الله وسَلامُه عليه: (إنّ الله سبحانه أطلع إلى الأرض فاختار لنا شِيعةً يَنصُروننا، ويَفرَحُون لِفَرحِنا، ويَحزَنُون لِحُزنِنا، ويبذلون أنفسهم وأموالهم فِينا، أُولئك مِنَّا وإلينا).

نَشأت كُلّ مظاهِرِ الثَّقافَة البَحْرانِيّة وما اشتَمَلت عليه مِن مساجد ومآتم ومواكب ومَراثي على الأُصُول المعتمدة والواضِحة في سِيرة الثّقافَة الّتي تَرَعرَعَت الأجيالُ وجَبُلَت عليها حتّى مطلع العقد السَّادِس مِن القرن الماضي. وعند أوَّلِ ظُهورٍ لِلانتماء الحزبِي والفئوي المُستَعِين بِفِكر ثَقافة هَجِينَةٍ مُتأزّمةٍ ومُجرّدةٍ مِن صِفات الثِّقَة واللُّطف والقول اللَّيِّن؛ عمل الانتماءُ على تأمِيم مَظاهر الثَّقافَة المَحلِّيّة الأَصِيلة وسَلَب مَحاسنها ولم يَزِد بها شَيئا في الثَّقافة، ثُمّ جَعلَها مَيدانًا لِلمُغالبة وحَسْم المُنازعات حيث استَضعَف فِئةً مِن مجتمعه واستكبَر، واستَعان بِمَنهج (الشَّكّ والتَّشطِيب والتَّأميم) وأَطلقه في وَجه الثَّقافة البحرانيَّة لِيَمضي في تَدجِين أُصولها واتِّهام مُجتمعها بـ(التَّخَلُّف) و(اللّاوَعْي) بِما تَبنّت مِن مدوّناتٍ في الخُرافة والأَساطِير مانعةٍ مِن التَّحرُّر السِّياسي والتَّطور الاجتِماعي والتَّحضُّر المَدني، مِن دُون أَنْ يُقدِّم بَديلاً إِبداعيًّا أَصيلاً أَو يُضِيف إليها شيئًا مِن النَّماء!

إِنَّ زُعماء الانتماء الحزبي والفئوي والمُنتَمِين ومَن هُم في حُكمِهما يدعون إلى أَنفسهم. ومِن مَظاهر ذلك أَنّهم يَسعون إلى التَّفخِيم مِن هَيبة الانتماء دعائيًا والقفز بِمَنزِلة الزَّعِيم على المَعايِير العِلمِيّة والاجتماعيّة وذلك عبر تَسخِير حَقّ أَهْل البيت صَلواتُ الله وسَلامُه عليهم ومَظاهر الثَّقافَة الشِّيعيّة بِوَصفِهما آلةً لِصُنع التَّوازن السِّياسي أَوّلاً ثُمّ التَّفَوّق السِّياسِي المجرّد فحسب.

إِنَّهم يَنتَصِرون ويَحزَنُون ويَفرَحُون بِأَهْل البيت ولَيس لِأَهْل البيت صَلواتُ الله وسَلامُه عليهم، ويُضحّون في سَبِيل حِزبِهم وفِئتِهم وزَعِيمهم ولَيس في سَبِيل أَهْل البيت صَلواتُ الله وسَلامُه عليهم. وإِنْ ادَّعوا غير ذلك ففِي حُكم الظّاهر لمصلحة البَاطِن السِّياسي. ومِن ذلك اجتِهادُهم في توظيف الألفاظ والجدال بها. فقالوا بِـ(الحُزنِ الوَاعِي) و(البُكاء المُثمِر) و(العزاء الثَّورِي) و(المأَتَم السِّياسي) و(المِنْبر القِيادِي) في شأن إِحياء شعائر الحُزنِ على أَهْل البيت صَلواتُ الله عليهم. فهَلْ يوجد في واقِع الشِّيعة حُزنٌ

لِأَهْلِ البَيت فاقِدٌ لِلوَعْي وبُكاءٌ غير مُثمِرٍ وعزاءٌ ثَورِيٌّ ومأتَمٌ سِياسيٌّ ومِنبَرٌ قِيادِيٌّ دعائي؟!

إنَّه التَّوظِيف السَّيء لِلمُفردات الكاشف عن مُحاولةٍ يائسة لِتَجريد مَظاهِر الثَّقافَة مِن أُصُولها والتَّكلّف في اتِّباع فِكر هَجِين بِعُنوان الإبداع على قاعِدةٍ مِن المفاهيم الحِزبيّة الثَّورِيّة والفئويّة المتأثّرة بِفَلسفة (الوُجودِيّة) المُلحِدة و(ما بَعْدَ الحَداثة) اللّتين تَتطرّفان كثيرًا لِنُصرة الذّات (السُّوبَرْمَان) المُستقِلّة عن الإِلَه وتَقدِيم الذات على حِساب كُلِّ القِيم والعقائد.

إنّ زعامة الانتماءات الحزبيّة والفئويّة تَعني بِـ(الحُزْنِ الوَاعِي) الانتقال مِن الحُزنِ لِأَهْلِ البيت صَلواتُ الله عليهم الّذي سَاد في الشِّيعة مُنذُ أَنْ أَنذرَ الرَّسولُ صَلَّى الله عليه وآله عَشِيرتَهُ الأَقرَبين - إلى الحُزنِ النَّافِي لِمفاهيم (التَّقِيّة) و(الانْتِظار) و(الوَلايَة والبَراءة) و(العِصْمَة) و(الولاية والبراءة) المُجمِّد لها ولِآثارها في الثَّقافة الشِّيعيّة. فالحُزن لِأَهْلِ البيت صَلواتُ الله وسَلامُه عليهم في رُؤية الانتِماء الحزبي والفئوي مُجرَّدٌ مِن البعد السِّياسي وباعِثٌ على غَيبوبَة العَقل والضَّعف عن إِدراك الواقع ومُتطلّباته، وهو الحزنُ المُكرس لِـ (التَّخَلُّف) والمُثِير لِلعَواطِف على وَقَع الأَساطِير والخُرافات، وهو الحزنُ غير المُطابق لِمتطلبات المَدنِيّة والحضارة!

إنَّ (الحُزْنَ الواعِي) و(البُكاء المُثمِر) و(الدَّمْعَةُ الرَّاشِدة) وما شَاكلها مِن العناوين المُثيرة لِلشُّعور الكاذب بالمَسئولِيّة والمُحفِّزة على الفخر المُزّيف و(الواقِعِيّة) إزاء الانْفِتاح والمُعاصرة هِي عناوين تدعو إلى التَّجرّد مِن جَزَع الشَّعائر والتَّخلِّي عنها، كما تَدعو إلى الاستِعلاء والكِبر على ما لدا الشِّيعةِ مِن ثَقافَةٍ أَصِيلَة، مِع إِدرِكٍ تامٍّ لدا أَصحاب هذه العناوين أَنَّ ثَقافَة الحُزنِ لِأَهْلِ البَيت صَلواتُ الله وسَلامُه عليهم والفَرَح لِفَرَحِهم تَخطَّت بِأَجيال الشِّيعةِ العديدَ مِن المخاطر المَصِيرِيّة وعَبرت بهم قرونًا مِن القَهر بِتَفوّقٍ مُنقطع النَّظِير فصانَت الهُوِيّة وحافَظَت على أَمْن الوجود الشِّيعي، ولكنَّ الهوى السِّياسي

كان الغالِب على عَقل هذه الانْتِماءات فقَلَبت ما كان لَديهم مِن رُؤية.

إنَّهم يُشيعون هذه العناوين في سِياق تَطبيقهم لِمَنهج (الشَّكّ والتَّشْطِيب والتَّأميم) وفي حَربِهم الشَّاملة على مَظاهِر ثَقافة أَهْلِ البَيت صَلواتُ الله وسَلامُه عليهم، وكأَنَّ الدَّمْعَةَ والحُزنَ والبُكاءَ الخالِص لِمُصابهم مَودَّةً فِيهم صَلوات الله وسَلامه عليهم تُدخِلُ الباكِي في غَيبوبَةٍ تَأريخيَّةٍ تَصِل إلى حَدّ تَعطِيل إدراكِه وتعَمِيَة بَصِيرَتِه.. إنَّهم يَعلمون أَنّ الغَيبُوبَة المدّعاة ـ إنْ سلَّمنا جدلاً بِحُدوثها ـ فهِي تَرجِعُ إلى مُسبِّبات أُخرى لَيست مُتعلِّقَة بِالثَّقافَة ولا بِمَظاهرها.

فمَظاهِر الثَّقافة الأَصِيلة في المجتمع البحراني كَثِيفةٌ، كاشِفةٌ عن الالتِزام بِالمُتون الرِّوائيّة منذ اللَّحظة التَّأريخيّة الّتي أَعلَن فيها البَحرانِيّون عن وَلائهم لِأَهْل البيت صَلواتُ الله وسَلامه عليهم والمودّة فيهم. ولَيس مِن الحكمة و(الوَعْي) المُراهنة سياسِيًّا على الثَّقافة ومظاهرها والمُغالَبة بها حِزبيًّا وفِئويًّا أَو مُواجهة المُتَمسِّكين بها بِالأَوصاف الجارِحَة أَو التَّلاعُب بالمفردات اللَّغوِيّة والعناوين المُثيرة لِلاحتِيال عليهم. ومَن يَفعل ذلك فإنَّه يُعرِّض هُوِيّةَ مُجتمعِه لِلفَساد!

إنَّ الوقوفَ في الضِّدّ مِن الثَّقافَة الشِّيعِيَّة والطَّعن في مَظاهرها بِعُنوان مُكافحة التَّخَلُّف واللّاوَعْي والخُرافة والأُسْطورة هو سَعيٌ إلى خَلْق البَدِيل السِّياسي المُتَخلِّف (الخُرافِي والأُسْطورِي) المُقَنَّع، وتَبرِيرٌ لِلوَسائل المُطلقة الّتي لا عَقلَ لها ولا قانون أَخلاقِي لا ضابِطة ولا شَريعة فيها. ولَيس بِاستِطاعة هذا الموقف أَنْ يُؤسِّس لِثَقافة بَدِيلة مُقنِعة لِلمُجتمعات المُتَحضّرة الّتي يُراد اللّحاق بِرَكبها على حَسَب المُدّعى.

مَن الّذي يَتوارى خَلف مَنهج (الشَّكّ والتَّشطِيب والتَّأميم) ويَحُضّ به على الطَّعن في الثَّقافة الشِّيعِيّة الأَصِيلة ويَقطَعُ به طَريقها ويُمعِن في وَصف هذه الثَّقافة بالتَّخَلّف وتَقدِيس الأَساطير والخُرافات ـ وما هِي هُوِيَّته، وهَلْ هو

مِن أُولئك الّذين نَشأوا على ذات الثَّقافَة منذ الصِّغَر وحافَظت على استِقامتهم عند الكِبر وأَمدّتهم بِفُرص الدِّراسة الدِّينيّة في الحوزات الكُبرى على نَفقتِها، ووَفَّرَت لهم مِن أَموال الحّقوق الشَّرعِيّة التي بَذلها الشِّيعة (الأُسْطورِيُّون) و(الخُرافِيّون) و(المُتَخلِّفون) و(فاقِدو الوَعْي) ما يُعينهم على استِكمال دراساتهم الدِّينِيّة والتّبليغ في الوَسَط الشِّيعي، وحَثَّت النّاسَ على إِكرام مَقامِهم، وجَعَلت مِنهم الوُجهاء في مُجتَمعِهم؟! أَمْ هو مِن صِنفٍ مُختلفٍ مِن النَّاس ناكرٍ لِلجميل ونابِذٍ لِلأَسباب والعِلل الحقيقيّة وجاعلٍ مِن نتائجها وَجاهَةً وفَضلاً مِن صُنع ذاته (الحَضارِيّة)؟!

ولو آمنَّا بِوُجُود هذه الخُرافات والأَساطِير المدّعاة والمَنسوبة منهم زورًا لِلثَّقافة الشِّيعِيّة الأصيلة فإِنَّها ـ مِن دون شَكّ ـ ستُنتِج منذ ساعةِ نشأتها حتّى مطلع يَومِنا هذا مُجتمعًا أُسْطوريًّا خُرافيًّا مُتَخلِّفًا فاقدًا لِلوَعي.. أَين هذا المُجتمع الشِّيعِي وعَلى أَيِّ أَرضٍ يَدُبّ في هذه القرون مِن الزَّمن؟!

لقد مَضَى على حُكْمِ ما وَصَفُوه زُورًا واختلاقًا بِالتَّخَلُّف واللّاوَعْي والخُرافات والأَساطِير 14 قرنًا مِن الزَّمَن. فإِنْ اختَلَفَ أَبناءُ هذا المُجتمع على مأتم أَو مسجد بادَروا إلى تأسِيسِ مَأتَمٍ أَو مسجدٍ آخَرين مِن دُونِ حَساسِيّة وفُرقَةٍ اجتماعيّةٍ، ونَمت فيهم الشَّعائرُ واستَقرّت بِنَظْم المجتمع وصانَت الهُوِيّة والعَقِيدة أَمام الموجات الفِكريّة العَلمانِيّة والطّائفيّة والإِرهابيّة العاتِيَة، وأَشاعت فيهم روح التَّكافل الاجتماعي وتَخطّت بهم حال الفَقر بِأَمْنٍ وسلام. في مُقابل هؤلاء المُتفَلسِفين (المُتَحضّرين المنقذين) المُنتمِين الّذين صاروا على الثَّقافة الشِّيعِيَّةِ ضِدًا ولم يَتوقَّفوا عن مُمارسة أَسوأ الوسائل ابتذالاً لِلسيطرة على مَظاهِر هذه الثّقافة العَريقة المتكاملة في الفِكر والمَنهج والكِيان المؤسّسي، ولم يَصعدوا في صِيانَتِها وتَنمِيتها وحِمايَةِ مُكوّناتها جَبلاً ولم يَقطعوا واديًا ولم يَضرِبوا بِسَيف ولم يَطعنوا بِرُمح، ولم يُشيِّدوا فيها مأتمًا ولم يَبنوا مسجدًا ولم يحفظوا لها منزلةً ولا مقاما. ثُمَّ كان عاقبتُهم أَنْ تظاهروا عليها واقتَبسوا فِكرًا هجينًا مُخالفًا مِن الخارج لا حِكمة فيه ولا لُطْفٍ ولا

ثِقةٍ ولا قَولٍ لَيِّن، وجَعلوه بِإزاء ثَقافَةِ مُجتمعهم الأَصِيلة بَدِيلاً.. فأَين مُجتمع التَّخلّف واللّاوَعْي والخُرافة والأُسْطورة الذي يَدّعون، وأَين هِي أَساطِيرُه وخُرافاتُه، وماذا قدَّم فِكرُهم المُخالِف منذ عقد السِّتِّينات مِن القَرن الماضي حتَّى مطلع القرن الواحد والعشرين؟!

صار الشِّيعِيُّ الحِزبيُّ والفئويُّ المعاصِرُ في رُؤيةِ هؤلاء (المُتَحضِرين المنقذين) إنسانًا متفوّقًا في الفِكر والعمل على الشِّيعي الآخر غير المُنتَمي بِمِيزة (الوَعْي) حتّى ارتقى حضاريًّا إلى مستوى الفَيلسُوف (السُّوبَرْمان) المُكتفِي والمُستغنِي عن الأُصُول والأثر التَّأريخي، وليس محتاجًا إلى الحُزن والفَرَح مودةً وانتصارًا لِأَهْلِ البيت صَلواتُ الله وسَلامُه عليهم وتَضحيةً فيهم. وأَوجَبَ على المُجتمع الشِّيعي المعاصر الانقطاع عن (سَلْطَنَة) الثَّقافَة الشِّيعِيّة الأَصِيلة وبالغ في حَجَب الثِّقَةَ عنها. فإنْ استَعان بِأَهْلِ البيت صَلواتُ الله وسَلامُه عليهم فبِوَصْفِهم تُراثًا مُجرّدًا مِن العِصْمَة فيَجتَهِد فيه بِعَقلٍ حضاريٍّ (وَاعٍ) فلا يُتَّبع ولا يُطاع ولا يُتَعبّد بِه بِوَصْفِهِ ثَقلاً لا يَفتِرق عن الكتاب الكريم.

لقد تَركوا أَثرًا سلبيًّا على الثَّقافَةِ الشِّيعِيَّة الأَصِيلة ثمّ جُعَلوا مِن أَنفُسِهم أُمناء عليها ومِن حُماتها، وتَناسَوا أَنَّ لها الفَضلُ في تَنشِئتِهم وتَربِيَتِهم على الصِّراط المستقيم والخُلُق العظيم، وأَنَّ لها الفَضلُ في المحافظة على هُوِية 43 جِيلاً مِثل جِيلهم في بيئةٍ وعِزةٍ مشغولةٍ بِالتَّحدِّيات السِّياسيّة المصيريّة والعَواصِف الاجتماعيّة الخِطيرة والمَوجات الطَّائفِيّة والفِكرية العَلمانيّة المُهلكة الّتي لم تَفتُر على مَدى أكثر مِن 1400عامًا ـ فلَم يكنُّوا لهذه الثَّقافة احترامًا ولا تَبجيلاً، وسَعوا في تجاوزها وتَشويه مَقامِها في النُّفوس والانقلاب على مَظاهِرها مِن بَعد احتِكارها وتَأمِيمها.

إنَّ لِمَعنى المأتَم في الثَّقافَةِ البَحْرانيَّة الشِّيعِيّة احترامًا وقُدسِيّةً وهَيبةً عظيمةً. ويُبالغ أَهالي المناطق في حِرمان أَنفسهم وأَهلِيهم مِن مَلذّات الدُّنيا مِن أَجل إِحياء هذا المَظهر الثَّقافِي الشَّعائري إذْ ليس مِن إيمان المجتمع

الشِّيعي ترك المآتم مفتقرة لحاجة، كما لَيس مِن ثَقَافَتِه استِعمال مُخصّصات المآتم وأَوقافها في غير المورد المقرّر لها.

وبِعُنوانِ سَدادِ حاجة المظاهر الثَّقافِيّة الأصِيلة تَجبِي الانتماءاتُ الحزبيّة والفئويّة الأَموال مِن الشِّيعَةِ مَركَزِيًّا، وتَستغلّها لِمَدّ النُّفوذ في المُجتمع وسَدّ حوائج المُنتَمين والمُوالِين والمُتحيِّزين ومُحاصَرة المُستقلّين، ولاحتِكار الوَكالات المَرجِعِيّة وحَصرها في زَعامة الانْتِماء الحزبي والفئوي فحَسب ومنعها عن غَيرهم، فيما يَغِيب التَّكافلُ الاجتماعي النَّزِيه الّذي يُؤدّي ـ إذا ما ساد في المجتمع ـ إلى تَدوِير الأموال بين النَّاس أَنفسهم وسَدِّ حاجات أَبناء مجتمعهم بِأَيدِيهم مُباشرة.

ولَو قُيِّضَ لِلثَّقَافَةِ الشِّيعِيّة الأَصِيلة أَنْ تُؤدِّي الوَظِيفة المطلوبَة على أَكمَلِ وَجْه وبِاستِقلالٍ تامٍّ عن نُفوذِ الحِزبيّات والفِئويّات؛ لما كان في الشِّيعةِ حاجةٌ اجتماعيّةٌ تدعو إلى التَّصرّف بِأَموال الحقوق الشَّرعِيّة في خارج دوائر اختصاصها، ولَكانَ التَّكافلُ الاجتماعي على درجة عالِيَة مِن النُّضوج الفكري والنِّظام المؤسّسي لِقَضاء الحوائج فيما بين الشِّيعة أنفسهم مِن دُون وَسائط انتماء جَشِعة.

في عُمُر الطّفولَة كُنتُ ومَجموعة مِن أَطفال حَيّ النِّعَيم نَطوف بِـ (الرّاية) بين الأَهالِي لِجَبي المُساهمات مِن الباذلِين ونَدعوهم إلى دَعم شَعائر العشرة مِن مُحرّم الحرام الّتي كُنّا نُواظِبَ على إِحيائها في كلّ عام مِن مأتَم طَيَّار صَغِير نُشيِّده بِأَيدينا في وَسَط حَيّ النِّعَيم على أَرضٍ خاصّةٍ بِعائلة الحاجّ (حَبِيب أَبُو حْبيبه) وأَخِيه، نُشيِّده مِن سَعف النَّخِيل نَجمعها مِن المزارع (الدَّوالِيب) المَهجُورة ومِن قِطع الأَخْشاب المُهترئة الرَّاسِية على ساحِلِ البَحر.. كُنّا نَطّلع مِن خِلال زِيارتنا لِبُيوت الأهالي في الحَيّ على أَحوالِهم السَّكنِيّة والمَعيشِيّة والصِّحيّة، ولم نَكُن نَستَثني مِن الطَّواف بِالرّاية بيوتَ الفقراء المعوزين لِجَمع مُساهماتهم إذْ يُشكِّلون حوالى 80٪ مِن سُكّان الحَيّ.. إنَّهم المساكِين الّذين

يَقِفون على أَبواب منازلهم المُهترئة والآيلة لِلسِّقوط لاستِقبال (الرَّاية) ولا يَقبلون مِنَّا عذرًا إنْ تَخطَّينا بالرَّاية مساكِنَهم الخَربة مِن دُون جِبايةِ شَيءٍ منهم يَبذُلونه في سَبيل إحياء الشَّعائر الخاصّة بهذا المأتم الطَّيّار المُؤقت بأَيَّام العشرة. فإنْ تَخطّينا مَنزلاً فإنَّ أَهلَه يُسارِعُون إلى رَفع شَكوى مُضادّة عبر عائلاتِنا مَشفوعَةً بِالمقْسُوم مِنهم وبِالقول اللَّطِيف: (جَى.. إِحْنَه فَقَرهْ يَعنِي ما إِمُرّون عَلينّه)!

ومِن المُفارقات التي استَوقَفَتنا ونَحنُ صِبيةٌ صِغار السِّن نَطوفُ بالرّاية في الحَيّ هي لَحظة دُخولِنا لِبَيت المُلّا (سَلمان عبّاس) رَحمه الله وأَسكنَه فَسِيح جنّاته إذْ قدّرنا أَنّ بيتَه هُو أَكثرُ بُيوت حَيِّ النِّعَيم فقرًا ومسكَنةً وخَرابًا، فنَتشاور فيما بَيننا نَحن الصِّبية المُؤسِّسِين والقائمين على المأتم ونُقرِّر استِقدامه لِقَراءة مَجالِس العَشرة مِن مُحرّم الحرام في مأتمنا (العَشِيشْ) رِفقًا بِحالِهِ ورَأفَةً ولُطفا، على أَنْ نَجتَهِد في البحث عَمّن يَتكَفّل دفع مَبلغ مُضاعفٍ مِن المال لِلمُلّا سَلمان لِقاء إحيائه المَجالِس العَشرة لِمَأتمنا، وأَنْ نُوسِّع دائرة الطَّواف بِالرّاية لِتَشمل (فَرَشَات) الأسواق الثّلاثَة الكُبرى في العاصمة المنامة (الخُضرة واللَّحم والسَّمك) مِن أَجل تَغطِيّة كُلّ النَّفقات ومِنها أَجْرُ استِقدام المُلّا سَلمان.

يَصبرُ المِسكينُ المُعدَمُ وأَطفالُه في بُيوت أَهْل حَيِّ النِّعَيم على الجُوع والبَرد والحَرّ ويَأبى أَنْ تُعطَّلَ حاجةً في مآتِم الحَيّ الّتي يَلوذ بِها وأَهله ويَسأل فيها الدّعاء ويَطلِب فيها دِفءَ الإيمان والسَّكِينة والبَركة ويُؤدّي واجِبَ المَودّة في أَهْل البيت صَلوتُ الله وسَلامُه عليهم.

بِهَذه الأَحوال المُزرِيَة الّتي كان أَهْلُ حَيِّ النِّعَيم عليها يَنشَئون لم نَسمع عن عائلةٍ فَقِيرةٍ استَغاثَت بِمَآتم الحَيّ تَطلُب مِنها الدَّعم المادّي، ولا أَحد مِن الفُقراء والمساكين يَقترب مِن المآتم إلّا لِيُقدّم مُشاركةً مِن عنده لِإحياء الشَّعائر. وفي بَعض الأَحوال الطّارئة الصَّعْبَة جدًا يَتقدّم خَدَمةُ المأتم على

جمع الأموال في مُنتَصف المجلس بِنِداء (أَعانَ الله مَن أَعانَه) لإِغاثَةِ مَلهُوفٍ أو مَكروبٍ أَو مَنكوبٍ مِن خارج حَيّ النَّعَيم.

وبِهذه الأَحوال وغَيرها مِن مِثلها، كُنَّا نُدرِك أَنّ معنى الثَقافة ومَظاهرها في حَياة الأَهالِي وفي قُلوب الفُقراء والمَساكِين المُعدَمِين منهم لا يُعادِله نَعِيمٌ وبَركةٌ. وفي المُقابل نَجِدُ في زَمَن الرّفاه والوَفرة الماليّة الراهِنَة مَن يسعى في تَعطِيل الوَظِيفة الثّقافِيّة لِلمآتِم لمصلحة عَملٍ يَبدو في ظاهِره خَيرًا لِلثَّقافَةِ ومَظاهِرها، ومِن ورائه نُفوذُ حِزبيّ وفِئويّ يَسرح ويَلعب بِأَذيال السِّياسَةِ لِكَي يَطْعَن في ذات الثَّقَافَة الأَصِيلة وجِهاتِها ورجالها مِن أَجل صُنع البَدِيل القائم على قاعدةٍ فِكريّةٍ هَجِينةٍ اعتنقها في خارج البلاد. فلِماذا انقلبت المَعاييرُ كُلّ هذا المُنقَلب؟!

ما انفكّت الثَّقَافَةُ الشِّيعِية الأصيلة تُنتِج المفاهيم وتُقرِّب مِن القِيم الصّالحة على طِبق أَصُول المَعرِفَة المعلومة، وتَستَغنِي بِالشِّيعة عن كُلِّ ما مِن شأنِهِ مُصادَرة أَصالَة الحُرِّيّة والحقّ في الاستِقلال بالهُويّة والعقيدة، وتَستقِلّ بِقُدسِيّة مَظاهرها وبِقِيمِها المِثاليّة والمادِّيّة. وفي فُجأةٍ مِن الأمر وَفَد على البِلاد بَعضُ مُنتَسِبي الحوزة مِن طلبة العُلوم البَحْرانِيّين المنتمين المُتحَزّبين والفئويّين وانقَلَبوا على الثّقافة في فَترَتَين زَمَنِيَّتين وصَيَّروها ظَهرًا يُركَب وضَرعًا يُحلَب في النَّاس ثُمّ خذلوها وأَبقَوا على مَظاهِرها غَنِيمة.

إنَّ النِّزاعَ والمُغالَبَةَ مِن أَجْل تَأمِيم مَظاهر الثَّقافة البحرانِيَّة حزبيًّا وفِئويًّا كاشِفان عن مَدى التَّأثير السَّلبي لِلفِكر الهَجِين الوافد الّذي نَشط في اختِراق ثَقافة المُجتمع البحراني الأَصِيلة بُغيَة تَقويضها، وأَنَّ المُغالِبين والمُتنازِعين فيها قد تَجرّدوا مِن ثَقافتِهم البَحرانيّة وصاروا أَتباعًا لِفكر ثَقافَة أُخْرى مُتأَزِّمة. وعندما استَشعر المُجتَمعُ البَحرانِيّ خُطورةَ هذا الاختِراق والتَّمَزُّق الّذي أصاب وُجودَه وهدّد مَصير هُوِيَّتِه، تَساءلَ: هَلْ تَخَلَّفَت ثقافتُنا الأَصِيلة وفَقدنا (وَعْينا) في القُرونِ الماضِية أَمْ أَنَّ الفِكر الحِزبي والفِئوي الّذي حَلّ في

المُجتَمع البحراني في الفَترَتين الزَّمنِيَّتين المُتباعدَتَين في مَطلَعَي (السِّتينات والثَّمانِينات) لم يَأخذ بِمُعطيات الواقِع البَحرانِي وراح يَجترّ المَفاهيم المُقتَبسة عن واقعٍ مُختَلِفٍ غير بَحْرانِي؟!

ظَلَّت الثَّقافَةُ الشِّيعِيَّةُ الأَصِيلة تَدعو إلى التَّآلف والانْسجام والتَّكافل الاجتِماعِي في الشِّدَّة والرَّخاء، وتُؤكِّدُ على أهمِّيّةِ صِيانَةِ الهُوِيّة والمُحافظة على استِقرار النِّظام الاجتِماعِي. وهِي ثَقافةٌ عَريقةٌ أَصِيلةٌ مُستقِلَّة يَثِقُ البَحْرانِيُّون فيها ولا يَدَّعُون الكَمال في مفاهيمها ومعانيها، ولكِنَّها مِن النَّاتج الهَندَّسِي الرَّائع لِأَجْيالهم فحَرصُوا على تَنمَيَتِها على طِبق أُصُولِ المعرِفَة وبذات المَنهج الّذي ورَثُوه عن جِيلَي الآباء والأَجداد، ولم يُمانعوا مِن الانفتاح والتَّفاعل مع الثَّقافَات الشِّيعِيّة الأُخرى على شَرط المُحافظة على الخُصُوصِيّة المَحَلِّيّة وعَدم الاندِماج الكُلّي إذْ لِكُلّ وُجودٍ شِيعيٍّ في بِلادِهِ بيئةٌ وظروفٌ اجتماعيّة مختلفة.

وأمّا الفِكر الوافد على مُجتَمع البحرين مُنذ العَقد الرّابع مِن القَرن الماضي عن طَرِيق المُتحزِّبين والفِئوِيِّين البَحْرانِيِّين فهو امتدادٌ لا أَصْلَ له في الثَّقافَة البَحْرانِيّة ولا تَميُّز فيه عليها. وقد أَساء هذا الفِكر عندما حَرَّض على فَقد الثِّقَةِ في الثَّقافَة البَحْرانِيّة واستكبَر عليها ونَظر إليها بِرُؤيةٍ غَليظةٍ فَوقِيَّة مُتعالِيَة، وأَشعر أَهْلَها بِعُقدة النَّقص والحَقارة، ووَصَفها بِالتَّخَلُّف واللّاوَعْي، واتَّهمَها بِمُلازَمَةِ الخُرافةِ والأسطورة، وزَرعَ في النّاس أَسبابَ الفُرْقَةِ والتَّباعُد والضَّعف والهَوان. ومِن حُسنِ حَظِّ الثَّقافة البَحْرانِيّة أَنَّ الأفكار الوافِدَة الهَجِينة هذه لم يَتسَنّ لها التَّمكُّن مِن الرُّسُوخ والتَّأثِير المُباشر في جِيل النّصف الآخر مِن القَرن الماضِي والجِيل الرّاهن، وذلك لانْشغال كُلّ الاتِّجاهات المُتحَزِّبة والفِئويّة بِالنِّضالِ السِّياسِي ومُعالجة إِخفاقاته ومضاعفاته.

وبِالإمكان تَمييز بَعضِ جوانِب التَّأثير السَّلِبي لِلفِكر الوافد الهَجِين على الثَّقافة البَحْرانِيَّة الأصيلة مِن غير كُلْفَةِ نَظَر، ولا سِيّما على مظاهر هذه الثَّقافَة حيث لا يَستطِيع أَحدٌ نَفيَها عندما يَرصُد الفَرق بين نَتائج التأثير مُنذ مَطلَعِ

النّصف الأوّل مِن القَرن الماضي فَضلاً عن طَبيعَةِ الخِلاف بَينَ الأَمْس واليَوم ورُموزِه .. فاختِلاف ما قَبل عقد الخَمِسينات في مَظاهِر الثّقافَة البَحرانِيّة يَبقى مَحلّيًّا فِكرًا وعَملاً، وحَميدًا محدودًا بِمَناطِقه وأَحيائه، ومُجرّدًا مِن الوَصايَة والخَلفِيّات الاجتماعيّة الخاصّة والعصبيّات، ولا يَتجاوز دائرة الشّأن الفَنّي، ولا يَشتَمل على الافتِراء والبُهْتان والإقصاء والنَّيل مِن الخُصوصِيّات الشَّخصِيّة والمقام والرُّتْبة الاجْتِماعيّة، ولا على المُقاطعة وتَشوِيه السُّمعة ونَبْش السِّيرة والسَّريرة، ويَظلّ أَطرافُه حَريصِين على الأمن والاستِقرار الاجتِماعي إذ لَهُما الأَولويّة في الرّعاية.

وغالبًا ما تكون النَّتائج في هذا اللّون مِن الخلافات مَعلومةً سَلفًا في الأوساط الثَّقافِيّة ومِن دون تَرقُّبٍ لِأَي مُضاعفات وآثار جانِبيّة ولِحَساسِيّات بَينِيّة مُنفِّرة. ومِن المفارقات أَنْ نَجِد مِن بين المُختَلِفين أَغلبيّةً أُمِّيّةً لم يَلتَحِق عناصِرُها في طُفولَتهم بِمنهج التَّعليم العامّ ومدارسِه ولكِنَّهم أَبناء التَّواصُل الاجتِماعي الوَثِيق وقد التَمسوا الحِكمة مِن خِدمتهم لِمَظاهر الثّقافة الأَصِيلة ومَنابرها واجتَهدوا لِنَيل ما يُعِينهم على نَظْم أَمرهم وتَصرِيف شُئون حياتهم، فبَذلُوا مِن أَنفسهم وأَموالهم الكثيرَ لِصِيانة هُوِيَّتهم وأَصالة ثَقافَتهم.

ـ مُقْتَضَى مَجالِسِ البُيُوتِ

إنَّ مُؤشِّر الزِّيادة في عددِ المَجالِس الحُسينِيّة الّتي تُعقد في بُيوت الشِّيعة في تَصاعُدٍ مُستمِرٍّ يَفُوق الزِّيادة في عَدد المَجالِس الّتي تُعقد في المآتِم والمَراكز الثَّقافِيّة أَضعافًا مُضاعفة، وتُشكِّل دليلاً دامغًا على تَقدُّم الثَّقافَة ونُموّها والشُّعور بمَسئولِيّة إِحياء مَظاهِر الثَّقافَة والحَدِّ مِن مُحاولات تَسلِيمها لِكرابِيج مَنهج (الشَّكّ والتَّشْطِيب والتَّأمِيم) العاصِف حِزبيًّا وفِئويًّا.

وقد ثابَرَت مَجالسُ البيوت على الانعقاد طِيلة أَيّام السَّنة بِمُبادرات فَردِيّة حُرّة ومُستقِلّة عن نفوذ الانْتِماءات، وتَستوعِب كُلّ المَلالي والخُطباء المُستقِلّين الذين عانوا مِن حِصار مَنهج (الشَّكّ والتَّشْطِيب والتَّأمِيم) وضُغوط

عناصر انتمائه، على الرَّغْم مِن تَعرُّض هذه المَجالِس لِقَهر الاشتِراط بِاتِّباع الأُطُر الحِزبِيّة والفِئويّة المَركَزِيّة الحادّة والامْتِثال لِتَوجيهاتها والالْتِزام بِمَنهج (الوَعْظِ والإِرْشَاد الأَبَوِي).

في الأَيّام الأُولى لِعَودَتِي مِن المَنفَى الأَوّل إلى بَلدِي البحرين دُعِيتُ إلى لِقاء وِدّي جمعني ومَجموعة مِن أَصدِقاء النِّضال على وَجْبة عشاء حيث جَرَى الحديثُ عن تَردِّي أَحوال المآتم والخُطباء ومَشاكِل احتِكار مَظاهِر الثَّقافَة وسَدّ الأبواب في وَجه المُختَلِفين في التَّقلِيد المَرجِعي والمُيول الحِزبيّة والفِئويّة قال الشَّيخ:

كُنَّا نَظُنُّ أَنّ تَعاقب السِّنين وتَراكم الخبرات والتَّجارب سيُساهِم في نُموّ رُشْد العُقول، فتَعود مَظاهِرُ الثَّقافَةِ كُلّها ومِنها المساجد والمآتم إلى سابق عَهدِها حُرّةً طليقةَ اليَد وبِلا فَصل أَو تَمييز أو استثناءات حِزبيّة وفِئويّة، وصَبرنا على ذلك ودَعونا الله عَزَّ وجَلَّ أَنْ يُفْرِغ علينا صَبرًا ويُثبِّت أَقدامنا وأَنْ يَستَفِيق الجميعُ مِن سُباتِه قبل أَنْ نَخسَر كُلّ شَيء بما كَسبت أَيدِينا، فلَم يَحدُث شَيء مِن ذلك ولم يَعتَبِر أَحد!

ثُمَّ وَضَعَ الشَّيخُ يَدَه اليُمنى في جَيب ثَوبِه وأَخرجَ عشرةَ دنانير واستَدار بها إِليّ يُخاطبني وقال: إِنْتَه قاعِدْ بَرّهْ ما تِدْرِي ويشْ إِيصِير عِنْدنهْ.. شُوف هالعَشَرة دنانير.. هادِي حَصاد شَهر واحد، واليوم العَصر استَلَمْتُها مِن صاحِبي الفَقِير المِسكين إذْ طَلَب مِنّي عَقدَ مَجلس اقْرايَهْ في بَيتِه رَأفةً بِحالي.. الله يُرْضَه جِدِي.. مَركَزِيّةُ الانتماء الحزبي والفئوي تُجبِي الملايين مِن (الفْلُوسْ) وتَحتكِرها وتَسُدّ أَبواب الرِّزق إِلّا على مُنتَسِبيها مِن المُنتَمِين، وتُحرِّم على غَير المنتمين مِن عُلماء الدِّين الانتساب لِمُؤسَّسات الدَّولَة وتَلَقِّي الرَّواتِب مِن الحكومة لِقاء عَمِلِهم الوَظِيفي.. كأَنَّما أَرادَ القائمون على هذه الانتماءات القَول (أَرْمُوا عَمايِمْكُم ورُوحُوا اشْتِغْلوا في الحُكومَة وتَبقى عَمائمُنا بَس)!

وبَعد مُضِي عَشر سِنين مِن انعقاد هذا اللِّقاء، تَقَدَّم الشَّيخُ لِلتَّرشُّح لِلمُنافسات البَرلَمانِيّة مِثلما تَرَشَح مُنتَمو أُولئك الأحزاب والفئويات مِن قَبْل فَفازَ بِمَقعد مُتأزِّم، فصار مَحلّ سخط مِن ذات المَركَزِيّة الّتي حَرَمَته مِن فُرص عقد المَجالِس في المآتم وإِمامة المَساجد!

وتُقرِّرُ مَجموعَةٌ مِن أَبناء الحَيّ إِحياء مظاهر الثَّقافة الأصيلة مِن خلال عقد المَجالِس الدَّوّارة بين البُيوت لِتَشمل إِحياء الأيّام الفاصِلة بين يوم شَهادة الزَّهراء صَلواتُ الله وسَلامُه عليها ويوم مولدها المبارك، أَو بَين الفاطِمِيّة الأُولى والثَّالِثة الكُبرى، مُقسَّمةً على شَكلِ حِصَصٍ مُتساوِية بين أَفراد المَجموعَة.

ومَجموعةٌ أُخرى تَعقِدُ مجالس البيوت في مُدَّة سَبعِين يومًا حيث تَبدأ بِأَحزان الأوّل مِن شَهر مُحرّم الحرام وتَنتهِي بِأَفراح اليوم التَّاسِع مِن رَبيع الأَوّل الّذي تُوجَّهُ فيه دَعوةً عامّة إلى أَهْل الحَيّ كافّة لِلمُشاركة في إِحياء فَرْحَة الزَّهْراء صَلواتُ الله وسَلامُه عليها في المأتَم الكَبير.

ومَجموعاتٌ أُخرى تَستقِلّ بِمَجالسها ومَواكِبها ومَلالِيها وخُطبائها وشَيَّالِيها وبِالدَّعم المالي، فتَستَأجِر لهذا الإحياء صالَةً أَو تنصب خَيمة كَبيرة في ساحة الحَيّ أَو في مَزرَعة قَريبة. ومَجموعاتٌ أُخرى تعقد مَجالسها العائليّة الخاصّة وتُقرّر إِحياء الشَّعائر في تكافُلٍ بين أَفرادها خاصّة. ومَجموعاتٌ أُخْرى تُقرِّر التَّفرّغَ لِجَمع الصَّدَقات مِن رُوّاد مَجالِس المآتم والبُيوت مُنذ اليوم الأَوّل لِشَهر مُحرَّم الحرام ثُمَّ تَهُمّ بِتوزيعها على مُستحقِّيها مِن أَهْلِ الحَيّ سِرًا في يَوم فَرْحَة الزَّهراء صَلواتُ الله وسَلامُه عليها وتُقِيم حفلاً عامًّا بَهيجًا بذلك.

تلك مِن المشاهِد الّتي لا يَنكُر أَحدٌ مِن الشِّيعة جمال أَثرها في البحرين وفي سائر بِلاد الوُجود الشِّيعي. إِنَّها مِن نَسْجِ الثَّقافَة الشِّيعِيّة الأَصِيلة المَحَلِّيّة، ومِن مُقتَضى الشُّعور بِأَهمِّيّة استِقلال المآتم والمجالس عن نُفوذ الاتِّجاهات الحِزبِيّة والفِئويّة ومُغامراتها السِّياسيّة.

لقد كَثُرت المجالسُ النَّموذجِيَّة واختَلَفَت أَشكالُها ومَهامُّها في التَّأرِيخ الشِّيعي، بَيدَ أنَّ القاسِمَ المشترك بينها ثابتٌ لم يتغيّر: أنّها العَرِينُ والحضن الدّافئ والوسيلة الفاعلة في تنمية ثقافة الشِّيعة في كُلّ الظّروف الّتي تعترض مَسيرة التَّشَيُّع أو تُقيّدها بِقُيود السِّياسة وانتماءاتها الحزبيّة والفئويّة.

رُبَما تَتفوّق الأنشطةُ الثَّقافيّة في مجالِس المساجد بِوَصْفِها مَوطِنًا لِتَجمع الشِّيعة على أَنشِطة مَجالِس البيوت في مَرْحَلةٍ تَأريخيّةٍ مُتقدِّمة حيث كان اللِّقاءُ بِالإمام المعصوم أُمنيّة كُلّ مُؤمن لاكتِساب المعارف مِن منابعها وفُرصةً ذهبيّةً لِتَنمية الثَّقافة وصَقلها في كَنف الإمامة ورِعايتها وصِيانتها، فيما تَشهد دورُ مجالس البيوت بإزاء ذلك تَدشِينًا لِلخطواتِ الأُولى نَحو التَّوسُّع في الاستِعمال. وقد تَتقدَّمُ أَفضلِيّة مجالس البيوت في الاستعمال على مجالسِ المَساجد طِبقًا لما كانَت تُملِيه ظروفُ الاتّصال والتَّواصل أو تفرضه مُتطلّبات مبدأ التَّقِيَّة في الشِّيعة.

لقد أَوْلى الشِّيعةُ في العصر الحديث رِعايةً خاصّةً لِتَأسِيس المآتم وما كان في حُكمِها، فأَصْبحَت مَلجَأَهم الثَّقافي الرَّئيس الّذي تَسكُن إليه نفوسُهم وتطمئن فيه قلوبهم وتَستغي فيه عُقولهم وتستقلّ، فزادَ عددُ المآتم ومجالس البيوت أَضعافًا مضاعفة.

فِفِي جزيرة البحرين وعلى حَسب بيانات الإحصاء الرَّسمِي، وَصَل عددُ المآتم المُسجّلة والخاضِعة لِرعايَةِ دوائر الأوقاف حوالى 633 مأتمًا. وعلى حسب التَّقدِيرات الشِّيعِيّة وَصَلَ العددُ الإجمالي إلى 1500 مأتمًا. فِفِي المنامة (عاصِمة المآتم) يَصلُ عددُ المآتم إلى 84 مأتمًا منها 46 مأتمًا لِلنِّساء. وفي شَرقِيّة القطيف والأحساء يَصِلُ العَدد بالتَّقدير إلى 1000 مأتمًا لِلرّجال.

وبإزاء هذه الأعداد المُتصاعِدة شَكّلَت مجالسُ البيوت ظاهرةً ثقافيّةً بارزة مِن حيث تَفوّقها في نِسبَة النُّمو العَدَدِي بِإزاء عدد المآتم ذات المباني المُستقلّة. وترجع الأسباب في ذلك إلى مُواكبة مجتمعات التَّشَيُّع لِتَطور الحياة

المَدنِيّة ولِتَوافر تِقْنِية الاتّصال وسُرعة تَدفُّق المعلومات والرَّغبة الأَكِيدة في الاستِقلال بالمجالِس عن قُوى النُّفوذ السِّياسي الرَّسْمي والحِزبي والفِئوي حيث يَرى الرَّسْمُي منها في المآتم مَحلاً لِتَبلور القُوى الرَّدِيفة المُغالِبَة لِسِيادة الدّولة، فيما يَرى الحِزبيُّ والفئويُّ أَنّ في المآتم مَحلاً لِتَنمية نُفوذ الزَّعامَة ولِترسيخ وَلايَة الانتماء وبَثِّ الفِكر المؤيّد والدّاعم لهما.

ويُحيِي الوجودُ الشِّيعي المُهاجِر والمَنفِي في عَواصِم بلاد الغَرب عددًا مِن مَظاهِر الثّقافة الشِّيعِيّة، وتَنتَظِمُ علاقاتُه الاجتماعِيّة ويَتعاظَم أَثَرُها كُلَّما وسَّعَ مِن مهام إِحياء هذه المظاهر بِشَكلٍ مُتوالي مُستمِرّ تَحت رِعايَة المَرجِعيّات الشِّيعِيّة والمُنظّمات والجَمعِيات والمراكز المُتكفِّلة رعاية شُئون الجالِيات والبَعض مِن التّجار المُستثمِرين والعائلات الثَّرِيّة.

فإلى جانِبِ حِرص الوجود الشِّيعي العربي المُهاجِر والمَنفِي على رِعاية ثقافة أَجيالِه وتَفوّق النِّسبة العَدِيّة لِمَجالس البيوت على مَجالِس المآتم؛ لم يَغب مَشهدُ الأَنْشِطة الحِزبيّة والفِئويّة عن المآتم. وفي ذلك يَصعُب الجزمُ باستِقلال مَجالِس المآتم العَربِيّة في هذه البلاد، لكِنّ مَجالِس البيوت تنعَمُ بِنُموٍّ مُطّردٍ في العَدد المُستَقِلّ عن قُوى الانتماء الحزبي والفئوي والمرجِعي.

ويَجرِي الحديثُ عن منهج مَجالِس البُيوت الّتي تَقتضِيها الضَّرورَة الاجتِماعيّة في بلاد الغرب، لكِنّها تَبقى خاضِعةً لِتَقدير القائمين على المجالس، فيما تَنفرِد المَجالس المُساهِمة في التَّنمِية الثَّقافِيّة في جِهَتي العَقِيدة والأَخْلاق بِحِصّة الأسد بِرِعاية مَرجِعِيّة.

إنّ في الإمكان الفَصل بين منهج الثَّقافة الجارِيَة في مَجالِس البُيوت ومَنهجِ ثقافة مَجالِس المآتم والمَراكز في بِلاد المَنفى والمَهجر بناءً على اختِلاف قواعد التَّأسِيس إذْ تَستقِلّ مَجالِسُ البيوت عن الانتماءات وعن المآتِم والمراكز الرَّئيسة، وتَتحقَّق مُقتضيات الثَّقافَة الشِّيعِيّة الأَصِيلة بأَعلى مَقاصِدِها، ويَكونُ نِتاجُها مُجرّدًا مِن مُؤثرات الانْتِماء والتَّوجِيه الحِزبي والفِئوي.

ويَختلِفُ الأمرُ بين مُواطِني البلاد باختِلاف ثَقافَة الوُجود الشِّيعي. فبَعضُ الجالِيات الشِّيعية في بلاد الغرب تُمثِّل مُجتمعًا ثقافيًّا مُتكاملاً وفي أَمَسّ الحاجة إلى صِيانةِ نِظامِهِ الاجتِماعي المُساوِق لِثَقافة الموطن الأَصْلي، وذلك عبر الاستِفادة القُصوى مِن مَجالِس المأتِم والمراكز فضلاً عن مَجالِس البُيوت.

وتَكثُرُ الجالِياتُ الشِّيعِيّةُ غير العَربِيّة الّتي تُشكِّلُ نِسبتُها العدَدِيّة مُجتمعًا ثقافيًّا مُتكاملاً، وتَبدو مُنغلِقَة على ذاتها، وتَمِيل إلى تَوظِيف الأثر المَرْجِعي تَقلِيديًّا وفي مصلحة أَفرادها الخاصّة حيث لا وُجود يُذكر لِلانْتِماءات الحِزبِيّة والفِئويّة في مَجالِسِها ولا تَأثِير له يُذكَر على نَظْم مآتمها الكُبرى الجامِعة ومَجالِس البيوت.

ـ غُوايَةُ الاغْتِرابِ عَنْ فَنِّ التَّدْبير

في مَقام الحديثِ عن تَمايُز الثَّقافات واختِلافها يُروِّجُ الانتماءُ الحِزبي والفِئوي تَوجِيهًا تَربَويًّا شَبِيها لِمُعالجات المُتكلِّمين المتكلّفين في الشَّأن الاعتقادِي الإلهي، فيَفترض أَنّ تكامُلَ الفَرد والكِيان المُؤسَّسِي الثَّقافي في المُجتَمع الشِّيعي على أُسُسٍ مِن التَّعدُّد والتَّنافُس الحُرّ ـ ما هو إلّا ذَهابٌ لِكُلّ واحدٍ مِنهما إلى ما صَنَع وفسادٌ حَلّ فِيهما.

وعلى قدرِ هذا الافتِراض صَنَّفَ الانْتِماءُ هذا التَّعدُّد والتَّنافُس والإبْداع في خانَة الاستِجابة لِهَوى النَّفْس، فأَوجب التَّمسُّك بِمَفهوم الاندِماج وتَرسيخه في الذّهن الشِّيعي تَحتَ رايَة الزَّعِيم الفَرد الواحِد العادِل، حتَّى يَتكامل الإيمانُ به وتَسمو الثَّقافَةُ ويَرقى أَفرادُها!

ويُرَدِّدُ عناصرُ هذا الافتِراض الحِزبي والفِئوي شُروحًا مُقتبسَةً عن درسِ عِلْم الكَلام الّذي يُناقِش وُجود خالِقَين مُتشابِهَين في كُلّ شَيءٍ ومُتساوِيَين في القدرة والسّلطنة، حتَّى يَصِل بِالبُرهان العَقلِي إلى نَتائج (مُبْهِرَة)، مِن بينها: أَنّ كُلّ إلهٍ في دائرة التَّعدُّد يَظلّ مُقيدًا بِقُدرة الآخر ولا يَستطِيع اجتياز حُدود

قدرته وسَلطنته بِتَفوّق، ولا يَطغى على مَنطِقة هَيمنة الإله الآخَر. فإنْ فَعَلَ فهُو الإلهُ الواحد، وإنْ لم يَفعل فَسَد الكون وتَعطّل نُموُّه بِتَعدد عَمَلَهما. ومع اليَقِين في أنّ كُلَّ واحِدٍ مِن الإلهين لَنْ يَعلُو على الآخر، وذلك لِتَساويهما في كُلّ الصِّفات، فإنّهما يَسقُطان في دائرة المُمكِن والحُدوث، كما جاء في نَصّ الآية الكريمة مِن سُورة المؤمنون [ما اتّخذ الله مِن وَلدٍ وما كان معه مِن إله إذا لَذَهب كُلُّ إلهٍ بما خَلَق ولَعَلا بَعضُهم علىٰ بَعض سُبحن الله عَمّا يَصِفون]!

هكَذا يَتّخذُ هذا اللّون مِن الفِكر الحِزبي والفِئوي مِن مِثال البُرهان الكَلامِي حُجّةً على إثبات فَساد التَّعدّد والتَّنوّع والتَّنافس الحُرّ مِن غير اعتِبار لِوجود مَفهوم انْعِدام العِصمَة الذي يَدعو إلى التَّعوِيض بِالتَّعدُّد، فيَجتَهِد في تَرويج البَديل الحِزبي والفِئوي ضَيِّق الأُفق، ويُنصب بِه زَعيما واحدًا يَسترضِيه في دائرة دعائيّة مُبتذلة مَدفوعة الثَّمن مِن أَموال الحُقوق الشَّرعِيّة.

فصِفةُ التَّعدُّد والتَّنوع في مظاهر الثَّقافة واختِلاف نُظُمها واستقلال مَنهجِها وتَنافسها البَينِي الحُرّ هي بِقِياس هذا الافْتِراض ذَهابٌ لِكُلّ واحدٍ إلى ما خَلَق وَصَنع. وهكذا الأمرُ في تَعدُّد وتَنوّع مُتعلِّقات المساجد والمآتم والمجالس والمواكب الحُسينِيّة وصَلوات الجُمعة والجَماعة، وكذلك في تَعدّد مَرجِعِيّات التَّقلِيد والفَتوى فضلاً عن الأَحْزاب والفِئوِيّات والأَنْشِطة السِّياسِيّة والاجتماعِيّة، وفي تَعدُّد الزُّعماء والوُجهاء والعُلماء والخُطباء والمدارس الدِّينيّة والجِهات الأهلِيّة. وكأَنّ المُجتمع الّذي تَتفاعَلُ فيه الثَّقافَةُ الشِّيعِيّةُ قد نَشأ بِالأَمْس مَنزُوع المَعرِفة ومَقطوع الأَصل ولا تُراث إِنساني ولا إِرث ثَقافي له ولا تَأريخ عريق ولا مَظاهِر أَصِيلة!

لقد أَوجَبَ الانتماءُ على مظاهر الثَّقافة الأَصِيلة المُتَعدّدة والمُتناثِرة في المُدن والقُرى الانْدِماج في كِيانٍ مُؤسَّسيٍّ واحدٍ فصارت المَجالِسُ مَجلِسًا مَركَزيًّا واحدًا يَرقى مِنبَرَهُ خَطِيبٌ واحدٌ مِن المُنتمِين أَو المُتحَيِّزين وصار غَيرُها غُثاء، وصارت مَواكِبُ العزاء مَوكِبًا واحدًا يَتقدَّمه شَيّالٌ واحد مِن

المُنتَمِين أَو المُتحيِّزين وصار غيرُها غُثاء، وصارت مَرجِعيّاتُ التَّقلِيد مَرجِعيّةً واحدةً ونُبِذ غيرُها في العراء وصار غُثاء، وصارت المدارسُ الحَوزَوِيّةِ مَدرسةً واحِدة وصار غيرُها غُثاء، وصار أَئمَّةُ المَساجد إمامًا واحدًا وصلواتُ الجماعة صلاةً واحدةً وصار غيرُهما غُثاء، وصارت المساجِد مَسجدًا واحدًا وصار غيرُها غثاء.. على خِلاف السِّيرة المتّبعة في الأَجْداد الّتي أَطلَقت الحُرِّيّة الأَصِيلة لِلفرد في أَنْ يتنافس على تَأسِيس وتَنمِية مَظاهِر الثَّقافة، وشَجّعت على الإكْثار مِن تَشيِيد المَساجد والمَنابر والمَجالس والمَواكب وعلى تَعدّد الشَّيّالة والخُطباء والمَلالي وصلوات الجماعة والمَدارس الدِّينيّة في المَناطق، وتَجنَّبت مفهومَي المَركَزِيّة في التَّنظيم والوَصايَة وزَعامة التَّوجِيه، رِعايةً لِطَبيعة الظُّروف الاجتماعِيّة ولِحَقّ الوجود الشِّيعي في البَقاء والنُّموّ بِمَعزل عن فَعاليّات الانتماء وصَخَب اتّجاهاتِه الفِكريّة.

فَرَض الانتماءُ الحزبي والفئوي مَشروع وحدةَ المظاهر الثَّقافِيّة وأَخضعها لِزَعامته بما امتَلك مِن نُفوذٍ وسِيادةٍ في الوسط الاجتماعي عندما ضَعُف عن تنمية الثَّقافة وفق سياقها المعمول به، فعَطّل بذلك أَصالةَ الحُرِّيّة في البُعد الثَّقافي وصادَرها بِوَلاية منه، فهَدَم نظامًا اجتماعِيًّا وهَندَسةً ثَقافِيّةً عَرِيقين تَجاوز عُمُرهما 1400 عامًا، وصادرَ بُنيانًا حُرًّا ساهم في تَنشِئةِ وتَنمِية 43 جيلاً مِن المؤمنين وأَمَّمَه حزبيًّا وفئويًّا. كلّ ذلك جَري في فَترةٍ وَجيزةٍ حتّى يَتسنّى للانتماء مِن الإعداد لِقِمَّةِ هَرم واحدةٍ يُعتَدّ بها سِياسيًّا في الدَّولة وتكون بَدِيلةً عن الهَرم (التَّقلِيدي) الأَصِيل البَسِيط الذي أَسَّسهُ الأَخبارِيُّون، وحتّى يُستعان بهذه القِمّة لِتَمثِيل الاتِّجاه الدِّيني لدى الحوزات الأُصولِيّة الكُبرى وبُيوت مَرجِعيّات التَّقلِيد في الخارج وتَنظيم شئونه مركزيًّا، مع الإدراك القَطعِي بِأَنَّ الإقدام على هذا الإجراء لا يخرج عن كونه عملاً ثَورِيًّا مخالفًا لِمَبنى (التَّقيّة) و(الانْتِظار) و(الوَلاية البَراءة) و(العِصْمة) السَّائد في الوَسَط البَحرانِي أخباريًا ومُؤدِّي إلى اختِصار الطَّرِيق لِمَن أَراد شَرًا بِالمُجتَمع الشِّيعي ووُجُوده الصَّغير في مُحيط إِقلِيمِي (سُنِّي) حساس جدًا.

فوقَعَت النَّائبةُ، وكُنَّا حذّرنا مِن وُقوعها في البَحْرانِيِّين مِن خلال بَثٍّ عددٍ مِن المقالات النَّقدِيّة والرَّسائل الشَّفهِيّة حيث أَشرنا إلى أَنَّ مَرئيات الأَجْداد في عَهد السِّيادة الأَخباريّة البَحرانِيّة كانَت حاذِقَةً وسَدِيدةً وحَصِيفةً ومُتقنَةً اجتماعيًّا وثقافيًّا وفَنِّيًّا، وأَنّ الوَصْف الحِزبي والفِئوي المُعاصر لِهذه المَرئيّات بِـ (التَّخَلُّف) و(اللّاوَعْي) وبِأَهل (الخُرافَة) و(الأُسْطورة) كان وَصْفًا جائرًا وعلى الأجداد شططا وفيه الكثير مِن التَّجَنِّي والكِبر والغِلظَة والرُّعونَة، كما ينطوي على مُحاولةٍ يائسة لِتَفكِيك الأَصالَة حيث استعصى على المُنتمِين الجُدد صياغتها مِن جَديد بِما قدموه مِن فكرٍ ثوريٍّ مُقتَبس عن ثَقافةٍ أَجنبِيّة المنشأ.

فما الضَّير مِن بقاء التَّعدُّد والتَّنوّع والتَّنافس والإبداع الحُرّ على طِبق القَواعد الثَّقافِيّة المَحَلِّيّة الأَصِيلة العريقة المُستقلّة التي نَشأ عليها المُجتَمع البَحرانِي وأَسَّس عليها نِظامه الاجتماعي، وما هي مُوجِبات الاستِعانة بِفِكر هَجِين لِثَقافةٍ أَجنبيّةٍ المنشأ ونَبذ الثَّقافَةِ المَحَلِّيّة، وما الضَّير مِن الالتزام بمنهج شِيعيٍّ أَصِيلٍ مِن صُنع مَحلِّيّ اجتاز المِحَن بِتَفوّقٍ قَلّ نظيره في أَكثر مِن 14 قرنًا مِن الزَّمَن وسَجّل به نَموذجًا مِثاليًّا لِلتَّعدُّد والتَّنوّع والتَّنافُس والإبداع الحُرّ على خَيرٍ مِن دُون مَركَزِيّة ولا زَعامَة حتّى؟!

وما الضَّرورة الّتي دَعَت الانتماء الحزبي والفئوي إلى وَضْع أَصابعه في أُذنيه والإصرار على رَفْض التَّوصِيات الرَّشِيدة لِلعَقل البَحْرانِي النَّاقِد الدّاعي إلى تَحكِيم خبرات عَهد الأَخْباريّة وتَجنّب المُغامرة بِمَصير الوُجُود الشِّيعي والاستِخفاف بِالعَقل البَحراني والاستِهانة بِنظام مُجتمعه وتَأريخه الأَصِيل في غِلظَةٍ وكِبرٍ ورُعونةٍ لم تَعرِف البِلادُ مثلها مِن قَبْل؟!

إنَّ التَّعدُّد والتَّنوّع الحُرّ لِمَظاهر الثَّقافَة الشِّيعية الأَصِيلة بما اشتَمَلت عليه مِن مُحدِّثين ومَراجع وتَقلِيد مَرجِعي ومَدارس دِينيّة ومَساجد ومآتم ومَواكِب وأَئمّة وخُطباء ومَلالي وشَيّالة ـ كُلُّه يُعزِّز مِن أَثر التَّنافُس على الخير، ويَزِيد

في التَّنمِية الثَّقافِيّة سُرعةً ورُقِيًّا مِن دُون تكتُلات وشلَلِيّة حَسّاسة، ويُضاعف فرص الإبداع، ويُشِيع الحيويّة في التَّكافل الاجتماعي، ويحدّ مِن الرّتابة والخُمول في الأداء، ويُجنِّب مِن مَخاطر الفَردِيّة الحادّة والجُمود على النُّظم، ويُبعد عن التَّكلّف، ويُبطل كَيد الأعداء المُترَبصّين بِالشِّيعة الدّوائر ما خَفِي منه وما ظَهر.

على ذلك جَرت سِيرةُ المُجتَمع البَحْراني ولم يَكن التَّعدُّد والتَّنوّع الحُرُّ فيها عبثًا مِن الفِعل أَو أمرًا طارئًا مَنزوعًا مِن البصيرة والرُّؤية لِلبَعِيد أَو معدومًا مِن الفكرة حتّى يَتطلّب الانتقال الفَورِي به إلى تَنطُّعٍ ثوريٍّ انقلابيٍّ على الطَّريقة المارْكْسِيّة!

يَحتجُّ البعضُ في مقابل هذا القَول فيردّ: أَنَّ ذلك ليس مُراد السِّياسة والتَّحزُّب والفِئويّة وإنَّما هو مُرادُ علماء الدّين في البلاد ومَرجِعِيَّات الحوزات الكُبرى في الخارج، ونَحن إنْ وَقفنا بِإزائهم ضِدًّا أَو مناقِشين أو مُفاوِضِين برأيّ ناقدٍ فإنّنا سنُسَجَّل في قائمة السُّفهاء الجَهلة (اللّاواعِين) و(المُتَخلِّفِين)، ونُجْعَل في النّاس مصداقًا لما يُؤكّد ويُشاع على المنابر مِن تَأويلٍ صعبٍ لِقَول الإمام الجَواد صَلواتُ الله وسَلامُه عليه (العُلَماءُ غُرَباء لِكَثرَةِ الجُهّال بَينهُم)!

يُنَظِّرُ المنتمون والمتَحيّزون في هذه الرِّواية المباركة فيَستَعِينون بها في غَسْلِ الأَدمِغة وتفكِيك الثَّقافة الأَصِيلة. فيُشَنِّعون على أَبناء مُجتمعِهم ما يَسلكونه مِن ثقافة (مُتَخَلِّفة) فاقدة لِـ (الوَعْي) ومِن غُربة لِلعُلماء بَينهم، ويُسفِّهون تَفريطهم بِمَعاني رِوايات أَهْل البَيت صَلواتُ الله وسَلامُه عليهم القائلة باستِحباب إِكرام العُلماء ومُزاحمتِهم بالرُّكَب تَواضعًا لِكَسب المعارف مِنهم أَو بِوُجوب طاعَتِهم ووَلايتهم مطلقًا كوُجوب طاعة النَّبيّ صَلَّى الله عليه وآله وأَهْلِ بيته صَلواتُ الله وسَلامُه عليهم، حتَّى يَنتَهي الحالُ بهذا المجتمع إلى التَّسلِيم (لِرَقَبَةِ العَالِم والخُروج مِنها سَالِم) والخشية مِن إِعمال العَقل

النَّاقد، فيَضْعُف المجتمع وعُلماؤه المخلصين المُستقلين عن مناقشة العُلماء المنتمين ونَقد آرائهم ومَواقفهم.. هذا ما حدَث في ظاهِرةِ فرض المَركَزِيّة على الثَّقافَة الشِّيعِيّة ومظاهرها خِدمةً لِنَظريّة النِضال الثَّورِي السِّياسي!

ويَصلُ لونٌ خاصٌّ مِن المُنتَمِين والمُتحَيِّزين بهذه الرُّؤية إلى وَصْف أَبناء مُجتمعِه وعلمائه المُستقِلِّين عند الاستِيضاح وطَلَب التَّفصيل أَو عند الاعتِراض أو عند إِعمال العقل النَّاقد بـ (الجهّال) و(الطّائشِين) و(الحَمقى) و(السُّفهاء) و(المعانِدين) الّذين يَسعون في إِجبار العلماء المنتمين على الامتِثال لِمُراد أَنفِسهم وأَهوائهم، ويُعرقِلون مفهوم ومعنى العالِم الزَّعِيم الواحِد المُجدِّد والمُصلِح الوَلِيّ، ويُحرِصُون على جعل الثَّقافَة مُتخَلِّفة وجامِدة على الأُسْطورة والخُرافة، ويبقون على المجتمع أَسيرًا لِلنُّظم السِّياسِيّة المُستَبِدّة وعُلماء السُّوء العُملاء والتَّقليدين مِن جامِعي الثّروة!

إنَّ مبعثَ هذا التَّوجِيه الحادّ نَوبةٌ عصبيّةٌ في الانتماء والتَّحَيُّز وتَنطُّعٌ بِالفِكر الهَجِين في مقابل معنى الرِّواية النَّاظر إلى قِلّة عدد العُلماء نِسبةً لِعَدد مُنتَحِلي العِلم وكَثرة الجُهّال مِن مُدَّعِي العِلم في بِيئة مِن العُلماء وفي ساحتهم العِلميّة، وليس النَّاظر إلى كَثرة جَهالة النَّاس مِن حَول العُلماء.

إنَّها رِوايةٌ ذَهبِيّةٌ تَشتَمِل على نَقضِ المُدَّعِي لِلعْلِم والكِثرة مِنهم في صُفوف العُلماء أَنفسهم وفي بِيئتِهم العِلمِيّة. وإنَّ مُفردة (الجاهِل) تَأتي بِمَعنى الأَحمَق مُدّعي العِلم. ولِكثرة عَدد هذا اللّون مِن العُلماء (الجُهّال) في طائفةٍ مِن العُلماء يُصبحُ العلماء الحَقيقيّون بينهم غُرباء.. وهَلْ سَمِعتَ بِعالِمٍ حَلّ غَريبًا في المُجتَمع الشِّيعي؟!

وبِالنَّظر إلى الواقع الاجْتِماعي المُعاش، لا يُشكِّلُ كَثرةُ الحَمقى بين النّاس (غُرْبَةً) لِلعُلماء. وذاتُ الواقع يَشِي بِقِلَّةِ عدد العُلماء على وَجه الحقيقة بين جمعٍ غفيرٍ مِمّن يحمل صِفَة (العالِم).. هنا يُصبحُ العُلماءُ الحقيقيّون غُرباء بَين الحَمقى مُدَّعِي العِلم مِن (العُلماء) وليس بين الحمقى في النَّاس!

غُربةُ العالِم يَصنعُها مُدَّعُو العِلْم لا الجُهّال، وهِي أَخطرُ ما تَعنِيه هذه الوَظِيفة في مَوضوع الرِّواية في الرُّؤية المَوضُوعِيّة والواقع الخارجي. وهذه حالٌ نَلمسُ موضوعها ونَراه رُؤيا العَين في مُجتمع البحرين ولا خِلاف على وُقوعه في سائر المُجتمعات.

يَستطِيعُ مُدَّعِي العِلْم بالدِّين في زَمَنِنا المُعاصر أَنْ يَحتلَّ مَنزلةً رفيعةً ومقامًا ساميًا بِلا اجتهاد ولا نصب، فيُصنَّف في مقام المَرجِعِيّة العُليا بين حَشدٍ مِن العُلماء قَبل حَشدٍ مِن النَّاس.. تلك حالٌ ما زالت تُشكِّلُ دليلاً صارخًا على تَعرّض جهاز العُلماء العَرِيق إلى الخلل الاجْتِماعي أَو الاختِراق السِّياسي.

فإنْ فسدَ العالِمُ فَسد العالَم.. يَستطِيعُ بِمَنزِلته ومَقامِه السَّامِيَين المختَلَقين بالدّعاية الحِزبيّة والفِئويّة وبِقَليل مِن الإثارة السِّياسيّة واصطِناع وَهْم الفِتْنَةِ أَو الأَزمة وأَنْ يفرض وَلايَةً على الشِّيعة بها، فَيُهمِّش بذلك دورَ العلماء الأعلى مِنه منزلةً ورُتبةً ومقامًا، وأَنْ يفرض الغَلَبة عليهم وعلى النَّاس جميعًا بِفُنون المُراوغة والدّعاية السِّياسِيّة وتَنظِيم المَعلومات وتَوجِيه المعارف، فيُنادَى به بين ليلةٍ وضُحاها زَعِيمًا أَوَّل على رأس بِيئةٍ اجتماعيّةٍ يَكثُر فيها جَهابِذةُ العِلم وقِمَمُه، ورُبَما يَرتَقِي إلى مقام المَرجعيّة مِن دون مُنازع بِقَلِيلٍ مِن النّفوذ الحِزبي والفِئوي المُسانِد لِصِفَتِه المُكرَّمَة بين النَّاس إِذْ لا يُوجد مِعيارُ عِلميٌّ حَوزوِيٌّ يَردَعُ أَتْباعَ فُنون المُراوغة الحِزبيّة والفِئويّة والدّعاية السِّياسيّة عن ارتِكاب ما يَطمعون به مِن منزلةٍ ومقامٍ رَفيعٍ في النَّاس ويَصطَنِعون.

يَكشِفُ الواقعُ المُعاش مَعنًا خَطيرًا بِنَصّ الرِّواية الشَّريفة، فيَجعَل لِلعالِم الحَقِيقي بين الحَمقى مِن نُظرائه مُدَّعِي العِلم اغترابًا يُخشَى منه وليس زَعامة تُعتَمر. وأَمّا النّاس الّذين خَفِي عنهم العِلْم ومِعيار تَسنُّم المَنزلة والمَقام فيه فَهُم ضحايا الحَمقى مِمّن يَدَّعِي العِلْم إذْ يُشكِّلون بيئةً خصبةً لِتَحقيق مآربهم وابتزازِ العُلماء الحَقِيقيّين أَو رَدعِهم وإِقصائهم عن مقامهم.

إنَّ غُربَةَ العالِم لا يُشكّلها الحَمقى مِن النّاس ولا الجُهّال منهم، وإنّما أَدعياء العِلْم مِن (العُلماء) نُظرائه في السَّاحَتين العِلمِيّة والاجتماعيّة، فيُقصَى عن مَنزِلَته ومَرتَبته، ويَسودون هُم بِوَلايتهم على قَضايا إثبات أَو نَفي أُصُول المعرفة والمُكوِّنات الثَّقافِيّة لِلمُجتمع على وَجْهٍ أَخصّ. وربما تُصبحُ هذه القضايا مدخلاً لِتَقمّص المقامات وبَسط الوَلايَة في النّاس.

ليس مِن شَكٍّ في أَنَّ مِن بين الشِّيعة علماء قَليلين يُشرِّفون قِمَمَ الثَّقافَة الشِّيعِيّة والعِلْم، فيُقرِّرون أَنّ نَصّ الرِّواية (فأَمّا مَن كان مِن الفُقهاء صائنا لِنَفسه، حافظًا لِدِينه مُخالفًا على هواه، مُطيعًا لِأَمر مَولاه، فلِلعَوام أَنْ يُقلّدوه، وذلك لا يَكون إلّا بَعض فُقهاء الشِّيعة لا كُلّهم) ناظرٌ إلى أَنَّ إيجاد الفَقِيه غَير المَعصوم لِمُواصَفات (الصَّون والحفظ والمُخالَفة والطّاعة) هو أَقربُ إلى إيجاد المُستحِيل.

إنَّ رِواية (العُلَماءُ غُرَباء لِكَثرَةِ الجُهّال بَينهُم) قد تكون مُختَصّة في العُلماء الأَقرَب إلى المَعني وهُمْ أَهْلُ البيت صَلواتُ الله وسَلامه عليهم إذ هُم (العُلماء) مِن دُون سِواهم مِن النَّاس، وأَنَّ الإشارةَ إلى الجَهل في النَّاس فيَعود إلى ما عندهم مِن العِلْم نِسبَة إلى ما عند أَهْلِ البيت صَلواتُ الله وسَلامُه عَلَيهم. فالنِّسبَة بَعِيدةٌ تَجعل ما عِند النَّاس جَهلاً. فعَن عَلِيّ أَمِير المُؤمِنين صَلواتُ الله وسَلامُه عليه قال: (نَحنُ أَهْل بَيتٍ لا يُقاسُ بِنَا أَحد، فِينا نَزَلَ القُرآن وفِينَا معْدَن الرِّسَالة). فالعُلماء هُم أَهلُ البيت صَلواتُ الله وسَلامُه عليهم ولا جُهّال بينهم، وإنَما الجُهّال هُم مَن يَقِيس نَفسَه بِهم مِن مُدَّعِي العِلم أَو يَتقدّم عليهم فيَجعل مِن أَهْل البيت صَلواتُ الله وسَلامُه عَلَيهم غُرباء في الشِّيعة.

إنَّ مِن بين الشِيعة أَدعِياءَ عِلْم تسندهم آلةُ الدِّعاية السِّياسيّة وقَلِيلٌ مِن أَموال الحقوق الشَّرعِيّة بِمُشاركة جهازٍ مِن المُنتمِين والحُلفاء والمُتحَيِّزين ـ في انْتِحال المنزلة العِلمِيّة والمقام والرُّتبة اللّازِمة لِلعَبث في أُصُول المعرفة

ومُتعلّقات (التَّقِيَّة) و(الانْتِظار) و(الوَلاية والبَراءة) و(العِصْمَة) امتثالاً لِمُقتضيات السِّياسة وضَرورات الزَّعامة.

يُشِيرُ الانْتِظارُ في الثَّقَافَة الشِّيعِيَّة الأَصِيلة إلى وُجودِ إمامةٍ مَعصومةٍ يَجب الإيمان بها والتَّسلِيم لها، وتَقتَضي مُواصفات خاصّة في مَن يُمثِّلها.

مِن هُنا يُصبحُ الانْتِظار والمظاهر الثَّقافِيّة المُعبّرة عنه غرضًا تُرمَى عليه سِهام أَدعِياء العِلم ومُتقَمّصي مَنصِب الزَّعامة حيث يُبالِغون في دَعوة الشِّيعة إلى حَجْب الثِّقَة عن الثَّقَافَة المَحَلِّيّة وإلى (الوَعْي) وتَجاوز آثار (التَّخَلُّف) الوَهمِيّان، ويُؤكِّدون عليهما ويُريدون بهما تَفكِيك المَوروث الثَّقافي المَتِين ووُجوب الالتِزام بِـ (الوَاقِعِيّة)، والتَّخَلِّي عن مفهوم (الانْتِظار) المِثالي الخَيالي الباعِثْ على التَّواكل والهُروب مِن مَسئولِيّة التَّغيير السِّياسِي، و(التَّقِيّة) المُعطِّلة لِلحَقّ في التَّمَتع بِالمُواطنة الكامِلة، و(الوَلايَة والبَراءة) المُثِيرة لِفَزع الفَصْل الطَّائفي المُوصِلَة إلى التَّهلكة، و(العِصْمَة) الخاصَّة بِالأئمّة صَلواتُ الله وسَلامُه عليه والمُحرّم على المؤمنين تَحصيلها، وعن الشَّعائر الدّاعِية إلى تَجمِيد العَقل بِـ (الأُسْطُورة) و(الخُرافة). كما يُبالِغُون في حَثّ اتِّباع مَنهجِ (الشَّكّ والتَّشْطِيب والتَّأمِيم) لِلحَطِّ مِن قداسة (الشَّعائر) بوَصِفها أَبرز مظاهر هذه الثّقافة، والمسارعة لِلالتِحاق بالتَّمَدّن الحضاري.

وكُلّما جاءهم الدَّلِيلُ الفَصل القاطِع بِنَصٍّ أَو بِعَقلٍ أَو بإِجماعٍ أو بِسيرةٍ لِلمُتشرّعة أَو بِتَفسيرٍ في ضَرورة (الانْتِظار) والالتزام بِـ(التَّقِيَّة) و(الوَلايَة والبَراءة) و(العِصْمة) وإِحياء (الشَّعائر)؛ سارعوا إلى تَأوِيله أو تَكذِيبه أَو الاختِلاق فيه مِن عند أنفسهم.

إِنَّ غُربَةَ العُلماء في واقِعِنا الثَّقَافي المُعاصر هي مِن صُنع أَدْعِياء العِلْم مِن الحمقى وليس مِن صُنع عامَّةِ النَّاس الّذين خَفِي عنهم ما لا يَعلمُون ورُفِع عنهم. وقد يَسود (العُلماءُ) الحمقى على العُلماء الأَكْفاء المُؤمِنين المُخلِصين في مَناطق الوُجود الشِّيعي الكبير، لكِنَّ السِّيادةَ هذه لا تَعدو أَنْ تكونَ تدبيرًا

مَحدودَ الأَجَل وإِنْ فَرَّطَت بِأُصُول المعرفة وشَوَّهَت الثَّقافَة وغامَرَت بِالإرث التَّأرِيخي وصادَرت مظاهر الثَّقافة وأَمَّمتها.

لم تَزل الكَثيرُ مِن مشاهد سِنّ الطُّفولة عالِقةً في ذاكرتي. ومُنذ أَدركتُ في هذه السِّنّ معنى المَظهر الثَّقافي الشِّيعي لم أَجِد لِهذه المشاهد ما يُعادلها جمالاً ورَوعةً في الهندَسة. وعِندما عُدّتُ مِن بِلاد المَنفى الأَوَّل إلى مَوطِني (البحرين) في عام 2001م رأيتُ الأحوالَ قد تَغيَّرت وانقلب بَعضُها واندَثر الكَثِير منها، فلَم أَجِد مشهدًا واحدًا يقارب تلك المشاهد.

وعندما سأَلتُ المُقرّبين مِن أَصدقاء سِنّ الطُّفولة ومَرحلة الشَّباب عن الأَسْباب أَجابوا وقالوا: (خُبْركْ عَتِيق، وِينُكْ أُو وِينْ.. صَحونا فإذا بِالأَخبارِيّين قد انْقَلبوا إلى أُصولِيّين على مَبنى الوَلايَة الفِقهيّة العامَّة، ومِنها انْقَلبوا فجأة إلى مَبنى الوَلايَة المُطلَقة. فقَفزَ الكثير مِن عُلماء الدِّين بهذا الانْقِلاب إلى قِمَّة الرّئاسة في كُلّ شَيء وعَلوا وتَخطّوا المنزلة الاجْتِماعِيّة والمقام الكَرِيم وحازوا على مَنزِلَةٍ هي الأعلى درجة، وهَبط النَّاسُ إلى قَعْر الوادِي فصاروا في الوَلايَة المُطلقة رَعايا)!

رَحَم الله المُلّا حَسن سَهوان (1915-1976)، أَبرز خَطباء (الوَلايَة والبَراءة) والعالِم المُستقلّ المُبْدِع في اختِصاصه.. رأيتُ فيه قوامًا لِجَسدٍ نَحيلٍ ظَلّ ساكِنًا في ذِهني منذ عقد السِّتّينات مِن القَرن الماضي.. يهَمّ بِمَسجد الشَّيخ يعقوب في منطقة (النِّعيم الوَسْطي) إلى الشِّمال الغربي مِن عاصمة المآتم المنامة، فيَقتَرِب مِن مطبخ المسجد قبل حُلول ساعة ارتقاء المِنبر فيَجتاز المدخل في هيئة خادمٍ لِلمَجلس ورُوّاده.. يَتجرّد مِن (بِشْتِه) في تَواضُعٍ وسَكِينةٍ وبلا تَكلُّف أَو رِياء ويَشرع في تَجهِيز (غَوارِى) الشَّاي و(دَلاّت) القَهوة، و(يُبَكِّرْ القَدَاوَه) ويُتوِّج رُؤوسها ورَأس (النَّارجِيله) بِالتِّتِن والجَمر ويَدفعها إِليّ ويَحُثّني على تَوزيعها أَو تَدوِيرها بين رُوّاد المَجلِس، ثُمّ يُهيّئ الفناجين ويَزيد جِمار (الدَّوَّهْ/ المِنْكَلَهْ) فحمًا.

يَفرغُ الملّا سَهوان أَعلى الله تعالى دَرَجاته مِن تَقدِيم الخِدمة الحُسينيّة، فيَلتَفِت إلى عددٍ مِن شُبّان الحَيّ يُرحِّب بِهم ويَسأل عن أَحوالِهم، ويُبادر بَتواضع الحُكماء إلى الاشتراك معهم في حَلقة نِقاشٍ مِن حَول (مِنْكَلَة) الجَمر، ويَتبادل أَطرافَ الحديث الشَّيِّق معهم في مَشهدٍ رائعٍ جِدًّا لا يُنسى. وقُبَيل الوقت المُقرّر لانعقاد مَجلِسه بِدَقائق؛ يَدعو الملّا سَهوان شَيّالة العَزاء إلى حَلقة مُراجَعَة لَغَوِيّة وبَلاغِيّة لِقَصائد المَوكب، أَتذكَّر مِن بينهم الحاجّ (مَهدِي شْمَيسْ) والحاجّ (عبد الهَادِي المَحرُوس).

ورَحَم الله الملّا جَعفر عَلِيّ حَسَن الكَلْيتِي (1949/ 2001م) الذي قَهر تَحدِّي فَقْدِ البَصر عند السِّن السَّادِسَة مِن عُمُره الشَّريف إذْ أُصِيب بِداء الجَدَرِي، وعُرِفَ في حَيِّ النِّعَيم بِسِيرَةٍ مُتَميِّزةٍ لم تَتوافَر لِأَحَدٍ مِن مِثلِه في أَبناء جِيلِه. فهو بَحْرانيٌّ أَصِيلٌ كَفِيفُ البَصر وربُّ عائلةٍ مُؤلَّفةٍ مِن سِتّةِ أَولاد، غَدا شَخْصِيّةً عِلْمِيّةً حَيوِيّةً ومَرِحَةً وذُي ابتِسامَةٍ عَريضَةٍ وعلى سَجِيَّته البَحْرانِيّة التي لم تُفارِقه ويأَبى إلّا أَنْ يَكون كذلك.

عرفتُ الملّا جَعفر بِوَصْفِه إِنْسانًا مُكافِحًا لا يَفتُر وعَزيزَ نَفسٍ لا يُضاهَى.. صارَ قَيِّما لِمَسجِد الشَّيخ يَعقوب، ولم يَقعُده فَقدُ البَصر عن أَداء واجِبه في خِدْمَةِ مِنْبر أَهْل البَيت صَلوات الله وسلامه عليهم منذ كان في سِنِّ العِشرين وعلى مَدى 35 عامًا مُتَواصِلَة، وذَلك بَعد أَنْ حَقَّق في نَفسِه على طَريق خِدمة الشَّعائر كَفاءةً عِلْمِيَّةً عالِيَةً مِن خِلال المثابَرة على حُضور دَرْسَي الفِقْهِ في مَجلِس العَّلامة السَّيّد عَلَوي الغُرِيفي والخِطابة المنبَريَّة على مَنهج (السِّيرة والرَّثاء) العَريق في مِجالِس كُلٍّ مِن الملّا جَواد حميدان والملّا الشَّيخ أَحمد مال الله والملّا الشَّيخ أَحمد خَلَف العُصفُور والشَّاعر الشَّهير الملّا عَطية الجَمري. وقد استَعان على تَحقِيق صِفَتِه العِلمِيّة بِالحاجِّ مُحمَّد تَمّام الذي كان يَقرأ له كُتُبَ السِّيرة والرِّوايَة والتَّفسِير. فارتَقَى مَنابِرَ بَلَدِهِ البَحرين ومنابر بِلاد أُخرى مِثلَ الكُويت والأحساء والقَطِيف، وأَسَّس في بَيتِه مَجلِسًا دائمًا لِلنِّساء ومَجلسًا خاصًا بِالعَشَرة المُعادَة مِن شَهر مُحرّم الحَرام.

ومِن الأُمُور التي قد تَبدو في ظاهِرها مُدهِشَةً في حَياة المّلا جَعفر ولكِنّها في واقع الأمر مُعبِّرةٌ عن طَبيعَة الشَّخْصِيّة البَحْرانِيّة في مِثل ظُروفِهِ الصِّحِيّة والمَعِيشِيّة الصَّعْبةِ والمُعقَّدة ـ ومُفصِحَةٌ عن وُجُود نِظامٍ مِن التَّكافُل الاجتِماعِي الرَّائع المُتميّز في الثَّقافَة البَحْرانِيّة التي وُصِفَتْ في الفِكر الشِّيعي الجَديد تَجاوزًا وبِسُوء تَقدِير بـ (التَّخَلّف) و(اللّاوَعْي).

مَن كان يُصدِّق أَنَّ المُلّا جَعفر الذي كُفّ بَصرُه في سِنِّ الطّفولة قد امتَهَنَ مِهنَة النِّجارَة وأَتقنَها على يَدَيّ والِدِه القَّلاف الحاج عَلِّي حَسَن، وزَادَ على ذلك حِين التَحقَ بِوَرشَةٍ لِصِناعة الصَّنادِيق الخَشَبِيّة الخاصَّة بِنَقْل زُجاجات مَشروب (الكُولا) مِن مَصنع الكَنْدادراي الكائن في المَنطِقَة الوُسْطى مِن حَيّ النِّعَيم، وارتَقَى إلى وَظِيفة مُشرِف لِعُمال ذاتِ المَصنع، ومارَسَ مِهنَة صَيدِ الأسماك في بَحر النِّعَيم بَوسائل شَتَّى مِنها (الجارُوف) و(الكَرْكُور) و(الحَضْرَهْ) و(المْيدِارْ)!

في سِن طُفولَتِي كُنْتُ انتَظِر ساعةَ مُرورِه في الحَي لِأُلقِيَ عليه التَّحِيَّة فيُحَيِّيها بِأَحسنَ مِنها في صَوتٍ عَذْبٍ يَبعثُ على الطَّمأنِينَة وتَسكنُ له النَّفَس. ويَتلَقَّاهُ الأَهالِي بِتَرْحابٍ وسُرورٍ عِندما يَتجَّول في أَزِقّةِ الحَيّ بِطَشْتٍ يَحوِي قطعًا مِن (العَسَّلِيّه والكَباب) مِن إِعداد عائلة (ابْنِ الشَّيخْ) يَحمِله على رأسِهِ الشَّرِيفَة ويَتكَسِب بِه رِزقَ يَومِهِ.

التَقيتُ بِالمُلّا جَعفر في حَرم السَّيِّدة زَينب صَلواتُ الله وسَلامُه عليها في مَدِينَة دِمَشق حَيث المَوطِن الثَّاني في سَنوات المَنفَى الأَوّل الذي لجَأتُ إِليه في عام 1987م ورُزِقْتُ فيه بابنَتِي زَهْراء بَعد مِحنَةِ فَقْد ابنِي البِكر (عَقِيْل) في المَوطْن الأَوّل لِذات المَنفى.

كُنْتُ سَعِيدًا جدًا بِلِقاءِ المُلّا جَعْفَر كلما وَجَّهْتُ إِليه التَّحِيّةَ فَحيَّاها بِأَحْسَنَ مِنها على ذات النَّحو الذي كان يُحيِّي بِه التَّحِيَّةَ في لِقائي معه في زَمَن الطُفولة بِحَيّ النِّعَيم. وراحَ يَسْأَل عن أَحْوالِي والعائلة في بِلاد المَنْفَى وعن مُستَوى

المَعِيشَة وطَبِيعة المُشْكِلات التي تَعتَرض وُجودي في بِلاد الغُربَة، ويُذَكِّرني بِرُوحِ التَّحَدِّي التي عاشَها في إثْر فَقْدِهِ لِحَاسَةِ البَصر مُنذُ سِن طُفولَتِه والكَيفِيَّة التي اتَّبَعها لِتَجاوُز العَطَب الذي مَسَّ أَهَمّ حاسَّةٍ مِن حَواس الجَسَد واستَطاع بِهذه الرُّوح البَنَّاءة تَحقِيق التَّفَوُّق عَلى النَّقص ولَيس الاكتِفاء بِالتَّكيُّف مَعه. في إشارةٍ رائعةٍ مِنه إلى أَنَّ بُعدي عن الوَطَن حالٌ لا تَختَلِف كثيرًا عن المُعاناة التي يُبتَلى بِها الإنسانُ عندما يَفقِد جارِحَةً مِن جَوارِحِه، وأَنَّ مُعالجتَها مِن المُمكِن المُرَجَّح عبر مَزيدٍ مِن التَّحَدِّي الوِجداني والإِصْرارِ بِإيمان على تَحقِيق التَّفَوّق وإِيجاد البَدِيل المُساوِق لِلبيئةِ الثَّقافِيَّة الطَّارئة في بَلَد المَنفى.

إنَّهُما سِيرتان لِخَطِيبَين مِمَّا وَلَّدته بِيئتُنا الثَّقافِيّة الأَصِيلَة التي طالما حَنَّ إليها جِيلُ شَباب اليَوم الهائم على سَجِيّته بين أَشكالٍ مُتلاطمة مِن المراتب المُتعالِيَة والمُتداخِلة في تَطبِيقات منهج (الشَّكّ والتَّشْطِيب والتَّأميم) ومُنتديات الدّعاية الفِئويَّة والحزْبِيّة.

وفي المَشهدِ الثَّانِي أَنَّ فِئةً مِن المُريدِين تُقرِّر أَنْ تُردِّد بعد انتهاء كُلّ انعقاد مَجلِسٍ مِنبري: (أَحسَنْت.. طَيَّبَ اللهُ أَنفاسَكَ ورَحَم اللهُ والِدَيك)، حتَى إذا ما انْفَضّ المَجلِس عادت هذه الفِئة إلى البيوت بين أَهلِها بِقُلوب ساخِطة على شَعائر الآباء والأَجداد، ومُمَجِّدة لِتَوصِيات الخطيب المُنتَمِي أَو المُتحيِّز الدَّاعِيّة إلى اتِّخاذ منهج (الشَّكِ والتَّشطِيب والتَّأميم) مَخرجًا حضاريًّا لِلانقلاب على مَفاهِيم الأَجْيال الماضِية!

والمَشهدُ الثَّالِث مُنتَزعٌ مِن مَجلِس هِندِي عُقِد في دولةٍ أُوروبيّة إذْ دُعِيت إليه مِن قِبَل وَكيل لِأَحد مَراجِع النَّجف الأشرف فاستَجَبت.. تَقدَّمْتُ على السَّيِّد الهِندي بِخُطوات حتّى اجتِزتُ بَوابة المأتم، واخترتُ المكان المناسب الّذي يَلِيني مُباشرة.

وبَعد لَحظةٍ مِن انتهاء الملّا مِن سَرد السِّيرة الفَجِيعة وإنْشاد المَراثي المُبكِية على أَحسَنِ ما يكون؛ انْشَغلتُ بالمَشهَدِ المُثِير لِلدَّهشة!

شاهدتُ الكَثِيرَ مِن العَمائم السَّوداء والقَلِيل مِن العمائم البيضاء، كُلُّها مُتناثرة في أَنحاء المأتم وبَين رُوّاد المجلس مِن دون انْتِظام، ولا مِن زاويةٍ خاصّة في المأتم أو صَدْرٍ منه يَجمع العُلماء أو ضيوفهم حتَّى. فجَزمْتُ بِأَنّ مُرافقِي السَّيِّد الهِندي لم يَحتّل مكانًا خاصًا يستعرِضُ فيه مقامه الكَبِير ومَنزِلته الرَّفِيعة ورُتبته العِلمِيّة المُتقدّمة.. هو يَتساوى مع نُظرائه مِن العُلماء في المَجلس قطعًا.. لا بُدَّ أَنّه جالسٌ بِالقُرب مِنّي بِصِفَتِي ضَيفه.. التفتُّ يمنة ويسرة فرأيته على يَسارِي يَفصِل بيننا شَخصٌ واحدٌ.

انتَهزتُ اللّحظات الأُولى لانْتِهاء المجلس فتَوَجَّهت إلى صاحِبي السَّيِّد الهِندي سائلاً إيّاه: أَلا يَحتَرِم رُوّاد مَجلِسكم مِن الهنود العُلماء ووَرَثة الأَنْبياء؟!.. لقد رأيتُ ما أثار دَهشَتِي وما هو مخالفٌ لِلعادة المُتَّبَعة في مَجالِسنا البَحْرانيَّة.. رأيتُ مقاعد العُلماء مبعثرة في المأتم ولا مِن مكان أو جهة خاصّة تجمع شَملَهم، وأنتَ فيهم مِثلهُم أو مَثَلُهم أيضًا.. هَلْ العُلماء في مَجلِسكم مِن صِنفِ المُتنافِرين على صِيغة التَّنافُر المَرجِعي والتَّنازع الحِزبي والفِئوي حين تَتصاعد أَدخِنَتُه في الكِيانات الأَهلِيّة وبين مظاهر الثَّقافة الشِّيعِيّة وفي النّاس أَجمعين؟!

تَبَسَّمَ السَّيِّد وقال بِلُطفٍ شديدٍ: لا تَستَهِن بهم ولا تَعجب لِفِعلهم.. إنَّ ورثة الأنبياء أَشدُّ تَواضعًا مِن عامّة النّاس وأَشدّ التصاقًا بهم. إِنّهم جمعوا بين دَرجَتين مُتوازِيتين مِن العِلم والخُلق رَفِيعَتين. وتذكَّرْ أَنّ وَظِيفتهم شاملة لِصناعة مِثال الإنسان الشِّيعي الملتزم بين النّاس، والنَّاسُ هُم بَحر العُلماء، ولِأَجْل هِدايتهم ووَلايتهم اجتَهدوا في طَلَبِ العِلم، وعلى الحُقوق الشَّرعِيّة الّتي تُجبى مِنهم تَفرَّغَ العُلماءُ لِتنمية ثقافتهم وصِيانتها وحِمايتها مِن شَرّ الأعداء، فيَأْتُون الناسَ اليوم ولا يُؤتَون. ولَنْ يُزاحم أَحدُهم جانبًا في المجلس أو يَتحزَّب مع نظرائه في العِلم لِكَي يحتلّ صدرًا في المجلس أو يَجعله وقفًا عليه وعلى بِطانته.. حالُ مقاعد إِخواني مِن العُلماء في هذا المجلس المبارك مِن حال مَقاعد العُلماء البَحرانِيِّين في مآتِم بِلاد الشَّيخ ميثم البَحراني. أَلَيس

كَذلِك يابن المَحرُوس، وأَنْتم أَهْل التَّواضع واللُّطف كما عَلِمتُ مُنذ اطَّلَعتُ على واقِعة (كُلْ يا كُمِّي)؟!

ابتَلعتُ غصّتي وسكَنتُ إلى الذِّهن لِلحظةٍ خاطِفة، فحضرني المَشهد المُنقذ في الذّاكرة فجأة.. مَشهد المُلّا حَسن سَهوان في مسجد الشَّيخ يعقوب، فشَرعتُ في سَرد سِيرة الملّا سَهوان لِلسَّيّد الهِندي صاحِبي، وبذلتُ الكثيرَ مِن طاقة الاستِدعاء الذِّهني لِكَي أَضرِبَ لِلسَّيّد الهندي مثلاً عن مَشهدٍ مُستجدٍّ يَحكِي تواضع المَجالِس والعُلماء المعاصرين في مآتِمِنا بما يَفُوق المَشهد في مَأتَمِهِ أو ما يفوق مَشهد المُلّا سَهوان تواضعًا.. عبثًا فعلت.. رُبَما كان طُول غِيابي عن تَحوّلات البحرين قد أَضْعَف الذّاكِرة حتّى خَلَت مِن مَشهدٍ نشطٍ مُثيرٍ لِلدّهشة في هذا البُعد الثَّقافي البَحراني الجميل، وقد اغتَربتُ عن البلاد مع انطِلاق أُولَى مَراحِل الانْتِقال البحراني المُفاجِئ مِن الأَخْباريّة إلى التَّقليد على مَبنَيي الوَلايتين العامَّة والمُطلقة، فلا مِن جَديدٍ يُسعفَنِي لاستِحضار واقعة في هذا الشَّأن الكبير!

سُقتُ لِصاحِبي السَّيِّد الهندي مشهدًا مِثاليًّا مِن نَسْج المُخيّلة على سَبيل الطُّرفَة والتَّفكُّه، وعلى السَّجِية البَحرانِيّة والعادة الّتي جُبلتُ عليها لِلإفلات مِن المواقف المُحرِجَة وصاحِبي السَّيّد الهِندي يَعلَمُ ذلك.. فبَدأتُ في السَّرد:

سَيِّدنا.. حضَرتُ مَجلِسًا بِحْرانِيًّا في العَشرة مِن مُحرّم الحرام بعد انتِهاء مِحنَة المَنفى الأَوّل، فرأيتُ مِن بين رُوَّاده رَجُلَين طاعِنَين في السِّنّ نَديمَين لا يَفترقان ويَطلِق عليهم أَهْلُ الحَيّ وَصْف (المَلائكة) وقد دَخَلا المأتم على حِين غرة ومِن خَلفِهما عددٌ مِن المرافقين. فإذا بِجانِب العُلماء يَستنفِر كُلّه، وقامت على الأَثَر كُلُّ العَمائم عن بِكرة أَبيها لِكَي تَستقبِل وتُرحِّب بِالرَّجُلين ولم يَستقرّ لها قرارٌ حتَّى أَجلسوا (المَلائكَة) والمرافقين جميعًا في مَحلّ مَقعَدهم وتَناثروا بِعَمائمهم مِن بَعدِ إِلقاء التَّحِيّة والسَّلام إلى زَوايا المَجلِس تَواضعًا منهم وتَعظيمًا لِلضّيوف الكرام مِن غير دَهَشة بين روّاد المَجلِس

الذين اعتادوا على رُؤية هذا المشهد الجميل.. كيف لا وُهُم العُلماء الّذين اختَصّوا بِمَنزلة اجتماعِيّة بارزة في النّاس أَحرَزوها بِوَرعٍ وعِفّةٍ وسدادٍ واشْتُهر في تَواضُعِهم معنى حادثة (كُلْ يا كُمِّي)!

يا سَيِّدي.. ولو استَفهَمتَ أَحدًا مِن هؤلاء العُلماء عن واقع الحال لأَجابوك برحابة صَدر: (مِن العادات المُتمَيِّزة في ثقافة مُجتَمعِنا البحراني أَنّ العُلماء أَولى بِالمُبادرة إلى تَعطِيل مَقاماتِهم ومَراتِبهم الاعتِباريّة الزّائلة والتَّجرّد منها عند أَوّل خُطوة منهم تُلامِس العَتبات الأُولى لِمَداخِل المَساجد والمأتِم الّتي يهمّون بالدّخول إليها. فكُلُّنا لِلشَّعائر ولِمَظاهر الثَّقافَة ولِلنَّاس خَدَمَة، ونَحنُ مِن الشَّعائر وإلى النَّاس. ولَنْ نُزكِّي أَنفسنا، فالله عَزَّ وَجَلَّ يُزكِّي الأنفُس. وفي خُلُق تَوقِير كَبير السِّنّ نُصوصٌ صَريحةٌ بِعَظِيم الأجر، ونَحنُ نَمتَثِل إليها قبل عامَّة النّاس مِن دُون تَردُّد)!

ابتَسم السَّيِّد الهنديّ ونَكَّسَ رأسه، وفي لَحظةٍ خاطِفةٍ رَفع رأسَه في عَينَين ذابِلتَين وقال: (إِذَنْ، ضَيَّعتُم المَيثَمَ البَحْراني)؟!

لم يَكُن لِلسِّياسة ولا لِلانْتِماء الدِّيني الشِّيعي مِن تَأثِير بارزٍ وسائدٍ بين النّاس في مَرحلة النَّشاط المِنبَري لِلمُلّا حَسن سَهوان. وكانت مَقاماتُ ومراتِبُ العُلماء تُحدّد بِمُستوى خُلقِهم الرَّفِيع وتَسابقهم إلى الخير وتَواضِعهم الشَّدِيد وزُهدِهم ونَزاهتِهم قبل دَرجتِهم العِلْميّة، فلا يُوجَد اغترابٌ ظاهرٌ مِنهم عن النَّاس ولا عن ثَقافتهم الأصيلة.

بعد مُنتصف عَقد السِّتِّينات مِن القرن الماضي تَدخَّلَت السِّياسةُ بِشَكلٍ مُباشرٍ إلى جانب الوَفرة الماليّة ورَفاه سِعر بِرمِيل النَّفط المُتصاعِد، فاعْتَلَّ النِّظامُ الاجتِماعي وباتَ لِلوَلاء الحِزبي والفِئوي والتَّحيُّز السِّياسي دورٌ فاعِلٌ في الإخلال بِنِظام الرُّتَب الاجتماعِيّة أَدَّى إلى بُروز ظاهرة التَّمايُز والتَّفاخُر بالوَلايَة والمَقام العِلمي الحَوزَوي بين النّاس على غير العادة المُتّبعة في الثَّقافة البحرانِيّة.

وكُلّما تَصعّد الحِسُّ السِّياسي وأَزماتُه في البلاد درجةً ازدادَ مَقامُ فئةٍ مِن العُلماء دَرجات في السِّلَم العُلمائي بِلا اجتِهاد مِن عناصرها في عِلْمٍ أو حضورٍ دراسي في الحَلقات المعلومة. وساد بذلك شُعورٌ بِوُجود جِهَةٍ خارِجيَّةٍ تَنشط مِن خَلفِ أَستار السِّياسة وقد قَلّدَت نَفسها دَرجةً سامِيةً عُليا إلى الحَدّ الّذي يُجِيز لها الانْقِلاب على الثَّقافَة البَحْرانِيّة ومَنح المَقامات والرُّتَب خارج دوائر العُرف الحَوزَوِي.

المُلّا سَهوان مثالُ الخطيبِ في الخُلُق الرَّفِيع، ومثالُ الأداء في الوَظِيفة، ومِثالُ التَّميّز بِفُنون سَرد السِّيرة وانشاد أَطوار الرِّثاء على المنهج البَحْراني الأَصِيل المُتَّبع بين مَلالِي جِيلِهِ النُّجَباء. ولم يَكن تَواضُعه لِلنّاس وتَمسكُّه الشَّديد بِمَنهج (السِّيرة والرِّثاء) يَمنعان مِن نَيل الوجاهة والمقام والمنزلة الرَّفِيعة.. إنَّه قيمةٌ اجتماعيّةٌ عُليا مِن صُنع الثَّقافَة الشِّيعيّة البَحْرانِيّة الأَصِيلة الصَّافِية النَّقِيّة المُتَّهمة بِـ (التَّخَلُّف) و(اللاوَعْي)!

ولا رَيب في أَنَّ التَّفاصِيل المُحزِنة في سِيرة مَصائب أَهْل البَيت صَلواتُ الله وسَلامُه عليهم وفي صَبرهم عليها وقَولهم الحَقّ في مُعالجة المواقف ظَلّت هي المُحَفّز الأعظم على تَرسِيخ المفاهيم العُليا والرُّؤى الجميلة في الوِجدان الشِّيعِي البَحْراني. وليس في استِطاعة الخَطِيب وشَيَّال المَوكِب أَنْ يُضيفا شيئًا على السَّاكِن في هذا الوِجدان مَهما بلغا مِن المُستوى الرَّفِيع في فَنِّ الأَداء.

عندما يُلقِي الملّا والخَطِيب وشَيّال الموكب قَصيدةً في الرِّثاء أَو خُطبة في السِّيرة، فهُما لا يَخرُجان عن كَونِهما مُجتهدَين بارِعَين في بُلوغ الثَّابت والكامِن في الوِجدان البحراني ومُحفِّزَين لِلقوى المُتَخيّلة ومُثِيرين لِلشُّعور والعَقل في المُستَمِعين والمُشارِكين. وإذا ما اعترى المُلّا والخَطِيب وشَيَّال المَوكِب نقصٌ في الأداء فلَم يُوفَّق في شَدّ القلوب والأَذهان إلى خُطبَتِه أَو قَصيدَتِه والطَّور واللَّحْن، فالنَّقصُ يُعزى إلى النَّقْص في كَفاءته وطَبِيعة المنهج المُتَّبع والأَدوات الّتي استعان بهما.

وليس مِن شَكٍّ في أَنّ البَحْرانِي لا يَستنْكِف أَنْ يُشارك في إِحياء الشَّعائر ويُساهم في تَنمِية مَظاهر الثَّقافة الأَصِيلة لِمُجتمعِه ويتفاعل مع أَداء المُلّا والخطيب وشَيّال الموكب على أَيّ حال وفي كُلّ الظّروف. فالمرادُ مِنْ إِحياء الشَّعائر والتَّفاعل معها هو الامتِثال لمراد الثَّقلَين كِتاب الله والسُّنّة الشَّريفة لِلنَّبيّ وأَهْل بيته صَلواتُ الله وسَلامُه عليهم والتَّعبير عن المَودّة لَهم صَلواتُ الله وسَلامُه عليهم، والرَّغبة الأَكِيدة في نَيل الجزاء الأَوْفى والدَّرجات العُليا والوجاهة بهم، والاستِزادة في المعارف، والارتقاء بِالنِّظام الاجتماعي لِلشّيعة.

وفي كَثيرٍ مِن الأحيان تَتطَفّلُ الانتماءاتُ الحِزبيّة والفِئويّة على نَتائج التَّحلِيل التي جَبُل أَربابُ المَجالِس والمواكب على إِيرادها، فتَعمل على صُنع الاغتِراب الثَّقَافِي عنها واستِغلال الفُرص لِتَوجِيه رُوّاد المَجالِس والمواكب إلى (زَفَّة) زَعامَة ووَلِيمةٍ في الفِكر الحِزبي والفِئوي.

وبين هذه الفُرص يُمَهِّد المنتمون الموقف لإِطلاق مَنهج (الشَّكّ والتَّشطِيب والتَّأميم) فيُسارعون إلى العمل على تَطبيقه بين مَظاهر الثَّقَافَة البَحْرانِيَّة الأَصِيلة. وفي أَوّل الأَمْر يُعبّر دُعاةُ هذا المنهج عن سخطهم على سَير إِحياء الشَّعائر ونظامه، ثُمّ يُشكّكون في اجتِهاد كِبار عُلماء الشِّيعة الأبرار الذين أَثْرَوا الثَّقافَة الشِّيعيّة الأَصِيلة ونَظَّمُوها منذ مَطلع الغَيبَة الكُبرى ودَفعوا أَهْلَ البِلاد إلى الاعتِزاز بِمُتون أُصُول المعرفة المُتعلّقة بِإِحياء الشَّعائر والفخر بالمُشاركة الخالِصَة في تَنمَية مَظاهرها ورِعايتها حَقّ الرِّعاية وحِمايتها والدَّوام في دَعمِها وسَدّ حاجاتها. وحِينما يَستَتِبّ هذا الأمرُ يَشرعُ دعاة هذه المنهج إلى تَخطِئة ثَقافة الشَّعائر ويَستخِفّون أُصُولها ويُضعِّفون سِيرة المُتشرِّعة في الأَجيال المُتعاقِبَة، فتَسمع مِنهم نَفيًا لِوُقوع حادِثَةٍ تَأريخيّةٍ أَو لِوُجود شَخصِيّةٍ تَعلَّقَت العقيدة بهما أَو التَزمَت الشَّعائرُ بِإِحياء سَيرتِهما!

إِنَّ البديلَ الّذي يُقدِّمه رُعاة منهج (الشَّكّ والتَّشطِيب والتَّأميم) في عَملِيّة التَّمهيد لإِعادَة صِياغة مظاهر الثَّقافَة لا يَتخَطّى شَكلِيّاتٍ نَقدِيّةً ساذِجَةً في

الرُّؤية لِأُصُول المعرفة وفي مَنهج البَحث التَّأريخِي، وشَكلِيّاتٍ أُخرى في هيئة المَجالِس والمواكب ولَحْن الأصْوات وحَركة الأَبدان والمَلبَس وحاجات البُطون والمأكل.. كُلّها مُقدِّمات تُثار لِلاستِحواذ على مقام الرّئاسة والانْفِراد به تَحت مَظلّة عشراتٍ مِن المُبرّرات الّتي لا تَتخَطّى (السِّياسةُ) ومُتطلّباتها.. السِّياسَةُ هي الصَّانِع الأَوّل لِلاغتِراب الاجتماعي والاضطراب في الثَّقافة.

نُورِد مِثالين ممَّا وقفنا عليه في أَحزان شَهر مُحرّم الحرام:

الأَوّل: يَتفاعلُ الخَطِيب البحراني المنتمي أَو المُتحَيِّز في موضوع التَّفاضُل بين أَئمّة أَهْل البيت صَلواتُ الله وسَلامُه عليهم وأَبنائهم وإِخوانهم وأَصحابهم والتَّابعين لهم. فيقول في حُضور حَشدٍ مِن رُوّاد مَجلِسه: (لَوْلا أَنَّ الإمامةَ جُعِلَت في هذا الإمام صَلواتُ الله وسَلامُه عليه لَجَعلها الله تَعالى في ابنِهِ (فُلان) أَو أَخِيه (فُلان).. لماذا؟!.. لِأَنَّهما جَمعا في نَفسيهما بين العِلْم والإيمان والوَرَع والتُّقى. وقد جَرى البداء على الابنِ والأخِ، فكان الإِمامُ إِمامًا ولم يَكُن الابنُ أَو الأخ إِمامًا)!

ثُمَّ يُعرِّج الخَطِيب البارع المُحنّك في خاتِمة بَحثِه إلى المَغزَى مِن القول في مَفهوم البداء ومصاديقه المُختارة، فيُنصِّب على رأس مُجتَمعِه زَعِيمًا يهواه ويَنتمِي إليه، ويَجعله مصداقًا مِن مَصادِيق المُماثلة في العِلْم والإيمان والتَّقوى والوَرَع مع أَبناء أَو إِخوة الأَئمَّة صَلواتُ الله وسَلامُه عليهم الّذين جرَى البداء عليهم. فإنْ مُرِّر هذا التَّنصِيب في الذِّهن الشِّيعي بلا عَوائق ومُكدِّرات واحتِجاج؛ صار بِإمكان الخَطِيب في مَجلسٍ آخر وَصْف الزَّعِيم المُختار بما وُصِف به أَهْلُ البيت صَلواتُ الله وسَلامُه عليهم، وخَصّه بِما كان لِلإمام صَلواتُ الله وسَلامُه عليه مِن مُختصّات، ثُمّ جعل الزَّمَن هو الفارِق الوَحِيد المُمَيِّز بين الزَّعِيم والإمام، فصَحّ عِندَه والمنتمين والمُتَحيِّزين وَصْف الزَّعِيم بـ(حُسَين الزَّمان) أَو (عَلِيّ العَصر) وما شاكَل ذلك مِن اقترانٍ وَصْفِي.

الثَّاني: خَطِيبٌ رائعٌ في تَقدِيم طَور الرِّثاء، لكِنَّه مِن المُفرِطين بما عنده مِن

تَميُّز في فَنِّ الخطابة لمصلحة الانتماء أَو مِن الخاضِعين المُستسْلِمين لِنُفوذ الانتماء على حساب حَقّ الثَّقافَة المَحَلِّيّة الأصِيلة، فيُعلِن مِن على المنبر عَمّا يُشبه البَيان التَّنبِيهي عند لَحظة مُرور مَوكِب زفاف القاسِم بن الحَسَن عليه السَّلام بِمُحاذاة المنبر الّذي يَرتَقِي أَعواده، فيقول:

(على خُطَى المُستجِد في شَرعِيَّة مظاهر ثَقافَتِنا، نَحنُ لا نُؤمِن بِحُصول الزِّفاف في اليوم العاشر مِن مُحرّم الحرام بين يَدَي الإمام الحُسين صَلواتُ الله وسَلامُه عليه بِيَوم واقِعة كربلاء. وأَنّ سِيرة خُروج الإِمام الحُسين صَلواتُ الله وسَلامُه عليه مِن المدينة المُنوّرة إلى مكّة المكرَّمة واستِشهاده وأَهْل بيته وأَصحابه بِكَربلاء وسَبْي العائلة هِي كُلُّها ليست مُحقّقة، وتَشتَمِل على المَوضُوع والمُحَرّف والمُخْتَلق والخُرافات والأَساطِير الّتي لا تَعدو أَنْ تكون أَثرًا مِن آثار (التَّخَلُّف) في الماضِين مِن أَجدادنا. وقد جَرَت عادةُ المنبر على إِحياء الزِّفاف عند آبائنا وأَجدادِنا بِلا (وَعْيٍ) منهم. وهذا مِمَّا لا يُرضِي مقام زَعِيمنا وقائدِنا.. ولا بُدّ أَنْ نُعرِّج على ذكرها وسَرد تفاصِيلها استجابة لِرَغبَة أَهالِي الحَيّ الّذين اعتادوا عليها)!

لقد استَنزَف منهجُ (الشَّكّ والتَّشطِيب والتَّأمِيم) أَمْنَ الثَّقافة البحرانيَّة وحَجَب الثِّقة عنها، وفَرّط بِالنِّظام الاجتماعي العريق الّذي أَسَّسَته ورَعته هذه الثَّقافَة الأَصِيلة، وأَثار شَكلِيّات باهِتَة خاوِيَة مُجرّدة مِن الرُّوح والأَصالَة والموضُوعِيّة، وابْتذَل كثيرًا في الدّعاية المُكرِّسة لِمَفهومَي الزَّعامَة والانتماء في ثَقافة المُجتَمع حيث النَّقصُ في الثَّقافة البَحرانِيّة لم يكُن محتاجًا إلى الاغْتِراب الثَّقافِي أَو الاستِعانة بالفِكر الحِزبي والفِئوي الأجنبي النّاشِئ في الثَّقافة الحركِيّة لِأَحزاب اتِّجاه أَهْل العامّة، وليس بِحاجَة إلى التِقاط مَفهوم وَلايَة الزَّعِيم البَدِيل عن الإِمام المَعصُوم عَجّل اللهُ تعالى فَرَجه الشَّرِيف أَو الجَمع بين السِّياسة والتَّشَيُّع في هيئَةٍ اجتِماعِيّةٍ مُشعِرة بِالدُّونِيّة والتَّبعِيّة لا يُكتَسب منها إلا الارتِجاج في واجِب المَودّة لِأَهْلِ البيت صَلواتُ الله وسَلامُه عليهم.

ـ سَلْ أَجْدادَكَ عَنْ السِّيرَةِ والرِّثَاءِ

مِن القضايا التي تَستوجِبُ إبعاد مَجالِس المنبر البَحْراني عن الاشتِغال بها عند العَمل الجادّ على تَنمِية الثَّقافة الشِّيعِيّة في مُناسبات ما بَين شَهر مُحرَّم الحرام واليَوم التَاسِع مِن رَبيع الأَوّل على وَجْه الخصوص ـ كُلٌّ مِن مادَّة (العِرْفَان) بِوَصْفها بعدًا فلسفيًّا وصُوفيًّا وأَخلاقيًا، ومادَّة النَّقض في عقائد اتِّجاه أَهْل العامّة لإِثْبات صِحَّة عقائد التَّشَيُّع، ومادّة الدّعاية الحِزبيّة والفِئويّة وما يُصاحِبها مِن تَروِيج لِفكر الوَلايَة لِلزَّعامَة.

ومِن القضايا التي تَستوجِبُ اشتِغال مَجالِس المنبر البَحْراني بها عند العَمل الجادّ على تَنمِية الثَّقافة الشِّيعِيّة في مُناسبات ما بَين شَهر مُحرّم الحرام واليَوم التَاسِع مِن رَبيع الأَوّل على وَجْه الخصوص هي مَنهجٌ واحدٌ وثلاثةُ مفاهيم: منهج (السِّيرة والرِّثاء) المنبري ومفاهيم (الانْتِظار) و(العِصْمة) و(الوَلايَة والبَراءة) لما فِيها مِن شمول لِكُلِّ الأهداف والمقاصد في الثَّقافَة الشِّيعيّة المطلوبة مِن إحياء الشَّعائر.

لقد كَثُرت الشَّكاوى حول انقِلاب منابر المآتِم والبُيوت في المناسبات الحزينة الكُبرى إلى حِصَصٍ في الفِكر الأَخلاقي الجامِد المَمزُوج بِالمُفردات والأَلفاظ الفَلسَفِيّة والعِرْفان الصُّوفي المُعقّدَين وبِبَعض مُصطلَحات العُلوم المعاصِرة المُتعَلِّقة، وإلى حِصَصٍ لِإثْبات دلائل الفَساد في عقائد اتِّجاه أَهْلِ العامّة، وإلى حِصَصٍ في الانتماء المُوجّه والدّعاية الحِزبيّة والفئويّة المُروِّجة لِمَفهوم الزَّعامة.. كُلُّ المجالس هذه تَخلُو مِن البحث في التَّفاصيل المُهِمّة لِسيرة واقِعة الطَّف ورِجالها وبيئتها الاجْتِماعِيّة، وفيها خشْيَة مِن التَّطرّق إلى مَباحَث (الانْتِظار) و(العِصْمة) و(الوَلايَة والبَراءة). وإذا ما حضَرت بعض ملامح مَنهجُ (السِّيرَة والرِّثاء) في هذه الأَشكال الباهِتة مِن المَجالِس فلا يَتعدّى الثَّواني المعدودة حيث يَختَتِم بها الخَطِيبُ والملّا مَجلِسَهما!

رصدتُ مَجالِس العشرة الأُولى مِن مُحرَّم الحرام والعَشرة الأُولى

المُعادة في سَنة (2020)، فوجَدتُ في الكثير منها مُخالفةً صريحةً لِلمُراد مِن مظاهر الثَّقافَة الشِّيعِيّة الأَصِيلة، كما وَجدْتُ أَذهانًا مُضطرِبَة لا يَمتاز فيها مَعنى أَوَّل المجلس عن آخره حيث دَخَل الخَطِيبُ بِمَجلسه في ما أُطلِق عليه مُسمّى (العِرْفَانِ الحُسَينِي)، ومَرّ على (الكَشْف والإِلهام الحُسَيني)، وخرج منهما بِفلسَفة العِرفان وأَسفارِه الّتي مِن شأنها تَوحِيد المجتمع وإِنقاذِه مِن نَير (التَّخلُّف) والاستِبداد والفَصْل الطّائفي.

أَو غاصَ خَطِيبُ المَجلس في مَفهوم الطَّاعة في الوَلايَة عند أَصحاب الإمام الحُسين صَلواتُ الله وسَلامُه عليه ومُواصفات الزَّعامَة عند الإِمام الحُسَين في واقعة الطَّف لِكَي يُسقطهما رَمزًا وتَعريضًا على شُخوص مُعاصرة مُحدَّدة ورُموز في انْتِمائه الحِزبي والفِئوي!

أَو اجتَمَعت على المِنبر في مَجلِس الخَطِيب كُلُّ مصادر المَعرِفة لدى اتِّجاه أَهْل العامّة، مَعطوفةً على النَّقضِ والتَّجرِيح لِأُصُولها ولِرِجالها ولِمَواقِفها السَّلبيّة مِن التَّشَيُّع.

ولم يَنسَ خُطباء هذه الألوان الثَّلاثة مِن المَجالِس (التَّلْطِيش) بِبَيتَين رِثائيّين يَتِيمين في المُقدّمة وبِبَيتين رِثائيَّين في الخاتمة على كُرهٍ منهم وما كادوا يَفعلون!

إنَّ المعطيات التَّأريخية في سِيرة خُروج الإِمام الحُسَين صَلواتُ الله وسَلامُه عليه مِن مَدِينة جَدِّه المُصطفى صَلّى الله عليه وآله حتّى يوم العِشرين مِن شَهر صَفَر هِي سِيرةٌ غَنِيَّةٌ جدًا بِالحوادث والعِبَر وما يُثِير الأَذهان والأَلباب ويُلامِس الفِطرة والمَشاعِر والوِجدان ويُصحِّح الرُّؤية تجاه واقعنا المعاصر كما زاغت، مِن دُون الحاجة إلى التَّفسِير أَو التَّأوِيل بِمَئونة العُلوم الرِّياضيّة والطَّبيعِيّة والإنسانِيّة والمُقارنات التَّحلِيلِيَّة والفِكر السِّياسي الحَرَكِي وما شاكل ذلك. فلِماذا يَفرّ الخُطباء عن البّحْث والدِّراسة في هذه السِّيرة ويَنأَون عن مُناقشة طَبِيعة المُجتمعات في الجَزِيرة العَربِيّة والعِراق والشَّام وأَشكال

الثَّقافَة ومَظاهِرها وأُصُولها ومَضامِينها المُتَعلّقة بِالواقِعَة والمؤثّرات الإيجابيّة والسَّلْبيّة في هذه الثّقافَات؟!

إنَّ البحثَ في التَأرِيخ والأَدب في إِطار منهج (السِّيرَة الرِّثَاء) المُتَّبع لِإحياء شَعائر المنبر هو مِن أَهَمّ المؤثّرات فائدة في الظَّرف الشِّيعِيّ المعاصر. وأَنَّ الباحِث بِالمنْهَج العِلمِي التَّأرِيخي في سِيرة حادِثةٍ عظيمةٍ مِثل واقِعة الطَّفّ لَنْ يَستغْنِي عن الشُّعور الوِجداني والذَّوق الرَّفِيع والذَّاكِرة سَريعة الحفظ والاستِدعاء، ولا عن الدِّقَة في التَّحلِيل والاستِنْتاج، ولا عن المُلاحَظة الذَّكِيّة الخاطِفة، ولا عن مراس الرَّاسِخين في الاختِصاص، ولا عن آلِيّة الحاذِقِين المَهَرة في صَنعَةِ دَمْج المعارف وفَكّها.

فلِماذا نُصابُ بِالدَّهشَة عندما نَرى الخطيب قد أَخذ منه الكَسَل فتَخَلَّى عن منهج (السِّيرة والرِّثاء) وعن مُتطلّبات البَحث والدِّراسة في السِّيرة التَّأرِيخيِّة وأَدب الرِّثاء، وراح يَغُوص في تَفاصِيل العُلوم والفَلسَفة، ويُروِّج لِدعائيات الانْتِماء الحِزبي والفِئوي، ويَنغَمِس في مَقُولات العَقل وأَوهام العِرْفَان وكَشْف المُتَصوِّفة، ويغطّ في نَقض عقائد اتِّجاه أَهْل العامّة الّتي أُشْبِعَت بَحثًا وتَنقِيبًا ودراسة حتَّى فُضِحَت أُصُولُها وفُروعُها؟!

ليس مِن الحِكمة الانْغِماس بهذه الموضوعات في مَجالِس هذه الفَترةِ الزَّمَنِيّة القَصِيرة وتَضييع كُنُوزٍ من العِبرة في السِّيرة وعواطِف المَوادة بِأَدب الرِّثاء. فإنَّ دِقَّة النَّظر في سِيَر العُظَماء والصالحين يُعَدّ مِن أَفضل طُرق الاعتِبار، ومِن أَحسنِها إِثارة لِلعُقول، ومِن أَقوَمِها في تَنمِية ما بِالذّات مِن خُلُق قَويم، وهِي الأَجدرُ بِالبَحث والدِّراسة والعَرْض لِصَقل شخصيّة الإِنْسان الشِّيعي وتَنمِية ثَقافَته.

ولا يُعادل السَّرد والإِنشاد بِمَنهج (السِّيرَة والرِّثاء) في التَّأثير والبِناء والتَقوِيم مَنهجٌ آخر في كُلِّ الثَّقافات الإنسانِيّة القديمة مِنها والحَدِيثة. ولا يَحتاج الخَطِيبُ أَو المُلّا في وُجود منهج (السِّيرَة والرِّثاء) إِلى الاستِعانة بِتِلالٍ

مِن المادّة التَّربَوِيّة التَّحليلِيّة في سَبِيل تَنمِية الشَّخصِيّة الشِّيعِيَّة وصَقلها بين رُوّاد مَجالِسه حيث يَكفِيهم الاعتِبار مِن خلال استِقراء ما صَدَر عن الرَّاسِخين في العِلم وعن سِيرَتهم التَّأرِيخيَّة إذْ هُم العَقِيدة والشَّريعة والكمال والمُثُل والنَّماذِج في كُلّ شيء.

ولا بُدّ مِن الالتِفات إلى أَنّ التَّفاوُت الظّاهر بَين النّاس في استِقبال الشَّعائر والتَّفاعُل معها إِنَّما يَقع في شِدَّة الالتِزام والانْفِلات، فإمَّا سُموٌّ وإمَّا انْحِطاط. وليس النَّاسُ صَفحاتٍ بَيضاء على حَسب تَحلِيل فَلاسِفة المنهج التَّجرِيبي حتَّى يَلزم بِالضَّرورة الاستِعانة بِالحَشو الفِكري التَّربَوي التَّحلِيلي والاستِغناء عن السِّيرَة وأَدب الرِّثاء في مَجالِس إِحياء الشَّعائر والمظاهر الأُخْرى لِلثَّقافة الأَصِيلة.

اكتَظَّ المأتَم في اليوم العاشِر مِن مُحرّم الحرام بِرُوّاد المجلس مِن شِيعة لَندن، والأَجواءُ في هذا اليَوم كُلّها تُوحِي لِلشِّيعي بالحُزنِ الشَّدِيد على مصاب أَهْل البيت صَلواتُ الله وسَلامه عليهم في واقِعَة الطَّفّ.. صَعَد الخَطِيب المِنبَر واستَقرَّ.. وقُبَيل أَنْ يَنطِق بِكَلمةٍ واحدةٍ عَمّ البُكاء بين رُوّاد المَجلِس حيث لِكلّ شِيعِي في بِلاد المَهجَر والمَنفَى مِحَنة وخبرات مُؤلمة استَطاع تَجاوزها ومُداواة آثارها ومضاعفاتها بِالمَودّة لِأَهْل البَيت صَلواتُ الله وسَلامُه عليه الّذين كانوا له عَونًا ومُنقذا.

رَحَمَ الله بَعضَ خُطبائنا المُخلِصين المؤمنين الّذين اعتَادوا على افتِتاح مَجالِسهم بِنداءِ ودعاءِ (يا مَظْلُوم) لِما يَستَشعِرون به مِن حَرارة في قلوب المُؤمِنين ومِن دَمع مُحتَبِس في المآقي يَنتظِر لَحظة انْسكابِه في الحُزن لِحُزن أَهْل البَيت صَلواتُ الله وسَلامُه عليهم.

ابتَدأَ الخَطِيبُ مَجلِسَه بِقَصِيدة رِثائيّة مُقتَضَبة مُؤلّفة مِن خَمسَة أَبيات ثُمّ عَرّج على القُرآن الكَرِيم لِيَقتَطِف منه آية مُباركة ويَتلُوها على مَسامِع رُوّاد المَجلِس، ثُمّ دار بِرَحَى مادَّة مَجلِسه حول النَّظَرِيَّات الفَلسَفِيّة والعِلمِيّة في

الشَّأن التَّربَوِي المُعاصِر واستَغرَق بِها ساعةَ المَجلِس حتّى كاد رُوّاد المَجلِس يَنسَون ما هُم فيه مِن حُزنٍ لِمُصاب اليَّوم العاشر مِن مُحرّم الحرام.. شَعَر الخَطِيب بِضَجر رُوّاد المَجلِس وتَملْمُلِهم، فاختَتَم مَجلِسَه على وَجْه السُّرعة بِخَمسةٍ مِن أَبيات المَصْرع وتَلاها بِالدُّعاء والزِّيارة.

وعلى عادة الأَصْدِقاء البَحْرانِيِّين المَنفِيِّين الّتي أَلِفناها بَعد انتهاء كُلّ مَجلِس في المأتم، تَحلَّقنا حول سُفرة الإِطعام وكُلٌّ واحدٍ مِنّا يُسَلّم على الآخر ويَدعو له بِعَظيم الأجر والثَّواب. فابتَدأنا باحِثٌ يَحمِل شَهادة الدّكتوراه في اختِصاصه ويَعمل مُحاضرًا في إِحدى الجامِعات البريطانِيّة ـ بِرَأيه في المَجلِس وقال:

يَبدو أَنَّنا اليوم أَخطأنا الطَّريق فحُشِرنا في مُحاضَرةٍ تَربَوِيّةٍ وَفاتَنا المَجلِسُ الحُسَيني لهذا العام، وما علينا إلّا الانْتِظار حتَّى حلول اليَوم العاشِر مِن مُحرَّم العام القادِم فنَحذَر فِيه مِن هذه الوَرْطَة.. جِئنا لِنَحزَنَ بِذِكرى المُصاب وليس لِنَدرس مادّة في فَلسَفَةِ التَّربِيّة والعَقل الخالِص!

فالتَفَت إليه الآخرُ يَسأله: أَهذا رأيٌ أَمْ شَكوى؟!

فرَدَّ عليه: إِنَّه خَليطٌ منهما.. لقد عَطَّلنا وظائفَنا، وقَطعنا مَسافاتٍ طَوِيلةً مِن أَجْل الحُزن والبُكاء لِمُصاب أَهْل البيت صَلواتُ الله وسَلامُه عليهم في المأتم، فما ذُكِرَ المُصابُ على المنبر وما كادَ الخَطِيب ينشد بِبَيتين رِثائِيَّين.. لماذا لا يَستغِلّ الخُطباءُ شَهر رَمضان لِطَرح مَجالِسِهم التَّربَوِيّة على شَكلِ مُحاضرات، فالتَّربِيَةُ عِلْمٌ لا يصحّ عرضُه إلّا في المحافِل المَفتُوحة، والأجواءُ في هذا الشَّهْر عِبادِيَّة تَربَوِيّة، ولِيَتركوا هذه العَشَرة لِلسِّيرَة والرِّثاء نَقتَبِس مِنها قِيمنا ونُثِير بها عُقولَنا ونَحزَنُ لِحُزنِ أَهْل البيت صَلواتُ الله وسَلامُه عليهم ونَزيد في مَودَّتنا لَهُم مودة. لِماذا يُحجِم الخطباء عن إِقامة النَّدوات المَفتوحَة وعن تَألِيف الكُتُب وعَقد الدَّورات الخاصّة في التَّربِيَة ويَستعِينون فيها بِالخُبراء في عُلوم الاجْتِماع وفي المَروِيّات المُتعلِّقة، ويَجعلُون لِمَا لِلمَآتِم ما لها؟!

كان ابْنِي حَسن (13 عامًا) مِن بين أَفراد المَجمُوعة المُتَحَلِّقة حول سُفرة الإطعام ويُمَثِّل الجِيل المُتأخِّر مِن شَباب لَنْدَن إذْ تَلَقَّف هذا الرَّأي وراح يُقدِّر كَفاءة خَطِيب المنبر بِما يُحسِن في فَنّ إِلقاء (السِّيرَة والرِّثاء) فَحَسب. فإنْ دَخَل الخَطِيبُ في المَوضُوعات الخارِجيّة على حِساب مَنهج (السِّيرَة والرِّثاء) أَعْرَضَ عنه روّاد المجلس وتَجنَّبوا حُضُور مَجالِسِه. وهكذا هي حالُ مَن هُم في سِنِّ ابني مِن شِيعة لَندن. فَفِي هذا البلد الأجنبي المسيحي يُولِي المَنهَجُ التَّعلِيمي السِّيرةَ التَّأريخِيَّة أَهمِّيّة قُصوى، وإِنَّ العَقلَ المنهجي في هذه البِلاد هُو السَّائد في فُنون التَّعلِيم!

إنَّ الرُّقِيّ بالعَقِيدة والسُّمُو بالأَخلاق وتَنمِية العُقول مِن خِلال النَّظَر في سِيرة الآخَر يُوفِّرُ لِلإنسان سِعةً مِن نفسِهِ وحُرِّيّة في تَقدِير طَبيعة الخُلُق ونَمط التَّفكِير المُناسِبَين حتَّى يَهتَدِي إلى أَفضلِهما وأَحسنِهما وأَعظمِهما وأَدومِهما إنْ كان في ذلك مُرادُه ومَقصده. وتَتضمن آياتُ الذِّكر الحَكِيم منهجًا واضحًا يَحُضّ على العِبرة في سُنَن الأَوّلِين وسردًا في السِّيرة التَّأريخيّة وقصصًا رائعة مُختارة وطَريقة عرض يَتوجَّب اتِّباعها عند تَقرير المنهج المُلائم لِلخِطابة والوَعْظ والتَّبلِيغ.

لقد استَقلّ المَشرِكُون في مكّة المكرّمة بِرُؤيتهم لِلمُستَجِدات الاجتماعية المثيرة في أَوساطهم إِذْ اعترفوا قَبْل البعثة بِتَميُّز رَسُول الله صَلّى الله عليه وآله مِن بين النّاس جميعًا بِالخُلق العظيم. ولا يُقاس سائر أَهْلِ مكّة ومَن فيها مِن رِجالها وكُبرائها ووُجهائها به صَلّى الله عليه وآله، فآمنوا بِأَنّه الحجّة التّامّة في حُسن الكلام والمنّطق والسّلام. حتّى إذا ما جاءتهم آياتُ القران الكريم وذكَّرَتهم بما كانوا يُؤمنون به في شَخصِه الكريم صَلّى الله عليه وآله قبل البِعثة وفي سِيرة مَن كان قبله مِن الأَنْبياء والرُّسل مِن خُلُقٍ عظيمٍ وحُلوّ المنطق؛ بُهِتوا، فكان ذلك هو الأَشَدُّ وقعًا على قلوبهم فآمَن بعضُهم واستَيقن آخرون بما رَأَوا في النَّبيّ صَلّى الله عليه وآله ثُمّ جَحَدوا به.

تَكمُن أَهمِّيّة الاعتبار في النَّظر إلى سِيرة النَّبيّ صلّى الله عليه وآله في هذا المثال حيث أَثرُ الحُجّة بِالنَّظر المُستقِلّ يكون بالغًا. فلَرُبَما يختار الإنسانُ العقيدة والخُلق القويم ومنهج التَّفكير المناسب وما إلى ذلك عند قراءته في سِيرة الآخرين، لكِنّه في هذه الحال كان وما زال قادرًا على تَمييز الحُسن والقُبح. وقد قِيلَ أَنّ التَّأريخ يحتل المرتَبَةَ الثَّانِيّة في مَصادِر المعرفة إلى جانب المُستقِلّات العقليّة، وأَنّ الشُّعور الوِجداني قسمةٌ عادِلةٌ بين البشر. فلِماذا نَتخَلّى عن كنوز منهج (السِّيرة والرِّثاء) الجامع بين السَّرد التَّأريخي ذي العِبرة والأدب الوِجداني ذي العاطِفَة الإنسانِيّة؟!

ويَعكس بعضُ المُختَصِّين في معالجة طبائع المجتمعات الإسلامِيّة بين القَرنين الماضِيَين صورةً سَلبيّةً قاتمة عن مُستوى إدراك هذه المُجتمعات لما كان يَجري مِن حولها. وقَليلٌ مِن الباحثين الحاذِقين المُنصِفين وُفّق في سَعيِهِ إلى التَّفكِيك والفَصل بين القِيم السّائدة في عُموم المُجتمعات الإسلامِيّة، فصَنَّف القِيمَ الأخلاقِيّة ومنهج التَّفكير وَحيويّة العَقِيدة والوِجدان لدى مُجتمعات الشِّيعة في خانَةِ التَّميُّز على مُجتمعات اتِّجاه أَهْلِ العامّة على الرَّغْم مِن أَنّ أَحوال الأُمِّيّة والفَقر كانت سائدةً في مُجتَمعات الشِّيعة. وأَرجَع الأسباب في هذا التَّميُّز الشِّيعي إلى أَنّ عَملِيّة صيانة الشَّخصِيّة واقتباس القِيم والمَبادئ وإِعمال منهج التَّفكير كانت نَشِطةً جدًا في مَجالِس مَنهج (السِّيرَة والرِّثاء) بِالنَّظر إلى تَناولها الدّائم لِلسِّيرة التَّأريخيّة مَشفوعةً بِالأَدب الرِّثائي الوِجداني، وأَنَّ الاستِجابة في الشِّيعة لِمُعالجة الظّواهر الاجْتِماعيّة السَّلبيّة بِمَفاهيم العُلوم الإنسانيّة والطَّبيعِيّة والرِّياضِيّة وما شاكل ذلك كانت بَطِيئةً جدًا أَو تكاد تكون معدومة.

فعَن السِّيرةِ التَّأرِيخيّة تَقتَبِس العقولُ مَلامح النَّماذج المِثَاليّة لِلإنسان الكامل فتَتأَسّى بها وتَجعل منها قدوات تُتَّبَع في تَنظيم العَلاقات العامَّة واختِيار نَمط التَّفكير وسُبل صِيانة العقيدة وتطوير النِّظام الاجتِماعي. وهذا ما فعلته الثَّقَافَةُ الشِّيعِيّة الأَصِيلة في منهج إِحياء الشَّعائر وغيرها مِن مَظاهِر

الثَّقافة. فكان أَهْلُ البيت صَلواتُ الله وسَلامُه عليهم أئمَّةً تُختَصر الطَّريق إلى الهدايةِ بِهم عبر اعتماد منهج (السِّيرَة والرِّثاء) في المآتم حيث تَقترِن حركة النَّصّ والتَّأريخ بِحَركة العقل والوِجدان فتُصان العقيدة وتُنظّم الشَّريعة وتَسود الأَخْلاق الحَمِيدة.

إنَّ أَكثر عادات الشِّيعةِ وطبائعِهم وتَقاليدِهم وفُنونِهم ومنهج التَّفكير فيهم وتَدرُّج ثَقافَتِهم جاءت عن طَريق الاعتبار بِالنَّظر في السِّيَر التَّأريخيَّة والعَواقِب. فالنَّظرُ في سِيرة الآخرين أَشْبه بِالرُّؤية لِوَقائع خَشَبة مَسْرَح إِذ أَنَّ عرض السِّيرة في المَجالِس يُمَثِّل أَقصَرَ الطُّرق لِلاعتِبار ولِبِناء الذات وصِيانتها والأكثر أَمنًا وسَلامةً وضمانًا لِلاستمرار في تَنمِية الثَّقافة الأصِيلة السَّليمة.

وما زال الثَّقلان القُران الكريم وسُنَّة النَّبِيّ وأَهْلِ البيت صَلواتُ الله وسَلامُه عليهم يحثَّان على التَّحلِّي بالخُلق العظيم عبر اتِّباع مَنهج التَفكِير السَّليم، ويُحبِّبان لِلنّاس اكتسابَه مِن خلال النَّظر والاعتِبار في (السِّيرة) وسُنَن الأَوّلين. فما بال خُطباء اليَوم يَفِرّون مِن أَعْظَم سِيرةٍ في التَّأريخ الإنساني فيَتَنطَّعون بمُصطلحات العُلوم وأَوهام الحِسّ والكَشْف ومِثال ما وراء الحِسّ، ويُضِلّون أَفهام النّاس ويفتِنونهم بِفِكر الانتماء المُقتَبس عن ثَقافة اتِّجاه أَهْلِ العامّة وأَحزابِهم ومذاهِبِهم.

فإنْ دَعتكَ ثقافةُ الانتماء الحزبي والفئوي إلى تَجاوز (التَّخَلُّف) بِـ (الوَعْي) فالمرادُ منك أَنْ تُدرك أَنّ الانتماء وزَعِيمَه هما القُدوة في (الوَعْي) والأخلاق وعليك مُلازمتهما لِتَهتدي بهما إلى سَبيل الرَّشاد فيُخرِجانك مِن حال (التَّخَلُّف) المُدّعى سالمًا. ولَيس المُراد مِن (الوَعْي) المتداول في مَجالِس الانتماء هو ما تَعارفَ عليه الشِّيعةُ وتَسالموا مِن المعرفة بِثَقل أَهْلِ البيت صَلواتُ الله وسَلامه عليهم وبِسيرتِهم وبخُلقِهم الرَّفيع، وبِاتِّباعهم سادةً وقادةً. فالانتماء يُحَرّض في مَجالِسِهِ على تَجنُّب منهج (السِّيرَة والرِّثاء) ويُهينه ويَتّهمه بِالجُمود وإِشاعة التَّخَلُّف في المجتمع، ويَدعو إلى تقويم كُلّ

شَيء بِفِكرٍ فَلسفِيٍّ واقعِيٍّ مُجرّد يَبثّه عبر تَطبيقات مَنهج (الشَّكّ والتَّشْطِيب والتَّأمِيم) النَّاقِض لِلثَّقافة الشِّيعِيّة الأَصِيلة ومظاهِرها والمُروِّج لِمَبدأ الزَّعامة الواحِدة وتكرِيسِه في صِيغة يَظُنّها الانتماءُ مظهرًا مِن مظاهر النُّمو بالثَّقافة والتَّجرُّد مِن الخُرافة والأُسْطورة.

ولو أَحصَى الشِّيعةُ مَصادرَ التَّوجِيه المنبري العقائدي والتَّربَوِي ذات العَلاقة بِفِكر الانتماء لوَجدوا رُكامًا مِن الهذرة التَّحفِيزِيَّة والحَشْو الإنْشائي، وأَنَّ نَتائجَ التَّبلِيغ والوَعظ والإِرشَاد بهذا اللَّون مِن التَّوجِيه تكاد تكون مَعدُومةَ التَّأثير نِسبَةً لِحَجم العِبرة بِالنَّظر المُستقِلّ في السِّيرة التَّأرِيخيّة عبر مَنهج (السِّيرَة والرِّثاء).

يُوجِزُ أَهْلُ البَيت صَلواتُ الله وسَلامُه عليهم بِمَروِيَّاتِهم أَعظمَ طَرِيقة لِلإيمان ولِصِيانة الذّات بِمُفرداتٍ وأَلفاظٍ سَهلةٍ بَسيطةٍ مُيَسّرة، فيَرفعون مِن شأن قِيمة الاختِيار المُستَقِلّ في الاعتبار عن طَريق النَّظر في (السِّيرَة) وهُم مِثالُها الأَبرز والأرفع في الدَّرجات. وقد اكتَفَت المنابرُ بِمَنهج (السِّيرة والرِّثاء) ومَجالِسِه لِتَنمية الثَّقافة الشِّيعِيَّة فاعتَمَدت سَرد مَروِيات أَهْل البَيت صَلواتُ الله وسَلامُه عليهم وتَفاصِيل سِيرتهم طَرِيقةً لِإثارة دَفائن العُقول وانْتِزاع المَفاهِيم وإِثراء التَّجارب والخبرات.

ومِن المُدهِش، أَنّ العادة جرت في بَعض المناطق الشِّيعِيّة على عقد لِقاءٍ عامٍّ لِتَقييم أَداء خَطِيب العَشرة مِن مُحرَّم الحرام في كلّ عام طِبقًا لِمَعايير مَنهج (الوَعْظ والإرْشاد الأَبوي) الذي يُمثّل البَدِيل الحِزبي والفِئوي عن مَنهج (السِّيرَةِ والرِّثاء). فعَلَى مَنهج (السِّيرة والرِّثاء) تَشكَّل قوامُ المنبر وتَمثَّلت أَهدافُه وأُنْجِزت مَقاصِده منذ مبعث الرِّسالة، وعليه أَسَّسَت أَجيالُ الشّيعة مِن الأَوَّلِين تَجربة مَجالِسِها فأَثمَرت في المجتمع تَشيُّعًا أَصِيلاً مُحصّنًا في الضِّدّ مِن كُلّ العواصف الفِكرية والسِّياسيّة والطَّائفيّة البغيضة، فلماذا أُقصِيَت مَعاييرُ هذا المنهج واستُبعِدت وأُخِذ بِالبَدِيل النَّاشئ في بيئة اتِّجاه أَهْلِ العامّة؟!

ليس مِن الحِكمة تَقوِيم أَداء الخُطباء والمَلالِي في لِقاءٍ عامٍّ يَحكمه مَنهجُ (الشَّكِّ والتَّشْطِيب والتَّأمِيم) حيث يُبتَزّ الخُطباء والمَلالِي ويُجبرون على التَّخلِّي عن منهج (السِّيرة والرِّثاء). فمِن تَطبيقات منهج (الشَّكِّ والتَّشْطِيب والتَّأميم) جاء احتِكارُ المآتِم والهيمنة على المَجالِس ومَواكب العزاء وإجبارها على العَمل طِبقًا لِمَنهج (الوَعْظِ والإرْشاد الأَبوي). فإنْ تمسّك الخُطباء والملالي بِمَنهج (السِّيرَةِ والرِّثَاء) العَرِيق الّذي نَشأت عليه ثَقافتُهم؛ جُرجِروا مِن أَعناقِهم إلى لِقاءٍ عامٍّ مُوجَّهٍ حِزبيًّا وفِئويًّا وسُفِّه فيه مَنهَجُهُم ووُضِع حدٌّ لِشِهرتهم وحُرِموا مِن فرص الاستِقدام وضَربِ العُقود لِلعَودة إلى ذات المنابر.

إنَّ معنى المَنابِر لا يَتمّ مِن دون منهج (السِّيرَة والرِّثاء)، وما منهج (الوَعْظ والإِرشاد الأَبوي) الّذي يُراد له أَنْ يكون بديلاً نَزِقًا إلّا مِمّا اقتُبِس عن ثَقافة اتِّجاه أَهْل العامّة فلا يصحّ تَقِييم وتَقوِيم أَداء الخُطباء والمَلالِي طِبقًا لِمَعايير هذا المنهج.

إنَّ الفَضلَ في صِيانةِ ثقافةِ الشِّيعة الأَصِيلة والمُحافظة عليها مِن شَرّ الضَّياع والتَزييف والالتِقاط يَعود إلى منهج (السِّيرَة والرِّثاء)، كما يَعود له الفضلُ في تَعطِيب مآرب المُتربِّصين بِثَقافة الشِّيعة الدَّوائر في القُرون المنُصَرِمَة. وقد ثَبُت باليَقِين أَنّ الخيارات المُعاصِرة البَديلة عن هذا المنهج هِي الأَقل حَظًا في التَّأْثير.

أَظنُّ أَنَّ فِكرة تَقييم أَداء الخطِيب والمُلّا على طِبق منهج (الوَعْظ والإرشاد الأَبوي) إنّما اعتُمِدت بِقَصد فَرز الخُطباء والمَلالِي إلى جَبهتَين على طَريقة (الكَاوْبُوي) ذِي المُسدَّسَين الذَّهبِيّين: جَبهةُ الخطباء والملالِي المُوالِين والمُتَحيِّزين والحِزبِيِّين والفِئويّين حيث يَجرِي تَكثيرُ سوادها على المنابر، وجَبهةُ الخطباء الأَحْرار والملالي المُستقِلّين حيث يَجري إطفاءُ حسناتها واستِضعافُها وحِرمانُها مِن فُرص التَّبلِيغ والوَعْظ والإرْشاد حتّى

تَرعَوِي وتَخضع وتُوالي. فإنْ ضَعُفَت هذه الجبهةُ عن استِعمال منهج (السِّيرَة والرِّثاء) وجَمُدت ثُمّ زُحزِحَت عن المآتم وأُخرِجَت مِن خِدمة المنبر؛ صَفَت الأجواءُ لِمَنهج (الوَعْظ والإِرْشاد الأَبَوي) واحتُكِر المنبرُ وجُعِل وَسِيلة لِتَعظيم وتَفخِيم الانتماء والزَّعامة الخاصّة بِوَصفهما المسئول المُكلّف رِعاية الثَّقافة الشِّيعِيّة وشَعائرها وتَوزِيع الحوافز والنَّياشِين والمقامات والرُّتَب!

لقد عُرِف عن جَبهة الخُطباء والملالي البَحْرانِيِّين المُستقلِّين مِن فَريقَي الأُصُولِيِّين والأَخبارِيِّين صُمودُهم في ساحة الخطابة وتَمسّكهم بِمَنهج (السِّيرةِ والرِّثاء) في مقابل مآرِبِ الانتماء الحزبي والفئوي الّتي ما فتئت تُمارِس دور غَسِيل الأَدمِغة لِتَوهِين أَداء خَطِيب منهج (السِّيرَة والرِّثاء) ووَصْمه بِالتّقلِيديّة الخارجة على الرِّسالة الحضارِيّة لِلمِنبر!

إنَّ المُدهِش في اللِّقاءات العامّة المُخصّصة لِتَقيِيم أَداء الخطباء أَنّها استهدَفت الخُطباء المُختارِين على طِبق رَغبَةِ الأَهالِي المُتشَبِّثة بِمَنهج (السِّيرَة والرِّثاء) ولَيسوا مَفرُوضِين بِالقُوّة على مَنابر المآتم. فلِماذا يُدعى الأهالي أَنفسهم إلى اللِّقاء ويُجبَرون على تَقيِيم خُطبائهم ومَلالِيهم على طِبق مَعايير منهج (الوَعْظ والإِرْشاد الأَبَوي)؟!

يَخضَعُ الخطباءُ والملالي لِمِعيار رِضَا الأَهالي عن أَدائهم فحسب، ويَقعُ اختيار الخَطِيب والملّا فيهم مِن بين العشرات مِن الخُطباء والملالي المتنافسين. فهذه هِي الطَّريقة المُثْلَى والفُضْلى المُتَّبعة في الهَندسة الشَّعائريَّة الرَّائعة والعَرِيقة منذ مِئات السِّنين، وفيها صَونٌ لِمَقام ومَنزِلةِ الخَطِيب والمُلّا وتَشرِيفٌ لِوَظِيفته وتَقدِيسٌ لِلمِنبر وتَحفِيزٌ له على الارتقاء بِأَدائه. فلا مَعنى لإِخضاع الخَطِيب والمُلّا لِلقاءٍ عامٍّ يُقيّم فيه أَداءهما إِلّا أَنْ يكون المرادُ مِن ذلك تَشغِيل وَصايَة التَّحزُّب والفِئويّة وتَفعِيل دورها لِفَرضِها على النِّظام الاجتماعي بِالقُّوة وتَعزيز سِيادة الانتماء على مَظاهر الثَّقافة الشِّيعِيّة.

ومِن المُفارقات الجارِيَة في فكرة اللِّقاء التَّقْيِيمي العامّ لِأَداء الخُطباء

والمَلالِي أَنّ العاملين على الفكرة والمُتَنفِّذين كُلّهم مِن علماء الدِّين الحريصين بِشِدّة على مكافحة منهج (السِّيَرة والرِّثاء) وتَضيِيق الأَنفاس عليه وعلى مُتَبنِّيه مِن الخُطباء والمَلالِي المُستقِلّين، ومِن الرّافِضِين أَيضًا لِجَعل (العَقْل النَّاقِد) مُكمِّلاً لِمَحلّ العِصمة المفقودة في عُلماء الدّين بِوَصْفهم مُتَخصِّصين في تَبلِيغ عقيدة التَّشَيُّع وشريعته وأَخلاقه إِنْ افترضنا جَدلاً أَنَّ النَّقدَ المُوَجّه إليهم سيَكون سَلِيمًا صَرِيحًا صادقًا بِمَعناه اللَّغوي إِذْ يُظهِر الحُسْن والعَيب معًا في الأداء مِن دون تَحرّف لِنِزاع أَو تَحيُّز إلى فئة ومِن دون مقاصد مُبَطَّنة.

ففي خُطبة له على المنبر قال الشَّيخ المُنتَمِي المُناصر والدَّاعِم لِفِكرة تقييم أَداء الخُطباء على طِبق معايير مَنهج (الوَعْظ والإِرْشاد الأَبَوي): (لا يَجوُز لِأَحدٍ تَوجِيه النَّقد المُباشر إلى عالِم الدِّين بين عامَّة النَّاس، فإِنّ له مقامًا محمودًا ومَنزِلةً رفيعةً بينهم. فإِنْ شِئت نَقده ولا بُدَّ مِن ذلك فلَك أَنْ تُكلِّمه على انفرادٍ خَوف الفساد في المُجْتَمع)!

نُقرّ بِأَنَّ تَقييم أَداء الخُطباء والملالي ونَقد أَعمالهم مطلوبان في إِطار لِقاءات ونَدوات عامَّة تَتَحدَّث في المَعايير الأَصِيلة المُجرَّدة مِن الأَسْماء في بيئةٍ اجتِماعِيّةٍ وثَقافِيّة حُرّة ليست مُختَرَقة حِزبيًّا وفِئويًّا أو خاضعة لِنُفوذهما، وأَنْ يكون التَّقوِيم قائمًا على المَنهج المُتَّبع في الخِطابة شيعيًّا. فمَن التَزم مِن الخُطباء والملالي بِمَنهج (السِّيَرة والرِّثاء) فإِنّ مَجلِسه يُقوّم بِمَعايير ذات المَنهج وليس وفق معايير مَنهج (الوَعْظ والإِرْشاد الأَبَوي)، وأَنْ يُترَك لِلتَّنافس بين الخُطباء قرار التَّقوِيم ولِلنَّاس حقّ الاختِيار. فإِنْ استَقَلَّت الثَّقافةُ الشِّيعِيّةُ عن (السِّياسة) وتَحرَّرت القاعِدةُ الاجتماعِيّة مِن نُفوذ الأَحْزاب والفِئويات صار التَّقِييمُ العامّ لِأَداء الخُطباء والملالي ومُستوى تَأْثِيرهم في الثَّقافة عملاً نافعًا مثمرا. وإِنْ خَضَعت القاعِدةُ الثَّقافِيّة والاجتماعِيّة لِلتَّحزّب والفِئويّة صار اللِّقاءُ العامّ استِجوابًا ومُساءلةً لِلخَطِيب وتَطْفَيشًا واستفزازًا ولَيس تَقييمًا أَو تقويمًا، أَو تَحذِيرًا لِقاء اختِراق الخَطِيب لِلمَجال الحَيوِي الخاصّ بِأَحد

الزُّعماء الحِزبيِّين والفِئويين، أَو استَحال هذا اللِّقاء العام إلى عَملٍ دعائيٍّ لِسيادة الاتِّجاه الحِزْبي والفِئوي القائم عليه. وهذا ما حدث بِالفِعل في حَقِّ الخطباء والملالي الذين فَرّوا عن المناطق التي اعتَمدت أسلوب التَّقويم وفق منهج (الوعظ والإرشاد الأبوي) وامتنعوا مِن العَودة إلى مآتمها.

ولَيْس مِن الذَّوق أَنْ يُجيزَ شَخصٌ لِنفسه توجِيه النَّقد إلى شَخصٍ آخر على مَلأ مِن النَّاس إنْ احتَمل الفسادَ فيه أَو في النَّاس أو فِيهما معًا. وعِلّةُ المنع مِن النّقد إنْ كانت فسادًا في النَّاس فيُلزَم أَنْ يُوَجَّه النَّقد إلى صاحِبه على انفراد مِن دون أَنْ يَستبْطِن شيئًا مِن المقاصد الحِزْبيّة والفِئويّة الخَلفِيّة.

ولنا أَنْ نَستفهم في هذا الشَّأن: لماذا نَخصِّص قَضِيّةَ المنع على النَّقد المُوَجَّه لِأَداء عالِم الدِّين بِصِفَتِه مَخافةَ أَنْ يَتعرّض مَقامُه الدِّيني ومَنزلَتُه الاجتماعيّة إلى الهَتك في النَّاس، فيما نُطلِق النَّقد لِأَداء عالِم الدِّين بِوَصْفِهِ خَطيبًا، ونَجعلُ مِن بعض العُلماء فَوق أَنْ يُقوَّموا في المَجالِس العامّة؟!

إِنَّهُ استِهدافٌ صريحٌ مُزدوَجٌ شاملٌ لِمَنهج (السِّيرة والرِّثاء) ومَقامِ ومَنزلِةِ الخَطِيب والمُلّا المُستقِلّين والمُتَمسِّكين بهذا المنهج الأَصِيل، وفَرضٌ لِلسِّيادة الحِزْبيّة والفِئويّة عليهما وعلى مَظاهر الثَّقافَة الأَصِيلة بِإرادة زَعِيم ذِي وَلايَةٍ مُطلَقة وقد أَجاز لِنَفسه اختِيار الأَشْخاص المُستَحَقِّين لِلشُّهرَة بِمَعايير مَنهج (الوَعْظ والإِرْشاد الأَبَوي) والانْفراد بِصَلاحِيّة تَوزيعِ المقامات والرُّتَبِ والنَّياشِين بِمَعايير الانْتِماء والتَّحيُّز!

لماذا لا نَبحث في مَدى تَحقُّق الفَساد في النَّاس إنْ استَمعوا إلى (العَقْل النّاقد) مُطلقًا، ولماذا لا نَبحَث في الأسباب الّتي تَجعل مِن النَّاس مُرهَفِي الإحساس فنُعالجها بِأَحْسَن القَول والعَمل؟! فهَلْ مِن العَدل تَوجِيه النَّقد لِأَداء الخَطِيب والمُلّا في النَّاس مِن دون خشية على مَقامِهما ومَنزِلتهما وشَرف وَظِيفتهما، ولا يَكون مِن العَدل نَقد النَّاس لِأَداء عالِم الدِّين مُطلقًا خشية على مَنزلته ومَقامِه ورُتْبته وشهرته؟!

لماذا لا يُبادِرُ الانتماء الحِزبي والفِئوي إلى مُعالجة حَساسِيّة النَّاس عند استِماعهم لِلعَقل النَّاقد المُنصِف عوضًا عن الوَقف والانْسِداد بِالقول: (لا تَنقُد عالِم الدّين أَمام النَّاس ولَك ذلك في أَداء خُطباء المنبر)، فلماذا لا يُؤَهِّل النَّاس للإستِماع إلى العَقل النَّاقد المُنصِف ولِتَوجِيهاته مُطلقًا؟!

هَلْ هُو تَقصيرٌ وعجزٌ نُعَبِّر عنه بِتَوصِيَة الامتِناع عن النَّقد الصَّريح لِعالِم الدِّين مُطلقًا بين النَّاس، أَمْ أَنَّ هنالك مآربُ أُخرى تَقِف مانِعة، وهِي ما كُنَّا نَخشاه وقد لَمِسنا نَتائجه بِالفِعل وعلى وَجْه الحقيقة؟!

فإنْ كان النَّقصُ والعَيبُ يَنحصِران في النّاس فليَجتهد الخَطيبُ وعالمُ الدِّين معًا على سَدِّهما مُستقلَّين مُجرَّدَين مِن التَّحيُّز وضَغط الانتماء. وأَمّا إِباحة النَّقد لِأَداء لونٍ خاصٍّ مِن خُطباء المنابر والمَلالي بِمَعايير مَنهجٍ مُختلفٍ عن مَنهَج السائد في مَجالِسهم، ومَنع تَوجِيه النَّقد لِأَداء عالِم الدِّين ولِكلّ مظاهر الانْتِماء بِحُجّة وُقوع الفَساد؛ فهُو ضيقٌ في الأُفق الذِّهني واجتِرارٌ فكريّ منحاز إلى مَبدأ جَعل لَونٍ خاصٍّ مِن عُلماء الدِّين جِهاتٍ مَعصُومةٍ ومَصونَة لَيْست قابِلَة لِلّنقد!

يَكاد الواحِد مِنّا لا يُصدّق أَنَّ جهات الانتماء الّتي تَدَّعِي التَّحضّر والعَصرنة وتدعو إليهما تعمد إلى الأثر الثَّقافي الأَصِيل الّذي يبثّه خَطيبُ وملّا منهج (السّيرة والرّثاء) فتكتُم أَنفاسَه وتُخفِي حَسناتِه ومظاهرَ عطائه الإيجابي الأَصِيل وتَمتَنِع عن إذاعتهما بِوَسائلها الدّعائيّة الخاصّة، وتَتعقَّب النَّواقص في منهج (السِّيرَة والرِّثاء) فتُفَشِيها وتُذيعها في النّاس بِعُنوان النَّقد والتَّطوير في الأَداء مِن أَجل السُّمُوّ بِخِطابة المنبر مُغالبةً منها لمصلحة رُؤية الانْتِماء الحِزْبي والفِئوي ونُصرةً لمنهج (الوَعْظ والإِرْشاد الأَبَوي) وامتثالاً لِتَطبيقات منهج (الشَّكّ والتَّشْطِيب والتَّأمِيم) النَّاقِص لِلثَّقافةالأَصِيلةومظاهرها.

إنَّ إِفْشاء حال الضَّعف في أَداءِ خَطِيب ومُلّا المنبر الأَصِيل المُستقلّ هو خَرقٌ لِمَبادئ الإِنْصاف والعَدل مُعطِّلٌ لِمَبدأ التَّنافُس الحُرّ العاقِل.. إنَّه يَتعمّد

إِطْفاء حَسنات خَطِيب ومُلّا منهج (السِّيرَة والرِّثاء) فيَكِيد له كيدًا حيث يَعْلَم أَنَّ جزاء الحَسَنة عند الله بِعَشر أَمثالها، فما باله يُطفِئ حَسنةً أكرم اللهُ عَزَّ وَجَلَّ صاحبَها بِخدْمَة مِنبر أَوليائه.

إنَّ إطفاء حَسنات مَنهج (السِّيرَة والرِّثاء) تَحيُّزًا لِحزب أَو فِئة هو مِن أَعمال الفَساد الظّاهر. فالعُقلاء لا يَستنِكفون أَنْ يذكروا حَسَنات أَعدائهم ويَنسبِونها إلى تَفضُّل مِن عِند أَنفُسهم انَفردوا به فلا يغمِطون ولا يَجحدُون ولا يُنكِرون حقًّا أَو وَصْفًا لِأَحدٍ مِن النّاس، فلِماذا لا يُفشِي ذَوو الانْتِماء حسناتِ منهج الخَطِيب المُستقِلّ الّذي تكتَمِل به مَسئولِيّة المنبر ويُعَدّ مِن فضائله.

مِن المفارقة أَنّ ظاهِرة إِطفاء حَسنات منهج (السِّيرَة والرِّثاء) تَسود في علماء الدِّين المُسَيّسِين الحِزبيِّين والفِئويِّين (مُنقِذِي) المُجتمع مِن الضَّلال والفُرقة والشَّتات. فَهَلْ مِن ضَرُورات الانْتِماء إِطْفاء حَسَنات نُظرائهم ومُنافِسِيهم والمُستقِلّين عنهم، أَمْ مِن لَوازِم الحِنْكَةِ السِّياسِيّة؟!

لقد اقترَنَ مُرادُ التَّغيير الاجْتِماعي الشِّيعي في العصر الحديث بِحُسن الظَّنّ في الانتماءات الحِزبيّة والفِئويّة بِوَصْفها نَموذجًا مُتقدّمًا لإِنقاذ الشِّيعة مِن ظاهرة الاستِبداد ولِتَسخير طاقاتهم في بناء أُمَّةٍ مُؤمنةٍ. وهِي تَجربة حِزبِيّة وفئويّة جَدِيدة خاضَها الشِّيعةُ المعاصرون وقد كُشِف في منتهاها أَنّ الانتماء يَحمِلُ في عُمقِه عوامِل الخراب والانْدِثار، وتَستَشرِي في جسده الأَنانيّة، ويَشتدُّ فيه هوى حُبّ الرّئاسة، وتُبرّر فيه الوسائل خِدمَة لِلغايَة. فإِنْ لم يَحرِص زُعماء الانتماء على العَدل، وعلى تَجنب التَّحيُّز وتَوظيف (السِّياسَة) تَوظِيفًا داخليًّا، وعلى المُبادرة إلى إِذاعة حَسنات النُّظراء المُشترِكين في المصير الواحِد وإنْ كانوا على مَنهجِ نِضالٍ مُغايرٍ؛ فإِنَّ الانتماء الحِزبي والفِئوي سيكون وبالاً على الشِّيعة.

إنَّ في ذات الحِزب الواحد أَو الفِئة الواحدة وبَين عناصرهما تَتفَشّى الظَّواهِر السَّلبِيّة وتَسود على الرَّغْم مِن صِلَة الاشتراك في المَصِير ووَحْدَة

الهدف والرِّسالة والوَسِيلة. إنَّها ظواهر سَيِّئة تَنخُر في عُمق الحِزب والفِئة وبين مُختَلف القُوى فيهما، فيَرقَى في إِثْرها المُغالِبُ المُنتَمِي على أَكتاف نُظرائه المُنتَمِين عبر سَوقِ الافتِراء والبُهتان والكَذِب والدَّجل وقَول الزُّور فَيُنتِج مِن نفسه مُستَبِدًا يَسعى إلى الإطاحة بِرأس زَعِيمه.

ومِن جِهَته، يَرى الزَّعِيمُ المُحَنّك في تَفشِّي المُغالبة بِالإِطفاء المُتبادل لِلحَسنات بين مُنتَمِي حِزبِه وفِئته ظاهِرةً سَلبيّةً ولكِنّها ضَرورة تَدّل على وُجود التَّوازن الواجب بين مُختلف القوى في حِزبِه وفِئته كما تدل على صِحَة انفراده بالحقّ السِّيادي واستعماله حيث يشاء لاستِلاب القُوّة والنُّفوذ مِن المَحاور الشِّلَلِيّة الّتي تَنشأ وتَنمُو بين المُنتَمِين وتُؤدِّي إلى ضَعف سُلطَتِه وزَعامَتِه وتُقلِّل مِن شأن قَرارِه المَركزي. فيُواظب على استهلاك هذا اللّون مِن القُوى المتنافرة والنُّفوذ النَّاشئين المتَطَفِّلَين على هامِش زَعامَتِه ويَستَنزِفه مِن خِلال التَّحرِيض السِّياسي الخَفِي على التَّحَسّس والتَّحَسُّس المضادّ بين عناصر الانتماء حتَّى تَتآكَلَ الشِّلل وتَتلاشَى شَيئًا فشيئًا فلا يَبقى شيئًا مِنها في هَرَم حِزبه وفِئته يُنازعه سُلطانَه وسِيادتَه.

فعِند تَفَشِّي ظاهرة إِطفاء الحَسَنات بين عناصر هرم الانْتِماء الواحد المُوحَدّ إلى جانِب تَضَخّم المفاهِيم السِّياسِيّة المُراوِغَة والمُشَكِّكة المعتمدة في جِسم الانتماء؛ يَأمَنُ الزَّعِيمُ دوامَ سُلطتِهِ وهَيبَتِهِ وسَلامَةَ سِيادتِهِ على جِسم الانتماء مِن دُون مُغالِبٍ أَو مُنافسٍ أَو مُنازِع. فهَذا الإجراءُ يُعَدّ مِن لَوازم الزَّعامَة وشُروط القِيادة لِلهَيمنة على هَرَم الانْتِماء الحِزبِي والفِئوي، فيَكثُر في الانْتِماء بذلك الأَراذِل الّذين يُراد بِهم صِناعة مَجد الأُمَّة!

إنْ تَمادى عناصر الانْتِماء الحِزبي والفِئوي في كَتْم وإِطفاء حسنات مَنهج الخَطِيب أَو المُلّا المُستقِل في مَقام الإِذاعة يُمثّل انعكاسًا لما يُعانِيه ذات الانتماء مِن ظاهرةٍ متفشيّة بين عناصره حيث يكْتُمون حسنات نظرائهم في الانتماء ويطفؤنها. فإِنْ كان زَعِيم الحزب أَو الفئة غير مُكترِث بِشيوع ذات

الظّاهرة في جِسم الانْتِماء حتّى يتمكّن مِن تَوظيفها في عملية تَفتِيت قوى الأقطاب المُغالِبة أو المنافسة لِزَعامَتِه ـ فالطّامة تكون أَخطر حيث تَتَحوّل عناصر هذه الظَّاهرة إلى معول لِهَدْم الكِياناتِ المؤسَّسِيَّة التابعة لِلانتماء والمؤثرة في النّظام الثّقافي والاجتماعِي ومنها المآتم والمساجد ومتعلقاتهما.

إنَّ الإكثارَ مِن إذاعة حَسنات الخَطِيب المُستقلّ بِمَنهج (السِّيَرة والرِّثاء)، والعمل الصّادق على إفشاء حَسناتِه بين النَّاس والحرص على إطْفاء السَّيِّئات، وتَفويض الأمر إلى دَور المُنافسة وتراكم الخبرات في المُعالجة عِوضًا عن لِقاءات التَّقْيِيم والتَّقوِيم المفتوحة ـ كلُّ ذلك يُعزِّز مِن السُّرعة في التَّنمِية الثَّقافِيّة الأَصِيلة ويَزيدها مَتانةً وقُوّةً إلى قُوّتها ويحفظ لِلوَظيفة مقامَها الشَّريف ويُحافظ على أَمْن وسَلامة النِّظام الاجتماعي.

إنَّ الفترةَ الواقعة بين العَشرةِ الأُولى مِن شَهر مُحرّم والعشرين مِن شَهر صَفر تُعدّ الذُّروة في المُشاركة الشَّعائريّة المُعزِّزة لِأَثر مظاهر الثَّقافَة الأَصِيلة في الشِّيعة. وتكاد هذه الفترة الزَّمَنِيّة القَصِيرة لا تَكفي لِلاستِغراق في الخِطابة المنبريّة طبقًا لِمَنهج (السِّيَرة والرِّثاء)، فلماذا يَنصرِف خَطِيبُ المنبر عن هذا المنهج لِكَي يَتجوّل في أَوهام التَّصوّف الفَلسَفِي ويَغوص في نَقضِ عقائد الآخَرين والمُقارنة بين الطَّوائف والأَديان، أَو يَحتكِر هذه الفرصة الذَّهبِيّة لِترويج مبادئه الحِزبيّة والفِئويّة ولِلنَّفخ في وَلايَة الزَّعِيم وتَعظِيم سِيرته الشَّخصِيّة والعِلميّة ونَمط فِكره ومَواقفه البُطولِيّة الشُّجاعة وحَسنات فِعله في شَكلٍ اجتِماعِيٍّ عاطِفي وِجداني لَهْوِي؟!

ولِلشِّيعي المؤمن الأَصِيل أَنْ يَستفهم في هذا المقام: كَمْ نِسبَة المُطَّلِعين بين الأَجْيال البحرانيّة المُعاصِرة على تَفاصِيل السِّيرة الاجْتِماعِيّة لِواقِعَة الطَّفّ وعلى قِيَمها والمُثُل والمَفاهِيم الصَّادِرة عنها في عُمق التَّأريخ الشِّيعي، وكَمْ مِن المفاهيم الّتي ستَصدر عنها عند مُعالَجة مُشكلات الواقع الحَدِيث والمعاصر وعند استِشراف أَحْوال المستقبل؟!

إنَّها سِيرةٌ اجتِماعِيّةٌ مباركة بِأَحزانِها وأَفراحِها ظَلَّت إلى وقتٍ قريبٍ حَبيسة المصادر وبَعِيدة عن المُعالَجة بِالمَنهج الوَصْفِي أو التَحلِيلِي أو التَّكامُلِي، وتَتَراخى هِمّةُ الكَثير مِن العُلماء والخُطباء والملالي عن البحث فيها بِجدٍّ ومَسئولِيّة وإِخلاص وتَجرّدٍ عِلمي، فيما تَنصرِف الانتماءات الحِزبيّة والفِئويّة عنها وتَستنزِف جُلّ طاقاتها في خِدمَة فِكرةٍ هجينةٍ أجنبيّة مُقتَبسة عن ثَقافَةٍ مُناهضةٍ لِلتَّشَيُّع ـ وتُضَحّي في سَبِيل تَرويجها في ثَمانِية عقود مِن الزَّمَن، وما زالَت على ذلك ومِن الحَرِيصِين ومِن المُتمادِين في إِهمال ثَقافَةٍ أَصِيلةٍ مُتعاقبةٍ التّأثير لِحوالي عَشرة قُرونٍ مِن الزَّمَن فتُنذِر وتُحذِّر مِن سُوء عاقبة الخذلان.

إنَّ واقِعَةَ الطَّفّ نِتاجُ لِمَسيرةٍ مِثاليّةٍ تَأرِيخيّة كان مَطلعُها سِيرةُ الأنبياء والرُّسل مُنذ خَلْق آدم عليه السَّلام.. سَيرةٌ لا نِهاية لها عند يَوم الظُّهور المبارك ومِن بَعد (الرَّجْعَة). فهَلْ سيَفتَقِر منهج (السِّيَرة والرِّثاء) بذلك إلى مادَّته حتّى يَضطر الخُطباء والمَلالي في إِثر ذلك إلى الاستِغناء عنه لمصلحة مَنهج (الوَعْظ والإرْشاد الأَبَوي) وفِكر التَّحزّب والفئويّة ادُّعِي أَنّهما يُمَثّلان البديلَ المُؤهّل لِإصلاح أَو تَنمِية الثَّقَافَة البَحْرانِيّة؟!

ففِي كُلِّ عام تَزدادُ ظاهرةُ الانْتِماء الحزبي والفئوي بعدًا بِالمُجتمع البَحْرانِي عن مَنهج (السِّيَرة والرِّثاء) لمصلحة مَجالِس التَّصوُّف الفَلسَفِي (العِرْفان) وفِكر التَّحزُّب والفِئويَّة ومُناوشات نَقضِ عقائد اتِّجاه أَهْل العامّة وتَكريس مَفهوم الزَّعامَة والصِّناعة الدّعائيّة لِلمَقامات العِلميّة وتَوزِيع الرُّتب والأَنْواط الاجتماعِيّة بِعُنوان تَجدِيد خِطاب المنابر وإِصلاحِه.

ولا يَخفى على أَحدٍ من المُتابِعين والمتَخَصِّصين أَنَّ مَجالِس المنتمين والمُتَحيِّزين مِن الخُطباء والمَلالِي ما هِي إلّا حَلقات استِعراضِيّة مُوَجَّهة تَدَّعِي الواقعيّة. فإِنْ سُئِل عن حُجَّتِهم الّتي يَستنِدون إليها في بَثّ هذه الأَلوان مِن المَجالِس؛ فإِنَّهم سيُكرِّرون ذات القَول: (إِنّنا نُريد تَأسِيس مُجتَمعٍ شِيعيٍّ

حَضاريٍّ واقِعيٍّ مُتَجرّدٍ مِن آثار التَّخَلُّف والأَساطِير والخُرافات)!

إنَّ المُساهمة في تَنمِية الثَّقافَة الشِّيعِيّة في الفترة الزَّمَنِيّة الواقِعة بين شَهْر مُحرَّم الحرام واليوم التَّاسِع مِن رَبيع الأوّل مِن خِلال تكثِيف مَجالِس التَّصوّف الفَلسَفِي (العِرْفان) والنَّقض العَقدي لاتِّجاه أَهْل العامّة والتَّوجِيه الحِزبي والفِئوي والصِّناعة الدِّعائيّة لِلرُّتَب والمَقامات وتَفخِيم مَفهوم الزَّعامة ومَنزِلة الزَّعِيم ـ كُلُّه يَندَرِج في سِياق الاستِبدال المُنقطع عن السِّيرَة التَّأرِيخيَّة لِلثَّقافة البَحرانِيّة، والخارج على طَبِيعة النِّظام الاجْتِماعي، والفاقِد لِلمُؤهَّل العِلْمِي المناسب لِتَنمِية الثَّقافة والقابِلِيّة لِلاستِجابة لِضَرُوراتها وحَلّ مُشكلاتها.. إنَّه استِبدالٌ لِطَمس الهدف الأساس مِن إحياء الشِّيعة لِمَظاهر الثَّقافة وصَرف الأذهان عن أُصُول الثَّقافة.

لَنْ تَبلغَ الثَّقافةُ البحرانِيّة وما اشتَمَلت عليه مِن أُصُول ومُكوّنات ومَظاهر وشَعائر ذُروة جُودَتِها وجَمالها إلّا باتِّباع منهج (السِّيرَةِ والرِّثاء). وقد ضَمن البَحرانيّون بِفَضل هذا المنهج الاستمرار في نُمُوِّهم الثَّقافِي وتَفَوُّقِهم في القُرون الماضِية المُزدحِمة بِالتَّحدِّيات المصيريّة.. إنَّه المنهج الّذي أُثِيرَت به دَفائنُ العُقول بما لا يُنسى مِن الوقائع، وزِيدَت به نِسبةُ المعرفة النَّافعة، ونَما به ما في الفِطرة والوِجدان بِما يُصلح دِين النَّاس ويعصِم أمرهم ويَرفع فيهم مِن درجة المَودّة لِأَهْل البيت صَلواتُ الله وسَلامُه عليهم دَرجات. وقد أَثْبَت تَمَسُّك البَحرانِيّين بهذا المَنهج في سِيرة القُرون الماضِية صَلاحَ هذا المَنهَج المُقرِّب مِن مَفاهيم (الانْتِظار) و(الوَلايَة والبَراءة) و(العِصْمة).

إنَّ الاستقامةَ في الثَّقافة عبر المجالِس عند تَقلُّب الأَمْزِجة والأَحوال لا تَستكمِل أَغراضها إلَّا بِالإطناب في سَرد (السِّيرة) والإبداع في أَدَب (الرِّثاء) وتَطوير لَحنِهما وطَورهما في العَرض. وإنَّ اجتِماع السِّيرة والرِّثاء على حسب المَعايِير العِلمِيّة النَّظريّة والتَّجريبيّة يُشكِّلان أَفضل الطُّرق لِتنمية ثقافة المجتمع وتحصينه مِن الفُرقة وشَرّ الأفكار الطّارئة والوافدة في سُرعَةٍ قياسيّةٍ.

اِقْرأ واستَبِن في تَطوّر المجتمعات منذ الحُقبة البِدائيّة إلى الحُقبة الحضاريّة سَتَرى أَنّ البحث في السِّيرة التَّأريخيَّة لِلأُمَم وفي أَعمالها الأَدَبيّة هو أَفضل الطُّرق لِتَنمية ثقافَة هذه المُجتمعات، وعليهما تَطوّرت مُجتمعاتُ الشِّيعة أَيضًا وتَفوَّقَت في فُنون مُعالجة مُشكِلات العَصر وتَخطِّي مُضاعفاتها.

ويُذكَر في أَحوالِ التَّطوّر الحضارِي الأُورُوبي المُعاصر أَنَّ نَهضَة الأَدَب الإيطالي وما اشتَمَلت عليه مِن مِتعةٍ في الفَنّ والذَّوق الرَّفِيع عند كِتابة السِّيرة التَّأريخيّة وقَراءتها وتَصويرَها كانت هي العامِل الرَّئيس في التَّحوُّل الأُورُوبي الكَبير مِن عَهد الاستِبداد الكَنَسِي إلى عَهْد التَّحَرّر والدِّيمقراطِيّة ثُمّ النَّهضة الزِّراعِيّة والصِّناعِيّة ثُمّ النّهضة التِّكنُولوجِيَّة الّتي تَقود عالَم اليَوم.

لَنْ تَجِد عامِلاً فاعلاً في تنمية الثَّقافة الشِّيعِيّة الأَصِيلة أَكثر قُوّةً في التَّأثير مِن السَّرد في السِّيرة التَّأرِيخِيَّة. ومِن هنا أَكّد القُران الكريم على النَّظر في سِيرة الأَوّلِين وسُنَّتهم، وأَنّ مَن يَفِرّ عن مَنهج (السَّيرَة والرِّثاء) فإِنَّه يَجهلُ أَثر السِّيرة في صِياغة العُقول وتَنمية مَقولاتها وإِنتاج المفاهِيم، أَو يَخشى مِن تَفاصِيل السِّيرة إِذْ تُدِين ما هو عليه مِن فِكرٍ هَجِين وعَمَل انتماءٍ أَنانِي. حتَى أُولئك المنقلِبين على النُّبُوّة والإِمامة ومَن لحقهما مِن الأَمويِّين والعَبّاسِيِّين ومَن اتَّبع سُنَّتهم مِن السَّلاجِقَة والعُثمانيّين والأَيُّوبِيِّين ومِن القَومِيِّين واليسارِيِّين والوَطَنِيّين ـ كُلُّهم فَشلوا في الهُروب مِن السِّيرة التَّأريخيَّة عند تَعاطِيهم مع ثَقافَة مُجتمعاتِهم، فعادوا إلى السِّيرة يُزوِّرونها أَو يَهمِلونها أَو يَشطِبونها فَلَم يَقدِروا على ذلك أَو رُبَما إِلى حين!

إِنَّ الاشتِغال بِمَجالِس التَّصَوّفُ الفَلسَفِي (العِرْفان) وفِكر الانْتِماء لم يَحفظ لِلشِّيعة عبر التَّأريخ ثَقافَتهم الأَصِيلة ولم يَستَقِم مع نَسَق التَّحوُّل التَّأريخي والاجْتِماعِي الطَّبيعِي في الشِّيعة، وإِنّما حَضّ على اعتِناق مَبادئ الانْقِلابِيّة والثَّورِيّة في التَّعاطِي مع الثَّقافة وأُصُولها، فيما ظَلّت مَجالِس مَنهج (السِّيرَة والرِّثاء) هي الأَكثر تعبيرًا عن الأَصالَة والأكثر تَأثِيرًا على ذات السِّياق

الطَّبيعي لِتَطوّر مُجتمعات الشِّيعة في عشرة قُرون مِن الزَّمَن.

لماذا تُصرَف الأَولَوِيّة في مَجالس المآتم والبيوت لِمَصلَحةِ مادّةٍ لا علاقة لها بِوَظيفة المنبر حيث القُلوب والأذهان مُستقبلَة وَجْه أَحْزان أَهْلِ البيت صَلواتُ الله وسَلامُه عليهم؟! لماذا دَخَلَت مادَّةُ التَّصَوُّف الفَلسَفِي (العِرْفان) على مَجالِس المنبر وقد تَعَرَّضَت لِمَوجَةٍ مِن التَّحرِيم العاصِف والنَّبذِ العَقدي لِما اعتراها مِن (كُفرِيَّات)؟!

ولماذا غَزا فِكرُ الانتماء الحزبي والفئوي مَجالِس المآتم والبيوت وقد كُشِف عن التِقاطه واقتِباسه لِلتَعالِيم والمَعارف عن أُصُول وخبرات اتِّجاه أَهْلِ العامّة وثَقافَةِ بيئتهم الاجتِماعيّة الخاصّة. ولماذا تحوّل فكرُ الانتماء في المآتم والبيوت إلى مَجالِس (زَفَّة) زعامة وفُرقة بين المَرجِعِيّات وإلى انقِسام بين فِئات المُجتَمع.

وأَمّا مَجالِس نَقض العقائد والشّرائع الخاصَّة باتِّجاه أَهْل العامّة فهِيَ مِن الأعمال الّتي أَصْبَحت ضَرُوريّة في مَقام الاحتِجاج العِلمي بين الدّوائر التَّخصُّصِيّة فحَسب فلا حاجَة لانْشِغال المنبر بها في الفَترة الزَّمَنِيّة المذكورة.

لقد صَنعَ مَنهجُ (السِّيرَة والرِّثاء) كلَّ الخير لِلشِّيعة، وعلى آثارِهِ سيَقتدِي الشِّيعة حتّى يوم السّاعة.. اِسأَل أَجدادَك الأَوّلين عن أَثَر مَنهج (السِّيرَة والرِّثاء) في تَنشِئة أَجْيالِهم وصَونها والمُحافظة على عقائدها والاستِقامة بِنِظامها الاجتْماعِي وتَخطّى بها قُرونا مِن الحصار والفَقر والأُمِّيّة والتَّمييز والفَصل الطَّائفي. وسَيأتِيك الجواب مِنهم بِالقَطع: (لَنْ نَتَّخِذَ مِن دُونِه بَدلا، وأَنْتَ فِينا مِمَّن نَشأتَ تحت ظِلّه وحَسُنَت به سِيرتُك فلا تَخذُله)!

سَلهُم عن الإبداع في أَدَب الرِّثاء بِالأَطوار المنبريّة المَشهورَة في مَجالِسهم، ستَجِدها في أَقوالهم مُوفَّقَة التَّأثير لِأَسباب عديدة مِن بينها: أَنَّ خُطباء المنبر المبدعين في مَجالِس المآتم والبيوت هُم مِن الخَدَمَة المُخلِصين لِلثَّقافة الشِّيعِيَّة المَرضِيّ عن مَودَّتِهم ونَواياهم، ولم يَكُن لِلانتماء

عليهم مِن وَلايَة تَصرفهم عن خِدمة المنبر والمَودَّة لِأَهْل البيت صَلواتُ الله وسَلامُه عليهم، ولا عَصبِيّة أو تَحيُّز لانتماء فِيهِم يَدفعانهم لِتَحقيق مآرب أُخْرى خاصّة. وأَنَّ الإبداع في أَطوار وتِلاوة القصائد الرِّثائيّة بينهم كان مُلتَزِما بِالأَصالة معنًا وبلاغةً ولحنًا وطورا. فاحتَلّت هذه الأَطوارُ قلوب الأَجداد قبل الأَذواق ومِن دون مُنازع، فأَودَعوها في صدورهم ورَدَّدوها في مَجالِسهم ومُنتدياتِهم ومَحافِلهم، وطافوا بها بين أَجيالِهم، وتَسابقوا على إِنْشادها في أَحزانهم.

لماذا يَنسِبُ البعضُ مِن الشِّيعة المعاصِرين أَسباب الإخفاق في الإبداع الأَدَبي الرِّثائي المستحدث إلى ذَوق المُستمِعين المَجبول على الطَّور القَدِيم الأَصيل ولَحنِه حيث يَتفاعل معه ولا يَقبل الاجتهاد المستحدث فيه؟!

فهَذِه حُجَّةٌ غير تامَّة، ففِي التَّفاعل مع الرِّثاء القديم إِجماعٌ مَذاقيٌّ أيضًا، وأَنَّ الأطوار القديمة الأصيلة كانت خُلاصة لاجْتِهادٍ لا يَقبل المُزاحمة المُستحدثة إلّا بِاجتهاد آخر يُساوِيه في نَقاء النِّيّة والمقصد والأَصالة والفَنّ والكفاءة.

مِن هنا أَلِفنا أَنَّ المنبر يُعرِض عن قُبول الجديد المُستَحدث في أَطوار الرِّثاء، ولكنّه يُحيله إلى القائمة المُخصّصة لِأَطوار شَيَّال الموكب ويُضفِي عليه خصائص لَحنٍ وطَور المُوكِب فحسب. وإِنَّ دُخول لَحن الرِّثاء المستحدث في قائمة الأَطوار المشهورة ليس محكومًا بِالفَنّ والذَّوق وحدهما، وعلى الخَطِيب المبدع أَنْ يُجِدّ في الاجتهاد ويَعود إلى سِيرة خُطباء الشِّيعة الأَوّلين المُبدِعين لِكَي يَستكشِف الأَسباب والأَسْرار مِن وراء ذلك!

ـ لَهْجَةُ السِّيرَةِ والرِّثاءِ ودَرْءُ الشَّدائِد

يَتصَعَّدُ النِّقاشُ حول اختِصاص خَطِيب المنبر المُختار وكفاءته شِدّةً كُلّما تَطوَّرت مناهج البحث العِلمي وأَزادت شَبكة الاتِّصال الإعلامي والتَّواصل

الاجتماعي تَطوّرًا وتَزاحَمَت الثَّقافات عبر الزَّمن. ومِن أَهمّ ما يطلبه رُوّاد المَجالِس ويُؤكّدون على وُجُوب توافره في الخَطِيب هو الالتِزامُ بِمَنهج (السِّيرة والرِّثاء) والأداء المُمتاز لِلخَطِيب في فَنِّ البحث والسَّرد وتَعدُّد وتَنوُّع أَطوار ولَحنِ الرِّثاء والمَزْج بينها.

إنَّ منهج (السِّيرَة والرِّثاء) في الخطابة يُعَدّ مِن أَهَمّ المظاهر الّتي ورثها البحرانِيّون عن المَلالِي الأَوائل البارِزين. وقد تَعرّض هذا المنهج في الآونة الأَخِيرة لِنُقودٍ كَثيرةٍ غَير مُبرّرة، وأَوجدت الانْتِماءات الحِزبيّة والفئويّة مَنهج (الوَعْظ والإِرْشَاد الأَبوي) بِوَصْفه بَدِيلاً حَضارِيًّا عن منهج (السِّيرَة والرِّثاء) ومُقارِبًا لِطَرِيقة اتِّجاه أَهْلِ العامّة الموسُومة بِالتَّفَلسُف التَّربَوِي والتَّوجِيه الأَبوِي الحَرَكِي.

لم يَصمِد مَنهجُ (الوَعْظِ والإِرْشَاد الأَبَوي) طويلاً أَمام منهج (السِّيرَةِ والرِّثاء) في خدمة منابر البحرين، فصُنِّف في خانة البدائل الفاشِلة حيث أَخفَق دُعاته في إِعداد الخُطباء الأَكفاء المُعبِّرين عن الثَّقافة البَحرانِيّة الأَصِيلة بِذِهنٍ مُستقِلٍّ عن مُقتضيات التَّحزُّب والفِئويّة. وأَشار مُنتَقِدو خَطيب منهج (الوَعْظ والإِرْشَاد الأَبَوِي) إلى تَعمُّده تَغِييب اللّهجة البحرانِيّة في السَّرد المنبري، وتَساءلوا في ذلك: لماذا يَتحَدَّث خَطيبُ هذا المنهج بِلَهجَةٍ ولَكْنَةٍ أَجنَبِية ويُبالِغ في استِعمال مفرداتها عوضًا عن استِعمال لَهجَتِه ولَكنَتِه البحرانيّة، ولماذا يلوي لِسانَه بِلَكنَةٍ ولَهجَةٍ عِراقِيّة وفارِسِيّة مِن دون وُجود اضطرارٍ إلى فِعلِ ذلك، فيما واقعُ الحال يَكشِف عن تَحدِّيات مَصيريّة تُواجِه الثَّقافَة البحرانِيّة الشِّيعِيّة الأَصِيلة ومنها إِعدام اللَّهجَة وشَطب اللّكْنَة البحرانِيّة؟!

لقد مَرّت اللَّهجةُ العِراقيّة مِن حيث طَبِيعة الاستِعمال في الوَسَط البحراني بِثَلاث مَراحِل:

ـ مَرحلة الوُجود الأَخْبارِي السَّائد حيث تَعدّدت أَقطابُ المُحدِّثين في المناطق، وتَميّزت بِكثرة تَأسِيس مَجالِس البيوت المفتوحة والمُغلقة

ومَجالِس المساجد والمآتم على طِبق الاتّجاه الفقهي والرِّوائيّ المَحَلِّيّ الخالص، فلَم يَكُن مِن سَبيلٍ لِمُزاحمة اللَّهجة واللَّكنة البحرانِيّة بِاللَّهجةِ واللَّكنة العِراقيّة. وظَلّ المُلّا وطالِب العِلم مُتمسِّكان بِلَهجتهما البحرانِيّة في اجتياز مَراحِل الدِّراسة والتَّدريب المَحلّي حيث يُعَدّ السّردُ والإنشاد المنبري بِهَذه اللَّهجَة واللَّكنة تَعبيرًا عن الفَخْر والاعتِزاز بالهُوِيّة الثَّقافِيّة البحرانيّة الأَصِيلة التي أُسِّست عليها مَجالِس الدِّراسات الحَوزَوِيّة والمنبريّة وأَنْجَبت للبحرين كِبار عُلمائها وخُطبائها والمَلالِي المُحدِّثِين.

- مَرحَلة الوُجُود الأُصُولِي الحَذِر المَحدود، وفيها انفَرَدَ الخَطِيبُ بِاللَّهجَة واللَّكنة العِراقيّة وأَولاهُما اهتمامًا خاصًّا وأَكثَر مِن استِعمالهما في الدَّرس الفقهي وفي اللِّقاء الطَّلِيعي الحِزبي والفئوي الخاصّ خلال فترة تَلَقِّيه العِلم في الحوزة العِراقيّة الكُبرى. وفي إثر عودته مِن الحَوزة الكُبرى بَقِيت آثارُ الثَّقافة العِراقيّة ظاهِرَةً في بيته وأَصبَحت لَهجَتُه ولَكنَتُه العِراقِيّة رمزًا لِلوجاهَة الاجتماعِيّة حيث يُكثِر مِن استعمالهما في خِطابه المنبري وحلقات دَرسِه ويُذكِّر المُستمع بما يَتميَّز به عن أَقرانِه مِن خِريجي المَدارِس الدِّينِيّة المحلِّيّة ويُشِير في ذلك إلى مَحلّ دِراسَاتِه العليا وتَخرُّجِه.

- ويَشترِك المُناضِلون البَحرانِيّون القَومِيّون القُدامى مع الأُصُولِيّين الحِزبيّين الفِئويّين الجدد في الاعتِزاز بِاللَّهجَةِ واللَّكنَةِ العِراقيّة حين يَصِفون مُفرداتها وأَلفاظها بِـ(الثَّورِيَّة) و(الرُّجُولِيَّة) و(الجِدِّيّة) ويَستَخِفّون لَهجَتهم البحرانيّة ولَكنَتَها ويَصِفونَها بلَهجةِ (الحِيرَة والتَّردُّد والاحتِياط) و(البَساطَة والانْطِواء على الذَات) و(الخُنُوع والانْكِفاء والعُزلة) و(الهُروب مِن مُتطلّبات الواقع ومَسئولِيّة التَّغيير)!

لقد اشتَرك المُناضِلون (القَومِيُّون) و(الأُصُولِيّون) مُنذ الأربعينات في أَوّل طَعنٍ وُجِّه إلى الثَّقافَة البحرانِيّة بالإساءة إلى لَهجَتِها ولَكنَتِها، وهُم المسئولون عن أَوّل الخَراب الّذي حَلّ بِالثِّقة في الهُوِيّة الثَّقافِيّة البحرانِيَّة

الأصِيلة عندما كَرّسوا الشُّعور بِالنَّقص والحَقارة عند استِعمال اللَهجَة البحرانِيّة ولكنتِها. وهكذا الأَمرُ في مُتعَلِّق استِعمال اللَّكنَة الفارِسِيّة في مَجالس البيوت والمآتم وفي مَواكب العزاء والأَذان وتِلاوة القُرآن والزِّيارات والأَدعِيّة منذ مَطلع عقد الثَّمانينات مِن القَرن الماضِي.

وعند المُتابَعة الفَجَّة لِلمُنتديات والنَّدوات والمُؤتمرات الّتي يُشارك فيها البَحرانِيّون القَومِيّون والأُصُولِيون الحِزبيّون الفِئويُّون بِصِفَتهم السِّياسِيّة والثَّقافِيّة يُمكِن التَّعرُّف بِوُضوح على مَدى الجَهل بِأَهمِّيّة استعمال اللَّهجة البحرانِيّة ولَكنَتِها في تَنمية الثَّقافة المَحَلِّيّة الأَصِيلة.

ويُبرّر القَومِيّون والأُصُولِيّون البحرانِيُون كثرة الاقتِباس عن اللَّهجة السُّورِيّة والعِراقيّة ثم اللّهجة الفارِسِيّة عند المُعاصِرين مِن الأُصُولِيّين والتَّخَلّي عن مُفردات لَهجَتِهم البحرانِيّة ولحنها إلى طُول الإقامة في الحوزات الكُبرى وفي بلاد المَنفَى والمَهجَر، وهُو مُبرِّرٌ مُستَهجَن إذ يَصدُر عن شَخصِيّات سِياسِيّة ودِينيّة تَعِيش تَحدِّيات الهُوِيّة وتُدرِك خُطورة التَّخَلِّي عن اللَّهجة البحرانِيّة ولَكنَتِها على مَصير الثَّقافَة وأَصالَتها.

سُوريا بلدُ المَنفَى الثَّاني حيث أَمضَيتُ فيه حَوالى خمس سِنين بِجِوار حَرم السَّيِّدة زَينب صَلواتُ الله وسَلامُه عليها. وكُنتُ مِن المُداوِمين على زِيارة العاصِمة دِمَشق واللِّقاء في نَواديها ومُنتَديات فَنادقها ومَقاهِيها مع صَحافِيّين وحُقوقِيّين وكُتّاب مِن جِنسِيّات مُختلِفَة، وأَمضي أَوقاتًا مُمتِعة في مَكتَبَةِ الأَسد مع خَزائن كُتبِها، وأُداومَ على حُضور نَدواتها ومَعارِضها ومُؤتمراتها الثَّقافِيّة النَّشِطة، والتَقِي بِضُيوفها مِن المُثقَّفِين والأساتِذة الجامِعِيّين السُّورِيّين والوافِدين العرب مِن بِلاد مختلفة.

وكان آخرُ المُؤتمرات التي حَضرتُها في إِحدى صالات مَكتَبة الأَسد قُبيل السَّفر والإقامة الدّائمة في العاصِمَة البريطانِيّة هو مُؤتمرٌ خاصٌّ بِالمعارَضَة البحرانِيّة المُقِيمة في مَدِينة دِمَشق لِلإعلان عن حَلِّ الاتِّحاد الوَطَني لِطلبة

البحرين. وعلى هامِشِهِ التَقيتُ مع بعض الطّلبة الجامِعيّين وزُعماء جَبهَتي التَّحرير والشَّعبيّة، فتَحَسَّستُ مدى التَّداخُل بين اللَّهجة البحرانيّة واللَّهجة السُّوريّة فوجدته بارزًا في أَحادِيثهم.. وكذلك فَعَلتُ في العاصِمة اللُّبنانيّة الّتي اعتِدتُ على السَّفر إليها مَرّةً واحدةً في نِهاية كُلّ شَهرٍ مِيلادِيٍّ عبر الطَّرِيق الجَبَلي الصَّعْب الواصِل بين مَدِينَتَي دِمَشق وبيروت في أَيّام الحرب الأَهلِيّة، فأَقطع المسافة بين مُنعطفات جِبال (عَالِيه) الخَطِرة وتَقاطُع (خَلْدَة) في رُعبٍ وخَوف.

لم أَرَ خِلال فترة إِقامَتِي بين هذين البَلدَين وتَفاعُلي مع البِيئَتين السُّورِيّة واللُّبنانِيّة ما يُوجِبُ استعمالَ اللَّهجتين السُّورِيّة واللّبنانيّة أَو القَهر على استِعارة بعض المُفردات منهما أَو إِضافة شيءٍ مِنهما إلى لَهجَتِي البَحرانِيّة مُطلقًا.

إِنَّ في المجالس البَحرانِيَّة يَكمُنَ فَنٌّ أَصِيلٌ يُنمَّى ويُستكمَل بِمَنهج (السِّيرَة والرِّثاء) الملتزم وذلك مِن خِلال استِعمال اللَّهجة البَحرانِيّة الّتي تُشَكِّل وعاء ثَقافَة أَهْل البحرين الأَصِيلة، ولا بُدّ لِلخَطِيب البحراني مِن مُراعاة لَهجَتِه والتَّشدُّد في العَمل على تَجرِيد لِسانه مِن أَثَر اللُّغات واللَّهجات واللَّكنات الأُخرى ما دام تَحدِّي الهُويَّة قائما في بلده.

وعلى الخَطِيب التَّميُّز بِالتَّخصُّص العِلمي في دراسة التَّأريخ والأَدب إِذْ هُما يُشكِّلان أَهَمّ أَعمِدة المنبر الأَصِيل في الأَحزان والأفراح. فالدِّراسات الدِّينيّة على مَنهج الحوزات الكُبرى لَيست مَعنِيّة بِإِعداد الخَطِيب أَو المُلّا النَّمُوذَجِي وفق ثَقافَتِه وإِنّما هي مُلتزمة بِحُدود الدَّرس الفِقهي والاستِعانة بِالعُلوم الآلِيّة في الاستِنباط وشَرح وتَحلِيل العَبائر. ويَبقى لِلخِطابة المنبريّة كَفاءة خاصّة يَتَوجَّب الحِرص على إِيجادها في الخَطِيب والمُلّا في الدِّراسات المنبريّة المَحلِّيّة إِذْ ليس كُلُ طالِب عِلْم أَو عالِم دِين يَتخرّج مِن الحَوزة الكُبرى هُو خَطِيبٌ بِالضَّرورة، ولكِنّ العَيب يَكمُن في مُراد تَعويم المنبر وانْتِزاع الخاصّة مِنه وجَعله (طَماطِيّهْ) محلاً لِلهذرة في كُلِّ شَيء!

فإنْ خَرَج الخَطِيبُ على منهج (السِّيرة والرِّثاء) وغاص في مَجلِسه بِمَنهج (الوَعظِ والإِرشاد الأَبوي) المُوجَّه حِزبيًّا وفئويًّا، فذلك لا يَعفِي الخَطِيب مِن التَّخصُّص في مجاله أيضًا. فإِنْ لم يحرز الكفاءة المناسبة تَحوّلت مَجالِس مَنهج (الوَعْظِ الإِرْشاد الأَبوِي) إلى هذرة مَقهى تَجلِب سخط رُوّاد المجالِس وامتعاضهم.

ما الّذي يَدعو الخَطيب إلى اتِّباع منهج (الوَعْظِ والإِرْشَاد الأَبوِي) ذِي التوجِيه التَّربَوِي أَو ذِي التَّوجِيه الصُّوفِي الفَلْسَفي (العِرْفَانِي) أَو ذِي المفردات والألفاظ والمُصطلحات المُعقّدة، وقد ضَمن النِّظامُ الاجْتِماعيّ لِلبحَرانِيِّين تَقدُّمَهم تَربَوِيًّا ووِجدانِيًّا بِمَنهج (السِّيرَة والرِّثاء) العَريق القائم على الأُصُول الثَّابِتة المَعلومة والنَّاشِئ بين أَحضان الثَّقافَة البَحرانِيّة الأَصِيلة والمُساهِم في تَنمِيتها؟!

ولماذا الاستِغْراق في الخِطابة التَّرْبَوِيّة الأَبوِيّة الحِزبيّة والفِئويّة والفَلسَفِيّة والأَخلاق العِرفانِيّة والعُلوم المُقارنة، ولماذا الاستِعانة بِلَهجَةٍ أَجنَبِيّةٍ أو لَكنَتها لِلتَّعبير عن هذا اللَّون مِن الخطابة، ولماذا الاستِنصار بهذا الشَّكل مِن الخِطابة لِلخُروج على أُصُول المَعرِفة المُعتَمَدة ولِلتَّمرُّد على الثَّقافَة المَحَلِّيّة الأَصِيلة وما تَضمّنا مِن إرثٍ تَأريخيٍّ في فُنون السَّرد والإِنْشاد، وهَلْ أَمْسَى البَحرانيّ يَشعُر بِغُربَة فقدان الثَّقافَة الأَصِيلة المُتكامِلة المُستَقِلّة في مُجتمعه العريق أو يَشعُر بِعُقدَة النَّقص والحَقارَة فلا مَناص لَدَيهِ مِن التَّشبُّث بِالبَدائل التَّعوِيضِيَّة المُوصِلة إلى التَّوهُم والانقطاع عن الأَصَالة؟!

إنّ إحياء مَنهج (السِّيرة والرِّثاء) بِاللَهجَة البَحرانِيّة التي نَشأ البحرانيّ عليها وتَرعَرع يُمثّل حِرصًا مِنه على الفَوز في تَحدِّي الهُوِيّة ووُجُودها، فلا يَجوّز التَّخَلِّي عن هذه اللَّهجة ولَكنَتِها والانْبهار بِلَهجَات مُجتَمعات أخرى والضَّعف أَمام لُغة أَلفاظِها ولَكناتِها. وأَمّا التَّفريط بِاللّهجة فذلك مَظهرٌ مِن مظاهر النَّقص وفقدان الثِّقة في أَصالة الثَّقافة والجهل بِضَرورة استقلال الثَّقافة والحاجة إلى تَنمِيتها.

إنَّ وحدة الألفاظ والمُفردات في اللَّهجة عند الاستِعمال في مَجالِس المنبر تُقرِّب المعاني إلى الأذهان وتُهيِئ المَشاعر والوِجدان لِتلقِّيهما. فإن كان التَّعبيرُ عن الحُزن باللَّهجة المَحلِّيّة ولَكنَتِها عند تِلاوة قصائد الرِّثاء فإنّ ذلك يَزِيدُ في دَرجة التَّفاعل في أَهْل ذات اللَّهجة. وليس مِن جَمال وكَمال مَنهج (السِّيرَة والرِّثاء) في الخِطابة المِنبريّة أنْ يَتحدَّثَ الخَطيبُ العِراقيُّ بِلَهجَةِ أَو لَكْنَةِ أَهْل البحرين في مَجالس أَهْل العِراق، وليس مِن كَمال وجَمال منَهج الخِطابة ذاته أَنْ يَتحدّث الخَطِيبُ والمُلّا البَحراني بِلَهجةِ أَهْل العِراق أَو بِلَكنةٍ فارِسيّةٍ أَو غيرهما في مَجالِس أَهْل البحرين.

في لِقاء خاصّ مع صَدِيقي الخَطِيب البحراني المُقِيم معي في بلاد المهجر والمنفى طَلَبتُ منه سَردَ تَجربته الشَّخصِيّة في مَجالس المنبر والبحث في مَيل بعض الخُطباء البَحْرانيِّين إلى استِعمال اللَّهجة العِراقيّة واللَّكنَة الفارِسيّة. فأَرجَع السَّبب إلى عَقْد السِّتِّينات مِن القرن الماضي حيث كان خَطيبُ الدِّراسة الحَوزَوِيّة الخارِجيّة يُفرِّط بِثَقافته الأَصِيلة عندما يَعود إلى وَطنه لِيَستقوِي بِاللَّهجة واللَّكنَة الأَجنَبيّة فيَتصَنَّع الهَيبة بها في لِقائه مع رُوّاد مَجلِسه، ويَسعى في التَّعوِيض عن شُعورٍ كاذبٍ بِالضَّعف في مُقابل خَطِيب الدِّراسة الحَوزوِيَّة المَحلِّيّة، مع إدراكه التَّام بِأَنّ الخِطابة بِاللَّهجة البحرانيّة في إهلها هِي الأَكثر تَأثِيرًا، والأكثر قدرة على التَعبير عن الثَّقافَة البَحْرانِيّة الأَصِيلة، وأَنّ الثَّقافَة واللّهجة يَتعرّضان لِلانتِقاص والإِهانة والإِذْلال الطَّائفي المُمَنهج الّذي يُراد به تَدمِير الهُوِيّة البَحرانِيّة.

وفي ماجريات هذه الأَيّام يَعودُ بَعض الخُطباء والمَلالِي البَحرانِيِّين مُتأَخِرًا جدًّا إلى لَهجَتِه ولَكنَتِه فيَجِدّ في إِحيائهما، ليس حِرصًا منه عَلَيهما، وإِنَّما مُجاراة لِلتَّحوُّل في ثَقافة رُوّاد المَجالِس الّذين أَدركُوا أَهَمِّيّة التَّمسُّك بِلَهجَتِهم ولَكنَتِهم وضَرورة الثِّقة في ثَقافَتِهم والاستِقلال بها ما دام الشِّيعةُ صامِدين في تَحدِّي الهُوِيّة.

وعلى عادةِ البَعض مِن الخُطباء والملالِي عندما تَفيض قَريحتُه بالمعارف فلا بُدّ أَنْ يُعرِّج على جُملةِ (الشَّيء بِالشَّيء يُذْكَر) لِيَستدرك بها رَأيه النَّاقِد الصَّريح في تَجربة الخِطابة المنبريّة الّتي خاضَها، فيقول: (أُذَكِرُكَ يا صَدِيقي المَحروس أَنّ مَثَل بعض الخُطباء والمَلالي في شَأن اللَّهجة البَحرانِيّة ولَكنَتها كَمَثَل سائق سَيارة الأجرة (تَحتَ الطَّلَب) الجَشِع في الواقِعة الأَليمة المُحزِنة الّتي عِشتَها أَنتَ يا صَدِيقي لَحظةً بِلَحظة وكان ابْنُك البِكر الرَّضِيع ضَحيتُها في بِلاد المَهجَر والمَنفَى في تلك المَدِينة الكَئيبة المُزدَحِمة بِالسُّكان، وطالَما رَدَّدتُها بِلِسان حالِك في بَعض مَجالِسِي الخاصّة التي كُنتُ أُحرِص على عَقدِها في بيوت الأَصدِقاء المُهاجِرين والمَنفِيِّين حصرًا لِلتَعبير عن واقع حال هذا اللَّون مِن خُطباء ومَلالي (الطَّلَب) ولِتَسلِيط الضُّوء على مُعاناة المُناضِلين البَحرانِيِّين في بلاد المَهجَر والمَنفى وصَبرهِم مِن دُون انْفِعال ولا شَكْوى)!

لَقد ذَكَّرنِي صَدِيقِي الشَّيخ الخَطِيب البَحراني في عَرضِه الشَّيِّق لمَوقِف الخُطباء والمِلالِي مِن اللَّهجة والخِطابة بواقِعَةٍ مأَساوِيّةٍ مَضى عليها 36 عامًا، كُنتُ أُحجِم عن ذِكرِها وأَمتَنِع عن سَرد تَفاصِيلها كُلَّما طُلِب مِنِّي ذلك. وقد استَثنَيتُ مِن ذلك طَلَب صَدِيقي الخَطِيب المُلِحّ فاستَجبتُ له إذْ كان مِن شأنه البحث في الظُّروف الصَّعبة الّتي مَرّ بها البَحرانِيُّون المُهاجِرون والمَنفِيّون لِلاستعانَةِ بِتَجاربهم وخبراتهم لِإِثْراء مادَّة مَجالِسه البَحرانِيّة ودَعْم الثَّقافَة البَحْرانيّة الأَصِيلة التي يَخوضُ أَهلُها اليّوم تَحدّيات الهُوِيّة والوُجود. وصار لِزامًا عَلَيَّ أَنْ أُدوِّن بهذه المُناسَبة ما أَسعَفَتنِي الذَّاكِرة على استِدعائه:

ففِي ظُلمة لَيل شتوي بارِد تَتساقَطُ فيه الثُّلوج على المَدِينة بِكَثافة شَعَرْت زَوجَتِي بِأَنّ ابنِي البِكْر الرَّضِيع الّذي رُزِقنا به قَبل سِتّة أَيّام يُعاني مِن خَطر الإصابة بَمرض اليَرقان (أَبُو صْفَار). فاضْطَررتُ إلى نَقلِه على وَجْه السُّرعة إلى المُستَشفى البَعِيدة التي وُلِد فيها وتَبعدُ عن سَكنِنا مَسافةً طويلةً يَقطعُها سائقُ الأجرة العارِف بِطُرق المدينة في ساعَة على وَجْه التَّقريب.

رَفضَتْ إدارة المُستشفى إخضاع الرَّضِيع لِلفَحص والمُعالجة أَو تَقدِيم يد العَون في هذه الحال الطَّارئة بِحُجَّةِ غِياب الطّاقَم الطِّبي في داوم اللَّيل وانْشِغال الأَطِبّاء بِالمُستَشفيات الخَاصّة بِجَرحَى الحَرب.. خَرجتُ بِالرَّضِيع بِصُحبة خالَتِه مِن المُستشفى ونَحنُ في حِيرةٍ مِن أَمرنا لا نَدرِي إلى أَين نَتَّجِه به، فنَحنُ في بِلاد غُربة وحَدِيثي عَهدٍ بِهذه المَدِينة الخاضِعة لِنِظام الطَّوارئ ونَجهلُ طُرقَها ومَواقِع المُستَشفيات وتَخصّصاتها.

لَمحنا شَخصًا يهمّ بِالدُّخول إلى أَحدِ المبانى التي تَبعدُ مسافة 100 مترًا عن بَوابَة المُستشفَى، فلَجئنا إليه نَطلُب يد العون والمُساعدة فإذا به سائق أُجرة عاد لِلتّو مِن الخِدمة لِيَنضَمّ إلى رِفاقه في مَكتب سيارات الأجرة (مِينِي كَبْ)، فشَرحنا لِإدارة المَكتب واقع الحال، فتَقدَّم أَحدُ السُّواق إلى سيارِته وطلَب مِنَّا اللّحاق به على عَجَلٍ حيث الوَضْعُ الصِّحّي لِلرَّضِيع لا يَحتَمِل التَّأخير.. رَكبنا معه السَّيارة ولم ينس أَنْ يُنبِّهنا قبل الانْطلاق إلى المُستَشفى المطلوبة بِالأُجرة الّتي ستُحدَّد بِمؤشر عدّاد المَسافات.. وبَعد ساعة ونصف السَّاعة مِن الرِّحلَة المُضنِية إلى أَقصى جُنوب المَدِينة والرَّضِيع في حُضنِ خالَتِه يَئِنّ مِن الأَلَم وصلنا إلى المُستَشفى الثّانِية، فأُخضِع الرَّضِيعُ لِلفَحص الطِّبّي في قِسم الطَّوارئ على عَجَل.

وبعد ساعة ونصف السَّاعة مِن الفحص تَقدّم إلينا الطَّبِيب مِن غُرفة المُعالجة لِيَعتذر عن إتمام رِعاية الرَّضِيع بِذَريعة عدم تَوافر المُستَشفى على (شِيشَة) ضُوء لاحتِضانه وعِلاجه لِأَنّ المُستَشفى لَيست تَخصُّصِيّة. فانطَلق السَّائقُ بنا إلى المُستشفى الثَّالِثة في أَقصى شِمال المدينة حيث قطع بِنا المسافة الطَّويلة في ساعَتَين حتّى طلعت الشَّمس، فوَجدنا المُستشفى تَغصّ بِمَرضى الطَّوارئ وخالِية تَمامًا مِن الأَطبّاء والمعالجين.. تَعبنا مِن مَشقّة الانْتِقال بين المُستشفيات والسَّائق بين جَولات السَّفر هذه يُدقِّق النَّظر في عَدّاد المسافات وكانَت له الخِبرَة في تَحدِيد المُستشفَيات المناسِبة وذات العَلاقة حيث لا عِلْم لنا بها ولا بِمَواقعها ولا بِنِظامها وساعات دَوامِها.. أُصِبنا بِاليَأس

والإحباط.. اِلتَفَت إلينا السَّائقُ يَسأل عن الرِّحلة اللّاحِقَة فوجدنا في حِيرة مِن أَمرنا لا نَقدِر على الإجابة.. فكَّر قليلا ثُمّ قال: (اطمَئنُوا «مائة في المائة» ولا تَحزنُوا ولا تَيأسوا، فلَدَيّ ابن أُخْت أُصِيب بِذات المَرض فأَخذْتُه إلى هذه المُستشفى فطاب مِن فَورِه.. سآخُذكم إلى المُستشفى الرَّابِعَة المُخصَّصَة لِطَوارئ الرُّضَّع والأَطفال، وهي تَقعُ في مُنتصف المَدِينة وتَستقْبِل مَرضاها لَيلاً ونهارًا) فاستبشرنا لِقَولِه!

وبَعد ساعةٍ ونصف السَّاعة مِن رِحلةِ أَقصى الشِّمال وَصَلنا إلى المُستشفى الرَّابعة فاستَقبلنا الطَّبيب المُعالج على الفَور وأَخضَع الرَّضِيع لِلفَحص ثُمّ أَبدَى أَسَفه وانزِعاجه لِوُصولِنا بِالرَّضِيع مُتأخّرين مُدّة ساعة عن لَحظة إمكان إنقاذ حَياتِه، وإِنَّه الآن يَحتَضِر وسَيلفظ أَنفاسَه الأَخِيرة في دقائق مَعدودة.. أُسقِطَ في أَيدينا.. صُعِقنا وأَخذ التَّعبُ الشَّدِيد مِنّا مأخذه فاستَرجَعنا.. مات ابنِي البِكْر وأَنهينا إِجراءات دَفنِه مع مُؤسَّسَة تابعة لِلمُستشفى ذاته.

أَبدَى سائقُ الأجرة أَسَفه وطَلَب مِنَّا المالَ المُستحق لِقاء خِدمَة عَدّاد المَسافات وغادَر المُستَشفى.. غادَرنا المُستَشفى الرّابعة مَحزونَين ولا نَعْلَم في أَيِّ بُقَعةٍ مِن المدينة نحن نَزَلنا، ولا الطَّريق إلى سَكنِنا حيث زَوجَتِي والِدَة الرَّضِيع تَنتَظِر على وَجَلٍ وخوفٍ عَودَةَ رَضِيعها سالمًا.

خَرجْنا مِن جَناح الطَّوارئ بِالمُستشفى الرّابعة ومَشينا خُطوات قَلِيلة إلى حيث البَوابة الخارِجيّة الرّئيسِيَّة لِكَي نَستقِلّ سيارة أجرة فنَعود بها إلى المنزل، فحَلَّت المُفاجأةُ والدَّهشةُ بِنا وغَلَب علينا الأَسَف الشَّدِيد.. صُدِمْنا عندما شاهَدنا سائق الأجرة يهمّ بِالدُّخول إلى مَكتب سيارات الأجرة الـ (مِينِي كَبْ) ذاته الذي التَجأنا إليه أَوّل مَرّة، فهُو يقع على بعد 70 مترًا أو أَقلّ مِن ذلك مِن بَوابة المُستشفى الرّابِعة الأخيرة الّتي تُوفِّي فيها الرَّضِيع، وعَلى بُعد نَفس المَسافة مِن المُستَشفى الأُولى الّتي وُلِد الرَّضِيعُ فيها، فلا يَفصِلُ بين المُستَشفَيَين ومَكتب سائق الأُجرة سُوى مسافة أَمتارٍ قَلِيلة.. صُعِقنا لَهول

المَشهد، وبَدأ كُلّ واحدٍ مِنّا يَستعِيد بِذَاكِرتِه شَرِيط الرِّحلة المُؤلمة، وراح يُندِّد بِجَشع سائق الأجرة ورِفاقِه في مكتب الـ (مِينِي كَبْ) الّذين لم يرشدونا إلى هذه المُستشفى الرّابِعَة القريبة مِن مَكتبهم وقد شَرحنا لهم واقِع الحال، وهُم أَبناءُ ذات الحَيّ ويَعلَمُون أَنّ أَطبّاء المستشفى الرّابعة يَعمَلون طُوال اليَوم وفي 24 ساعة مفتوحة خِصِّيصًا لِمُعالجة الرَّضِع والأَطفال، ولِلسّائق تجربةٌ في عِلاج ابن أُختِه في ذات المُستَشفى، وراح يَقطعُ بنا شَوارع المدينة في مَسافات طَوِيلة ويَتنقلّ بنا مِن أَقصى المدينة إلى أَقصاها طمعًا في أُجرة عداد المَسافات مِن غير اكتِراثٍ منه لِحال الرَّضِيع ولا لِأَنِينِه بين أَحضان خالَتِه!

فهذا اللَّونُ مِن الخُطباء والمَلالِي الّذي أَشار إليه الشَّيخ صَدِيق المَنفى يَسير على مِنوال سائق الأُجرة إذْ يَعلم أَنّ المستشفى الرّابعة هِي المُنقذةُ لِلطِّفل الرَّضِيع وتَبعُد أَمتارًا قليلةً عن مكتب عَمله ومُسخَّرة ليلًا ونهارًا لِعلاج الأَطفال حصرًا في هذه المدينة التي تَعِيش حال الطّوارئ في حَربٍ مُدمِّرة، ولم نكن بِحاجة إلّا أَنْ يُشِير بِأصبعه إِلى المُستشفى فنَذهب إِليه مَشيًا على الأقدام، ولكِنّه أَبى إلّا أَنْ يُسجّل بِمُؤشِر عدّاد المسافات أَقصَى الأَرقام وليَقتطع بِها مِنَّا المال الوفير.

أَلم ينظر هذا الخَطِيب أَو المُلّا إلى ثَقافَة مُجتمَعِه كيف استُبِيحَت، ولماذا فَرّ مِن المسئولِيّة الّتي أَوجَبت عليه إِنقاذ هُوِيّته مِن خِلال حِماية اللّهجة والثِّقة في الثَّقافة، ولماذا جَعل الأَولَوِيّة لِـ مؤشر (عَدّاد) المَصلَحة الخاصّة حتَّى يَحصِد به المال في حُدود اللَّحظة الرّاهِنة وهو يَرى هُوِيَّتَه تُكافِح مِن أَجل البَقاء، وأَنَّ ثقافة مجتمعه ستَفْنَى بِمَوت اللّهجة البَحرانِيّة في أَحضان المُدافِعين عنها!

كان استقدامُ الخَطِيب ذِي اللَّهجة المختلفة إلى البحرين أَشْبه بِـ (المَوضَة) الاستِعراضِيّة عند بَعض رُعاة المآتم، ودَلَّت على السّأم والضَّجر والتَّبرُّم واليَأس مِن أَداء الخَطِيب البَحرانِي المَحَلّي عِند البَعض الآخر مِن

رُعاة المآتم. وكان لِزاما على الخَطِيب البَحراني أَنْ يُبادِر إلى الإبداع في إِطار منهج (السِّيرَة والرِّثاء) وإلى الاستِعانة بعِلْم التَّأريخ وفُنون الأدب ويُولِي السِّيرةَ اهتمامًا كافيًا في سَبِيل التَّقدُّم بالأَداء المِنبري، وأَنْ يستجيب لِهَذا التَّحدِّي. ولكِنّ الانتماء الحزبي والفئوي استَضعَف الخَطِيب البحراني المُتَمَسِّك بِمَنهج (السِّيرَة والرِّثاء) عندما قرَّر الانتماء استِقدام الخَطِيب الأَجَنبِي المُنتمِي لِذات الحِزب والفِئة أَو استِقدام الخَطِيب الأَجْنَبي المُتحيّز لِلانتماء لِيَشتهر به أَو استقدام الخطيب المَشهور في ثَقافَة مُجتَمَع آخر لِيَستقوي بِه. الأمر الذي دفع بِالخَطِيب البحراني الأَصِيل إلى التَّخَلِّي عن استِقلالِه وعن مَنهج (السِّيرَةِ والرِّثاء) والمُسارعة إلى الانْتِماء أَو التَّحيُّز أَو المُشاركة المباشرة في مَشروع صِناعة النُّفوذ الحِزبي والفِئوي وتَنصِيب الزَّعامة الواحِدة.

ففِي السَّبعِينات مِن القَرن الماضِي حيث المعاناة مِن عُقدة النَّقص في استِعمال اللَّهجة البحرانِيّة المَغضوب عليها وعلى أَهلِها رَسمِيًّا في مُخطَّط الفَصْل الطَّائفي قد بَلَغَت ذُروتها، وكان الحَظّ مِن قدرها في الاستِعمال الثَّقافي المَحَلِّي قائمًا على قَدَمٍ وساقٍ مِن أَجل تَعمِيم وتَسييد ثَقافة اتِّجاه أَهْلِ العامّة بَين الأَغلَبِيّة الشِّيعِيّة البحَرانِيَّة.. في هذه المَرحلة الحَرِجة جَبُل الانتماء البحراني على استِقدام الخَطِيب العِراقِي أَو اللّبناني مِن بلاده لِلاستِقواء بِمَقامِه ولَهجَتِه ولَكنَتِه في النَّاس عوضًا عن خَوض تَحدِّي الهُوِيّة وتَحمّل مسئولِيّة حِماية الثَّقافة البحرانِيّة الأَصِيلة والذَّود عنها وتَعمِيق الصِّلة بِلَهجَتِها ولكنَتِها والتَّمسُّك بِمَنهجها في مَجالِس المآتم والبيوت والمُنتديات الخاصّة والعامّة!

وفي إِثر دخول البِلاد في دَوّامةٍ مِن التَّحَوُّلات السِّياسِيّة المثيرة؛ أَدرك البَحرانِيّون أَنّ التَّنافُس والمُغالَبة على استِقدام الخَطِيب الأَجنَبِي كان خَطأً فادحًا وعونًا غير مَقصود لِمُراد تَدمِير الثَّقافَة واللَّهجة البَحرانِيّة وتَخرِيب مَنهج المَجالِس، وأَنْ لا مَفَرّ مِن العودة إلى اللَّهجَة البحرانِيّة والعمل الجادّ على إِحيائها بِوَصْفها رمزًا لِلهُوِيّة ووعاءً لِلثَّقافة المحلِّيّة الأَصِيلة، ولا مناص

مِن التَّمَسُّك بِمَنهج (السِّيرة والرِّثاء) والعمل على تَنمِية الكَفاءة العِلمِيّة لِلخَطيب طِبقا لهذا المنهج.

إِنَّ منهج (السِّيرةِ والرِّثاء) أَصيلٌ ومِن صُلب الثَّقافة البحرانِيِّة المحلِّيّة وجُزءًا منها ولا يَنفكّ عن المنبر والمنتديات الأخرى، ولا مَعنى لِلمِنبر مِن دونه، وأَنَّ الخلل يَكمُن في عَجْز بَعض الخُطباء وتَكاسُله عن تَحصِيل الكَفاءة اللّازِمة وفي افتِقاره لِرُوح التَّحدِّي إِذ سُرعان ما خَضَع لابتزاز نُفوذ التَّحزُّب والفِئويّة ومقاصدِه في تَحكيم منهج (الوَعْظ والإِرشاد الأَبوِي) البديل عن منهج (السِّيرَة والرِّثاء) على الرَّغْم مِن علمه القاطع بِأَنَّ منهج (الوَعْظ والإِرْشاد الأَبوي) بَدِيلٌ ثورِيٌّ انْقلابيٌّ أَجنَبِيٌّ المنشأ ولا يُمثّل امتدادًا لِمَنهج (السِّيرَة والرِّثاء).

لَمستُ مِن خلال رَصدِي لِعَددٍ مِن مَجالِس البحرين المنعقدة في شَهر مُحرَّم الحرام لِعَام 1435هـ شغفًا بين فِئةٍ مِن الخُطباء والمَلالِي بِالعَودة الجادّة إلى منهج (السِّيرَةِ والرِّثاء) والدِّفاع عنه والتَّأكِيد على الإبداع في مضماره والتَّجدِيد فيه بِما لا يخلّ بِأَصالته حيث اقتَرَبَت بهذا اللَّون مِن المجالس الأَصِيلة إلى الهُوِيّة البحرانيّة الأَصِيلة وازدادت تَمسُّكًا بِالمِنبر بِوَصْفِه وَسِيلةً مُقدَّسةً لِتَنمِية الثَّقافة المَحَلِّيّة ولِحفظ الاستِقرار الاجتِماعي والنُّموّ الحضارِي في نَسَقٍ ثَقافيٍّ واحدٍ مُتّصلٍ.

في مَطلع العَقد الأَوّل مِن القرن العِشرين المِيلادي استَنفذَت مَجالسُ الانتماء الدِّعائيَّة طاقَتَها مِن بعد الطُّغيان اللّافِت منها على المَجالِس، فشَعَر رُوّاد المجالس بِالسّأم والضَّجَر مِن سَطحِيّة التَّوجِيه التَّربَوي لمنهج (الوَعْظ والإِرْشَاد الأَبوِي) ذِي الكِبر واللِّسان المُتعالي الّذي فرّط بِسَبعةِ عُقودٍ مِن الزَّمن ولم يُحقِّق رُعاتُه أَيّ نتائج إيجابيّةٍ مِن وراء احتِكارهم لِمَظاهر الثَّقافة وتوظِيفها سِياسيًّا وتَشغيلهم لها على منهج (الشَّكّ والتَّشْطِيب والتَّأميم)، فيما أَصبحَت العودةُ إلى الأَصالة في خِطاب مَجالِس المآتم والبيوت ضَرورة ورَغبةً مُلِحَّة.

إنَّ لِهذِه التَّجربة مُضاعفاتٍ تَدعو إلى العمل الجِدِّي إلى المعالجة. فقد أَدّى الانْصِرافُ عن مَنهج (السِّيرَة والرِّثاء) واتِّباع منهج (الوَعْظِ والإِرْشاد الأَبوِي) إلى تكريس الانقسام بين البَحرانِيِّين وتصنيف المنابر إلى اتّجاهات سِياسيَّة وتَقليدِيّة ومَواكِب عزاء أَصيلة واستِعراضيَّة يَستثِير كُلُّ واحدٍ منها الآخر ويَستفِزّه ويقعد له كُلّ مَرصَد، حتَّى كَثُر خُطباء ومَلالي الهَذْرة وتَضاعف عددُ الشَّيالَة المزايدين في الوَلاء الحزبي والفئوي، وكلُّهم مِن صِنف المُشكِّكين في الثَّقافَة البحرانيّة العَرِيقة وسلامة أُصُولها وصِحّة مُنطلقها.

فعَلى مَنهج (السِّيرَةِ والرِّثاء) نَشأت مَجالِسُ البحرين منذ يَومِها الأَوّل، وبَرزَ خُطباؤها والمَلالي، واستَعان البَحرانِيُّون بهذا المنهج في تَنمِية ثَقافتهم وصِيانة عقيدة أَجيالِهم وشَريعتِهم وأَخلاقِهم، ولم يَستغنوا عن لَهجتِهم في سَرد السِّيرة وإِنشاد قصائد الرِّثاء في مَجالس مآتمهم وبيوتهم على ذات المنهج، مِن دون الحاجَة إلى الاستِغراق في التَّوجِيه الأَبَوي المُتعالِي ذِي اللُّغة المُعقّدة واللَّكنَة واللَّهجة الأَجنبيّة أَو الخلِّي عن مَنهج سَرْد السِّيرة وطَور الرِّثاء حيث استَخرجوا منه المَفاهِيم وانتَزعشُوها واكتَسبوها، وقَوَّموا بِهما الثَّابِت واستكملوا النَّاقص في ثَقافَتِهم. وعلى هذا المَنهج جَبُلَت كُلُّ الفِئات العُمُريّة المختلفة.

فعَلَى سَبِيل المثال نَجِدُ أَنّ مفاهِيمَ الوَفاء والصِّدق وصَون الشَّرف وحفظ العَرض والصَّبر على البَلاء والأَذَى والتَّحدِّي عند تَعاقُب الشَّدائد - حاضِرةٌ وبارِزةٌ في أَجواء المآتم حيث يُثار بها دَفائن العَقل الشِّيعي ويُستخرج بها ما كان كامِنًا في الذَّوات مِن الكنوز المِثاليّة والمَعاني في المَودّة والأَخلاق والقيم الصَّالِحَة المُساهِمة في تَنمِية المُجتمع على الصِّراط المُستقِيم.

وحين يَستعرِضُ مَنهجُ (السِّيرة والرِّثاء) هذه المعاني والوقائع والمَشاهد والنَّماذج والمصاديق في المَجلس فإنَّه يُحدِّد بذلك طبيعة الفِكر والسُّلوك المطلوبة في الثَّقافة، ويَجِدّ في تكريسها بِرَوِيّة وفي هيئةٍ تَراكُمِيّة تكامُليّة

مُجرّدة مِن هوى التَّجاوز بِالفُجأة والثَّورِيّة والانْقلابِيّة، ومِن دون الحاجة إلى التَّفصِيل العِلمي في فُنون تَربِية الذات وصَون المُحيط الاجتِماعِي أو إلى التَّعالي على رُوّاد المجالس بِالتَّوجِيه المباشر ذِي الوَلايَة الأَبوِيّة أو الفقهيّة أو السِّياسِيّة.

فالشُّجاعةُ والإقدام والثِّقة في قُدرات الذّات هِي مِمّا يَتميَّز به الشِّيعة كُلّما تَعاقَبَت عليهم الشَّدائد، وهي مِن الصِّفات الّتي تُستَمدّ مِن منهج (السِّيرَةِ والرِّثَاء) الذي يُؤكِّد على تنميتها في الوِجدان مِن دُون تَكلّف وإِشعار بِعُقدَة النَّقص.. إنَّها صِفاتٌ إنْسانِيّةٌ مَخبوءةٌ في الذَّوات وفي أَمَسّ الحاجة إلى ما يُثِيرها ويُعزِّز مِن حضورها في الفِكر بِمَادّة أَصِيلة يَسعى المنبرُ في تَقدِيمها على ذات المنهج مَقرونَةً بِنَماذج المَودّة مِن أَهْل البيت صَلواتُ الله وسَلامُه علِيهم في حُلَّةٍ زاهيةٍ مِن الأدب والطَّور الرّفيعَين، ويَترُك لِلذّات الشِّيعِيّة الخِيار لاقتِناء ما تَضَمّنته هذه الكنوز بِحُرِّيّة مُطلَقة ومِن غير خطاب وَصَايَةٍ أو لُغةِ وَلايَة.

لم تَتكالَب الشَّدائدُ والمِحَنُ على أُمّةٍ في التَّأريخ الإسْلامِي بِمِثل ما تَكالَبَت على أَهْل البيت صَلواتُ الله وسَلامُه عليهم وشِيعَتِهم. لكِنَّهم صَلواتُ الله وسَلامُه عليهم أَوجَدوا لِشِيعتهم في غَمراتها النَّموذَجَ المِثالِي، ورَسَموا لِكُلّ مَوقِفٍ تَعرَّضُوا له مَفهومًا راقِيًا وقِيمةً عُليا، حيث لا تُعَدّ ولا تُحصى فضائلُهم ومناقبهم ولا يُقاس بهم ولا يُضاهِيهم أَحدٌ مِن العالمين كمالاً. فصار منهجُ (السِّيرَة والرِّثاء) عند العَمل على تَنمِية الثَّقافة الشِّيعِيّة الأَصِيلة وإِحياء مظاهرها الوَسِيلةَ المُعبِّرَ الأَكمَل والمُلهِمَ الأَمثَل عند اتِّخاذ أَهْل البيت صَلواتُ الله وسَلامُه عليهم المَصدر الأَعظم لِبناء الذَّوات، ومِنه البِناء التَّربَوِي في الرَّخاء والشِّدَة. ويُفتَرض بِالشّيعة أَنْ يَكونوا في مُقدِّمة الأُمَم تَحضّرًا بِما يُفرِزه مَنهج (السِّيرَة والرِّثَاء) مِن مفاهيم وبِما يُقدِّمه مِن سِيَر وبِما يُكرِّسه مِن قِيم ومُثل عظيمة الشَّأن فيهم.

ومِن أَوضَح المسائل الّتي تُمكِّنُ مِن خَلقِ مزيدٍ مِن فُرص التَّحضُّر والتَّطوُّر والإبداع وتَجاوز مُسَبِّبات الجُمود في فُنون الخِطابة بِمَنهج (السِّيرَةِ والرِّثاء) هو تَوظِيف العَقل النَّاقِد بِمُرونة ورَوِيّة واستِقلال، وتَجنُّب الثَّورِيَّة والتَّجاوُزِيَّة في التَّعاطي مع الثَّقافَة، وتَحاشِي الاغتِراب عن الأَصالة أو الانقلابَ بِمَنهجٍ مُختلفٍ.

إنَّ النَّقدَ الذّاتي وسِعةَ الصّدر في تَلَقِّي نُقود الآخرين، والصّبرَ والشُّجاعة ونكران هوى الذّات والتَّواضعَ والمثابرة على تقديم الأداء الأفضل حيث لا عِصْمَة في النّاس ـ كُلُّها تُؤدِّي إلى تحسين النَّاتج الثَّقافي والاجتماعي لِلشِّيعة. وتُعَدّ هذه مِن الصِّفات والأَحْوال الحَسنة القابلة لِلتَّنمِية في الذّات بِالتَّربيّة والتَّعلِيم المعاصرين إنْ شِئنا ذلك. ولكِنّ التَّصدّي لِلشّدائد وتَحدِّي المِحَن والإصْرار على مُعالجة مُضاعفاتِهما يَصنعان التَّفوُّق والتَّميُّز إذا ما استَمَدّ الشِّيعيُّ مَفاهِيمَه ومُثُلَه العُليا مِن سِيرة أَهْل العِصْمة وسُنَّتِهم مُباشرة. فهُم أَهلُ العِلم وثاني الثَّقلَين وهُم أَهْل البلاغةِ والفَصاحَة والكِتاب النَّاطِق وفيهم يَتَجسّد الكَمالُ الذي يَرتَجِيه كُلُّ شِيعي لِنَفسه مِنهم.

إنَّ الشُّجاعةَ عند تَوجِيه النَّقد إلى الآخرين والصَّبر على تَلَقِّي نُقودِهم مانِعان مِن صُدور الأَصنام البَشَريّة الباحِثة عن قِمَم الزَّعامة وهَوى الرّئاسة والإمْرة في صورة عِصْمَةٍ مُزيَّفةٍ أو مُختَلَقة. وتُمَثّل شجاعَةَ الرِّجال في تَوجِيه النَّقد البَنّاء أو الصَّبر على تَلَقِّيه بِرَحابة صدر انعكاسًا لِدَرجة المَودّة لِأَهْل العِصمَة صَلواتُ الله وسَلامُه عليهم وتَمسّكًا بِالمُثُل والقِيم العُليا على نحو الحقيقة لا على نَحو الاغْتِراب والدَّجَل والوَهْم. وفي ذلك يَختصُّ منهجُ (السِّيرَة والرِّثاء) في تَقدِيم النَّماذج المِثاليّة العُليا والقَواعد النَّظرِيّة والتَّطبِيقِيّة ويُهيّئ العُقول والنُّفوس لِتَلقِّيها.

الشِّيعةُ هُم أَكثرُ النَّاس رجوعًا إلى منهج (السِّيرَة والرِّثاء) لِتَنمية ثقافَتِهم وتَوثِيق عُرى الرّوابط الاجتِماعيّة فيما بَينَهم، والأَعداءُ يَتربَّصُون بهم الدّوائر

دائمًا. وأمّا الشّدائد والمِحَن الّتي ذاق الشِّيعةُ مرارة ألمها وتَعاقَبَت عليهم مُنذ أَوّل يَوم زُرِعَت فيه بَذرةُ التَّشَيّع بِيَدي رَسُول الله صَلَّى الله عليه وآله الكريمتين فهي لا تَقِلّ خُطورة عن الشَّدائد والمِحَن الّتي مرَّ بها المُسلِمون، وإِنَّها لَأَشَدّ وقعًا على هُويتِهِم وتَدمِيرًا.

ـ سِرُّ المَرَاثِي المِنْبَرِيَّةِ فِي طَوْرِ المَوكِب

كُلَّما اجتَهَد الخُطباءُ والمَلالِي وأَبْدَعوا في إِنتاجِ طَورٍ ولَحنٍ جَديدَين جديرين بِالمنْبرِ ويُراد لهما التَّفوّق في (المَراثِي) و(النَّعْي)، وسَعوا إلى إِضافَتِهما على قِمّة الأَطوار والأَلحان المنبريّة المشهورَة في الثَّقافَة الشِيعِيّة الأصيلة؛ يأبى المنبر ذلك!

تِلك ظاهِرَةٌ مُثيرةٌ لِلأَذهان إِذْ سُرعان ما تَفقِد أَطوارُ وأَلحانُ النَّعي المُستَحدثَة صِفَتها عند أَهْل الفَنّ والذَّوق فتَتَراجع وتَقتَرِب إلى طَور ولَحنِ شَيَّال مَوكِب العزاء. فلِلْمِنْبر أَطوارٌ وأَلحانٌ خاصَّةٌ في النَّعْي تَختلِف كُلِّيًّا عن أَطوار وأَلحان المَوكِب.

وقد جَرت العادةُ عند إِحياء مظاهر الثَّقافة البحرانِيّة المُعاصِرة على أَنْ يَسعى شَيّال مَوكِب العزاء إلى استِحداث أَطوارٍ وأَلحانٍ جَدِيدة كثيرة مِن إِبداعه، ويَتمَيَّز فيها بِنَظم القَصِيدة ولَحنِها المُختار على أَطوار وأَلحان نُظرائه مِن الشَّيَّالِين في المَوكِب، ويَستقطِبُ بِها قلوبَ أَهْل العزاء وذَوق ذَوِي الفَنّ والأَدَب. وهذا أَقصَى ما يَستطِيع شَيّالُ المَوكِب فِعلَه لَعلَهُ يَبلُغ بِطَورِه ولَحنِه الجديد المُبتكر حَدَّ الشِهرة في زَمَنٍ يَبقى مَحدودًا ومقدّرًا بِمَدى شِهَرة القَصِيدة نفسها، ثُمَّ يُحال اللَّحنُ والقِصيدةُ إلى قائمة التُّراث الجامِد أَو المَنسِي. ففِي مَواكِب العزاء سِعةٌ عند وَضْع الطَّور الملائم واختيار اللَّحْن المُناسِب على حسب نَظْم القَصِيدة، فيما تَضِيق دائرةُ أَطوارِ وأَلحانِ قَصِيدة النَّعي الخاصّة بِالمنبر.

وتَختلِفُ رُؤيةُ أَهْلِ الذَّوق الأَدَبي وأَهْلِ الفَنّ عند تَلَقِّيهما لِأَطوار مَراثِي الخَطِيب وأَلحانِها وعند تَلَقِّيهما لِأَطوار قصيدة شَيّال الموكب وأَلحانها، فلِلْخَطِيب والمُلّا أَداءٌ مختلف ومَرتَبةٌ فَنِّيَّةٌ واجتماعِيَّةٌ يَسمُو بها على أَداء ومَرتَبة الشَّيَّال، ويَتَلَّقى الخَطيبُ والملّا أَجْرَ مَجلسهما ولا يِتلقى الشَّيّال أَجرًا.

وكُلَّما تَلَقّى أَهْلُ الفَنّ والذَّوق طورًا ولَحنًا خاصًّا لِمَراثِي المُستَحدَثِين مِن الخُطباء والملالي فإِنَّهم يَتوَقَّفُون طويلاً عندهما قبل إِصدار حُكمٍ بِجُودَتِهما أَو بِتَصنِيفِهما في قائمة أَطْوار وأَلحان المنبر الأَصِيلة المَشهورة. وتَغلِب أَهْلَ الفَنّ والذَّوق الدَّهشةُ حينما يَشعرون بالمُفاجَأَة مِن أَنَّ الطَّورَ واللَّحْنَ المُستحدَثَين لِمَراثي المِنْبَر يندر أَنْ يَنالا مَرتَبةً مُتقدِّمةً أَو مُميِّزةً مِن بَين سائر الأَطْوار والأَلحان المنبريّة الأَصِيلة المَشهُورة. ويُعَبِّر أَهْلُ الذَّوق والفَنّ عن هذه الظَّاهِرة المُلفِتة بِالقَول (أَنَّ في الأَمْرِ سِرًا لا نَعلمه)؟!

وبِالمُقارنة بين اتِّجاهَين إِبداعِيَّين لِطَور الخَطِيب والمُلّا ولحنِهما في بَلدَين مُختَلِفَين يَتأَكّد وُجود هذا السِّرّ (المُفاجَأة). فقد تَمسَّكَ خُطباءُ أَهْلِ القَطِيف والأَحْسَاء والعِراق بِأَطْوار وأَلحان المِنبر الأَصِيلة (التُّراثِيّة) المَشهورَة وأَبدَعُوا في إِحيائها وفِي الرُّقِيّ بِقصائدِها، وتَمَيَّزوا بِمَدرَسةٍ حَدِيثةٍ أَصِيلة مُبدِعَةٍ في كِتابة القَصِيدة ومُتشَبِّثةٍ بِأَطراف اللَّحْن والطَّور الأَصِيلَين. فيما سَعَى بعض خُطباءُ ومَلالِي البحرين إِلى تَحطِيم ما وَصَفوه بِحاجِز (التَّقلِيدِيّة)، فاستَحدَثوا عددًا مِن الأَطْوار والأَلحان المنبريّة وأَهمَلوا الأَطوار والأَلحان الأَصِيلة ولم يُبدِعُوا شيئًا في كِتابَة القَصِيدة، فسَجَّلوا بِإِبداعِهم حُضورًا كبيرًا مِن رُوّاد المَجالِس المُعجَبِين في بادئ الأَمر ونالوا إِعجابهم، وتَسابَقَت المآتمُ وتَنافَسَت على حَجْزِ الفرص لاستِقدام هُؤلاء الخُطباء والمَلالي الجدد المبدعِين وكَثُر إِمضاءُ العُقود الثَّابتَة معهم، وبَدا أَنَّ المُستَحدَث في طَور ولَحنِ المنبر قد تَميَّز بِأَوَّلِ مُحاولة إِبداعِيّة بَحْرانيّة خَالِصَة ناجِحَة ومُتفوّقة!

وبَعد سَنتَين مِن شِهرة هذا الإبداع البَحراني الجَديد الحديث حَلَّتْ المُفاجئة. وإذا بهذه الأَطوار والأَلحان تُثقِل الأَسْماع ويَحِلّ بها الضَّجَرُ والمَللُ والسَّأم ثُمّ النُّفور، حتَّى انفَضَّ رُوّاد المجالِس عنها وبَدأت شِهرتُها في الأُفُول والانحِسار، وعاد رُوّاد المَجالِس يَطلبون الطَّور واللَّحن الأَصِيل القَدِيم ويَدعُون إلى الإبداع المُتَدرِّج في دائرتهما على طَرِيقة خُطباء أَهْلِ القَطِيف والأَحْساء والعِراق ونَبذ الثَّورِيَّة في أعمال التَّطوِير والإبداع.

لقد تَنزَّلَت درجةُ الطَّور واللَّحن المِنْبَرِيَّين المستحدثَين في ظرف سنَتين إلى أَدْنى مَرتَبةٍ وضَعُف تَأثيرهما في الوِجدان، فلَمْ يُسعفهما الإبداعُ ولم يَقدرا بِه على اقتِحام قائمة الأَطوار والأَلحان الأَصِيلة الشَّهيرة الحَيويَّة القديمة ولم يَتقدَّما مَرتَبةً ولا درجةً في المقام والشّهرة!

وقد يَشتَهِر شَيَّالُ المَوكِب بِأَطوارٍ وأَلحانٍ في العَزاء الأَصِيل الأَقرب إلى النُّفوس امتزاجًا واندِكاكًا، فيُشكِّل منهما مَدرسةً مُتميِّزةً في الثَّقافَة الشِّيعِيّة قادِرَه على استِقطاب رِضَا أَهْلِ الذَّوق والفَنّ مِن مُختَلَف الفِئات العُمُريّة. ورُبَما يَتفوَّق الشَّيّالُ بِأَطوارِه وأَلحانِه المُستحدثة في مَواكِب العزاء على ما يُقدِّمه خُطباءُ ومَلالي المِنبر المبدعين، وقد يَشتَهِر ذاتُ الشَّيّال بِأَدائه الوِجداني التَّفاعُلي فيَستَقطِب بِهِ فِئةً مِن المُجتمع عجز الخُطباءُ بِإبداعِهِم في لَحنٍ وطَورِ الرِّثاء والنَّعي المنبري عن استِقطابها وتأَلِيف تَيّارٍ ثَقافيٍّ خاصٍّ مِنها.

وقد يُعزى السَّببُ في تَفوُّقِ بعض الشَّيَّالين المعاصرين بِأَدائهم الأَصِيل على الأَطْوار والأَلحان المستحدثَة المقدمة مِن قِبَلِ الخَطِيب والمُلّا - إلى تَطوّر رُؤية الاتّجاه الشِّيعي العامّ لِوَظِيفة الشَّيَّال في مُقابِل اضطراب رُؤيته لِوَظيفة خَطِيب ومُلّا المِنبر الباحِثين بالثّورِيّة عن الإبداع في اللَّحْنِ والطَّور.

لقد ساهَمَت المَساحَةُ الواسِعةُ المُتاحَة لِلإبداع والتَّجدِيد في أَطْوار الموكب وأَلحانه في تَفوّق بَعض الشَّيّالِين على قائمة الخُطباء والمَلالِي المُبدِعين، حتَّى ورَدَ أَنَّ الشَّيّال المعاصر قد حَقّق نجاحًا مُنقطع النَّظِير بَعدما

أَحْسَن في اختِيار وتَقدِيم القصيدة الأَصِيلة والأَطوار والأَلحان المُستَحدثة المُتَميِّزة، فيما اضطَرَبَت وَظِيفةُ الخُطباء والملالي المبدعين حينما اتَّبعوا الثَّورِيّة في الإبداع والتَّجدِيد وأَهملوا الإبداع في دائرة القَدِيم الأَصِيل أو انقطَعُوا عنه.

وقد بَرزَت في بعض بِلاد الوُجود الشِّيعي ظاهرةُ استِغناء المأتم عن فَقرَة خَطِيب ومُلّا المنبر أَو المبالغة في إِهمالها، والاقتِصار على استِقدام الشَّيّال المشهور لِيُحيِي المناسبات بِلَحنٍ وطَورِ المنبر والموكب معًا. فَكلاهُما (الخَطِيب والشَّيّال) يُؤدِّيان ذات المقصد مِن استقدامِهما ويَشتركان فيه بِطَرِيقَتَين مختلفَتَين مُميّزتَين. فإنْ تَفوّق الشَّيّالُ على الخَطِيب والمُلّا في الرُّتْبة والأَداء فلا خِلاف على ذلك، وإنَّما هو عَينُ التَّنافُس على الخَير وأَحدُ مصاديق الإبداع والتَّجدِيد، وكلاهُما في السِّيرة التَّأرِيخيَّة لِلتَّشَيُّع مِن نَسجِ عَمَلٍ واحِدٍ.

إنَّ بَيننا ثَلاثةٌ مِن الأَجيال الشِّيعِيّة الّتي تَدُبُّ في التّشَيّع مُتمسِّكَةً بِالثَّقافَة الأَصِيلة ومَظاهرها ومُتوثِّبَةً لِلدِّفاع عن جانِب الهُوِيّة العقائديّة والصِّفَة الأَخلاقِيّة، ولا يَستغْنِي أَحدٌ مِنهم عن مَنابر الخُطباء والمَلالي ومَواكِب الشَّيَّالة إذْ تَنتَظِمُ بهما الشَّعائر في الثَّقافة الشِّيعِيّة وتُثارُ بِأَدائهما الأَصِيل دَفائنُ العُقول والمَشاعر في المَودّة الخالِصَة لِأَهْل البيت صَلواتُ الله وسَلامُه عليهم.

وفي ذلك، لم يَعُد الشَّيَّال مَسئولاً عن إِشْغال حَيِّز شاغِرٍ في الموكِب أَو حلقةِ العزاء فحَسب وإنَّما استَطاع أَنْ يُسجِّل تَفوّقًا على أَداءِ خَطِيب المنبر في التَّأثِير الثَّقافي، وكاد الشَّيّالُ المتمَسِّك بِمَنهج (السِّيرة والرِّثاء) أَنْ يَحتلّ رُتْبَةَ الخَطِيب والمُلّا معًا ويَستقطِب رِعايةَ الأَجْيال الثَّلاثَة واهتمامَها على التَّساوِي، في مُقابِل التَّراخِي الّذي سَجَّلَه خَطِيبُ ومُلّا المنبر في أَداءِ وَظِيفَتِهما طِبقًا لِمَنهج (السِّيرَةِ والرِّثَاء) أَو استِسْلامِهما لِمَنهج (الوَعْظ والإِرْشَادِ الأَبَوِي) المُهمِل لِجانِبَي السِّيرة والرِّثاء والنَّعي على خِلاف النِّظام السَّائد في الثَّقافة.

رُبَما يَصعُب التَّمييزُ بَين الشَّيّال الأَصِيل المُستقِلّ الّذي يتَبنّى مَنهجًا إبداعيًّا خاصًا يَخوض به غمار المُنافسة فيَقهر بِه كُلَّ ما يَعترِض مَسيرَتَه مِن تَحدِّيات، أَو يَخوض بِه غمار المغالَبَة بِإزاء الانْتِماء الحزبي والفئوي المناوئ له فيَجتاز باجتهادٍ فرديٍّ منه وبِالكفاءة والصّبر والمثابرة والإخلاص والمودَّة الخالِصة لِأَهْل البيت صَلواتُ الله وسَلامُه عليهم كُلّ عقبات الطّريق في هذه المحنة، ويحرص على تقديم الأَداء الأفضل والأحسن في تدرُّج ـ وذاك الشَّيّال الآخر الّذي يَدفعه انتماؤه الحِزبي والفِئوي إلى تَصدّر المواكب وحلقات العزاء ويُهيئ له التَّغطِية الدّعائيّة المناسِبة شَعبِيًّا ويرصد له المقام الرَّفيع في الوسط الاجتماعي.

فهذه مِن الأحوال الطّارئة في الشِّيعة المعاصرين حيث الانتماء ينبذ الثَّقافة الأَصِيلة المَحلّيّة ويَحتكِر مظاهرها ويُؤمّمها لنفسه بِاتِّباع منهج (الشَّكّ التَّشْطِيب والتَّأميم) ثُمّ يجعل مِن الشَّيّالِين وتَيّارهم أَداةً ووَسيلةً في توجيه دَفَّة العَمل السِّياسي وحَسم المناكفة مع المُنافسين ورُبّما السَّطو على منجزاتهم.

إِنَّ فَنّ صِناعة التَّيّار الاجتماعِي لا يَختلف كثيرًا عن فَنّ صِناعة تَيّار الانتماء الفِئوي والحِزبي، فإِنْ اشترك الفَنّانُ الحِزبي والفئوي في دَعْم مَجلِس الخَطِيب ومَوكِب حَلقة الشَّيّال ونَفَخَ مِن روحه في هيئتهما ووَجَّه مادَّتهما فإِنَّ المَجلس والموكب سَيُسجِّلان حضورًا كبيرًا ولكِنّه حُضورٌ مُجرّدٌ مِن المعاني الثَّقافِيّة الأَصِيلة.

ويَظهرُ مِن مُعطيات الواقع أنَّ الخطيب والشَّيّال الأَصِيلَين المستقلّين عن مؤثّرات الانتماء الفِئوي والحِزبي هُما في طريقهما إلى نَيل رِضَا الأَجيال الثَلاثة المعاصِرة وكَسب ودِّهم على طَرِيقَة الأَجداد، على الرَّغْم مِن سِيادة الاتّجاه الاجتماعي المُتحزِّب والفِئوي وسِعَة جُمهوره السِّياسي.

فالعالَم الشِّيعي لم يَعُد مُغلقَ الذِّهن، وقد أَصبحت التِّقْنِيَةُ المُتطوِّرةُ في الاتّصال الإعلامي والتَّواصل الاجتِماعي مُتاحةً لِلَجميع ومُنفتِحَة على

الوُجود الشِّيعي في كلّ مكان، فصار بالإِمكان الوصول إلى حيث الأداء الأفضل والأحسن لِلخَطيب والمُلّا والشَّيّال مِن غير وسائط حِزبِيّة أو فِئويّة سِياسِيّة أو مَرجعيّة مُسَيّسة.

إنَّ السُّؤال الأكثر رواجًا في التَّيّار الشَّعائري المعاصر هو (مَنْ هُو شَيَّالُ المَوكِبِ فِي هَذِه الشَّعِيرة) وليس (مَنْ هُو خَطِيبُ المِنبَر)، فكأَنَّ أَحدُ طرفيّ الشَّعِيرة الرّئيسِين قد سَجّل تَراجُعًا في ساحَة الشَّعائر وغاب عن التَّأثير بِالدَّرجة المطلوبة، أَو كَثُر العرض في مَجالِس الخطابة فاتَّسَعت رُقعةُ الاختيار، فلا يُكترَث لِمشاركته حتَّى يَخوض المُنافسة بِأَمانةٍ وصِدقٍ وشَرفٍ في سِياق التَّطوُّر الثّقَافي الشِّيعِي الأَصِيل الحُرّ المُجرّد مِن التَّدافع الدّعائي الحزبي والفئوي ذِي النَّفَس التَّجاوُزِي والانْقلابِي والثَّورِي ويَعود إلى منهج (السِّيرَة والرِّثاء) فيَستعِين به ويُبدع في مضماره ودائرته.

إِنَّ التَّوازنَ بين وَظِيفتي خَطِيب المنبر وشَيَّال الموكب على طِبق مبادئ منهج (السِّيرَة والرِّثاء) مطلوبٌ ومقدّمٌ في الثَّقَافَة البَحْرانِيّة الأَصِيلة وبلا دورٍ بُطوليٍّ حزبيٍّ وفِئويٍّ أَو ما شاكل ذلك. فلِكُلّ واحدٍ منهما وَظِيفته الخاصّة، وقد يَشتركان في بَعض جِهاتِهما ويَتمَيَّزان في مَدى التَّأْثِير وحجمه بما قُرِّر لهما وبما قَدَّما مِن إبداع واجتهاد أَصِيل فيه.

إنْ قُلنا بأَهمِّيّة منهج (الوَعْظ والإِرْشَاد الأَبَوِي) في التَّوجِيه والتَّنمِية الثَّقافِيّة، فلا بُدَّ مِن عِلاجٍ حاسمٍ لِلجُمود في أَداء خَطِيبه، والعَمل بِجدٍّ على تَحرير المَنهج مِن قُيودٍ التَّحَيُّزٍ والتَّوجِيه الحِزبي والفِئوي الحادّ، وليَكُن له مَنصَّةٌ يَنفرِد بِها مِن دُون المنبر والمأتم، ولتُؤَسَّس له دِيوانِيّة خاصَّة تَبُثّ مادَّتَه في حُضورٍ مِن أَتْباعِه أَو عبر شَبكة الاتّصال الإِعلامي والتَّواصُل التِّقني الاجتماعي.

لا بُدَّ مِن العودة إلى منهج (السِّيرَة والرِّثاء) وإبقاء منابر المآتم أو البيوت

خاصَّة على هذا المنهج، مع الأخذ بعين الاعتِبار الزِّيادة الطَّارِئة والمطَّرِدة في عددِ الخُطباء والمَلالِي مِن فئة علماء الدِّين في الخَمسِين عامًا الماضِية، فهي زِيادة حزبيّة وفئويّة سِياسِيَّة، وقد زاد مِثلُها في عَدد مَلالِي المنبر فصار كُلُّ عالِم دِين خَطيبًا مِنبريًّا. تِلك مسألةٌ عَوِيصة في حاجة إلى رُؤية مُنَظِّمة لِلإختِصاص حيث يَمِيل الاتِّجاه الشِّيعي الأَصِيل لِيُرَجِّح الكَفّة لمصلحة مَجلِس مُلّا منهج (السِّيرَة والرِّثَاء) مِن فئة غَير العُلماء ويُؤيِّد انفرادَه بِالمنبر، ويَدعو الخُطباء الوُعّاظ المُرشِدين مِن خِرّيجي الحَوزة إلى افتِتاح دِيوانِيّات خاصَّة ومنصَّات على شَبكة التَّواصُل الإِعلامِي والاتِّصال الاجتِماعِي وغيره مِن وَسائل الاتِّصال!

إنَّ معنى (الخَطِيب) في الثَّقَافَة البَحْرانِيّة هو المُثَقّف الّذي يَقِف مِن خَلْفِ منصَّة لِيُلقِي كَلِمة في مَحفلٍ خاصٍّ أَو عامّ، وقد يَحمِل صِفَة (المُلّا) أَو صِفَة (عالِم الدِّين)، ورُبما يَكون وَجِيها اجتماعِيًّا أَو مُختَصًّا في اتِّجاهٍ عِلمِيٍّ عامّ أَو خاص.

(المُلّا) في الثَّقافَة البَحْرانِيَّة الأَصِيلة ليس هُو ذات عالِم الدِّين، وإِنّما هو المُختَصّ في التَّأرِيخ والأَدَب والخِطابَة المنبريّة على مَنهج (السِّيرَة والرِّثَاء) حصرًا، وليس له اختِصاصٌ في الشَّأن الفِقهي. وكانت الزِّيادة المُثِيرة في عَدد عُلماء الدِّين المُعمَّمِين قد طرأت بِشَكلٍ مُلفِت في مَطلع العَقد الثَّامِن مِن القرن الماضي، ثُمّ طَغى في هذه الزِّيادة عددُ (الخُطَباء) المُتحَزِّبين والمُتحَيِّزين مِن خِرّيجي الحَوزة الكُبرى الخارِجيّة بِلا إِعداد مُسبق وتَوفِير لِلكَفاءة اللّازمة وعلى حِساب فئة (المَلالِي) السَّائدة والشَّهيرة بِمَنهجها البَحراني العَرِيق المُعتمد في أَجْيال ما قَبل مُنتَصف القَرن الماضي. وبِهذه الزِّيادة اختَلّت المَوازِين والاعتِبارات في الثَّقافة البَحْرانِيّة وصار استِعمالُ وَصْف (الخَطِيب) في مَحلّ استِعمال (المُلّا)، وتَحوَّلَت أَكثرُ المنابر إلى مَجالِس خاصّة بِمَنهج (الوَعْظ والإِرْشَاد الأَبوِي) على طَرِيقَة وُعّاظ اتِّجاه أَهْل العامّة لِتَستوعِب كُلّ خِرّيجي الحوزة!

أَصبحَ التَّضخُّمُ في عَددِ عُلماء الدِّين الخرِّيجين مِن الحَوزات الكُبرى الخارِجيّة والثَّورِيّة واحتلالهم لِلمنابر بِمَنهج (الوَعْظ والإِرْشَاد الأَبوِي) ضَيفًا ثَقِيل الظِّلّ على وظيفة المَنابِر ورُوّاد المآتم فضلاً عن مُجتمع المَلالي. فكان ذلك مِن أَهمّ الأسباب في تَرَدّي الأَداء المنبري وتَخلُّف التَّأثِير الثَّقافي في الوَسط البحراني. وقد أَحدثَ هذا التَّحوُّل الطَّارِئ والمُفاجِئ فراغًا كبيرًا سارَع شَيَّالُ المَوكب إلى سَدِّهِ بِتحريض مِن الانتماء الحزبي والفئوي حيث احتَلَّ جانِبًا مِن الوَظِيفة المفترضة لِكُلٍّ مِن الخَطِيب المعمَّم والمُلّا وأُطلِق على الشَّيَّال وَصْف (المُلّا) في إِشارة إلى تَميُّزِهِ بِمَرتبةٍ هي أَعلى مَقامًا مِن مَرتَبة المُلّا العَرِيقَة القَدِيمة وبِمَرتَبةٍ أَدنى مَقامًا مِن مَرتَبة خَطِيب المِنْبر الحِزبي والفِئوي الواعِظ والمُرشِد الجديد ذِي العمامة والوَلايَة!

لقد جاءت الزِّيادةُ المثيرة والمُلفِتة في عَددِ عُلماءِ الدِّين عند مَطلع العَقد الثَّامِن مِن القَرن المُنصَرِم بِنِسبَة عشرة أَضعاف ما كانت عليه مِن قَبْل، ولم تكن هذه الزِّيادَة نَوعِيّة في البُعدَين الفِقهي والخِطابة المنبريّة ولا تُعبِّر عن حاجة مُلِحّة أَو ضَرورِيّة في التَّفاعُلات الثَّقافِيّة والاجتِماعِيّة. وإِنَّما كانت انعكاسًا لِتحوّل مُفاجِئ في الأَوضاع السِّياسِيّة (الثَّورِيَّة) الخارِجِيّة الّتي شهدتها المنطقة ولِتَنامي مُغالَباتِ التَّعصُّب الحِزبي والفِئوي الخارِجي الدّاعِي إلى فرض السِّيادة على مظاهر الثَّقافَة البَحرانِيّة الأَصِيلة والحَجر على مُكوِّنات هذه الثَّقافة بِمَنهج (الشَّكِّ والتَّشْطِيب والتَّأمِيم) وإِقصاء منهج (السِّيرَة والرِّثاء) اللَّطِيف والمُسارعة إلى إِخضاع المنبر لِمنهج (الوَعظِ والإِرْشَاد الأَبَوِي) المُوجَّه والبَدِيل الحضاري!. والغَرِيب في هذا الأمر أَنّ هذا التَّزاحم المثير لِلدَّهشة على الاختصاص في وظيفة عالِم الدِّين وبِهذه الكَثَافة لم يُسفِر عنها وُصُول أَحد هؤلاء الطَّلبة إلى مَرتبةِ الاجتِهاد والمَرجِعِيّة!

إِنَّ تحولَ فِئةٍ مِن عُلماء الدِّين البحرانِيّين إلى عَصبِيّة انتماء حِزبي وفِئوي ذات مَرجِعِيَّةٍ خارِجِيّةٍ قد جعَلَها فِئةً مُنقَطِعةً عن الإِرْث البَحْراني الثَّقافِي الأَصِيل على وَجْه الحَقِيقة حتَّى تنزّل بها الحالُ إلى ظهور اعْوِجاجٍ في

لَهجتِها ولَكنَتِها وغَطرسةٍ في لُغةِ خِطابها في النّاس.

فإنْ دَعَت هذه الفئةُ إلى إحياء وَجْهٍ مِن وُجوه الإرث الثَّقافِي فإنَّما هو لِتَجييره ولِلَيّ عنُقه ولإعادة صِياغَتِه بلُغةٍ ثَورِيَّةٍ حِزبِيَّة وفِئويّة وليس لِلاتِّصال بامتِداه التَّأرِيخي الأصِيل وعلى مِنوال مَنهجه. فشَكّل ذلك انتِكاسةً في أداء المُلّا وانحِسارًا لِمَنهج (السِّيرَة والرِّثاء) اللّطيف العَريق، وهُما (الملّا والمنهج) مِن أروع المُساهِمين في تَنمِية الثّقافَة البَحْرانِيّة منذ 14 قرنًا. كما شَكَّلَت العَصبيّة الحِزبيّة والفِئويّة ذات المَرجِعِيَّة الخارِجِيّة حادّة الطَّبع تَهديدًا لِمَصِير الثَّقافَة الأصِيلة اللَّطيفة التي كانت مَصونَةَ العَقيدة منذ مَرحَلةِ العُزلة الشِّيعِيّة عن المُشاركة في إدارة الشُّئون العامَّة.

وقد تَخلَّفَت الزِّيادةُ العُلمائيّة هذه بِأداء المنبر عندما زاحَمَت مقامَ الملّا الأَصِيل وأداءه ورُتْبَتَه الثَّقافِيّة ومَقامَه الاجتماعي، ثُمّ استُغِلّت هذه الزِّيادة حِزبيًّا وفِئويًّا لِتَهميش المَلالِي والخُطباء والعُلماء المُستقِلِّين والنَّاقِدين الدَّاعِين إلى ضَرُورة العَودَة إلى الثَّقافَة البَحرانِيّة الأَصِيلَة والتَّمسُّك بمنهج (السِّيرة والرِّثاء) لمِوُاجَهَةِ التَّحدِّي الطَّائفي وحِماية النِّظام الاجتِماعِي مِن مَوجَةِ (ما بَعد الحَداثة) التي بَدأت تَغزُو العالَم بِأَحد أَخْطَر مبادئها التي ولَّدَت مَفهوم (المِثْليّة) في العائلة.

لم يَتخِذ المَلالِي والخُطباء والعُلماء المُستقِلِّين مَوقِفَ العَودة إلى الأَصَالَة إلّا مِن بعد إدراكهم لِخُطورة منهج (الوَعْظ والإرْشَادِ الأَبوِي) على مَصِير الثَّقافَة الأصيلة وعلى الأَداء المِنبَري الأَصِيل والوَظِيفة الأَصِيلة لِلمَآتم وعلى الهُوِيّةِ والوُجود الشِّيعي في هذا الظَّرف المُعقَّد الذي تَطلّب إدراك حَجْم التَّحدِّيات والاستِعداد لِمواجَهتها، وأَنْ لا سَبيل إلى مُعالجة الاضْطِراب والخَلَل الوَظِيفي الرّاهن الحاصِل في التَّنمِية الثَّقافِيّة الأَصِيلة إلّا بِعَمليّة فَصلٍ جادّةٍ بين وَظِيفتي عالِم الدِّين والمُلّا وشَطْب مصطلح (الخَطِيب) ذي الفكر الهَجين والنَّأي بِالمنبر عن منهج (الوَعْظ والإرْشَادِ الأَبوِي) المؤسَّس في بيئة

اتِّجاه أَهْل العامة والجاعِل مِن ارتقاء المنابر وَظِيفةً سائلَةً سائبةً وفي مَحلّ النَّقِيض مِن منهج (السِّيرَةِ والرِّثَاء) البحراني العَريق.

كانت رُتْبَةُ عُلماء الدِّين في المُجتَمع البحراني القَدِيم هي الأَعلى شأنًا بإزاء رُتبَة مَلالِي المِنبر، وذلك لما كانت تَحمِل هذه الرُّتْبة مِن اختِصاصٍ شَرِيفٍ في عُلوم الفِقه والرِّوايَة والدِّرايَة فضلا عن تَميّزها في العُلوم الآلِيّة الّتي يَجتَهِد بها عالِمُ الدِّين ويَستعِين في الدِّراسة والتَّبلِيغ وإِنْشاءِ العُقود وحَلّ المُشكِلات الاجتماعِيَّة والبَتّ في مَسائل القَضاء. ولم يَختص عالِم الدِّين بإحياء شَعائر المنبر على طريقة المُلّا إلّا في حُدودٍ ضَيِّقة لِلغايَة وبعدما اشتُهِر عن بَعض عُلماء الدِّين العِراقيّين في الماضي القَريب تَخلِيه عن مقامِهِ الرَّفِيع لكِي يُؤدّي دور المُلاّ في مَجالِس المناطق البَعِيدة جدًا عن الحَوزة حيث يَتسلَّلُ إليها طلبًا لِلرِّزق.

ولِكُلّ مُلّا بَحْرانِي مِنبره الخاصّ المُتَميّز به في إِطار منهج (السِّيرَة والرِّثاء)، وقَد يكون مُبدِعًا في عِلم الأَنساب أَو اللُّغة أَو في فَنِّ سَرد الوَقائع التَّأريخيَّة أَو نَظْم الشِّعر والنَّثر، فيَشتَهِر به بين المنابر وبين نُظراءه مِن الملالي مِن دون تَداخُلٍ أَو تَزاحُمٍ مع وَظِيفة عالِم الدِّين الأَعْلى رُتبةً ومَنزلةً ومقامًا منه.

وكِلاهُما (المُلّا) و(عالِم الدِّين) مُكرّمان في الثَّقافَة البحرانِيّة الأَصِيلة حتَّى جاء العَملُ الحِزبي والفِئوي ذِي الفِكر الهَجَين يَختالُ بِوَجْهٍ عابِسٍ مُكفَهِرٍّ، غاضِب على ما حَلّ بِالمُجتَمع البحراني مِن (تَخلُّف) وفقدان لِـ (الوَعْي) على حَسب تَوهُّمِه في الرُّؤية، فتَدخَّلَ بِشكل مُباشر في شأن المِنبر والمَوكِب وأَخلّ بِنِظام الرُّتَب والمَقامات الاجْتِماعيّة الأَصِيلة الدّارجة ونَصّبَ نَفسه وَلِيًّا ووَصِيًّا مصلحا!

لقد اخْتَلّ نظامُ الرُّتَب والمقامات والوَظائف ذات القِيمة الاجتماعيّة الثَّابتَة في الثَّقافة البحرانِيَّة الأَصِيلة، وتَخلَّف أَداءُ المنابر تَبعًا لهذا التَّحوّل. وقِيل في غَير مَرَّة أَنَّ اضْطِرار عالِم الدِّين إلى اقتحام وَظِيفة المنبر ومُزاحمته

لِوَظيفة المُلّا بِرُتبةٍ مَوضُوعة مُختَلَقَة يَعود إلى دُخول البلاد في طَفرَةٍ مِن الوَفرة المَالِيّة النَّاجمة عن ارتِفاع سِعر بِرمِيل النَّفط في مُنتَصف سَبعِينات القرن الماضي والانتِعاش الاقتِصادي لِلبِلاد حيث لم يُؤمِّن ذلك لِعالِم الدِّين رَفاهًا في العَيش، فيما تَضاعَفَت حِصَّةُ المُلّا مِن دَخل مَجالِس المأتم والبُيوت مع ارتِفاع دَخْل النَّاس. فاضْطَرّ عالِمُ الدِّين على الأثر إلى مُزاحمة منبر المُلّا ومَنافسته في مَصدَر الرِّزق بِحُجّة الوَعْظ والإرْشَاد وتَطعِيم المجالس بِما يُعالِج حال التَّخَلّف النَّاجِم عن سيادة مَنهج (السِّيرَةِ والرِّثَاء)، فَصار كُلُّ عالِم دِين خَطِيبًا مِنبريًّا، وازدَحَمت الحوزاتُ المَحَلِّية والخارِجِيّة بِكِثرة طُلّاب العِلْم مع اشتِمال وَظِيفَة عالم الدِّين لِلتَّبليغ مِن خِلال المأتم والمنبر.

وزادَ عالِمُ الدِّين على الاضْطِرار المُدّعى النُّزوعَ إلى خَوض التَّجرِبة الحِزبيَّة والفِئويّة ذات النُّفوذ والسَّلطَنة بِالوَلايَة العامَّة والمُطلَقة، فَسَدَّ عالِم الدّين بهذه التَّجربة حاجَتَه مِن الرَّفاه وانقلَبَ بِخِطابه في النَّاس إلى اللَّحْن الأَبوِي المُتعالِي على الثَّقافَة البَحْرانِيّة الأَصِيلة ومَظاهرها وعلى المنبر الأَصِيل خاصّة وعلى رُتبة الملّا!

إنَّ رَفاهَ المعيشةِ شأنٌ شائكٌ مُقلِقٌ لِكُلّ فِئات المجتمع البحراني في الظُّروف المُعاصِرة، وصار مَحلاً لِمُعاناة المَلالِي والخُطباء مِن عُلماء الدِّين المُستَقِلِّين الملتزِمين بِالأَصالَة والمُدافِعين عن منهج (السِّيرَةِ والرِّثَاء) حيث تَضَخَّمَت فِئةُ العُلماء في العَدد وزاد العَرَضُ بهم إلى حَدّ التُّخمَة، وتَزاحمَت الانتماءاتُ على المَنابر مَحدُودة العدد في بُقعةٍ جُغرافِيّة ضَيِّقة المَساحَة وقَليلة السُّكان. وزاد على ذلك التَّعقِيد حرصُ الانتماء الحِزبي والفِئوي على تَوفِير فرص ارتِقاء المنابر وإمامَة المَساجد لِلمُنتَمِين ولِلمُتحَيِّزين وتَضيِيقها على المُستقلِّين. فتَوافر بين يدي المُنتَمِين والمُتَحيِّزين مِن العُلماء والخُطباء مالٌ ورَفاهٌ يَفُوق المستوى المَعِيشي لِمُتوسِّطي الدَّخل مِن الشّيعة، وصار المنبرُ بِالنِّسبة إليهم وَظِيفةً خاصَّةً لِلتَّوجِيه الحزبي والفئوي في المقام الأَوَّل، يَتقاضَون منها أَجرَهُم مَرَّتَين!

ـ تَألُّقُ المِنْبَرِ يُصْلِحُ الأَنْداد

بَدأ صِيتُ خَطِيبِ الانْتِماء الحِزْبِي والفِئوي يَنْحَسِر ويَتراجع شيئًا فشيئًا مع دُخول السَّاحة الشِّيعِيَّة مُنافسات العَرض الثقافي على شَبكة الاتِّصال الإعلامي والتَّواصُل الاجْتِماعي التَّقني السَّريع ذِي المعلومات المُتَدفِّقة والسِّعة في تَبادُل المعرفة. وأدَّى تَعدُّد خِيارات الاطِّلاع على الثَّقافات المُخْتَلِفة إلى وُضُوح الفَرق بين حِزبِيَّة منهج (الوَعْظ والإرْشاد الأَبَوِي) المُستَجدّ وأصالة مَنهج (السِّيرَة والرِّثاء) العَريق، وجُودة النَّتائج الملموسَة لِحضُور منهج (السِّيرة والرِّثاء) في الثَّقافَة الشِّيعِيّة وصِلته المتينة بها وقُدرَته الفائقة على اجْتِياز التَّحدِّي وعُلوّ شَأن سِيرته في صِيانة عقيدة 43 جِيلاً شِيعِيًّا.

فأتاحَ التَّنَوُّع والوفرة في عدد المَجالِس المنبرِيَّة المَحَلِّية والإقليميّة والعالمِيَّة المَنقولة على شَبكة الاتِّصال الإعْلامي والتَّواصُل الاجْتِماعي مجالًا واسعًا لِعَقد المُقارنات بين مَنابِر الثَّقافَات الشِّيعِيّة ذات الاتِّجاهات المُخْتَلِفة. فصار بِمَقدور أَهْل الحَيّ والمَنطِقة والقَرية والمَدِينة أَنْ يَستغنُوا عن المنابِر المَحَلِّية ضَعيفة الأَداء، وأَنْ يَتحَرَّروا مِن رِقِّ المنبر المَحَلِّي الحِزبِي والفِئوي المُوَجَّه. عندئِذٍ تَنَفَّس مُتَبنّو مَنهج (السِّيرةِ والرِّثاء) الصُّعداء!

لقد تَعرَّض الانْتِماء الحِزبي والفِئوي لِلتَّحَدِّي القاصِم وأُصيب بِانتِكاسةٍ مُوجِعةٍ في إِثر دُخول المنبر مُنافسات العرض على شَبكة الاتِّصال الإعلامي والتَّواصُل الاجْتِماعي. وراح الشِّيعيُّ ذِي الاهتمام بالثَّقافة يبحثُ عن المنبر المُستَقِلّ الّذي يُمثِّل امتدادًا حقيقيًّا لِلأصالة ومنهج (السِّيرة والرِّثاء)، ويَتَجنَّب فِكر مَنهج (الشَّكِ والتَّشْطِيب والتَّأميم) ومنبر (الوَعْظ والإِرْشاد الأَبَوي) المُوَجَّه ذِي المقاصِد الحِزبيّة والفئويّة ويَتخَلَّى عنه.

فَفِي المرَحلة الزَّمنِيّة الّتي انقلب فيها الانْتِماءُ بنفوذِهِ على الثَّقافَة الشِّيعِيّة الأَصِيلة؛ ابتُلِيَت مظاهِرُ الثَّقافَة بالتَّمايُز السَّلبِي والتَّنازع والانْشِقاق والخُصُومة والفُرقة والبَغْضاء والتَّحاسُد والعداوة وتَفْشِي المَكر السَّيِّئ.

فانطَبَعت هذه الأحوالُ السَّلبيّةُ على ذاكرة جُمهور المنبر الأَصِيل المُتَحصِّن بالمُثُل والقِيم والأصالة، لكِنَّ الجمهور استطاع الإِفْلات منها فخاضَ التَّحدِّي بِأَحْسَن تَدبير، وذلك لِإيمانِه بِأَنّ المنبر في الثَّقافَة الشِّيعِيّة الأصيلة يَأْبى إلّا أَنْ يكون مُستَقِلاً وحُرًا مُجردًا مِن الوَصايَة وأَنْ يَخدِم معناه الأَصِيل الَّذي أُسِّس لِأَجله. فإنْ حَضر هذا الجمهور المآتِم فالمُنطلق في ذلك هو إِحياءُ مظاهر الثَّقافَة وصِيانة وجودها، والاعتِزاز بِالشَّعائر وبما يُختَزَن مِن مَفاهِيم لِثَقافَة أَصِيلة، وليس مِن أَجْل التَّفاعل مع منهج (الوَعْظ الإِرْشَادِ الأَبوِي) والرِّضا به وبانتماءاته بَدِيلاً عن منهج (السِّيرَة والرِّثَاء).

إنَّ التَّناسقَ والجمال والوحدة السَّردِيّة في منهج (السِّيرَة والرِّثَاء) الجاعلة مِن رُوّاد المجلس شُعورًا واحدًا يَخفُق بِالمَودَّة لِأَهْل البيت صَلواتُ الله وسَلامُه عليهم مِن غير فَرْق ولا تَمييز بين مُختلف الفِئات العُمُريّة والرُّتَب العِلميّة والمَقامات الاجتِماعيّة ـ كان مِن أَجمل ما قدَّمَه مُلّا المنبر البحراني الأَصِيل حتَّى مُنتَصَف عقد السَّبعِينات مِن القرن الماضي، ولم يَستطِع منهج (الوَعْظ الإِرْشَاد الأَبَوي) الدُّخول في ميدان المُنافَسَة لِإيجاد البديل عن مَجالِس منهج (السِّيرَة والرِّثَاء) وخُطبائه على الرَّغم مِن مُصادرة الانتماء الحِزبي والفِئوي لِحَقّ المأتَم في كَونِهِ شَعيرة متاحة لِلجَميع.

عَجز جِيلُ خُطباء الانتماء الحِزبي والفِئوي عن الإِبْداع بما يَفُوق تناسُق منهج (السِّيرَة والرِّثَاء) جمالاً على الرَّغْم مِن لِجُوء الانْتِماء إِلى التَّعويض مَرَّةً والإِبْدال مَرَّةً أُخرى وظُهوره في هيئة الوَكِيل المُطلَق النَّاطق بِاسم الثَّقافة البَحْرانِيَّة. وقد أَعربَ كثيرٌ مِن مُثقَّفِي البحرين مِرارًا وتكرارًا عن استِيائه مِن ظاهرة الانقلاب على ما اعتاد عليه النّاس في مِنبر (السِّيرَة والرِّثاء)، كما أَعرب عن رَفضِهِ لِظاهرة الاختِزال المُخِلّ بِالمَراثي المِنبَرِيّة وأَطوارها وأَلحانها الوِجدانِيَّة الشَّجِيّة.

يَتَّفِقُ الكثيرُ مِن رُوّاد المجالس على أَنَّ منهج (السِّيرَة والرِّثاء) كان وما

يَزال المُمَيِّز لِلمُلّا والخَطِيب البَحرانيّين الأَصِيلَين المُلتَزمين، وبه يُسجِّلان رقمًا قِياسيًّا في عدد المُريدين المستَمِعين الرّاغبين في الإِحياء المُعبّر فضلاً عن المُتابعين على شبكة الاتِّصال الإِعْلامِي والتَّواصُل الاجتِماعي المستحدثين، فيما تَشهدُ مَجالِس (الوَعظِ والإِرْشَاد الأَبوِي) تَراجُعًا قِياسِيًّا.

إنَّ منهج (السِّيرَة والرِّثاء) يُشكِّلُ ذُروةَ العَطاء المِنبَري الحَيَوي بِاللَّحْنِ والطَّور المُتَّبَعَين لدى المَلالِي الأَوّلِين (أَعْلَى اللهُ تعالى درجاتهم) وبِما قدَّموا مِن خِدمة جَليلة لِلشَّعائر. وإذا ما أُضِيف إلى هذا المنهج المنبري المُتَّبع لدى البحرانِيِّين التَّمَيُّزَ الشَّهير لِلمَلالِي في أَداء أَطوار وأَلحان النَّعْي والرِّثاء الشَّجِيَّين؛ فإِنَّنا ـ مِن دُونِ شَكٍّ ـ سنُبدِي أَسفًا شَديدًا على ما ارتكبه الانتماءُ الحزبي والفئوي مِن تَفريط في قِيمة مَنهج (السِّيرَةِ والرِّثَاءِ) وعلى تَعسُّفِه في إِقصاء هذا المنهج أَو في اختِزالِه إلى دَقائق مَعدُودة مِن ساعة المَجلِس تَمهِيدًا لِشَطبِه وحذفه.

ورُبَما كان المَشهدُ الأكثر إِثارة في ذلك، أَنَّ المنبر الّذي شَكّل وَحدَةً أَساسِيّةً في الثَّقافة وقد ورَدَ نَصٌّ مُقدّسٌ في شَكلِهِ ومَضمونِهِ عن المَعصومُين صَلواتُ الله وسَلامُه عليهم ـ لَقادِر على أَنْ يَأخُذَ بُعدًا إِبداعيًّا رائعًا في مَجالِسِه إنْ اجتَمَعت في المُلّا والخَطِيب المقوّمات الأَسَاسِيّة المطلوبة الّتي يأْتِي على رأسها الاطِّلاعُ الواسِع في سِيرة الثَّقافَة المَحَلِّيّة الأَصِيلة وتطورها والتَّحدّيات التي تُواجِهها، ثُمّ الاختِصاص في اللُّغة والأَدب والتّأريخ، وحُضور الذَّاكِرة الحافِظة وسُرعتها في استِدعاء الأَطْوار والأَلحان المختلفة والمزج بين الأطوار والألحان، والقُدرة على الرَّبْطِ والفَكِّ بين وَقائع السِّيرة والمَعارِف الأُخرى.

إِنَّها مُقوّمات تَبدو سَهلةً ومُتاحةً لِكُلّ مُلّا وخَطِيب منبر إِنْ تَوافر فيه الاستِعداد والإيمان بِقُدسِيّة الوَظِيفة وتَحمُّل مَسئولِيّة التّنمِية في الثَّقافَة في هذا العصر المضطرب في العَقائد والسِّياسات.

أَصبَحَت المقوّمات هذه مَعدُومة في الأَغلَبيّة السَّاحِقَة مِن خُطباء ومَلالي المنبر البَحراني المعاصر حيث تكتَفِي بِما يُوفِّره الانتماء الحِزبي والفِئوي لها مِن المقام الاجتِماعِي المُتَعالِي والرَّفاه المَعيشي المَشروط بِالجدِّ في العمل بِمَنهج (الشِّكِ والتَّشطَيب والتَّأمِيم) على إِقصاء منهج (السِّيرَة والرِّثَاء) والالتزام بِمَنهج (الوَعْظ والإِرْشَاد الأَبوِي) المُوجَّه الدَّاعِي إلى تَفخِيم الزَّعامة وموالاة الانْتِماء!

وإذا ما استُثنِيتَ ظاهِرةُ انفراد المُلّا والخَطِيب الملتزمَين بمنهج (السِّيرَة والرِّثاء) والمُتَّميِّزين بِسِعَةِ مَجالِسهما والحُضُور الكَثِيف؛ فإِنّ أَغلب الإجراءات المستحدثة لِإحياء مَظاهر الثَّقافَة الشِّيعِيَّة قد كَشفَت عن مَدى العَجز عن الإِبداع والتَّجدِيد، وعن خذلان الكفاءة، والاستِسلام لِإِملاء الضَّرُورَة السِّياسِيّة. ولا مِن سَبيل إلى مُعالجة هذه المُشكلات المعقّدة في مُتعلِّق المنبر البحراني إلّا بِالعَودة إلى الفَصل بين وظيفتين: (عالِم الفِقْه) ذِي الاختِصاص المَعلوم، وخَطِيب المنبر (المُلّا) ذِي الاختِصاص المَعلُوم.

على المُلّا وخَطِيب المنبر أَنْ يَتخَصَّصا في بَعض جَوانِب الدِّراسات الإنْسانيّة ومنها اللُّغة والأَدَب والتَّأريخ، وأَنْ يَطّلعا على سِيرة الثَّقَافَة الشِيعِيَّة البَحْرانِيّة الأَصِيلة ورَصد مُستوى التَّطَوُّر فيها وأَثَر النِّظام الاجتِماعي في تَكوِينها وتَطوُّرها، وأَنْ يَلتَزِما بِمَنهج (السِّيرَةِ والرِّثَاء)، وأَنْ يَترُكا لِعَالِم الدِّين اختِصاصَه الفِقهي ولا يَتدخَّلا في شُئونه. وعلى عالِم الدِّين أَنْ يَستَقِلّ أَيضًا بِوَظِيفتِه استِقلالاً تامًّا عن الانتماءات الحِزبيّة والفئويّة ويَتجَرّد مِن نُفوذِهما، ويَتَجنَّب مُزاحَمة مِنبر الخَطِيب والمُلّا.

ذلك هو النِّظام والمنهج في سِيرَة الأَوَّلِين المؤكِّد على أَهَمِّيّة وُجودِ رُتْبَتَين ومَنزِلَتين واختِصاصَين مُنفصِلَين لا تَطغى وَظِيفةٌ على الأخرى ولا تَبغِي. وما الجَمعُ بين الوَظِيفتَين والتَّبَعِيّة بهما لِلانْتِماء الحِزبي والفِئوي أَو التَّحيُّز بهما لِنُفوذ أَو انْتِماء وتَحكِيم منهج (الشَّكّ والتَّشطِيب والتَّأمِيم) إلّا

أَحد أَخطَر أَسْباب الضَّعْف الرَّئيسة في تَنمِية الثَّقافَة والتَّخلف بِها عن أصالتها.

ولَو أَحصَينا النُّصُوص الوارِدَة عن المَعصُومِين صَلواتُ الله وسَلامُه عليهم واستَلهَمْنا مِنها أَشكالَ الشَّعائر ومَشروعِيَّتها؛ سنَجِدُ أَنَّ الدَّعوة إلى إقامة المَجالِس على منهج (السِّيرَة والرِّثاء) هي أَكثرُ ما شَهد تَأكِيدًا وحَثًا وتَشويقًا والتِزامًا، وأَنَّ منهج (الوَعْظ والإِرْشاد الأَبوِي) ما هُو إِلَّا شَكلٌ مِن أَشْكال الدّعاية الحِزبَيَّة والفِئويّة والتَّشبُه بِطريقة وُعّاظ اتِّجاه أَهْل العامّة!

فلِماذا استُهدِف المنبرُ الأَصِيل وأُقْصِي مَنهجُه بِوَصْفِه مَظهرًا لِلثَّقَافَة الأَصِيلة.. هَلْ هُو سُوءٌ في التَّقدِير وتَخبُّطٌ في الاختِيار واضْطِرابٌ في الفَهْم، أَمْ هو المَسار الفِكرِي لِلانْتِماء الذي لا يَستقِيم مع بَقاء ونُمُوّ منهج (السِّيرَةِ والرِّثاء)، أَمْ أَنَّ الانْبهار بِالفِكر الهَجِين والانْدِفاع لِبَثِّه في المُجتَمع البَحرانِي والامتِثال لِتَعليماته أَفقَد الثِّقَة في كمال الثَّقافَة البَحْرانِيَّة وأَضْعَف المنبر المَحلِّيّ وَحَدَّ مِن تَأثِيره وَضَيَّعَ أَصالَته؟!

إنَّ الاستِقلالَ بِالكِيانات الثَّقافِيَّة الحِزبيّة والفِئويّة البَدِيلة عن مَنابر المآتِم والبُيوت في بادِئ الأَمر، وبثَّ الفِكر المغالِب لِوَظِيفة المنابر مِن خلال هذه الكِيانات ـ كشف عن مدى العَجز في إدراك أَهَمِّيّة الرُّقِيّ بِالنِّظام الاجتِماعي المَحَلِّي ومُؤدى الثَّقافَة الأَصِيلة. كما كَشَف عن تَعرُّض هذه الكِيانات إلى عُزلَة اجتِماعِيّة حادَّة أَجبَرت رُعاتها على اتِّخاذ مَوقِفٍ ثَوريٍّ قَضى بِالانقلاب المُفاجِئ إلى جِهاتٍ نُخبوِيَّةٍ والسَّعي بها إلى تَرجَمة رَدّة الفِعل المُضادّة بقُوَّة النُّفوذ الحِزبي والفِئوي وفَرضِ الوَصايَة على المنابر وسَائر مَظاهِر الثَّقافَة الأَصِيلة وتَغيير نَسقِها وإِقصاء مَنهجها، فكان ذلك بِدايَة النَّكسَة في التَّنمِيّة الثَّقافِيّة وتَرهُّل الكِيانات الحِزْبِيّة والفِئويّة.

فلَو سَخَّرَت هذه الكِيانات جُهودَها لِتَنمِية الثَّقافَة البَحْرانِيّة ونَأت بنفسها عن البَدِيل الهَجِين لَسَجَّلَت أَرقامًا قِياسِيّةً مِن الإبداعات مِن غَير الحاجة إلى بَثّ الشَّكّ في أُصُول الثَّقافَة أَو تَشطِيبَها واحتِكار مَظاهِرها، ولَكانَت في

مَحَلِّ احتِضانٍ شَعبيٍّ يُغنِي عن الانْشِغال بِمَنهج (الشَّكِّ والتَّشْطِيب والتَّأمِيم) الحِزْبي والفِئوي ذي المَحاذِير العقديّة والشَّرعِيّة الكَثِيرة. لَكنَّ فِكر الانتماء استيَقَنَ أَنّ الاتّجاه الثَقافي المُتبَنّي لِمَنهج (السِّيرَةِ والرِّثَاء) قد انْقَضَى أَجَلُه ولَنْ تَقوُم له قائمة، وأَنَّ مَنهج (الوَعْظ والإرْشَادِ الأَبَوِي) المَدعُوم بقُوى ونُفوذ الانْتِماء وتَأيِيد مَرْجِعيّات الخارِج له سَيُحقِق الفَوز في سُرعَة الضُّوء، حتَّى يُصار إلى اختزال الثَّقافَة إلى مُوسِمٍ سِياسِيٍّ لاستِعراض ضُروبٍ كَثيرةٍ مِن أَعْمال تَعظِيم مَقام الانْتِماء وتَفخِيم زَعامَته فَحَسب.

لَقَد أَحصَت الانتماءات الحِزبيّة والفِئويّة والنُّخْبَوِيَّة على المنابر أنفاسَها، وكانت نَتائج عَملها مُخيِّبةً لِآمال أَتْباعِها حيث ظَهر الفَسادُ في احتِكارها للمآتِم وتَأمِيمها، فسارَعَت عند ذلك إلى العمل على تَعوِيم الخَلَل وإِلقَاء اللّائمَة على مُستوى الأَفْهام في النَّاس، مع إِدراك الانتماءات ذاتها بِأَنَّ معنى المآتِم لا يَتِمّ بِغَير منهج (السِّيرَة والرِّثَاء) الّذي أُسِّسَت عليه. فإِنْ أُقصِي منهج (السِّيرَة والرِّثَاء) أَو استُبدِل بِمَنهج آخر مختلف فقَدَت المآتِم معناها وانقَطَع أَثرُها الثَّقَافِي وإِنْ ازْدَحَمَت هذه المآتم بِأَهلِها!

إنَّ الخِطابَةَ بِوَصْفِها فنًّا وذَوقًا ومَعرِفَةً تَبقى عامِلاً رَئيسًا مُؤثرًا في تَنمِيةِ الثَّقافة الشِّيعِيّة وصِيانَتِها ما دامَت قائمةً على ذات المنهج الّذي رافَق النَّشأَة الأُولى للمَآتِم وأَتَمّ مَعناها. فإِنْ اصْطَدم المنبرُ بِرُعونَةِ مَنهج (الشَّكّ والتَّشْطِيب والتَّأمِيم) وغِلظَة دعاته انْتَصر المنبر.

وإِنَّ لِكَفاءة الخَطِيب الدَّور الرَّئيس في الرُّقِي بِوَظِيفة المنبر والتَّميُّز بِمَجالِسه، ولا تعفِيه مَودّةُ رُوّاد المَجالِس لِأَهْل البيت صَلواتُ الله وسَلامُه عليهم ولا تَقدِيسُهم لِقيمةِ المِنبر والمأتم مِن مَسئولِيّة إِحراز الكَفاءة اللّازِمة على طِبق منهج (السِّيرَةِ والرِّثَاء). وإِنَّ المعنى الّذي يَقِف خَلفَ المَقام الرَّفِيع لِقِيمة المنبر واعتِزاز الثَّقافَة الشِّيعِيّة بِمَجالِسه هو الذي يَخلقُ في البَحرانِيّين الاستِعدادَ لِتَلَقِّي المعارف عنه. فلَو تَعطَّلَت المآتم عن أَداء وَظِيفتها وأَغلَقَت

أَبوابَها لِأَسْبابٍ خارجةٍ على إرادة الشِّيعة فلَنْ يَتعَطَّل العملُ على تَنمِية ثَقافة المُجتَمع الشِّيعي، ولَنْ تجمد الثَّقافة أَو تُعدم، ولَنْ يَفقِد المنبرُ قيمتَه حين يَعود إلى سِيرته الأُولى في ظَرفٍ مختلفٍ. وهذا ما يَنقُض قولَ القائلِين بِحلُول (التَّخَلُّف) و(اللّاوَعْي) في شِيعةِ البَحرين خِلال القَرنَين الماضِيَين!

كُلّ ذلك يَأتِي على خِلاف القِياس المُتصوّر والسَّائد في فِكر الانْتِماء الحِزبي والفِئوي الّذي حَطّ مِن قَدر المنبر والمَجالِس الأَصِيلة وأَهانَهما حينما وَصَفهما بِالعِلَّة التَّامَّة في إِشاعة التَّخَلُّف والجُمود ودَان مَنهج (السِّيرَة والرِّثاء) بِتُهمة تَشويه الثَّقافَة بِفِكر الأُسْطُورة والخُرافة، وأَثار في وَجْهِهِ الفِتنَة ثم دعا إلى (وَأْدِ الفِتْنَة) بِاحتِكار المَنابر كُلّها وبِتَأمِيمِها وإِخضاعها إلى مَركَزِيّة منهج (الشَّكّ والتَّشْطِيب والتَّأمِيم) وزعامته.

إنَّ عِلّةَ جُمود الثَّقافَة وتَخلّفها في الوَسط الاجتماعي لَيْسَت مَحصورةً في سُوء أَداء الخُطباء والمَلالِي ولا في غِياب العَمل المُؤسَّسِي أَو الإِداري المَركَزي المُوَجَّه. وقد أَثْبَتَ تَغلُغُلُ الانْتِماء في مَظاهر الثَّقافَة الشِّيعِيّة وتَأمِيمُه لها وخُضوع النَّاس لِنُفوذِه المُتشَكّل في هَيئةٍ مُقدَّسَةٍ يُخشَى مِن التَّحَرُّر مِن أَغلالِها والاستِقلال عنها أَو نَقدها ـ أَنَّهما هو مِن أَسْوَأ عِلَل الجُمُود والتَّخَلُّف الثَّقافِي البَحْراني في هذا العَصر.

فلَو أُحصِيت نَتائجُ منهج (الشَّكّ والتَّشْطِيب والتَّأمِيم) وآثارُ منهج (الوَعْظ والإِرْشَاد الأَبوِي) في تَنمِية الثَّقافَة فِيما مَضى مِنَ القَرن العِشرين لَكانَت النَّتائج في ذلك لا تَتجاوَز الصِّفْر.

إنَّ تَطوِيرَ كَفاءة الخَطِيب والمُلّا على منهج (السِّيرَةِ والرِّثَاء) بِالمِران وخَوض التَّجربة تحت رِعايَة الخَبير الأَصِيل الماهِر والتَّدرّج فيها مِن رُتْبَة (الصَّانِع) إلى رُتبة المُلّا قد أَعطَت لِلمنبر نَتائجَ طَيِّبة في أَجْيال الخُطباء الأَوائل مِن ذَوِي الشُّهرة.

وفي إِثْر التَّطَوّر السَّريع في النِّظام المُؤسَّسِي والتَّواصُل الثَّقافِي التِّقنِي

العالَمِي وتَعرُّض المدارس الحَوزَوِيّة الكُبرى لِلاخْتِراقات الحِزبِيّة والفِئوِيّة؛ تَظَلّ كفاءةُ الخَطِيب بِحاجَة إلى التَّقوِيم المَنهَجي والضَّبط الحضارِي إلى جانِب المِران المنظّم!

لقد تَحوّلت الانتماءاتُ بِألوانِها الباهِتة وأشكالها الفاقِعة إلى كِياناتٍ دعائيّةٍ مُزوِّرة لِمَقام ورُتبة وكَفاءة خُطباء منهج (الوَعْظ والإرْشاد الأبَوِي) عوضًا عن اشتِغالها بِمُهمّة وَضْع الاستِراتِيجيّات لِتأصِيل مَظاهِر الثَّقافَة القائمة في المُجتَمع البَحْراني، فانْدَثر على الأثر وازعُ المودّة في قُلوب هؤلاء الخُطباء والمَلالِي وتَعطَّلَت حركة التَّنافُس على الأَداء الأَفضَل والأكثر مَودّةً لِأَهْل البيت صَلواتُ الله وسَلامُه عليهم. وتَساءل البحرانِيُّون عن أَسباب تَميُّز خُطباء ومَلالي ما قَبل النّصف الثّاني مِن القَرن الماضي إذْ طَبعوا أثرًا حسنًا على ثَقافَة المُجتَمع مِن دُون زَعامَةٍ أَو انْتِماء يُوجِّهان أو ينظّمان رِسالَتَهم، وعاد البَحرانِيّون إلى خُطباء ومَلالِي الانتماء يَنقُدون تَخلُّفَهُم عن الأَداء الأَفضل مع تَوافُر كُلّ الإمكانات الماليّة والنُّفوذ والمَقام والزَّعامة السّاندة والدّاعِمة بِالوَلايَة المُطلَقة!

إنَّ خُطباء ومَلالِي القُرون الماضِيّة قد جاوَروا المَعنى الأَصِيل الّذي يَقِف خَلفَ قُدسِيّة مقام المنبر والتَزموا بِمَنهج (السِّيرَة والرِّثاء) مِن دُون استِعلاء منهم بِالمقام في هَيئة (السُّوبَرْمَان) بِكِبرٍ أَو غُرورٍ أَو هيمنةٍ ولا بِطَلَبٍ لِلرّئاسة وطَمعٍ في السِّيادة.. إنَّهم كانوا يَقصدون بِالجِدِّ والإِخلاص في المنهج صِيانةً أنفسِهم لِيَزدادوا إيمانًا ومَودّةً، ويَلقَون رُوّاد مَجالِسهم بِأَصدق القَول في السِّيرة وبِأَحسَن الأَطوار في الرِّثاء، فَتَجتَمِع قُلوب المُستِمعين المُتَلَقِّين بِصَفاء نِيّةٍ وخُلوص مَودّةٍ. فالمأتَم بِمَنهجِه وخَطِيبه ورُوّادِه يُشكِّلون وحدةً عضويّةً واحدةً مُتناسقة.

الرَّزِيَّةُ فِي مَنْهَجِ الشَّكِّ والتَّشْطِيب

لَمْ يَطرأ على مَواكِب العزاء العِراقيّة جديد على الرَّغْم مِن الجَدل العاصِف حول التَّحوُّلات المحتملة الّتي سَتمسّ بِالهُوِيّة الثَّقافِيّة العِراقيّة

في فترة حُكم نِظام حِزب البَعث وتَعسُّر السِّجال الحِزْبي والفِئوي حول أُصُول الثَّقافة الشِّيعِيِّة العِراقِيّة في بِلاد المَهجَرِ والمَنفى، فيما شهدت السَّاحةُ البَحْرانيّةُ انقِلابًا ثوريًّا على الثَّقافَة الشِّيعِيّة البَحرانِيّة ومَظاهِرِها في أَجواءٍ اجتماعيّةٍ كانَت مُستقِرَّة نِسبيًّا!

فقد عُرِف في النّصف الأَوّل مِن القرن الماضي عن حَيِّ النِّعَيم الواقع في عاصِمةِ المآتم البحرانيّة (المنامَة) حِرص أَهاليه الشَّدِيد على تَسيير حَلقات مَواكِب العزاء على طِبق الطَّريقة المَورُوثة الّتي أَمْلَتها عليهم ثَقافَتُهم وأُصُولها على عَهد الاتِّجاه الأَخْباري المَشهود الّذي مَيَّز حَيّ النِّعَيم بِالعَلاقة الوَثِيقة مع منهج الدِّراسات الحَوزَوِيّة المُستقِلّة والهَندَسَة الشَّعائريّة الرّائعة مُنذُ أَكثر مِن أَربعة قُرون مِن الزَّمَن. فإنْ قِيل لِأَحدٍ مُضطلِعٍ بِطبائع أَهالِي النِّعَيم أَنَّ حَلقات مَوكِبهم قد اقترَبت إلى نُقطة الالتِحام مع الدّائرة التَّقليدِيَّة لِمسَار مواكب عزاء المنامَة؛ وَضَع يَدَيه على رأسِه تَوجُّسًا وخِيفة وفي أُمنِيتِه أَنْ يَتجاوز هذا الموكبُ تِلك النُّقطة مِن دون مُناوشات مع العَناصِر الفَوضَوِيّة (اللُّوفَرِيَّه) والنَّواصِب المُستهزِئين المُستَخِفّين شَعائر الشِّيعة.

إنَّ الصِّفةَ الشَّائعةَ عن طَبائع أَهالِي النِّعَيم بين أَهالِي العاصِمَة والقُرى هِي الدِّقَةُ في الهندسة الشَّعائريّة والتَّمَيُّز بها في تَنظِيم مَجالِس المنابر وتَسيِير مَواكِب العزاء والإشْراف الصَّارِم في التَّنسِيق تحت إِشْرافٍ مُباشرٍ مِن إدارة مأتَم النِّعَيم الغَرْبِي الّذي أُسِّسَ وأُقِيم في مَزرعَة (الحاجّ عَلِيّ بن خَمِيس) ثُمّ انتقل به الأهالي إلى مَسجِد (السَّيِّد حَيدَر) بِرعاية مِن عائلة (بَيت بِن اسْماعِيل) وإِشراف منها لِمُدَّة سنَة واحِدة حتَّى استَلَمه (الحاجّ أَحمَد عَزِيز الماضي). وفي عام 1923م استَقرّ المأتمُ في مَوقِعه الحالِي الذي وَهَبه (أَحْمَد بِن كاظِم) وأَوقَف له عقارًا إلى الجنوب منه. وبَعد عددٍ مِن السِّنِين تَسلَّمَه (السَّيِّد حُسَين الغُريفي) الذي أَشْرَف على إِدارته في 30 عامًا مُتوالِية.

ويُشارُ إلى هَيبةِ مَوكب عزاء النِّعَيم والدِّقَّة في تَنظِيمه وساعة انطلاقِه مِن

مأتَم النِّعَيم الغربي بِضَرب المَثل: (طَبْلُ النِّعَيم الخابَّهْ.. خَلَّهْ المَخارْقَه هارَبَه).

يَتقدَّمُ موكبُ عزاء حَيّ النِّعَيم طَبلٌ ضَخمُ الهيئة، يَضِجُّ لِشِدَّةِ نَغماتِه سُكونُ عاصمة المآتم المنامة وتَرتَجُّ لِعلوّ صَوتِه أَزِقَّةُ حَيّ (المَخَارَقه) في هَيبةِ حُزنٍ شديدةِ الجَزع. ويَعقُب الطَّبلَ حَلقةٌ مِن الخيول يَمتَطِيها خَيّالةٌ مِن أَتْباع اتِّجاه أَهْل العامّة القاطِنين في حَيّ (أَبُو صُرَّهْ) بِقيادة (ابن عَوّاد) المعروف في أَوساط الحَيّ بِكَفاءتِه في اختِيار خَيّالة الموكب ودِقَّةِ تَدريبه لَهُم قبل ثَلاثةِ أَيّام مِن اليوم العاشر مِن شَهر مُحرّم الحرام على الشَّارع الفاصِل بين حَيّ (النِّعَيم الشَّرقِي) والمنامة.

يُعلِنُ الطَّبلُ الكَبيرُ عن انطلاق الموكب مِن حَيّ النِّعَيم الغربي بِرَكبٍ مِن (التَّشابِيه) المَحمولة على ظُهور الجِمال وصَهواتِ الخُيول وعلى أَكتاف ذَوِي العضلات المَفتُولة مِن خَدَمَة الشَعائر، ويَلِيه فَريقٌ مُشكَّلٌ مِن عازِفي الآلاتِ المُوسِيقيّة تَتبَعه حَلقةٌ مُؤلفةٌ مِن فئة شباب (العَجَم) اليَافِع يُطلَق عليها اسمَ (الطِحْلُمْ بِحْلُم) وهُم يَحمِلُون طُبولاً صَغِيرةَ الحجم تُحدِثُ في مشيَتِها ضَجيجًا شَديدًا.

ويَلِي هذا الموكب جمعٌ مِن حامِلي السُّيوف يَرتدون أَكفانًا بيضاء مُضمَّخَةً بِدِماء الهامات، ثُمّ مَوكِب (الصَّنْكَلْ) حيث يَسير على نغمات طَبلٍ مُتوسّطِ الحَجم يَتوسَّط جُموعَ المُعزِّين ويَتقدَّمُ على وَقْع اصطِكاكِ السَّكَاكِين الحادَّة المُعلَّقَة في سَلاسِل تَهوِي بِشِدّة على ظُّهور المعزِّين العارِيَة فتُدمِيها. ومِن خَلفِ هذه المواكب تَسِيرُ حلقاتٌ متداخلةٌ تَنشِدُ المَراثي وتَضربُ على الصّدور العارِيَة بِالأَيدِي حيث يَظهرُ عليها الدِّقَة في اللّحن والتَّنظِيم والحُزن والوَقار في المَشي.

وعلى طَرَفيّ الطَّريق تَجتَمِعُ نِساءُ الحَيّ وأَطفالَهُن في عددٍ مِن الزَّوايا المَكشُوفة الواقِعة بين المَنازِل حيث يَنتَظِرن مُرور مواكب العزاء وحلقاتِه لِيُؤدِّينَ دور حَلقَة عزاء أُخرى منفصلة على حسب الهندسة المُقرّرة

لِلمَواكِب، غير أَنّها ثابتَةٌ في زواياها. فإِنْ اقترَبَت طَليعةُ مواكب الرِّجال مِن إِحدى زَوايا النِّساء ضَجَّت الزَّاوِيةُ بِالصِّياح والبُكاء والنَّحِيب واللَّطم على الرُّؤوس في مَشهدٍ مُجسِّدٍ لاجتماع النِّساء الأَرامِل والأَطفال اليَتامى حول السَّيِّدة زينب صَلواتُ الله وسَلامُه عليها بين رُكام من الخِيام المُحتَرِقة في إِثْر مَقتل أَخِيها أَبِي عبد الله الحُسَين صَلواتُ الله وسَلامُه عليه وأَهْلِ بيتِهِ وأَصحابه مِن الرِّجَال.

كُتِمَت أَنفاسُ طَبَلِ مَوكِب النِّعيم (الخَابَّهْ) وغابَ عن المَشهد الجَزِع لِمَواكب عاشُوراء وتَوَقَّفَ عن أَداءِ دَورِه الرَّمزي في مَواسِم الحُزن على طُرق المَنامة وأَزِقَّتها على أَثَر تَراكُم مَجموعةٍ مِن التَّحَدِّيات الّتي قَضَت في النّهاية بِمَنعِه مِن الالتِحاق بِمَواكب المنامة. فاستَقلّ مَوكِبُ النِّعَيم عن الهيئة الإداريّة لِمَواكب المنامة واقتصرت مشيتُه على الدّائرة التَّقلِيدِيّة المَحَلِّيّة المعروفة في أَيّامنا هذه.

وفي العَقدِ الأَوَّلِ مِن هذا القَرن تكرّر الحديثُ في حَيّ النِّعَيم عن الطَّبَل (الخَابَّهْ) العائد إلى المنامة بِمَوكب الحَيْدَر (التَّطْبِير)، فكان ظُهور هذا الموكب ثَمرةً لِجُهودٍ مَبذولةٍ عن فِئةٍ مُؤمِنةٍ مِن أَهالِي النِّعَيم مُجرَّدةٍ مِن الفواصِل العَصَبِيّة والدَّوافِع الحِزبيَّة والفِئويّة. فسُجِّل لِحَيّ النِّعَيم ولِحَيّ المخارقَة أَوَّلُ خُطوةٍ مُعاصرةٍ نحو العودة بِالمَواكِب وحَلقات العَزاء إلى مَجدِ طَبْل النِّعَيم (الخَابَّهْ)، ولَم يَخلُ هذا المُستَجدّ مِن مُنغِّصات!

انطَلَقَت تَظاهُرةٌ احتِجاجِيَّةٌ صَغِيرةٌ في حَيّ النِّعَيم يَتقدَّمُها عددٌ مِن طُلّاب العُلوم الدِّينِيّة، مُبدِيَةً اعتراضها على تَأسِيس مَوكب الحَيدر، ومُعلِنةً عن رَفضها لاتِّخاذ مَوكب الحَيدر مِن حَيّ النِّعَيم قاعدةً لِلانْطلاق والالتِحام بِالدّائرة الكُبرى لِمَواكب العاصِمة المنامة، ومُعبِّرةً عن استِيائها وسخطها الشَّدِيد لِـ (تَمَرُّد) مُؤسِّسِي مَوكب الحَيدر الجديد على التَّعلِيمات المُقرّرة مِن قِبَل عُلماء الدِّين والتَّوجِيهات المُتَّبعة مركزيًّا في تَنظِيم مظاهر الثَّقافة في الحَيّ. لكِنَّ احتِجاجَ بالتَّظاهُرة قُوبِل بِالرَّفْض مِن قِبَل مُنظِّمِي مَوكِب الحَيدر

لِكون المُتظاهِرين يُمثِّلون انتماءً مَرجِعيًّا واحدًا مِن بَين مَرجِعيّاتٍ مُتعدِّدةٍ تَتمَثّل التَّقليد والاحتِياط الفِقهي في أَهالِي حَيِّ النِّعَيم.

إنَّ في مُدن وقُرى البحرين طاقاتٍ شِيعيَّةً شابَّةً واعِدةً لم تُحسِن الانتماءات الحِزبيَّة والفِئويَّة توجِيهها لِخِدمَة الثَّقافَة الشِّيعِيّة البَحْرانِيّة الأَصِيلة وإنَّما وُظِّفَتها في أعمالٍ نَابذةٍ لِهذه الثَّقافَة، ولاستِخفافِ أَصالتها والحَدِّ مِن حَركة إِحياء مَظاهرها، ولِتَأجِيجِ أسباب الخِلاف على نَظْم المآتِم والمساجِد والمُنتَديات الأخرى، ولِلتَّضيِيقِ على مِيزة التَّعدُّد في المدارس الفِقهيّة والتَّقليد المَرجِعي، ولِفَرضِ تَطبيقات مَنهج (الشَّكِّ والتَّشطِيب والتَّأمِيم) ذِي البُعد الفِئوي الواحِد.

وإذا بِالمآتم والمواكب والمساجد والخُطباء والملالي والشَّيّالِين قد (أُمِّمَت)، وجَرَت عليها اشتراطات الانتماء الحزبي والفئوي، فخَلَت مساجدُ الحَيّ الواحدِ مِن صَلواتُ الجماعة إِلَّا مِن مسجدٍ مُؤَمَّم واحِدٍ، وصار لِكُلّ منطقةٍ مُتعدِّدةِ المواكب العزائيّة مَوكبٌ مُؤمّمٌ واحدٌ وشَيَّالٌ مُؤَمَّمٌ واحدٌ، وخَلَت المآتِمُ الأخرى مِن المواكب. ومُنِعَت المواكب المُستقلّة عن الانْتِماء مِن الطَّواف في بعض الأَحياء الّتي يُهيمِن عليها انْتِماءٌ خاصّ، واستَحال الخُطباء والشَّيّالون المنتمون إلى مُفوَّضِين عن منهج (الشَّكّ والتَّشْطِيب والتَّأمِيم) بِوَلايَة خاصَّة. فاستَغَلَّت السُّلطاتُ هذا التَّحوّل الحِزْبي والفِئوي المُعاكس لِمَظاهر الثَقافَة لِتَبرير إِقدامها على فَرضِ المَزِيد مِن القُيود القانُونِيّة المُعرقِلَة لِتَوسُّع الشَّعائر الشِّيعِيّة وانتشارها، وأَطلَقَت لِشَعائر اتِّجاه أَهْلِ العامّة حَركة انتِشارها في مَناطِق الوُجود الشِّيعي!

لَنْ تَغِيب عن الذّاكِرَة الشِّيعِيّة المَشاهدُ الحَيّة لِلمَواكِب المُتعدِّدة في الشّكل وهَيبةُ الجَزع الظاهرة على وُجوهِ المُعزِّين أَثناء اجتِياز هذه الموكب لِلطُّرقِ والأَزِقّةِ بهيئاتٍ مُعبِّرة عن التّنوع الثَّقافِي في التَّعبير عن المَودّة والحُزن لِمُصاب أَهْل البيت صَلواتُ الله وسَلامُه عليهم.

ولَعَلّ أَبْرز مثالٍ في هذه الذَّاكِرة هو تَعدُّد أَشكال المَواكِبِ في العِراق بتَعدُّدِ ثَقافَة الأعْراق والأقوام والجِنسيات والمُحافظات والأقضِية والمناطق إذْ تَمُرّ بين الحرمين الشَّريفين بهَيبةٍ حَزينةٍ وبِمَودّةٍ ظاهرةٍ خالِصة.

فلِكُلّ مَوكبٍ في هذا التَّجمُّع المليوني الكَبير طَريقتُه وهيئتُه وشكلُه ولحنُه وطوره الخاصّ لِيُمثِّلَ به ثَقافة مُجتمَعِه الأَصِيلة، فيما عدا مَوكِب عزاء البَحرانِيِّين الّذي دُسَّ بِه في قوام مُثير لِلدَّهشة إذْ ترى المُعزِّين المشارِكِين في الموكب كُلّهم مِن البَحْرانِيّين لكِنّ طريقةَ أَداءِ العَزاء وطَورَ الشَّيَّال ليسا بِحرانِيَّين ولا يُمثِّلان نَسقًا مُمتدًّا في عمق ثقافتهم الأَصِيلة عند إِحياء الشَّعائر، فتَتَساءل لهذا المَشهد:

هَلْ أُصِيبَت ثَقافةُ البَحْرانِيِّين في الشَّعائر بِعَطبٍ فِكريٍّ أَمْ انقَلَب البَحْرانِيُّون على أَنفسهم وثاروا على مَظاهِر ثقافَتِهم الَّتي آمنوا بها وجُبلوا عليها منذ مئات السِّنين واشتَهروا بها بين شِيعة العالَم وتَميّزوا، أَمْ أَنّ الاختِلالَ في المِيزان (الدِّيمُغْرافِي) لمصلحةِ التَّجنِيس السِّياسِي الطَّائفي وتَضخُّمَ القوانَين المانِعة أَو المُعرقِلة لِنُمو ثَقافَة الشِّيعة في جَزيرتهم قد أَضَّر بِالثَّقافَةِ البَحْرانِيّة فتَغيَّرت العاداتُ والتَّقالِيد فُجأةً وجَرى التَّحوُّل القَسرِي على مَظاهر الثَّقافة ومنها مَوكِبُ عزائهم الشَّهير؟!

أَهالِي مَدينة كَربلاء المُقدّسة الكُرماء وخُدّام الشَّعائر منهم حيث المَجالس ومواكب العزاء المليوني العظيم يُقام تَحت رِعايَتِهم وفي استِضافَتِهم منذ نُشوء مَدينتِهم على عَقيدة التَّشيُّع ـ هُمْ أَقربُ النّاس إلى الطَّبيعة البحرانِيَّة وأَكثرُ النَّاس اطِّلاعًا على تَفاصِيل الثَّقافَة البَحْرانِيّة ويَعرِفونها حَقَّ المعرفة، ويَتسابقون في خِدمَةِ البَحْرانِيِّين الزّائرين والمشاركة في مَجالِسهم ومَواكِبهم، ويَتنافسون على تَوفِير الاحتِياجات اللّازِمَة لهم مع التَّقدِير والاحتِرام التَّامّ، ويَعلَمُون سِيرةَ مآتم البَحْرانِيِّين وتأريخها وآثار مَنهج (السِّيرَة والرِّثاء) في أَداء خُطَبائهم وشَيَّالِي مَواكِبِ عزائهم، ويَعشَقون النَّظر إلى الحلَقات المُغلَقة الّتي

تُشكِّل هيئة مَواكِبِهم والتَناسُق الهَندسِي الدَّقِيق المُميَّز في مشيتها، ويَقتَربون منها لِلاستِماع إلى اللَّحْن والطَّورِ الحَزِين الجَزِع المغمور في حَماسٍ ظاهرٍ مُمتَثِلٍ لِلمَودَّةِ في أَهْلِ البيت صَلواتُ الله وسَلامُه عليهم ومُعَبِّر عنه.

فَإنْ ذُكِرَ البَحْرانِيُّون في حُضورِ أَحدٍ مِن أَهالي كَربلاء المقدّسَة تَبادَرَ إلى ذِهنِه مَشهدُ حَلقات العَزاء المُتداخِلَة والصَّفَّين المُتقابلين، ونَسَقُ الضَّرب بِالأَكُفّ على الصُّدور العارِيَة، وتَشابُك الأَيدِي على المَناكِب، ولَحنُ الطَّور الجماعي عالِي الرِّقَّة مِن دون دورٍ بُطولِي لِشَيَّال واحد في الموكب. ثُمّ غابَت مَجالِس ومَواكِب البَحْرانِيِّين عن العِراق عُقودًا مِن الزَّمَن بَعد أَنْ استَحكم حِزبُ البَعث قبضته وتَمكّن مِن السُّلطة وشَدّد مِن إِجرائه الأَمْنِيّ وضَيّق على الشِّيعة أَنفاسَهم وعَطّل الشَّعائر في مُدن العِراق كافَّة.

وعِندما سَقط حِزبُ البَعْث وتَنَفَّس الشِّيعةُ الصُّعداء؛ شَدَّ البَحْرانِيُّون بِمَجالِسهم المُتعدِّدة وبِمَوكِبِهم المُوحَّد الرِّحال مِن جَديد إلى مَدِينة كَربلاء المُقدّسة في هَيئةٍ أَجنَبِيّةٍ عن ثَقافَتِهم الأَصِيلة لم يَألَفْها العِراقِيُّون مِن أَهالِي كربلاء المُقدسَّة مِن قَبْل. فالخُطباء في أَهالِي البَحرين صاروا على غير النَّسَقِ المعلوم لِلخُطباء البَحرانِيِّين، وصارَ الموكِبُ فيهم على غير النَّمَط الشَّهِير، وانقَلَبت مَجالِسُ خُطبائهم وهَيئة ومشية مَوكبهم وأَلحان وأَطوار شَيّالِي حَلقة العزاء وصارت على غير المَجالس والهيئة والمشية والأَلحان المعتادة في البحرانِيِّين، وغابَت عن المَجالِس والمواكِب مظاهر الحُزْنِ والأَسَى المُعبِّرة عن المَودّة الخالِصَة المُمَيِّزة لِشِيعة البحرين، وحَلَّ حماسُ التَّجمُّع والتَّظاهُرة السِّياسِيَّين في مَحلّ جَزَع المَجلِس والمَوكِب العَرِيقَين، وأَمسَى كَثِيرٌ مِن أَهْل العَزاء البِحرانِيِّين الوافِدِين على كربلاء المُقدّسة يَتحدَّث بِلُغَةٍ نَاقِدَةٍ لِمَظاهر الشَّعائر ولِنَمط الخِطابَة وخارِطَة سَير المواكب وأَلحان وأَطوار المَجالس والمواكب العراقِيّة، وراح يَصِفَ مواكِب الحَيدر والصَّنْكَل التي تَجتاز الصَّحْنَين المُقدَّسين بـ (السُّلوك البَشِع المُشوِّه لِلثَّقافَة الشِّيعِيّة والمُقتَبس عن ثَقافَة الهِندوس والنَّصارى)!

في مَطلع عَقد التِّسعِينات مِن القَرن الماضي التَقيتُ مع أَحد عُلماء الدِّين البحرانِيِّين على طَرفِ أَحَد شَوارع لَنْدَن حيث كُنَّا معًا نقضي مَعِيشَة المنفى الأَوَّل.. تَبادَلنا معًا السّلام والتَّحِيّة ثُمّ ابتدر بِعتابٍ في رأسٍ مُنكَّسةٍ قائلاً: لماذا العِناد وإلى متَى؟!

سألتُه: خَير إنْ شَاء الله؟!

قال: التَّطْبير.. التَّطبير يابن المَحرُوس، وما أَدراك ما التَّطبِير!

قلتُ: عجبًا، وما المُشكِلة وأَين؟ إِنّي أَراكَ مِن المُهوِّلِين لِأَمر مَواكِب الحَيدر يا شَيخ!

رَفَعَ الشَّيخ رأسَه ونظرَ إليّ في استِخفافٍ على غير عادَتِه وقال: أَلا تَدرِي ماذا حدَث في مُناسَبة (الأَرْبَعِين) في العِشرين مِن صَفَر ونَحنُ في أَواخر عقد القَرن العِشرين حيث شَبكة الاتِّصال الإِعلامي والتَّواصُل الاجْتِماعِي في تَطوُّرٍ هائلٍ؟!

قلتُ: كُنْتُ اجتَهِد في مُتابعة المُستجدّات المتعلّقة بِمظاهر الثَّقافَة البَحْرانِيّة ما استَطعت، ولَستُ مُتفَرِّغًا مُتخصِّصًا.. في مُناسَبةِ الأَرْبَعِين لم أَرَ ما رَأيتَ أَنْتَ يا شَيخ، فبُحْ بِما دَريتَ.. أَنا رأيتُ فِئةً مِن المؤمنين الحُسينِيِّين تدمي هامتَها استِحبابًا بِالاستناد إلى فتاوى مَرجِعيَّة تَعلَمُ الدَّليلَ وتَعملُ على طِبق إِرشاداتها. ورَأيتُ إلى جانبها فِئةً أُخرى تُحجِم عن الإِدماء في مَوكب الحَيدر إِمَّا لِلإِباحة أَو لِلاستِحباب أَو لِلحُرمَة على العنوان الثَّانوي عند مَرجِعِها الّذي تُقلِّد، ورايتُ العامَّةَ مِن النَّاس يهمّها أَمنُ الشَّعائر واستمرار تَقدُّمِها وتَطوُّرِها على طِبق أُصول المَعْرِفَة والتَّقلِيد المُتَّبَع.. ورأيتُ أَهْلَ الاستِحْباب والإِباحة العامِلين بِـ (الحَيدَر) في حُزنٍ وجَزَع. فما الضَّير في وجودِ هذين الموقِفَين المُقلِّدَين، وماذا كان ثَمنُ ذلك وثَمرتُه في الثَّقَافَة البَحْرانِيّة منذ عَهد المُتَقدِّمين مِن أَجدادِنا والمُتَأَخِّرين منهم إِلّا خَيرًا.. أَنَأخُذُ بِالمُحرَّم مِن الفتاوى على العُنوان الثَّانوي ونَطأُ بِأَقدامِنا فَتاوى المَرجِعِيّات الأُخرى ونَرجُمُ مُقلِّدِيها، أَمْ نَأخذُ بِالمُستَحبّ ونَطأُ أَهْلَ الحُرمَة منهم؟!

وأنتَ تعلَمُ يا شَيخ أَنَّ بلدًا مِثل البحرين حيث المَساحة وعدد السُّكان المَحدودَين قد سَجَّلَ كَفاءةً عالِيةً في تَنمِية الثَّقافَة الشِّيعِيّة وتَنظِيم مظاهرها في مَرحَلة السِّيادَة الأَخْبارِيَّة، وذلك مِن خِلال العمل على إكرام مبدأ الاعتِدال في الاجْتِهاد واحتِرام التَّنَوُّع والتَّعدُّد المَرجِعِي.. ولَولا أَنَّ البَحْرانِيِّين كانوا بِمُستوى المَسئولِيّة الشَّرعِيّة لَتَهدَّمَت أَركانُ مجتمعنا الشِّيعِي الصَّغِير ولم يَدُم لنا منه شيء، ولما كُنتَ اليوم أَنتَ، ولما كُنتُ أَنا أَنا.. أَينَ مَحلّ المُشكلة الآن، وهَلْ مِن مُستَجِدّ طارئ؟!.. وأَنْتَ تعلم أَنّ البحرانيِّين لَيسوا (مُتَخَلِّفين) بَلْ هُمْ على النَّقِيضِ مِن مَعايير الفِكر الهجين لِلانْتِماء الحِزبِي والفِئوي ودعاواه المبتذلة. فلَدى البَحْرانِيِّين ثَقافةٌ أَصِيلةٌ عَمَّت آثارُها بلادَ المُحِيط الإقليمي وتَجاوزَته حتَّى وصَلَت إلى بِلاد الهِند والحُدود الشَّمالِيّة لِإيران والعِراق والسَّواحل الشَّرقِيّة لِقَارّة أَفريقيا، ولم تُداهِم ثَقافتَهم الأَصِيلَة الدَّهماء.

عاد الشَّيخُ يُقاتِل بِضِرسٍ قاطِعٍ فقال: لا عَلَيَّ.. ذاك عِنادٌ مِنكم.. والتَّطبيرُ حَرام.. أَتعرف ماذا تَعنِي الحُرمَة في أَواخر القَرن العِشرين والعالَمُ مُقبِلٌ على انْتِشارٍ حُرٍّ وواسِعٍ لِشَبكةِ الاتِّصال التِّقني ذات السُّرْعَةِ القِياسِيّةِ في تَدفُّق المعلومات وتَعدُّد مُحرِّكات البَحث الدُّوَلِي والقَنواتِ الفَضائيّة. فكُلّها ستُصبِح مُتاحةً لِلجَمِيع ولِلفِئات العُمُرية كافَّة بِالمجّان؟!

قلتُ لِلشَّيخ: لم أَفْهم ماذا تَقصِد وما تَرمِي إليه. فاسمُ الموكِب في الثَّقافَةِ البَحْرانِيّة (الحَيْدَرْ) وأَنَّ مفردة (التَّطبِير) شائعة في الثَّقافَة العِراقِيَّة، وأَنَّ معنى الحُرمَة واحِدةٌ في كُلِّ الثَّقافات الشِّيعِيّة المُتعدِّدة.. كأَنَّك لم تَأتِ إِلَيَّ بِقولٍ جديدٍ في الحُرمة يا شَيخ.. الحُرمَةُ في ذِهنِك هِي على طِبق ما يَراهُ مَرجِعُك وفَتاواه، ولِلبَحْرانِيِّين طَرفان يُحدِّدان الحُرمة هُما مُحدِّثُون ومُجتَهدون مُختلِفون على الحُرمَةِ والكَراهَةِ والاستِحباب والإِباحة، أَلَيس كذلك؟!

كرَّرَ الشَّيخُ في هذه المَرَّة قولَه بِمزاجٍ حِزبيٍّ فِئوي عَكِرٍ حادٍّ غَلِيظ، وأَخذَ الأمرَ مِنِّي بِشِدَّةٍ ورُعُونَة لم أَرَ مِثلَه فيه مِن قَبل، وقال: قُلْتُ لَكَ يابن

المحروس أَنَّ التَّطبير صار مُحرّمًا، وأَنتُم مُعانِدون مُخالِفون لِفَتوى الفَقِيه ذِي الوَلايَة المُطلَقة!

قلتُ: على رَسلِك يا شَيخ، رُبَما هنالِك سُوء فَهْم مِنكَ أَو مِنِّي.. فثَقافَتُنا البَحْرانِيّة واحِدةٌ ولم استَوعِب بَعدْ لَحنَ قَولِك، فلنُدرِك ذلك أَوَّلاً.. وليس في البَحْرانِيِّين مُعانِدٌ لِفَتوى مَرجِعك وَوَلِيِّك، وإنَّما الحَقّ هو أَنَّ مَرجِعَهم فَقِيهٌ مُحدِّثٌ أَو مجتهدٌ أُصُولِيٌّ ذِي وَلايَةٍ عامَّةٍ أَو مُطلَقةٍ على غير فَتوَى مِرجِعك، وحَسبُهم ما يقولُ مَرجِعُهم الّذي يُقلِّدون، وحَسبُكم مَرجِعُكم، وكِلاكُما في وفاق على مَنهج التَّقليد السَّارِي في ثَقافَتِنا قَبل أَنْ تَرى أَنْتَ الدُّنيا وأَراها أَنا. وكُلُّ مُحدِّثٍ أَو مُجتَهِدٍ استَحقَّ دَرَجَتَهُ ومَقامَهُ ورُتبتَهُ ومَنزلَتَهُ فهو مُكرَّمٌ عند الجميع إِلَّا أَنْ يكون على غَيرِ ذلك.. فَفِي أَيِّ زاويةٍ تَكمُن مُشكِلَتُك مع ابن المَحرُوس يا شَيخ؟!.. لم أَفْهَم بعد ما تَرمِي إليه يا شَيخ بِلَحْنِ كَلامِك هذا وأَنْتَ العالِمُ المُثقَّفُ ذِي الاطِّلاعِ الواسِعِ على فِكر الحُرِّيّات وتَأريخ نُشوئِهِ وظُهورِه وسِيادَتِهِ في بلاد الغَرب والتَّحدِّياتِ والنَّتائج الكارِثيَّةِ لِلاستِبداد على ثَقافَتِنا، وأَنا إلى جانِبك مُقلِّدٌ ولَسْتُ مَرجِعًا ولا وَكِيلاً ولا مُجتهدًا حتَّى يكونَ لِي دَورُ الفَصْلِ في مُرادِك.. أَنا استَمِعُ إِلَيك وإلى ما كُنْتَ تُفصِحَ عنه، ولَيس أَكثر مِن ذلك ولا أَقل!

صاحَ الشَّيخ وامتلأ شِدقاهُ زَبدًا و(تُفَّالْ) وهو يقول: عِلْمُكَ عِلْمُ السَّبعِينات يابن المَحرُوسْ.. تَرَه إِحْنَهْ في التِّسْعِينات وعلى أَعتابِ قَرنٍ جَديدٍ.. لم تُدرِك بعد ما أَقصد؟!.. أَنتُم مُعانِدون.. معانِدُون.. طُلّاب الفِتَنِ فكان استِحقاقُكم أَنْ تُرجَمَ مَواكِبَكم نكالاً مِن عند الله ورَسُولِهِ والمؤمنين واللهُ عَزيزٌ حكيم.. تَذكَّر أَنَّ الأَهالي رَجَموا مَواكِبَ التَّطبير في مَناطِق المُحرّق والدِّراز وسَند والنِّعَيم والدِّيْه وبَنِي جَمرة.. هذا خَبرُ ما عِندي!

لقد أَخبرنِي سَماحَة الشَّيخ بِمُستوى الاستِحقاق مِن الرَّجْم إِنْ أَعادت مَواكِبُ الحَيدَر مِن كُلّ اتِّجاهات التَّقلِيد المَرجِعِي والمُحدِّثِين كَرَّتهم

الأُخرى، فتَبادر إلى ذِهنِي فيه شَخصِيَّةُ عُمر بن الخَطّاب وآيتُه التي قَرأها جزءًا مِن القُران: (إذا زَنا الشَّيخُ والشَّيخةُ فارجُموهما البَتَّة نكالاً مِن الله والله عَزيزٌ حكيم)، فرَأيتُ قَول الشَّيخ مُطابقًا لِمَتنها ودَلالَتها لَولا أَنَّها اختصَّت في الشَّيخ والشَّيخة مِن بَعد زِنا، فحَمدتُ الله تعالى في حَضرةِ الشَّيخ مَرَّتَين على أَمرين:

الأَوَّل: أَنَّ مُفردَتي (الشَّيخ والشَّيخة) في القَرن الهِجري الأَوّل كانا على مَعناهما الأَصلِيَّين ولم يَكن لهما اصطِلاحٌ حوزِويٌّ مُماثلٌ لِلاصطِلاح المُتداول في أَيامِنا هذه.. وأَنا لَسْتُ شيخًا في كُلِّ الأَحوال، والشَّيخ هو!

والثَّاني: أَنَّ عُمَر لم يَصدِّق على أَهْل الجَزع حَدَّ الرَّجْم في عَهده بنَصٍ مِن عنده ولا اجتِهاد. ولو حدث ذلك في فَترتِهِ لَنَشأ عندنا اليَوم تَشَيُّعان: عَلوِيٌّ وعُمَرِيٌّ!.. فضَربتُ عن الشَّيخ صَفحًا وذَهبتُ إلى حالِ سَبيلي أَسِفًا على ما طَرأ على ثَقافَتِنا الأَصِيلَةِ الوادِعَة اللَّطِيفة مِن رُعُونةٍ وحِدَّةٍ في المزاج ومِن ثَورِيّةٍ شُمولِيَّةٍ (لا تَفقَه أَنَّ استبداد الفَقِيه بِالأَمر في وُجود فُقهاء آخَرين لا يَجوز. فكُلّ الفُقهاء خُلفاء الرَّسُول صَلَّى الله عليه وآله حيث قال: «اللَّهُمّ ارحَم خُلفائي» فلا ينفذ رأي فَقِيهٍ واحدٍ الَّا على مُقلِّدِيه، وإِنَّ أَدِلَّةَ النصب أَو الإذن أَو الحُجِّيّة شملتهم بِنَحوٍ واحدٍ، فإنَّها العُمومات والإِطلاقات وهي شامِلَةٌ لهم جميعًا مع وُضُوح بُطْلانِ المُحتَملات الأُخرى كَدَعوى أَنَّ النَّافِذَ حكمه منهم. وأَنَّ إِطاعة الفَقِيه في الحُكْمِ مُطلقًا مَحلَّ تَأَمُّل. فلَو طَلبَ أَحدُ الفُقهاء الزَّكاةَ بنحو الحُكم، وقال فَقِيه آخر بِعَدمِ وُجُوب الإطاعة في مثله؛ لم يَكُن لِلعامِّي بَأسٌ في تَرك العَمل بِقَوله).

لقد جَرَّدتُ مساحةً في ذِهْنِي مِن كُلّ تَحيُّزٍ لِعَصبِيّاتِ الانْتِماء الاجْتِماعي أَو السِّياسِي أو الثَّقافِي المُتَعجِّل في طَرح الرَّأي والمَوقِف مِن غير التَّكامُل في المعطيات والوُضوح في المَطلُوب، فساءَلتُ نَفسِي في حِيادٍ تامّ:

يَتناولُ البَحْرانِيُّون عند رأس كُلِّ ساعةٍ الآراء الفِقهيَّة المُتَنوِّعة والمُختلِفة، وهُمْ على هذه الحال المُستقِرّة في عُمق ثَقافَتِهم الشِّيعِيّة الأَصِيلة

لم يَعرِفُوا مُجتهدًا أَو مُحدّثًا وصَفَ مُقلِّدي الآخر بـ (المُعانِدِين) و(أَهْل الفِتَن)، أَو تَطاول عليهم فوَصَف ثَقافتَهم بـ (التَّخلّف) و(اللّاوَعْي) تنطُّعًا، أَو استكبرَ عليهم وحرَّضَ حَشدًا مِن أَتْباعِهِ أَو مُقلّديه على رَجْمِ شَعائرِهِم بالحِجارةِ والعِصيّ، أَو بالَغَ في إِقصائهم عن دائرة الفِعل الاجتِماعي والثَّقافِي بِسَوقِ الفِريَة والبُهتان.. فمِنْ أَيِّ بيئةٍ ثَقافِيّةٍ وفَدَت هذه الشُّمُولِيّةُ والحِدّةُ في الطَبع والمزاج، والرُّعُونةُ والغلظة في المَوقف، والجرأةُ على قُدسِيّة فتاوى المَراجِع، والتَّطاوُلُ بِقَولٍ وفِعلٍ على المظاهِر الثَّقافِيّة، والانْقلاب والثَّورِيّة والتَّجاوزِيّة على معاني ثَقافَةٍ مَحلّيّة أَصِيلةٍ عَريقةٍ بهذه الأَسالِيب المُخزِيَة لمصلحة انتِماءٍ سِياسِيٍّ؟!

لقد كان الرِّضا بِالتَّعدُّدِ الأَخْبارِي والأُصُولي مِن أَبرز سِماتِ الثَّقَافَة البَحْرانِيَّة الّتي نَشأ عليها مُجتمعُ هذه الجزيرة الصَّغِيرة على الرَّغْم مِن شِدّة التَّحدِّيات وصُعوبة تَخطِّيها. ويُمَثِّلُ هذا اللّون مِن الرِّضا البَحراني كَفاءةً عالِيَةَ القِيمة قَلَّ نَظيرُها في ثَقافات بِلاد أُخرى حتَّى يَوم وُفُود فِكْر الانْتِماء الحِزبي والفِئوي الهَجين على هذا المجتمع مِن مَنفذ الحَوزةِ الكُبرى والمَرجِعِيَّة الخارِجِيّة وبِعُنوانِهما، واقتِحام هذا الفِكر لِلثَّقَافَة البَحْرانيّة الأَصِيلَةِ وانقلابه عليها حيث نَظَر هذا الفكر إلى الثَّقافَة البَحْرانِيَّة نظرةَ استِعلاءٍ وأَفقد البَحْرانِيِّين المُنتَمِين ثِقَتَهم فيها.

ثُمَّ تَساءلْتُ مَرّةً أُخرى: فَمِن أَين جاءنا سماحة الشَّيخ بهذا المَوقِف الأُحادِي المُتشدِّد الغَريب الّذي مِن شأنِهِ تَسفِيه رِوايات أُصُول المُحدِّثين وفَتاوى المُجتَهِدين وسِيرة مُتشرِّعيهما، ولماذا تَطَرَّف في الوَصْف فاتَّهَم أَتباعَهُما ومُقلِّدِيهما بِالعِناد وطُلّاب الفِتَن، ثُمَّ يُحكِّم فَتوى مَرجِعِهِ على مُقلِّدي المراجع الآخرين بِالرَّجْم والضَّربِ والفَصل الاجتِماعي وبِالفِريَةِ والكِذب والبُهتان، فكان الّذي كانَ مِن فَوضَى عارِمَة على ظَهر هذه الجزيرة في دَهشَةٍ مِن أَهلِها وأُولِي الأَلباب الشِّيعَةِ في كُلّ مكان وقد غُيِّب المَسئول عن كُلِّ ذلك وراء الأَكَمة ولم يُساءل حتَّى يومنا هذا؟!

لقد مَرَّ المجتمعُ البَحرانِي بِواقِعةٍ تَأريخِيَّة مُشابِهَة. فَفِي عام 1965م عَمَّ الخلافُ حول استِعمالِ الآلات المُوسِيقِيّة في مَواكب العزاء حيث استَفتَى أَحَدُ خُطباء المجالس المُستقدَمِين مِن العِراق المَرجِعَ السَّيِّد مِحسن الحَكِيم. فكان جوابُ السَّيّد الحكيم: (الّذي فَهِمته مِن المُوسيقى هو ما يُسمّى في اللِّسان الدَّارِج «مُزِيقَهْ» وبِما يَشتَمِل على نغماتٍ على نَسَقٍ خاصٍّ مُطربٍ لا يَتناسب مع العزاء على سَيِّد الشُّهداء ذكرتُ في جَواب الاستِفتاء «السّابق» أَنَّهُ حَرام. فإذا كان المُراد به ما يُستَعمَل في العَتبات المُقدّسة في مواكب العزاء فلا بَأس بِهِ وهو جائز والله سُبحانه العالِم).

وصَلَت الفَتاوى في المُوسِيقى إلى البَحْرين فامتَثَلت لها بعضُ المَواكِب واستَمرّت المواكبُ الأخرى في استِعمال الموسِيقى بناءً على مَفهومَي الاحتِياط والفَتوى واختِلاف التَّشخِيص ورأي المَرجِعِيّات الأُخْرى. وما زال الخِلافُ قائمًا إلى أَيامِنا هذه على حَدَّي التَّشْخِيص والفَتوى، ولم تَشهد البلادُ منذ صُدور الفتاوى تلك ظُهورَ اتِّجاهاتٍ شُمولِيَّةٍ مُتَباينةٍ إلى حَدِّ القَطِيعة الاجتِماعِيّة وتنَظيم الاعتداءات على مُعَزِّي المواكب ورَجمِهم بِالحِجارة والعِصيّ. ولَيس مِن المُفارَقَة لدى المجتمع البَحْرانِي أَنّ المُجتَهِدَ المُحَرِّم لِموكِبِ الحَيدَر هو مِمّن يُجيز استِعمال المُوسِيقى ولم تُرْجَم مَواكب مُقلِّدِيه مِن قِبَل أَهْلِ الحَيدر ومُجيزِيه ولم يُحرِّض أَحدٌ مِن البَحْرانِيِّين على مَنعِ مُقلِّدِيه عن الامْتِثال لِفَتاواه!

فثَقافَةُ أَهْلِ البحرين أَصِيلَةٌ وليست مُتَخَلِّفَةٌ أَو مُلتَقَطَةٌ مِن خارِج بِيئتِها الاجْتِماعِيّة، وإِنَّما هِي ثَقافَة قائمة على قواعِدِ هَندَسةٍ اجتِماعيّةٍ ونِظامٍ مَرِنٍ قادرٍ على امتِصاص الصَّدَمات المُفاجِئة، وأَهلُها على إِدراكٍ تامٍّ بِأَنَّ اختِلاف الفَتاوى والآراء الفِقهيّة يَتفاعَل في مُجتمعٍ مُتعدِّد الاتِّجاهات بَين أُصُولِيَّة وأَخْبارِيَّة ومُتعدِّد التَّقلِيد على نَظرِيَّتي الوَلايَة العامَّة والمُطلَقة، وذلك يَتطَلّبُ حِرصًا مِن كُلّ الجِهات على بُنْيَةِ المجتمع وسَلامةِ نِظامِهِ الاجتِماعِي في بَلَدٍ يَعيش تَحدِّي الفَصْل الطَّائفي ويَقعُ في مَنطقَةٍ جُغرافيّةٍ حسَّاسَةٍ إِقلِيميًّا ودُوليًّا.

في سِنّ السَّادِسة مِن عُمْري وقُبَيل صُدور فَتوى السَّيِّد الحكيم بِسَنَتَين تَقريبًا رافقتُ جَدِّي الحاجّ عَلِيّ المَحرُوس إلى مَحلّ عَملِه في مِنْجَرة النِّجارة الكائنة بِالقُرب مِن المَدخَل الجنوبي لِسُوق (المَقَاصِيصْ) في المنامة عاصِمة المآتم حيث امتَهن جَدِّي صِناعة الخَزائن الخَشَبِيّة المُخصَّصة لِلمَلابِس تَلبِيةً لِطَلَبِ الوافِدِين مِن أَهْل عُمان.

قدَّمَنِي جَدِّي لِأَطفال عائلة بَحْرانِيّة مِن أُصُول إيرانيّة كانت تَسكُن في الشِّقّة التَّابَعة لِذات المَبنَى الّذي ضَمّ المِنْجَرة، فتَعرَّفتُ عليهم وقَضيتُ معهم أَسْعد ساعات النَّهار ولازَمْتُ سكنهم وقارِعة الطَّريق حيث نَلعَب ونَرتَع.

أَغلقَ جَدِّي باب مِنْجَرة صُنع الصَّنادِيق الخَشَبِيّة في آخر ساعةٍ مِن النَّهار وقد حان وَقتُ المُغادرة بِرِفقَتِه إلى حَيّ النِّعَيم. فاعتَرضَنا رَبُّ العائلة (العِجْمِيَّه) اللَّطِيفة لِيُقدِّم مع أَطفالِه إلَيَّ هَدِيّةً مُغَلّفةً بِوَرقٍ ناعِمٍ مُورّدٍ جميل المنظر. ففَرحتُ لِلهَدِيّة كثيرًا وقَدَّم جَدِّي لهم جَزيل الشُّكر والامتِنان ودَعا لَهُم ولِأَصدقائي الجدد بِالصِّحّة والعافِية والهِداية والاستِقامة على الصِّراط المُستَقِيم.

وعلى طَريق العودَةِ إلى حَيّ النِّعَيم بِصُحْبَةِ جَدِّي نَفدَ صَبري على الهَدِيّة المُغَلّفة وزاد شَوقِي لمعرفة ما بِداخلها. أَدركَ جدّي ذلك فأَجاز لي فَتحَها أَمامَه، فإذا هي آلة مُوسِيقِيّة (بْيَانُو) صَغِيرة الحَجم مَصنوعة مِن الخَشب ومُلوَّنة بِالصّبغ الأَزرَق.. أَمْعَنتُ النَّظر في وَجْه جَدِّي لأَتحسَّس مَلامِح الرِّضا.. سَكتَ جَدِّي على غير عادَتِه ولم أَعُد أَرى ابتِسامةً منه مُعبِّرةً عن التَّفاعُل مع فَرحَتِي بِالهَدِيّة.. وعندما حَلَّ الظَّلامُ بِبَيتنا (العَشِيشْ) المُشَيّد في حَيّ (النِّعَيم الوَسْطي) مِن سَعف النَّخِيل والمُستأجر بِستّ (رُبِيَّات) مِن دائرة الأَوقاف الجَعفرِيَّة سَمعتُ لِجدِّي وجَدَّتِي هَمسًا في حُرمَة اقتِناء أَدوات اللَّهو ومِنها الآلات المُوسِيقِيّة. فتَيقَّنتُ أَنَّهما سيُصادِران (البْيَانُو) عند أُوْلى ساعات الصَّباح امتِثالاً لِلحُكم الشَّرعِي القاضي بِحُرمَةِ اقتِناء أَدوات اللَّهو. فجَدّي

أَحد أبرز مُرافِقِي العَلّامَة السَّيِّد هاشِم الطَّويل وأَحد أقطاب الأَخبارِيّة الكبار في حَيّ النَّعيم، وتُؤدِّي جَدَّتي دَورَ الزَّعامة بين نِساء الحَيّ في كُلِّ الأنشطة الدِّينيّة والاجتِماعِيّة مِن بَعد وَفاة شَيخة نِساء أَهْل الحَيّ (بِنْتْ نَاصِر).

لم يَحدُث شَيئًا مِن ذلك، ولم يَتدَخَّل أَحدُهما أَو كِلاهُما لِكَي يُصادِر (البْيَانُو) مِن بين يَدَيّ، لكِنّي شَعرتُ بِالرَّهبَةِ مِن بَقاء (البْيَانُو) بِحَوزَتي مِن غَير إِدراكٍ مِنّي لِمَعنى الحُرمَة وتَفاصِيله في النِّقاش الذي دار بين جَدِّي وجَدّتي. فأَهمَلتُ (البْيَانُو) ورَكنتُه في زاوِية مِن زوايا (البَرْسْتَجْ) حتَّى قَرّرتُ في مَساء اليوم التَّالِي العَزم على التَّخلُّص مِن الرَّهبَةِ قُبيل شُروق الشَّمس، فرَميته في (الدَّالْيَه) المُطِلّة على بَيتِنا المُجاوِر لِمَسجد الشَّيخ يَعقُوب.

كان المُجتَمع البَحْراني خاضِعًا لِسِيادة المُحدِّثِين الأَخبارِيِّين حين صُدور فتوى السَّيِّد الحكِيم. وما مِن مَسيرة لِمَواكِب العزاء البَحْرانِي في هذه الفَترة إلَّا وكانت فِرقةٌ مِن الموسيقيِّين تَتقدّمها. ولم يَتقدّم أَحدٌ مِن الأَخباريّة لِلاعتِراض على الفَتوى أَو يَتَشدَّد في رَفضِها أَو يُبدِي أَسَفه إِزاء تَدخُّل مَراجِع النَّجَف الأَشْرف الأُصُولِيِّين في الشَّأن الفِقهي البَحْراني على الرَّغْم مِن قِلَّةِ عددِ عُلماء الأُصُولِيَّة والمُقلِّدين البَحْرانِيِّين المعنيين بِالفتوى. واستَمَرّت المواكبُ في إِحياء الشَّعائر، وتُرِكَ لها الخِيار في الامتِثال لِأَحد الرَّأيين الفِقهِيَّين بلا (شَوْشَرَه) ولا ضَجَّة. ومَضَت الأُمُور على أَحسَن ما يُرام، فلا عَصَبِيّة ولا مُغالَبة ولا مُناوشَة ولا تَنطُّع بِالفَتاوى ولا رَجْم يُتَّبع!

فهَلْ كان المُجتَمع الأَخْبارِي في فَترة صُدور الفَتوى مُتَشدِّدًا في الالتِزام بِأُصُول المَعرِفَة والأَكثر حِرصًا على تَنمِية الثَّقَافَة البَحْرانِيّة الأَصِيلة وصِيانَتِها، والأَكثر كَفالة لِأَمْن النِّظام الاجتِماعِي مِن اتِّجاهات الانْتِماء الحِزبي والفِئوي، ومَنْ مِنهُما يَستَحِقّ أَنْ يُوصَف بِـ (التَّخَلُّف) و(اللَّاوَعْي)؟!

قبل أَنْ تَنقَضِي أَيَّام القَرن العِشرين بما حُمِّلَت مِن مُشكلاتٍ ثَقافِيَّةٍ واجتِماعِيَّةٍ مَنسوجَةٍ بِفِكر الانْتِماء الحِزبي والفِئوي وإذا بِالشَّامِتين مِن

الاتِّجاهات (العَلمانِيّة) يَسْتدرِكون آخر ساعات هذا القَرن بِالقَول الشَّامِت: كُنْتُم تَسْخَرون مِنَّا في نصف قرنٍ مِن الزَّمن بِالقَول (إذا عَطَسَت بِكِّين أُصِيبَت عَدَن بِالزُّكام). وكُنَّا نَردُ عليكم بِالقَول (وإنْ مِنكُم إِلَّا وارِدها). فها أَنتُم اليَوم أُصِبْتُم بِالزُّكام ولم تَعتَبِروا بما كُنتُم تَسخرون ولمّا يَتجاوز الزَّمنُ بين لحظة إِصابَتِنا بِالزُّكام المدَّعى مِنكم ولحظة إِصابتِكم بِالزُّكام عِشرين عامًا!

كانَت مظاهرُ الثَّقافَة البَحْرانِيّة الجارِيّة في حالٍ مِن النُّمُو المستقرّ على نَسَقٍ هادئٍ فلا هَمَج يَنعقُون وراء كُلّ ناعِقٍ ولا رُعاع. وإذا بِالبَحرين الوادِعَة قد حُشِرت في زاوِيَة التَّقليد المَرجِعِي ذِي المَنهج المُسَيَّس المُحَرِّض على حَظر مَواكِب الحَيْدَر وعلى مُعالجتها بِأَلفاظِ الشَّماتَة وحِجارة التَّطهِير، فوَقَع الحادِثُ المؤسِف عندما رَجَمت فِئةٌ مِن (المُؤمِنين) مَوكِبًا لِلحَيدر واستدْرَكَت واقِعَة الرَّجْم بإِشاعةٍ مُثِيرةٍ عَمَّت الآفاق لِتُؤكِّد على أَنّ واقِعَة الرَّجْم ما كانت إِلّا (فِتنَة) استيَقَظَت في غَفْلَةٍ مِن النَّاس فاستَوجَبَ رَدعُها بِالضَّربَة القاضِيَةِ!

وإذا بِالفِئة الرّاجِمة ذاتها تُعلِن في النَّاس أَنَّ مَوكِبَ الحَيدر ذِي الأَداء الفِقهي المُستَحب أَيقظَ الفِتنَةَ بِخُروجِهِ على الفَتْوى المُحَرِّمَة، فإن كان موكبُ الحيدر المُستَحَبّ سَببًا في وُقُوع الفِتنَة فيَتوجَّبُ إِذَنْ حَظره بِتَقدِيم فَتوى الحُرْمَةِ ووَضع حَدٍّ لِعِناد (المُطَبِّرِيين) والمبادرة إلى تَقدِيم وَحدَة النَّسِيج الاجتِماعِي على فَتْوَتَيّ الإِباحَةِ والاستِحباب!

نَشأ مَوكِبُ الحَيدر بِوَصْفِه مَظهَرًا مُتَمَيِّزًا مِن مَظاهر في الثَّقَافَة البحرانيّة مُنذ مِئات السِّنين في أَحضان مُجتَمع الحوزات المَناطِقيّة، وامتَثل المُعزُّون المُشاركون في هذا الموكب لِلتَّوجِيه الرِّوائي الصَّادر عن مَرجِعِيّات المُحدِّثِين والمُجتَهدِين، ولم يَعتَرض أَحدٌ مِن مُتَشرِّعِي البَحرين أَو يَتعرّض لِلمَوكِب بِقُوة الرَّجْم أَو بِافتراء تُهمَة (الفِتْنَة) مِن وراء الظُّهور. وكان المُتوقّع مِن فُقهاء التَّحرِيم ومُقلِّديهم المُعاصِرين مراعاة سِيرة مُتَشرِّعِي المَوكِب في الثَّقافَة البَحْرانِيّة.

عند النَّظر إلى مَوكِب الحَيدَر يَشتَعِلُ مَشهدُ واقِعة الطَّفّ الحَزينة في الرَّوْع ويَتبادرُ إلى الذِّهن معنى فَتوى الإباحة والاستِحباب التي امتَثَل لها المعزّون مُنذ مِئاتِ السِّنين بِتَمام مَعناها. وعِندما يَرى ذاتُ النَّاظِر مَشهدًا مُثيرًا لِفِئةٍ تَتبارَى لِنَيل الثَّواب بِرَجْم مَوكِب الحَيدر؛ فلَنْ يَستذْكِر ذاتُ النَّاظر فَتوى التَّحريم فَحَسب وإنَّما سيَرى أَمامَه ثَقافَةً شِيعِيَّةً أَصِيلةً تُعاني مِن تَحدِّي الوُجُود والهُوِيّة قد انْتُهِكَت!

في العاصِمَة البِريطانِيّة كُنتُ أَتَلَقّى أَنباءً عن حَجْم الإمكانات الحِزبِيّة والفِئويّة المرصُودة لحظر موكبِ الحَيدَر ومُعاناة المُدافِعين عن المَواكِب بِصِفَته مظهرًا مِن مظاهر الثَّقافَة البحرانِيّة العَرِيقَة.

وعند عَودتي الأُولى مِن المَنفَى إلى بَلَدِي البَحرين في شَهر مُحرَّم الحرام صُدِمْتُ بالوقائع الماثِلة أَمامي إذْ شاهدتُ صبيانًا تُوزّع أُلوفًا مِن البَيانات المَطبُوعَة المتضَمّنة فَتاوى المَراجِع (المُحَرِّمَة) لِإدْماء الرُّؤوس في مَوكِب الحَيدر. وفُوجِئتُ بِمَجموعاتٍ كبيرة مِن المُراهِقين والأَطفال تَعمل بِجِدٍّ ونَشاط على تَغطِية جدر البيوت في القُرى وجُدر المتاجر في الأَسْواق وجدر المآتِم والمَساجد في وَسَط الأَحياء بِالمُلصقات المُندِّدَة بِمَواكِب الحَيدَر.

فتيَقَّنتُ أَنّ رُؤية الانْتِماء الحِزبي والفِئوي باتَت مُشَوّشة في قَراءته لِلواقع، وأَنّ الانتماء لم يُدرك بَعْد أَنَّ لِلبحرانِيِّين خُصُوصِيّةً ثَقافِيّةً عَرِيقَة ونَسيجًا اجتِماعِيًّا مُتماسِكًا ولا يَصِحّ الانقلاب عليهما بِالرَّجْم الثَّورِي والإنْذار بِالوَيل والثّبور وبِالتَّخيير الحِزبي والفِئوي بين شَطْبِ (المُستَحَبّ) وقِيام الفِتنَة (المُحَرّمة)!

كان الأَحرى بِكُلّ الاتِّجاهات السِّياسِيّة والاجتِماعيّة الوافدة على البحرين بِفِكر ثَقافَة أَجنَبِيّة مُغايرة متأَزِّمة أَنْ تَلتَزِم بِضَمان حُرِّيّة التَّعدُّد المَرجِعي المَعمول بِه في الحَوزات الكُبرى، وتُطلِق لِلبَحرانِيِّين الحقَ في إحياء مَظاهِر الثَّقافة البَحرانِيّة الأَصِيلَة التي جبلوا عليها منذ مئات السِّنين، وأَنْ

تَحتَرِم سِيرة العُلماء الماضِين وأَجيال الحَوزاتِ المَحَلِّيّة العَرِيقة الّتي تَجاوز عُمُرها أَربعة قُرون كان لها الفَضلُ في تَنمِيَة الثَّقافَة البَحْرانِيَّة وتَأصِيل نَظامِها الاجتِماعيّ، وأَنْ تُقدِّر جِيل المُعاصِرين المُتَمَسِّكين بِأُصُول هذه الثَّقافَة، وأَنْ تَتجَنّب الالتِجاء إلى فِكرها الهِجين عند التَّعاطِي مع السُّلوك العامّ إِذْ ليس في أُصُول المَعرِفَة الشِّيعِيّة ما يُحَرّض على الطَّعن في الأَصالَة ومَظاهر الثَّقافَة بِالرَّجْم الثَّورِي والذَّوقِيّة والمزاجِيّة والتَّصوُّف الفلسفي والاستِحسان السِّياسي الحِزبي والفِئوي.

إنَّ الذّين حرَّضُوا على رَجْم مواكب الحَيدَر وانْقَلبوا على الرُّؤية الأَصِيلة لِلثَّقافَة البَحرانِيّة في شَأن إِحياء الشَّعائر الحُسَينِيّة بِما ارتكبوا مِن فَعْلَةٍ فَعلُوها؛ هُم ـ مِن دُون شَكّ ـ ضَحايا الانتماء الثَّورِي والانْقلابِي والتَّجاوُزِي الذي أَلبَس سِيرةَ خُروج الإِمام الحُسين صَلواتُ الله وسَلامُه عليه مِن المَدِينة إلى الكُوفَة ثَوبًا مُلائما لِمَسيرتِهِ الحِزبِيّة والفِئويّة إِذْ يَقول (أَنَّ الإِمام الحُسَين صَلوات الله وسَلامُه عليه خَرَج مِن المَدِينة قاصدًا الثَّورَة على يَزِيد بن مُعاوِيَة وإِقامَة دَولة العَدْل الإِلَهي، وأَنَّ على كُلّ مَظاهر الثَّقافَة الشِّيعِيّة الأَصيلة أَنْ تُعطِّل هيئةَ الجَزَع على مَقتَل أَبي عبد الله صَلواتُ الله وسَلامُه عليه وأَهْلِ بيته وأَصحابِه عليهم السَّلام وتَتَّخِذ لِنَفسها أَشكالاً ثَورِيّة تَنسَجِم مع هَدَفَي الثَّورة وإِقامة الدَولَةِ العَادلة).

أَليس هذا قولٌ صارخٌ في نَفْي عِصْمَة الإمام ونَفي لِعِلْمه ونَفْي لِوجوب المَودَّة والحُزن لِحُزنِ أَهْل البَيت صَلواتُ الله وسَلامُه عليهم، وأَنَّه قولٌ في نَفْي الفَرج بِـ (الانْتِظار) وفي نَفْي لِوجود الإمام المَهدِي بَقِيَّة الله عَجَّل الله تَعالَى فَرَجَه الشَّريف الّذي صَرَّحَ أَهلُ البَيت صَلواتُ الله وسَلامُه عليهم بِقِيام دَولَتِه العادِلة في آخر الزَّمان.

وكَأَنَّ الثَّورِيَّة والانْقلابِيَّة والتَّجاوُزِيّة بهذا الفِكر الهَجِين هِي لُبُّ ما استُنبِط مِن مَنهج الإمام الحُسين صَلواتُ الله وسَلامُه عليه والجَوهرُ في

خُروجِه لإِصْلاح أُمّةِ جَدِّه.. أَلَم يَقُل صَلواتُ الله وسَلامُه عليه (قد شاء اللهُ أَنْ يَرانِي قَتِيلاً، وقَد شاءَ اللهُ أَنْ يَراهُن سبايا)؟!

إنَّ العَقلَ المُنتَمِي يَقرأ الواقع الشِّيعي بِخَلفِيّة ثَقافِيّة مُشوّهة بِأَفكار اتِّجاه أَهْل العامّة، ويَنتَشِي بِمُعطيات الواقع السِّياسِي المُجرَّد الباعِث على الأَمَل والانْشِراح الكاذبين فيُعَرِّج بِها إلى سِيرة خُروج الإمام الحُسين صَلواتُ الله وسَلامُه عليه لِيَختَلِق لِنَفسه من السِّيرة تَفسيرًا مُتكَلِّفًا يَدفعه إلى الوُقوف مِن الثَّقافَة الشِّيعِيّة ومَصادرها الأَصِيلة في المعرفة ضِدًّا.. يَخونُه التَّحلِيلُ والتَّركِيبُ المُجرَّدَين لِيصِيغَ سِيرةَ خُروج الإمام الحُسين صَلواتُ الله وسَلامُه عليه على حَسب هَوى المنهج والمَقصد الثَّورِي بِإِقامَة دَولة (العَدْلِ الإلَهي) الّذي اصطَنَعه على هواه، فإِذا به يَفتَح النَّار على هذه السِّيرة العَظِيمة ويُجَرِّحَها ويُعدِّل مَواقِف أُولئك الّذين قدَّمُوا النُّصحَ لِلإمام الحُسين صَلوات الله وسَلامُه عليه في طَرِيق خُروجِه، ومِنهم عبد الله بن عُمر الّذي فَسّر خُروج الإمام الحُسين صَلواتُ الله وسَلامُه عليه بِمَعنى (الثَّورة) مِن أَجْل إِقامة الدَّولة على أَنقاض دَولَة يَزِيد بن مُعاوية ذِي القُوّةِ الجَبّارة الهائلة الّتي لا تُقهَر، حتّى ودَّع ابن عُمر الإِمامَ الحُسين صَلواتُ الله وسَلامُه عليه تَودِيع مُستَخِفٍّ بِالمَقصد مِن وراء خُروجِه الّذي طَلَب بِه ما وَصَفهُ ابن عُمر بِـ (التَّهلُكَة لِنَفسِه وعِيالِه ورَكبِ أَهلِ بَيتِه وأَصْحابِه).

إنَّ ذاتَ العَقلِ المُنتَمِي الّذي يُفسِّر خُروجَ الإمام الحُسين صَلواتُ الله وسَلامُه عليه بِالثَّورة طَلَبًا لإِقامَة (دَولَةِ العَدْلِ الإلهي) يَعلمُ المَغزى مِن لِقاء الإمام صَلواتُ الله وسَلامُه عليه مع عُمَر بن سَعد، ويَعلَمُ ما دار بَينهما حول حِصار كربلاء حيث كَشَف ذلك ابنُ سَعْد عندما بَعَثَ إلى عُبَيد الله بن زِياد والِي الكُوفة يُخبِره بِأَنّ الإمام أَعطاهُ عهدًا بالانْصِراف عن العِراق. فَرَدَّ ابنُ زياد شامِتًا (الآنَ إذْ علَقَت مَخالِبُنا بِه يَرجُو النَّجاةَ.. وَلاتَ حِينَ مَناص)، ثُمَّ بَعث إلى ابنِ سَعد (فازْحَف عَلَيهم واقْتُلهم ومَثِّل بِهم) إِنْ لم يَنزِل على حُكمِي!

فهَلْ استَسْلَم الإمامُ الحُسين صَلواتُ الله وسَلامُه عليه وتَنازَل عمّا وصَفَته الانتماءات الحزبيّة والفئويّة بـ(الثَّورَة) وتَراجَع عن إقامة دَولة (العَدْل الإلهي) عندما عزم على الانصِراف عن العِراق وأعطى عهدًا بذَلك لابْنِ سَعد، أَمْ أَنَّ الإمام قد أَلقَى بخُروجِه إلى العِراق الحُجَّة التَّأمّة على أَهْل الكُوفَة الّذين بَعثوا إليه اثني عَشر أَلفًا مِن كُتبِ الرَّجاء والتَّوسُل (أَنْ أَقدِم يا بن رَسُول الله، لَيس لَنا إمامٌ غَيرك فلَقد اخْضَرّ الجَناب وأَينَعَت الثِّمار، وإنَّما تَقدِم على جُندٍ لَك مُجنَّدَة.. فإنْ لَم تَجِب دَعوَتَنا وتُلَبِّي طَلَبنا وتتَوجَّهُ إلينا؛ خاصَمْناك بَين يَدي الله يوم القِيامة). ثُمّ خَذلوه وجاءوا إلى كَربلاء مُشارِكين يَزِيدَ بن مُعاوِيَة حَربه على الإمام الحُسَين صَلواتُ الله وسَلامُه عليه وهُو يَعلَمُ طَبائعهم حتَّى وَصَفَهم بـ(عَبيد الأُمَّة وشُذّاذ الأَحزاب ونَبَذَة الكِتاب ومُحرِّفِي الكَلِم وعُصبَة الإِثْم ونَفَثَة الشَّيطان ومُطفِئي السُّنَن).

وقد كَشف الإمامُ الحُسين صَلواتُ الله وسَلامُه عليه بِخُروجِه مِن المَدِينة إلى مَكّة ثُمَّ إلى كربلاء عن أَنَّ يَزيد خَيَّره بين البَيعَةِ والقَتل، فرَفَض الإمامُ الحُسين صَلواتُ الله وسَلامُه عليه البَيعَةَ إذ قال لَه: (مِثلِي لا يُبايع مِثلَه). وتَوجَّه إلى جُيوش يَزِيد بن معاوِيَة وفِيهم أُولئك الكُوفِيِّين الّذين قالوا له في رَسائلهم (وإنَّما تَقدِم على جُندٍ لَك مُجنّدة) وسأَلهم عن سَبب اجتِماعهم في كَربلاء على قَتلِه وهُم القائلون له في رَسائلهم (فإنْ لم تَجِب دَعوتَنا وتُلبِّي طَلَبنا وتَتَوجَّه إلينا؛ خاصَمْناك بين يدي الله يوم القيامة)، فأَجابوه: (طاعة لِلأَمِير عُبَيد الله بن زِياد)! فخاطَبهم قائلا: (تَبًّا لَكُم أَيَّتُها الجَماعة وتَرَحا، أَحِين استَصرَخْتُمونا والِهين فأَصْرخناكُم مُوجِفين سَلَلتُم علينا سَيفًا لَنا في أَيمانِكُم وحَشَشتُم علينا نارًا اقتَدَحنَاها على عَدُوِّنا وعَدُوِّكم فأَصبحتُم إلبًا لِأَعدائكم على أَوليائكم بِغَير عدلٍ أَفشُوه فيكم ولا أَمَلٍ أَصبح لكم فيهم، فهَلّا لَكُم الويلات تَركْتُمونا والسَّيف مَشِيم والجَأش طامن والرَّأي لَمّا يَستحصِف، ولكِن أَسرعتُم إليها كَطيرة الدِّبا وتَداعيتم إليها كتَهافُت الفراش ثُمّ نَقضْتُموها.. فَسحقًا لكم يا عَبِيد الأُمّة وشُذّاذ الأَحزاب ونَبذة

الكِتاب ومُحرِّفي الكَلِم وعُصبة الإِثْم ونَفَثة الشَّيطان ومُطفِئي السُّنن. وَيْحَكُم أهؤلاء تعضدُون وعَنّا تَتخاذَلون.. أَجَل والله غَدْرٌ فِيكم قَدِيم وشَجَت عليه أُصُولُكم وتَأزّرت فُروعُكم فكُنْتُم أَخْبَثُ ثَمر شجٍ لِلنَّاظر وأكلة لِلغاصِب. ألا وإنَّ الدَّعِيّ بن الدَّعِيّ قد رَكَز بين اثنتين، بين السِّلَة والذِّلّة، وهيهات مِنّا الذِّلّة يَأْبى اللهُ لنا ذلك ورَسُولُه والمُؤمنون وحُجُور طابَت وطَهُرَت وأُنُوف حَمِيّة ونُفُوسٌ أَبِيَّة مِن أَنْ نُؤثِر طاعةَ اللِّئام على مَصارِع الكِرام، ألا وإِنّي زاحِفٌ بِهذه الإسْرة على قِلَّةِ العَدد وخذلان النَّاصر).

عندما يُقَرِّر العَقل المُنتَمِي أَنْ يَطعَنَ في الثَّقافَة البَحْرانِيّة الأَصِيلة وفي مَظاهِرها بِالثَّورِيَّة ويَتَّهِمهما بِـ (التَّخَلُّف) و(اللّاوَعْي) واتِّباع مُتون (الخُرافَة) و(الأَساطِير)، ويُزوِّر المقاصد والحَقائق بِالرَّأي السِّياسِي، ويُحَرِّض على رَجْم مواكب الحَيدَر؛ فإِنَّما يَبنِي انتماءَه على أَوْهام السِّياسة الّتي أَوَّلَت سِيرةَ خُروج الإمام الحُسَين صَلواتُ الله وسَلامُه عليه تَأوِيلاً مُتَعَسِّفا يُقارب ما كُنَّا عليه في طُفُولَتِنا إِذْ كُنّا نَتقاسَم الأَدوار فيما بيننا لـ (تَمْفيلْ) وأَداء مَسرَحِيَّة واقِعَة الطَّفّ في أَيّام العَشرة مِن شهر مُحرَّم الحرام، ونَرفُض بَين فُصولها التَّمثِيلِيّة أَنْ يَكون النَّصْرُ حَلِيفَ جَيشِ يَزِيد بن مُعاوِية بِقِيادة عُمَر بن سَعْد على جانِب الإِمام الحُسَين صَلواتُ الله وسَلامُه عليه بِقِيادة أَبِي الفَضْل العَبّاس عليه السَّلام. ثُمَّ إذا ما حَضرنا مَجالِس الأَيّام الأخيرة مِن العَشرة في المأتَم واستَمعنا إلى سَرد سِيرة الواقِعة على لِسان المُلّا جَواد حميدان في مأتَم النِّعَيم الغَربي ومُلّا عَطِيّة الجَمري في مَسجِد الشَّيخ يَعقوب ـ وانتِهائهما بِالمَصرَع، وإِقدامِ مُلّا جواد على كَسر العَلَمَين المُثَبَّتين على جانِبَي المِنبَر في جَزَع وحماسٍ ظاهِرٍ عند سَردِهِ لِمَشهد إِقدام جيش ابن سَعْد على قَطع يَمِين وشِمال العَبّاس عليه السّلام بِالسَّيف؛ نُسارع إلى إِلقاء اللّائمَة على المُلّا حميدان والمُلّا عطيّة لِسَردِهما خاتِمَة سِيرة الواقِعَة بِمَشهد (الهَزيمَة)، ونَأمَلُ مِنهما أَنْ يسردا سِيرة الواقِعَة في العَشرة القادِمة على طَريقَتِنا التَّمثِيلِيّة بين أَزِقَّةِ حَيّ النِّعَيم ويَنتَهِيا بِالسِّيرة إلى انْتِصارٍ عسكري ساحقٍ مُبين لِجانِب الإِمام الحُسين صَلواتُ الله وسَلامُه عليه على جَيش يَزِيد!

إنَّ مَشاهِد رَجْم المواكب وما تَلاها مِن تَوتُّرٍ عَمّ مظاهر الثَّقافَةِ البَحْرانِيَّة، ومِن فَوضَى عَمَّت المآتِم ونِظام المواكب، وما أَحدَثَت مِن سُنَّة النِّزاع العنيف في الشَّعائر بِالمواجَهة المباشرة ـ لَهِيَ مِمّا يُؤسَف له حقًا كُلَّما عُدنا إلى قراءةِ سِيرةِ الوُجود الشِّيعي ونَتائج المُغالَبة بين الانتماءات فيه.

ما كان يَنبَغِي لِمَشاهد الشَّعائر التي يَجرِي إِحياؤُها على الطُّرق العامَّة أَنْ تتعرض لِلإهانَةِ في مُجتَمعٍ وادِعٍ ذِي ثَقافَة أَصِيلة تعيش تَحدِّي الوُجود والهُوِيّة، ولم يَكُن لِلتَّحريض بِهذه الطَّريقة وما تَبِعَها مِن بَيانَات تَدعو الحُكومة إلى التَّدَخُل لِمَنع خُروج مَواكِب الحَيدَر مِن مُبَرِّرٍ ولا أَصْلٍ في هذه الثَّقافَة. وليس مِن شَكٍّ في أَنَّ رَجْم المواكب لَيْس مِن طَبائع أَهْلِ البحرين وعاداتِهم لولا وُجُود الانْتِماء المُحَرِّض بِفِكر ثَقافَةٍ مُبايِنة والمَنْزوع مِن اللُّطف والحِكْمَة والرَّوِيّة الّتي تَميَّزت بِها أجيالُ الثَّقافَة البَحْرانيّة الأَصِيلة.

ـ حَظْرُ الهَندَسَةِ الشَّعائِرِيَّةِ فِي مُخَيَّمِ الوَاقِعَة

ما زالَت ذاكِرتي تعِجُّ بِمَشاهد مواكب السِّتِّينات والسَّبعِينات مِن القَرن الماضي، وتَطُوف في ذِهنِي صُورٌ حَيَّةٌ لِأَكثَر مِن عشر زَوايا مَحدَّدة غير مُظَلَّلة بين البيوت الواقِعَة على قارِعَة الطَّريق حيث تَجتَمِع إليها النِّساء والأطفال مِن أَهْل حَيِّ النَّعِيم بِكثافَةٍ وهُم يترقَّبون مُرور مَواكِب العَزاء لِأَداء الدّور الذي جبلت عليه الأَجْيال البَحرانِيّة.. لو عُدنا إلى التَّفاصِيل لاكتَشَفنا هَندسةً شعائرِيَّةً مُتكامِلة الأبعاد لا مَثِيل لها في مُجتمعات التَّشيُّع إذْ يَنفرد البَحرانِيُّون بها مِن دون سِواهم.. إِنَّها تَستحِقّ أَنْ تُدرس بِعنايَة فائِقةٍ وتُدَوَّن حيث تَنعَدِم ظاهرةُ المتفرِّجين على المواكب!

تَسيرُ فِئةٌ مِن مَواكب العزاء على شَكلِ صَفَّين مُتوازِيَين وصُدورُ الرِّجال المعزِّين فيهما عارِيَة، ويَتخَلّلُ مشيتَها وَقَفاتٌ قَصِيرةٌ يَتحوَّل فيها الخَطّان المتَوازِيان إلى حَلقةِ عَزاء مُغلقة. وفِئةٌ أُخْرى مِن المعزِّين تَمشِي بلا انْتِظام في إِنْشادٍ جَماعِيٍّ لِقَصِيدة الشَّيخ حَسَن الدِّمستاني (أَحْرَمَ الحُجَّاجُ)، ومِن

أَمامِها راياتٌ حمراء وخضراء وبيضاء تُحِيط بِفَرسٍ بِلا فارس يُسَمَّى بِـ (ذِي الجَناح)، يَتبعهُما مَجموعةٌ مِن التَّشابِيه التي تُعَدّ وتُجهَّز على نَسقٍ فَنِّيٍّ جميل في بيت الحاج عبد الله الماضِي وعلى الطَّريق المُمتَدّة إلى مَسجِد سَيد مُحمَّد.

ويَلِي مَجموعةَ التَّشابِيه جِمالٌ عليها مَحامِل السَّبايا وهي مُحاطة بِمَجموعةٍ مِن الفرسان يَتقدَّمهم (الحاجّ مِحْسِن السَّلاطْنَه) أو (الحاجّ جَعفر بن سَلمان السَّقَّاي) في جُبَّةٍ خَضراء وعِمامةٍ بِذات اللَّون، ويَداهُ مَغلولَتان بالأَصفاد، وعلى رَقَبَتِه سِلْسِلةٌ مِن الحديد لِيُؤدِّي دور الإمام السَّجاد صَلواتُ الله وسَلامُه عليه الأَسِير بَين جُندِ يَزيد بن مُعاوية، ويَرثِي والدَه الإمام الحُسَين صَلواتُ الله وسَلامُه عليه بِأَبياتٍ شِعرِيَّةٍ يحفظها عن ظَهر قَلْب.

تَجتَمِعُ كُلُّ مواكب حَيِّ النِّعَيم في مأتَم النِّعَيم الغَربي، ومِنه تَنطلِقُ لِتَقطع دائرةً مِن الطُّرقِ الواصِلة بين المناطق الغَربيَّة والوُسطى والجُنوبيّة والشَّرقِيّة مِن الحَيّ، ثُمَّ تَعود إلى مأتَم النِّعَيم الغَربي في مَسيرةٍ مُعَبِّرةٍ عن ثَقافَةٍ بَحرانِيَّةٍ أَصِيلة خالِيَةٍ مِن نَكَد الشَّوائب الفِكريَّة المُعاصِرة.

وقَبل لحظاتٍ مِن وُصُول صَدر الموكب في هَيبةِ حُزنٍ شديدٍ إلى طرف إِحدى زَوايا النِّساء والأَطفال يَتعالَى بُكاءُ النِّساء وعَويلهُن والأطفال بين أَيدِيهِنّ يَضِجُّون بالصّراخ في مَشهدٍ فَزِعٍ وجَزِعٍ مُجَسّدٍ لِحَال السَّيِّدة زينب صَلواتُ الله وسَلامُه عليها إذْ تَلوذ بِها الأرامِلُ مِن النِّساء واليَتامى مِن الأطفال وسط ما تَبقَّى مِن المُخَيّم مِن رُكامٍ ورمادٍ وجِمارٍ ودُخانٍ خَلَّفهُ الهجوم المفاجئ لِخَيَّالَة جَيش يزيد بن معاويةَ عند نهاية المعركة القَصِيرة الّتي انتَهَت بِقَتل الإمام الحُسين صَلواتُ الله وسَلامُه عليه وأَهْلِ بيته عليهم السَّلام وأَصحابه رِضْوان الله تعالى عليهم.

عند هذه اللَّحظةِ مِن اللِّقاء التَّفاعُلي بين المَوكِب والزَّاوِية يَزدادُ موكبُ الرِّجال حماسًا وبكاءً وجزعًا، ويَتوقَفُ شَيّال الموكب عن إِنشاد قصيدته

رِعايةً لواقع الحال الحَزين المشترك بين رِجال الموكب ونِساء وأَطفال الزّاوِيه. فإذا ما جاوز الموكبُ طرفَ الزَّاوِية بِأَمتارٍ قليلةٍ؛ انفصلَ عنه خَيّالٌ لِيقترِبَ بِحصانِه في رَيثٍ نحو نِساء وأَطفال الزّاوِية مُجسِّدًا شَخصِيّة الإمام السَّجّاد صَلواتُ الله وسَلامُه عليه وهو مُثقَلٌ بِالأَصفاد والقُيود، فيَشرع في إنشاد المراثي أَمامَهم في دَقائق مَعدودة ويَنعَى بها مَقتل والدِه ويُعبِّر لهم عن مُعاناتِهِ ومُعاناة النِّساء الأرامل والأطفال اليتامى في الأسر. فتَضِجّ الزّاويةُ بِالنِّياحةِ مَرّةً أُخرى مُجسِّدةً معاناة وحُزنَ عَمَّتِه زينب صَلواتُ الله وسَلامُه عليها وحُزن الأرامل والأيتام لِفَقد الإمام الحُسين صَلواتُ الله وسَلامُه عليه وأَحِبَّتهم.

يعودُ الخَيّالُ إلى موكب الرِّجال لِيَنظَمّ إليه مِن جَدِيد، ويَتفَرّق جَمعُ النِّساء والأطفال مِن الزَّاوِيَة على عَجلٍ عند بلوغ الموكبِ نِهايتَه ويَلوذ بِمَساكِنِه مُخلِّفًا وراءه امرأةً أَو أَكثر تَأبَي مُغادرة الزّاوية لِفَرط حُزنِها وشِدَّةِ جَزَعِها فتُواصِل البُكاء والنِّياحة لِفَترةٍ مِن الزَّمَن.. مَشهدٌ مهيب عظيم الشَّأن في جَمالِه التَّمثِيلي الهَندَسِي وفي دِقَّة الإِتقان الفَنِّي والأَثَر الوِجداني الكَبير!

تَبقَى فَجائعُ الواقِعَةِ حاضِرةً عند لحظة مُرور المواكب بِمُحاذاة الزّوايا، وتَستحضِر نِساءُ الزّوايا والأطفال بِعَفوِيّة ووِجدانٍ خالصٍ ما لحقَ بِسَيِّدتهم ومَولاتهم زينب صَلواتُ الله وسَلامُه عليها وبِمُرافِقِيها في الرَّكب مِن النِّساء الأرامل والأطفال اليتامى مِن أَذى وأَلَم يَصعُب تَحمُّلهما في غُربةِ هذه البُقعة مِن الصَّحراء وفي حالٍ مِن الظَّمأ والعَطش الشَّدِيدَين والخوف والوَحشة لِفَقد الأَحِبّة. فيما يَستحضِر مَوكِبُ عزاء الرِّجال عند دُنُوِّه مِن الزّاوية حالَ أَبطال الوَلايَة والعِزّة والكرامة والإِباء مِن بَنِي هاشِم والأَنْصار يَتقدَّم صُفوفَهم الإمامُ الحُسَين صَلواتُ الله وسَلامُه عليه مَشغولَ الذِّهن بِأَحوال أُخْتِه زينب وما أَوجب عليها مِن وَصايا في الذَّودِ عن الأَرامِل واليَتامى ولَمِّ شَملهم عند نُقطةِ تَتوسّط مُخيَم الواقعة في السَّاعةِ الأَخِيرة مِن نَهار اليوم العاشر مِن مُحرَّم الحرام، وفي الصَّبر عند مِحنَةِ السَّبي في الطَّريق إلى قَصر يَزِيد بن مُعاوِية في بِلاد الشَّام.

عند اقتِرابِ المواكب إلى زَوايا النِّساء والأطفال تَتَبلور صُورةٌ (دِرامِيَّةٌ) مُمزُوجةٌ بِالمَودَّة لِأَهْلِ البيت صَلواتُ الله وسَلامُه عليهم وبالتَّطلُّع إلى المِثاليّة الاجتِماعِيّة والعزم على الإِتِّباع والاقتِداء، وتَتَحفَّزُ في الذَّوات إرادةُ التَّأسِي بِسِيرة أَبِي عبد الله الحُسين صَلواتُ الله وسَلامُه عليه وبِما سَعى إليه مِن مَنهجٍ في إِصلاح أُمَّة جَدِّه صَلّى اللهُ عليه وآله.

ولا نُجانِب الحَقِيقَة حين نُؤكِّد على أَنَّ مُؤسَّسات الفَنّ الدِّرامِي ومَسارح الدُّنيا الشَّهيرة في تِلك الفَترة الزَّمَنِيّة تَعجَز عن إِخراج مثل هذا المَشْهَد الحَزِين المَمزُوج بِعَبَق الوَلايَة والمَودَّة المَصونِ بِعَقِيدة البَراءة حيث تَجتَمِع المواكبُ والزّوايا على تَجسِيد المشهد في مُناسَبة تَأرِيخِيَّة ذات أَصْلٍ وامتدادٍ اجتِماعِيَّين ما زالا طَرِيَّين يلتمسان مِن الشِّيعة الإغاثة والنُّصرة عند طَلَبِ الإِصْلاح في الأُمَّة.

يَتكرّرُ هذا المشهد في كُلِّ عامٍ وفي أَكثر مِن عَشر زوايا بين غَرب حَيِّ النِّعَيم وشَرقها وجنوبها. كما يَتكرّرُ ذات المَشهَد في المنامة عاصِمة المآتم ومَناطُق البحرين ومُدنها وقُراها كافّة. وتَحتَفِظُ هذه الزَّوايا بِالأَثر الوِجدانيّ بعد انقضاء أَيّام شَهري مُحرّم الحرام وصَفر وتَصِير لِأَهْلِ الحَيّ مَحلاً لِذِكرى مَشهد الواقعة، وكُلَّما مَرّ عليها رَجالٌ ونِساءُ وأَطفالُ الحَيّ عادت مَعاني المَشهد إلى أَذهانِهم لِتُثِيرَ فيها دَفائنَ الوَلايَة وتُعززِ جانبَ المَودّة لِأَهْلِ البيت صَلواتُ الله وسَلامُه عليهم وتَشدّ فيهم أَزر البَراءة مِن أَعدائهم وتُجَدِّد فيهم مَفهوم الخُلُق المِثالِي.

ما زِلتُ أَتذكَّر مَشاهدَ زاوِيَتين ماثِلَتين في سِيرة طُفولَتِي. وكُلَّما مَرَرتُ عليهما في أَيّام السَّنَة استَعاذَ ذِهنِي وِجدانيّات مَوكب عزاء النِّعَيم المهيب وجَزَع نِساء وأَطفال أَهْل الحَيّ، وشعرتُ أَنَّ لِهاتَين الزَّاوِيتَين مقامًا مُقدّسًا لم يَستطِع مَحلُّ الإدراك في طُفولَتِي تَرجمة مَعانِيه مِثلَما يَفعل الكِبار.. تَقعُ الزَّاوِيةُ الأُولى مِنهما بين مَسجِد (السَّيِّد حَيدَر) و(بَيت الخُرْسِي)، والأخرى بين (بَيت الحَوّاج) و(بَيت بُوحْبيبة).

كُنْتُ ابن العاشرة مِن العُمُر حين تَناهى إلى سَمعي قولَ أَحد المُعزِّين مِن كِبار السِّنّ في عصر اليوم العاشِر مِن مُحرَّم الحرام وهو يَصِف مَشهد تَلاقي المواكب والزَّوايا فيما كانَت مَواكِبُ العزاء في قَرية السَّنابس تَمُرّ على زاوِيَةٍ قريبةٍ منه إذ قال: (مَشهدُ زاويةٍ واحدةٍ مِن بين تلك الزّوايا الّتي يَمرّ بِمُحاذاتها موكب العزاء ويَعلُوا فيها فَزَعُ وجَزَع النِّساء ونِداؤهُنّ المُتكرِّر بـ «وآحْسَين عَلى حْسَين» وسَط صراخ وبُكاء الأطفال والرُّضَّع ـ تكفِينِي لاستِحضار واقِعَةِ كربلاء في الرَّوع وكأَنّ تفاصيلَها تُخاطِبُ فِطرتي وأَراها ماثلةً أَمام عَينِي وتَجرِي استغاثتُها في وِجداني مَجرَى الدَّم في العروق حتَّى يَمتَزِجَ فَيضُ دَمعِي بِدماء الواقعة. ومنذ كُنْتُ طِفلاً، كُلَّما مَرَرتُ بِإحدى هذه الزَّوايا في اللَّيل أَو النَّهار عادَت مَشاهِدُ الواقِعَة في وِجداني وذَرَفَت العَين وسال دَمعُها.. فما أَعظمُ أَثر هذا المَشهد في بِناء النَّفْس وتَربيتها)!

في هذه الزَّوايا تُتَرْجَم مشاهدَ كربلاء وتَنطَبع في ذاكرة أَجْيال المستقبل عند الصِّغر وتَتجدَّد في كُلِّ يوم عند الكِبر كُلّما مَرَّ بها المارّ. وما زالت على ذلك تَصنعُ أَعظمَ مَشاهدَ التَّأثير في النُّفوس مِن دُون مُمثِّلين مَسرَحِيِّين مُتكلِّفي الأدوار، ومِن دون مُخرِجٍ خبيرٍ في تَحلِيل الواقعة ورَبط الفواصل وتوزيع الأدوار، ومِن دون شريطٍ (فِيلْم) وخَشبة مَسرح مُطلَقيّ التَّمويل أَو مَدعومَين بِالدّعاية والإعلام. وكُلُّ أَبناء المناطق والأَحياء يُشارك في نَسْجِ هذا المَشهد وتَجسِيده بِما كان فيه مِن وَشائج اجتِماعِيّة مَتِينة، ويُحيه بِالحُزن وأَلَم الفاجِعَة والمَودَّةِ في أَهْل البيت صَلواتُ الله وسَلامُه عليهم.

لم يكُن أَحَدٌ مِن أَهْلِ المناطق والأَحياء يَشكو (الفِتنَة) في الزَّوايا إطلاقًا، وإِنَّما كانت الزَّوايا تُمَثّل مَحلاً لِترويض النُّفوس وإِطفاء نَوازع الفُرقَة ودَحر وَسوسَة الشَّيطان.. كانت مناسَبةً تفاعليّةً لِلسُّموّ بِدَرجات الإيمان وتَوثِيق الرَّوابط الاجتماعِيّة وتَأمين التَّكافل بين أَبناء الحَيّ.. إِنَّها المظهرُ الأَقوى في تَنمِية الثَّقافَة البَحْرانِيَّة، والهندسةُ التَّربَوِيّة العظيمة في التَّأثير حيث عَهِدت إلى كُلِّ فَردٍ مِن أَبناء الحَيّ دورًا يُؤدِّيه وضَيَّقَت الأُفق على ظاهرة (المُتَفرِّجين)

وجَعَلت مِن الزَّوايا شَعِيرةً وعلامةً تُثِير ذاكرةَ أَبناء الحَيّ طِيلَة السَّنة كُلّما اجتازوها استحضَرَت أَذهانُهم وَقائع يوم الطّف.

كُلُّ ذلك كان مِن نَسْج العَقلِ البَحرانِي المُبدع الذي وَصَفَته قُوى الانْتِماء الحزبي والفئوي بِـ (المتَخلِّف) و(اللّاواعِي)، ومِن نَسج الوِجدان البَحْراني اللَّطيف المُرهَف في الحِسّ الذي قُوبِلَ بِرُعُونَةِ مَنهج (الشَّكِّ والتَّشطِيب والتَّأمِيم)، ومِن نَسج الإيمان العَمِيق الرَّاسِخ بِأَنَّ سِيرةَ الواقعة دَلِيلٌ على عِصمَة الإِمامَة.. إِنَّه النَّسج الثّقافِي الهَندَسِيّ الشَّعائِرِيّ الضَّامِن لِوَحدة النِّظام الاجتِماعي، ولِمَتانَة خُلقِ التَّكافل، ولِلتَّكامُل بِالمَودّة والوَلايَة لِأَهْل البيت صَلواتُ الله وسَلامُه عليهم والبَراءة مِن أَعدائهم. فذلك هو النَّسجُ الّذي يَفتَقِر إِليه الجِيل المُعاصِر التَّائه في ظُلمات الانْتِماء الحِزبي والفِئوي بِشَتّى أَشْكالِهِ وأَلوانه واتِّجاهاتِه. وذلك هُو النَّسجُ الثَّقافي الحِقِيقي الّذي طُعِن فيه بِفكر ثقافةٍ وافدةٍ على البَحرانِيِّين بِغَير استئذان مِن خِلال عناصر الانتماء الحِزبي والفِئوي التَّبعِي الَّذي لم يقدّر عمق الأصالة في الثَّقافة البَحرانِيّة.. فَيا لِلمُفارَقَة!

لَمْ أَنسَ شَيئًا مِن هذه المَشاهد الرَّاسِخَة في ذِهنِي مُنذ سِنّ الطُّفولة، وكُلَّما بادرتُ إلى عَقد مُقارنةٍ مُنصِفَةٍ بينها والطَّريقة المُتَّبعة في رقابة مَواكب العزاء وتَنظِيمها في أَيَّامِنا هذه؛ عُدتُ غضبان أَسِفا.

يَقولُ أَحدُ كِبار السِّنّ مِمَّن شارك في دَعم الهَندَسَةِ الشَّعائرِيَّة الرَّائعة ورَصَد بعض مُؤثّراتها الجميلة في النِّظام الاجتِماعي (كانت زوايا النِّساء والأَطفال في المناطق تُعَدّ جُزءًا لا يَتجزَّأ مِن الكُلّ المُرَكَّب مِن حَلقات المَواكِب. وتُتَّخذُ الزّوايا مَحلاً لِلتّفاعل الشَّعائري، ولا يَقصدها أَحدٌ مِن أَهل الحَيّ لِيَجعلَ منها مَقعدًا لِلتَّفَرُّج على المواكب. فالرِّجال يُشكِلون مواكبَهم ويُنظِّمونها بِأَنفسهم، ويُوقِّرون زَوايا النِّساء والأطفال ويُوفِّرون لها مُستَلزَماتها مِن النِّظام ومَظاهر الحُزن والمُواساة، وينصبون عليها الرَّايات ويَنشرون على جُدرِها قماش

السَّواد، ويُحضِّرونها لِأَداء دور (مُخيَّم الواقِعة) المكشوف حيث تَلُوذ النِّساءُ الأَرامِلُ والأَطفال اليَتامى بِرِداء السَّيِّدِة زينب صَلواتُ الله وسَلامُه عليها).

لقد أَطبَق الانْتِماء الحِزبي والفِئوي على مَشاهِد الزَّوايا فأَطفَأَ أَنوارَاها وعَطَّلَ دورها في كُلّ مناطق البحرين، وقدَّم لإِجراء الحَظر أَسبابًا لا وَجاهَةَ فيها، وإِنَّما عَبّرت ـ بهذا الحظر ـ عن قُصورٍ في إِدراك مَعاني الهَندَسَة الشَّعائريّة في الإِرْث الثَّقافي البَحْرانِي، كما عَبَّرت بِهذا الحَجْب عن التَّقصِير في استِيعاب فُنون التَّربِيّة الاجتِماعِيّة بِالرَّمز المَسرَحِي المُعتمَد لَدى جِيل الأَجداد الأَخْبارِيّين. ومِن المُؤسف القَول أَن هذا الإجراء المضادّ جاء في سِياق العمل على تكريس مَفهُوم الزَّعامة الواحِدَة ذات الانتماء الحِزبي والفئوي الواحد.

يَعُود الفَضلُ في رَسم الهَندَسَةِ الشَّعائرِيَّة في الثَّقافَة البحرانِيَّة إلى مَنهج (السِّيرَة والرِّثَاء) إذْ هو الدَّافعُ والصَّانِعُ الأَوّل لِمَشهدِ الزَّوايا ذِي الأَوجُه الأَصِيلة الّتي اعترَضَها مَنهج (الشَّكّ والتَّشطِيب والتَّأمِيم) وقَطَع طَرِيقها ودَمَّر مَعالِمَها بِدَمٍ بارد.

لقد اختَلَقَ دُعاةُ مَنهج (الشَّكِّ والتَّشْطِيب والتَّأمِيم) إِشاعةَ رَواج (الفِتْنَةِ) في وَجْه الزَّوايا، ونَسبُوا الفَساد إليها وفَرَّطوا بِمَعانيها واختَلَقوا المَعاذِير لِطَمس آثارها التَّربَوِيّة الإِيجابِيَّة. فأَوقَعوا بِمَوقِفِهم السَّلبي منها ضَررًا فادِحًا على إِرثٍ حَميدٍ أَبدعَ الأَجدادُ في تَطوِيره وتَوَّجوا به ثَقافَتَهم الأَصِيلة وجمَّلوا نِظامَهم الاجْتِماعِي.

يَغبِطُ الوُجود الشِّيعي في دُول الجوار والمحيط الإِقليمي أَهْلَ البحرين على تكامُل مَعاني ثَقافَتِهم وتَميُّز مَظاهرها بِالهندسة الشَّعائريّة الشَّامِلة لِشَراكة كُلّ فِئات المُجتمع، وعَلى تَفوُّق البَحرانِيِّين في إِنهاء ظاهرة المُتَفرِّجين ومُستَخفِّي الثَّقافة البَحْرانِيَّة على جانِبَي مَسيرات المواكب. وإذا بِهَذه المعاني تَتَعرَّض لِلانْتِهاك بِأَيدي أَهْلِها في لَحظةٍ مُفاجئةٍ قَضَت بِحَظر الزَّوايا وشَطْب

هندستها بِحُجَّةِ وُجوب العمل على (وَأْدِ الفِتْنَة) قَبل استِفْحالها، وما مِنْ فِتنة!

لقد فَتَح حظرُ زوايا النِّساء البابَ على مصراعيه لِانفراد المُتَفرِّجِين من النَّواصِب والأَجانِب وذَوِي النُّفوس المريضة بهذه الزَّوايا فاحتَلُّوها وتَمادوا في بَثِّ المفاسد مِن خِلالها وأَحدثوا (فِتْنَةً) حَقِيقِيّةً هِي أَشَدُّ خطرًا على الثَّقَافَة البَحْرانِيَّة مِمَّا ادُّعِى مِن فِتْنَةٍ في أَداء زوايا النِّساء والأَطفال.

ما الفائدةُ المُكتَسبةُ مِن العَبَثِ في الهَندَسَةِ الشَّعائريّة بِحَظر زوايا النِّساء والأَطفال وتَعطِيل أَثرها في تَنمِية الثَّقافَة البَحْرانِيَّة، وما الفائدة مِن إِيجاد البَدِيل الهَزيل المُنَفِّر.. أَليس مِن الأَوْلى تَسخِير مَفاهيم الوَلاء الحزبي والفئوي للانْتِماء مِن خِلال مُضاعفة العمل والاجتهاد فيه لِلرّقي بِالتَّنمِية الثَّقافيّة والاجتِماعيَّة وسَدّ مَواضِع النَّقص فيها بِما يُعزز مِن أَثر الهندسة الشَّعائريّة عِوضًا عن تَعزيز سِيادة الانْتِماء الحزبي والفئوي الثَّوري المُعَطِّل للثَّقَافَةِ والمُسَفّه لمظاهرها؟!

ما هُو حَجْمُ الضَّرر الّذي أَوقَعه حَظر زَوايا النِّساء على مُناسَبات إِحياء الشَّعائر، وما الأَثرُ الإيجابي الذي تَركَه الحظرُ في الحَدِّ مِن ظاهرة المُتَفرِّجِين والقَضاء على (فِتْنَة) الفَساد الأَخْلاقي؟!

إنَّ الأَداء الشَّعائري لِلنِّساء والأَطفال في الزَّوايا هو مِن أَشْهر إِبداعات جِيل الأَخْبارِيِّين، ومِن الأَدِلَّة الدَّامِغة على تَطَوّر منهجهم في تَنمِية الثَّقَافَة الأَصِيلة والمُحافظة على استِقرار النِّظام الاجْتِماعي ذِي الخُلُق الرَّفِيع وتَماسكه اللَّطيف. وأَنَّ نظام الزَّوايا لم يَأتِ بِالمُصادَفة، وإِنَّما وَقَفَ عليه عَقلٌ مُدبِّرٌ كبيرٌ حاذِق، حائزٌ على الدَّعم والتَّأييد مِن قِبَل عُلماء الدِّين المُحدِّثِين وأَهْلِ الاحتِياط وحَوزاتِهم العِلميّة منذ مِئات السِّنين، يُقابِلُه ادِّعاءٌ مُعاصِرٌ بِوَأد (فِتْنَة) اجتِماعِيّة احتُمِل وُقوعها في الزَّوايا. فإِنْ آمنَّا جَدلاً باحتِمال وقوع هذه الفِتْنَة؛ فذلك يُشكِّلُ دَليلاً فاقعَ اللّون على تَعطُّل المَسار التَّنمَوِي الجَدِيد لِلثَّقافَة وفَشَلِ البَدائل الحِزبيّة والفِئويّة في إِدراك معاني الهندسة الشَّعائرية

العَريقة وتَخلُّفِ الانْتِماء في الأَداء الثَّقافي وخُطورَة إقدامه على حَجْب الثِّقة في الثَّقافَة البَحرانِيَّة وعَجْزِ فِكر الانْتِماء ذِي الفِكر الهَجين الوافد عن البناء التَّربَوي لِثَلاثةٍ مِن الأَجيال البَحْرانِيَّة كانت خاضِعَةً لِسِيادَتِه ومُسْتَسْلِمةً لِنَظريَّة نِضالِهِ السِّياسي.

جاء قرارُ حَظر زَوايا النِّساء مُفرّطًا مُتعجِّلاً قبل أَنْ يَضمنَ نَجاح فَعّالِيّة البَديل عن مَقاصد الهندسة الشَّعائريّة الأَخْبارِيّة الرّائعة المُتمثِّلة في إِشراك فئات المجتمع كافَّة في إِحياء الشَّعائر والحَدّ مِن ظاهرة المُتفرِّجين المُجتَمِعين على طَرفَي مسار المواكب العزائيّة.

لقد أَضاع قرارُ الحَظر مَفاتحَ أَعظَم تَجربةٍ إبداعيّةٍ رائدة في إِحياء الشَّعائر لَنْ تَتكرّر في سِيرة التّأريخ البَحرانِي الشِّيعي عندما استَبدلها الانْتِماءُ الحِزْبي والفِئوي بِشُرطَةِ آداب وبَثِّها في المناطق حتَّى أَشعَر البَحرانِيّين بِأَنّ هَندسة مَظاهر ثَقافَتِهم الّتي أَبدَعَت في رَسمها وتَطبيقها مَرحلةُ الأَخبارِيّة أَنَّها كانت ضَربًا مِن (التَّخَلُّف) و(اللَّاوَعْي) و(الخُرافة) و(الأُسطورة)، وأَنَّ البَدِيلَ المعاصر المفروض بِالوَلايَة على مَظاهر الثَّقافة الرّاهِنة هو وَجْهٌ مِن وُجوه التَّقَدُّم والتَّجدِيد والإصلاح الحضاري الواعي. فيما شَعَرت فئةٌ راشدةٌ مِن المجتمع البَحراني بِأَنَّ نَشرَ شُرطة الآداب في المناسبات الدِّينيّة الحزينة هو عَملٌ مُهين لِلذّات البَحْرانِيّة وثَقافَتِها العَريقة المُتَمسِّكَة بِمَودة أَهْلِ البيت صَلواتُ الله وسَلامُه عليهم، وفيه دَلالةٌ ظاهِرةٌ على فَشل الفِكر الحزبي والفئوي في تَحدِيد الرُّؤية السَّليمة لِلتَعاطي الإيجابي المُثمِر مع ثَقافَةٍ أَصيلةٍ عَريقَةٍ ساهَمَ في تَنمِيتها أَكثر مِن 43 جيلاً شِيعِيًّا تَحت رِعايَةٍ فاضِلةٍ مِن أَعظم عُلماء البَحرين عِلمًا وأَدبًا ووَرعًا واجتهادًا، وأَنَّ تَردِيد الوَصْف بِسِيادة (التَّخَلُّف) و(اللَّاوَعْي) و(الخُرافَة) و(الأُسْطورة) على السُّلوك الاجْتِماعي البَحْراني ما هو إلّا وَهْمٌ مُختَلَقٌ مُفترى، وأَنّ وراء الأَكَمة ما لا يسر ولا يَرضى!

إنّ الإقدام على حَظر زوايا النِّساء والأطفال يُثير التَساؤل حَول طَبيعة الدّراسَة النَّظَرِيّة والميدانِيّة والمنهج المُتَّبَع فيها والدّوافع التي أَلجأَت الانْتِماء الحِزْبي والفئوي لاتّخاذ قَرارٍ في الحُكم على الثَّقافَة البَحرانِيّة بِالفَساد.. كَمْ عَدد الخُبراء المُتَخَصِّصين الذين بَحثوا في الثّقافَة البَحرانِيّة فاستَخلَصوا هذه النَّتيجَة، وكَمْ عَدد الدِّراسات المحكمة التي غَطّت سِيرة الثَّقافَة البَحرانِيّة فكشَفَت عن نَواقِصها ومَناطق ضَعفها وما هي طَبيعَة التَّوصِيات المُقدَّمة ومَن هو المُكلَّف بِتَنفيذِها؟!

رَغبتُ إلى زيارة عاصِمة المآتِم (المنامة) في لَيلَةٍ مِن لَيالي عاشُوراء مِن بعد غَيبَةٍ طويلةٍ في المَنفى الأَوّل رجاءً في كَسب ثَواب إِحياء الشَّعائر والاطِّلاع عن قرب على المُستجدّات في حَركة سَير المواكب وعلى أَشكال التَّطَوّر في مادَّة خُطباء ومَلالي المنبر.. انطلَقتُ مع أَصدقائي مِن بيت والِدي في حَيّ (النِّعَيم الوَسْطِي) ودخلنا المنامة مِن مَنفذ مأتَم (بِنْ سَلُّوم) عند ساعة انطلاق المواكب. فرَأيتُ بعض زوايا النِّساء مُغطّاة بِحِجابٍ مِن (النَّايْلُون) الشَّفاف، فظَنَنتُ لِأَوّلِ وَهلة أَنَّها لِتوقِّي زَخّات المطر عند مرور المواكب. فقِيل لِي بِأَنّ مَطر الصَّيف مَحجُوب، وأَنَّ حِجاب الزَّاوِية مَنصوبٌ لِـ (وَأْدِ الفِتْنَةِ) حيث فقَدَت زَوايا النِّساء دورها الأَصِيل المُتَمِّم لِجَزع المواكب وانْقلَبت إلى ساحة مُتفَرِّجين لِنِساء أَهْل الحَيّ، فأُخضِعَت كُلّ واحدةٍ من الزّوايا لِرقابة مُشدَّدَة مِن فَريقٍ غير رَسْمي يُؤدِّي دَور شُرطة الآداب لِمَنع الفَساد المُحتَمل!

وقُبَيل وُصولِنا إلى المأتم لِحُضور مَجلِسِهِ المتَّفَق عليه مع الأَصْدقاء اكتَظَّت الطَّريق المؤدِّية إليه وازدَحمت بِمُرور عَددٍ مِن المواكب. فوَقفنا إلى يَسار إِحدى الزَّوايا نَنتَظِر مُرور المواكب حتَّى تنفرج الطّريق وَنتمكّن مِن العُبور في يُسر ومواصلة المَسِير إلى المأتم.. عند تلك اللَّحظة تَدخَّل أَحدُ عناصر الرّقابة مُحذّرًا إِحدى الفَتيات أَمام الجميع مِن النَّظر إلى الرِّجال. (فَشَبَّتْ الهُوشَه) بين نِساء الزّاوِية كُلِّهِن وفريق الرّقابة وطالَت المُلاسَنة والجِدال بَينهما حَول حقّ الوَصايَة ثُمّ امتدَّت إلى حقّ الولاية، حتَّى طَلَبْنَ مِن

فَريق الرّقابة الانسحاب الفَورِي مِن جانب الزّاوِية وإلّا طالتهم الأيدِي بِما لا يَرغَبُون. فاستَجاب الفريقُ كُلّه مُرغمًا في إثر تَدخُّل عددٍ مِن أَبناء ذات الحَيّ مِن المنامة فانسَحبوا!

عُدنا مِن المنامة واجتَمعنا في سَهرة شاي لِتَقيِيم وتَقوِيم مَشهد الزّاوية، واختَلَفنا وتَضاربنا بِالآراء، فقِائلٌ قال: أَنَّ وُجود الزّوايا يُشكّلُ خَطرًا على نظامِنا الاجْتماعي وعلى مَصِير الشَّعائر، ويَتوجَّب حَظرُها مِثلما جَرى عليه الموقف في القُرى، أَو مُضاعفة الرّقابة الدَّقِيقة وتَعميمها بِالوَلايَة وفرضها بِالوَصايَة. وقائلٌ قال: يَجِبُ حَظرَها مُطلقًا، فقد ذَهب رِيحُها واستَنفَذت غَرضَها القَديم المَشهور في الثَّقافَة البَحْرانِيّة العَريقة. وقائلٌ قال: إنْ فُرِضَ الحَظر بِالولايَة على طَريقة القُرى فإِنَّ الزّوايا ستُملأ بِالبَديل الأَجْنَبي المُتفرّج والوافِد والسَّائح المُتبرّج الذي لا وَلايَة عليه ولا وَصايَة. وقائلٌ قال: يَجِبُ أَوّلاً تَجريد نِظام الصِّيانة والحِماية في المجتمع مِن مُؤثّرات التَّحَزُّب والفِئويّة وإِطلاق كُلِّ الشَّعائر مِن إِسار الاتِّجاهات السِّياسِيّة، فإِنَّها تضمر أَهدافًا خاصّة وأَفكارا مُتباينة تَستَغِلّ الفُرص والثَّغرات في سَبِيل تَعمِيم سِيادتها وفَرض زَعامَتها، وهِي عُرضَة لِلاختِلاف والمُساءلة القانُونِيّة والمُواجَهة الأَمنِيّة السَّلْبِيّة فضلاً عن الاختِراق الأمني. وقائلٌ قال: أَنّ لِلزَّوايا تَأريخًا أَصِيلاً في ثَقافَتِنا يُوجِب على البَحرانِيّين العَودة إِليه ووَصْل الحَلقات المفقودة وإِصلاح ما عطب منها في السَّبعِين عاما المُنصرِمَة.

انتهيتُ بِدَوري إلى القَول بِأَنّ لِمُجتمع البحرين ثَقافَةً أَصِيلَةً شُوِّهَت بِفِكر الانتماءات الحِزبيّة والفئويّة الّتي نَشأت منذ الخَمسِينات وتَطوَّرت على نَمطٍ ثَقافي أَجنَبِيٍّ هَجِين يَتراءى إِلينا أَنّه أَصِيلٌ أَو يُراد لنا ذلك، فاختَلَط على مُجتَمَعِنا الرّأي والموقف. ويَستَوجِبُ ذلك أَنْ يَعود هذا المجتمع إلى ثَقافَتِه الأَصِيلة ويُنمِّيها مُستقِلّا عن نُفوذ الانتماءات الحِزبيّة والفئويّة وزَعاماتِها، وذلك لا يَمنع أَنْ تكون هذه الانتماءات مُساهِمَة في تَنمِيةِ الثَّقافة على أَلّا تَكون مُهَيمِنة.

فإنَّ الهندسةَ الشَّعائريّة ذات البُعد التَّربَوي الاجتِماعي المُتَّبع في تَنمِية الثَّقافَة البحرانِيَّة لدى أَجيال الأَخبارِيِّين السَّابِقين عَكَسَت وَجْها حضارِيًّا رائدًا في مرحلةٍ هي أَشدّ المَراحِل الاجتِماعِيّة استبدادًا وقهرًا وطائفيَّةً وفقرًا ولا يُمكن انْكاره. فقد اعتَمدَت مَنهجًا في فَنِّ الإبداع التَّراكُمِي التَّدريجي التَّكامُلي الهادئ والمُعبّر عن مدى الثِّقة في الأَصَالة والتَّمكُّن مِن الثَّقافة وصِيانتهما مِن مُؤثّرات السِّياسة وفُنون التَّدبير الثَّورِي ومِن دون الاستِناد إلى زعامة مَفرُوضة بِقوّة الوَلايَة أو الوصاية. وهذا دَلِيل قُوةٍ يَعتَزّ الأَخْبارِيّون بِها وتَفتَقِرُ الانتماءاتُ الأُصُولِيّة المعاصِرةُ إليها لِأَنَّها انتماءاتٌ فاقِدَةٌ لِمقومات تَنمِيّة الثَّقافَة ولا تَمتلِك البَدِيل الرَّصِين القائم على دِراسةٍ عِلميّةٍ دَقيقةٍ مُدَوّنةٍ تَأخذُ في الاعتِبار عَظمَةَ هذا الإرث الثَّقافِي الذي أَنْجَزه 43 جيلاً أَصيلا.

إنَّ هذا العمل الشَّعائري الّذي أُنجِزَ على مَدى قرون مِن زَمَنِ (التَّقِيّة) و(الانْتِظار) و(الوَلايَة والبَراءة) و(العِصْمة) لا يجدر بِالعاقِل الحكيم إلّا وَصف أَجيالِه المُتشرّعة بِالحكمَة والدَّعوة بِالموعظة الحَسنة. فلِماذا شَذّ المنتمون الحِزبيّون والفِئويّون المعاصرون ووَصَفوا هذه الأَجيال بِالتَّخَلّف والجُمود، وشَمَّروا عن سواعدهم يَبغُون إيجاد البديل عن ثَقافَتِهم الأَصِيلة المُبدِعَة ويَستنجِدون في ذلك بِفِكرٍ هَجِينٍ مُغايرة لِلثَّقافة البحرانيّة!

الثَّورِيّةُ والانقلابُ والتَّجاوزُ على الثَّقافَة الأَصِيلة هِي انعكاسٌ لِعُقدة النَّقص المُلازِمة والدّافعة نَحو الاستِعانة بِالفِكر الحِزبي والفئوي، وأَنَّها لَدَلِيل على العَجز في فَهم أُصُول المَعرِفَة وفي إِدراك السُّبل الحَضارِية لِقَراءة الثَّقافَة وتَقييمها وتَقويمها، أَو أَنّها دَليلٌ على التَّخبّط في الإحاطة بِحَيثيّات البيئة المَحَلِّيّة والطَّبائع الاجتماعِيّة، أَو أَنّها انْبهارٌ بِثَقافة الغَير أَو استِسلامٌ لها.. الثَّورِيَّةُ والانْقلاب والتَّجاوز على الثَّقافة الأَصِيلة مُغامرة بِإِرثٍ شِيعيّ جاوز عُمُره 1400 عامًا في

سَبيل تَحقيق تَوازنٍ سياسيٍّ غير نافعٍ أَو مُجدي في مُحيط إِقليميّ وحْشِيّ مَنكوب الثّقافَة.

فالحالُ الأَخلاقِيَّة الرَّاهنة الّتي يُعاني منها مُجتَمع البحرين لَيست وَلِيدَةَ الثَّقافة البَحرانِيّة الأَصِيلة ولا مِن صُنع رُؤيتها الهندسِيّة في إِحياء الشعائر حتَّى يَجري تَشريع الانقلاب على مظاهرها بِثَورِيّة الانتماء الحزبي والفئوي وتقويض معالمها واتِّهامها بِتَولِيد (الفِتْنَة)، وإِنَّما هي مِن نِتاج الانشغال بِالحِصَص السِّياسيّة وفقدان الكفاءة اللّازمة لِتَنمِية الثَّقافَة البَحرانِيّة الأَصِيلة وفَرْض الحظر عليها بِمَنهج (الشَّكّ والتَّشطِيب والتَّأميم) في أَجواءٍ تَعجّ بِالانفتاح الثَّقافي وتَضِجّ بالرَّفاه الاقتصادي وتَغُصّ بِتِقنية التَّواصُل الإعلامي والاتّصال الاجتِماعي.

إِنَّ العَمَل على تنمية الثَّقافَة يَتطلّبُ مِن قُوى المجتمع الرّاشِد جهدًا علميًّا مضاعفًا وفكرًا مَحلِّيًّا أَصِيلاً ومَنهجًا تكامليًّا مناسبًا وتدبيرًا هندسيًّا مِن دون وَصاية ولا وَلايَة ولا عَصبِيّة انتماء. فقد وَلّى عهد المُغامرات بالتَّدابِير الثَّورِيّة عند التَّعاطِي مع شَأنٍ ثَقافي في عالَمٍ يَسُودُه التَّطَوّر العِلمِي والثَّقافي التَّنافُسي، ولا بُدّ مِن تَشغِيل آلةِ الإبداع المَحلِّي المُستقلّ على طِبق أُصُول المعرفة بِرُوحٍ إِيجابيّة تُصلِح ولا تُرجِم.

ولو تَطلّب كُلّ ضَعفٍ أَو خَللٍ اجتِماعِيّ في ثقافتنا الأصيلة رَدَّة فِعلٍ انقلابيّة وثَورِيّة مثلما جرى على منهج (السِّيرَةِ والرِّثاء) ومَنابِره ومَجالسه بِمَنهج (الوَعظ والإِرشاد الأَبَوِي)، وعلى النِّظام الإداري للمَآتم بِمُصادرات حِزبِيَّة وفئويّة، وعلى زَوايا النِّساء بِالحَظر ورقابة شُرطة الآداب، وعلى مَواكِب العزاء بالمَركَزِيّة الحادَّة المُخِلّة بِالطَّريقة واللَّحن والطَّور، وعلى مواكب الحَيدَر بِالرَّجْم، وعلى التَّشابِيه و(الصَّنكَل) وزفاف القاسِم عليه السَّلام بِالمَنع والاستِخفاف وما شاكَل ذلك؛ لما تَبقّى لِمُجتمع البحرين مِن ثَقافَةٍ أَصِيلةٍ ولا وُجود اجتِماعيّ ولا هُوِيّة شِيعيّة.

ـ إِطْفَاءُ الزِّفافِ ووَأْدُ الشُّمُوعِ

زَفافُ القاسِم بن الحَسن عليه السَّلام مَشهدٌ رَمزيٌّ وتَمثيليٌّ لِمَوكبٍ صَغيرٍ يَتخلَّلُ مَجلسًا منبريًّا، يُقام في المآتم ثُمَّ يُسارُ به إلى المَيادِين العامّة في المُدن والقُرى، ويُلحق بِمَواكب وحَلَقات العزاء في اليَوم الثَّامِن مِن شَهر مُحرّم الحرام. ويُعَدّ مِن أَكثر المشاهد تأثيرًا في الوِجدان الشِّيعي والأكثر مساهمةً في تَنمِية الفكر الاجتِماعي بين مختلف الفئات العُمُريّة.. مَوكبُ الزِّفاف مِن الآثار التَّأريخِيّة الّتي تَطبَعُ في ذِهن الشَّابّ والصَّبي والطِّفل الصَّغير مَشهدًا لِأَحد أَهَمّ المواقف البُطوليّة شُجاعة وفِداء وِجدانيّة في واقعة كربلاء، فتشدّه إلى المَودة لِأَهْلِ البيت صَلواتُ الله وسَلامُه عليهم، وتَزِيده مَعرفة بالمعنى العَقَدِي والتَّأريخي لِلإمامة، وتُمهّد له طريق الهُدى.

مَشهدُ زفاف القاسِم تَجسِيدٌ لِرايةٍ كبرى عظيمة الشَّأن في التَّربيّة الاجتماعِيّة يُعادل تأثيرها في الأجيال عددًا لا يُحصى مِن المواعظ والإرشادات والخطب البَيانيّة الرَّنّانة الّتي يَتلَقّاها البحراني في مَجالِس المآتم والبُيوت بِالسَّمع والمُشاهدة.. مَشهدٌ قصيرٌ يُقرِّب أَجيال البحرين نحو معاني الوَلايَة والعِصْمة. فِلماذا الإصْرارُ على حَظرٍ أو إِقصاء هذا المَشهد الرّائع عن مَجالس ومَواكب عاشوراء والتَّشكِيك في أُصُولِه ورَدِّها إلى مصادر خُرافِيّة وأُسْطوريّة؟!

زَفاف القاسِم في المآتم وعلى طُرق الأحياء في المُدن والقُرى عملٌ شَعائريٌّ فَنِّيّ هادفٌ قابلٌ لِلتّطوير والإبداع بما يُوثِّق الصِّلةَ مع الثَّقافة الأَصِيلة ويُنمِّيها، وبما ينتفع به العِصمةَ مِن التَّزوِير والوَضع في السِّيرة التَّأريخِيّة، ويَقِي الأجيال مِن المؤثّرات السَّلبيّة لِلواقع المُعاصر ويَصُون هُوِيّتها ويُنمِّي ثقافتها.. مشهدُ زَفاف القاسِم مِن أَجمل فعَّاليّات الثَّقَافَة البَحْرانِيّة حيث يُطاف به على هيئةِ موكبٍ تَأريخيٍّ يَتقدّمُه شَبِيهُ القاسم بن الحَسن في عُمُر السَّادسة عشر، ومِن خَلفِه تَسير فِئةٌ مِن شُبان الحَيّ والصِّبيان والأَطفال

يَرتَدون الأقمشة الخَضراء ويَعتمرون العمائم وفي أَيديهم الرَّايات والوُرود والشُّموع، فيُشكِّلون بِالمَوكب تُحفَةً تمثيليّةً فنيَّةً تشدّ القُلوب وتَأخذ بالألباب إلى واقعة كربلاء ومُصابها الأَليم ويُضِيف إلى أَدلَّةِ العِصْمة ما يُضِيف.

يَطوفُ الموكبُ بين زوايا المأتَم ويَقطعُ صفوف الحاضرين مِن رُوّاد المجلس في حَركةٍ جَزوع يَتقدّمه خَطِيبُ المنبر في مشية لا رَيث فيها ولا عَجل وهو ينشد القَصِيدة المَشهورة (ما جَرَى في الدَّهر كِلّه مِثْل عُرْسِ ابنِ الحَسَن، لَبَّسه المَظلُوم عَمَّه يوم تَزوِيجه كَفَنْ)، وسَكِينةُ حُزْنٍ ولَوعةٍ يَستظلّ بها عناصر المَوكِب مُذكِّرين بِمُصابين: مُصاب استِشهاد الشَّابّ القاسِم عليه السّلام في قِتاله تَحت راية عَمِّه الإمام الحُسين صَلواتُ الله وسَلامُه عليه، ومُصابِ والِدِه الإمام الحَسن صَلواتُ الله وسَلامُه عليه الّذي اغتِيل بِشَرابٍ مَسموم أَعدَّته له وقَدّمته زَوجُه جَعدة بنت الأَشْعَث بن قَيس بِتَدبير مِن مُعاوِيَة بن أَبي سُفيان.

جرى الخِلافُ والنِّزاع حول مَوكِبِ زَفاف القاسِم في عَددٍ مِن مآتم ومواكب البحرين بِإثارةٍ سَلبيّةٍ حِزبيّةٍ وفِئويّةٍ أُطلِقَت في خارج البِلاد وقَضت بِحَظر الموكب وحَذفه مِن قائمة شَعائر مُحرّم الحرام. فرَفَض بَعضُ القائمين على المآتم البحرانِيّة الحَظر واستَقلّ في إِحيائه لِلزّفاف بِثقافَتِهِ البَحرانِيّة العَريقة مِن دُون أَدنى اكتِراث لِضَغط نُفوذ قُوى الانْتِماء الحِزبي والفِئوي الّتي قادَت حَملةَ الحَظر في البِلاد بِرُعُونَةٍ وغِلظَةٍ، واجتَهدَت مآتمُ أُخرى فاستَسلَمت وشاركَت بِشَكل مباشر في تَعطِيل أَثر كَنزٍ مِن أَبرز كنوز الثَّقافة البَحْرانِيّة الأَصِيلة الّتي نَشأت عليها عشراتُ الأجيال وصانَت بها هُوِيّتها وعقيدتها.

وقد تَمسَّكَ الشِّيعةُ المهاجِرون والمَنفِيّون في بلاد الغَرب بِمَوكب زفاف القاسِم عليه السّلام فأَحْيوه واستَمرّوا في رعايته بِعِنايةٍ فائقةٍ، وجَعلوه أَهَمَّ معلَم مِن مَعالِم التَّأثير في ثَقافَة أَجيالهم المُغتَرِبة وصِيانتها، وأَوجبوا الإِبداع في هيئتِهِ الفَنِّيّة والتَّوسُّع في دائرة التَّأثير بِمَشاهِدِ واقعة الزّفاف مِن خلاله

والعمل المُستمرّ في تَجديد جمال وَهيبَة الموكب والطَّواف به في وَسط أَحياء المُدن الغَربِية الكُبرى مِن أَجْل التَّعريف بِمَفهوم الإِمامة وسِيرتها في التَّأريخ الشِّيعي.

طافَت الجاليات الشِّيعِيَّةُ بِمَواكب زفاف القاسِم عليه السَّلام في مُدُن بلاد الغرب، وأَحيَت مناسبَتَه في الميادين العامّة، وأَقامَت له المنتديات والمجالس المُعرّفة بِسيرتِه وأَثره الاجتماعِي في الشِّيعة وبِالأسباب الدّافعة نحو قِيام المواجهة غير المُتكافِئة عسكريًّا بين جَيش يزيد بن معاوية بِقِيادة عُمر بن سَعد وفِئة قليلة مِن بني هاشِم والأصحاب يَقودها الإمامُ الحُسين صَلواتُ الله وسَلامُه عليه، ومَشِيئةٌ إِلهيّةٌ في أَنْ تَرى أَهْل بيت النَّبِيّ مُحمّد صَلّى الله عليه وآله في رَكب الإِمام الحُسين صَلواتُ الله وسَلامُه عليه سائرين نحو مَقتلهم وأُسارى منهم وسَبايا يُسار بهم إلى (خَلِيفَة) المُسلمين في مَدِينة دِمَشق يَتقدَّمهم الإمامُ عَلِيّ السَّجّاد بن الحُسين صَلواتُ الله وسَلامُه عليهما مَغلول اليَدين بِالأَصفاد وسَلاسِل مِن الحديد.

شِيعةُ الدُّول الاسكِندنافِيّة هُم أَوَّلُ المبادِرين إلى جَعل زفاف القاسِم عليه السَّلام مشهدًا تَأريخِيًّا في هيئة تُحفَةٍ جميلةٍ فَنِّيّةِ الشَّكل ووِجدانيّة المعنى حيث طافوا به عَواصِم هذه البلاد بناءً على الإيمان بِأَنَّ معنى موكب الزّفاف في ساحة الحَرب سيَستقْطِب اهتمام أَهْل العِلْم والمعرفة والبَحث التَّأريخي ويشدّ انتباههم ورعايتهم، فيَزِيد مُشاهديه حِرصًا على مَعرِفة سِيرة واقِعة كَربلاء وعلاقتها بِعَقيدة التَّشَيُّع في المسلمين.

إنَّ الّذين عَطَّلوا زفاف القاسِم عليه السَّلام بِغَير حَقٍّ أَفشوه في الشِّيعة ذَهَبت بهم المَذاهب السِّياسِيَّة وأَغوتهم الانْتِماءاتُ الحِزبيّة والفِئويّة والتَّحَيُّزات المُزيّفة، فشَاركوا في طَمْس جانبٍ مِن سِيرة العِصْمة وأَهمّ المعالم والرُّموز في الثَّقافَة الشِّيعيّة، وفَرَّطوا بِأَعظَم الكنوز الّتي ورثُوها عن سِيرة أَجيال الماضين.

عاد موكبُ زفاف القاسِم عليه السَّلام إلى الكثير مِن مآتم البحرين، فأَحيَته مِن جديد مِن بَعْد الحظر، وأَضافَت إليه المشاهد التَّمثِيلِيّة المُعبّرة عن اقتِحام القاسِم عليه السَّلام لِمَيدان المعركة ولَحظة مَصرَعِه!

في حَيّ النِّعَيم الّذي وُلِدتُ فيه ونَشأت، يحرص الكبارُ والصِّغار مِن أَبنائه على حضور مأتم النِّعَيم الغربي لإِحياء موكب زفاف القاسِم بن الحَسن عليه السَّلام حيث يُشرِف على إِعداد مَلابس أَفراد الموكب المُلّاية (مَريَم بِنْت سَلْمان السَّقّاي) الّتي اشتَهرَت في أَهْل الحَيّ بِتَحويل خَرِبَةٍ كانت إلى جِوار بيتها إلى مأتَم واسعٍ لِلنّساء ما زال قائمًا عامرًا يُسمّى بِـ (الشِّمالي). ومِن قبلها المُلّايَة الجَلِيلة شيخة نِساء أَهْل الحَيّ (بِنْت نَاصِر) الّتي أَسَّسَت أَوّل مأتَم لِلنِّساء في غَرب حَيّ النِّعَيم وتَزعَّمَت أَفراح وأَحزان نِساء المنطقة، وتَقدَّمَت جَدَّتي مَريم (أُمْ عِيسى) نِساء أَهْلِ الحَيّ مِن بعد رِحيل بنت أُمْ ناصر.

ويقوم بِإِعداد موكب الزّفاف (جَعْفَر بن سَلمان بن يَحيَ السَّقّاي) شَقِيق المُلّاية (مَريم بنت سَلمان السَّقّاي) في بيت (الحاجِّيّة خاتُون الجَدّ) المُحاذي لِلجِهة الجنوبِيّة مِن مأتَم النِّعَيم الغربي بِمُشاركة كُلٍّ مِن خَمِيس الصَّبّاغ وجَعفر تَمّام وعبد الله الماضي. ويَطوف الحاجّ جَعفَر السَّقّاي بالموكب في دَور الإِمام الحُسين صَلواتُ الله وسَلامُه عليه يَرتَدِي مَلابس خضراء ويَعتَمِر العمامة ويَحمِل سَيفًا ورايةً بين روّاد المأتم على وَقْع لَحن وطَور المَلّا جَواد حميدان ذِي الأداء الرَّائع لِلقَصِيدة المَشهورة في زفاف القاسِم عليه السّلام. وفي عَصر ذات اليوم يَنتَقِل فريق الزّفاف كُلّه إلى مأتم (بَيْت بِنْ نُوح) في شَرق النِّعَيم لِيُحيِي ذات المُناسبة.

تَخلو البُيوت والطُّرقات في اليوم الثّامِن مِن مُحرّم الحرام مِن سُكّانها ويَقصد الجميعُ ومنهم المقعدون والمرضى المأتم يَرجون نَيل الثّواب ووَافِر الصِّحّة والعافِيّة. ويحثُّ الأهالي أبناءَهم على حضور المأتم في يوم زفاف القاسِم عليه السَّلام ويحرصون على الحضور بِرِفْقَتِهم.

وأنا ابن هذا الحَيّ الكَبير في وَلايته لِأَهْل البيت صَلواتُ الله وسَلامُه عليه وبَراءته مِن أَعدائهم ومُبغضِيهم ومُغتَصِبي حَقِّهم ما زِلتُ في هذه السِّنّ وعلى بُعد إلاف الأميال في بِلاد المَنفَى الثَّاني أَشعُر بِمَدى أَثر هذا الموكب في وِجداني، فلا غرو في إِصرار الأَهالي على التَّمسُّك بِمَوكب الزّفاف وفي حِرصِهم على الاستمرار في إِحيائه مِن أَجل تَعظِيم موقف الإمامة في واقعة كربلاء وصِيانة عقائد أَجيالهم.

فالموكبُ يُشكِّلُ مظهرًا مِن مظاهر ثَقافَة أَهْلِ الحَيّ الّتي جُبِلوا عليها وجزءًا مِن ذاكرة الأجيال المُتعاقِبة على الرَّغْم مِن كثافة النِّداءات المُتوالِية الدّاعية إلى شَطْبِه مِن قائمة مَظاهر الثَّقافَة الأَصِيلة بناء على تَوصِيات أَهْل منهج (الشَّكّ والتَّشْطِيب والتَّأمِيم) سَيئ الصِّيت.. وكُنَّا في طُفولَتِنا نغبط الأَولاد السَّادة الّذين يَقع عليهم الاختِيار لِأَداء دور القاسِم بن الحَسن عليه السَّلام إذْ لا يُؤدِّي هذا الدَّور إلّا سَيّد هاشِميّ فنُعظِّمه. ولو تَمّ الاختيار بالقُرعة بين أَبناء المناطق لِأَداء هذا الدَّور في كلّ عام لَكان أَثَر هذا التَّعويم على أَولاد أَهْل الحَيّ شَامِلاً ظاهرا.

ـ الوَهْمُ المُختَلَقُ فِي الفِتْنَةِ

سمعتُ مِن إمام أَحدِ المَساجد المُتعصِّبين هذرة أَراد بها إِثارةَ فِتنةٍ كريهةٍ.. وقبل مُغادرته إلى مُغتسل الوضوء في مَسجِده الّذي يؤم صلاتَه سألتُه: ما هِي الفِتنة الأعظم الّتي مررت بها وأَنتَ تَطوف بين مساجد أَهْل السُّنَّة والجَماعة؟! أَجابني على وَجْه السُّرعة: لِحَنفِيّة ماء مُفردةٍ كانت تُغطِّي حاجة الوُضوء في مَسجدنا الكَبير، وتَشهد تزاحمًا بِالنّواصي والأَقدام عند مَقدَم كُلّ فريضة، حتّى كَلَّ المُصلّون وبانَ انحسارُهم عن صُفوفِ صَلواتِ الجُمعة. وتحت ضَغط المحتَجِّين رَضَخَت إدارةُ المسجد واستَجابت لِلحاجة المُلِحّة، فنصبت ماسُورة ماءٍ بِطُول ستّةِ أَمتارٍ تَتفرَّع عنها عشر حَنفِيّات.. وقد اعتِدتُ على إِسباغ الوُضوء بماء الحَنفِيّة القديمة الّتي أَطلقتُ عليها اسمَ (الحَنفِيّة الأُمّ) حيث لمست فيها جَنبةً رُوحانِيّةً تُصعِّدني إلى السّماء، ولا يُكلِّفنِي ذلك

إلّا بِضع دقائق مِن الانتظار قبل أَذان كُلّ فريضة.

وعند لحظة أَذان الظُّهر مِن يوم الجمعة؛ حالفَنِي الحظُّ فجَلستُ عند الحنفيّة الأمّ لِكَي أُنجِز الطّهارة الواجبة، وإذا بي أَرى في عَرْض الحنفيّة العاشرة الأَخيرة رَجُلا (رَافضِيًّا) مُشمِّرًا عن ساعِدَيه استعدادًا لإِسباغ الوضوء. فغَلَى داخِلي واستَرجعتُ ثلاثًا ثمّ تَوقَّفتُ عن إتمام الوضوء وانصرفتُ بِوَجهي على عَجل صَوب (الرَّافضِي).

وفي غَفلةٍ منه بين فواصِل وضوئه نَفَثتُ صرخةً عظيمةً في أُذنِه اليُمنى قائلا: حَسْبُك!.. حَسْبُك!.. تَوقف عن حركاتك الوَقِحة هذه أَيُّها الرّافضي حتّى أُتِمّ وُضُوئي!.. لم يَقو الرّافضيّ على فِعل شيء.. تَسمَّر في مكانه و(اخْترَعْ) مِن هول الصَّرخة المفاجئة واستَسلم، فقَطعَ وُضوءَه. ومِن دون اجتهاد مِنه في طَلَبِ العِلّة والسَّبب لِفَعْلَتِي الّتي فَعَلْت؛ دَلَفَ حتَّى غاب عن الأنظار. ثُمّ مَضيتُ إلى الحنفيّة الأمّ وشَرعتُ في استِكمال ما بدأتُ به وأَتْمَمتُ وُضوئي وكأَنَّ شيئًا لم يكن!

سأَلتُ إمام المسجد: أَهُو حرامٌ إسباغُ الوضوء إلى جانِب الرّافضيّ الشِّيعي في فِقه مَذاهِب أَهْل السُّنَّةِ والجَماعَة؟

قال: لا.. ولكِنّ ماء الوُضوء المُتدفِّق مِن (البِلْبِلَهْ) الحنفيّة الأُمّ يُصبِحُ مُنجّسًا ولا يُجزي ولا مَعذرِيّة معه!

قلتُ: وكيف يكون ذلك والماءُ يَتدفّق إلى الحنفيّة الأمّ القديمة بين يديك أَوَّلا ثُمّ يقطع مسافة سِتّة أَمتار مارًا بِبَقِيّة الحنفيّات حتَّى ينتهي إلى الحَنفِيّة العاشرة بين يَديّ الرّافضي؟!

أَجابني الإِمام: (وإِنْ).. فتِلك سُنّةُ الأَوَّلِين أَنسِيتها؟! وهذه شَريعَتُنا لا نقبل فيها اقتِراف مَعصية، وأَنَّ المُتوضِئ الرَّافضي جاء يُصَلِّي في مَسجدنا ابتِغاء (الفِتْنَة) بيننا، فبَاغتّه بصَرخَةٍ استَمددتُ عِزَّها مِن عُمق التَّأريخ حتّى اعتَبرَ ودَلفَ ولم يُعقِّب.

فاستَدركتُ: شَيخنا العَزِيز.. أَنا بَحرانيّ مِن الرَّوافض الّذين أَهَنْت!

أَجابَنِي بِدَمٍ باردٍ: (وإِنْ)!

غريبٌ أَمْرُ هؤلاء الأَئمّة مِن النَّواصِب في تَشخيص المواقف وإِطلاق معانى (الفِتْنَة)، فهُم فيهما بِلا نظر أَو أَنَّهم يتكلَّفون الوَضعَ مِن عند أَنفسهم.. أَين هي (الفِتْنَةُ) وأَين مثلها في هذا الموقف؟!.. خُذْ حِذركَ إِنْ ورَدت أَمثلةُ (الفِتْنَة) بِهذا النَّمط السَّاذج مِن هؤلاء المُتعصِّبين أَو عالَجوها بِسُنَّةِ (وإِنْ) الّتي سَنّها قاتلُ فاطِمة الزّهراء صَلواتُ الله وسَلامُه عليها واتَّبعها النَّاكِثون والقاسِطُون والمارِقُون وأَثاروا بها الحُروب على إِمامةِ عَلِيٍّ أَمِير المؤمنين صَلواتُ الله وسَلامُه عليه ثُمّ طَحَن بَعضُهم عِظام البعضَ الآخر في حُروب كريهة لا أَوّل لها ولا آخر طمعًا في الرّئاسة والسُّلطان وما زالوا على ذلك!

لا تَندَهِش حيث تَرِد مَشاهد هذا اللّون مِن الإطلاق المَوضُوع في (الفِتْنَة) عند بعض الانتماءات الحِزبيّة والفِئويّة الشِّيعِيّة المعاصِرَة أَو على أَلْسِنَة بعض عُلماء الدِّين المغرّر بهم منهم أَيضًا. ففِي الشِّيعةِ أَشكالٌ مُختلِفَةٌ لَيسوا شِيعةً إِلَّا بِالوَصْف الظّاهر لا بِالخُصوص والأَصالة. وفي عُلماء الشِّيعة أَيضًا أَشكالٌ وأَنماطٌ مُختلِفة. مِنهم مَن تَغلْغلَت في قلوبهم سُنّةُ (وإِنْ) فحرَّضوا على العَبَث في الثَّقافة الشِّيعِيّة الأَصِيلة قُربةً لِلوُعّاظ المُتعصِّبين في اتِّجاه أَهْلِ العامّة وبِالوكالة عن وُعّاظِهم وأَحزابِهم.

ففِي واقِعَةٍ مُتعلِّقةٍ بِمَنع إِحياء بعض مظاهر الثَّقافَة الشِّيعِيّة جرت عَلَيَّ الدَّواهِي مُخاطبة أَحد أَركان الإِطلاق مِن القَول بِـ (وَأْدِ الفِتْنَةِ قَبل استِيقاظِها). وكُلَّما ناقشته في دَواعِي المُبالغة في إِشاعة مَنهج (الشَّكّ والتَّشطِيب والتَّأمِيم) وتَسفِيه الشَّعائر وأَهلها وما عندها مِن مُدوناتٍ صحيحة في السِّيرة تَستنِد إِليها ـ استَغفَلَنِي بِعُذر اتِّقاء (الفِتْنَة) بين أَهل التَّشيُّع في بلادنا. وكُنتُ أَعلَمُ عِلْم اليَقين أَنَّ هذا العُذر القَبِيح هو نَموذجٌ مُشابِهٌ لِعُذر (حَنَفِيَّة) إِمام المَسجِد النَّاصِبي المُتعصِب ولِسُنَّتِه بِـ (وَإِنْ) ولا يَختلِفان في شَيء.

قَرّرتُ الاحتِفاظ بحَقّ النَّقد فلَم أَدلِ بِقولٍ أَو رأيٍ أَو اتَّخِذ مِن الإِجراء الفَوري المُضاد ردًّا إِذْ المقامُ لا يَستحِق غير ذلك.. ووَضَعتُ نفسي في مَوضعِ الشِّيعي المُتوضِّئ عند الحَنَفِيّة العاشرة الّذي كَظَم غَيضَه ولَمْلَمَ قُواه ودَلَف، فلَمْ اجتَهد في الاستِيضاح أو طَلب العِلَل والأسباب في مُقابل قوله بِـ (وإِنْ) ثُمّ اعتَبرتُ ودَلَفتُ ولم أُعَقِّب!

ومنذ لحظة حُصول اللِّقاءين الظَّريفين الأَوّل والآخَر تيَقّنتُ أَنَّ عُلماء شِيعة بَلدِي لا يَخلون مَمّن لا يَقِلّ سَذاجةً عن بعض الأَئمَّة والوُعّاظ مِن مُتعَصِّبي اتّجاه أَهْلِ العامّة المعاصِرين، وهُم ضَررٌ على فِئَةِ العُلماء المُؤمِنين الوَرِعين، إِذ يحكِّمون نفوذَ الانْتِماء الحِزبي والفِئوي في مناطق الوُجود الشِّيعي بِفِكر ثَقافة غيرهم، ويَفرِضُون الولاية على الكَثِير مِن جِهات التَّأثير في المجتمع بَولايَة غيرهم. ولم تكُن لهم سِيادةٌ بهذا النُّفوذ الواسع لولا سِعَة عِلَلهم وأَسبابِهم المُختَلقة بِوَهْم (الفِتْنَة) على نَمط فِتْنَة (بلْبِلَة) حَنَفِيّة المسجد وتَكثُّر مَواقفهم على سُنَّة (وإِنْ). وأَمَّا الأَتْباع فيهم فهُم مِثل القَطِيع الّذي يُسار به في ظُلمة لَيلٍ بَهِيمٍ يَمِيلون حيث مالَت فِتْنَةُ (البِلْبِلَة) على الطَّريقة الشِّيعيّة.

وكُلّما تَصدّى عُلماءُ الدّين المؤمنين والمُخلِصين مِن المُثقفين الرَّاشِدين لِمَسئولِيّة تنمية الثَّقافَة الشَّيعِيّة الأصيلة وتَعظِيم منزلة مَظاهرها والحرص على صِيانتها؛ جاءَ رهطٌ مِن هؤلاء صُبحًا ومساءً يبكون فِتْنَةً صَنعوها بأَيديهم وتَواروا عَنها، ولا يَنفكُّ الواحد مِنْهُم يُنادي بِوُجوب تَغلِيب حقّ الأَمْن الاجتِماعي ودَرْء الفِتْنَةِ ووَأدِها قبل استِفحالها!

إِنَّهم يعلمون أَنَّ (الفِتْنَة) وردت في القُرآن الكريم سِتِّين مَرّةً وفي 53 سُورة كَريمة. وجاء أَكثر الذِّكر في الفِتنة بِمَعنى الابْتِلاء أو المِحنة أو الصَّدّ عن السَّبيل، وبِمَعنى الكُفر أو الشِّرك أو الضَّلال أو الدَّمار والخراب. وكُلَّما لاحَت في الأُفق بِوادر ظاهرة لِنَشاطٍ ثَقافيٍّ حُرٍّ مُستقِلٍّ عن سِيادتِهم أَو بَدَر نِدٌّ أَو منافسٌ لانْتِمائهم؛ باغتَوا البُسطاء والسُّذّج مِن الأَتْباع بِنَبإٍ عن قُرب وُقوع

(الفِتْنَة)، فيُهوِّلون مِن خُطورة إِيقاظها إِذْ لا حَقِيقة لِوُجود (فِتْنَةٍ) مُطلقًا ولا دَلِيل في الوقائع الحِسّيّة ولا مِصداق في ذلك. ثُمّ إذا ما رَجَع البصرُ كَرّتَين لِلتَّحقق مِن وُجود (فِتْنَةٍ) سيَنقلِبُ بصرُه خاسئًا وهو حَسِير!

لقد اختَلَف البَحْرانِيّون في شَرعِيّة نظرية الانتماء الحِزبي والفِئوي وانقَلَبت الأَوضاعُ السِّياسِيّةُ والأَمْنِيّةُ ولم تَحدُث الفِتنة، واختلفوا في الاجْتِهاد والاحتِياط ثُمّ في أَشكال وأَلوان التَّقليد المَرجِعي ولم تَحدُث الفِتنة، واختَلفوا في حُرمَة تَقليد المُحدِّث والمُجتَهد المَيِّت ابتداءً ولم تَحدُث الفِتنة، واختَلفوا في نَظريّة المُشاركة في النِّظام السِّياسِي ولم تَحدُث الفِتنة، واختلفوا بين أَخْباري وأُصُولي في إِمام الجماعة ولم تَحدُث الفِتنة، واختلفوا بين مُدْمٍ لِهامَةِ الرَّأس والظَّهر في مَواكب الحَيدَر والصَّنْكَل ومُتَبرِّع بالدَّم ولم تَحدُثْ الفِتنة، وحَرَّضَت الأَحزابُ والفِئوِيّات على رَجْم المواكب ولم تَحدث الفِتنَة، واختَلفوا بين مَيلٍ فِقهيّ وسِياسي نَجَفِي ومَيلٍ كربلائي وقُمِّي وطَهراني ولم تَحدث الفِتنة، واختَلفوا بين مَرجِعِيّة الوَلايَة المُطلقة ومَرجِعيّات الوَلايَة العامّة أو المُستقِلّة ولم تَحدث الفِتنة، واختَلفوا بين مُقلِّد لِمَرجع مَحَلِّيّ ومَرجِع أَجنَبي ولم تَحدث الفِتنة، واختَلفوا بين مُؤيِّدٍ لِظاهرة انتشار (المَضايف) لِخِدمَة مَواكب العزاء والمُعزِّين أَو في مناسبات أَفراح وأَحزان أَهْل البيت صَلواتُ الله وسَلامُه عليهم ومُناوِئ لها ولم تحدث الفِتنة، واختلفوا في شَكل ومَضمون مواكب العزاء وخارِطة سَير المواكب ولم تحدث الفتنة، ونُقلَت مشاهد الشَّعائر بِشَتّى أَلوانها وأَشكالها وأَنماطها على القنوات الإعلامِيّة وعلى شَبكات التَّواصل التِّقني الاجتماعِي ولم تحدث الفِتنة، واعتَرَض بعضُ العُلماء على قراءة حديث الفَخرِي لِلطُّريحي مقدّمة لِلمجالس في العَشرة مِن مُحرَّم الحرام وأَصرَّ آخرون على صِحَّةِ ما فيه ولم تحدث الفتنة، واختلفوا على زَوايا النِّساء ولم تحدث الفتنة، واختَلفوا حول مَوكِب زفاف القاسِم عليه السَّلام ولم تحدث الفِتنةُ. واختَلَفوا حَول فتوى مُوسيقى المَواكِب ولم تَحدُث الفِتنة، واختَلفوا حول وُجودِ شَخصِيّة

رُقَيّة بنت الإمام الحُسين صَلواتُ الله وسَلامُه عليها ولم تَحدُث الفِتْنَة، وأمّا في شأن الخِلاف السِّياسي والحِزبي والفِئوي بين كُلّ الاتّجاهات ومَرجعِياتها على الطَّريقة العِراقِيّة فـ (حَدِّثْ ولا مِنْ حَرَجْ) ولم تَحدث الفِتْنَةُ!

وفي ذلك جَرت المواقف والحوادث ومَرَّت على البَحْرانِيّين في تَأريخهم العَريق ولم تَنْتَه إلى الفِتنَةِ.. إنَّ المجتمع البحراني يَمتَلك مِن المقوّمات الثَّقافِيّة والاجتماعِيّة ما يَمنع مِن وُقوع الفِتنة وإنْ خَلا مِن وُجود انْتِماء أَو زَعِيم، ما يُؤكِّد على أَنَّ ما يُثار مِن مَسعى لِوَأد الفِتنة إنْ هو إلّا اختلاقٌ وتَخرُّصٌ مُفتَعلٌ يُرادُ مِن ورائه ما يُراد. ومِن المُؤسف حقًّا أَنْ يَقع في مُستَنقع اختِلاق وهْمِ الفِتنة عُلماءُ دِين لا حَظّ لهم مِن العِلْم ولا سِعَي لهم إلّا ابْتِغاء المقام المحمود في مُجتمعهم بِلا اجتهادٍ منهم واستفراغٍ ما بِالوِسع لِتَحصِيل المعارف مِن أُصُولها!

ظَلَّ أَحدُ المساجِد مُهملاً لِأَسباب مختلفة مِن بينها افتِقارُه لِوَقفٍ أَو مصدَرٍ لِلدَّعم المالي الدّائم، وكانَت الانتماءاتُ الحِزبيّةُ والفِئويّة مُنصرِفَةً عنه ومُنشغلةً بِمَهام المساجد الكُبرى ذات الأَوقاف الضَّخَمة. فتَقدَّم عالِمُ الدِّين الشِّيخ المُؤمِن الوَرِع إلى هذا المسجد مُستقِلاً عن الانتماءات السَّائدة لِيُحيِي شَعائرَه المُهملة بِما تيسّر له مِن مالٍ خاصٍّ ومِن مال قليل مَبذول يجمعه مِن وُجوه الخير.

مَرَّت السَّنوات وشَيخُ المِسجد المُهمَل يبذلُ مِن نفسه جهودًا مباركةً مضاعفةً في سِبيل تَوسِعة أَنشِطة المسجد وتقديم خَدماته الثَّقافِيّة لِلأهالي، وإذا بِه يَتلَقّى نَبأً مُفرحًا عن عقارٍ أَوقفه أَحدُ المؤمنين لِدَعم أَنشِطة وخدمات المسجد. فتَصعَّدَت آمالُ الشَّيخ وأَهالِي الحَيّ إلى السَّماء بِالتَّضَرُّع يَدعون بِالعَفو والمَغفِرة والجَنّة لِلبَاذِل المؤمن ويَفرحُون.

وفي السِّرّ تَنشطُ آلةُ الانتماء في اتِّجاه مُضادّ، وتُحرِّض أَهالي الحَيّ شيئًا فشيئًا على العِصيان والعَمل على طَرد شَيخ مَسجدِهم، وتَبُثّ في البلاد شائعةً

عن ظُهور بَوادِر (فِتْنَةٍ) بين أَهالي حَيّ المَسجد المُهمَل. وعلى الفَور يَتدَخَّلُ أَهلُ الحَلّ والعَقد مِن أَهْلِ الحَيّ بِتَحرِيضٍ مِن قُوى الانْتِماء ذاته لِوأْد (الفِتْنَة) المَزعومة وإِنقاذ أَهْلِ الحَيّ منها. فيَنتهى أَهْلُ الحَيّ المنقلِبين إلى تَشكِيل لجنةٍ قَضَت بِطَرد الشَّيخ المُستقلّ عن المَسجد وتَعيِين إمام آخر مِن تَرشِيح الانْتِماء الذي اختَلَقَ وَهْم الفِتنة!

تَمُرّ الأَعوام وإذا بِعَددٍ مِن المُنقلِبين على شَيخ مَسجدِهم يَكشف عن تفاصيل قِصّة التَّواطؤ على إِقصاء الشَّيخ ويُعلِن عن قائمةٍ بِأَسماء اللَّجنة السِّرّيَّة المُمَهِّدة لِصِناعة وَهْم (الفِتْنَة) وبَثّها بين أَهالِي الحَيّ بِزَعامة أَحَد الأئمّة المُنتمِين الذي يؤم صَلاة مَسجِدٍ في الحِيّ المُجاور!

إِنَّهم يختلقون وَهْمَ (الفِتْنَة) ويشيعونه في النّاس، وهُم الّذين يُنذِرون مِن شَبح إِيقاظ ذات الفتنة ويَجعلون مِن ذلك الوَهْم المُختَلق مُبرّرًا ودافعًا لِحَسم الموقف لِمصلحة الانتماء الحزبي والفئوي المُناضل في سَبِيل بِناءِ الأُمّة والعُبور الآمِن بها إلى ساحِل (الوَعْي) الحضاري!.. مِن أَين استَقوا هذا النَّمط مِن السِّياسة في اختِلاق (الفِتْنَة) ووَأدِها، وكيف اشتَركوا في تَصديرها مع إِمام (البِلْبِلَه) ذِي الموقف الحازِم بِـ (وإِنْ)؟!.. لو أَراد الباحِثُ إِحصاء الوقائع مِن ذات الصِّنف مِن سُلوك اصطِناع وَهْم (الفِتنة) وعلى ذات الشَّاكِلة مِن الموقف الحاسِم بِـ (وإن) في كُلِّ مظاهر الثَّقافَة لَسَطَّرَ مَوسوعةً كامِلةً.

إِنَّ قيام (الفِتْنَة) يَبقى مَعدومًا في ثَقافَة مَجتمع البَحرين الأصيلة، ويَعود السَّبب في ذلك إلى أَنَّ مُجتمع التَشيُّع الأَصِيل لَطِيفٌ بِطَبعِهِ ومُتسامِحٌ لَيِّنُ العريكة صَبورٌ وَقُور، وأَنَّ مُختلِقي وَهْم (الفِتْنَة) يُغرِّدون بِفِكرٍ ثَقافَةٍ هَجِينةٍ استَمَدّوها مِن ثَقافَةٍ أَجنَبيّة ويُشكِّكون في أَهلِيّة ثَقافَة مُجتَمَعهم الشِّيعي الأَصِيل!

سأَلتُ الوالِد العَزيز ذات مَرَّة عن نتائج الخِلافات الّتي دارت في المآتم في عُقود الأَربَعِينات والخَمسِينات والسِّتّينات مِن القَرن الماضي، فقال: (لا تَنعَقِد فِتْنَةٌ ولا يَعُمّ مظهرٌ مِن مظاهرها بين الأَهالي مطلقًا. فهَذِه ثَقافَتُنا ذات

القَلْبِ الكَبيرِ والصَّبر واللُّطفِ الجَميلين مانِعَةٌ مِن وُقُوع الفِتْنة. فإنْ اختَلَف أَهْلُ المأتم فاعْلَمْ أَنَّ مأتمًا جَديدًا سَيُؤسَّس ويُشَيّد، فيُصبِح لِأَهْلِ الحَيّ في إثر ذلك مأتَمان كَبيران ومَجلِسان رائعان ومَوكِبان في غاية الجَمال، وخَطِيبان يَتوفران على رِزقِهما والجَزاء الأَوْفى، وقَيِّمان مِن أَهالي الحَيّ لِرعايَة المأتَمين. وتَستوعِبُ هذه الحالُ الإيجابيَّةُ طاقات الشَّباب كُلّها في إحياء شعائر المأتَمين مِن دون حُصول (فِتْنَة) أَو هَدر أَو لَهو أَو استِغلال خاصّ. ويَقضِي رُوّادُ المأتَمين (المُستَمِعون) مِن كُلِّ الفئات العُمُريّة وقتًا مَليئًا بالصُّحبَةِ الوَثِيقةِ وبالفائدةِ المَعرفيّةِ الدّسمة والثَّواب الجَزيل. وبَينهم مِن الوَشائج الاجْتِماعيّة ذات الشُّجون الكَثِيرة والواسِعَة ما يُعَبِّر عن ثَقافَةٍ اجتِماعِيّةٍ رَصِينةٍ أَصِيلة، وتَجمعهم شَبكةٌ مِن النَّسَب والمُصاهرة والصَّداقات ما لا حَصر لها، مِن دُون أَدنَى حَساسِيّة أَو تكلّف في خُصومة أَو تَدخُّل مِن وسائط الخَير.. فكُلّ المآتم والمَواكِب وإنْ تَعدَّدَت وكَثُرت فهِي بَركَةٌ على بَركَة ونُورٌ على نُور وصَفاءٌ في القُلوب ونَقاءٌ في الوِجدان)!

إذَنْ، مَن الّذي يَصنعُ وهْمَ الفِتنَةِ ويزجُّه في أَذهان النَّاس في شَكل مَفهومٍ مُثِيرٍ لِلمَخاوف، ولماذا، ومِن أَينَ استَوحى هذا اللَّون مِن (الجَمْبَزة)؟!.. مَن الّذي يَزرعُ هذا المفهوم في رَوع النَّاس ويُفرّق به بَين المرء وأَهلِه؟!.. أَهُو فِكرٌ مُنتَزعٌ مِن وَحْي ثَقافَة بَحْرانِيَّة أَصِيلة أَمْ أَنَّه فِكْرٌ هَجِينٌ أَجنَبيٌّ مُستوحى مِن بيئةٍ اجتِماعِيّةٍ مُختلِفَة الثَّقافة ومُغايرة اعتادَت التَّدبير عند الضَّعف والهَزيمة بافْتِراء وَهْم (الفِتْنَة) بِالجَمبَزة وشَيءٍ مِن الرّعونة والغِلظة؟!

لماذا يَبثُّ رُعاةُ هذا الفِكر مَخاوفَ (الفِتْنَةِ) بأَدوات حِزبيّة وفِئويّة بَحْرانِيّة، ويُوهِم البَحرانِيِّين بِقُربِ وُقوعِها، ويُؤلِّبهم ويَحرِّضهم في الضِّدّ مِن بَعضِهم تحت لافِتَة الحِرص على سَلامَة الدِّين وأَمْن الوُجود الشِّيعي مِن غَير رِعاية منه لاخْتِلاف مُؤدّى الثَّقافَات؟!

إنَّ مِن خصائصِ الانْتِماء الحِزبي والفِئوي العملَ على تَزوِير الحقيقة

عندما يَتطلّبُ الأمرُ الوصولَ إلى غايةٍ صَعبةِ المنال. وفي بِلادنا يَستَقلّ ذات الانتماء بِمَظاهر الثَّقافَة الشِّيعِيّة الأَصِيلة ويُمَنّي أَهْلَها بِتَمثيلِ التَّشَيُّع الأَصِيل، ثُمَّ يجعلُ مِن نفسه بِهم مُستبِدًا بَديلاً يَحلُو له تَوزِيع المقامات الاجتِماعِيّة والمَراتِب الدِّينِيّة على مَن يشاء ويَختار. وكُلَّما عزمَ على تَعزيز نُفوذه وإِقصاءِ وُجود طَرفٍ نِدٍ له أَو مُنافِس أَو مُستقِلّ سارع بالمُغالَبَةِ إلى تَحذير النَّاس مِن (فِتْنَةٍ) وشَيكة الوُقوع، فيشغلهم في أَنفسِهم ثُمّ يتدخَّل بِوَصِفِه المُنقِذَ الحَريص على أَمْنِ الوُجودِ الشِّيعي وسَلامةِ نِظامِه الاجتماعي.. تلك هِي سِيرةُ وَهْم (الفِتْنَة) الّتي ليس لها مِن وُجودٍ حَقِيقيٍّ ولا ظِلٍّ إلَّا ظِلّ سُنَّةِ (وإِنْ)!

إنَّ الثَّقافَة الشِّيعِيّة الأصيلة تَملِكُ الاستِعداد لِلنُّموّ والتَّطور في كُلّ الأحوال وفي كُلِّ الظُّروف ولا يُخشَى عليها في أَشدَّ الظُّروف تعقيدًا. وإذا ما جِئنا إلى مظاهر الثَّقَافَةِ فإِنَّها تَختَلِف باخْتِلاف الثَّقافات، وهِي في أَمَسِّ الحاجة إلى المُعالجة الحَكِيمة عبر العَودةِ إلى ما طَرَأ عليها مِن تَحوُّلٍ في السِّياق التَّأريخي والبِيئة الاجتِماعِيّة. وأَمَّا الالتِجاء إلى الثَّورِيَّة الحِزبِيّة والفِئويّة بِفكْرٍ ناشِئٍ عن بيئةٍ ثَقافِيّةٍ مُغايرة ففِي نِهايةِ الأَمر يَنتهِي إلى الاستِعلاء بإِطلاق الوَسائل وتَبريرها والعَمل على تَعطِيل نُموّ الثَّقافة وبَثِّ الفُرقة والمُغامرة بما تَبَقَّى مِن مظاهر الثَقافَة في سُوح النِّضال السِّياسي.

ـ فَلْتَةُ الصَّحِيفَةِ الثَّالِثَةِ وشَرُّ الأَتْباع

لا رَيبَ في أَنَّ إِحراز التَّقدُّم الثَّقَافِي في وَسطِ دَوّامةٍ خطيرةٍ مِن التَّحدِّيات السِّياسيّة المعاصِرة يُمثّل إِنجازًا كبيرًا. فالسِّياسَةُ ما زالت تَختِلق الأَوْهَام في الوسط الاجتماعي وتَسوقها في صُورة حقائق، فتُوقِع بها ضررًا على الأَمْن الاجتماعي الشِّيعي. وكُلّما تَطلَّبت السِّياسَةُ فرض السِّيادة وبَسط النُّفوذ الحِزبي والفِئوي في المجتمع؛ أَكثَرت مِن افْتِراء (الفِتْنَة) وتَمادت في اخْتِلاق مُقدِّماتها ثُمّ استَعدَّت لأَداء دَور الزَّعِيم المُنقِذ مِن الفِتْنَة.

إنَّ الشِّيعي المستقلّ عن الانْتِماء الحزبي والفئوي يَرسِم بِعَطائه أَجملَ

المواقف في مَقام العمل على تَنمِية الثَّقافة الأَصِيلة، ويُخلِّف بذلك أثرًا إيجابِيًّا عميقًا وصادقًا في قلوب مَن حوله لا تَندَثِر مَعالِمُه، ويُشعِرهم بِالمسئولِيَّة فلا يُصدِّر لِثقافَةِ مُجتمَعِه أثرًا سياسيًّا مُبتذلاً، ويَنأى بِنَفسه عن فِعل ذلك وإِنْ اجتَمع عليه ضَغطُ التَّرهِيب والتَّرغِيب، فيما يَنساقُ الانْتِماء وراءَ غاياتِه بِتَبرير الوسائل، فيَنشَغِل بِالسِّياسة ويُهمِل العمل الثَّقافي ويَسعى في تَوظِيف مَظاهر الثَّقافَة الموروثة في مَغامراتِهِ السِّياسِيّة.

ويَفقَهُ الشِّيعِيُّ البحرانيُّ أَنَّ لِلسِّياسَةِ مُقدِّماتٍ ومُقتضياتٍ ومُتطلّباتٍ وشُروطًا خاصّة، ولكِنّه يَبذل المَساعي الحَمِيدة بِصِفَته الفَرديّة مِن أَجْل صِيانة ثَقافَتِه الأَصِيلة وتَنميتها على منهج الإِصلاح الّذي أَعلنه الإمام الحُسين صَلواتُ الله وسَلامُه عليه وأَوجَزه في جُملتَيه الشَّهيرتَين: (مِثْلِي لا يُبايع مِثْلَه) و(إِنَّما خَرجْتُ لِطَلَبِ الإِصْلاح في أُمّةِ جَدِّي).

في مَشهدَي الحُزنِ والفَرَحِ يَتَّبعُ البَحْرانيُّ أُصُولَ المعرفة والثَّقافة المُلتَزِمة بِسِيرة أَهْل البَيت صَلواتُ الله وسَلامه عليهم ومَنهجِهم. ورُبَما تَعترِضُه الادِّعاءاتُ النَّاشِئة عن تَطبِيقات منهج (الشَّكِّ والتَّشْطِيب والتَّأمِيم)، منها القولُ بِغَلَبَةِ الخُرافات والأَساطِير على ثَقافَتِه، ومنها القَولُ بِكَثْرَةِ اقتِباس أُصُول التَّشَيُّع عن التَّقالِيد والعادات والأَعْراف المُتَّبَعَة في الأَديان الأخرى.

لقد أَحدثَ إِطلاقُ هذه الادِّعاءات اضطرابًا وَظِيفيًّا في الجِيل البَحْراني المُعاصر ومُتعلِّقِ تَنمِية الثَّقافة الأَصِيلة وصِيانَةِ أَمْنها. وكادت مظاهرُ الثَّقافَة تَفقِد قُدسِيَّتَها في العقول ومَقامَها في النّفوس ومَنزلَتَها في القَلوب، وتُفتَتَحُ فاغِرَة النِّزاع والفُرقة في الشِّيعَةِ لمصلحة قُوى التَّطرف النَّاصِبي والعَلماني الّتي كانت تَتَرقَّبَ اللَّحظة المُناسبة لاستِغلال تَداعِيات منهج (الشَّكّ والتَّشْطِيب والتَّأمِيم) وتَستَعِدّ لامتِطاء دابّتِه وتَدفع بِالانْتِماء الحِزبي والفِئوي إلى تَملّك السِّيادة على الشِّيعة وتُقدِيم يَدَ العَون له وتحثّه على احتِلال مَنصِب الزَّعامة الشِّيعِيّة ورَدْع قُوى التَّشَيُّع الأَصِيل!

إنَّ هناك العديد مِن الاتّجاهات العَلمانِيّة ومِن أَهْلِ العامّة الخبيرة في رُكوب موجاتِ النِّضال السِّياسي ولكنّها تَضْعَف عند مُقارعتها لِلثَّقَافَة الشِّيعِيّة الأَصِيلة السَّائدة في المُجتَمع البَحْراني. وهِي مِن أَكثرِ الاتّجاهات المعاصرة تَفاعُلاً مع الانتماء الحزبي والفئوي الشِّيعي المعاصر المُتَبَنِّي لِمَنهج (الشَّكّ والتَّشْطِيب والتَّأمِيم)، والأكثر دَعمًا وتأييدًا للانتماء الشِّيعِي ذي المُنطلق السِّياسي المُجرّد، ولكنّها تمثّل الاتِّجاه الأَكثر قدرة على التَّحالُف مع قوى الاستِبداد المَحلِّي والإقليمي والدّولي والتَّحريض على الكراهيّة لِلشِّيعة ومِن ثَمّ خَلق التَّفوّق أو التَّوازن مع انْتِماءات الشِّيعة بهذا اللَّون مِن التَّحالُف.

وكُلَّما نَشط مَنهجُ (الشَّكّ والتَّشْطِيب والتَّأمِيم) وحَقّق تقدّمًا على حِساب الثَّقافة الشِّيعِيّة الأَصِيلة؛ تَحيَّنَت الاتِّجاهات العَلمانِيّة ومِن أَهْل العامّة الفُرص واستَعدّت لِتَقويض ما هُو أَبعد مِن الثَّقَافَة الشِّيعِيّة الأَصِيلة. فإِنْ تَحقَّقَت الغَلبةُ لأَتْباع مَنهج (الشَّكّ والتَّشْطِيب والتَّأمِيم) وأَحزابِه وفئوياتِهِ تَحالَفَت هذه الاتجاهات في الضِّدّ مِن الهُوِيّة الشِّيعِيّة وشَكَّكَت في ولائها الوَطَني وأَعلَنَت سُقوطَ حُجِّيّةِ أُصُول المعرفة عند الشِّيعة وأَثارت الشُّبهات المعقّدة في سِيرة مُتَشرّعة الشِّيعة، وأَبطَلَت مَروِيّات التَّشَيّع وعَقيدتِه وشَريعَتِه بناءً على رُؤية دُعاة منهج (الشَّكّ والتَّشطِيب والتَّأميم) مِن الثَّقافة الشِّيعِيّة الأَصِيلة.

إنَّه صِراعُ الوُجُود الأَشدُّ ضَراوةً وخُطورةً مِمّا يَتصَوّره دُعاة مَنهج (الشَّكّ والتَّشْطِيب والتَّأمِيم) مِن إِمكان خَلق التَّوافُق. فلِماذا يُغامرُ هؤلاء بِمَصير الثَّقافة الشِّيعِيَّة الأَصِيلة.. إِنَهُ صِراعٌ تَأرِيخيٌ تُوَجِّجُه أَطماعُ السِّيادة لِضَمان صَيرورة المُستقبل في غَير مصلحة النَّهضَة الثَّقافِيّة المُعاصرة لِلتَّشيّع. وهَلْ ثَمَّة صِراعٌ هو أَشَدُّ مِن هذا الصِّراع وأَطول عُمُرًا في تأريخ المسلمين مُنذ اغتِيال الرَّسول صَلّى الله عليه وآله؟!

لقد شَوّه مَنهجُ (الشَّكّ والتَّشْطِيب والتَّأمِيم) الثَّقافَةَ البحرانِيَّة الأَصِيلة، فافتَرى عددًا مِن الأَوصاف السَّيِّئة وخَصّها بِمَظاهر هذه الثَّقافة لِيُضعِفها

ويُقلِّل مِن شَأنها وعظيم مَقامِها ومَنزلتها في الوِجدان البحراني تَمهيدًا لِلإطاحة بِأُصُول المعرفة الشِّيعِيّة ومدوّناتها، مِن مِثل وَصْف: الوَثنِيّة والكَنَسِيّة والصُّوفِيّة والمَجُوسيّة والالتِقاط، والنَّجاسَة والوَسَاخة والبَشاعة، والهُندوكِيّة والوَحْشيّة، والتَّخَلُّف واللّاوَعْي والفِتنةِ والشَّناعة، والمُستهجَنة والمُقرِفَة والخِّسة والقَباحة، والعَمالة لِلأَجنبي، وادِّعاء المَرجعيّة وما شاكَل ذلك، فأَدخَل مَصِيرَ الثَّقافَةِ البَحْرانِيّة الأَصِيلة في دَوّامةٍ مِن الفوضى.

تلك مِن بين تلك الأوصاف الّتي رَوَّجَتها بِالوَكالةِ نُخبَةٌ بَحرانِيّةٌ مُنتمِيةٌ لم تُدرِك أَبعاد صِراع الوُجود وتَحالفاتِه وخُطورة مَقاصِده القَريبة والبَعيدة في العَصر الرّاهن، وكُلُّها أَوصافٌ مِن إنتاج آلةٍ إعلامِيّةٍ ساذِجَةٍ تُحرِّض المُنتَمِين البَحْرانِيّين على التَّوَرّط فِي قَمع رُوَّاد ثَقافَتِهم الأصيلة وتَرويج البَدِيل الهَزيل في بِلادهم وعلى مَنابِرهِم وفي مُنتدياتِهم الثَّقافِيّة!

في النّصف الآخر مِن القَرن التَّاسِع عَشر الميلادي وشَطرٍ مِن العَقد الأَوّل مِن القرن الماضي لم يُعْرَف عن العُلماء والمثقّفين الشِّيعة الدَّعوة إلى تَشطِيب مَظاهر الثَّقافة والابْتِذال في استِعمال هذه المُفردات السَّيِّئة أَو افتراء الكَذِب على رُوّاد الثَّقافة الشِّيعِيّة المُتمسِّكِين بِها أَو اختِلاق ما لا حَقِيقَة لَه مِن (الفِتْنَةِ) في واقع الثَّقافَة. وقد صَرَّحوا بما عندهم مِن نُقودٍ مُوجّهةٍ لِبَعض مَظاهر الثَّقافَة الشِّيعِيّة، وكَتَبوا وأَلَّفوا الكُتبَ في شجاعة عِلميّة وأَدبيّة، واحتَملوا الخَطأ في نُقودِهم ومسار عَمَلِهم في الإصلاح فلَم يَتجاوزوا حُدودَ شَكِّهم، ونَأوا بِأَنفُسِهم عن الطَّعن في الأُصُول والمَرجِعيّات، ولم يَسعَوا في اقتحام مَظاهر الثَّقافَة في سَبِيل الهَيمنة عليها وتَأمِيمها وتَسخِيرها لِخِدمة مَرجِعيَّاتِهم، ولكِنّهم مَهَّدوا بِعَمَلِهم هذا لِمَرحلةٍ لاحِقَةٍ صارت أَكثر جرأة على الطَّعَن في أُصُول المعرفة ومَظاهر الثَّقافة والشَّعائر ورُمُوزِها ورُوّادها.

بين عَقدي الأَربَعِينات والخَمسِينات مِن القَرن الماضي حيث بَلَغَت مَوجةُ الحديث عن الإصْلاح الثَّقافي والتَّجدِيد في الفِكر الشِّيعي ذُروتَها،

وحيث أَصْبح لِلحِزبَين الدِّينِيين الإِخوان والتَّحرِير انتشارٌ تنظيميٌّ ونفوذٌ واسعٌ في البلاد العربيّة والإسلاميّة بِإزاء الانْتِشار والتَّأثير الآخر بِزَعامة الاتِّجاه القَومِي العَربي؛ أَخذَت طلائعُ الانتماء الحِزبي والفِئوي الشِّيعي تَنهضُ على ذات المنهج والمَقصد، وتَستَنِد إلى خِبرات الإخوان والتَّحرير، وتَتغَلْغَل بِفِكرهما في مَدارس الحَوزات الشِّيعِيّة الكُبرى وتُؤسِّس في بلاد الوُجود الشِّيعي قَواعدها التَّنظِيمِيّة. حتّى سُجِّلَت قائمةٌ بأَسماء نُخبَةٍ مِن علماء الدِّين والمُثَقَّفين الشِّيعة في لائحَةِ المُنتَمِين لِحزبي التَّحرير والإِخوان. وظَنَّت النُّخبَةُ الشِّيعِيَّةُ أَنَّ تَجربتي الإِعداد التَّنظِيمي وصِناعة الفِكر الحَرَكي الخاصَّين بهذين الحِزبين مِن اتِّجاه أَهْل العامّة تَرتَكِزان على أُصُول إسلامِيَّة خالِصة سَليمَة قادِرة على بِناء أُمَّةٍ أَصِيلةٍ مُجرَّدةٍ مِن مؤثّرات الفَصل الطّائفي ومِن مبادئ العَلمانيّة وقيودها، وأَنَّهما تَجرِبَتان رائدَتان يَفتَقرُ الشِّيعةُ إليهما ويَتَوجَّب اقتباسهما جُملةً وتفصيلاً مِن أَجل الوُصُول بِالشِّيعة إلى مَرحلةٍ تفاعليّةٍ في خارج دوائر (التَّقِيّة) و(الانْتِظار) و(الوَلايَة والبَراءة) و(العِصْمَة) ومُنتِجةٍ على الصَّعيد السِّياسي بالاشتراك مع مواطنيهم مِن وُعّاظ اتِّجاه أَهْل العامّة وأَتباعِه وأَحزابه وكياناتِه الأَهلِيّة.

وعلى قَدمٍ راسِخَةٍ مِن هذا الظَّنّ؛ أَلْفَت هذه النُّخبةُ الشِّيعِيَّة نفسها مُلزمةً بِاقتِباس التَّجرِبتين عن الإِخوان والتَّحرير، وبالعمل على إِسقاطِهما على الوُجود الشِّيعي (الجَامِد) في عالَم إِسلاميّ ثَورِيّ يَموج بِفِكر الاتِّجاهَين القَومِيّ والمارْكْسِي في مُقابل التَّوسُع الجغرافي والنُّفوذ الاسْتِراتِيجِي لِقُوى الاستِعمار ولِلحَركة الصَّهيونِيّة.

بَلَغَت حالُ التَّقارُب والاندِماج الفِكري والحَرَكِي بين هذه النُّخْبة الشِّيعِيّة بِزَعامة عدد مِن عُلماء الدِّين وأَحزاب اتِّجاه أَهْلِ العامّة ذُروتها في مِرحلَةٍ متقدِّمةٍ مِن النِّضال حيث ظَهَرت فُجأةً مُؤلَّفاتٌ حَرَكِيّةٌ (إِخوانِيّة وتَحرِيرِيَّة) مُسفِّهَة لِعَقائد الشِّيعة ومُحقِّرة لِثقافتهم وأُصُولهم في المعرفة، جاء مِن بينها مُؤلَّف بِعُنوان (كِتَابُ الخِلافَة) لِتَقيِّ الدِّين النَّبهانِي مِن مواليد

فلسطين المُستَوطِن في بلاد الأردن وأَحد زُعماء حِزْب التَّحرير إذْ أَنكَر فيه واقِعة غَدِير (خُمّ) مِن دُون رعايةٍ منه لِعَقائد ومَشاعِر المُنتَمِين لِحزبه مِن نُخبَة عُلماء الدِّين والمُثَقَّفِين الشِّيعة.

حَذَّر زُعماء الإخوان والتَّحرير مِن جَفوةٍ ونفورٍ مِن نُخبَةِ الشِّيعة المُنتَمِين إلى حِزبِهما، ورَفضا مَطلبًا مِن مُنتمِيهم الشِّيعةِ يَدعو إلى إعادة مُراجعة مُؤلَّفات الحِزبَين الّتي تَنضَحُ بِالنَّصْبِ لِأَهْلِ البيت صَلواتُ الله وسَلامُه عليهم ولِشِيعتهم وتَصِف عَلَيًّا أَمِير المُؤمِنين صَلواتُ الله وسَلامُه عليه بِالمُقارِب لِلخَمر عند الصَّلاة. فأَنذَرت قِياداتُ الحِزبَين نُخبَةَ المُنتمين مِن الشِّيعة بِالقَول (حِزْبُنا لا يُرِيد ناقِدِين.. يُرِيد مُطِيعِين). فأَدَّى هذا التَّشَدُّد إلى فِراقٍ حَركِيٍّ بينهما حيث استَقلَّت هذه النُّخبةُ الشِّيعِيَّة مِن المُنتَمِين لِلحِزبَين بِنَشاطها الحِزبي والفِئوي في مَدارِس الحَوزات الشِّيعِيّة الكُبرى وأَبْقَت على رباطها العضوي بِالأَفكار الحَركِيّة على مَنهج الحِزبَين.

واستَمرَّت هذه النُّخبة الشِّيعِيّة على ذلك حتَّى أَرسَت قواعدها على مَنهج (الشَّكّ والتَّشْطِيب والتَّأمِيم) لِنَقض الثَّقافَة الشِّيعِيّة الأصيلة والعَمل على وَضْع البَدِيل بِما يَتوافَق والتَّحوُّل السِّياسي في المحيط الإقليمي. فشَمَلَت بذلك مَظاهر الثَّقافَة الأَصِيلة المُثيرة لِحَفِيظة زُعماء حِزبي الإخوان والتَّحرير، وذلك تَمهيدًا لِمَدّ الجسور وإعادة بناء علاقةٍ مُتمَيّزة أَكثر تَوازنًا وتَجرُّدًا مَع الحِزبين الّذين قُدِّر أَنَّهما سَيقودان العالم الإسْلامي!

تَلَقَّت مُجتَمعاتُ الشِّيعة في كُلِّ بِلاد وُجودِهم الإرشادات والتَّوصِيات الحِزبِيّة والفِئويّة عن هذه النُّخبَة عبر الخِرِّيجين الجدد مِن مَدارس الحَوزات الكُبرى، فلَمْ تَجِد فيها مِن حَرَج، وذلك لِمَا كان لِلثِّقة القائمة بَينها وهؤلاء الخِرّيجِين بِوَصْفهم عُلماء دِين يَنتَظِمون في انْتِماءاتٍ خاضِعة لمَرجِعِيّةٍ فقهية قائمة على الحَوزات الكُبرى.

وعِندما أَخذَت تَطبِيقاتُ منهج (الشَّكِّ والتَّشْطِيب والتَّأمِيم) في البحرين

تُؤتِي آثارها السَّلْبيّة على خِلاف السِّياق القائم في الثَّقَافَةِ البَحْرانِيّة الأَصِيلة؛ لم يَجِد المُنتَمون البَحْرانِيّون لهذه النّخبة إزاء ذلك مِن حَرَج، مِن غَير أنْ يقيموا دِراسَةً عِلْمِيّةً وافِيَةً ومُدَوّنةً، ومِن غير إعداد رُؤيَةٍ رَصِينةٍ لِحَجْم التَّحدِّيات الاجتماعِيّة والسِّياسِيّة ولِخُطورة التَّمييز والفَصل الطّائفِي المُرتَقبَة، ومِن غير رَصْدٍ لأثَر التّبايُن الحاصِل بَين الثّقَافَة البَحرانِيّة الأَصِيلة والفِكر الهَجِين المُتَبَنى مِن قِبَلهم، ولا لِمَدَى خُطورَةِ تَطبِيق مَنهج (الشَّكّ والتَّشْطِيب والتَّأمِيم) على النَّسِيج الاجتِماعي المُستَقرّ، بَل صَنَّفوا كلَّ ذلك مِن التَّحدِّيات التي تستوجِب الصَّبر والمقاومة والاستِعانة بِقُوة الوَلايَةِ والوَصَايَةِ.

بَرزَ اتِّجاهُ مَنهج (الشَّكّ والتَّشطِيب والتَّأمِيم) في أَوّل ظُهورٍ حِزبيٍّ وفِئويٍّ له في العِراق على قاعِدَةٍ سَلبيّةٍ حَذِرةٍ ناقِضَةٍ لِسِيادَة (التَّخلُّف) و(اللَّاوَعْي) على العَقل الشِّيعِي ومُسَفِّهَةٍ لِغَزو الأَسَاطِير والخُرافات ساحَةَ الفِكر في الثَّقَافَة الشِّيعِيَّة ومُنذِرةٍ بِقُرب انْهيار النِّظام الاجتِماعي الشِّيعي. فرَفَضَتهُ المَرجِعيَّات الشِّيعيّة الأَصِيلة في العِراق وحَذَّرت مِن الانْتِماء إلى مُنظَّماتِهِ في الحَوزات الكُبرى والجامِعات العِراقِيَّة والمُنتديات الثَّقافِيّة، ولم يَلْقَ آذانًا صاغِيَةً في الوَسط الاجتِماعي العِراقِي، وسَدَّت المَرجِعِيَّةُ الأَبواب في وَجْهِهِ، حتَّى يوم فُرِضَت على كِياناتِه الهِجْرَةُ والاغْتِرابُ عن البِلاد في إِثر حَملةٍ أَمنِيّةٍ شَعواء مِن الاعتِقالات والإعدامات الشَّامِلة الّتِي طالَت الشِّيعة في العراق بِتُهمة الانتماء الحزبي والفئوي، فانْقَطع التَّأثِيرُ الثَّقافي لِلإنتماء الحزبي والفئوي عن شِيعة العراق لِأكثر مِن 20 عامًا، وانْشَغلَت هذه الانتماءاتُ في بِلاد المَهجَر والمَنفى بِمُشكلات النِّزاعُ المَرجِعِي وفَرضِ الزَّعامة على مُجتَمع المُهَجَّرين والمُهاجِرين.

وعندما أَخذَ المُنتَمون البَحْرانِيُّون عن هذه الأَحْزاب والفِئويات العِراقِيّة مَنهج (الشَّكّ والتَّشْطِيب والتَّأمِيم) لم يكن أَحدٌ مِنهم يَمتَلِك الجرأة على البَوح بِه والجهر بِوَصْف الثَّقافَةِ البَحرانِيَّة بِـ (الأَساطِير) و(الخُرافات)، وإِنَّما أُخِذَ الأمرُ بِفُنون السِّياسَة المراوِغة والانتِشار السِّرّيّ والتَّوجِيه عبر الخُطباء

المنتَمِين المستقدَمِين مِن خَارِج البِلاد وتَنظِيم النَّدوات الخاصَّة لِأَداء الدَّور المُمَهِّد.

ويُذكَر أَنَّ لِقاءً خاصًّا قد جَرى في مطلع خَمسِينات القَرن الماضي، استَمَعَ فِيه نَفرٌ مِن وُجهاءِ العاصِمَةِ المنامة وبَعضُ رؤساء المآتم لِعَددٍ مِن التَّوصِيات المَنقولَة مِن أَحد الحِزبِيِّين والفِئويّين العِراقِيِّين مِن وراء حُدود البِلاد، تَناوَلَت وُجوب العَمل على إِصْلاح الثَّقافَة البَحْرانِيّة ونَقض مَظاهرها. فوُصِفَت هذه التَّوصِيات بِالقِمّة في (التَّعَقُّلِ والاعتِدال)!

وفي أَوَّل إجراءٍ بذلك، التَقى في اليَوم التَّالي أَحدُ هؤلاء الوُجَهاء بِالمُستَشار البِريطاني بِلْغرِيف(ت 1969م) حاكِم البحرين في فَترة الاستِعمار لِيُعرِض عليه هذه التَّوصِيات، فاستَحسَنها بِلغريف وأَيَّدها.

وخِلال فَترةٍ وَجِيزةٍ استَدعى هذا الوَجِيه بِالنِّيابَة عن مَجموعةٍ وُجهاء العاصِمة رُؤساءَ المآتم البَحْرانيّة الكُبرى لاجْتِماعٍ طارئٍ في سِرِّيَّةٍ تامّةٍ وأَطلَعَهم على تَوصِيات (التَّشْطِيب)، ولم يَنسَ أَنْ يُذكِّر بِتَأييد المُعتَمد البِريطاني واصْطِفافِه إلى جانِب التَّوصِيات وكُلِّ خُطوةٍ تَستهدِف إِحداث تَحوُّلٍ جِدِّيٍّ في الثَّقافَة البَحْرانِيّة وتُقَلِّص مِن سِعَة مَظاهِرِها وشَعائرها والحَدِّ مِن انتِشارها في المناطق.

فوافَقَت الأَكثرِيَّةُ، على أَنْ يَتقدَّم مَرحلةَ التَّطبِيق تَعاقُدٌ خَطِّيٌّ بين رؤساء المآتِم مُؤكِّد على القَبول بِالإجماع والشَّراكة في مَسئوليّة هذه المُهِمّة الانْقلابِيّة الثَّورِيّة المفاجئة الخَطِيرة على الشَّعائر. فكان لهم ذلك مِن خِلال وَثِيقةٍ تَضمَّنت تَوقيعاتِهم جميعًا، كما تَضمَّنت ما يُفيد بِأَنَّ مَواكِبَ العزاء التي تَجوب أَزِقَّةَ عاصِمة المآتم (المنامة) في أَيّام شَهر مُحرّم الحرام مِن كُلّ عام لا مَعنى ولا فائدة مَرجُوّة منها إذْ يَتخَلَّلها الكَثِيرُ مِن (التَّشويهِ لِلمَذْهَب)، فضلاً عن كَونِها مَرتعًا لِأَسْباب التَّوتُّر الأَمنِي والطَّائفِي في البِلاد (فعَلَى المُعزِّين أَنْ يَكتَفوا بِإِحياء هذه المُناسَبَةِ بين جِدران المآتِم فقط)!

كان البَحْرانِيّون مِن الاجتِماع المُبَيَّت هذا في سُباتٍ ولا يَعلمون شَيئًا عَمَّا يُدَبَّر مِن خَلْفِ الأَستار. وقَبل أَنْ يَنفضَّ اجتِماعُهم السِّرِّيّ وتأخذَ هذه الوَثِيقةُ طريقها إلى التَّنفِيذ؛ تَسرَّب خَبرُ الاجتماع الطّارئ. وفي لَحظةٍ خاطِفةٍ فُوجِئ المجتمعون باقتِحام غاضِبٍ لِمَقرِّهم مِن قِبَل أَحد المُؤمنين الشِّيعة الحريصين على أَصالَةِ الشَّعائر. وبَعد مُداولاتٍ بَينَهُ وبَينهُم حول خُطورة ما هُم عازِمُون على إِعلانِهِ وتَطبيقه سأَلَهم فيما إِذا كان المَرجِع أَبِي الحَسن الأَصْفهاني (ت 1365هـ/ 1946م) قد خَصَّهم بِفَتوى مَنع الشَّعائر وحَظْر الخُروج بِمَواكب العزاء، أَمْ أَنَّ فِكرة المَنع كانت بِتَوصِيةٍ مِن جِهَةٍ ما مُختلِفةٍ تَنشَط في خارج البِلاد، أَمْ أَنَّها مِن وَحْي اجتِماعهم مع (بِلغْريف) وتَحرِيضه. فسَكَتوا وكأَنّ على رُؤوسِهم الطَّير.

انفضَّ الاجتماعُ وجُمِّدَت الوَثِيقَة، وأُصِيب (بلِغْريف) إِزاء ذلك بِاليَأس والإحْباط، وبادرَ على وَجْه السُّرعَة إلى مُعالجة المَوقف الحَرِج بِإِصدار أَمْرٍ انتِقامِيٍّ فَرَض بِمُوجِبه حكم الإقامة الجَبريّة على (المُحَرِّض) كاشِف (السِّرّ)، وأَوعَز إلى بعض (الفِداويَّه) بِإِلقاء القنابل الحارِقَة على المَركَز الثَّقافي التّابع لِلمُحَرِّض.

ومُنذ تلك المَرحَلِة الحَساسَة الّتي استُهدِفَت فيها الثَّقافَةُ البَحْرانِيّة ومَظاهرُها؛ ظَلّت الانْتِماءاتُ الحِزبيّة والفئويّة في كُلّ الاتِّجاهات القَومِيّة واليَسارِيّة ثُمّ الانتماءات الشِّيعيّة الجديد على حَذَرٍ شَدِيدٍ مِن الإفصاح عن مَواقِفها السَّلبِيّة مِن الثَّقافَة البَحْرانِيّة الأَصِيلة مَخافَة تَطَوّر رُدود الفِعل الشَّعبِيَّة المُعاكِسة الغاضِبَة وتكرار إِخفاقات عَقد الخَمْسِينات مِن القَرن المنصرم.

وفي مُنتَصفِ سَبعِينات القَرن الماضي وَجَد البَحْرانِيّون الشِّيعة أنفسَهم وَجْهًا لِوَجه أَمام تَحدِّي آخر مُشابه تَمثّل في ظُهور مَنهج (الشَّكّ) في العَقِيدة والشَّريعة و(التَّشْطِيب) في مُتون أُصُول المعرفة و(التَّأميم) بزعامة الانتماء الحِزبي والفِئوي الشِّيعي الجديد، ورَأَوا في هذا التَّحدِّي مُغامرةً بِمَصير

ثَقافَتِهم وإرثِهم العريق، وأَنَّه يَنطوِي على وافِدٍ فِكريٍّ هَجِين سيُحدِث تَوتُّرًا خطيرًا بين فِئات مُجتمَعِهم وتَهديدًا لِبُنيَتِهم الاجْتماعِيّة ولِهُويَّتِهم الشِّيعِيَّة، وبيئتهم الثَّقافِيّةِ الأصيلة ما زالت أَخْبارِيَة المنَهج وتعجّ بالتَّحدّيات السِياسِيّةِ النَّاجمة عن وُجُودِ تَيّارات سِياسِيّةٍ قَومِيَّةٍ ويسارِيَّةٍ نَشِطة وتَمييز وفَصْلٍ سِياسِيٍّ طائفِي اسْتِراتِيجي ما فتئ يُهدِّدِ هُوِيَّتَهم ووُجُودَهم. فانتفَضُوا في احتِجاجاتٍ واسِعةٍ على خَلفِيَّةِ مقالٍ صَحافيٍّ نُشِر تَحت عُنوان (إلى متَى هذا الحُزن المُدَمِّر) بِقَلَم رَئيس تَحرير إِحدَى الصُّحفِ المَحلِّيّة الأسْبُوعِيّة مِن أَبناء اتِّجاه أَهْل العامّة إذْ تَجرّأ فِيه على أَصالَة الثَّقافَة البَحْرانِيّة فانْتَهك قُدسِيَّةَ مَظاهِرها وشَعائرها.

ومِن المفارَقَة، أَنَّ كاتِب نَصّ المقال عمد إلى مُحاكاة مَنهج (الشَّكِّ والتَّشْطِيب والتَّأميم) مُحاكاة دَقِيقة، ولِيَتقَرَّب بِمقاله إلى مُتبنِّي ذات المَنهج مِن العُلماء البَحْرانِيِّين المُتحزِّبين والفِئويّين ولِينسِجَ على مِنوالهم ويُمَهِّد لَهم السَّبِيل لِيَتجاوزوا حَساسِيّة الموقف الشَّعْبي الشِّيعِي مِن الشَّعائر ولِيُعينَهم على الجَهر بِهَذا المنهج حيث ضَعفوا!

فعَطَّلَت الاحتِجاجاتُ الشَّعبِيّة على المَقال الصَّحافِي ما عَزَم رُعاةُ هذا المنهج مِن المُنتَمِين على الجَهر بِه لِمُدّة عَقدين مِن الزَّمَن فلَم يَتَجرّأ أَحدٌ مِنهم في ظَرف هذين العَقدَين على الاقتِراب مِن الثَّقافَة البَحْرانِيّة الأَصِيلة لِينقِضها أَو يُشكِّك في أُصُولها أو يَنفِي وُجودَ شَخصِيَّةٍ مِن شَخصِيّاتها أَو واقِعَةٍ مِن وَقائعها بِشَكلٍ صَريحٍ ومُباشِرٍ أَو يَسعى في تَأمِيم جِهَةٍ مِن مظاهرها.

فقد أَراد صاحِبُ المَقال أَنْ يَنفعَ مُتبَنِّي مَنهج (الشَّكّ والتَّشطِيب والتَّأمِيم) بِمَقالَته الاستِفزازِيّة هذه فأَضَرهُم وعَطَّل أُحدُوثَتهم لمدّة عَقدَين مِن الزَّمَن!

مَضى المنتصفُ الأَوّل لِلعَقد الأخير مِن القرن العِشرين والبَحْرانِيُّون يَتوجَّسُون خِيفةً مِن تكرار مُحاولات اختِراق ثَقافَتِهم والعَبَث في أُصُولها ومُدوناتِها أَو تَشويه مَنزِلَتِها فِيهم. فمَقالةُ الصَّحافِي المُثِيرة لم تكُن تُعبِّر عن

نَفسٍ طائفيٍّ نَاصِبيٍّ يَستهدِف النَّيل مِن الثَّقافَةِ الأَصِيلة لِشِيعة البِلاد منفردًا فَحَسب وإِنَّما كانت إِخْبارًا عن وُجود نُخْبَةٍ حِزبِيّةٍ وفِئويّةٍ شِيعِيّةٍ تَأخذُ بِمَنهج (الشَّكِّ والتَّشْطِيبِ والتَّأمِيم) وتَتناولُ في حَلَقاتٍ مُغلَقةٍ خاصَّةٍ سُبلَ تَطبيقه عَمَلِيًّا، وقد اطَّلَع الصَّحافي على تَفاصِيل عَمل هذه النُّخْبَة مِن خِلال اختِلاطِه بِبَعض عناصرها. ولو لَمْ يَكُن له اطِّلاعٌ بِذلك لَما تَجرّأ على البَوح بِنَقدِه الهَدّام في بِيئةٍ ثَقافِيّةٍ يَقودُها الأَخْبارِيُّون، فَـ (بَغَهْ يكَحِّلْهِهْ عَمَاهَا). لَكِنَّ إِخْبارَهُ دفعَ رُعاةَ مَنهج (الشَّكّ والتَّشْطِيب والتَّأمِيم) الحِزْبي والفِئوي إلى إعادةِ النَّظر فِيما هم مُقدِمون عليه، فاتَبَعَوا أَثَر الصَّحافي بِشَكلٍ غير مُباشرٍ واستَمروا في بَثِّ الرُّؤى المخالِفَة لِبَعض مُتون أُصُول المَعرِفَة والمُدوّنات التَّأريخِيّة المعتمدة شِيعيًّا في السِّرّ، وذلك بِعُنوان النَّقدِ غَير المُلزِم، مِثلَما جَرى في نَفْيهم لِواقِعَة زفاف القاسِم بن الإمام الحَسن عليهما السَّلام ووُجود شَخصِيّة رُقَيَّة بِنت الإمام الحُسين عليها السّلام في سِيرَة أَهْل البَيت صَلواتُ الله وسَلامُه عليهم، مِن غَير اعتِماد إجراءٍ حِزبيٍّ وفِئويٍّ مُتَشدِّد يُجبر الخُطباء والقائمين على المآتم والمَواكِب على تَغيير نَمَط إِحياء الشَّعائر حتَّى يَنتهِيَ مَشروع التَّأمِيم الحِزبي والفِئوي مِن تَقريب المَوعِد المُلائم لِتَطبيق هذا الإجراء بِالولاية والوصاية!

فمَتى سيَتخَلَّص البَحْرانِيُّون مِن الحَشو المُبتَذَل الّذي يُبَثُّ فيهم بِعُنوان إِصلاح الثَّقافَة البَحْرانِيَّة (المُتَخلِّفَة) والعَودة بهم إلى (الوَعْي) ومُواكبة (التَّحضُّر) والخُروج على أَساطِير العَقِيدة وخُرافات السِّيرة؟!. ومَتَى سيَنتَظِم أَمرُ البَحْرانِيِّين في مُرادِ حِمايَة مَظاهِر ثَقافَتِهم العَريقة إِذْ أَصبَحت مُبرِّراتُ العَبثِ فيها مِن بَعد واقِعَةِ (المَقال) الصَحافي المُثِير رائجة، وصارَت أُصُول المَعرِفَة خُرافِيَّةً وأُسطوريَّةً بِمَعايير ما يُسَمَّى بِـ (النَّهضَة السِّياسِيّة الثَّورِيَّة) في المُجتَمعات الشِّيعِيّة؟!

لقد مَضى سَبعون عاما على النَّهضَةِ الشِّيعِيَّة ولم تَشهد الثَّقافَةُ البَحْرانِيّة ما يَدُلّ على نُموِّها مُستقِلّة عن فِكْر الانتماءات الحِزبِيّة والفِئوِيّة المُتوارِيَة خَلْفَ أَستار مَنهج (الشَّكِّ والتَّشْطِيب والتَّأمِيم). فمَتى سَيُدرِكُ البَحرانِيُّون

بِكامِل قُواهم الصَّادِقة وطِيبِ خُلقِهم ولُطِفهم المَشهور والمشهود ضَرُورَة تَعزِيز الثِّقة في ثَقافَتِهم الأَصِيلة وأَهَمِّيّة تَجريدها مِن أَسباب التَّعَطُّل والجمود والقَراءة الصَّحِيحة لِلوَاقِع الثَّقافِي المُزرِي؟!

فمِن سَعادة أَعداء الثَّقافَة الشِّيعِيّة إِسرافُ البَحْرانِيِّين في الانشِغال بِالدِّعاية السِّياسيّة الخاصّة بِالانْتِماءات وتَحالفاتها على حساب مَصِير ثَقافَتِهم. ولماذا لا يُدرك الحِزبِيُّون والفِئويّون خطورة تَعطِيل التَّنمِية الثَّقافِيّة وتَجمِيدها والعَبث في مَظاهِرها لمصلحة مُشكِلات النِّضال السِّياسي؟!

أَقامَت جَمعِيّةٌ خيريّةٌ في المملكةِ المتّحدَةِ البريطانِيَّة بَرنامجًا سَنويًّا لِلمَشيّ الحُرِّ على مَمَرٍّ مِن الجَمر بِطُول 18 مترًا. وشارك في فَعَّالِيّاته بريطانِيُّون وآخرون مِن جِنْسيّات أُخرى مختلفة مُقابل مَبلغ مِن المال لِقَاء التَّسجِيل في قائمة العضويّة وقدره 30 جنيهًا استرلينيًّا يَدفعه المُشاركُ لمصلحةِ الفُقَراء مِن بَعد الالتحاق بِدَورةٍ تدرِيبيَّة قَصيرةٍ برعايةِ الجَمعِيّة ذاتها، حيث يَجري بِمُوجِبِ بَرنامجها إِثارة مَشاعر العضو المُشارك في الدَّورة بِمُعاناة فُقراء العالَم.

فلو تَحدَّثْنا عن هذا المَظهر الثَّقافِي البِريطاني قَبل سَبعِين عامًا أَو بِالتَّزامن مع ضَجَّة الاحتِجاجات على المقال الصَّحافي المُسِيء لِلشَّعائر في مَطلع عَقد السَّبعِينات لِذَهَبت ذاكرةُ البَحْرانِيِّين بِالتَّبادر الذِّهنِي إلى مَعنى مَمشَى الجَمر الذي يُقام في لَيلةِ الحادِي عشر مِن شَهر مُحرَّم الحرام ويَلِي مَجلِس المُواساة الّذي يسرد حوادث ما بعد انتِهاء جيش يَزِيد بن معاوية مِن قَتل الإِمام الحُسَين صَلواتُ الله وسَلامُه عليه وحَرقه لِخِيام نِسائه الأَرامل وأَطفالِه اليَتامى وسَحق بَعضهم تَحتَ حَوافِر الخُيول. فهُو - مِن غَير شَكٍّ - سيَكون حَدِيثًا عن عَملٍ حَسنٍ مُعبِّرٍ مُواسِي لِلفقراء في التَّقدِير البَحْرانِي!

أَصبحَ البَحْرانِيُّون فوجدوا أَنفسهم فُجأةً بِإزاء اتِّجاهَين شِيعيَّين مختلفين مُتباينين أَحدهما موافقٌ لِهذا التَّبادر الذِّهنِي عندما صار مَمشَى الجَمر مَحلاً لِرِعاية أُناسٍ ولسخط أُناسٍ آخرين، ولم يَكن أَحدٌ يُصدِّق وُقُوعَ هذا الانْقلاب

الثَّوري: رِعايةٌ مِن اتّجاهٍ مُتمَسِّكٍ بإحياء مَظاهر الثَّقافَة البَحْرانِيَّة الأَصِيلة على ما مَضى عليه المُناهِضون لِمُحتوى (المقال الصَّحفي)، ونُفورٌ مِن اتِّجاه آخر ساخِط على مَظاهِر الثَّقافَة ومُستَخِفّ بها ومُتَمسِّك بِتَطبيقات مَنهج (الشَّكّ والتَّشْطِيب والتَّأمِيم)!

ولكلٍّ مِن الاتّجاهين رُؤيةٌ خاصّةٌ في مِثال (مَمشَى الجَمْر) لم تكن لِتُصبحَ كذلك قبل 50 عامًا حيث انقَلَبَت البِلادُ احتِجاجا على (المقال الصَّحافي) الذي مَسَّ قُدسِيّة مظاهر الثَّقافَة البَحْرانِيّة الأَصِيلة وتَفلسَف في نَقضِها. ومِن دُون شَكّ في أَنّ الصَّحافي أَخْبرَ بِمَقالِهِ هذا عن وُجود نُخبَةٍ مِن الشِّيعة المُؤمِنين مُؤيِّدةٍ لِفَحوى مَقالِهِ وتَضمِر ذات المَوقِف السَّاخِط على مَظاهِر الثَّقافَة حيث لم يَكن أَحدٌ مِن البَحْرانِيِّين يُصدِّق وُجود هذه النُّخبَة المؤلّفة مِن عُلماء دِين بَحْرانِيّين ومُثقَّفين فضلاً عن أَنْ يَتوقَّع أَو يَحتَمِل ذلك!

فالأَوّل مِن الاتِّجاهَين يَستذْكِر بِالمَشي على الجَمر مُعاناة الأَرامِل والأَيتام وآلام مَن لاذَ مِنهم بِالسَّيِّدة زينب صَلواتُ الله وسَلامُه عليها ومَن طَحَنته حَوافِرُ الخُيول في لَيلَةِ الحادِي عَشر مِن شَهر مُحرَّم الحرام، فيُواسِيهم مَودّةً في أَهْل البيت صَلواتُ الله وسَلامُه عليهم ويَتَمَثّل الشُّعورَ بِمُصابهم لِوَجه الله تَعالى الّذي يُؤتى. والآخرُ مِن الاتِّجاهَين يَتذرَّعُ بِمِثاليّة الوَجْه الحضاري المُوجِب لِلظُّهور بِالثَّقافَة الشِّيعِية وآدابها، ويُؤكِّد بتأَمِيمِه الحِزبي والفِئوي لِمَظاهر الثَّقافَة الشِّيعِيّة على مُخاطبة العالَم بِلُغَتِه ويَفتَرِض تَأوِيلاً حَداثِيًّا مُختلفًا لِواقِعَة كربلاء ومَعانِيها العَقدِيّة ويَستخِفّ استِذكار الاتِّجاه الأَوّل لِلواقعة بِالمَشي حافِيًا على الجَمْر ويَنبذ فِعلَهُ ويَسخر منه ويَصِفه بِالمُتَخَلِّف الّذي يُفكّر بِمَنطق الخُرافَة والأُسطورة!

رُبما يَتذَّرع الاتِّجاهُ الآخر المُتبنّي لِمَنهج (الشَّكّ والتَّشطِيب والتَّأميم) بِالقَول (أَنّ الوَجْه الحضاري هو حالٌ إِنسانِيَّةٌ جامِعةٌ بين النَّاس ولا بُدّ مِن تَقمّصها حتَّى لا يَظهر الشِّيعةُ في وَجهٍ ثَقافيٍّ شاذٍّ بين أُمَم الأَرض المتحَضِّرَة)..

لا تَخرجُ هذه الذَّريعةُ على كَونها ظاهِرَة في المُراوغَة والجَمبّزة ، فيَستَبطِن هذا الاتِّجاه بها مَقصدًا آخر لم يَحِن بَعْد الظَّرفُ الاجتماعِيُّ المناسب البَوح بِهِ وكَشْفِهِ.

وليس مِن شَكٍّ في أَنَّ لهذه الذَّرِيعة في الوَجْه النَّظري البَرِيء شَيئًا مِن الوَجاهَةِ عندما تَكون الرُّؤيَةُ بِها مُجرَّدة مِن المِثالِيّة، فيما يَكشِف الواقعُ عن فِكرٍ عَلماني يَجول في أَهْلِ الحضارة المُعاصِرة يُكِنّ احتِرامًا رهَيفًا لِثقافات كُلِّ الشُّعُوب بلا تَمييز أَو فَصلٍ دِيني!

فهذه مُجتمعاتُ بِلاد الغَربِ ما زالت تُبدِعُ في مَظاهر ثَقافَتِها وتَبذلُ مِن المال ما يدْعَم الأَعمال الإنْسانيّة والمُؤسَّسات الخيريّة بِوَصفِها مَظهرًا مِن مظاهر الثَّقافَة. وقد لمسنا نَظير ذلك في المؤسَّسَةِ البريطانيّة الخَيريّة لِمَمْشَى الجَمر وفي مُؤسَّسات أُخرى مُشابِهة كَثيرة تَعمل على إِحياء البُعد الإنساني في مُجتمعاتها لِلحَدِّ مِن طُغيان البُعد المادِّي الجَشِع الّذي انْتَج كارِثتي الحَربَين العالَمِيَّتين والسَردِيّات الرّأسمالِيّة والشُّيوعِيّة، أَو تَعمل على خَلْق التَّوازن بين البُعد الإنساني والمادِّي اقتِداء بِسيرة بَعض مُفكِّري المارْكْسِيّة الّذين أَدركوا أَنّ الفِكر الشُّيوعي في الثَّورة الرُّوسِيّة على عَهدِ لِينِين وستالِين يَفتَقِر إلى البُعد الإنساني، فنَظَّروا لِخَلق التَّوازن فِيه لِحِمايَةِ الملايين مِن أَبناء مُجتَمَعِهم، ولكِنّ الضَّرُورَة السِّيادِيّة السِّياسِيّة كانت مُمتَنِعة فطارَدت المُفكِّرين في داخل البِلاد وأَعدمَتهم أَو سجَنتهُم أَو نَفتهُم أَو اغتالَتهم في خارِج البلاد.

مِن المُؤكّد أَنَّ ثَقافَة الغَرب لَيست قُدوةً لِلشِّيعة، وأَنَّ حضارة الغرب ليست هِي نِسخةٌ مُقارِبَةٌ لِلحضارة المرجوّة في الرُّؤيَة الشِّيعِيّة. ولكِنّ الشِّيعة لا يَأخذون بِالرَّفْض المُطلَق لِلثَّقافات أو لِبُعدها الإنساني المجرّد، وإِنَّما يَلتَقون مَعهما في بَعض الأَهداف والمظاهر ويَختلِفون في الأُصول اختلافًا كليًّا، ويَقتَرِبون مِن بَعض المعاني في العَمل الخَيري الإنساني ويَرفضون الكثير منها، ويُوافِقُون الرُّؤية المُعاصِرة القائلة بِخُطورة قيام فِكرٍ مادِّيٍّ مُجرّدٍ

مِن المِثال، ومِنها ما وَقَع في كارِثَتي الحِزبَين الشُّيوعِي والنَّازي المعاصِرتَين.

إنَّ الشِّيعةَ البَحْرانِيِّين يَستقِلّون بِالمراد مِن إِحياء مَظاهر ثَقافَتِهم الأَصِيلة، ويَنفرِدون فيها بِالمَزج بين البُعد الإنْساني والوِجدان المِثالِي على حَسَب مُقتضى النَّص، ويَلتَقون بهذا المَزْج مع بَعض ما تَضَمَّنته مُعالجاتُ مجتمع الغرب لِثقافَتِه المعاصرة. على خِلاف قول الحِزبِيِّين والفِئويّين المعاصرين المُناهِضين لِمَظاهر الثَّقافَة الشِّيعِيّة والمُمانِعين لِتَمثُّل وقائع لَيلَةِ الحادِي عَشر مِن شَهر مُحرّم الحرام بِما اصطُلِح عليه (المَشْي على الجَمْر) أَو (بَيْت الجَمْر) ـ على سبيل المثال. فلا وَجاهَة لِلقَولِ بِالجَمع بين مُبرِّر حِمايةِ الوَجه الحضاري لِلثَّقَافَة الشِّيعِيّة والدَّعوة إلى تَجنُّب المظاهر (المُثِيرة) فِيها، مِن نَحو مَوكِبِ الحَيدَرِ أَو مَمشَى الجَمر لاستِرضاء ثَقافَة المجتمع المُتَحضّر في بِلاد الغرب.

هاهُو الغَربُ الحضارِي يَتمَثَّل مُعاناة الفُقراء بِـ (بَيت الجَمْر) لِيَضُخَّ مَزيجًا مِن القِيم المُثِيرة لِلشُّعور الوِجداني والمِثالي في عُمق ثَقافَتِه المادِّيّة الجشعة مِن خلال كِياناتِهِ الخَيرِيَّة. وما القَولُ بِاستِخفاف الغَرْب الحضاري لِمَظاهر الثَّقَافَة البَحْرانِيّة الأَصِيلة ووُجُوب إِخضاع هذه الثَّقافَة لِمَنهج (الشَّكّ والتَّشْطِيب والتّأمِيم) مِن أَجْل ترويضها وتَهذيب شعائرها وتَحسِين الوَجْه الحضاري لِلشِّيعة أَمام العالَم المُتحَضِّر ـ إِلَّا مَحض اختِلاق و(جَمبَزة) وخُضُوع في القَول ولَهو وعَبَث مَردُود بِدَلِيل التَّفاصِيل في سِيرة الحَياة الثَّقافِيّة الغَربِيّة نفسها والرُّؤية الغَربيّة الإِيجابِيّة لِتَعدّد الثَّقافات واختِلاف أَنْماطها!

ففِي بلاد الغرب يَقطُنُ أَكثرُ الشُّعوبِ شَغفًا بِحُبِّ الطَّواف حوَل العالَم الاطِّلاع على مَظاهِر الثَّقافات الأُخْرى.. شُعوبٌ تَلتَمِسُ مِن الطّواف حول العالَم مِتعَةَ المعرفة والمُشاهَدَة والذَّوق مِن دُون حَساسِيّة مُخالِفَة أَو مُضادّة أو مُسفِّهَة لِمَظاهر ومَعاني الثَّقافات، فإِنَّ فِي تَنوُّع الثّقافات على حَسب بِيئتها الجُغرافِيّة الخاصّة وتَأرِيخها شُعورًا بِجَمال اختِلاف الذَّوق والفِكر الإِنسانِيّين. وهذا ما

لِمسناه بين هذه الشُّعوب وأَلِفناه في بِلاد هِجرَتِنا والمَنفى في أَربَعِين عامًا.

فعِندَما يَحِلُّ مُوسِمُ الصَّيف تَخلُو الأَحياء المَيسورة في بِلاد الغَرب مِن أَهلها، إلّا القَلِيل مِمَّن لم يُحالِفه الحَظّ فأَسِف لِتَخلُّفِه عن أقرانه الّذين قَرّروا السَّفر واتَّخذوا لِأَنفسهم حِصّةً مِن مِتعة الحَواس التَّفاعُلِيّة بين ثقافات شُعوب العالَم.

ويَعلَمُ دعاةُ منهج (الشَّكِّ والتَّشْطِيب والتَّأمِيم) ذلك قَبل غيرهم، فهُم مُطَّلِعون على الثَقافَة الغَربيَّة ورُؤيةِ شُعوبها لاخْتِلاف الثَّقافات وتَنوّعها في بِلادِهم وبِلاد العالَم، ولَهُم مُساهماتٌ حِزبيَّةٌ وفِئويّةٌ أَدبيّةٌ في نَقد هذه الثَّقافَة حيث يُنكِرون عليها تَجرُّد حَضارتِها المادِّيَّة مِن المُثُل الكُبرى ويَصِفونها بـ(المُزَيَّفَة) ويُقارِنُونها مع حَضارة الإسلام الّتي (لَمْ تُولَد بَعْد)، ويَعلَمُون أَنَّ الغَربِيّين لا يَستخِّفون الثَّقافَة الشِّيعِيّة الأَصِيلة بَل أَنَّهم يَجِدون مِتعةً في الاطِّلاع عليها!

إنَّ حُجَّةَ دُعاة منهج (الشَّكّ والتَّشطيب والتَّأميم) باطِلة.. يَمتَنِعون عن البَوح بِمَقصدِهم الرَّئيس مِن وراء اتِّهامِهم لِلثَّقافَةِ البَحْرانيَّةِ الأَصِيلة بِتَفريخ التَّخَلُّف والبِدعَةِ والخُرافة والشَّعوذَةِ والأُسْطورة، ويُشِيعون في مُجتمَعِهم ما هو خِلافُ حقيقة الرُّؤيَة الغَربِيّة لِمَظاهر الثَّقافة الشِّيعِيّة الأَصِيلة، فَدَلَّسوا وأَوهَموا مُجتمعاتِهم بِأَنّ هذه الشُّعوب (المُتحضِّرَة) تَستَخِفّ شَعائر الشِّيعة وتَجعلَها فيما بينها هُزوا، ثُمّ أَوجَبُوا على مُجتمَعِهم بِإِزاء ذلك المُسارعة إلى العَمل بِمَنهج (الشَّكِّ والتَّشْطِيب والتَّأمِيم) المُخَلِّص حتّى لا تَتَشوّه مَعاني الثَّقافَة الشِّيعِيّة بِرُمَّتِها ويُصابَ الشِّيعةُ في إِثْر ذلك بِعُقدة الشُّعور بِالنَّقص والحَقارة بين شُعوب العالَم.

ولَم يَضرِب دُعاةُ منهج (الشَّكّ والتَّشْطِيب والتَّأمِيم) مَثَلا لِشيعَتِهم مِن أَحوال الصِّين والهِند واليَابان والكُورِيَّتَين والبِلاد الأُخْرى في جنوب شَرق آسيا حيث ظَلَّت مُتمَسِّكةً بِالأديان والمَذاهِب الخُرافِيّة والأُسْطورِيّة وتَقود الاقتِصاد العالَمِي تحت ظلها ولم تتعلّل بِسمعةِ ثَقافَتِها أَو تَصِف مُجتمعاتِها بـ(التَّخَلُّف) و(اللَّاوَعْي) و(الأُسْطورة) و(الخُرافَة)!

إنَّ هذا اللَّون مِن العَصبيّات الحِزبيّة والفِئويّة الحادَّة الّذي راج في مُعظم بِلاد الوُجود الشِّيعِي قد فرّق بين أفراد المُجتَمع وَصَنعَ الالتِقاط في الفِكر بِذريعة (نَظْم أمْرِكُم) وأمَر بِالتَّحرُّر مِن الثَّقافَة الشِّيعِيّة المَحلِّيّة الأصِيلة وحرّض على الثَّورة في الضِّدّ مِن مَظاهرها، وساهم بِشَكلٍ كَبيرٍ في تَشويه مَنزِلَة الدِّين في النُّفوس والعُقول، وتَقدّم على مُجتمَعِه بِذِمَم جَشِعةٍ مَيّالةٍ بِشِدّة إلى هوى حُبّ الرّئاسة والإفراط في تَبرير الوَسائل لِلوُصول إليها، وفَرَّط بِأموال الحُقوق الشَّرعِيّة، وغامَر بالأوطان وأفلَت مِن تَحمّل مسئوليّة صُنع الهَزائم السِّياسِيّة، وساهَم في تَفاقُم ظواهر الرّدة والمُيوعة والتَّهتُّك والإلحاد في مُجتمَعات الشِّيعة.

في مَطلع نِضالِهم التَّحفيزي، أَشبعَ دعاةُ مَنهج (الشَّكّ والتَّشْطِيب والتَّأمِيم) ثقافَةَ بلاد الغرب وحَضارَتها تَجرِيحًا بِما قَدَّموا مِن مُؤلّفات ونَدوات ومُحاضرات وجُهدٍ أَدبيّ واسِع جِدًّا، ولَم يَقتَبِسوا مِن هذه الثَّقافَةِ مِيزَة احترام التَّنوُّع الثَّقافي وحَق التَّفاوت في مخزون العُقول وتَذوّق جَمال الاختِلاف في المعرفة والحِرص على اختِيار مناهج البَحث العِلمِي المِثالِي والمادِّي ومُمارسة النَّقد الحُرّ عند مُعالجة المُشكلات الثَّقافِيّة والاجْتِماعِيّة مِن دون عَصَبِيّة وأَنانِيّة حادَّتَين، ثُمَّ ارتَموا في أَحضان بِلاد الغرب يَطلِبون منها التَّحالُف السِّياسي ويَدعون مُجتَمعات الشِّيعة إلى الثَّورة على ثَقافَتِهم المَحَلِّيّة الأَصِيلة مِن أَجل تَحقِيق الاندِماج مع سياسات بلاد الغَرب (الحَضارِي). وقد أَخطأوا في حَقّ الشِّيعة حينما أَشاعوا (أَنّ مَظاهر الثَّقافَة الشِّيعِيّة الرّاهنة بِألوانها النَّظريّة والعمليّة المختلفة كانت وما زَالَت السَّبب الرّئيس في تَشوِيه وَجْه التَّشيُّع في بِلاد الغرب) وكأَنّ الغَربِيِّين الّذين استَعمروا بلاد المُسلِمين لِقُرون طَويلة مِن الزَّمن جهلوا التَّفاصِيل في الثَّقافة الشِّيعِيّة ثُمّ مَقَتُوها ونَصبوا العداء لِمَظاهرها في مَرحَلَةٍ مُتأخِّرة أَوجَبت على الشِّيعة إِعادة النَّظر فيما عِندَهم مِن ثَقافَة!

وفي هذه الحال لا بُدّ مِن الاستِدراك بالتّساؤل التّالي:

هَلْ تَقدّمَ دُعاة منهج (الشّكّ والتّشْطِيب والتّأمِيم) بِنِضالِهم الثّقافي على (حَضارَة) بلاد الغرب في السّبعِين عامًا المُنصَرِمَة، أو سَجّلوا نصرًا عليها في مجالات العِلْم والمعرفة، وقَطعوا في تنمية ثقافة مجتمعاتهم أشواطًا لا تُضاهى، حتّى ظَنّ الظّانُّ أنّ شعوب بلاد الغرب قد انتكَسَت وانْحَدرَت بِفلسفة (مَا بَعْدَ الحَدَاثَة) وتَخلّت عن فَلاسِفة (الحَدَاثَة) وتَسافَلَت بِالمادِّيّة إلى قَعْر التَّخَلُّف واللّاوَعْي، وأَوجَبَ كُلّ ذلك على الشِّيعةِ المُسارعة إلى تَشغِيل مَنهج (الشّكّ والتّشْطِيب والتّأمِيم) لإنقاذ ثقافَة بِلاد الغرب وتَحسِين عُلومها وتَطوير اقتصادها وصِناعاتها التِّكْنُلوجِيّة؟!

وعلى خِلاف ما أُشِيعَ في أَدب منهج (الشّكّ والتّشْطِيب والتّأمِيم) مِن نتائج سَلبيّة مُوغِلَة في السّوداوِيّة والوَضْع والاختِلاق عند إمعان النّظر إلى أُصول الثّقافة الشِّيعِيّة الأَصِيلة ـ فمَظاهر الثّقافَة الشِّيعِيّة الأَصِيلة الّتي حَجَب ذات المنهج الثِّقة عنها وبالَغ في اتِّهامها بِالتَّخَلُّف واللّاوَعْي وادعى أَنَّها أَطاحَت بِسمعَة الشِّيعة وشَوهَت صورة (مَذْهَبِهم) أَمام شعوب العالم أَمْسَت تَزدَهِر وتَنتَشِر في بلاد المُسلمين وبِلاد الغرب بِسُرعة قِياسِيّة في شَكل فَتحٍ ثَقافيٍّ مُبِين.

إنّ كُلّ مظاهِر الثّقافَةِ الشِّيعيّة في تَنافُسٍ شعائريٍّ مُرحّب به في ثقافة بلاد الغرب، ومِنها مَجالِسُ منهج (السِّيرَةِ والرِّثَاء) ومواكب الضّرب على الصّدور العارِيَة ومَواكب الحَيدَر ومَواكب (الصّنْكل) ومَواكب المَشيِ على الجَمْر ومواكب زفاف القاسِم بن الحسن عليه السّلام والمَسِيرات والتّظاهرات والمنتُديات الشِّيعِيّة الأصيلة وما شاكل ذلك. وتَتّخذُ الحكومات في بلاد الغرب إجراءاتٍ قانُونيّةً مِن أَجل ضَمان حُرِّيّة التّعبِير عن الثّقافة الشِّيعيّة وتَوفير اللّوازم الأمنيّة والصِّحِّيّة لها عند الحاجة الضّرُورِيّة مِن دون تَميِيز أو تَفاضل مع الإِجراءات المُتّخذة في دَعم الأَنشِطة الثّقافيّة الوطنيّة.

إنَّ كلَّ المصادِيق الثَّقافيّة الشَّعائريّة الشَّيعِيّة الّتي تُؤدِّي إلى إثارة العُقولِ فهي تَستقطِبُ الاهتِمام الثَّقافي والإعلامي في بلاد الغرب. فلا حُجَّةَ لِلمُخالِفين والمناوئين لِلشَّعائر يُعتَدُّ بها، وإنَّما يَكمُن في حُجَجِهم تَدلِيسٌ منظَّمٌ لِلوقائع وتَسخِيفٌ لِلعُقول الشِّيعِيّة وتَعمِيةٌ لِلأَبصار في عَصر التَّطَوُّر التِّقني لِشَبكات الاتِّصال الإعلامي والتَّواصُل الاجتِماعي وعَصر السُّرعة في استِدعاء المعلومات والسِّعة في تَدفُّقها، فلا تخفى على النَّاس في هذا العصر خافِية.

إنَّ عددَ المآتم المُلتَزِمة بِمَنهج (السِّيرَة والرِّثاء) يَتكاثرُ في بلاد الغرب ويَتضاعَفُ عددُ رُوّاده، وتزدادُ مظاهر الثَّقافَةِ الشَّيعِيّة بِشَتّى ألوانها وأشكالها ازدهارًا ورسوخًا وتطوّرًا، ولم يَمنع مِن تَنامِي الزّيادَةِ هذه شِدَّة الهجمة الإعلامِيّة والدّعائيّة التَّابِعَة لِشِيعة التَّعصُّب الحِزبي والفِئوي ودُعاةِ منهج (الشَّكِّ والتَّشْطِيب والتَّأمِيم).

دَخَلْتُ في نِقاشٍ ساخنٍ مع أَحد العُلماء المنتمين الحِزبيِّين والفِئويِّين العراقيّين المقيمين في بِلاد الغرب والمنادين بإِعادة النَّظر في أُصول الثَّقافَة الشِّيعِيّة والمناوئين لِمَظاهرها، وفَنَّدتُ ما كان يقول به مِن التَّداخل الحاصِل بين الخُرافة والأُسْطورة والشَّعائر الموجب لإِعادة النَّظر في الأُصُول، وطلبتُ منه في نهاية النِّقاش أَنْ يَأتِيني بِأَبْرَزِ مِصداق لِلتَّداخل مِن واقع ثقافة بِلادِه وبِيئته الاجتِماعِيّة. فأَشار إلى وُجود عَمَودٍ لِلكهرباء على قارِعة الطَّريق اعتاد أَهْلُ الحَيّ على تَقليدِهِ بِالخيوط الخضراء ولَفِّه بِالأَقمِشة المُلوّنة المُعطّرة وبِالأَقفال، يَرجُون بها الفَرَج لِمُشكلاتِهم. ثُمّ وَصَفَنِي بِقصر المُتابَعَة والتَّنقِيب لما يَفعله النَّاس مِن (بَلاوِي) شَعائريَّة في كلِّ بِلاد الوُجود الشِّيعي!

وعندما حانت فُرصَتِي لِلرّد عليه أَضَفتُ إلى مِصداقِهِ سِيرةَ شَجرةٍ باسِقةٍ قائمةٍ بِالقُرب مِن المأتَم الكبير في حَيّ النِّعَيم الغَربي الواقع في غَرب عاصِمَة المآتم المنامَة حيث كانت النّذور تُعقَدُ بِجِوارها ويَأتِيها الأَهالي مِن كُلّ

مناطِق البحرين لِيُقِيموا مَجلِسًا حُسينِيًّا إلى جِوارها ويُطعِمون الطَّعام مَودّةً في الحُسين صَلواتُ الله وسَلامُه عليه. ولم يَدّع أَحدٌ مِن هؤلاء الأهالي أَنَّ ما يُؤديه مِن عَملٍ مستحبٍّ بِالقُرب مِن الشَّجرة هُو مِن الشَّعائر.

وقد جاءت هذه العادة بعدما أَطلَق الأَهالِي على هذه الشَّجَرة اسمَ (الأَسَدِيَّة) في سردِيّة شعبيّة مثيرة حيث فُوجِئ أَحَدُ المُعزِّين في لَيلة الثَّالِث عشر مِن شَهر مُحرَّم الحرام بِنَحِيبٍ يصدر عن الشَّجرة أَثناء إِحياء المأتم لِشَعيرة هذه اللَّيلة فاقتَرب منها ووَجَدَ دِماءً تَخرُجُ مِن جِذعِها فيما يَقضِي أَهالي النِّعَيم لَيْلَتَهم هذه بِتَسيِير مواكب العزاء انطلاقًا مِن مأتَم النِّعيم الغربي المجاور لِلشَّجرة والانتهاء بها إِليه حيث تُختَتَم شَعيرة العزاء بإداء عَرضٍ تَمثِيليٍّ على السَّاحة المفتوحة الواقِعة بين المأتَم وهذه الشَّجَرَة يَحكِي سِيرةَ عزاء (بَنِي أَسَد) ومُواراة الإِمام السَّجّاد صَلواتُ الله وسَلامُه عليه لِجَسد أَبِيه الإمام الحُسين صَلواتُ الله وسَلامُه عليه وأَجساد سائر الشُّهداء مِن أَهل بَيته وأَصْحابه عَليهم السَّلام.

ثُمّ سأَلتُه عن دوافِعِه إلى اختلاق عَلاقة وَهمِيّة مِن عِندِه بين ما صَنَّفه في خانة (الخرافة والأسطورة) الظّاهرة في هذه الوَقائع والأُصُول المعتمدة لإحياء الشَّعائر، فلرُبَما وُجِدت في النَّاس أَسبابٌ أُخرى تَدفعهم إلى القِيام بِهذه الأعمال ولا علاقة لها بِالشَّعائر، أَو أَنّ وراء هذه الأعمال عادات وتقالِيد وطبائع مَحلِّيّة فَحَسب ولا يَدَّعِي أَهلُها بِأَنّها مِن الشَّعائر، ولا يَمتلِك عالِم الدِّين الذي وَقَف على هذه الأَعمال دَليلًا واحدًا على ادِّعاء الأهالي بِضَمّ أَفعالهم هذه إلى قائمة الشَّعائر المعلومة. فسَكَتَ ولم يَحرِ جوابًا. فدَعوتُه إلى تَجنُّب (الجَمْبَزَة) في سَوق هذه الوَقائع واختلاق رابطٍ بينها والشَّعائر مِن عنده، وأَكّدت عليه وجوب الالتِزام بالمنهج الاستِقرائي العِلمِي بِصِفَته عالِم دِين في تشخيص الموقف، كما دَعوتُه إلى العَمل على إعداد بَحثٍ مُفصَّل أَو إِجراء دِراسَةٍ ميدانِيّة شاملة تَتناول كُلَّ المصادِيق الّتي يَظُنُّ أَنَّ النَّاس تَعُدّها مِن الشَّعائر على حَسَب بيئتها الاجتِماعِيّة وثَقافَتِها المَحلِّيّة (إِنْ أَحرَزَ الشُّجاعَة

في نَفسِه). وذكَّرتُه بما يُؤدّيه البَعضُ مِن مِساهمة في إِحياء مَظاهر التَّشيّع حيث يَقدِم على إِعداد راية ضَخمة ويَسعى في تَغطِية الضَّريح المُقدّس لِلإمام الحُسين صَلوات الله وسَلامُه عليه بها في أَيّام مَعدودة ثُمّ يعود بذات الرّاية إلى الحيِّ الذي يقطنه فينصبها في وَسطِه ليُذكِّر بواقِعَة الطَّف ويُغَلِّب المظاهر الشِّيعيّة في الحَيّ ويتيح لِلأَهالي فرصة التَّبرّك بِمَسح ظاهر بِشرتهم بِالرّاية، فيَظنّ ذووا الظَّنّ السَّيّئ أَنّ المُراد مِن تنصيب الرّاية فِعل خرافي وأُسطوري أو يفتري ذلك على أَهل الحَيّ!

وأَكّدتُ إليه على أَنَّ الكَثير مِن هذه العادات والتَّقالِيد والطَّبائع في بلادنا تَقِف وراءها أَحوالٌ اجتِماعِيَّةٌ لا عَلاقة لها بِمَا وَصَفه بِالاعتِقادات الخُرافِيّة والأُسطورِيّة، وأَنَّ استعمالَه لِمُفردَتي (الخُرافة) و(الأُسْطورة) عند وَصْفِه لِهذه المشاهد فيه (جَمْبَزَةٌ) مِن التَّهوِيل والتَّنطُّع في القَول. فالخُرافَةُ والأُسْطورة لَيسَتا سَببًا وَجِيها في تَخلُّف المُجتَمعات، بَل أَنَّ أَعظَم الحضارات في التَّأرِيخ البَشري وفي عَصرِنا الرَّاهِن أَيضًا قامَت على الخُرافَةِ والأُسْطورَةِ وما زَالَت على ذلك. ولو افترَضْنا جَدلاً أَنَّ العادات والتَّقالِيد والطَّبائع الّتي نَسبَها عالِمُ الدِّين في خِطابه إلى الشَّعائر هِي مِمَّا وَصَفَه بِـ(الخُرافَة) و(الأُسْطورَة) لَكانَت عامِلاً في نُشوء حضارَةٍ في مُجتَمعاتِنا الشَّيعِيّة وليس تَخلُّفًا.

والتَّخَلُّف صِفَةٌ مُختَلَقَةٌ يَتَنطّعُ بِها بَعضُ عُلمائنا والمُثقَّفِين ذَوِي الهَواجِس الحِزبيّة والفِئويّة. فالثَّقافات تَجمد لِأَسباب خارِجَة على إِرادَةِ مُجتَمَعها ولا تَتَخَلّف، ولَيس لِلتَّخلُّف المُدَّعى مِصداقٌ في الثَّقافات البَشرِيّة، وَلَمْ يَشْهَد التَّأرِيخُ البَشَرِي تَخلُّفًا لِثَقافَةٍ مِن ثَقافاتِه. فالثَّقافَةُ تَتوقَف عن الإبداع والتَّطوّر بِأَيدِي البَشر ولا تَتَخَلَّف. وهَلْ عُرِفَ بين البَشر أَنَّ كوارث (الطَّاعون) أَو (الحُروب العُظمى) أَو (التَّغيُّرات الطَبيعِيّة) التي حَصدَت المَلايِين مِن النَّاس ودَمَّرَت المُدنَ على رُؤوسِ أَهلِها أَنّها تَخَلَّفَت بِالثَّقافَة؟!

فإِنْ كان هذا العالِمُ جادًّا في العمل على إِصْلاح ثَقافَة مُجتَمَعِه فَلْيَستقرِئ

الوقائع بِعِلْمِيّة ويَستَغنِي عن إِطْلاق الأَحكام بِخُطبة جزافًا، وما أَظُنُّه إلّا (جُمْبازِيًّا) يَستهدِف إِشعال حربٍ على الشَّعائر بِأَيّ صُورة ما شاء رَكَّبَ واختَلَق وزَوّر مع انعدام الدَّليل، وإنَّ له ومَن هُمْ في حُكْمِه مآرب أُخْرى تَقِف وراء (جَمْبَزَتِه). وأَمَّا رَبطُ الخُيوط على الأَضْرِحة فَـ (لا مانِع مِنه) لدى المَرجِعيَّات الفِقهيّة، وأَنَّ لِعَمود الكهرباء (على حَسَب قَول العالِم) سِيرةٌ خاصَّةٌ وعلى هذا العالِم أَنْ يُفصِح عنها بِالتَّفصِيل، فلَرُبَما وَقعَت كَرامةٌ لِأَحدِ أَئمَّة أَهْلِ البيت صَلواتُ الله وسَلامُه عليهم بِالقُرب مِن عَمُّود الكهرباء وتَيقَّن ذَوو العِلْم والمَعرفة مِن وُقُوعها فأَكرَم النَّاسُ مَحلَّ الكَرامَة ولَيس ذات العَمُود الكهربائي وتَوسَّلوا بِصاحِبها.

وبِصِفَتِه أَحد عُلماء الدِّين الحَريصِين على مُتابَعَةِ شَبكة الاتّصال الإعلامِي والتَّواصُل الاجتماعِي التِّقني في بلاد الغَرب ويَتحدَّث مِن خلالها باسم (التَّشَيُّع) فليس مِن الحِكمة أَنْ يُطلق الأَحكام الأَوصاف جِزافًا.. دَعوتُه إلى الدُّخول في التَّحَدِّي بِمَنهج علميٍّ يُحاكِي أَهْلَ العُقول النَّاقِدة ونَصحتُه بِأَنْ يَترصَّد المظاهر الّتي يُصنِّفُها في قائمة (الخُرافَة) و(الأُسْطورة) ويُؤلِّف منها مَوسوعةً عِلمِيّةً بِشَرط أَنْ يُدوِّن فيها تفاصيل كُلّ واقِعةٍ بِتَجرّدٍ واستقلال، ولا أَظنُّه يفعل ذلك، فإِنْ فَعَل فَقَد كَسَدَت تِجارَتُه وأَفسد بِضاعَة غيرِهِ مِن مُتحزِّبيه ومُنتَمِيه!

إنَّ الحُرِّيّةَ الثَّقافِيّة الشِّيعِيّة المكفولة في بلاد الغَرب جَعلَت مِن افتِراء كِذبَةِ تَشويهِ مَنهج (السِّيرَة والرِّثَاء) ومَنابِره ومَواكِبه بِشَتّى أَلوانها وأَشكالها لِلتَّشيّع مَحلاً لِلاستِهجان والاستِنكار والاستِياء والرَّفض المطلق. فهاهِي الجالِياتُ الآسيويّة الأَقدم وُجودًا في بلاد الغرب ـ ومِنها الهِنديّة والباكِستَانِيّة ـ تَأخذُ بِـ (الوَلايَة والبَراءَة) بِقُوَّةٍ وتَلتزم بِمَظاهر الثَّقافَة الشِّيعِيّة على السَّجِيّة ومِن دُون تَكلُّفٍ فَلسفِيٍّ أَو ابتذالٍ في القول والفعل أَو تَنطُّعٍ حزبيٍّ أَو فئويٍّ. وهي في مَحلِّ قُبولٍ ثَقافيٍّ في بلاد الغرب قَبل أَنْ يَصِل إِليها دُعاةُ منهج (الشَّكِّ والتَّشْطِيب والتَّأمِيم) لاجِئين مُنهَزِمين في نِضالهم السِّياسي الفاشِل.

لقد تَمسّكَت جَالِياتُ بِلاد الغرب بِمَظاهر الثَّقافَة الشِّيعِيّة الّتي نشأت عليها في موطِنِها الأَصْلِي، وجَدَّت في تنميتها بين الأَجْيال المُتعاقِبة، واحتَفظَت بتفاصيلها المَنقولة طَرِيَّةً نَقِيَّةً، فصانَت بها عَقِيدةَ هذه الأجيال مِن عِلَل الانحراف الفِكري والجَشع الغَربي المادِّي، حتَّى إذا ما وَصَل غيرُهُم مِن الجاليات الشَّيعِيَّة إلى بلاد الغرب اتَّخذها مِثالاً طيِّبًا فعَضّ عليها بالنَّواجذ والتزم بالتّفاصيل الّتي نشأ عليها في مَوطِنه الأَصْلي مِن دُونِ اكتِراثٍ لِتَفَلْسُف المُتحَزِّبين والفِئويّين الّذين تَمنطَقوا فِكريّا والتَقَطوا فلسفيًّا عن اتِّجاه أَهْلِ العامّة وأَحزابهم و(هَلْوَسُوا) سِياسِيًّا ودَلَّسُوا ثَقافِيًّا واستَخفُّوا عقولَ مُجتمعاتِهم وسَعوا في تَدجِينها لِيبثُّوا فيها قابِلِيَّة الخضوع لما أَسَّسوا له مِن مَفاهِيم في الانتماء والزَّعامَة.

مِن الجدير الإشارة إلى أَنَّ الوُجود الشِّيعي البَحرانِي قد تَأَثر كَثيرًا بالفَتاوى الخِلافيّة الصَّادرة عن دُعاة منهج (الشَّكّ والتَّشْطِيب والتَّأمِيم) المُناهض لِمَظاهر الثَّقافَة البحرانِيَّة، لكِنّه استعاد تَوازنَه شَيئًا فشيئًا في إِثر انشغالِ الانْتِماءات بالإِخفاقات الفِكريّة والسِّياسِيّة وتَفاقُمِ النِّزاعات البَينِيّة والدّاخِليّة حول مَنهج النِّضال المُختار ومَراتِب الزَّعامَة والمقامات الاجتِماعِيّة ومصادر التَّموِيل والتَّحالُفات الخارِجيّة. وكان لِشَبكة الاتّصال الإعلامِي والتَّواصُل الاجتماعي التِّقني والتَّبادُل المعرفي الواسِع مِن خلالها مُساهمة كُبرى في إِحداث هذا التَّوازن.

إنَّهُ عَصرُ سِعَة المَعرِفة وسُرعةُ تَدفُّق الحقائق عن الثَّقافات وقُوَّةُ العقل الحُرّ النَّاقِد.. إنَّهُ عَصر بَثّ الثَّقافَة الشِّيعِيّة والتَّعريف بأُصُولها ومظاهرها وكُلّ التَّفاصِيل. فلَم يَعُد الافتِراء بِالكَذِب والتَّدلِيس وقَلبِ الحقائق رأسًا على عقب يُجدِي نفعًا في هذا العصر المنفتح على كُلِّ مَصادر المعرفة بِأَكثر وسائل التَّواصُل سِعةً وتَطوّرًا وسُرعةً في الاستِدعاء.

ولنُدرك أَنَّ الاتّجاهات والانتِماءات الحزبيّة والفئويّة المناهضة لِلتَّشيُّع

دَلَّسَت واختَلَقَت وكَذَّبَت وافتَرت على الشِّيعة الكثيرَ مِمّا ليس فيهم، ودَوَّنَت مَكتبةً كُبرى مِن التَّزوير والوَضْع والطَّعن في الثَّقافَة الشِّيعيَّة وأُصولها وبَثَّتها في أَوساط مجتمعاتها وبِلاد العالم خِلال 1400 عاما. وهِي اليوم تعيش في أَسفلِ دَركٍ مِن أَسْوأ فَضِيحةٍ أَخلاقِيّةٍ وأَنْجَسِ عارٍ في تأريخ التَّدوِين البَشرِي لا يُمكن طَمسهُما أَو نَفيهما أَو تَشطِيبهما أَو الإفلات مِن مضاعفاتهما أَو حتَّى تبريرَهُما لِأَجيال ثَقافتِهم المعاصِرَة. فلماذا تَتَشبَّهُ الانتماءاتُ الحِزبيَّةِ والفِئويّة الشِّيعِيّة بِعَمل هذه الاتّجاهات المَذهَبيّة المُناهِضة لِلتَّشيُّع، ولماذا تنصب العداء لِلثَّقَافَةِ الشِيعِيّة الأَصِيلة بِتَطبيقات منهج (الشَّكّ والتَّشْطِيب والتَّأميم) ومنهج (الوَعْظ والإِرْشاد الأَبَوي) فتُوقِع نَفسَها في مَحذُورٍ مِن التَّزوير والوَضْع والكَذِب بِالافتراء والطَّعنِ وتَدوِين مَكتَبةٍ تُدِين ماضِيها في عالَم لا تَخفَى على النَّاس فِيه خافِيَة؟!

إنَّ دُعاة منهج (الشَّكّ والتَّشْطِيب والتَّأميم) يَعتَقِدون بِأَنَّ رَجْم مَظاهر الثَّقافة الشِّيعِيّة بِالحِجارة والعِصي وإِسقاط المَرجعيّات وتَشوِيه مقامِهما ومَنزِلتهما بِالكَذِب والافتراء ـ ما هِي إِلّا أدوات ضَغط لِلدُّخول بها في مُساومات سِياسِيّة مع اتِّجاه أَهْلِ العامّة ودوله!

كانت مَرحلةُ الاعتداء الإرهابِي على مظاهر الثَّقافَة الشِّيعِيّة وتَوالي عَملِيّات تَفجير المَساجد والمآتم والأَضرِحَة على رُؤوس المُصَلِّين والمُعزِّين في مُعظمِ بِلاد الوجود الشّيعي مُرَوَّعةً حيث أَثارت في الشِّيعَةِ مشاعر الغَضَب. لكِنّ الحوادث هذه أَثْبَتت لِلعالَم وُجود اتِّجاهَين في المُسلِمين مُختَلِفي الفِكر والثَّقَافَة والأَصْل التَّأريخي، أَحدهُما قائمٌ على أُصُول تأريخِيَّة وَحشِيَّة تَأَسَّسَت بِمُوجب (الصَّحِيفَة الثَّانية) التي تَعاقد عليها خَمسةٌ مِن الصّحابة في جَوف الكَعْبَةِ خِلال فترة صُحبَتِهم لِلنَّبِيّ صَلّى الله عليه وآله في حَجّة الوِداع، وعَزمُوا فيها على اغتِيالِهِ وإِقصاء الوَلايَة وإِزاحَتِها عن عَلِيّ أَمير المؤمنين صَلواتُ الله وسَلامُه عليه استِكمالاً لما بَدأته (الصَّحِيفَةُ الأُولى) التي تَعاقَد عليها مُشْرِكُو مكَّة لِفَرض الحِصار الاجتِماعِي والاقتِصادي على

النّبيّ مُحمَّد صَلّى الله عليه وآله وبَنِي هاشِم وعَزلِهم عن مُجتَمع مَكّة. فَلا يُمَثِّلُ هذا الاتِّجاه الوَحْشِي الإسلام الحَقِيقِي وإنْ ادَّعَى ذلك ووَقَفَت الأنظمةُ المستبدَّةُ عونا له وسَندا. فيما ذهب متبنّو تَطبيقات منهج (الشَّكّ والتَّشْطِيب والتَّأميم) إلى فَرز التَّشَيُّع إلى اتِّجاهَين شِيعِيَّين أَحدهُما مُتَخَلِّفٌ يَتوَجَّبُ رَدْعه والقضاء عليه مِثلما تَطَلّب رَدع الاتّجاه الوَحشِي النّاشئ عن أَهل العامّة، والآخر مُصْلِحٌ حَضاري منفتح على اتّجاه أَهْل العامّة وبِلاد الغَرب يَتَوّجبُ حِمايته دوليًّا ورعايته!

وعلى الرَّغم مِن تَحوُّل الشِّيعة إلى ضَحِيّةِ الانتماء الوَحشِي السَّائد في اتِّجاه أَهْلِ العامّة منذ الانقلاب التَّأريخي على النُّبوّة والإمامة، إِلَّا أَنَّ التَّحوُّلات الحَضَارِيّة في هذا العَصر تَجري في لِصالِح الثَّقَافَة الشِّيعِيّة الأَصِيلة ومَظاهِرها المُعتَدى عليها بِالإرهاب الوَحْشِي العالمي. ويُخشى أَنْ تَقدِمَ بَعضُ الانْتِماءات الحِزبِيّة والفِئوِيّة الشِّيعيّة مِن دُعاة منهج (الشَّكّ والتَّشْطِيب والتَّأميم) على الدُّخول بِأضرار هذه الحَوادِث في لُعبَة المُساومات السِّياسِيّة لِخدمَة تَحالفها الخاصّ مع اتِّجاه أَهْل العامّة.

إِنَّ القَولَ بِأَهمِّيَّةِ العمل على إِعادة النَّظر في الثَّقَافَة الشِّيعِيَّة الأَصِيلة واتِّباع منهج (الشَّكّ والتَّشْطِيب والتَّأميم) لهو قولٌ يَسترضِي اتِّجاه أَهْلِ العامَّة ويُمثِّل سَبِيل العاجِزين الّذين يستخفون وراء ظهورهم (صَحِيفَةً ثالِثَة) لِلانْحراف بِالتَّشَيُّع والشِّيعَة عن الصّراط المستقيم وتَقدِيم يَد العون لِأَهْلِ الوَحْشِيّة في إرهابهم الدّولي والمساهمة في إِخراجِهم مِن أَزمَتِهم الأَخلاقِيّة وتَسليمهم صَكّ الغُفران.

ـ يَسْتَبدِلُونَ الخُرَافَةَ بِالأُسْطُورَة

يَصِلُ الحالُ بِفِئةٍ مِن البَحْرانيِّين المعاصِرين إلى حمل لِواء الطَّعن في ثَقافَة مجتمعهم البحراني الأَصِيل، ويُصنِّفُون بعضَ مظاهِرها في قوائمهم السَّوداء، ويَتَّهِمون المُتمَسِّكين بها بِسُوء الاجتهاد في البحث الرِّوائي

والتَّخلُّف به عن مستجدات العصر الرّاهن. ولو حَرَصَت هذه الفئة على تَشغِيل مناهج العُلوم الإنسانيّة المعاصرة بِتَجرُّدٍ تامٍّ لَعلِمَت أَنّ مظاهر الثَقَافَة البَحْرانِيّة ليست تَقليدًا أَعْمَى ولا هِي اقتباسُ فَلسفِيّ ولا وَهْمٌ عِرفانِي ولا هِي ذَوقٌ مزاجيٌّ أَو فَوضَوِي مُستلَهَمٌ عن ثَقافات أخرى.

ما مَدى صِحَّة ما قامَت به هذه الفِئة مِن مُقارنات بين مَظاهر الثَّقافَة الشِّيعِيّة الأَصِيلة وعادات وتَقالِيد وطَبائع سائر الأَديان والمذاهب لإِثْبات الدَّليل على أَنّ هذه المظاهر قد اقتبَست (الأَساطِير) و(الخُرافات) مِن شَعائر وعادات وتقاليد وطَبائع تلك الأَديان والمذاهب واقتَفَت آثارها خطوة بِخُطوة؟!

تِلك مقارنَةٌ تَعسُّفيّةٌ باطلةٌ يائسةٌ يَتكرّرُ اجترارها في مَطلع مواسِم إِحياء الشَّعائر، وتكَشِف عَمّا في أَذهان مُتبنِّيها مِن مقاصد وأَهواء مُستَتِرة لا صِلَة لها بِمَنهج البحث العِلمي ولا صِلَة لها بالحقيقة في هذا الشَّأن. كما تَكشِفُ أَنَّ مُتبنِّيها يرون في مظاهر ثَقافَتِهم وشَعائرِهم الأَصِيلة عائقًا مانعًا مِن تَقدُّم نظريَّتِهم السِّياسِيّة وتَوسُّع نُفوذهم وسِيادتهم وزَعامتهم الحِزبِيّة والفِئويّة.

فلَو أُسنِدت إلى أَجيالِ القَرنِ الماضِي مُهمَّة تحديد الآثار الّتي نَسجتها مظاهرُ الثَّقافَة البَحرانِيَّة الأَصِيلة في أَذهانِهم، ونَقشتَها في قُلوبِهم ورَسَمتها في وِجدانِهم، وانتَظَمَت بها مَشاعرُهم، وكانت هي العاملُ الأقوى في صَوغِ التَّصُوّرات وإِنتاج المفاهِيم وتنمية الخِبرات فيهم، لما تَجاوزَت هذه الأَجيالُ عامِل (الشَّعائر). فهِي أَكثرُ المظاهر في الثَّقافَة الشِّيعِيّة حيويّة وبُروزًا وتأثيرًا.. إِنّها تَنطَوي على القِيم الإنسانِيّة والأَخْلاقِيّة الرَّفِيعة، والمنهج التَّكامُلي المناسب لِصِيانة النِّظام الاجتماعي. فلا تُفارق هذه المظاهرُ مُخيّلَةَ الشِّيعي الأَصِيل وذاكرتَه التي تحكي سِيرته.

هذه الألوفُ مِن مَضايف الخِدْمة المَجّانِيّة المباركة المُنتشِرة في العراق والمُمتدّة على أَرصِفَةِ الطُّرق والشَّوارع المؤدِّية إلى المآتم في مناسبات شَهري مُحرَّم الحرام وصَفر، والخِيامُ المنصوبة بين المناطق والأَحياء المُوصِلة إلى

مدينة كربلاء المُقدّسَة بِمَسافة تَمتد إلى مئات الأَميال، وحركةُ السَّفر العظيمة والمَشي المليوني الهائل بين المدن والأَضْرِحَة المُقدّسة، وما يجري في كُلِّ بلاد الوُجود الشِّيعي مِن إِحياء لِلشَّعائر على ذات الطَّرِيقة أَو أَحْسَن منها ـ هذه كُلُّها مجتمعة تُشكِّلُ أَعظَمَ تظاهرةٍ بَشرِيّةٍ شاهدةٍ على أَنَّ المؤمنين الّذين يَعتنِقون العقيدةَ الشِّيعِيّةَ ويَلتزِمون بِالتَّقِيَّةِ ويَصونُون دِينَهم وأَخلاقَهم بمفهوم (الانْتِظار) ويَتمَسَّكون بِالوَلايَة والمَودَّة لِأَهْلِ البيت صَلواتُ الله وسَلامُه عليهم والبَراءة مِن أَعدائهم في كُلِّ الظّروف ويَصبِرون على الأَذَى في سَبِيل ذلك ويَسِيرون على الصِّراطِ المُستقيم ولم يَدَّخِروا جُهدًا ولا مالاً ولا نفسًا ولا ولدًا إِلَّا وقَدَّمُوه في سَبِيل إِحياء ثَقافَتِهم ونُصرةِ مَظاهرها.. وإِنَّهُم يَنطلِقون مِن أُصُول حَيويَّةٍ لا ينكرها إِلَّا جاحِد مُستيقِن بِصِحَّتِها.

إِنَّ حَجْم المُشاركة ودَرَجَة الاهتمام ومُستَوى الخدمات الضَّخْمَة الّتي يُقدِّمها الباذِلُون البَحرانِيُّون لإِحياء مناسبات شَهري مُحرّم وصَفَر والتِّسعة الأَيّام الأولى مِن رَبيع الأَوّل تَكشِفُ عن كَنْزٍ عظيمٍ يَنطوون عليه وتقرّ أَعيُنهم بِرُؤيته ويخلصون في تَناوِله نَواياهُم وتَتوحَّدُ به عزائمُهم. فما الدَّافع إلى كُلِّ ذلك، وما هِي الانطِباعات الّتي تُخلِّفها مشاهدُ إِحياء مَظاهِر الثَّقافة على عُقولِهم وأَنفُسِهم؟

مِن مَهام الثَّقافة الشِّيعِيّة الأَصِيلة تَشييدُ المفاهيم المُناسِبة لِكُلّ عَصر وصِيانةُ العقيدة في كُلّ ظرفٍ مكانيٍّ وزمانيٍّ، وتَنقِيَّةُ الأذهان مِمّا علق بها مِن أَفكار شَاذّة، وذلك بَعمَلِيّةٍ حضارِيّةٍ هادئةٍ مُتدرِّجةٍ تَسرِي بين الأَجْيال في سَكِينةٍ مِن النَّفْس والرُّوح وفي قُبولٍ وتَأييدٍ مِن العَقل النَّاقِد. فأَينَ أَثَرَ ما ادُّعِي مِن الأَساطير والخُرافة والوَضْع والالتِقاط في هذه المظاهر؟!

إِنَّما هي ادِّعاءات مُختَلَقة تَستَنِد على خَلفِيّةٍ سِياسيّةٍ نَفعِيّةٍ وتَتَمثّل وَجهًا عَلمانِيًّا جبانًا مُهمِلاً لِحَقل النَّتائج عند استِقراء سيرة نشوء التَّشَيُّع ونموّه وتطوّر مفاهيمه. فبَين مشاهد الشَّعائر التي تُحيا في اليوم العاشِر مِن مُحرَّم

الحرام ويوم العِشرين مِن شَهر صَفَر (الأَرْبَعِين) وانتهاءً باليَوم التَّاسِع مِن رَبِيع الأَوَّل قد يحقّ لِأَهْلِ القِياس بِمِيزان الرُّبْح والخَسارة المادِّيّة التَّساؤل (ماذا يَكسِبُ المشارِكُون في إِحياء هذه الشَّعائر وصيانة المظاهر الثَّقافِيّة الأخرى وماذا يَخسَرون)؟!

يَجتمِعُ البَحرانِيُّون في اليوم الأَوّل لِشَهر مُحرَّم الحرام بِقَلبٍ حَزينٍ في مَودَّةِ أَهْلِ البيت صَلواتُ الله وسَلامُه عليهم، وما يَزالون على ذلك حتّى مطلع فَجْر اليوم التَّاسِع مِن شَهر رَبِيع الأَوَّل حيث تَنشَرِحُ القُلوب لِنَبأ هَلاك الطَّاغوت ويَفرح المؤمنون لِفَرحَةِ الزَّهراء صَلواتُ الله وسَلامُه عليها. وفي الأَيّام واللَّيالي المُتبَقِّيَة مِن شُهور السَّنَة الهجريّة يُحيِي البَحْرانِيُّون شَعائر ما تَبقَّى مِن المناسبات الأخرى، فَيَحزَنُون لِحَزن أَهْلِ البيت صَلواتُ الله وسَلامُه عليهم ويَفْرَحُون لِفَرحِهم مَودَّةً فيهم وحُبًّا وامتِثالاً لهم تحت ظِلال (الوَلايَة والبَراءة).

إنَّ القَلبَ البَحراني الّذي ينبض بِنِداء (يَا حُسَين) و(يا زَهْراء) في سَبْعِين يومًا مُتعاقبة مِن كُلّ عام مِن دُون اكتِراثٍ لِهُموم الدُّنيا ولا لِزبرجها لَجَدِير بِالتَّنَعُّم تحت ظِلّ الوَلايَة لِأَهْل البيت صَلواتُ الله وسَلامُه عليهم والبَراءة مِن أَعدائهم. ومَن يلتزم مِن الشِّيعةِ بِنعمَةِ البَراءة والوَلايَة والمَودَّة في عالَم مُتلاطم مِن الشُّبهات العقديّة والإغراءات المادِّيّة والعُقَد النَّفسِيّة والضُّغوط الاجتماعِيّة والسِّياسِيّة والاقتصادِيَّة فقد أُوتِيَ الحكمة وخيرًا كثيرًا. وعلى هذه شُيِّدت الثَّقافَة البَحرانِيَّةُ مُنذ اتَّخذ البَحْرانِيُّون مِن الشَّعائر مظهرًا لِلمَودّة لِأَهْلِ العِصمة والوَلايَة والبَراءة مِن أَعدائهم وتَمسّكوا بها دِينًا ولم يَجعلوها تُراثًا (فُلُكْلُورِيًّا) جامِدًا يُستَحضَر ثَقافِيًّا لِلمِتعَةِ المعرِفيّة واللّهو مِثلَما ذَهَبت المَذاهبُ والأَديان إلى شَعائرها.

فإنْ افتَعلَت فِئةٌ مِن الشِّيعة الجِدال والنِّزاع حول الرُّؤية لِأُصُول الثَّقافَةِ الشِّيعِيّة بُغيَةَ تَهذيب مَظاهرها وإِصْلاح مُكوِّناتها وتَجدِيد مفاهيمها على طِبق

مَعايير منهج (الشَّكِّ والتَّشْطِيب والتَّأميم) وعلى حَسب ما تَدَّعِي أَوهام؛ فتِلكَ مُحاولةٌ يائسةٌ فيها الكِثير مِن أَدِلّة الاستِخفاف بِالعُقول، وما هِي إلّا طُعونٌ تبطن ما تبطن وتَخفي ما تَخفي مِن المَقاصِد السِّياسِيّة، فإنَّ وراءَ الأكمة ما وراءها!

مَظاهِر الثَّقافَةِ الشِّيعيّة هي وَجْهٌ شَعبيٌّ أَصِيلٌ مُستقلٌّ عن الانْتِماءات الحِزبِيّة والفِئويّة، ولها بريقٌ مِثاليٌّ أَخَّاذ لم يُنسَب في التَّأرِيخ الشَّعائري إلى مَرْجِعٍ أَو دولةٍ أَو حِزبٍ أَو فئةٍ أو نُخْبَةٍ ثقافيّةٍ أَو طَبَقةٍ اجتماعيّةٍ خاصّةٍ منذ الغَيبّة الكُبرى، غير أَنَّ أَهْل البيت صَلواتُ الله وسَلامُه عليهم انفَرَدوا بِه ونُسِبَ إليهم واهتُدِى بِه إليهم.. إنَّها المظاهرُ التي تَستظِلّ بِظِلّ إِمامِ الزَّمان المَهدِي المُنتَظر عَجَّل اللهُ تعالى فَرَجَه الشَّريف فهُو سيِّدُها وقائدُ جماهيرها المليونِيّة وزَعِيمُها.

(الجَماهِيرِيَّةُ) هذه تُشكِّلُ تَظاهرةً شعائرِيَّةً لا زَعامة لها ولا قِيادة فيها بِالمعنى المُعاصر، لكِنَّها تُثِيرُ الهوس وخِفَّة العقل في أَهْلِ الانْتِماء الحِزبي والفِئوي الذين يَعدُّون جميع أَشكال الجماهيريَّة شأنًا مِن شُئونِهم الخاصَّة ويَنسِبونَه إلى ذواتِهم ويَحتكِرونه بِوَصْفِه مُنجزًا مِن مُنجزات زعامتهم في النِّضال. فكان أَوَّلُ السَّبِيل إلى الهَيمنة على هذه الجَماهِيريّة هو رَفعهم لِشِعار (لا بُدَّ لِلشَّعائر مِنْ أَمِير) حتَّى يَستقِيمَ لهم الأَمرُ ويَستوسِق ويَصفُوا لهم ما يدعون إليه مِن فِكر ويَسود. فإنْ لم تَخضع جماهيريّةُ الشَّعائر هذه لِـ (الأَمِير) فإِنَّ كُلَّ أَسلِحة الانتماء الحزبي والفئوي ستَستَعِدّ لإِطلاق النَّار عليها!

(لا بُدَّ لِلشَّعائر مِن أَمِير) شعارٌ معبّرٌ عن المقصد الرَّئيس (الاسْتِراتِيجي) بعيد المدى الّذي لا يُصرَّح به في الظَّرف الرّاهن حتَّى تُستكمَلَ مَراحِلُه، وهو مُنتَهى ما يُراد لِمَنهج (الشَّكِّ والتَّشْطِيب والتَّأمِيم) الوصول إليه.

لقد بَرز نِزاعُ الزَّعامَة المُفتَعل في بعض الأَوساط الشِّيعِيّة مُنذ أَمَد بَعِيد، وقد بَدا بَسِيطا ساذجًا لا تَتجاوز دوافِعُه حَدّ التَّفرُّد بِمَقام اجتماعيٍّ ووَجاهةٍ مَحدودةٍ حيث مفاهيم (التَّقِيَّة) و(الانْتِظار) و(الوَلايَة والبَراءَة) و(العِصْمَة) وقيمها شائعة

بين الشِّيعة، ولم يَكن وُجودُ الزَّعِيم في حضور هذه القِيم يُشكِّلُ حاجةً ملحّةً أَو ضَرورة. ثُمَّ تَطوّر الدّافعُ نحو ترسيخ مفهوم الزَّعِيم في المُجتمع الشِّيعي فاتَّخذَ شكلاً مِن أَشكال الخِلاف البسيط بين مُحدِّثٍ أَخبارِيٍّ ومُجتهدٍ أُصُولي، ثُمّ تَطوَّر الدّافع فاتَّخذ شكل الخِلاف المَرجِعِي الأُصُولي ذِي الوَلايَة العامَّة ثُمّ شكل الخِلاف المرجعي الأصولي ذي الولاية المُطلَقَة. وتَخلّل الخِلافاتِ هذه ظُهور قِيادات مَناطِقِيّة بِوَجهٍ عُلمائيٍّ مُستقلٍّ أَو تابعٍ لِلمَرجِعيّات المختلفة، ثُمّ اشتَبَكَ النِّزاع لمصلحة العمل على تَنصيب زَعامَة مَرجِعِيّة حِزبيَّة وفئويّة مَركَزِيّة عُليا، ثُمَّ تَطوّر الدّافع إلى نِزاعٍ (بَارِدٍ) بين الزَّعامات المَحَلِّيّة بِوَجْهٍ مَرجِعيّ سِياسيٍّ شامل.

وهنا يَتدخَّلُ كُلٌّ مِن النُّفوذ والدّعاية في النّزاع البارد فيُعوِّمان الخِلاف ثُمّ يُظهِرانه في شَكل نَسَقٍ طَبيعيٍّ ومَخاضٍ ضَروريٍّ سيُولِّد زَعامَةً شِيعِيّةً واحِدةً تَتَمثل فيها السِّيادة التَّامَّة على كُلّ الشِّيعة في العالم.

في عَهد الاتِّجاه الشِّيعِي الأخباري سادَت مفاهيمُ (التَّقِيَّة) و(الانْتِظار) و(الوَلايَة والبَراءة) و(العِصْمة) ولم يَكُن لِمَطلب المُشارَكة السِّياسِيّة في إدارة الشُّئون العامّة مِن أَثَرٍ في الوَسَط الشِّيعي العام. فالنِّضالُ المَطلَبِيُّ المتعلّق بِالزَّعامَة شِبه مُحرَّم أَو مَمنوع بِشِدّة أَو قابل لِلنِّقاش أَو مُقيَّد بِمَعايِيرٍ خاصّةٍ انطلاقًا مِن القَول بِـ (غَصْبِيَّة) السُّلطة منذ تَحقُّق الغَيبَة الكُبرى لِلإمام المَعصوم المَهدِي عَجَّل اللهُ تعالى فَرَجَه الشَّرِيف.

وعلى الرَّغْم مِن تَشدُّدِ الاتِّجاه الأَخْبارِي في الاحتِياط إلّا أَنَّه لم يَتدخَّل سَلبًا في الثَّقافَةِ الشِّيعِيّة الأَصِيلة أو يَسعى إلى إِعادة النَّظر أَو التَّجديد فيها بِالثَّورِيّة أَو فرض الولاية على المجتمع البَحرانِي فيما يَرى ويُقِرّ، وإِنَّما تفرّغ بِشكلٍ إِيجابيٍّ كبيرٍ ولافِتٍ لِتَنمِية الثَّقافَة وصِيانتها وذلك لِإيمانه بِكَونها تُمثّل السِّياقَ الثَّقافي المَحَلّي الخالِص الأَصِيل المُستقِرّ على الدَّلِيل الرِّوائي منذ مئات السِّنين.

وعندما بَرزَت المُيولُ الثَّوريّةُ السِّياسِيّةُ الّتي أَثارها التَّيّارُ القَومِي ثُمّ اليَسارِي في المجتمع البَحرانِي نَقضَ الاتِّجاهُ الأَخباري فِكرَ الثّوريّة وسَكَت على وُجُود الانتماءات السِّياسِيّة إذْ لا وَلايَةَ له عليها ولا سُلطانَ له في الدَّولة، ونَأى بِنفسه عن الجَماهِيريّة السِّياسِيّة السائدة آنذاك، واكتَفَى بِدَعم الوَجْه الجَماهِيري الوِجداني لِلشَّعائر وبِتَنمِيتِهِ بِوَصْفِهِ مَظهرًا ثَقافيًّا عامًّا رَصِينًا يَكفِي لِتَحصِين الأَدمِغَة، مِن غَير أَنْ يُوظِّف هذا الوَجه لِصِناعة النُّفوذ في النَّاس والدَّولة أَو لِتَرسِيخ مَفهوم الزَّعامَة وتَفخِيمها في المجتمع.

شارَك الأَخبارِيُّون في إِحياء مظاهر الثَّقافَة البَحْرانِيَّة بِهندَسَتِهم الرّائعة في تَدرُّج تَنمويٍّ وبِفعّالِيَّة إِيجابيَّة كَبيرة مُستقِلّة ومُنقطعة عن الشَّأن السِّياسي حتّى مطلعِ اليوم الّذي دُشِّنَت فيه المُقدّماتِ الأُولى لِلمُغالَبة والنِّزاع البارد على مَقام الزَّعامَة في الضِّدّ مِن كِبار مُحدِّثي الأَخبارِيّة. وفي حَذرٍ شديدٍ وتَحت مُبرِّر تَبدُّل الموضوعات؛ استَهدف الأُصولِيُّون الحِزبِيُّون والفِئويّون الجُدد مِن خَريجي الحَوزات الخارِجيّة الكُبرى الثَّقافَة البَحرانِيَّة الأَصِيلة وطَعنُوا في بعض مَروِيّاتها ومَظاهرها وأَظهَروا شيئًا مِن مُيولهم السِّياسِيّة لإِثبات الوُجود في مُقابِل زَعامَة الأَخبارِيّة أَو لِلعَمل على تَحقِيق التَّوازن معها في المُجتمع.

ولو لم يَكُن لِمَظاهر الثَّقافة الشِّيعِيّة الأَصِيلة آنذاك وَجْهٌ (جَماهِيرِيٌّ) وِجدانيٌّ قابلٌ لِلتَّوظِيف السِّياسي لما تَعرَّضَت الثَّقافة لِلطَّعن بِعُنوان الحرص على تَجريدها مِن الخُرافة وتَنقيتها مِن الأُسْطورة ومِن مُخلَّفات الالتِقاط عن الثَّقافَات الأخرى. فهذه هِي الحقيقة المُرّة الّتي لا يُصرِّح بها أَحدٌ من الانتماءات الحِزبيّة والفِئويّة المعاصرة ذات العلاقة!

إِنَّ الانتماءاتِ المعاصرة تَستَخفِي مَقصدَها الرَّئيس (لا بُدّ لِلشِّيعَة مِن زَعِيم أَعْلى) الّذي يَقتضِي في المقام الأَوّل العمل بِـ (لا بُدّ لِمَظاهر الثَّقافة مِن زَعِيم) ثُمّ (لا بُدَّ لِلزَّعيم مِن جَماهيريّة كاسِحَة). وهو مَقصدٌ مثيرٌ يُشكِّل مُنطلقًا لاحتِواء حُشود الشَّعائر والاستِعانة بها في كَسْب السِّيادة السِّياسِيّة

على الشِّيعة في كُلّ بِلاد وُجُودهم.

فإنْ استَقلَّ الوَجْهُ الشَّعائري (الجَماهِيري) عن زَعامَة الانْتِماء الحِزبي والفِئوي واعتَزلها أو احتُمِل بَقاؤه في حَوزة المَرجِعِيّات الأَصِيلة النِّدّ؛ تَعرَّضَ مفهوم الزَّعامة العُليا لِلسُّقْم السِّياسي ولِلضَّعفِ في الأُمنيات السِّياسِيّة وفي بشراه بِالنَّصر المُبين. ذلك هو جَوهَرُ النِّزاع المفتعل بِمَنهج (الشَّكّ والتَّشْطِيب والتَّأميم) في بلاد الوُجود الشِّيعي على طَريقة الفَلاسفة التَّقليدِيّين القُدامى الذين يَتَسابقون في مُجتمَعِهم لِكَسب الشِّهرة مِن خِلال صناعة (المَفهُوم) السَّهْل المُمتَنِع الذي يُنتِج بِالفَوضى الخَلّاقة زَعِيمًا.

إنَّ الحشودَ الشَّعائريّة الّتي بَرزت فُجأة في مُناسبات إِحْياء مظاهر الثَّقافَة الشِّيعِيّة وظَهرت في غَفلَةٍ مِن الانتماءات الحِزبِيّة والفِئويّة المَشغولة بِجَرد أَرباحها ومَكاسبها في جِسم القُدرة والسُّلطة؛ يُخشَى الآن على مَصِيرها مِن هيمنة الزَّعامات الحِزبيّة والفِئويّة الشِّيعِيّة الّتي فَشَلَت في تَحقِيق إِنجاز ثَقافيّ أَصِيل مُستقلّ يُعْتَدُّ به تَأرِيخيًّا وحضاريًّا واستَنقَذت نَفسها بِالتَّبَعِيّة لِلتَّحالُفات السِّياسِيّة الدُّوليّة!

ـ النَّقْضُ في نَتائِج الأُسْطورَةِ والخُرافَة

ما هُو الدَّافِع الّذي جَعلَ مُتَبنِّي مَنهج (الشَّكّ والتَّشْطِيب والتَّأمِيم) يُصوِّرون مظاهرَ الثَّقافَة الشِّيعِيَّة تَقلِيدًا وعاداتٍ وطبائع مُشوهة الأُصُول وباعثة على السُّخرِية، فيَتعاطون معها بِخِفَّةِ عَقلٍ ويَصفونَها بـ (الخُرافة) حِينًا وبِـ (الأَسَاطِير) حينًا آخر، ويَحكمُون عليها وعلى مُتَّبِعِيها والذَّابِّين عنها بِالإِقْصاء والتَّنحِية والتَّنكيل وتَشويه الصِّفَة الاجتماعِيَّة والمقام العِلْمي؟ وما مَدى صِحَّة قولِهم بِأَنَّ مظاهر الثَّقافة الشِّيعِيّة مُكرِّسَة لِـ (التَّخلُّف) و(اللّاوَعْي)، وأَنَّ مَمارستها لا تَعدو أَنْ تكون اعتزالاً في حياة صُوفِيّةٍ ذات إِلَه غير مُفارق، أَو أَنّها نُزوعٌ حديثٌ نحو الأَخْبارِيَّة واندماجٌ في اتِّجاه المُحدِّثين وتَصْحِيحٌ مطلق لِمُتون الكُتب الأَربَعة والمَجامِيع الحَدِيثيّة؟!

إنَّهم لا يَتناهَون عن القَولِ أنّ أَغلبَ العُلماء والمراجع والخُطباء والمُثقّفين في اتّجاهي الأَخباريّة القديم والأُصوليّة الحديث كانوا يَدِينون بِدِين الخُرافة والأسطورة ويَجمِدون على المَروِيّات المَوضُوعة والشّاذّة وعلى وِجدانيّة السِّيرة المُزوَّرة، فأَفقَدَهُم ذلك (الوَعْي) التّام فلَم يُنتِجوا في مُجتمعاتِهم غير التَّبَعِيّة والتّميز والفَصل الطّائفي والشّتات الاجتِماعي والبُعد عن التّفاعُل الحضاري مع أُمَم الأرض، ثمّ تَواكَلوا واعتَزَلُوا العِلْمَ والتَّعلِيم المعاصرين، وأَهمَلوا حقّ المُشاركة في إدارة الشُّئون العامّة لِلدَّولة الوَطَنِيّة، وتَجنَّبوا السِّياسة وفَوّضوا إِمْرَتَها لِغَير الشِّيعة يَعيثُون بِأَنظمتها السِّياسِيّة فسادًا في الأَوطان!

بإِزاء هذا القول، مِن الجَدِير الإشارة إلى أَنَّ تَجرِيد مظاهر الثَقافَة الشِّيعِيّة مِن أُصُولها وبِيئةِ نُشوئها وسِياقاتِ نُموِّها يَجعلُ منها مَشهدًا صوفِيًّا ومَزيجًا باهِت اللَّون مِن التَّقالِيد والعادات والطَّبائع المُحْتَمِيَة بِالسَّردِيّات الخُرافِيّة والأُسْطوريّة. وهذا مِمّا لا يقرّ أَحدٌ مِن المُتحزِّبين والفِئويّين المناهِضِين لِمَظاهر الثَّقافَة الشِّيعِيّة الأَصِيلة بِوُقوعه، وإنَّما هم يَدَّعون ذلك ويَنسِبونَه إلى مَن يُنافِسونَه على الزَّعامة حصرًا في صِيغةٍ مِن المغالَبةِ تراها ثَقافَتُنا البَحرانِيَّة اللَّطِيفة عمَلاً أَرعَنا وتراه ثقافة بِلاد مَنشأ فِكر المُتحزِّبين بـ (العادِيَّة الدّارِجَة).

وأَمَّا أُولئك الّذين يفترون فيَنسِبونَ لِمَظاهر الثَّقافة الشِّيعِيّة أُصولاً خُرافِيَّة أَو أَوهامًا أُسْطوريَّةً مَوضوعةً أَو شاذةً أو مُختلقةً إِنَّما هُم مُؤمنون بِصِحَّةِ الأُصُول على المَبنِيَين الاجتِهاد والاحتياط ولكِنَّهم يَجحَدون ذلك وتَخونهم الشُّجاعَة في كَشف العِلَل الحقيقيّة بِشكلٍ مُباشر.. إنَّهم يقصدون تَرسِيخ مَفهوم الزَّعامَة الضَّرُورَة عبر الطَّعن في مَظاهر الثَّقافة الأَصِيلة ولِكون هذه الثَّقافة نِتاجًا طبيعيًّا لِـ (التَّقِيَّة) و(الانْتِظار) و(الوَلايَة والبَراءة) و(العِصْمة) ومِمَّا استقلَّ بِه أَندادُهم.

ومَهما يَكون مِن أَمْر، فالبَحث في مَقولاتِهم هذه لا يَتَّفق والقولَ السَّائد

بِأَنَّ الخُرافةَ والأُسْطورة يُشكِّلان بعدًا حيَوِيًّا يَسري في أَكثر الثَّقافات البَشرِيّة المُتديّنة وغير المُتديِّنة. بَلْ أَنَّ الخُرافةَ والأُسطُورةَ تُشكِّلان العمود الفقري لِبَعض الأديان ولا يَمنع ذلك مِن تَطوّر مُجتمعاتِها ورُقِيّها، فإنْ تَجرَّدت الأديانُ مِن خَلفِيّتها العقديّة المِثاليَّة المَبنِيّة على الخُرافة والأُسطورة انْهارت ثَقافَتُها. ويَمتازُ التَّشَيُّع على سائر الأَديان والمذاهب بِخُلُوِّه مِن الخُرافَة والأُسْطورة، كما يَمتاز بِالمِثالِيّةِ الثَّابتَةِ بِالحُجّة البالِغة والدَّليلِ العَقلي والنَّقلي والقَرائن الواضحة القاطِعة في بُعدَي العَقِيدَة والتَّأريخ.

وفي ادِّعاء هذه الانتماءات بِـ (أَنَّ الأَساطِير والخُرافات كانت وما زالت سببًا رَئيسًا في التَّخَلُّف واللّاوَعْي بَين المُجتمعات، فتِلكَ (مطْنَزَةٌ) أَو قُلْ (جَمْبَزَةٌ) وسُخْفٌ مِن القول يُبالِغُ أَتْباع منهج (الشَّكِّ والتَّشْطِيب والتَّأمِيم) في تَروِيجِه.. أَلا يَكونوا يَعلمون أَنَّ كُلَّ الأديان والحضارات البَشَريَّة القَدِيمة منها والحَدِيثة والمُعاصِرة قد نَشأت على الأُسْطورة والخُرافَة اللَّتَين شَكَّلتا بُعدًا عقدِيًّا ضَروريًّا في وَحدَة النِّظام الاجتِماعي وقُوّة السِّيادة وبَسط الأَمْن السِّياسي وحِماية الحُدود الجغرافيّة ودَوام النُّموّ والتَّفوّق في الإنتاج الاقتِصادي والتَّطوُّر العِلمِي والثَّقافي؟!

إِنَّهم يَعلمُون ذلك ولكِنَّهم يُنَظِّرون لِمُجتمعاتهم الشِّيعِيَّة بوَصْفِها مُجتمعاتٍ سَفِيهَةً يَجوز لِلمُنتَمِي والزَّعِيم الحِزبي والفِئوي التَّفَلْسُف عليها والتَّنظِير بما يَصُبّ في مَصلحة النِّضال السِّياسي وضَرُورات بَسط السِّيادة على المجتمع وإِطلاق الوَسائل المعفِيَّة مِن المُساءلة على مظاهر الثّقافة.

وما كان وَصفُهُم المفتعل لِمُجتمعات الشِّيعة بِصِفَتَي (التَّخلُّف) و(اللّاوَعْي) منذ عقد السِّتِّينات مِن القَرنِ الماضي إِلّا تَوَهُّما خُرافِيًّا مُقتبسًا عن فِكر حِزبَي التَّحرِير والإخوان الّذي تَفاعَل مع مَبادئ ثَورات أُورُوبّا والتَقط كثيرًا عن فكر الثَّورات الثَّلاث الفَرنْسِيّة والبريطانِيّة والأَمْريكِيّة حيث رَوَّجَ الحِزبان (الإخوان والتّحرير) هذا الفِكر في مُجتمعاتِهم مِن غير رِعاية

منهما لاختِلاف بيئتهما الثَّقافِيّة والاجتماعِيّة عن بيئة بِلاد الثَّورات تلك. فهَلْ يحقُّ لنا ونحن نَعيش في القَرن الواحد والعِشرين أَنْ نَصِف مُجتمعاتِ القرن التَّاسِع عشر في أُورُوبّا بفقدان الوَعْي وبِالتَّخَلُّف حيث نَخرَت سُوسَةُ الخُرافة والأسطورة فيها، وبِأيِّ نِسبة ومِعيار ومقياس؟!

إنَّ دعاةَ منهج (الشَّكّ والتَّشطِيب والتَّأمِيم) يَتَّبِعون مَعايير العَلمانِيّة القائلة بِأَنّ التَّأرِيخَ مُؤلفٌ مِن التَّجارب الفاشِلة يَنقُضُ المُتأخِّرُ مِنها المُتقدِّم، وأَنَّ العقلَ في الواقع المُعاش آلةُ قِياسٍ وتَقديرٍ وتَقويم ليست مِثالِيّةً أو مُجرّدةً مِن مُؤثّرات بِيئتها فلا تَختصّ بِمَقام ولا قِيمةٍ ثابتةٍ صِحَيحَة. فصار الانْتِقالُ مِن مَرحَلَةِ التَّخَلُّف واللّاوَعْي في الشِّيعة إلى التَّمَدُّن الحديث والحَضارة المعاصرة يَتطلَّب منهجًا تَجاوزِيًّا انْقلابِيًّا وثَورِيًّا صارِمًا فاعلاً، كما يَتطَلّب إِطلاقًا لِلوَسيلة عند العمل على تكريس مَفاهِيم الزَّعامَة والانتماء الحِزبي والفِئوي!

إنَّ العالَم يَتفاعلُ في نُمُوٍّ ثَقافيٍّ مُستجِيب لِتَطَوُّر العِلْم مِن بَعد طَيِّ مَرحلَتَي الأُسْطورة والفَلسفة. والعِلمُ ذاتُه يمدُّ الثَّقافات بالحقائق ويُجرِّدها مِن الأَوهام ويُعبِّد لها الطَّرِيقَ لإِنتاج المفاهيم الحَيويّة ويُزوِّدها بالمناهج المناسبة إذْ لا وَطن لِلعِلْم. فيما تُمثِّل الثَّقافَةُ الأَصِيلة في مُجتمعاتِ الشِّيعةِ عامِلاً دافعًا نَحو التَّطَوّر والتَّفاعل الحَيوِي في كُلّ أَبعاد الحياة بِلا انقِطاع ومُحفزًا على إِنتاج المَفاهِيم والتَّقرُّب بِها مِن القِيَم والمُثُل ومُشجّعا على التَّفَوُّق العِلمِي، كما تُمثِّل مَظهرًا مِن مَظاهر الالِتزام بِأُصُول المعرفة المعتمدة شِيعيًّا وليس الانْسِلاخ منها أو تَسخِيرها لِخِدْمَة العِلم والفَلسَفة والسِّياسة.

وحِينما اقترَبَ العِلمُ الحديثُ مِن الثَّقافَةِ الشِّيعِيّة أَضافَ سُرعةً إلى ظاهرة انتشار القِيم والمُثُل وزادَ مِن دَرجَة استِيعابها وساهَمَ في كثرة إِنتاج المفاهيم وفي ضَبط النُّظُم الاجتِماعِيّة ورقابتها، كما وَافَق العِلمُ مظاهرَ الثَّقافَة ولم يُناقضها في الأَشْياء والأَفكار والأَشْخاص وذلك لِأَنَّها لم تَقطَع في أَثناء

ولادتِها ونشأتِها وفي تَدرُّجِها التَّأرِيخي مَرحلَةً أُسْطُورِيَّةً أَو خُرافيّةً ولم تَمُرّ بِمَرحلةٍ سُوفِسطائيّةٍ أَو فلسفِيّةٍ، وإنَّما وُلِدَت ونَشأت في أَحضانِ التَّشَيُّع ذي العَقِيدةِ الرَّصِينَةِ والمَتِينَةِ وتَدرَّجَت في سِياقٍ دِينيٍّ ثابتٍ مُستقرٍّ على الصِّراط المُستقِيم مُنذ نزول الوَحْي بِآية [وأَنْذِرْ عَشِيرتَكَ الأَقْرَبِين].

وإنْ صَدَّق أَحدٌ القولَ بِانطِباق (التَّخَلُّف) الثَّقافِي المُدَّعى على لسان أَتْباع مَنهج (الشَّكِّ والتَّشْطِيب والتَّأمِيم) فإنَّ (التَّخَلّف) بِالمَعايِير العِلمِيّة المُتقدِّمة كان مَرحلَةً شائعةً في كُلِّ بِلاد العالَم تَبعًا لِجُمود الحَرَكة العِلمِيَّة وانْتِشار الفَقْر، ولَم تَنفَرِد مِن ذلك أَو تُستَثنَى مِنه مُجتمعاتُ الشِّيعة ولا حتَّى بِلاد السَفْسَطة والفَلسَفَتَين العَقلِيّة والتَّجرِيبِيَّة ذاتها. وغايَةُ ما انفردَ بِه العِلْمُ عندما جاء إلى الشِّيعَة أَنَّه عرَّفَهم بِالمَزِيد مِن الحقائق الثَّابتَة في ثَقافَتِهم وساهَم في تَطوُّر حركة نَقل القِيَم والمُثُل بينهم كما عرَّفَهم بِكَيفِيّة الاستعانة بِالمَفاهيم والمناهِج ولم يَزِد شَيئًا عليها أَو ينَقُض عَقيدةً آمنوا بها أَو شَريعةً التزموا بها.

فالقِيَمُ والمُثُل كانت ثابتَةً وفاعلةً في مُجتمعات التَّشَيُّع قَبْل ظهورِ النَّهضة العِلمِيّة وتَطوّرِها، وأَمْسَى الشِّيعةُ بهذه القِيم والمُثُل مُتمَيِّزين جدًا على ما عند مُجتَمعات اتِّجاه أَهْلِ العامَّة على الرَّغْم مِن تَعرُّض مُجتمعاتِ الشِّيعةِ لِلعُزلة والإقْصاء والفَقَر والظُّلم والتَّنكِيل والحِصار والقَهْر والإبادَة والأُمِّيَّة والتَّمييز والفَصل الطَّائفي. ولا يَخفى على أَحدٍ أَنّ لهذه الأحوال المُتقَلِّبة دورًا رئيسًا في شِدَّة ظُهور هذه القِيم والمُثُل في الشِّيعة وفي تَوارِيها وليس في انعِدامِها.

فرُبَما كان جَدُّك وَجَدِّي شِيعيَّين أُمِّيَّين وفَقيرَين ومَنبُوذَين طائفيًّا وسِياسيًّا ولكِنّ صِحَّةَ العَقيدة وتَمام النِّعمةِ نَقلاً وعقلاً أَنارا لَهُما الطَّرِيق لِتَنمية الثَّقافة مِن غير الاستِعانة بِالخُرافة ولا الأُسطورة، فِيما فَسَدَت عَقِيدةُ غَيرِهما مِن غَير الشِّيعة ونَقَصَت نَقلاً وعقلاً فالتَجأَ إلى الخُرافة والأُسْطورة لِيُتِمّ النَّقصَ في عَقِيدتِه ويُزاحم بها ثَقافة الشِّيعة. وتَنطِبقُ ذاتُ الأَحوالِ على مُجتَمعات

النَّهضَة العِلميّة حيث الخُرافة الأُسْطورة مِمّا يُستكمَل بِهما العَقِيدة النَّاقِصة، وإِنَّ نَبذناهُما فإِنَّما على حَسب ما عِندنا مِن إِيمان قاطِع بِتَمام العَقِيدة وكَمال النِّعمة!

بالمَعاييرِ المعاصِرة، لم يَكُن (التَّخَلُّف) بِدْعَةً اختصَّت بها مُجتمعات الشِّيعة في مُقابِل العِلْم، كما لا علاقةَ لِمَظاهر الثَّقافَة الشِّيعِيّة الأَصِيلة بِسِيادة هذا (التَّخَلُّف) المُدّعى وجودًا أَو عدمًا. فالشَّعائر ـ على سَبِيل المثال ـ هي مِن المظاهر الثَّقافِيّة المُعَبِّرة عن الالتزام بِالأُصُول الثَّابِتة الكاشِفة عن القِيم والمُثُل والعامِلَة على تَرسِيخها في النِّظام الاجتِماعِي الشِّيعي والصّائنة لها، ولم تَزل على ذلك أُبّان ظُهور النَّهضَة العِلمِيّة وتَطوُّرها.

فما المرادُ إِذَنْ مِن وَصْف مظاهر الثَّقافَة الشِّيعِيّة بِالخُرافَة والأُسْطورة وبالمُولِّدة لِلتَّخَلُّف واللّاوَعْي في المُجتَمعات الشِّيعِيّة وقد صَحَّت عَقيدة الشِّيعَة وكَمُلَت وتَمَّت النِّعمةُ عليهم ولم يكونوا بِحاجَةٍ إلى ما يُتِمّها ويُكملها، وهَلْ المرادُ بذلك تَحرير ثَقافَة الشَّيعة مِن أُصُولها الثَّابتَة حتَّى تَتَّخِذَ لِها طَرِيقةً مُستقِلّةً في التَّطوُّر والتَّقدُّم والتَّحضُّر ومِن دُون معوقات ومَوانع؟!

فلنَنظُر إلى أَحوال التَّعَصُّب الحِزبي والفِئوي الّذي سَعى في تَجرِيد الثَّقافة بِمَنهج (الشَّكّ والتَّشطِيب والتَّأمِيم) مِمّا وَصَفهُ بِالخُرافة والأُسْطورة وإلى ما استَجدّ في هذه الأَحْوال.

إنْ شِئتَ التَّعَرُّف على عَقِيدة التَّعصُّب الحِزبي والفِئوي التي حَرَّضَت على مُناهضة مَظاهر الثَّقافَة الشِّيعِيّة الأَصِيلة؛ ستَجِدها خَليطًا فِكريًّا مِن وَحْي مُقتضيات وضَروراتِ السِّياسة وأَهواء الذّات، وخليطًا مَبْنِيًّا على قَواعِد ثَقافَةٍ هَجِينةٍ مُلتقَطة وناقِصَة العَقِيدة والنِّعمة ولا صِلَة لها بِالتَّشَيع مِن قريب أَو بعيد. فلو كان لِوَصْفِ الشَّعائر بِـ(الأَساطِير) و(الخُرافات) مِن حَقِيقةٍ مَعلومةٍ على حَسب ادِّعاء أَهْل مَنهج (الشَّكّ والتَّشْطِيب والتَّأمِيم) لآمَنَّا بِنَقصِ العَقِيدة ولَلَمسْنا تَأثِيرها على الثَّقافَة الشِّيعِيّة وعلى سِياق التَّحَوُّل التَّأرِيخي والنَّسَق

الاجتِماعِي الشِّيعي بِوُضُوحٍ تامٍّ مُنذ أَوَّل نُفود لها في هذه الثَّقافَة. فليُشِيروا إلى مَواضِع تَأثِير الأُسْطورة والخُرافة في ثَقافَة الشِّيعة!

ولو افتَرضْنا جَدلاً أَنَّ كُلّ ما وَصَفُوه بعامِلَي (الأُسْطورة) و(الخُرافة) كان دَخِيلاً على الثَّقافَة الشِّيعِيّة الأَصِيلة، ومع اليَقِين أَنَّ الشِّيعة داوَمُوا على إِحياء الشَّعائر طِبقًا لِثَقافَتِهم المَعلومة منذ اليَوم الّذي اتَّبَعوا فيه التَّشَيُّع.. إِذَنْ.. فإِنَّ دخولَ عامِلَي (الأُسْطورة) و(الخُرافة) لم يَكُن ولِيدَ سَنةٍ ولا عَقدٍ مِن الزَّمَن حتَّى نَستَبعِد وُجود انِعكاسٍ لِأَثَر هذين العامِلَين على الثَّقافَة. فأَينَ مَواضِع تَأثِير هذين العامِلَين وانعكاسهما؟!

ولو اتَّخذنا مِمَّا يُنقَل في المَجالِس والمَنابر والمواكب مِثالاً لِمَا وَصَفَهُ مُناهِضو الشَّعائر بِاللَّون الصَّارِخ مِن الأساطير والخُرافات، ولنَقتَفِ أَثَرَه على الأَجيال مِن رُوّاد المآتم والمجالس، ولنَرصِد انعكاساتِه السَّلبِيّةَ على الثَّقافة ذاتها وفي جِهات العَقِيدَة والشَّريعَة والأَخْلاق منها على مَدى قَرنٍ واحِدٍ مِن الزَّمَن فَحَسب، ولنَستَقرِئ ما استَجدّ مِن بِدعة ابتَدَعها أَهْلُ الشَّعائر ومِن علامَةٍ في التَّخَلُّف عن التَّشَيُّع الأَصِيل والحضارة والعِلْم.

فلا بُدَّ مِن أَثَرٍ يتركه الإيمانُ بالأُسطورة والخُرافة في الثَّقافات الإِنْسانيّة على شَخصِيّة فَردٍ هذه الثَّقافَات فتُمَيِّزه بِمَظهرٍ أَو مَلبَسٍ أَو مَنطقٍ أَو عادةٍ أَو تَقليدٍ أَو طَبْعٍ أو نَمطٍ في التَّفكِير أَو سُلوكٍ في الأَخلاق وما شاكل ذلك. ولنَنظُر في أَحوال الأُمَم وثَقافاتِها وشَعائر أَديانها ومَذاهبها لِكَي نَتعَرّف على هذ الأثر. ولنَسأَل أنفسنا عَمّا استَجدّ في شَخصِيّة الفَردِ الشِّيعي مِن أَثَر ما وَصَفُوه بِاتِّباع (الأُسْطُورَة) وإِحياء (الخُرَافَة) بين القُرون المُتَعاقِبة.. لَنْ نَجِد شَيئًا مِمَّا ادَّعوه مِن هذه الأَوْهام!

إنَّ الشَّعائرَ الموصوفة باتِّباع الأساطِير وإِحياء الخُرافات هي ليست كذلك في حَقِيقة الأَمر، وإِنَّ الشَّعائر هي مِن مَظاهر الثَّقافَة الشِّيعِيّة الأَصِيلة ومِن العوامل الرَّئِيسَة في صِيانَةِ أُصُول الثَّقافة وفي تَطوّر المَفاهِيم وجَعلِها

غَضَّةً طَرِيَّةً حَيويَّة. وليس في الشِّيعة ما هُو أَقوى تَأثيرًا مِن عامل الشَّعائر في تَنمِية ثَقافَتهم.. الشَّعائرُ تَصوغ مُخيِّلَةَ الأَجيال وتُنظِّمُها عند الصِّغر وتَصون عقائدها عند الكِبَر كُلَّما زَاغَت قَلوبُ أَهْلِ الشُّبهات.

لقد شهد مُستَوى الفَهم والإدراك لِلعَقِيدة الأَصِيلة في ثَقافَة البحرانِيِّين تصاعدًا ملحوظًا في العَقدَين الماضِيَّين في سِياقٍ بَسيطٍ، وازدادت مَعاني الشَّعائر الأَصِيلة الموروثة عن الأَجْداد وُضوحًا فاستَوي عُودها، وانكَفأَ المُناهضون لها الّذين اكتَشفوا في نِهاية المَطاف أَنَّهم أنفسهم يَتشكَّلون في أَثرٍ مِن آثار الخُرافَة والأسطورة الّتي ولَّدها الفِكر الهَجِين الّذي اقتَبسوه وتَبنَّوه وتَحاملوا بِه على الثَّقافَة الشِّيعِيّة الأَصِيلة!

إنَّ البَحْرانِيِّين المعاصِرين يَغْرِفُون مِن فوائد الشَّعائر الخيرَ الكَثِير ولم يَتخلَّفوا بها. فقد استَطاع المنبرُ الأَصِيل أَنْ يَتجاوزَ مِحنَةَ الاتِّهام بِالتَّخلُّف واتِّباع الخرافة والأُسْطورة بما يُقدِّمه مِن عَرضٍ رائع على طِبق مَنهج (السِّيرَة والرِّثاء)، ومِن تَعريفٍ تامٍّ بِالقِيم والمُثُل في إطارٍ مِن البَحث العِلمِي المُجرّد مِن مُداخلات الخُصُوصِيّة الحِزبِيّة والفِئويّة والتَّعَصُّب لِلذّات، ومِن فُنون الأدب بِأَجْودِ الأَلحان والأُطوار وبِأَحسنِ التِّلاوة الرِّوائِيّة. فخَيَّبُوا بذلك مَقاصِد المُناهِضِين لِلثَّقافة ومَظاهِرها الّذين ابْتكروا فِريَة (التَّخَلُّف) و(اللّاوَعْي) وأَسقطوها على المُجتَمعات الشِّيعِيّة، ونَسبوا لِمُجتمعات بِلاد الغَرب فِرِيَة تَسخِيفها لِلشَّعائر الشِّيعيَّة، وغَسلُوا الأَدمِغة بِفِرِيَةِ تَغلُغل (الأُسْطورة) و(الخُرافة) في الثَّقافَة الشِّيعِيَّة الأَصِيلة.

ـ تَقْدِيسُ الذَّاتِ وعِلَلُ النّهُوضِ

في صَبِيحَةِ يَوم مُفعَم بِالحوادث؛ دارت الأَحوالُ وأَقبلت الدُّنيا على بِطانة عالِم الدِّين المُتَوفَّى، وإذا بِالبِطانة تَتَلَقَّف كَنزًا مِن أَموال الحُقوق الشَّرعِيّة تَلقُّف الصِّبْيَة لِلكُرة.

وعلى شاشَة إحدى الفَضائيَّات وَجَّهَ مُقدِّمُ البرنامج سُؤالاً خاطِفًا إلى ضَيفِهِ الأَدِيب المُثَقَّف المَشهور يَستوضِح فيه عن مَناقِب مُرشِدِه وأُستاذِه العالِم المُتَوفّى. فأَجاب في حُزنٍ شَديدٍ والدُّموع تَتَحادَرُ على خَدَّيهِ قائلا: كان كَرِيمًا مَعِي.. لَمْ أَزُره في طَلَب حاجةٍ قَطّ ورُدِدْتُّ خائبًا!

فَطنَ مُقدّمُ البرنامج لِمُراد الأَدِيب المَشهور مِن مَعنى إجابَتِهِ الحَزِينَةِ الكَئيبةِ المُقتضَبةِ.. إنَّها رِسالةُ استِعطاف منه تَرجُو البِطانَة أَنْ تَحذو حذو العالِم الكَريم المَرحُوم في بَذْلِ العطاء لِلأُدباء.. أي (لا تِنْسُونَّهْ)!

فاستَدركَ مُقدِّمُ البرنامج استِعطاف الأَدِيب المُثَقَّف وبَهَته بِالسّؤال: مِنْ أَيّ الأَموال أَجابَك العالِمُ المَرحُوم ذِي الكَرَم الطَّائي.. أَمِنْ أَموالٍ له خَاصَّة أَمْ مِن أَموالِ الحُقوق الشَّرعِيَّة؟!

أدركَ الأَدِيبُ المَغزَى سَريعًا فأُحرِج ولم يحر جوابًا!

هذه هِي الحالُ الغالِبَة عند كَثيرٍ مِن المُتمَلِّقين القابِعِين في جِسم الثَّقافَة الشِّيعِيّة الذين تُطْمَسُ وتُغمَرُ بِأَيديهم وأَلْسِنَتهم وأَقلامِهم حسناتُ العُلماء الأَصِيلين العدول في قَعْرِ النِّسيان، وتُصنَعُ بهم الزَّعامات المُزيَّفة، ويُسَيَّد بِهم أَشْباه العُلماء والمُجتَهِدين والمَراجِع في الشِّيعَة لِقَاء شَيءٍ مِن العطاء.. إنَّهم يَسلِبُون ذَوِي القَداسة والأَصالَة فَضلَهُم ويُعيرون محاسِنَ الفَضل كُلّها إلى مَن يَرعاهُم ويُداريهم ويَسبَغ عليهم مِن مال غَيرِهِ ومِن أَموال الحُقوق الشَّرعِيَّة.. إنَّهم (مُثَقَّفُون) بِالمعنى الرّائج يُنسَبون إلى النُّخب الثّقافِيّة في المُجتمع الشِّيعي وفِئَتِه الوُسطى المُؤثّرة في الثَّقافَة.

بِهذه المُناسَبة.. يَتذكَّرُ الشِّيعةُ أَحدَ أَعظم الاسْماء في التَّأريخ وقد استيقَنَت وكالاتُ الأَنباء الكُبرى ومَعاهد الدِّراسات والبُحوث العالمِيّة ومَراكز القَرار السِّياسِي لأَوّل مرّة بِسُموّ أَثَره في تَقويم النَّهضَة الثَّقافِيّة الشِّيعِيّة الحديثة منذ مَطلع عَقدالسَّبعِينات مِن القرن المنصرم، وجَحدَت به قلوب المُقرَّبين مِن ذَوِي العَصبِيّات السِّياسِيّة والحِزبِيّة والفِئويّة، واسترزَقَت بِعُنوانه فِئةٌ مِن المُثَقَّفين المُتملِّقين.

الإمامُ الحُسين صَلواتُ الله وسَلامُه عليه الاسمُ الأَشهر الذي استَقطَب الاهتمام الاستراتِيجِي والثَّقافي والسِّياسي المُراقِب لِتَطوّر الحوادث الثَّورِيّة في عالمنا الشِّيعي، فأُشير إليه صَلواتُ الله وسَلامُه عليه بِوَصْفِه القِيمةَ المُقدَّسَةَ الكُبرى والعامِلَ الأَوّل في شَحْذِ الأَنفُس ودفعها نَحو العَطاء والبَذل والتَّضحِية في طمأنِينَةٍ كامِلَةٍ وسَكِينةٍ لا نَظِير لهما في العَصر الحديث.. إنَّها تَضحِياتُ نَهضَةٍ لَيْست مِن صُنع حقائق العِلْم أو الفَلسَفة أَو أَوهام العِرفان، وإِنَّما هي مِن صُنع قِيمةٍ تأريخيَّةٍ مُقدَسّةٍ حَيويّة فاعلة في عالَم التَّشَيُّع تَجاوز عُمُرها أَربعة عشر قرنًا وما زالت في هذا العَصر حاضِرة طَرِيَّة الدِّماء نَشِطة كأَنَّما وُلِدَت السَّاعة!

وفي إِثْر ذلك جَنَّدت الكَثِيرُ مِن مَراكز الدِّراسات الثَّقافِيّة والبُحوث التَّأريخيَّة وأَجهِزَة تَقَصِّي المعلومات العالَمِيّة طرفًا مِن اهتمامها لِدراسة أَثَر مظاهر الثَّقافة الشِّيعِيّة الّتي يُطلَق على جِهَةٍ منها (شَعائِر الله) ويُحيا بِها أَمْر أَهْل البيت صَلواتُ الله وسَلامُه عليهم، ورَكَّزَت اهتمامَها لِرَصدِ دَور (الشَّعائر) عبر الأزمنة وأَثرها في المُحافظة على هُوِيّة الوُجود الشِّيعي وأُصُوله في المعرفة مِن الانْدِثار طوال القرون المنصرِمَة على الرَّغم مِن تَعاقُب النَّكبات في الضِّدّ منها وتَوالِي مَجازِر الإبادة الجَماعِيّة واستمرار إِجراءات الإِقصاء والاستِئصال والعَزل السِّياسي والاجتِماعي والتَّمييز والفَصْل الطّائفي والتَّشوِيه الثَّقافي.

وعلى غَير هُدى قِيَم العَدل والصِّدق والنَّزاهة الّتي يَتوجَّب على الشِّيعة التَّحلِّي بِها في هذا العصر؛ استَسلَمَت فئةٌ مِن الشِّيعة لِضَغط (الضَّرُورَة) السِّياسِيّة ومُتطلّباتها، فشَرَعَت في تَقدِيس نَهضتِها المعاصرة ورِجالها وأَهْمَلَت العامِل المُقدَّس الصَّانع لِهذِه النَّهضَة.

قَرَأَت الفِئةُ هذه نهضتها بِالمَقلوب مِثلما قَرَأَ الأَدِيب المُثَقَّف المُتَملّق أَحوالَ المَرْجِعِيّة في إِثْر وَفاة مُريده عالِم الدِّين، فأَهْمَلَت ذِكرَ المُلهِم المُقدَّس

الّذي صُنِعَت به النَّهضة، وطَمَسَت أَثرَه وغَمَرته في ظُلمَةِ النِّسيان، وبالَغت في تَقدِيس زُعماء النَّهضَة وسَلَبت مَحاسِن المُلهم المُقدَّس وأَعارتَها لِمَن لا يَستحقّها مِنهم، ثُمّ تَبارَت بِما صَنَعَت مِن تَحوُّلات سِياسِيَّة وغالَبَت بها وجَعَلَت مِنها أَدِلَّةً دامغةً على قُدسِيّة هَؤلاء الزُّعَماء، وأَخضَعَت مظاهر الثَّقافة الأَصِيلة التي كانت على رأس مَصادِر التَّنوير الفِكري والتَّغيير الاجتماعي وقَيَّدتها بِمَنهج (الشَّكّ والتَّشْطِيب والتَّأمِيم)، وبَرَّرَت كُلَّ ذلك بِـ (الاستِجابَة لِلضَّرُورة السِّياسِيّة)!

وبهذا الموقف المُثير قدَّمَت هذه الفِئةُ خِدمَةً كبرى لِلقُوى العالميّة المُعادِية لِلنَّهضَة الثَّقافِيّة الشِّيعِيّة الحديثة وصارت عونًا لِمَصالح الاستِعمار والاستِبداد الّتي ظَلَّت تَتَحيّن الفُرص لِمُحاصرة النَّهضة الشِّيعِيّة الكبرى ولِمَنعها مِن استكمال دورتها في مَسِيرة التَّغيير والإِصلاح الجِدِّي.

وعلى حسب المفهوم الاستِعماري والاستِبدادي الشَّائع (أَنَّ نتائج النَّهضَة الثَّقافِيّة الشِّيعِيّة الحَدِيثة ـ إِنْ تَحقَّقَت ـ فهِي مُستقلّةٌ وعصامِيّةٌ ولا تَحمِل في أَحشائها قابِليَّة الاندكاك في لُعبَةِ التَّوازن السِّياسِي العالَمِي ولو بَعد حِين، فهِي إِذَنْ مِن المَحظورات. ولا بَأس بِالثَّورات والانْتِفاضات، وأَهلا ومَرحبًا بها ما دامت تَستَجِيب لِمُقتضيات السِّياسة وتَرضَى بِالدُّخول في لُعبَةِ التَّوازن هذه).

وفي المقابل تَقِفُ النَّهضةُ الشِّيعِيّةُ مُصِرّة على الاستِقلال عن هذه اللُّعبَة، ولم تَقبل إِلّا أَنْ تكون ذاتها، التزامًا منها بِسِيرة أَهْل البيت صَلواتُ الله وسَلامُه عليهم. فإِنْ استَسلَمَت لِلُعبَةِ التَّوازن السِّياسِي وخاضَت فيها مع الخائضِين فإِنَّها ستُمارس الاستِبداد بِالضَّرُورَة لِقَهر الثَّقافَة الأَصِيلة والتَّنَزُّل بِمَقامها والعبثِ بِقِيَمها ومُثلِها وتَشويه أُصُولها واتِّهام مظاهرها بِاتِّباع المَوضُوع والمُختَلق والشَّاذّ مِن الرِّوايات وتَولِيد الخُرافة والأُسْطورة بها.

لقد كُشِف النِّقاب عن أَحدِ أَخطر مَشاهد الانْقِلاب على الثَّقافَة الشِّيعِيّة

عندما انبَرت فئةٌ أَصِيلةٌ مخلصةٌ مِن عُلماء الدِّين فاحتَاطَت وأَخذَت حذرها ودَعَت إلى اليَقِظة والتَّمَسُّك بِأُصُول الثّقافة الشّيعِيّة وتَجنُّب السِّياسات الباعِثَة على التَّنازُل والتَّخاذُل لمصلحة مَشروع خَلْق التَّوازُن الدُّولي المشروط. فكانت هذه الفِئة أَسرَعَ النَّاس إدراكا لهذا الانْقِلاب على تُراث أَهْل البَيت صَلواتُ الله وسَلامُه عليهم، وقد صَدَق حدسُها وتَوقُّعها في إِمكان حُصُول تَحوُّلات مُستقبَلِيّة تَضُرُّ بِالنَّهضَة الشّيعِيّة المعاصرة وتَستهدِف ثَقافَتها الأَصِيلة في أَوَّل الأَمْر ثُمّ تَنقَلِب عليها وتُقدِّم المَصلَحَة السِّياسِيّة عليها.

وإذا بِالتَّشَيُّع في كُلِّ بلاد الوُجود الشِّيعي يُختَزَل كُلّه في بُعدٍ سِياسيٍّ مُنفَردٍ دَسّاس، وصارَت الثَّقافَةُ الشِّيعِيّةُ في كُلّ مكان أُوْلى ضَحايا هذه التَّحَوُّلات. ولَيس في الأَمْر نُكتَة عندما يَظهَرُ على سَطح الحوادث تَحوّلُ بَحرانيٌّ مفاجئٌ في اتِّجاهٍ سِياسيٍّ يدعو إلى التَّشدُّد في تَطبيق ما وُصِفَ بِمَشروع إِصْلاح مظاهر الثَّقافَة البَحرانِيّة مِن خلال منهج (الشَّكِّ والتَّشْطِيب والتَّأمِيم)، وإِعادة النَّظر في أُصُول الثَّقافة، ثُمّ يُفاجَئ شيعة البحرين بِلافِتات دعائيّة مَنصوبة على طَرَفَي الطُّرق والشَّوارع وبِبَيانات تُغطِّي جدر البيوت والمَساجد والمآتم في القُرى والمُدن ـ كلّها مُمَجِّدَة في تَوصِيات نَقض الشَّعائر بِوَصْفها مَظهرًا مِن المظاهر (المُتَخَلّفة) في الثَّقافَة البَحْرانِيّة والّتي تَستَوجِب إِعادة النَّظر في أُصُولها أَو شَطْب أَو تَعطِيل أَو تَغيير هيئتها وشَكلها.

فإِنْ أَحَسّ البحرانيُّ بِشَيءٍ مِن المسئولِيّة إزاء ما أُضْمِر مِن كيدٍ وما نُسِج مِن (جمبَّزة) ومُواربة لِلإطاحة بِمَظاهر ثَقافَتِه الأَصِيلة، وتَيَقَّنَ أَنَّ الإطاحة بهذه المظاهر كان لِقاء ثَمَنٍ بَخْسٍ مَكاسب مَحدودة الأَجَل تَشدُّ مِن عزيمة قُوى الاستِبداد على تَعزِيز التَّمييز والفَصْل الطَّائفي ولا تَنفَع أَهْل (الجمبَّزة) والكَيد والموارِبة مِن الشِيعة (الإِصْلاحِيِّين) طِبقا لِمَعاييرهم السِّياسيّة شَيئًا، ثُمّ دعا أَهْلَ (الإِصْلاح) إلى العِجَلة في إِدراك خَطَر المَيل المُتطرِّف نحو اللُّعبَة السِّياسِيّة على حساب قُدسِيّة الأُصُول الشِّيعِيّة ومُثُلها وقِيَمها، ووَجَّهَ النُّصحَ المُباشر بِما يُفيد (أَنّ التَّمَسُّك بِثَقل أَهْل البيت صَلواتُ الله وسَلامُه عليهم

وما تُرِكَ لَنا مِن مَروِيّات إنّما هو امتِثالٌ لِلعَقيدة والشَّريعة والأَخلاق وصِيانةٌ لِلنِّظام الاجتماعي لِلشِّيعة ولا يُعادِله عَملٌ آخر. وأَنَّ تَقدِيس الزَّعامات مِن الرِّجال ونِسبَةَ كُلّ تَحوُّلٍ إيجابيٍّ في النَّهضَةِ الشِّيعِيّة بِالقُوّة والفِعل إليها مِن أَجْل تَعزِيز قُواها السِّياسِيّة ومَوقِفِها التَّفاوُضِي عوضًا عن تَقدِيس المصدر الحقيقي لِلإِلْهام والتَّوجِيه والإرشاد المُتَمثِّل في أَهْل البيت صَلواتُ الله وسَلامُه عليهم ـ سيُؤدِّي حَتمًا إلى الضَّعف والهَوان والانحراف والفُجور والشِّقاق)، وستُبدِي الرُّدود العَكسِيّة ما لا يُحمَد عُقباه، وستُفرَغُ على النَّاصِح البحراني سُيولٌ مِن الاتِّهامات والافتِراءات الباطلة، منها: (أَنْتَ شِيعِيّ سَلَفِي مُتطَرِّف العَقِيدة) و(أَنتَ مُتَخلِّف تَسبحُ في الضِدِّ مِن التَّيّار)، (أَنْتَ خارجٌ على إِجماع العُلماء الأَولِياء)، (أَنْتَ في اتِّجاهٍ مُعانِد لِلزَّعامَة المُقدَّسَة)، حَسْبُك (أَنْتَ عَمِيل ومُتواطِئ مع دول الاستِكبار)!

كلُّ ذلك يَستدْعِي في الوِجدان البَحْراني أَهَمِّيَّةَ التَّشَبُّث بلُطفٍ بِالسِّيرة العطرة لِأَجيال الأَجْداد المُتَشرِّعِين الّذين أَحْيَوا ثقافتهم بِرُؤية أَصِيلة واضِحَة صادِقَة خالِصَة لِوَجْه الله تعالى، وعَبّروا عنها بِأَحْسَنَ ما يَكون في مَرحَلةِ اعتِزالهم لِلسِّياسة وتَمسُّكِهم بِمفاهيم (التَّقِيّة) و(الانْتِظار) و(الوَلايَة والبَراءة) و(العِصْمة) وقِيمها، حتّى أَوصَلوا إِلينا هذه الثَّقافَة مُعزَّزةً مُكرَّمَةً بِالمَظاهر المُقدَّسَة الّتي لا يَصحّ الزَّجّ بها في المُغامَرات السِّياسِيّة.

لم يُدَقِّق المناوئون لِلشَّعائر النَّظرَ في الآثار المُترَتِّبَة على شِدَّةِ تَعلّق الشِّيعة بِمَظاهر ثقافتِهم، ولو دقّقوا النَّظر فإِنَّهم لن يُفاجئوا بِأَنّها تُمثّل التَّحدِّي الأكبر الذي يَخشى أَعداءُ أَهْل البيت صَلواتُ الله وسَلامُه عليهم عظيم أَثرِهِ في النُّفوس والعقول، وأَنَّ الطَّعن في أُصُول هذه المظاهر هو شَكلٌ مِن أَشكال التَّعبير عن الهَزيمة التي طال انتظارُها 14 قرنًا مِن قِبل أَعداء التَّشيّع، ولَنْ يَستنكِف أَحدٌ مِن هؤلاء الأعداء أَنْ يدفعَ ثَمنَ ما اقتَرفه المناوئون لِلشَّعائر مِن طُعون (عِيدِيَّة) بِالعُملة السِّياسِيّة الصَّعبة، ولا سِيّما أَنّ السِّياسة قد غَشِيت هؤلاء المناوئين مِن أُولِي الانْتِماء الحِزبي والفِئوي فلم يَعد أَحد مِنهم يَكترث

لِهذا اللّون مِن التَّحَدِّي الثَّقافِي الشِّيعِي ولا يَرى فيه إلّا تَخلُّفًا وفقدانًا لِلوَعْي!

إنَّ الجري وراء سَراب السِّياسة المُجرَّدة مِن المُثُل وبِحُكم الحاجة الاستراتيجيّة مِن دون الإدراك التَّامّ لِحَبائلها الخطيرة وفَهم النَّتائج المُترتِّبة، والمُبالغة في تَقديس رُموزها وجَعلهم في عَرض مَنزِلَة أَهْل البيت صَلواتُ الله وسَلامُه عليهم ـ فلا رَيبَ في أَنّ ذلك يُعَدّ خَرقًا وتَشويهًا لِأُصُول الثَّقافة ومظاهرها.

ـ التَّدْبيرُ الثَّورِيُّ ومَنْهَجُ التَّغْيير

لو سُئِلَ عن مأتَمٍ يَتوافر على المُواصفات التَّالِية:

ـ أَهْلِيٌّ خالِصٌ مُستقلٌّ عن نُفوذ الانتماء الحِزبي والفِئوي.

ـ و(مُلّا) المنبر جاء على طِبق مَعايير الكفاءة اللّغوِيّة والأَدبيّة والعِلميّة، ومِن سِعةٍ في الذّاكِرة الحافظة وسُرعةٍ في الفَكّ والرَّبط بين الوقائع والتَّحليل والاستِدعاء الذّهني، ومِن الالتزام الأكيد بِمَنهج (السِّيرة والرِّثاء).

ـ وأَنّ كُلّ الأجواء في المأتَم خالِصَةٌ لِأَهْلِ البيت صَلواتُ الله وسَلامُه عليهم وخالِيَةٌ مِن الشّعارات المُوجَّهة والبيانات والأسماء والصُّور الدّعائيّة.

ـ ومِن شأن عَتبات الدُّخول إلى المأتم تَعطِيل كُلِّ أَشكال المقامات الاجْتماعِيّة والتَّمييز الحزبي والفئوي، فلا زوايا خاصَّة ولا أَطراف أَو جِهات مِن المأتَم يَجتَمِع إليها أَحدٌ مِن رُوّاد المجلس في عُلوّ وكِبر.

ـ والكُلّ في المأتَم بِأَثواب الخِدمة في جَزَعٍ وحُزنٍ وكآبةٍ ومُواساةٍ لِلمُصاب عند إِحياء شَعائر الأحزان، وبَأثواب خِدمة الشَّعائر في سَعادةٍ وسُرور عند إِحياء شَعائر الفرح.

ستكون الإِجابة مُفاجِئة وساخرة بِالقَول: (مَا مِيش)! وما تِلك الأَوصاف المِثالية لِلمَأتم إِلّا مِمَّا افْتُقِر إليه. فالواقع في اللَّوائح الدَّاخليّة المُستَتِرة لِلغَالِبيّة

العُظمى مِن المآتم الأَهليّة على غَير المُواصفات الحَقيقيَّة المَطلوبة في معنى المأتم. وقد تَنفرِد بعضُ المآتم العائليّة المُستقلّة بِبَعض هذه المُواصفات وتَتَميَّز. ومَن يُجِدّ في البحث عن هذه المواصفات فإِنَّ له أَلّا يَفقِد الأمل في مُستقبل المآتم. فلِلمآتم إِمامٌ يحميها ولَنْ تُضِلّ طَريقها إليه، وما على الحَرِيص على بَقاء الشَّعائر إلّا أَنْ يَستقرِئ التَّأريخ البحراني لِيَستأنس بِالتُراث الأَصِيل المتميِّز للماضِين على ما كانوا عليه مِن شِدَّة الفَقر وشَراسَة تَحدِّي التَّمييز والفَصل الطَّائفي.

على الحريص أَنْ يَعود إلى شِهرة المآتم والمَلالِي الأَقدمِين ومَن تَبقّى مِن أَجيالهم مِن المُتأَخِّرين السَّائرين على منهج (السِّيرَة والرِّثاء) وفُنونه الوِجدانِيّة الجَميلة، فإِنَّها شِهرةٌ لِفَنٍّ أَصيلٍ لَنْ يَنقضِي عَهده ويُولِّي الدُّبر.. عَهدُ شِهرة (السِّيرَة والرِّثاء) في فَنِّ مُلّا عَلِيّ بن فايز والمُلّا عَطِيّة الجَمري والملّا عبد الله طاهر والمُلّا جَواد حميدان والمُلّا الشَّيخ محمّد علي حميدان والمُلّا سَعِيد عبد الله العَرب والمُلّا أَحمد بِن رَمْل والمُلّا يوسف الجمري والمُلّا جاسم الغانمي والمُلّا عبد الكريم الغانمي والمُلّا عبد الحسين العَرادِي والمُلّا أَحمد بن حسن والمُلّا حسن بن خميس والمُلّا حسن سَهوان والملّا أَحمَد بِن زَين والمُلّا الشَّيخ أَحمد العصفور والمُلّا الشَّيخ مُحمّد عَلِي النّاصري والمُلّا عبد الرَّسُول البصاري والمُلّا عَلِيّ بن رَضِي والملا مهدي القَمْبَري والمُلّا الشَّيخ أَحمد مال الله والمُلّا أَحمد زينة والمُلّا هادي الدِّرازي والمُلّا الشَّيخ مِيرزا الأسود والمُلّا سلمان بن سليم السَّهلاوي والمُلّا عبد الرَّسُول حسن السَّهلاوي والمُلّا أَحمد بن فردان والمُلّا الشَّيخ عباس الرَّيس والمُلّا الشَّيخ جعفر الخال والمُلّا عبد الله أَبُو العيش والمُلّا عبد الله طاهر والمُلّا جعفر الكُليتِي والمُلّا الشَّيخ حسن القيسي والمُلّا السَّيِّد جعفر الكربابادي والمُلّا السَّيّد علوي الشَّهركاني والمُلّا السَّيّد هاشم المير والمُلّا السَّيّد طاهر المير والمُلّا الشَّيخ رِضا الصَّفار والمُلّا عيسى السَّني والمُلّا السَّيّد عدنان الموسوي، وغيرهم مِمَّن سَبقوهم مِن رُوّاد وأَبطال مَنهج (السِّيرَة والرِّثاء) وفُنونه.

ليس في التَّشَيُّع ناطق وَحِيد باسمِه بِالقُوّة والفُضول، أَو زَعِيم يَضع ذاتَه بِالفرض والقَسر على حسب مُقتَضيات السِّياسة. لا بُدّ لِلزَّعيم الشَّرعِي مِن الرّجوع إلى ثقافة مُجتَمعه الأَصِيلة والبحث عن سُبل تَنمِيتها بِالَّتي هِي أَحسَن، ومِن تَجنُّب اتِّباع الثَّوريّة والانْقِلاب على أُصُول هذه الثَّقافَة بـ (الجَمْبَّزة)، وأَنْ يَنأى بِنَفسه عَمّا يُؤدّي إلى الانقطاع عن سِلْسِلة عَطاء الأَجْداد وبَذلِهم وما قَدّموه مِن نَمطٍ فِكرِيٍّ وفَنّ أَصِيلٍ وتَجربةٍ إبداعيَّةٍ غَنِيّةٍ في كَيفِيّة النّهوض بِمَظاهر الثَقافة وما تَعلّق بِالشَّعائر وقِيم المآتم ونُظم المَجالس.

إنَّ الثَّورِيّةَ طريقةُ انقلاب على الثَّقافة الشِّيعِيّة أَدَّت إلى نتائج وخِيمَة إذ هِي حَشدٌ مِن المجالس المِنبَرِيّة الباهِتة، ومَقامات اجتِماعيَّة زائفة مُتضخِّمة بِالدّعاية، وانْبِهارٌ شَدِيدٌ بِفكر الانتماء الأَجنَبِي الأرعن، وشُعورٌ بِالنَّقص والحَقارة في الرُّؤية لِلثَّقافة المَحَلِّيّة وفقدانٌ لِلثِّقة فيها، وتَأويلٌ على الهوى لِمُتون أُصُول المعرفة وتَزوِيرٌ في التَّحلِيل والتَّفسِير، وإِعلامٌ فجٌّ غَلِيظ القلب يَضع الوَلاءَ والتَّحيُّز لِلانتماء فوق كُلِّ مقامٍ ومنزلةٍ ورتبةٍ ووَجاهةٍ أَفرزتها الثَّقافة الشِّيعِيّة الأَصِيلة.

والمَشاهد في ذلك تَبدو صارِخَة اللَّون وشائعة وغالبة ومعلومة، فلا تَرى إلَّا الامتِثال لِوَحش المَقام السِّياسي العالي والالْتِزام بِأَدب التَّفخِيم والتَّقدِيس المُزوِّر.

ففِي المَشهَدِ الأَوّل: يَعزِمُ الحجّاجُ البحرانِيُّون على شَدِّ الرّحال إلى الحِجاز لِأَداء مناسك الحجّ أَو العُمرة، فتُلقَى عَمائم المُرشِدين ويَغيِّب منهج (السِّيرَة والرِّثاء) عن مَجالِسهم، وتَتحَوّلُ حملاتُ الحَجّ إلى دَوراتٍ في الوَعْظ والإِرْشاد الحِزبي والفِئوي الأَبَوِي المُجَرّد، وإلى نَدوات ومُحاضرات دعائيّة وعلاقات سِياسِيّة عامَّة ومَوائد فَخمَة في الضِّيافَة ونَقل لِلأَموال ومَظاهر مُتبادلة في التَّفخِيم والتَّعظِيم لِلأشخاص والأَفكار والأَشياء.

رُبَما كانت عُقود القَرن الثَّامِن عشر والرُّبع الأَوَّل مِن القرن العِشرين

المنصرمة هِي الأَشَدُّ تعقيدًا وصرامةً إزاء كُلّ ما يَخصّ التَّظاهر بالثَّقافَة الشَّيعِيّة حيث الحَظر قائمٌ على كُلِّ رَمزٍ أَو أَثَرٍ لِلشَّعائر الشِّيعِيّة. وفي الاتِّجاه المُعاكِس مِن سِيرة الأَجداد الماضِين الّتي آثَرت الحذَر فاتَّقَت في الحَجّ ولكنّها لم تُفرِّط بِمَجالِس منهج (السِّيرَة والرِّثاء) مُطلقًا في كُلِّ المَشاعِر المُقدَّسَة والمناسك.

وعوضًا عن العمل على استِغلال فرص الانفتاح والانفِراج وتكثِيف مَجالس السِّيرَة والرِّثاء في سِعَةٍ وانتِشار؛ أُقصِيَت هذه المجالس عن مَقامِها العريق وجَرى اعتِماد الدَّورات التَّثقِيفِيَّة على طَرِيقة حَملات الحجِّ لَدى أَتْباع اتِّجاه أَهْل العامّة بديلاً حيث يَقضِي الحاجُّ أَكثَرَ مِن ثُلثَي فترة وُجودِه في المَشاعِر مُتلَقِّيًا لِفِكر التَّحَزّب والفِئويّة المُوَجَّه لِلإعلاء مِن مَقامَي الانْتِماء والزَّعِيم المُقدّس.

عندما عَزمتُ على أَداء واجِب الحَجّ في إِثر انتهاء فترة المَنفَى الأَوَّل وعَودَتي إلى البحرين طَلبتُ مِن أَحدِ عُلماء الدِّين سَردًا لِتَجربَتِه الأُولى في الحَجّ لِكَي أَقتبس منها ما يُعينَنِي بها على أَداء الأَعْمال مُستقلاً، وتَنشِيط ذاكرتي بِالمعارف الّتي درستها في الحوزة عن الباب الفِقهي لِلحجّ والاطِّلاع مِن جديد على كَيفِيّة الأداء وتَذلِيل المُشكلات المتوقّعة في إِثر تَوالِي أَعمال التَّجدِيد الّتي طرأت على مَشاعر الحجّ.

وقُبَيل مُغادَرَتِي البلاد والسَّفر إلى المشاعر المُقدَّسة وَجَّه العالِمُ الجَلِيل إِليَّ تَوصِية: (اِستَغلَّ كُلَّ لَحظةٍ مِن لَحظات رِحلَتِك بين المَشاعِر المُقدَّسة في العِبادة، وتَجنَّب البقاء في سَكَن الحجّاج على حسب البَرنامج المعتاد لَحملات الحَجّ، ولا تَنشَغِل بما يُقدَّم مِن نَدوات ومَحاضرات مِن ذَوِي الفَخامَة والوَجاهَة مِن العُلماء وغيرهم، واقتَصِد في الأَكل مِن الوَجَبات الدَّسمة الّتي تُقدِّمها حملةُ الحجّ، فتِلك مِن وظائفهم ولَكَ وَظِيفَةٌ أُخرى مُحدَّدَة بِزَمَنٍ مُحدَّد فلا تُفرّط فيها)!

كانت تَوصِيَتُه دليلاً على عِلمِه التَّفصيلي بما يَجرِي خِلال أَداء مناسك

الحجّ، فاتَّبعتها وجَنَيت منها فوائد لا تُحصى بِرفْقَةٍ جميلةٍ مع أَحد الحُجّاج البَحرانِيّين المؤمنين مِن عائلة العُصفور الدِّرازيّة. وما كانت رِحلَتِي بهذه التَّوصِية الذَّهبِيَّة تَخلُو مِن مُفاجئات حيث قَرَّرتُ الاستقلال عن البرنامج التَّثقِيفي الخاصّ بِحَملةِ الحجّ منذ اليوم الأَوّل لِوُصول الحملة إلى مَكّة المكرّمة، ولَزمتُ جُدر المشاعر المُقدّسة وأَجواءها طوال النّهار في كُلّ الأيّام امتِثالاً لِلتَّوصِية.

وفي عَصر اليوم الّذي قَرَّرَت الحملةُ الخروج بِالحُجّاج مِن السَّكن في حَيّ (العَزيزِيَّة) إلى المسجد الحرام لِأَداء طواف العُمرة كنتُ سبقتها إلى مُجاورة المسجد الحرام منذ السَّاعات الأُولى لِصَباح ذات اليوم.. وبَدأ حُجّاج الحَملة يَستعِدّون لِمُغادرة السَّكن مِن حَيّ العزيزيّة، وشَرعَ مُشرِفُ حملةِ الحَجّ في جَردِ أَسماء الحجّاج ويَعدّهم أَثناء ركوبهم الحافلة عدّا حتّى نادى بِاسْمِي مِرارًا وتكرارًا فلَمْ يُجِبهُ أَحد، فاعتُبِرتُ مَفقودًا، وقَرَّر الطَّاقمُ الإداري لِلحَملة البدء في عَمَلِيّة البحث عَنّي في السَّكن وبين حَملات الحجّ البَحْرانِيّة والانتهاء إلى السُّلطات الأَمنِيّة المَحَلِّيّة لِتَقديم بَلاغٍ بذلك!

أَنهى حجاجُّ الحملة طَوافَهم وعادوا إلى مَبنى السَّكن في العَزيزيّة واستَمَرَّ قِسمٌ مِن عناصر الإدارة يَبحثون عنِّي بين حملات الحجّ البَحْرانِيّة الأخرى.. وقُبيل صَلاة العشاء عُدتُ إلى السَّكن لِأَستريح وأَتناول وَجبَة العشاء ومرافقة الحُجاج بَسطاتهم وحَلقات نقاشهم فشاهدت الطَّاقمَ الإداري لِلحَملة على حال مِن الطَّوارئ لِلبَحث عن حاجٍّ مَفقودٍ وقد أَعْيَتهم الحِيلةُ وأَخذَ منهم التَّعَب واليأس مأخذًا عظيمًا. فتَقدَّمتُ إلى أَحدِ الحجّاج لِأَستَوضِح منه عَمّا يجري بين أَفراد الطّاقم الإداري لِلحَملة على غير المعتاد، فأَجابنَي بِأَنَّ حاجًا مِن عائلة (المَحرُوس) يُقال أَنَّهُ مِن أَهالِي حَيّ النِّعَيم ومُقيم في لندن قد سُجِّل مَفقودًا، وأَنَّ العملَ يجري على قَدمٍ وساق لِلبَحث عنه في كُلّ مكان مُنذ ساعة أَذان الظُّهر ولم يَجِدوا له أَثرًا!

فطَلبتُ مِن الحاجّ أَنْ يدلَّنِي على مُشرف الحَملة على وَجْه السُّرعة، فأَخذني إليه فإذا هو أَحد أَصدقائي القدامى الّذين تَعرَّفتُ عليهم في نِضال السَّبعِينات وقد فَرّق بيننا السَّجنُ والمنَفى ولم تُسعِفْهُ الذّاكرة لِمَعرفَتِي بِالاسْم والصُّورة، ففَرِحتُ لِلّقاء المفاجئ معه في الحجّ وطويتُ معه 20 عامًا مِن ذكريات النِّضال والفِراق في دقائق، ثُمّ بهتُّه بِالقول: أَنا المَفقود كَريم المَحرُوس.. فسَكَت مأخوذًا بِالدَّهشَةِ وفَمُه مفتوح (عَلَى الآخِر) ثُمّ قال: هُو إنْتَّهْ؟!.. ما خَلّينَهْ ولا بَقّينَهْ إلّا وسأَلْنَه وانْدَوّر عليك يالمَحرُوس.. هَلَكْتنَهْ؟!

إنَّ مُبرِّرَ حِماية الحجّاج الشِّيعة بِالعَمل على إِقصاء مظاهر الثَّقافة الشِّيعِيّة هو استِبدالٌ مَقصودٌ مُبيَّت النَّوايا ومُنظَّم ومُخطَّط حزبيًّا وفئويًّا، ولا وَجاهَة له في عالَم الانفِتاح الثَّقافي والسِّعَة في أَدوات المَعرِفَة وتطور تِقنِية البحث العِلْمي. وإذا ما عَلِمنا أَنَّ شِيعة البلاد الأُخرى يَفدِون على مناسك الحَجّ مُنذ مِئات السِّنين بِكُلّ رُموز ثَقافَتِهم الشِّيعِيّة الّتي اعتادوا على إِظهارها وإِحيائها في مُجتَمع بلادهم، فيُقِيمون الشَّعائر على طِبق منهج (السِّيَرة والرِّثَاء) عند لَحظة انْطِلاق رِحلتهم مِن مَوطِنِهم حتَّى ساعة المُغادرة مِن المَشاعر المُقدسة والعودة إلى أَوطانهم ولا يَفترون، ومِن دُون أَيّ شكلٍ مِن أَشكال التَّحَفُّظ أَو التَّقِيّة أو الاحتِياط والتَّحرُّز.

فمَشهَدُ هؤلاء الشِّيعة يُثِير التَّساؤل عن طَبِيعة المَسار الثَّقافي الخاطِئ الّذي يُوجِّه حَملات الحجّ البَحْرانِيّة ويُلزمها بِاتِّباع منهج (الشَّكّ والتَّشْطِيب والتَّأمِيم) وإِقصاء مَنهج (السِّيرة والرِّثاء) ولوازمه في كُلّ الظُّروف.

وفي المَشهَدِ الثَّاني: تَبُثُّ الفضائيّاتُ الأوروبيّة عددًا مِن التّقارير الخَبرِيّة عن كيفِيّة إِحياء الشِّيعة لِمَظاهر ثَقافَتِهم، وتَبحثُ في الخَلفِيّات التَّأريخيَّة لِلشَّعائر، وتُغطِّي بِتَقاريرها المَشاهِدَ المُفصَّلة عن رِحلَةِ الشِّيعة الأُورُوبيِّين إلى مدينتي كَربلاء والنَّجف المُقدَّستَين في مُناسبَتيّ عاشوراء والأَربَعِين وتُبدي الكثيرَ مِن الإِجلال والاحتِرام لِلثَّقافة الشِّيعِيّة وتُميِّزها عن ثَقافات

سائر أَتْباع اتِّجاه أَهْل العامّة، وتُجرِي مُقارنة في الشَّعائر بين الثَّقافَتين الشِّيعِيّة والمَسيحِيّة، وتُطلِقُ على مُمارِسِي الشَّعائر أَوصافًا جميلة مِن نحو (الأَتْباعُ المُخلِصُون لِلشَّهيد الحُسَين) و(عُبّاد الإله والمُضحّون لِأَجل وَلِيِّه الغائب) و(أَهْل النُّبوة والإِمامة في التَّأريخ الإسلامي) و(الذَّائبون في الوَفاء والوَلاء) و(أَتْباعُ الثَّائر الأَعْظم) وما شاكَل ذلك. وتُقِيمُ عددًا مِن اللِّقاءات مع مُثقَّفين مِن بِلادٍ مُختلفةٍ مِن أَجل تَحلِيل مَظاهر الثَّقافة الشِّيعِيَّة. وتَصِفُ مُناسبَتي عاشُوراء والأَربعين بِـ (التَّظاهُرة المليونِيّة المُقدّسة النَّاشئة بِقِيمها ومُثلها في عُمق التَّأرِيخ، والمُتفاعِلَة مع الواقِع الثَّقافي المُعاصر، لِكَي تُنتجَ الكثيرَ مِن المفاهيم الحَيوِيّة في ثَقافة مُعتَنقيها ومُريدِيها وتُحيي لهم الكَثير مِن الرّؤى الإنسانِيّة على طريق بِناء أُمَّةٍ وحضارةٍ فاضلة)!

وفي مُقابل ذلك، يُصرُّ الكثيرُ مِن الشِّيعة المثقَّفِين المنتمين في هذه المُناسبة على تَصنِيف مَظاهر الثَّقافة الشِّيعيّة في خانة (التَّخَلُّف) و(اللّاوَعْي) ويَتطرّفُ في اتِّهامها بِـ (نَبذ الفِكر الحضاري والرُّكون إلى مشكلات التَّأريخ والجُمود على أَزماته، والاقتِباس عن ثقافات آسْيا الوُسْطى ومَسيحِيّة القُرون الوُسْطى، والاطمئنان إلى المَروِيّات الموضُوعة والضَّعِيفة والشَّاذّة، وإِثارة المَشاعر المُعبِّرة عن النَّقص في الذّات والحَقارة في النَّفْس والمُضرِّة بِالأَبدان، وتَشوِيه الثَّقافة الشِّيعِيّة أَمام الشُّعوب المُتَحضِّرة)، فيَمتَنِع عن بَثِّ مظاهر الثَّقافَة الشِّيعيّة عبر قنواتِه الفضائيّة ويَقتَصِر على بَثّ مُحاضرات (الوَعْظ والإِرْشاد الأَبوِي)!

يُدركُ هؤلاء المُنتَمون أَنَّ مظاهرَ الثَّقافة الشِّيعِيّة بِأَشكالها المحلّيّة والقديمة منها والمُستَحدثة ما هي إِلَّا امتثالٌ لِلنَّصّ وليست هي نَصٌّ مُستقِلّ بِذاته، وأَنَّ التَّفاعلَ فيها مُباحٌ أو مُستَحبٌّ على حسب الأحكام الفِقهيّة، ولها انِعكاسٌ إيجابيٌّ على معاني الثَّقافَة ورُموزها، وأَنَّ استِيضاحَ الحُكم فيها يَتِمُّ بِالرُّجوع إلى المُحدِّث أو المُجتهد الأَصِيل عند الضَّرورة ولَيس الرّجوع إلى الذَّوق الحِزبي والمزاج الفِئوي المأسُورين لِأَوهام السِّياسة، ولا قيمة لِكُلّ

مُبرّراتِهم الّتي ورَدَت في السِّياق المناهِض أَو المُضاد. إنْ هِي إلّا مُحاولة بائسة منهم لِلمُغالَبة والتّناوش السّياسي تَخفِي وراء ظَهرها مَقصدًا يَعجزُ أصحابُه عن الإفصاح عنه والبوح به أَمام مُجتمعهم.

إنَّ المُثقَّفِينَ المنتمين الّذين نَصبوا أنفسهم أَولِياء على الثَّقافة الشِّيعِيّة الأَصِيلة بِـ (الجَمْبَّزة) الحِزبيّة والفِئويّة ثمّ خَذلُوها في غَفلَةٍ مِن مجتمعاتهم ووَقَفوا لِمظاهر الثَّقافة مَوقِف الضِّدّ المُسلَّح بِمَنهج (الشَّكّ والتَّشْطِيب والتَّأميم) وأَقصَوا غيرَهم بِافتراء التُّهمَة وبِالمَكر والمُراوغة ـ يَعلمون أنَّ القراءَةَ الصَّحِيحَة لِلبيئة الاجتِماعِيّة الشِّيعِيّة والثَّقافة النَّاشئة في كَنفِها كاشِفةٌ عن أَنَّ هذه الثَّقافة قائمةٌ على الأُصُول المعتبرة والأحكام الفِقهيّة الموافقة، ولكِنّهم قَومٌ يَجحدون ذلك ويَتوسَّلون بِالتَّدبير السِّياسي لِنَبذ مظاهر ثَقافةٍ عَريقةٍ رَصِينةٍ مَتِينةٍ ويَجتمعون لِحَظرها، ثُمّ يَجعلون مِن الحرب عليها طَريقًا لِلتَّمكُّن مِن تَفريغ الزَّعامَة الخاصّة وتَجريد أَنْدادِهم ومُغالِبيهم مِن مقاماتِهم الاجتماعِيّة. فإذا ما تَمكَّنوا مِن شَغل مقام الزَّعامة واحتكروه لانْتِمائهم الحزبي والفئوي؛ رَفعُوا الحظر عن مَظاهر الثَّقافة وصار لِلنَّاس الحقُّ في الاختِيار والحُرّيّة في العَمل بها!

في هذا العَصر الّذي تَتدفّقُ فيه المَعلومات بانْسِيابيّة وحُرِّيّة مُطلقة، ويَتوَّسعُ مَدى الانفتاح الثَّقافي العالمي، يَنبَغِي لِلبَحرانيِّين المُبالغة في التَّعلُّق بِتَفاصيل ثَقافتهم الأَصِيلة وإِعادة ما انْدَثر منها وعَدم التَّفريط في أَيِّ مَظهرٍ منها، والعَمل على رَفْض الدَّعاوى المُزيّفة الّتي تَتوارى مِن خَلفِها أَولَويات الوَلاء لِلانْتِماء السِّياسي وزعاماته.

إنَّ مَفهوم (البَحْث عن الحَقِيقَة) يَجتاحُ معاقلَ كُلّ الثَّقافات المعاصرة، ولا يَستثنِي مِن ذلك ثَقافَةَ المذاهب والأديان. ومُقتضى ذلك أَنْ تُؤخذَ مَظاهر الثَّقافة الشِّيعِيّة بِقُوّة ويُخاضَ بها غِمار الجدل فلا يُخشى مِن تِبيانها وإنْ تَطلّب ذلك دَفع الثّمن. فلِماذا يُبالِغ الشِّيعةُ المنتمون في تقديم التَّضحِيات مِن أَجل

تَحقِيق مَقصدٍ سِياسِيٍّ ويمتَنعون عن تَقديمها في النِّضال الثَّقافي الأَصِيل؟!

وفي المَشهَدِ الثَّالِث: يَستدعِي البحرانِيُّون السِّيرةَ الأليمة لِأَهْلِ البيت صَلواتُ الله وسَلامُه عليهم بِمفهومي (الانْتِظار) و(الوَلايَة والبَراءة) وقِيمِهما الاجتماعيّة، فيَستحضِرون الوقائع المُصنَّفَة لديهم في دائرة استِكمال (الانْقِلاب على الأَعْقاب) المشئوم الذي أَفضى إلى اغتِيال النَّبيّ صَلَّى الله عليه وآله بِالسّم، وأَدَّى إلى قتل ابنَتِه فاطمة الزَّهراء صَلواتُ الله وسَلامُه عليها بِالعَصر بين بابِ دارِها والجِدار، وانْتَهى إلى إِقصاء عَلِيّ أمير المؤمنين صَلواتُ الله وسَلامُه عليه عن حَقِّهِ المنصوص في الوَلايَة وحِرمانه مِن مَرتَبةٍ رَتَّبها الله عَزّ وجَلّ ثُمَّ تدبير عمليّة اغتِياله صَلوات الله وسَلامُه عليه بِضَربة سِيفٍ في مَحراب مسجد الكُوفة.

كانت الوقائعُ الأَلِيمة هذه مُحزِنةً لِلغاية، وعُدَّت المُمهّد الرّئيس لِوُقوع الجريمة الشَّنِيعَة الكبرى في يَوم عاشوراء وتَورّطِ جِيل المنقلبين على الأعقاب ومَن اتَّبعهم مِن جِيل أَبنائهم في قَتل ابن بِنت رَسُول الله الإمام الحُسين وأَهل بَيته وأَصحابه وسَبْي نِسائه الأرامل وأَطفاله اليتامى. وقد عَبَّر الإمامُ الحُسين صَلواتُ الله وسَلامُه عليه عن المسار التَّأريخي لهذه الوقائع بِجُملةٍ تَامّة في المعنى بَعدما سَقط صَريعًا مِن على صَهوة جَوادِهِ مُصابًا بِسَهم ذِي ثلاث شُعب، ومَضى يُلَطِّخ رأسه بِدِماء صدره الشَّريف، ويقول (هَكذا أَكُون حتَّى أَلقى جَدِّي رسول الله وأَنا مَخضوبًا بِدَمي وأَقول يا رَسُول الله قَتَلنِي فُلانٌ وفلانٌ)!

لا يكلّ البَحرانِيُّون ولا يملّون ولا يفترون في إِحيائهم لِمَظاهر الثَّقافة المُتعلّقة بِفاجِعَة كربلاء بين شَهري مُحرّم الحرام والعِشرين مِن صَفر (الأَرْبَعِين). ويَلتزمون في ذلك بِقِيمهم ويَمتَثِلون لِلنُّصوص الواردة في الحُزنِ والفَرح لِحُزنِ ولِفَرح أَهْل البيت صَلواتُ الله وسَلامه عليهم وإِحياء أَمرَهم مودَّةً فِيهم.

وعلى غير العادة المَألوفة في البحرين مُنذ قرونٍ مِن الزَّمن، يَتوارَى الكَثِيرُ مِن المثقَّفِين المُتحزِّبين والفِئويّين والمُتحيِّزين خَلفَ جُدر الصَّمت فيُعرِض عن إحياء المناسبات الخاصَّة بِما تَبقّى مِن شَهر صَفر والأَيّام التِّسعَة الأُولى مِن رَبيع الأَوّل أَو يَنأى بِنَفسِه عن المشاركة فيها بِالشَّكلِ المطلوب واللّائق ويَعمل على كَتْم أَنفاس هذه المناسبات، ويُبالِغ في طَيّ سِيرة حوادثها المؤلمة وطَمس آثارها، استِرضاءً منه لِوُعّاظ السَّلاطِين ومُساومةً مع زُعماء اتِّجاه أَهْلِ العامّة وأَحزابهم. وهذا مِمّا يُحفِّز على وَصْف هؤلاء المُتحزِّبين والفِئويّين والمُتحَيِّزين بِذَوي (الصَّخَب الدّعائي).

فمَن يَسعى في تَعطِيل مفهوم (الانْتِظار) وقيمه ويَحجُب عن نفسه مفهوم (البَراءة) مِن الرّموز المُنقلبين على الأَعقاب في المناسبات المُتبَقِّية مِن شَهر صَفر والتِّسعَة الأَيّام الأُولى مِن رَبِيع الأَوّل؛ فإِنّ قابليَّته لِحَجب الإيمان بِمَفهوم (الوَلايَة) ستَأتي على ذات النَّحو الّذي يَجرِي في المُضاربات السِّياسِيّة والرِّهانات بِالعِوض، ويَكون مِن أَشَدّ المُتطرّفين النّاقِضين لِأُصول الثَّقافة الشِّيعِيّة والمُستخِفِّين مُكوّناتها مِن غَير تَردُّد ولا حَرَج، ومِن جاعِلِي مُختصَّات الأَنبياء والأئمة صَلواتُ الله وسَلامُه عليهم حكرًا لِزُعمائه الحِزبيِّين والفِئويِّين.

إنَّ عقلَ الانتماء الحِزبي والفِئوي الشِّيعي ما زال ساذجًا في الرُّؤية السِّياسِيّة لِسِيرة التَّشَيُّع حيث يعمد إلى المتعلق الثّابت في العَقائد فيمزجه بِمُقتضيات فَنِّ التَّحلِيل القائم على الاحتِمالات، ثُمّ يَنتَهِي إلى مظاهر الثَّقافة الشِّيعِيّة فيَحتكِرها ويُحرّض على تَجمِيد (البَراءة) والإِكثار مِن التَّفلسُف المُعاكس لِوَظيفة الأَخذ بِمفهومي (الانْتِظار) و(الوَلايَة والبَراءة)، ويَتجاهر بِالعَمل على إِيجاد البديل عن هذين المفهومين. ثُمّ ينحو إلى عَقد تَحالفٍ مع اتِّجاه أَهْل العامّة وحُكوماته وأَحزابه ووُعّاظِه لِيَستعِينَ به في التَّنزُّل بِمَقام التَّشَيُّع فيَجعل مِنه (مَذْهَبًا) خامِسًا في عرض المَذاهِب الّتي صَنعتها السِّياسة، ويُصنِّف مظاهر الثَّقَافَة الشِّيعِيّة الّتي يحرص الشِّيعةُ على إِحيائها في شَهرَي

صَفر ورَبيع الأَوّل في خانة المُمارسات (المُخِلَّة) بِمَساعي الوفاق والتّآلف مع اتِّجاه أهْل العامّة و(المُخالِفَة) لِلرَّغبة الإسلامِيّة في طَيّ سِجلّ الماضي مِن أَجل إِشاعة الأَمْن والاستِقرار بين فئات المُجتَمع المُسلِم كافَّة ونَبذ التَمييز والفَصل الطَّائفي والسعي إلى تأسِيس الأُمّة الواحِدة.

ولو استَقرأ المُراقِبُ المُستَقلّ هذا الموقف المُتَخاذل مِن هذِه الفِئة فسوف يَخلص إلى أَنَّ العاملَ الرَّئيس في زَعزعة الأَمْن والاستقرار في الأمّة الإسلامِيّة هو عِنادُ الشِّيعة وإِصرارُهم على التَّشَبُّث بِثقافَتهم الأَصِيلة وما تَضَمَّنته مِن مفاهيم في (التَّقِيّة) و(الانْتِظار) و(الوَلايَة والبَراءة) و(العِصْمة)، وأَنّ الأُصُول الفاسِدة الّتي اختلقتها السِّياسةُ وأَدْرَجتها في قائمة عقائد اتِّجاه أَهْل العامّة وكَرَّستها في المُدوّنات التَّأوِيليّة لِلانقلاب على النُّبُوّة والإمامة هِي لَيست إِلَّا ادِّعاءات شِيعِيّة ومَحض اختِلاق شِيعِي لا حَقيقة وُجودِيّة لها!

إنَّ اعتِناقَ مَفاهيم (التَّقِيّة) و(الانْتِظار) و(الوَلايَة والبَراءة) و(العِصمة) وقيمها والعَملَ بها هو مِن عَقِيدة الشِّيعي وشَريعته، وأَنَّ التَّأكِيد على إِحياء مظاهر الثَّقافَة الشِّيعِيّة الأَصِيلة وشَعائر ما بين العِشرين مِن شَهر صَفَر والتَّاسِع مِن شهر رَبِيع الأَوّل بِأَقصى حَيويَّة ونشاط؛ يَقتَضِي الاستِقلال عن المقاصِد السِّياسِيّة.

والأَوْلَى لِلشِّيعة ثُمَّ الأولى لهم أَنْ يَجتهدوا في تَرسِيخ مَفاهيم (التَّقِيّة) و(الانْتِظار) و(الوَلايَة والبَراءة) و(العِصْمة) في مقام العمل، وأَنْ يُحيوا شَعائر ما بين شَهر صَفَر والأَيّام التِّسعة الأولى مِن رَبِيع الأَوَّل بذات الحَيوِيّة الّتي تَميّزت بها الملايين مِن الشِّيعة في يَومَي العاشِر مِن مُحرّم الحرام والعِشرين مِن صَفَر (الأَرْبَعين). ومَن يَظنّ أَنَّ إِحياء هذه الشَّعائر الخاصَّة يَتعارَض مع مبدأ (التَّعايُش) الاجتِماعِي الّذي يُراد له أنْ يَسود في المسلمين فإِنَّما يُعبِّر عن عَجزِه في التَّقدّم بِمَجالات التَّنمِية الثَّقافِيّة وعن تَمكّن غُول السِّياسة مِن الاستِحواذ على عَقلِه وعلى قِيَمه ومُثُله.

ليس مِن المُستحِيل على البَحْرانيِّين الجمعُ بين الاستِمرار في تَطوِير بيئتهم الاجتماعِيّة والعمل على تَنمِية ثَقافَتِهم في عرض أَجواءٍ يَسودها التَّعايُش. ولَنْ يَكون ذلِك لهم إلّا بِالتَّحرُّر مِن ضَغط السِّياسة والالِتزام بمعاني (التَّقِية) و(الانْتِظار) و(الوَلايَة والبَراءة) و(العِصْمة) والتَّأكِيد على إحياء مظاهر الثَّقافَة الشِّيعِيّة وشعَائرها كامِلة غير منقوصَة. فلَيس مِن تَناقُضٍ أَو تَعارُضٍ ولا مِن تَبايُن أو تَضادّ بين الإيمان بـ(التَّقِيّة) و(الانْتِظار) و(الوَلايَة والبَراءة) و(العِصْمة) ومُراد التَّعايُش مع أَتْباع اتِّجاه أَهْل العامّة. وأَمّا القائلين بِغَير ذلك فإِنَّهم يَجحدُون ولهم مآربُ سِياسِيّة تَتوارى خَلفَ ما يَقولُون.

فمُنذ الظُّهور الأَوَّل لِمَشهد المليونيّة الأَرْبَعِينيّة في العراق تَردَّدت على وسائل الإعلام الشِّيعي الأَنباء عن قُرب إِنتاج عددٍ مِن البرامج الوَثائقِيّة تَتناول تَأريخ الشَّعائر وأُصُولها. ونُقِل في غير مَرّة أَنَّ مُنتِجًا عالميًّا قد رَصَد مَبلغًا ضَخما لإِنتاج (فيلم) تَسجِيلي بِالمُناسبة، وأَنَّ جِهاتٍ رسمِيّة ومَرجِعيَّاتٍ بَاذِلة ومِن أَصحاب رُؤُوس الأَموال الكَبِيرة في بِلاد الشِّيعة تَقفُ وراء إِنتاج هذا العَمل الضَّخم. ثُمَّ قِيل أَنَّ النَّبأ كان (حَجِي صَحافَة). فأثار ذلك الاستِفهام عن المُراد مِن كُلِّ هذه الجَعجَعة وعن علاقتها بِمَوقف المُثقَّفين المُتحزِّبين والفِئويّين والمُتحَيِّزين المُناوئين لِمفاهيم (التَّقِيّة) و(الانْتِظار) و(الوَلايَة والبَراءة) و(العِصْمة) والدّاعِمين لِمُراد التَّآلُف والوفاق السِّياسي مع أَتْباع اتِّجاه أَهْل العامّة ووُعّاظِهم وأَحزابهم، وعن احتِمال تَدخُّلِهم لِمَنع انتاج أَيِّ عملٍ فَنِّيٍّ أَصيلٍ مُستَقلٍّ كاشفٍ عن الحقائق بما هِي هِي.

إنَّ الانتماء الحِزبي والفِئوي مُوغِلٌ في البحث عن الطُّرق المُعِينة على زَجِّ مظاهر الثَّقافة الشِّيعِيّة في سُوق الكَسب المالِي الكَثِير والعاجِل مِثل سائر طَيف المؤسَّسات الإعلاميّة التِّجاريّة في بلاد الغَرب. ويَرِد في ذلك تَصورٌ خاطئٌ لِمَعنى الثَّقافة الأَصِيلة وعلاقتها بِمَفهومَي التَّآلُف والوفاق السِّياسي، فأَفرزَ ذلك بَعض النَتائج الإِعلامِيَّة والفَنِّيَّة الخاطِئة.

إنَّ المظاهر الخاصَّة بالثَّقافة الشِّيعِيّة الأَصِيلة ليست مُمارساتٍ يُؤدِّيها حَشدٌ فلكلورِيّ مِن النَّاس على طَرِيقة التَّغنِّي بالفلكلور القديم لِلأَديان والمذاهب، لكِنّ الإعلام الحِزبي والفِئوي المُناوئ صَوَّر الشَّعائر مظهرًا ثَقافِيًّا تُراثيًّا جامدًا فسَعى إلى انتزاع لُبّها. ولو عُقِدت مقارنةٌ بين الرُّؤية الإعلامِيّة الرّاهِنة لمناوِئي الشَّعائر في تَرجمة الوَقائع الكُبرى المُتداولة في الثَّقافة الشِّيعِيّة ـ وظاهِر الرُّؤيَة الغَربيّة المادِّيَّة النَّفعِيّة، فسوف يَكشِف ذلك عن مُحاولةٍ جادَّةٍ مِن قِبَل مُناوئي الشَّعائر لاتِّباع الرُّؤية الغَربيّة الّتي تَتعاطَى مع التَّأريخ بِوَصفهِ مُنقطِعًا عن المِثال والواقع ومادَّةً تُستَذكَر لِلمُتعة فَحَسب.

إنَّ الشِّيعِيّ لَيَشعُر بالسَّعادة والانشِراح عند سماعه لِنَبأ توظيف إِحدى الشَّبكات الإعلامِيّة الشِّيعِيّة لإِمكاناتها الفَنِّيّة الهائلة لِأَجل تَغطِية أَنشِطة الثَّقافة الشِّيعية الأَصِيلة بتَجرُّدٍ خالِصٍ، ولكِنّ شيئًا مِن ذلك لم يَحدُث. فَجُلّ ما رُصِد على شاشة الشَّبكات الإعلامِيّة الشِّيعيّة هو ظِلٌّ يُراوِح في مَكانه: مَشاهد مُتكرِّرة لِحشودٍ مِن المُعزِّين والمُتفرِّجين تَمرُّ بمُحاذاة المَضايف المُمتدّة طولاً وعرضًا بين المُدِن والقُرى وعلى أَطراف الشَّوارع وفي الأَزِقَّة، ولقاءاتٌ إعلاميَّةٌ عابرة مع المَشايَة وخَدَمَة المواكب والزَّائرين!

وبالمُقارنة مع الاحتِفال الدِّيني الهِندُوسِي (كَمْبْ مِيلا) نُشاهِد أَكثَر مِن 120 مليونًا مِن الهِندوس يَتجمَّعون عند مُلتقى نَهَري (الغانْجْ) و(يَمُونَا) تَحت رِعاية الحكومة الهِندِيّة الّتي تَعمل بِأَقصى طاقتها الاستِيعابِيّة على تَشييد مَدِينةٍ مُؤقّتةٍ ذات مَساحةٍ تَتجاوز 39 كِيلومترًا مُربَّعًا لاستِقبال المُناسَبة، فيما تَتوافر لَدى الشِّيعة المَساحةُ المُقدّسة الكافِيّة لاستِيعاب الملايين مِن الزُّوار في زِيارتي عاشُوراء و(الأَرْبَعِين).

الإِمام الصّادِق صَلواتُ الله وسَلامُه عليه يَقول في هذه المَساحَة (حَرِيمُ قَبر الحُسَين خَمسُ فَراسِخ مِن أَربَع جَوانِبه). وفي رِاوية أُخرى قال الإمامُ الصَّادق صَلواتُ الله وسَلامُه عليه (إِنَّ حَرم الحُسَين الّذي اشتَراه أَربعةَ أَمْيالٍ

في أَربعة أَمْيال فَهُو حَلالٌ لِوَلَدِه ومَوالِيه). وقد أَصْبحت هذه المَساحةُ مُلكًا لِلإمام الحُسين صَلواتُ الله وسَلامُه عليه بعد شِرائه لها مِن بَنِي أَسَد، وهي تَكفِي لاستِيعاب الملايين مِن زُوّار مَرقدِه المقدّس.. ولَيس مِن شَكٍّ في أَنَّه صَلواتُ الله وسَلامُه عليه يَعلَم قَبل حلول يوم شَهادَتِه عن الزِّيادة المُطَّرِدَة في عدد زُوارِه الّذين سيَقصِدون حَرِيم مَرقده الشَّرِيف.

وقد أَشارَت السَّيِّدةُ زينب عليها السّلام إلى (عَلَم) المَرقَد المقدّس بقَولِها لِلإمام زَينِ العابدِين صَلواتُ الله وسَلامُه عليه (ويَنصِبون لِهَذا الطَّفّ عَلَمًا لِقَبر أَبِيك سَيِّد الشُّهداء لا يدرس أَثَره ولا يَعفو رَسمه على كرور اللَّيالي والأَيَّام. ولَيَجتَهِدَنّ أَئمةُ الكُفر وأَشْياع الضَّلالة في مَحوِه وتَطمِيسِه فلا يَزداد أَثرُه إلَّا ظهورًا وأَمرُه إلا عُلوّا).

إنَّ حَرم المَرقَد الشَّريف لِوَحدِه يَقع في سِعةٍ مِن المساحة مقدارها حوالى 25,749 كِيلومترًا مُربَّعًا في مقابل مَساحة المَدِينة الهِنديّة المؤقّتة لاستِقبال الهِندوس الّتي تُعادل 40 كيلومترًا مربَّعًا وتَشتَمِل على 14 مُستَشفَى مُؤَقَّتة و40 أَلفًا مِن حمّامات الطَّهارة، وعلى رِعايةٍ وحِمايةٍ مِن نظام إِداري مُؤلَف مِن 30 أَلفًا مِن الشّرطة، وعلى شَبكةٍ إعلامِيّةٍ مَحلِّيّة وإقلِيميّة وعالَمِيّة تَقضِي حوالى مُدّة عام كاملٍ مِن العمل على تَجهِيز مُقدِّمات الاستِعداد لاستِقبال المُناسبة وتغطيتِها.

فكَم ستَستَوعِبُ مساحةُ 25,749 كيلومترًا مربَّعًا مِن الحرم الشَّريف مِن زوّار الإمام الحُسين صَلواتُ الله وسَلامُه عليه، وكَم ستَستَوعِبُ مَدِينةُ كَربلاء المُقدّسة بِمَساحة 52856 كيلومترًا مُربّعًا، وما هو حَجمُ شَبكة التَّغطِيّة الإعلامِيّة المُناسبة لهذا العَدد مِن الزُّوار، وما هِي طَبِيعة الخُطّة الإعلامِيّة على المُستَويَين الفِنّي والثَّقافي الإرشَادِي؟!

إنَّ الشِّيعةَ هُم أَحرصُ النَّاس على حماية أَصالَة ثقافتهم وَصِيانتها. ويَحدُوهم الشَّرفُ والفَخرُ كُلّما شاهدوا في مَظاهِر ثقافتهم الّتي يُحيها في

العَشرة مِن مُحرّم الحرام والعِشرين مِن صَفَر (الأَرْبَعِين) الملايينُ مِن الزُّوار المُشاركين والمُستقبلين مِن مُختلف الفِئات العُمْرِيّة والجِنسيّات والأَعراق والأَقوام، كُلّهم يَمشون إلى مَدِينة كَربلاء المقدّسة، ويَقصدِونها بزِيادة عَددِيَّة مُطَّرِدَة في الأَنفُس عند مُناسبة كُلِّ عام جَدِيد، وإلى جانِبهم شَبكةٌ مِن الإعلام المَسئول المُخلص في أَداء مَهامِه. غَير أَنَّ هذه الشَّبكة أَمْسَت تَفتَقِر إلى الكفاءة المُلائمة والخَلفِيّة الثَّقافِيّة الأَصِيلة اللّازِمة والاختِصاص على مُستوى خُطّة العمل والمَقصَد المُتَّصِلين بِالتَّنمِيّة الثَّقافِيَة، ولا مِن أَحدٍ يَتساءل عن مَدى تَعلُّق عَملِ هذه الشّبكة بِالثَّقافة الشِّيعيّة وأُصُولها، أَهِي مَظهرٌ مِن مظاهر هذه الثَّقافَة العريقة الحَيَّة الّتي يَندك فِيها الشِّيعةُ المُعزّون مِن أَجْل بلوغ درجة الإيمان وتَعزِيز الرُّؤية الصَّحِيحَة الثَّابتة لِلحَياة وما بَعدها، أَمْ هِي فُلُكلُور بِالمَعنى الثَّقافي الجامِد الّذي يُستَذكر لِلتَّمتُّع الذَّوقِي فَحَسب!

ومِن الجدير الإشارة إلى أَنَّ الإعلام الشِّيعي ما زال حَديث عَهد بِفُنون التَّعبير عن مَظاهر الثَّقافَة الشِّيعِيّة بِما يُلائم عظمتها ومقامها في الوِجدان ومَنزِلتها في التَّشَيُّع. فلا تُغنِي التَّغطِيّة بِالبَثِّ المباشر المُعتمدة في الظَّرف الرَّاهِن لِلتَّعبير عن الثَّقافَة الشِّيعِيّة الأَصِيلة إذْ هِي أَشْبه بِطَريقة التَّغطِية المباشرة لِلحَفلات الفَنِّيّة والمواسِم الرِّياضِيّة المعتمدة في الإعلام العَربي والمُقتَبسة عن فلسفة الإِعلام الغَربي المُوغِل في المادِّيَّة الجَشِعة.

فكيف لِأَكبر حَشدٍ مِليونيّ سنَوي يقام في العالَم أَنْ يُكتَفى في مُعالَجته إعلاميًّا بِبَثٍّ مُباشرٍ في بِضْع ساعات ثُمّ يَنتَهِي كُلُّ شَيء ولا يُحقَّق بِه تَفوُّقًا ساحِقًا في التَّأثير الدِّيني والثَّقافي على مَهرَجان (كَمْبْ مِيلا) الهِندوسي الّذي يُعقَد في مَدِينة (الله آباد) الهِندية لَمرَّة واحِدة في كُلِّ 12 عامًا ولِمُدّة لا تَزِيد على 55 يومًا أَو على غَيره مِن المهرجانات والاحتفالات الكُبرى في العالَم؟!

على الشِّيعة تَقعُ مَسئولِيّةُ تَحرِير الرُّؤية الإعلامِيّة مِن التَّقلِيد الدَّارِج في الإعلام العَربي والغَربي والحِزبي والفِئوي، والعمل على صِناعة إِعلامٍ شِيعيٍّ

مُميّز ومُتفَوِّق في التَّأثير حيث يَغوص لِيَستخرجَ مِن معاني شَعائر أَهْل البَيت صَلواتُ الله وسَلامُه عَلَيهم ما يُثِير دفائن العُقول ويَرقَى بِالنُّفوس.

ويُذكَرُ في سِيرة الدَّولَة الفاطِميّة أَنَّها أَحيَت بعضًا مِن الشَّعائر الشِّيعِيّة على الطَّريقة الإسماعِيلِيّة وساهَمَت بها في تَنمِية الثَّقافة المصرية وأَمدَّتها بتَأسِيس الأزهر ودار الحِكمة والمَلايين مِن نَوادر المُؤلّفات وأُمَّهات الكُتب. وعندما أَجهَز صَلاحُ الدِّين الأَيُّوبي على المُتبَقِّي مِن هذه الدَّولة واتَّخذت الدُّول المستَبدّة المُتعاقِبَة والحركة السَّلفِيّة الإرهابية المتطرفة مِن سِيرته في مَحو آثار الفاطِميّين وتَشوِيه هُويتهم الثَّقافِيّة ونِظام حُكمِهم سُنَّةً واجِبَةً امتدَّت إلى يَومنا هذا؛ لم يَستَطِع أَحدٌ طَمْس أَثَر الشَّعائر الشِّيعِيّة في الثَّقافَة المصريّة، حتّى اتَّخذها الباحِثُون المعاصرون المُنصِفون دليلاً دامغًا على فَساد الكثير مِمّا افْتُرِي على الفاطِميّين، وراح الكَثِير منهم يَكشِف عن حَجم المؤامرة السَّلَفِيّة الّتي تُحاك اليَوم بِمَلايين الدُّولارات لِلانقلاب الثَّورِي الإعلامِي على أُصُول الثَّقافَة المصريّة وإِحلال البَدِيل المبتذل على أَنقاضِ المُتبَقِّي مِن شعائر الفاطِميّين.

يَشعُر المُتَتّبع لِلتَّغطية الإعلامِيّة المُعاصِرة لِشَعائر عاشوراء والأَربَعِين وغيرها مِن الشَّعائر بِالضَّجَر والسَّأم إذا لا جَدِيد في الفَنِّ الإعلامي يَعكِس معاني الشَّعائر المليونيّة العظيمة. ورُبَما كان التَّفاعُل الشِّيعي عَظِيمًا في بادِئ الأمر بِدَافع التَّعبِير عن نَشوة الانْتِصار على قَوانِين الحَظر والحَجر والتَّمييز الطَّائفي المَفروضة على الشَّعائر مُنذ عهد السَّلاجِقة والدَّولة العُثمانِيّة. ولكِنّ العقل الشِّيعِي النَّاقد عاد لِيَتساءل عن جَدوى التَّغطِية الإعلامِيَّة التَّقليديّة وخُلّوها مِن فُنون الإبداع على طِبق المَنهج الشِّيعي.

فليُبدِع الإعلامُ الشِّيعي مَنهجًا خاصًّا يَستقلّ بِه، فيَقتَرِب مِن حشود المشاركين ويُترجم المَشاعر الفَردِيّة بِمَشاهد تفصِيلِيّة تُغطّي رحلة الزّائر مِن لَحظة اتِّخاذه لِقَرار شَدّ الرِّحال حتّى لَحظة وُصوله إلى المُدن والأَضْرِحَة

المُقدّسة، وليُبرز عَلاقة الدّوافع في الزِّيارة بِالنُّظم والبيئة الاجتِماعِيّة وبِالعادات والتّقالِيد والطّبائع الدِّينيّة في السَّفر في الثَّقافات المُختَلِفَة، والعَقبات والتَّحدِّيات وسُبل تَذلِيلِهما، ورُؤية ثَقافة الزَّائر في حشود الشَّعائر وكَيفِيّة تفاعله معها. فأَثَرُ اختِلاف الثّقافات في المُجتَمعات الشِّيعيّة مِن أَجمَل ما يُميِّز شَعائر الشِّيعة، فيما يَكتَفِي الإعلامُ الشِّيعي في بلادِ وُجودِه بِتَغطِيّة الشَّعائر على طِبق ثَقافَتِه المحلِّيّة وبِمَنهج إِعلامِي حزبي وفئوي لَيس له صِلَة بِالتَّشَيُّع، كما يَخلو هذا الإعلام مِن نُسخةٍ خاصّةٍ مُسجّلةٍ أَو مُرسلةٍ بِبَثٍّ مُباشرٍ ومَوجَّهة إلى ثَقافات دول العالَم!

إنَّ الإعلام العالَمِي كُلّه يدور في فَلَك نَظرِيّةٍ إعلامِيّةٍ واحدةٍ مُنذ عام 1923م تَقضِي بِإِخضاع الثّقافة ومَظاهرها ومُؤسَّساتها لِقَانون السُّوق وتَحويلها إلى صَنعةٍ مِن صَنائع الاقتصاد السِّياسِي بزَعامة قوى رأس المال المُسيطِرَة على ٪96 مِن تِقنِية الاتِّصال وبُنوك المعلومات. فأَينَ مَوقِع الإعلام الشِّيعي مِن هذه النّظريّة المُهيمِنة، وهَلْ هو مُستقِلٌّ عنها بِنَظرية خاصَّة مُساهِمة في تَنمِية الثّقافَة الشِّيعِيّة وصيانتها مِن غُول النِّظام الرَّأسمالي الذي يَحكُم العالَم، أَمْ هو تابِعٌ يَسعى في تَطوير ذاته بِما يَنسجِم مع مُتطلّبات السُّوق فيَجعل مِن بثِّ مَظاهر الثَّقافَة الشِّيعِيّة مادَّةً دعائيّة استِهلاكِيّةً على حسب مُنافسات العَرْضِ والطَّلَب؟!.. وهَل هُو حُرّ بما يَكفِي لاتِّباع مَنهج (السِّيرَة والرِّثاء) والاستِقلال به عن مُؤثِرات منهج (الشَّكّ والتَّشْطِيب والتَّأميم) الّذي أَخضَع كُلَّ شيءٍ لِصَنعة السِّياسة فسَاوم بها مِن أَجل المُضِي في صناعة القُوّة والتَّوسُع بها في التَّحالُفات والاستِحواذ بها على مَقام الزَّعامَة في الشِّيعة والتَّمهيد لإِدخال الشَّعائر وكُلّ مظاهر الثّقافة الشِّيعِيّة في الدَّورة الاقتِصادِيّة الرَّاسماليّة؟!

(مِنَ البَحْرِ إلى النَّحْر) هُو أَجملُ شعارٍ رَفَعه أَهالِي مدينة البَصرة لِلتَّعبير عن تَفاعلهم الوِجداني مع لَحظة انطلاق شَعائر (الأَربَعِين) حيث كَشفوا بِهِ عن مَنهجٍ ثَقافيٍّ أَصِيل في العَرض الإِعلامِي الحُرّ لِأَوّل مرّة في التَّأريخ الشِّيعي المعاصر، واستَقلّوا به عن المُراد الحِزبي والفِئوي الجاعل مِن مظاهر

الثَّقافة الشِّيعِيّة صِناعةً قابِلَةً لِلخَوض بها في مُنافسات قانُون السُّوق، وتَجنَّبوا به الانقِياد لِمُؤثّرات منهج (الشَّكّ والتَّشطِيب والتَّأميم).

(مِنَ البَحْرِ إلى النَّحْرِ) تَعبيرٌ واضِحٌ وسَليمٌ عن أَوَّلِ انطلاقةٍ لِمَظاهر الجَزَع والحُزن في شَعِيرة الأَربَعِين المليونيّة الّتي تحفّها المودَّةُ الخالِصة لِأَهْلِ البيت صَلواتُ الله وسَلامُه عليهم، وتَتقدَّمها مَسيراتٌ راجِلةٌ تهمّ بِقَطع مسافة بِطول 675 كيلومترًا وتَلتَحِم مع حَوالى 1000 موكبًا مِن مَواكِب العزاء المختلفة في الشَّكل والهيئة عند وُصُولها إلى مدينة كربلاء المُقدّسة، وتَلتَحِق بأكثر مِن 20 مليونًا مِن الزّائرين الّذين يَزدادُون عددًا في كُلّ عام بِما يَتجاوز المليون.

ومنذ صدور مفهوم (مِنَ البَحْرِ إلى النَّحْر) لم يَصدر في الشِّيعة ما يماثله رَصانَةً وقُوّةً في التَّعبير والتَّأثير، فهو أكثر مِن شعارٍ صادرٍ عن ثقافةٍ أَصِيلةٍ تحكم مَدينةً شِيعِيّةً في أَقصى جنوب العراق حيث تَخرجُ المدينة عن بِكرَةِ أَبيها قاصدة ضَريح الإمام الحُسَين صَلواتُ الله وسَلامُه عليه أَو مُودِّعَة لِزُوّاره في مَشهدٍ وِجدانيٍّ مُحفِّزٍ مهيب القدر عَظِيم الشَّأن.

لم يَعد البَثّ الفضائي المُباشر لِمواكِب العزاء المليونيّة يُشكِّل عاملاً في الجَذب والتّأثير لِمُتابعي شَبكات التَّواصُل الإعلامِي والاجتِماعِي ولا لِلمُراقبين والمُتابعين المُختَصّين مِن أَهل الثَّقافة في بِلاد الغرب والشّرق وأَقصاهما، وذلك يَعود إلى انعِدام المنهج المَسئول المُعَدّ استراتِيجِيًّا تحت رعاية مِن جَهةٍ مَرجعِيّة مُختصّة في تَنمِية الثَّقافة الشِّيعيّة على المُستوى الشِّيعي العالمي ورصد نتائج التَّأثير وإِعادة التَّقويم بِالعقل النَّاقد، كما يَعود إلى انعِدام الكفاءة الإِعلامِيّة والفَنِّيّة اللّازمة لإِبراز ما يُقرّب مِن المعاني المُناسِبة ويُجرّد مِن مُؤثرات منهج (الشَّكّ والتَّشطِيب والتَّأمِيم) الّذي أَوقَف التَّغطِيّة الإعلامِيّة على يومين مِن مُناسبة العَشرة مِن شَهرِ مُحرّم الحرام وبِطَريقَتِهِ الفَجَّة الّتي تَسعى إلى استِرضاء اتّجاه أَهْل العامّة على حَساب الحقيقة، وسعى في إهمال

(الأَرْبَعِين) والمُناسَبات الواقِعة بينها والتَّاسِع مِن رَبِيع الأَوَّل وحَرّضَ على الصَّمت إزاء كُلّ مُتعلّقات (الانْتِظار) و(الوَلايَة والبَراءة) وعلى تَجنُّب ما وصفه بـ (الإثارة السِّياسِيّة) التي يَعكسها إحياء مُناسبة اليَوم التَّاسِع مِن شَهر رَبِيع الأَوّل وغيرها مِن مناسبات ما بعد العاشر مِن شهر مُحرّم الحرام.

إنَّ لدى الشِّيعة ثلاثةً مِن الشُّهور (مُحَرّم الحرام وصَفَر ورَبِيع الأوّل) حيث يَتواصَلُ فيها إِحياءُ أَهمّ المُناسَبات الشِّيعِيّة، ويُضاف إِليها مناسبات الحُزن والفَرح في ثلاثةٍ من الشُّهور الأُخرى هي (رَجب وشَعبان ورَمضان). تلك مناسبات عظمى تَكفِي لإِنتاج أَضْخَم عَملٍ ثَقافيّ إِعلاميّ يَستغرق بَثُّه أَعوامًا وعلى مَدى 24 ساعة مُتواصِلة. وعندما يُقرِّر الإعلامُ الشِّيعي العمل بِلُغةٍ ثَقافِيّةٍ عالميّةٍ ذات مَهارة وحرفِيّة عالِية الجُودة ومُتقدِّمة بِقَصد بَثّ الثَّقافة الشِّيعِيّة الأصيلة والتَّأثير بها في ثَقافات الشِّيعة وثَقافات أَهْل الشَّرق والغَرب وأَقصاهما ـ فعَلَيهِ أَنْ يَتمَيّز بِتَشغيل مَنهج تكامُليٍّ واقعي مُستقلّ عن مؤثرات التّدافع. فما زالت الكَثِيرُ مِن الجهات الثَّقافِيّة والعِلمِيّة العريقة في بِلاد العالم تَتفَهّم حقّ الثّقافات كُلّها في النُّموّ الطَّبيعِي وتَبادل التَّأثير والتَّحرُّر مِن فروض المادِّيّة الجَشِعة وقُيود قانون السُّوق.

وعلى الرَّغْم مِن تَحوّل النَّظرِيّة الاجتماعِيّة السَّائدة في الشِّيعة إلى واقعٍ عَمليٍّ مُؤثّرٍ في السِّياسة الإِقلِيميّة والدُّولِية؛ ما انفكّ هذا الإِعلامُ يخوض مَرحلةَ التَّعوِيض عن الشُّعور بالنَّقص مِن أَجل كَسب ثِقَة وُعّاظ السَّلاطِين والأَحزاب والحُكومات مِن أَتْباع اتِّجاه أَهْلِ العامّة، ويَنأى بنفسه عن تَطلُّعات مُجتمعاتِه وآمالها حيث يَستقرّ على أَداء الواجب الشَّكلِي الّذي يَفتَقر إلى البُعد المنهجي المناسب والتَّفكير الاسْتِراتيجِي بَعِيد المَدى، وحيث يَكتَفِي بِالاستِجابة لِتَحدِّيات الهُوِيّة بـ (الجمبّزة) والمُراوغة السِّياسِيّة وتَضلِيل الرَّأي العام الشِّيعي والاستِعداد لِلتَّقيّد بِالقواعد الصَّارِمَة لِلفِكر المادِّي ولِقَانون السُّوق الرّأسمالي ومُتطلّباته.

فليس مِن المُتوقّع أنْ يَعكِسَ هذا الاتّجاه الصُّورةَ الحَقِيقِيّة لِلثّقافة الشِّيعِيّة ومظاهرها وأُصُولها ومُكوّناتها عبر الوَسائل الإعلامِيّة في مقابل الاحتِراف الإعلامِي العالَمِي المبني على ثَقافَة الكَسب الفاحِش في الدَّورة الاقتصاديّة وحَركة رأس المال والتّوازن في سُوق (العرض والطّلب) غير الضّامِن لِأَمْن الثّقافات الأخرى، فلا يصلح أنْ يكون هو المِثالُ المُجسِّد لِلرُّؤية الشِّيعِيّة المستقلّة، كما لا يصح تَكرِيس البديل الإعلامي إلّا في حُضورٍ مِن الفكرةِ الشِّيعِيّة الحُرّة المستقلّة الّتي تُميِّز الشِّيعةَ المسلمين عن الأديان والفِرق المختلقة والمَذاهِب المُنحرِفَة، وتَتَفوق عليهم بِهدفِيّة التّوظيف الإعلامي.

إنَّ بقاء الإعلام الشِّيعي مِن دون مَهارةٍ ثَقافِيّةٍ أَصِيلة وكَفاءةٍ عِلمِيّةٍ رَفِيعةٍ لا يَعدو أنْ يكون تَبذيرًا في الجهود وعبثًا في الأموال وضياعًا لِلفُرص. وأَنّ الاستِعانة بالإعلام الغَربي وتِقنياته مِن دون العَمل على الاستِقلال بالمنهج الثَّقافِي الأَصِيل لَدليل على التَّقصِير في أَداء المهام المُوكلة نشر مَعارف الشِّيعة الصَّحِيحَة وعلومهم. فالإعلام في بلاد الغرب والشّرق يعكس مواضع الإثارة الفَنِّيَّة (الفُلُوكْلُورِيَّة) في المناسبات الثَّقافِيّة على حسب رُؤيته المُؤسّسة على المادِّيَة الجَشِعة وقانون السُّوق والرّبح الفاحِش لِلمال، مِن دون رعاية مِنه لِلمَعاني الإنسانِيّة السَّامِية.

وعلى حَسب مَعايير التَّطوّر الفَنِي في الإعلام الهادِف فإِنّ مظاهر الثَّقافَة الشِّيعِيَّة في مُناسبَتي (عاشُوراء) و(الأَرْبَعِين) هِي مِن أَهم المواد الدّسمة الّتي ليست بِحاجَة إلى الكثير مِن الحَشو في التَّعلِيقات والتَّحلِيلات والتَّقارِير لاستِكمال رِسَالة الصُّور والمَشاهِد، وتَلِيها في الأَهَمِّيّة مناسبات العَشَرة الأُولى مِن رَبِيع الأَوّل، غير أَنّ هذه المُناسبات الأَخِيرة لا تَحظى بِالإِحياء الشِّيعي المناسب، ويَعود السَّبب في ذلك إلى العَقبات الكأداء التي يَصطَنِعها الانتماءُ الحِزبي والفِئوي فضلاً عن افتِقار الشِّيعة إلى برنامج عَمل يُعِيد تَنظِيم الأَولَوِيّات في الشَّعائر كُلّما اجتازوا مَرحلةَ مِن مراحل إِعمال التَّقِيّة.

وفي المَشهَدِ الرَّابع: إنَّ بين السِّياسة والثَّقافَة الشِّيعِيّة تِلالاً مِن الجدل إذْ تَثور كُلّما تَجلَّت (الضَّرورة السِّياسِيّة) في معانى الشّعار القائل (دِينُنا عَينُ سِياسَتِنا)!

ولنا أَنْ نُمثِّل علاقة الثَّقافة الشِّيعِيّة الأصيلة بالسِّياسة في مَشهدٍ مِن أَجمل ما رَسَم جَدِّي الحاجّ عَلِيّ المَحرُوس رحمه الله تعالى في اليَوم الأَوّل لِعَودتِنا مِن المَنفى الأَوّل (بِريطانْيا) إلى البَحرين وفي أَوَّلِ علاقةٍ ظَريفةٍ بَين جِيلَين: جِيلُ جَدّي (الحاجّ عَلِيّ/ 95 سنَة) وجِيلُ ابني (مُحمَّد عَلِيّ/ 9 سَنَوات).

يَتحَسَّسُ الحاجّ عَلِيّ وُجودَ حَفِيدِهِ (مُحمّد عَلِيّ) المولود في العاصِمة البريطانيّة (لَنْدَن) فيُنادِيه: (مُحمَّد عَلِيّ طُرْبَاكَهْ.. تَعال وَصِّلْنِي إلى دُكانْ صَاحُبْنَهْ حَجِّي عبد الله حَيدَر بَبَابَسُّط وِيَّاهْ على جِلْمَتَينْ لَلَينْ ما يْأَذِّنْ المْأَذِّنْ في مَسجِدْ سَيِّد حَيدَر!

مُحمَّد عَلِيّ يُجيبُه: مِنْهُو حَجِّي عبد الله يَا جَدِّي، أَنَهْ ما أَعْرُفَهْ.. واشْلون أَوَصِّلْكْ وأَنَهْ ما أَعْرُف شَوارِع النِّعَيم ولا المَسجِد في وِينْ ولا أَعْرُف النَّاس.. وأَنَهْ أَوّل مَرَّهْ أَشُوفُكْ وأَشُوف النِّعَيم والبَحْرين.. مَا أَنْدَلْ.. لِلحِين ما شِفْتْ حتَّى شارع بِيتْكُمْ ولا أَعْرُفْ وينْ الدَّكاكِينْ.. وإِنْتَه أَعْمَه ما تْشُوف الطَّرِيق.. جِيفَهْ أَوَصِّلْك.. يُمْكِنْ أَضِيع وِيَّاكْ!

الحاجّ عَلِيّ في ابْتِسامَةٍ ساخِرةٍ: ولا تِفْتُكُرْ يا وَلَدِي.. إِنْتَهْ بَسْ اكْلُصْنِي ولا عَلَيكْ.. العُكّازْ مَأمُورْ بِوَصِّلْنِي وِيَاكْ إلى دِكّانْ حَجِّي عبد الله!

مُحمّد عَلِيّ (يِتْفَتَّكْ) مِن الضَّحِك: إذا جِدى، عَجَلْ لِيشْ أَنَهْ أَوَصِّلكْ.. خَلِ العِكَّاز إِوَصِّلْكْ وما يَحتَاجْ أَنَهْ أَكْلُصْكْ.. ولِينْ رِحتْ أَنَهْ وِيَّاك إلى دِكّان رَفِيقِكْ حَجِّي عبد الله مِنْهُو إِرَجِّعْنِي بَعْدَين، وأَنَهْ ما أَنْدَلْ الطَّرِيق وما عِندي عِكَّاز إِدَلِّنِي مِفْلْ عِكّازُك؟!

إِنَّ في هذا الموقف البَسيط تَظهرُ لِلعكَّاز قدرة خارقة في السِّير باتِّجاه واحدٍ تفوق قدرات المتعكِّزين عليه إِذ هو (مَأمُور). وفي اتِّجاه الرَّجعَةِ به

يَفقِد العكّازُ قواه الخارقة ويَعود إلى طبيعته الجامِدة مِن حيث أنّه قطعةٌ خَشبيّةٌ هامِدةٌ لا حياة فيها. وما العكّاز في حقيقة الأمر إلّا صاحبه الضَّعيف (الأَعمى) المتعكِّز المحتاج إذْ يَخترع القدرة الخارِقَة الوَهميّة في مُخيّلته ثمّ ينسبها إلى عكّازه تَعويضًا منه لِفَقد بدنه القابِليّة على تَقمّص تلك القدرة والتَّميّز بها.

يَستظلُّ كُلٌّ مِن التَّحَزُّبِ والفِئويّةِ بِصِفَةٍ سِياسيّةٍ مَغمورةٍ مُستَتِرةٍ فَيَفرضان بِمَوجبها على (البَصيرين) المُنتَمِين مِن ذَوِي الوَجاهة والمَقام الاجتماعِي الرَّفِيعَين العملَ العَلَنِي والتَّظاهر بِالجِدّ في إِصلاح مَجالِس المآتِم والبيوت ومَواكِب العزاء، ثَمّ يَتدخَّلان في تفاصِيل مادَّة الخَطِيب حيث يُوجِّهانها على طِبق منهج (الوَعْظ والإِرشَاد الأَبَوِي) الدّعائي المُقَرّر، ويَفرضان في أطوار الرِّثاء لَحنًا مُقتضبًا، وفي حَلقات مَواكِب العزاء تَنظِيما مُختَلِفًا، وفي (شِيلَةْ) الشَّيَّال طورًا قَريبًا مِن أَلحان الأَغانِي المَشهورة. فإنْ تَوافر (البَصِيرون) على قابِليّةِ الانِقياد السَّهل لِلانْتِماء الحِزبي والفِئوي فإِنَّ زَعامةَ الانتماء ستَتَظاهر أَمامَهم بامْتِلاك قدرات خارِقَة لِخَوض النِّضال حتّى الوصول إلى الهَدَف السَّامِي. ولكِنَّها في حقيقةٍ الأمر ستُغامِرُ بِمَظاهر الثَّقافة هذه ولَنْ تَستطِيع العمل على تَشغِيل وَهْم القدرة الخارِقَة في تَأمِين خَطّ الرَّجْعَة مع (البصيرين) أَو تَأمِين مَصِير الثَّقافَة في حال وُقُوع الهَزِيمة، فإنَّ الأَمر سيَكون مَوكُولاً إلى القَدَر!

إنَّ السِّياسةَ بِواجِهاتها الحِزبِيّة والفِئويَّة وبِطَبَعها السِّياسي مُغامِرَةٌ بِكُلِّ شَيءٍ مِن شأنِه تَأمِين القُوّة، وهِي لَنْ تَستطيع فرض سِيادتها على الوُجود الشِّيعي لولا جُرأتها على الطَّعن في أُصُول الثَّقافَة ومنها أَصْل الإِمامة واعتِماد آلة الاجتِهاد في إِعادة النَّظر في الثَّوابت التَّأريخِيَّة والقَفْز على ضَرُورَات التَّشَيُّع وَلَيّ عُنق الثَّقافَة الأَصِيلة وتَدجِين مظاهرها والمُغامرة بها. فلا غَرابة في أَنَّها أَضاعَت بهذا المَسلَك أَجملَ ما كان لِلشِّيعة مِن تَميُّزٍ ثَقافيٍّ منذ عُرِفوا بإِصرارهم على تَنمِية ثَقافتهم الأَصِيلة مِن خلال إِحياء الشَّعائر في كُلّ الأَحوال وفي كُلِّ الظُّروف.

يَحقُّ التَّساؤل هاهنا: هَلْ أَنَّ الشِّيعةَ المعاصرين هُمْ أَوَّلُ مَن اهتدى إلى الطَّريق القَوِيم فصَحَّحُوا الرُّؤية لِلسِّيرة التَّأرِيخيِّة والسُّنَّة المُطهّرة ووَفَّقوا بينهما ومُقتضيات السِّياسة، وهَلْ ضَعُفت أَجيالُ الشِّيعة السَّابقة عن مُواجهة الواقع السِّياسي والاجتماعِي فما كان أَخذُها بِالثَّقافة الأَصِيلة والجِدّ في تَنمِيتها إلّا تَعويضًا مُعبّرًا عن الشُّعور بِالنَّقص والحقارة في الذّات؟! وهل ضَعُفَت أَجيالُ الأجداد عن إِصلاح مظاهر ثقافتهم لِقُصورٍ فيهم مُتعلِّقٍ باعتناق مَفهوم الزَّعامة فكانُوا بِأَمَسّ الحاجة إلى وَصايَة زَعِيم تُقوِّمهم، أَمْ هو (التَّخَلُّف) و(اللّاوَعْي) الحادّ الَّذي يَتطلَّب مَوقِفًا رَشِيدًا يَضعُ الأَغلال، وما هُو السَّائد في ثقافة الشَّعائر، هَلْ هُو التَّمَسُّك بِالأَصالَةِ أَمْ الرُّكون إلى البِدعة والجُمود والنُّكوص في الرُّؤية إلى التَّأريخ؟!

إنْ قِيل أَنَّ السِّياسةَ ضَرُورةٌ، فهَلْ مَظاهرُ الثَّقافَة البَحْرانِيَّة المعاصِرة تَتمَثَّلُ الرُّؤية السِّياسيّة أَمْ الأُصُول؟ وأَيّهما وَجَب تَقديمه على الآخر: أَصالةُ الثَّقافة أَمْ الرُّؤيّة السِّياسِيّة ومَصالحها، وهَلْ لِلسِّياسة ولِرمُوزها مِن حَقٍ شَرعِيٍّ في رَسم مُحدِّدات الثَّقافَة والخوض فيها بِمَنهج (الشَّكّ والتَّشْطِيب والتَّأميم)، أَمْ أَنّ في الأمر شأنًا اجتِهاديًّا يَختصّ به صِنفٌ خاصٌّ مِن المثقّفين وعُلماء الدِّين، وعلى الآخرين مِن أَهْل (التَّخَلُّف) و(اللّاوَعْي) مِن العُلماء والمُثقّفين وُجوب الامتِثال لَه؟!

هَلْ تُعَدّ وَظِيفة إِصلاح الثَّقافَة الشِّيعِيّة الأَصيلة في المرحلة الرَّاهِنة خاضِعةً لِمُتطلّبات ضَرُورِيّة فرضها واقِعٌ دينيٌّ مَحلِّيٌّ أَمَ هي شَكلٌ مِن أَشكال المصالح الحِزبِيّة والفِئويّة المُوجَّهة مِن قِبَل فِكرٍ خاصٍّ مُقتَبسٍ يَعود إلى بيئةٍ ثَقافِيّةٍ أُخرى أَجنَبِيّة ذات عُمقٍ تَأريخيّ مُضطَرِب سِياسيًّا حيث تُعطِّل الرُّؤية المحَلِّيّة ويُفعَّل الفكر الوافد الأَجنَبِيّ، وهَلْ تَفوَّق منهج (الشَّكّ والتَّشْطِيب والتَّأميم) في اجْتِياح الثَّقافَة البحرانِيّة ومكوِّناتها ومَظاهرها فسَلَب مِنها أُصُولها وانْتَزع مَصدر قُوَّتها في التَّأثير، ولماذا؟!

شاءت ظُروف التّواصُل بين رِفاق مَرحَلِة النِّضال في السَّبعِينات مِن القرن الماضي أَنْ أُسَجِّل مَعهم حضورًا مِن دُون استِضافةٍ خاصَّةٍ إلى (مُؤتَمر عاشُوراء الثَّاني) الّذي أُقِيم في العاشِر مِن شَهر نُوفَمبر لعام 2008م في مَنطِقة السَّنابس البحرانِيّة. فلمَحتُ ثَلاثةً مِن الأمور المُثيرة على وَجْه السّرعة رجوتُ انعدامَ الأَوَّل منها في كُلّ اللِّقاءات الثَّقافِيّة البحرانِيّة العامَّة والخاصَّة، كمَا رجوت تَحقُّق أَمرين آخرين بِشَكلٍ حُرٍّ مُستقلّ، حتَّى يكون لِلمُؤتمر الحقّ في التَّمثِيل الثَّقافي لِلشِّيعة البَحرانِيّين وتَعمّ به الفائدة.

الأَوَّل: أَنَّ النِّظام المصنِّف لِلحُضور في صالة المؤتمر بين حَقلٍ مخمَليٍّ مُتقدِّم يَخصّ الشَّخصِيّات ذات الانْتِماء الحِزبي الفِئوي والتَّحَيُّز وحَقل آخر مَفتوح لِلحُضور العامّ ـ قد أَضفى على المُؤتمر هيئةً طَبَقِيّةً ارستقراطِيّةً واستِعراضِيّةً بالمَقامات والرُّتَب لا تَتناسَب مُطلقًا مع الطَّبائع والعادات والتَّقاليد البحرانيَّة الأَصِيلة ولا مع جَوهَر المناسبة.

إنَّ جُلَّ ما شاهدته في نظام المُؤتَمر هو تَقليدٌ عِراقيٌّ صرف ابتَدعَته الانتماءاتُ الحِزبِيّة والفِئويّة في بِلاد المَنفَى والمَهجر. وقد خَصَّنا أَحدُ مُشرِفي المؤتَمر بَعَددٍ مِن المقاعد في الوَسط المخمَليّ على الرَّغْم مِن تَطفُّلنا على المؤتمر بالحُضور بلا دَعوة خاصَّة. فأَوعَزتُ لِأَصدقائي المُرافِقين بِمُغادرة السَّاحة المخملِيّة فورًا والتَّراجُع إلى حيث ساحَة الحضور العام!

الثَّانِي: لمَستُ في المُشاركات والأوراق المُقدّمة أَشتاتًا مِن المقاصد ليس لها صِلَة بالثَّقافة البَحرانِيَّة، وكُلّها مَبنيٌّ على تطبيق مِن منهج (الشَّكّ والتَّشطِيب والتَّأمِيم)، ولا تَعدو أنْ تكون كلماتٍ إنشائيّة دعائيّة عامَّة لم تُكلِّف مُقدِّميها غايةَ المَجهود في الإعداد. ربما يعود السَّبب في ذلك إلى طبيعة المؤتمر ذِي اللَّون الفِكري الواحد غير المُحفِّز على البحث العِلمِي الجادّ أَو ربما لِعِلم المشارِكين في إِحياء المؤتمر بِأَنَّ مُؤتمرهم دعائيٌّ استِعراضيٌّ لِتَفخيم مَقام عددٍ مِن الشَّخصِيّات المُقرّرة فحَسب، وأَنّ الغايةَ

العُليا منه مُفارِقَةٌ ولَيست مُتعَلِّقة به.

قدَّم أَحدُ المشاركين في المؤتمر تَحقيقًا تأريخيًّا حول وقائع يَوم العاشر مِن المُحرّم الحرام مُستندًا إلى مُدوّنات مُؤرّخِين مِن اتّجاه أَهْل العامّة، واختَتَمه باجْتِهادٍ مُهمِلٍ لِـ (القَرائن) على غَير المقبول عِلميًّا في منهج البحث والتَّحقِيق التَّأريخي، وقال بِخُرافيّة المنبر الشِّيعي في سَرد وَقائع يوم الطَّفّ، وبِالأُسْطورِيّة في انتزاع المَفاهِيم الشِّيعِيّة عنها!

لم يُسفِر عن المؤتَمرِ سِياقًا فِكريًا مُنسجمًا مع أُصُول الثَّقافة البَحرانِيّة المَحَلِّيّة الأَصِيلة ولا عن نَتائج عِلمِيّة يُعتَدّ بها. فقد اغتَرب المؤتمرُ عن الثَّقافة البَحرانِيّة وتَقدَّم بما يُراد له مِن مَقاصِد لا ما كان يُتوقَّع له مِن نتائج، فيما كَشف واقعُ الحال أنَّ صِفَةَ هذا الجمع البَحرانِي في مأتَم السَّنابس هي (نَدْوَةٌ) بحرانِيَّة وليست (مُؤتَمرًا) أَجنَبِيًّا وأنَّ بغداد هي المكان المُناسِب لِعَقد هذه المُؤتمر وليس البَحرين!

الثَّالِث: أَنَّ المقاصد الظّاهِريّة لِلمُؤتمر لم تَضع في الحُسبان أَنّ الثَّقافَة البَحرانِيَّة أَصِيلةٌ لا تَقبل البَدِيل الفِكري الثَّورِي المُقتَبس عن ثَقافَةٍ أُخرى مُغايرة. وكان الأَحْرى بِالمُؤتمر أنْ يَكون حريصًا على بَحرانِيَّته واستقلالِه في مَنهج التَّفكِير وعلى إِنتاج المفاهيم المُناسِبة لِسِيرة مُجتَمعٍ شِيعيٍّ نَشأ على قِيمِ أَهْل البيت صَلواتُ الله وسَلامُه عليهم ومُثُلهم وتَمسَّك بهما وأَسَّس عليهما ثقافتَه بالتَّدرُّج على مَدى قرونٍ مِن الزَّمَن، وخاضَ بِهما تَحدِّي الهُوِيّة، وكانَت الأَجيالُ المُتعاقِبَة فيهما مِن المُتَفوّقِين في دَرجات النُّمُوّ الثَّقافي.

كان الأجدرُ بِالمؤتمر أَنْ يكون مُمَثِّلا عن الشِّيعَةِ البَحرانِيِّين ونخبهم بِشَتّى أَلوانِهم المَرجِعِيّة بِشكْلٍ مباشرٍ، وبلا وسائط حِزبيّة وفِئويّة غير أَصِيلة الفِكر، وأَنْ يَكون مُلتَزِمًا بِدَعم الثَّقافة المَحَلِّية الخالِصّة وليس بِالشَّكّ فيها وإِعداد العدّة لِلانْقلاب عليها.

الخَاتِمَة

استعَرَضْنا بِفُصول هذا الكِتاب دَوافعَ مَن وُصِفوا بـ (المُثقَّفِين) لاختِراق الثَّقافة البحرانِيّة الأَصِيلة، وأَوضحنا طَبِيعة المنهج المُتَّبع لِلانقلاب على الثَّقافة البَحرانِيَّة ومُكوّناتها ولِمُصادرة مَظاهرها والهَيمنة على نظامِها الاجتِماعِي العريق وعلى ما نَشأ عليه البَحرانِيُّون المعاصرون وجُبِلوا والتزاموا.

ولا يَختِلف بَحرانِيّان أَصِيلان على أَنَّ المُتَبقِي مِن الثَّقافة البحرانِيّة الأَصِيلة هو مَجموعةٌ مِن القِيم والمفاهِيم والمظاهر الحَيويَّة الفاعلة والمُعبّرة عن رُؤية البحرانِيِّين لِلدِّين والدُّنيا، ولم يَكُن بِمَقدور الانتماءات الحِزبيّة والفئويّة والنُّظم المعاصرة المُتَّبعَة أَنْ تُحقِّق تَفوّقًا في التَّأثير الاجتماعي وتَصُون نتائج عملها ما لم تَتَمسَّك بِأُصُول ذات الثَّقافة وتَتَّخِذ مِن مظاهرها وشعائرها ومعاييرها المِثاليّة سبيلاً في التَّنمِية الاجتِماعِيّة وتَتَخلّى عن مُؤثرات فكر الانْتِماء المقتبس عن ثَقافة بيئة أَجنَبيّة خارِجيّة.

فإنْ تَمسّكَ المجتمعُ البحرانيُّ المعاصر بِعَقيدَتِه الرَّاسِخة في سِعةٍ مِن التَّطوُّر العلمي والتَّواصل الاجتماعي المنفتح فإنّ المظاهر الثَّقافِيّة المُقدّسة الّتي نَشأ عليها وتَرعرع تَكفِيه لِتَحصِين ذاته وإِثارة عَقلِه وصِيانة نُظمِه الاجتماعِيّة، كما تَكفِيه لِصُنع الإبداع والتَّفوُّق في مُختلف شئون الحياة، مِن غير حاجةٍ لِلالتِجاء إلى آلة الانْتِماء الحزبي والفئوي المَبتكَرة على قواعد فِكريّةٍ هَجِينةٍ وعلى مفاهيم خاصَّة بِمُجتمع ثَقافة أخرى مُختلفة وإنْ عَلا شأنُها أَو تَسامى مقامُ مجتمَعِها وتَقدَّسَت مَرجِعيّاتُها وتَمَيّزت مَنزلتُها التَّأريخِيَّة أَو لَمع بريقُها الوِجداني.

هكذا كانت سِيرةُ الأجداد البَحرانِيّين الرّاسِخين في العَقِيدة والملتزمين بِتَنمية ثقافة أَجيالهم الأَصِيلة والمبدعين في صيانِتها باستِقلال تامٍّ عن التَّحوّلات الكُبرى في مُحِيطهم الإقليمي حيث كانَت عَلاقتُهم بِبيئتهم الثَقافيّة عضويّة وتَكامُلِيّة ليس فيها شذوذ ولا انقطاع ولا تَضادّ ولا تَبايُن، ولا (تخَلُّف) ولا (خُرافَة) ولا (أُسْطورة) ولا غيرها مِن المفردات الّتي يكرّرها أَهْلُ التَّنطُّع والتَّغطرس والخيلاء والتَّكبر في الفِكر المعاصر. وهَلْ يَتمكّن أَحدٌ مِن تَصوّر وُجودِ ثَقافة خاصّة لِلبَحرانِيِّين مِن دون تَحسُّس مظاهرها الكاشِفة عن الهُوِيّة الأَصِيلة لِمَجتمعهم، أَو أَنْ يَتصَوّر مظاهر الثَّقافَة مِن غَير أَنْ يَتحَسَّس وُجود ثَقافة عَمِيقة الجذور تَمدّ ذات المظاهر بِعَوامل التَّطوّر والنُّمو والقدرة على الإبداع وتَصُون لمجتمعها أَصالَته وتَحفظ هُوِيَّته؟!

إنَّ مِن أَهَمّ المشاكل الّتي ما زالت تَعترِضُ الهُوِيّةَ الأصيلة لِلثَّقافَة البحرانِيَّة وتُساهِم في طَمْس مَعالمها:

- أَنَّها فاقِدَةٌ لِلمُدوّنات التَّأريخيَّة البحرانيّة المُتَخصِّصَة والمُنظّمة مَنهجِيًّا والكاشِفة عن تَفاصِيل نَشأتها وتَطوُّر حركتها وتفاعلاتها اليوميّة في المُجتَمع البحراني القَدِيم والمُعاصر.

- وأَنَّها فاقِدةٌ لِلحُضور في المنهج التَّعلِيمي العام الذي يَنشأ عليه الذِّهنُ البحراني مُنذ سِنّ الطُّفولة في المَراحِل التَّعليمِيّة، ومُهمَلةٌ في مَراحِل التَّعلِيم الجامِعي، ومُغَيَّبةٌ في مُؤسَّسات الدَّولة ومُنتدياتِها الثَّقافِيَّة، مِن دُون وُجود مُبرِّرات سِيادِيّة حَقِيقيّة واضِحَة مُعلَنَة أَو دوافع عِلمِيّة مُقنِعة.

وهذا مِمّا يَدعو إلى الدَّهشَة عند الإنسان البَحْراني حيث ما زال يَعتزّ بِحضور سيرة ثَقافته في المُدوّنات الأَجَنبيّة ويَفخر بِدَوام أثرها في تنَمِية المجتَمع البِحْراني المعاصر بِصِفَتها أَصلاً مُعرِّفًا لِلهُوِيّة، ولكِنّه لا يَجِد لها حضورًا في الثَّقافَة الوَطَنِيّة المعاصرة ولا مُؤسّساتها.

فإنْ كانَت هُوِيّةُ البحرانِيِّين أَصِيلةَ الثَّقافة ولكِنّها مُغَيَّبةٌ عن الذّاكِرة

لِأَسباب (سِيادِيّة) ودَوافِع طائفِيّة فإنَّ السِّياسةَ ستُصبِح اللّاعِب الأَوفَر حظًا في نَصبِ حَبائل المَكر لِطَمس هذه الهُوِيّة أَو سَحقها أَو إِبادتها. وليس مِن المُستحِيل حِينئذٍ أَنْ نرى فِئةً مِن مُثقِّفي البحرين تَمِيل كلَّ المَيل إلى مُمارَسَة النِّفاق والانقلاب به مِن هيئةٍ وَطَنِيّةٍ نَظنُّها مِثالِيّةً إلى معولٍ لِهَدم النِّظام الاجتِماعِي وطَمْس حقائق التَّدافُع بين مُجتَمعين أَصِيل ودَخِيل، أَو أَنْ تَستحِيل هذه الفِئة إلى مَشغلٍ لِتَوليد البدائل الثَّورِيّة المُزيَّفَة وإلحاقها زُورًا ونِفاقًا بِالثَّقافة، فيَتحوَّل التَّأرِيخُ والفَنُّ والأَدبُ واللُّغَةُ واللَّهجةُ والشَّعائرُ ونَمَطُ التَّفكِير البَحراني مع تَحوُّلات الزَّمن إلى سِيرةٍ جامِدَةٍ مُشَوَّهةٍ لا حياة فيها ولا نبضا.. عند ذلك يَحلّ غَضبُ النِّزاع والخِصام البارِد بين فئات المجتَمَعين ضَيفًا طائفيًّا نَمّامًا مُفتَرِيًا للكَذِب ثَقِيل الظِّلّ!

حدث ذلك في الواقع البَحرانِي، وأَسفرَ عنه نَضالٌ مَريرٌ لِفِئةٍ مُثقَّفةٍ تَوسَّلت الانتماء الحزبي والفئوي بِما حُمِّل مِن أَفكارٍ هَجِينة ومناهج بَدِيلة على أَمَل أَنْ تُحقِّق بهما ما وُصِفَ تَوهُّما بِـ (النَّهضَة) لِدَحْر (التَّخَلُّف) و(اللّاوَعْي) و(الخُرافَة) و(الأُسْطورة). ولو جَرَّدنا واقعَ هذه (النَّهضَة) ونتائجها مِن الآثار المُتَبقِّية الّتي خَلّفها الإِرثُ الثَّقافي التَّأريخي الأَصِيل في المجتمع البَحْراني ثُمّ أَتْبعنا ذلك بِتَجريد ذات الواقع الاجتماعي مِن الآثار الّتي خلَّفها تَطوُّرُ العلوم العَقلِيّة والتَّجرِيبِيّة الحدِيثة وتَقلُّباتُ النُّظم الاقتصادِية في المحيط الإقليمي، ومِن الآثار الّتي خَلّفها التَّقدُّم المعرفي عبر الاقتران بِشبكة الاتِّصال الإعلامِي والتَّواصُل الاجتِماعِي التِّقني والتَّدفُّق السَّريع والواسِع لِلمَعلومات، فضلاً عن الآثار الّتي خلَّفها الانفتاحُ على التَّحَوُّلات السِّياسية في البِلاد والمنطقة والعالَم ـ لَما تَبقَى في الذِّهْن البحراني شَيءٌ يُذكر بِوَصْفِه إِنْجازًا ثَقافِيًّا مِن صُنع (نَهضَةِ) الانْتِماء الحِزبي والفِئوي.

فالنَّهضَةُ الثَّقافِيّة الأَصِيلة لا تُصنع بِالبَيانات السِّياسِيّة والشّعارات الدّعائيّة والخُطب التَّحفِيزيّة العَصماء المنقطعة عن أَصالة الثَّقافة البَحرانِيّة وسِيرتها التّأريخيّة.

ويُخطِئُ مَن يَظُنّ أنَّ التَّعريف بِالهُوِيّة الثّقافيّة البحرانِيّة مُنحَصِرٌ في تَتَبُّع سِيرة الانتماء وقادَتِه المعاصِرَين مِن غَير الإطْلاع على ما انطَوت عليها المُدوّنات القَدِيمة مِن سِيرة ثَقافِيّة تفاعُلِيّة في البيئة الاجْتِماعِية الّتي نَشأ عليها البَحرانِيّون الأَوائل ونَشطوا.

إنَّ التَّعرِيف السَّلِيم لِلهُويَة البَحرانيَّة يَتطَلّبُ التَّجرُّدَ مِن المُغالَطات المعاصرة الّتي تُرَوَّج في المُجتَمع البَحراني استِجابةً لِدَوافع سِياسِيَّة دعائيّة مَعلومة المقاصِد ومُعبِّرة عن الضَّياع في بِناء مَفهوم الزَّعامة والفَساد في اختيار النَّظريّة النِّضاليّة، مَع العِلم القاطِع لدى البَحْرانِيّين المعاصِرين بِأَنّ صِناعة هذا المفهوم واختِيار هذه النَّظرية قائمان على قاعدة فِكرٍ هَجِينٍ مُخالف لِلثّقافَة الأَصِيلَة، ولكِنّها حاجةُ التَّعويض والاستِبدال الدّعائيّ ذِي الضَّرُورة السِّياسِيّة حيث تُغمَرُ الحقائق أَو تُزوَّر!

ومِن أَجْل التَّحرُّر مِن وَهْم (النَّهضَة) المفتعل سِياسيًّا أَو المُختلَق دعائيًّا فلا بُدّ مِن تَصحِيح المَسار بِالتّوافق على اتِّباع منهج تَكامُليٍّ في التّنمية الثَّقافِيّة يَرعى الخُصُوصِيّة المَحَلِّيّة ويُعِيد الثِّقة إلى الثَّقافَة البَحرانِيّة وسِيرتَها التَّأريخيّة الأَصِيلة وفي إِمكان الاستِقلال بهما، وبِطلَب الصَّواب إزاء المَوقِف مِن مَفاهِيم (التَّقِيّة) و(الانْتِظار) و(الوَلاية والبَراءة) و(العِصْمَة) الّتي نَشأت عليها الثَّقافَةُ البَحرانِيَّةُ وتَطوَّرت، وبِإِعادة النَّظر في المُصطلحات والمَفاهِيم الدَّخِيلة الوافدة الّتي لا تَصْدُق ولا تَتناسَب والبِيئة الاجتماعِيَّة البَحرانِيّة، وبالعَمل على إِعادة مَفهوم (التَّعايُش) الّذي أَخرجَته الأَجيالُ البَحرانِيّة الماضِيَة في أَجملِ مَشهدٍ اجْتِماعيّ يَرْعَى أَصالَة الحُرِّيّة عِوضًا عن الاستِعانة بما عُرِف اليوم بِمُبادرات الانْدِماج الطَّائفي التَّعاقدي ذات المَقاصِد السِّياسيّة المُقيِّدة لِحُرِّيّة البَحث عن الحَقِيقَةِ والتَّعبير عنها التَّصرِيح بها.

ولا بُدَّ مِن وَضْع حَدٍّ لِلأَعمال العَبَثِيّة النَّاجمة عن الاستِسْلام لِمُقتضيات السِّياسة الواقِعِيّة على حساب الأَصالَة البَحرانِيّة، مع التَّمسُّك بِأُصول

المَعرِفَة وتَجنُّب العمل على تَشطِيب مُتونِها، وتَحرير الثَّقافَة ومظاهرها مِن هَيمنة الانتماء الحزبي والفئوي والجدِّ في مُعالجةِ ما تَمخَّض عن كُلّ ذلك مِن خُصُومات على مُستوى التَّقلِيد المَرجِعِي، والالتِزام الصَّحِيح والأَصِيل بِمَفهومَي (التَّغيير الحَضارِي)، وتَروِيض مُغامرات السِّيادة وتَرشِيد وَلايَة الانتماء والزَّعِيم الواحد المُلهِم وتَجريدهُما مِن عَصبيّات التَّقدِيس.

ولا مَفرَّ مِن تَصحِيح الرُّؤية لِمَظاهر الثّقافة الأَصِيلة مِن خلال الرّجوع إلى السِّيرة التَّأرِيخِيَّة لِلثَّقافة والجِدّ في تَدوِينها ودِراسة الهندسَة الشَّعائريّة الرَّصِينة الّتي اعتمدها الاتِّجاهُ الأَخباري وفق رُؤيَةٍ اجتِهاديّةٍ ومَنهج سَلِيم، والنَّأي بهذه السِّيرة عن الصَّخَب السِّياسي والدّعائي الشَّكْلِي، وإِطلاق الثَّقافَة الأصيلة مِن إِسار الاحتِكار وحِمايتها مِن جِمار الرَّجْم والتَّراشُق والتَّنابز بِالأَلقاب والاسْم الفُسوق والتَّوقُف المسئول عن اصْطِناع وَهْم (الفِتْنَة).

ومِن الضَّرُورَة المُساهَمةُ في دَعم التَّحَول الثَّقافي المُستَجِدّ المُنادِي بِالعَودة إلى اللَّهجة البَحرانِيَّة الأَصِيلة والعزم على التَّمسُّك بِأَلفاظِها والاعتِزاز بِلكنَتِها وبِأَلحانها، والتَّخَلّص مِن الشُّعور بِعُقدة النَّقصِ والحَقارة في استِعمالها شَعبيًّا ورَسمِيًّا.

لقد أَدرك البحرانِيُّون نتائج الأثر السِّياسي الّذي خَلّفه نِضالُ الانتماءات القَومِيّة واليَساريّة القَدِيمة والانتماءات الشِّيعِية الجديدة حيث غاب عنها البُعد النَّظَري والعِلمِي المتبنَّى في أَدبياتِ هذه الانتماءات.. تَلاشَت (القَومِيّة) بِوَصْفِها فِكرًا لِلتَّحرّر مِن التَّغريب، وغابَت (المارْكْسِيّةُ) بِوَصْفِها نَظريّةً اقتِصاديّةً جَدَلِيّةً، ثُم غابَت (وَلايَةُ الفَقِيه العامَّة) و(وَلايَةُ الفَقِيه المُطلَقة) بِوَصفِهما نَظريَّتَين اجْتِماعيَّتَين.

وكما تَلَقَّف اليَسارُ البَحرانِي البُعد السِّياسي لَنظريّة (مارْكْس) والتَّجربة النِّضاليَّة لِـ (لِينِينْ) و(ماوْتْسِتُونغ) وتَفاعل مَعهما في مَشروع التَّغيير الثَّورِي ولم يَترك مِن أَثَرٍ اجْتِماعِي وثَقافِيّ في البِلاد يُعتَدُّ به، كذلك تَلَقَّف الثَّورِيُّون

الشِّيعة الجدد البُعد السِّياسِي لِنَظرِيَّتي وَلايَة الفَقِيه العامّة والمُطلَقَة وتَفاعلوا معه في التَّغيِير فلَم يَكُن لِلنَّظريَّتين مِن أَثرٍ إِيجابيٍّ يَزيد على الثَّقافَة والنِّظام الاجْتِماعي المَعمولَين بِهما مِن جَدِيد يُعتَدُّ به، ولم نَسْمَع بِوُجود مَكتبَةٍ بَحرانِيّةٍ مُتكامِلَةٍ في الفِكْر في القَومِي أَو اليساري القَومِي والشُّيوعِي أَو الثَّوري الشِّيعي، مُدوَّنةٍ بِأَقلام زُعماء هذه الانْتِماءات، ولا بِكِتابٍ يَتناول عَلاقة هذه الأَفكار بِالثَّقافَة البَحْرانِيَّة، وإِنّما سَمِعنا بِقِنٍ يَتفاخَر بِحُرِّيّة سَيِّده، وبِصَلعاء تَتَباهى بِشَعر جارَتِها!

وعندما اجتَمع عَقلُ النِّضال البَحراني الثَّورِي القَومي وعقلُ اليَساري وعقل الشِّيعي الجديد إلى نَظرِيَّات (الحُصَرِي والكَواكِبي وزريق وعفلق والبيطار) و(مارْكس) و(الفَقِيه المُطلَق) لم يَكُن المجتمعُ البحرانيُّ مُؤهّلاً لاستيعاب مَقصدها الاجتِماعيّ وبُعدها الفكري، ولم يَكن عَقلُ النِّضال في هذه الانتماءات مُدركًا لِكَيفِيّة إعمال هذه النَّظرِيَّات في البِيئة الثَّقافِيّة البَحرانِيّة المُغايرة لِلبيئة الّتي نَشأت عليها هذه النَّظرِيّات حيث تَسودُ في المَجتَمع البحراني ثَقافَةٌ أَصِيلةٌ ضَمَّت في عُمقِها وظاهرها كُلَّ مُقوّمات النُّمو والتَّحدِّي والبَقاء منذ أَمَدٍ بعيدٍ ولَيست في أَمَسّ الحاجة لِهذه النَّظرِيّات ولا لِمقَاصدِها الاجتِماعيّة.

فلا يصحّ أَنْ يُستهان بِالدَّور المُتميِّز الّذي التزم به الاتّجاهُ الأَخْباريّ وأَسَّس عليه بُنيان ثَقافَة المُجتَمع البَحراني، كما لا يَصحّ حَجْب الثِّقة عن هذه الثَّقافَة ونَبذها وإِنْ اخْتُلِف مع الاتِّجاه الأَخْباري في المباني الفِقهِيّة.

فقد ظَنّ الاتِّجاهان الحِزبيّان والفِئويّان الثَّورِيَّان اليَسارِي بِشِقَّيه والشِّيعي الجَدِيد بِسُوء تقدير مِنهما أَنَّ الإرث الثَّقافي لِلاتِّجاه الأَخْباري مُتَخَلّفٌ ويَكادُ يَنحسِر عن ساحَة التَّأثير الاجتِماعي بانْحِسار مَفهوم الزَّعامَة وضَعف مصداقه أَمام المدّ الثَّوريّ القَومِيّ الكاسِح، وأَنَّ عَقلَهُما الثَّوري السِّياسي الحاذِق قد تَفوَّق فحَقَّق النَّجاحَ في إِزاحة الثَّقافَة القَديمة (المُتَخَلِّفة) و(اللّاواعِيَة) عن

مَقامها والظَّفَرَ بِانتزاع مقام الزَّعامة الأَخْباريَّة بما قدّمما مِن فَنٍّ في احتِواء التَّيار السِّياسِي الشَّعبي العَريض الّذي بَرز أُبَّان حَوادِث انتفاضة الهيئة في عام 1956م وبِما أَقدما عَليه مِن اجتِهادٍ في الزَّجّ بِهذا التَّيار في مَيدان النِّضال بين العُقود المُتَبقِّيَة مِن القَرن الماضي. لكِنّ شيئًا مِن ذلك لم يَحدُث ولم يُغنِ ظَنَّهما ولا اجتِهادَهُما في النِّضال عن الحَقِيقَة شيئًا.

وبِالنَّظر إلى طَبيعة الاتِّجاه الأَخْبارِي، فقد أَثْبت أَنَّه على دَرجَةٍ عالِيَةٍ مِن الكفاءة في تَحدِيد الرُّؤية المُناسبة المقدور على إِخراجِها لِلواقِع عند مَمارسَتِه لِوَظيفَتِه بِلا زِيادة ولا نقصان، وأَثبَتَت تَجرِبتهُ مع مُرور السِّنين وكرور الأَيّام أَنَّه الأكثَرَ كَفاءةً مِن اتِّجاهَي اليَسار بِشِقَّيه والتَّحزُّب الأُصُولي الثَّوري الشِّيعِي الجديد إِذْ لم يَبسُط الأَخْبارِيّون أَيدِيهم كُلَّ البَسط لِسيادة السُّلطة على مَدى قَرنَين ونصف مِن الزَّمَن، ونَأوا بِأَنفسهم عن ضَغط الضَّرُورات السِّياسِيّة المُفرِّطة واستَعصموا بِمفاهيم (التَّقِيّة) و(الانْتِظار) و(الوَلايَة والبَراءة) و(العِصَمة)، فسَجَّلوا بِرُؤيَتِهم المُتَوازِنة هذه تَفوّقًا في مَجالات عِدّة مِن بينها مُوجبات صَون الهُوِيّة الشِّيعِيّة وتَنمية ثَقافَتِها الأَصيلة والاستِقلال بها والمُحافظة على أَمْن وسَلامَة الوُجود الشِّيعي الأَصِيل في ظُروف محلِّيَّةٍ ووَسَطٍ إِقليميٍّ مُعقَّدين شَدِيدَي الحَساسِيّة، وتَركوا تَأْثِيرًا عَمِيقًا في البُعدَين الاجتِماعي والثَّقافي ما زال قائما وفاعِلا في مُجتمع البحرين ولم تَتَمكّن قوى الاتّجاهَات القَومِيّة واليَسارية والثَّورِيّة الشِّيعيّة الجَدِيدة مِن إِزاحَة أَثَرهم الثَّقافي أَو حتَّى إِيجاد البَديل الرَّصِين حيث اشتَغلا في الشَّأن السِّياسي وتَورّطا في مُغامراتِه حتَّى ضَعُفَت فِكرَتُهما وتَعطَّلت أَدواتُهما في مُنتَصَف الطّريق.

لقد تَضَخَّم الادِّعاءُ في وَهْم إِصلاح الثَّقافَة البحرانِيَّة الأَصيلة وصِيانتِها وتَجريدِها مِمّا وُصِف بِآثار (التَّخلُّف) و(اللّاوَعْي). وكانت مَشاهدُ الادِّعاء في الاتِّجاه الثَّوري الشِّيعي هي الأَكثر بعدًا عن الحَقِيقَة والأكثر إِيلامًا حيث الاستِحواذ على مَقام الزَّعامة والانفراد بِه أَوّل المنطلق، فتَوارَت خَلفها إِرادةٌ

سِياسِيّةٌ عاجِزَة عن بَلورة نَظرِيّةٍ ثابتةٍ في التَّغيير الاجتماعِي تُحاكِي الثَّقَافَة البَحرانِيّة الأَصِيلة وتَتَفاعل مع قَواعِدها الرّاسخة.

وعندَما اشتَدَّت مَخاطِرُ التَّميز والفَصل الطَّائفي على مَصِير الثَّقافَة البَحرانِيّة الأَصِيلة ودُعِي الاتِّجاهُ الثَّورِي الشِّيعِي إلى تَبنِّي مَسئوليّة المحافظة على هذه الثَّقافة؛ التَجأَت انتماءاتُه الحزبيّة والفئويّة إلى اتِّباع مَنهج الشَّكّ في أُصُول الثَّقافة البَحرانيَّة والعَمل على تَشْطِيب مُتونِها وتَأمِيم مَظاهِرها تَحتَ لافِتَة إِصلاحها والنُّهوض بالفِكر والنِّظام الاجتماعِيِّين وتَرسِيخ دعائم الوَحدَة الوَطَنِيَّة عبر التَّعاقُد والتَّآلُف السِّياسِي لِكَبح جماح التَّميز والفَصْل الطائفي.. هكذا قِيل!.. فَسَجَّلَ بِهذا الموقف أَسْوَأَ تَنزُّلٍ بِالثَّقافَة البَحرانِيّة العَرِيقة وغامَر بِمَصير أُصُولها ومَظاهِرها، وكَشَفَ نَمطُ الوَحدة والتآلف مع اتِّجاه أَهْل العامّة الّتي سَعى الاتِّجاهُ الثّوري إلى تَرسيخها بِالانْتِماء المَركَزِيّ الحادّ والزَّعامَة الواحِدَة عن مَدى خُطورة مُعالجَة الطّائفِيّة بِالتَّآلف السِّياسِي عند انعِدام الكَفاءة اللّازمة لِتَنمِيَة الثَّقافَة.

ظَلّ العملُ على تَنمِية الثَّقافَة البَحرانِيّة الأَصِيلة فاعِلاً ومَحصورًا في إِطاره المَحَلِّي حتَّى عقد الخَمسِينات مِن القَرن الماضي، ولم تَكن الثَّقافَةُ قَبْل ذلك مَيدانًا لِلمُغالبة بين الزَّعامات المناطِقيّة ولا الانتماءات الحِزبيّة والفِئويّة. ورُبَما انحصر بعضُ الجِدال في مَظاهر الثَّقافة بين الإِجْراء الفَنِّي والقول بِالإِباحَة والاستِحباب فَحَسب، مِن دون طَحْنٍ بِفرَيَةٍ ولا لَحنٍ بِبُهتان، ولا ضَجِيج بِتَعصّبٍ أرعَن، ولا غِلظَةٍ في قَول، ولا حَساسِيَّةٍ إلى حَدّ الفَصْل الاجتِماعِي والقَطِيعة أَو الإقصاء أَو الانقلاب بِالثَّورِيّة في زَعامة الكِيانات الأَهلية، ولا تَسابقٍ على عَجَل لاستِرضاء اتِّجاه أَهْل العامّة بغَير حَقّ، ولا تَكالب بِنَهَم وشَرَه وجَشع على مناصِب التَّوازن الطَّائفي في الدَّولة مِن أَجل تَحقِيق التَّفوُّق على الآخر المُنافس، ولا حتَّى حرصٍ على الزَّعامة في مُجتَمع الشِّيعة، ولا رَجمٍ لِمظاهر التَّعدُّد في التَّقلِيد المَرجِعِي.

حتَّى إذا ما وفد الفِكر الهجين مِن وراء الحُدود يَمتَطِي دابّة الانتِماء الحِزبي والفِئوي البحراني صار يَستَحوذ على المَظَهر الثَقافيّ الأَصِيل السّائد بلا تَعبٍ منه ولا نَصب ثُمّ نَسبَه إلى قائمة مُنجَزاتِه تَحت لافِتَة الادِّعاء بِالامتِداد النِّضالِي التَّأريخي، وواصَل نَهمهُ بِالعَبثِ في الهندسة الثَّقافِيّة والشَّعائريّة الجَميلة والرَّائعة المَوروثة عن الأَخْبارِيّة، ثُمّ دفع بالمُجتَمع البحراني في أَتُون النِّزاع حول المَرجِعِيّة الفِقهيّة والزَّعامة، وحَرّض على التَّشكِيك في أُصُول المعرفة ومُتونها، وضَيّع مِن عُمُر البحرانِيِّين أَعظمَ فُرصة تَأرِيخيّة سانِحَة لِتَنمية الثَّقافة الأَصِيلة عُدَّت الأَوسَع قابلِيّةً لِلثِّقة في قوى الذات والأَكثر وُفْرَةً في قُوَّة المال والطَّاقات الدّاعِمَين.

فلَو تُرِكَت الثَّقافَةُ البَحْرانِيّة الأَصِيلة الموروثة وشَأنها، وجَرى البحثُ والتَّدوِين في نَشأتها التَّأريخيّة وتَطوّرها الاجْتِماعي بِمَنهج عِلمِيٍّ رَصِينٍ، ولم يَعتَرِض الانتماءُ الحزبي والفئوي طريقَ نُموّها بِالثَّورِيّة ـ لَمَا انْقَسم البَحرانِيُّون على أَنفسهم واضْطَرب نِظامُهم الاجتماعِي بين مُؤيدٍ أو مُتَحيِّز بلا هَون ومُناهِض بلا هون، ولما تَفرَّقوا على طَرِيقة عُشّاق الدَّوري التَّنافُسي لِكُرة القَدم، ولكان النِّزاعُ مَحدودًا ومُقيّدًا في أُطِره بِالضَّوابط المُستقاة مِن قواعد هذه الثَّقافَة، ومثمرًا في دوائره ذات العَلاقة وإنْ حَمِي فيه الوَطِيس.

ظَلّ الفِكرُ السِّياسيُّ هو السَّائد في المُنتَمين البَحرانِيِّين ويَقُود مَواطِن الخِلاف ويُدبِّر لِتَصعيد النّزاع بين مُختلف فئات المُجتَمع منذ خَمسِينات القرن الماضي. واستَمرّ في غَزوه لِلعُقول في أَعلى المَقامات والمَراتِب الاجْتِماعِيّة، ثُمّ انتهى به الحال إلى تَقمُّصِ شَكلَيّ المرجِعِيَّتين الأَصِيلة والدَّخِيلة، واتَّخذَ لِنَفسه أَلوانًا مِن المكر والارتِياب واستَعمل التُّهمة المفتعلة بِـ (الفِتْنَةِ) لِحَسم مُغالباته.

لم تكن التَّدابِيرُ السَّلبيَّةُ هذه مألوفةً مِن قَبْل في مُجتمع الثَّقافَة البحرانيّة الأَصِيلة.. فلماذا ظَهَر في البَحرانِيِّين جِيلٌ يَتَملك الجُرأة لافتِراء الكَذِب

فيَتقوّل على العالِم المُحدِّث والمَرجع المُجتهد الحَيّ والمَيِّت، ويَنسِب إليهما الفتاوى بِحُرمَة مَظهرٍ مِن مظاهر الثَّقافَة البَحرانِيّة الأَصِيلة الّتي جَرَت عليها العادات والطَّبائع لِقُرون مُتطاولة مِن الزَّمن تحت رِعايَةٍ ورقابَةٍ فِقهيَّةٍ قائمة على الاحتِياط والاجتِهاد معًا، أَو يَتّخِذ مِن الشَّائعة السِّياسِيّة وَسِيلة لِتَشويه مَقام العالِم المُحدِّث والمَرجع المُجتَهد وتَيارٍ عريضٍ مِن أَتباعِهما ومُقلدِيهما في سَبيل حَسم نِزاع السِّيادة والزَّعامَة؟!

تَأبى الأجيالُ النَّاشئة على لُطْفِ الثَّقافة البَحْرانِيّة الأَصِيلة ولِين عريكتِها فِعْل ذلك ولا يَخطُر على بال أَحدٍ في البحرانِيِّين سَوِيّ الخَلْقَة. ولو تَتبَّعنا الخِلافَ الأُصُولي الأَخباري القَدِيم - على سَبِيل المثال - فهو على شِدَّتِه في بِلادٍ أُخرى؛ لم يَسع فِيه أَحدٌ مِن البحرانِيِّين إلى استِعمال الشَائعة المُنَظّمة مِن القَول الزّائف والبُهتان والافتِراء أَو الحَضّ على رَجْم الشّعائر أَو اختِلاق وَهْم الفِتْنَة أَو اتّباع الإقصاء الاجْتِماعي وحَظر المُصاهَرات البَينِيَّة، وإِنَّما كان مُقتصرًا على البَثِّ الهادِئ لِلحُجَج والتَّقيُّد بِحدُود ذَوِي العَلاقَة فحَسب حيث يَعتقِد كُلُّ واحدٍ مِنهما بِصِحّة ما عنده ويَكتَفِي بذلك ويَترُك لِلنّاس حُرِّيّة الاختِيار بِمَحض الإرادة الفَردّيّة مِن دون حَساسِيّة أَو فَصل اجتِماعي بينهم أَو خَرق لِأَصالة الحُرِّيّة.

يُحلِّلُ بعضُ البَحرانيِّين المُثَقَّفين المُتابعين لِمَشاهد الخِلاف والتَّنازع في إِثْر ظُهور الانْتِماءات الحِزبيّة والفِئويّة بِأَشكالها الفكريّة المُختَلِفة، فيرجِع أَسباب التَّشدُّد في المواقف على غير المعتاد في البحرانِيِّين إلى ضَخٍّ كَثافةٍ هائلةٍ غير مُتوقّعة مِن المعارف في الوَسَط الاجتماعي البَحراني اللَّطِيف حول مَفهومَي الزَّعامَة والمَرجِعِيّة الفِقهيّة ومَصاديق الخِلاف والنِّزاع بين اتِّجاهاتهما في الخارج عبر الوَكلاء المَحلِّيين ثُمّ مِن خِلال شبكة الاتّصال الإعلامي والتَّواصُل الاجْتِماعي التِّقني ذي التَّدفُّق السَّريع لِلمَعلومات، ولم يَكُن الوَسط البحراني آنئذٍ مُؤهَّلاً لِلوُقوف على مَعانِي هذين المفهومين!

ربما يَكون هذا التَّحلِيلُ مقبولاً مِن وَجْه لو فُقِدت المُقدّمات التَّحرِيضِيّة الوافدة مِن الخارج الّتي لم يَعرِف مجتمعُ البحرين مِثلَها مِن قَبل في هذا الوسط، فماذا عن فِئة عُلماء الدِّين الّذين هُم حُصُونُ التَّشَيُّع وطَلائعُ التَّغيِير والنُّخبَة المُثقّفة وزُعماء الانتماءات وأَقطاب الكِيانات الأهليّة والتَّيارات الاجتماعِيّة التي اشتَغَلَت في السِّياسة وضَحَّت بِالأنفس والمال واختَلط عليها بِالتَّبَعِيَّة ولم تُنجز شيئًا في البُعد الثَّقافي التَّنَمَوي المتعلّق باختِصاصِ هذه الفئة، ثُمّ اندكَّت في مواطن الخِلاف والنِّزاع بِحِدّةٍ وغِلظةٍ ورعونة بِصِفَتها طرفًا فيه وجُزءًا منه ولم تُؤدِ دَور النَّاصِح المُقَنِّن أَو المُصلح النَّاهِض بَل المُستَثمِر الصَّامِت؟!

إنَّ مجتمع البحرين على عِلْم تفصلي بِالخلْفِيّة التَّأريخيّة لِمِحنة الخِلاف والنِّزاع الحِزبي والفِئوي والمَرجِعي، وطَبيعة البِيئةِ الثَّقافِيّة الخارجِيّة التي نَشأت فيها هذه المِحنة وتَطَوّرت، ويَعلمُ انْعكاساتها السَّلبيّة ومَدى تَفَشِّي مظاهرها بين فِئات خاصَّة مِن المثَقّفين المنتمين والمُتحيِّزين، ويَعلمُ الكثير عن الفِكر الهَجِين الذي استَشرى في الحَوزات الكُبرى وخَلّف وراءه الكَثِير مِن المُضاعفات على نَظامِها الاجتماعِي قبل وُفوده على البحرين. فالمُجتمع البحرانيّ لم يَكُن (مَتخلِّفًا) أَو فاقدًا لِـ (الوَعْي) عندما وَفَدت عليه طَلائعُ هذه المِحنة، وإنَّما وُصِف بِـ (التَّخلّف) و(اللَّاوَعْي) زُورًا أَو تَجاوزًا أَو بِسُوء تقدير على لِسان ذات الفِكر الهَجِين الوافد الّذي ولَّد هذه المحنة.

ولا يصحّ تَبرئة العامل السِّياسي المُجرّد في البحث عن الحَقِيقَة الصّريحة في هذا المقام فيُشْطَب أَو يُغيَّب أَو يُوارى، كما لا يصحّ القول أَنّ الخِلاف والنِّزاع كان مُقيّدًا بِحُدود العَقِيدة أو الفِقه فلا يَتَخَطّاهما. إذَنْ.. فما المُراد مِن تَوصِيف الثَّقافَة البَحرانِيّة الأصيلة الّتي قادت البَحرانِيّين وحافَظَت على هُوِيَّتِهم الشِّيعِيّة في قُرون عَصِيبة مِن الزَّمَن بِمُخالَطة (الأُسْطورة) و(الخُرافة)، وما الأَسباب الّتي أَدّت إلى وُقوع صِراع بارِدٍ على الرّئاسة والزَّعامة بين عامّة الأَقطاب المُختَلِفة وقد استُغِلّت فيما بَعد على نَحوٍ اجْتِثاثِيٍّ سَيئٍ مِن قِبل

سِيادة السُّلطة، (فَلا حَظِيَتْ بِرْجِيلْهِ ولا أَخذَتْ سَيِّد عَلِيّ)؟!

أَلَيس المُراد مِن ذلك التَّنَطُّعَ الدّعائي بِالفِكر الهجين المُقتَبس عن ثَقافة الغَير وطَلَب الرِّفْعَة والعِزّة به واحتِواء المزيد مِن العناصر المُنبَهِرة بِمُصطلحات هذا الفِكر الوافد. أَلَيْس المُراد بهذا التَّنَطُّع تَفكِيك الاتِّجاهات المَحَلِّيّة المُغالِية وإِزاحة زعامة التَّيّار (التَّقلِيدِي) المُتَمسِّك بِالثَّقافة الأَصِيلة مِن الأَخْبارِيِّين والأُصُولِيِّين، وإِقصاء الاتِّجاهات المُنافسة العامِلَة بِمُوجب القَواعِد والأصول المُعتَبرة مَحلِّيًّا وبِمَعزل عن مُؤثِرات السِّياسة؟!

كانت أَدواتُ وَوَسائل الحَسْم في هذا المَشهد ذات منطلقاتٍ سِياسِيَّة صرفة قُصِد بها النَّقضُ في قضايا الثَّقافَة والطَّعن في بعض جِهات المُعتَقد. وقد أَضَرّ ذلك بِأَصالة الثَّقافَة المَحَلِّيّة وسُمعَتِها الشَّهيرة بَين الثَّقافات الشِّيعِيّة إذْ صَعُب على الانتماء كَسب المُثقَّفين وفَرض الزَّعامة في البَحرانِيِّين مِن غير الإِفْراط في بَثِّ الفِكر السِّياسي السَّلبِي بِغَزارة والامْتِثال لِشَرط التَّنَزُّل عن بُعدٍ مِن أَبعاد العقيدة والتَّمرّد على ضَرُورَة مِن ضَرورات التَّشَيُّع والانِقلاب على أَصْلٍ مِن أُصُول المَعرِفَة الشِّيعِيَّة وتَشْطِيب المتون المُتَعبَّد بها ثُمّ إِمضاء قَرار التَّأمِيم لِمَظاهر الثَّقافة والاحتِكار بِأَيّ ثَمَن.

إنَّ بَسطَ يَد الانتماء الحِزبي والفِئوي على مظاهر الثَّقافة البَحرانِيَّة الأَصِيلة وفَرض الوَلايَةِ والوَصايَةِ عليها بِاللُّعبَةِ السِّياسِيّة عُدّا مِن أَسوأ المُغامرات المُعاصِرة التي لم يُقتَرف مِثلها في التَّأرِيخ الشِّيعي البَحرانِي، وذلك لِكَونها مغامرةً مُلهَمَةً مِن وَقائع بيئة ثَقافِيّة خارِجِيّة وأَثرًا مِن آثار التَّحَوُّلات الثَّورِيّة المُفاجِئة في المحيط الإِقلِيمي الّتي صَنعتها سَيِّئاتُ الالتِقاطِ والتَّعبُّدِ بِفِكر اتِّجاه أَهل العامّة وأَحزابِه ووُعَّاظِه.

ويَستذِكرُ الشِّيعةُ البحرانِيّين أَحوال مُجتمَع العراق في عَهد حُكم حِزب البَعث وصَدّام بِمَرارةٍ وحُزنٍ شَديدَين حيث كان العراقيّون الشّيعة شِيعًا يَستضْعِفُ بَعضُهم البعضَ الآخر وفِيهم المُثقَّفون المُنتمون الحِزبِيُّون

والفِئويّون بِما لديهم فَرِحُون وهُم يَسيحون في بِلاد المَهجَر والمَنفَى ويُؤسِّسُون لِتَحالُفاتهم السِّياسِيّة الخارِجيّة قواعدها، حتّى كادت مَظاهِرُ الثّقافَة الشّيعِيّة العِراقيّة تَنطَفِئ في أَنفسهم وتُنْسَى بينهم أو تَنحَصِر في المشاهد الدّعائيّة القاضِيَة بِتَنصِيب الزّعامات وتَفخِيم القادَة والمَرجعيّات والانتماءات حيث تَتَبايَن بِتَبايُنِهم وتَتَوافَق بِتَوافُقهم.

وعلى ذات النّهج سارت الحِزبِيّةُ والفِئويّةُ البَحْرانِيّة وصارت تَغزُو مَظاهر الثّقافة وتُفرِّق بها، وتُقسِّم المُدن والقُرى إلى مَناطق إداريّة خاضِعَة لِزَعامات مَحَلِّيّة. وكُلّ حِزب وفِئةٍ مِنهم صار مَشغولاً بِالدّعوة إلى الامتِثال لِزَعامَته وقِيادَته حصرًا ويُبالِغُ في تَقدِيمها لِأَبناء حَيِّه في صِيغةِ حَقٍّ أَصِيلٍ لِقاء ما قَدّمَتهُ مِن تَضحِيات في عُقود النِّضال السِّياسي أو لِقاء ما حَظِيت به مِن مَقام لدى قُوى سِياسِيّة أو ثَقافِيّة أو مَرجِعِيّة خارِجيّة مُبهِرَة!

وكان المُثِيرُ في ذلك أَنّ بعضَ الانْتِماءات العِراقيّة الّتي كانت مُلهِمَة لِلانْتِماءات البَحرانِيّة تَطرَّفَت كَثيرًا في الدّعاية عندما نَصّبت مِن نفسها زَعامَة عُليا لِتَصريف شُئون المناسبات الدِّينِيّة وإِحياء مظاهر الثّقافة على شَكلِ (كرِنْفَال) شَعبِي يَستقبِل المُعزِّين مِن على المنصّات الخِطابِيّة!

وعلى أَثَر الفَشِل الذّرِيع الّذي مُنِي به هذا اللّونُ الفَجّ مِن المشاريع الدّعائيّة والذي أُرِيد به اختِطاف الثّقافَة بِوَجْهٍ سِياسيٍّ لمصلحة مَبدأ تَنصِيب الزّعامة المَركَزِيّة العُليا؛ استَدرَكَت الانْتِماءاتُ الحِزبِيّة والفِئويّة هذه الحال بِالعَمل على بَثِّ الإشاعات المُشَكِّكة في نوايا العامِلِين على إِحياء مَظاهِر الثّقافة المُعطّلة مُنذ عَهدِ حِزب البَعث، والطّعن في التزامِهم العَقَدي والفِقهي والأَخلاقي، وأَصْدَرت في ذلك البَيانات والفتاوى المُضادّة، منها ما حَرّم مُشاركة النِّساء في مَواكِب المَشي إلى الأَضْرِحة المُقدّسة، ومِنها ما حَرّم التّجَمُع لِمُشاهدة سَير المَواكِب وحَلقات العزاء. ثُمّ نادت بِضَرُورة حَظر المَشي إلى مَدِينة كربلاء المُقدّسة وصَنّفته لَهوًا على الطّرِيقة الهِندوسِيّة

وانشِغالاً عن أَداء الصّلاة في أَوقاتها، وأَوجَبت التَّدخُّل لِمَنع ما وَصَفته بِـ (الإسْراف) في تَنصِيب المَضايف وإِطعام الزَّائرين وإِيوائهم وفي توفِير الخدمات لِرعايتهم، وحَرَّضَت الدَّولة على الامتِناع عن تَوفِير الدَّعم المُباشر والحِماية الأَمنِيّة ووَصَفتهما بِـ (تَبذِير الأَمْوال العامّة).

لقد ذَهَبت كُلُّ مظاهر التَّعويض عن فَشَل النِّضال السِّياسي بِالفِريّة والكَذِب والدَّجَل وصِناعة الزَّعامات المُزيّفة هباءً منثورا، ثُمّ عادت الثَّقافَةُ الشِّيعِيّة إلى نَسَقِها الطَّبيعي في النُّموّ الخالِص مع بُروز الدَّور الكَبير لِوَلاية الفَقِيه العامّة عندما تَصدَّت لِـ (داعِشْ) وقَلَبَت الموازينَ السِّياسِيّة المَحَلِّيّة الّتي كرَّستها الانْتِماءاتُ الحِزبيّة والفئويّة بِتَحالُفاتها الخارِجِيّة، وتَخلَّص العِراقُ مِن كَدارة ذَوِي الأطماع في السِّيادة والهيمنة الذين جَعلوا مِن أَنفسهم بَدِيلا فُضُولِيًّا عن إِمامِهم المَهدِي المُنتَظر عَجَّل اللهُ تعالى فَرَجَه الشَّريف وعن المَرجِعِيّة الأَصِيلة.

وعند أَوّلِ ظُهور لِمليونِيّة شعائر (الأَربَعِين) في العِراق حيث شهد العالَمُ الشِّيعي آخر خَفَقات الكَدارة الحِزبِيّة والفِئويّة، وفي الطَّريق إلى تَحسِين أَوضاعِ المليونِيّة على مُستوى الإِجراء المُساند ـ كانت الآمالُ كبيرةٌ ومعقودةٌ على خُلوص عمل الزَّائرين لِصَاحِب الزِّيارة عَجَّل الله تعالى فَرَجَه الشَّريف الّذي يمدَّها بِأَسباب النُّموّ والبَقاء. لكِنّ المليونِيّة لم تَسلم مِن مَظاهر الهيمنة إذْ قِيل (لا بُدَّ مِن زَعِيم ظاهِر) لِحشُود زُوّار (الأَربَعِين). فهَلْ سَقطَت الثَّقافَةُ البَحْرانِيّةُ في مُستَنقع ذات الحال المُؤسِفة في العراق وهَلْ اعتبرت عند انكِشاف الحقائق مع مُرور الأَيّام؟!

هكذا أُرِيد لِلثَّقافَة البَحْرانِيّة أَنْ تكونَ كَذِلك وعلى ذات السِّياق والنَّسق العِراقِي ومِن قَبل كانت تَفوقَتَ على الثَّقافَة العِراقِيّة في إدارة الخِلاف الأُصولي الأَخْباري بِأَفضل ما يكون وعَطّلت إِمكان صُدور الفِتنة في كلِّ الأَحوال. لكِنّ الاشتِغال بِالسِّياسة وتَكاثُر الانشِقاقات والإخْفاقات في الانْتِماءات الحِزبيّة

والفِئويّة عَطَّل كُلّ هذه المَسارات.

فبِالثَّقَافَةِ البَحْرانِيَّة الأَصِيلة وقَبْل الاستِحواذ عليها بِالفِكر الحِزْبي والفِئوي الهَجِين واحتِكار مظاهرها كانت المَشاهِدُ في النِّظام الاجتِماعِي رائعةَ الجَمال والكَمال إذْ يَنسِج البَحرانِيُّون بِأَنفسهم تَفاصِيلها ويُهندِسُونها ويُمَهِّدون لها المُقدّمات والمُستَلزمات بِعَطاءٍ سَخِيٍّ خالص المَودَّة لِأَهْلِ البيت صَلواتُ الله وسَلامُه عَلَيهم، ويَلتَمِسون مِنها البَركات ويُؤسِّسُون عليها مَراتِب رُموزهم ومَقاماتِهم في النِّظام الاجتِماعي في استِقلال تامٍّ على غَير مِنوال العادة المَتَّبعة في بِلاد الوُجود الشِّيعي الأُخرى. ولم تَتَجرّد الكِياناتُ الأَهْليّة المُتعلِّقة بِالثَّقافة البحرانِيّة مِن الإيمان الأكيد بِرعايَة الإمام بَقِيَّة الله عَجَّل الله تَعالى فَرَجَه الشَّريف حيث يَدفَعُ بِحُضوره الكريم مُجتمع البحرين نَحو المُساهمة في تَنمِيَة ثَقافتِه والمُشاركة في إِحياء شعائرها بِلا تَردُّد، فتَتَحسَّس حُلْو قِيَمها ومُثُلها، وتَتذوّق جَمال المفاهيم التي تَصدُر عن مُنتَدياتها ومَنابرها ومَواكبها، وتَزدادُ بها إيمانًا مع إيمانِهما حتَّى تَرتَسِم الآثارُ على الطَّبائع والعادات والتَّقالِيد والأَفكار واللُّغة واللَّهجة وتَتنقّل بين الأَجيال في نَسَقٍ ثَقافيٍّ مُتكامِلٍ ودَورة تَنمَوِيّة لا تَنقطِع سِلْسِلَةُ حَلقاتِه.

ولو افتَرَضْنا جدلاً أَنّ مظاهر الثَّقَافَة البَحْرانِيّة كانت مِن نَسج السُّلطةِ السِّياسيّة التي تَمتلِك ناصِية الحكم في البلاد أَو الحِزب أَو الفئةِ أَو حتَّى مِن نَسج مَرجِعِيَّةٍ عليا مُنفردة السُّلطة ـ لما شَملَها هذا النُّموّ المُطَّرد والفَنُّ الهندسي الرَّائع والهادِف في الشَّكل والمَضمُون والعَدَد وحَجْم خَدمات الاستِيعاب والاحتِواء على الرَّغْم مِن تزاحُم التَّحَدِّيات المَحَلِّيّة وتَكالُب الأَهْواء والأَطماع الإِقليمِيّة.

ما الّذي يَضرُّ بِالبحرانِيِّين لو أنَّ مَظاهرَ ثَقافَتِهم هذه هي مِن نَسج قُوى السُّلطة السِّياسِيّة أَو الزَّعامَة الحِزبيّة أَو الفِئويّة أَو المَرجِعِيّة الخاصَّة القائمة على تَطبيقات مَنهج (الشَّكِّ والتَّشْطِيب والتَّأميم)؟!

إنَّ طَرح مثل هذا الاستِفهام يُوجِّه أَخطَر إنذارٍ لِمَا تَبقى مِن الثَّقافَة البَحْرانِيّة الأَصِيلة ويَرفع لها البطاقة الحَمراء، ولا بُدَّ حينئذٍ مِن البَحث عن الإجابة بِرَوِيّة واستقراء اجتِماعِيَّين مُجرّدين مِن أَيّ إملاءٍ سِياسيٍّ مُوَجَّه أَو ضَغطٍ إعلاميّ دعائي، وأنْ تَكون الإجابةُ هذه كاشِفَةً عن أَهمّ مُقوّمات المُجتَمع السَّليم في بُنْيَتِه والأَصِيل في هُوِيَّتِه حيث يَتَصَدّر فيه الإنسانُ البَحرانيّ الشِّيعي الدَّور الطَّلِيعي بِكُلّ ثِقَة.

إنَّ النُّموّ العَدَدِي والنَّوعي المُطَّرِدَين في مَظاهر الثَّقافة البَحْرانِيّة على مَساحةٍ تَزداد في كُلِّ عام سِعَةً وتَمدُّدًا جَعل منها مَحلاً لِأَطماع العَقل السِّياسي الباحِث عَمّا يُعزِّز مِن قُوّة حُضورِه بلا مُنافِس ومِن القدرة على الانْتِشار بلا مُغالِب. ولا نُجانِب الحقيقة حينما نَقُول أنَّ مظاهر الثَّقافَة البَحْرانِيّة قد تَعرَّضَت لِلاستِحواذ المُتكرِّر عبر تَنصِيب زَعامَةٍ على رأسِها مِرارًا تَحتَ عُنوان حاجَتِها الضَّرُورِيّة لِلاستِعانة بِالسِّيادة ولِتَنظيم أَمرها ومَدّها بِمُستلزمات القُوّة والمُحافظة على استِقامَتِها وصِيانتها مِن التَّحْريف والتَّشْوِيه وحِمايتها مِن عَبَث العابِثين، حتَّى قيل حينها (لا بُدّ لِمَظاهر الثَّقافة مِن أَميرٍ يُوفِّر لها الغِطاء السِّياسِي ويَضمَنُ دوام بَقائها)!

وكان مِن علامات هذا الاستِحواذ هو إشاعَةُ مَفاهِيم منهج (الشَّكِّ والتَّشْطِيب والتَّأميم) بِكثَافَةٍ مِن خلال توجيه عددٍ مِن المَجالِس المنبريّة والمُنتَديات والمؤتمرات والتَّجمُّعات المَدعُومَة بِقُوى النُّفوذ الاجْتِماعِي، وإثارة المَخاوف الوَهمِيّة مِن ظُهور (الفِتْنَة) والتَّدافُع الشَدِيد في الخُصومة، حيث يَستوجِب ذلك كُلّه وَحدَة الزَّعامَة والانْفِراد بِالوَلايَة وتَقرير الحَظر على المُستَحَبّ مِن مَظاهر الثَّقافَة مُقدّمةً لِوَأد (الفِتْنَة) المُصْطَنَعَة ويَكُون الدِّين كُلّه لله!

يُذكَرُ أَنَّ بعض الأحزاب والفِئويّات الشِّيعِيّة في العراق بِزَعامة تَيّارٍ مِن عُلماء الدِّين كانوا ضَالِعِين في العَمل على تَنفِيذ عددٍ مِن المُحاولات الدّعائيّة للاستِئثار بِمِليُونِيّة (الأَرْبَعِين) وتَنصِيب زعامة خاصَّة على رأسها. فلَو نَجحَت

هذه المُحاولات فإنَّ وهنًا وخَرابًا وفسادًا كبيرًا سَيحِلّ بِالثَقافات الشِّيعِيَّة في بِلاد وجُودها قَبل أَنْ يَحِلّ بالثَقافة العِراقِيّة ومَعانِيها ومَظاهِرها ورمُوزها. وكانت الأَحْزابُ والفِئويّاتُ في كُلِّ بِلاد الوُجود الشِّيعِي على عِلم تَفصِيليّ بِأَنّ هذا الأمر كان مُتاحًا لِمَرجِعِيَّةِ الوَلايَة العامّة في العِراق بلا مُنافِسٍ أَو مُغالِبٍ منذ سُقوط صَدّام، ولكِنّ مَرجِعِيّةَ الوَلايَة العامّة لم تَقدِم على فِعل ذلك لِما كان لها مِن رُؤيةٍ حَكِيمةٍ في مُعالجة قَضايا الثَّقافَة الشِّيعِيّة في ظَرف انْهيارٍ لِنظامٍ مُستبدٍّ قاهِر.

فكُلّ ما يَتعَلّق بِالشَّأن الثَّقافِي العامّ لِلشِّيعة في العالَم وفي البَحرين على وَجه الخُصوص يَستَوجِب أَنْ تَبقى الثَّقافَة المَحَلِّيّة لِكُلّ وُجودٍ شِيعيٍّ في البِلاد المُختَلِفَة مُستقِلاًّ حرًّا مُجرّدًا وبَعيدًا عن مُشاحنات الانْتِماءات الحِزبِيّة والفئويّة وعن تَنافر أَطماع السِّياسة وأَقطابها وإِنْ صَدرت عن سُلطات الدّولة أَو الحِزب أو الفِئة أو المَرجِعِيّة المُنفرِدَة بِعُنوان تنظيم الأَمْر والحِماية مِن الفِتَن والصِّيانة.

إنَّ لِلانْتِماءات الشِّيعِيّة في تَجربَة النُّظُم المارْكْسِيّة لَعِبرة حيث سُلطة الحِزب الواحِد الذي يَقود النُّظم السِّياسِيّة والاجتِماعِيّة والاقتصادِيّة والثَّقافِيّة ويُوجِّهها بِنُفوذِ حِزبيّ وفِئويّ (مافَيَوي) ومِهَني مُطلَق الصَّلاحِيّة ومُطلَق الحقّ في التَّدخّل في أَدَقّ التَّفاصيل اليومِيّة لِحياة المُواطِن وفي مُراقَبة حَركتِه وتَضييق فُسحَةِ عَيشِه وتَقرير مَصِير ثَقافَتِه ونَمط تَفكِيره ونَظْم عائلَتِه وحَركة أَملاكِه وأَمواله وحِلِّه وتِرحالِه بِالوَلايَة المُطلَقة ومِن دُون تَفويض منه.

لقد رُصِدت الكثيرُ مِن الأَحوال المُحبِطة الدَّالّة على تَغلُغل الانتماء الحِزبي والفِئوي في النِّظام الاجتِماعِي وهَيمَنتِه في المُدنِ والقُرى البَحرانِيّة على ذات النَّمط الماركسي حيث يحصِي المُنتَمون على النَّاس أَنفاسَهم ويَتدخَّلون في تَفاصِيل ثَقافَتِهم وسَير شَعائرهم وفي يومِيّات حياتهم بِسُلطة ظِلٍّ مُفوّضَةٍ عن أُخرى مُطلَقة خارجيّة. فكان ذلك سَببًا رَئيسًا ومُباشرًا في إِخفاق البحرانِيِّين وانكسارهم السِّياسي وعُزوفِهم عن استِقبال الأَنشطة الثَّقافِيّة المُوجّهة حِزبيًّا وفِئويًّا بِقُبولٍ حَسنٍ، كما كانَت سببًا رئيسًا في انتِشار

ظاهرة (الشِّلَلِيَّة) المُتَعصّبة وفِئات (الحَبَرْبَش) مِن مُختلف الفِئات العُمُريّة، وسببًا في النُّفور مِن التَّشَيُّع والنُّزوع المُتَطرّف إلى الإلحاد والعَلمانيّة، وسببًا في بُروز ظاهرة الإيمان بِالخالِق مِن دُون وسائط نَبوِيَّة ومَرجِعِيّة.

إنَّ إحساس البَحرانيّ المُستقلّ بالامتِثال لِمُتون أُصُول المعرفة الشِّيعِيّة وبِالعمل الحُرّ في تَنمِية ثَقافَة مُجتمعه سَيُؤدّي به قطعًا إلى الاطمئنان القَلبِي والانْشِراح الوِجداني وإلى العمل على تَنمِية إدراكه لِمَدى قَداسة هذه الأُصُول وفوائد التَّمَسُّك بِمَعانيها، ويُطلِق ذلك لِمَشاعِره العَنان لاحتِضان نَسائم الثَّقافَة والمَودّة لها. فإنْ تَدخَّلَت الانتماءات بِوَصْفها وسِيطا بِالفُضُوليّة أو بِالوَصايَة أو بِالوَلايَة فإنَّ ذلك مِن شَأنِه أَنْ يُمَهِّد الطّريق إلى جَعل حياة الشِّيعي مَشروطةً بِنِظام عُبودِي مَأسُور، فلَن يَكون عندئذٍ مُستعدًّا لِلعطاء والبَذل والإبداع في الثَّقافَة وتَنمِيّة مظاهرها والعَمل على حِمايتها وصِيانَتِها وفق مَبدأ أَصالة الحُرِّيَّة. ونَستطيع أَنْ نُقدِّر حَجم الفَرق في النَّتائج مِن خلال اتِّباع منهج مُقارِن يَستقرئ نِتاج السَّبعِين عامًا المُنصَرِمَة الّتي تَضرَّرَت فيها أَصالَة الحُرِّيّة وجمُدت فيه الثَّقافَة.

إنَّ البَحْراني لَيُدرِك أَنَّ ثقافتَه تَنطوِي على عددٍ مِن المظاهر المُستقِلّة المؤسّسة على مفاهيم (التَّقِيّة) و(الانْتِظار) و(الوَلايَة والبَراءة) و(العِصْمة) الرّاسِخَة في عقل أَجيالِه المُتعاقِبة ووِجدانها، وأَنَّ لها آثارًا تَأريخِيَّة إيجابيّة ما زالت تَتَراكم في لُبّ نِظامه الاجتِماعي. فإنْ اقتَحَمَت الانتماءاتُ الحِزبيّة والفِئويّة هذه المظاهر بَوَصايَة ووَلايَة فقَد جعلتها وَسِيلة تَعود بِالنّفع على سِياسة الحِزب والفِئة فَحَسب ولا تَملِك غَير فِعل ذلك. فتكون بِذلك قد أَخلَّت بِالنَّسق الطَّبيعِي الّذي اعتادَت عليه الثَّقافة الأَصِيلة وجَبُلت منذ نُشأتها في القَرن الأَوّل الهِجري.

لقد أَدرَكَت بعضُ المَرجِعيّات الأَصِيلة الحَكِيمة هذه الحال مُبكّرًا فاكتَفَت بِالتَّوجِيه العامّ على طَريقةِ الوَلايَة الفِقهيّة العامّة ، فحَثّت على

الامتِثال لِلنُّصوص الرِّوائيّة في هذا الشّأن وفَصَّلت في تِبيانِها مِن دُون تَدخُّلٍ مُباشرٍ منها في تَحدِيد طَبيعةِ الاستِجابة والعمل على احتِوائها أَو تَوظِيفها لِلدّعاية الخاصّة، ومِن دُون مُغالبةٍ منها لِكَسْب مَزيدٍ مِن المُقلِّدين ولِرفع شَأن مقامِها الخاصّ شَعبيًّا أو حتَّى لِتَحقِيق مَصلَحَةٍ سِياسيّةٍ ما، على الرَّغْم مِن تَفاقُم مُشكلة رواج مَفهوم الزَّعامَة السِّياسِيّة في بِلاد الوُجود الشِّيعي حيث يَعتَرِض النُّموّ المُستقلّ لِمَظاهر الثَّقافة ويَكاد يَعصِف به.

وفي سِياق النِّزاعات والمُناوشات البَينِيّة ابتُلِيت الانتماءات البَحرانِيّة في صُورتَيها الحِزبيّة والفِئويّة الحَوزَوِيّة بِضَغط استِجابَتَين خَطِيرتَين: ضَغطُ الاستِجابة لِمُقتضيات وضَرُورات السِّياسة، ومِنها الرَّغبَةُ في حياةٍ مُستقرةٍ تَحت ظِلال نِظام سِياسيٍّ عادلٍ، وضَغطُ الاستِجابة لِلضَّرورات السِّياسِيّة الدَاعِمَة لِلتَّأوِيل الرِّوائي والبَحث التَّأريخِي بمنهج (الشَّكّ والتَّشطِيب والتَّأمِيم)، كما ابْتُلِيت بَعضُ المَرجعيّات الشِّيعِيّة بِذَلك أَيضًا. وكان العَملُ على تَوفِير أَمْن الوُجُود الشِّيعي على صَعِيدي النَّظرِيّة والتَّطبِيق قد كَلّفا الشِّيعة في كلّ مكان الكَثِيرَ مِن الطّاقات والتَّضحِيات والخَسائر ولمّا يَنتِهي الشِّيعةُ بعد إلى الخاتِمة الكاشِفَة عن صِحَّة أو خَطأ مسار هذا العمل.

وكُشِف لِلبحرانِيِّين في مُعترك العقود السَّبعة الماضِيّة أَنّ التَّقصِير في البَحث الرِّوائي والسِّيرة التَّأريخِيَّة المُتعلِّقين بِجِهة العقيدة وتَصحِيح وتَجريح ثَورات القُرون الهِجريّة الأُولى قد أَدَّى إلى انخِراط بعض مَدارِس الحوزة ومَرجعيّاتها في جِدال شَدِيد بين الإثْبات والنَّفْي في مُتعلّق الثَّقافة والتَّغيير الثَّورِي، في مُقابل جِهاتِ النِّضال الحِزبي والفِئوي السِّياسي السَّاعِية إلى إقامة الأُمَّة أو إِيجاد الوُجُود المُستقلّ في دَولةِ المُشاركة النِّيابية على مَنهج اتِّجاه أَهْل العامّة.. جِدالٌ كاد يُخرِج بِالحوزَة الكُبرى ومَرجعياتها عن مَنهجِهما ووَظِيفَتِهما العَريقين لولا وُجود الحِكمة مِن جانِب المَرجِعيّات الأَصِيلة والرِّعاية المُباركة مِن ناحِية الإمام المَعصُوم الّذي يَدعو له الشِّيعة كافَّة بِتَعجِيل الفَرَج.

وليس مِن شَكٍّ في أَنّ المرجعِيّات الشِّيعِيّة الأَصِيلة تُدرك جيِّدًا أَنّ الاستِقطاب والاحتِواء السِّياسِيَّين الصَّادِرَين عن الدَّولة الحَدِيثة والأَظِلّة الحِزبيّة والفِئويَّة والكِيانات الاجتِماعِيّة والثَّقافِيّة الأهليّة في مَناطِق الوجود الشِّيعي لَنْ يُبقِي لِمَدارس الحَوزة الكُبرى استقلالاً بِالوَظائف الضَّرُوريّة العُليا، وإنَّ شِدَّة الجدال في الثَّقافَة المُعاصِرة ما هِي إلّا مَظهر مِن مَظاهر هذا الاستِقطاب والاحتِواء. فلِلدَّولة أو الوُجُود الشِّيعي المستقلّ مُقتَضيات وضَرُورات ضاغِطَة، ولِمهامّ الحَوزة الكُبرى ومَرجعيّاتها وتَقالِيدها وأَعرافِها ومَراتِبها ما لا يَقبَل التَّبَعِيَّة والانْقِياد لِزَعامَةٍ سِياسِيّةٍ وإنْ عُدِّلَت بِتَعدِيل الثَّورات في السِّيرة التَّأرِيخيّة لِلتَّشَيُّع.

ويَحشُرُ بعضُ الشِّيعة البحرانِيِّين ثَقافَة مُجتمَعِه الأَصِيل في زَحمة هذا الجِدال ويُصوّرها في الظَّاهر أَثرًا طَبيعيًّا لِحَركةٍ عِلمِيّةٍ خالِصة تَستهدِف الأخذ بِالتَّشَيُّع إلى التَّفاعل الحضارِي بين الأُمَم والشُّعوب المُتقدِّمة، ولكِنّه في السِّرِّ يَسعى في عَرقَلَةِ التَّنمِية الثَّقافِيّة الأَصِيلة مِن خِلال التَّحرِيض على تَشغِيل منهج (الشَّكّ والتَّشطِيب والتَّأمِيم) بِوَسِيلة الانْتِماء وعناصِره وطاقاته، ويَدَفعُ بِالبحرانِيِّين إلى اشتِراط تَجرِيد أُصُول المعرفة مِن المُتُون المُؤدِّيَة إلى ما يَظُنّه (تَخلُّفًا) واعتِناقًا (لِلخُرافَةِ) و(الأُسْطُورة)، ثُمّ يَنتَهِي إلى فَرض الأَمْر الواقِع على الحَوزات الكُبرى والمَحَلِّيَّة ويَسعى في عَزلِها عن مَناطِق التَّأثير.

إنَّ في هذا العمل لَتعسُّف ظاهِر، في مُقابِل عَمل أُولئك النَّاهِضين المُتَمسِّكين بِمَظاهر الثَّقافَة الشِّيعِيّة حيث يَرونَها مُباحة أو مُستَحبّة واضِحَة المَعالم لكِنَّها تَفتَقِر إلى المزيد مِن البَحث التَّأصِيلي على حَسب مُستوى الإدراك والفَهم. فكان مِن واجِب المَرجِعيّات البحرانِيّة الأَصِيلة اقتِحام التَّحدِّي هذا بِما يُؤدِّي إلى نتائج تُغنِي البحث الثَّقافي الرِّوائي والتَّأريخي الشِّيعي في اختِصاص المَظاهر الثَّقافِيّة ورَفع شأنه بَين البَحرانِيِّين.

factors that strengthen and grow it with a wealth of hope. Whilst the other direction are those that promote the methodology of instilling doubts and attacks to oppose the origins of Shia doctrine and renovating those traditions to ones that advocate for a "leadership" upon the Shia.

I have written this book without a stable settlement between my country Bahrain where I was born and raised until my young adult life and in London where I was compelled twice to take it as a home for the expelled. Once until 2002 and another since 2010.

From this position I would like to reassure the reader that the clashes that have taken place between Shia factions - whether it be regarding the agenda pushed of wanting to create a "leader" and promote his cause or whether it be in the reformation of traditional practices such as the rituals and symbols of God by making it submit to the methodology of doubts and attacks or whether it be in regards to the prioritisation of traditional values above political pressures and vice versa – it has been nothing but a true and honest struggle which shall progress and advance without those that have opposed the religion in its jurisprudential and moral principles. It is a Shia struggle that is capable of strengthening the minds of its people to one that is critical and holds dear to its traditional values and methodologies. It is a Shia struggle that is capable of triumphing over all factors that lead to failure through purified intentions that shelters under the banner of Baqiyyat Allah the Imam Al-Mahdi (may God hasten his blessed reappearance) and holds onto the straight path and no other. I aspire that this book contributes to what other sincere people have contributed from good work to advance the development of Shia tradition. I believe that this contribution is not free from faults and is one that is open to discussion and critical assessment. Perfection is only from God the Creator who exists and to whom we seek help.

Karim Al-Mahroos

The Month of Muharram 1440 Hirji

April 2021

In this book, we will present some of the gambles that were taken and reasons that led to clashes over the creation of a "leader" by way of creating confusion and doubts in religious roots and attacking after it the rituals and symbols of God to favour their cause. We will shed light over some of the conflicts that took place between opposing factions in different societies as a result, and in particular that which is caused by the deep partisan sense of belonging to a Shia jurisprudential leader (Marja'). We will discuss the motives behind stagnating the path to cultural and educational development through distorting deeply rooted principles and beliefs. In addition to this we will discuss the methods that were used to domesticate the Shia mind and make it submit and surrender to the so-called necessary commands of its own desperation by justifying all routes away from its own heritage.

This book has been cautious to detail some of the events and personalities that have played significant roles in the establishment of a "leader" and outright Shia cold war by their way of criticising the heritage of their own principles & rituals and describing it as a spreading of "weakness and cultural decline". Our lack of naming names will hopefully serve the ideal that we are preaching the lessons learnt as a result of those perilous ventures. This book does not strive to be insulting or contain any form of arrogance as it is important to note that Shia educational and cultural development is not dependent upon the people in question who are not infallible and can surely err or make mistakes. Nor will it stop without them, in the same way that their efforts are towards perfection and wholeness, it is necessary then for them not to be overthrowing and rebellious.

The book has been written between the years 2005 – 2018 which was a period that saw a slowdown of radicalism related to political affiliation before which it emerged again under the premise of "leadership" in ways that aimed to establish a state or join a state as Shia nationalists considering it as a safe option.

I have included in this book some of the disturbing views and puzzling accounts that I have investigated and witnessed in more than one country where numerous opposing Shia factions had been active in. I have also looked into the causes for a sudden split in Shia scholarship into two directions: One that promotes a methodology for glorifying the traditional rituals and symbols of God, establishing its roots, protecting its display and aiding it with

The fierce challenges faced in more recent times has manifested a division caused by factions that created and depended on the element of partisanship which has been the political necessity in the history of their own opposing sects i.e. the desperation in them to create a "leader". They were a faction of the Shia who did not regard themselves as self-determinant from the start and craved political belonging to face united together with their opposing sects who were focused on quelling the influence of Atheist Marxism, ideas of nationalism and nihilistic secularism that existed in Muslim countries mimicking the west where such ideas were rampant despite its weak foundations. Such ideas are what is today known as Postmodernism.

In less than a decade the idea of a partisan political belonging has engraved itself in the body of the Shia people. And from that disturbing trend a detrimental phase to the path of Shia cultural and educational development had started. Levels of crisis in society heightened, relationships were broken, political disputes began over the Shia cultural heritage and attempts were made to tamper with it.

The attitude that became widespread amongst Shia circles was: 'there is a necessity to be recognised as not backwards, to enter the modern times and create a revolutionary atmosphere in fighting poverty, tyranny and imperialism. In addition to this, there is a necessity of preventing the spread of emerging philosophies that were anti-religion, also the need to re-evaluate the roots of Shia culture, its ideology and rituals by instilling scepticism, confusion and deceit.' This re-evaluation started with the creation of doubts in the origins of Shia culture and then progressed to attacking its components and rituals by dominating over its ranks in the form of its mosques, community centres (Mat'am/Hussainiah), forums and other forms of media.

Consequently, political interests reigned and became the fundamental foundation that is widespread above all forms of Shia culture in society. This became a stagnant force in the preservation of deeply rooted Shia principles and its understanding. The rituals and symbols of God (Sha'a'ir Allah) were reduced to a point of dispute, conflict and a force for animosity between in-groups. So much so that they were taken advantage of in the case of struggles for status and leadership.

Introduction

In today's modern Shia societies, some of the influencing factions have had adverse and stagnating effects on its course of educational and cultural development since their decision to use certain methodologies that compensate for what seems to be a sense of deficiency and lacking of responsible action among their intellectuals at an institutional and educational level.

The remnant effects of original Shia culture and heritage brought down from late forefathers were widespread and effective on social levels and left no room for someone to think of it as insufficient and weak in building modern concepts adaptable to modern developments.

In the history of the Shia there is countless evidence to prove that traditional Shia rituals have engraved the best of results on the life of the Shia people and embedded within them a sense of responsibility to defend their ways and the structure of their ideology away from fabrication, deviance and hijacking. It has also instilled in the order of society liveliness and eased its struggles through challenging and decisive moments with levels of attentiveness, wisdom and patience that are unprecedented.

The Shia did not only strive to follow the steps of their previous generations by extending educational development with a prerequisite for proof and evidence in platforms of debate, argument and discussion. This was also extended to the critique of opposing sects, philosophies and ideas that were initiated in partisan form that intended to establish an Ottoman-like state and country incorporating concepts of modern-day nationalism. The Shia strived for something more superior than that.

It is not fair to ignore the gravity of the challenges faced by 43 generations of the Shia in preserving their identity and cultural roots.

CW00496675

Heaven's Generation